U0915466

平安故宫·思行文丛

周高亮摄

平安故宫·思行文丛

己亥集

单霁翔 著

故宫出版社

目录

一　文章编

二 讲话编

三 报告编

附录：访谈编

一

文章编

紫禁城里过大年

春节是中华民族最隆重的传统节日，寄托着人民群众“回家过年”的美好期盼。为了迎接即将到来的己亥年春节，让传统的节庆文化鲜活起来，为观众带来节日的文化享受，故宫博物院“贺岁迎祥——紫禁城里过大年”展览于2019年1月7日在午门展厅开幕。这是故宫博物院过大年系列展览活动的核心部分，以破纪录的近千件院藏文物精彩亮相，而整个紫禁城开放区域都布置为春节文化的展场，包括文物展览、实景体验、数字沉浸、文化创意展示等多个部分，让公众在紫禁城中感受浓郁的年味儿，体验到博物馆的文化气息、精彩创意和人文关怀。

“贺岁迎祥——紫禁城里过大年”展览大大激发了公众的参观热情，开幕以来故宫博物院参观人数与去年同期相比，观众数量增长超过70%。

本次大展以“祈福迎祥、祭祖行孝、敦亲睦族、勤政亲贤、游艺行乐、欢天喜地”六大主题，全面展现清代宫廷过年习俗。前五个单元是文物展览，即午门展厅的886件（套）展品，内容丰富、形式多样、精彩纷呈。第六单元“欢天喜地”则指开放区域按照清宫旧俗复原的年节装饰——道道宫门张贴着年画和春联，长长廊庑悬挂着各色宫灯……观众只要走进紫禁城，就能感受到浓浓的年味，获得沉浸式的体验。

乾清宫前丹陛上下竖立起壮丽的天灯和万寿灯，成为室外展场广受瞩目的景观。立天灯、万寿灯是清代早中期过年最盛大的活动之一，从立到撤，前前后后要使用八千多人力。但是自道光二十年下谕停止竖立，至今已有179年。复原工作遭遇了极大困难，几度陷入僵局。通过研究人员的不懈努力，成功将它们复原，竖立在乾清宫台基上下，让康乾盛世的过年景象重新出现在今天。

“宫里过大年”数字沉浸体验展于乾清宫东庑，700平方米的区域，围绕紫禁城丰厚的年节文化，以数字技术、虚拟影像、动作捕捉等科技手段进行创新形式落地，辅以互动体验区及文化创意产品矩阵，让观众沉浸其中，获得“过大年”的全息视境创新体验。

为了烘托过大年的热烈氛围，1月28日（农历小年）至2月10日（农历正月初六），在慈宁宫花园、慈宁门外和隆宗门外广场举办“中华老字号故宫过大年”展，来自北京、天津、上海、山东、安徽等共10个省（市）的150家中华老字号企业，在这里集中展示传统美食、生活用品、文房用品、非物质文化遗产工艺品等，让观众享受丰富优质的服务，可以在紫禁城把全国各地中华老字号“带回家”，留下热热闹闹过大年的美好记忆。

在文化创意研发方面，以节庆为主题，研发“过大年”相关文化创意产品百余种。分为福禄寿系列、门神系列、岁朝系列、婴戏系列、冰嬉系列、赏梅迎春系列、喜福连绵系列及金瓯永固系列等。提取故宫经典年节文化元素，突出故宫丰富的年节文化及艺术价值的高度和美感，并注入情感内涵，使文化创意产品成为带有温度、传递故宫展览风貌的媒介。

“贺岁迎祥——紫禁城里过大年”展览为期三个月，至 4 月 7 日结束，即阴历戊戌年腊月初一至阴历己亥年三月初三上巳节，这与传统的庆贺新年活动的时间相吻合。

这次展览的策划历时一年，涉及故宫博物院全院上下，是全体故宫人倾力推出的一次年度大展，内容形式均精彩丰富、创意连连，也创造了多个院史之“最”。例如，最大展厅——午门展厅及破纪录的近千件文物，最大展场——紫禁城整个开放区域使用超过一千件门神、春联等装饰，首次复原——壮丽的天灯、万寿灯，集中呈现——乾清宫的数十盏华美宫灯与天灯、万寿灯相映生辉，多元展陈——文物、文化创意、老字号、数字体验全覆盖，让整个紫禁城充满浓浓的年味儿，成为一个大型的沉浸式体验场。春节元素随处可见，均来自故宫博物院文物藏品和档案文献，于史有据，最大限度地还原了清代皇宫过大年的场景，为广大观众呈现一个丰富多彩、体验深刻、充满年味儿的紫禁城。

这次展览的特殊性还体现在：不仅是文物展，更是文化展、礼俗展；不仅具有学术性，更有通俗性、实用性；展厅陈设不仅在布置上更加立体生动，更用动画、视频、音乐、投影、熏香等手段丰富感官体验；不仅可以看、可以闻、可以听、可以玩、可以逛，更可以互动，在展厅里盖印章、在数字体验中沉浸、在老字号方阵中流连，再通过文化创意把紫禁城的年味儿“带回家”……一个“立体的”展览呈现给所有观众，此外也将成为“永不落幕”的展览，未来的网上展览及巡回展览，将为更多观众带去节日的快乐，为华夏儿女留住民族的文化记忆。

不论古代抑或今天，不论宫廷还是民间，辞旧迎新都是中国人过年永恒的主题。千百年来，年俗庆祝活动变得异常丰富多彩，早已深埋进中国人的血脉之中。乾隆诗云“亿万人增亿万寿，泰平岁值泰平春”，故宫博物院举办“紫禁城里过大年”系列展览活动，目的是满足社会公众的文化需求、心理需求、情感需求，更好地阐释“过大年”这一充满团圆幸福感的话题，让春节的故宫博物院在深沉壮美的厚重文化之外，以更加接地气的方式让公众沉浸其中，感受博物馆里独特的年味儿、人情味。

（此文发表于《人民日报》美术特刊，2019 年 1 月 24 日）

《至尊华章——故宫博物院藏清代宫廷织绣服饰文物》序言

“故宫博物院外展图系”是反映近年来故宫博物院境外文物展览情况的图录，其浓缩了故宫博物院历次境外展览的精华，图系中的每一种图录都是所涉及展览的重要组成部分，是展览的延续，亦是展览的补充，更是故宫博物院对外交流与合作的历史见证。

故宫博物院的历次境外展览是深化落实国家文化“走出去”战略的一个个鲜活的实例，旗帜鲜明地将中国的优秀传统文化以文物展览的方式向全世界推介。故宫博物院本着文物展览促进文化共享、文物交流促进文化对话、文物合作促进文化创新的原则与意愿广泛参与到与广大境外文化机构的互动中去。

自2005年始，故宫博物院先后与法国卢浮宫博物馆、英国大英博物馆、美国大都会艺术博物馆、日本东京国立博物馆、德国德累斯顿国家艺术收藏馆、加拿大皇家安大略博物馆、英国维多利亚与艾伯特博物馆、美国弗吉尼亚美术馆、澳大利亚维多利亚国家美术馆等签署了合作备忘录，并与他们就互办展览、人员交流、学术研究等方面开展了卓有成效的合作。2005年以来，故宫博物院每年接收美国耶鲁大学学生来院实习，成为我国第一家批量接受外国学生实习的博物馆。

今天，不论发展中国家还是发达国家，故宫博物院与世界上30多个国家和地区的文保机构开展了文物保护科学技术交流与合作。2013年1月，国际博物馆协会中国国家委员会与故宫博物院签署委托合作框架协议，当年7月1日正式成立了国际博物馆培训中心。可以说，培训中心的成立与运作，为中国博物馆与世界博物馆的交流互动搭建了一个平台，为中外博物馆事业的长远发展提供了一个可资借鉴的行动先例。

在这种跨区域的互动中，我们逐步认识到，加强博物馆之间的资源共享，加强博物馆与社会各界的互动合作，加强与国际博物馆领域的文化交流，这些既是博物馆事业发展的需要，也是我国国际化进程的必然选择。博物馆通过深化与相关领域的交流合作，成为社会发展的推动者，尊重与维护文化多样性，促进和谐社会的实现。博物馆通过对外文化交流，展示国际文化形象，提高文化软实力，使我国博物馆界能够用世界级的眼光看待中华文明在人类发展历史长河中的地位，深刻认识和发挥中国文化在全球文化格局中的应有作用。

当前，博物馆间文物的展览、交流与合作，已经是博物馆界的共识。因为这种交流与合作可以增进博物馆文物资源的共享和综合效益的增加，可以使更多的民众享受到各地丰富多彩的文化资源，可以有效改变单座博物馆文物藏品资源和陈列展览资源有限的局面，可以丰富博物馆的文化教育活动，吸引更多观众经常走进博物馆，更好地满足所在地区民众精神文化的多元化需求，也有助于扩大和促进各地民众对各自文化特点和文化领域成就的深入了解，更有助于人们对组成人类文化遗产的其他民族文化价值的全面认识。因此，博物馆之间开展文物交流与合作，已经成为国际博物馆界普遍认同的发展方向。

在谈到中外博物馆界的交流互动时，不能不缅怀先贤，毫不夸张地说，中国博物馆界的对外交流与合作是有着优良的传统与历史的。不了解这一点，就不能全面地把握中国博物馆界对外交流的脉络，更不能在与日俱增的对外交往中明确自身的价值与方向。

早在 1950 年 10 月，中国文物的首次对外展览——“中国艺术展”在苏联展出，那次展览提供了 274 件包括中国画、油画在内的 10 大类文物，此后又移至捷克斯洛伐克、罗马尼亚、波兰、匈牙利、德意志民主共和国、保加利亚等国家。这是新中国成立后中国文物的第一次集体亮相。其后，在 1954 年的日内瓦会议期间，中国代表团的会议室里曾陈列了 12 件文物精品，亦是当时高层宣传中国的一种积极的手段。1971 年，周恩来总理批准了郭沫若先生提交的《关于筹办出国文物展览的报告》，经过两年筹备，新中国首项大型文物展览——“中华人民共和国出土文物展览”开始走出国门。展览精选了全国各省、自治区、直辖市的 400 余件文物，从 1973 至 1978 年，先后赴欧洲、北美洲、亚洲、大洋洲的 15 个国家和地区展出，获得了巨大的成功，参观者包括外国元首等政府人员在内共计 650 多万人次，极大地宣传了中国文化，为这些国家的人民更深入地了解中国的昨天与今天，提供了一个良好的平台。

改革开放和现代化建设时期，随着综合国力的不断提升，我国的国际地位与国际影响力与日俱增，世界上越来越多的国家希望了解博大精深的中华文化，而我国也需要放眼世界，学习他国的先进经验。这一时期，对外文物交流秉承优良传统，为推动我国文物博物馆事业的发展做出了特殊的贡献，出境展览数量从 20 世纪 70 年代末的每年两三项，发展到 1983 年的近 20 项。通过出境文物展览，各地文物博物馆的专业人员在对外交流中接受了锻炼，我国文物博物馆事业也因此汲取到了不少国际化的经验。

20 世纪 90 年代，我国与发达国家和发展中国家在博物馆领域的交流与合作愈加密切，文物交流成为我国与许多国家发展双边关系的重点领域，我国博物馆的国际影响力在这一时期得到了显著的提高。这时开始注重对外文物展览的学术水平，展览的选题、内容与展品要通过论证会的形式，由专家审核把关，极大地提高了策划展览的科学性，一些文物交流展览无论从专业研究还是从观众欣赏的角度看都可以称为上乘之作、精品之作。

进入 21 世纪以来，我国博物馆国际交流与合作的形式和内容不断丰富，目前每年的对外文物展览在 80 个左右，参与对外交流与合作的博物馆数量不断增加，次数不断增多，规模不断扩大，精品迭出，高潮迭起，不断引起轰动。我国对外文物展览较好地配合了国家领导人出国访问、两国建交周年纪念等活动，也成为“交流年”“友好年”“文化年”等国家双边活动中的亮点，架起了我国与世界各国沟通了解、相互学习、交流合作的桥梁，被誉为我国独具特色的国家名片。

近年来，伴随中国经济的高速增长，中国的文化事业也在蓬勃发展，并越来越多地走向世界。各种文化作品和产品通过不同渠道、载体走出国门，向世界展示中国多姿多彩、充满活力的国家形象。图书是文化传承的载体，同样是中国文化走向世界的重要媒介，我相信“故宫博物院外展图系”必将是一套肩负起中国文化“走出去”战略责任的精品出版物，必将与故宫博物院的外展一道，将我国优秀的文化遗产传播得更为广远。

（此文发表于《至尊华章——故宫博物院藏清代宫廷织绣服饰文物》，故宫出版社，2019 年 2 月版）

让优秀传统文化走入寻常百姓家

今年春节，“博物馆里过大年”成为新年俗。据报道，在文化部门组织下，全国数千家博物馆推出上万场精彩活动。据中国旅游研究院统计，游客在春节期间参观博物馆的比例高达 40.5%。这既反映了广大人民群众节日休闲理念和方式的转变，也体现出博物馆日益走入百姓日常生活，成为公众文化生活必需品的新形态。

“让故宫成为一种生活方式”是故宫博物院近年来让文物“活起来”、弘扬中华传统文化的新理念。今年春节，故宫博物院推出“紫禁城里过大年”系列活动。同时，推出覆盖整个春节假期及寒假的配套教育活动，研发“过大年”文化创意产品近百种。“贺岁迎祥——紫禁城里过大年”展是故宫博物院建院以来提用文物最多、展场面积最大的一次展览。“紫禁城上元之夜”文化活动，让紫禁城古建筑群首次在晚间被较大规模点亮，也是故宫博物院首次在晚间免费对预约公众开放。

这些新面貌得益于故宫博物院多年来诸多基础工作的扎实开展。

一是得益于从 2002 年开始的长达 18 年的故宫古建筑整体维修保护工程，确保了目前紫禁城绝大多数古建筑处于健康稳定的状态。

乾清宫前万寿灯、天灯竖立现场（2019 年 1 月 18 日）

二是得益于先后进行的7年文物清理及3年藏品普查，以及持续不断的文物藏品修复保养工作，确保“贺岁迎祥——紫禁城里过大年”展览破纪录地展出近千件精美文物。

三是得益于故宫博物院近年来倾心服务所获得的社会影响力，吸引了150家中华老字号企业参展，以及诸多社会企业提供技术支持或赞助。

四是得益于故宫博物院推进“学术故宫”建设。故宫研究院充分发挥研究人员的积极性，使研究成果不断转化为弘扬中华优秀传统文化、服务广大公众的丰富内容，使各项活动充满文化内涵。

五是得益于“数字故宫社区”建设的不断深入，使得故宫博物院丰富的文物藏品资源能通过数字技术，以广大观众喜闻乐见的多种方式传播。

六是得益于故宫开放区域日益扩大。目前开放面积已经超过80%，使得观众拥有更丰富多元的体验内容和参观视角。

我相信，今年的两会，也必将对弘扬优秀传统文化形成更多共识，引导文博工作者为满足人民群众对文化生活的需求作出更多努力。

习近平总书记在看望参加全国政协十三届二次会议文化艺术界、社会科学界联组委员时指出，要坚定文化自信、把握时代脉搏、聆听时代声音。

文博工作者应继续在开展好世界文化遗产保护和管理，深化历史、文物及博物馆发展研究，优化观众服务供给，拓展传统文化传播渠道等基础上，持续倾听社会各界的声音，虚心吸取社会各界不同意见和国内外有益经验，不断推陈出新，传达出更具感染力和影响力的文化内涵，为国内外观众奉献更为丰富的文化盛宴。

（此文发表于《光明日报》第06版，2019年3月5日）

紫禁城里的山水人文景观

人居环境是人类集聚或居住的生存环境，特别是建筑、城市、风景园林等人为建成的环境，它是探索研究人类因各类生存活动需求而构筑空间、场所、领域的科学和艺术。近年来，伴随着我国高速发展的城市化建设进程，人居环境越来越成为人们关注的焦点，良好人居环境的营造，已经成为社会大众普遍关心的问题。

故宫博物院位于首都北京的核心区域，是世界上规模最大的木结构古建筑群，1987 年被列入《世界遗产名录》，是一座大型综合性博物馆，被誉为世界五大博物馆之一。这里收藏着世界上最丰富、记录着中国 5000 年文明历史的珍贵文物藏品，共计 186 万件（套），是世界著名的文化旅游目的地，也是每年接待世界各地观众最多的一座博物馆。自 2012 年以来，故宫博物院每年接待观众持续超过 1500 万人次，去年接待观众更是超过 1600 万人次。可以说，故宫博物院已成为人们生活中一处重要的文化生活与学习场所，更成为北京人居环境中重要的组成部分。

近年来，伴随着发展方式和服务理念的转变，故宫博物院越来越关注广大观众在参观展览时所感受到的文化氛围以及拥有的独特文化体验，为其营造一个优良的参观环境成为服务观众的核心任务。基于此，故宫博物院就院内的人居环境开展了提升与改善工作，工作的重点之一则放在了院内山水人文景观的营造之中。具体有如下几方面工作。

一、提升院内古典园林景观风貌

紫禁城是明清两代皇宫，在皇帝临朝理政及居住空间之外，亦有小型花园点缀其中，这些花园多为帝后闲暇时游憩之所，以精致、典雅而见称。御花园位于紫禁城最北端，始建于 1420 年，是紫禁城中最大的花园，虽然其占地面积不是很大，但技艺高超的造园匠人却以“一勺代水，一拳代山”的手法，在这里营造出了与红墙黄瓦和谐一体的山水相间、亭台掩映的美景，为庄严雄伟的宫城增添了活泼的生趣，完全达到了中国古典园林营造“巧而得体，精而合宜”的最高标准。中国古代造园艺术用堆山叠石来模仿自然界的山峦起伏，御花园中的堆秀山平地而起，整体气势雄伟，富有皇家气息，即是运用了这种中国古典园林中模仿大自然连绵群山的手法，浓缩天地于方寸中，给人带来宽广的想象空间。园中栽种的植物以终年常绿的松柏、翠竹为主，同时按时令摆放各类盆花，使得御花园在北京寒冷的秋冬季节里仍能保持绿意。高大的松柏与雄伟的建筑在大小、气质上都更为和谐统一，处处体现出古代工匠的安排用心。除了山石树木，水也是园林中必不可少的元素，古代造园工匠巧妙地将水引入御花园风景中，使园林景致得以灵动而完满。

御花园作为多数观众参观的最后一站，在观众流量高峰时段，往往会成为故宫博物院最大的“堵点”之一，不但严重影响观众参观的体验，更会对故宫世界文化遗产造成损害。故宫博物院为彻底解决御花园观众拥挤、蹲坐用餐、攀爬假山等问题，采取一系列措施，整体提升了园内景观效果和参观环境。

通过拆除不规则的护栏，减少现代园林景观，恢复古典园林景观；通过对石雕、盆景、假山石等室外文物，或采用绿植进行软隔离，或以石栏杆作围挡，提升文化景观效果；通过在石子路两旁裸露土地铺设防护透水板，有效增加观众活动空间，并避免了刮风时的尘土飞扬；通过对园内树坑垫以防腐板，使树木得到更好的生长空间；通过成倍增加观众的活动空间，不但有效减少了彩色石子路面的磨损，而且使彩色石子路修复工程得以有序进行；通过增加路椅，让观众更加有尊严地休息；通过撤除御花园内所有售卖食品的商铺，维护古典园林的文化氛围；通过恢复堆秀山前水法（喷泉）景观，使御花园更具文化魅力；通过采取有效措施，保持澄瑞亭水池的清洁。总之，通过一系列“组合拳”，还御花园以古典园林的历史风貌，让更多的观众能在离开故宫之前感受到这片园林独一无二的文化特色与历史内涵，让紫禁城的文化景观得以整体呈献，给观众留下一个完整的、丰富的印象；同时，还空间给观众，增加观众的活动区域，缓解了人流密集时的拥堵状况，引导更多观众行走时避开石子路，进而观赏石子路的文化特色，为观众提供赏心悦目的参观场所。

御花园之外，位于宁寿宫区的宁寿宫花园也是观众们最喜欢前往的参观地点之一。宁寿宫花园是乾隆皇帝预先为其做满六十年皇帝之后，归政作太上皇时颐养休憩而建造的一座园林，故又称为“乾隆花园”。花园如今仍保留初建时的基本格局，建筑、园林、陈设和室内装饰保存完好。花园南北长 160 米，东西宽不足 40 米，长宽之比约为 4 ∶ 1，依南北狭长地带分为五进院落。第一进院落主体建筑为古华轩，西厢的禊赏亭内设流杯渠，自假山上引水注入，取意于东晋文人“曲水流觞，修禊赏乐”的故事。庭院沿墙堆筑假山，有效弱化了高大宫墙带来的压抑感。西北角山顶建置旭辉亭，用于远眺园外，扩大园内景观视野。第二进院落主要建筑为遂初堂，院内湖石点景，花木扶疏，气氛宁静。第三进院落以叠石为主体，主峰上建置耸秀亭，可南眺禁中宫阙。第四进院落主体建筑符望阁，阁以南假山上建碧螺亭，亭之平面呈五瓣莲花形，通体形象精巧别致。第五进院落正房为倦勤斋，通脊九间，东部五间正对符望阁。花园总体布局虽有明显的中轴线，但其并未一气贯穿南北，而是因地制宜，根据院落空间错开少许，形成特色各异的院落。园内假山限于空间狭小多用峭壁、拔峰等手法，使人仰视而不能穷其巅末，颇具幽奥气势。建筑屋顶类型多样，色彩丰富，有黄、绿、蓝、紫、翠蓝等颜色，梁枋彩绘大量使用金线苏式彩画。整座花园既有私家园林玲珑秀巧的景致，又与皇宫华贵富丽的氛围相协调，是紫禁城内最精巧别致的花园，也是最能体现山水人文情怀的园林小景。多年来，为保护宁寿宫花园内的山水人文景观，故宫博物院在对宁寿宫花园开放的过程中始终秉持保护第一的原则，对园内各院落、各建筑均有不同规模的修缮，其中符望阁的修缮工作持续至今，同时还撤去了以前园内售卖商品的商店，全面恢复了宁寿宫花园的面貌，给观众营造了舒适宜人的参观环境。

除了对御花园和宁寿宫花园整体环境进行提升改善，开放慈宁宫花园也是故宫博物院在营造山水人文景观方面的重要举措。慈宁宫花园位于慈宁宫和寿康宫以南，始建于1536年，清乾隆三十年（1765年）进行了大规模改建，遂成现制，花园是明清两朝太后、太妃们礼佛和游憩之处。由于受礼制、宗法、风水等多种因素制约，慈宁宫花园建筑按照主次相辅、左右对称的格局安排，布局规整严谨，依靠内部精巧的装修和院落中的水池、山石以及品种繁多的花木来烘托浓厚的园林气氛。园中树木以松柏为主，间有梧桐、银杏、玉兰、丁香，集中分布在园中咸若馆前和临溪亭周围，花坛中则密植牡丹、芍药。其春华秋实，晨昏四季，各有不同的情趣。故宫博物院西部区域在2015年之前从未开放，观众们自然也就无缘一睹慈宁宫花园的山水面貌。为了扩大开放区域，实现分流目标，同时为广大观众营造更舒适的参观环境，在2015年故宫博物院建院90周年前夕，慈宁宫花园修缮完成后与其他四个区域一同对观众开放。花园以原状陈列的形式进行展示，主要展陈为咸若馆佛堂内陈设的千余件宗教文物，观众观赏文物的同时还可以赏景、休憩。慈宁宫花园空间开阔，环境宜人，开放至今受到了广大观众的喜爱与欢迎。

二、举办具有山水人文意境的展览

山水人文景观的营造除了依托具体的山水园林之外，还有更为深层的精神文化渊源可循。在中国悠久的历史长河中，对于山水自然的憧憬与向往始终贯穿于文人阶层乃至全社会的生活观念之中。孔子曾言："智者乐水，仁者乐山。"人们在体悟山水自然乐趣的同时，也被其营造的氛围所影响，因此，数千年来无数文人墨客创作了大量具有山水人文意境的作品并被后人所传承。故宫博物院是收藏中国古代文物最多的博物馆，具有山水人文意境的文物在其中也占有一定比例，利用好、展示好这些文物，成为故宫博物院为广大观众营造山水人文景观的又一主要途径。

2017年9月，故宫博物院举办了年度大展"千里江山——历代青绿山水画特展"，展览首次集中呈现了院藏青绿山水画作的精品，受到社会大众的广泛关注与好评。山水画一直是中国艺术发展史上的活跃符号，承载和牵系着中华民族的精神世界。山水画不仅单纯地表现眼前的山川景象，更直抒胸臆，描绘了理想中的大千世界，最重要的还在于它连接了人与自然，使诗性的中国文化在对意境的参悟中得以不断传承与发扬。古人评山水画有云："深岩委涧，有楼观洞府鸾鹤花竹之胜，杖履遨游，有飘飘羽化之想。"在此次展览中，故宫博物院对展厅山水人文意境的营造可谓颇下功夫。在中国传统美学观中，山水画是人亲近大自然并与之对话交流，使主观意象与客观物象交融的一种媒介，能传达出特有的意境，是在视觉领域内充分反映中国传统文化内在精神的表达形式。为了充分表现山水画的内在精神内涵，此次布展努力将创作山水画的技法、布局、张力融汇在整个展览的设计中，使整个展览成为一幅"青绿山水画"，通过整体设计来把握传统气韵，给参观者留下思考内视的空间，营造个体妙不可言又独一无二的观展意境。首先，对整个午门展厅的色彩上进行调整，回到以王希孟《千里江山图》为代表的青绿山水画的色彩，回到古人从眼中所见，到心中所想，再到案上所作时的自然状态；其次，遵循自然的法则与理念，将自然生态置入整个展览系统中，在固有的展示系统外，通过展品与手法再造一幅自然图景，将参观者带入到中国青绿山水画的自然观感氛围中，让展览环境与画中山水形成呼应，在有限的空间内延伸出无限的意境，眼前是有尽的千里江山，心中是无尽的江山千里。具体来说，展览中所有出现的色彩均提取自青绿山水，以石青、石绿为主色调铺陈，辅以泥金、绢白点缀；用出自画作中山、树形态的笔法对展览中的字体进行修饰，古意盎然而不失灵动；在展厅适合处以山石花木造景，衬以源自画作中的山水背景，随展览流线行进时隐时现，虚实结合，观者既欣赏作品，又仿佛身在画中，成为画作的有机元素，在展厅大空间中营造观展小空间，触发参观者内心的对话。

作为山水景观重要组成部分的动植物也是近年来故宫博物院努力营造山水人文景观的重点策展对象。2016 年 4 月和 9 月，故宫博物院先后举办了“天下无双品，人间第一花——洛阳牡丹与故宫博物院牡丹题材文物联展”和“菊香晚艳——开封菊花与故宫博物院藏菊花题材文物联展”两项与园林植物有关的展览。故宫博物院建院 90 多年来举办过各类陈列展览千余项，展出各类文物数以万计，但是，让园林花卉进入紫禁城，同在故宫博物院收藏的与花卉题材相关的文物藏品相聚，举办一场以花卉为主题的展览，在故宫博物院的展览历史上尚属首次。“牡丹展”在春花盛开之际，于故宫博物院慈宁宫花园、乾清门广场、慈宁宫、寿康宫、永康左门—右门、隆宗门外展出来自洛阳的万盆牡丹花，重现了清代紫禁城牡丹花开盛况；在举办花展的同时，在慈宁宫花园咸若馆还有插花专家进行现场插花表演，使观众充分领略牡丹之美。“菊花展”则展出来自开封的三万余盆菊花，分布于故宫博物院慈宁宫花园、乾清门广场、隆宗门外广场、寿康宫、永康左门—右门及永寿宫、延禧宫等区域，旨在重现清代紫禁城菊花绽放盛况，使观众在开封菊花盛放之际，可徜徉紫禁城，观名花，赏精品，品菊花文化，享美妙时光。这两项展览主题鲜明、故事性强、参与性强，展品有静态和动态的区别，场地包括室内和室外，内容涵盖物质和非物质的展示，这是故宫博物院在营造山水人文景观与陈列展览思路上的尝试与创新。文物与鲜花交相辉映，姹紫嫣红，适时应景，成为盛世之雅事。

2017 年 9 月，故宫博物院还举办了“天禄永昌——故宫藏瑞鹿文物特展”。展览分两部分，一是展出包括鹿角椅等近 70 件珍贵文物在内的故宫藏鹿题材文物，二是在慈宁宫花园展出来自承德避暑山庄的 9 只梅花鹿，将动物引入紫禁城中进行展示，在故宫博物院举办的展览中尚属首次。为了创造适合梅花鹿生活的环境，故宫博物院于慈宁宫花园南部区域设置了假山及水池，红墙、黄瓦、山石、树木，再加上优美的梅花鹿，一幅绝佳的秋季山水景观便呈现在人们眼前，置身其中，观众可与动植物亲密接触，获得一种在大自然中畅游的感觉。展览在开幕后受到社会广泛关注，众多媒体对其进行报道，很多观众全家出行，到紫禁城观鹿享受美好时光，再加上近年来院内各种鸟类的增多及“故宫猫”的走红，很多观众已经将故宫博物院看作感悟文化和体悟自然的双重参观地点。

三、建设公共文化空间，改善观众参观环境

博物馆应是一个多元、有趣、温馨、共享的公共文化空间，除了收藏、展览空间之外，还需为公众搭建教育、服务、休憩的空间，这是博物馆走近民众、融入社会的可持续发展之路。近年来，故宫博物院围绕这一空间的建设开展了多项工作，也将山水人文理念融入其中。

文化创意产品可谓是近年来故宫博物院事业发展的一张名片，大部分观众在参观后都会带走他们心仪的文化创意产品，因此良好的文化创意产品营销环境就显得尤为重要。自2015年开始，故宫博物院对文化创意产品营销环境进行提升，形成端门广场区域、冰窖区域、景运门区域、东长房区域等4个观众服务区。其中，东长房的文化创意体验馆于2015年开馆，分为丝绸馆、服饰馆、生活馆、书画馆、展示馆、木艺馆、陶瓷馆和紫禁书院等8个展馆，成为观众参观故宫博物院的“最后一个展厅”，集中展示和销售自主研发的各类文化创意产品，能够满足不同观众的多种需求，因而受到了观众的普遍欢迎。东长房文化创意体验馆在空间设计和细节布置上特别体现出山水人文理念，整体建筑的内部空间均不吊顶，显露出古建筑架构的原貌，同时建筑构件保持木材本色，未施色漆，给观众一种返璞归真、融入自然的感觉；在细节方面，文化创意体验馆多以小型盆景、奇石、花卉等精巧雅致的陈设点缀，和整体环境结合后，营造出更加和谐、静谧的自然氛围，成为最成功的“人造”山水人文景观，给观众以“虽由人作，宛自天开”的感觉，带给他们舒适安逸的参观体验。

故宫博物院还积极改善观众参观环境，持续扩大开放面积，进行综合景观提升治理，为广大观众提供良好的参观体验。2015年，故宫博物院新开放5个区域，开放面积由52%增至65%，2016年又开放了断虹桥以北至慈宁宫区域、箭亭南侧至文华殿区域，从而实现开放面积达到76%的目标。2016年开放的这两个区域均可谓风景秀美、环境幽雅。断虹桥是位于武英殿东的石桥，为内金水河诸桥之冠，桥两侧石栏板浮雕有穿花龙图案，望柱为石狮，用料考究，雕刻精美。十八槐古迹位于断虹桥桥北，为18棵具有数百年历史的高大古槐，最粗的树干周长达4.7米，树木最高达21米，最大树冠覆地半亩，王维曾有诗称“仄径荫宫槐，幽阴多绿苔”，在春夏秋三季，十八槐区域及周边种植的银杏、西华门至武英殿区域种植的丁香都呈现出不同的自然景色，绚烂多姿，十分迷人。文华殿区域至箭亭一段也是院内风景别致之所在，内金水河自这里流至文渊阁前，形成一段蜿蜒的河道，在河的东侧是文华殿院落的红墙，紫禁城内著名的戴胜鸟就居住在这一区域，再加上东华门至文华殿区域种植的海棠、银杏等花木，使这里也成为一处天然园林，并被很多观众选择为理想的摄影地点。

在综合景观提升治理方面，自2012年以来，故宫博物院先后在御花园及坤宁门种植各类绿化花卉数百株，在慈宁宫花园栽植牡丹，在东长房东侧栽植月季，在西长房、建福宫栽植西府海棠，开展锡庆门内、养性殿树池改造工作，在东、西华门地区与十八槐北、隆宗门外、慈宁宫花园建植草坪3万余平方米，在午门城楼展厅门前的箱体内栽植紫叶小檗，对銮仪卫院内植物进行修剪并对其进行环境整理等。这些项目的开展，为环境提升提供了有力保障，也丰富了山水人文景观的细节。为进一步营造良好的参观环境，故宫博物院还不断加强

院内公共设施及无障碍设施建设。为方便广大观众的用餐，2016 年故宫博物院将故宫冰窖修建为故宫西部区域的观众服务区，冰窖区域可容纳近 300 人就餐、休息。近年来，故宫博物院还开放了部分城墙并铺设了 3600 平方米木栈道，既拓宽了通道，疏散了观众流，又保护了古建筑，同时制作新式路椅 1400 把，围树椅 78 组，可满足观众的休息需求，更换各类新式导引标志牌 512 个。这些举措也是故宫博物院在公共文化空间建设上的具体体现。

紫禁城是中国古建筑的集大成者，中国建筑不同于西方建筑的特色之一，就是采取以土木为核心的建筑形式，这也是尊重自然的传统。土地是生养万物的根本，树木种在自然里，长在人世间，与人一起成长。土地和树木的特性加上人的需要，共同构建出一种充满中国文化色彩的建筑系统，这一系统强调人与自然的和谐，体现“天人合一”的理念，故宫博物院在营造山水人文景观上所做的努力正是贯彻这一理念的表现。未来，故宫博物院将进一步加强院内山水人文景观建设，让紫禁城的人居环境更完美、更和谐。

（此文发表于《中国建筑文化遗产22》，天津大学出版社，2019 年 3 月版）

让文化遗产活起来

党的十八大以来，习近平同志就传承和弘扬中华优秀传统文化作出一系列重要论述。他强调："让收藏在博物馆里的文物、陈列在广阔大地上的遗产、书写在古籍里的文字都活起来。""活起来"三个字，为文化遗产保护工作指明了方向，也是推动文明交流互鉴的内在要求。

我国引入文化遗产这一概念并在实际工作中加以运用是在20世纪80年代，特别是1985年我国加入《保护世界文化和自然遗产公约》，1987年北京故宫等6项遗产被列入《世界遗产名录》实现我国世界遗产零的突破后，通过世界文化遗产申报等工作，文化遗产的概念逐渐引起社会广泛关注并得到迅速普及。文化遗产保护的实践使我们深刻认识到，文化遗产不是在时间和空间上凝固不变的对象，而是一个博大的系统、一个发展的概念、一个开放的体系、一个永恒的话题。人们对于文化遗产保护的认识一直处于发展变化之中，不断被检验、被证明、被修正、被丰富，在实践中不断产生更符合实际的新认识。

过去，很多人把博物馆中的文物、祖国大地上的文化遗产看作是已经远离今天社会的东西，看作是已经没有生命的东西，只是被观赏、被研究的对象。但是，"活起来"告诉我们，这些文化遗产能够活在当下、活在人们生活中。它们曾有辉煌的过去，也应该有闪光的现在，并且还要充满生机地走向未来。现在，许多人都已经深刻认识到，文化遗产不应只是少数专业工作者呵护的对象，不应"养在深闺人未识"，而应融入社会，在保护中利用，在利用中进一步诠释和丰富其价值。保护文化遗产并不是将其封闭起来，与民众和当代生活隔绝。今天，城镇化快速推进，文化遗产更是无法藏身于世外桃源或自外于当代社会。从世界上一些历史名城的发展趋势看，文化遗产保护与城市现代化发展并不矛盾，如果处理得好就能相辅相成。

"活起来"告诉我们，仅将文化遗产当作珍稀物品保留下来是远远不够的，更重要的是发掘文化遗产中的精华，为人类现代生活服务。文化遗产应在被观赏、被分享中得到保护、诠释和延续。换言之，文化遗产只有通过适当途径发挥作用，通过特定方式被大众所关注与分享，才能具有旺盛的生命力。因此，保护文化遗产并不排斥对其进行合理利用，而且合理利用是最好的保护。在物质文化比较发达、精神需求日益增长的当代社会，经过科学规划和管理对文化遗产进行合理利用，无疑是对文化遗产的积极保护。当然，保护永远是第一位的，只有在保护的基础上才能实现合理利用。

当前，人们已经深刻认识到文化遗产的多重价值，对文化遗产进行合理利用展现出广阔发展前景。实践证明，让文化遗产活起来，利用文化遗产向社会提供各种文化服务，不仅能丰富人们的文化生活，而且能更好地保护文化遗产，同时还能创造社会就业岗位。利用文化遗产向社会提供各种文化服务，所实现的经济价值只是最表层的价值，合理利用文化遗产的效益其实是综合性的。通过发展文化遗产旅游让人人都能方便地接触到文化遗产，有利于宣

“送万福进万家”走进故宫博物院活动（2019 年 1 月 22 日）

传文化遗产保护的重要性和必要性，使人们深入理解文化发展的重要意义。由于有了这种接触与理解，人们就会意识到对文化遗产的尊重、对文化遗产所代表的文化的尊重、对文化遗产所在地和文化遗产拥有者利益和权利的尊重是人类共同的义务，而这无疑有利于文化遗产保护，也有利于文明交流互鉴。

文化遗产是一个国家的底蕴。文化底蕴是否深厚，不仅在于我们曾经拥有多少优秀文化，更在于我们今天还能拥有、感受到多少优秀文化。处理好保护与利用、学术研究与发展旅游等关系，就能让我国丰富的文化遗产活起来，不断丰富中国人民的精神世界，不断推动文明交流互鉴。

（此文发表于《人民日报》第 13 版，2019 年 5 月 17 日）

文化中枢：博物馆的当代社会角色

——写在 2019 年国际博物馆日

今年“5•18 国际博物馆日”的主题是“作为文化中枢的博物馆：传统的未来”。去年的主题是“超级连接的博物馆：新方法、新公众”。两个主题从不同的角度和侧面都在探讨当代博物馆的社会职能和社会角色。

“超级连接”和“文化中枢”

“超级连接”，是让博物馆成为连接公众与多元文化的纽带，用创新的方式方法，吸引更多公众来到博物馆，或者接触、使用博物馆的文化产品和文化服务，获得深刻新鲜的文化体验，共享丰富的文化成果。

“文化中枢”，指的是博物馆作为传统文化传承弘扬者，需要面向未来，推动中华优秀传统文化创造性转化、创新性发展，培育衍生出新时代的文化。这正体现了史密森学会第一任助理秘书长乔治•布朗•古德在《博物馆的未来》一文中写的“过去的博物馆必须被推翻、重构，从埋葬物品的墓地变为孕育活跃思想的温床”，以及国际博物馆协会所倡导的“博物馆不仅是旧遗产的投影机，还应成为新文化的发生器”。

“超级连接”和“文化中枢”，一个指向博物馆与人的关系，一个指向博物馆与文物所承载的文化的关系。这是源于当下博物馆从重“物”向“人”“物”并重的转变。“超级连接”和“文化中枢”都让人联想到“网状结构”，而博物馆处于网状结构的核心。博物馆使命光荣而艰巨，应致力于让文化成为大众而非少数人日常生活中的必需品，乃至成为促进人的全面发展及推动社会变革的重要力量。这是习近平总书记提出的“让文物活起来”的目的所在，是满足人民日益增长的美好生活需要的必然要求，也是博物馆可持续发展的重要途径。

“传统的未来”

传统的未来应该是怎么样的呢？既然博物馆服务于人，特别是当代人，那么，传统应该被如实地传达，同时，传统也需要有创造力的当代表达。

传统文化应该被如实地表达，这是因为博物馆的文化传播具有权威性和准确性，其所保管的“物证”以及所开展的科学研究确保其权威性和准确性。作为文化中枢的博物馆，除了做好本职工作，利用展览展示传播传统文化之外，还要深入关注社会，参与探讨当代社会问题和社会冲突，而非“两耳不闻窗外事”，传统文化和文化自信的守护需要博物馆挺身而出和积极作为。

例如，“DG筷子辱华事件”发生时，故宫博物院官方微博发布了9张蕴含文化符号的中国筷子，并配文“每一双，都不简单”，表明立场和态度，得到诸多媒体和网友的转发和评论，激发大众强烈的爱国心和文化自豪感。再如，故宫博物院和北京电视台联合推出文化类综艺节目《上新了·故宫》，纠正大众熟悉的宫廷剧中传播的一些谬误，引导大众关注历史和文化。

习近平总书记说：“不忘本来才能开辟未来，善于继承才能更好创新。”传统也需要有创造力的当代表达，这种创造力体现在形式上，也体现在内容上。形式上的创新，例如利用“互联网+”，将博大精深的中华文明以富有内涵且饶有趣味的形式进行推广传播，通过开发App、举办数字展、建设数字博物馆等，服务大众，特别是年轻人，方便他们不受时空限制地获取文化知识。内容上的创新，在于将现实与传统相结合，将创意和知识相结合，进一步增进公众的文化认同感和归属感，增进公众的幸福感和获得感。例如，诸多博物馆与广大民众的文化生活方式相结合，广泛地和社会优秀的文化机构、创意团队相结合，基于馆藏资源开展文创产品研发，以层次丰富、品类多样的文创产品，满足青少年、中老年、文化精英等各层次受众的不同文化需求。再如，故宫博物院与腾讯合作开展了三届NEXT IDEA创意大赛，开放一定的故宫IP，由年轻人设计制作当下在年轻人中流行的表情包、游戏、动漫，乃至音乐，让传统文化与当代文化、当代生活紧密相连，让传统文化影响当下，创造未来。

博物馆的未来，影响着传统的未来、文化的未来、社会的未来、国家的未来，文化中枢的角色不好当。全国博物馆只有齐心协力，共同奋斗，才能建设好博物馆的未来，成就公众，成就未来。

（此文发表于《人民政协报》，2019年5月18日）

《生存——陕西民办博物馆20年发展观察记》序

我和张礼智老师并没有多少接触，印象不太深。只记得十几年前，西安半坡博物馆遗址保护大厅改造工程竣工，我在文物库房和遗址保护大厅现场考察时，是张礼智老师进行的讲解。没想到十几年后他会让我为他的《生存——陕西民办博物馆20年发展观察记》写序，我很快答应了这一要求。因为这本书书名中的几个词十分令人注目，很想看个究竟。还有就是想知道一个国有博物馆的馆长怎么会对民办博物馆如此关注？

按说，一本关于民办博物馆的研究著作，“民办博物馆”应该成为最突出的词语，但是，“生存”“陕西”“20年”“观察”这几个词却引起我的注意。

看了张礼智老师的书稿，这几个词都有了合理的解释：“生存”是张礼智老师对民办博物馆发展的最深切的感受。“陕西”是本书设定讨论问题的行政区划范围。陕西是文物大省，也是博物馆大省，当然也是民办博物馆大省。以一个省的民办博物馆为研究对象，恐怕还是第一次。“20年”是到目前为止陕西全省民办博物馆走过的全部历程，进行一次系统梳理，很有必要。“观察”是张礼智老师设定的写作体例，正如他在本书《后记》中所说，“这不是一本系统、全面地论述陕西民办博物馆发展史的书”，“这也不是一本资料集”，仅仅是研究者个人的观察记录。这种定位看似为自己留了后路。实际上，体现出张礼智先生严谨的治学态度。

这部著作分上、下两篇。

上篇为《历程篇》，作者用20个小节叙述了陕西民办博物馆20年的发展历程。每节叙述的内容有详有略，有的一节只写一个馆，有的写两个甚至更多。有的对办馆者做了细致的描画，有的仅仅提及馆名，一笔带过。作者将这种写法叫作“先后为次，创始为目，以类相从”。说是这样说，但是表达陕西民办博物馆发展成绩的同时，时时不忘写出创办者们生存的艰难，渗透于字里行间。

下篇为《思考篇》，作者也用了20个小节，内容则是对陕西民办博物馆20年的发展经历，以及陕西民办博物馆业务建设的方向、评价和应该遵循的原则，进行了思考。从行文中和引用的资料来看，这些思考并非一时一事的感受和冲动之言，特别是这些思考并不限于陕西一地，这就对其他地方的民办博物馆也有借鉴意义。

无论是上篇还是下篇，都能时时感受到作者所饱含的对民办博物馆的热情和激情。这就是我想知道的另一个问题：一个国有博物馆的馆长为何痴情于民办博物馆？

从张礼智先生送给我的关于博物馆学的专著中，我知道了他工作37年来一直从事着博物馆工作，特别是在陕西省文物局博物馆处工作了17年，这形成了他观察博物馆一贯的全省视角。所以，虽然2003年被派到西安半坡博物馆担任馆长职务、2009年西安半坡博物馆又归属于西安市管理，但是他研究的视角依然是全省范围。

张礼智先生长期从事博物馆学研究，可以说是将工作、研究与兴趣结合较好的一个例子。他走遍了全省 107 个县区，到目前为止还保持着哪里有博物馆就非要现场考察一番的习惯。

张礼智先生很善于将自己从事的业务工作上升为学术研究，1995 年，在对陕西遗址博物馆进行一番考察后，出版了《遗址博物馆研究——兼述陕西遗址博物馆》一书。1999 年出版了《县级博物馆研究》一书。2014 年，出版了《陕西博物馆百年史》《陕西博物馆百年大事记》和《陕西博物馆学百年论文集》三本书。眼前这本《生存——陕西民办博物馆 20 年发展观察记》，仅仅是这一系列研究成果中的一个组成部分。

特别值得一提的是，张礼智先生的系列博物馆学研究，在同一领域中都具有开创性，这一点殊为难能可贵。

期待张礼智先生更多的博物馆学研究著作。

（此文发表于《生存——陕西民办博物馆 20 年发展观察记》，陕西科学技术出版社，2019 年 5 月版）

《城迹——重庆历史文化名城专委会17年》序

最近，重庆的同仁将拟出版的一部专辑《城迹——重庆历史文化名城专委会17年》送我，并请我写序。首先“17年”对于我来说值得回顾，从2002年我到国家文物局担任局长，至今年从故宫博物院院长岗位退休，恰好是17年的时光。17年间因为工作需要，我到重庆恐怕已经不止20次，书中提到的不少地方和文物建筑我曾做过考察、调研并就保护修复、价值评估、规划设计、建设利用、文旅融合发展等方面，提出过一些意见和建议。其中包括张桓侯庙、石宝寨等三峡工程文物保护项目，重庆歌乐山烈士陵园、红岩村等革命遗址，合川钓鱼城遗址、大足石刻等历史古迹，黄山陪都遗迹、重庆人民大礼堂等近现代建筑，重钢抗战工业遗址、“8.16”核工业洞等工业遗产，以及重庆中国三峡博物馆、四世同堂纪念馆等博物馆建设，特别是参加重庆涪陵白鹤梁水下博物馆开工和竣工仪式、瓷器口中国历史文化名街揭牌仪式、大足石刻千手观音造像抢救性保护工程启动仪式、故宫南迁文物存放地安达森洋行维修保护开工仪式等活动时的兴奋感受至今难忘。可以说，我也是17年来重庆历史文化名城保护成就的见证者。

我认为，重庆的专家学者能够较为系统地整理十几年来在历史文化名城保护与发展中的研究成果、项目实践、心得体会，并从多学科、宽视觉、全方位展示重庆历史文化名城的保护与实践历程，是一件值得肯定的事情。

习近平总书记指出：“历史文化是城市的灵魂，要像爱惜自己的生命一样保护好城市历史文化遗产。”重庆是国务院公布的第二批国家历史文化名城，拥有悠久的历史和丰富的历史文化遗产，重庆建城3000年，得名800年，历史上曾三建都城、四筑渝城、六次大移民。抗战时期，重庆是第二次国共合作和抗日民族统一战线的重要舞台，国际反法西斯战争的远东指挥中心。第三次全国文物普查后，重庆各类不可移动文物达到25908处。丰厚的文化遗产和历史积淀，使重庆更具文化的多元性和包容性，保护利用好历史文化遗产，必将极大丰富重庆历史文化名城的内涵和城市景观形象。

《城迹》专辑从书名到内容，体现了重庆历史文化名城专委会的专业跨界优势。专辑对重庆城市沿革、人文地理、巴渝建筑、文物考证、研究成果等方面都多有涉及，学术性、史料性、实践性较强，对于研究、总结重庆文物保护、城镇建设、传统村落、地域文化、城市发展具有积极的作用和参考价值。

重庆历史文化名城专委会成立十几年来，组织专家学者和文化遗产保护工作者穿行于山水古镇之间，奔走于传统街区之中，充分发挥专家学者的作用，采取各种方式，自觉为弘扬、传承中国优秀传统文化鼓与呼。记得我第一次与本书主编何智亚先生见面是在湖广会馆旧址，当时湖广会馆尚未得到维修保护，且存在严重火灾隐患，在何智亚先生的推动下，这处重要文物建筑得到了科学保护和合理利用。此后，因工作关系与何智亚先生也多有接触，他在重庆历史文化名城专委会发挥了重要作用，将城乡规划、城镇建设、文物保护、环境景观、文史研究、工程管理、影像艺术等多学科多领域的专家学者、机构部门联合起来，带领重庆历史文化名城专委会砥砺前行，取得不菲的成绩和影响。17 年来，重庆历史文化名城专委会在重庆历史文化名城、名镇、名村、历史街区、传统风貌区、文物建筑、历史遗产的规划、保护、传承、建设、发展等方面发挥了重要作用和影响。他们坚持坚守，无私奉献，勇于担当的精神难能可贵，值得钦佩和表扬。

祝愿重庆的同仁们在历史文化遗产保护、传承和活化利用过程中，为留住乡愁、丰富城韵、化沧桑为辉煌，取得更多、更大的成绩。

（此文发表于《城迹——重庆历史文化名城专委会 17 年》，重庆出版社，2019 年 6 月版）

优化现行设计招投标制度的故宫博物院实践

近日，我关注到为纪念中国建筑设计改革40年，在中国建筑学会的支持下，《建筑评论》编辑部编辑了《中国建筑历程：1978—2018》一书，也使我产生一些感想。这不仅缘于自己的建筑学专业背景，参加过北京城市建设的规划管理工作，更源于我亲身经历了改革开放的40年难忘历史时期。一路走来，在城市、建筑、文物、博物馆领域辗转，我深感在致敬时代的同时，更需要勤劳隐忍和坚守，需要理性的滋养与沉着，需要始终保持奋斗者的姿态和精神。

记得2018年我有幸被评为“影响中国2018年度人物”，在书画艺术大师94岁的黄永玉先生给我颁发“年度文化人物奖”时，曾对《中国新闻周刊》说：“如何让久经沧桑的紫禁城永葆生机，如何让安全重于一切的故宫根除各类隐患，更好地履行现代博物馆的社会职能，这是我到故宫博物院工作以来一直思考、研究和实践的课题。”面对网络世界中故宫博物院屡屡成为网红，相关综艺节目、App、纪录片和文化创意产品都有了极广泛的传播力与影响度。我们就是要以严谨而风趣的方式服务于大众文化教育，最终实现优秀传统文化的传播与再生。

特别值得回味的是在社会各界的支持下，为了将故宫博物院文物藏品更丰富地融入人们社会生活，故宫博物院不仅在厦门建立了故宫鼓浪屿外国文物馆，与香港西九文化区合作建设“香港故宫文化博物馆”，还在北京海淀区建设10余万平方米的故宫博物院北院区项目，2018年10月10日已经召开项目启动仪式，这些项目使大规模开展故宫文物修复和展示成为可能，不仅将向社会彰显故宫博物院“让每一件文物藏品都拥有尊严”的决心，也让广大民众看到“让文物活起来”的信心，更表现出故宫博物院创意管理所追求的不要“高冷”、亲近观众的新表情。

一

由故宫博物院北院区项目将我的记忆带回到2012年。文物是先人给我们留下的物质遗产，是无法复得的艺术瑰宝，对文物的维修保护必须保有一份手捧玉珠般的细致、一种如履薄冰的虔敬，研究透彻了再动手。故宫博物院自2012年以来，从不断满足公众的文化需求入手，在聚焦公益性博物馆文化创意产业发展，注重文化遗产数字化展示与传播等方面付出努力，取得实效。

最令人瞩目的是，2012年下半年故宫博物院正式酝酿提出《“平安故宫”工程总体方案》，2013年4月获国务院正式批准立项。故宫博物院北院区项目建设恰是“平安故宫”工程重点内容之一。针对这一项目建设的特点，我多次表述，故宫博物院北院区设计不应随波逐流，不可简单地聘用国外著名设计大师，而是希望探索建设项目新体系与新平台，旨在为建筑设计招投标制度创新积累经验。

2015 年，故宫博物院方面展示了由五位国内中青年建筑设计大师提交的故宫博物院北院区五份设计方案，他们是：崔恺院士的用方墙红墙体现故宫“形”；庄惟敏大师的用现代手法打造故宫的当代“别苑”；张宇大师的不特意体现新建筑而呼应中国传统“堪舆”理论的布局；梅洪元大师的远望如空中楼阁方案；孟建民院士有风水格局的立体画卷感的方案。

我曾在 2018 年 10 月 10 日，故宫博物院北院区项目启动仪式对媒体表示，故宫博物院北院区的新建让北京增加新的文化气息，也将带给北京城市格局的积极变化。2017 年 12 月 27 日第十二届全国人大常委会第三十一次会议通过了国家《招投标法》修正，该法律在招标模式上强调“公开招标”与“邀请招标”两种模式。故宫博物院北院区项目在遵循招投标法的公开、公平、公正及规范性原则的同时，创新性地采用邀请国家五位“一线”的中青年设计大师提交方案，其本身的意义就在于用故宫博物院北院区新项目，探索招投标体制的新模式。

我认为由项目建设单位邀请中国一流设计大师从事方案创作，由专家对设计方案进行比选，正体现了一种创新性，这一做法契合了 2015 年年末中央城市工作会议的要求。2015 年中央城市工作会议有“五大”亮点，即坚持以人民为中心、增强规划的科学性、改革城市管理体制、统筹开创新局面，其中在“延续城市历史文脉”中，明确中国不可再成为外国设计师的“试验田”，“洋郎中治不了中国的本土病”，反对“奇奇怪怪”建筑等。故宫博物院北院区选定的张宇大师的“金顶建筑形成一条轴线”的方案，符合北京城市历史文化传统和文脉沿袭，选址区域内因有皇家历史上的砖窑遗址，更具有见证历史和文化遗址展示价值。

对于故宫博物院北院区设计项目，改革以往的惯例，采取特殊的招标形式，我曾对不少媒体表达过意愿。但是比较系统的陈述，有感于 2015 年 5 月 8 日在西安举办的“张锦秋星命名仪式暨继承与创新学术座谈会”，我结合对张锦秋院士学术贡献的认识，讲述了故宫博物院北院区项目确保设计与营建品质的思考，提倡当代建筑创作要“四个结合”，即与满足人们的社会生活需求相结合，与挖掘中华优秀传统文化相结合，与鼓励中国建筑师发挥创作才华相结合，与建立优秀建筑设计作品不断涌现的体制建设相结合。

近年来，习近平总书记对城市文化建设、建筑设计创作多次提出明确要求，中国建筑事业迎来了令人鼓舞的好时期。如何抓住机遇，努力建立起具有中国特色的建筑文化理论体系和实践机制十分重要。由故宫博物院组织的故宫博物院北院区方案征集活动看到，国内各个城市在建设大型公共建筑的时候，往往采取国际招投标的方式征集方案，认为只有这样才够国际水准。于是一些外国设计机构积极参与其中，在对所到城市的历史、环境、人文等方面缺乏深入了解的情况下，自以为是地选取一些所谓“中国符号”，采取易于吸引决策者眼球的“新、奇、怪、特”的方案，参加方案招投标，居然屡屡得逞。我认为这样的做法，不利于真正繁荣建筑创作，反而给“奇奇怪怪的建筑”提供了市场，不利于涌现具有中国特色的优秀建筑设计作品，反而使中国建筑师一次次失去很好的创作平台。

经过国务院批准，故宫博物院在北京市海淀区规划建设故宫博物院北院区，也可以把它称为“新故宫”。规划设计总用地 62 公顷，规划建筑设计总面积 120000 平方米。故宫博物院北院区建筑设计，以体现民族传统、地方特色、时代精神、故宫元素为指导思想，维护与保持故宫博物院在世界博物馆界的地位和形象。鉴于故宫博物院北院区项目的重要性和影响力，建筑设计方案必须能够代表当今博物馆最高设计水平。为实现这一目标，故宫博物院必须采取新的规划设计方案征集，并探索评审的新尝试。

在规划设计方案征集方面：首先，我们征集中国建筑师的方案，因为中国建筑师更了解博大精深的故宫文化；其次，我们征集中国建筑设计大师的方案，因为故宫博物院作为世人瞩目的世界一流博物馆需要优秀的建筑设计方案；再次，我们征集年富力强的中国建筑设计大师的方案，因为故宫博物院北院区设计时间紧任务重；最后，我们征集年富力强的中国建筑设计大师本人的方案，因为故宫博物院愿为中国建筑设计大师施展才华搭建平台。在上述原则下，故宫博物院才邀请了 5 位年富力强的中国著名建筑设计大师，以本人名义带领团队进行建设项目方案设计，从而获得了 5 个优秀的建筑项目设计方案。

在规划设计方案评审方面，不采取现场评审，通过投票产生中标方案的方式。而是通过一系列的评议，广泛征集利益相关者意见的方法。一是召开建设项目设计方案说明会，5 位建筑设计大师向评议专家、单位员工和新闻媒体详细介绍方案。二是召开吴良镛教授、傅熹年教授、张锦秋教授等 9 位著名专家参加的评议会，从建筑规划设计方面进行评议。三是召开故宫博物院学术委员会全体会议，从使用功能方面进行评议。四是召开故宫博物院志愿者、观众代表和故宫博物院员工代表的座谈会，从观众使用需求方面进行评议。随后，故宫博物院先后邀请文化部部长、国家文物局局长、北京市主管副市长、北京市规划委员会主任、海淀区委区政府领导对故宫博物院北院区建设项目方案进行评议。

二

故宫博物院北院区项目何以要在招投标方面解放思想，大胆创新呢？它取决于我们对当代中国建设建筑设计价值导向的认知。改革开放 40 年来，在中国建筑创作取得成就的同时，在多元文化的正负作用下，包括中国建筑领域在内的一些社会人士正失去对何为“好建筑”的判断力，在一定程度上导致了城市建筑价值观的模糊与混乱。面对每年都不断刷新的建筑数量，以及新的建筑比高度、比体量、比奢华的风气在扩张，不少建筑师为拓展设计市场，为谋求更好的生存，不得不放弃自己的理想尊严、审美取向，甚至丢了基本的专业底线。具体讲：其一，不少建筑作品已沦为商品广告。是否制造巨大的感官刺激，是否吸引公众眼球，是否具有“冲击力”，才被视为建筑作品选择与否的标准，这正是中国建筑难以从“物化”到文化的困局；其二，建筑作品有的文化缺失。吴良镛院士在《中国建筑与城市文化》中指出，“在西方往往只是书本、杂志或展览会上出现的畸形建筑（比如，1996 年国际建协大会上展览的德国柏林扭曲形的摩天大楼），现在在北京及其他少数特大城市真正地开始盖起来了。中国真正成了‘外国建筑师的试验场’。”正是这些现实对中国建筑设计的招投标产生了不利的影响。

历史地看，计划经济体制下设计任务是受委托的方式，1985 年后开始试行招标发包，原国家计委发布《工程设计招标投标暂行规定》，确定着中标与否的依据是设计方案的优劣及效率，设计资历和社会信誉等。1995 年建设部提出《城市建筑方案设计竞选管理办法》，特别强调“设计方案比选”。到 2000 年 10 月又出台了《建筑工程设计招标投标管理办法》，依然沿用着“招投标”之说法，提出了“概念招标”的方式，意在对项目理解基础上提出一个方案的创意或构思草图，作为方案深度标准，但是此项改革并未得到全面实施。2008 年新组建的住房和城乡建设部出台的第一个法规即《建筑工程方案设计招标投标管理办法》，对招标过程中存在的问题予以约束。2017 年新修订的《建筑工程设计招标投标管理办法》的最大变革是，提出了设计团队招标和设计方案比选两种模式，不断完善着设计招标管理。

另一方面，在中国加入 WTO 后，建筑设计成为工程建设领域较早对外开放的领域，管理部门也不断放宽了管理尺度。1986 年，原国家计委印发了《中外合作设计工程项目暂行规定》，提出了“中外合作设计”的原则，1992 年，建设部出台《成立中外合营工程设计机构审批管理的规定》，鼓励中国设计机构与外国设计单位合营。到 2000 年 3 月，向国外独资工程设计企业开放了建筑智能化系统集成，建筑装饰以及环境专项的设计。2002 年 9 月建设部与外经贸部联合出台《外商投资建设工程设计企业管理规定》，允许外资在中国开办独资设计企业，但需使用与国内设计企业同样的资质分级标准，到 2007 年 1 月出台的《外商投资建设工程设计企业管理规定》细则后，可聘用中国注册建筑师，注册工程师来代替外国服务提供商，从而降低了资质申请的难度。所有这些都不断加大良莠不齐的中外合作设计作品的比例。

如果说 1979 年著名建筑大师贝聿铭受邀设计北京香山饭店，成为早期国际设计师在中国的成功作品，那么不完全统计表明，在国际排名前 200 位的设计公司有 2/3 都通过不同渠道，以不同方式在中国内地展开建筑设计，中国大陆被称为“国际建筑师的试验场”，许多城市的标志性建筑都是境外建筑师的作品或合作设计作品。中外合作设计在为中国建筑师开阔专业与管理视野外，在为中国城市留下一些优秀建筑的同时，也确有不少“奇奇怪怪”的建筑作品充斥着城市公共空间。

至此，透析出我国现行建筑设计招标投标制度的走向，可发现其有如下特点和不足：一是现有招投标法及相关法规立足于大建筑业及建筑施工层面，缺乏对建筑设计特点的准确反映；二是对于境内外建筑师的设计竞争，无论是哪种采购方法，要公平竞争，且本国优先，不可赋予境外机构“超国民待遇”；三是对设计招投标中的种种违规行为，只有针对设计资质的内容，而缺乏公平竞争的条款，无法杜绝扰乱招投标程序的行为等。

鉴于此，我们在思考，一旦设计投标有了准入机制，把控住设计项目方案甄选的价值标准，就有了最终方案归属的决策机制。因此在故宫博物院北院区项目的设计招标中，我们恪守如下原则：其一，选定符合故宫博物院北院区项目设计条件，以设计大师本人领衔的团队，规定统一的评审标准，不以任何变相方式阻挠合乎条件的设计方案入选，体现评审透明化；

其二，故宫博物院北院区项目非同一般新建文化设施，要有传承，要有创新，更要合乎北京皇家气派，是山水与人文精神融合的代表；其三，建筑设计作品，招投标制度贵在优化，在突出城市精神与建筑学特点外，该作品不仅应承担技术上的环境责任，更要担负起文化自信上的民族责任。

故宫，一座散发独特魅力的博物院，昔日为帝王宫阙，今天为观者邂逅，朱门金殿，千回百转。在恢宏的殿宇间徜徉，无以数计的中华文化瑰宝呈现在人们眼前，它们自身和它们所容纳的一切，体现着我们伟大民族的“根”和“魂”。故宫博物院北院区，一座传承故宫文化底蕴的现代化博物馆，它体现着故宫传统文化内涵，彰显瑰丽的中华文化与艺术特色，应成为营造故宫文化品牌的又一传世力作。

与故宫博物院有着类似命运的另一座世界著名博物馆卢浮宫，可以作为一个很好的范本供参考。同样是从皇家禁苑到公众博物馆，从王室收藏到国家收藏，一个印证着 18 世纪法国思想启蒙运动的历程，一个佐证着 20 世纪初中国新民主主义运动的变革。从 1981 年开始，卢浮宫进入了具有历史性意义的一个阶段，密特朗总统支持的“大卢浮宫计划”的实施，让这座博物馆重新找回了曾经拥有的价值与荣光。这个计划最主要的理念包括：“重建大卢浮宫，并将其全部用于博物馆”；常设展览展厅的变化；观众接待和服务区的开辟；办公、保管和研究空间的极大拓展。“大卢浮宫计划”为卢浮宫博物馆的再发展确立了标尺。贝聿铭设计的玻璃金字塔，成为卢浮宫第一个象征性标志。三十年来，卢浮宫在法国、欧洲和全世界举办了各种展览，并于 2012 年在法国上法兰西大区建立了卢浮宫朗斯分馆。分馆由大区管理，其展品虽来自卢浮宫，但是通过不同寻常的策展方式加以呈现，更贴合短期展览的需要。另外应阿联酋政府的请求，卢浮宫投入到不同凡响且极具前瞻性的卢浮宫阿布扎比分馆计划中。2017 年 11 月 11 日，在沙漠绿洲阿布扎比矗立起了一座面向不同文化背景观众、与各异文明开展对话、呈现多元艺术展示的“沙漠卢浮宫”。

三

回望中国，2016 年、2017 年、2018 年故宫博物院的年观众流量都突破了 1600 万人次，均为法国卢浮宫博物馆的一倍。我曾经提到：如此巨大的参观需求，如此有限的展览空间和设施，再加上古建筑的有限利用原则、文物修复、藏品保管的严苛硬件要求，我们有理由相信，在充实丰富现有故宫博物院基础设施的同时，需要一座更具有现代博物馆理念、体现新时代精神的故宫博物院分院，借鉴卢浮宫博物馆的成功拓展模式，以开放的姿态最大化地保护、展示、传承中华民族的优秀文化遗产。如上所述，在故宫博物院北院区方案设计上，与规划师、建筑师、策展设计者共同呈现了如下理念。

（一）在故宫博物院北院区规划方面

1. 场地条件

作为“平安故宫”工程重要组成部分的故宫博物院北院区，建设项目以一种别苑的姿态，选址于上风上水的北京海淀山后地区西玉河。项目基地南侧大面积水库及植被覆盖，更为博物馆提供了得天独厚的景观条件和人文地理优势。而可建设用地形状不规则，现状条件复杂，包括未来保留的琉璃窑址、待拆迁村落、耕地、防护林地及已有建筑。

2. 优选方式

功能布局将对外展览功能布置在用地东侧，文物修复、行政管理及后勤功能于西侧布置，最大限度满足功能布局的同时，有利于分期建设，另外方便与现有修复用房重新整合。建筑的线性格局将场地有机地划分为南北序列，南面临水、北面叠山，呼应中国传统“堪舆”理论的理想布局。这种均衡的轴线布局与散点的构成，是在向它的故宫前辈致敬，蕴涵在其血脉中的气质也正在传承着与他遥相呼应的紫禁城的历史底蕴。

（二）在故宫博物院北院区建筑设计方面

1. 设计灵感

方案设计的灵感来自对中国传统“殿”“堂”“舍”“院”的理解，借助从中提炼的轴线、秩序、等级等特质，凝聚成一座巨大的博物馆群落。紫禁城的色彩系统也在故宫博物院北院区得以承接，赋予同样的恢宏气势。与此同时，建筑师竭力赋予故宫博物院北院区以适应当今国际视野的现代意义，助其成为世界博物馆领域的翘楚，从而更广泛地传承中华民族传统文化。

2. 展览功能区

展览开始于中央大厅，把人流引导到二层，其好处是方便去往各功能展厅的同时，获得得体的仪式感和绝佳的观湖景观条件。环绕大厅布置的导览、艺术书店、纪念品售卖及餐饮服务等设施，共同营造出舒适宜人、独具皇家气质的天地交泰公共空间，展览开幕式、艺术沙龙均可在此举行。主轴线次中厅由南侧二、三层的专题陈列展厅和首层的数字故宫展厅如若干“宝盒”般围合而成，如从中国卷轴画运用散点透视的方法，还原紫禁城的生活场景，使其成为展现故宫千万藏品的理想容器。

3. 展览功能区立面构成

立面构成仿照中国古典建筑外形“三段式”构图法，在金顶华盖之下是作为屋身的红墙围合而成的展览空间，屋身之中借用华丽而有韵律之美的窗棂作为表皮肌理，首层大台阶结合自然草坡将首层自然抬起，自此一个拥有皇家古典气息的现代博物馆应运而生。

4. 修复、办公及库房功能区及立面构成

鉴于现有文物修复用房未来将予以保留，设计方案中文物修复用房结合原有修复设施统一整合考虑，形成一个既分又合的组团，是传统围合庭院的现代演绎。立面形式提炼原有建筑的灰色作为基准元素，并穿插点缀主体展览建筑的红色与金色，构建出既相对独立，又浑然一体的组群建筑。窗棂、格构、屋檐、院落，处处体现出传统元素的现代表达。

5. 景观设计

故宫博物院北院区园林景观提案，萃五行之精华，与金龙交映生辉。龙形地块沿着东西方向展开，与水系的形状相互搭配衬托，犹如有鳞有须的金龙与“金木水火土”五颗宝珠嬉戏，成为故宫博物院北院区“园冶”之特点。

6. 绿色建筑设计

方案充分考虑绿色建筑技术应用。巨型屋面提供了太阳能的使用条件，雨水收集系统加中水系统的应用，适合少雨的北京。建筑形体，南侧通透并合理布置景观，保证夏季东南风导入室内，降低能源消耗；北侧封闭，以实体结构为主，抵挡冬季西北方向冷空气，最大限度降低热量散失。展示区、修复区和办公区充分利用自然采光和通风系统以节约能源。

结语

故宫博物院北院区，应是一座有中国古典元素的现代建筑，向世人表达中国人自己的文化传统和哲学思想。正所谓：“轻清者上浮而为天，重浊者下凝而为地。”而有天地，乃有万物，万物在天地之内。尽管一个建筑项目的成功有无数定义，成功建筑的图景也有多种表达，但是多年的城市建设管理及文物博物馆创意实践，令我感到，作为故宫博物院“守门人”，我们要明确角色和职责，要意识到建筑文化的影响力和重要性。对城市建筑而言，文化不仅是传统与创新，更是价值观和信仰的集合，这些构成对于故宫博物院北院区项目全过程管理的原则。我相信，这正是故宫博物院北院区设计方案中，那宛如漂于湖水之上的金黄色的华冠，以包罗万象的姿态，向世人展示着独有的皇家气质形象与蕴藏其间的文化定力和内涵的魅力所在。

（此文发表于《中国建筑文化遗产23》，天津大学出版社，2019 年 7 月版）

长久的关注
——《国宝修复师》序

2016年，《我在故宫修文物》的突然走红，让国宝背后经年默默无闻的修复师们备受关注。然而，能在故宫博物院修复文物的毕竟是少数；能通过纪录片成为明星、网红的，更是屈指可数。

《北京日报》历来关注传统文化，不甘心众多文物修复师长久地默默无闻、不为人知，不甘心他们只是偶尔地、个别地成为网红。

本书的主人公，既有通过纪录片而家喻户晓的“故宫男神”们，但也不拘于红墙之内——有国家图书馆的“书医”，有沈从文先生的弟子、社科院的古丝绸修复专家，也有青铜器修复世家的后人；更有走出北京，将敦煌壁画、西安兵马俑的修复高手“收入囊中”。他们中既有皓首讷言的老专家，也不乏正当壮年的行业骨干；既有传统与传承，也不乏因地制宜、日益精进的新技术、新理念。这些文物修复师和他们修复的文物同样是国之宝也！

此次《国宝修复》以个性鲜明的人生故事、翔实准确的专业内容、充满细节的修复传奇，带您走进沉静而不失情趣、内敛与生动并存的国宝修复师的世界。如果这些文字所记录的历史故事、修复资讯，所传递的文化气息、工匠精神，能让更多的人了解、更长久地关注国宝，以及国宝背后的修复者们，则是文化之幸事。这也是一直以来我们的坚守与努力。

（此文发表于《国宝修复师》，中华书局，2019年7月版）

期待北京中轴线的美好未来

每个城市都有属于自己的地域特点、文化特征和环境特色，古都北京最重要的特点、特征和特色，是贯穿南北的城市中轴线。

北京中轴线形成于元代，历经明、清、民国至今，构建起北京城市骨架的重要基准，成为中国悠久城市文明的历史见证。7.8公里的中轴线南起永定门，贯通古都北京的外城、内城、皇城、宫城，直达北端的钟鼓楼。自形成至今，无论北京的城市形态如何变迁，始终处于驾驭全城的至尊地位，产生出无与伦比的超然气度，是世界上迄今为止经由人工设计建造现存最长、保存最完整的城市中轴线，与古都城市发展史一脉相承，被誉为“世界城市建设史上的奇迹”，代表着东方文明古都规划建设的最高成就。

中华人民共和国成立之后，北京城市承继了原有的空间结构，在不打破中轴线对称结构的前提下，天安门广场地区经历了多次改造，但是整个广场的规划设计及其两侧公共建筑的布局、规模、形式均反映出对传统中轴线对称原则的维护，体现出当代社会对中轴线价值的认同和尊重。中轴线作为北京城市规划中统帅全局的存在，为构建完整的城市景观增添了信心，为实现优美的城市环境创造了条件，也为继承优秀的传统文化提供了思路。

2011年6月，北京启动中轴线申报世界遗产文物保护工作，迈出了中轴线保护新的关键一步。除已经列入《世界遗产名录》的故宫、天坛之外，还包括永定门城楼、先农坛、正阳门及箭楼、毛主席纪念堂、人民英雄纪念碑、天安门广场、天安门、太庙、社稷坛、景山、万宁桥、鼓楼和钟楼，以及连接这些要素的历史街道，覆盖了北京历史城区约65%的面积。目前已经编制完成《北京中轴线申报世界遗产名录文本》，基本确定了北京中轴线的遗产构成和遗产环境范围，北京中轴线申报世界遗产工作全面启动。

2014年，习近平总书记在北京考察工作时指出，历史文化是城市的灵魂，要像爱惜自己的生命一样保护好城市历史文化遗产。北京是世界著名古都，丰富的历史文化遗产是一张金名片，传承保护好这份宝贵的历史文化遗产是首都的职责，要本着对历史负责、对人民负责的精神，传承历史文脉，处理好城市改造开发和历史文化遗产保护利用的关系，切实做到在保护中发展、在发展中保护。

2002年至2020年为期18年的“故宫整体维修保护工程”和2013年至2020年为期8年的“平安故宫”工程即将顺利竣工，实现“把一个壮美的紫禁城完整地交给下一个600年”的目标；故宫大高玄殿通过整体维修保护，即将对社会开放；太庙、社稷坛等文物建筑，通过住户搬迁腾退，历史风貌得以恢复；景山寿皇殿建筑群以历史文化展览的形式面向公众开放，再现皇家祭祀的历史情境氛围；先农坛“春耕祭先农”暨“一亩三分地”实现腾退、考古、展示、祭祀、春播历史景观的展示；消除钟鼓楼、德胜门箭楼等百余处文物建筑存在的避雷、防火、用电等安全隐患。

中轴线沿线环境整治持续推进，地安门百货大楼等沿线建筑高度逐步降低，在建筑体量、形式等方面与环境景观相协调；钟鼓楼周边环境得以改善，地安门雁翅楼修复得以开放，玉河河道景观风貌得以恢复；天坛外坛周边腾退搬迁取得突破性进展，恢复天坛历史风貌，履行申报世界文化遗产时的庄严承诺，同时实施北京天坛医院的整体搬迁，最大限度恢复天坛历史格局及风貌。北京市民特别是当地居民，积极支持中轴线申报世界文化遗产，主动配合腾退，为文化遗产维修保护和展示利用创造了良好的条件。

我成长于北京，从小就居住在中轴线两侧的胡同里，雄伟的天安门、壮美的紫禁城、温馨的四合院是我人生美好的回忆。作为在北京中轴线附近生活了60多年的“老北京”，我时刻关注着中轴线的变化，并在情感上产生共鸣，对北京中轴线的美好未来充满期待，更为服务古都北京发展而骄傲，为保护北京文化遗产而自豪。

（此文发表于《光明日报》，2019年8月21日）

让文化遗产与现实生活相融相通

习近平总书记特别强调保护文化遗产、弘扬传统文化，这是增强民族自信的重要方式。通过对中华文化的弘扬，引导人们树立正确的历史观、国家观、民族观、文化观，不断巩固各族人民对伟大祖国的认同、对中华民族的认同、对中国特色社会主义道路的认同。文博工作者要切实落实总书记关于文物博物馆事业发展一系列重要讲话精神。

一是高度重视文化遗产保护传承。今天我们将保护文化遗产、弘扬传统文化作为增强民族自信的重要方式。作为历史文化的有力物证，文物不仅是一个民族的宝贵文化遗产，也是一个国家文化软实力的重要载体。

二是让文化遗产重回人民生活。文化遗产来自人民群众的创造，人民群众是文化遗产的真正主人。今天传承和弘扬中华优秀传统文化，要重点做好创造性转化和创新性发展，使之与人们现实生活相融相通。让文物藏品成为文物展品，重回现实社会生活，这才是好的文物保护状态；不断挖掘文物藏品资源，推出引人入胜的展览，举办丰富多彩的活动，使参观博物馆成为一种生活方式，人民群众爱看的博物馆才是一座好的博物馆。

三是加强青少年文化遗产教育。今天，中华传统文化元素已经渗入当代年轻人感兴趣的诸多领域，形成以中华传统文化元素为特征的博物馆文化现象。博物馆应更加主动地迎接年轻人、拥抱年轻人，将传统文化通过文化创意形成富有个性、充满时代气息、具有民族特点的文化元素，经过媒体的传播放大，惠及广大青少年的学习生活和健康成长，让传统文化以当代时尚的方式在年轻人中迸发活力，帮助年轻人将兴趣爱好发展成为可持续、有后劲的创新力量。

四是推动中华优秀文化走出去。讲好中国故事，是提高中华文化影响力的基本途径，就是要把优秀传统文化的精神标识提炼出来、展示出来，把优秀传统文化中具有当代价值、世界意义的文化精髓提炼出来、展示出来。因此，要采取丰富多彩的形式讲好中国故事，讲清楚中华民族传统文化的思想精华和道德精髓，讲清楚其历史渊源、发展脉络、基本走向，讲清楚其独特创造、价值理念、鲜明特色。

（此文发表于《光明日报》，2019 年 8 月 27 日）

为大运河鼓与呼的那些年那些事

一、大运河保护和申遗回顾

我个人开始关注大运河及其沿线文化遗产始于 2003 年。当时南水北调工程东线方案涉及大运河和遗产的保护问题，国家文物局开展了包括大运河在内的文物资源调查。因为我是全国政协委员，国家文物局便让我在全国政协写一份《关于在南水北调工程中重视文物保护的提案》。我在提案中提到：我们的万里长城早已成为世界文化遗产，而大运河到今天连全国重点文物保护单位都不是，建议要在南水北调工程中注重保护包括大运河在内的文化遗产。国家文物局的老局长张文斌以及樊锦诗院士等 40 多位全国政协委员参与了这次提案，这是全国政协在大运河保护方面最早的提案。

2003 年、2004 年、2005 年国家文物局连续进行了三次大运河全程调研，又有一些政协委员写了许多提案，比如 2004 年我写了《关于大运河文化遗产保护亟待加强的提案》。这个提案对开展大运河文化遗产保护起到了一定的促进作用。第二年（2005 年），国家文物局专家委员会讨论第六批全国重点文物保护单位名单时，特别把京杭大运河列了进去。这在当时可以说是史无前例，因为像著名的万里长城都没有作为整体列为全国重点文物保护单位，仅仅选择了像山海关、嘉峪关、居庸关等一些重要的点段。京杭大运河跨越了 6 个省、直辖市的 20 多个城市，当时专家一致赞同列入名单。最终，2006 年国务院批准京杭大运河整体进入全国重点文物保护单位，这在全国重点文物保护单位的确定中，是一次革命性的实践。

全国政协积极呼吁、组织考察，通过多种形式推动大运河保护、申遗，功不可没。2006 年两会期间，58 位全国政协委员联名提交了《应高度重视京杭大运河的保护和启动申遗工作的提案》。当年 5 月，全国政协开展了声势浩大的大运河保护与申遗考察活动。5 月 22 日，在杭州召开了京杭大运河保护与申遗研讨会，发表了《杭州宣言》。由此，拉开了大运河保护与申遗的序幕，起到了社会动员作用。

2006 年这一年还发生了三件具有重要影响的事情。一件事是文化部部长孙家正在 2006 年 11 月 14 日签发了《世界文化遗产保护办法》。这是我们国家 1985 年加入世界遗产保护公约以后，颁布的第一部关于世界文化遗产的部门性法规，它建立了与《文物保护法》不同的一个文物管理保护体系，直接推动了我国世界遗产的保护事业。第二件事是在国家层面成立了“文化遗产专家委员会”。这个委员会成立之初，即开始关注包括大运河在内的文化遗产保护。第三件事是 2006 年底，第一次召开了全国文化遗产工作会议，进一步统一文化遗产保护思想。

这三件事情之后，我们重设《中国世界文化遗产预备名单》，根据专家意见将京杭大运河扩展为中国大运河列入名单，使它进入了申报世界文化遗产的正常程序。后来，又根据专家意见，在京杭运河、隋唐运河的基础上，增加了浙东运河。2007 年全国政协十届五次会议期间，在人民大会堂举办了一次集体采访，刘枫、舒乙、刘庆柱和我等几位全国政协委员面对媒体，进行了大运河保护与申遗的呼吁，引起更多的社会公众对大运河申遗的关注。

后来，我牵头写了《关于推进大运河世界遗产申报工作的提案》，有 40 多位专家联名支持这项提案。大运河申遗变成了运河沿线城市的一个集体行动。不久，大运河联合申遗办公室在扬州设立了。同时，全国政协对大运河持续开展考察、调研和研讨活动，前后有陈奎元、徐匡迪、李兆焯、孙家正、罗富和等五位全国政协副主席带队，沿着京杭运河、隋唐运河、浙东运河，一个城市一个城市地视察，听取地方政府汇报，交流情况和提出建议。我们的一些文化、文物考古专家，比如谢辰生先生、罗哲文先生、朱炳仁先生、舒乙先生、刘庆柱先生等都参加了沿线的调研和考察活动。

2008 年，为促进大运河保护纳入法制管理的轨道，我又提交了《关于尽快制定大运河保护条例的提案》，希望在大运河申遗过程中，能有更加鲜明的法律支撑。

2008 年 3 月 23 日，国家文物局主持召开了大运河保护与申遗工作会议，大运河正式进入了申遗工作程序。

第一项工作是编制保护规划，中国文化遗产研究院承担了规划的编制研究工作，吴良镛教授、谭徐明老师等参加了规划编制的评审。2008 年 8 月，经过专家评审会审议通过，确定大运河遗产保护规划编制工作分三个步骤进行：2009 年 6 月前完成地市级的规划编制，2009 年 12 月前完成省和直辖市的规划汇总，2010 年 12 月底完成大运河总体保护规划编制。科学的工作需要缜密的设计，一步一步严格按时间、按步骤、按程序来做，大运河保护规划的编制就是认真按照计划如期完成的。

大运河第一阶段保护规划编制工作部署以后，35 个城市全部行动起来。2009 年，国务院成立了 13 个部门和 6 个省、直辖市参加的大运河保护和申遗省部级会商小组，每年召开一次工作会议，有力地推动了这项工作的开展。全国政协副主席孙家正多次参加运河申遗的各类会议，直接推动这项工作。国家文物局也多次召开大运河申遗工作会议，在申遗工作进展到各个不同阶段，或针对某一个地区出现的重要情况，研究并部署工作。

值得一提的是 2011 年的无锡论坛，确定的主题就是运河遗产保护。会议通过了运河遗产保护宣言，进一步对大运河遗产保护工作发出了号召。各地政府和民众的保护热情持续高涨，一些河段两岸民众自觉保护运河，参与清理垃圾、打扫运河，出现了“河水清冽，碧波荡漾，当地人在河边张网捕鱼，聊天嬉戏”的情景。一些运河城市搬迁岸边企业厂房，整改历史街区中的不和谐建筑。扬州市、苏州市、无锡市、济宁市等都在探索与实践中保住了城市的独特风貌，凸显了运河城市的文化魅力，妥善处理了城市发展与运河遗产保护的矛盾。

申报世界文化遗产成功，意味着大运河的突出普遍价值、真实性、完整性以及为保护这些珍贵遗产几代人付出的艰苦努力得到了世界遗产委员会和国际专业咨询机构的一致认可，在文化遗产保护领域开创了历史新篇，使人振奋，令人深思。

二、大运河申遗成功的经验和思考

大运河申遗成功给中国文化遗产带来许多启发和经验，在我看来，主要有以下三点。

（一）文化遗产保护理念和保护范围的重大变化

一是引发了我们文化遗产保护理念的变化。我们保护文化遗产的内涵更加深化了，保护的外延更加拓展了。大运河申遗中，我们曾报请国务院发布了《关于加强文化遗产保护的通知》。《通知》中鲜明地把文化遗产作为一个新的概念提出来了，第一次没有提文物。文化遗产保护和文物保护有哪些不同呢？第一，更强调文化遗产的传承性。我们每个人、每届政府做的每一件事，在历史的长河中都是短暂的一瞬。我们一些专家学者往往就保护重要，还是利用重要争论不休。其实，保护也不是目的，利用也不是目的，真正的目的是传承，把祖先创造的文化遗产经我们的手，健康、完整地传给下一代，这是我们开展文化遗产保护工作的目的。第二，文化遗产保护比文物保护更强调公众的参与性，特别像大运河这样大规模的线型遗产，涉及众多的利益相关者，涉及千千万万家庭的切身利益。保护文化遗产不是我们政府的专利，也不是文物部门的专利。我们的理念认为它应该是一项世代传承的、公众参与的事业，重在全民参与。

二是在文化遗产保护的范围上与其他文物的保护思路有六个方面的重大变化。第一，不但要保护文化要素方面的东西，而且要保护文化和自然共同形成的文化景观；第二，不但要保护静态的宫殿建筑、寺庙建筑、纪念性建筑，而且要保护人们仍在使用的这些活态的历史街区、村落民居、江南水乡；第三，不但要保护那些点、面，而且应该向“线性文化遗产”保护发展，文化遗产保护的视野从单个文物点，或古建筑群、历史文化街区、村镇，扩大到空间范围更加广阔的“大遗址群”“文化线路”“系列遗产”，拉开了中国文化线性遗产保护的序幕；第四，不但要保护古代的、近代的，而且要保护现代的、当代的，所有对社会发展传承发挥过重大作用的工程；第五，不但要保护历史建筑，而且要保护人们生活其中的传统民居、工业遗产、老字号遗产等这些和人们生活息息相关的内容；第六，不但要保护物质文化遗产，还要保护非物质文化遗产。

（二）文化遗产保护格局的重大变化

特别注重文化线路和文化景观的保护，这是世界文化遗产保护的大趋势。1972 年《世界遗产公约》正式制定，1985 年，中国加入《世界遗产公约》。1987 年我们有了第一批世界文化遗产，我们开始迈入世界文化遗产大门。特别是 2004 年第 28 届世界遗产大会在中国苏州举行，世界各地的遗产专家和政府人士云集中国，给我们创造了一个很好的沟通交流的机会。第二年，声势和规模更大的国际古迹遗址理事会在西安召开，1000 多名各国专家学者，探讨古迹遗址保护的新理念——遗址要和它周边的环境一起保护，诞生了《西安宣言》。这两次会议把中国的世界文化遗产保护事业呈献给国际社会，也对我们的文化遗产保护视野的拓展创造了条件。在此基础上，我们开始和国际社会，例如世界遗产中心、国际古迹遗址理事会、国际文化财产保护与修复研究中心等三大遗产组织建立了密切的合作。世界三大文化遗产组织的负责人多次同时聚集中国，和其他国家的专家学者一起进行世界文化遗产的行动和推动。

全世界190多个国家，每年申报世界文化遗产达130项，最终仅仅通过30多项。我们中国年年申报世界遗产，年年申报成功。仅仅近年来，2004年的高句丽王城、王陵及贵族墓葬，2005年的澳门历史城区，2006年的殷墟，2007年的开平碉楼与村落，2008年的福建土楼，2009年的五台山，2010年的登封“天地之中”历史建筑群，2011年的西湖文化景观，2012年的元上都遗址，2013年的红河哈尼梯田，连续10年成功。在这个基础上，2014年中国又是一个丰收年，大运河和丝绸之路两项进入世界遗产，中国是名副其实的文化遗产资源和世界文化遗产最多的国家。

大运河申遗成功了，申遗工作完成了，这不是最终的目标，而是更艰巨保护行动的开始。因为它是人类共同的文化遗产，保护好它，我们才能创造未来。我们做了三件事：第一件事，我们连续办了六期世界遗产负责人的培训班；第二件事，我们和一些大学联合开展世界文化遗产管理体制调研，最终形成报告呈交国务院；第三，召开世界遗产监测的研讨会和推动会，加强对世界遗产的监测工作。例如杭州西湖申遗成功以后第一个动作就是揭牌西湖世界文化遗产监测管理中心，召开遗产保护监测的研讨会。要冷静地对待每一处世界遗产申报成功以后的行动。

（三）文化遗产保护目的重大的变化

对待文化遗产保护，我们不仅要尽职尽责、死看硬守，而且要有更大的追求。第一，要使我们保护的文化遗产拥有尊严；第二，我们的文化遗产要促进经济社会发展；第三，保护成果要惠及广大民众，特别是当地的民众。这是从大运河申报世界文化遗产工作中总结出来的文化遗产保护要实现的三个目标。

第一个目标，面对城市化加速的进程，如何使文化遗产能够保护下来并拥有尊严。例如戴村坝、鸿山遗址，以及运河两岸的码头、堤岸遗址，怎么样能够有尊严地、有序地留存下去。

第二个目标，人们生活其中的历史街区、传统村落能够保存下来，并且能够延续下去。一条条历史街区、一座座传统村落在大运河申报世界文化遗产过程中列入了国家保护的视野，也推动了中国历史文化街区、中国历史文化村镇的保护行动，促进了文化景观和文物古迹的保护工作。例如，扬州坚守文化理想，一直没有让任何一栋突兀的建筑侵占和影响瘦西湖的景观，这些文物古迹在大运河申报世界文化遗产过程中和今后能够得到持续的保护。同时，人们正常的生产、生活活动不能终止，而应该得到延续，应该正确处理文化遗产保护与运河航运、农业生产、居民生活，以及养殖业、种植业、老字号企业的坚守和发展的问题。

第三个目标，大运河的保护应该惠及广大民众。千百年来，运河两岸人民群众的生活习俗和习惯的和谐生活环境，应该得到保证。我看过一组照片，觉得这些都是运河沿线民众喜欢的生活。例如，在这些小街小巷，这些面对老龄化社会而悠闲生活的老人喝着茶扇着扇子、生着火炉子看着书、晨练舞剑打太极拳；孩子们在运河边长大、上学、游戏等等。这些场景应该永存，大运河的保护应该能够切切实实地使人们的生活不断地改善，延续下去。大运河

隋唐洛阳城和大运河遗产保护利用规划座谈会（2017 年 10 月 12 日）

沿岸还有一些传统技术、非物质文化遗产的继承，例如剪纸、书法、手工艺，包括他们织“3 指”“5 指”的渔网。今天，大运河沿线进行了博物馆建设，杭州段建成了非物质文化遗产的中国刀剪剑博物馆、中国伞博物馆、中国扇博物馆，扬州正在筹建中国大运河博物馆，这些活态的传承应该在运河沿线成为一道亮丽的风景。

（此文发表于《全国政协文史资料选辑》，2019 年 8 月 27 日）

保护好、利用好、传承好北京中轴线文化遗产

北京建城3000多年，建都800多年，是一座拥有古都风貌的现代化大都市。而跨越历史长河、统领城市空间的北京中轴线则是这座伟大城市的脊梁和灵魂，营造出南北起伏、东西对称的城市格局，序列严谨、主次分明的城市风貌，层级递进、收放有度的城市景观，恢宏壮丽、气势磅礴的城市气象。北京中轴线所构成的三维空间精彩画卷，不仅展示出古代先民的勤劳和智慧，也表达出人们对美好生活的向往和期盼。

经过长时间的营造，北京中轴线成为严谨方正的城市构图核心，众多重要建筑、广场和道路，或有序安排于中轴线之上，或对称布置于中轴线之侧，形成空间的韵律与高潮，“就像北京的一条文化血管，里面流淌的是一种北京特有的血液”。中轴线两侧的街巷胡同亦相向布局，保持着特有的格局和肌理，整个城市如此大面积的对称，使独具特色的壮美和秩序由此而得以建立，平缓开阔的城市空间由此而得以控制，使宏大的城市具有了强烈的整体感、稳定感和归属感，同时也具有了强大的向心力、号召力和凝聚力。

北京历史悠久、文脉深厚、古迹众多，是首批国家历史文化名城，北京历史城区则是中国历史性城市的典范代表。中轴线上红墙黄瓦的皇家建筑与两侧青砖灰瓦的四合院民居，形成壮美景象与安谧氛围的强烈视觉反差，体现出中国传统城市美学的价值取向，给人以极具震撼的审美感受，造就了北京城内众多独具特色的丰富文化景观。梁思成先生称颂北京城是“古代中国都城的无比杰作”，吴良镛教授赞誉北京城是“古代中国都城发展的最后结晶”。由于各种原因，北京历史城区未能从整体上得到妥善保护，其传统风貌已经受到了较大影响。但是，虽然经历城市数百年的沧桑变化，北京中轴线仍然相对保持完好，具有持久的生命力，成为北京文化古都保护的重要内容。

20世纪20年代起，北京中轴线开始逐渐突破原有封闭状态。一方面曾经属于皇家的私有空间变为公共公园、博物馆开始对公众开放，另一方面由于市政交通发展，城门、牌楼等城市节点被陆续拆除和改造，20世纪30年代后期，中轴线上的广场、道路、坛庙更是由于疏于管护，地面坎坷不平，庭院杂草丛生，一派荒芜衰败景象。1949年1月31日，北平和平解放后，北平市政府随即发动民众开展义务劳动，清除垃圾，疏浚河道，中轴线面貌有了明显改观。10月1日，开国大典在天安门广场隆重举行。

北京中轴线的保护虽然得到重视，但是实践中却并非一帆风顺。由于城市建设重心的转移，为了治理交通拥堵等原因，中轴线上的永定门、地安门等一些重要标志建筑相继被拆除，一些节点景观和历史水系遭到破坏，中轴线的功能逐渐被淡化，其连贯性与完整性遭到伤害。在中轴线东西两侧新建了一些公共建筑和住宅，存在建筑高度、体量、形式与历史风貌不协调的问题。同时中轴线两侧胡同肌理不断被破坏，四合院房屋破损严重，现代生活功能严重缺失。

20 世纪 80 年代之后，北京中轴线的概念逐渐回归公众视野，北京城市总体规划的历次修订，都强调加强对中轴线的保护和发展。1983 年的《北京城市建设总体规划方案》明确提出中轴线是文化中心建设的重要历史资源。《北京城市总体规划（1991 年—2010 年）》提出要保护和发展城市中轴线，把中轴线向南、北两个方向延伸，在其两侧和终端安排公共建筑群。联想到梁思成先生早年曾有延伸原有北京中轴线的设想，但未能实施。经过数十年的实践，证明了这个规划思想的正确。

80 年代末，当第 11 届亚运会工程北郊奥林匹克体育中心工程即将竣工的关键时刻，中轴线北段得以按规划打通，为实现中轴线向北延伸提供了条件。借助在北京举办 2008 年奥运会的契机，中轴线继续向北延伸。奥林匹克公园位于中轴线北部的延长线上，集森林、湿地于一体，空间开阔、环境优美，至此中轴线北端城市景观的格局基本确立。

侯仁之先生曾将北京中轴线向北延伸称为北京城市规划建设中的第三个里程碑，指出："紫禁城作为第一个里程碑，它那巍峨壮丽的宫阙，就充分显示了皇权时代帝王至上的思想，天安门广场作为第二个里程碑，它在扩大宫廷广场为城市广场的基础上，又融合古今建筑为一体，从而呈现出继往开来新气象。现在作为第三个里程碑，又处在整个城市空间结构的顶点上，其总面积还将超过旧日的紫禁城。"

2003 年 12 月，《北京中轴线城市设计方案》编制完成，首次将中轴线向南延伸到南苑，确立了南中轴在北京南部地区发展的引领与带动作用。同时，《北京历史文化名城保护规划》《北京旧城 25 片历史文化保护区保护规划》《北京皇城保护规划》《北京中轴线城市设计》等保护规划和设计文件相继制定，成为对中轴线实施整体保护的重要依据。

同时，北京中轴线在城市建设中的地位日益凸显。2004 年 9 月，消失了近半个世纪的永定门在原址按原状完成复建，再次屹立在中轴线南端，如此适当的景观恢复并不是大规模的复古重建，而是对带有标志性的建筑选择性恢复；天坛和先农坛之间的杂乱建筑得以拆除，亮出了坛墙；皇城根遗址公园、菖蒲河遗址公园、元大都遗址公园、明城墙遗址公园等相继建设；钟鼓楼、万宁桥等文物建筑也得以修缮，中轴线重新展现出基本轮廓。

人们还记得，20 多年前，在北京市召开"首都文化发展战略研讨会"时，故宫博物院单士元先生在病床上写出书面发言，就保护北京中轴线文化风貌提出建议，一是希望将景山后、东、西侧原有皇城遗址外露一部分出来，可再现出老北京规划的整体与首都文化风貌。二是建议在万宁桥东、西两侧一二百米内，拆除广告牌和水泥盖板，清污整治，使桥下能看到"活水"，西侧与什刹海水面相通，恢复历史文化风貌。今天可以告慰单士元先生，他的嘱托已经得以实现。

不了解北京中轴线的过去，就无法认识中轴线的现在，也就不可能预测中轴线的未来。过去、现在和未来处于同一时间链条，忠实记录了历史的发展与时代的进步，诠释了古代传统礼制文化和当代首都建设理念在不同时期对城市发展的影响，形成不同于西方城市轴线的特征，具有多元的文化价值。

北京中轴线是思想文化轴线。既反映出人类在城市规划和建设方面无比杰出的成就，也是中国古代都城规划思想集大成者，更是都城规划长期发展成熟并且保存完整的典型范例，在空间格局、功能分布、场所营造等方面，均展现出东方文明在都市规划设计和建设方面的最高境界。从苑囿和宫殿建筑，到祭祀和礼制建筑，再到充满市井生活气息的胡同、四合院。中轴线在今天仍然和现代社会生活息息相关，它的文化价值以及思想原则通过当代城市规划建设得到延续，推动解决广大民众对美好生活的向往和城市发展不平衡、不充分之间的矛盾。

北京中轴线是文化艺术轴线。在北京中轴线上，汇聚着城市中最具价值的众多代表性建筑，以故宫、天坛为代表的古代建筑，以毛主席纪念堂、人民英雄纪念碑为代表的现代建筑，以景山、北海为代表的皇家园林，以及以大栅栏和鲜鱼口、什刹海和南北锣鼓巷为代表的传统民居街巷。从古代，到近代，再到当代，建筑、园林、街区的风格之多样、类型之丰富、形制之规整、建造之精湛、规模之宏大，在空间上体现出音乐般的节奏，使北京中轴线成为展现丰富多彩的中国传统建筑和当代建筑的艺术轴线。

北京中轴线是民族融合轴线。古都北京的形成与发展，得益于各民族的共同创造。北京作为辽、金、元、明、清五朝故都，是由我国历史上的契丹族、女真族、蒙古族、汉族和满族等民族先后建立的王朝，尽管每个民族都有各自的文字、信仰和生活习俗，但是各朝代和各民族都遵循中华民族“多元一体”的传统文化，保持中华主体文化的延续性，不断完善和丰富北京中轴线的建筑内容及文化内涵，为文明古都发展注入新的活力，体现出历史发展中各民族文化认同的中华传统。

北京中轴线是发展创新轴线。从元大都营建形成到今天，经受时间的冲刷而不朽，既是古代社会中重要的礼仪空间，也见证了一系列改变中国发展进程的重大历史事件，更体现出北京中轴线既是历史轴线，也是发展轴线，象征着具有五千年文明史的中华民族在 20 世纪、21 世纪新的崛起，象征着中华民族历史文化在新世纪的延续和发展。北京中轴线是不断焕发新生命力的保护对象，反映出人类与自然长期的交互影响和利用的历程，也使北京城市发展反映出“首都风范、古都风韵、时代风貌”的城市特色。

如今，在深入研究和阐释中轴线文化价值的基础上，建立起中轴线遗产保护管理体系，编制了《北京中轴线保护规划》，进一步扩大中轴线的保护范围，在中轴线核心遗产点的文物保护范围外，整体划定连续的建设控制地带，保护中轴线遗产环境的真实性和完整性；在制定保护规划的基础上，编制《中轴线风貌管控设计导则》，以完整烘托中轴线格局、保护平缓开阔的城市形态、实现区域风貌整体协调为原则，对中轴线区域环境品质改善提出具体设计和管控要求；按照保护专项规划开展相关文物建筑修复保护和环境整治，对长期占用文物建筑、管理混乱的使用单位，加大搬迁腾退力度，切实改善北京中轴线文化遗产保护状况和景观风貌。人们可喜地看到，北京中轴线保护不断取得新的进展。

《北京城市总体规划（2016 年—2035 年）》将中轴线申报世界遗产正式写入规划文本，并提出南中轴构成南部地区的主动脉，不仅承载着北京城市南部的未来发展目标，而且担负着缓解北京城市病，带动南北均衡发展的重任，更与未来京津冀协同发展和雄安新区国家战略高度协调一致，开启了北京中轴线保护发展的新时期。通过北京中轴线申报世界文化遗产，能够促进国际社会对于东方城市规划理念的正确认识，同时借助申报世界文化遗产行动，使北京中轴线文化魅力得到进一步彰显。

北京中轴线的遗产区和缓冲区是历史文化遗产的精华集中区，不仅包括故宫、天坛和大运河 3 项世界文化遗产，还包括 72 处国家级文物保护单位和 26 片历史文化街区。因此，北京中轴线保护是一项长期性的系统任务，需要一代代人的不懈努力。

一是实现北京中轴线的整体保护。将中轴线两侧的历史河湖水系、棋盘式道路网骨架和街巷肌理、传统四合院民居建筑群，以及中轴线两侧平缓开阔的空间格局、城市天际线和重要的街道对景、传统建筑色彩和形态特征等，均纳入北京中轴线的保护内容。也就是说，不仅要保护好中轴线的道路骨架，还要保护好两侧的街巷胡同肌理；不仅要保护好宫殿建筑、纪念性建筑，还要保护好四合院民居建筑群；不仅要保护好景山、钟鼓楼等制高点，还要保护好相互之间的通视走廊和天际线；不仅要保护好城市文化景观，还要保护好自然生态景观。

二是实现北京中轴线的有序保护。通过中轴线遗产核心区和中轴线缓冲区的不同层次特点，开展具有针对性的城市设计，恢复城市风貌、街区肌理和文化底蕴，突出地方特色，避免急功近利，不搞大拆大建，注重人居环境改善，采用微循环、渐进式更新，保护传统街巷、院落和民居，体现“绣花”功夫。要继承好中轴对称、平缓开阔的格局，使两侧建筑起到强化和烘托中轴线景观的原则，新的建设切不可喧宾夺主。为了保护好中轴线区域的天际线和空间环境，应拆除严重影响景观的突兀楼房，不应再增加破坏环境景观的高大建筑。让城市留下记忆，让人们记住乡愁，确保北京中轴线文化景观得以完整呈现。

三是实现北京中轴线的综合保护。通过中轴线沿线和各节点的公共文化空间，设计中轴线专题文化探访线路，将文物古迹、优秀近现代建筑、博物馆和纪念馆等，组成中轴线公共文化空间的系统框架，形成景观和谐统一、文化魅力十足的历史景观。通过深入挖掘文化景观的内涵，强化文化遗产的可读性，使人们可以从南到北了解中轴线的历史风貌，形成具有中国特色和深厚历史内涵的文化景观带，结合非物质文化遗产保护，活化中轴线内涵展示形式，讲好北京中轴线的丰富故事，“让文物说话，让历史说话，让文化说话”，将北京中轴线的过去、现在与未来有机联系起来。

四是实现北京中轴线的发展保护。对于北京中轴线的保护不应作为静态遗产保护，对于北京中轴线的历史遗存、历史景观、历史环境，不论是古代的还是当代的，不论是有形的还是无形的，无论是宏观的还是微观的，用系统连续的方法加以整合，进行融贯的综合研究，不仅要恢复历史风貌，还要找到文化遗产保护与经济社会发展、文化遗产保护与人居环境改善、文化遗产保护与社区生活融合的结合点，发挥中轴线历史资源的当代活力，促进城市相关文化产业的集聚发展，使之成为北京最富魅力的文化区域，将中轴线保护融入北京城市整体发展战略之中。

在 2011 年全国政协十一届四次会议上，我提交了《关于推动北京传统中轴线申报世界文化遗产的提案》。北京既是不断展现国家发展面貌的现代化城市，也是各民族文明相遇和交融的国际化大都市，今天北京在继承传统基础之上开放胸襟，实现多元融合与创新，注重文明传承、文化延续，保持庄重、稳定、均衡的城市景观，发展大气、包容、开放的城市气象。北京中轴线不仅要拥有平缓开阔的壮美景观，还应该拥有生态友好的清新环境，更应该拥有深厚的文化底蕴、和谐的文化氛围、温馨的人文情怀。

保护、利用、传承好北京中轴线这份宝贵的文化遗产，不仅是向世界介绍中国传统的哲学思想和规划理念，彰显中华民族的文化自信，更是展示北京这座文化古都的保护成果。北京中轴线整体、有序、发展保护，将带动北京历史文化名城的整体保护，使人们重新审视北京中轴线的重要价值，审视中华传统文化的无限魅力，审视北京城市的繁荣今天和壮美未来，更好地保护它传承它发展它，让北京中轴线永远有尊严地留存于城市，在人类文化发展史上留下浓墨重彩的一笔。

（此文发表于《中国文化报》，2019 年 8 月 31 日）

一个纯正的“中国心”

要读懂这封信，首先要了解严复这个人

严复（1854—1921），福建侯官县（今福州市）人，中国近代卓越的启蒙思想家、教育家和翻译家。他是旧学邃密、新知深沉的大学者，发出“救亡图存”的呼吁，警醒沉睡的中国，主张变法维新，挽救国家沉沦；他是中国近代从德智体三要素出发构建教育目标模式的第一人，曾担任首任北京大学校长，参与创办并兼任复旦公学校长、安徽高等学堂校长和北洋水师学堂总办（校长），培养出众多人才；他又是杰出的翻译家，以优美典雅的古文，翻译西方八大名著，提出“信、达、雅”三字诀，确立了译学轨范。严复先生一心爱国忧民，以非凡的见识引进新的世界观和方法论，梦想振兴民族和国家。

每个中国人都应该记住严复

习近平总书记在参观严复故居时说：“严复是中国近代思想文化史上里程碑式的巨人。……严复的一生首先是爱国者的一生。他的一切寻求、一切进取、一切成功都是与其爱国之心、报国之志分不开的。”我们今天敬重严复，首先是他葆有一颗纯正的中国心；其次，因他在中西两种文明上，都有第一手的、来自生活与专业上的深入体验与研究，所以他对中国的情况及其在人类文明中的地位，都有深切著明的观察，由之而来是一系列深刻的预见——不论是在政治方面、经济方面，还是军事方面、教育方面，严复的见解都是洞烛深幽的。正是因此，鲁迅也佩服他“是一个十九世纪末年中国感觉锐敏的人”。

了解了这些，我们就会明白为什么“甲午海战”后严复再三给陈宝琛写信，陈述见解和心中忧虑，直面痛斥李鸿章“用人不当”，继而批评清朝政权的腐败无能。一方面，他眼见得国家日益衰败，痛心疾首，另一方面，痛恨当权者昏聩无能，致使大好江山就像“北洋海军不败自废”，一颗爱国之心跃然纸上。今天，我们再来细读他的书信，品悟他的思想，是非常有意义，非常难得的。一个强大的民族，需要牢记历史，需要知耻后勇，需要不断开拓，需要每一个人都能担负责任。爱国不是空口白话，是实实在在地干，是每一个岗位的人认真履职，实干方能兴邦。

（2019 年 9 月 6 日）

文化遗产必须“活”在当下

新中国成立70年来，我国文物博物馆事业经历了成立之初、改革开放和新世纪之初几个显著的发展高潮，我国已经稳步迈入文化遗产大国之列。走进新时代，对照习近平总书记对文化遗产保护传承工作的殷切期待，文博人要不忘初心，牢记使命，不仅要把文化遗产保护好，让它们有尊严地“活下来”，而且要利用好，让它们充满生机地“活起来”。

回望历史　不忘初心

今年是中华人民共和国成立70周年。70年来，在中国共产党的领导下，文物事业发展欣欣向荣，但是我们不能忘记新中国文物事业创业时的初心。新中国成立以前，在半封建半殖民地社会中，中国的文物古迹饱受帝国主义列强的破坏，“或劫、或掠，且骗、且偷”。1949年10月中华人民共和国成立，老一代文物工作者以保护祖国珍贵文物、传承中华文明为己任，在一穷二白、极其困难的条件下，从机构设置、方针政策、指导思想、队伍建设、业务拓展乃至宣传出版各个方面，为文物事业的创业和发展作出重大贡献。1950年《禁止珍贵文物图书出口暂行办法》的颁发，结束了帝国主义破坏掠夺中国文物的局面。1954年“两重两利”文物方针的确定使大批珍贵文物得到保护，1961年第一批全国重点文物保护单位的公布具有重要示范意义，所有这些都彰显出文物事业为保护文化遗产、改善人民生活、开创美好未来、传承中华文明而勇于担当的初心和勇气。

特别是改革开放以来，以《中华人民共和国文物保护法》为核心的文物保护法律规章体系框架初步形成，文物方针政策与时俱进；文物普查、文物保护、考古发掘、文物安全督察、博物馆建设、社会文物管理、文物保护科技等方面都取得长足的进步。同时申报世界遗产捷报频传，成功承办系列大型国际会议，文物保护对外合作交流与出入境展览不断展现亮点，表明中国在国际文化遗产保护领域越来越发挥出重要的作用。伴随着中华民族迎来从站起来、富起来到强起来的伟大飞跃，文物事业也在快速发展，正在由一个文物大国向文物保护强国迈进。回顾70年中国文物事业发展的历程，我们倍感自豪和激励。

“文化自信是更基本、更深沉、更持久的力量。”新中国成立70年来，我国文物博物馆事业经历了新中国成立之初、改革开放和新世纪之初几个显著的发展高潮，我国已经稳步迈入文化遗产大国之列。今天文物博物馆资源正在成为亿万民众取之不竭的精神食粮，也让中华传统文化既有辉煌的过去，又有尊严的现在，更在创新中走向未来。一代代文物保护前辈们为新中国文物事业的创业发展作出了不可磨灭的贡献，他们的初心就是为保护祖国文物守土有责，为弘扬中华文明执着追求，体现出高度的文化自信和文化自觉。

走进新时代，习近平总书记一直高度重视文物工作和文化传承。在各地调研工作期间，经常来到文物保护单位和博物馆视察并作出重要指示。近期，习近平总书记在内蒙古、甘肃考察时又针对中华文明保护和传承作出重要讲话，充分体现出对中华民族传统文化的高度重视，进一步激发了文物博物馆工作者坚守文化自信的志气、夯实了全国文物博物馆系统保持文化定力的底气。

习近平总书记一再强调，要把凝结着中华民族传统文化的文物保护好、管理好，同时加强研究和利用，让历史说话，让文物说话。特别强调保护文化遗产、弘扬传统文化，是增强民族自信的重要方式。通过对中华文化的弘扬，引导人们树立正确的历史观、国家观、民族观、文化观，不断巩固各族人民对伟大祖国的认同、对中华民族的认同、对中国特色社会主义道路的认同。

回顾中国文物博物馆领域70年发展成果，要思考我们是从哪里来，展望我们要到哪里去，守初心、担使命，唱响文化遗产保护传承的主旋律。

牢记使命　砥砺前行

今天文物博物馆事业发展与习近平总书记的殷切期待还有很大差距：大部分列入文物保护单位的文物建筑和考古遗址还没有进入安全稳定的状态，大部分博物馆的文物藏品还没有得到科学保护修复，大部分博物馆还没有摆脱门可罗雀的状态，大部分基层文物部门的机构编制还没有得到健全。中华文化经过历史长河的洗练、峥嵘岁月的磨砺、伟大实践的锻造，是最有韧劲、最具内涵、最富生机的文化，是凝聚我们不懈奋斗的精神力量。没有文化自信和文化自觉，就不可能有发自内心的责任担当，就不可能完成艰巨而光荣的历史使命。因此，要切实落实习近平总书记关于文物博物馆事业发展的一系列重要讲话，不忘初心，振奋精神，通过加强文物保护和利用，加强历史研究和传承，使中华优秀传统文化不断发扬光大。

一是高度重视文化遗产保护传承。面对城市化进程加速，在很多地区、很多情况下，历史文化名城、名镇、名村等文化遗产还处于亟待抢救的状况，因此要正确处理文化遗产保护中一系列复杂关系，全面铺开一系列重大文化遗产保护工作，逐步破解一系列文物保护实践课题，使文物事业发展跟上新时代、实现新跃升。习近平总书记一再强调，要把凝结着中华民族传统文化的文物保护好、管理好，保护好中华民族精神生生不息的根脉。2014 年，习近平总书记在北京市考察工作时强调，历史文化是城市的灵魂，要像爱惜自己的生命一样保护好城市历史文化遗产。我们要本着对历史负责、对人民负责的精神，传承历史文脉，处理好城市经济社会发展和文化遗产保护的关系，切实做到在保护中发展、在发展中保护。进入新世纪以来，故宫博物院坚持坚守的定力、奋起奋发的勇气、创新创造的活力，经过历时 18 年的故宫整体维修保护工程，10 年的故宫文物藏品清理，8 年的“平安故宫”工程，努力实现把一个壮美的紫禁城完整地交给下一个 600 年。保护文物功在当代，利在千秋。今天我们将保护文化遗产、弘扬传统文化，作为增强民族自信的重要方式。中华民族历史悠久，中华文明源远流长，中华文化博大精深。作为历史文化的有力物证，文物不仅是一个民族的宝贵文化遗产，也是一个国家文化软实力的重要载体。

二是让文化遗产重回人民生活。文化遗产来自广大民众的创造，人民群众是文化遗产的真正主人。当前存在广大人民群众不断增长的精神文化需求与我们所提供的文化供给严重不足的矛盾。习近平总书记多次强调，要系统梳理传统文化资源，让收藏在禁宫里的文物、陈列在广阔大地上的遗产、书写在古籍里的文字都活起来。今天传承和弘扬中华优秀传统文化，要重点做好创造性转化和创新性发展，使之与人们现实生活相融相通。创造性转化，就是要按照时代特点和要求，赋予中华优秀传统文化以新的时代内涵和现代表达形式，让文化遗产资源"活起来"。创新性发展，就是要按照时代的新进步新进展，对中华优秀传统文化的内涵加以补充、拓展、完善，增强其影响力和感召力。今天我们认识到，什么是好的文物保护状态？不再是把文物藏品锁在库房里，死看硬守就是保护好了文物藏品，而是要让文物藏品成为文物展品，重回人们现实社会生活，这才是好的文物保护状态。什么是好的博物馆？不再是建立起大规模的馆舍，等待观众参观就是好的博物馆，而是要不断挖掘文物藏品资源，凝练出强大的文化力量，不断推出引人入胜的展览，举办丰富多彩的活动，使人们在休闲的时候就会想起博物馆，走进博物馆后流连忘返，离开以后还要再来的博物馆，这才是一座好的博物馆。

三是加强青少年文化遗产教育。中华文明延续着我们国家和民族的精神血脉，既需要薪火相传、代代守护，也需要与时俱进、开拓创新。青少年是祖国的未来、人类的未来。今天，中华传统文化元素已经渗入当代年轻人感兴趣的诸多领域，包括陈列展览、图书出版、文化教育、数字技术、文化创意、影视节目、艺术摄影等，形成以中华传统文化元素为特征的博物馆文化现象。几年来，宣传文化机构和故宫博物院合作通过《我在故宫修文物》，介绍稀世珍宝的修复过程和修复工匠的生活故事，展现了中华优秀传统文化的博大精深和精妙绝伦；通过《国家宝藏》讲述文物的前世今生，使观众在一眼千年中感悟传统文化的深沉和厚重；通过"贺岁迎祥——紫禁城里过大年"展览，还原昔日春节景象，让沉淀于历史的传统节庆文化"活"起来；通过"紫禁城上元之夜"，促进城市夜间文化活动和博物馆对民众夜间开放的兴起，一系列"故宫现象"引发社会公众的广泛关注。这些文化创意，通过展览活动和电视艺术手段，生动呈现中华文化的基因密码和独特魅力，唤起了无数人对传统文化的崇敬和自信。最为欣慰的是越来越多年轻人走进故宫博物院，使故宫博物院的年轻观众比例不断提升。同时越来越多年轻人希望进入故宫博物院工作，一大批年轻的文物博物馆工作者成长起来。博物馆应更加主动地迎接年轻人、拥抱年轻人。将传统文化通过文化创意形成富有个性时代气息、具有民族特点的文化元素，经过宣传媒体的传播放大，惠及广大青少年的学习生活和健康成长，让传统文化以当代时尚的方式在年轻人中迸发活力，帮助年轻人将兴趣爱好发展成为可持续、有后劲的创新力量。

四是推动中华优秀文化走出去。中华文明植根于和而不同的多民族文化沃土，历史悠久，是世界上唯一没有中断、发展至今的文明。中华文化跨越时空的永恒价值和魅力，是我们的自信之根。习近平总书记强调："我们有本事做好中国的事情，还没有本事讲好中国的故事？

我们应该有这个信心！”讲好中国故事，是提高中华文化影响力的基本途径，就是要把优秀传统文化的精神标识提炼出来、展示出来，把优秀传统文化中具有当代价值、世界意义的文化精髓提炼出来、展示出来。因此，要采取丰富多彩的形式讲好中国故事，讲清楚中华民族传统文化的思想精华和道德精髓，讲清楚其历史渊源、发展脉络、基本走向，讲清楚其独特创造、价值理念、鲜明特色。今年“良渚古城遗址”成功列入《世界遗产名录》，使中华民族拥有五千年文明的史实在国际领域获得共识，也使历史悠久的文明古国展示出中华民族的文化自信。只有充满自信的文明才能在保持自己特色的同时，包容吸收各种文明成果。几年来，来自世界各文明古国的代表云集故宫博物院，参加“太和论坛”。太和论坛以太和殿命名，“和”文化是中华传统文化的精髓，号召人与自然之间和谐相处，人与人之间和谐相待，人的内心世界和谐相安，今日世界就会成为和平发展的和谐世界，各国代表都十分赞成中国的主张。今天我们要铸就中华文化新辉煌，就要以更加博大的胸怀，更加广泛地开展同各国的文化交流，更加积极主动学习借鉴世界一切优秀文明成果。文明因多样而交流，因交流而互鉴，因互鉴而发展。因此，要坚持从本国本民族实际出发，坚持取长补短、择善而从，在不断汲取各种文明养分中丰富和发展中华文化。

习近平总书记强调：“博大精深的中华优秀传统文化是我们在世界文化激荡中站稳脚跟的根基。”文化兴国运兴，文化强民族强。中国当下要增强文化自信、走向文化自强，从文化大国成为文化强国，需要有这样的文化自觉，才能使自己国家和民族的文化在面对新环境、新时代能够不断传承、创新和发展，在世界文化多元竞争发展格局中具有自主能力、取得自主地位，从而实现与时代同行、与世界同进。

文化承载着初心使命，时代呼唤着文化自信。新时代赋予我们新的文化使命，我们要不忘初心，牢记使命，坚定文化自信，将习近平总书记对中华文明保护和传承的高度重视和亲切关怀，熔铸为忠诚维护的情感基础、奋发进取的力量源泉，自觉成为中华优秀传统文化的忠实践行者、弘扬者，勇往直前地继续前行。

（此文发表于《光明日报》，2019年10月20日）

《老舍美家：一座文人住宅的底色》序言

看到眼前的这本即将由中国国际广播出版社出版的《老舍美家：一座文人住宅的底色》样书，我不禁想起二十多年前任北京市文物局局长以来和老舍故居的诸多渊源。

位于东城区丰富胡同 19 号的老舍故居，是 1950 年老舍先生应周恩来总理之邀从美国回国后，购买的一处典型的北京二进三合院房产。1954 年春天，老舍先生在小院中亲手栽下了两棵柿树，每年秋天橘红的柿子挂满枝头，胡絜青女士为小院取名“丹柿小院”。老舍先生在此度过了生命中的最后 16 年。就在西耳房面积不大的卧室兼书房内，老舍先生创作了 24 部剧本和两部长篇小说，其中包括著名话剧《龙须沟》和《茶馆》，以及未完成的巨著《正红旗下》。

令人难忘的是，1997 年我到“丹柿小院”拜访老舍先生的夫人胡絜青女士时，谈起老舍故居的保护，她说几乎每天都有人慕名前来故居访问，有的来自日本、美国，中午休息的时候也经常有人敲门，虽然对家人的正常生活有影响，但是来访者都是怀念老舍的人士，没有办法拒绝。我当时试探着建议，能否将老舍故居交由国家保护，并作为纪念馆对公众开放。胡絜青女士当即表示有过这样的考虑，但是要征求子女们的意见。没想到仅仅一个星期以后，就接到了胡絜青女士的电话，同意率全体家属将老舍故居和相关文物捐献给国家，由北京市文物局进行保养修缮。同时，在家属住房安置方面，胡絜青女士和子女们也都表示没有什么特殊要求，令我十分感动。我想，这是多么好的一家人啊！应该为老舍故居的保护多做一些事情。

1997 年 7 月 4 日，在北京市政府会议室举行了老舍故居交接仪式，胡絜青女士出席并签署捐献协议，捐献内容除老舍故居房产以外，还有老舍先生相关文物藏品多达 1903 件，其中包括老舍先生原著、珍贵藏书、名人书画、硬木家具，以及老舍先生的服装和日用品等实物，还有胡絜青女士收藏的名人手迹、生活用品。这些珍贵文物的捐献，奠定了老舍纪念馆开放和研究的基础。1998 年中共中央办公厅、国务院办公厅批示：“同意将老舍故居改建成老舍纪念馆。”同年北京市文物局对老舍故居进行落架维修保护。1999 年 2 月，老舍先生百年诞辰之际，经过精心修缮的老舍纪念馆正式对社会开放，由老舍先生的女儿舒济老师担任首任馆长，先后举办了“老舍生活与创作”和“走进老舍的世界”常设展览，前来参观的海内外观众络绎不绝。2006 年老舍先生的 4 个子女又共同决定将胡絜青女士的画作精品和全部印章、藏书、书信等捐赠给老舍纪念馆。如今，已是老舍纪念馆建馆 20 周年，同时也是老舍先生诞辰 120 周年。

老舍先生是一位非常令人尊敬和敬仰的人民艺术家。他出身贫困的社会下层，始终关注那些出身贫寒的穷苦平民，熟悉大杂院的生活状态，对街坊邻居们有着深厚感情。作为在北京生活，用北京语言，讲北京故事的京味作家，老舍先生的笔下有饱含历史沧桑的北京城墙，有生活气息浓郁的北京胡同，有性格特点鲜明的北京市民，有原汁原味传承的北京民俗，形成一部部读者喜爱的京味文学，这些作品又共同构成那个时代“北京市民生活的百科全书”。

记得 30 多年前，我在国外留学期间，当地中国语学校听说我来自北京，就请学校老师联系我，希望帮助录制一套教学使用的老舍先生著作《骆驼祥子》。但是当我开始朗读的时候，才感到把这部京韵京味的作品读下来，对于我这个在北京四合院长大的人来说也绝非易事。由此被老舍先生出色的语言功力所感动，也对老舍先生作品增加了一份特殊的感情。1996 年前后，我和北京市新闻出版局的何卓新局长商议，合作推出一套“京味文学”系列丛书，以传播北京地域文化。当召开座谈会商议此事时，众多北京作家就什么是“京味文学”展开了热烈讨论。最后大家认为：在北京生活过，使用北京语言，讲述北京故事的文学作品才是地地道道的“京味文学”。由此这套系列丛书的第一部，就是老舍先生的著作。

2010 年 5 月，应老舍先生的儿子舒乙老师邀请，我参加了青岛“骆驼祥子博物馆”的开馆仪式，这座以老舍先生作品命名的博物馆，给我留下深刻印象。舒乙老师告诉我，位于重庆的老舍故居因为附近楼房建设而受到影响。我赶紧去了重庆老舍故居现场，协调相关建设工程不能影响故居保护，同时建议将重庆老舍故居辟为纪念馆对公众开放。我了解到老舍先生当年在这里写过反映北京人民抗战生活的长篇巨著《四世同堂》，就建议将重庆老舍故居命名为“四世同堂博物馆”，请主办方征求老舍先生家属的意见，获得了肯定。于是 2010 年 11 月，我陪同老舍先生家属一起参加了重庆“四世同堂博物馆”的挂牌仪式。

多年来，我有幸参加了老舍故居的一系列保护行动，也是一次次表达对老舍先生的怀念与敬意。就城市文化建设而言，名人故居具有不可替代的特殊意义，它既是社会共同的文化资源，也是城市文化的鲜明地标。每一座城市的地域文化都来自一点一滴的积累，“一座座故居就好像是这座城市的书页，承载着这本城市大书的记忆”。名人故居重在人文，而不是重在物质，它们可能是豪华宅院，也可能是普通民居，关键要看故居主人公曾经对社会发展做出过哪些重要贡献。因此对于名人故居来说，首先要关注精神、文化、社会价值，而不能仅看重建筑本身气派与否、建筑艺术价值如何。

在北京地区，四合院已经有 800 多年的历史。我始终认为这种建筑形式最符合北京地区的自然条件和人文传统，集中体现出中华民族对待人居环境的态度，突出强调的是“天人合一”，即居民对于环境的影响与和谐关系。因此可以说，四合院文化是中国对世界文化所作的独特贡献。四合院中的每一细微之处，都有其丰富的文化内涵，是取之不尽的地域文化宝库，可以供子孙后代们体验、享受和传承。舒乙老师认为：四合院有它光荣的传统，有美学上的价值，有建筑学上的价值，有人文上的价值，有居住上的价值，还有它非常先进的思想，那么它不应该被当作一种落后的东西，被历史所淘汰。

从童年到青年，我曾前后居住过 4 处北京四合院，可以说也是从小胡同大杂院里走出来的北京居民，老舍先生笔下一些故事发生的地点，也是我在童年和青年时期经常去过的地方。因此，四合院一直是驻留在我心灵深处的思念，是内心中对于城市记忆难以割舍的地方。20 世纪 80 年代以来，北京市文物和规划部门合作，通过大量调查研究，将一批批四合院民居列入文物保护单位，但是今天回望这一进程，做得还很不够，在持续的大规模城市建设中，保护行动始终处于被动状态。今天，应该千方百计地把幸存下来的传统四合院保护起来，留住北京地域文化特色，而且赋予它们新的生命。

文化名人故居不仅凝练着文化前辈的生命光彩，也映射着人文思想的博大光辉，它们是祖国优秀文化遗产的重要组成部分，也是传承民族文化、发扬民族精神的重要载体。名人故居还是一所特殊的学校，是人们学习历史文化、弘扬前人美德的重要场所，具有很强的学习体验和陶冶情操的作用，尤其是对青少年进行理想教育的功能。老舍故居无疑是人们在阅读老舍先生著作外，能够探触他的内心世界最近的地方，老舍先生独特的个人魅力，使得这个普通四合院民居成为一座文化殿堂。

在这本书中，我欣喜地看到，作者不仅从建筑角度细致讲述了老舍故居蕴含的丰富文化内涵，还从老舍故居所处的街区延展开来，讲述了与北京市胡同以及北京这座城市相关的史地、民俗等文化。作者常年在多座博物馆和名人故居做兼职讲解员，尤其是对老舍纪念馆的讲解已超过百场，听众有很大一部分是青少年。这大概是这本知识性读物令人读来轻松愉悦的原因。

作者通过大量史料和故居展示的物品对老舍先生的生活习惯、审美修养、文化品位等一一细心考证，并用相当洗练雅致的笔触描摹出来。居所与人，互相映照，有机融合。从作者对老舍先生这个人、老舍故居这座宅、古都北京这座城的讲述中，能轻易感受到作者对中华传统文化和老舍先生所饱含的热爱和深情，书中无处不在的文物保护意识和浓厚的人文关怀都令人感同身受。可以说，这本书在创新性挖掘与传承名人故居文化遗产方面做出了有益的探索。

在老舍先生诞辰 120 周年，老舍纪念馆建馆 20 周年之际，我愿意向大家推荐这本书。也许你没有机会去老舍纪念馆，这本书会让你对北京的传统故居文化和著名作家老舍先生有一个更加完整而全面的认识。如果你有机会去老舍纪念馆，希望你能带上这本书，相信会让身处其中的你有更深切的感受。

（2019 年 10 月 22 日）

《中国工业遗产故事》丛书总序

在众多的文化遗产中，“工业遗产”是一个年轻的类型。工业遗产是工业时代形成的遗产，自从18世纪60年代以蒸汽机为代表的第一次工业革命在英国爆发以来，工业文明虽然只有短短的三四百年历史，但在人类文明的发展史上，工业文明所创造的财富和对世界以及人类生活的影响，都远远超过之前几千年的总和。经过多年的开采、生产、运行，有些矿山、工厂、仓库、烟囱、管道、铁路、码头、运河等已经失去了生产功能，但作为纪念物保留了下来，同时还有些机器、车辆、工具、仪器、图纸、档案、照片、产品、服装等也一起保留下来，成为工业文明的历史见证和记录。

我们衡量文化遗产一般采用“历史、艺术和科学价值”这三大价值作为标准，而工业遗产在具有文化遗产的普遍特征的同时，还具有一些特殊的价值，一般来说，工业遗产具有历史、社会、建筑和科技、审美价值等多重价值。它与其他文化遗产的区别就是技术价值，工业遗产见证了科学技术对于工业发展所做出的突出贡献，表现在工厂矿山的选址规划、建（构）筑物的施工建设、机械设备的设计安装、生产工具的改进、工艺流程的设计布置和产品的更新等方面。从工业遗产中我们可以清晰地看到技术进步的脉络，其中既有创新、改进，当然也有失败或者弯路，这些都为后人提供了可供借鉴的经验或者教训。由于工业遗产可以直观地反映出人类社会发展的这一重要过程，工业遗产成为我们社会发展不可或缺的物证。

当你走进我国各地的博物馆，看到最多的是什么？是青铜器、陶瓷、丝绸、书画、金银玉器等精美的手工艺品，我国悠久的农业社会文明，为世界贡献了数不清、看不尽的文化瑰宝，使参观者瞬间满怀文化自豪感。本质上说，这些都是农业时代的遗存，代表的只是我们国家在农业时代创造的文明、对世界文明发展的奉献。可是你却很少能够在我国博物馆中看到数量、规模能与上述这些农业文明时代的文化遗存相当的工业遗产。尽管工业时代是离我们最近的历史时期，工业文明创造了巨大财富，对世界以及人类生活产生了深远影响，但我们似乎忘记了给他们在博物馆中留出应有的位置。

工业遗产对生活在当下或者未来的人有什么意义呢？我们说，工业遗产具有纪念、教育、文化或象征的意义：我国工业化以来，形成了许多新的城市，例如哈尔滨、长春、郑州、石家庄是火车轮子拉来的城市，上海、大连、青岛、秦皇岛是港口通航形成的城市，唐山、鞍山、玉门、大庆、平顶山、萍乡是矿山开采形成的城市，矿山、工厂、井架、火车头、港口是这些城市的历史符号，是老一辈人抹不去的记忆，很多家庭连续几代都在一家厂矿中工作，这些厂矿是城市的“源”，也是文化的“脉”，更是市民的“根”。

随着技术的更新、设备的老化、城镇的扩展，当年红火的厂矿有的已经关闭，当看到破败不堪的厂房、锈迹斑斑的机器、粗陋笨拙的产品、泛黄发皱的照片，也许你会认为这些东西已经离开现在这个时代太久远了，已经“死去”了。不！工业遗产同样具有生命，他的出生、成长、衰老和死亡是必然的历程，但他的生命可以以另外的方式延续下去，不仅存活在记忆中，还能继续存活在现实世界中。也有人认为他们是“疮疤”“垃圾”，是“阴暗的一面”，应该毫不留情地拆掉，建起高楼大厦，“旧貌换新颜”，就像你在每个城市都可以看到的毫无特色、千篇一律的“水泥森林”。今天的济南是不是还在为当年拆除老济南火车站而懊悔不已？不懊悔的话为什么又要复建？所以保护工业遗产不但是为了保持人类文化的传承，培植社会文化的根基，也是维护文化的多样性和创造性，促进社会不断向前发展。

由于中国工业社会时代开始的时间较晚于欧美，人们对工业遗产保护的认识需要一个接受的过程。随着城市化步伐的逐步加快，对工业遗产在拆与保、遗弃与利用之间存在着激烈的碰撞。这种碰撞不仅存在于个别地区，而是普遍存在于具有工业遗产资源的众多城市。近年来，我国伴随城市规划布局及产业结构的调整，过去的工业区大多变成了中心区，工业外迁的步伐加快，出现了大量的工业遗产。是为了眼前暂时的利益，通过卖地增加财政收入，改善城市面貌重要还是留下一个历史纪念物更重要？如何评估这些遗产并将其妥善保护、永续利用，已成为文化遗产保护领域一个极为紧迫的问题。

同时人们也高兴地看到，许多具有远见卓识的地方政府，在大力推进当地经济社会可持续发展的进程中，重视工业遗产的保护，取得了令人称道的成绩。在对工业遗产保护逐渐形成共识的形势下，一批工业遗产得到了积极保护和合理利用。同时，我们也必须注意到，尽管近年来一部分工业遗产开始被列入保护之列，但是受法律保护的工业遗产项目仅占应纳入保护内容中的很小一部分，还有很多城市，特别是一些传统工业城市，还缺乏将工业遗产保护纳入文化遗产保护范畴，缺乏对工业遗产的总体评价和细致规划。

工业遗产的保护和利用更加需要公众的关注和参与，工业遗产的主人不仅是政府，每个人都是主人，只有当地居民自觉守护，才能保卫工业遗产的尊严，有尊严的工业遗产才有强盛的生命力。只有把工业遗产保护与城市文化建设，特别是与公众的生活紧密联系在一起，才能为工业遗产的保护与利用找到真正的根基，才能使工业遗产成为公众生活的组成部分，才能使工业遗产成为城市文化的内核与灵魂，也才能使城市成为工业遗产真正的家园。建设一个房地产项目，可以服务一个城市几十年，而保护好一个城市的工业遗产，或许会让一个城市受益上百年，同时也有助于提升市民们的文化理念，使人们用辩证思维的方式去看待城市发展中的各种矛盾，平衡、协调、解决好各类问题。可惜的是我们现在很多的青年人、新市民并不了解所在城市的发展史、工矿史，因为他们身边工业文明的见证物正在快速地消失，感受不到工业产品是如何设计和生产出来的，他们对工业产品的认识也许只是淘宝上的点击和快递员的电话。

感谢刘伯英教授等研究工业遗产的学者们，多年来为工业遗产的保护和利用开展了大量工作，使工业遗产引起了政府部门的重视，今天，他们又开拓了一片新领域，通过每一项工业遗产的详细说明与阐述，把我们的工业发展历史，把其中有趣的人物、故事介绍给普通大众和青少年，引导更多的人，尤其是青少年群体对工业遗产产生兴趣，来自觉地保护我们身边的工业遗产，这是一件利在当代、泽披千秋的好事，我非常愿意把这套丛书推荐给大家，

《中国工业遗产故事》首发式（2019年10月12日）

特别是我们的青少年读者，为我们5000多年的文明史补上这极为精彩的一段，完整地看待一个悠久历史的民族，在艰难困苦中百折不回，从一个纯粹的农业国华丽转身成世界最重要的工业制造大国，树立起我们的民族自信，忘记历史就意味着背叛，保护遗产是为了全人类的明天！

（此文发表于《中国工业遗产故事》，南京出版社，2019年10月版）

冰与火之歌

从天安门沿长安街一路往西17公里，就是首钢老厂区。说到首钢，作为大型钢铁工业企业，每一个北京市民多少都会有所了解。我因为长期在北京市城市规划部门工作，也曾多次来首钢现场调研，解决规划发展问题。2005年，国务院批准首钢实施整体搬迁、结构调整和环境整治方案。此时正值我国首部关于工业遗产保护的共识文件《无锡建议》发布，国内启动工业遗产保护行动。在一些城市和地区对工业遗产保护和再利用进行了有益的尝试之后，首钢大片的工业遗产资源保护和再利用问题，成为众人关注的焦点。

出于对首钢工业遗产保护的关注，2009年3月，我在全国政协十一届二次会议上，与42名全国政协委员联名，提交了“关于将首钢老工业区作为工业遗产整体保护的提案”，提案提出了三项建议。

一是加强对首钢工业遗产的调查、记录和研究工作。通过调查，全面掌握首钢工业遗产的第一手资料，进而建立起详细的工业遗产清单。同时对各类工业遗产进行准确勘察、测绘，并以文字、图纸、照片和录像等形式进行记录，建立起完整的工业遗产记录档案。在此基础上，通过深入研究确定工业遗产的价值、保护范围和具体保护措施。

二是遵循真实性和完整性的原则，整体保护首钢老工业区。在进行充分调查研究的基础上，科学制定总体保护规划，对各个时期的代表性工业遗产进行整体、系统保护，真实、全面地保存其历史信息及突出价值。对于具有突出价值和重要意义的工业建筑，应实施特殊保护，保持其结构、空间、外观、环境的真实性和完整性。维修保护应遵循不改变原状的原则，在实施前充分征求相关领域专家的意见。任何必须实施的更改都应得到记录，被拆卸的重要元素也应得到妥善保存，尽可能减小对工业遗产本体和环境所造成的不利影响。

三是开展首钢工业遗产的保护性再利用。保护性再利用是赋予工业遗产新的生命力的一种可行途径。对于一般性工业遗产，可在严格保护好外观及主要特征的前提下，适度地开展保护性再利用。其重点应在于文化、休闲设施的建设，如设立博物馆、美术馆、社区文化中心、工业遗址公园等。制定保护性再利用方案时，应对工业遗产中的每一区域和每栋建筑进行仔细甄别和独立评估，并在充分考虑其与整个遗产关系的基础上，确定其最恰当的用途。新的用途必须尊重首钢老工业区的原有格局、结构和材料特色，从而达到整体保护的目的。

当了解到2010年底首钢石景山厂区将全面停产，为了进一步了解和呼吁首钢工业遗产保护，2010年12月7日我邀请北京市城市规划部门和文物保护部门一行来到首钢进行调研，首钢集团领导热情接待了我们，并详细地介绍了首钢的历史和基本情况。

北京地区的制铁业历史悠久。早在战国时代就已出现了以制造兵器为主的采矿、冶铁、铸造、锻造等手工业。距今100年前，在河北省宣化县和龙关县，发现有一种“红色赭石”可作染料，经过采集到北京城销售，被来华考察的丹麦矿师麦西生发现，经化验得知是品位很高的赤铁矿。1914年夏，北洋政府矿冶顾问瑞典人安特生来华，看到赤铁矿矿样，即陆续在河北龙关、庞家堡、烟筒山等地进行调查，证实确有面积很大很厚的赤铁矿床。同年，第一次世界大战爆发，钢铁成为极其紧缺的战略物资，于是全国掀起大办钢铁实业的潮流。

首钢的前身龙烟铁矿也就诞生于这一时期。1918年欧战方酣，铁价暴涨，北洋政府中的幕僚们看办矿有利可图，便组建了龙烟铁矿，购地千余亩和美国日产50吨炼铁炉一座及附属设施。1919年3月，国民政府批准成立“官商合办龙烟铁矿股份有限公司”，制定了《公司简章》。公司简章内容详细，明确规定股票不得出售给外国人。北洋政府投资250万银圆，开始开采烟筒山矿石，日产约500吨。龙烟铁矿公司在矿山开采初期，便筹建炼铁厂。厂址几经选择，认为北京地方交通便利，有永定河水可以利用，又便于控制，便将厂址设在京西永定河畔石景山东麓。石景山炼铁厂是为发展民族钢铁工业而建厂。

1919年，孙中山先生在上海完成《实业计划》一书，系统阐述了开发中国实业的途径、原则和计划，提出了以国家工业化为中心，推动中国经济全面近代化的建设规划。1919年9月“龙烟铁矿股份公司石景山炼铁厂”成立，开工建设日生产能力250吨的炼铁炉，成为中国最早兴建的近代钢铁企业之一，与江南汉阳铁厂南北相望，成为中国北方最大的民族工业企业，在钢铁工业发展史上占有举足轻重的地位。1922年高炉完工80%，因建设资金不足被迫停建。1928年，国民党统治北平，南京政府撤销龙烟铁矿公司，将石景山炼铁厂和北洋政府官僚、军阀持有的商股作为“逆产”收归国有。

1937年“七七”事变后，日本侵略者占领了觊觎已久的石景山炼铁厂，改称石景山制铁所，实施军管。石景山制铁所两次扩建，圈地拆房，使上万户农民无家可归。日本侵略者统治北平8年期间，石景山制铁所仅产生铁25万吨。1945年8月日本投降时，石景山制铁所将高炉破坏铸死。1945年11月国民党政府接管石景山制铁所，改名为石景山钢铁厂。1947年10月一焦炉出焦，1948年4月一高炉出铁。国民党政府统治的3年4个月期间，共生产铁3.6万吨，当时石景山钢铁厂占地面积仅1平方公里左右。在北洋军阀、日本侵略者和国民党政府的相继统治下，工厂历经磨难、千疮百孔，生产力低下，工人生活苦不堪言。

解放战争时期，百废待兴的北京“连一颗钉子都造不出来”。1948年12月，毛泽东主席代表中央军委电令第四野战军保护石景山工业区，石景山钢铁厂获得解放，成为北京市第一个国营钢铁企业，也是新中国成立之初全国仅有的几个能投入生产的工业基地之一。从“消费城市”到“生产城市”，北京的蝶变由工业化开始。烟囱林立、浓烟滚滚，在这场城市发展路径的深刻转变中，以石景山钢铁厂为代表的一批重工业基地纷纷落成并投产，北京在轰鸣声中走在了全国工业发展的前列。

1949年6月石景山钢铁厂恢复生产，1952年产铁34.2万吨，年产量超过了解放前30年累计28.6万吨的总产量，在鞍山钢铁厂之后列国内第二位。1957年，石景山钢铁厂三高炉、三焦炉、烧结车间“三大工程”相继投产。5号高炉是新中国成立后首钢建设的第一座高炉，1958年建设，第二年投产，创造了中国钢铁工业建设史上的高速度，47年间为新中国产铁水2967.5万吨。1961年建成了年产30万吨小型材轧钢生产线，标志着石景山钢铁厂轧钢开始起步。至1962年，机械加工车间、小转炉、小轧机、连轧机组、焊管车间等项目相继竣工。

1962年8月，石景山钢铁厂改名石景山钢铁公司。1964年建成了我国第一座30吨氧气顶吹转炉并投产，揭开了我国转炉炼钢新的一页，结束了有铁无钢的历史。1965年石景山钢铁公司产铁115.7万吨，钢19.7万吨，钢材13.4万吨，产量达到历史最高水平。1966年9月，石景山钢铁公司改名为首都钢铁公司。1978年，首都钢铁公司的铁、钢、材产量分别达到245万吨、179万吨和117万吨，成为全国十大钢铁生产基地之一。首都钢铁公司逐渐发展成为集采矿、烧结、焦化、炼铁、炼钢、轧钢为一体的钢铁联合企业。

1978年12月，国家工作的重心转移到经济建设上来，为首钢注入了一股强劲的春风，成为首都钢铁公司快速发展的重要时期。1979年，首都钢铁公司主动提出申请，被国家批准成为全国扩大企业自主权改革的第一批试点单位。在我国经济体制改革中，率先实行上缴利润递增包干承包制。1981年，首钢开始实行承包责任制，至1995年首都钢铁公司实行全员承包制共15年，开创了国有企业改革的先河，创造了10年为国家贡献96亿元，相当于10年增值了9个首钢的奇迹，轰动了国内外，成为我国工业企业改革的一面旗帜。

这一时期，首都钢铁公司创造了很多中国“第一”，例如1979年首都钢铁公司2号高炉移地大修改造工程竣工投产，采用了高炉喷吹煤粉、顶燃式热风炉、无料钟炉顶等国内外37项新技术，首次在上料系统应用可编程序控制器，成为我国第一座现代化的高炉。1983年完成烧结厂改造，烟尘粉尘减少96%。1987年首都钢铁公司利用引进的国外二手设备，建成了全连铸的第二炼钢厂。继1988年首都钢铁公司兼并外埠的十几家军工企业之后，1991年开始又兼并了一批勘察设计单位、冶金建设公司、机械制造企业。

1992年1月，首都钢铁公司改名为首钢总公司。同年5月22日，邓小平在南方谈话后视察首钢总公司，发表了“换脑筋”的重要谈话，要求加快改革开放的步伐。1994年，首钢总公司钢产量达到824万吨，超过鞍山钢铁公司，列当年全国第一位，实现利润52.2亿元。1995年首钢总公司开始压缩基本建设规模和库存，以建立现代企业制度为目标，深化改革，调整结构。在生产中，大规模采用自动化、节约能源和环境保护等新技术，扩大了炼钢和型材的生产能力，企业快速发展，综合实力明显增强。1996年9月，首钢集团成立，建立以资产为纽带的母子公司体制。

改革开放以来，首钢的钢产量从179万吨增加到1214万吨。同时，首钢已从一个单一的钢铁企业，发展成为以钢铁业为主，兼营采矿、机械、电子、建筑、航运、金融、房地产、服务业、海外贸易等多种行业，跨地区、跨所有制、跨国经营的大型工业企业集团，成为跻身世界500强前列的中国企业。首钢生产的优质钢材广泛应用于三峡大坝、奥运场馆等重点工程，在创新实践中谱写了国有企业改革发展的新篇章，为新中国的钢铁工业发展和现代化建设事业做出了卓越的贡献。

进入新的世纪，首钢的钢铁生产能力受到限制，生产设备的更新换代需求迫切，影响了首钢钢铁业的发展进程。在北京建设国际化大都市和筹办2008年奥运会的形势下，首钢服从和服务于首都发展大局，向北京以外有发展空间和条件的地区转移钢铁生产能力。秦皇岛首钢金属材料有限公司一期工程、河北省首钢迁安钢铁有限责任公司一期工程相继在2004年建成投产。同时首钢提出在河北唐山的曹妃甸地区，以首钢为主，建设钢铁精品生产基地；在北京市顺义区建设冷轧项目，发展首钢在京的总部经济。

首钢地处首都市区，长期以来虽然首钢投入大量成本用于减少冶炼生产对城市环境的影响，但是钢铁冶炼生产对大气环境的影响仍然存在。北京市环保监测中心统计显示，2004年首钢所在的石景山区全年二级和好于二级的天数仅占50.4%，在全市排在倒数之列。首钢作为北京工业系统的颗粒物污染排放量大户，只有通过搬迁，才能从根本上缓解首都的环境问题。首钢的交通、污染和产业结构都与首都定位相左，因此在首都去工业化、调整整体产业结构的大背景下，首钢的减产、停产、迁出、转型和更新被提上了议事日程。这也显示出北京城市发展正在稳步地进入一个新的变革时期。

伴随《北京城市总体规划》的实施，以首钢、北京焦化厂为代表的一批传统重工业企业纷纷进入了停产、搬迁、改造的阶段。国务院于2005年批准了首钢实施整体搬迁、结构调整和环境整治方案，为首钢工业遗产保护提供了难得机遇，同时也带来了重大挑战。首钢钢铁冶炼生产迁出北京，在曹妃甸新建具有21世纪国际先进水平的大型钢铁企业，这是北京城市迈向京津冀地区协调发展的重要一步，是令人赞叹的巨大工程。这项决策显示了国家和地方政府在引导区域协调发展方面高瞻远瞩的见识和魄力，可以看出，北京市传统重工业的改造和京津冀城市群协调发展进入了新的阶段。

2005年6月30日，对首钢来说是异乎寻常的日子。当日首钢炼铁厂5号高炉停产。这次停产标志着首钢这一特大钢铁企业搬迁行动的正式启动。从这一天起，首钢旗下的钢铁生产部分开始从石景山下退出。而在此之前，首钢已经停产了特钢公司的电炉、第一炼钢厂、初轧厂、冷轧带钢厂等企业。首钢遵循可持续发展的经济规律，成为我国第一个向沿海搬迁的大型钢铁企业。首钢京唐钢铁厂第一期工程建成投产，总体技术装备达到世界一流水平，实现向高档板材和精品长材转型的历史性转变。

通过首钢集团领导的介绍，我了解到首钢作为中国最早兴建的近代钢铁企业之一，曲折地走过了新中国成立前的30年、新中国成立后的30年、改革开放后的40年三个历史时期。解放前30年，首钢经历了军阀战乱、日本侵略者的占领掠夺、国民党政府的腐败无能，是一段企业蒙受屈辱、职工饱尝苦难的历史。解放后的30年，首钢获得了新生，实现了主要工序和产品“从无到有”，是为发展中国钢铁工业做出突出贡献的历史。改革开放以来，首钢在企业改革和发展中勇于探索，职工队伍形成自强开放、务实创新、诚信敬业的精神，是初步实现产业规模“由小到大”，面向新世纪、建设新首钢不懈奋斗的历史。

在首钢主厂区实施搬迁、调整、整治过程中，首钢工业遗产将面临重要抉择，成为既紧迫又不可回避的现实问题。“是拆了重建还是进行保护利用，折射出文化意识、文化自觉的变化。”当这座钢铁之城走入历史，锻压的锤声渐渐远去，熔炉的烈焰慢慢熄灭，如何面对天空下的大片工业遗址，保存这些反映时代特征、承载历史信息的工业遗产，保留住北京

20世纪“工业记忆”，实现工业遗产保护与经济社会发展的和谐互动与共存，成为必须认真面对和着力解决的重大课题，同时人们也希望首钢能为工业遗产的保护和利用积累有效的经验。

2010年12月14日，在首钢主厂区最后一座高炉即将停产之前，我再次对首钢工业遗产保护与利用进行专题调研，并与首钢集团领导进一步交换意见，希望及时确定首钢转产后加强工业遗产保护与利用的方向。通过调研，我对首钢工业遗产保护更加充满信心。首钢集团领导对于转产后首钢的未来发展给予高瞻远瞩的定位。他们首先关注的不是停产后工业用地的现实经济价值，表示不会将厂区用地切割拍卖，更不会通过房地产开发实现尽快回收资金。而是将会按照北京城市总体规划，对于首钢未来进行战略定位，努力实现长远的可持续发展。

一个星期以后，2010年12月21日，首钢石景山厂区最后一座生产中的高炉——1号高炉全面熄火。至此，首钢石景山厂区的钢铁生产主流程全面停产。持续生产90多年的“十里钢城”不再有机器轰鸣，首钢由此也迈入了产业结构调整这一更为复杂、更为艰难的新征程。自从2005年国务院批准首钢搬迁方案以来，如何在顺利实现搬迁、实施结构调整、安置数万首钢工人的同时，妥善保护好首钢工业遗产，一直牵动着城市决策者、企业领导、产业工人、专家学者和普通市民的心。

2011年，全国政协十一届四次会议期间，我在文艺联组委员小组讨论会上，针对进一步加强转产后首钢工业遗产保护与利用进行呼吁，并再次提交了“关于加强转产后首钢工业遗产保护与利用的提案”。提案中提出两点建议，一是抓紧编制首钢工业遗产保护规划。科学界定首钢工业遗产的核心价值，将具有重要保护价值的工业遗产及时申报公布为全国重点文物保护单位，使之得到科学保护。二是探索首钢工业遗产保护性再利用途径。在确保其核心价值得到完整保护的前提下，积极探索首钢工业遗产保护性再利用的合理渠道与途径。

发言和提案得到了全国政协的高度重视，全国政协主席贾庆林同志作出指示，全国政协教科文卫体委员会会同国家文物局，组织部分在京全国政协委员，于2011年4月13日，对首钢工业遗产保护与利用工作进行了调研。我以全国政协委员、国家文物局局长、此项提案的提案人三重身份参加了此次调研活动。调研组实地考察了首钢厂东门、陶楼、群明湖、二炼钢厂、焦化厂、三号高炉及石景山古建筑群遗址和摩崖石刻，并与北京市规划委、北京市文物局、石景山区政府和首都钢厂有关负责同志进行座谈，就首钢转产后工业遗产保护与利用深入交换了意见。

工业文明虽然只有短短的300多年历史，但是在人类文明的发展史上，工业文明所创造的财富和对世界以及人类生活的影响，都远远超过之前几千年的总和。自从18世纪60年代，以蒸汽机为代表的第一次工业革命在英国爆发，至今已经过去了260个年头。工业革命在改变人们生活的同时也改变了城市和乡村景观，技术的迅猛发展使工业设施随处可见，人们为工业大发展欢欣鼓舞，因为它记载了人类历史重要的一页。

20世纪70年代，欧美国家开始经济转型，传统工业逐渐被高新产业所代替，原有的煤、矿资源逐渐枯竭，工业设施不断被遗弃和荒废，大量产业工人失业，造成一系列环境和社会问题。同时，随着工业化的加速进程，较为完整的保护工业遗产的理念也逐渐形成。1973年，第一届国际工业纪念物大会（FICCIM）的召开，引起了国际社会对于工业遗产的关注。1978年国际工业遗产保护委员会（TICCIH）宣告成立，成为世界上第一个致力于促进工业遗产保护的国际性组织，同时也是国际古迹遗址理事会（ICOMOS）工业遗产问题的专门咨询机构。

2003年7月，在俄国下塔吉尔召开的国际工业遗产保护委员会大会上，通过了专用于保护工业遗产的《下塔吉尔宪章》。《下塔吉尔宪章》中阐述的工业遗产定义反映了国际社会关于工业遗产的基本概念："凡为工业活动所造建筑与结构、此类建筑与结构中所含工艺和工具以及这类建筑与结构所处城镇与景观，以及其所有其他物质和非物质表现，均具备至关重要的意义。"由此可以看到，工业遗产无论在时间方面、范围方面还是内容方面都具有丰富的内涵和外延。

英国的铁桥谷工业旧址，形成一个占地面积达10平方公里，由7个工业纪念地和博物馆、285个保护性工业建筑整合为一体的工业景观，目前平均每年约有30万参观者光顾。英国的布莱纳文工业景观及其关联景区则延伸30平方公里，包括铁矿石场、石灰岩采石场、煤矿、铁炉、砖厂、隧道、蓄水池、露天人工水渠、分散的厂房，以及教堂、学校、工人公寓和周围的城镇，还包括草地和树林等一系列内容，具有"生态博物馆"的氛围，集中地反映了该工业景观的真实性和完整性。

英国伦敦著名的泰德现代艺术馆是由原本可能被拆除的火力发电厂改建而成，经过数年运营发展，不但成为全世界吸引观众最多的美术馆之一，同时带动泰晤士河南岸地区从贫困衰退的旧工业区走向富裕进取的文化繁荣地区。著名的法国奥赛博物馆，是利用当年为举办1900年国际博览会而建的奥赛火车站改建而成。20世纪70年代初，曾因废弃而险些被拆，也是在市民的积极呼吁和保护下，于1978年被列为"国家级纪念建筑"。目前，在保持历史建筑形成的标志性景观基础上，室内合理进行改造，满足了博物馆的功能需求。

目前，国际社会对于工业遗产保护逐渐形成良好氛围，越来越多的国家开始重视保护工业遗产，在制定保护规划的基础上，通过合理利用，使工业遗产的重要性得到最大限度的保存和再现，增强公众对工业遗产的认识。随着时间的推移和历史的沉淀，传统工业遗迹越来越彰显出所具有的文化意义，传统工业文化逐渐成为工业发达国家历史文化遗产的一部分，其价值大大增加。为了挽救这些被遗弃和毁坏的矿山、工厂等，联合国教科文组织把这些工业遗迹以及杰出地表现了当时工程技术水平的运河、铁路、桥梁、其他形式的交通和动力设施，收入了《世界遗产名录》。

我访问过德国的埃森矿业同盟工业区，这里于2001年列入《世界遗产名录》，同样保留着历史上煤矿工业区的完整结构。该工业区于1847年运行，1986年停产，工业遗产见证着过去140年中曾经作为当地支柱产业的煤矿业的兴衰。这个曾经污染严重、逐步走向衰落的老工业区，通过进行产业结构调整转型，今天作为工业遗址公园而吸引着成千上万的访客。参观者可以通过当年的设施进入地下矿井，实地体验过去采煤的环境。昔日的运煤火车被利用为游览工具，矿区内的一些工业设施、铁路设施，甚至旧火车车厢也被作为社区居民和参观者开展各种活动的场地。

我还访问过奥地利的塞默灵铁路，这是早期最伟大的铁路建设工程之一，并持续使用至今，因其穿越了一个壮丽的山地景观，同时沿途有众多精美的民居建筑，而成为一条著名的文化线路，于1998年作为工业遗产列入《世界遗产名录》。列入保护的还包括与工业活动有关的社会场所，如工人住宅、宗教场所、教育培训设施、工商业城镇等，为此巴西的戈亚斯城市历史中心和英国的港口商业城市利物浦也分别于2001年和2004年作为工业遗产列入《世界遗产名录》。

在这些工业遗产保护范围内，生锈的高炉、破旧的厂房、废弃的设备不再是肮脏的、丑陋的、破败的、消极的；相反，工业遗迹作为近现代城市发展的见证，与那些古代的宫殿、城池和庙宇一样，成为承载人类历史的重要媒介和人类历史遗留的文化景观，是人类工业文明的见证。这些遗迹作为工业生产活动的结果，饱含着技术之美。工业设施建造所应用的材料、造就的场地肌理和结构形式与如画的风景一样打动人心。

清晨，北京开始飘落雪花。我来到首钢主厂区后，雪竟然越下越大，成为近年来北京地区难遇的一场大雪，把房屋和地面覆盖得一片洁白。当漫天雪花飘落，白雪覆盖下的首钢工业建筑群，壮观、庄严、安详。落满了雪的高炉，看起来有一种时间定格的美感。冬雪覆盖的秀池，洁净、宁静。飞雪中的高大厂房，带我们一行领略穿越百年的厚重与静美。来到首钢秀池畔，鞠鹏艳老师已经提前到达，她所率领的北京市规划院总体规划所团队，在首钢主厂区这块土地上已经深耕了十余载，制定和深化控制性详细规划，并指导相关规划设计单位编制设计方案，成就了很多优秀规划设计成果。

鞠鹏艳老师首先向我介绍了秀池保护和合理利用情况。秀池是平均深度达到4.5米的原高炉冷却晾水池，曾经用于存放炼铁循环用水，这处工业遗产如今已经成为首钢园区内知名的文化创意展示空间。秀池地面部分为景观水池，地下部分形成3200平方米的下沉式环形水下展厅，以及能存放855辆机动车的地下车库。令人难以想象，原来的工业晾水池，竟然变成了如此精彩的综合文化空间，无疑是具有国际一流水准的工业遗产保护性再利用复兴实践。从一个重工业的工地变为波光粼粼的公园，是一个全生命周期的生态转型模式。

首钢主厂区首先选择秀池进行生态修复，也抓住了区域生态格局的要点，将石景山、高炉，以及未来的工业遗址公园融为一体。秀池环形水下展厅是完全独立于高炉博物馆的临时展厅，圆环形的内部空间充满现代感，与高炉形成鲜明反差的同时，为当代艺术的介入提供了可能的舞台。2018年12月31日，北京卫视（TVB）2019跨年晚会会场，选址首钢秀池水下展厅屋面搭建舞台，更营造了无与伦比的湖中冰上舞台的视觉效果，令世界为首钢转型更新的效果侧目。这一系列文化导向的场景营造，已经提升了城市能级，引起了聚焦关注，也将不断在未来给首钢园区、给城市带来惊喜。

首钢主厂区内有一条由蒸汽管道等组成的工业架空管廊，犹如银灰色的钢带贯穿于整个厂区，过去连接着不同生产环节，如今工业架空管廊和带状绿化系统基本重合，将工业架空管廊及通廊系统改造成空中步道，形成了完整的公共活动休闲带，贯穿起新首钢的不同功能区。如今空中步道全长约 8 公里，步道利用现状架空工业管廊及通廊系统改造而成。作为首钢园区“地面—5 米高空—12 米高空”三级立体慢行系统的重要组成部分，可以为访问者带来不同层次的观景、休憩、健身体验。也是规划师真正为“城市人”考虑的体现。

我们冒雪登上了架空管廊。这个正是我们所倡导的整体保护理念的一个缩影。不仅关注单体工业建构筑物，更关注于工业场地的文化脉络。从片段式的工业建构筑物保护拓展到全工业流程的结构性保护，将现状地下空间、管道通廊、现状铁路、道路、现状绿地和公共空间纳入保护再利用体系，综合反映工业生产流程特色。规划庆典场所、特色记忆空间等，将首钢的生产资料、技术、精神等融为一体，尊重工业历史、赋予时代解读、唤醒往昔记忆，营造出极佳的工业遗迹体验场所。这个正是我们所倡导的整体保护理念的一个缩影，不仅关注单体工业建构筑物，更关注于工业场地的文化脉络。

目前，首钢主厂区为核心区，占地面积达 8.63 平方公里，西临永定河，北接阜石路，南至莲石路，坐拥石景山，内有秀池、群明湖等水系，其中规划建筑面积 1060 万平方米，实际上，首钢停产直接影响到的城市用地调整规模达 12 平方公里，是北京市区内唯一可以大规模联片实施城市更新的区域。区域内拥有“五纵五横五轨”便捷交通体系，北京首条中低速磁悬浮线路 S1 线过境首钢园区。首钢切实落实中心城“减量提质”的发展要求，于 2016 年和 2017 年两次对首钢园区控制性详细规划进行优化调整，总建设量从最初的约 1300 万平方米，核减规模 200 余万平方米，增绿留白。

如今首钢新厂区在曹妃甸拔地而起，完成从“山”到“海”的跨越。由首钢人自主研发的两座 5500 立方米高炉和“全三脱”炼钢厂，巍然矗立在渤海之滨，一个现代化的十里钢城在曹妃甸续写辉煌。2009 年 5 月，首钢京唐公司 1 号高炉出铁。2010 年底，首钢北京石景山钢铁主流程全面停产，生产全部退出北京，这座有着 100 年历史的钢城光荣退役。首钢主厂区希望在首都新一轮城市化进程中，真正承担起在“一核一主一副、两轴多点一区”的城市布局中，架构中轴两翼、两翼齐飞的城市职能。首钢主厂区的“动态更新”为深化北京城市供给侧改革，助推城市化进入精耕细作的发展周期奠定了良性基础。

但是，首钢钢铁生产全部退出后腾出的用地如何定位，首钢主厂区停产后的大量工业遗产如何对待，成为目前紧要的问题。在“寸土寸金”的北京市区，如此大面积的建设用地，无疑已经吸引了众多开发企业的眼球，围绕在首钢工业旧址周围的多方利益相关者，也各自打起了获得经济利益的算盘。难以想象当一切停止了运转和流动，眼前红炉旺火、铁水四溅的景象凝滞的那一刻，8 平方公里的土地上会留下多少留恋、叹息、落寞。近百年留存的工业资源等待着新的命运安排，广大的改造地区等待着城市活动的充实。

一时间首钢工业旧址的未来，机遇与发展同在，变数与担忧共存。如果将房地产开发项目引进首钢主厂区，虽然可以快速回收资金，解决企业转型发展资金短缺的难题，但是建设中国著名现代钢铁工业文化园、首都休闲娱乐中心区（CRD）核心功能单元、京西绿色生态屏障三大功能区的计划就会落空，首钢工业遗产保护也将遇到更加严峻的形势。钢铁工业文化是北京文化遗产的特色组成部分，首钢地区自然人文环境得天独厚，从“燕都第一仙山”

石景山脚下开始，近百年的工业生产发展，为北京西部的山水空间留下了多层次、多样化的城市景观。

《北京城市总体规划（2004 年—2020 年）》对首钢工业区的定位和要求是：结合首钢搬迁改造和石景山城市综合服务中心、文化娱乐中心和重要旅游地区的功能定位，在长安街轴线西部建设综合文化娱乐区以完善长安街轴线的文化职能，提升城市职能中心品质和辐射带动作用，大力发展以文化、信息、咨询、休闲娱乐、高端商业为主的现代服务业。而从北京城市总体规划的长远目标来看，则是结合城市产业和功能结构的调整，以首钢搬迁为契机迅速启动长安街西沿线和永定河两岸地区的改造与更新，促进城市的可持续发展。

北京城市总体规划和首钢工业区的定位，均为保留首钢工业区的文化脉络、强化其场所精神提供了最大的可能性。工业遗产的保护并不仅仅是保护单个建筑的概念，还应该包括对历史地段的保护，包含建筑及建筑周边环境两个方面，他们共同形成工业遗产的整体风貌。他们中任何一个的破坏，都意味着其文化总体意义的缺失。因而首钢工业区的保护与再利用应视为在一定范围内整体历史地段的保护，这样才能真正起到尊重历史、延续文化的作用。

首钢是我国工业遗产的典范，也是极其难得的文化景观。首钢地理区位优越，背靠连绵的燕山山脉，旁临宽阔的永定河，众多文物古迹与近现代工业遗产交相辉映，构成一个十分完整的人与自然、历史与现代的文化景观。如今留下了丰富的文化遗产资源。既有古代的，也有现代的；既有单体的，也有区域的；既有不可移动的，也有可移动的；既有物质的，也有非物质的。

在古代的文化遗产资源方面，首钢主厂区内的石景山上，遗留寺庙山门、碧霞元君祠、玉皇殿等丰富的古代历史遗迹。首钢生产区域内也有一些历代文化遗存，例如雍正御制碑亭位于首钢公司制氧厂内，原为“敕建北惠济庙”内御碑，北惠济庙于 1957 年被拆除，现在仅保留碑亭。1995 年，首钢公司重修碑亭，碑刻保存完好。

在现代的文化遗产资源方面，例如有 1919 年建厂初期，第一蓄水池的位置和形状就已经确定，并没有任何大的变化，成为石景山钢铁厂发展的见证。再有石景山上遗留有日伪时期的四座碉堡，均匀分布于石景山东麓的山坡上，损毁程度不一。还有红楼迎宾馆位于石景山脚下，是 20 世纪 50 年代为接待苏联专家而建，是苏联援助石景山钢铁厂扩建这一特殊历史时期的见证。此外，五一剧场、第二泵站等建筑物也同样注重企业历史及文化价值的挖掘。

在单体的文化遗产资源方面，首钢主厂区拥有不少国内独创的建筑结构类型与技术。例如始建于 1958 年的一烧结车间，引进了苏联的烧结工艺，也是苏联援助石景山钢铁厂扩建这一特殊历史时期的见证。再如在高炉建设中首先采用钢管混凝土格构柱，为当时国内最先进的结构技术，为国家钢管混凝土设计规程编制提供了重要的工程依据。此外还包括在产业发展史上具有重要位置的中国第一座氧气顶吹试验的三高炉等。

在区域的文化遗产资源方面，首钢工业遗产是既整齐庄重又朴实无华的文化景观，保护首钢文化景观，是对工业厂区格局结构性特征的传承。特别是长安街北部石景山和晾水池周边区域是首钢的发源地，同时也是工业遗存最为集中的区域，整体格局保存较为完整，历史脉络清晰，钢铁工业风貌特征也非常明显，应该进行区域整体保护。从总体来看，早期工业遗存主要集中在现长安街以北部分。同时这一地区也基本保持了原有的历史格局，作为工业遗产保护区，可以很好地体现首钢早期历史的发展。

在物质的文化遗产资源方面，包括建筑、构筑物、场地、设施设备、产品、原料、废弃物，作为工业生产状态和生产变化的见证。在自然要素方面，包括山、水、树木、动物，表明工业生产的环境和与自然的关系。在文化要素方面，包括报纸橱柜、雕塑壁画、奖状奖杯、影像照片、服装工具、劳动保护、标语口号、印刷品、网站建设等，表明与工业生产密切相关的软环境。

在非物质的文化遗产资源方面，一是历史相关：厂史厂志、人物事迹、机构组织。二是生产相关：工艺流程、生产技能、科研成果、产品产量。三是管理相关：规章制度、企业精神、企业文化。文化价值具有非物质性，主要是指反映首钢在发展钢铁生产中几代首钢人奋发图强、可歌可泣的动人事迹以及团结协作的精神和文化内涵，还包括存在于人们记忆中的产业形象、工艺技术、流程工序以及相关传统等。

在不可移动的文化遗产资源方面，包括厂房、仓库、水池、高炉、水塔、烟囱、储柜、储罐、煤仓、传输、管廊管理办公用房等建筑物和构筑物。首钢工业区域中心工业遗迹分布最多，景观形态也极为丰富，其中比较重要的有 1919 年建厂初期的第一晾水池和后来建成的更大的第二晾水池；始建于 1945 年的二焦炉；建厂初期陆续修建的 1、2、3、4 号高炉，以及随处可见庞大的冷凝塔、煤气柜、料仓、运输管道、各类高架和斜撑构筑物、铁路等。从北向南可以规划出一条工业遗迹最集中的道路，而且这条道路上北部的工业遗迹较早，南部的较晚，因此具有见证首钢发展历史的作用。

在可移动的文化遗产资源方面，包括工具、器具、机械、设备、办公用具、生活用品等，以及契约合同、商号商标、产品样品、手稿手札、招牌字号、票证簿册、照片拓片、图书资料、音像制品等涉及企业历史的记录档案。档案是传承企业文化的重要载体，是企业文化的重要组成部分，是服务于企业发展不可或缺的宝贵资源。

在雪霁后晴空万里的日子，我再次来到首钢，与几天前雪花纷飞的天气形成反差。我与鞠鹏艳工程师一起登上石景山最高处，从石景山上俯瞰整个首钢园区和永定河两岸景观。新首钢高端产业综合服务区北区，占地 2.91 平方公里，建筑面积 182 万平方米，紧临永定河，背靠石景山，是北京城六区唯一集中连片待开发的区域。鞠鹏艳工程师告诉我，2004 年她第一次来首钢的时候，首钢还是一片“热火朝天”的景象，当时被北京城区之外的这样一片“工业园区”的生命力所震撼。而 2010 年最后一炉火熄灭之后，每次再来首钢，都感到一次比一次破败。

大雪过后，蓝天之下的石景山，呈现出琉璃世界的宁静与辉煌，这样的景色也是属于北京这座国际都市的亮丽风景。石景山自古就有“燕都第一仙山”的美誉。石景山位于首钢厂区的西北，永定河东岸，就在首钢厂区内，可以算是首钢的后花园。石景山属于太行山余脉，山并不高，只有海拔 183 米。不过由于石景山并没有经过太多的人为修葺，因此还依然保持着自然的“外貌”。石景山上的绿化环境很好，山上绿荫浓密，空气清新。沿登山路随处可见丰富的古迹，有保存完好的古井，还有完整的寺院山门以及碧霞元君祠、玉皇殿等，山上拥有 50 余处历史遗迹。对于这些文物古迹，应进行整体保护，对文物建筑进行维修保护后，对社会有序开放展示。

我们拾级而上，来到石景山最高处的景亭，俯瞰整个首钢园区。今天，站在石景山上俯瞰首钢厂区，十里钢城正在发生翻天覆地的变化。从这里可以清晰地看到，首钢主厂区背靠连绵的燕山山脉，旁临宽阔的永定河，众多文物古迹与近现代工业遗产交相辉映，构成一个十分完整的人与自然、历史与现代的文化景观，站在石景山上望去，首钢主厂区宛若一个钢铁巨人，高炉在绿树、碧水的映衬下耸立，巨大的架高管道线贯穿整个厂区，延伸至远方，蔚为壮观。远眺新首钢地区的风景，北临白色狭长的 S1 磁悬浮线，西近峻岭叠嶂的定都峰，视线转入东南方向，园区内三高炉、秀池、新首钢大桥、群明湖、工业遗址公园尽收眼底。

2019 年 9 月 29 日，跨越永定河的新首钢大桥全线贯通。今天站在新首钢大桥上，感到视野非常宽阔，桥下的永定河，是北京市的第一大河流，是北京城市西部山水空间的核心要素。但是过去永定河河床及两岸由于挖沙和灰渣堆放，其水环境、土壤环境与植被环境都受到严重破坏。在城市西部山区，因无序开采留下成片的破碎山体和灰石场地，尤其在风沙季节，环境破坏的程度和修复难度令人难以想象。

1997 年至 2000 年，我在永定河西侧的房山区工作，当时房山区的产业结构是以“红”“白”“黑”为主。“红”就是生产黏土砖，由于破坏耕地，北京市决定全面实施停产，恢复地貌。“白”就是生产水泥和石灰，由于破坏环境，北京市决定全面停止开山取材，关闭小水泥厂。“黑”就是小煤窑，一个时期以来有数百个小煤窑无序生产，不但严重污染环境，而且对煤矿资源造成浪费，北京市决定全面进行关闭整治。当年为实现这些目标付出了极大努力。实际上，长期以来重工业生产给土壤环境、地下水环境留下印记，也是必须面对的严峻问题。

“永定河、出西山，碧水环绕北京湾。”永定河是海河水系最大的一条河流，流经北京、天津、河北、山西、内蒙古五省（市），贯穿京津冀晋蒙的重要水源涵养区、生态屏障和生态廊道，也是京津冀协同发展的生态大动脉。实施永定河综合治理与生态修复，是京津冀地区生态环境建设的重大标志性工程。目前，通过编制永定河流域及重点河段建设规划，细化完善禁限建区规划，抓好水库保护区、山峡水源涵养区等规划设计，推进了永定河综合治理与生态修复。

特别是实现“引黄入京”工程，历史性地改变了永定河的生态环境。自 2018 年 3 月，黄河水从山西万家寨水库经河北调入北京，实现官厅水库蓄水及向永定河下游生态补水。如今北京市明确官厅水库作为首都未来重要战略储备水源地的功能定位，逐步增加蓄水量，格外珍惜用好“引黄入京”工程来水，不建造大水面人工景观，突出“水”和“林”两个生态要素，加大节水力度，遏制地下水超量开采，提升水源涵养能力，合理配置外调水，把保障河湖生态用水放在突出位置，把来之不易的黄河水专用于永定河流域生态修复。

永定河是北京的“母亲河”，见证了北京三千多年的历史，串起了沿河城镇的水脉、文脉和人脉。永定河紧邻首钢主厂区，进一步把永定河治理作为首都生态文明建设的重要内容，把山区建设成为生态安全屏障、平原建设成为绿色生态走廊，逐步恢复永定河生态系统，使永定河早日成为流动的河、绿色的河、清洁的河、安全的河，实现生态复兴。首钢紧邻永定河，永定河的生态系统复兴对首钢主厂区来说意义十分重大。

我们可以畅想，随着新首钢大桥落成，长安街可飞跨永定河直达西岸，首钢园区的道路、空间、市政、景观等系统均充分纳入城市系统。曾经横亘在京西，阻隔了南北丰台、海淀，东西石景山、门头沟四区联动发展的巨型工业区域已经打开、重组，以积极的姿态拥抱、融入城市。新导入的创意产业也会使得疏通血脉梗阻的城市肌体充分焕发活力，极大改善京西地区传统产业单一、缺乏区域统筹等痼疾，在首都崭新一轮城市化进程中真正承担起“一核一主一副，两轴多点一区”城市布局中架构中轴两翼、两翼齐飞的城市职能。

今天的首钢工业遗产园区，是从大工业时代走向信息化时代，历史文化、自然生态、工业遗址共存共生，十分难得和极其少见的文化景观。同时，首钢园区又是持续生产的活态工业遗产，规模宏大，业绩辉煌，在世界范围内均属罕见。文化复兴、产业复兴、生态复兴、活力复兴，未来新首钢地区将成为北京城市更新的“新标杆”。无论从具有保护意义的工业遗产规模，还是这些工业遗产所具有的突出的普遍价值，首钢工业遗产都可以与德国的弗尔克林根钢铁厂等已经列入《世界遗产名录》的著名工业遗产相媲美。

巨大的炼钢厂房、结构特色鲜明的各类工业建筑物、高耸的烟囱、标志性的高炉、纵横交错的彩色架空管廊、货运铁路与小火车、不同时期留下的办公文化建筑，以及月季园、晾水池、石景山等园林景观，点缀其间的历史遗迹甚至可以追溯到燕都时期。站在石景山俯视7平方公里的厂区，人们感叹钢铁巨人的辉煌气势；深入其中，复杂的生产工艺流程和井然有序的操作调度、粗放的工业建筑群体之间宜人的园林绿化环境、具有较强集体意识的高素质工作人群，使人们为这里的工业文化氛围深深打动。

首钢过去不仅生产钢铁，本身也是一个由钢铁建成的世界。这样一个钢铁丛林，在炉火彻底熄灭之后，怎么能够让它不是彻底冷却下来，而是能够永远保持热度，在全世界都是一个难题。例如眼前这座高炉，过去是代表首钢生产能力的功勋高炉，这样一座钢铁建筑，是完全为炼钢而建造，那么在熄火之后，这个80米的直径，105米的高度，曾经流淌着铁水的钢铁巨兽，是否能够变成城市生活中非常有意思的公共空间。在首钢三高炉下，我荣幸地见到了筑境设计的薄宏涛先生，筑境设计公司在上海，但是他带领设计团队从2015年至2019年与首钢主厂区一起走过了将近五年时光。今天，薄宏涛先生向我讲述了承担首钢项目规划设计过程中的故事。

在首钢三高炉博物馆，薄宏涛先生耐心地向我介绍了这一项目的规划设计心得。正如全国政协教科文卫体委员会调研组在《关于加强首钢工业遗产保护与利用的报告》中所指出的那样，首钢主厂区遗留下的炼铁高炉在前期规划设计中走过弯路，无论是功能定位，还是设计形式，均与工业遗产保护性再利用的要求存在较大差距，甚至对高炉原有结构改变过大，而忽视工业遗产本体的展示。针对这些问题，在此次的规划设计中进行了纠正。此次规划设计在尽可能保留高炉工业遗存的前提下，运用博物馆原状陈列方式，展示钢铁高炉的魅力景观。

首钢三高炉本体结构为环绕炼铁炉心，由四梁八柱承托起来80米直径环形铸铁厂，巨大的圆锥台形罩棚顶标高43米，高炉最高点为煤气放散检修平台顶标高为105米，罩棚下首层为运输铁水的火车头和鱼类罐车的通行平面，高炉二层9.7米出铁场平台是炼铁的主要工作面，高炉三层13.6米参观环桥结合外部引桥为嘉宾参观车行可达之用。高炉本体内主要利用一层和二层布置博物馆。高炉北侧四座热风炉和热风总管，以及重力除尘器作为主要构筑物被保留。西侧原三层主控室被代之以单层的三座附属建筑，分别为临时展厅、学术报告厅、纪念品销售及配套餐饮。

在高炉罩棚内的标高13.6米环桥和9.7米环状博物馆，依托高炉围合的半室外空间，为博物馆的各种文化活动和发布提供了弹性空间，2018年11月，奔驰长轴距A级轿车在此举办了中国上市盛典，此举成功吸引了全国车友的目光。标高41.3米高炉罩棚顶的环形观光区和西向的观光平台，都为登高远眺首钢园区各个方向风景，以及与石景山、永定河隔空对话，提供了极佳的场所。标高72米的原载荷50吨天车梁，一端被置入玻璃栈台，除登高览胜的工业旅游之外，未来也必将成为首都一处最吸引人的空中秀场。

在首钢主厂区遗留下大量与制铁工艺相关的工业遗存，例如原有三高炉、冷却塔、热电厂、精煤车间、制粉车间等，这些工业建构承载着大量与生产环节相关的集体记忆，对这些工业遗产实施保护性再利用，转型为博物馆展示空间，则标志着这些文化空间从工业性向城市性的彻底转变，其中作为首钢精神图腾的三高炉博物馆更是最典型的代表。它不再是一座宏大封闭工业园区内，单一生产铁水的钢铁巨构，而是面向城市展开怀抱的积极空间，它是一座铭记百年历史荣光的工业遗存，一座炼铁工艺的科普平台，一座文化和科技融合的圣殿。

首钢三高炉的更新设计，提出核心策略“封存旧、拆除余、织补新”，即谨慎面对于工业遗存的动态保护，消除现代城市文化生活的障碍，建构精致多样的人性化生活空间。这便是充满敬畏地挖掘首钢工业遗产馈赠的文化基因，融入城市纹理，激发城市活力。通过三高炉博物馆这一多维度的历史切片集合，通过浸入式的方式带领观众进入到高炉内部，审视特定时代的工业遗存和它所承载的集体记忆，感受曾经峥嵘岁月的时空，通过空间和个体叙事展示，在探究以首钢为代表的中国宏大的城市发展转型之路的同时，通过这座建筑向每一位朴素首钢人真诚致敬，向首钢百年伟大变革和华丽转身致敬。

三高炉是首钢明星高炉，也是百年首钢发祥地的关键点，保护性再利用项目保留了三高炉主体高炉部分、热风炉、重力除尘器和干法除尘器等核心工业构筑物，最大限度保留了高炉原有结构和外部风貌，对内部空间进行重新梳理，最终形成展示、展览、观景平台、玻璃观景台等不同功能区域。百年老高炉变身为一座现代化博物馆，它提供了1.68万平方米的常设展览、临时展览、学术交流、社会科普、配套餐饮等功能，还依托相邻的秀池提供了水面下近850个车位和2600平方米的水下临时展厅。这座拥有厚重工业历史的遗址，将以博物馆的形式继续向世人讲述“首钢故事”，对百年首钢工业印记进行展示和传承。

新中国成立70周年之际，首钢迎来百年生日。2019年9月，首钢建厂百年庆典，正式迎来三高炉博物馆的开馆献礼。三高炉博物馆重塑了面向未来的城市空间，打开了纵贯百年的“从工业性到城市性”的时空之窗。如今，首钢三高炉博物馆成为展示“首钢人”文化情怀的平台。首钢的百年功勋是由无数平凡的“首钢人”共同铸就的，正是他们的个体记忆聚沙成塔，构建出独属于这块土地的集体记忆。“首钢人”对于这块土地炙热的情感由此被倾诉，这是流淌在血脉里，深藏在内心深处的记忆。想了解“首钢人”这样一个群体，目前最佳方式莫过于走进三高炉博物馆，通过再现铁水奔涌的场景，了解那份过往的豪情和深沉的情感。

首钢三高炉既是全国第一次尝试以炼铁高炉改造文化建筑，又是首钢企业、首钢人的一次精神家园的空间重构。首钢园区以三高炉博物馆代表的重工业文化遗存更新同时承担了几种不同的文化物质载体，钢铁企业核心工艺的工业文化代表、工业首钢人的精神家园和面向城市崭新文化体验。作为昔日首钢园区炼钢工艺的重要环节和承载了首钢人集体记忆的明星高炉，首钢的三高炉博物馆已经将三号高炉的价值抽象化，并叠合了现代生活对其保护和再利用的诉求，成为具有强大传播力的文化符号，进而引导和引爆城市级的目的性文化消费。

随后，我又来到首钢极限公园，这一区域是在原用于火车卸料的“翻车机”基座平台的基础上改造而成。我看到有不少年轻人正在兴致勃勃地进行极限运动训练，包括滑板、滑轮、攀岩等项目，而首钢极限公园的上方就是不断驶过的轨道交通，十分具有动感。我和一位玩滑板小伙子攀谈起来，小伙子从事这项运动已经10年了，对于能在首钢工业遗产园区内，开展所喜爱的运动项目，他兴奋地表示是非常理想的环境，“真是太棒了”。

2017年11月，《新首钢高端产业综合服务区北区详细规划》首钢园区北区获北京市规划和国土资源管理委员会正式批复。目前，国内旧工业区改造更新模式主要有三种：产权方改建运营、运营方改建运营、产权方与外部机构合资改建运营。首钢园区选择的第一种模式，由首钢集团承担项目改造的出资方与运营方角色，一方面在于首钢集团具有较强的资金筹措能力和资源整合能力，另一方面在于产权方改建运营，首钢园区可以更好地实现保护前提下的再利用，有利于传承文化和历史。

作为新中国成立后重要的工业样板，多是筒仓、料仓、高炉等工业设施，首钢园区集聚了大量的工业建构筑物、文物、绿化、水域、山体、道路、铁路、管廊等各类资源，其特点在于设施关联度强、覆盖面积广和布局分散性强。显然，由首钢自己来改建运营，可以更好地传承和再利用。而作为“打造新时代首都城市复兴新地标”的首钢园区，也被列为首钢集团主要新型业务之一。首钢园区还需要对工业建筑植入新功能，产生经济效益。

首钢全面停产之初，厂区里安静极了。但是2011年夏天，29集大型纪实性电视连续剧《国家命运》剧组找上门来。这部讲述“两弹一星”的作品，需要拍摄20世纪六七十年代的工业厂房。选景小组在8.63平方公里的厂区内转了个遍，当天就看中了原运输部的大修车间、原高速线材厂食堂外的空场，以及厂区内的制高点石景山。从此以后，一幕幕“光影的故事”一次次上演。近年来，已有数十个影视剧组开进首钢工业建筑群，越来越多的影视作品在首钢老厂区里取景拍摄，厂房、车间、食堂、剧场、宿舍、办公楼、综合楼……都成了影视导演眼中独特的文化资源。

首钢工业遗址资源几乎跨越一个世纪，从1919年到2000年之后的建筑都有。最常被影视剧组利用的型材厂、中板厂、高速线材厂、动力厂、焦化厂、氧气厂，都有高大厂房。这些厂房面积从1000平方米到3万平方米不等，有的厂房高度达30米，既方便剧组直接取景，也方便剧组在其中自行搭建布景。首钢老厂区的名声很快在影视、音乐、广告圈子里传开。影视剧拍摄团队、音乐MV拍摄团队、广告拍摄团队，经常有数个摄制组同时进驻拍摄。曾经的北京“工业记忆”，如今在一个又一个艺术作品中“复活”。

走在首钢园区，最引人瞩目的是正在修复的沧桑斑驳的老厂房，高炉巍峨，脚手架纵横，安全网密布，塔吊伸着长臂传送着建筑材料，工人们正在繁忙施工，对外立面进行除锈防腐作业，开展外观修复，保留工业风格，内部加层改造，目前各项保护性再利用工程正在有条不紊地推进之中。在考察的现场，鞠鹏艳工程师问我，首钢作为老工业园区如何实现合理转型。事实上，发展新的使用功能，实现工业遗产高效合理的再利用，成功的工业遗产资源再利用是使工业遗存起死回生的过程。工业遗存作为工业设施的死亡是由生产活动的停止造成的，工业遗存作为新的城市功能体的再生，则是得益于工业遗产旅游、文化创意产业等新的活动的兴起。根据首钢主厂区特定的总体布局和工业建筑空间结构，可以考虑开展以下几类活动。

一是工业遗产旅游：首钢主厂区庞大的工业建筑群，雄伟的炼铁高炉，丰富的工业景观类型，为首钢成为吸引人的工业遗产旅游胜地提供了雄厚的基础。同时，加强生态恢复和景观环境的塑造，大力发展工业遗产旅游项目及其相关的服务设施，建设成为面向公众、充满活力且特色鲜明的文化旅游景区。

二是文化艺术活动：首钢主厂区内各种错综复杂而又井然有序的工业设备和生产设施形成了独特的空间构成形态，极富艺术感染力，在这样的空间环境中无疑会激发艺术创造的灵感，还可以在其中加入公共文化设施，例如工业博览馆、科技馆、钢铁博物馆等，丰富其功能内涵，经过改造的首钢主厂区非常适合开展公共艺术文化活动。

三是大众休闲活动：首钢主厂区内有极富特色的历史文化名胜、独具魅力的园林绿地和丰富有趣的众多场所，已经具备了为市民提供休闲娱乐的巨大潜力，同时还可以开展场地探险与旅游等特色活动，将工业遗产转化为城市休憩开敞空间，形成以工业文明为主题的城市公园，丰富市民的生活。

四是探险极限运动：首钢主厂区内尺度巨大的料仓、烟囱等设施，稍加改造就可以成为攀岩运动的场地，蓄水池、煤气柜等设施可以改造成为潜水运动的场地，空旷开敞的厂房适宜开展极限运动，对场地要求不高的各种轮滑运动在这里也可以找到最合适的前卫气氛。首钢主厂区完全可以成为一个极限运动的乐园。

另外，首钢工业区内不同时期的铁路线纵横交错，最早的铁路线为1936年建设的单轨铁路。正规运输用铁路建于日本人占领时期，同时铁路线布局和走向也已做了规划。解放后至今虽然铁轨的规格和数量发生了根本性的变化，但是铁轨路线的布局和走向却基本没有大的变动，只是在随着厂区范围的扩大不断延伸，是串联首钢发展的重要脉络。

根据首钢工业遗产的历史价值、文化价值、艺术价值、经济价值和技术价值五个方面的分析，可以确立首钢主厂区内工业遗产保护与再利用分级的界定原则。一是从历史和文化价值出发：建筑物、构筑物为历史事件的发生场所，或曾经见证了一个城市乃至一个地区和国家的某个行业的发展历程，意义尤为重大，对其保护与再利用应以整体保留为主。二是从建筑形态分析：部分风貌较好，钢铁工业特征非常明显的建筑物、构筑物对首钢工业遗产保护区的整体环境具有重要作用，对其保护与再利用也应以整体保留为主。三是从技术经济价值角度考虑：大部分厂房、仓储等建筑结构可塑性强，承载力高。考虑利用现有结构，对其进行改造再利用是比较理性的方式。

以上述原则为基础，通过逐一分析，对首钢主厂区内的工业遗产提出不同的保护与再利用的级别：一是强制保留，即不得拆除，保留建筑原状，包括结构和式样，可以进行修缮，也可以置换建筑功能，对于建筑物和地点具有特殊意义的构筑还应原址保留；二是建议保留，即符合认定标准且具有保留价值，应尽可能保留建筑结构和式样的主要特征，包括结构、式样、设施和构件等，建筑功能可以置换，还可以对建筑物和构筑物进行加层和立面改造；三是可以保留，根据未来需要可以进行拆除或改建。

目前，首钢园区主要聚焦于三大细分产业：冬奥引领、科技赋能的体育 +；人工智能与制造业深度融合的数字智能；以数字传媒、互动娱乐为代表的创意产业。体育产业，围绕体育产业的办公和消费，满足企业办公区和体验式消费需求。数字智能和创意产业，以金安桥区为主，5.4 万平方米办公空间，2.3 万平方米商业配套，包括极限公园、设计师广场、电竞科幻产业启动区、沉浸式数字媒体体验区、数字智能孵化区，主要发展电竞、科幻及文创产业等。为此，首钢园区规划建设工业遗址公园、公共服务配套区、城市织补创新工场等片区。

“工业遗址公园”位于北区中部，以工业流程的主要遗存和绿化空间为主题，挖掘高炉、干法除尘等工业主流程遗存价值，建筑规模约 8.6 万平方米。对于不同地段的文化遗产，采取不同的保护与利用方式。对于首钢主厂区中部的早期工业遗产，作为体现首钢工业遗产价值的核心区域，对于工业遗产本体和环境进行整体保护与展示，体现出首钢工业遗产震撼人心的规模和雄伟壮观的气魄，成为独具特色的工业遗产公园。金安桥区域和工业文化休闲体验区，依托高炉、焦炉、高线公园、转运站等工业遗存建筑进行改造。结合长 1.9 公里、宽 120—300 米的区域绿轴景观，以绿色生态城市风貌为导向，在其工业素颜值基础上形成高绿颜值的城市更新范例，传承京西百年历史独有的“铁色记忆”城市风貌。

“公共服务配套区”定位于“一带一路”服务、研发创新平台、人才公寓等城市服务功能。主要包括国际人才社区，48.7 万平方米办公空间，4.9 万平方米商业配套，9.7 万平方米高端公寓，完善整体规划功能职住平衡，提供宜居宜业的优质社区，这既为整个园区的功能混合度提升做出贡献，也为老旧工业遗存改造居住类型的突破做出了有益的尝试。同时，积极对接国家“千人计划”和北京市“海聚工程”等各类人才计划，努力争取为京西人才高地筑巢引凤的机会。对于首钢主厂区南部现代工业厂房建筑，可以利用其高大的厂房建筑，内部进行合理改造，建设中国工业博物馆，填补我国博物馆体系空白。一些高大厂房也可以利用为其他类型的博物馆、美术馆、创意产业园区等文化设施，吸引各类文化机构入驻，并有利于解决职工就业。

“城市织补创新工场”定位于产业金融和数字智能企业的总部发展空间载体，规划建筑面积约61万平方米。设计运用“城市织补”理念，保留部分厂房排架柱等工业文明标志性、纪念性构件，以新旧材料对比、新旧空间对比延续首钢“素颜值”工业之美，同时利用临长安街位置优势，高起点遴选支撑首都科技创新中心、文化中心、国际交往中心的高端产业及业态，实现研发创新平台、企业办公、人才公寓等公共服务有机组合的城市功能。结合工业遗存改造为国家级实验室及人工智能制造等企业提供空间载体，塑造新旧结合的高科技创新城市产业集聚群落，实现高新科技、现代金融、文化娱乐三大产业群与数字化的融合。包括虚拟现实博物馆、世界艺术互动光影秀、世界艺术作品展览展示、VR体验区、智能潮流赛事电竞馆、特色商品区、未来光影互动餐厅、智选假日酒店、全民畅读艺术书店等。

如今，高炉筒仓犹在，却早已不见钢花飞溅，曾经的冷却塔告别蒸汽氤氲，焕然一新。原有的工业管廊摇身一变，成为集慢行交通、观景休闲、健身娱乐为一体的空中公共空间。工业景观往往能形成无法替代的城市特色，具有明显区别于城市其他地区的特征。通过认定和保存首钢具有多重价值和个性特点的工业遗产，对于提升城市文化品位，维护城市特色风貌，改变“千城一面”的城市面孔，实现城市特色的塑造与工业文化的延续，保持生机勃勃的文化活力，均具有特殊意义。为此，规划建设中国著名现代钢铁工业文化园、首都休闲娱乐中心区（CRD）核心功能单元、京西绿色生态屏障三大功能区。在功能上相互依托，在资源利用上交叉共享。

在“中国著名现代钢铁工业文化园”方面，首钢的发展史一定程度上代表着我国民族工业发展的历史，“首钢风貌”是极具个性的文化资源，厂区内耸立的高炉、转炉、冷却塔、烟囱，以及“鱼雷罐”、轧机、控制室与其他大量工业建筑和设施，构成了外界难得一见的、充满新鲜感的钢铁生产景观，而花园式的厂区建设又使整个厂区增添了独特魅力。首钢人具有中国工人阶级的光荣传统、优良作风。特别是通过改革开放以来，我国现代钢铁生产发展历史，展示首钢人所创造的辉煌业绩、做出的巨大贡献、总结的成功经验、进行的积极探索，以及通过首钢主厂区完整的钢铁冶炼生产工艺流程，包括厂房、设备、技术及配套设施等，普及现代钢铁工业生产科学知识，这些都是重要的主题教育资源。

在“首都休闲娱乐中心区（CRD）核心功能单元”方面，首钢工业旧址具有发展旅游业的基础扎实、条件优越、大环境良好，CRD建设和首钢转型发展，更为首钢旅游“升级上档”提供了良机。因此将首钢主厂区所开展的工业旅游品牌，逐渐由“钢铁是怎样炼成的”拓展为“现代钢铁文化之旅”，使现代钢铁企业工业游的独特魅力日益显现。首钢展览馆在展出内容上完整记述首钢由小变大、由弱变强的发展轨迹，除展示企业发展史外，展览馆举办不定期的专题展览，具有旅游观赏价值。首钢主厂区内有厂房、大型工业设备、铁路、公路，有自然景观，有山有水，还有反映首钢历史的一些文物资料，例如清朝末年的电机、早期的蒸汽机车等，这些都是十分珍贵的文化旅游资源。

在“京西绿色生态屏障”方面，经过长期的环境整治和绿化建设，厂区内先后建成多处颇具观赏价值的景点。首钢月季园占地约7万平方米，种植有400多个品种、十几万株月季，是北京为数不多的月季主题园。主厂区中部的群明湖是首钢发电厂和焦化厂等的晾水池，过去终年不结冰，是一处有着钢铁工业特征的自然景观。如今群明湖巧用高炉循环水，水质清澈、濒水建筑古韵浓郁、水禽荷花相互映衬，体现出鲜明的环境友好理念。整个厂区内共有20多处大型绿地和绿化带，松林公园占地约17万平方米。这些诠释了“花中有厂、厂中有花，花在厂中、厂在花中”的真实含义。除大面积绿地外，音乐喷泉广场、彩灯、大型雕塑，共同构成了良好的文化与艺术氛围，使首钢主厂区未来成为“水泥丛林”中的一片城市绿洲，喧闹都市中的一片文化净土。

首钢的停产、搬迁与变身，对接着北京对城市功能定位的再认识。今天的北京，城市发展模式深刻变革，减量发展、绿色发展、创新发展成为首钢追求高质量发展的鲜明特征。在《新首钢高端产业综合服务区规划》中明确，未来新首钢规划总用地约为8.63平方公里，总建筑规模约1060万平方米，整个高端产业综合服务区呈现L形，从西北往东南依次是工业主题园、文化创意产业园、综合服务中心区、总部经济区和综合配套区。规划中将首钢主厂区内的单体性工业遗存分为强制保留和建议保留项目两种类型，其中强制保留物有36种，建议保留物有45种。最能表现“首钢”身份的4座高炉将被全部强制保留。

首钢工业区在解除其工业用地性质之后，应该谨慎地考虑其今后的发展，而这需要结合城市总体发展来定位其用地性质，考虑在功能置换后如何将原本独立分散的工业遗产建筑物、构筑物更好地串联起来，并融入城市公共空间内。保护好北京不同发展阶段有价值的历史遗存，才能给后人留下相对完整的城市发展轨迹。在保护好先人历史文化遗产的同时，给后人留下当代北京风貌，同样是当代义不容辞的责任。首钢工业遗产资源的保护，不仅仅是经济资源、旅游资源的保护问题，而且关系到城市历史与文脉的传承与弘扬。

2015年7月31日，奥林匹克委员会第128次全体会议在吉隆坡举行，投票选举2022年冬奥会主办城市。2015年12月，2022年冬奥组委宣布落户首钢，为京西的十里钢城凤凰涅槃注入了核心品牌，这样的国家级大事件也成为老工业园区更新的重要推手。2017年2月，国家体育总局与首钢总公司签署《关于备战2022年冬季奥运会和建设国家体育产业示范区合作框架协议》，全面推进首钢园区“体育+”模式的业态活化进程。2018年，首钢正式成为北京2022年冬奥会和冬残奥会官方合作伙伴。奥运会的超强IP提振了城市传统地缘中该区域的影响力，助推首钢转型改造进入全面加速的快车道。

目前，首钢园区的体育产业以北京2022年冬奥会为主，不过冬奥板块在园区的占地规模不大，处在北区约10%的比例。依托冬奥会的机遇，目前带动入驻园区项目包括：首钢智慧通信枢纽项目、冬奥会云转播中心、冬奥会保税仓库、冬奥会赞助商等。依托原自备电厂冷却塔加建的单板滑雪大跳台，将成为2022年北京冬奥会滑雪大跳台项目比赛场地。在滑雪大跳台南侧，是氧气厂区域，包括5.6万平方米独栋办公空间、包含1.7万平方米演播厅的商业配套，在冬奥会期间将提供冬奥会的配套服务，目前已入驻腾讯内容与数字部门。

为什么冬奥会与首钢结缘，看似偶然性的背后，有着必然性的因素。近年来，中国城市不断通过大型活动来推动城市发展进程，例如2008年北京夏季奥林匹克运动会、2010年上海世博会、2010年广州亚运会、2014年南京青年奥林匹克运动会、2016年杭州G20二十国集团领导人峰会、2018年青岛上合组织峰会、2018年上海中国国际进口博览会等先后在我国举办，都有效推进了所在城市的整体城市面貌和服务水平。

这一系列大型活动中，2010年上海世博会以精确的规划定位，成功通过世博会的重大助力，引领了黄浦江滨江岸线传统重工业的产业转移，为该区域的城市更新进程提供了强大动力，也成为中国国内通过大型国际活动推动城市更新和保护工业遗产的最佳案例。因此，冬奥组委办公园区落户首钢，有利于全面推动首钢工业园区城市更新进程，塑造一个国家级的城市更新典范。对于首钢园区的浓郁工业风貌，是首钢员工集体记忆和场所认同，对于广大民众而言是京西工业大院中充满神秘感的区域转型，对于到访的外国友人来说也将是一种与欧洲后工业时代重工业遗存保护与更新产生共鸣的场所。

薄宏涛设计团队接手了北区创意园区项目设计，在设计过程中得到了“冬奥组委要来了！”的通知。作为首钢园区北区启动的先导项目，首钢冬奥广场的落地具有标志意义。在绿色奥运、节俭奥运理念的指导下，奥组委在永定河畔石景山东麓、阜石路以南选择了首钢主厂区西北角的西十筒仓片区建设奥组委办公园区，其基地得名于地块北侧的原京奉铁路西十货运支线，这一选址环境特殊，冬奥广场基地南侧的秀池和西侧的石景山山体及永定河生态绿廊，为项目带来了绝佳的外部山水自然环境。可以说，这里既是首钢在一个世纪前的建设起点，又是首钢在一个世纪后的新发展起点。

奥组委办公园区进驻，虽然对于西十筒仓项目来说是重大利好，对于薄宏涛设计团队来说却有些尴尬，因为曾经考虑的“西十筒仓创意园区”和未来的“奥组委办公园区”不可同日而语，定位发生很大变化，完全陌生的奥组委规划设计部提出的是“国际化、工业范、中国风”设计要求，而与之对应的则是基地内部的筒仓、料仓、供料通廊、转运站及供水泵站等十个工业遗存的密集布局，它是园区一号、三号炼铁高炉炼铁工艺的复杂巨系统中的重要组成部分。虽然薄宏涛设计团队是中标单位，但是原设计方案需要进行大幅调整，需要借由奥运会的强大助推，将这一区域改造为集办公、会议、展示和配套休闲于一体的综合园区。

修改后的设计方案，提出了“忠实的保留”和“谨慎的加建”的理念，将曾经消隐的混凝土框架尽量保留外露，通过“服务空间+被服务空间”的功能提升思路，将所有新增电梯垂直交通系统在转运站平面体系外挂，既不破坏原有结构又便于施工组织。同时，设计通过“织补”“链接”和“缝合”的手法，重新以人作为本体，梳理了原有巨大尺度工业遗存的空间尺度关系。通过一系列中小尺度体量功能单元的插建和加建，把原有基地内散落的工业建筑物、构筑物细腻地“缝合”了起来，并且改变了原工艺导向下建立的空间布局，巧妙转化为景色宜人、充满活力的复合人性化尺度办公、休憩的不规则五边形办公院落。

如此设计正是希望以“院”的形式语言，回归东方最本真的关于“聚”的生活态度。作为老北京最充满人情味的一种居住和工作的空间模式，“院落”的气质是摆脱了工业喧嚣之后的宁静和祥和，体现了后工业时代对人性的尊重，也是花园式办公场所必需的特质。同时设计强调人性与自然对话，积极融入城市，就意味着尽可能消除阻隔。基地西侧石景山和南侧秀池水体为项目在拥有强烈工业感的同时，设计在 150 米长的原有联合泵站构筑物改造中，打破“封闭大墙”，植入开放式景观廊道、主入口通廊和公共空间，让园区内外景观可以积极对话。基地内 15 棵被定点保留的大树，也成为向园区内部绿色渗透的绿色桥梁。

设计团队为园区设置了一条穿行于建筑之间和屋面的室外楼梯 + 栈桥的步行系统，这为整个建筑群在保持工业遗存真实性的同时，叠加了园林化特质。整组建筑就是一个立体的工业园林，步移景异间传递出一种中国特有的空间动态阅读方式。设计更希望在后奥运时代，这组建筑面向社会办公需求时提供空间弹性，能为未来更多的创智型企业提供足够的可行性。联合泵站西侧的原锅炉房小水塔是设计踏勘时建议保留的一座小构筑物，精致而出彩。水塔一楼的半开敞环形吧台，让它成为展厅的有机组成部分，二楼开出的四个窗洞则分别向四个方位指向功碑阁、三高炉、秀池和天车广场，形成独具魅力的框景，被称为“首钢之眼”，通过它们可以以一种独特的切口方式一窥首钢园区重要工业景致。

修改后的方案获得了奥组委和首钢集团领导一致认可，也树立起筑境设计在首钢园区工业遗存更新实践的专业信誉。通过开展工业遗产保护性再利用设计可以得到一些体会。首先要承认在工业革命中推动人类生产效率提升的工业建筑物、构筑物，除了具有生产职能，也具有较强的人文、历史和社会价值。其次，在获取规划指标和设计任务书的同时，更重要的是秉持对工业遗产足够的敬畏心，要详尽掌握原有图纸、充分踏勘现状、了解工艺流程、进行精细测绘和准确鉴定结构，在这些条件的支撑下，才可以较为客观和专业地评价和制定工业遗存的拆改原则。“可以说，一个不了解工艺、不熟悉基地的设计师是没有资格面对一片工业遗存开展‘纸上设计’的。”薄宏涛先生强调。

对于工业遗存更新项目而言，不了解工艺、不了解现状、不了解历史，不能将这些信息了然于胸，是不可能真正做好所面对的更新设计的。作为炼铁工艺集大成的高炉，是钢铁厂中垂直体量最大、最具视觉标识意义的工业巨构，了解他的工艺成为开展设计的关键。薄宏涛设计团队的设计就从读懂首钢保留的两万多张图纸开始，同时反复向首钢设计院设计人员讨教，并在高炉上的一次次攀爬踏勘开始。自 2017 年 8 月起，国际奥委会主席巴赫多次高度赞扬首钢园区更新项目，称其为伟大的奇迹。

薄宏涛先生感言，首钢的转型发展是当下中国最具特征性的重工业遗存保护更新案例，规划设计应区别于过去常见的遗址公园“静态保护”模式，工业遗址公园应以更加积极的“动态更新”，有效利用旧有工业遗存进行物理空间更新的同时，积极导入升级产业，全面兑现从工业性到城市性的积极转变。这样的更新姿态不但让园区破除封闭性并积极融入城市空间肌理，更努力落地升级产业，助推乃至引领城市区域的全面产业及活力提升，加入城市可持续发展进程，这是历史的召唤，也是当代的责任。

钢铁生产停止了，钢铁精神却没有止步，首钢走上了绿色转型、创新发展之路。这片国家体育产业示范区，是冬奥会进驻首钢主厂区所产生的产业转型的缩影，是工业遗存和体育产业的巧妙融合。首钢园区北区的滑雪大跳台，在北京冬奥会后将成为世界首例永久保留和使用的滑雪大跳台。从钢花四溅、钢水奔流的炼钢厂，到造冰制冷、寒气四溢的冬季训练中心，转型发展的新首钢奏响了动人的“冰与火之歌”。一度沉寂的“十里钢城”变身充满活力的首钢园区，正在努力建设具有全球示范意义的新时代首都城市复兴新地标。

在国际奥委会主席巴赫的眼中，首钢园区成为一个“令人惊艳”的城市规划和更新的范例。如今徜徉在首钢园区，高炉矗立但不见烟尘滚滚，厂房依旧却不见机器隆隆。工业遗存和现代元素，在园区内完美融合，饱含铁色记忆的工业建筑，变身充满奇思妙想的现代创意空间。在首钢园区内还将建起“冰雪新世界”，冰壶、花样滑冰、短道速滑三个训练场馆均已投入使用，这三块冰面将来是面向公众提供社会培训的场地。同时在精煤车间北侧建设 1 座冰球训练馆。这 4 座训练场馆不仅依山傍水，还有铭刻时代印记的首钢特色景观围绕四周。未来不仅限于体育场馆，这片区域还将实现工业资源活化利用，成为冰雪体育休闲设施，承接体育科技、体育传媒、体育创意等业态。

总之，首钢地区发展问题的综合性与复杂性，将促使该地区在社会经济复兴的同时，成为未来北京城市发展的综合创新之地。冬季奥运会的运动概念帮助首钢打开了运动关联产业的多扇窗口，并提供了保障活力的混合功能社区。为了支持举办北京冬季奥运会和首钢实现转型发展，2018 年 5 月 29 日，在对首钢主厂区调研期间，故宫博物院与冬奥组委也达成了合作协议，将在奥运会大家庭成员访问接待、文物藏品展示、文化创意产品研发、设立故宫冬季奥运会纪念品专卖店，以及授权开展专项文化宣传等方面全面合作。

如今走进首钢园区，看见的还是那一座座 30 多米高的钢筋混凝土筒仓，还是那 2500 立方米的钢铁高炉巨人，还是那运煤列车可以轻松开进去的 300 米长的精煤车间偌大厂房，但是如今它们讲述的已经不再是钢铁的故事。在首钢工业遗产的保护过程中，如何能结合城市发展的理想，更深入地连接人们现实的生活，把这块原本的灰色，变成五彩斑斓的色彩，这是我每一次探访首钢最关注，也是最好奇的一点。

首钢工业遗产园区内的建筑呈现着各种各样的空间形态，例如圆的、方的、锥形的等，今天是不是所有的这些工业遗产建筑空间，都能够适应现在人们的生活需求，除了办公空间，它们还可以呈现出多种可能性。首钢园区北七筒办公区中的北四号筒仓，原来是首钢大炼钢铁时期的一个下料仓，具有 28 米的纵深，仓体上至今留着“1992 年 4 月首钢建设三公司建”的标记，对于这种工业时代留下的带有历史沧桑痕迹的建筑，如果能在里面去用数字创意的方式展示传统文化，将是一件非常“酷”的事情。

如今，北四号筒仓成了“Re 睿·国际创忆馆”，是首个以“文化遗产 × 数字创意”为内核的沉浸交互体验馆，通过 5G+8K 高清影像和 AI+AR 等技术，实现内容的无限延展。目前展示的是“重返万园之园”数字圆明园光影感应展，通过半景画屏幕，将历史和现实，工业遗产和园林建筑融合在一起。我看到在筒仓的中心有一个 11.8 米高的下料锥，当时在首钢炼铁厂的时期，炼铁的矿石原料就是从筒仓顶部被倾泻下来，原料撒在锥体上，均匀分布到了四周。如今这个下料锥也被利用了起来，它不仅成为展览的一个空间，通过奇幻的灯光设计和数字多媒体演绎，其自身的工业遗产价值也被呈现了出来。在展览入口处看到了很多观众的留言，对展览形式和内容表示赞赏。

工业遗存更新需依据自身城市能级、产业定位、文化特征、遗存特色等具体情况特点，客观判断和择取与之相匹配且能有效激活片区更新的复兴模式。具备重要区位或重要历史价值的工业遗存，通过政府倾力推进和长期持续投资将其转化为城市新的活力场所或文化空间。首钢主厂区的重工业遗存更新，是我国一线城市发展和城市产业结构调整大背景下催生的典型代表。首钢在功能与业态的活化进程中，充分契合北京市城市总体功能定位，集成“文化+、体育 +、生活 +”模式。一部首钢史就是半部京城工业史，在重识企业历史价值、重塑企业自豪感、重构企业集体记忆载体的需求下，2019 年首钢百年庆典，使首钢主厂区转型发展的努力得到彰显。

我想文化复兴不仅仅是物质的复兴，还要把人们的记忆留下来。在《我是规划师》节目组离开首钢时，我们再次来到了首钢厂东门。1992 年，首钢提出要把工业园区建成一个钢铁大花园，彻底改变人们头脑中钢铁厂就是污染源的旧观念，于是在百里长安街最西端，建成了既古香古色又高大雄伟的首钢厂东门，成为了“十里钢城”著名的标志性建筑。北京市石景山路 68 号，这个深深印在首钢人心中的门牌号，是首钢厂东门的原址。首钢厂东门，它在首钢人心目中有着很重的分量，是首钢人的精神地标。首钢员工对厂东门有着深厚的感情，这道大门不仅是员工进出首钢的主要通道，还是首钢特有的符号，见证了首钢的发展历程和光辉岁月。

2015 年 5 月，为了实施长安街西延工程，首钢厂东门拟启动保护性拆除。首钢厂东门位于长安街的西延长线上，在这条城市主干道实施中，厂东门难以保留。然而听到消息以后，从首钢员工，到厂领导积极呼吁要把厂东门保下来。因为这座建设于 90 年代首钢发展最辉煌时期的工厂大门，在首钢人的心目里是首钢真正的代表。这处工业遗产有多方位的价值，既有社会价值，也有情感价值，还有景观价值。因此首钢主厂区转产后，厂东门是拆是留，最为牵动首钢人的心。它是首钢家园的象征，也是首钢 90 多年历史文化的象征，更是首钢人不管走到何方创业，最后回到北京都能找到家的感觉的象征。

原厂东门所有构件在拆卸时都编号保存，例如屋面琉璃瓦共计 1 万多件，一一编号，以便未来重建时所有琉璃瓦完全对应上，须弥座、椽木、横梁等厂东门古建筑部分材料全部保留并用在新门上，外墙完全按照原貌进行装修，原汁原味地保留首钢员工关于厂东门的记忆。四年半后，位于原址向西 500 米处的厂东门经过复建后全新亮相，新厂东门同样是朱红外墙、绿琉璃瓦，同样是 12.85 米高、56.28 米长，新厂东门坐北朝南完全是按照 1∶1 的比例进行复建。许多首钢员工看见新厂东门都会感慨，从前就是这样的，他们在心里会有一种认同感。

2019 年 10 月 21 日，首钢厂东门成了欢乐的海洋。大红灯笼高高挂在厂东门上，在《我和我的祖国》欢快的歌声中，来自全国各地的首钢员工齐聚一堂。阔别四年半的首钢厂东门经过复建后，以原貌重新亮相，大家有说有笑，和新亮相的厂东门争相合影，镜头定格了一张张热情洋溢的笑脸。厂东门广场作为首钢园北区中央绿轴的起点，不仅引领人们进行别具匠心的工业遗址公园大尺度、全方位的后工业景观体验，更将成为凝聚首钢人回望历史、开创未来深厚情感的心理地标。

如今首钢厂东门重新树立在了首钢主厂区“绿轴”的核心位置，实现了从社会文化心理层面的一种文化复兴。复建后的厂东门广场具备室外草坪、露天剧场、城市草地等休闲功能。随着首钢厂东门广场正式对外开放，市民可到首钢园北区西部参观游览，穿过厂东门进入广场，花草绿地，树木成荫。移步换景，远眺能看见石景山、秀池与群明湖、滑雪大跳台、三高炉等钢铁工业遗存。这是首钢百年发展史中恢宏壮阔的一段篇章，是首钢主厂区转型发展中浓墨重彩的一笔，成为首钢文化复兴、活力复兴、科技产业复兴的新地标，也已经成为中国工业文化遗产保护的新标杆。

我想，首钢在停产转型之时，首钢工人对这片土地、厂房、设备一定是依依不舍。特别是一些几代人都在首钢工作的家庭，这里更是他们的精神家园。首钢的发展凝聚着几代人的智慧和汗水，当年首钢工人用大锤、扁担和箩筐建起新中国的钢铁厂，谱写了一部中国钢铁工业发展的辉煌史诗。在工业遗产上体现出的企业文化、企业精神，与首钢工人的情感认同紧密相连。在调查过程中，发现首钢工人对工业遗产表现出高度的认同感和自豪感，体现出保护工业遗产的良好社会基础。仅从这一角度，也有必要对首钢工人情感高度认同的建筑物、构筑物进行保留。

首钢主厂区转型发展规划，不仅要关注物的转型发展，而且还要关注人的转型，今天很高兴地看到首钢工人在新首钢中重新找到了自己的定位。这才是“城市、老工业区、企业和人”的全面转型发展，再次赢得自豪感，获得进取心。我的哥哥也是一生都在首钢工作，他1977年在北京钢铁学院读书前，是首钢炼铁厂的炉前工，大学毕业以后一直在首钢设计院工作，对首钢也是充满感情，时刻关心着首钢的发展。

首钢工人为国家、为社会、为中国钢铁工业和首都经济发展发挥了重要作用，做出了突出贡献，也涌现出许多劳动模范和先进人物。许许多多的首钢工人远离北京、远离亲人，兢兢业业地工作，夜以继日地拼搏，用自己的行动履行首钢工人的庄严诺言，表现出了艰苦奋斗、自强不息、甘于奉献、勇于创新的精神。他们把老一辈首钢人钢铁强国之志，融化为拼搏进取的巨大力量，把代代传承的光荣与梦想铸就在建设世界一流的钢铁精品生产基地的伟大实践中，他们是工人阶级的杰出代表，是钢铁强国的圆梦者，是科学发展的践行者，历史将永远褒扬他们身上所集中体现的工人阶级的伟大精神。

如今，走进已经停产的首钢石景山厂区，穿行于高炉钢管铁道之间，仍然可以感受当时火热的生产氛围。今天必须关注在这座钢铁之城内生活的每一个具体的人，关注每一个首钢人和他们家庭的变迁，避免企业转型过程引发的工人分流、再就业、社会保障等一系列问题，避免这些问题对原有的社会结构和保障系统造成巨大冲击。因此，首钢未来的发展，必须对首钢员工倍加关怀，使这片场地仍然保持他们精神上的归属感，仍然能够找到他们祖辈在这里生产的印记，这种情怀和一般城市开发项目中盖房子和卖房子完全不一样。

《我是规划师》首钢拍摄现场(2019年12月16日)

为保证顺利完成停产目标，首钢面向社会分流安置职工约 1.6 万人，相比在曹妃甸新建钢铁厂实现首钢集团的跨越式发展，这是更加复杂的问题，更加现实的挑战。除了生存问题，还要重视人文关怀，几十年对钢铁事业的精神寄托与付出是当地社会文化的精髓，正如一篇文章提到："全世界的大烟囱都是相似的，但是各民族建筑大烟囱的历史、心态、其中故事各有不同。"社会人群意识形态的重建比经济的复兴更难，对社会的稳定发展具有更加深远的影响。

我在故宫博物院工作，2020 年是紫禁城的 600 岁生日，古老的紫禁城，早已成为了博物馆，成为城市生活中的文化殿堂，那么首钢这片工业园区也可以通过华丽转身，建成一个充满活力的工业遗产公园，也是包括文化、体育、展览等丰富多彩的活动不断举办的大型园区，融入人们的现实生活，满足人们不断增长的文化需求。数百年皇城故事看故宫，未来城市故事看首钢，这里一定会成为世界级的工业遗产保护和利用的典范。

（北京电视台《我是规划师》第一集拍摄笔记，2019 年 12 月）

一脉传城

清晨，紫禁城沐浴在朝霞中，温柔的阳光照耀着古老建筑，千万片金色琉璃瓦熠熠生辉。几位物业员工正在细心清洗观众座椅，开放部门员工已经领来钥匙，准备打开通向御花园的顺贞门，迎接到访的第一批观众。我走出神武门前往故宫北面的景山。途中回望，神武门城楼上“故宫博物院”五个大字格外醒目，东西两侧视野开阔，故宫东北角楼和西北角楼倒映在护城河面，碧水清波荡漾。景山前街上，遛弯儿的老人，赶路的行人，一派和谐景象。联想到百年前这一区域还是封建禁区，普通民众不得进入。

在紫禁城的北面原有一个小山丘，名为“青山”。明成祖住进紫禁城后，命人在青山脚下堆放煤炭，以防元朝残部围困北京引起燃料短缺，因此该山又俗称“煤山”。此后明永乐年间营建北京城修建皇宫时，利用开挖护城河的泥土和拆除元代皇宫的渣土，在煤山处人工堆筑起一座土山，沿袭明中都宫殿之后有万岁山的传统，取名“万岁山”，成为明清皇家建筑的重要组成部分。1928 年景山被辟为公园，属故宫博物院管理，修葺后供游人观赏。直至 1947 年 9 月 25 日所修订的《国立北平故宫博物院组织条例》仍然明确景山由故宫博物院掌理。

自 1950 年至 1955 年，景山曾作为华北军区防空司令部的防空阵地，设置雷达、探照灯等设施。1955 年防空阵地撤走后，将景山改建为北京市少年儿童文化公园，并在其中设立北京市少年宫、儿童体育场等场所。1955 年 6 月 1 日北京市少年宫投入使用的同时，景山公园重新开始迎接游客。如今，从故宫到景山 100 米左右距离，中间被车水马龙的城市道路隔开，为交通管理而设的 4 道铁栏杆，不但迫使人们只能走地下通道进入对面，而且在景观方面也影响中轴线的视线走廊。

我们一行进入景山，沿东侧道路登上山顶，沿途有一些晨练的市民热情地打着招呼。景山是明清北京内城的中心点，海拔高度 94.2 米，实际上相对高度只有 45.7 米，但是由于位于北京老城中央，成为纵贯全城中轴线的制高点，地理位置十分显要，是北京中轴线文脉不可或缺的组成部分。今天，观赏景山上的五座亭式建筑，感到它们不仅具有城市景观功能，而且进一步突出了北京中轴线的对称布局和中心制高点的确立，将中轴线的整齐、对称推向极致，起到画龙点睛的作用。

记得在少年时代，因为家住得离故宫不远，曾多次和小伙伴们一起来登景山。实际上，很多北京的少先队员们都来过景山，因为景山里有少年宫。登景山远眺北京城，俯瞰故宫也是吸引大家登山的原因。记得那时站在景山中间的万春亭，俯瞰北京老城，四周望去就能看到远处的一座座城楼，甚至可以隐隐约约看到一些城墙的段落，城内则是平缓开阔的景观。眼下金碧辉煌的紫禁城，在成千上万个低矮而呈灰色的平房四合院的映衬下，形成气势磅礴、蔚为壮观的皇都气象和首都气派。

那时一条条胡同内都有成排的行道树、一座座四合院内也都有高大的树木，成片四合院内高大乔木就形成绿色树冠，互相交织又形成一望无际绿色的海洋，使整个平房区都掩映在树木之下，从景山望过去满眼都是绿色，烘托着红墙黄瓦的宫殿建筑群，使紫禁城显得更加雄伟壮观，光彩夺目。东西两侧则是一片葱绿的树荫，间隙中露出四合院民居的灰色屋顶。可惜那时候没有相机，没有能够留下这些美好的记忆。站在这里可以感受到历经数百年的发展，是最具北京文化特色的城市景观，也是我心中真正意义的古都北京。

每当登上景山，都会沿着万春亭走上一圈，四面的风光尽收眼底。景山四侧风光各具特色，西侧是北海的白塔，湖光塔影，赏心悦目，稍远一点还可以看到阜成门内的妙应寺白塔；北面笔直的道路尽头是鼓楼，远方燕山山脉清晰可见；东面是具有民族风格的中国美术馆建筑，格外醒目；当然印象最深刻的是向南面眺望紫禁城，特别是在灿烂的阳光下，红墙黄瓦的紫禁城无限风光，从神武门至正阳门的中轴线伸向远方，尽在眼中。

紫禁城位于古都北京美丽的城市中轴线上，占据着北京历史城区 1.12 平方公里中心地区，也影响着北京老城的空间形态。故宫是我国古代宫城发展史上现存的唯一实例和最高典范，既是世界上现存规模最大、保存最完整的古代宫殿建筑群，也是人类文化史上以物质形式表现精神语言的典型代表，既是中国古代灿烂文化艺术结晶，也是人类文化的代表性见证，既是物质存在，也是精神存在。作为物质存在，故宫凝聚着中国工匠的创造智慧；作为精神存在，故宫积淀着中国哲学的神秘力量。

20 世纪 80 年代，我参加北京城市规划工作，从事北京历史城区的规划管理，经常会登上景山，考察北京城市建设现状，采用地面观察与山顶观察相结合的方法，来分析研究相关城市规划或建筑项目与中轴线，以及与整个北京老城的关系，特别避免城市建设发展对中轴线造成伤害。由此也见证了这一时期北京中轴线的变化。今天，再次站在景山万春亭，感受到的是北京城的古朴庄重与欣欣向荣，感受到的是北京中轴线与四九城的时代脉动融为一体。

中国古代的城市规划追求崇高的精神境界。这个境界把在城市规划中追求“象天法地”的思想进一步提升，反映在古代城市规划学说上，可以用“天人合一”来概括。“天人合一”的代表学派是儒家和道家学说，这是形成古代城市规划礼制思想的基石。例如《周礼·考工记》中的匠人营国思想，《周易》的“立天之道曰阴与阳，立地之道曰柔与刚”，道家的“福祸相依”的主张，都对规划中如何掌握天地、祖宗、社稷、阴阳、方位、虚实、对称、轴线等起着重要作用。在中国城市营造方面，“天人合一”思想的影响深刻，尊法自然、合于天地，追求天、地、人三者和谐，成为规划设计企望达到的理想境界。

在世界建筑文化中，中国传统建筑文化独树一帜，其独特的形制格局中体现的思想精神意蕴更为世人瞩目。中国传统建筑除受制于地域、民族、气候、制度等因素影响外，更是“天人合一”这个几乎贯穿中国哲学，乃至整个中华传统文化发展观念的体现。尊法自然，合于天地，成为人们自觉的审美意识。追求天、地、人三者和谐统一，更成为城市规划和建筑营造所企望达到的理想境界。正所谓“天地人，万物之本也。天生之，地养之，人成之”。天地人是“万物之本”，当然也是城市和建筑之本。

“天人合一”的理念高度概括了天、地、人之间的关系，培植了人与自然天地和谐相处、尊天祭祖、克己复礼、尽心尽责的感情，对古代的政治制度、社会和文化意识产生了重大的影响，也对古代城市规划产生巨大影响。从中国历代都城的形式中，可以看出地球正南北方向的地位一直极其重要，这与中华传统文化对北极星的崇拜密切相关。北极星位于北极的正顶上，所以它的方位始终恒定不动，而北斗众星始终围绕着北极星旋转。“斗柄东指，天下皆春；斗柄南指，天下皆夏；斗柄西指，天下皆秋；斗柄北指，天下皆冬。”北斗星首先成为历法标志，进而成为“万物之本”的权力象征。

在都城中帝王的宫室被置于城市的中心，并将重要的建筑向南北两个方向层层延伸形成一条由建筑、广场、院落构成的城市中心线，即“中轴线”，东西两侧的城市部分则以中轴线为核心对称布局。这就形成了自周秦以来，尤其是自隋唐以来长期延续的基本定式，即以皇宫为中心并将主要建筑物部署在由宫殿向南延伸的中轴线上，左右取得均衡对称，再加上高低起伏变化，构建出一个在空间布局上最大限度地突出“普天之下，唯我独尊”的大统一思想。

在历史上，北京城最具特色之处，可以说是那一圈“凸”字形的城市轮廓和一条清晰的中轴线，它们是北京区别于其他城市的特殊历史标记，在世界城市建设史上具有重要地位。遗憾的是，北京城“凸”字形的城市轮廓几乎消失殆尽。由此，更凸显出北京中轴线的保护格外重要。在北京的战略定位中，中轴线是构建明清北京城市骨架的重要基准线，在传统城市空间和功能秩序上起着统领与布局作用。人们常形容北京中轴线是“古都的脊梁与灵魂”所在。

中轴线凝聚了北京这座文化古都发展的精髓，因此它不仅是“古都的脊梁与灵魂”所在，更是一条关乎北京人文历史、道德教化、风俗民情，乃至社会发展的命脉。因为北京中轴线及其建筑，蕴含着深厚的民族传统及历史文化，与我国延续数千年的古都城市发展史一脉相承，构成中华民族历史上独具魅力的古都城市营造体系，是中华传统文化孕育的特殊文化成果。从文化意义上概括，北京中轴线是我国几千年来，古都城市历史文化发展的缩影。

北京中轴线形成于元代，历经明、清、民国至今，始终得到充分的尊重和传承，记录了历史的发展与时代的进步。数百年来，北京中轴线始终处于驾驭全城的至尊地位，众多重要建筑、广场和道路，或有序安排于中轴线之上，或对称布置于中轴线之侧，形成空间的韵律与高潮。实际上，也是通过中轴线左右对称布局，进一步增强城市的规整性，反过来将中轴线更加凸显出来，使整个北京城形成以中轴线为统帅的完整城市景观，“就像北京的一条文化血管，里面流淌的是一种北京的特有血液”。

著名建筑学家梁思成先生说：“北京独有的壮美秩序就由这条中轴的建立而产生。前后起伏、左右对称的体形或空间分配都是以这中轴线为依据的，气魄之雄伟就在这个南北引伸、一贯到底的规模。”并称颂北京中轴线是“古代中国都城的无比杰作”。吴良镛教授赞誉北京中轴线是“古代中国都城发展的最后结晶”。今天再次站在景山万春亭远眺，遥望紫禁城，重重殿宇、层层楼阁、道道宫墙，错综相连却井然有序，很自然地使我们能够理解和接受这些赞誉，在情感上产生共鸣。

北京中轴线是世界上最长的城市中轴线，是古都北京不同于世界其他城市的独特之处，是历史对今天的馈赠。经过长时间的营造，北京传统中轴线成为城市构图的核心，成为城市格局的脊梁。中轴线两侧的街巷胡同亦相向布局，保持着特有的格局和肌理，整个城市如此大面积的对称，产生出无与伦比的超然气度，独具特色的壮美和秩序由此而得以建立，平缓开阔的城市空间由此而得以控制，使城市空间序列严谨、主次明确、层级递进、收放有度，使宏大的城市具有了强烈的向心力和归属感。

北京中轴线以紫禁城为中心，向南经端门、天安门、千步廊、大明门、棋盘街、正阳门、天桥到永定门，向北经景山、地安门、万宁桥到钟楼和鼓楼，全长7.8公里。这条中轴线串联着四重城，即外城、内城、皇城和紫禁城，形成世界上独一无二的贯穿整个城市的宏大建筑群、严整的城市空间和壮丽景观。在中轴线上有宫殿、有广场、有街道、有苑囿、有城门，形成跌宕起伏的天际线，统领着全城建筑格局。中轴线之上及其两侧分布着老城内几乎所有最重要的建筑群，形成左右对称、平缓有序的城市肌理，众多河湖水系更使中轴线景观有静有动，变幻无穷。

实际上，北京老城的城市布局和紫禁城的空间秩序都依照这条中轴线布置和展开。从建筑高度考察，中轴线建筑自南而北的高度为：永定门城楼26米，正阳门箭楼42米，天安门城楼34.14米，故宫太和殿35.05米，景山万春亭62米，鼓楼45.14米，钟楼46.96米。在中轴线东西两侧，还有天坛祈年殿42.16米，北海白塔67米，妙应寺白塔52.37米。而中轴线两侧的街巷胡同和四合院住宅，都是按照规划，以院落为单位平铺展开，一般建筑高度在8米以下，与紫禁城形成强烈的对比。

在中华传统文化思想体系中，“以中为尊”是一大特色，历代帝王总是把自己的国家视为“天地之中”。北京中轴线北收南展，与中国哲学中“坐北朝南，统治天下”的思想有关。从物质层面看，一座城市轴线可以起到组织和控制城市空间的作用，是城市空间的结构骨架，通过轴线可以串联起城市景观、交通、用地功能等系统。而城市轴线的非物质空间意义，往往远大于它的物质空间意义，从而成为决定城市空间形态的决定性因素。实际上，中西方首都城市轴线形成的主要外部动因都是政治因素，其中一些城市轴线具有极强的象征意义，甚全代表国家精神。

我们看到世界其他国家的首都城市，例如意大利罗马、法国巴黎、美国华盛顿、澳大利亚堪培拉和巴西巴西利亚等，也是具有轴线布局特点的城市。这些城市的轴线一般由道路和开敞空间构成，没有确定的方向，常常由多条轴线多方向放射延伸，共同形成城市系统，而多条轴线之间无明显的等级差异。与之相比，北京中轴线严格依照“南面而听天下”的传统礼制，有着明确的南北方向性，北收南展，具有鲜明的等级秩序。同时中轴线由道路和重要建筑物共同构成，虽然大型建筑物阻断了轴线道路的连续性，但是却营造出比空间轴线更强烈的心理轴线，体现出独特的中国文化。

一座城市轴线空间的形成，需要经历很长的发展时期。至今，在北京中轴线上，依然汇聚着城市中最具历史和文化价值的众多代表性文物建筑，是古都风貌的集中体现。虽然经历城市数百年的沧桑变化，北京中轴线仍然彰显出持久的活力和强大的生命力，其基本格局保持至今，成为北京文化古都保护的重要内容。在我看来，北京中轴线不仅是一座座单体古建筑组成的物质实体叠加，而且是一段段穿越数百年时光的城市精神脊梁，在中轴线上发生过众多历史事件，并且继续发生着影响深远的故事。

今天，北京中轴线密集分布着以正阳门、天安门、故宫、鼓楼、钟楼为代表的不同风格、不同类型和不同形制的古代建筑，以毛主席纪念堂、人民英雄纪念碑为代表的现代建筑，以景山、六海为代表的皇家园林和自然园林，以大栅栏、鲜鱼口、什刹海、南北锣鼓巷为代表的传统街区。从古代到近代，再到当代，从建筑到园林，再到街区，风格之多样、类型之丰富、形制之规整、建造之精湛、规模之宏大，代表着元、明、清至近现代中国高超的城市、建筑与园林建造水平，形成有序空间组织和宏伟空间序列，使北京中轴线成为内容丰富多彩的中国传统和当代建筑艺术轴线。

北京中轴线自形成以来，就体现出极为丰富的文化内涵，充分展示出了传统社会的皇权思想，皇城安排在了全城的中心，也是在南北中轴线的中心地带，体现出皇宫的主导地位，围绕紫禁城布局的左祖右社、前朝后市，是为了表现至高无上的皇权尊严；按照郊祀的传统，在内城之外以中轴线为中心，分别在南、北、东、西设置了天、地、日、月四处重要的坛庙；依据中轴线对称铺开的道路，以经纬交叉的形式遍布京城，居中的皇宫，成为交通最为发达的地方。此外，明清北京中轴线亦分布着重要的商业中心、皇家休闲区域，为这条波澜壮阔的中轴线增添了更丰富的文化内涵，构成了一个理想的、完整的都城格局。

伴随几十年来城市建设发展，人们开始将北京历史城区的空间形态，描述为“盆”的形状，皇城地区成为“盆”底，由中心向四周高度逐渐增加，过了二环、三环，高层建筑开始逐渐增加高度。北京历史城区的保护，历来强调以故宫、皇城为中心，分层次控制高度。但是，随着城市经济的发展和城市建设的活跃，北京历史城区保护的压力也在加剧。如今再站在景山万春亭上望过去，只有宏伟的紫禁城景象依旧，而那些绿色覆盖下的胡同和那些令人留恋的四合院，都已经大为减少。

北京中轴线及其周边地区是中国特有的传统景观艺术的重要组成部分，南北起伏、东西对称，体现出中国传统城市美学的价值取向，以其宏大的整体布局、巧妙的局部空间组织和精美的单体建筑设计体现了中国传统城市美学、景观艺术和建筑艺术的最高成就，总体平缓开阔、局部起伏有致的城市天际轮廓线，红墙黄瓦的皇家建筑与青砖灰瓦民居建筑所营造的强烈视觉反差，均给人以极具震撼的审美感受，具有高超而独特的艺术价值，是世界上迄今为止经由人工设计建成，保存最完整的古代都城城市轴线。

清康熙四十八年（1709 年）将贯通北京城的南北中轴线确定为天文和地理意义上的“本初子午线”即零度线。这实际上是在天文和地理意义上，重申古代中国以本土作为世界中心的理念。它比 1884 年国际会议确定通过的以“英国格林尼治天文台的经线作为本初子午线”要早 175 年。此外，清朝围绕中轴线居中理念，以紫禁城为核心，在两侧对称建造有宣仁庙、凝和庙等，安排风、雨、雷、云诸神，将祭祀活动围绕核心运行，这些清朝新增加的坛庙设施和明朝遗留下来的坛庙设施一起，增加了中轴线统领自然物候运行的指挥功能，丰富了北京中轴线的文化主题，使之成为整个北京城最重要的一条文化命脉。

北京传统中轴线形成于元代，在营建大都城时首先选择中轴线的基点。根据史籍记载，元大都设计时在宫殿北边设有中心台，在南城门外选定了一棵树，依这两点确定出中轴线。元人熊梦祥在《析津志》中这样记述："世皇建都之时，问于刘太保秉忠，定大内方向。秉忠以丽正门外第三座桥南一树为向以对，上制可。遂封为'独树将军'，赐以金牌。每元会圣节及元宵三夕，于树身悬挂诸色花灯于上，高低照耀，远望若火龙下降。"文中"世皇"即元世祖忽必烈。"刘太保秉忠"即刘秉忠，是元大都的设计者。

丽正门是元大都城南部正中的城门。丽正门外的一株大树，被刘秉忠选为大内中轴线的基点。大内与大都城的中轴线相重合，也就是大内与大都城同处一条中轴线，选择大内中轴线基点也就是选择大都城中轴线的基点。于是被选定做大内基准点的这株大树便被敕以金牌，封为"独树将军"，每逢元旦皇帝朝会群臣、皇帝生日与元宵佳节，在这三天的夜晚，都要把五颜六色的花灯悬挂在这株大树上，远远望去高低错落宛如闪烁亮丽的火花。

元大都中轴线与明清北京中轴线有着极为密切"亲缘"的关系。元大都平面呈长方形，面积 50 余平方公里，共有 11 座城门，从南城墙中央丽正门向北，经过灵星门、崇天门，宫城内大明殿、延春阁，出厚载门、御苑至大天寿万宁寺中心阁，是元大都城在规划设计上的中轴线所在。元明易代之后，元代宫殿纷纷被拆，城市中轴线也就一同隐去。但是明清北京城的建设既传承元大都城的规划建设成果，又吸纳、发展和丰富了中轴线布局的传统文化理念，在表现手法上更为灵活。

明北京城于 1406 年开工，1420 年落成。历时 14 年筹备和建设，一座有着更为壮观的"帝王之轴"的显赫都城，成为国家新的"心脏"。明嘉靖年间增建城南外垣，于是有了内、外城之分。全城平面设计沿用了元大都中轴线，并加以延伸，北端起自新落成的钟楼和鼓楼，南端终于天坛和山川坛之间的永定门。明北京城为清朝所承袭。清朝定都北京以后，进一步完善了中轴线的文化主题。首先在景山山顶和山前、山后加以精心营造，进一步强化景山作为整个北京城的镇山功能，成为清朝在中轴线上创新发展的重要成果。

北京中轴线的最后定型并达到全盛面貌是在清代中期，尤其是清顺治、康熙、雍正、乾隆四朝对中轴线的恢复与建设，为清代中轴线的辉煌奠定了重要基础。特别是乾隆时期，物阜民丰，经济社会稳定，国库雄厚，北京中轴线开始进入了大规模的建设阶段。在紫禁城内，改建新建的宫殿有重华宫、建福宫及花园、雨花阁、中正殿、寿安宫、慈宁宫及花园、宁寿宫、文渊阁、毓庆宫等，此外还有先农坛、方泽坛、日坛、月坛以及景山等坛庙礼制建筑的修建。这一时期对中轴线的建设，不仅成为中轴线区域礼制文化的高峰，而且延续至清末，为北京中轴线的奠定起了重要作用。

紫禁城，作为 15—20 世纪中国明清两朝皇家沿用近 500 年的宫殿，不仅代表了中国传统官式建筑的最高成就，更以紫禁城的布局规整、建筑群的恢宏壮丽，被国际社会认定为中华民族传统文化最具代表性的象征载体。紫禁城的总体设计是以中轴线统领着整个宫殿对称、严谨、完整、有序的格局，构成了有主有次、有起有伏、壮丽和谐、气势磅礴的一幅三维空间精彩画卷。在紫禁城内中轴线两侧，对称分布着西六宫和东六宫、延春阁和符望阁、武英殿和文华殿、西华门和东华门。

紫禁城处于中轴线中央段落。这一段的建筑等级最高，体量最大，控制着全城的构图。历史上的紫禁城，按照皇家的各种功能需求与礼仪制度，形成不同的功能片区与围合的院落单元，几乎包含了中国古代官式建筑中宫、殿、楼、阁、堂、亭、台、轩、斋、馆、门、廊等全部类型与相关营造技艺。更为难得的是，故宫古建筑群完整地保存了紫禁城在使用时期的朝政礼仪、办公、教育、起居、祭祀与宗教、园林与戏台、库房、药房，以及服务与值房等所有的建筑功能类型。

“中”是紫禁城设计与建设的法宝。中华传统文化对“中”的概念特别重视。《吕氏春秋·慎势》曰：“古之王者，择天下之中而立国，择国之中而立宫。”一般认为，这一思想与传统对中轴线的刻意追求有着密切关联。北京城居天下之中，皇城居京城之中，宫城又居皇城之中，而宫城又以中轴线为“中”。在中国传统文化中，古人认为天帝居住在上天紫微星垣中的紫微宫，有万间之多。因而就有了紫禁城有九千九百九十九间半房屋的传说。皇帝自诩为受命于天，把自己称为“天子”，把皇宫视为天下中心，所谓“王者必居天下之中，礼也”。

北京中轴线作为北京老城的核心，蕴含着元、明、清封建都城在城市规划方面的独特匠心，即代表着中国文化“以中为尊”的价值观。对称形式是中国传统文化的美学法则，认为对称形态能给人们以健康的美感。因此，在城市营造时出于尊崇，往往将地位最高的建筑放在正中，其他建筑环绕在两侧。因此，中国古代城市大多有清晰的南北轴线、规整的对称格局，体现“中正”之美。在古人的概念中，既考虑以“中”为核心，又考虑到公平、公允的“和”，形成“中和”理念。这些理念对于当代和后代社会具有普遍的参考价值。

“和”也是紫禁城设计与建设的法宝。紫禁城的前朝中轴线上屹立着三座大殿，亦称前三殿，是紫禁城外朝的中心建筑，也是紫禁城内的主体建筑，南北依次坐落在“土”字形前出丹陛台的三台之上。明永乐朝时三大殿的名称分别为“奉天”“华盖”和“谨身”。明嘉靖朝时更名为皇极殿、中极殿和建极殿，清顺治朝时又改称太和殿、中和殿和保和殿，此后，三大殿名称沿用至今。三大殿名称中都包含了一个“和”字，提升了三大殿的思想境界，把传统文化中最为重要的“和”精神体现了出来，既揭示了自然规律即天道，又明确了治国思想：建立和谐社会，实现大同梦想。

中国古代哲人以“太和”为“和”的最高境界。“太和”来自《周易》：“乾道变化，各正性命，保合大和，乃利贞。首出庶物，万物咸宁。”意思是说大自然运行变化的规律，使宇宙自然中万物各自形成其品德属性，又保全了阴阳会合冲和的元气，以有利于守持正固。“大和”，亦写作太和。“大”也读作太，与太也是通用字。“保合大和”为保持成四时风调雨顺寒暑适宜的自然景象。“保”即保持，“合”犹成。《周易本义》释“大和”为“阴阳会合、冲和之气”，即万物的“太和元气”为四时之气皆极谐，故“太和”就是宇宙的最佳和谐状态。

“天人合一”的信仰，不失中国传统哲学对自然的尊重和对人与自然和谐关系的理解。太和殿是三大殿的正殿，规格最高，体量最大，是皇帝举行大朝典礼之所，每年元旦、冬至、万寿三大节及逢登极、亲政、大朝会筵宴、命将出师等，均在此举行。“太和”与“保和”是讲宇宙生成万物和万物和谐相处的条件与环境，“中和”则是讲人性的修养，是情绪的原始状态。保持内心的中和，就可以臻至大道。所谓大道，就是回归于太和之气上，达到至善，只有这样，才能赞助天地，化育万物。

我国阴阳五行之说：“谓天地万物皆由五元素而成。五元素者，即水火土金木是也。”这一思想历代顶礼，百朝尊奉，物化到统治者的生活中，宫廷建筑成为最典型的代表。清朝乾隆年间，对元、明两朝按照五行金、木、水、火、土形成的“五镇”传说进行了确认，不但在全国有五镇，围绕北京老城也形成五个镇物，即东方为木，镇物是北京东郊皇木厂的“神木”；南方为火，镇物是永定门外燕墩；西方为金，镇物是大钟寺内的华严钟；北方为水，镇物是昆明湖东岸边的铜牛；中央为土，镇物是中轴线上的制高点——景山。这一格局的确认，进一步强化了北京中轴线的文化地位。

关于燕墩，是在北京永定门外约 400 米处，一座看起来并不起眼的方形墩台。它的历史可以上溯至元代，是北京城发展过程的亲历者和见证者。数百年来，它矗立在中轴线西侧，与其他几个方向的镇物一起，默默地守护着这座古老的城市。燕墩本名烟墩，就是烽火台。但是燕墩的主要职能不在于军事，而是在政治和思想层面。按照阴阳五行之说正南主火，城南宜设立与火相关的建筑。因此在城南设立燕墩，既是五行之说的需要，也是对自古以来五镇观念的继承和发展。

明代前期的燕墩只是一座土墩，明嘉靖三十二年（1553 年）增建北京外城时才把燕墩用砖包砌成了砖墩。清代乾隆年间又在燕墩上增建了九龙宝盖石幢。其碑身镌刻有乾隆皇帝亲笔所写的《皇都篇》和《帝都篇》两篇文章。《皇都篇》刻于碑身南面，主要是颂扬清朝统治前期物阜民丰、天下太平的景象，其最后一句“富乎盛矣日中央，是予所俱心彷徨”则反映了乾隆皇帝居安思危的思想。《帝都篇》刻于碑身北面，论述了中国古代各个时期主要都城的优劣，分析了北京优越的地理位置及作为都城的优势，并提出了“在德不在险”的治国理念。

由于燕墩处于元明清时期北京城中轴线的延长线一侧，有关专家认为燕墩涉及元大都与明清北京城的中轴线关系问题。元大都南垣的正门是丽正门。有关史料记载，燕墩原本“正对当年丽正门”，也就是说，它应当位于元大都南北中轴线的延长线上。明北京城继承了元大都土城的中轴线思想，但是把中轴线向东移动了约 150 米，所以原本在元大都中轴线延长线上的燕墩，就并不是正对明清北京城的中轴线，而是在中轴线稍西的位置。

实际上，关于元代宫殿的中轴线位置，是北京城市考古的一个重要问题，围绕这一问题一直都有争论。长期以来，人们多认为明代宫城中轴线比元代宫城中轴线略微偏东，近代更有学者强调元明两代的宫城中轴线并不重合。关于元大都中轴线主要有两种说法，一是朱偰、王璞子等学者认为元大都中轴线是在今旧鼓楼大街至故宫武英殿一线。但是这种说法被赵正之、徐苹芳等学者从考古成果角度加以否定。二是由梁思成、赵正之、侯仁之等学者提出元大都中轴线在今故宫至钟鼓楼一线，这种说法逐渐成为共识。人们经常所说的南起永定门、北至钟鼓楼、长约7.8公里的“传统中轴线”，往往就是基于这种认识。

20世纪70年代初，中国科学院考古研究所和北京市文物管理处，为解决元代大都城中轴线的准确位置问题，曾进行过北京城内的考古勘探，其中在景山北墙外地面以下探出一段南北走向的道路遗迹。同时，在景山公园内寿皇殿前探出大型建筑夯土基址，这些考古发现确定掩埋在地下的这段道路遗迹，是当年南北贯穿大都城的中轴线及其建筑基址，从而证实了明清北京城的中轴线与当年元大都城的中轴线完全重合，只是在建筑起点上存在差异。这一观点后来成为主流看法。但是争论并没有结束，至今仍然存在着两种不同的看法，也在进行着相关的努力。

2016年5月，故宫内的考古发掘工地传出消息，故宫博物院考古研究所在故宫隆宗门西遗址发现了元代地层，叠压着关系清晰的元明清遗址，堪称故宫“三叠层”。这一新发现，为故宫中轴线与密切相关的北京城中轴线等学术问题的进一步破解提供了新的线索，引起了人们的高度重视。但是要真正解决元大都中轴线的位置问题，除了故宫内考古以外，还需要结合故宫周边的考古、整个城市的考古，尤其是城市中轴线的考古开展专题研究。

北京中轴线是我国古代礼制文化和中华文明的象征。有关学者认为，明清北京中轴线由五个段落构成序幕、开端、发展、高潮和尾声，正如一阕宏丽的交响乐或一幕跌宕起伏的戏剧，实在是中国乃至世界城市史上不可多得的杰作。无论是韵味悠长的古都北京，还是焕发活力的现代北京，尽体现于这条中轴线的传承与发展。姚远先生曾说，北京中轴线保护是前无古人的巨大命题，如果处理得好，那么中国人世代都能享有这份世界文化遗产。

北京中轴线实际上分为五段，从南向北，每一段约有1500米，第一段由永定门至天桥，是较为肃穆的郊坛区。第二段由天桥至正阳门，为中轴线上最为热闹的部分，即今前门大街商业区。五牌楼与正阳门作为该段的一个小高潮，揭开进入内城的序幕。第三段由正阳门至午门，为宫廷前区。第四段是整个轴线的高潮部分——宫廷区，由午门至景山，紫禁城三大殿、后三宫、御花园等核心建筑都集中在这一区域。最后一段是中轴线的尾声部分，由景山北门到钟楼，这一带分布着商铺、民居和什刹海。

由永定门至天桥段：主题是生态。天坛和先农坛区域内有很多上百年的古树。每当夏天湿润的东南风刮过来，经过天坛和先农坛300多万平方米的绿化，使空气得以净化，于是清洁湿润的空气吹进北京老城，形成良好的区域小气候。目前先农坛“一亩三分地”已经实现腾退、考古、展示、祭祀、春播。如今，站在永定门城楼上北望，笔直的永定门内大街成为“步行走廊”，两侧国槐枝繁叶茂，银杏傲然挺立。通过景观设计，提升行走的便捷程度，实现人们全程步行体验，使人们漫步其间感受古老中轴线的壮美风貌，同时踩上生态人居环境时代的节拍，让人流连忘返。

由天桥至正阳门段：主题是经济。天桥地区是面向平民、文商结合的繁荣市场及娱乐场所，是老北京平民社会的典型区域。处于中轴线上的前门大街和两侧地区在明清时代形成繁华的商业区，珠宝市、大栅栏、鲜鱼口、打磨厂、西河沿、廊房头条、廊房二条都形成了特色商业街，也是当年全市重要的商业街区，数百年来店铺林立、商业繁荣，具有浓厚的传统商业气息，反映了古都传统商业文化的繁荣景象。沿街两侧分布有大量的多种经营方式的商业店铺，从这里的全聚德、同仁堂、都一处、内联升、瑞蚨祥等百年老字号，均赢得很高的商业信誉和社会影响。

由正阳门至午门段：主题是政治。天安门广场是明清两代举办重大庆典和向全国发布政令的重要场所。作为国家机器的“六部衙署”，布置在承天门中轴线上的“天街”两侧，体现封建国家中央集权的统治体制。1949 年以后，中华人民共和国开国大典在这里举办，第一面五星红旗在这里升起，经过几次扩建，形成了以人民英雄纪念碑为中心，东西宽 500 米、南北长 880 米，总面积达 44 万平方米的广阔空间，象征着国家的统一、社会的稳定和民族的和睦。与此同时，传统中轴线与东西长安街轴线相交于天安门广场。天安门广场作为全国政治中心的地位更加凸显。

由午门至景山段：主题是文化。紫禁城是世界宫廷史上的“无比杰作”，既是世界建筑艺术的经典之作，也是中国历史文化艺术的丰富宝藏。成立于 1925 年的故宫博物院，是在明清皇宫及其收藏基础上建立的博物馆，发展成为世界上最著名的博物馆之一，成为中国对外文化交流和展示中华传统文化的重要窗口，也是全球著名的文化旅游目的地，在国际社会和广大民众的心目中具有不可替代的重要地位。如今故宫作为世界上现存规模最大、保存最完整的古代宫殿建筑群，列入《世界遗产名录》。

由景山北门到钟楼段：主题是社会。中轴线北端是“前朝后市”的“后市”，随着元代以后京杭大运河漕运终点的改变、积水潭的逐步缩小，形成融汇民居、商业、娱乐的市井民俗区域，在中轴线两侧的南北锣鼓巷、什刹海是都市百姓居住、生活、休闲的区域，几百年来与鼓楼大街共同形成传统商业文化区域和市民休闲场所，烟袋斜街、白米斜街、大小金丝套等街区，则是北京地域文化的生动体现。此外，作为整个中轴线的终端，京城的报时中心，钟鼓楼上的晨钟暮鼓是中国“日出而作、日落而息”的传统生活方式的真实写照。

沿北京中轴线前行，可以从跌宕起伏的空间乐章中感受中华文明的博大胸怀。北京中轴线在 600 年的历史长河中，历经中国社会的重大变革，不断被改造和发展，始终努力适应不同时代的社会生活需求，既体现出中华传统文化中伦理和价值观对城市发展的影响，也是在城市规划领域的创造性实践。北京中轴线的独特探索，将政治、经济、社会、文化、生态融合成“五位一体”发展格局，串联起最具北京特色的金色名片，使我们在保护古都文化、延续北京中轴线历史文脉上，获得更宏大的布局和更广阔的视野。

中轴线纵贯北京城四重城郭，不同区段有着不同的主题文化，内涵极为丰富而独特。在北京中轴线上的各个节点和段落中，变化最大的莫过于天安门广场。天安门广场最初形成于明代，原为由丁字形长廊围合而成的宫廷广场，为强化中央集权的国家体制，依照“左文右府”的礼序，布局明清封建国家的最高权力机构。然而，自辛亥革命以后，天安门广场逐渐被开放为市民广场。20世纪40年代后期，由于受到战争影响与破坏，天安门广场区域疏于管护，杂草丛生，地面坎坷不平，一派荒芜景象。

北平和平解放以后，北平市政府随即发动民众开展义务劳动，清除垃圾，疏浚河道，天安门广场面貌有了明显改观。1949年8月，为迎接开国大典，再次对天安门广场进行突击式整治，上万人参加了整治工程。包括清除广场内的地面障碍物，修整天安门、中华门和东西“三座门”门楼，搭设临时观礼台，并将天安门城楼前的华表与石狮向斜后方移动，加宽了进入天安门的通道，拓宽了金水桥前的石板路，伐掉了金水河前妨碍视线的树木。

在1949年8月第一届北平市各界代表会议后，都市规划部门接到任务，选定第一面中华人民共和国国旗旗杆的位置。当时负责这个任务的陈幹先生后来撰文说：“从把旗杆的位置定下来的那一刻起，新中国首都城市规划的中心就历史地被规定了。天安门广场的改造也就要从这一点和这一天开始。”1949年10月1日，开国大典成功举行，在天安门广场上耸立的22.5米高电力控制的旗杆，升起了第一面中华人民共和国国旗。天安门广场成为我国最为重要的政治、礼仪场所。

1949年9月在北平举行的中国人民政治协商会议第一届全体会议上，通过了关于中华人民共和国国都、纪年、国歌、国旗的4个决议案，并决定在天安门前建立人民英雄纪念碑。对人民英雄纪念碑的选址最初有3种意见：一是主张建在东单广场，一是主张建在西郊八宝山上，更多的主张是建在天安门附近。最后确定在天安门广场的北京传统中轴线上，与天安门和正阳门距离基本相同。1949年9月30日，在天安门广场举行了人民英雄纪念碑的奠基典礼，宣读碑文后，毛泽东主席首先亲手执铁锨铲土，以表达对于先烈的崇敬和悼念。

人民英雄纪念碑是新中国的第一个公共艺术工程，承载着中华民族百余年来前赴后继、浴血奋战获得民族独立的光辉业绩，其位置的确定，对天安门广场的文化空间具有重大影响。梁思成先生在致北京彭真市长的信中，详细阐述了他的设计意见，奠定了人民英雄纪念碑的建造方案，确定了“高而集中”为碑形原则，并组织设计人员归纳设计方案。经审查，初步选出了高耸的矩形立柱等3个方案，做成了比例1∶5的大模型，广泛征求全国人民意见。1952年8月1日，经过2年多的设计，人民英雄纪念碑正式动工。1958年5月1日，首都50万人欢庆“五一”国际劳动节，人民英雄纪念碑在万众瞩目下隆重揭幕。

中华人民共和国成立之后，城市建设在北京老城展开，但是北京中轴线的对称格局没有被打破。20世纪50年代以来，天安门广场地区经历多次改造，但是整个广场的规划设计及其两侧公共建筑的布局、规模、形式均反映出对传统中轴线对称原则的维护，体现出当代社会对中轴线价值的认同和尊重。同时，中轴线作为北京城市规划中统帅全局的存在，为构建完整的城市景观增添了信心，为实现优美的城市环境创造了条件，也为继承优秀的中华传统文化提供了思路。

1958年8月，为了庆祝新中国成立十周年，决定扩建天安门广场。毛泽东主席指示：改建天安门广场，气魄要大，要使天安门广场成为庄严宏伟，能容纳100万人集会的世界上最大的广场。此后，天安门广场经过几次扩建，形成了南起正阳门，北至天安门，更加开放的空间形态。同时新建人民大会堂、中国历史博物馆和革命博物馆等一批大型公共建筑，展示出年轻共和国所取得的成就。“天安门广场建筑群”在规划和建设布局上，继续维护和强化北京中轴线应有的对称布局，既是文化古都的象征，也体现出具有五千年文明史的中华民族，在20世纪新的崛起，中华传统文化的延续发展。

20世纪70年代，天安门广场又进行了一次重要扩建。1976年在中华门遗址处兴建毛主席纪念堂。同时，天安门广场东西两侧路向南直通至前门东西大街。为此，拆除了广场左右两侧邻近东、西交民巷的一些历史建筑。经过此次改造，天安门前形成了以人民英雄纪念碑为中心，东西宽500米、南北长880米，总面积达44万平方米的广阔空间，其中心干道可同时通过120列游行队伍，整个广场可容纳100万人集会，这就是今天人们看到的天安门广场的整体轮廓。

天安门广场改造过程中，张开济先生设计的天安门前的观礼台，是尊重和强化中轴线的成功设计典范。建筑艺术的最高境界是与周边的自然环境与人文环境和谐相融，而不是一味地追求华丽夺目。天安门观礼台的成功之处在于没有喧宾夺主。天安门本身是一座标志性建筑、纪念性建筑，因此观礼台设计方案注重做减法，尽可能减去一切不必要的装饰，力求平淡无奇，在色彩上与天安门和皇城墙保持一致，使建设后的朱红观礼台尽可能融入整体环境之中，既保证了天安门的完美景观，又保障了观礼台的良好使用功能。

2012年，北京市实施“名城标志性历史建筑恢复工程”，总体设想是“完善两线景观、展现皇城格局、维护古都风貌、保护京郊史迹、整治文物环境、实现合理利用”，内容包括保持明、清北京城“凸”字形城郭平面，保护好以现状护城河为标志的外城轮廓及城墙走向。2017年，北京中轴线及两侧的文物古建筑启动腾退保护，其中包括东西城32处不可移动文物的腾退。由于历史遗留问题，北京中轴线上一批文物古建筑存在不合理使用的安全隐患。令人鼓舞的是，经过不懈努力，中轴线上两处重要古建筑群——大高玄殿和寿皇殿实现了腾退保护。

大高玄殿位于故宫筒子河北岸，建成于1542年，是中国唯一一座跨明清两代的皇家道观。清王朝被推翻以后，为解决城市交通问题，新开辟景山前街，1955年拆除了大高玄殿前院，才使它与故宫从地理上分割开来。故宫博物院成立以来一直对大高玄殿实施管理。但是20世纪50年代，有关单位以急需展览场所为由借用始终未还。由于占用单位长期把古建筑作为车库、仓库、宿舍等使用，并建设了大量临时建筑，环境杂乱无章，对古建筑造成破坏，古建筑的石栏板被人为锯断，一些古建筑构件被车辆撞坏散落院内，百年古树居然被包在两层楼房内，形成严重的安全隐患。

2010年6月，在国务院的协调下，故宫博物院和大高玄殿占用部门签订了《大高玄殿移交协议书》，但是一些古建筑仍被占用单位作为仓库及配电室、木工室等使用。直到2013年5月26日，经过社会各界不懈努力和协调推动，大高玄殿遗留设施移交协议的签署仪式在故宫博物院举行，至此大高玄殿腾退回归问题得到彻底解决，大高玄殿终于重回故宫博物院。随后故宫博物院发布《大高玄殿文物保护规划》，并于2014年正式启动维修保护，即将实现对社会公众开放，重现这处皇家建筑景观。

寿皇殿建筑群是位于景山正北面的一组建筑，建于清乾隆十四年（1749年），为皇家祭祖活动的场所，有正殿、左右配殿，以及神厨、神库、碑亭、井亭等附属建筑，总占地面积约21200平方米，总建筑面积3800平方米，是北京中轴线上除故宫之外的第二大建筑群。寿皇殿整体建筑是仿照太庙的规制而建，属中国古代最高等级的建筑形式。明清时期，景山寿皇殿是皇家举行祖先祭祀活动的场所，每年皇帝要按照节令祭日和相关规定，到景山寿皇殿祭祀祖先，寿皇殿建筑群充分展示了中华民族的祭祀文化，体现皇家祭祀礼乐、敬祖和孝道文化。

1956年1月，北京市少年宫正式在景山寿皇殿成立，自此形成了“一园两治”的管理模式。2013年12月，寿皇殿建筑群正式回归景山公园，并全面恢复清乾隆十四年历史面貌，达到全面保护文物古建筑的目的。2018年11月，景山公园寿皇殿建筑群经过4年规划修缮布展开始接待观众。这是北京中轴线上最后一座古建筑群对公众全面开放。至此北京中轴线上的古建筑首次实现整体亮相。寿皇殿系列展览作为常设展览，向观众宣传中华优秀传统文化，助力北京中轴线文化宣传展示。

几十年来，我访问过一些国家的历史性城市，看到过一些著名的城市轴线景观。世界上很多国家的城市轴线上布局着王宫、教堂和纪念性建筑群，虽然也努力展示城市精神和文化追求，但是往往只是影响城市中的特定具体区域，而难以构成统帅城市全局的“脊梁与灵魂”作用。而北京中轴线以纵贯全城的布局形式，几百年来始终在城市发展中发挥着核心统领和辐射作用。因此，我始终认为北京中轴线是世界上最壮美的城市轴线，具有突出的世界性价值，是独一无二的人类创造性文化结晶，应该成为世界文化遗产大家庭中当之无愧的重要成员。

2011年3月，在全国政协十一届四次会议上，我提交了《关于推动北京传统中轴线申报世界文化遗产的提案》。

首先，建议加大传统中轴线的整体保护力度，进一步扩大传统中轴线的保护范围，将传统中轴线两侧的历史河湖水系，棋盘式道路网骨架和街巷格局，传统四合院民居建筑群，以及传统中轴线两侧平缓开阔的空间形态，城市天际线和重要的街道对景，传统建筑色彩和形态特征等，均纳入北京传统中轴线的保护内容。

其次，建议组织专业力量，对中轴线沿线文化遗产资源进行全面调查，深入研究和阐释传统中轴线的文化价值，制定北京传统中轴线文化遗产保护专项规划，并将其纳入北京核心功能区规划统筹考虑实施。按照保护专项规划开展相关文物保护修缮和环境整治工作，对长期占用文物建筑、管理混乱的使用单位，加大搬迁腾退力度，切实改善北京传统中轴线文化遗产保护状况和景观风貌。建议将北京传统中轴线申报纳入中国世界文化遗产预备名单，在深入开展相关研究，做好文化遗产保护和环境整治工作的基础上，及早启动北京传统中轴线申报世界文化遗产工作。

2011年6月，北京市开始启动中轴线文物保护工程，首次提出“应特别保护和规划好首都文化血脉的中轴线，并力争为其申报世界文化遗产”，明确保护北京中轴线需要“三个恢复”；恢复中轴线文物建筑的完整性，恢复中轴线的历史景观空间，恢复中轴线的历史环境，并将中轴线申报世界文化遗产正式列入北京市《“十二五”时期文物博物馆事业发展规划》。经过一年半的筹划与准备，2012 年 11 月，国家文物局正式将北京中轴线列入《中国世界文化遗产预备名单》，标志着北京中轴线作为世界文化遗产的独特价值得到肯定，也使“让古老中轴线焕发新光彩成为一道必答题”。

至此，申报世界遗产的各项工作开始步入轨道。北京市组织编制了《北京中轴线申报世界遗产名录文本》《北京中轴线保护规划》，完成了《北京中轴线申遗综合整治规划实施计划》。2018 年又编制了《北京中轴线风貌管控城市设计导则》，分为缓冲区整体、重点地区、中轴沿线道路、中轴重要节点四个层次，分别提出了针对中轴线周边较大范围内整体城市环境管控的通则，针对中轴线遗产点周边重点风貌管控的导则，针对中轴线沿线街道风貌管控的城市设计引导，以及中轴线上重要历史节点的城市设计与文化展示的城市设计方案。

在作为世界文化遗产预备项目的契机下，社会各界对北京中轴线遗产保护的重视提升到新的高度，2018 年 10 月，北京中轴线申遗保护国际学术研讨会成功举办，国际知名遗产专家、国内遗产地代表，国内文物、规划、遗产保护专家，共同探讨北京中轴线的价值内涵和遗产类型。听取专家建议，广泛开展中轴线遗产比较研究，重点发掘中轴线南段考古遗迹，丰富文物展示内容。目前，正在抓紧进行北京中轴线申报世界文化遗产的文本制作，制定北京中轴线保护规划和缓冲区范围划定方案。

在全民文化遗产保护意识大幅度提升的情势下，北京重提保护中轴线，并积极申报世界文化遗产，对中轴线文化遗产和环境进行保护，推动道路景观塑造、历史水系恢复、天际轮廓控制、街区风貌提升等项工作，正逢其时。我们对于北京中轴线申报世界文化遗产充满信心，一方面，申报过程可以实现文化资源的深入挖掘和历史建筑的维修保护，带动周边历史街区保护和环境整治与更新，促进北京老城整体格局的维护。另一方面，相比申报结果更重要的是通过中轴线申报世界文化遗产，能够满怀自豪地向世界展示这一世界上独一无二的伟大的城市建筑杰作，使北京中轴线得到更可持续的保护。

北京中轴线的遗产区和缓冲区是北京老城的精华集中区，包括故宫、天坛和大运河 3 项世界文化遗产；456 处不可移动文物，其中国家级文物保护单位 72 处、市级文物保护单位 98 处、区级文物保护单位 86 处、尚未核定公布为文物保护单位的不可移动文物 200 处；另有优秀近现代建筑 18 处、历史文化街区 26 片和 4 片风貌协调区。遗产区面积 5.6 平方公里，缓冲区面积 45.3 平方公里；遗产区与缓冲区总面积达到 50.9 平方公里，覆盖北京老城面积的 65.4%。

北京中轴线是一座文化遗产宝库，因此中轴线遗产保护和申报世界遗产必然是复杂的系统实践过程。内容包括以世界文化遗产标准推动北京中轴线遗产区域保护、整治和综合提升，加强核心遗产点的腾退整治工作，加强中轴线界面控制区街道整治和建筑界面修补，加强外围风貌缓冲区整体空间格局、城市风貌的管控，以及加强对中轴线遗产区域各项新建、改建建筑的设计引导，加强对沿线历史文化街区保护更新的指导和公共空间整体塑造。

北京中轴线申报世界遗产不仅是对中国传统文化的展示，更是对当代中国文化、人民生活、城市建设、文化发展的展示。对世界遗产而言，需要三个方面的支撑，即具有突出普遍价值，符合真实性、完整性的标准，以及有良好的保护、管理状况。从保护状况的角度，中轴线保护范围及缓冲区内可能的建设项目都需要进行研究、分析和控制。同时，地安门到钟鼓楼之间的区域如何进行环境整治等问题，都是北京中轴线申报世界文化遗产需要解决的问题。真实性和完整性是作为世界遗产必须具备的基本特质。

真实性既意味着遗产构成要素本身所具有的真实性，也意味着遗产构成所表述的价值的真实性。北京中轴线本身经过了自元大都建立，明清两代的发展，以及民国和中华人民共和国时期的建设，使中轴线具有了各个时代的特征，从任何一个单一的历史时代对中轴线真实性进行阐释都会遇到很大困难，只有把北京中轴线看作一个全历史过程的对象进行分析，才能真正清晰地阐释中轴线的价值，只有把中轴线的变迁放到整个历史过程当中去进行分析，才能充分说明中轴线的历史真实性。

完整性包括二个方面的内容：遗产构成要素是否能够完整地反映遗产的价值，遗产地的区划是否能够涵盖所有体现遗产价值的构成要素，遗产范围是否足以保证遗产的安全。北京中轴线具有空间层面的完整性，全长 7.8 公里的线性城市区域，遗产申报区和缓冲区是位于北京老城核心，且保存最完整的区域。北京中轴线南北向穿越整个北京老城区域，节奏鲜明，延绵不断，有足够的尺度展示出北京老城严谨对称空间格局和丰富壮美的空间秩序，中轴线本身的文化价值也能在这片区域之内得到完整的体现。

城市中轴线在城市规划或建筑学领域中是一个十分清晰的概念，是指由建筑、道路、广场等形成的一个连续的线性空间，影响或决定着城市中其他部分的格局。中轴线申报世界遗产对于北京老城保护，城市历史、文化特征的表述，文化身份的确认均具有重要的意义。对北京中轴线来说，作为申报世界文化遗产的项目，需要确定遗产构成要素，需要确定中轴线构成的建筑、街道、广场等空间边界，并确定时间的起止范围。

在北京中轴线的遗产构成要素方面，范围最大的选择包括永定门、天桥大街、天坛、先农坛、前门大街、正阳门、毛主席纪念堂、人民英雄纪念碑、人民大会堂、国家博物馆、社稷坛、太庙、天安门、端门、故宫、景山、六海水系、万宁桥、什刹海历史街区、南锣鼓巷历史街区、钟楼、鼓楼，以及钟鼓楼周围一定范围的历史街区。这一选择方案的时间起止点可以从元代一直延伸到当代，能够充分强调北京中轴线对北京城市发展的持续影响。不仅突出了北京中轴线作为历史遗产的价值，也强调了北京中轴线对北京当代发展的价值和影响，表达了当代北京的发展和文化特征。

这一方案可以通过天坛、先农坛突出中轴线南部的传统皇家祭祀，以及所反映的中国传统主流信仰的文化内涵；通过后海、南锣鼓巷和钟鼓楼周围历史街区，突出中轴线北部的市井文化，与中轴线核心位置的故宫等皇家建筑所表现的古代国家统治中心、以天安门广场为核心的当代国家政治文化中心的功能相结合，完整地表现《周礼·考工记》阐述的，并影响至今的中国传统城市规划思想；纳入六海水系，可以清楚地表述北京中轴线在确定过程中对自然环境因素的考虑，能够表述元朝在都城规划中对中国传统城市规划思想和民族习惯的兼容并蓄，可以表达北京中轴线与六海水系结合而形成的独特的城市核心区的景观特征。

这一方案涵盖了北京老城现存最为完整的部分，有利于实现对北京的整体保护，也有利于对北京中轴线“完整性”的阐释。但是这一文化遗产构成要素选择方案的难度，在于从“真实性”的角度对一些复建或改造的节点和区域的解释，例如重建的永定门城楼、改造后的前门大街等，都可能在“真实性”方面引起一定的争议。同时由于涉及人民英雄纪念碑、毛主席纪念堂、人民大会堂、国家博物馆等重要的政治、文化建筑，以及六海水系、历史街区等，使管理、监测等问题变得更为复杂，存在一定的困难。

永定门内大街是明清帝王出宫祭祀先农、祈谷、祭天的皇家御路，特殊的地理环境，使这一区域景观具有突出的传统特色。处于中轴线南端两侧的天地坛、山川坛建于明永乐年间，呈现两个大型半圆形布局，是封建国家祭祀天地的场所。天坛始建于明永乐十八年（1420年），是迄今保存完好的最大规模的祭天建筑群，也是唯一完整保存下来的皇家祭坛。从紫禁城沿中轴线到天坛，为国家祭天礼仪祭祀空间。明清帝王每年到天坛举行祭天、祈谷和祈雨活动，为社稷百姓祈祷风调雨顺、五谷丰收。

天坛由内外两道坛墙围合而成，从空中看呈现一个“回”字形。因为最初是天地合祀，北部祭天，南部祭地，因此建筑平面形态，北部呈半弧状，南部是长方形，即南面坛墙转角是直角，北面坛墙转角为圆弧形。北圆南方，是天坛象征性布局的突出表现，体现古人“天圆地方”的宇宙观。皇帝每年冬至要到圜丘祭天，祈求风调雨顺、五谷丰登，是展示中国传统敬天文化的重要区域。清帝退位进入民国时期以后，天坛不再有祭天功能。由于历史原因，天坛内外坛长期被一些工厂、学校和成片居民住宅占用。

天坛历史上的坛域面积为273公顷，但是最多时被占用面积曾达100余公顷。使天坛坛域格局由“回”字形变为倒“凸”字形，神乐署外院、牺牲所、御路等重要历史建筑损毁严重，大部分外坛墙因被“蚕食”而消失，最少时仅存80米，且破败不堪，“天圆地方”历史格局和文化寓意被人为切断，被占压的坛域遗迹安全受到威胁，天坛物质空间和文化意义上的完整性受到破坏。通过对天坛被不合理占用情况进行调查，结果显示，共有85家单位、15个居民社区，居民数量超过3万人。

20世纪90年代以后，天坛保护问题引起社会的广泛关注，开始加大天坛环境整治力度，先后完成搬运天坛土山、清除坛内的占用经营单位、搬迁北坛墙外围的商业市场、疏散占用天坛神乐署的住户等。为了恢复天坛的历史风貌，从1995年开始实施恢复坛墙工程，先后完成了天坛东北外坛坛墙、北外坛坛墙西段、西南外坛坛墙和内坛墙的复建，使6000多米的内外坛墙得以恢复。与此同时，开展了神乐署、北神厨、北宰牲亭等古建筑维修保护，使天坛内现存主要文物建筑基本得到修缮。

1998年12月5日，天坛被正式列入《世界遗产名录》。天坛申报世界文化遗产成功20年以来，继续有计划、分阶段全面推进天坛文化遗产保护。从21世纪初开始，位于西北外坛、东北外坛的中山花圃、园林学校、花木公司等陆续实现搬迁腾退，腾退面积近 20 公顷。按照世界文化遗产真实性、完整性要求，天坛祭天文化的传承脉络和丰富的历史信息逐渐清晰地呈现给世人。这些修缮复原的坛门、坛墙、御路，作为中国古人思想观念的物化体现，承载了几千年礼乐文化传统，如今在发挥文化遗产的社会教育功能同时，为游客提供游览新空间和新体验。

在天坛广利门前，我见到了天坛退休职工马树立师傅，了解他们一家的搬迁经历，以及广利门附近文化景观的恢复情况。马树立师傅 1957 年出生，从小就在天坛周边长大。作为知青，1978 年参加工作，在天坛公园工程队负责公园内部维修，但是刚工作一年半就发生了意外造成截瘫，胸椎以下不能动，需要坐轮椅才能出行。马树立师傅是因公受伤的天坛老员工，天坛公园对马树立师傅的生活给予了各方面的关照和保障。1980 年 8 月，天坛公园分配给了马树立先生一个近 200 平方米的平房小院，位于天坛南坛墙附近，这样他坐着轮椅出了平房院屋里，就是天坛公园绿地，生活比较方便。

在这个平房小院一直住了 38 年以后，赶上了天坛环境整治。像马树立师傅这种状况，如果搬到楼房居住，乘坐轮椅的他就会很不方便。因此从内心讲，他不情愿搬到五环外的安置房去住。但是马树立师傅知道天坛整体保护是国家和北京市的大事，文化遗产腾退是必然趋势，同时补偿标准也符合他的要求，于是带头同意搬迁。马树立师傅说，搬家那天 10 分钟的路程我走了一个小时，挺不舍离开这里。但是我知道，个人利益要服从国家利益，只有我们搬走了，这一片区域才能恢复它原来的面貌，也是为天坛申报世界遗产做了自己的贡献。

天坛列入《世界遗产名录》的同时，我国向世界遗产组织作出庄严承诺，将于 2030 年恢复天坛完整格局。明确："第一级为核心保护区，即目前的天坛公园，包括庙宇、古建筑、树木及整体原貌；保护区内不得兴建现代建筑；根据保护规划，保护区内的现代建筑应于 2000 年之前予以拆除，其中主要涉及商业建筑；保护区内只允许实施绿化工程和防火道路的建设。第二级保护区域为一般性保护区域；区域内不得兴建新建筑；根据保护规划，须逐步拆除非古代建筑，以树木代之；此项工作应于 2030 年全部完成。"

天坛周边腾退项目中有大量简易楼，是北京老城内最大规模的简易楼群，建于 20 世纪 60—70 年代，部分楼房已经超期使用 30 余年。这些简易楼房屋面积小，安全隐患多，基础设施严重老化，多数楼房已出现整体破旧、门窗变形等问题。而部分居民从楼内私拉乱接电线、天然气，明管、明线大量架空、裸露，也存在很大的安全隐患。为兑现对世界遗产组织的保护承诺，消除安全隐患，切实改善民生，天坛简易楼腾退项目于 2015 年 10 月启动，涉及天坛南门外、西门外共 57 栋简易楼 2414 户居民的腾退。如今，天坛周边简易楼腾退出的空间已经恢复为成片绿地，为恢复天坛历史风貌、改善民生发挥了重要作用。

首都医科大学附属北京天坛医院位于天坛历史上西外坛区域，始建于 1956 年，于 20 世纪 80 年代迁入天坛西里 6 号，是一所以神经外科为先导，神经科学为特色，集医、教、研、防为一体的三级甲等综合性医院，是世界三大神经外科研究中心之一。北京天坛医院总占地面积 8.4 万平方米，建筑面积 9.3 万平方米，编制床位 950 张。为落实《北京城市总体规划

（2016 年—2035 年）》要求，疏解非首都功能，保护天坛世界文化遗产的风貌，于 2018 年 10 月顺利完成北京天坛医院整体迁至丰台花乡地区新址。这是北京地区首家整体搬迁的三级甲等综合性医院。

在天坛世界文化遗产区域进行艰苦卓绝的环境整治的同时，也开展了先农坛区域的环境整治。先农坛始建于明永乐十八年（1420 年），原称山川坛，祭祀先农、社、稷、风、雨、雷、太岁与名山大川。因此，先农坛也采取与天坛类似的建筑平面形态。亲耕藉田是先农坛最重要的文化空间和文化景观，但是长期以来成了育才学校的操场。为此社会各界强烈呼吁恢复这一仅有的历史景观。终于在 2018 年“一亩三分地”重新收归先农坛所有。2019 年秋天，先农坛“一亩三分地”百年来首次再现农业秋收景象。这不仅仅是一块地的腾退，更重要的是让后人还能了解有 260 多年历史的藉耕典礼和农业文明。

随后，我来到南中轴的御道。过去多次来过这里，但是今天再从永定门向北看中轴线，感觉已有很大变化。脚下的这段条石路面，是当年复建南中轴御道时特意保存下来的。御道上的石材用料、铺设方式和道路尺度都按老规矩实施。在明清两朝，从永定门到正阳门的这条中央御道，是皇帝驾临天坛祭天或到先农坛扶犁的必经之路，1730 年，清雍正八年的时候，为了皇帝去天坛和先农坛出行方便，专门修了这条石砌御路。

2003 年，实施的南中轴路工程，是建设和完善南城交通体系、亮出首都南大门、改变南城整体形象的重大举措。这项工程北起南纬路，南至永定门立交桥，东起天坛公园西外坛墙，西至永定门内大街、天桥南大街现状路，全长 1000 米。过去这一地区道路两旁布满简陋的商业门店，门店后面则是低矮、狭小的平房，成为典型的都市里的村庄。现在，沿着御道一路向北，左右对称的天坛和先农坛两坛之间的杂乱房屋已经拆除，拆除御道两侧房屋的时候，还露出了两座寺庙建筑，如今保留在了原地。

几十年来，北京老城未能从整体上得到妥善保护，其传统风貌已经受到了较大影响。北京中轴线在城市建设中也受到了一些伤害，例如为了治理交通拥堵，中轴线上的一些重要建筑遭到破坏，特别是一些节点景观被拆除。1951 年永定门瓮城被拆除，1954 年地安门被拆除，1957 年永定门箭楼被拆除，随后拆除了永定门城楼，留下了永久的遗憾。同时，在中轴线东西两侧出现了一些与中轴线景观不协调的公共建筑以及住宅，致使塑造古都壮美秩序的中轴线的意义与功能被淡化，使中轴线一度在概念上变得模糊，甚至在一段时期壮美的中轴线逐渐被人们所遗忘。

近年来，通过对北京中轴线进行详细考察，可以得知至清代末年，在中轴线上由南向北共有城楼、城门、宫殿、桥梁、亭、牌坊、鼓楼、钟楼等 41 处建筑。至今完整保存的有 36 处，为总数的 85.7%。在完整保存的 36 处建筑中，有 3 处为重建建筑。总体来说，北京中轴线上的古建筑保存得比较完整。例如明清两代北京城内外双环的城墙与城门，被中轴线贯穿始终。虽然，大部分城墙与城门早已湮没在城市变迁中，但是中轴线上紫禁城的正门—午门、皇城的正门—天安门、北京城内城的正门—正阳门却留存至今，如今北京城外城的正门—永定门经过复建，恢复历史景观风貌，弥补了这一完整系列的缺憾。

永定门始建于嘉靖三十二年，是明清北京城外城的南大门，也是北京中轴线南端的标志性建筑。1957 年，以解决城市交通发展需要为由，先后将永定门的城楼、箭楼和瓮城及南部城墙全部拆除，代之而来的是跨河大桥和公交通道。2004 年 9 月，永定门城楼在原址按原形制复建，再次屹立在中轴线南端。在永定门城楼复建竣工后，历史地理学家侯仁之先生要求亲自“登门”看看这座重建建筑。他坐着轮椅亲临现场，参观之后感叹道：“永定门城楼的复建为首都增添了无限风光。”永定门箭楼和门外护城河桥是中轴线南起点，具有重要的地标价值，未来也具备恢复的可能性。

在北京中轴线上有 16 座桥梁，其中正阳桥位于正阳门外护城河上，三拱石砌，桥身分为三路，栏杆隔开，中间为皇帝专用，两侧供平民车马行走。1919 年大修后桥拱改为钢筋混凝土结构，1955 年正阳桥被拆除，规划在原址按原状重建。天桥是清乾隆年间建造的单拱石桥。清光绪年间天桥改建成矮石桥。1929 年，因有轨电车行驶不便，天桥的桥身遂被修平，但是两旁仍有石栏杆。1934 年，为拓宽正阳门至永定门的马路，天桥两旁的石栏杆也被全部拆除，于是天桥不复存在。重新复建的天桥建成于 2013 年 12 月，桥的位置在前门大街与天桥南大街交会处。

雁翅楼，始建于 1420 年，是北京中轴线上的一处著名地标，坐落于地安门十字路口南面的东西两侧。历史上，雁翅楼与地安门一起构成北京皇城最北端的屏障。雁翅楼是地安门的戍卫建筑，东西对称的两栋二层砖混建筑，远观好似大雁张开的一对翅膀。20 世纪 50 年代，雁翅楼因地安门地区的道路建设而被拆除。2013 年 6 月，雁翅楼景观复建工程开工，2014 年竣工。复建后的雁翅楼因现有条件限制，仅在原有遗址上复建了东侧 4 间及西侧 10 间建筑，但是古韵犹存。2015 年 7 月，雁翅楼挂起“中国书店”牌匾，迎接来自各地的读书人。

雁翅楼的重建，再次引发人们对于地安门重建问题的讨论。明代皇城北门是北安门，清代改称地安门，位于皇城北墙正中，南对景山，北对钟鼓楼。历史上地安门为面阔七间、单檐歇山顶的单层建筑，与昔日皇城的东安门、西安门两门相仿。1954 年 12 月，地安门同样因为道路建设而被拆除。地安门是北京老城的重要地标性建筑，既是明清皇城的北门，也是北京中轴线北段的标志性节点。地安门建筑体量不大，原址在今日平安大街与地安门大街的交叉口处，与已经重建的地安门雁翅楼可以形成整体景观。

地安门的缺失，既影响了北京老城四重城郭格局的完整性，也影响了北京中轴线的完整性。因此我认为，为了重现中轴线壮美秩序，地安门在条件允许的情况下，不排除在原址恢复的可能性。目前，由于交通的压力给地安门的恢复带来了一定的困难，可以首先启动重建地安门的论证，倾听社会各界的意见。从保护文化景观的角度出发，原址复建是好的选择。实际上，随着科学技术进步，交通模式有多种选择，只要采取适宜的交通分流疏导措施，统筹谋划，科学规划，就能够找到妥善解决的方案，破解地安门重建的难题，实现双赢。

对于历史建筑遗产重建是否合理的讨论，事实上关系到了文化遗产为什么需要保护的根本问题。建筑遗产保护是为了历史物证的可持续存在，也是为了传统文化的世代传承。建筑遗产不仅是冰冷的历史证物，还应该是人们情感的寄托，精神的家园。起源于西方保护思想与实践的国际文化遗产保护领域，逐渐形成以最小干预原则为基础的现代科学保护理念，应该得到尊重。同时也应该尊重具有悠久传统的中国历史建筑保护理念和实践，特别是中国传统木结构建筑的维修保护体系，建立起具有中国特色的文化遗产保护之路。

历史建筑并非凝固的遗产标本，不仅是人们认识过去岁月的物质史料，也应该成为人们理解未来的知识载体。对于曾经消失的建筑遗产经过重建后再现，进行展示与诠释，可以向社会公众传播建筑遗产的价值，可以使人们与曾经消失的文化传统重新建立联系。因此，我认为基于对建筑遗产文化价值的深入思考，基于严谨的科学研究论证，将被人为或自然力量无情毁坏，而具有独特文化地标意义和精神象征意义的历史建筑进行重建，再现其独特风貌和文化价值的同时，使它们具有永恒意义，理应被看作是一种延续文化记忆的文化遗产保护方式。

每个城市都有自身特色，中轴线就是北京重要的特色，需要在城市规划设计中挖掘、保护和发扬。北京中轴线随着城市建设的展开，也在有机成长过程中。1983 年，北京获得第 11 届亚洲运动会举办权，这是我国第一次承办大型洲际运动会。北京市决定将亚运村以及众多比赛场馆选址在城市北部。同时为缓解从老城到亚运村的交通拥堵，从北二环中路的钟鼓楼桥，到北四环中路开辟了一条新的城市干道，长度约 5 公里，这是明清北京中轴线第一次长距离向北部延伸。与此同时北中轴线的概念进入公众视野。

1993 年 10 月，国务院批准了《北京城市总体规划（1991 年—2010 年）》，提出要保护和发展城市中轴线，“把中轴线向南、北两个方向延伸，在其两侧和终端安排公共建筑群，采取不同的城市设计处理手法，分别体现出‘门户’形象和 21 世纪首都的新风貌。”对中轴线的保护和发展有了明确的规划理念。北京中轴线及其南北延长线，应该成为中国传统建筑和当代建筑艺术的集中体现。

按照北京城市总体规划，传统中轴线不断向北延伸，规划在其北端形成城市空间的高潮。虽然在 1993 年北京申办 2000 年奥林匹克运动会时，中心区就考虑设在北郊，但是当时奥运场馆规划的用地范围、项目安排，特别是与中轴线的关系等方面，与此后规划实施情况有很大不同。21 世纪初，北京以再次申办 2008 年奥林匹克运动会为契机，规划建设奥林匹克公园。奥林匹克公园占地 1215 公顷，由三个部分组成：760 公顷的森林绿地、50 公顷的中华民族博物馆和 405 公顷的中心区。

2000 年 3 月至 7 月，北京规划委员会作为业主，向国内外设计单位征集中心区“北京国际展览体育中心”的规划设计方案。此次征集活动，共收到了来自中国、美国、法国、德国、日本、澳大利亚，以及中国香港、台湾的 26 家设计单位提交的 16 个规划设计方案，这些方案各具特色。经过专家评审，最终评选出了 2 个二等奖和 3 个三等奖。北京 2008 年奥运会申办成功后，为了更符合奥运会的要求、符合城市空间序列和城市发展的需要，我们对奥运会总体规划布局进行调整，奥林匹克公园中心区的规划方案得到不断完善。

奥林匹克公园中心区的调整方案吸取了获奖方案的诸多长处，并结合北京城市发展实际和中轴线远景规划，历时 5 个多月的反复修改，直到国际奥林匹克委员会和所有的国际单项组织对北京考察结束后才最后定稿。当时初步设想在奥林匹克公园中心区广场的北部，中轴线的尽端，建设一组500米高，建筑面积约60万平方米，多功能的智能型世贸大厦，作为北京中轴线的收尾。如今回想起来，这座大厦方案未能得以实施，而是以7.5平方公里的奥林匹克公园作为北京中轴线的北端收尾，实属明智之举。

2001年以后，北京奥运会工程全面铺开，以此为契机，中轴线的概念被越来越多的人熟知。奥林匹克公园是奥运会的中心活动区域，至此，中轴线进一步从北四环向北延伸至北五环，中轴线北端城市景观的格局基本确立。2008年8月8日第29届夏季奥林匹克运动会在北京开幕，29个巨大的“烟花脚印”，以永定门为起点，沿明清北京中轴线一路向北，迈向奥运会主体育场。这种仪式感十足的设计，在北京中轴线之上赋予了时代寓意，完成了古代历史与现代时空的有机衔接，将当下的北京置于人类文明的历史长河之中。

2003年12月，北京市规划委员会编制完成《北京中轴线城市设计方案》，首次明确将中轴线向南延伸到南苑。在筹办2008年奥运会的过程中，南中轴路得以修建。2009年11月，北京市在《促进城市南部地区加快发展行动计划》中明确指出构建“一轴一带多园区”的发展格局，确立了南中轴在北京南部地区发展的引领与带动作用。为积极推进南中轴的发展，2011年在原南苑园址南部建设南海子公园，复建团河行宫，修缮德寿寺，逐步梳理文化脉络，使南中轴的综合历史价值开始复兴，在北京中轴线上的节点地位逐渐显现并强化。

2017年9月公布的《北京城市总体规划（2016年—2035年）》提出，构建“一核一主一副、两轴多点一区”的城市空间结构，纵贯南北的北京中轴线，被纳入新一轮的城市空间布局调整与功能优化过程中。南中轴不仅承载着北京城市南部的未来发展目标，而且担负着缓解北京“城市病”，带动南北均衡发展的重任。北京南部地区紧邻首都核心区，居于城市副中心和雄安新区之间，是“一核两翼”的腹地，具有得天独厚的区位优势，随着首都大兴国际机场的投入使用，建成承载北京新国门的高端功能区，使南中轴大气磅礴地铺陈开来，呈现出新的文化气象。

“一线牵一城，线上汇集了北京城建筑的精髓。一城聚一线，北京城的变迁在线上留痕，线也随之不断生长。”中轴线是城市发展轴，中轴线从7.8到88.8公里，体现出“一脉传城”的气魄。在新北京的城市空间结构中，北京中轴线仍将是世界上唯一的、无与伦比的、独一无二的“中国气质”中轴线，是“集中展现着中华文明的过去、现在和未来精粹的文化遗产轴线”。历经数百年时光，这条中轴线保持着蓬勃的生命力，且在不断被赋予新的内涵与使命，它既是一条历史之轴、文化之轴，又是一条发展之轴、未来之轴。

北京中轴线在文物保护利用方面也存在一些问题和不足。中轴线保护范围内的文物保护单位隶属关系复杂，分属不同层级、不同系统、认识不一、管理有别，缺乏有效的统一管理体制和协调机制。虽然对于文物保护相关责任有明确规定，但是落实不到位，执法不严、监管不力、部门间协同不顺的情况时有发生。一些在文物保护范围内进行私搭乱建等危害文物安全的违法行为，未得到及时有效的调查处理。特别是社会参与中轴线文物保护利用缺乏政策支持和制度保障，处于自发状态，没有形成社会与政府齐心协力的良好局面。

太庙始建于永乐十八年（1420年），为明清两代皇家宗庙。1950年，政务院会议决定将太庙改为“北京市劳动人民文化宫”，交由北京市总工会作为工人文化娱乐场所开放。但是由于历史原因，自20世纪50年代起，在太庙东北角区域、体育场看台下、故宫端门东墙下共有73户居民在此居住，房屋169间，严重破坏太庙的整体风貌。由于居民大量采用液化气罐等做饭、用煤取暖，大量无序的用油、用气、用火、用电，对太庙古建筑群和居民自身安全构成严重威胁。为此，我到现场进行调查，发现太庙的保护范围内存在严重的消防隐患，令人十分担忧。

为此我于2011年3月，在全国政协十一届四次会议上提交了《关于抓紧消除全国重点文物保护单位太庙火险隐患的提案》：一、加快太庙保护范围内棚户区搬迁整治工作，以彻底解决安全隐患，同时改善住户的居住条件和生活水平。二、在太庙文物保护范围内的居民棚户区拆迁整治完成前，要进一步采取有效措施，严防火灾和其他安全事故发生。三、太庙文物保护范围内的居民棚户区完成拆迁改造后，要恢复太庙历史环境风貌，提升太庙的整体文物价值，美化太庙周边城市环境。

当时，提案承办单位对于我的提案做了认真答复，召开专题会议进行研究和部署，并制定了搬迁安置工作方案。但是，3年以后，2014年春节期间我再次到现场进行调查，发现太庙保护范围内棚户区搬迁整治工作并未真正开展，火险隐患问题依然存在，十分令人担忧。联想到当时发生在云南香格里拉独克宗古城的火灾，所造成对文化遗产的破坏，我感到对此应引起高度关注，彻底解决这一历史遗留问题。于是我在2014年的全国政协十二届二次会议上，再次提交了《关于抓紧消除两处全国重点文物保护单位火险隐患》的提案。

我在提案中建议，在国家法律层面制定消除文物建筑安全隐患的强制性规定，增加对于文物保护单位管理使用者的制约机制。对于违法破坏或有能力而不及时解决安全问题的单位予以惩罚，在一定期限内不予改正的，执法部门可以进行相应的处罚，或者在一定前提下可以通过法律诉讼等方式执行。如今，经过各方努力，居住在太庙内的居民已经得到妥善安置，火灾隐患得到消除，历史环境得到恢复。这一过程使我认识到，文物消防安全是一项长期而艰巨的任务，只有提高防范能力，预防火灾事故发生，才能确保国家文化遗产安全。

世纪之交，北京市不断加强中轴线的保护，例如2001年启动的皇城根遗址公园、菖蒲河遗址公园、明城墙遗址公园的建设。2002年启动的“故宫整体维修保护工程”，均使北京中轴线呈现出更加壮美的文化景观。同时，《北京皇城保护规划》《北京中轴线城市设计》等陆续制定实施，成为对中轴线实施整体保护的重要依据。北京中轴线整体保护，推动北京老城和文化遗产保护，使人们重新审视北京中轴线的重要价值，审视中华传统文化的无限魅力，审视北京城市的繁荣今天和壮美未来。

考古遗址公园是国际通用并已日趋成熟的考古遗址保护和利用模式，对于我国现阶段的大遗址保护工作具有充分的现实意义和较强的操作性。大遗址保护涉及考古、保护、管理、展示、科研、环境整治、土地利用、产业调整、人口调控、资金投入等多项内容，是综合性社会系统工程。考古遗址公园不仅可以有效抵御城市建设对遗址的蚕食，净化、美化遗址环境，并能依靠自主运营维护遗址保护和利用的可持续性。可以说，考古遗址公园为遗址增添了一道新的防线，可以有效捍卫遗址尊严，提升遗址的社会形象。

坐落在紫禁城与王府井步行街之间的皇城根遗址，是历史上明、清皇城东墙的位置。当时，在东黄城根城墙遗址上，有966户居民和208个单位长期占用，其中包括一些仓库和煤铺。2000年随着王府井大街二期工程的进行，施工中发现了明朝东皇城墙的多处遗址。为了弘扬中华传统文化，为市民增添一处文化休闲的历史景观，2001年1月，北京市政府决定结合王府井大街三期工程的整治，在明皇城东城墙的遗址上修建皇城根城墙遗址公园。于是，这些居民和单位仅用一个月时间就全部搬离考古遗址，成为当年文化遗产保护中的特例。

2001年9月11日，东黄城根遗址公园建成开园。东黄城根遗址公园南起东长安街，北至平安大街，全长2800米，宽度29米。如今东黄城根遗址公园内栽种草坪4万平方米、灌木4.4万余株，移植了2000多棵胸径10厘米以上大树，及一批珍贵树种，还有石雕的明清时期的北京地图、地下墙基遗存、复建一段皇城城墙、东厂和翠花胡同间的四合院、中法大学的雕塑等人文景致，还点缀喷泉、小品和雕塑，构成“梅兰春雨”“御泉夏爽”“银枫秋色”“松竹冬翠”等四季景致。

今天，北京中轴线申报世界文化遗产已经引起社会各界广泛关注，但是目前广大市民对于北京中轴线的准确概念，包括中轴线的历史沿革、文化内涵，中轴线上及两侧的文物建筑，以及历史地段等了解还比较有限，应加大北京中轴线文化价值的宣传，使广大市民了解申报世界文化遗产的意义。同时，让居住在这里的人们生活得更舒适而拥有获得感，让更多民众为北京拥有壮美的中轴线而自豪，自愿参与到中轴线的保护与宣传中来，使北京中轴线保护和申报世界文化遗产成为全社会主动参与和配合的自觉行为。

为了揭开峥嵘岁月的文化遗产档案，丰富北京中轴线学术研究体系，2017年6月，重大古建筑文献整理项目《北京城中轴线古建筑实测图集》启动。这一出版项目，是继承老一辈建筑学者高尚爱国情操和学术精神的重要学术活动的成果，对于北京中轴线建筑群的保存、研究、修缮、复原有着不可替代的指导意义。在历史价值方面，这套实测图的诞生，是抗日战争时期中国知识界保护北京城古建筑的重大成就，反映了这一时期为保存中华传统文化而做出的努力。实测图纸内容与现状对比，充分体现了80年来的历史变迁，为研究与保护提供不可多得的信息。

1934年，中央研究院历史语言研究所委托中国营造学社详细测绘故宫。这项工作由梁思成先生负责，从1934年开始到1937年抗日战争爆发而中断，共测绘了故宫古建筑60余处。这一年梁思成先生身心完全浸染于故宫，对他构建以中国官式建筑为主流样式的古代建筑史体系具有重要意义。虽然最终未能完成整个故宫的测绘，但是中国营造学社陆续编写出版的《中国建筑设计参考图集》《中国建筑史》《图像中国建筑史》中，都不难发现故宫古建筑的重要地位。这些或为图说，或为史论，或为中文解说，或为英文介绍的著述中，故宫作为中国古典建筑的集大成与收官之作，始终在彰显其作为中国古建筑顶级样本的魅力。

1941年，为预防北平古建筑遭战火焚毁，中国营造学社朱启钤社长谋划，由建筑师张镈主持，历时四年绘制了北起钟鼓楼、南至永定门的北京中轴线主要古建筑实测图，共704幅。这是20世纪40年代北京中轴线建筑空前规模的测绘活动，将北京中轴线建筑从南到北逐一系统地测绘下来，宫苑广场有总平面、总立面和总剖面；单体建筑都有平面、立面、剖面和

《我是规划师》北京中轴线拍摄现场（2019 年 12 月 2 日）

大样图；标注有详细的尺寸和材料、做法，既有空间构成表达，也有总立面的渲染。全部数据均按不小于 1/50 的比例尺，用墨线或彩色渲染在 60×42 英寸的高级橡皮纸上，图纸完整、数据精确、制图精美，堪称中国古建筑测绘图范。

这是北京建城史上第一次，也是唯一一次运用现代测量技术全面测绘中轴线古建筑的创举，更是抗日战争时期中国知识界保护北京古建筑的一项重大成就。一个世纪以来，永定门、中华门、长安左右门、北上门、地安门等，这些中轴线上连接内外，体现礼制、分别地庶的重要古建筑一个个消失于城市建设之中。除了保存至今的一些老照片外，能够记录这些已经消失的古建筑实测数据的资料，唯有这套实测图纸，成为还原北京城历史上的壮丽风貌仅有的历史依据，在今天科学保护北京中轴线的实际举措中，必然发挥重要的指导作用，向世人展现其于历史、建筑、档案、文献等学科领域中应有的价值与地位。

2013 年底，故宫出版社汇集故宫博物院收藏的 355 幅实测图纸，中国文化遗产研究院收藏的 299 幅实测图纸，另收录清华大学建筑学院收藏的 59 幅测绘于 1934 年前后的紫禁城古建筑图纸，拟定“完全忠实原图、修补少量破损、保存修改痕迹、适当除脏除皱”的图纸编辑标准，于 2016 年 12 月，完成了《北京城中轴线古建筑实测图集》的出版。这套图集共收录了北京中轴线上 22 组古建筑，并对其中 87 处单体建筑出具了严谨的文字介绍，大到建筑体量，小到装饰细节，予以说明。《北京城中轴线古建筑实测图集》，是 80 年前不畏艰难的先行者们集体智慧的壮举，也是 80 年后缅怀先贤的接力者们薪火相传的结晶。

（北京电视台《我是规划师》第二集拍摄笔记，2019 年 12 月）

老胡同的现代生活

北京是一座拥有3000多年建城史、800多年建都史的古老城市，是国家历史文化名城，无论历史风貌，还是文化价值都举世瞩目，值得倍加珍惜和爱护。北京历史城区，也称北京老城，是指昔日明清北京城墙所围合的地区，地理位置举足轻重，是反映北京古都风貌的代表性地区，是世界城市建设史上的瑰宝，其中保留着壮美的城市中轴线、棋盘式的道路系统、平缓开阔的城市空间格局、生动活泼的园林水系、灿若繁星的文物古迹和丰厚的地下文化遗存，这些构成了北京老城灿烂的文化景观和淳厚的文化神韵。

北京老城是人类文明的伟大遗产，是世界城市建设史上的一个伟大成就。北京老城集中了文化古都的物质与文化精华，有着深远的文化历史渊源和鲜明的中华民族风格，是城市的发展之源，也是文化古都的传统之根、文脉之本和风貌之基。这里不但拥有无数珍贵的文物古迹，而且蕴含着极其丰富的文化信息，是中华文明的集中体现。北京当之无愧为世界上同时代城市规模最大，延续时间最长，布局最完整，建设最集中的文化古都。因此可以说，北京老城的每一方土地，每一寸肌理，每一道天际轮廓线中，都承载着北京城市的生命与性格、历史与记忆。

北京老城整体属于古代都城遗址范围，地下埋藏着历朝历代的重要遗迹遗物。今天，北京老城有许多街道和胡同仍然保存着元大都街道布局的遗迹，不断丰富和填补元大都研究的空白，为城市考古积累了丰富经验。一个时期以来，北京城市建设数量和规模持续增加，特别是在北京老城范围内实施的建设项目持续增加，涉及大量地下文化遗址的抢救性保护。由于北京地下文化遗址普遍埋藏较浅，极易受到各类建设活动的影响和破坏。但是，由于相关法律法规中对建设工程考古工作的规定较为原则，可操作性不强，再加上一些相关部门和单位重视不够，因此，在实际工作中“地下文物埋藏区”的相关规定难以得到严格执行。

为此，2010年在全国政协十一届三次会议上，我提交了《关于将北京旧城整体列为地下文物埋藏区的提案》，一是建议将北京旧城整体列为地下文物埋藏区。二是建议规划、建设部门进一步加强与文物部门的沟通，在审批基本建设项目时，明确要求所有位于旧城区内的建设项目必须进行前期考古工作，将地下文物保护纳入建设项目审批的前置环节。三是建议文物部门建立向社会发布需要先期开展考古工作的建设项目名单和发布考古工作进展情况的公告制度，并加强执法督察，建立向建设单位下达文物行政执法督察预通知制度，加大建设工地现场执法督察工作力度，及时处理并公布相关信息。

城市文脉是北京老城的个性和标志，是创造与建设宜居城市的现实基础和文化财富。一座座传统民居院落相依形成一条条历史街巷，一条条历史街巷并联又构成一片片历史街区，从而形成既秩序井然又气象万千的城市文脉。北京城内宫苑、街道胡同、四合院的有机结合，形成了一个互为依存、不可分割的有机整体，使整座城市充满着活力。正是因为紫禁城及其周边文物古迹和传统胡同四合院的整体存在，北京老城才显示出与世界上其他首都城市中心不同的文化魅力。因此，北京也是世界同时期城市建设的最高成就。

2014 年习近平总书记视察北京工作时明确指出“历史文化是城市的灵魂，要像爱惜自己的生命一样保护好城市历史文化遗产。”2017 年习近平总书记再次视察北京工作时重点强调“要加强世界遗产和老城的整体保护，精心保护好这张中华文明的金名片。”“金名片”，应该包含两层意思，除了指丰富的历史文化遗产，还包括为传承、保护和利用好这份文化遗产所做的努力，切实做到在保护中发展、在发展中保护，让中华文化的丰富与厚重影响世界。历史留给北京丰厚的文化遗产，历史也同样赋予了北京保护历史遗产的职责和使命。

作为中华优秀传统文化的结晶，北京老城已经残存不多。现在必须“像爱惜自己的生命一样”进行积极保护，再创老城整体辉煌。为此必须调整北京历史文化名城保护的战略方向，扭转单中心城市结构失衡的发展局面，遏制“摊大饼”式城市扩张，深刻理解保护北京文明古都的重大历史使命。同时，进一步强化城市文化特色和历史文化遗产的应有地位，以突出北京老城的首都职能为重点，梳理保护过程中的主要矛盾，为积极保护创造条件。总之，面对北京老城整体保护新的形势，要有新的思路与对策。

北京老城的建设和发展，要反映出中华民族的悠久传统、灿烂文化和大国首都的独特风貌，以保护、继承、发扬北京历史文化名城为核心，创造代表新时代中华文明的新标志，这是一项十分严肃、义不容辞的时代任务。因此需要从全局的角度研究北京老城内文化遗产的空间分布规律和整合关系，将孤立散存的文化遗产点状和片状结构，变成更具保护意义的网状系统，充分发挥出文物建筑、文化遗址和历史街区对提升北京老城整体价值的重要作用，创新行政管理机制，从城市格局和宏观环境上，探索“以保护促发展”的北京老城整体保护和发展战略思路。

北京老城整体保护的内容包括：保护好明清北京城 7.8 公里传统中轴线文化景观和风貌特色；保护好明清北京城“凸”字形城市轮廓和宫城、皇城、内城、外城四重城郭遗址；保护好历史河湖水系和传统园林绿化；保护好历史城区原有棋盘式道路骨架和传统街巷格局；保护好“胡同—四合院”建筑形式和传统民居；保护好辽、金、元、明、清历代考古遗址和地下文化遗存；保护好平缓开阔的空间形态和天际轮廓线；保护好传统习俗、文化空间和非物质文化遗产等各方面。

2016 年，在全国政协十二届四次会议上，我提交了《关于抓住首都功能疏解契机加强历史城区保护的提案》，建议：抓住当前有利时机，以强有力的举措，以时不我待的精神，高标准地落实习近平总书记的重要指示，坚持“全国政治中心、文化中心、国际交往中心、科技创新中心”的城市性质，突出首都核心功能在历史城区中的地位，完善中央行政区在历史城区中的空间组织，进一步合并历史城区内的行政区，缓解城市建设带来的发展压力，减少历史城区功能混杂带来的交通、环境等方面的问题。

在这一提案中呼吁，进一步梳理北京老城可以进行整体保护的空间范围，明确历史城区保护的主要方向，突出历史城区内文化遗产价值，重点保护故宫、天坛等城市文化景观，保护以中轴线为代表的城市轴线体系，修补内外城和皇城城郭及传统水系格局，凸显历史城区面貌的完整性，维护宜人的街道空间历史文脉，构建建筑群整体和城市公共空间体系，实现重塑“都市计划的无比杰作”的宏伟目标。

虽然早在几十年前的《北京城市建设总体规划》中就已经明确“加强和完善全国政治中心和文化中心的功能”，“城市建设的重点要从市区向远郊区转移”，“保护古都的历史文化传统和整体格局”等原则，但是在规划实施过程中阻力很大，保护规划难以落实，执行难的问题突出。特别是北京老城整体保护难以得到落实，部分停留在口号上，人口疏解进展缓慢，违反城市规划的违章建设时有发生，城市建设在北京老城集中发展的局面长期没有得到根本改变。

多年来，“旧城改造”使北京老城受到严重损害。造成这一后果的原因，首先是认识问题，是价值观念问题。在一些人眼里，北京老城内的一些地区成为“脏乱差”的代名词，在这里公共配套不足、绿化环境破损、道路交通不畅、基础市政缺乏、卫生设施老化、房屋建筑失修，凡此种种，消解着城市中人们对于北京老城的认同。因此，长期以来存在着一种非常片面的观念，认为胡同和四合院，实属陈旧落后的事物，没有什么保护价值，迟早会被现代楼房和高楼大厦所取代。

这种观念和认识也体现在1983年实施的《北京城市建设总体规划》中，在“旧城改建”一章中规定：“整个旧城的建筑高度以四、五、六层为主，也可以建一部分十几层的楼房，个别建筑还可以再高一点。”就是这种认识和这一规定，直接导致在老城治理中对历史街区“痛下杀手”，成片的平房四合院伴随着“旧城改造”灰飞烟灭，大量楼房建筑出现在北京老城，越来越多的传统街道被拓宽为交通干道，这些都意味着大量传统胡同和四合院被鳞次栉比的高楼大厦所取代，人们的记忆荡然无存。

如果说20世纪80年代开始的“旧城改造”对北京老城保护带来了第一次冲击，90年代开始实行的土地批租制度，将北京老城大规模改造推向高潮，“建设性破坏”成为老城保护的罪魁祸首。实行土地有偿使用后，城市建设模式发生了巨大的变化，通过房地产开发来带动城市建设的模式全面展开，对老城保护带来了极大的冲击。对北京老城进行“大拆大建”的过度改造做法，不仅破坏了历史环境、地区文脉和场所精神，而且还导致容量急速扩张，城市的宜居性和包容性快速降低。北京市自1990年正式开展“危旧房改造”工程以来，大致经历了三个阶段。

第一阶段是1990年至1997年之间。1990年4月，北京市政府召开第八次市政府常务会议，决定在全市范围内实施较大规模的“危旧房改造”计划。以解决老城内危破程度严重的房屋为目标，主要集中在内城的原“墙根”一带，以及外城的原“坛根”附近区域。1992年，土地批租制度开始施行，房地产开发项目纷纷涌入北京老城之内。至2000年为止，全市累计开工危改小区168片，竣工53片，竣工面积达1450万平方米，动迁居民18.4万户，累计完成投资约469亿元。

这一时期，作为“危旧房改造”主要途径的房地产开发，当时一般采取原地改造建设的方式，就地平衡资金。在 1994 年至 1996 年间达到了高峰，房地产开发大量介入经济回报丰厚的地段进行改造，暴露出诸多问题。最为突出的是一些改造建设单位为了追求高回报率，在普遍采取“推平头”的拆迁之后，要求提高楼房建设高度和容积率。不断“长高”“加密”的结果，对北京老城传统风貌造成极大的破坏。同时，“开发带危改”一般采用货币拆迁的方式，大量北京老城居民不得不外迁到城外，破坏了北京老城原有的居住形态和社会结构。

这一时期，驱动北京“旧城改造”的因素主要有三个方面。一是经济全球化的发展趋势和我国城市化的快速推进是驱动北京“旧城改造”的重要因素。二是我国城市土地市场逐渐形成，级差地租效应随之日益增强，地方政府和开发商等相关主体的趋利性，对北京“旧城改造”具有驱动作用。三是北京老城内的建筑质量、空间品质和基础设施条件普遍较差，与公众的实际使用需求产生落差，也是北京“旧城改造”的驱动因素之一。由此，开发企业追求经济效益的目标与政府追求城市经济发展的诉求一致，因而成为北京“旧城改造”过程中的主导因素。

为加快老城内“危旧房改造”的速度，当时在全市范围内曾实施了以拆迁项目带危改、市政工程带危改、开发建设带危改、道路扩建带危改等“四个结合”的规定，即开展多种形式的危房改造工程。这种以建设工程带动并开展的“危旧房改造”，显然是从保证开发建设的角度出发所确定的，而不会考虑到传统街巷、胡同、四合院以及旧城内的传统建筑的保护，如果仍然继续按照原定拆迁项目、市政工程、开发建设、道路扩建等工程规划实施，北京老城内的历史建筑和传统风貌必然“面目全非”。由于这一时期的“危旧房改造”处于初期阶段，实施区域多在北京老城的边缘地段，与老城胡同四合院保护的矛盾还未充分显现。

第二阶段是 1998 年至 2003 年 3 月之间。随着我国加入 WTO 和申办 2008 年奥林匹克运动会，北京掀起了一个新的建设高潮。作为“十五”计划重点项目的北京市“危旧房改造”也进入了一个高速发展的新阶段。这一时期“危旧房改造”工程项目之多、动迁改造规模之大、危改速度之快，是自 20 世纪 90 年代北京实施“危旧房改造”以来前所未有的。特别是为以新的城市面貌迎接 2008 年奥林匹克运动会，在全市范围内加快了市政建设的步伐，而北京老城内的“危旧房改造”也成为这一时期的一项“重要而紧迫”的任务。

北京市提出 5 年时间内基本完成全市危旧房改造的计划，其重点是老城内的危旧房，目标为拆除改造危房 303 万平方米，成片拆除 164 片危旧房改造区，涉及居住房屋面积 934 万平方米，动迁居民 34.7 万户。作为市、区政府的一项重点工作，有明确的时间截止要求，各区都与市政府就将要实施的危旧房改造项目签订目标责任书。因此，各区领导便不遗余力地将加快危旧房改造作为工作目标，也成为其最为重要的政绩之一。而这种实施方式导致的结果是，危旧房改造片面追求拆建的数量和速度，而忽视了对城市环境、历史、社会的深远影响。

2001 年 7 月，北京市成功申办 2008 年夏季奥运会，城市建设迎来大发展时期。高层高密度的城市景观正逐渐从北京老城边缘地带向老城中心推进，从局部的几个点向成街、成片蔓延，拆多保少，越拆越快，忽视对古都风貌特色的基本认识和研究，对北京老城平缓开阔的空间形态，以及中轴线、城市景观走廊、传统轮廓线和历史文化保护区等体现古都风貌的精华部分造成进一步的破坏。

在这一形势下，各地政府开始推进新一轮“旧城改造”计划，“改造目标也发生了从‘人’到‘土地’的深刻转变”，逐渐由以改善居民生活条件为主，演进到更加注重城市经济效益，为降低成本、加快速度，拆迁补偿大大低于房屋市场价格，不断激化动迁矛盾，令人担忧的对北京老城的“建设性破坏”更是伴随期间。大规模建设项目，打着“危旧房改造”的旗号，实施大规模商业开发，导致北京老城的风貌完整性遭到了很大破坏，造成了不可挽回的损失，并引发格外复杂的矛盾，也引发了各类全局性问题。

以往“大拆大建”的改造方式，一般采取“先易后难”做法，而开发企业则“挑肥拣瘦”，率先改造那些有机会整体大规模开发，升值潜力大、居民人口较少、外迁安置难度相对较低的地段，把“肥肉”都吃掉后，最后剩下的则是居住人口最密集、居民生活最困难的地段，由于改造成本过高、牵扯社会问题复杂，而最终成为烫手的“山芋”、难啃的“骨头”，成为一片片被高楼包围的孤岛，历史街区的生态环境遭到严重破坏，大量传统住宅区域变成了插花地，洋杂混居，历史景观早已大打折扣，难以得到有效改善。

一时间，走在北京老城的街道上、胡同中，路边四合院外墙画着白圈的“拆”字，一度成为一道寻常的风景。“拆”似乎已经成为不少地区建设的第一步。“拆”使古都北京失去了特色风貌。随着城市建设大规模展开，将“危房改造”理解为“危旧房改造”，致使数以百计的胡同，数以千计的四合院传统民居，与其中延续几代的生活环境一起，在推土机下轰然消失、销声匿迹，文化的损失可谓十分惨重！“拆”使历史文化城区丧失了传统肌理，“拆”使历史街区遭到了灭顶之灾。

在这一阶段，北京老城内除25片历史文化保护区外，在传统平房四合院区域内，列入改造计划的项目达到130余片，在改造搬迁的高峰年度，每年从老城内外迁住户超过3万户。在短短几年内，老城内大量的传统平房区域逐渐被楼房小区所取替，对老城整体保护影响很大，与老城胡同和四合院保护的矛盾异常突出，这一变化引起社会各界的高度关注。不可否认，“危旧房改造”对于改善市民的居住条件起到一定作用。但是，大规模的“危旧房改造”所存在的问题也十分令人担忧，尤其是在北京老城传统风貌所造成的极大威胁方面。

第三阶段是2003年4月以后。大规模危旧房改造引起了社会各界的广泛关注和强烈反对。2002年9月，侯仁之、吴良镛、宿白、郑孝燮等25位专家、学者致信国家领导，题为《紧急呼吁——北京历史文化名城保护告急》，强烈呼吁：“立即停止二环路以内所有成片的拆迁工作，迅速按照保护北京城区总体规划格局和风格的要求，修改北京历史文化名城保护规划。”2003年8月，著名专家谢辰生先生致信国家领导，针对大规模危旧房改造所造成的严重后果呼吁：“现在仅存的部分无论如何是不能再继续破坏了。”这些呼吁受到国家领导的高度重视。

2004年10月，吴良镛教授在部级领导干部历史文化讲座上大声疾呼：“北京市应采取有效措施立即停止在旧城内的一切大规模拆除‘改造’活动，改弦易辙！应转变现有的危改模式，‘整体保护，有机更新’，拟定新的政策条例，抢救已留存不多的古都历史性建筑风貌保护区，逐步向周边地区转移旧城的部分城市功能，通盘解决北京旧城保护的难题。”同时建议：“旧城行政办公应适当迁出，集中建设，并为旧城‘减负’。”并提出：“旧城功能调整与新城建设规划应配套进行，旧城服务设施疏解到新城的中心，推动新城的发展。北京市政府机关作为表率，可率先迁出旧城，避免旧城内单位的‘观望’现象，带动修编后的规划实现。”

2005 年 1 月，国务院批复的《北京城市总体规划（2004 年—2020 年）》提出“整体保护旧城、重点发展新城、调整城市结构”的战略目标。可是，这一版总体规划的实施并不理想，未能彻底阻止推土机进入北京老城，其中一个重要原因是相当一批“危旧房改造”项目过去已经启动或经过批准，留下悬念，尤其是宣南地区，成片拆除胡同四合院的情况仍然时有发生。于是，一些专家学者呼吁必须迅速叫停北京老城内所有成片拆迁项目，实现以居民为主体保护修缮胡同四合院，彻底解决私房历史遗留问题。同时建立直管公房租户退出机制，保障真正需要保障的居民，在维护社会结构稳定的前提下，合理降低人口密度。

一直以来，合理降低人口密度是北京城市规划执行中的难点。改革开放以来，北京市前后 4 次修订城市总体规划。但是每次新修订的城市总体规划在执行过程中，总是仅仅几年以后就会率先突破人口控制指标。例如 1982 年修订的《北京城市总体规划方案》要求“20 年内全市常住人口控制在 1000 万人左右”。1983 年 7 月，中共中央、国务院对《北京城市总体规划方案》的批复要求“北京市到 2000 年的人口规模控制在一千万人左右”。但是 4 年以后的 1986 年，1000 万人的规模就被突破。2000 年末北京常住人口达到 1357 万人，比城市总体规划的人口控制指标超出 357 万人。

1991 年修订的《北京城市总体规划方案》要求“到 2010 年，北京常住人口控制在 1250 万人左右”。但是 5 年以后的 1996 年这一指标也被突破。2010 年末北京常住人口达到 1800 万，比城市总体规划的人口控制指标超出 550 万人左右。此后，《北京城市总体规划（2004 年—2020 年）》要求“2020 年北京实际居住人口控制在 1800 万人左右”。这一人口控制指标与现实差距更加明显，使城市总体规划的权威性受到严重影响。

针对北京城市建设存在的突出问题，被人们概括为“城市病”。“城市病”是由交通拥堵、环境污染、空间失序、风貌缺失等一系列问题组成的。造成这种尴尬结果的主要原因，是城市功能的定位过于繁杂且过于集中，汇总这一时期对于北京城市功能的表述就包括：政治中心、文化中心、经济和金融管理中心、信息中心、交通中心、国际交往中心、旅游中心、高新技术制造业中心。功能的繁杂造成人口不断向北京聚集，人口控制指标难以实现。人口规模是城市总体规划的基础，人口控制指标在规划期内轻易被突破，直接影响城市用地指标、城市基础设施等城市总体规划的科学执行。

2016 年 1 月，北京市又公布了一个棚户区改造计划，相当一批胡同四合院被划入其中，以房地产开发公司为主体实施，再次使关注北京老城和胡同四合院保护的人们格外担心。新华社记者王军先生呼吁道：“胡同四合院有着如此厚重的历史，分明是北京的‘金名片’，怎么被当成了棚户区？难道为完成棚改任务，为享受棚改政策，为弄出点GDP，就得这样？！北京老城，真是到了最后关头！再这么拆下去，把单中心城市结构继续强化，弄成铁饼一块，北京的城市病会多么深重！”

近年来，一些城市在历史街区推行大规模重建或环境整治，试图“打造”文化景观，提升城市的吸引力与文化品位，却对历史街区造成伤害，引发较大争议。一些城市以传统建筑元素进行装饰性的大规模环境整治，一次性成片打造“设计师景观”，脱离了历史真实性与社区生活，对历史街区造成伤害。在一些历史街区内，出现了大尺度的新建四合院，即在拆除清理后的基址上，成片新建大体量的四合院。这些新建四合院有些被租用于高端办公、酒店、餐饮或商务会所，有些尚处空置状态，但是新植入的功能和使用者总体上是高端人群。

北京老城街巷胡同保护的难点之一是尺度问题。历史文化街区的街巷景观是历史文化价值的重要载体，一般意义上包括历史街区内反映历史延续性的街巷和胡同的空间、尺度特征，反应不同时代历史痕迹的街道界面特征，以及反映历史传承的其他街巷环境特征。具有历史延续性的街巷和胡同的空间、尺度特征，包括延续自久远年代的街巷、胡同的走向、宽度、宽窄变化、街巷交叉节点的形式特征等。因此，大到街巷的拓宽，小到侵占街巷内部的私搭乱建都会改变街巷、胡同的空间尺度特征。

一直以来，有一种观点主张目前北京老城已经面目全非，没有整体保护的必要。认为经过几十年的改造，北京老城内大部分历史街区和传统建筑已经被毁，所残留的文化遗存也已破烂不堪，既然完整保护北京老城的时机已经丧失，不如只保留少数完好的文物古迹，其余全部实施改造。对此，吴良镛教授曾指出：“说到底，问题的症结还是因为对50年代的问题未做认真总结。说‘时机已经过去了’，其实时机并未过去，桑榆未晚，来者可追。”对于文化遗产保护而言，既没有多与少之分，也没有新与破之分，都应竭尽全力加以保护，国际上的共识是“永远不能认为太晚”。

长期以来，北京城市发展呈单中心聚焦模式。北京二环以内的老城，既是政治中心、文化中心，同时也是商业中心、金融中心、交通中心和高密度居住区域。虽然仅占全市面积不足5%的老城，却集中了城市总量50%的交通和商业。北京老城内商业、金融、服务功能混杂，在有限的空间内，城市功能的高度叠加，不仅导致人口的集聚压力，也造成城市中心区的交通拥堵不断加剧，环境质量每况愈下。同时高容量、高密度的城市建设，使土地过度开发的恶果日益显现，并由此引发违章建设频发、房屋租售市场混乱等一系列问题，影响了城市的科学运行。

由于在北京老城内添加了过多的功能，空间需求不断膨胀，有限用地不堪重负，各种城市功能在中心区的集聚过程进一步加速，北京老城内各项功能高度集聚的问题越来越突出，引发“大城市病”等突出问题。同时，历史文化街区本身的自然衰败，导致区域内出现了老龄人口聚集、低收入群体聚集、低端业态聚集、临时性就业聚集等社会现象，涉及传统文化保护和居民生活状况改善等多方面问题。当务之急，除了疏解人口，同时应分解城市功能，否则北京老城就不可避免地进一步遭到破坏。

对于北京老城来说，既要保护历史文化资源，又要实现多功能的现代城市建设，但是所谓“旧城改造”，缺乏长远考虑和合理统筹。在北京老城内不断修宽大的马路，建高大的建筑，致使街巷肌理受到严重破坏，造成“规划性破坏”。特别是在一批批具有重要历史、艺术和科学价值的文物古迹被摧毁的同时，又出现了摧残历史文化街区的短见行为，胡同四合院大量消亡。经过多年的发展，目前北京老城范围内的传统遗存已经不足总面积的1/3，建筑形式和街道形态在时代、风格、尺度、规模等方面存在巨大差异。

长期以来，北京老城整体保护远未达到应有的共识，整体价值遭受开发建设的威胁。北京老城内尚有大量文物被不合理占用。同时，开发建设项目往往忽视对传统格局的保护，大量胡同在城市建设中消失。据统计，自 1949 年至 2017 年，北京老城内胡同总量从 3073 条减少至 1100 余条。一些新的建设项目在规模、体量上突破老城传统的空间形态，影响北京老城整体风貌。目前老城范围内仍有一些拟建项目，部分项目建筑体量较大，规模增量明显，对于北京老城内重要的景观视廊、街区风貌均将产生负面影响，应该重新进行评估。

20 世纪 90 年代后大规模的城市开发建设所形成的大规模高层建筑，破坏了北京老城整体平缓开阔的天际线，影响了北京老城的整体风貌。历史性城市景观保护的提出，起始于 2005 年通过的《维也纳备忘录》。我参加了这次国际会议，并在会上介绍了中国关于城市景观保护的探索与思考。历史性城市景观保护方法，即在承认城市动态发展性质的基础上，把所有的城市遗产保护对象，城市总体环境与现代建筑，整合在历史性的城市景观之中，并将城市遗产、地域文化和场所精神的保护和传承融于城市发展框架之中，进而将遗产保护作为历史城市发展的动力及文化创造性的源泉。

1979 年，吴良镛教授提出北京旧城“整体保护”思想，强调保护的重点不仅在建筑物本身，而是要保护整体环境格局的完整性，保持原有棋盘式建筑网架与街道胡同体系，继承和发展四合院建筑等；同时指出北京旧城已过于拥挤，必须将其功能向外疏解。进而在菊儿胡同住宅改造工程中开展实践应用，这项工程在顺应城市肌理、控制建设强度、寻找新的合院体系方面取得了重要的成果。有人认为“整体保护已经不可能了”，实际上如果现在能按照专家提出的“微循环”改造的办法，认真做好，不再对北京老城大动干戈，依然不失为一种整体保护。

《北京城市总体规划（2016 年—2035 年）》提出“加强老城整体保护”的目标，要求“推动老城整体保护与复兴，建设承载中华优秀传统文化的代表地区”。实现北京老城整体保护，一要逐步降低建设密度。根据规划 2035 年老城内建筑规模由现状 7721 万平方米，下降到 6500 万平方米左右。二要合理降低人口密度。根据规划 2035 年常住人口密度由现状每平方公里 2.1 万人，下降到每平方公里 1.5 万人左右，老城人口下降到 96 万人左右。其中，根据规划传统平房区常住人口由现状约 57 万，下降到 35 万左右。三要逐步改善传统平房区居住条件。传统平房区人均居住建筑面积由现状的 12 平方米左右，增长至 20 平方米左右。

第一，在逐步降低建设密度方面，老城的房屋建设密度相对较高，建设强度约为中心城其他行政区的 2 至 3 倍。根据地理国情普查数据显示，截至 2015 年 6 月底，老城内现状总建筑规模约占中心城区总建筑规模的 9%。从建筑性质的角度进行分析，老城内房屋建筑使用性质以住宅占比最高，符合一般城市建成区的基本特征，建筑面积约占总建筑规模的 48%；以商业服务（含商务办公）为主的产业建筑，建筑面积约占总建筑规模的 34%；行政办公建筑和公共服务建筑规模均占总建筑规模的 9%。

在北京老城，目前住宅建筑规模以楼房住宅为主，建筑面积占住宅总面积的 83%，承载了老城内约 58% 的居住人口，人均建筑面积在 39 平方米左右。平房住宅由于历史原因，以大杂院的居住情景为主，虽然建筑规模占比相对较小，但是房屋数量及承载的居住人口较多，承载了老城约 42% 的居住人口，人均建筑面积仅 11 至 12 平方米，且房屋质量也存在较多问题，综合居住条件较差。同时平房院落的产权情况也相对复杂，居住类平房建筑中直管公房占比较高，约占总量的 30%，私产房屋约占 18%，其余房屋以单位自管公房为主。

第二，在合理降低人口密度方面，实现北京老城发展的良性循环，为生活在这里的居民提供宜居的生存空间，促进古都风貌与文化遗产资源的保护，疏散一定比例的居住人口势在必行。1949 年北京作为新中国首都，人口急速膨胀，1956 年比 1949 年人口增加了三倍。此后北京老城内常住人口的数量经历了先增后降的过程，2001 年北京老城人口达到 175 万人，之后开始逐渐减少，稳定在 135 万人左右。近年来，北京老城的人口容纳量基本稳定，但是常住户籍人口与常住外来人口数量变化较大。

北京老城的人口密度、建筑密度较高，且由于老城功能的高度集聚，吸引了大量的通勤人流，交通拥堵等大城市病较为显著。老城具有显著的集聚特征，其常住人口密度约为中心城区的 3 倍，建设强度也约为中心城区的 2 至 3 倍。同时，与国际都市的核心地区比较，老城的常住人口密度均高于纽约、伦敦、巴黎、东京等世界著名首都。例如南锣鼓巷保护区的居住密度为 470 人 / 公顷，鲜鱼口保护区为 732 人 / 公顷，西四北和白塔寺地区为 316.7 人 / 公顷，均大大高于高密度建设的纽约曼哈顿区的 262 人 / 公顷，更高于伦敦内城区的 86 人 / 公顷。

第三，逐步改善传统平房区居住条件方面，目前北京市传统平房区内住房总建筑面积约 854 万平方米，人均住房面积约 14.6 平方米。其中平房人均面积约 12.2 平方米，楼房人均面积约 28.9 平方米。平房人均居住面积远低于全市城镇居民平均住房建筑面积，与全市人均住房 35 平方米、保障性住房人均 20 平方米的规划标准均有较大差距，居住条件未达到基础生活保障要求。按照平房人均建筑面积提高到 20 平方米，楼房保持不变测算，合理的人口规模应控制在 40 万人以下，向外疏解 30%—40%。

这些房屋产权构成复杂，其中直管公房约占 50%，单位自管和私房约占 50%，房屋普遍缺乏修缮和维护，60% 以上房屋质量较差，居住环境的安全性和舒适性难以保障。老城内平房区由于空间形态的特殊性和历史发展等原因，长期以来没有进行系统性的设施改善和环境品质提升，导致目前平房区的人居条件普遍较差，在基础设施、卫生环境等方面均无法实现基础保障，民生改善存在巨大历史欠账。由于疏解老城人口策略的实施成效总体缓慢，相对于人口的不断膨胀，北京老城的居住用地和人均住房面积则逐年减少，仍然有大量人口生活在居住条件难以根本改善的大杂院中。

《北京城市总体规划（2016—2035年）》围绕“建设一个什么样的首都，怎样建设首都”这一重大问题，谋划首都未来可持续发展目标。随着北京城市建设用地持续向外扩展，历史城区在北京城市建设用地中所占比例越来越小，并且历史城区内的居住人口也在持续减少，已经从1990年的160万人，减少到目前的100万人左右，按照北京城市总体规划，历史城区内的居住人口还将继续减少。这一用地规模和人口规模，使北京历史城区已经具备了作为“特区”进行统一管理的基础和条件。

为此，2010年在全国政协十一届三次会议上，我提交了《关于加强北京历史城区整体保护的提案》。建议调整北京历史城区内的现有行政区划，以二环路为界，将当时分属东城、西城、宣武、崇文四个行政区的历史城区内的用地加以整合，形成统一的中央行政区。中央行政区应该具有独特的功能。首先，中央行政区是我国政治中心的核心地段，要为党中央、国务院在京领导全国工作和开展国际交往提供良好的环境；其次，中央行政区是我国文化中心的核心地段，要为来自全国各地的广大民众享受高雅文化、增长科学知识提供良好的环境；第三，中央行政区是世界著名古都的核心地段，要为国内外来宾领略博大精深的中华传统文化，感受雄伟壮丽的城市文化景观提供良好的环境；第四，中央行政区作为历史城区，还是世代居民的生活家园，要为广大民众生活、工作和学习提供良好的环境。

2016年，《关于进一步加强城市规划建设管理工作的若干意见》印发，文件中所提出的“有序实施城市修补和有机更新”，对于历史城区保护具有重要意义。“有机更新”理论，是清华大学吴良镛教授针对我国历史性城市进行长期研究，结合北京历史城区保护的实际而提出的理论。20世纪70年代末期，吴良镛教授在组织开展北京什刹海规划的研究时明确提出了“有机更新”的思路，主张对原有居住建筑的处理根据房屋现状区别对待。即：质量较好、具有文物价值的予以保留，房屋部分完好的予以修缮，已破败的予以更新。上述各类比例根据对规划地区进行调查的实际结果确定，同时强调历史城区内的道路保留传统街坊体系。

在1987年开始的北京菊儿胡同住宅工程中“有机更新”的思路得到进一步实践，并取得了国内外的广泛关注和高度评价。吴良镛教授在对这一实践成果进行归纳时指出：“所谓‘有机更新’即采用适当规模、合适尺度、依据改造的内容与要求，妥善处理目前与将来的关系，不断提高规划设计质量，使每一片的发展达到相对的完整性，这样集无数相对完整性之和，即能促进北京旧城的整体环境得到改善，达到有机更新的目的。”随后“有机更新”理论在苏州、济南等历史城区保护中进行应用，作出一些有益的拓展。

“有机更新”理论的核心思想是主张按照历史城区内在的发展规律，顺应城市肌理，按照“循序渐进”原则，通过“有机更新”达到“有机秩序”，这是历史城区整体保护与人居环境建设的科学途径。这里所说的“更新”是指在保护历史城区整体环境和文化遗产的前提下，为了满足当地居民生活需要而进行的必要的调整与变化。这里所说的“秩序”是指建立起既有利于保护历史城区的传统特色，又有利于维护原有社区结构的住宅产权制度，依靠社会资金以自助力量为主，进行日常维修和小规模整治的机制。

针对一段时期以来，城市建设中普遍采取“大拆大建”方式，致使众多历史街区、文物建筑、传统民居大量消失的严峻形势，吴良镛教授认为：旧城整治应避免“运动式”的更新。“运动式”的更新指一次投入，按照“一次到位”的标准进行“推平头式”大规模改造，即通常所称“大拆大建”方式，这不符合旧城保护“有机更新”的原则。避免传统运动式的“大拆大建”，可以给历史城区内居民一个稳定的预期，使物质形态健康的转变和社会形态有序的转型结合起来，实现对历史城区保护和价值的追求。

我一直以来反对“旧城改造”和“危旧房改造”的提法，虽然这些提法长期以来在城市建设领域被广为使用。“旧城改造”的问题在于，将拥有千百年文化积淀的旧城，仅仅定位于“改造”的对象，而忽视对传统社区进行保护和采取“有机更新”的方式加以整治。“危旧房改造”的问题在于“危”“旧”不分，如果说房屋危险，出于解危的目的需要改造的话，那么大量传统建筑仅仅因为年代悠久，就要被彻底改造吗？可喜的是，近年来越来越多的城市放弃了大拆大建的“旧城改造”和“危旧房改造”方式。

我于2016年在全国政协十二届四次会议上，提交了《关于在历史城区保护中推广有机更新理念的提案》。建议应及时转变大规模“旧城改造”和“危旧房改造”的旧有模式，在历史城区保护中推广“有机更新”的理念，抢救已留存不多的历史街区和传统建筑。应鼓励小规模、渐进式、微循环的历史城区更新方式，即根据城市与建筑空间发展的小尺度、多样性、有机性和整体特征，对历史城区现状中存在的许多复杂问题进行具体细致的分析，在整体统一的原则下，通过灵活机动的处理方法，解决各种问题，在保持城市渐进发展的过程中，提高人们的生活环境质量和最大限度地保护历史城区的历史人文环境和风貌特色。

历史城区最大的资源就是原住居民。以往“大拆大建”改造方式的最大问题，就是丢弃了原住居民，其中很多人已经在这里居住了几十年。过去的拆迁概念，是一种强制性的定价和驱使方式。中国社会发展到现在，开始尊重每一个社会个体，所以现在更多是采取协议腾退的方式来处理房产，“大拆大建”已经不可持续。目前，北京市在疏解非首都功能的大背景下，严控增量，只能从存量上挖掘可能性。而且从拆迁成本上来看，现在政府没有能力，也没有愿望再进行大面积的拆迁，转而采取一种更加理性的“有机更新”模式。

历史城区的魅力来源于不断的文化生成和延续的有机生长过程。历史城区长期作为居民生活空间，应包括两方面内容，即物质形态和文化生活等精神形态。历史城区的变迁，需要时间与文化的积淀，只有采取“有机更新”的机制，才能有效地保护和恢复历史城区风貌。历史经验告诫未来，在历史城区的更新过程中，必须注意保护赖以生存的传统特色，注意保护人们熟识的街巷格局，注意保护历史空间尺度和民居建筑，这些对满足人们日益增长的对于环境的精神需求，无疑具有十分重要的意义。

进入新的世纪，社会公众的文物保护意识日益增强，一些历史地段的改造项目都会引发巨大的社会争议。但是，小规模、渐进式、微循环的有机更新模式，也受到一些质疑，有人称其不适合“迫切需要保护和改造的较大保护区的保护”。实际上，这种有机更新模式与“大拆大建”的大规模改造方式相比，在实施的目的、实施的主体、实施的资金筹措等方面均有较大的区别。有机更新模式有利于保护历史街区的文化环境，有利于居民的积极参与，有利于减轻社会经济负担，有利于化解和减少社会矛盾。

历史城区的有机更新和房地产开发有本质的不同。房地产开发是一个产权人，一个主体，对一个区域进行统一的建设，然后才把一个统一的产权分割为若干单元产权，整个过程都是由一个主体实施运作。有机更新则完全不同，面对的是区域内的居民，他们都是产权人。因此就不能不考虑原住居民的诉求，也不能不去尊重他们的想法，必须与产权人建立协商机制，而且要在产权高度分散的情况下，探索如何去有效地实现更新，形成新的秩序，同时又能找到资金平衡的办法。这种有机更新的过程虽然进展缓慢，但是原住居民拥有了选择权。

城市更新不应是强制性、快速的，而应是渐进性、可生长的过程，使历史街区延续着传统文脉走向未来，这种增长模式，可以营造出更加宜居、和谐的城市发展体系。传统四合院通常容纳一个家族式大家庭，构成城市的家庭基本单元，而随着现代社会结构逐渐向小家庭单元转化，需要寻求新的空间模式以适应不同人口数量和空间需求的小家庭单元，正如大杂院中呈现的不同人口、空间的多户共存情况。因此这种新空间模式既非大杂院，也非传统大合院，而应是不同规模的居住单元及其聚集而成的“小合院群”。

如果把一座城市比作一个有机体、一个生命体，那么城市更新就是这个生命体的新陈代谢，有了新陈代谢，生命才能生生不息、充满活力。以往所进行的大拆大建可以看作是大尺度的新陈代谢，是更换生命机体器官的“代谢尺度”，但这种代谢尺度必定是暂时性的、不可持续的。我们所需要的新陈代谢应该是细胞层面的，先有系统化的“代谢规则”，再开展渐进性、小尺度规模的“代谢活动”。因此，在传统住宅区的更新改造过程中，应保持原有的街区结构、胡同骨架、院落肌理，这样不仅不会打破原有的社会生活，而且有利于保护古都风貌，保证传统街区的历史文脉得以延续。

近年来，在城市更新和老城保护中，“织补”日益成为一种能够有效延续城市肌理的城市设计技巧。“织补”是一种形象的说法，就是运用类似“修补匠”般的局部“针灸式”改造方法，修复和整治影响城市文脉延续和古都风貌特征的遗产区域，拆除影响整体风貌的违章建筑，对不完整的、碎片化的老城建筑遗产进行“修补”和“编织”，建构风貌协调、肌理承续的老城景观。吴良镛教授曾形象地用“百衲衣”来比喻建筑遗产的有机更新。他认为，老城区那些构成城市肌理的老建筑，可以顺其原有纹理加以“织补”，关键是新织补的“补丁”一定要延续老城的历史风貌，让新旧元素有机融合，避免“假古董”式的生硬拼贴。

针对北京老城以胡同—四合院为主的历史文化保护区，应采取小规模、渐进式的有机更新原则，坚持“微循环”的模式，在资金允许的前提下，以院落为单位，实施单个或几个院子的逐步更新，使整个保护区得以恢复原貌。建筑风貌应严格按照传统合院式平面布局，控制建筑高度在 6 米到 9 米以下，限制用地规模。房屋应统一使用传统形式的灰瓦坡屋顶，逐步开展对不符合传统风貌建筑的整治和改造，对基础设施进行全面改善升级，提高环境质量，既要保持历史风貌，又要满足现代化城市生活的需要。

我从小生活在北京老城，在胡同里长大。在四合院里，我学会了说第一句话，也是在四合院里，我学会了走第一步路。在前后20多年的时间里，我一直居住在北京中轴线两侧的四合院民居内，曾经居住过4条胡同的4处四合院，这些四合院分别在今天的东城区和西城区。那时住在胡同里面的生活节奏慢、很安静。院内各家很早就关灯睡觉，早晨很早起床，大家几乎按一个作息时间安排生活，与现在是两种完全不同的生活方式。由于享受并体会过四合院住宅的恬淡与平静，对于四合院的生活比较熟悉，也因此特别喜欢胡同幽静的居住环境。

美术馆后街是在绿树掩映的皇城根绿化带上，是在金碧辉煌的紫禁城之畔，是在景山公园东邻，是在王府井大街的终点，是中国美术馆的后院。美术馆后街虽然是现代地名，但是这条街道历史悠久，与古老的北京城一样底蕴深厚。在美术馆后街80号四合院，我曾经度过了8年在工厂务工的美好时光，也留下了深刻的印象：在这里我积极备考走进大学课堂；在这里我骑自行车接回了自己的新娘，并在四合院内邀请亲友举办了婚礼；在这里我收拾行装出国留学，回国后开始从事城市规划工作；在这里居住期间，孩子出生，我当了爸爸……

在我们居住的这座四合院里，北京人民艺术剧院拍摄了八集电视连续剧《吉祥胡同甲5号》，据说这是第一部反映北京四合院生活题材的电视连续剧，由此可见这组四合院的典型性，也使我们得以重新审视自己居住的四合院文化空间。住在前院的老邻居们，北屋的毕奶奶一家和张大妈一家、东屋的杨大爷一家、西屋的赵叔叔一家和南屋的安叔叔一家和苗阿姨一家也都成为客座演员，北京人民艺术剧院的演员李婉芬老师、王姬老师们在四合院里和居民们说说笑笑，记录下四合院生活的和谐景象。

我长期在四合院里生活，既有着深深的眷恋，也深知居住其中的种种不便，更能理解居民改变生活状态的迫切心理。美术馆后街80号是一组典型的传统四合院，分为前院、中院和后院。过去应该是有经济实力的家庭所建造。但是，在“文化大革命”挖防空洞时期，前后院之间的门廊被拆掉，结果院子变得更大了。70年代初，我们住进这里时，早已成为了“大杂院”，前中后三个院子住着20余家邻居，仅前院就住着7户人家，北房两家、东房一家、西房两家、南房两家。

当年，我和母亲住在前院西房的南端两间，其中一间是12平方米的房间，另一间是8平方米的平顶房子用作厨房，结婚以后10余天我出国留学，母亲也就可以住得比较宽敞，1984年我回国以后，仍然住在这里，只是将原有的厨房当作了住房。一年以后儿子出生，不久又增加了一位帮助看孩子的小阿姨，于是8平方米的房子一下子就变得更加狭窄，格外拥挤。夏天还好，一到冬天，房子中间还要增加一个炉子。后来母亲执意把12平方米的房间让给我们住，她改住在8平方米的小房间，当时母亲已经快70岁了，我心里很是过意不去。母亲看着我们住得宽敞一些却很高兴。

住在四合院中自然有一些不方便的地方，但是时间一长我也获得了一些生活智慧，例如前院7户人家共用院子中间的一个水龙头，每天要早一点起床，起床后第一件事既不是刷牙，也不是洗脸，而是一定要先倒孩子的尿盆，否则人们起床刷牙时，就不好意思再倒尿盆了。每天晚上都要认真封火，否则半夜火灭了屋子格外冷。记得有一次在三九天偏偏火灭了，孩子冻得直哭，爱人一边抹着眼泪，一边抱着孩子去住在楼房的姥姥家暂避一时。

当然，住在四合院里的幸福感也是难以忘记的。全院几十口人就像一个大家庭一样，邻里们关系十分融洽，人与人之间、家庭与家庭之间和睦相处，见面总是要热情打招呼，谁家有困难尽管说，大家帮助解决。出门买个菜、打瓶酱油、理个发、送个朋友都不用锁门；谁家抬重的东西，大家都会搭把手；谁家有人不舒服，大家忙着联系车，送医院。特别是1976年7月28日凌晨，唐山发生了7.8级地震，我家的房屋后墙被震垮，垮塌下来的砖瓦居然封堵了邻院的巷道。为防余震，全院在院前的城市道路上居住了一段时间，我也在这时学会了搭建防震棚。那段时间各家不分你我地避难在一起，真正感受到“远亲不如近邻”的含义。

四合院院落是邻里之间的共享空间，每天晚上人们下班回家，院子里就热闹起来。院子中一棵大槐树的浓密绿荫，遮盖着半个院落。北京四合院适宜于绿树的点缀，而能形成亭亭如盖景观的，莫过于槐树。槐树绿叶周期长，花香淡雅，最适合北京的土壤和气候环境。正是由于这样的特点，槐树从元朝时就成为北京的当家树。胡同四合院是北京的特色，国槐是北京的市树，那么胡同四合院加国槐，就成为“最北京”的景观。四合院里的槐树，多为老树，更有味道，也更能代表北京老城的风韵。人们在树下纳凉、嬉戏、下棋、聊天，是烈日下的“避暑胜地”。

夏天的晚上，大槐树下面，各家老人孩子都拿了竹躺椅、折叠椅、马扎、小板凳，围坐在院子中间，从世界大事到国内新闻，从工厂生产到生活变化，再到柴米油盐，天南地北地聊天，有着说不完的话题，这也是北京四合院的交往特点。有好电视节目的时候，大家都钻进有电视机人家的房间，不用客气。后来家家户户有了彩电，特别是《渴望》播出期间，大家在院落里聊天的机会有所减少。当胡同里开来装满白菜，或者白薯的卡车，人们就会不约而同地从家里带着小车、麻袋、箩筐，在车前排起了长队，购买一年一度的配给供应。

在四合院里每个人都互相熟悉，充满了浓浓的人情味，使人感到非常踏实。每当夏天看着院里的老人们在大槐树底下乘凉，每当冬天看着院里的老人们在向阳的山墙边晒太阳，我就感到岁月仿佛在胡同和四合院里凝固了起来。的确敬老爱幼、邻里关爱、包容礼让等传统美德，始终洋溢在这座四合院的每一个角落。在这里，邻里街坊彼此相互关照、谅解和宽容。从未看到过邻里红脸打架。如今过了这么多年，四合院的气质似乎未曾变过，当年怡然自得的生活场景仍然历历在目。因此有人说，胡同和院落格局是四合院文化的“形态”，而邻里间的真诚相处是四合院文化的“神态”。

今天，再次回到了美术馆后街80号院，这是多年以后的再次归来。首先看到大门洞里一排排的电表，感到院内的住户有增无减。我在院子里四处观察，希望找寻到曾经的记忆碎片。如今曾经宽敞的前院，已经被东房和西房的住户搭出来的自建小屋占了大半，南房则被财经出版社所征用，掏墙打洞，面对大街开了书店。院内老房的屋顶大多已换成了水泥瓦。前院的大槐树已经不在，有一棵补种的小一些的树所替代，相信多年以后它可以用绿荫再次覆盖院子里已经留下不多的空地。

首先杨景隆先生迎接了我，他是东屋杨大爷的大儿子，还有两位女士，一位叫寇云淑，另一位叫王秀丽，她们的名字我不记得，但是说起来还是认识的，她们两人都是嫁到这个院里的邻居家的儿媳妇，只是那时候她们还年轻。经了解，前院的几位老邻居，毕奶奶、张大爷、杨大爷，还有赵叔叔都已随着岁月流逝而驾鹤西去，如今，院内各屋已经变了主人，都是老邻居的第二代、第三代，没有外来户，还有的可聊。在这个冬日里，面对着如此凋敝的老院，不免有些伤感。好在，在这里还是见到了几位老街坊。

从东屋出来，王秀丽女士又招呼我进了北屋。意外发现苗阿姨坐在屋里，她老人家已经80多岁，是仍然住在前院里的唯一一位长辈。苗阿姨一家原来住在南房，因为财经出版社征用，搬到了北房，生活空间有所改善。苗阿姨虽然已经高龄，但是还能帮助儿子看护孙子，自己也接受儿媳妇的照顾，一家4口相依为命，其乐融融。见到老邻居唠唠家常，回忆了不少过去院里的生活故事，苗阿姨也介绍了近20多年来院里的变化，引起了对过去曾经朝夕相处的老邻居的思念。

快到中午，要告别了。在走出院子的时候，遇到了久违的刘阿姨，她家原来也住在南房，现在搬到了城外住宅区居住，但是儿子一家还住在院子里，刘阿姨经常来儿子家看望。刘阿姨今年也已经80多岁，身体还很硬朗，十分健谈。于是又谈了一些院里的往事。临别时给了刘阿姨一个拥抱。实际上，这是给老院子的拥抱。恐怕这就是所谓的“四合院情结”，是对自己成长空间的眷念，是对亲人和朋友们的思念。胡同四合院里值得留恋的是浓浓的暖暖的人情亲情，是幽深的宁静的庭院生活，是淳朴的乐观的民风民俗，也是对传统文化的传承与坚守。

这些年，这座四合院的风景发生了很大变化，但是这里的气质似乎未曾变过，因为回到这里当年生活的场景仍然历历在目。永远忘不了四合院里街坊们海阔天空的神聊，忘不了四合院里醉人的鸟语花香，忘不了大槐树上闹个不停的知了，忘不了每天下班进院时街坊之间那句亲切热情的问候。这份情怀，只有久居胡同四合院才能获得。每当面对着那些被风雨岁月剥蚀了的老墙，那老槐树浓荫下油漆斑驳的宅院大门，心中就会油然生发出一种缅怀之情，那是一种久违了的心境，顷刻之间就会被唤醒，唤醒的是对童年的追忆。

记得在大学时代，我曾有很长一段时间在异国他乡的城市生活，非常想念北京的胡同四合院，想念父母、亲人和老邻居们，想念胡同中初夏槐花的清香。这就是属于我的乡愁，身居国外，胡同四合院在回忆中变得异常美好。这些年，北京胡同四合院有了很大的变化，乡愁中的许多地方都早已不复存在，已经成为永不回来的风景。取而代之的是钢筋水泥的高楼大厦。城市变得越来越陌生，越来越难以辨认，早已不是童年时代所见的模样。想起那些已经消失了的胡同，不免有些伤感。我们失去的不仅仅是胡同建筑本身，同时也失去了相关的文化与价值观，还有那平和、自在悠然的生活方式。

北京传统四合院，是经过数百年历史检验的居住形式，适合北京地区的环境气候、文化传统、生活习俗。经常听到人们说北京四合院建筑不适应现代化生活，对此我不认可。实际上四合院这种居住建筑，适合不同年龄、不同职业的人们生活居住，老人居住在四合院里十分安静，孩子们居住在四合院里非常安全。不同职业、不同生活方式的人们在四合院里都能找到适宜的空间。但是长期以来，大量四合院受到不公正的待遇，被人为叠加上太多不合理的压力，过密的居住人口使环境不断恶化，年久失修更使传统民居面目全非，生活基础设施落后使人们生活不便。实践证明，如果这些问题得到改善，四合院仍然是人们喜欢的居住形式。

离开四合院已有多年，但是胡同和四合院一直是我的心结，一直关注历史街区的保护利用和胡同居民的生活状态。每当看到或听到又有一条胡同或一座四合院已经消失，总有一种悲情涌上心头，由此感受到在我的记忆深处，早已烙印上永远的四合院情结，甚至成为内心中对于城市记忆最敏感的地方。我想一旦胡同和四合院消失，北京当地民众独特的生活方式也就会随之消逝。当年拆毁北京城墙是文化史上的惨痛教训，人们记忆犹新，而大量地拆除胡同四合院，是在重蹈覆辙，重犯当年的错误。

清代因为“满汉分城”政策，在宣武门外逐渐形成一个以汉族朝官、京员和士子为主的社区，被称作“宣南”。这一地区是北京历史城区内文化遗存最集中、最丰富的地区，是古都悠久历史文化的重要组成部分。这里发现了大量古河道、古渠道以及辽金时期的道路和建筑遗址，拥有极其丰富的地下文物埋藏。侯仁之先生曾题词：“宣南史迹，源远流长，周封蓟城，金建中都，古都北京，始于斯地。”吴良镛先生也认为，在北京历史文化这个长卷中，宣南史迹因历史久远、类型众多、内涵丰富而具有特殊的价值。戴逸先生则认为宣南地区是“京师文化之精华”。

所谓宣南文化，指的是以北京建城建都起源地、明清时代的京师宣南地域为生长土壤，当地民众和各地游子所形成的文化形态，也是见证北京城发展、凝结北京人智慧的京味文化。一代代的文人士大夫在“宣南”雅集交游、诗酒唱和，为“宣南”增添了富有文化魅力的人文景观。可以说，宣南文化主要由 6 个部分组成：以琉璃厂地区悠久文化为代表的书香文化，以营城建都的悠久历史为代表的京城源头文化，以文人荟萃及其重大文化成就为代表的会馆文化，以京剧为代表的戏曲文化，以厂甸庙会、天桥功夫为代表的老北京民俗文化，以大栅栏老字号经营为代表的传统商业文化，以牛街穆斯林生活为代表的民族文化。

经过几百年的沉浮，此时宣南地区逐渐褪去了昔日的繁荣。对历史街区的衰落，人们关注更多的往往是景观环境的衰败，实际上同样不能忽略的还有胡同四合院内沉淀的历史和文化内涵。这些四通八达、宽窄各异的胡同所联系的不仅是传统民居建筑，还有居住在胡同院落中的男女老少，弥散在胡同院落里人们的悲欢离合、喜怒哀乐的故事，最终集合成为北京老城的故事。在宣南地区，胡同—四合院呈现出独特的风格，也承载着历史、政治、社会、地理、人文等方面的多重内涵，现在看来似乎平淡无奇的街巷，实际上过去曾经是精英荟萃、影响深广的街区，而且随着时光流逝其价值会愈加凸现，应当予以保留。

20 世纪 80 年代以后，由于大规模的城市建设项目实施，这一地区的胡同日益遭到破坏，胡同和四合院开始迅速地消失。宣南地区历史街区的状况，引起了专家学者和当地居民的忧虑。因为胡同四合院是宣南文化的重要组成部分，它们的大量消亡，严重地影响历史文化的传承。北京老城在大拆大建中被逐步蚕食，如何在进行现代化城市建设的同时，保护文化遗产和古都风貌，是一个亟须研究和解决的重要课题。近年来，北京市为保护老城的胡同和四合院做了不少努力，也出台了一系列保护方面的政策法规，为实施保护创造条件。

为促进北京宣南文化遗产的保护，我在 2008 年全国政协十一届一次会议上，与 44 位全国政协委员联名提交了《关于加强北京宣南地区文化遗产保护的提案》，提出三点建议。

一是加强城市考古工作。开展城市考古是城市化过程中加强文化遗产保护的重要措施。宣南地区是典型的“重叠式”的城市地区，拥有大量地下实物遗存，是研究燕京地区发展的重要考古资料，可为北京的城市规划、文化发展、历史研究和城市建设提供重要的基础性资料和直接证据。建议将宣南地区整体列为地下文物埋藏区，并加强相关城市考古工作。采取措施加大对地下文化遗存的保护力度。在该地区进行城市建设工程时，严格执行相关法规，在实施建设工程之前开展必要的文物影响评估，以及考古调查、勘探、发掘和保护工作，将地下文物保护列为该地区建设工程项目立项审批时的前置条件。同时加大与相关规划、建设部门的密切配合和沟通，争取理解和支持，为开展城市考古创造良好的工作环境。

二是加大对会馆建筑的普查和保护力度。结合正在进行的第三次全国文物普查，重点做好宣南地区会馆建筑的全面普查、登记，确定其历史渊源以及历史、艺术、科学价值。对于具有一定文物价值的会馆建筑，应根据其价值公布为相应级别的文物保护单位，并采取强有力的保护措施，加大文物本体维修力度，改善文物周边环境，根本改变这一地区会馆建筑的保护状况。同时建议按照《北京城市总体规划》和国务院有关批复精神的要求，积极探索旧城保护和更新的模式，停止大拆大建式旧城改造，坚持小规模、微循环、渐进式的有机更新原则，赋予会馆建筑以新的文化功能，融入市民文化生活。

三是开展宣南老字号的研究和保护。宣南地区不乏一大批闻名遐迩、各具特色的老字号名店。将老字号的保护和发展纳入各项规划之中，在分区规划中突出老字号的地位和作用，对老字号集中区域进行重点分析，建立相应的法规和管理规定，对有特色的传统商业街区和有价值的老字号，通过立法的形式加以保护。特别是对拥有 50 年以上历史的老字号给予特别关注，作为重点保护对象。涉及国家重点建设工程和重要市政工程，确需对老字号实施拆迁的，也应在规划中给予重新选址安排，并尽可能考虑安排在原址附近。对于那些具有行业代表性和极具地方特色，但因不合理拆迁而消失的老字号，应逐步加以恢复，重新挂匾开店。

以北京老城为代表的中国古代城市，以统一规划著称，其建造实施，分工明确。住宅以居民为主体按照统一的设计理念兴建，生成宏大有序的住宅建筑规模，房屋质量依靠产权人与市场的力量维持，并不需要政府大规模资金投入，形成了统规自建、流水不腐的生长机制。根据《元史》记载，元大都建设时“诏旧城居民之迁京城者，以赀高及居职者为先，仍定制以地八亩为一分；其或地过八亩及力不能作室者，皆不得冒据，听民作室”，即以八亩地为宅院单位，以居民为主体进行建设。

实际上，“听民作室”并不意味着建房者可以随心所欲，而是对于房屋的造型、体量、装饰等均有严格限制。在这些住宅设计导则的约束下，居民又可按照各自偏好，因地制宜，各筑其宅。这样的统规自建活动，能够充分发挥各方面积极性，形成风格统一、秩序井然、内涵丰富而生动的城市景观。而“听民作室”则节省政府在住宅方面的投入，形成协同共建机制。这样自古以来的城市住宅建设智慧，即保护房屋产权，建立有序的不动产交易租赁秩序，依靠居民的力量进行修缮、更新，使房屋质量得以保持，值得借鉴。

20 世纪 50 年代初期，政府部门对房地产重新登记，发放房地产所有证。到 1953 年底，北京市清查城区及关厢房屋，共登记 119 万多间，其中私房占 67%。1954 年宪法规定，国家保护公民的合法收入、储蓄、房屋和各种生活资料的所有权。宪法激发了产权人自我维护和修缮房屋的积极性。1958 年北京市对城市私人出租房屋实行经租政策，将城区内 15 间或建筑面积 225 平方米以上的出租房屋、郊区 10 间或 120 平方米以上的出租房屋，纳入国家统一经营收租、修缮范围，按月付给房主相当于原租金 20% 至 40% 的固定租金。1966 年 9 月，固定租金停止发放，房主被迫上交房地产所有证。

2003 年北京市采取有力措施，基本解决了“文化大革命”遗留的“标准租”私房问题，但是“经租房”问题悬而未决。长期以来，经租户不断要求归还产权，但是未能获得解决，经租房难以上市流通，成为存在的突出问题之一。应该看到，被经租的房屋，均是新中国成立后经过房地产登记、发放了房地产所有证的合法房地产，经租政策是特定历史时期的产物。在当前宪法规定“公民的合法的私有财产不受侵犯”的情况下，应以适当方式，妥善解决经租房历史遗留问题。也只有这样，才能明确房屋产权，为建立流水不腐的四合院产权交易租赁机制创造条件。

由于私房的基本权益得不到保障，更不知何时被建设项目所拆迁，也无心并无力对房屋进行维修。另外还有一些出租的私房，由于出租的对象、承租人应付的租金往往由政府指定为“标准租”，产权人自然也就没有义务和能力承担维修的责任。上述情况无疑加速了四合院状况的不断恶化。同时，大量直管公房也未得到应有的维护、修缮与管理，私搭乱建、人户分离、违法转租转借、使用权违法交易等问题普遍存在。大量的公有住房，由于房租很低，房管部门不能保证房屋必要的维护，更谈不上住房条件的改善和建筑风貌保护。

北京老城大量传统四合院，能够历经数百年时光，始终保持持续发展的状态，其根本的原因在于它们由产权人不断维修保养。此后由于产权制度、住房政策的反复变化，使得各方的权益和责任不清，造成房屋质量恶化，居住人口膨胀和条件改善、风貌保护之间的矛盾虽然复杂，但是也并非不能解决，推行产权制度改革，实现居民自主地交换产权并维护和改造房屋，就是解决问题的一个重要方法和关键环节。实现“改善居住条件”和“保护传统文化”两方面的共赢，不仅是“建筑设计”问题，也不仅是“设施更新”的问题，更不是仅靠强行推动的短期行为所能解决的问题。

通过制定长期有效的政策和方法，有经济条件并且希望改善居住水平的住户，可以通过收购住房来改善居住条件，当居民拥有房屋产权之后，居住是否拥挤，有没有厨房、卫生设备，如何进行生活条件的改善，自然而然地变为居民自己家里的事情；而出售了房屋的住户，可以通过获得双方自主买卖的资金而疏解出去，同样可以改善居住条件；而那些既无经济能力改善居住条件，又不希望搬离原住房屋的居民，仍然可以选择留在原地，因为这也是他们应有的权利，这样才是真正实现了居民自主选择。当然，仅有居民自主选择是不够的，还要加上政府的政策引导和支持。

《北京城市总体规划（2016 年—2035 年）》明确提出加强老城整体保护，强调“保护北京特有的胡同—四合院传统建筑形态，老城内不再拆除胡同四合院”，“通过腾退、恢复性修建，做到应保尽保”，在整体保护的政策趋势和社会共识下，北京老城更新逐渐从“大拆大建”的危改拆迁模式，转向协议腾退下的微改造模式。协议腾退通常是老城居民以自愿为原则，与国有的政府前端企业签订协议，腾出房屋并获得补偿条件；国有企业进而通过对已腾退院落及房屋的改造和运营，在保证国有资本基本权益的基础上，开展老城人居环境改善和疏解提质的相关工作。

近来，菜市口西片区一度成为北京老城居民关注的一片地区。人们将目光聚焦于这里的原因是，2019 年 6 月西城区对菜市口西片区启动了老城保护和城市更新试点工作，成为北京第一片实施“申请式退租”项目的平房地区，也是北京市的首次通过“申请式退租”方式，疏解和改善历史街区居住环境的新模式。居民可按照个人意愿，申请直管公房腾退或恢复性改善，被称为是关于老城保护的一次创新之举，即“菜西模式”。最令我好奇和担心的是，菜市口西片区的项目主体，是一家企业。城市更新的工作能不能落在企业头上？企业能不能肩负起这样的责任呢？

为了了解“申请式退租”方式，我访问了位于门楼巷的金恒丰公司办公室，公司负责人介绍了他们正在从事的工作。这是全市第一例推出“申请式退租”的试点，菜市口西片区居民多为几代在此居住的老北京，目前老龄化现象严重并有继续加重的趋势，居民多为中、低收入者，经济自我发展能力较差，时至今日，还有很多居民在胡同中忍受着生活的种种不便。同时，不良的经济环境也是导致地区物质环境衰败的原因之一。现在的选择是既可以保持在原地居住，又可以加入“申请式退租”。对于不愿意离开的居民，还可以选择“申请式改善”，“申请式改善”就是居民可以选择原址改善或者迁移至其他院落。

“申请式退租”，让政府、企业、社区民众站在了同一立场，实现同一目标：政府希望找到一种模式，引导胡同生活的升级，改善社区的环境，让更多的居民，享受到老胡同里的现代生活。企业把这个项目当做社会公益，政府和企业相互合作。政府将菜市口西片区的公房托管给企业来保护、改造、运营，赋予了这一项目可持续性。企业可以在一定的程度上进行运营，以此来回收前期疏解居民的成本，完成可持续的更新，让历史文化街区焕发持久的活力。

我走访了几处正在实施“申请式退租”的菜市口西片区胡同—四合院居民，包括西砖胡同 15 号院，门楼巷 14 号，永庆胡同 17 号院落，见到了几位社区居民。第一位是西砖胡同 15 号院的韩凤秋先生，他在这里已经居住了 70 年，对于这片地区的一砖一瓦都很熟悉。他爱好历史文化和热心公益事业，退休后在故宫博物院做了 10 年志愿者，为观众义务讲解。韩凤秋先生说还是头一回见到这个院子这么空旷，几户邻居已经选择离开这里，随着年龄的增加，他也希望晚年住进生活方便的楼房，如今他所居住的房屋已经完成退租，即将离开熟悉的胡同生活，入住新家。

另一位是张文亨先生，是永庆胡同 17 号院的居民，今年也已经 74 岁，兄弟 7 人里只有他一辈子没住过楼房，对于平房生活的不方便早已厌倦，他最大的愿望就是“住楼房”。他希望能够到弟弟们居住的南苑附近小区居住，多一间房子，使儿女们来到家里也可以有落脚的地方。他说能够在人生的最后几十年有住楼房的机会，一定不能错过。于是他成了菜市口西片区第一个签字同意退租的居民。虽然幸福来得比较晚，但终究还是来了。由于从未有过住楼房的经验，他还特地叫上细心的儿媳妇，帮着老两口一起看新房，全家畅想着未来的生活，谋划着住宅装修的方案。

还有一位是焦岭波先生，也是永庆胡同 17 号院的居民，现在已经退休，对从小住的院子有感情，家里人口少，在室内还安装了冲水马桶和淋浴设备，认为生活条件已经改善了不少，就选择仍然坚守在老房子里居住，他是院子里唯一自愿留下来的住户。焦岭波先生告诉我，院子现在有一个好听的名字，叫“京韵邻里”，将来会变为一间平房主题公寓，他将来会成为这间公寓的“管家”，一边为新进入的居民服务，一边能够获得相应的收入。

“自主申请”，就是这个项目的出发点。“申请式退租”之前，安排了一个月的宣讲，主要是为了让居民了解，过去的靠拆迁一夜暴富的时代已经一去不返。现在的选择，要么保持现状，也可以实现在原地改善，或者“申请式退租”。“申请式改善”，也是不可或缺的形式，对于不愿意离开，选择“申请式改善”的居民，可以选择原址改善，或者选择迁移至其他院落，居民可以在改造菜单中选择喜好的样式，金恒丰公司负责按照居民意愿进行安排。

四合院不仅有物质层面的价值，在文化和精神层面的价值也不容忽视，传统四合院体现了老北京的生活氛围，人对于历史街区同样是重要的因素，缺少原住居民的生活氛围，将削弱历史街区的活力。所以不提倡将原有居民全部迁走。希望通过“申请式退租”方式，能够使不同产权、不同居住意愿的居民均能获得满意的结果。这样可以避免传统运动式的大拆大建，给居民一个稳定的预期，使物质形态健康的转变和社会形态有序的转型结合起来，实现对历史街区保护和情感价值的维护。

今天我站在菜市口西片区的高点，眺望这片区域。我想应该把时间的尺度再放宽，去思考未来 20—30 年的胡同状态。那时的胡同生活，居民会有哪些进一步的现实需求？那时老城区人口年龄分布将会是怎样？那时胡同内居民生活和各种业态之间应形成哪些新的合作机制？如何能够使胡同内的居民过上更方便、更体面的生活？这些并不是留给未来的问题，而是当下需要超前思考的内容，使胡同和四合院成为城市发展的有机组成部分，使历史文化街区因生活延续而伟大，使传统建筑因居民存在而精彩。

城市最可宝贵的品质即其多样性，大规模城市改造是多样性的天敌，应该珍视城市固有的价值，老城的人口结构、路网肌理、复合功能、房屋供给是多样性的保障，这些价值应该延续于新的城市发展之中。让老城区在保护与复兴之间找到平衡，为人们找回乡愁寄托的平台，也为人们提供情感盛放的容器，更好地发挥城市记忆凝结和文化传承的作用。人们认识到，传统建筑的衰败不仅是简单的物质问题，而必须关注传统建筑衰败背后的社会问题，才能对症下药。提高公共服务能力，保障原居民的权益，维持社会结构的稳定，维护社区文化传统，保持社区生活延续，应成为老城保护与复兴的重要原则。

在胡同里我遇到了几位年轻人，他们正在进行胡同和四合院的现状调查，经询问是菜市口西片区驻场建筑事务所——和事建筑的建筑师们。他们是菜市口西片区第一家入住这里，与居民“共生”的单位住户，总建筑师闻婷女士邀请我们参观了她在四合院里的事务所，原来他们是从国外学习归来的建筑师，主要从事北京历史街区调查和保护规划编制工作，曾经做过前门大街以东等地区的保护规划，有着比较丰富的历史街区保护和传统建筑设计经验。

闻婷女士介绍她们是这里的驻场建筑事务所，是为菜市口西地区进行街区和建筑的设计。她认为只有在这个地区居住，才能做出适合这里居民生活方式的方案。闻婷女士介绍了她们的一些工作成果，将每一栋房屋都拍照存档，加以研究分析，查阅每一个院落的历史故事，不仅将真正的老建筑找了出来，也将老建筑背后的历史和现在的房屋进行配套整合，然后按照居民的需求进行设计。她说建筑事务所本身就是一个共生案例，同一院内的老居民平时会有一些现代技术问题向他们这些年轻人请教，也会帮助他们收收快递等，大家相处融洽。

闻婷女士特别强调，她手中这本《北京旧城25片历史文化保护区保护规划》对他们的现实工作有很大帮助。这也引起我对以往工作的回忆，并就此和年轻建筑师们进行了讨论。“历史文化保护区”是1986年国务院公布第二批国家历史文化名城时首次提出的概念，并要求地方政府根据具体情况，审定公布地方各级历史文化保护区。1997年历史文化保护区作为一个独立层次，正式列入我国的文化遗产保护制度，这也标志着我国历史文化名城、历史文化保护区、文物保护单位，三个层次的文物保护体系初步形成。

我早年在日本留学期间，曾从事历史地段，即“历史的传统建筑物群保护地区”的保护研究。1989年我在北京市规划局城区处担任处长期间，考虑到在城市规划和建设过程中，对于历史文化街区保护不力，致使历史文化特色受到了不同程度的破坏，有的历史文化街区新建了一些与原有格局很不协调的建筑，有的对传统民居乱拆乱建，有的外装修不适当地采用大理石、铝合金、镜面玻璃等建筑材料，有的历史文化街区内违章建筑以及商业摊点随意挤占道路、空地，这种状况继续发展下去，用不了多长时间，历史文化街区将不复存在。

我认为，北京老城的历史感，并不仅仅体现于一条胡同、一座四合院，更体现于北京老城和谐统一的整体环境。而北京老城所存在的突出问题，就是过去的整体之美，变成了当前的残缺之憾。这一缺憾需要通过长期坚持修复，扩大保护范围，加以弥补。而在未来的城市发展中，如何处理好发展与保护的关系，如何保护好胡同肌理，并以此留下乡愁记忆，对北京的城市发展、传统保护和改善民生提出了更高的要求。因此建议设立北京历史文化保护区，采取措施加强胡同和四合院地区以及传统建筑街区的保护、恢复、整治。

1990年11月，北京市政府第26次常委会讨论批准了北京市第一批25片历史文化保护区，并于登报公布。同时，由北京市规划局负责起草了《北京市历史文化保护区规划管理暂行规定》。第一批历史文化保护区的公布，对北京历史街区的保护起到了积极的作用，各区政府也结合对古建筑的保护和利用，对如何继承北京优秀的历史文化传统，开展了大量的调研工作，积极配合北京市规划部门对第一批历史文化保护区的保护与管理进行探索，一些尝试采取有机更新方式实现保护整治目标的实践，为此后的历史街区保护更新留下了宝贵经验。

2000 年 4 月，北京市规划委员会开始组织编制《北京旧城 25 片历史文化保护区保护规划》，由北京市规划设计研究院确定总体要求并提供范本，中国城市规划设计研究院、清华大学、北京市城市规划设计研究院等 12 家单位共同参加编制工作，规划编制的全过程邀请有关专家参与，并自始至终倡导公众参与。通过制定历史文化保护区规划，尽量保留传统胡同四合院。这项保护规划制定了统一的规划原则、标准和要求，对北京旧城 25 片历史文化保护区进行了详细的现状调查、评估分类和规划编制。数千张现状调查和规划图纸，记录着上万个四合院的保护状况和规划目标。

经过公众参与、两轮规划方案预审及专家审议，2001 年 5 月《北京旧城 25 片历史文化保护区保护规划》通过首都规划建设委员会全会审议，2002 年 2 月获得北京市政府正式批复公布执行。北京旧城 25 片历史文化保护区总占地面积为 1038 公顷，约占旧城总用地的 17%。其中重点保护区占地面积 649 公顷，建设控制区占地面积 389 公顷。加上已由北京市政府批准的旧城内 200 多项各级文物保护单位的保护范围及其建设控制地带，保护与控制地区总用地面积达 2383 公顷，约占北京旧城总用地面积的 38%。

《北京旧城 25 片历史文化保护区保护规划》针对重点保护区和建设控制区分别制定了不同的保护原则。重点保护区的保护规划原则：一是要根据其性质与特点，保护该街区的整体风貌。二是要保护街区的历史真实性，保存历史遗存和原貌。历史遗存包括文物建筑、传统四合院和其他有价值的历史建筑及建筑构件。三是其建设要采取“微循环式”的改造模式，循序渐进、逐步改善。四是要积极改善环境质量及基础设施条件，提高居民生活质量。五是保护工作要积极鼓励公众参与。

《北京旧城 25 片历史文化保护区保护规划》强调必须以“院落”为基本单位进行保护与更新，危房的改造和更新不得破坏原有院落布局和胡同肌理。保护规划对保护区内的建筑保护和更新分为六类进行规划管理：文物类建筑、保护类建筑、改善类建筑、保留类建筑、更新类建筑、整饰类建筑。保护规划对保护区内的用地性质变更、人口疏解、道路调整、市政设施改善、环境绿化保护等方面提出了具体的原则、对策和措施，必须遵照执行。

《北京旧城 25 片历史文化保护区保护规划》，通过历史研究及大量实地调研，确定了每 片历史文化保护区的性质，明确了重点保护区和建设控制区的范围和应采取的措施，突出了小规模整治更新的思路。规划对街巷格局、建筑高度以及文物古迹的环境控制，提出了相应的控制要求，明确了保护的对象与范围，并制定了相关的修缮标准、图集、导则、规定、规范等文件，还对保护规划实施情况进行评估，深入到了每个院落单位，针对每栋建筑做出评价并指出保护更新的措施。同时，强调了人口疏散和居民参与的原则。传统民居院落体系构成邻里居住形态，成为社区文化的载体，社区的空间形态也随之发生演变。

2000 年 11 月底，北京市规划委员会组织了“北京 25 片历史文化保护区保护规划方案专家评审会”。会议邀请了吴良镛、周干峙、郑孝燮、罗哲文、李准、王景慧等 19 位著名专家、学者对保护规划方案逐一进行了评审，对保护规划的组织和编制工作给予了高度评价。

专家们一致认为，这次规划工作根据北京旧城特点，借鉴国内外先进的理论与方法，是北京历史文化名城保护的重要里程碑，所制定的北京旧城25片历史文化保护区的统一标准和要求是合理和必要的，所提出的“保护整体风貌；保护历史真实性，保护历史遗存；循序渐进，逐步改善；积极改善基础设施，提高居民生活质量；公众参与”等五项重要原则也都是正确的。

《北京旧城25片历史文化保护区保护规划》编制至今已经过去了近20年，非常欣慰的是，当时确定的一些原则仍然适用于今天历史街区的保护和发展，这也受益于当时编制单位深入的现状调查和前瞻性思考。2002年北京市在旧城第一批25片历史文化保护区基础上确定北京第二批历史文化保护区名单。2005年北京市总体规划修编时，又确立了第三批历史文化保护区。至此，北京市公布的历史文化保护区的数量达到43片。其中分布在旧城内的有33片，占旧城总面积的33%。北京旧城内现有胡同1320条，很多分布在33片历史文化保护区内。

近年来，许多优秀的建筑事务所在北京老城开展了有益的设计实践，出现了一些由建筑师主导或参与的以四合院居住条件改善为目标的模式化探索。这些更新实践针对老城居住问题提出解决方案：一是在大杂院中通过植入预制空间模块，提供符合现代生活标准的厨房、卫生间等功能。二是针对居住模式的变化提出传统四合院空间重组的新思路。三是将腾退或部分腾退的院落改造为社区公共空间进行实验性、模式化探索。这些建筑师的努力，对居民自主的居住更新起到了一定的引导作用。这些实践成果获得了在北京老城胡同和四合院微小空间中开展设计的宝贵经验。

在北京老城整体保护和疏解腾退的趋势下，对于老城人居环境的规划设计，面临着新的挑战。首先，挑战来自在微小空间尺度下的精细化设计。由于传统四合院建筑在平面格局和剖面高度上受到严格的保护控制，使得一方面建筑师需要在较为狭小的空间内，通过设计来满足各种生活功能的提升需求，并集成各种适宜的基础设施设备；另一方面，建筑师也必须在有限的建设成本之内，尽量通过品质的提升，而不是开发量的增长来实现老城房屋资产的价值保持。此外，由于紧张的四周场地条件，以及由此产生的密切的邻里关系，就要求施工和整治注重质量和效率，以最大程度减少对社区民众生活的影响。

与此同时，挑战还来自设计对于产权关系及院内违法建设的态度。由于历史形成的原因，许多老城房屋存在着公与私、私与私之间产权关系模糊和纠纷的情况，使得大量建筑无法开展设计和改造；或即使可能开展设计和改造，也要求建筑师能够通过设计进一步理清产权，有利于问题的最终解决，而不是进一步混淆产权边界和提高未来解决问题的成本。虽然就单个院落或建筑而言，院内违法建设似乎妨害不大，甚至可以找到诸多其存在的理由。但是，当这种情况在老城成片蔓延时，却会带来人口过度密集以及传统风貌丧失的硬性环境问题。

建筑师们在胡同里的设计实践并不仅仅是完成一项作品，而是和胡同居民的生活需求相衔接，胡同环境整治的实施不能操之过急，不能完全依靠政府部门，而应该实现规划师、建筑师与胡同居民的充分沟通，搭建起各方分享和交流的平台。由那些对胡同、四合院有着强烈情感的居民参与整治，才能更好地保护胡同文化遗产，真正实现社区历史风貌和宜居环境的回归。以胡同居民为主体，推行历史街区的统规自建，并不意味着一切房屋都可以由居民

《我是规划师》菜市口西区拍摄现场（2019 年 12 月 24 日）

任意推倒重建。科学制定设计导则是关键，设计导则的形成应该是社区居民充分参与的结果，并与历史街区的文化传统、规划设计人员的智慧相结合。

《关于进一步加强城市规划建设管理工作的若干意见》指出：“用 5 年左右时间，完成所有城市历史文化街区划定和历史建筑确定工作。”这对于北京历史文化街区保护来说，是不可失去的难得机遇。应该在保护好已经公布的历史文化保护区的基础上，扩大保护范围，将具有胡同—四合院基本格局的区域，全部公布为历史文化保护区。在 2016 年的全国政协十二届四次会议上，我提交了《关于增加北京历史文化保护区的提案》，建议通过加强深入研究，增加北京历史文化保护区的保护范围，将北京 62.5 平方公里历史城区内尚存整体保护价值的历史街区，全部公布为历史文化保护区。

（北京电视台《我是规划师》第三集拍摄笔记，2019 年 12 月）

新生于旧

劲松居住区位于北京城的东南部，东三环劲松桥西侧，隶属朝阳区劲松街道管辖，是改革开放后北京市第一片成建制的楼房住宅区，分为一至八区。走在居住区的住宅楼之间，树影婆娑，身边是缓缓而过的老年人。这里一排排 6 层的老式红砖楼，合围出的却是 20 世纪 70—80 年代的生活图景。我们此行聚焦如何提升社区居民，尤其是老年人的居住生活品质，探寻老旧小区改造更新的推动方式，探索如何为北京这座拥有 2 亿平方米老旧小区的超大型城市注入新的活力，畅想未来老旧小区中的现代生活。

在 20 世纪初出版的北京地图上，劲松地区标注的地名还是“架松坟”，墓地的主人是清代开国功臣肃武亲王豪格，是清初世袭罔替的八大铁帽子王之一，因其墓地上有六棵古代的龙松，弯曲的主干有架木支撑而得名，当年也曾是京城景点之一。大约在 20 世纪 40—50 年代，架松坟的六棵古松先后枯死或被砍伐，这个景点便逐渐消失。20 世纪 70 年代以前，架松坟一带除了坟地就是农田。改革开放以后，为了解决北京居民住房紧张问题，国家投资在这里建设了居民住宅区，曾经的坟地、农田化身为建筑工地。

1978 年，劲松居住区初具规模的时候，迎来了第一批入住的北京市民。1981 年 1 月，决定成立街道办事处，在研究给办事处取名称的时候，朝阳区政府有一位熟读《毛泽东诗词》的工作人员，提议将“架松坟”三字，改为“劲松”二字，取自毛泽东主席 1961 年 9 月 9 日写的七绝《题庐山仙人洞》诗中，有“暮色苍茫看劲松，乱云飞渡仍从容”之句。20 世纪 80 年代，劲松北社区一排排六层的红砖楼房组合成的居住小区，是很多城市居民向往的生活图景。40 年前，当我还在美术馆后街 80 号的四合院里完婚蜗居的时候，这里已经是北京当年最“高大上”的住宅区。

劲松街道，地处北京朝阳区西南部，下设并管辖劲松北社区、劲松东社区、劲松中社区、劲松西社区、农光里社区、农光东里社区、磨房北里社区、八棵杨社区、大郊亭社区、农光里中社区等 10 个社区。劲松街道是北京市常住居民比较多的街道。随着城市建设的发展，劲松地区陆续落成了劲松东街、劲松中街、劲松西街、劲松路、劲松南路、劲松北路等。劲松街道辖区面积 5.2 平方公里，是 20 世纪 80 年代初建成的纯居住型社区，地区总人口 12 万人，其中 62.3% 为国有汽车、化工机械产业离退休职工，老龄化人口超过 18%。

劲松北社区大门口，我见到了陈波书记，见面寒暄以后他做了自我介绍。陈波书记是土生土长的劲松当地人，他说小时候这里还是一片农村，当地人很多都是菜农。而现在他已经是辖区内有 4200 户，将近 11000 居民的劲松北社区居民委员会书记。对于居民们来说，他是名副其实的小区“总理”。由于劲松是改革开放初期建成的第一批成建制的小区，社区配套设施不健全，小区道路、绿化、排水等基础设施老化，居民的改造呼声一直很高，但是资金来源非常有限。实际上，陈波书记在 2018 年下半年，还不知道要调到劲松北社区，当时还曾说，这个活谁摊上谁倒霉，只是没有想到宣布任命的时候把他调了过来。

陈波书记说，民间都传说故宫有九千九百九十九间半房间，您就曾经是这么庞大数量房间的“看门人”，每一间房子都应该有一把门钥匙。那么我这里也有一把特殊的钥匙，但是它既不是我家的钥匙，也不是我的办公室钥匙，而是劲松北社区内一位阿姨的家门钥匙。这位阿姨说得很实在，平常就是她在这里自己住，如果哪天发生了紧急的情况，就打个电话，我拿着钥匙就去开门，帮她解决燃眉之急。虽然阿姨的想法很简单，但是这毕竟是一个家庭的钥匙，她把钥匙给我，实际上既承担了信任感，也要承担责任感，是很重的托付。这把钥匙陈波书记始终就搁在他的抽屉内能方便拿取的位置。

于是，陈波书记建议和我一同去走访这把钥匙的主人家。这把钥匙的主人是王金霞老师，她今年75岁，十几年前老伴儿突患胰腺癌，一个月就去世了。如今她一个人在劲松北社区居住，她让儿子每两天必须给自己打个电话，身为退休医生的她从不忌讳谈生死，她深知突发意外，对于这个年龄的老年人来说，是每一天都要面对的现实问题。过去与儿女就是一碗汤的距离，做一碗汤到他们家还是热乎的，现在不行了。一旦自己觉得不行，身边没有亲人，需要赶快求助好心的人。

王金霞老师告诉我，她家楼上的219楼1门18号，家里儿女不在身边，也是一位老年人独居。2018年春节前，大家发现老爷子一直没下楼，儿子回家才发现老爷子已经走了好几天，人都凉了。头两年，住在一区的一位老师同样也是独居，夏天都有味儿了，邻居才发现后报警，民警来了以后，社区领导过去打开门，才发现老人在门口趴着，早已在家中故去数日。这种情况时常听说，所以我现在就吸取教训，配了好多把钥匙，咱们社区的主任、书记都有我们家的钥匙，包括我们舞蹈队的队友，有车的、积极的、年轻的，愿意帮助人的，我就给他一套钥匙，有事就求他们帮忙。

实际上，与王金霞老师有同样顾虑的老人并不在少数。我就特别有同感，十几年前，我的岳父岳母80多岁的时候，身体都不好。岳父只能在床上躺着，白天由岳母照顾他，但是岳母比较胖，有一次她跑着接电话，结果不小心摔了一跤，躺在地上爬不起来，岳父在床上躺着干着急，过了一个多小时，孩子下班才给岳母扶起来，去看医生。当时虽然两个老人在一起，还都很无助。在劲松北社区，60岁以上的老年人占比高达39.6%，接近40%。其中又有52%的老人是属于独居老人。在王金霞老师居住的219楼1门，60岁以上的老人就占大多数，他们也是入住劲松北社区最早的一批居民。

目前，中国正在经历经济转轨、社会转型和文化转变的深刻变革，同时，也正在经历人口快速老龄化的时期，即从年轻社会到老龄社会的急剧转变。截至2018年底，中国65岁及以上人口数为1.58亿人，占全国总人口数的11.4%，有4500万失能和半失能老年人。预计到2030年，中国65岁及以上的人口比例将成为全球最高的国家。例如故宫博物院一共有1450名员工，我在担任院长的7年多时间，就退休了将近500人，所以中国已经进入老龄化社会，如何在社区中更关心老年人的生活，这是一个非常现实的大问题。

王金霞老师拿出来老相册，对着照片讲历史。她说劲松地处北京东郊，当年地理位置鲜有人知，那时不通公共汽车，甚至连通往居住小区的路也还没有修建好。第一次到劲松来看房是 1979 年，那时候她才 35 岁，还是带着两个孩子的年轻母亲。她们是从崇文门坐 3 路公共汽车，到垂杨柳双井站下车，下车以后往劲松方向走，沿路问劲松小区在什么地方很多人都不知道，走了将近三站地。那天刚下过雨，地面上有好多积水，没有人排水，还带着两个孩子很不方便，把老大背过来搁在那边站着，跑回去再背老二过来，当时看一次房子都这么困难，交通特别不方便。

王金霞老师记得当年之所以放弃前三门的房子而搬来劲松，还是因为看了当年北京的城市规划图。劲松、团结湖都是当年北京最早规划的成建制居住区，虽然初期劲松不为人知，而且偏僻，出行购物都有诸多不便，但是居住区的住宅质量非常好，为人们所羡慕。尤其是向南的房间宽阔敞亮，高大通透，单元内南北通风，而且是唐山地震以后盖的楼房，所以抗震标准特别高。同时，住宅建筑层高 2.9 米，而北京的住宅建筑一般都是 2.7 米的层高。最为吸引人的是，住宅内有暖气和煤气双气，直到现在北京市内还有很多家庭使用煤气罐，但是这里当年就不用，有管道煤气，打开阀门就能使用，室内的卫生间也很方便。总的来说，这里的住宅建筑无论是结构，还是质量，都令人满意。

20 世纪 70 年代末、80 年代初，219 楼 1 门的老住户们陆续搬入，最年长的要数住在 7 号的杨老太太，当时她已经年届60岁，刚刚退休。其他住户大部分都是刚刚成立家庭的年轻人。劲松一区、二区总建筑面积约 20 万平方米，兴建之初就是北京标准最高的居住区，能够入住这里的居民，心里都有一种“骄傲感”，大多都是有一定社会身份的居民。王金霞老师和同样住在 219 楼 1 门的朱振老师，都是劲松北社区建成后的第一批居民，也是楼上楼下 40 年的老邻居，他们的父母都是当时落实政策的老干部。王金霞老师说当年女排国手陈招娣也曾是他们楼上的邻居。当年住在劲松居住区的还有张丰毅、吕丽萍、姜昆、侯耀华等演艺界人士。

朱振老师当年 32 岁，他的妻子张玉新 31 岁。那时乔迁新居的他们，就像朱自清在散文《春》里写到的那样：“刚起头儿，有的是工夫，有的是希望。”他们都是 1979 年从内蒙古返城的知识青年，刚一回北京朱振老师就双喜临门，3 月份在北京第三通用机械厂当了钳工，4 月份就因为落实政策搬进了刚刚竣工的劲松北社区。当时和他们一起下乡的知识青年，回到北京以后，因为没有工作，没有住房的大有人在，占的比例应该超过 90%。那时如果有一间临时房子，或者跟父母挤一下，跟兄弟姐妹挤一下，这就算不错了。因此可以说，朱振老师无疑是幸运的。

20 世纪 70 年代末，伴随着知识青年返城，新中国成立以后出生的一代人进入婚育年龄，本就不算宽裕的北京住房形势愈加严峻。1979 年，北京的住房困难户有 40 万，严重困难户有 10 万，对于当时人均住房面积仅有 4.2 平方米的北京人来说，劲松居住区的居民无疑是当时北京享受到住房改善的第一批幸运者。此后没过几年，劲松一带就开始繁华热闹起来。劲松地区毗邻的双井地区，当年号称“东三厂”，从广渠门起，分别是北京起重机器厂、北京建筑机械厂、北京第三通用机械厂，都是 1954 年前后建设的很重要的工业企业，从大北窑往南整个都是工业区，也是北京的纳税大户。

然而40年以后，劲松北社区这个在北京曾经风光的住宅小区，却已经随着时间的打磨而逐渐褪色。劲松居住区建成以后，逐渐居住区、居住小区从此不再是陌生的名词，方庄、望京、回龙观、天通苑的名字，逐渐出现在北京的城市版图之上。韶华易逝，40年过去后，劲松北社区不仅小区设施逐渐落伍，楼龄已经超过了40年，呈现老旧小区景象，同时居民们年龄也越来越大。如今，219楼1门7号的杨老太太已经年过100岁。当年健步如飞的年轻人也都步入古稀之年。人与房俱老成为现实。昔日的“骄傲感”也随着居住区的逐渐破旧，变得“失落感”越来越强。

我来到距离劲松北社区仅仅三公里之外的国贸中心，这里是北京中央商务区的核心地带，身边都是匆匆而过的年轻人。2000年，我在北京市规划委员会组织编制北京中央商务区规划时，这里还是东郊工业区。短短20年，就聚集了世界500强企业中的120家，国际金融、高端商务、国际传媒等高端业态在这里齐聚，成为北京最具活力的街区。从北京地区发展聚焦劲松地区，可谓一步之遥，一个是新兴功能区的时尚现代，一个是老旧居住区的暮气陈旧。以这一强烈的视觉冲击作为切入点，探讨老旧小区，特别是老年人在社区中生活面临的实际困难。

随后，我们来到劲松北社区物业服务中心，执守劲松社区物业热线电话，了解居民反映的问题，并跟随物业人员上门加以解决。首先接听到的是劲松北社区居民车小梅女士的电话，“我们家洗手间的下水道堵塞了，帮忙来给疏通一下吧！”电话那头的声音响起，我们赶快准备工具，前去维修。在现场物业人员熟练地进行修复，很快排水就畅通了。如今，劲松北社区社区物业服务中心是24小时服务，三班倒。例如水管堵塞、换纱窗、疏通马桶、换玻璃等，一件件居民的烦心事，90%以上的问题不出社区，当天就能解决。

通过“有诉即办”的及时、暖心服务，把物业做成了生活服务业。在这个过程中激发和培育社区共同体精神，推动形成现代社区治理的新格局。经过询问我了解到，原来物业没有进驻的时候，居民家里在生活中遇到问题，不知道应该找谁解决，如果自己找社会上的公司，担心会上当受骗。于是，往往就打政府热线电话，找居委会解决，有需要往墙上钉钉子的，有要换灯泡的，有厨房暖气渗水的，有卧室门锁打不开的，有门禁卡刷不开门禁的，各种电话五花八门，这样居委会基本上就成了一个大物业。

作为社区居民身边的居委会，曾一度因为管的事又多又杂，被称为“万能居委会”。当时有一句老话，“居委会就是筐，什么都往里装”。全能干可能就是全不能干。居民找上来的很多事情，基本上是难以解决的问题。那时，街道办事处和居委会的工作压力非常大，由于老旧小区的设备40多年都已经老化，管道也都已经老化，有事儿居民就直接打电话找居委会反应，每天私人的手机电话也24小时不停地响，有的时候晚上11—12点，甚至睡到深更半夜，居民都有电话打来，告知家里突然停水洗不了澡，或者说家里管道堵塞污水反了上来，于是就得赶紧安排人员过去进行抢修。

实施改造提升前，劲松北社区普遍设施老旧，缺乏绿地和文化体育设施、停车设施，而且没有物业公司管理。可以用“四老一差”来形容，即街老、院老、房老、设施老、生活环境差，几乎所有老旧小区面临的窘境在劲松北社区这里都有。更严重的是，在劲松北社区的居民中，将近40%是60岁以上的老年人。房子老一岁，人也老一岁。因此，今天关注的视角是老龄化遇上老旧小区，“四老一差”背后的困局。对于这样一片“无物业、少配套、缺管理”的老旧小区改造，如何在过去“修道路、调管线、加保温、增电梯、改造外立面”等做法的基础上，全面提升居民生活质量，形成长效管理机制，成为劲松北社区建设的民生实事。

长期以来，规划建筑法规和标准体系适合于现阶段规划和建设，老旧小区的改造难以依赖其进行工程项目的实施，同时改造工作在资金筹措、后续管理方面也缺乏模式上的指导，这是我国各地老旧小区改造的困境难以突破的重要原因。《北京城市总体规划》（2016年—2035年）第94条规定：“建立精细治理的长效机制，推进城市环境治理更加精准全面，既要管好主干道、大街区，又要治理好每个社区、每条小街小巷小胡同。”第95条规定：“完善社区治理机制，建立社区公共事务准入制度，推广参与型社区协商模式，增强居民社区归属感。加强社区综合管理，健全常态化管理机制，完善配套设施和管理体系。”

劲松街道 共有56个小区，像劲松北社区这样无物业的小区，或者物业不到位的老旧小区，就占到了一半以上。陈波书记告诉我，劲松北社区居委会有16人的编制。当时社区没有物业，从管理力量上来说，根本达不到服务居民的要求。例如社区的绿化、保洁、垃圾清运，一年就需要140多万投入，这还不包括那些无主垃圾的清运，如果再加上无主垃圾清运，一年大概需要200万的样子。仅劲松北社区就需要这么大的投入。原来北京市有规定，居民每月交3元钱的卫生费，还有3元钱的垃圾清运费，但是一般只收3元钱的卫生费，就连3元钱的卫生费，还有些居民不愿意缴纳。

劲松北社区曾在2008年和2013年，经历过两次大规模的改造提升，由政府投资对老住宅楼进行抗震加固、外墙保温、道路修补、管线更换等改造工程。虽然钱花了不少，劲儿使了不少，但是未能从根本上改善居住条件，居住小区的面貌也没有明显改观，当时小区道路上自行车乱停放，两侧店铺外立面破旧，外摆摊子几乎摆到了路中间，环境脏乱、绿化缺失这些老旧小区的常见问题，真是一样都不少，因此居民的获得感不强，并不买账。因为与居民切身利益相关的问题没有得到解决，无论是养老服务、停车设施、社区环境，还是公共设施，这些关乎居民幸福感的方面，并没有得到改观。

老旧小区改造之难，难在其涉及多个主体协调、多方利益平衡、多种问题解决。牛磊是劲松北社区居委会主任，他说无物业的老小区像个无底洞，政府年年投钱，可永远填不平。这并不仅仅是劲松北社区的困惑。据统计，北京市共有住宅小区11728个，楼龄超过30年的老旧小区有4510个。其中，无物业管理的占51%，大多数都采取了政府兜底的模式。“都说小区是三分建，七分管。小区改造后的确能光鲜一两年，可是没有专业的物业管理，设施没人维护，很快就又回到了原样。”过去的改造提升后，由于没有后续持续性的维护养护，基本上3—5年就又恢复到原来的状态，重复性的投入，造成了资金浪费。

改造整治之前，居民反映的问题包括小区公共空间狭小、道路窄、停车难、违建多，小区没有封闭管理，地面坑洼不平，遇到连续下雨化粪池就堵塞，总结起来，就是房屋破败、设施老旧、公共管理服务落后。如今，改造整治方式通过引进社会资本投资，增设停车场、完善公共服务配套、平整路面、搭建智慧门禁、推动小区宜居度整体提升。最重要的是将小区公共生活服务配套设施的运营管理收益作为物业服务费用的来源渠道之一，通过引进物业服务巩固改造成果，实现小区后续长效管理，使老旧小区改造提升成为惠民生、扩内需的重要手段。

按照北京市相关政策，在无物业管理的老旧小区，由政府拿出资金开展保洁、绿化、垃圾清运等基础兜底服务。即便是标准不高的兜底服务，这笔支出年复一年叠加起来，也足以让属地政府感到压力。光花钱还不够，街道办公室、居民委员会都要拿出精力对绿化、保洁等第三方公司开展监督考核，这些工作让原本就已经满负荷的基层机构，更加忙碌。每当改造提升项目实施前，街道办事处和居委会就配合贴通知，告知居民项目实施时间和内容，先施工后做解释工作，实际上街道办事处和居委会非常被动，很难达到居民满意的效果。实践证明，仅靠政府过去大包大揽、一刀切式的管理方式，劲松北社区的困境将无法破局。

2018 年 7 月，劲松北社区准备启动新一轮老旧小区改造计划，这一次从街道到社区都希望转变管理和运营方式。经反复调研后，劲松街道与具备投资、设计、运营等全链条业务能力的民营企业北京愿景集团签订了战略合作协议，授权北京愿景集团作为社会资本主体，参与劲松一区到八区整体综合整治与改造提升，并将劲松一区、二区作为先期试点开展工作，合约期为 20 年。实现一定期限内投资回报的平衡，形成社会机构对城市老旧社区改造介入的吸引模式，逐步探索出一种社区长效发展的创新实践。北京愿景集团签订协议后，将投入 3000 万元资金，作为投资回报，获得社区内低效闲置使用空间 20 年的经营权。

当时，对于新一轮老旧小区改造计划，居民们议论纷纷，社区又要进行改造，这回还是一家民营企业。一部分居民期望值挺高，希望通过改造提升改善居住条件和环境；另一部分居民抱着观望的态度，对于改造提升会是什么结果心里没有底；还有一部分居民就是不太支持，甚至有的居民质疑民营企业，怀疑是打着国家改造提升的名义，把项目款往私人兜里装。也有的居民说，引进民营企业今天有资金，愿意干这事儿，明天资金没有了，一拍屁股走了，事情干了半截，等于没有干，弄不好还有破坏性。

老旧社区改造的根本是让社区居民满意，那么什么才是居民的迫切需求，如何改造才能让居民们满意，面对这些问题，北京愿景集团的企业项目团队在改造初始，为精准定位居民的需求，召开了 20 次居民议事会，以及数十场社区居民调研访谈，先后入户访谈人数共 2380 人。通过现场调研、召开评审会等方式，与居民们深入交流，充分尊重民意，广泛征求社区居民的意见，力争用数据说话，深入了解居民需求，得出社区居民最迫切希望得到改善的内容，然后“对症下药”制定改造方案。

调研结果发现，居民对社区现状的改造需求，主要集中在以下五个方面：一是缺少公共空间，占 18%；二是缺少绿化、环境卫生差，占 43%；三是缺少停车位，占 29%；四是楼体、楼道、基础设施等整体老旧、破败，占 40%；五是需要加装电梯 14%。在此基础上，北京愿景集团的项目团队及时根据劲松北社区居民的需求，制定改造工作计划，为社区居民营造舒适、安全、便捷的生活环境。在硬件逐项改造提升后，按照“先服务，再体验，后收费”的原则，让居民“先尝后买”。

2019 年 6 月，经劲松一、二区的业主投票，北京愿景集团物业正式入驻。这也是北京市首个有社会资本介入的老旧社区物业管理项目，而引入民营企业开展物业管理，这样的尝试，即便放眼全国，当时都没有先例，效果如何，当时谁心里都没有底。北京愿景集团物业入驻后，消夏市集、跳蚤市场、公益电影等，这样的社区活动每周至少举办一次，丰富多彩的活动拉近了邻里关系。社区居民说：“夏天的时候，劲松园总会在周末放映露天电影，我记得放《战狼》那天，小区有 300 人来看，真的是好久没有这么热闹了，像是回到了小时候，感觉真是太妙了。”

一年以后，劲松街道首个引入社会力量，以劲松北社区为试点，利用社会资本，推进老旧小区综合改造和有机更新的“一街、两园、两核心、多节点”示范区项目亮相竣工。一街，即劲松西街；两园，即劲松园、209 小花园；两核心，即社区居委会、物业中心；多节点，即以社区食堂、卫生服务站、美好会客厅、自行车棚、匠心工坊等为改造重点，围绕公共空间、智能化、服务业态、社区文化，四大类 16 小类 30 余项专项作业实施改造。这一系列改造提升项目，使 40 岁的老旧小区旧貌换新颜，得到了广大居民的充分认可。

此行我们顺着劲松路，拐弯走进劲松北社区，眼前乳白色宽敞豁亮的大门口让人眼前一亮，社区内一排排红色的楼房整齐地排列着，无论是街巷，还是楼间干净清爽，停车有序，居民进出可以“刷脸”，小区以前混乱的电线、天线也全部不见了踪影。小区门口的便民商店里，蔬菜粮油一应俱全。来到改造完成的劲松园，过去曾经只是一片小广场，小区里的孩子们总是无处可去。如今在社区活动公园内增设了儿童游乐设施，充满了孩子们的欢声笑语。木质的长廊里、树下的棋牌桌和健身步道上，都有居民在活动，有的下棋，有的聊天，有的散步，有的在踢毽球，社区居民怡然自得地享受着冬日的阳光。

再向前，来到 209 小院，透过半拱形的院门，可以看到院中充满生机的红色凉亭边，挂上了红灯笼，充满了喜庆的气氛。在阳光充足的东北角，两排宽窄度不同的晒衣杆，在阳光下伫立，居民可以在这里晒被子。院中还有大片的绿地，小院还安装了人脸识别门禁系统，大力提升院内安全度。209 小院旁边就是自行车棚和匠心工坊，居民居家过日子所需的柴米油盐、理发维修等服务，全部不出社区都能够解决。整洁干净宽敞的社区食堂，可以供应一日三餐，不仅干净卫生还价格低廉，吸引了不少居民利用，尤其是一些做饭不太方便的老年居民。

《北京市物业管理条例》即将开始施行。此前，共有 13417 名三级人大代表参与到“万名代表修条例”活动中，征求了 23007 名市民、社区工作者和物业管理者，以及 231 个单位的意见建议，北京市政协开展立法协商过程中，共提出 240 条意见建议。在北京市人大表决通过条例时明确提出，支持社会资本参与老旧小区综合整治和物业管理。这意味着，北京市从立法层面，正式支持社会资本在解决老旧小区综合改造的过程中发挥积极作用，其中“先尝后买”的“劲松模式”写入条例。

《北京市物业管理条例》为老旧小区综合整治提供了法律依据。例如针对一些老旧小区没有条件成立业主大会，也没有业主委员会，《北京市物业管理条例》结合老旧小区实际，首次提出可组建过渡性质的“物业管理委员会”来临时补位，任期 3 年。这一首创，有利于解决当前业委会成立率低的难题。同时，明确物业管理委员会的临时性、过渡性定位，以及物业管理委员会的职权有限性。为此，条例指出，街道办事处、乡镇人民政府负责组建物业管理委员会。物业管理委员会作为临时机构，组织业主共同决定物业管理事项，并推动符合条件的物业管理区域成立业主大会、选举产生业主委员会。

同时，北京市给街道办事处赋权增能，将街道原来“向上对口”的20多个科室，精简为“向下对应”、直接服务居民的“六室一队三中心”架构。坚决把不该加给街道的负担挡在门外，使街道逐步实现有权管事、有人干事、有钱做事。北京市明确老旧小区综合整治，必须先成立业委会或物管会，注重整治改造与长效管理的有效衔接。所有改造项目，包括楼房本体、设施改造、环境提升与规范物业管理引进同步开展，对改造后的小区全部形成常态化的物业管理长效机制，使改造成果能够得到长期保持。北京市将进一步放开民间投资领域，支持民营企业参与城市基础设施和公共服务项目，以及老旧小区改造等城市更新项目。

引入物业管理的劲松北社区，从过去仅有 16 个人的社区居委会，一下扩充到近百人的社区服务团队，“先尝后买”的方式也让社区居民们体验到了前所未有的满足感。劲松北社区过去没有物业，居民们也从没有交过物业管理费。今年劲松北社区 40 多年来首次收取物业管理费，开年第一周，收缴率突破了 30%。随后，劲松北社区物业管理费收缴率超过了 80%，这对于一个 40 年从未收缴过物业管理费的社区来说，的确是一个了不起的变化。如今越来越多的家庭能够如期缴费，物业付出自然要有回报，而居民缴费自然也需要相应的服务。

老旧小区改造面临的最大困难一直都是资金问题，运营者一定要获得收益，如果不产生新的盈利空间，自然没人愿意投入资金，但是要保障的是微利可持续。北京愿景集团实施劲松北社区老旧小区的改造，已经投入了 3000 万，在劲松一、二区改造中，资金缺口高达上千万元。虽然企业投资改造解了燃眉之急，但是下一步面临的最大难题是如何盘活闲置空间，能不能收回成本，保持改造工程的可持续性，这是问题的关键。于是，劲松北社区盘点了社区的配套用房、人防工程、闲置空间，然后逐步分批交由企业开展经营。这样既可以使企业逐步收回成本，也可补足老旧小区生活性服务业的短板。

按照整体工作部署，北京市将老旧小区综合整治纳入重点工程，对改造老旧小区的范围、内容、具体实施办法等做出详细规定。老旧小区改造涉及很多方面，其中的每一项都和居民生活息息相关。老旧小区改造整治不可能一蹴而就，环境提升后如果没有持续管理，可能一年半载就会回到过去的状况，这就要靠居民自治组织以及物业公司。社区以前虽然有物业，但是因为收取不到物业费，物业公司也不愿意强化管理，然而现在社区实行封闭管理，物业公司可以通过有偿服务维持开支，并投入到社区管理和环境提升工作之中。否则，管理不到位的话，不但收不到物业费，居民也会有意见。

在尊重居民意愿的前提下，需要在公益和盈利之间寻求一个平衡点。如果以 20 年合作期来计算收益，低效闲置使用空间经营所产生的租金收入，占北京愿景集团投资回报的 46%。其余 54% 则由物业管理费、停车管理费、多种经营收入，以及 3 年扶持期内的政府补贴构成。其中物业管理费约占总收入的 26%，仅次于闲置使用空间租金。此外，停车管理费占 19%，其他款项占 9%。除了盘活闲置使用空间，企业还通过后续物业管理、便民设施付费等多种渠道，实现投资回报平衡。据测算，企业投入的改造资金 10 年左右全部收回，并实现微利、可持续经营。

对于经营收入来说，物业管理费和停车管理费是比较稳健的投资回报方式。目前物业管理费的收缴率已经达到80%；而停车管理费一直保持在94%左右的收缴率。在物业管理费方面，按目前的收缴率，并以低层住户每月 0.43 元 / 平方米、套均房屋住宅面积 55 平方米为标准，结合劲松一、二区总户数的实际情况，每年物业管理费总收入约 80 万元。在停车管理费方面，小区共有停车位约 600 个，每个停车位的年费约为 1800 元，依照 94%收缴率，每年停车管理费总收入约 102 万。二者相加，每年可带来总收入约 178 万。

老旧小区改造是重大民生工程和发展工程，也是重大社会治理工程。长期以来，劲松街道的绿化、保洁工作，一直由北京园林绿化部门外包给专门的保洁公司，未来这项业务有划归社区物业的可能。这样的想象并非没有依据。目前，劲松北社区内的保洁、绿化工作，已经由北京愿景集团旗下的和家物业接管。政府给予了为期三年，每年 143 万元的转移支付。对于政府方面，省去了后续的外包费和成本上涨的风险。而对于北京愿景集团多了一部分营业收入来源，成为一件“双赢”的选择。

老旧小区改造是一个复杂的系统工程，是从新建和推倒重建式的增量拓展，到资源重新适配的存量优化思维的转变，对应着城市更新和开发建设方式转型。目前，除了日常业务工作外，北京愿景集团旗下的和家物业已经投入对劲松一、二小区智能化改造和适老化的提升。在可经营性物业改造上，和家物业添置了一些“使用者付费”项目，例如公共饮水机、快递驿站等，并提供少量的家政、保洁等便民服务。同时北京愿景集团对劲松三区至八区，启动物业确权和进驻工作，随着物业管理面积的扩大，物业成本将会摊薄，收入也会增加。

利用社会资本开展老旧小区改造的尝试，使老旧小区“自我造血”可持续发展。都说赔本的生意没人做，那么劲松北社区由民营资本来主导的老旧小区改造，是否可持续。劲松北社区提供给北京愿景集团 1700 平方米低效闲置使用空间，引入便民服务的业态，并不是说每项业态的引入，都要满足高回报、高收益的要求，而是满足基本回报率的要求。过于追求经济效益，就满足不了居民真实的需求，但是如果不能获得必要的经济收益，对于社会企业来说，又不能满足可持续性服务社区的要求。北京愿景集团把使用空间以低房租提供给便民服务经营者，等于把收取房租的一部分利益，让给了社区居民们。

虽然采用了市场化操盘的模式，但是劲松北社区却始终引入投资回报并不高的便民商铺，这是因为在老旧小区中，人均消费能力有限，消费需求不足，便民商铺是较为契合的商业模式。那么，对于建筑密度大的老旧小区而言，将闲置空间的再利用作为主要盈利来源，一方面无法增添容积率；另一方面地下空间开发成本高，也涉及产权、安全等其他问题，是否具有可持续性，也是人们担心的事情。事实上，在成熟的居住社区中，难以增加建筑面积，但是随着人们生活水平的提高，在增加服务项目方面，存在很多的想象空间。

北京愿景集团没有为了面子好看去进行改造，而是把资金用到该用的地方，改造项目与居民的生活息息相关，居民需求能得到满足，把社区居民的需求、诉求放在首位，引入居民自治共管理念。老旧小区改造提升工作中，“共同”二字是关键和核心。坚持共同缔造理念，坚持民众主体地位，强化民众参与机制。改造整治前问需于民，形成共识，改造整治中问计于民，达成共建，改造整治后问效于民，实现共评，做到社区民众满意才能通过。由此，居民从原本不关心社区建设的“局外人”，变成了为社区建设贡献力量的“主人翁”，也在共同建设中得到更多的获得感。

劲松北社区在改造前存在便民设施不足的问题，但是究竟需要引入哪些便民业态也是一个难题。为了解决这一问题，项目团队挨家挨户进行了详细走访调查，分年龄段，针对青年、中年、老年三类人群的需求，进行了深入调研。调研结果表明，中年人群和老年人群的需求以便利居家生活为主，希望增加菜市场、生鲜蔬菜店、社区食堂、早餐店、理发店和生活超市。而青年人群则希望增加社区健身房、餐饮、代收快递、外卖等服务，他们对社区图书馆和咖啡厅也有较大的需求。基于此，根据劲松北社区人群配比，合理布局，利用改造后的空间引入了大量的便民业态，大大方便了居民的日常生活。

朱建涛师傅是劲松北社区的老裁缝，今年 53 岁，1986 年从江苏南通来到北京，在劲松北社区已经经营了 34 年，他记得相声演员姜昆还来裁缝铺改过衣服。朱建涛老师的裁缝铺是劲松北社区兴盛、衰落的见证。20 世纪 80 年代，朱建涛师傅还是 20 岁的小伙子，他在劲松从学徒干到掌柜，后来把老家的对象也娶到了北京，就安家在劲松北社区。那时候条件比较艰苦，风吹日晒地都在外边营业。当时做服装的人比较多，以加工为主，加工一条裤子才 3 元 5 角的手工费，加工一件上衣 10 多元的也有，20 多元的也有。

如今朱建涛师傅的儿子都已经 27 岁，他常常慨叹自己年纪老了。目前只有老一辈人还有改衣服定制的习惯，但是随着一代人的老去，甚至是故去，他的裁缝生意越发举步维艰。“韶华岁月染时光，暮年将至，老来何所依。”漂在北京 30 多年，朱建涛老师最后悔的是当年没有在劲松北社区买房，自己和老伴儿总感觉没有归属感。如今已过知天命的年纪，朱建涛老师还依然坚守着自己的裁缝铺，唯一的理由就是割舍不下这里的老人。很多老主顾上了岁数，记性不好，甚至就把自家钥匙放在裁缝铺里。更有的空巢独居老人，上医院看病还需要朱建涛老师的陪护。

近年来，一些老街坊搬走了，搬到燕郊、东坝的都有，离这边比较远，但是他们有时候修改衣服还回这里来。朱建涛老师说，刚开始劲松北社区就是营生的地方，但是经过几十年的接触，感觉自己也是这里的一员，想到将来要离开这里，特别难受，既特别舍不得，但是也特别无奈。2019 年，劲松北社区改造提升启动伊始，朱建涛师傅曾经非常忐忑，不知道规划成什么样子，对他们这些长期为社区服务的人们到底怎么安排，有没有安排这一说，都是一个未知数。民营企业北京愿景集团会不会借着改造提升的名义，把他们这些做生意的外乡人赶出去。

在劲松北社区的改造提升过程中，很多人的命运也由此发生变化。朱建涛师傅虽然早就在老家南通买了房子，现在的生意也大不如前，但是几十年了，有感情了，真要离开自己又像没了魂儿。没想到，在劲松北社区自行车棚的整体改造中，车棚的一部分闲置利用空间租给了朱建涛师傅，他的裁缝铺又可以继续为老主顾们服务。朱建涛师傅心里特别高兴，一想几十年在劲松北社区还是没有白干，还是有很多人惦记着他和他的裁缝铺。其中还包括陈玉贞师傅苦心经营了 20 多年的小理发店，还有离不开小两口的很多劲松北社区里面的老人们。

清晨，我来到“美好理发店”，一边理发，一边与陈玉贞师傅聊了起来。她操着一口流利的北京话，竟让我忘了她是来北京务工的外乡人。相比朱建涛师傅经营 30 年的裁缝铺，陈玉贞师傅经营的便民理发店时间稍短，但是也走过了 20 多个春秋，从最初的街边理发摊儿，到后来的小理发店，劲松北社区的老人们都离不开他们夫妻俩的手艺。而且陈玉贞师傅两口子的服务态度特别好，经常上门理发，即使有的老年人躺着不能动，一个电话打来，就到家里给老人理发。还有就是价格特别便宜，劲松北社区的老年人理发仅 20 元钱。陈玉贞师傅说，社区的老年人都是长辈，像父母一样，服务时间长了就特别有感情。

2018 年 8 月，劲松北社区启动改造提升过程中，他们曾经经营租赁的房屋因为是危房不再续租，将被拆除，由此开在危房里的理发店只能关闭。可是一时又找不到合适的地点经营，他们只能在路边营业。陈玉贞师傅说当时根本看不到希望，在劲松北社区经营了这么多年，老主顾都在这里，也这么熟悉，要是再年轻一些，还有信心去别的地方再开店，现在也已经 50 岁，随着年龄增长，要重新创业也很难，所以当时挺绝望的，离开就意味着一家人的生计成了问题。也想过实在没有办法，就只能回老家，不再干了。正当陈玉贞师傅最无助的时候，是劲松北社区的居民给了他们安慰。

由于陈玉贞师傅两口子经营的理发店，长期以来为社区的老年人热心服务，赢得了居民们的挽留。一封联名信送至居委会，信中恳请能够留下这个便民理发店，延续温情。陈波书记给我展示了 100 多位老人的联名信，这是他来到劲松北社区，收到的第一封居民来信，实际上是 100 多位老年人，要求居委会保留便民理发馆。在信上老人们都是一笔一画手写的签名，有些签名明显能看出老年人书写的艰难，附在信上的内容有年龄、有电话、有住址。我在信的正文中看到这样几句话：“劲松二区是老旧小区，社区内老年人多，可是老年人行动不便，无法走很远去理发。快过年了，想美一美的老人们正为不知去哪儿理发而发愁呢。”

于是，不久陈玉贞师傅就被告知，作为腾退的便民商户，他们可以低价租到小区新建的商铺，意想不到生意又得以起死回生。2019 年 8 月 26 日，“美好理发店”正式开业。现在夫妻二人在劲松二区靠近马路的位置，拥有了自己的合法固定的经营场所。陈玉贞师傅说，现在有的时候一边干着活，一边还不敢相信真的拥有了这个理发店，觉着简直像做梦一样。如今，理发店得以重新开张，两口子除了日常在理发店里照看生意，还会不定期去老人们家里上门理发。陈玉贞师傅表示：“为了回报社区和居民，来我这儿理发的老人 60 岁以上打折，

80 岁以上只要提前预约，我就上门服务！”

劲松北社区改造对于 219 楼的老住户们来说，曾经是担忧，是观望，是一丝丝的期许，可是对于长期在社区里求生存的经营者们来说，改造也许意味着告别，意味着失去赖以谋生的手段。如今，和朱建涛师傅、陈玉贞师傅一样，修鞋匠、保洁员、水果摊主等社区的“老朋友”，都继续留在社区里为居民们服务。留住这些服务社区几十年的老朋友，不仅让居民生活记忆得以延续，也让过去冷冰冰的改造多了几分温情，留住便民业态不仅是居民们的意愿，也是劲松北社区改造提升中颇具探索意义的一次尝试。

与很多老旧小区一样，劲松北社区在 40 多年前建设时，就建设有一部分社区配套用房，它们零星分布在楼前屋后，面积大小不一，有的曾经被当作自行车棚、锅炉房、小仓库，更多的房屋则一直“铁将军把门”。常年空置的房屋，如今成了破题的关键。朝阳区房管局、劲松街道对配套房屋开展测算，并授权北京愿景集团改造其中的 1700 平方米，作为可经营性资产用于出租，获取合理收益。盘活社区闲置资本，里里外外一番装修，这些社区配套用房摇身一变，成了便民餐厅、匠心工坊、理发馆、小超市。

209 号楼的车棚是社区的一处配套用房，也是此次盘活闲置的典型。这个车棚南北狭长，面积约 200 平方米，里面却总是空空荡荡，停不了几辆车，大部分空间常年处于闲置状态。劲松北社区为了车棚的整体升级，举办了一场“选美”大会，在自行车棚设计改造中，邀请高等院校、社会机构等分别提供设计方案，组织居民代表参与方案评选，以及就便民服务业态进行投票，获得居民的好评。目前，经过改造提升后的新车棚已经投入使用，车棚一部分升级成智能车棚，电动自行车也不再担心没地方充电。

升级后的车棚，通过提高停车效率，节省出了空间，这些空间被改造成了服务综合体。车棚的北侧部分出租给了“匠心工坊”，为居民提供保姆家政、家电清洗、针头线脑，以及修锁配钥匙、换电池、电器修理、鞋类打理、洗衣、自动售卖机等便民服务。在车棚的一角，立着一个“奇怪”的机器，原来是一台“自动面条机”，用户只需拿出手机扫码付款，就可以得到一碗热乎乎的汤面，既智能又便捷。老街坊们感觉到，这次改造的确发生了很多积极的变化，自己不再是置身事外的局外人，每一项改造都是身边的实际需求，只要意见合理就能得到及时的回应。

我们观察到，在北京愿景集团引入的经营项目中，除了保留朱建涛师傅的裁缝铺、陈玉贞师傅的理发店这样的便民商户外，还新增了百年义利这样的便民连锁食品企业入驻。前者属于公益扶持型，收取较低的租金；后者的租金渐与市场接轨。209 号楼的车棚并不是个例，在劲松一、二区，共有千余平方米闲置空间以这种方式进行盘活。在开拓盈利空间的同时，盘活闲置空间还为居民提供了更多的舒适和便利。此前多年，没有企业愿意把资金投入小区改造，原因之一就是尚未找到合适的盈利模式。

老旧小区改造的探索还在路上，一个被居民议事委员提及最多的诉求是老年人餐桌。在前期调研的 2300 份调查问卷当中，对于社区食堂的需求排在前五位。在劲松北社区的居民中，60 岁以上老人占比将近 40%，白天老年人自己待在家里，做饭太麻烦，有很多老人行动不便，希望送餐和用餐，所以需求很迫切。老年餐桌有两种成熟的运行模式，一个是依托已有的餐馆，一个是在小区内找专人来开办。能否真正实现社区的自我更新，老年餐桌成为目前阶段最大的试金石。于是劲松北社区就把社区居委会下边的自行车棚，拿出 50% 的面积，做了一个社区食堂，叫“美好邻里食堂”，回应了居民的强烈要求。

中午用餐时间，我们来到“美好邻里食堂”，加入排队点餐，食堂里面有不少人，很多都是老年人。陈波书记告诉我，每天都是这样。小饭桌是社区老年人日日盼、夜夜盼的事。尤其对于空巢孤寡老人来说，买菜下楼不方便，那么大岁数做不了饭，他们有一份热饭热菜吃就满意了。要是价格合理，家里就可以不做饭，既可以避免买菜做饭、烹饪烧制的麻烦，又可以吃到很多花样。因此，目前很多社区的老年人一日三餐都在这里解决，因为离家近，价格便宜，环境干净。特别是对于单身老年人来说非常方便。

每当到了集体食堂，我总会想起年轻时的经历，20 世纪 60 年代末，我在农村两年，曾参加种菜劳动。1971 年回到北京进入工厂，当了 8 年工人，其中前两年半就是工厂大食堂的炊事员，被分配在“白案”，也就是做主食，米饭、面点，那时候工厂大食堂的花样不太多，最主要是馒头，每天都要揉馒头。当时号召学习北京百货大楼的张秉贵师傅，抓糖果一抓准，而我练习抓揉馒头的面，练习了好长时间，一抓就是三两八，即二两的面，一两八的水。为什么要那么准，因为当时卖粮食要有面票，食堂不能亏损粮食，但是馒头小一点就能看得出来，因此在斤两上务求准确。

我看到，整个“美好邻里食堂”的一字形动线设计比较流畅，家具的选择和灯光的配置比较温馨，地面选择的是防滑的材料，食堂环境清洁干净。“美好邻里食堂”的面式不少，各种包子、花卷、馒头，早起还有油条、馅饼等。荤素包子两块钱一个，薄皮儿大馅儿，价格合理，咸菜和糖都是免费的。随后，我走进“美好邻里食堂”点餐。“美好邻里食堂”还建立了一个老年朋友群，居民需要什么食品，提前订购，到时候就会给他们做好留出来。如果老年人说不能下楼，打个电话，“美好邻里食堂”就会给老人们送上去。

王金霞老师是“美好邻里食堂”的常客。一个人做饭常常让她这样的独居老年人头疼，想多做几样食品吃不了，做少了又怕营养不均衡，而这个“美好邻里食堂”的老年人小饭桌，品类丰富，价格不贵，既可以随意选择喜欢的各种食品，还可以用老年券。年轻的时候王金霞老师是文艺爱好者，退休回归社区后，成了劲松北社区的老年同乐会会长，街坊邻居都知道她爱跳舞，过去没有条件，就在公园小广场上跳舞，这次改造提升过程中，专门为有跳舞爱好的居民修建了练功房，条件虽然不能和专业的练功房相比，但是也算有了自己活动的小天地。

在劲松北社区，听一些老年人讲起几十年前的事，仍然记忆犹新。一开始我以为是因为他们平时文化生活比较单调，才如此兴奋地与我们交流，但是通过进一步了解，我才知道他们的日常生活内容还是比较丰富。我想虽然他们都是 70—80 岁的老人，但是心理年龄还是比较年轻。这可能就是当人们生活水平提高，人均寿命增长了以后的普遍现象。好多老街坊之间有着几十年的邻里情，他们经常自发组织搞些文化活动，开展文化活动的真正目的在于激发居民们的生活热情和社区凝聚力。

凌雪老师 1978 年出生，是愿景公司派驻劲松北社区的责任规划师，过去一直从事新建楼盘的设计工作，劲松北社区是她接触到的第一个老旧小区改造项目。对于老旧小区，凌雪老师并不陌生，因为她奶奶居住的小区就在天坛永定门内东街，住宅建设于 20 世纪 50 年代，现在也面临着改造。印象最深的是小时候每次去奶奶家，爷爷都会抱着自己站在开敞的阳台上往外张望，从阳台上还能望见二环路。她的爷爷早些年去世，奶奶就独居在老房子里。因此在劲松北社区调研，在与这里的老年人接触时，凌雪老师总会感同身受。

作为 70 后的设计师，凌雪老师曾经在国内一家知名的房地产公司工作，当时她认为设计师的工作就是满足销售，实现利润的最大化，设计对象总感觉是冷冰冰的内容。而来到劲松北社区，她第一次觉得设计也可以有温度。在接到任务之初，她承认自己把这件事情想得过于简单，发现仅从设计角度考虑问题远远不够，老旧社区改造准确说其实是一个社会问题，不了解居民的实际需求、生活习惯，甚至不了解社区的前世今生，不尊重属地居民的记忆和情感，设计结果就会失败，这与过去做新建楼盘的设计截然不同。

凌雪老师说，来到劲松北社区以后，自己的胆子变小了，设计的时候非常谨慎，居民习惯的东西不要妄图去改变。过去当设计师的时候，都是希望自己的作品能被业界认可，但是如今改变了想法。她认识到设计不是只为了美观，更要注重实用性。例如自行车棚设计之初，团队内部就有争议，包括凌雪老师自己也认为自行车棚应该设计到楼侧，这样楼前会比较整洁。但是她后来发现居民们的习惯并不会因为你的设计而改变，违背居民们的使用习惯，就算你把自行车棚设计到了楼侧，也只能成为摆设。

由此，凌雪老师认识到，好的责任规划师不要妄图去压抑居民的需求，而应该顺应，不要为了改造而改造，例如劲松二区社区公园的改造就是更新和提升，延续整体设计理念，用现代手法对社区公园进行设计。一些居民喜欢在社区公园里面打牌、下棋，特别是已经退休的老年人居多。原来这里没有专门设置桌椅，喜欢打牌的老人们就每天自己搬着桌椅来，把它们绑在树上，很不方便。既然居民们有需要，凌雪老师就专门设计了打牌用的小桌椅，于是在社区公园里面，十二组桌椅也就应运而生，大家也就不用再搬着椅子来娱乐。现在很多的日子里，十二组桌椅上基本上爆满。

在公园的小广场上还有跳舞、打乒乓球的爱好者，那就设置功能分区来满足他们的需求；还有的居民提出小孩子没有地方玩耍，凌雪老师就在小广场上专门设计了滑梯等儿童活动的区域。为了防止孩子、老人摔伤，小广场地面都是软软的塑胶，所有带棱带角的地方全都制作成圆角，出入广场的地方也都把台阶换成了坡道。为了避免跑步者打扰邻里休息，距离住宅楼近的地方，塑胶跑道还专门向内甩了一个弯，这是设计之初没有深入研究思考的问题。很多细节都是凌雪老师带领的设计团队，几个月沉浸在社区里观察，和居民反复交流意见的结果，由此看来改造也可以很有温度。

在做公园内的小广场设计时，就有过反复探讨的过程，改造方案数易其稿，甚至建成了以后居民有不同意见还要修改，这是凌雪老师过去从事设计工作从来没遇到过的情况。当时开居民议事会的时候，就有居民提出，他们当年选择住在217号楼，就是因为窗前有一块绿地，楼前还有一块面积不小的公园，非常满足。但是随着居住时间长久，环境发展变化，居住在这里的人也越来越多，公园绿地变得不那么安静，早上5点多钟就有人到这里来遛鸟，一群小鸟叽叽喳喳，吵得睡不好觉。如今，居委会慢慢地把这块绿地改成社区公园，通过绿化与住宅楼之间加以适当隔离，在一定程度上解决了问题。

在乒乓球棚子和健身活动设施选址的时候，也遇到过一些问题，最初把乒乓球棚子和健身活动设施放在了公园最北侧，这样南侧的广场就整体性强，面积大一些。但是经过几次与居民沟通，几番研究之后，才知道这一方案虽然考虑了公园布局和人们使用方便，但是忽视了对居民日常生活环境的影响，因为那个位置距离216号楼和217号居民楼比较近。于是就对乒乓球棚子和健身活动设施的位置进行了调整。同时为了有利于采光，乒乓球棚子的上边敷设了阳光板。但是建成使用以后，219楼的居民反应阳光板反光厉害，刚好就对着居民厨房的窗户，下午在厨房炒菜做饭时，反光就直射过来，眼睛都睁不开。于是就及时更改了设计，加上了一层遮阳网，变成了漫反射，又能透光又不反射。

在社区公园，我看到有的树上挂着一些自行车的链子，就询问凌雪老师做什么用。她说刚来这里工作的时候，发现社区公园里的树上经常被人钉上钉子，感觉很奇怪，后来经过观察发现，原来有的居民在树上钉钉子，是用于挂东西。他们来公园跳广场舞或做集体操，需要把装着保温杯的手包，或者脱下来的衣服、帽子等物品挂起来。特别是晚上来跳广场舞的居民较多，东西不是挂在树上，就放在树池里，愿意挂在树上的会相对多一些，因为正好在他们眼前，便于看护这些东西。

当时，社区公园的一棵树上，最多的时候被钉上了12颗钉子。看到出现这一情况，感到既不文明，也不雅观。凌雪老师就带人把钉子都给拔了，但是拔了之后，来跳舞的人会不方便怎么办？于是就想了一个办法，把废旧自行车的链条收集起来，清洗干净，挂在树上，然后再把一些S钩挂挂在链条上面，结果很受居民们欢迎，甚至带动有些居民自己也做了一些这种挂钩。由此启发我们，要仔细观察居民们的生活需求，并想方设法加以解决，就会赢得居民们的赞同，还可以带动居民自主去解决问题。过去是设计师来设计，10个居民有10个意见，但是如果他们参与其中，就会有主人翁意识，就会认同接受，甚至愿意付出。

在环境改造提升过程中，居民们希望保护好社区里的树木，因为这些树木有年轮，社区内很多其他东西都有所改变，但是这些树木始终留在这里，自始至终在这里生长，它们保存和见证着社区生活的记忆。所以我们现在完全能够理解这些居民的意见，这是一种心理上的或者说精神上的需求。长达数月，沉浸在劲松北社区里观察居民们的日常行为、生活习惯，让凌雪老师和她的设计师团队认识到，设计本身是最简单的，解决的只是技术问题，但是如何了解居民的真实需求，并翻译转化到设计之中，才是最难的事情。

凌雪老师说，过去我认为一件事对社区有好处就可以做，但是后来发现最初认为对居民生活有好处的内容，居民们并不愿意接受，因为他们并不觉得这些内容对现实生活有什么意义。现在体会到，得到居民们肯定才是真的好。首先要明白社区的真正主人是居民。在劲松北社区，她和居民们足足开过30—40场议事会，无论是停车管理、社会治安、环境景观、灯光照明，还是电梯加装等，一共有21大类、51个事项，每一项最终都由街坊邻居来拍板定夺。很多事情都是经过反复推敲，最终才能达成一致意见。总之，通过沉浸式设计模式，顺应居民需求，居民评判成为最终标准。

在劲松北社区老旧小区改造中，注重公共空间提质。219楼东侧是此次改造提升后的美好会客厅，刚落成的时候，很多居民都觉得过不了两天，又会成为屋外铁将军把门，屋内落满灰尘的摆设。但是没有想到这里却成了利用率最高的地方，为邻里提供一个舒适的休息、聊天场所，为中老年居民们提供文化娱乐的空间，平时社区内协商议事都在这里，每周一下午这里还是老年人学习手机上网的地方，按王金霞老师的话说，玩手机能预防老年痴呆，她现在缴费、挂号、买东西、订餐、叫车都用手机。

劲松北社区作为老年化问题突出的社区，后续还有很多适老化的更新会积极推进，例如着手建立生活协助、心理疏导等一对一精准服务制度。近两年，劲松北社区聚焦“银发”所急，建设敬老社区。目前几乎每个楼门都有老年人，所以在楼门口的内外两侧，各安装了一个摄像头，结合人脸识别技术和视频系统建设，如果发现3天未外出的独居老人，社区工作人员会登门造访，这也在一定程度上降低独居老人在家遭遇不测的风险。这些措施“听上去很美”，要成为“真的很美”，还有很长的路要走，不仅依赖社区硬件的提升，更是对物业运营团队软实力的检验。

劲松北社区实施人文关怀型社区建设，在小区改造中全部建设盲道、建设楼房坡道，方便残疾人和老年人出行。针对80岁以上和失能独居老人，配置直通物业的一键报警求助装置，例如在王金霞老师家安装了SOS紧急呼叫装置，成为社区内第一批率先体验全面家庭养老系统的独居老人之一。SOS紧急呼叫装置可以装在床头，然后有需要的时候直接按呼叫器，或者把呼叫器的绳垂到枕头的旁边，有需要的时候拉绳也可以触发呼叫器。2021年，劲松北社区优先70岁以上的独居或者空巢老人家庭，安装SOS紧急呼叫装置，最大限度降低老年人生活中的风险因素。

另一方面，因地制宜、清理楼区私搭乱建，腾出空间建设休闲小广场，设置休闲座椅，最大限度关怀关爱老年居民。社区建设之初种植的一些树木，已经有40多年历史。这些树木承载着从70年代末就住进来的老居民们的生活记忆，人们对于这些花草树木有着深刻的感情。就有居民直接说，如果这些树都改掉的话，对他们来说社区的感觉就没有了，因为这些树木始终伴随着他们生活，也是社区发展的见证。在保护原有树木的同时，增添中国人最为喜爱的梅、兰、菊、竹等植物，使园区更为体现中国文化特色。

据不完全统计，北京市1990年以前建成的房屋有6950万平方米，共128万套住房，普遍存在抗震性差、保温不好、上下水管线锈蚀、绿化率低、没有电梯和车库等问题，加上没有专业的物业进行日常运维，房屋老化严重。为了让老旧小区变得更便利、舒心，2010年北京市出台《老旧小区综合整治工作实施意见》，开始大规模启动老旧小区改造，主要是分批对1990年以前建成的小区进行抗震加固和节能改造，不少小区陆续完成“穿衣戴帽”。

单元楼前几年就进行过外墙保温和抗震加固的改造，楼体外面修缮一新。

但是早期的探索改造过程中，改造内容基本局限在基础类改造。电梯是自选类项目，是居民自下而上进行的。在“十二五”时期综合改造时外墙和地面都做了改造，唯独没有加装电梯。住建部宿舍楼是开展加装电梯比较早的小区，当时安装了 2 种产品，一种是轿厢式电梯，另一种是座椅电梯。由于属于特种设备，此前安装箱式电梯手续复杂，需要数十个部门盖章通过，此外还涉及邻里间的占地、资金分配等问题，实施起来非常困难。在这种情况下，座椅电梯就成为一些老年人的选择，只需要在走廊的扶手内侧安装一排轨道，椅子顺着轨道上下。当然，这类电梯的安装也需要邻里间互相谅解，而且覆盖人群相对有限。

2016 年 8 月，《北京市 2016 年既有多层住宅增设电梯试点工作方案》出台，明确加装电梯财政补贴政策。有了政策和资金支持，电梯加装开始全面加速。以前北京老旧小区安装电梯有很多前置条件。试点方案出台后，就不用办理立项、用地、规划和施工许可等手续，只办理施工图审查和电梯报装、验收就可以。不过，加装电梯，不只是政策的问题，还有资金的问题。我国老旧小区改造资金主要来源仍为财政资金，居民出资意愿低，很多城市更新项目开发周期长，资金压力大，社会资本回报也可能有风险，或者在前期没有成熟的商业模式，导致社会资本参与的积极性和收效不大。

近年来，随着北京市人口老龄化程度不断加深，为老楼加装电梯已成为社会高度关注、老百姓迫切需要解决的问题。在没有电梯的老楼里，不少老年人拄着拐杖，颤颤巍巍，拉着扶手，一步一步艰难地爬楼梯。其实早在 2010 年，北京市住建委等部门联合发布《关于北京市既有多层住宅增设电梯的若干指导意见》，对既有多层住宅增设电梯提出要求。2016 年市住建委联合市发改委等印发《北京市 2016 年既有多层住宅增设电梯试点工作实施方案》，方案要求各部门简政放权，简化报审流程，为老楼装电梯亮起“绿灯”。

虽然有了政策依据，但是老旧小区加装电梯并没有想象中推进得那么快。在实际操作中仍存在一定困难，如何筹集资金、如何让单元内居民达成共识，是其中症结所在。为推动工作，北京市出台了增设电梯的财政补贴政策，对电梯购置及安装费用给予补贴，对因安装电梯产生的管线改移费用根据实际情况再给予补贴，这就为经费筹措减轻了压力。老楼加装电梯主要有 3 种模式：业主自筹，企业代建、居民租赁，产权单位出资。除了产权单位出资以外，其他两种都需要居民付费。但是相较于业主自筹的模式，代建租赁由业主委托第三方作为实施主体，业主按月或按年缴纳使用费，居民不需要一次性支付高额的安装费用。

在北京推进老旧小区改造的过程中，提出国有企业可以发挥相应担当，加速相关工作进展。北京市财政对老楼加装电梯项目向区财政定额拨付总计每部最高 64 万元，各区政府可结合本区实际制定有关补助政策。64 万元分为地下和地上两部分，即地下的管线改造补贴 40 万元，地上加装电梯的工程费用补贴 24 万元。在市级财政补贴 24 万元 / 部的基础上，区级对每部电梯再补贴 6 万元。这不仅能减少居民资金压力，还可提高居民加装电梯的积极性。但是，这就意味着电梯加装最多能拿到 70 万元补贴，按照一部电梯投资 110 万元来算，还有将近 40 万元的缺口。

如果缺口资金由居民承担的话，以一栋6层、一楼3户的单元门来算，一般一、二层不出钱，三层以上才受益才出钱，意味着12户要分担40万元，平均下来每家每户要3—4万元。目前加装电梯有两种模式：一是居民自筹加梯，采取“政府补贴+全体居民集资”的方式，产权归全体居民所有，相关物业收入归全体居民所有，二到六层住户花费在2—8万元之间；二是租赁模式加梯，采取的是“政府补贴+电梯公司投资+居民租用”的方式，二到六层住户花费在80—350元/月之间。但是不管哪种模式，前提都是2/3以上业主同意，且其他主业不持反对意见。

此外，资金的问题解决后，安装什么样的电梯也是一大考验。“不推荐采用观光电梯，这样老人乘坐会有眩晕感。”在加装电梯设计方案时尽量多为一层住户考虑，例如改造好楼前地下管线尤其是污水管线，电梯不运行时轿厢停靠在顶部，加装玻璃幕墙，加装连廊等。根据走访了解到的意见，连廊加建也要注意居民的隐私，与原建筑整体协调等。这些技术问题，最主要是思想工作问题。在改造过程中，除了筹资难题，居民意见不统一也是制约老楼加装电梯的重要原因，因此需要发挥属地政府和社区居委会的作用，尤其是做通一层居民的工作。

目前，老楼安装电梯不仅在劲松北社区是老人们最迫切的要求，在整个北京市的老旧小区改造提升中也是呼声最高的项目。据统计，仅加装电梯一项，北京就涉及8万栋老旧楼房，约25万个单元的400万户家庭。早在2010年，国家住房和城乡建设部就发文明确提出老楼加装电梯的项目，北京市也于2010年出台《关于北京市既有多层住宅增设电梯的若干指导意见》，但是直到2016年，整整六年的时间里，北京市属小区都没有一个老旧小区电梯安装成功，可见其中的难度。其中改造资金筹集、业主利益平衡，以及管线改移等几方面困难，阻碍了加装电梯工作推进。

近几年，老楼增设电梯已经成为政府重要的民生保障项目。《北京城市总体规划》（2016年—2035年）第22条规定：“开展老旧小区综合整治和适老化改造，增加坡道、电梯等设施。”第81条规定：“统筹推进老旧小区综合整治和有机更新。开展老旧小区抗震加固、建筑节能改造、养老设施改造、无障碍设施补建、多层住宅加装电梯、增加停车位等工作，提升环境品质和公共服务能力。”北京市政府明确要求，加强政策引导和财政支持，破解推进增设电梯过程中存在的难题，引导、鼓励社会力量参与。财政补贴政策出来后，社区居民纷纷向原产权单位和居委会反映，希望能享受到政策，尽快为住宅楼加装电梯。

劲松街道引入了北京愿景集团作为第三方社会力量后，于2018年5月启动了劲松北社区改造项目，加装电梯成为社区改造的重要内容之一。社区的老人们再次看到了希望，安装电梯也成为居民议事会最常讨论的主题。按照规定，楼门内只要有一户居民不同意，加装电梯就无法进行。由于部分低层住户在加装电梯问题上有担忧，一个楼门想要加装电梯，很难取得所有住户的同意。社区居委会、物业还有北京愿景集团的工作人员为此没有少做工作。通过设置填报点收集业主的意见、上门入户了解情况，通过租户辗转找到业主等，最艰难的时候挨家挨户掰开了揉碎了跟居民做工作，多种途径沟通协调安装电梯的事。

陈波书记说，像王金霞和朱振老师居住的219楼，本来是劲松北社区最早安装电梯的试点，

219 楼 1 门和 2 门是两个最早实现居民 100% 同意安装电梯的单元门，但是事情并非一帆风顺，即将要施工安装的时候，一层的住户却再次反悔，矛盾主要集中在燃气管道改造上，低层住户因为担心安全问题就发生了变化。安装楼外电梯，就需要把原本在楼外的燃气管道改至一楼住户家中，是否有安全隐患，一层住户意见很大，对于本来就毫无安装意愿的一层住户来说，如今需要牺牲自己的利益来成全别人家，显然这部分住户并没有做好心理准备。原本 2019 年底就要启动的加装电梯项目，就迟迟没有新的进展。

老楼加装电梯关键在于协调与沟通，需要得到居民的充分理解与支持配合。为此街道、社区做了大量工作，多次入户为居民讲解政策，召集居民代表座谈协商。在劲松北社区居委会会议室，我参加了多层住宅加装电梯协调会。参加会议的有亟待安装电梯的住在四层以上的居民，也有住在一层或者半地下，对于安装电梯有疑虑的居民，居委会和物业公司的人员也参加了协调会。在协调会上，听取了住在一层的居民，究竟为什么不同意安装电梯的意见，经过讨论了解到主要有以下顾虑，有的说安装电梯会有噪音干扰，有的说安装电梯会影响生活隐私，有的说安装电梯会影响采光，还有的说安装这种外接电梯的话，一层房屋会贬值，是否有补偿等。

在协调会上，作为希望加快老楼加装电梯的代表，王金霞老师说，头两年我身体比较好的时候，上下楼还行，但是随着年龄越来越大，现在各项机能退化得厉害，从去年开始上下楼就开始困难，眼睛又不太好，只能慢慢上下，怕踩空了摔倒，上下楼要借助楼梯的扶手栏杆。但是楼上有几家老人都已经 80 多岁，属于“空中老人”，现在都下不了楼。这些老人想看看社区的变化，只能在自家的窗户前往下看看，所以这些老年人现在迫切需要老旧小区在改造提升过程中，能够解决安装电梯的问题。

朱振老师在发言中说，我对门老张突然发病，打了急救中心的电话后，那天正好我还没在，我们楼下的今年也已经 63 岁的老邻居，帮着救护车的医生，才把老张给搬到楼下。所以说当前最着急的事就是安装电梯。2019 年，朱振老师和老伴儿一起庆祝了金婚。今年，朱振老师和老伴儿张玉新老师分别是 72 岁和 71 岁，虽然朱振老师身体还算硬朗，但是前几年老伴儿的两个膝盖和腰椎都做过大手术，两个膝关节的半月板，整个置换成了钛合金材料的假体，腰部也因为腰椎间盘突出，腰侧弯，最后给矫正，打了 12 根钢钉。目前，住在 5 层已经成为老伴儿最大的心病。

一边是悬而未决、一拖再拖的工期，一边却是老年人与日俱增的下楼渴求。2019 年夏天，朱振老师和当年的知识青年们一块回内蒙古，留下爱人张玉新老师一人在家，楼下放露天电影，张玉新老师也想去看看，结果下楼的时候脚下一滑，从楼梯上就摔了下去，两个膝关节假体就硬生生地撞在了水泥地上，疼得张玉新老师当时就躺在地上，等了半天也没有人来。从那之后，朱振老师再也不敢让老伴儿一人在家，他和张玉新老师也想过能不能置换到别的小区，有电梯的楼房，但是一直没能如愿。

他们对门的马老师老两口也都 86 岁了，女儿陪着老两口一块住，女儿本来个儿就小，又得了癌症，如今老两口彻底失去了下楼的可能性。单元里最大的百岁老人杨老太太，曾经身体很好，80 多了还能到楼下跳舞，去年上半年还能扶着楼梯上下楼，但是去年也是摔了一跤，至此上下楼成了奢望。很多老人一直在询问什么时候能够安装电梯，得到的答复是：快了快了有希望了，结果有的老人没有盼上这一天，就已经带着遗憾而离世。国家有这么好的政策，确实需要加快一点速度。那么今天这些老人们能否在他们有生之年，享受到有电梯的楼房，人们充满着期待，也充满着疑惑。

实际上，在加装电梯的问题上，老年业主和年轻业主、一层业主和顶层业主、老居民业主和新购房业主等，各个层面居民有着不同见解。归纳起来主要有以下几个制约因素：一是费用问题，对于居民来说，主要是使用费用和后期维护管理费用。二是技术问题，居民关心会不会对自己住房有光线遮挡、噪音干扰。三是施工影响，一旦改造，不但是加装电梯，还可能涉及结构加固、电力增容、道路和景观改造等工程，居民连续几个月生活在工地里，对居家生活的影响。实际上有的理由只是矛盾外化的表现，深层次矛盾还是利益诉求不统一。

在加装电梯的问题上，以往的做法是政府加以推动，成为基层社区的任务，还要在某一时间节点内完成既定目标，这个时候才开始征询居民意见，就会出现利益诉求不同，进而产生矛盾。因为在楼房居住社区中，不像四合院住宅那样居民之间日常沟通很多，而这里人们彼此之间相对陌生，在这样的情况下，如果居民工作末端化，就很难达成共同的协议。所以要把居民工作前置，首先就是打破居民之间的陌生感、隔阂感，就要让老死不相往来的邻里能够熟络起来，互相关照生活中的不便和利益需求。通过协调会我感受到，加装电梯的关键不是技术问题，而是社会问题，有时也需要以情动人。

经过多方的不懈努力，劲松北社区 220 号楼 2 单元和 201 号楼 4 单元加装电梯工作，已经完成了地下管线改造工作，将在 2021 年春天进入电梯竖井施工。当然随着工期的临近，拉抽屉、反复的住户也可能会随之出现，但愿此次劲松老年人上下楼的难题能够迎来转机。我想实施老旧小区改造，带来的不应该只是硬件的提升，更应该包括人文环境的改善，让居民找回社区的归属感和荣耀感，并建立彼此之间的深厚情谊，这些也应该成为老旧小区改造中的重要目标。届时新装的电梯耸立在墙外，正方形的轿厢紧贴着楼房，透明的玻璃幕墙，将为老楼增添满满的现代感。

对于老年人多的老旧小区，除了老楼加装电梯外，对适老化设施的需求也在日益增长。居民们提出了五方面改造内容：通行无障碍改造、公共空间适老化改造、室内居住环境改造、完善适老化公共服务设施、增加居家养老服务有效供给。以通行无障碍改造为例，包括公共设施改造和小区内道路交通无障碍改造。其中公共设施改造重点，对单元门、坡道、电梯、扶手等公共区域建筑节点，进行无障碍改造，满足老年人及行动不便居民基本的安全通行需求，实施小区内道路交通无障碍改造，包括拆除路面障碍物、平整路面、完善道路照明系统、规范停车管理。

老旧小区更新是城市建设发展的必然议题。据最新数据显示，北京“年龄”超过 30 岁的老旧居民楼保有量约 4 万栋，而与此同时，老旧小区在北京的空间分布上又与老年人聚居的区域高度重合。北京市目前 60 岁以上老人已达 383.2 万人，也就意味着每 4 个北京人中就有一位 60 岁以上老人。因此老旧小区改造不仅是提升整个城市居住环境的重大战略议题，更是涉及居民生活质量的民生工程。因此，城市社区居家养老环境亟待加快适老化改造，急需出台相关的标准规范指导适老化改造工作。

人的安全感是城市现代文明的标志，社区保障体系的健全是居民安全感的重要保障。这是一场你我皆置身其中的变化。北京每天就有 10 万以上人口步入老龄化，每 4 人中就有一位是老年人。每个社区都有很多需要关爱的老年人，对此应不断完善社区保障体系，通过不断升级、细化，惠及越来越多行动不便的老年人。要以养老、孝老、敬老为己任，努力让所有老人都能安度晚年。民之所需，政之所为，政之所兴，在顺民心。人人生活有保障，心中有光芒。描绘幸福北京的人居画卷，将成为奋进中国的时代缩影。

《中华人民共和国老年人权益保障法》第六十二条要求："国家制定和完善涉及老年人的工程建设标准体系，在规划、设计、施工、监理、验收、运行、维护、管理等环节加强相关标准的实施与监督。"北京市将老旧小区适老化改造和无障碍环境建设，纳入老旧小区综合整治联席会议的重要议事内容，并从财税金融政策上给予支持，基础类改造内容、加装电梯或安装爬楼代步器，都可获得市区财政补助。同时，居家适老化改造，对特困供养、低保低收入的高龄老年人和失能老年人家庭，采取阶梯式补贴。

两年来，以平安社区、有序社区、宜居社区、敬老社区、家园社区、智慧社区"六个社区"来统领劲松北社区的更新改造。运用"美好环境与幸福生活共同缔造"理念，有效改善了老旧小区居民居住条件，增强了社区民众获得感、幸福感。改造完成后的老旧小区，人们都感觉到小区变大了、卫生变好了，不仅彻底改变了脏乱差的小区环境，也让居民生活更安全、更放心，让老旧小区成为环境整洁、管理有序、守望相助、共治共享的和谐家园。经过改造的劲松北社区重新焕发活力，甚至成为不少年轻人"打卡"的网红社区。

在总结以往经验基础上，北京市印发了《老旧小区综合整治工作方案》。在工作目标方面，全面开展老旧小区摸底调查，基本建成老旧小区数据库。广泛开展社会公众工作，形成整治项目储备库。"条件成熟一批、确认一批。"全市实现 80 个老旧小区综合整治项目开工，完成 50 个老旧小区综合整治项目，完成固定资产投资 12.8 亿元。北京市公布了首批老旧小区综合整治项目名单，共涉及 153 个老旧小区、998 栋楼房。对于已纳入名单中的老旧小区，做好前期准备工作，按照"条件成熟一批、实施一批"的原则，条件成熟即可开工。

针对这种情况，北京市明确提出老旧小区综合整治实施"六治七补三规范"。提出老旧小区综合整治主要实施"六治七补三规范"，即治危房、治违法建设、治开墙打洞、治群租、治地下空间违规使用、治乱搭架空线，补抗震节能、补市政基础设施、补居民上下楼设施、补停车设施、补社区综合服务设施、补小区治理体系、补小区信息化应用能力，规范小区自治管理、规范物业管理、规范地下空间利用等，采用"菜单式"改造模式。同时，抓好实施过程管理，建立长效管理机制，要抓紧推进业委会或物管会组建工作，完善物业管理制度。

在此基础上，综合整治工作方案在具体内容上，提出采用"菜单式"办法，把改造内容分为基础类和自选类两类菜单。"基础类"包括抗震加固、节能改造、楼体清洗粉刷、拆除违法建设、规整市政管线、实现环境提升、完善公共照明、完善安防和消防措施、完善垃圾投放收集站、完善小区治理体系和实施规范化物业管理等，与居民生活关系最直接、最现实，也是最紧迫、最困难的事项。“自选类”包括增设电梯、楼体抗震加固、增加阳台、多层住宅楼房平改坡、增建养老服务设施、增建社区综合服务设施、补建停车位及电动汽车充电设施等，可综合考虑居住小区规划建设条件等情况，因地制宜组织实施。

在更加细化的《老旧小区改造入户调查表》上，共列出有楼房本体、小区公共区域、完善小区治理等三大内容以及包括相应基础类和自选类在内的48项具体内容，业主意见可以填“同意”“不同意”或“不涉及”，此外还有“业主新增项目”进行补充。物业公司工作人员表示，入户调查时居民申请改造的项目很多，下水是反映最多的问题之一，此外还有外墙保温、楼体加固、平改坡等。“菜单式”的改造整治，根据“自选类”内容和广大居民需求确定改造内容，例如增设儿童的活动场所、老年人的休闲场所、青年的运动场所等，居住小区的设计方案，也会进行公示，提前征求居民意见。

陈波书记告诉我：“明年年底前，劲松北社区将全部完成改造。此外，还将推动劲松东社区、西社区、中社区的更新，紧紧围绕‘七有’要求和‘五性’需求，补齐民生短板，让这里成为环境整洁、管理有序、守望相助、共建共享的和谐家园。”北京老旧小区数量庞大，2000年以前建成的居住小区有2700多个。作为一座拥有2亿平方米老旧小区的超大型城市，探索社区更新的诸多方式，将会一直伴随着我们这座城市的发展与延续，使越来越多的老旧小区旧貌换新颜，居民生活环境大幅改善，获得感、幸福感、安全感不断提升。

近年来，北京市高度重视老旧小区综合整治工作，将老旧小区改造作为一项重要的民生工程加以推进，强化工作统筹，创新政策机制，积极开辟社会力量参与路径，老旧小区改造工作有条不紊地展开。通过“菜单式”改造完善配套设施，补齐短板，优化功能，改善居住环境。在北京市老旧小区改造工作稳步推进的背景下，劲松北社区在试点改造过程中积极探索，创新出独特的“劲松模式”，实现社区的长效良性发展，使得劲松北社区从众多老旧小区改造中脱颖而出。今天需要深入了解这一模式与传统的老旧小区改造有哪些不同，又为老旧小区带来了怎样的改变。

通过“劲松模式”，实现多元力量参与老旧小区改造的融合协同，有力促进资源的高效整合，确保社会力量方位清晰、方向正确。通过“劲松模式”，对减轻政府财政资金压力，社会力量得以树立微利可持续的商业价值导向。通过“劲松模式”，专业化物业服务企业入驻并提供服务，为完善社区治理体系增添有机力量。通过“劲松模式”，坚持民有所呼、我有所应，让居民意愿成为最大导向，让居民参与成为价值追求，让居民评判成为最终标准，有力促进居民成为老旧小区改造的最重要参与者和最直接受益者。

“劲松模式”强调“系统性规划”。一方面通过对标对表上位规划，以规划先行、引领发展，明确老旧小区更新目标方向；另一方面，统筹“街区、社区、邻里”三重维度，发挥街道责任规划师、入驻物业公司的规划设计等专业力量，坚持以“人民为中心”，把握社区定位、空间格局、要素配置、治理需要等核心内容，形成规划“总图”，真正将规划贯彻落实到基层治理和社区项目，确保“一张蓝图绘到底”。同时探索出了一条“区级统筹，街乡主导，社区协调，居民议事，企业运作”的“五方联动”机制，共同推进社区综合整治。

“劲松模式”强调“微利可持续”。劲松北社区创新投融资机制，在全国率先引入社会资本，运用市场化方式吸引社会机构参与更新与物业管理，共同推进老旧小区的改造更新工作，授权企业对社区低效空间进行改造提升和长期运营，通过经营低效空间、收取停车管理费、收取物业服务费，同时通过后续的物业管理、服务的使用者付费、政府补贴、商业收费等多种渠道，以及未来可能落地的养老、托幼、健康等产业，实现一定期限内的投资回报平衡，形成社会机构对城市老旧社区改造介入的吸引点，实现老旧小区改造“微利可持续”的市场化机制。

“劲松模式”强调“先尝后买”。劲松北社区实现精准的需求管控，以“居民户口过半，建筑面积过半”的“双过半”形式引入专业物业服务，企业实施物业服务清单式管理，提供涵盖环境保洁、绿化养护、停车管理、垃圾分类等服务。物业公司正式入驻后，提供为期4个月的免费服务，让居民在感受到生活品质提升基础上，逐步接受物业服务付费概念。在具体实践中，社区居民全程参与，自主选择社区改造内容，通过入户访谈、现场调研、组织座谈、召开评审会等方式，在深入了解居民需求后，确定整治重点，实现了真正的“民有所呼，我有所应”。

“劲松模式”强调“物业+为老”服务。在基础物业服务基础上做好社区综合服务，持续推进“物业+为老”项目服务机制建立及落地运行，将物业全天候响应、维修、保洁、商户管理和社区居家养老服务有机结合起来，形成集约高效的社区为老服务机制。实施老旧小区的综合整治，合理利用空间完善养老服务设施，引导有需求的老年人家庭开展居家适老化改造；推动和支持物业服务企业、养老服务机构等提供养老服务，切实增加居家养老服务有效供给，有效满足老年人居家养老需求。

“劲松模式”强调“沉浸式设计”。建立老旧小区改造的长效机制，规划设计师全程参与、驻场工作，施工过程中紧密配合施工团队，根据现场情况随时调整，确保项目快速实施，最大限度降低对居民生活的影响。后期运营中，跟踪收集居民使用信息，对不断出现的需求进行持续更新。“设身处地、感同身受、洞察需求、因地制宜、解决问题”，做居民满意的“有深度、有精度、有温度”的设计。把居住社区视为具有生命历程的文化空间，通过与社区居民充分地交流，以人为本地进行改造提升，从而达到亲切友好的人居环境。

2019年12月6日，《人民日报》在头版刊登了题为《劲松北社区安居更乐居》的报道，详细阐述了劲松北社区从40多年楼龄的老旧小区，到有机更新示范区的华丽转变，肯定了劲松北社区“先尝后买”引进物业管理服务的做法，深刻剖析了“劲松模式”的形成和发展。“劲松模式”作为支持社会资本引入老旧小区综合整治的成功范式，取得的探索突破主要包括，老旧小区改造长效机制和共治平台上探索突破，在民生导向下的老旧小区改造市场化模式上探索突破，在运营视角下的老旧小区专业化综合服务上探索突破。

必须清醒地认识到，我国各地经济社会发展情况千差万别，老旧小区的要素禀赋也不相同，“劲松模式”是在北京这样的一线城市，在资源禀赋优异、可以实现小区内自平衡的老旧小区进行的有效探索。但是对于零星分散的楼房院落，对于规模体量较小、内部可利用资源较少的老旧小区，对于街巷型老旧街区等，还需要因地制宜地探索。为了不断丰富“劲松模式”的内涵和外延，让“劲松模式”迭代进化，在多地探索多类型投资平衡模式，增强社会力量参与老旧小区改造的适应性和实效性。

目前，存量空间改造已经成为城市发展的新趋势，其中，老旧小区改造是城市品质提升的一项重要工作。劲松北社区通过引入社会机构，形成小区整治管理的创新模式和长效机制，为破解老旧社区更新这一难题，积极探索出了一条可复制可推广的新路。今后还要积极探索老旧小区综合整治后长效管理机制，不断提升物业管理的覆盖率，形成一批物业管理水平显著提升的典型，逐步形成老旧小区长效管理工作制度。同时，试点探索社会力量参与后期管理模式，形成多种可复制、可推广的管理经验和模式。

（北京电视台《我是规划师》第四集拍摄笔记，2019 年 12 月）

老房子：是修旧如旧还是修旧如新？

《北京城市总体规划（2016 年—2035 年）》提出，将 13 片具有突出历史和文化价值的重点地段作为文化精华区，其中东四三到八条列入其中。1267 年，元代大都城规模基本成形，城内的居民在划出的土地上建房居住。东四牌楼在元代已形成繁华商业区，是全城三大商业中心之一。东四三条至八条面积 76.9 公顷，是京城最老的街区之一，已有七百多年的历史，基本保持了元代寅宾坊的肌理，胡同走向基本横平竖直、排列整齐有序，呈现完整的“鱼骨”式肌理，是北京老城中保留最完整、规模最大的胡同街坊。

当前，需要进一步挖掘北京老城具有文化底蕴、有活力的历史场所，重新唤起对老北京的文化记忆，保持历史文化街区的生活延续性。东四三条至八条历史文化保护区的特点之一，是典型的以传统胡同风貌为主的居住型街区，也是经典的北京传统四合院建筑群，从“一进”到“多重”，从“一路”到“多跨路”均有大量保存，历史文脉清晰，风貌与质量完好，包含了“胡同文化”最精辟的内涵。1999 年东四三至八条被公布为第一批北京市历史文化保护区，2014 年又被公布为第一批中国历史文化街区。

东四社区有很多历史遗存具有丰富的文化背景和人文内涵，与历史变迁、历史事件、历史人物紧密相关，文化风韵与建筑空间交相辉映，文化底蕴丰富。东四三至八条内现存不可移动文物 18 处，其中包含全国重点文物保护单位 2 处，即孚王府、崇礼住宅，北京市级文物保护单位 2 处，即恒亲王府、大慈延福宫建筑遗存，区级文物保护单位 5 处、尚未核定公布为文物保护单位的不可移动文物 10 处。同时，东四三至八条内有第一批已公布历史建筑 5 栋、古树名木 98 株、名人旧居 20 处、宗教建筑 5 处、其他有历史文化意义的场所 16 处。

经过详细调查，在东四三至八条历史文化保护区内，发现了 362 处有价值的各类形制门楼和 54 处含影壁、照壁、垂花门、假山、上马石、石敢当等有价值构筑物的院落。此外，街区内有国家级非物质文化遗产 1 项和区级非物质文化遗产 2 项。需要深入发掘这些历史遗存和空间的文化价值，在严守整体保护要求的前提下，为历史文化街区注入新的活力，以人文要素带动区域发展，处理好保护与利用、物质与非物质文化遗产、传承与创新的关系。

在《北京城市总体规划（2016 年—2035 年）》的批复中，提出“恢复性修建”的概念。“恢复性修建”是对在历史文化街区进行大规模房地产开发建设的反思。但是，进行“恢复性修建”既不是兴建大量仿古建筑，也不是对传统建筑用青砖灰瓦搞一场“城市化妆运动”，做一些表面文章。“恢复性修建”需要分析老城衰败的原因，恢复胡同四合院固有的生长机制。因此，只有对存在问题有清醒认识，对症下药，才能为“恢复性修建”找到合理的路径，才能从根本上推动老城的保护与复兴。

历史文化保护区是北京老城保护的重中之重、难中之难。不同于文物建筑的保护，历史文化保护区既是具有历史价值的保护区域，也是人们生活其中的活态空间，不可避免地会发生房屋修建等更新变化。根据 2016 年的相关资料显示，东四三至八条历史文化保护区内有平房 14 万间、244 万平方米，其中三类、四类房屋约占平房总量的 70%。区域内共有 9.8 万户，约 30 万居民。区域内环境脏乱差、开墙打洞、私搭乱建等现象和安全隐患十分突出。这里原有的人文氛围逐渐衰落，区域基础设施建设严重滞后，整个区域现状与北京核心区的地位严重不符，保护和整治迫在眉睫。

同时，四合院内房屋出租情况严重。过去，这里居住 20 年以上的居民占绝大多数，几代人同住一个屋檐下的情况屡见不鲜。但是近些年，区域内聚集了大量从事“七小”行业的外来人口，以租赁房屋形式开展经营的比例高达九成，一些当地居民到外面的居住区居住，将自家房屋出租出去。由于四合院内外地人口大量涌入，不仅带来了与四合院原有文化氛围不相协调的生活习惯，而且由于人员情况复杂，大杂院多为开放式院落，改变了传统院落原有的居住环境和氛围，使居民感到诸多不安定因素的存在，也带来了大量管理难题。

这些历史文化保护区内的胡同，大多经历数百年风雨，生活基础设施落后，造成生活质量低下，已远远跟不上时代发展的步伐。很多居民没有过上舒适方便的现代化生活，仍然忍受着生活的种种不便。很多胡同的地面在逐年垫高，而两侧四合院的地面一直没有改变，这就形成了很多低洼积水院落，甚至厕所的污水也排不出去。时至今日，多数四合院的院落中没有配套的厨房、厕所、洗浴设施，厨房一般搭建在院内，只能使用距离较远、条件简陋的公共厕所，居民虽然在夏天可以使用简易的淋浴设施，但是大部分时间只能去公共浴室或在工作单位解决。

长期以来，市政基础设施的落后严重制约了历史街区的现代化进程。此前一些院落的供水只能到院内，居民还在使用公共水龙头，甚至在高峰用水时段供应不上自来水；多数院落雨污合流，排水不畅；普遍存在供电系统老化，随着家用电器迅速增加，供电线路和设备负荷明显不足；天然气、热力管道普及率低，没有燃气管道和集中供暖设施，炊事燃料一般使用煤气罐，采暖则使用烧煤的土暖气。历史街区内到处可见随意缠绕的电线、胡乱放置的煤气灶等，火灾隐患严重。

数十年来，伴随城市人口的激增，使得传统四合院民居超强度使用，致使当初环境舒适的四合院变成了居住拥挤的大杂院。随着社会的进步，在历史城区内生活、工作、消费的人们对市政基础设施的服务功能要求也同步提高。但是，目前市政基础设施规划设计的制定，缺乏针对历史城区特色的研究，缺乏针对历史街区的建设标准，无论是市政管线的选型，还是道路布局的选线，多年来仍然按照一般的城市建设标准进行规划设计和建造，缺乏与历史文化保护区保护目标相协调的特殊政策。

由于历史欠账和现实管理体制等问题综合交织，使世代居住在历史街区内的居民生活水平，逐渐与整个社会人居环境的全面改善形成强烈的反差，生活质量明显低于城市其他地区的水平。四合院内，居民出于改善居住条件的需要，搭厨房、建棚子，私搭乱建严重，侵占了公共空间，加剧了安全隐患，同时致使通风条件恶劣，院落空间狭小，室内冬冷夏热，原来宽敞的四合院早已变成了环境混乱、拥挤不堪的大杂院，也使四合院应有的传统风貌和文化气息消失殆尽。

北京四合院原来都是房主自己不断地修缮，保持房屋健康，主要的原因就是房主拥有私人产权，自己一家在使用，所以一直在自己加以维护。而目前一些四合院的所谓房东并没有房屋的所有权，仅有使用权，因此不会为传统民居的维护修缮提供资金。很多居民面对不断恶化的居住环境期盼着得到改善，也有很多居民希望早日得到拆迁安置。但是被拆迁的居民们又抱怨开发过程缺乏透明性，改造计划没有公之于众，缺乏拆迁安置方案的知情权，更没有社区未来建设的发言权。当地居民感受不到自己是历史街区的主人，反而像是客人。

2016 年开始，东城区推动历史文化街区的综合治理，希望通过“疏解整治促提升”，逐步恢复历史文化街区的原有风貌，改善提升胡同居民的生活环境品质，营造幸福美好的胡同生活氛围，努力建设“历史文化精华区”，形成“点、线、面”结合的整体保护格局。东四社区不遗余力推动历史文化保护区、文物保护单位、古建筑保护，保护历史街区棋盘式道路网的骨架和胡同格局，推进了老城的保护与复兴，努力实现“五个提升”，即功能提升、业态提升、环境提升、治理水平提升和民众生活水平提升。

北京市规划设计研究院专门对东四社区内的院落进行调查，包括哪些住户的门头需要保护、改造后的窗户怎么做、哪些院落属于低洼院落等，以《东四区域保护规划实施研究》《东四三条至八条历史文化街区风貌保护管控导则》等研究成果作为技术工作依据，为保护工作确定了约束条款，每个院落的腾退修缮都有专门的方案，一院一案，不仅要报规划部门审批，同时还要通过专家会议严格把关。在责任规划师、责任设计师、相关领域资深专家共同参与的情况下，由街道办事处主导实施，严审设计方案，把关施工单位，强化日常监管。

东四三至八条胡同的历史文化保护区保护整治工作，还与国外一些历史街区保护和活化实践进行了比较研究，例如韩国首尔北村鼓励韩屋按照传统工艺修缮，开放韩屋作为传统建筑展示空间，鼓励非物质遗产传承空间与传统建筑相结合。日本京都清水寺街对历史街巷进行整治，规范附属设施，保护老街传统风貌。日本古川町注重对传统建筑的修缮、注重传统节日文化的传承、注重社区氛围的营造。在此基础上，2016 年 12 月，东城区正式启动东四三至八条区域的历史文化保护区保护，通过“疏解整治促提升”工作，胡同和四合院的风貌大为改观，历史街区的旧貌逐渐再现，居民的生活环境得到了很大改善。

一是提升环境品质，恢复格局风貌。规划设计主要以减法为主，传承风貌、彰显文化、和谐宜居为原则。突出老北京胡同文化，体现传统胡同变革，提出“国风静巷”的发展定位和“静胡同·新生态”的复兴理念，做到修旧如故，贯彻“具有可逆性、最小干预性以及可识别性”的修复原则，旨在传统文化的传承，进一步体现东四地区以四合院为代表的北方民居建筑群的历史文化价值，力求形成一个以四合院为代表的北方民居建筑生态博物馆。修复具有价值的四合院门楼，对风化严重的墙面砖体进行重砌，恢复胡同外立面的灰色基调。

二是传承历史文化，发挥工匠精神。要怀着对历史文化的敬畏之心和态度开展胡同和四合院的修复，运用传统工艺高标准修缮历史建筑，使东四街区成为传统建筑营造工艺的传承基地。对于恢复性维修保护秉承尊重历史、传承文化的原则，邀请古建筑专家现场对维修保护工作进行指导，并组织施工单位听取胡同文化讲座。例如对具有保护价值的四合院门楼，要采取原材料、原工艺进行修复，对于富有特色的文字、砖雕、雀替、排水孔、六棱柱型门墩等细心保留，对门楼墙壁上需要保留的信息，只做清洁处理，力争还原风貌，彰显建筑特色。

三是探索管理方式，推动社区自治。结合“百街千巷”，引导和动员社区居民“共治理”。在拆除违建、封堵“开墙打洞”的同时，摆花箱、砌花池、垒花坛，让居民变身为胡同绿化、美化生活环境的绿色志愿者。随着胡同环境的整体提升，激发了居民对周边环境保护的责任意识，也增加了居民邻里之间的融洽情谊，大幅度提高了居民参与社区自治和活动的人员比例。东四街道还成立了文物保护志愿者队，由责任规划师或是邀请领域专家带领居民一起看院子、讲院子，让更多的居民了解文物保护知识、宣传历史街区保护价值。

在实施传统院落疏解腾退之后，除了针对四合院进行专门的保护修缮，还引入既服务于当地居民生活，又符合历史街区环境的物业，在服务居民生活方面，侧重社区养老、医养结合，同时增设邻里中心，提供与民生相关的服务内容，用以补足城市短板。其中邻里中心的设置，在方便居民日常生活的同时，还有利于将“小旅店、小歌厅、小洗浴、小工厂、小建材”以及废品回收、产品维修等曾经长期存在于胡同内，影响居民正常生活，存在安全隐患，卫生环境较差的业态挤压出去。

同时，环境整治向精细化发展，胡同内台阶扶手等设施由于年久失修，给居民造成多种不便，在维修保护过程中，将台阶重新翻建，并在台阶中部设置了可移动的阶梯便捷车道，方便居民进出院落搬动自行车等。对原本坑洼的院落地面重新铺上青砖，设置排水井，方便院内积水排放。这些环境整治内容取得了居民的认可。随着胡同环境的整体提升，激发了居民对周边环境保护的责任意识，部分居民自愿拆除原本破烂不堪的煤棚，重砌花池并对自家门口的花木积极认养，仔细照料，为胡同增绿的同时，也增加了居民邻里之间的融洽度。

张志勇主任向我们介绍，将胡同风貌重新亮出来的过程很不容易，都是胡同居民参与，共同努力的结果，东四社区居民和志愿者已经连续两年，用周末的时间进行环境整治，使胡同的生活空间经过大家的双手，一点点变好。环境整治过程中，东四社区建立起风貌保护管控机制，加强规划、建设、管理的衔接，搭建政府主导、公众参与、多元治理的工作平台，提高公众参与权、知情权、监督权，实现风貌整体性、文化延续性，塑造以胡同文化体验为主、传统风貌与现代居住需求相结合、新老文化交融共生的历史文化街区。

东四三条至八条作为北京历史最悠久的历史文化街区之一，规划强调进一步加强整体保护，重点保护传统空间格局与风貌。同时东四社区积极发掘、整理、恢复和保护各类非物质文化遗产，保护和传承传统地名；开展口述史、民俗、文化典籍的整理、出版、阐释工作；深入挖掘文化内涵和精神价值，讲好文化遗产背后的故事，活化文化遗产资源。在传承传统节庆文化方面，东四社区已经连续 11 年在立春节气，举办“报春送福”活动，在传统的胡同中，居民和来宾一同走街串巷，为街坊送上新春祝福，其乐融融，热闹非凡。

东四三条至八条历史文化保护区在环境提升中，严格执行《北京旧城 25 片历史文化保护区保护规划》和《北京中心城控制性详细规划》，尊重地区发展规律，通过小规模、渐进式有机更新的方式组织实施，严禁大拆大建，实现精细化管理，推进街区功能疏解，逐步拆除违法建设，解决乱停乱放、占道经营、噪音扰民等问题，形成安全有序、文明顺畅的生活秩序。结合功能疏解和环境整治腾退空间，合理安排公共服务设施和市政交通基础设施。

在这里，任何单位和个人都有对历史文化街区保护的知情权、参与权、监督权和受益权。充分调动当地居民参与规划管理与社区事务的积极性，激发内生力量，集聚多方力量，实现共建共享。在这里居住的每一位社区居民都知道，不得擅自搭建建筑物、构筑物占用胡同空间；不得开墙打洞、私装地锁、地桩、违法停车等影响建筑安全和历史文化风貌；不得擅自设摊、占道经营、张贴、涂写、刻画、堆放杂物等。

在保护传统风貌的前提下，改善居民生活环境，促进地区传统文化与现代生活有机融合，全面提升街区空间品质和生活水平。例如实现路面铺装与传统风貌相协调，路灯、花箱、树池、环境小品等城市家具，结合胡同公共空间进行设置，营造良好的景观节点，为居民提供休憩场所。同时，预留步行空间、消防通道，谨慎设置位置固定的城市家具，避免减少胡同有效通行宽度，影响居民的正常出行及应急消防、疏散能力，商业功能则沿街区外围街道布置，胡同内适度设置社区服务功能。

东四社区因其文化积淀之深邃、文化土壤之肥沃、文化氛围之浓厚、文化教育之发达，确实是非常令人向往的地区。对于东四地区我比较熟悉。20 世纪 80 年代，我在北京市规划局工作期间，主持东城区分区规划期间，曾经调查走访过这里的每一条胡同。如今，故宫博物院提出“把一个壮美的紫禁城完整地交给下一个六百年”，而 2018 年 8 月 8 日《新京报》一篇文章的标题是“修旧如故把东四交给下个七百年”。东四历史街区形成于元代，而紫禁城建成于明代，所以多了一百年。实际上，提出这一口号的是东四街道张志勇主任。

张志勇主任在东四街道工作了十年，他熟知东四地区历史文化，对辖区内的每一个楼门和院落都非常熟悉，对东四社区有着非同一般的感情，也深感历史文化街区保护的急迫性，了解居民生活中的实际需要，能够反映社区居民的心声，被称为“最有文化的街道主任”。他组织开展东四地区的胡同四合院维修保护，坚持原工艺、高标准，在东四地区共修复门楼 110 个，露出影壁 9 个，修补路面 56370 平方米，拆除违法建筑 2.6 万平方米，封堵开墙打洞，恢复四合院院落的历史风貌。同时积极筹备建立东四胡同博物馆，对东四三到八条历史文化风貌的恢复和保护多有贡献。

长期以来，老城保护更新的政策机制建设不完善，缺乏基于房屋产权流转的社会参与机制、传统风貌建筑的财政补贴机制、历史文化保护资金的财政保障机制等机制研究，也缺少相关配套政策法规研究，导致老城内较多历史遗留问题难以得到有效解决，对社会资本的注入和历史文化遗产的合理利用带来较大困难。例如北京老城内各类管线工程的更新、建设存在反复破路的现象，严重影响了正常的交通出行和城市形象；同时老城风貌保护、环境整治的各类资金投入缺乏综合统筹，导致部分设施的重复更新，而很多实际需求反而难以解决。

四合院里有属于自己的“四合院文化”，是“京味文化”的重要组成和代表。但是，随着“旧城改造”的推进，许许多多胡同陆续消失，支撑胡同的大大小小四合院也随之消失。在这一过程中，以四合院为沃土的“京味文化”也逐渐濒临消失。人们质问，这些自己久居的胡同和四合院，变为房地产开发项目，怎么就可以不顾人们的情感和意愿加以改造，将充满人情味的胡同和四合院拆除，建设缺乏地域特色的商业建筑，并且从中获利。而人们只能眼睁睁地看着充满生活记忆的家园被夷为平地，消失不见。

长期以来，推平头式“旧城改造”和大拆大建式“危旧房改造”，不仅摧毁了社区原有的文化景观与文化空间，而且切断了低收入居民的生活来源，增加了社区民众的经济负担，激化了社会矛盾，影响了社会安定。因此，必须既保护社区文化，又满足社区民众追求现代生活的需求，恢复社区文化功能，提高民众生活质量，鼓励一部分居民继续生活在社区，而不是建议他们全部迁离世代居住的历史街区，“空巢”不利于历史的延续，使历史文化街区缺少生机和活力，也不利于社区文化保护。

小规模、渐进式、微循环的改造方式，在保护实践中具有明显的灵活性。这种改造方式与“大拆大建”的大规模改造相比，在改造的目的、改造的主体、资金筹措等方面有着较大的区别。它有利于保护历史城区的文化环境，有利于居民对改造的积极参与，有利于减轻改造带给政府的经济负担，化解和减少社会矛盾。在保留历史城区传统风貌、街巷肌理和传统建筑的基础上，改善当地民众居住条件，既使历史城区得到整体保护，又在一定程度上改善当地民众居住条件，使这些历史城区真正成为宜居社区。

完整的历史城区往往休现出时空连续性和文化延续性。历史城区体现出来的文化延续性，以及由此产生的文化魅力，来源于稳定延续的社会结构。这种社会结构形态，包括社会组织结构、社会网络结构和传统的生活居住等形式。积极稳妥的更新模式应该是适合当地具体社会经济状况的、充分听取公众特别是当地居民意见的、循序渐进的、注重差异化和分散化的更新模式，而不是主观和强制性的、一厢情愿的、过于刚性的、“一刀切”的集中拆迁改造模式。应探求“有机更新”的新途径，以自助力量进行小规模整治与改造。

城市的新陈代谢，是一种逐渐的、连续的、自然的变化，应遵从其内在的秩序和规律。历史城区是特殊类型的文化遗产，也是广大民众日常生活的场所。历史城区的保护，必然是个动态过程，不可能冻结于某一时段。历史城区保护的成果应惠及全体民众，通过加强传统民居建筑维修，完善生活基础设施，改善社区生态环境等措施，提高居民生活质量，增强历史城区的吸引力。“有机更新”理论不仅积极探索新的城市设计理念，并且努力将可持续发展战略具体运用到历史城区保护与更新的实践之中。

2013 年，在全国政协十二届一次会议上，针对历史街区保护中迫切需要解决的问题，我提交了《关于加强历史街区内传统民居修缮》和《关于加强历史街区市政基础设施建设》两个提案，一是建议住房与城乡建设部门加大历史街区内传统民居保护修缮的力度，切实改善当地居民的生活条件。由文物部门组织文物保护机构和专家对历史街区内传统民居保护修缮工作给予指导，保证在房屋修缮中历史风貌和文脉的延续和传承。二是建议建设主管部门加大对于历史街区内市政基础设施的投入和建设力度。组织研究适用于历史街区的市政基础设施规划设计规范和建设标准。

北京的历史文化保护区作为特有的文化遗产和文化资源，形成了古都北京历史城区的整体环境。到了今天这个时间点，过去那种成片开发、成片保护的视角逐渐让位于更加精细化的观察，转为面对每个房屋或个人来进行，尽可能维持历史文化街区内原住居民的构成基本，使更多原住居民自愿留下来，参与到社区营建中去，共同塑造地方记忆和历史延续。真正要保护传承历史街区文脉，就要保护“原生态、原居民、原文化”。科学的保护模式、适度的保护手段、积极的保护态度，将带给传统社区绵延不断和生生不息的生机与活力。

北京平房四合院区域内房屋产权很复杂，有私产、公产、单位产，甚至还有庙产，有些产权无法转让。有关调查结果表明，有相当数量的居民认为历史城区的生活有不少难以替代的优势，例如上下班距离近、看病就医方便、有好的学校等，这些很实在的生活条件，使很多原住居民不愿意搬走。有关调研表明，将近 50% 的原住居民还希望留在目前居住的社区。很多胡同居民习惯了胡同生活，例如一些上班的居民，早上 6 点起床后，先到胡同口的早点铺，要一碗豆面丸子汤，再来一个烧饼，总共也就 5 块钱。

我也体验了一下，早上在东四六条胡同口的小吃店，我点了一碗馄饨和一张油饼，也只付了 10 元钱，既方便，又可口。这是久违的享受。过去住在美术馆后街的时候，四合院大门口斜对面就有一家早点铺，经常买好油饼、豆浆回家，全家一起吃早点。那个时候吃早点不像现在，如果在店里吃，后边会站几个人等座。有时走几百米，到隆福寺街，那里有油条、豆汁、焦圈、灌肠、驴打滚等。自从住进楼房住宅里，吃油饼、豆腐脑儿的日子也就没有了，多是吃小米粥、煮鸡蛋、点心、咸菜，有时候煮一碗面条，时间来不及的时候，就喝一瓶酸奶。

历史文化保护区作为社会活动的产物，应包括两方面内容，即物质形态和文化情感等精神形态。一片历史街区之所以成为历史文化保护区，就是因为我们能从中体会到历史文化的魅力，这种魅力来源于一种不断的文化生成和文化延续的有机生长过程。历史文化保护区体现出来的文化延续性以及由此产生的文化魅力，来源于稳定延续的居民结构，只有相当数量的原住居民自愿留在街区，并热爱属于自己的社区，才能保证历史街区的社会结构和生活方式不被破坏。

当前，应对于历史街区内胡同肌理、院落格局、房屋数量，户籍人口、常住人口、外来人口的人员结构、年龄结构、职业结构、文化水平，以及胡同内的业态、房屋使用情况、租赁情况等进行详细调查，形成管理的基础数据，实行网络化管理。在深入研究历史街区的功能定位、空间格局、土地利用、胡同脉络、文化资源、交通市政、人口密度的基础上，根据实际情况，制定科学的历史街区保护专项规划。进一步完善历史建筑或者具有保护价值的建筑认定标准、修缮标准和程序，提出配套的保护措施和长效保护机制。明确历史街区的概念、价值、名称、范围、保护方法、资金来源、保护程序、各方职责等，形成完整的历史文化保护区法律保护框架。

历史街区的保护与更新要坚持以人为本。在历史街区内居住着比例较大的低收入和困难群体，在保护与更新的过程中应当对他们提供更多的扶助。联合国《温哥华人类住区宣言》（1976 年）指出：“拥有合适的住房及服务设施是一项基本人权，通过指导性的自助方案和社区行动为社会最下层的人提供直接帮助，使人人有屋可居，是政府的一项义务。”各级政府应更加主动地承担起历史街区内困难群体改善生活的责任，保障历史街区内的居民日常生活的安全性、舒适性等居住需要，以增强当地居民对所居住社区未来生活的信心。

四合院是北京老城的记忆和细胞。传统四合院具有强盛的生命力，经过历史的长期演变，成为最适合北京地区自然和人文环境以及家庭特点的居住形式。与嘈杂喧闹的街市相比，胡同是京城最清净、最悠闲的地方。“有了这样的四合院，胡同才有了依托和层次，整个城市才有了人气儿，才会有洁白的鸽儿响起清脆的鸽哨，飞起飞落在灰瓦与红墙交织的上空，构成属于北京城一幅独有的画面。才爱登上景山顶，看那起伏而又错落有致的北京城的轮廓线。”李兆汝先生在谈到北京四合院时情真意切地说。

数百年来，四合院成为北京城一代又一代人的生活空间。在四合院自成体系的民居建筑中，处处都可以看到传统文化的影响，注重营造一种祥和安宁的氛围，让居住者感到放松、自如和舒适。同时，四合院秉承崇尚自然、效法自然的理念，呈现出一幅四季咸宜的家居画卷和生活的场景，所以老舍先生形容这里是“花多菜多果子多”，这些花草树木增添了家庭生活的情趣。郁达夫说，四合院“一年四季，无一月不好”。四合院住着舒服，冬暖夏凉，而且一抬脚就是自家院子，在里面种植花草，晾衣晒被，谁家遇有烦恼事，院里坐坐聊聊也就过去了，感觉心里舒坦。

北京胡同四合院，规模之宏大，保存之完整，在我国乃至世界建筑史上都占有重要的地位。历史留给一座城的是记忆，留给一代人的是情怀。而文化情怀，可以用文化建筑凸显其品味。如果说，北京胡同是中国传统居住环境的代表，那么，北京四合院则是中国传统民居的代表。这里一座座四合院相依，形成一条条胡同；一条条胡同相连，又构成一片片历史街区，从而形成既秩序井然又气象万千的特色风貌。因此可以说，胡同和四合院是一种组合的关系，是一种互为生存的条件。

四合院具有一些基本要素，包括宅门、倒座、正房、厢房、围墙。把这些要素根据四合院的原理组合起来，便组成了四合院。在胡同四合院里居住久了，就会产生浓浓的感情。许多文化名人住过的四合院，更是一份具有特殊意义的历史文化遗产。东城丰富胡同 19 号，是老舍先生的旧居。在这里，老舍先生创作了包括引起轰动的《龙须沟》《茶馆》等 24 部戏剧和 3 部长篇小说，接待过周恩来总理和末代皇帝溥仪，接待过巴金、曹禺、赵树理等许多文化名人。

相比一般的四合院，北京四合院又具有一些特点：一是正房与倒座位于中轴线上。正房是全宅的主体，进深、面宽、架高与内外檐的装修规格在全宅居于首位。正房一般是三间。正房两侧有时构筑耳房。耳房的高度低于正房。正房与耳房的总长度决定了四合院的宽度。二是正房、倒座、两厢都是单层建筑，而且各自独立，互不相连。三是正房、倒座、厢房通常采取山墙到顶的硬山样式。不在山墙也不在后檐墙开设门窗，门窗均向院内开辟。四是北京的四合院在整体上，南北长，东西短，但是四合院内部的庭院基本是正方形。

从建筑学与地理环境的角度看，北京的纬度较高，房屋坐北朝南，易于采暖通风，所以正房要建在庭院北部。冬季的北京比较寒冷，为了最大限度吸收阳光，避免两厢与倒座的阴影遮住正房，因此庭院设计为正方形。与宫廷、衙署、会馆、寺庙不同，四合院不是公众聚会的场所，而是私人住宅，要求隐蔽性，因此它的宅门不设在中轴线上，而是开辟在东南位置或者西北位置，如果宅院坐落在胡同的北部，则宅门位于东南角；如果宅院坐落在胡同的南部，则宅门位于西北的位置，这是北京四合院的基本特征。

北京四合院的院子大小并无固定的尺寸，由围合的居室决定。一般来说，一个标准的一进四合院进深大约 25 米，面宽约 20 米，整座院占地 500 平方米左右，约合 0.75 亩，加上院墙占地约 1 亩。两进四合院一般是在一进四合院的基础上加上一个前院，前后院由垂花门连接，前院与南房一起增加纵向尺寸 10 米左右，总长达到 35 米左右。三进四合院是在二进四合院的基础上又加上后跨院，房间的尺度比正院的房间小，在整个进深的尺度上再加 10 米左右，标准的三进四合院进深约为 45 米。

在基本构造方面北京四合院大体如此，但是在这个基础上，可以添加新的要素，进行纵向与横向的组合。这些新的要素包括卡子墙、垂花门、抄手游廊、后罩房。从理论上讲，四合院可以进行无限的纵向组合。实际上，北京四合院受到地理环境的限制，至多是五进四合院。在横向上，也可以进行任意的组合。但是，同样因为地理环境的限制，北京四合院，最多也只为三路。当然，北京平房民居并非都是标准的四合院，例如如今对公众开放的鲁迅故居、老舍故居，都只是“三合院”。

近代以来，大杂院可以说是北京四合院民居的普遍状况，孕育着邻里之间的人情冷暖，以及“远亲不如近邻”的市井文化。北京四合院建造之初，也并非都是质量优良的建筑。分布在四九城的很多大杂院，民居建造质量有着天然缺陷，平房为灰顶或碎瓦，墙体内填充的主要材料是碎砖头，墙面使用白灰、青灰和麻刀砌筑。我在 6 岁以前，曾经住在北京崇文区东四块玉地区，那里的一些院落就都是“大杂院”，正如电影《龙须沟》里反映的面貌，很多住户都属于“弱势群体”。

北京四合院确实是一种既富有民族风格，又宁静实用的住宅形式。瑞典前驻华大使傅瑞东曾这样赞美道：“四合院住着温馨，构思别致，美观耐看。布局也好，用料也好，都是人们历经数百年摸索总结出来的，极尽上乘建筑之风范。四合院可说是中国对世界文化所做的独特贡献，华人引以为自豪，洋人叹为观止而流连。”林海音说，“家是看不厌的”，哪怕再穷、再旧，四合院里洁白的槐树花、鲜红的石榴果、黄艳艳的小雏鸡和房檐坠落的明亮亮的小雨珠，都成为老北京永远的记忆。

中国人讲究以人为本，追求长幼有序、亲疏有分、互敬互爱，北京四合院住宅自然也符合这种精神追求。长长的胡同两旁整齐地排列着古槐，蔽日参天。胡同两侧的四合院内，静谧的院落，绿荫叵地，清凉沁人。覆盖于四合院屋顶的树冠则交织成一片绿色的海洋。这种用青砖灰瓦建造的四合院院落，之所以在北京城成为最主要的居住形式，既与华北平原受季风气候影响的地理环境有关，也与我国传统社会的生活方式和家族观念密不可分。

作为城市结构的最基本单元，历史上的北京四合院大体经历了 4 个阶段：元代、明清时代、

用湿木料危害很大，修缮后不久就会发生问题。在砖瓦材料方面，以往砖瓦生产基本沿用传统的烧结工艺，现在一般都不再采用，因此使用的砖瓦规格尺寸不统一，强度、密实度、吸水率等物理指标都与过去存在很大差距，使用于维修保护之中，必然影响保护工程质量。

以上情况表明，目前传统建筑维修保护在“四原”，即：原形制、原结构、原材料、原工艺的“原材料”方面已经难以保障。需要认真研究和恢复传统建筑材料的生产与贮存，预置具有一定规格的干燥木材，使用传统技术生产的砖瓦，注重石材的质量，保证油漆等材料性能，这些是保证古建筑修缮的基本条件。为了更加科学地保护好历史建筑，应着手解决传统材料在维修保护中的供应问题，制定规范、标准，优化市场供销环节，统一产品规格，完善及改进生产、加工工艺，规范企业行为，强化质量管理及监督，从而使传统建筑的维修保护质量得以提高，真正体现出新时期的维修保护水平。

记得在 2006 年 6 月，第一个中国文化遗产日前夕，我参加了在东四奥林匹克社区举行的“品味东四”展，记录了古老文明与现代节奏、传统文化与奥运精神的进程。2007 年第二个中国文化遗产日之后，我再次来到东四社区，在有着 600 年历史的南新仓参加了《东四名人胜迹——讲述京城胡同的故事》一书首发式，让我们感受到在这片土地上有属于自己的精神文化地标，有不胜枚举的文化名人。2008 年 8 月，《奥林匹克在东四》一书即将出版，邀请我为这部书作序。我看到书中在“历史上的东四”篇目基础上，摘编了海内外友人对东四奥林匹克社区的观后感，从而感到奥林匹克精神和“人文奥运”理念在东四社区的传承。

随后我们走访了东四胡同博物馆。张志勇主任介绍，2018 年东城区政府与首创东恒公司共同将东四四条 77 号院维修保护后，作为东四胡同博物馆对公众开放，使之成为承担文化展示和社区服务功能的公共空间，展现东四地区深厚的老北京文化和历史底蕴的重要窗口。站在东四胡同博物馆门前，就可以看到由王蒙先生题写的馆名，原来王蒙先生也是东四社区的老居民。在东四胡同博物馆的老照片中，展示着在东四社区生活过的文化名人，每一位曾经在社区居住过的文化名人，每一件曾经在社区发生过的历史事件，都应成为珍贵的社区记忆，能够使社区民众了解和认识本社区的光荣历史，从而生产自豪感。

穿过“印象瓦舍”创意展区，来到东四印象展区，张志勇主任热情引导我们参观了东四胡同博物馆的藏品，并讲述了这些藏品的来历，包括老衣柜、鱼缸、博缝头、门墩儿、炭化的米等等，不少类别，这些都是人们自愿捐赠的老物件，捐赠者中有杨世明、段瑞鹏、段淑文、董笑岩、文物保护小组成员等东四胡同的老居民。这些来自民间的老物件，虽然不是国宝，但都是各家的传家宝，魅力来源于漫长岁月的积累。几位东四社区的老居民们热情地向我们讲述了自家“宝贝”的故事。

听说街道建博物馆，74 岁的杨世明先生代表全家捐献了“老米”，他介绍说：“中药里有‘焦三仙’，其中一个就是炭化了的大米，有养胃、助消化的功能。”杨世明先生说：“我的祖上有人在粮仓干活，我妈妈胃口不好，就拿一些炭化了的米给她。这米一直放在一个皮箱里，搬家的时候翻出来，我们都不知道是干吗的，问我爸爸才知道的。”杨世明先生说：“这米已经有百年历史了，看到被放在首饰盒大小的盒子里的‘老米’，黑乎乎一团，却清晰地幻化出妈妈的面容和自己的小时候。”

段瑞鹏先生自爷爷辈就在东四社区居住，至今已经近百年，他家最老的物件，是一组大水缸，通体黑色，上面雕着荷花、狮子头等花纹，是爷爷曾经放在院子里养荷花用的。他的家里本来有三个，“那时候这三个水缸一字排开摆放在院子里，后来水缸给了我父亲，一直传到我这辈儿”。段瑞鹏先生说，曾经有外国游客想高价买下这三个水缸，但被他婉拒。“这是中国人经历了多少年留下的东西，承载着太多的历史记忆。”而这次东四胡同博物馆开馆，段瑞鹏先生二话不说，就把家里这三个水缸和两个石门墩搬来放到博物馆展览。“能让更多的人了解北京的胡同，了解前辈们的生活日常印记，我特别高兴。”

由于种种原因，相当数量的四合院已经永远消失，其中的绝大多数物件也在房屋的拆除过程中受到损坏。但是仍然有一些物件被私人收藏，散落于民间。这样社区博物馆便可以通过进行广泛宣传，搜集物件的线索，依靠社会各界力量密切协助，鼓励社会热心人士和民间收藏人士向社区博物馆捐赠、捐售。通过老居民们向东四胡同博物馆捐赠藏品的行为，使我看到当地民众才是这座博物馆存在的根本动力，也是博物馆发展的智慧源泉。社区生活实际上才是东四胡同博物馆真正的展示对象。

站在博物馆的院子里，我感到东四胡同博物馆不仅是一处文物收藏、研究、展示设施，还肩负着历史使命与社会责任，成为具有影响力与凝聚力的社区文化中心。老居民们纷纷表示，“以前没觉得咱胡同这么好，现在越来越爱东四了”，“就是听张志勇主任讲东四地区的历史和文化，才对东四社区产生了浓厚的兴趣，还自发成立了文物保护小组”。社区首先是当地居民的生活家园，在社区文化的构成中，当地居民是最为重要的因素，只有通过他们所进行的文化遗产保护，才是有价值的和可实施的保护。

听着老居民们的话，我感到东四社区中历经沧桑的胡同和四合院，正是因为有社区民众的世代居住与守护，才形成独具特色的文化空间，才获得与众不同的性格特征，没有人比世世代代生活在社区内的民众更热爱自己的家园。一个健康的社区是有生命的，生命中充满了故事，随着时间的流逝，故事成为历史，而历史演变为文化。当地居民就是他们所讲述的故事的一部分，我们必须尊重人们讲述自己文化历程的故事的权力，尊重人们为形成自己社区的文化赋予意义的权力。

传统社区具有对文化遗产资源的吸纳能力和保存能力。同时，人们对于社区内文化遗产资源的认识有了很大进步。人们并不以社区形象不够现代而不安，而是以保持传统生活而自豪，因为人们知道良好的社区形象需要通过历史文化积淀塑造，而不可能在短期内矫揉造作就可以实现。同时人们开始将关注的焦点投向一些过去所忽略的内容，包括一些长期伴随他们生活的物品。通过东四胡同博物馆这样社区博物馆的建立，使社区居民开始以一种积极态度加入到传承传统文化的行列之中。

东四胡同博物馆具有独特的功能，对社区生活构成积极意义。在生活水平日益提高的同时，人们更加强烈地关注高尚的精神文化追求。在东四胡同博物馆，可以翻阅东四社区这部百科全书，读到的是文化氛围与生活气息。在这里比传统博物馆更容易感受到文化氛围，更容易捕捉到生活气息。在这里可以了解到社区文化发展演变的过程，可以窥探到社区空间的每一个角落，可以观察到社区生活的每一个细节。通过东四胡同博物馆的文化传播，会对社区民众的生活和行为产生潜移默化的影响。

东四胡同博物馆的建立，使东四四条77号这座传统四合院，与一些仅存建筑躯壳的传统建筑不同，如今这里充满人情、充满温情、充满感情。一方小小的天地，折射了整个社区和时代的变迁。我还看到，东四胡同博物馆不仅拥有良好的文化气息，也拥有和谐的社会关系，正在成为学习、娱乐、休闲的理想环境。只有做到关怀社区、服务民众时，自身才能获得新的发展，才能成为促进社区博物馆持续发展的积极因素，成为促进社区文化整体协调发展的积极力量，才能对于社区文化氛围的营造，对于社区文化品质的提升，发挥独特而重要的作用。

传统建筑与民众的社会生活密切相关，在城市物质与社会环境中不时地传递着审美信息，影响着人们的精神气质和审美情操。同时，东四胡同博物馆的存在，在为当地居民提供学习机会的同时，有利于促进社区民众之间的宽容、尊重和互信。社区的面向对象是以家庭为单位的社会群体。此次与来自不同家庭的老邻居们接触，我也感到社区民众对于文化传统的眷念，是经年累月由时光和生命交织的情感，并融入社区民众的血液，成为遗传基因，努力培养出热爱社区文化的新一代居民，将社区文化世世代代传递下去。

美国哲学家爱默生曾经说过，城市“是靠记忆而存在的”。公众记忆是一切工作的基础，这是一笔必要的、巨大的、活的遗产。东四胡同博物馆实际上还是一座拥有详细记录社区情况的“资料信息中心”，能储存和提供社区文化的相关信息，包括各类文献中的文字资料、录音记录下的口述历史、具有特殊意义的实物标本、文化遗产资源的普查清单，以及其他属于社区文化的物质与非物质遗产。前来东四社区访问的宾客可以通过东四胡同博物馆，了解胡同和四合院民居特色，体验社区的传统文化内涵，留下深刻的印象。

我看到东四胡同博物馆已经成为向社区民众展示社区文化魅力的窗口，向社会各界展示东四社区在历史发展进程中留下的珍贵文化财富，以及它们的现状，成为不同区域文化之间相互理解、相互尊重的重要渠道。社区文化属于当地居民，城市文化属于广大市民。东四胡同博物馆不但能为社区民众提供广博的社区知识资源，而且能为访问者和研究者提供有关社区文化的珍贵信息。同时利用小型的陈列展览介绍近期社区博物馆活动情况，为专职工作人员或志愿者提供必要的工作设施，为来访者提供多样化服务。

东四三条至八条依托北京老城环境而存在，既要保持历史文化街区独具一格的魅力，还要激活其在现代城市发展中的文化生机。因此，东四胡同博物馆所涉及的不仅仅是保留过去历史的痕迹，而且也涉及展现今日社区文化的面貌，为社区文化的繁荣发展提供了永不枯竭的艺术养分。社区博物馆就是努力寻求以一种永久的方式，在一片特定的社区中，伴随着当地居民的参与，保证文化遗产保护、研究与展示的功能，强调自然与文化遗产的整体性，以展现其代表的社区环境及传承下来的生活方式。

张志勇主任骄傲地对我说，实际上我们整个三条到八条胡同都是博物馆，不仅仅是这个院子，我带您看看我们没有围墙的博物馆。于是我们走出东四胡同博物馆，去看维修保护好的胡同、门楼、影壁。从东四胡同博物馆出来右转，沿着东四四条胡同自东向西，一路看过去，各种经过维修保护的四合院门楼一座连着一座，张志勇主任讲述了如何秉持“原形制、原结构、原材料、原工艺”的原则，维修保护四合院门楼的细节，以及传承东四文化的追求和过程。

张志勇主任所说的“没有围墙的博物馆”是社区博物馆的特色之处，是指一个特定的文化社区。社区博物馆是以当地居民为主体，而不是以陈列展品为主体，从而使博物馆得以实现“以物为中心”向“以人为中心”的转变。东四胡同博物馆此次举办的胡同文化专题展览，展示当地居民捐赠的老物件，这些从各家各户汇集的展品，“来自使用的人，而非独立于人之外”，有着来自现实生活的热度和气息，格外受观众的欢迎。

此次探访东四社区，看到遵循传统工艺维修保护胡同四合院，自然想到《营造法式》，因此决定前往东四八条111号，这里是朱启钤先生在1952年至1964年，生命的最后时光生活过的地方，这个院子依然保持着原有格局和形式，没有大的改动。朱启钤先生是著名爱国民主人士，民国初曾先后出任北洋政府交通总长和内务总长，代理国务总理。在他的主持下，开放紫禁城前三殿为“古物陈列所”，打通了东西长街，开放了社稷坛、太庙、北海等，把原本属于皇家的领地变成公共空间，社会民众的公园。

1919年初朱启钤先生退出政坛，致力于社会公益活动以及对古建筑、古器物潜心研究，发掘了北宋传统建筑典籍《营造法式》，并于1930年创办了我国第一个研究古代建筑的民间学术机构，即中国营造学社，对中国古代建筑典籍及大批古代建筑进行研究，出版了大量学术著作，吸引了刘敦桢、梁思成、林徽因等当时的青年才俊，培养了一批古建筑专家，一起研究中国古建筑中的做法、技艺，百年过去，直到今天，我们还在受益他们留下的财富。无疑，朱启钤先生是我国近现代文化发展史中的重要人物，他的故居应作为重要的20世纪遗产加以保护。

但是，由于历史原因，朱启钤故居始终未能公布为文物保护单位，破坏行为时有发生。2007年3月，中国文物研究所、北京市建筑设计研究院和北京市东四街道办事处经过协商决定，联合发起对朱启钤故居的修复和研究活动。今天我走进了朱启钤故居，访问现在的主人朱延琦先生，他是朱启钤先生的重孙，是目前朱家唯一和朱启钤先生生活过的后人。在朱启钤先生故居的柜子上，摆放着梁思成先生来这座院子时的照片。朱延琦先生送给我一套新出版的石印版《营造法式》，当时出版社来征求意见，朱延琦先生提出：要繁体、竖排、线装，以遵循当年书的模样。这种与古为新的精神，同样是留给子孙后代的财富。

就城市文化建设而言，名人故居具有不可替代的特殊意义，它既是社会共同的文化资源，也是城市文化的鲜明地标。每一座城市的地域文化都来自一点一滴的积累，“一座座故居就好像是这座城市的书页，承载着这本城市大书的记忆”。名人故居重在人文，而不是重在物质，它们可能是豪华宅院，也可能是普通民居，关键要看故居主人公曾经对社会发展做出过哪些重要贡献。因此对于名人故居来说，首先要关注精神、文化、社会价值，而不能仅看重建筑本身气派与否，建筑艺术价值如何。

东四六条崇礼住宅是东四地区具有标志性的大型四合院，有近10000平方米的用地面积，居住面积为3000米。此前为轻工业部的产权，现在为民营企业所有。早在1988年，崇礼住宅就被公布为全国重点文物保护单位，对于传统民居来说这是第一次，同时进入的还有山西襄汾的丁村民宅、安徽歙县的潜口民宅、浙江东阳的东阳民宅、江西景德镇的祥集弄民宅等。它们均是传统居住建筑的典范。我们登上崇礼住宅对面的中医院的楼顶，可以俯瞰崇礼住宅全景。崇礼住宅虽然格局比较完好，但是也经年没有修缮，需要适时开展维修保护工作。

东四胡同博物馆正在举办沈继光先生的“东四记忆”摄影作品展，在展厅我见到了沈继光先生。沈继光先生1945年生于北京，毕业于中央戏剧学院美术系。沈继光先生从1984年到2006年，背着相机行走在北京的大街小巷，5000余幅照片是他的工作结晶。从最早只是为了给油画创作寻找素材，到后来有意识地拍摄自己成长的城市样态，这是一个从无意识到自觉的过程。他的镜头对准过皇宫遗址、对准过市井民宅、对准过石碾农具等，他喜欢思考每张照片背后留下的与时间有关的故事。而在过往的时间里，他镜头中的景、物，也在一点点地改变和消失。

东四胡同博物馆展厅周围的墙上、书架上摆放着20多幅他在2000年前后拍摄的作品。他聚焦胡同中的老墙、老砖、老门楼、老房子，而这些照片，又会唤起他的老北京的记忆，他认真地辨识这些照片的所在，对着照片下面的文字印证自己的判断，桌上摆着沈继光先生的《旧京残片》《乡愁北京》《物语三千》《神情》《心在天壤间》等多本摄影作品，其中《旧京残片》是沈继光先生的第一本摄影作品。这些照片不仅唤起了我的胡同记忆，也唤起了我的摄影记忆，当年在东城区编制分区规划时，我也是在胡同中，一个院落一个院落的拍过来。

我们坐下来就《旧京残片》中的一些作品进行交流，包括门钹、门槛、门墩、地面、石头、砖印文、破旧木门、五福临门砖雕、被糊住的银号字样、墙后面的院子、胡同间的贯通巷、米面庄、最后的院门等。沈继光先生耐心地讲述自己为什么拍摄这些内容，拍摄时的场景，照片背后的故事等。我发现沈继光先生拍摄的虽然是物，但是讲的是人，都是从物中看到人，这不简单，很多内容有隐有显，从物看到了和人有关的各种各样的情感，从精微看到了广大，具有更为普遍、深刻的意义。希望从过去宁静、质朴、简约、亲密的生活方式中，为未来生活提供一种依据，人类不能离开自己几千年形成的土壤和根基。

我们最后看到了一张东四八条某处房屋的照片，我问还能不能找到拍摄的地点，沈继光先生提议一起去找一找，拍一张同机位的照片，对比近年来的变化情况。于是我们走入东四八条的胡同和院落中，一起寻找老城“残片”，在胡同中比对旧照片中的院落、墙、门、建筑局部，对位再次拍摄照片。在找寻和拍摄的过程中，在这些承载着人们生活、经历、温度等局部场景中，看到它们的美和价值，通过交流所见所得，继续深化胡同四合院保护的主题。

天色渐暗，我访问了位于东四六条的“花友汇”。胡同居民本就爱养花。为了丰富社区居民生活，营造既能承载胡同味道与四合院记忆，又具活力的街巷空间，东四六条社区创新工作方法，组织居民成立了“胡同花友汇”，把胡同里的花友组织起来，让他们来认养花池、花箱，开展特色文化活动，包括组织树木认养活动，自发种植葫芦、月季等植物，形成了福禄巷、月季苑等一批具有老北京风情的胡同绿色微景观。胡同微景观具有多样性、低造价、实用性的特点，体现了胡同里居民对生活品质的追求，对美好的向往。

如今，“胡同花友汇”的活动地点就很接地气，经过“胡同花友汇”老师们的摆弄，这里一树一草、一花一木似乎都有灵性，使你真切地感觉四季的自然轮回。在这里还聚集着多位热爱东四社区，拥有社会服务精神的老邻居们。据说“胡同花友汇”已经从东四六条一个社区，拓展到东四街道七个社区，花友也从最初的 10 来个人，增加到 500 多人。为了给花友们提供一个学习、交流、展示的空间，东四街道还利用东四六条一处腾退房屋，建起了“花友汇创意空间”，开展葫芦烫画等培训，举办水仙、蜡梅等花展。

历史文化街区更为重要的意义和价值在于其中社会网络的存在，因为这里丰富的人际交往和具有特色的生活方式，才是历史文化街区的吸引力所在。秋天东四街道多了一个新的节日，即丰收节，满树咧嘴的大石榴，一根根垂在空中的长坎瓜，沉甸甸的葡萄串，蛇豆、灯笼椒、柿子、核桃……墙角下，屋脊上，胡同里，小院间，飘散着瓜果的香味。“老北京人讲‘礼’，谁家种瓜种果，丰收了，要和街坊邻居分享，送你一个，送他一个，互相交流，增进感情。这个‘礼’，就是和谐，瓜果的香味回来了，其乐融融的胡同生活也回来了。”

我的童年、少年和青年的很多时间，在北京的胡同、四合院里度过，那些温馨时光是值得珍藏终生的美好记忆。胡同、四合院以清晰的街巷肌理平面布局，有序伸展开来，构成历史城区平缓开阔、方正规整的空间形象。街道、胡同、院落、房屋形成公共空间、半公共空间、半私有空间、私有空间的清晰序列。胡同四合院中的花卉、树木等绿化也是社区居民生活的一部分。四合院由于庭院的存在，在户内引进自然景观，可以随时感受大自然的风霜雨雪，实现人与自然的信息交换。

《我是规划师》东四社区拍摄现场

宜居社区，不仅体现在对环境友好，而且体现在对人友好，要使居住其间的居民为社区而自豪，这就上升到了文化层面。居民将自己的日常生活与社区联系在一起，通过组织各种民间社团、自治组织以及志愿性活动来参与社区的建设与管理，做到共同参与、资源共享。一个社区会因为充满关爱而更具有发展契机。轻松愉悦的生活氛围使人们拥有更加自由的发展空间，个人潜能和创造灵感能够得到更大程度的发挥，从而使人们的自我价值得到更大的体现。

东四社区的考察行程即将结束，此行使我感受到，历史文脉是社区中最具代表性的因素，是社区文化的灵魂和根基。今天，“让市民走进身边的历史”已经成为社区文化和文化传承的主流。城市中的每一个人的大部分时间，都是在社区中度过的，社区的人文环境、自然环境、民风环境、文明程度等，对每一位社区民众都产生着极其重要的影响。如果将改善社区民众日常生活，提升当地居民满意度，保持街区活力和魅力，作为出发点和立足点，经过努力社区就可以成为民众幸福的依托，而民众就可以成为社区真正的主人。

张志勇主任说快过年了，我们和街坊们一起团聚一下。于是我们一行来到东四六条的花房，室外数九寒天，室内梅花海棠正开，为花房增添了浓浓的春意。东四六条的街坊们正在包饺子，我们加入了包饺子的行列，因为年轻时在工厂食堂当过炊事员，因此轻车熟路。大家边包边聊，欢声笑语飘出花房，整个胡同似乎都洋溢着过年的气氛，这就是地道的北京胡同味道。张志勇主任还送给我新出版的介绍东四社区的书，街坊们都在书的扉页上签下自己的名字，然后郑重地交给我，成为永久留念。

（北京电视台《我是规划师》第五集拍摄笔记，2019 年 12 月）

城市东区，时尚引领的文创聚集地

今天，人们开始认识到，应将工业遗产视作普遍意义上的文化遗产中不可分割的一部分。工业文明创造的财富和对世界以及人类生活的影响，都远远超过之前几千年的总和。工业遗产则直观地反映了人类社会发展的这一重要过程，具有历史的、社会的、科技的、经济的和审美的价值，是我们社会发展不可或缺的物证。因此，保护工业遗产就是保持人类文化的传承，培植社会文化的根基，维护文化的多样性和创造性。为了了解工业遗产保护和活化利用状况，我走进了位于北京市朝阳区酒仙桥大山子区域的751厂区。

1955年7月31日，第一届全国人大第二次会议审议通过“第一个五年计划”草案，基本任务包括：集中主要力量进行以苏联帮助我国设计的156个建设项目为中心的，由694个建设单位组成的工业建设。其中包括军事工业、冶金工业、化学工业、机械工业、能源工业、轻工业和医药工业等。至1962年，除三门峡水利枢纽以外，所有项目全部建成投产。自近代以来，中国工业化的历史上从来没有过如此迅速、如此集中、如此全面、如此系统的行动，在短时间里就进行了门类齐全的工业基础建设，完成了国民经济体系的根本性改组。

“第一个五年计划”时期的156个重点工业项目奠定了我国的工业基础，成为国家经济起步的先导，成龙配套的钢铁厂、机械制造厂、纺织厂均占地规模宏大，厂房既整齐庄重、又朴实无华，见证了新中国成立初期国家为解决经济发展和人民生活问题的决心和魄力，也记录了工人群体为实现工业发展目标所作出的巨大贡献。“第一个五年计划”的实施，极大地改变了中国国民经济的技术面貌和部门结构，过去所没有的一些重要工业部门，包括汽车制造业、重型和精密机械制造业、发电设备制造业等，都从无到有地建立了起来，赢得了工业发展的高速度。

位于京郊酒仙桥的这片工业厂区，过去统称“北京电子城”，是我国电子行业的骨干企业，对国民经济、国防建设、三线生产、“两弹一星”都做出过重大贡献。798厂和751厂前身是成立于1952年的华北无线电器材联合厂及其动力分厂，为我国“一五”期间重点建设的156个大型骨干企业之一，是由周恩来总理批复，民主德国援建的国家重点工程，始建于1954年9月，1957年10月举行工厂开工典礼，资金来自民主德国对苏联的战争赔款，为当时国内规模最大、最先进的电子科技企业。

当时，民主德国副总理厄斯纳亲自挂帅，利用全国的技术、专家和设备生产线，完成了这项工程建设。而项目的设计者是来自魏玛包豪斯的100多位德国建筑师和工程师。1919年，在德国魏玛建立的包豪斯学校，将现代建筑艺术与现代科学技术和现代社会需求密切结合起来，推动了现代建筑艺术与技术的传播，也为后世留下了大量文化遗产。负责华北无线电器材联合厂及其动力分厂设计的德国建筑师，根据“包豪斯”的设计理念，一反当时苏式建筑风格，采用现代先进科技和现代主义的建筑设计手法设计厂房。

例如798厂厂区有一座3122号单层三跨框架厂房，是现浇钢筋混凝土结构，屋盖是朝北的锯形采光天窗，屋顶高约9.5米，柱跨17.74米，柱间距7.5米。该厂建筑外立面简洁、朴素，结构设计按8度抗震设防，而当时苏联专家认为采用6—7度设防即可。德国专家收集了大量北京历史上的地震资料，说服中方同意这一设防等级。德国建筑师要求用500号建筑用砖，但是当年中国没有这一技术，于是就在北京南湖渠一带专门修建了两个砖厂，免费提供技术，并且要求每一块砖都必须经过强度测试。

当年，德国专家的理性、科学、严谨、认真的设计作风，给中国企业树立了很好的榜样。60多年过去了，这些“北京电子城”内的大部分厂房还仍然很坚固。在局部改建时，工人们感到很难拆除钢筋混凝土和砖的构配件。因为当时建筑材料用了高标号的混凝土、建筑用砖和砂浆。据建筑专家考察，这种按“包豪斯”设计理念建成的工业建筑也仅在德国、美国和中国还有少量存在，因此具有突出的保护价值，是重要的工业建筑文化遗产。

1995年9月，中央美术学院从王府井5号迁出，租用酒仙桥万红西街2号北京市半导体器件二厂用地，开始了中央美术学院历史上显得颇为另类的“中转地时期”。这个临时的中央美术学院校址离酒仙桥电子工业区的直线距离不到1公里。当时有的美术家就干脆将这个场地变成集工作与居住为一体的艺术创作地点。对于工厂方面来讲，由于离退职工、下岗职工的压力大，每年开支很大，出租闲置厂房也可以大大减轻整个企业每年的经济负担。

1999年国家正式批准北京电子城为国家及高新技术产业开发实验区，成为中关村科技园区的重要组成部分。北京电子城内的企业也就面临重组、改造、转产的新形势。2002年，中央美术学院的隋建国教授第一个进入798厂区。此后。艺术家们开始大批进驻798艺术区，他们以艺术家独有的眼光，发现了在798艺术区从事艺术创作的独特优势。原来被闲置的老厂房变成了艺术家工作室、画廊，这极大地推动了798艺术区在短时期内的迅速形成。从此798艺术区作为中国当代艺术的国际窗口，引起了国内外媒体和社会公众的广泛关注。

自从北京798以它特殊的区位、建筑形态以及承载的大量文化艺术内容，率先在国内乃至国际上获得极大声誉后，国内很多地方针对城区老工业遗迹的改造处置，便开始把798艺术区作为参照对象，把老旧厂房改造后引入一些文化创意产业和商业零售机构，利用“老瓶装新酒”的做法营造出新的城市文化名片。这种方式一度成为城市更新、老工业基地产业功能转型的一种普遍做法。但是，实际上在2002年的时候，工业遗产对于艺术家们来说还是个陌生的词汇，他们感兴趣的是798艺术区低廉的房租、高大的空间、独特的氛围。

因此人们说，“798对工业建筑的改造利用是无心插柳，但却开启了中国工业遗产保护利用的大门”。自2003年起，一批艺术家和国内外文化机构开始成规模地租用和改造空置的厂房，他们充分利用原有厂房的高大空间，难得的德国包豪斯建筑风格，经过富有创意的改造和装修，改变成为富有特色的展示和创作空间，逐渐发展成为集画廊、艺术中心、艺术家工作室、设计公司、餐饮、酒吧等于一体的具有一定规模的艺术社区，这一现象引起了广泛的社会关注。

经过多年的实践，人们认识到，租用闲置的厂房车间，比较适合艺术家的支付能力，当时月租金为每平方米0.8—1.6元。由于有高大的空间，有天然采光和热力、水电供应，对于艺术家的绘画、雕塑都提供了良好的空间和物理条件。此时伴随北京城市建设快速发展，“北京电子城”内的工业建筑是拆除还是保护，也就成了人们关心的热点问题。随着房地产开发的升温，就有外国公司看中了这块闲置的工厂用地。企业也有以此为契机发展经济的愿望，工业厂房再次面临全部推倒拆光的危机。

这一期间，包括瑞典首相、法国总统、奥地利总理、欧盟主席在内的外国领导人先后参观访问过“北京电子城”。德国总理施罗德在参观798艺术区时感叹，几十年前的包豪斯建筑在德国都很少发现，今天居然在北京存在，真是太难得了。据介绍一些外国领导人来北京访问时，还点名要访问这里。来过这里的国外领导人或他们的夫人都对798艺术区给予了高度评价，表示没有想到中国还有这样的表现活跃思想的好地方，体现了中国改革开放的成果，更有吸引力的是这些昔日工业生产的环境为艺术家带来了历史、人文的情结。

建设部于2004年3月6日发布了《关于加强对城市优秀近现代建筑规划保护的指导意见》，明确：“城市优秀近现代建筑应当包括反映一定时期城市建设历史与建筑风格、具有较高建筑艺术水平的建筑物和构筑物以及重要的名人故居和曾经作为城市优秀传统文化载体的建筑物。”而北京酒仙桥地区的工业建筑群就属于“城市优秀近代建筑”。中央美术学院的师生们也为酒仙桥工业建筑群的保护性再利用提供了设计方案。

2005年3月，北京市规划委员会召开座谈会，听取有关人士对798厂的技术鉴定意见，以便为798厂的去留决策提供客观的评价。会上有的结构工程师认为，这些现浇钢筋混凝土的单层厂房，不是什么新技术，798厂房没有必要保留下来。而参会的著名建筑师费麟先生则认为，这组工业建筑可以算是一本中国工业建筑的历史教科书。它不仅具有包豪斯现代主义的建筑印记，而且还具有中国工业化建设的印记，反映了半个世纪以来中国政治、经济、技术、设备、材料、文化、思想的历史发展过程。因此，他赞成保留798厂主要的工业厂房，并建议作一项可行性研究课题。

2004年2月，15名北京市人大代表联名提出《保留一个老工业的建筑遗产、保留一个正在发展的艺术区》的建议，目标是保护位于酒仙桥地区的国营电子工业厂区，这个集当时世界电子技术与建筑技术之大成于一身，号称“计划经济第一厂”的电子工业巨人。但是由于经济转型等问题致使工厂陷入困境，建议政府相关部门立刻制止正在发生和计划中的大规模拆建行为。这份建议明确提出保留798联合厂的工业建筑，这些建筑物保持了20世纪50年代初建筑的原貌，它们具有建筑价值、历史价值、艺术价值、经济价值和奥运价值。这一呼吁得到了重视，改造的计划得以停止。

在国有企业改革与产业结构调整的背景下，2000年12月，原706厂、707厂、718厂、797厂、798厂等五家企业整合，重组北京电子控股有限责任公司旗下的北京七星华电科技集团有限责任公司。目前，798厂、751厂已经走出了一条大型工业企业转型之路，引领北京工业文化遗产保护和文化创意产业的发展。798厂利用空余厂房发展文化创意产业，创建了798艺术区，内容涵盖绘画、雕塑、画廊、展览、交易等艺术领域，逐渐汇集了各类文化艺术机构近 500 家，包括 25 个国家和地区的 60 家境外机构，每年举办活动千余场，成为北京市对外文化艺术交流的重要场所。

近年来，798 艺术区不断完善文化功能，其北侧以国际文化交流、艺术培训等功能为主，聚集着德国、丹麦、朝鲜、以色列等国家文化中心，逐渐形成“国际文化使馆区”，充分利用国际资源，增进文化交流，促进园区国际化。规划拆除南部破旧厂房、仓库，改善园区空间环境，新建 798 艺术博物馆，以艺术品展览、交流、培训等功能为主，扩充园区展览空间。798 艺术区南侧建设艺术品交易中心，以艺术品展示、交易、拍卖等功能为主，推动艺术品交易的发展，建设 798 文化创意自贸区，满足大众文化消费需求。

751 厂是一个综合能源厂，曾经负责供应北京市三分之一的煤气，也是当时国家电子行业唯一的一家能源公司。751 厂于 2000 年 11 月改制成立北京正东电子动力集团有限公司，2003 年北京煤气生产退出运行。2006 年，北京市政府划定了北京市文化创意产业聚集区，提出发展文化创意产业的理念。751 厂也于 2006 年开始转型文化创意产业，在工业文化遗产的基础上，以“空间再生产、可持续”为指导思想，创建北京时尚设计广场，以时尚设计为主题，涵盖服装设计、音乐设计、汽车设计、视觉设计及高端家居陈设等门类，每年举办大型高端品牌国际会展。

751 北京时尚设计广场的提出，促进了 751 厂工业遗产的整体保护。现在入驻园区的设计师工作室及辅助配套类公司有大概 150 家，包括时尚设计、工业设计、汽车研发、家居研发、音乐发展、互联网科技企业、科技孵化器等。目前，每年前来参观的有近 200 万人次，每年活动大致有 500 场，各种时装秀，著名企业时尚峰会，包括产品发布、时装走秀、峰会研讨、趋势论坛，以及小型沙龙，丰富多彩。于是，一个传统的工业生产空间就自然地转化为现代创意产业空间，工业厂房既是工业文化遗产保护的对象，也是新兴文化创意产业的承载体，两者可以合二为一。通过时尚设计与创意产业，赋予历史工业文化遗产新的生机。

我首先来到时尚回廊，这是 751 北京时尚设计广场内活化利用的经典案例，通过把几组工业大罐进行整合，保留了大罐原有外观风貌，从中可以感受到工业建筑原有景观和肌理。而在大罐的室内则是一个多功能的建筑空间，成为 751 北京时尚设计广场的公共空间，为新闻发布、临时展览、交流报告提供了理想的空间载体。同时在一层设置颇具特色的设计品商店，成为文化创意产品的宣传窗口。在这里正东集团创意办主任严明丹女士向我们介绍了设计品商店的情况，这里有将近 20 个国家设计师的产品，门神、春联、福字、红包、灯笼等设计别致，是为过年准备的文化创意产品。

2006 年开始，中国服装设计师协会开始入驻 751 北京时尚设计广场，一批已经在业内享有名誉的设计师和时尚从业者，选择在此成立自己的工作室及秀场。郭培设计师是 751 北京时尚设计广场引进的第一批知名服装设计师，她在这里创办了艺匠汇，与园区结缘逾十年。她所关注的是传统手工艺在时尚衣服上的应用，希望从民族传统中迸发出新的创造力和生命力。我走进了北京时尚设计广场的艺匠汇，通过郭培定制服装设计师的介绍，使我了解到中国时尚行业最新的发展情况和 751 工业遗产利用的最新状况。

郭培女士是中国最早的高级定制服装设计师，也是第一位在巴黎高级定制时装周展示个人作品的中国设计师，今年是她入驻751厂的第15个年头。郭培女士介绍自己偏爱中式服装，因此在服装设计作品里都蕴含着中式元素和传统手工艺，例如中国刺绣手工元素的高档定制服装。目前她正在筹备2020年2月巴黎高档定制时装周的作品。郭培设计师讲述了751北京时尚设计广场吸引设计人才的策略，以及如今时尚产业在这里生根孕育的基本情况及特点。她说自己当年选择751北京时尚设计广场的主要原因是这里空间广阔，德国风情浓厚的厂房建筑，是一个可以尽情“折腾”的空间，能够给予设计师空间感和灵感。

来751北京时尚设计广场之前，郭培设计师一直想拥有一个独特的空间，展示自己的设计作品，如今得以实现。她体会到工业遗产所形成的独特空间，对于设计师来说，是不可浪费的创作天堂。郭培设计师还讲道，很多设计人员选择751北京时尚设计广场是因为与优秀同行之间交流便利。“我们这一批设计师在来到751的时候，就在自己领域有了一定的知名度。”但是现在很多年轻人是毕业就入住进来，他们需要业务交流，而这里为年轻人提供了沟通的平台。相信未来这里构筑起来的时尚氛围，会使更多文化创意得以在此诞生。751北京时尚设计广场的故事，也必将被越来越多的创意人士所续写。

随后，我们来到了一处独特的文化空间——751火车街区。在这里我们见到了北京正东电子动力集团有限公司的张军元总经理。他是751厂的老员工，先后担任过751厂煤气厂技术员、车间主任、检修厂长，是751厂资历最老的员工之一，目前主要负责北京时尚设计广场的文化创意产业公司运营，以及751品牌宣传和输出方面的工作。见到张军元先生时，他正在火车车厢里和同事们商量元宵节火车集市的筹备和火车内部的布置等事情。

位于751北京时尚设计广场的火车街区，致力于形成消费升级平台，满足人们对美好生活的追求。火车街区利用工业遗留的火车车厢，汇集大量文化创意新元素，融合小而美的生活方式，形成751北京时尚设计广场的新亮点。此前火车街区联合鄂温克旗，共同营造民族非物质遗产文化市集。“来自草原”这一主题受到了社会各界的关注，使人们得以见证民族传统与时尚的对话。用市集这一方式呈现，不仅为民族工匠们进行文化交流、继承传统、展示才华提供了难得的平台，也有效促进非物质文化遗产的传承与弘扬，激发民族文化和文化创意的活力。

张军元先生还介绍了751火车街区与十点读书的创意合作，双方用彼此的优势资源互相赋能，通过新媒体互联网进行文化传播。其中“中国首例火车厢设计绘画”项目，以“2020时光专列，不辜负每一个四季”为主题，以火车车厢为载体，大胆尝试以唯美日历插画为基础，展现时光列车的概念，形成火车街区地标网红打卡空间，与目标受众的文化需求相吻合。由于是首例在火车车厢内开展的设计活动，受到了众多访问者，特别是年轻人的追捧。

751火车街区现阶段正在招募更多的原创设计人员和更多的设计企业，为设计文化创意发展提供平台，让本土时尚设计与文化创意有新的展示空间，为非物质文化遗产传承人提供更大的国际舞台，让游客和北京市民们多一个好看好玩、时尚潮流的文化新去处。目前火车车厢喷绘尚未完全竣工，一些火车车厢的主题和内部装饰也没有确定，张军元先生希望能有一节“故宫车厢”，融合故宫文化 IP，展示故宫文化创意产品。

张军元先生还希望借鉴故宫博物院“紫禁城上元之夜”和“非物质文化遗产老字号进故宫”活动的经验，以“元宵大团结”为主题举办文化夜会，同时在火车街区联合各民族的非物质文化遗产特色产品、老北京特色风味，举办文化庙会。他认为物质与非物质文化遗产见证着社区的生命历程，保持和延续着社区文化，并促进城市肌体的健康发展，同时也赋予了人们真切的归属感与认同感。精心呵护文化遗产，维系历史文脉，留住社区记忆，是人们生存发展的心理需求，也是当代人对祖先和子孙的责任。

“紫禁城上元之夜”的成功举办，引发人们对于灯光文化夜会的关注。工业遗产的灯光设计和呈现，有着比在古建筑群内实施更加宽松的应用环境，也可以体现出工业设施的特色，具有识别性。通过应用主题照明、轮廓照明、背景照明、地面照明、建筑立面照明等方式，可以对物体造型进行勾勒、点缀，配合投光照明形成自然的灯光雕塑，这些比较适合渲染工业遗产保护区域的大体量工业构筑物。同时，结合背景照明利用大片的晾水池设计音乐喷泉，也是生态恢复改造区比较合宜的照明方式。

下午 3 点半，张军元先生建议我们休息一下，找个地方喝杯咖啡，于是来到了 751 园区内最时尚的咖啡店，这里以年轻化装饰和双黄蛋咖啡闻名，是北京年轻人的打卡胜地。张军元先生介绍这里曾经是他的办公室，现在变成了时尚设计商店，每次来到这里他心里都会很有感触。他深情地回忆起 751 厂当年生产兴盛时期的景象和企业转型发展初期的艰苦历程。特别是 2003 年北京正式提出煤气停止生产，停产之后将近 1000 职工需要安置。作为在 751 厂工作了几十年的老员工，张军元先生见证了 751 厂的兴衰、转型，用自己的视角讲述 751 厂的前世今生故事，并且阐释自己管理和设计 751 厂转型发展的理念。

在张军元先生的引领下，我考察了厂区内的大型煤气储气罐。79 罐是 751 厂的地标建筑之一，总面积 3300 平方米，直径 61 米，穹顶高约 9.4 米，地面水泥材质，墙体为钢板，是在 751 工厂煤气储气罐基础上改建而成的，始建于 1979 年，是对老工业资源的二次利用，于 2007 年正式投入活动使用。79 罐内正在为即将到来的新型手机发布会进行场地布置，准备已经初具雏形。张军元先生介绍了即将进行的活动，以及这次活动选择 79 罐的原因。因为手机是非常科技时尚的产品，在工业遗产内举办，可以感受到历史和现在的强烈碰撞。

张军元先生介绍了 79 罐曾经的历史沿革、用途，以及如何完成从旧工业到新潮流的过渡，如何在不改变原貌的情况下，迸发出新的活力。当初 751 厂通过竞标选择设计师来重新改造 79 罐，最终选择了王永刚设计师的方案。因为当时设计师认为考虑到这是北京地区唯一的大型煤气储气罐，改造后应满足公共性，适应多功能利用需求，因此在罐内空间中什么都不添加，才是最好的方案。这种空间是一种不太受时间影响的风格，它不会过时，可塑性很强。

下一步还将利用园区东北侧多年闲置，直径 68 米的螺旋式大型煤气储气罐，这是北京历史上第一个 15 万立方米的大型储气罐，过去北京市有 7 个这样的储气罐，现在只剩下两个在 751 厂区内，其他 5 个大型储气罐都已经消失。下一步将恢复储气罐原有高度及风貌，形成首都文化创意产业的新地标，开展高端会展的发布、设计品的交易、戏剧和音乐的演出等活动，建设文化科技相融合的国际会展演艺中心。张军元先生向我介绍正在策划新建751博物馆，拟通过对一座水泥大罐保护性再利用，融合工业和文化气息进行博物馆建设，他还希望我能对博物馆建设方面提一些建议。

张军元先生还向我展示了一台50年代的3毫米电影放映机，介绍了它的来龙去脉。这台电影放映机是60多年前由东德总理赠送给751厂的礼品。那个时代文化生活比较少，因此751厂工人俱乐部就成为员工们，特别是年轻员工下班以后最喜欢去的地方。90年代751厂工人俱乐部改造时，便被工厂的老师傅收藏起来，去年这台电影放映机重新回到了751厂，如今它存放在设计品商店的柜子里，等待751博物馆建成之后进行展示，因为这台电影放映机中有人们对那个时代的情感。特别是对751厂的工人们而言，这台电影放映机是当时751厂生产鼎盛时期的缩影，凝聚了人们对那个黄金岁月的记忆。

751厂是主要从事热电综合能源的生产供应企业，厂区拥有储煤场、火车头、裂解炉区、15万立方米储气罐、动力管廊，以及系列配套厂房等特色设备、建筑和广场。总占地面积约22公顷。751北京时尚设计广场正是在751厂工业遗产的基础上，经过近10年的保护性再利用逐渐形成特色。751厂的保护性再利用项目以“空间再生产、可持续”为指导思想，通过时尚设计与创意产业赋予历史工业文化遗产新生机。

798艺术区和751北京时尚设计广场两者之和，总占地面积达54公顷。七星华电科技集团与正东电子动力集团二者的分界线，主要在动力广场的西边界向南北延伸，可谓一墙之隔，但是798艺术区与751北京时尚设计广场的定位，既有呼应，又相互区别。798艺术区每年举办画廊周和798艺术节，751北京时尚设计广场举办国际设计周、国际时装周等大型活动。丰富多彩的文化活动和文化氛围，吸引有关国家领导人、王室及国内外政要经常到访，使这里具有了广泛的国际影响力，成为展现文化自信的重要窗口。

798厂和751厂片区是北京较完整的老工业厂区，这里所拥有的包豪斯建筑、仪器设备、生产管线等饱经沧桑，具有鲜明的工业特色，是城市工业发展的见证。在北京城市总体规划中，结合这一地区的历史遗存，集中划定了工业文化遗产的保护区域，对于区域内工业建筑、设备、管线等文化遗存确定保护目标，对于建筑高度、街道尺度、空间格局、环境色彩等特色风貌进行整体保护。在城市规划中工业用地的规划路网红线过宽，目前用地性质变更为工业文化创意产业园区，特别是大量工业厂房、生产设备成为保护要素，需要对道路红线进行调整。

为解决这一矛盾进行规划调整，依据现状厂区道路调整路网，形成“三横四纵”的路网体系；压缩道路红线宽度，避免破坏保留建筑；增加三条城市支路及七条街坊路，增加路网密度，提升道路通行能力。同时划定完整的步行街区，街区内道路分时段管控，白天作为步行道路，晚间对机动车开放；街区外围规划连续的城市道路，保障区域交通；街区周边结合新建项目增设地下停车设施，解决园区及周边地区停车难问题，修补城市功能。

在张军元先生的引领下，我们登上了厂区的制高点，这是新建的一条连接厂区主要功能区域的空中廊桥，这座空中廊桥既是交通廊桥，也是景观廊桥。桥上有一些合影打卡的年轻人，还有一对以工业建筑为背景拍摄婚纱照的情侣，他们告诉我从外地来京结婚旅游，特地来这里拍照。我问他们为什么选择在这里拍摄婚纱照，没有像一些情侣那样选择更加华丽的地方，他们说这里的工业景观非常独特，特别有艺术感。

站在桥上可以俯瞰751北京时尚设计广场全貌，总体来说园区的特点是广场多、外部空间多、室内空间少。张军元先生特意展示了全区鸟瞰图，介绍751厂各个区块的功能划分。在整体保护的状态下，751北京时尚设计广场的总面积22万平方米，区域内建筑面积则不足15万平方米，容积率仅为0.79。我们沿着高架桥的南北方向行走，看到现状工业建筑物、构筑物已经形成良好的遗产界面和天际线。近处的一座建筑是奥迪汽车研发中心，也是该企业的亚太研发中心，地下3层，地上6层，完全是一个新的项目。昔日751厂建筑由德国建筑师设计，如今德国企业进驻这里，希望新的建筑物与老的工业园区能够融合在一起。

站在高架桥上，甚至可以看到远处的望京新区和商务中心区，近处可以看到附近多为工业厂房建筑和动力生产设备。刚登上高架桥时，感到下面缺少开展文化活动的空间，但是沿着高架桥行走起来，感受随之发生了变化。戈登卡伦在《城市景观》中认为理解空间不仅在看，而且应该通过运动穿过它。站在步行高架桥上一边行走，一边观察，就感受到751厂的景观不是一种平面静态的景观，而是一种空间意识的连续统一体，可以体会到周围空间给我们带来的不一样的视野体验，以及我们所希望的心理体验，而空间序列景观就起到了主导我们体验的作用，这种序列贯穿了我们运动观景的整个过程。

张军元先生向我讲述了751厂转型751北京时尚设计广场时，在拆与建、新与旧之间难以取舍的纠结心境。最难的是有关领导希望工业遗产在改造后要使人们感到眼前一亮，让它更时髦。但是工业遗产保护性再利用，要求最少干预工业建筑物、构筑物的现状，不改变751厂工业遗产核心要素，因此对于以前生产状况无论是加一点，还是减一点，都要精心把握，不能凭空创造。尤其是国际上已经有不少同类利用工业遗产创设的文化创意产业园区，如何形成高品质的文化特色难度很大，这样磨合的过程持续了很久。

将751厂作为北京时尚设计广场和工业遗产主题公园的定位，为保留工业建筑物、构筑物提供了合适的舞台，能够最大限度地实现保留历史地段的目的，而会展博览文化区和公共服务中心的功能定位，也是厂房、仓库等工业建筑延续其使用价值适宜的形式，作为公共开放空间，容积率、建筑密度等指标都相对较低，为工业遗迹的保留提供了可能。无论是从建筑结构、空间形态等方面，厂房、仓库等建筑改建为博物馆、展览馆、文化中心等都具有得天独厚的优势。

为适应开展文化创意产业发展需要，同时贯彻北京城市总体规划“减量提质”的目标，751北京时尚设计广场对于全区用地功能、开发强度等规划设计指标进行适度调整，在控制性详细规划中实现减量约20%，使高大的工业厂房建筑和独特的动力生产设备继续在区域景观中保持主角地位，形成良好的城市公共界面，通过创新性合理利用，为751北京时尚设计广场不断增添新的内涵，从而塑造出更具魅力的文化空间，充分体现出工业遗产的文化积累，焕发出穿越时空的永恒魅力。

在控制性详细规划中，针对751北京时尚设计广场缺乏集中绿地与完整绿化系统，采取落实“留白增绿”“增建小微绿地”的措施，在保证规划绿地总量不变、保护历史建筑的前提下，调整优化绿地布局，缩窄城市干道绿化带，结合项目实施开展环境整治，增加公共绿地。结合园区干道与广场，植树种花种草，增加绿化覆盖率。同时，利用建筑第五立面，增加屋顶绿化。对于体现工业文明的小品雕塑，以及座椅、垃圾箱、路灯等进行整体设计。

生态环境的营造与工业环境维护相结合，使751北京时尚设计广场呈现艺术特色，工业文明与园林艺术交相辉映，集中体现751厂在不同发展时期走过的历史足迹，也是展示工业景观的有效方法，形成具有时代特色的工业文化遗产保护示范区，借助良好的绿化景观和完善的观光系统，751北京时尚设计广场成为引人瞩目的“公共会客厅”和“户外画廊”，让老工业建筑在新的环境里满足人们对美好生活的向往和体验。目前，751北京时尚设计广场已经入园的各类设计师工作室，以及辅助配套类公司已经有150余家，入驻的设计师达到1500余人，主要选择的是设计类和体验类项目。

张军元先生谈到751北京时尚设计广场的未来发展方向，他说北京市委书记蔡奇指出“文化创意产业学习首钢”，首钢通过对工业厂房、炼铁高炉和历史环境的保护性再利用，形成2022年冬奥会组委办公园区和国家体育产业示范区。因此，751北京时尚设计广场的再发展应学习首钢的经验，充分挖掘闲置厂房、设施的潜力，保留原有主体结构，内部空间完善与外部空间提升有机结合。同时，保护现有场地环境，地上地下空间一体化设计，新增建筑要与厂区高度、体量、色彩、环境相协调，新老建筑有机融合相互辉映。

面对信息化时代科学技术发展，751北京时尚设计广场还利用企业在电子信息领域的技术优势，实现文化艺术与科学技术相融合，将5G+8K、AR、VR、全息影像等技术与文艺演出、信息发布、艺术品展览、文化创意产品展示等领域相结合，实现“触手可及”的传播效果；将大数据、区块链、AI等技术应用于文化创意产品研发与版权保护，用科技助力文化创意发展；园区率先布局5G基站，实现园区信息化全覆盖，布局户外创意环境；利用无人驾驶、物联网、虚拟仿真等新技术，塑造智慧园区。

今天我们看到，许多具有远见卓识的城市政府，在大力推进当地经济社会可持续发展的进程中，重视工业遗产的保护，取得了令人称道的成绩。在对工业遗产保护逐渐形成共识的形势下，一批工业遗产得到了积极保护和合理利用。同时，我们也必须注意到，尽管近年来一部分工业遗产开始被列入保护之列，但是受法律保护的工业遗产项目仅占应纳入保护内容中的很小一部分，还有很多城市，特别是一些传统工业城市，还缺乏将工业遗产保护纳入文化遗产保护范畴，缺乏对工业遗产的总体评价和细致规划。

酒仙桥地区毗邻机场使馆区，是首都对外文化交流的重点地区，区域内高新科技企业集聚，是文化与科技融合发展的重要地区。751厂经过多年探索实践已初具规模，具有良好文化与经济效益前景。751北京时尚设计广场结合北京城市总体规划，响应“城市双修”的号召，多层次、宽领域地推动首都产业转型及文化创意产业发展，满足广大民众日益增长的文化消费需求，建设文化科技融合发展的文化创意产业发展示范区。

目前，751北京时尚设计广场已经形成集艺术、设计、展演、交易于一体的初具规模的文化创意产业园区，吸引大批国内外知名艺术家、设计师、文化机构入驻。为增强文化创意产业园区国际影响力，提升艺术交流空间，扩大原创设计门类，促进艺术品消费增长，推动文化展演交流发展，补充区域国际教育需求发挥出独特作用。面对未来，将增建751高端会展演艺中心、科技文化创新中心、国际时尚学校等六大设施。

751科技文化创新中心，拟改造1号、2号、3号、6号、7号停产锅炉房，利用锅炉房大跨度的空间与设备遗存，建设科技文化创新中心，提升园区文化与科技融合的创新能力。751国际时尚学校，拟改造园区东侧电子信息技师学院，利用751园区汇集的服装设计、音乐设计、视觉设计等时尚设计资源，与高等院校合作开展“产学研”教育培训项目，建设“产学研”一体的培训平台，培育更多的文化创意人才。

老工业区往往是一座城市最具情怀的符号，留有城市发展的独特印记。751厂承载着近现代共和国及北京工业发展的历史记忆，是传承发展历史文化、促进城市有机更新的重要载体和宝贵资源。在751厂，迎来的不应是沉沉暮年，而应是文化、产业、生态、活力复兴计划带来的新生。通过751厂的工业历史、工业建筑、工业与文化这三个角度，可以向社会公众讲述属于北京的工业记忆，以及如何利用工业记忆这一元素来实现文化再生。

北京市希望通过酒仙桥地区文化创意产业的升级改造，立足于全国文化中心建设“一核一城三带两区”总体框架，通过“西有首钢、东有酒仙桥”的格局，共同形成首都文化创意产业的新地标。推动文化与科技、时尚等领域融合创新发展；完善城市美育功能，提高大众美学修养；盘活工业遗存，推动城市更新和文化品质提升；丰富区域文化活动，利用园区优势增加剧院、博物馆等设施；积极培育新型文化业态与消费模式，不断激发文化消费增长潜力；将这一区域建设成为具有世界影响力的国际文化创意产业发展示范区。

酒仙桥地区明显的地理优势和不断提升的社会价值，对于文化创意产业有着独特的影响，是文化创意产业个性化、多样化和具有地方特色的基础，而优质文化创意产业的引入和发展，能够吸引一批知名文化创意领域科技资源，让科技赋能文化创意产业，对751北京时尚设计广场的文化价值也起到积极的延续作用，增添城市活力，修补城市功能，形成新型智慧化的文化创意高地，扩大地区的整体影响力。

长期以来，人们注意保护数千年、数百年前祖先创造的历史遗存，习惯了把农业社会时代那些历史悠久的文化遗存，譬如古遗址、古墓葬、古建筑、石窟寺及石刻等作为文化遗产悉心加以保护，而往往忽略几十年前在我们父辈或者我们自己手中创造的文化遗存，对于近现代重要史迹及代表性建筑的保护则重视不够，特别是其中的工业遗产更较少得到人们的认同和保护，其价值尚未得到广泛认可，忽视保护历史的延续性。因此，工业场地、工业建筑、机械和设备以及其他工业遗产作为工业社会时代的历史见证，其历史、社会、科学以及经济和审美等价值长期被忽略。

工业遗产涉及的领域十分宽泛，《下塔吉尔宪章》中阐述的工业遗产定义为：“凡为工业活动所造建筑与结构、此类建筑与结构中所含工艺和工具以及这类建筑与结构所处城镇与景观，以及其所有其他物质和非物质表现，均具备至关重要的意义。”“工业遗产包括具有历史、技术、社会、建筑或科学价值的工业文化遗迹，包括建筑和机械，厂房，生产作坊和工厂，矿场以及加工提炼遗址，仓库货栈，生产、转换和使用的场所，交通运输及其基础设施，以及用于住所、宗教崇拜或教育等和工业相关的社会活动场所。”由此可以看到，工业遗产无论在时间方面、范围方面，还是内容方面都具有丰富的内涵和外延。

现代工业遗产正面临着技术不断更新或更替所带来的冲击。“如今日新月异的技术变革彻底改变了工业厂房、机器及工具的制造方式及使用方式。同时，人们的观念和生活也经历了剧烈的变革。可能在短短数年间，旧的生产方式就已然过时，我们的社会面目一新。现代社会发展节奏如此之快，新旧世纪交替使我们更加远离刚刚逝去的过去，以至于工业化的遗址则很快地步入历史。”所幸在一些国家，工业遗产保护问题已经引起当地居民的关注，并逐渐得到了社会民众的理解和支持，成为保护的主要力量。

在日本留学期间，我考察了发生在北海道的小樽运河保护运动。小樽曾是日本西部沿海最大的港口，重要的移民和物资集散地，全长 1.3 公里的运河承载着昔日的繁荣，与运河沿岸的仓库、厂房以及港口设施共同构成了当地的独特风景。1966 年夏地方政府因建设 6 车道的沿海道路，计划将历史悠久的小樽运河填埋 60%，并且威胁到上百栋明治时代的石造仓库群。这一严重事态引起市民的抗议，他们认为小樽运河和石造仓库群是城市经济繁荣的历史见证，构成家乡的独特景观。于是自发组成“小樽运河保护会”，开展了持续的保护运动，不但有效阻止了建设性破坏，而且促成该项遗产列为“国家重要的传统建筑物群保存地区”。

美国纽约曼哈顿的苏荷区，在第二次世界大战前曾是著名的传统工业区，也是美国重要的工业基地，经济大萧条后工厂搬迁，闲置了大量厂房和仓库。随着 20 世纪纽约金融化、现代化发展，一批艺术家将这片区域内闲置的工业厂房和仓库，对内部稍加整理后，作为自己艺术创作、作品展示、交流聚会和生活场所。一开始这里没有人管理、不收取租金。经过多样化的使用后，开始喜欢这里地段优越、建筑空间宽阔、易于产生创作灵感的空间，于是有更多年轻艺术家们来到这一区域。这些艺术家们的存在确实有利于工业遗产的保护和合理利用。

但是随着经济回温，许多工厂的所有者希望把这些“非法占据”的艺术家赶走，然后把这些厂房卖掉。纽约市政府也曾计划对该地区的传统建筑实施拆迁，改建为现代化的写字楼和高级公寓，但是遭到市民的强烈反对。为此，全纽约的艺术家团结起来，协力保护这些工业遗产。当然，这次保护行动具有双重意义，一方面是为了维护他们自己的低成本使用，另一方面是为了保护工业历史。保留下来的苏荷逐渐发展成为独具特色的“苏荷模式”。20 世纪 70 年代，民众的诉求得到了正面的回应，纽约市政府终于决定将苏荷区列为保护区域，明确规划这里以艺术经营为主，苏荷区重新走向繁荣。

如今，国际社会正在不断地鼓励多样化地理解文化遗产的概念和评价文化遗产价值的重要性。任何一种类型的文化遗产从被理解到积极保护，都经历过渐进的和不断推动的过程。在很长一段时间里，人类对于文化遗存的发现与认知就带有很大的盲目性、偶然性、主观性和功利性。随着经济的发展、科学的昌明、社会的进步，文化遗产的认知理念日臻成熟，正在逐渐成为一种充满智慧的理性行为。在推动地区产业转型，积极整治环境，重塑地区竞争力和吸引力，带动经济社会复苏等方面取得了不少成功的经验。

如今，保护性再利用的成功案例逐渐增多，例如大型的厂房建筑与会展、博物馆、商业中心、文化娱乐中心、体育馆等公共设施相结合，一些冷却塔、高炉、储气罐等特殊的构筑物则与工业旅游相结合，改造为攀岩、潜水、工业冒险等项目，或成为主题公园中富有创意的文化景观标志和教育设施，或成为新型的文化创意产业区。对于各类机械设备、生产设施、交通设施等工业构筑物则采取与工业建筑类似的手段进行展示作用，成为体现工业文明成果和工业生产风貌的陈列内容。

我们还看到一些艺术家工作室、时装设计室、艺术画廊、工艺品店、建筑事务所、律师事务所、牙医诊所、商业推广公司、旅游公司、中介咨询机构、产品研发机构、小型展销场所等也都在工业建筑中找到了理想空间。同时人们对于这些工业建筑的文化信息和传统风貌格外珍爱，适度地改造往往仅限于室内，如增加隔热保温措施，进行内部水电改造，添加卫生设施，房间结构加固及装修等，而对于工业建筑的外观和格局，以及室外环境尽可能保持原貌，以提醒人们这些工业建筑和设施不同寻常的历史和不可替代的价值。

在工业遗存的外部环境条件彻底改变，需要引入新功能的条件下，以工业活动遗留的实体资源为保护性再利用对象，根据需要改变工业建筑物、构筑物的使用功能和外观面貌。例如奥地利维也纳煤气厂储气罐的改造，四个硕大的储气罐分别被改造为旅馆套房、高级写字楼、大型卖场和娱乐中心，工业设施被赋予全新的功能，成为当地著名的游览目的地。澳大利亚悉尼市在达令港码头改造规划中，将大量老仓库利用为专业店、咖啡屋和小型博物馆。

以往，衡量文化遗产一般采用“历史、艺术和科学价值”这三大价值作为标准，而工业遗产在具有文化遗产的普遍特征的同时，还具有一些特殊的价值，一般来说，工业遗产具有历史、社会、建筑和科技、审美价值等多重价值。它与其他文化遗产的区别还有技术价值，工业遗产见证了科学技术对于工业发展所做出的突出贡献，表现在工厂矿山的选址规划、建筑物和构造物的施工建设、机械设备的设计安装、生产工具的改进、工艺流程的设计布置和工业产品的更新等方方面面。

工业遗产具有重要的历史价值。它们见证了工业活动对历史和今天所产生的深刻影响。工业革命使科学技术、城市经济和社会文化等方面产生了前所未有的深刻变化，而工业遗产就是工业文明的历史体现，是记录一个时代经济社会、产业水平、工程技术等方面的文化载体。工业遗产不但体现了人类对于美好生活的向往，也体现了人类日益强大的驾驭物质世界的力量。通过对城市中的工业遗产重新进行梳理、归类，更好地保护工业遗产，发掘其丰厚的文化底蕴，将使绚丽多彩的历史画卷更加充实。在合理利用中为城市积淀丰富的历史底蕴，注入新的活力和动力。

工业遗产具有重要的社会价值。它们见证了人类巨大变革时期社会的日常生活。工业活动在创造了巨大的物质财富的同时，也创造了取之不竭的精神财富。工业遗产记录了普通劳动群众难以忘怀的人生，成为社会认同感和归属感的基础，构成不可忽视的社会影响。辉煌的工业历史，不但是企业家的骄傲、工人们的自豪，同样也让后人景仰。保护这些反映时代特征，承载历史信息的工业遗产，能够振奋民族精神，传承产业工人的优秀品德。工业遗产中蕴含着务实创新、包容并蓄，励精图治、锐意进取，精益求精、注重诚信等工业生产中铸就的特有品质，为社会添注一种永不衰竭的精神气质。

工业遗产具有重要的科技价值。它们见证了科学技术对于工业发展所做出的突出贡献。工业遗产在生产基地的选址规划、建筑物和构造物的施工建设、机械设备的调试安装、生产工具的改进、工艺流程的设计和产品制造的更新等方面具有科技价值。保护好不同发展阶段具有突出价值的工业遗产，才能给后人留下相对完整的工业领域科学技术的发展轨迹，提高对科技发展史的研究水平。而保护某种特定的制作工艺或具有开创意义的范例，则更具有特别的意义。

工业遗产具有重要的经济价值。它们见证了工业发展对经济社会的带动作用。工业的形成与发展往往需要投入大量的人力、物力和财力，而对工业遗产的保护可以避免资源浪费，防止城市改造中因大拆大建而把具有多重价值的工业遗产变为建筑垃圾，有助于减少环境的负担和促进社会可持续发展。同时，保护工业遗产能够在城市衰退地区的经济振兴中发挥重要作用，保持地区活力的延续性，给社区居民提供长期持续稳定的就业机会。

工业遗产具有重要的审美价值。它们见证了工业景观所形成的无法替代的城市特色。众多城市中工业的布局和发展极大地影响着城市的格局，形成了特殊的内在肌理和特质内涵。在当前城市化大潮中，许多城市由于对自身文化特色的忽视和放弃，造成了城市形态、城市面貌和城市文化的趋同化。认定和保存有多重价值和个性特点的工业遗产，对于提升城市文化品位、维护城市历史风貌、改变“千城一面”的城市面孔、保持生机勃勃的地方特色，具有特殊意义。

从城市规划角度看，组成一座城市的物质要素不但包括居住区、公共建筑、商务区、道路广场、园林绿地等，也应包括工业、仓库、对外交通运输、桥梁、市政设施、能源供应等等。工业遗产虽然不能像一般艺术作品一样进行观赏，但是，城市的差别性关键在于文化的差别性，工业遗产的特殊形象成为众多城市识别的鲜明标志，是“阅读城市”的重要物质依托，因而具有明显区别于其他城市的独立性格。作为城市文化的一部分，工业遗产无时不在提醒人们城市曾经的辉煌和坚实的基础，同时也为城市居民留下更多的向往。

吴良镛教授指出：“城镇中有着古老的东西，但每年每月都在不断地产生着新的建筑与设施。今天的新事物，若干年后又成为陈迹，并随着时间的洗练，有些遗存又成了具有一定历史价值的标志。城市永远处在不断地新旧交替之中，外观上也是古今并存的，是由基本上属于不同时期、不同地区、不同风貌而构成的，反映了该地区的历史文化和时代特征。”吴良镛教授认为：“文化本身是不断形成的，发展的，动态的，永远在延续、创新的过程之中。”工业遗产亦复如此。

从 1840 年到 1949 年的一百余年间，中国先后出现了上百个近代城市。虽然辛亥革命后中国也逐步形成了一些现代工业的基础，但是几经战争破坏，到 1949 年几乎没有留给新中国多少经济遗产。新中国成立后，中国工业还经历了苏联和东欧社会主义国家援建时期，如北京的 718 联合厂；经历了改革开放技术引进时期，如首钢在不同历史时期进口的二手设备。虽然这些技术、设施设备、厂房建筑、生活设施不是中国的自我发明，但它们记载了中国工业从无到有、发展壮大、产业升级的历史过程，都具有重要的工业遗产价值。

新中国成功开启并快速推进的工业化进程，具有伟大的世界意义。新中国的工业化，是世界第一人口大国的工业化，70 年代工业化进程的成功推进，无疑对整个人类社会的可持续发展贡献巨大。沉寂数百年之后，充满生机的中国屹立在世界的东方。跨入 21 世纪的时刻，我国在众多领域的科学发明和工业成就，已经成为人类社会的宝贵财富。70 年代的工业化进程，给中国这个古老国度带来了历史性巨变，中国的工业化水平，实现了从工业化初期到工业化后期的历史性飞跃；中国的基本经济国情，实现了从落后的农业大国向世界性工业大国的历史性转变。

21 世纪初的 10 年，是中国工业遗产保护从无到有，从艰难起步到星火燎原再到发展壮大的 10 年。我国工业社会时代开始的时间较晚，但是发展迅猛，工业发展的历史曲折而复杂，人们对工业遗产保护的认识需要一个接受的过程。随着城市化步伐的逐步加快，产业结构的调整、工业企业的搬迁，对于工业遗产拆与保、遗弃与利用之间存在着激烈的碰撞。这种碰撞不仅存在于某个地区，而普遍存在于具有工业遗产资源的所有城市，因此必须尽快制定全面的工业遗产保护战略。

长期以来，一些城市决策者认为被废弃或即将停产的工业场所，代表着过时和落后，“因为它们创造的景观看起来像自然灾害或历史失败的象征”，是属于肮脏丑陋、有碍观瞻、毫无价值的存在，而惨遭拆除的厄运。同时城市工业用地更新也往往采取推倒重来的方式，因为他们认为从生产领域淘汰下来的内容是废弃物，曾有过噪音、粉尘、有害气体等污染，是城市以及企业进一步发展的包袱，应将它们彻底拆除清理，代之以新的开发项目。可以说当前工业遗产保护带有抢救性意义。

随着经济社会迅猛发展，城市化步伐的逐步加快，对工业遗产在拆除与保护、遗弃与利用之间存在着激烈的碰撞。的确人们对工业遗产保护的认识经历了一个理解与接受的过程。人们普遍认为工业场所只是生产加工和劳动就业的地方，难以想象它们应作为文化遗产而列入保护之列。我国进入工业社会时代的时间不长，距今只有 200 多年的历史。在我国现代工业每时每刻都面临着技术更新、转产和现代化的大背景下，工业建筑和设施往往被视为持续发展的障碍，如何评估这些遗产并将其妥善保护、永续利用，成为文化遗产保护领域一个极为紧迫的问题。

近年来，我国伴随城市规划布局及产业结构的调整，工业从城市外迁的步伐加快，过去的大片工业区大多变成了城市中心区，我国各地均遗留下了大量的工业遗产。随着技术的更新、设备的老化、城镇的扩展，当年红火的厂矿有的已经关闭，当看到破败不堪的厂房、锈迹斑斑的机器、粗陋笨拙的产品、泛黄发皱的照片，因此认为这些东西已经离开现在这个时代太久远了，已经“死去”了。也有人认为工业遗产是“疮疤”“垃圾”，是“阴暗的一面”，应该毫不留情地拆掉，建起高楼大厦，“旧貌换新颜”，就像你在每个城市都可以看到的毫无特色、千篇一律的“水泥森林”。

正像我们曾经不文明地对待文物古迹和历史文化街区一样，今天又正在迅速毁掉工业社会时代留下的文化遗产，使一些作为人类智慧结晶的工业遗产岌岌可危。在“旧城改造”的热潮中，在推土机的轰鸣中，一些尚未进行界定、未受到重视的工业建筑和旧址，正急速从城市的界面消失，烟消尘散后留下了城市记忆的空洞。许多城市由于对自身文化特色的忽视和放弃，造成城市形态、城市面貌和城市文化的趋同化。我们看到由于大量传统工业先后遭遇行业衰退和逆工业化过程，于是转让土地使用权，用转让资金安置分流人员，清理债务，投资发展，几乎成为这些企业唯一的出路。

同时在巨大的城市空间发展需求和土地供给日益短缺的压力之下，处于城市中心和近郊区的工业用地早已成为令人注目的开发对象。在这一背景下，昔日的厂房和设施往往成为平衡开发成本的牺牲品，遭到拆除和损毁的命运。为了有限的商业利益，不惜将一些经历磨难而幸存下来的优秀工业遗产拆毁，不顾资源环境和子孙后代利益的短视行为时有发生，使我国工业文明初期的见证和记忆永远从人们的视线里消失。如何评估这笔珍贵遗产，是为了眼前暂时的利益，通过卖地增加财政收入，改善城市面貌重要，还是将其妥善保护、永续利用，为后代留下一个历史纪念物更重要，成为我国文化遗产保护中一个极为紧迫的问题。

事实上，我国工业遗产保护与发达国家相比已经滞后了数十年。同时与其他文化遗产类别相比，工业遗产的价值长期被忽略。由于大量的工业遗产没有纳入文物保护之列，全国范围内的工业遗产不断受到毁灭性的威胁。尽管近年来一部分工业遗产开始被列入保护之列，但是受法律保护的工业遗产项目仅占应纳入保护内容中的很小一部分，而大部分城市，特别是一些传统工业城市，尚未将工业遗产保护纳入文化遗产保护范畴，缺乏对工业遗产的总体评价。

国务院公布的第六批全国重点文物保护单位，在继续将一批古代冶铁遗址、铜矿遗址、汞矿遗址、陶瓷窑址、酒坊遗址和古代造船厂遗址等列入保护单位的同时，引人瞩目地将黄崖洞兵工厂旧址、中东铁路建筑群、青岛啤酒厂早期建筑、汉冶萍煤铁厂矿旧址、石龙坝水电站、个旧鸡街火车站、钱塘江大桥、酒泉卫星发射中心导弹卫星发射场遗址、南通大生纱厂等一批近现代工业遗产纳入保护之列。加上之前列入的大庆第一口油井、青海第一个核武器研制基地旧址等，有10余处狭义概念的工业遗产成为全国重点文物保护单位。

上海在工业遗产再利用方面的实践，一直走在全国前列。20世纪90年代，在上海大量工业用地转化为商业用地，进行房地产开发，但是一些项目在开发过程中遭遇亚洲金融危机而搁浅，只好将工业厂房暂时外租，这时一些艺术家开始进驻，除了价格便宜、使用方便外，他们也感到了工业遗产的特殊魅力。于是原身为上海春明粗纺厂的M50创意园等也就应运而生。2005年前后，上海已经有100个左右创意产业园区，其中85%以上是旧工业厂房的再利用。虽然也有一些新建的创意产业园区，但是艺术家们反而愿意进驻工业建筑遗产空间发展事业。

上海的苏州河，曾承担过繁重的工业原料、能源和产品的运输功能，沿河两岸的厂房、仓库、码头等工业遗迹，记载了城市百年产业兴衰，成为城市独特的精神载体。随着航运功能的不断淡化，苏州河实施整治工程，在维护历史风貌的基础上，对这一历史地段的功能重新定位，沿河的传统工业建筑群逐渐成为建筑设计、广告策划、艺术展示等业态的聚集地。《中国建设报》报道，到2004年底，上海已为市中心的400万平方米的老厂房招来5000个新“房客”，加上100万平方米配套用地，使老厂房每年可创造税收租金15亿元，提供就业岗位10余万个，盘活国有资产80多亿元，投入放大效应超过10倍。

2005年10月在中国西安召开的国际古迹遗址理事会第15届大会暨学术研讨会上，将2006年“国际古迹遗址日”的主题确定为“产业遗产”，后定名为“工业遗产”，表明世界文化遗产中的工业遗产越来越受到人们的重视，标志着国际工业遗产保护新阶段的开始。从工业遗产中我们可以清晰地看到技术进步的脉络，其中既有创新、改进，当然也有失败或者弯路，这些都为后人提供了可供借鉴的经验或者教训。由于工业遗产可以直观地反映出人类社会发展的这一重要过程，工业遗产成为我们社会发展不可或缺的物证。

2006年4月18日国际古迹遗址日的主题是“聚焦工业遗产”，成为中国工业遗产保护的诞生日。这一天，由国家文物局、国际古迹遗址理事会、江苏省文物局和无锡市政府联合举办“中国工业遗产保护论坛”，百余位中国文化遗产保护领域的专业人士和来自全国各工业城市的代表们汇聚中国近代民族工业发祥地之一的无锡，共同探讨我国工业遗产保护的现状与对策，论坛通过的我国首部关于工业遗产保护的共识文件《无锡建议》，将我国工业遗产保护问题提上议程，标志着中国工业遗产保护、管理和研究进入一个新阶段。

《无锡建议》向社会各界发出号召，工业遗产是整个人类文化遗产的重要组成部分，在城市化加速进程中应加以善待，带来了工业遗产保护与再利用重要转机。2006年5月国家文物局下发《关于加强工业遗产保护的通知》，在国家层面拉开了中国工业遗产保护的序幕，掀起了中国工业遗产保护的高潮。2009年6月，为进一步加强我国工业遗产的保护利用工作，由国家文物局主办，上海市文物管理委员会承办，全国工业遗产保护利用现场会在上海召开。

中国在城市化进程中，大批有遗产价值的工业建筑被拆除，受到社会各界的广泛关注。越来越多的专家、学者投身到工业遗产的调查研究和保护的工作中来。2010年11月，中国建筑学会工业遗产学术委员会在清华大学成立，这是我国工业遗产保护领域的第一个学术组织。同日，中国首届工业遗产学术研讨会召开，与会代表一致通过了《抢救工业遗产——关于中国工业遗产保护的倡议书》，呼吁全社会共同关注，抢救推土机下宝贵的工业遗产。

我国工业建设经历了70年的努力，已经形成了大中小企业相结合、品种齐全、地区分布合理、完整的工业体系。工业建筑设计无论在理论还是实践上都取得了举世瞩目的成就。2001年加入WTO以后，迎来了新世纪的新挑战。许多曾为国防建设、经济建设、文化建设立下汗马功劳的大型企业和工业基地随着改革开放的深入，为继续发挥更大的作用，面临更新改造。许多老厂区、老建筑也都面临着拆迁、改扩建或转产、更新改造的局面，不同的地区、不同的企业都在寻求一条适合自身条件的发展道路。

随着城市的不断发展，大规模的城市旧工业区改造与更新是必然的过程。数据显示，目前北京已完成腾退老旧厂房242个，占地面积共计2517.8万平方米，其中待利用面积占70.64%，达到1778.48万平方米。如何对旧工业区进行科学重构，是旧工业区改造更新的首要问题。一方面，旧工业区用独特的建筑语言记载了城市工业文明的辉煌，它具有特有的历史价值，反应特定时期工业生产状况；另一方面，旧工业区在城市中占据着独特的位置和面积，需要重新产生经济效益，而不是依靠政府补贴来维护。

一个成功的旧工业区改造更新应该做到：功能转换，传统工业产业被替换，重新吸引信息产业、创意产业等新兴产业进驻，或者发展城市休闲、城市娱乐、城市旅游，以赋予旧工业区新功能，实现自己造血；历史保护，随着时代的发展，旧工业区的历史文化价值更加突显，需要的是保护性改造和更新，重新诠释工业文明的魅力，以体现工业生产对历史以及现代生活的影响。从实践来看，工业旅游区、开放街区、产业园区是旧工业区改造更新的三大方向。

实际上，众多的工业遗产所在地均与城市紧密联系，而城市是一个动态发展的过程，这就意味着工业区更新后的功能性的改变。因此，这就要注重废弃的工业区在功能转换时有效地与城市空间的整合。目前国内的实例大多是将工业区更新为一个独立的个体，例如创意产业园、工业主题公园，而真正将工业区转化为城市综合功能区的实例在国内还未出现，但是只有当工业区真正地转化为城市综合功能区，区域内的道路、广场等公共空间，才能成为人们日常生活所使用的文化空间，而酒仙桥地区的工业遗产群体就具有这样的潜力。

北京，我们生活的这座城市，既是世界上人口最多国家的首都，又是世界上有着悠久历史的文化古都，是一个有故事、有特色的地方。一座城市不可能永远停留在昨天或今天，但城市的历史又是从昨天走到今天，再从今天走向明天。世界上任何一座有文化底蕴的城市，在走向明天的时候，都不会把自己的昨天和今天切割得一干二净。所以，以适当的形式保护好北京的传统和文化符号，就是留给未来的巨大财富。

当人们把久居的城市作为文化家园时，必然希望与城市中的建筑对话。对于文化古都北京，人们还希望在建筑空间里，获得享受与历史对话的机会。因此，在工业遗产整体维修保护过程中，充分研究“保护性再利用”的适宜方式，预设民众参与、公众交往和观众体验的共享组合空间，实现不断扩大开放，从而使工业建筑能够带给人们更多文化上的温暖和收获。工业建筑应该是为人所使用，这种传承也应该是以合理和实用为基础。最终实现保护和利用两者在探索中走向和谐统一。

总的来说，近年来随着城市更新逐渐从增量建设向存量优化转变，这些饱含城市印迹的工业历史场景，越来越受到政府和社会的广泛关注，有的被列入各类工业遗产名录，还有一些因其特殊的技术或建筑艺术价值，甚至被纳入国家级文物保护的行列，受到法律的严格保护。希望借助工业遗产的保护和利用，为城市的产业转型升级创造活力，并通过有针对性的政策和体制助力，不断促进创意人才、创新科技的集聚。

虽然国家针对老工业区转型升级，已经释放了许多积极的促进政策，但是需要面对城市历史文化、特色资源、交通区位、人口规模、社会经济发展水平等各方面的特点和差异，充分结合自身优势，找到更适合自己的发展策略。文化创意产业蕴含丰富的人类智慧，是一种以创造力为核心的新兴产业。工业遗产是工业文明与工业文化的物质表现，彰显着人类的创造力，具有重要历史文化价值。将工业遗产和文化创意结合，两者互补又相互促进，是文化创意产业成为工业遗产保护性再利用的方向。

文化创意产业的本质，是一个由文化创意和科技创新共同促进，面向社会的创新发展链条，无论其所倚重的内容是历史的还是现实的，其发展前景一定是超越时代，而面向未来。制定工业遗产保护性再利用的设计师需要具备综合协调能力，充分发挥主观能动性，在微观层面需要提出工业建筑、机器设备、市政管线等合理利用的正确方向；在中观层面需要提出工业场地、区域交通、环境绿化等协调融合的外部空间；在宏观层面需要提出符合城市总体规划、区域规划、详细规划的未来发展计划，通过对诸多发展条件的分析论证、研究判断、优化设计，逐步推动工业遗产项目可持续发展。

吴良镛教授指出："一个城市是千百万人生活和工作的有机的载体，构成城市本身组织的城市细胞总是经常不断地代谢的。"因此应按照城市内在的发展规律，顺应城市肌理，在可持续发展的基础上，探索城市的更新与发展。通过工业遗产保护，使我们可以更加完整地看待中华民族的悠久历史，感受在艰难困苦中如何百折不回，从一个农业国家，华丽转身成世界最重要的工业制造大国，树立起中华民族的文化自信。由此更加坚信，保护我们身边的工业遗产，这是一件利在当代、功在千秋的事业。

多年来，清华大学刘伯英教授等学者们，为工业遗产的保护和利用开展了大量工作，使工业遗产引起了政府部门的重视。2019 年 10 月，他们又编辑出版了《中国工业遗产故事》丛书，为社会民众开拓了一片新领域，通过每一项工业遗产的详细说明与阐述，把我们的工业发展历史，把其中有趣的人物、故事介绍给普通大众和青少年，引导更多的人，尤其是青少年群体对工业遗产产生兴趣，为我们 5000 多年的文明史补上这极为精彩的一段。

当前，我国经济社会正在经历着前所未有的深刻变革，新兴工业迅猛发展，新技术、新材料在生产和工程领域广泛应用，不断实现前所未有的业绩，尤其在一些大型国家重点工程项目中，取得举世瞩目的成果。文化遗产的内涵不断发展变化，每个时代人们的文化建树都应在历史的长河中留下印记，不断创造新时代的文化遗产。随着时光的流逝，曾经在我们生命中所亲身经历和感受的一些事物，也将成为珍贵的文化遗产而传之后世，其中工业遗产无疑也是具有标志性的时代记忆。

对于列入文物保护单位的具有重要意义的工业遗产，应最大限度地维护其功能和景观的完整性和真实性，原状保护必须始终得到优先考虑。特别是在考虑适应性改动的过程中，要慎重对待工业建筑或机械设备的每一个组成部分。必须认识到，为满足当前需要而对其实施的任何拆改，或对某些附属成分或辅助设施的随意处置，都可能影响其整体风格和质量，使工业遗产的完整性和真实性受到伤害。在一般情况下干预行为应具备可逆性，产生的影响必须降到最低程度。必须实施的任何更改都应得到记录，被拆卸的重要元素也必须得到妥善保存。

目前，在发现问题和寻求可行的解决方案方面我们还缺乏经验，在一些领域至今还没有研究出能够实现长期保护目标的维护或修复技术。如在工业建筑中广泛使用的钢铁、混凝土、马赛克，以及化学材料等，在工业档案文献中广泛使用的纸质材料、感光材料、电磁材料和电子信息材料等多种物质载体的保护问题方面，还缺乏知识和技能加以解决，这对于工业遗产的保护来说无疑是严重的问题。因此，在保护工业遗产方面，我们同时需要应对实践和技术两方面的问题，需要组织跨学科、跨领域、跨部门的力量，分类研究保护工业遗产的办法。

工业遗产不是城市发展的历史包袱，而是宝贵财富。只有把它当作文化资源，人们才能珍惜它、善待它。更重要的是通过持续性和适应性的合理利用来证明它的价值，进而使人们自觉地投入保护行列，并引导社会力量、社会资金进入工业遗产保护领域。吴良镛教授指出："城市中所谓'衰败地区'，由于地区物质环境的衰败等导致地方税收之减少与市政补贴之增加，做好城市更新，有助于提高地区的经济活力，复苏经济，增加城市的繁荣。"工业遗产保护只有融入经济社会发展之中，融入城市建设之中，才能焕发生机和活力，才能在新的历史条件下，拓宽工业遗产保护的路子，继续发挥其积极作用并得到有效保护。

保护性再利用是赋予工业遗产新的生存环境的一种可行途径。对于未列入文物保护单位的一般性工业遗产，在严格保护好外观及主要特征的前提下，审慎适度地对其用途进行适应性改变通常是比较经济可行的保护手段，可以为社会所接受和理解。在制定保护性再利用方案时，对于工业遗产中的每一区域和每栋建筑都应经过仔细甄别和单独评估，并在考虑它与整个遗址联系的基础上，确定其最恰当的用途。同时，保护性再利用方案应对不同工业遗产地段和工业建筑设立明确的限制要求，新的用途必须尊重工业遗产的原有格局、结构和材料特色，维护原始的人流活动，并且尽可能与初始或主要用途兼容。

当我们走进各地的博物馆，看到最多的是青铜器、陶瓷、丝绸、书画、金银玉器等精美的手工艺品，我国悠久的农业社会文明，为世界贡献了数不清、看不尽的文化瑰宝，使参观者瞬间满怀文化自豪感。本质上说，这些都是农业时代的遗存，代表的只是我们国家在农业时代创造的文明、对世界文明发展的奉献。可是你却很少能够在我国博物馆中看到数量、规模能与上述这些农业文明时代的文化遗存相当的工业遗产。尽管工业时代是离我们最近的历史时期，工业文明创造了巨大财富，对世界以及人类生活产生了深远影响，但我们似乎忘记了给他们在博物馆中留出应有的位置。

工业遗产保护性再利用不应作为商业性房地产开发项目，而应重点应用于文化设施建设。根据工业遗产原有产业及产品性质，设立各种门类的工业技术博物馆、厂史展示馆、企业纪念馆或专题博物馆是工业遗产保护利用的重要途径。如利用纺织厂房建设成为展示古代服饰、民族服装和国际时装的专题类服装博物馆等。但是麦格斯先生提醒道："而事实上，任何一个地区能够保持活力的博物馆数量都是有限的，愿意参观博物馆的旅游者数量也是有限的。"因此，设立各种类型的博物馆只是保护工业遗产的方法之一。

要保护大量工业遗产，就必须根据不同工业遗产的性质，探索更为合理而广泛的利用方式，如美术馆、展览馆、社区文化中心等，也可以针对工业遗产建筑所特有的历史底蕴、想象空间和文化内涵，使之成为激发创意灵感、吸引创意人才、集聚创意产业的文化产业园区，开展美术创作、产品研发设计、科学普及教育等，既体现工业遗产特色，又使公众得到游憩、观赏和娱乐。对于大型和特大型工业遗产的保护，设立工业遗址公园可以成功地将旧的工业建筑群保存于新的环境之中，从而达到整体保护的目的。

公众的关注和兴趣是做好工业遗产保护工作最可靠的保证。如果没有全社会对于保护工业遗产重要意义的广泛共识，说服公众认可工业遗产的多重价值是很困难的，工业遗产将依然面临危险。一些国家和地区的成功经验显示，要想获得所期望的公众支持，就要使人们分享对工业遗产认定、记录和研究方面的知识和兴趣，因此，宣传和教育非常必要。所有业经认定的工业遗产清单，均应及时向社会公布。文化遗产保护机构要经常举办论坛、讲座等学术活动，对工业遗产的意义和价值进行积极地介绍，使公众更多地了解工业遗产的丰富内涵。

要保证社区居民和参观者方便地接近工业遗产，利用各种类型的工业建筑和丰富的工业文物精心设计各类专题展览，提高博物馆的展示水平，使学术性、知识性、趣味性、观赏性相统一，在具有独特氛围的场所中向观众直接形象地展示相关工业的发展历程，展示企业和产业工人的历史贡献，展示工业社会生活的某一个方面。工业企业的在职或离退人员在工业遗产的认定和保护中可以发挥不可替代的重要作用，是工业遗产保护中不可或缺的力量。他们对企业和职业的忠诚与眷念将使工业遗产的形象更加鲜活，他们的现身解说可以帮助更多的人参与工业遗产的保护行动，形成保护工业遗产的良好社会氛围。

专业性工业技术博物馆和处于妥善保护和开放状态下的工业遗产地都是宣传工业遗产价值和保护事业的重要场所。这些工业遗址和工业文物可以用自身的独特方式向观众述说历史，使工业遗产的形象更加生动活泼，从而吸引更多的观众前来，起到更好地教育展示作用。当今社会，随着信息技术的高速发展，工业遗产宣传展示的途径和手段获得极大的丰富。要借助各种现代传播手段，采取多渠道的形式来展示、宣传工业发明创造，使不同年龄、学历背景、职业背景的人群都能通过电子出版物、互联网以及其他媒体方式获得工业遗产的知识。

近年来，随着工业遗产保护利用越来越受到关注，对于工业博物馆的讨论也越多，尤其是对生产设备、工具、产品、档案等可移动的工业遗产保护展陈的需求也日益增高。功能性是工业作为实践行业的重要特殊性，工业装备和工业产品的功能性展示，是工业博物馆的重要内容，也是工业博物馆的亮点。但是出于访问者和展品的安全性或污染、成本等诸多因素的考量，很多展品无法在实体馆实际运行，仅有一部分可以通过声光技术模拟，模拟力度也有限，而假如使用虚拟线上展示，则受限较少。

要使全社会的每一个人都了解保护工业遗产的意义，教育部门负有重要责任。应将有关内容纳入教学计划，从小学、中学开始传播关于工业历史和保护工业遗产的知识，针对中小学校教育为学生编写具体教材。学校应组织工业遗产参观学习活动，通过工业遗产中蕴含的伟大智慧和创造力，激发青少年的爱国热情，增强民族自豪感和自信心。高等教育则应在技术学院和综合大学中开设关于工业遗产保护方法、理论和历史方面专业教育的课程。工业企业应该是工业遗产的保护主体和重要力量，因此有必要增强工业遗产保有者和使用者对这类特殊遗产的保护意识。

晚上，我再次走进751厂，来到恒东热电厂区，专门访问了在这里工作了35年的路军先生。路军先生现任电气车间运行主任，是厂里资历最老的员工之一。此时路军先生正在值班室加班工作，为刚开始的北京冬季供暖而加班，查看监控电脑上的各项数据，巡视各处电力设备。他在751厂做过学徒、电气工人、班长、车间主任，经历了751厂曾经的兴衰变迁、工人下岗、再就业、重新开园的过程，现在还要不停学习新的设备和技术知识。他的经历贯穿了751厂的过去和现在，并且能展现现在751厂内工作的电力工人的面貌。

在办公室，路军先生回忆起90年代开始的下岗大潮，当时工厂生产转型，引发出员工分流、工人再就业、社会保障等一系列问题，很多员工将面临转岗、离岗，对原有的生产结构和保障系统也形成巨大的冲击。为此工厂积极调整经营结构，努力解决员工生活困难，提供各种就业机会，保证工人的就业安置。没有发生停产停用，人们由此感受到了工厂的人性化管理，也从此对工厂有了更深的感情，对这片土地更是依依不舍。有的工人家庭几代人都在此工作，这里就是他们的精神家园，从来没有想过离开。

在老设备旁，路军先生讲述了80年代刚参加工作时的情况，当时的工作条件比较艰苦，供热是靠燃煤，环境污染严重。那时使用的是德国50年代援建的设备，因为使用年限太久，经常出现故障，已经难以使用。于是工厂进行设备升级改造，路军先生又开始学习新的国产设备，由于新的设备自动化程度较高很难学会，但是经过努力还是坚持了下来。由此可以知道，企业昔日成就感和凝聚力的重建，比经济的复兴更重要，对社会的稳定发展具有更加深远的影响。

路军先生的一番话也引起我对在工厂当工人时的回忆。我出生于1954年7月，751厂始建于1954年9月，属于同时代。66年后的今天，我已经退休，但是66岁的751厂，则从“工业时代”走向“文化创意园区时代”，这也是我们国家改革开放不断深化的见证。我们这个年龄段的很多人都下过乡、当过工人，1970年底，我从农村回到北京，参加学校初中分配工作。1971年1月被分配到北京北郊沙河的北京无线电器件厂，与751厂同为电子企业。

当时，经过一段时间军训后，军代表找我谈话，他拿起一个闹钟对我说，革命事业好比这个闹钟，有表针、表盘、表芯，也有表壳、表把、表腿，我们工厂有很多不同的工作岗位，既有生产集成电路的超净车间，工作环境干净整洁，又能学到生产技术，但是也有食堂、清洁队这样的服务岗位，此次来厂的100多名同学中，只有你一名团员，要带头到艰苦的岗位工作。于是，我就来到食堂，当了一名炊事员，工作在“白案”，就是做主食。

两年半以后，领导又找我谈话，说三年学徒，只剩下半年时间，当时你带头去了食堂，现在你可以选择一个新的工作岗位，学一门技术。我就选择了设备动力科，当上机修钳工。这是一门技术工种，开始跟着师傅学习修理机器设备，包括车铣刨磨各类机床，收获很大。出师两年以后，师傅说他年龄大了，修理那些不断购进的生产集成电路的专用设备，已经力不从心，如果出现大的问题可以通知厂家来维修，但是经常发生的一些问题，需要有人会检修，你年轻就学习这方面技术，承担起这项工作。

这一工作任务调整，使我面临很大压力，于是我先后到生产激光定位大型相机的清华大学精密仪器系，学习制版设备的维修；到生产切片机的陕西西北机器厂，学习单晶硅切片设备的维修；到生产真空镀膜机的北京仪器厂，学习芯片镀膜设备维修等，在这些学习过程中，不但掌握了这些专用设备的维修技术，也学习了包括数学、物理、化学、外语等学科内容，使我获得了参加1978年高考，进入大学读书的机会。回顾这段经历，使我格外感激当年工厂对我的培养，感激师傅当年对我工作的安排。

曾经在工厂劳动和学习的经历，使我对工厂、工人生活有切身感受和体会，对于工厂确实有一种亲切感。几年前，我去曾经工作过8年的工厂看看，没想到整个工厂因为房地产开发项目征用，已经被夷为平地，只留下一棵大树，站在树下心里很不是滋味。这些年，非常惋惜地听到一些当年颇具盛名的企业在城市建设中被夷为平地，对于当过多年工人的我，自然联想到这些工厂的老工人们的感受。事实上，一段时间以来，城市中工业遗产消失的速度，比古建筑的消失速度还要快。

工业遗产保护不仅关注物，而且关注人，真正应该关心的是人的转型，把工厂员工的寄托留下来，使他们重新找到了自己的定位。这才是“城市、企业和人”的全面转型发展。园区的活力关键点在于人，只有形成一流的宜居宜业环境，吸引和服务人，才能激发老工业区的活力。例如将工业建筑改造形成具有后工业特色的高品质的生活服务设施，就有很强的吸引力。希望随着企业的转型发展，能有更多的这样的设施，只有这样才能吸引人才、留住人才，通过更多创新人才、国际人才的汇聚，塑造未来发展的创新之源。这是工业遗产活力复兴的关键点。

纵观这些年陆续更新完成的工业遗产项目，除了工业生产遗存内容有所不同外，新增加和进入的文化创意内容，在质量和影响力方面，却存在比较严重的趋同现象，缺乏特色。当前，国内对于文化创意产业的研究，大都着眼于动漫产业、影视产业，以及大型产业园区，而针对拥有丰富历史文化依托的小型文化创意产业的发展规律，及其与社区之间的互动关系，却常常被忽视。这些地方的文化创意产业虽然规模较小，但是个体的集合却反映出区域独特的文化氛围与城市特色，充满发展活力，对城市有机更新和可持续发展具有重要意义。

另一方面，当前一些城市在没有深入挖掘当地文化资源，没有深入调查当地社会需求的情况下，采用以往招商引资的方式，利用工业遗存“打造”了一些城市工业文化景点，甚至一些城市决策者认为，只要把废弃的工业建筑稍加改造，布置些雕塑作场景，建立一部分画廊、美术馆、博物馆，再配上一些消费空间，就可以成为“城市名片”。然而，普遍存在着创意人才群体规模偏小、产业链上下游资源不完整等，造成难以为继的问题。现实存在的这些问题不可回避，有必要引起充分认识和关注。

在当今世界，文化创意产业已经不仅仅是一个理念，而是有着巨大综合效益的现实产业。文化创意产业的本质，是由文化创意和科技创新共同促进的产业，是超越历史形态而面向未来的事业。必须认识到，文化复兴的背后动力是创新。一是发展理念的创新，实现文化、生态、产业、活力的综合转型；二是体制机制的创新，搭建平台，打破部门边界，协作推动整体的城市复兴；三是人的创新，通过转型发展中的各种挑战，企业管理者、规划师、建筑师、设施利用者都在不断创新，这才是工业遗产保护和利用的活力源泉。

总的来说，近年来随着城市更新逐渐从“增量建设”向“存量优化”转变，越来越多的城区工业遗存从过去的“城市包袱”摇身一变成为“发展资源”，这些饱含城市工业历史记忆，越来越受到政府和社会的关注。是否能够保持对文化创意产业的清醒认识和持之以恒的定力，是否能够带着探索性的视野寻找到具有创新意识和能力的人才和科技，才是传统工业区能够真正在文化创意上得到产业转型的基础和前提。

把工业遗产看作是 20 世纪建筑遗产的重要组成部分，已成为全球共识。工业遗产是人类一切创造中最庞大、最复杂，也最耐久的一类，所以它们所代表的文化价值，更显著、更多元，也更重要。这些工业遗产让历史在当代生活环境中存活下来，使之成为体现城市文化内涵、保持城市特色的积极因素。工业建筑遗产既然是文化的载体，那么工业遗产保护应该是一种文化的传承，传承的更应该是一种文化底蕴和时代精神，工业元素可以留存在文化创意空间的方方面面。

实践证明，如果将适用于古代建筑遗产的保护原则，直接套用到工业遗产上，将会带来巨大的冲突。古代建筑遗产保护要注重“原汁原味”，贯彻“最小干预”原则，最大限度保留历史信息。但是在工业遗产保护的问题上，几乎没有人会说工业遗产必须原封不动保留。针对大部分工业遗产，学术界提出将它重新激活，赋予它新的价值，这可能是最好的保护方式。因此，在尽可能地保护工业遗产特征，以及重要的工业文化信息的基础上，完全可以根据需要，开创性地加以智慧应用。

纵观全球，文化创意产业风头正劲，在国内方兴未艾，形成了一股巨大的创意经济浪潮。在区域发展的背景下，传统工业区的转型面临一系列复杂的问题，正是由于发展问题具有综合性与复杂性，促使传统工业区走向综合创新之路，这是必然的选择。借工业企业搬迁调整之机，发展文化创意产业，正逢其时。在社会经济复兴的同时，区域发展需要重大项目的带动，面对激烈的竞争，751 北京时尚设计广场根据自身科技、人才与资源优势，走上创新发展的道路，成为北京城市文化创意产业的综合发展区域。

在我国，北京率先提出发展文化创意产业。经过近几年的发展，北京的文化创意产业已初具规模。如今 751 北京时尚设计广场在环境、景观、建筑、产业等方面采用创新性的手法，既强调对工业格局的结构特征传承和工业文化的延续，又实现面向未来的生态环境修复和城市特色塑造，展示出实现可持续发展目标方面的决心与实力，可以增强人们对传统企业复兴的信心，同时也为区域发展带来更多的机遇，进而促进区域整体发展，成为面向世界的工业遗产保护更新的范例，为工业遗产的保护和利用积累有效的经验。

北京作为全国文化中心，具有任何一个城市无法比拟的文化汇集优势。中央绝大多数文化、教育、体育、影视、报刊、出版、设计、科研等机构都设在北京。北京的影视、音像、广告、报刊、出版、网络、演出等行业在全国居领先地位。要根据文化创意产业发展的需要，超前做好人才规划，有计划、有步骤、有重点地做好人才引进、培养工作。要按照不为所有、但求所用的原则，采取灵活用人机制引进和培养领军人才，形成支撑相关产业发展的专业团队。同时要与国际领先企业、知名院校合作，培养锻炼人才队伍，为发展文化创意产业打好人才基础。

建设一个房地产项目，可以服务一个城市几十年，而保护好一个城市的工业遗产，或许会让一个城市受益上百年，同时也有助于提升市民们的文化理念，使人们用辩证思维的方式去看待城市发展中的各种矛盾，平衡、协调、解决好各类问题。可惜的是我们现在很多的青年人、新市民并不了解所在城市的发展史、工矿史，因为他们身边工业文明的见证物正在快速地消失，感受不到工业产品是如何设计和生产出来的，他们对工业产品的认识也许只是淘宝上的点击和快递员的电话。

因此，工业遗产的保护和利用更加需要公众的关注和参与，工业遗产的主人不仅是政府，每个人都是主人，只有当地居民自觉守护，才能保卫工业遗产的尊严，有尊严的工业遗产才有强盛的生命力。只有把工业遗产保护与城市文化建设，特别是与公众的生活紧密联系在一起，才能为工业遗产的保护与利用找到真正的根基，才能使工业遗产成为公众生活的组成部分，才能使工业遗产成为城市文化的内核与灵魂，也才能使城市成为工业遗产真正的家园。

（北京电视台《我是规划师》第六集拍摄笔记，2019 年 12 月）

我们究竟需要一个什么样的什刹海?

什刹海是北京城西北隅的一颗绿色明珠，它集人文景观和自然景观于一身，文物古迹集中分布，民俗活动历史悠久，既是北京极负盛名的历史文化风景名胜区，也是北京城的发祥地。北京城里的“六海”蜿蜒曲折、首尾相衔，它们与壮丽、跌宕起伏的中轴线相映生辉，构成了一幅无比壮阔的图画。当人们在北京这样一个中轴线两侧对称布局的城市里，突然发现有这样一片不对称的“海”，必然由衷赞叹当年杰出的规划思想和设计手法。也正是因为有什刹海的存在，才使中国古代都城的建造理想在这里得到最大限度的实现。

近年来，结合什刹海地区“疏解功能，调整产业，淡化商业，慢下来、静下来”的整体思路，实现“亮出岸线、还湖于民”的要求，充分结合和利用现状景观条件，以“织补城市”为核心，坚持以人为本，采用微改造、微循环的设计手法，改善历史文化街区保护状况，达到新旧融合的景观效果。以“生态文明”的视角，推动文化遗产保护，通过绿道景观设计和湿地公园建设，实现“文化生态”的维系和修复，使什刹海地区发挥“地球之肾”和“城市之肾”的作用，塑造出具有超凡魅力的城市品质。

10 世纪初叶以后，北京逐步发展成为一个全国性的政治中心。最初是辽代太宗会同元年，即 938 年，在这里建立了陪都，号曰南京，但是辽代并没有把南京城作为真正的统治中心。到了公元 1153 年，金代海陵王才真正在北京这里建都，改称中都。并在当时北海及以南这片水草丰美的水面，建设离宫，即太宁宫，由于辽金时代的修建，这里成为北京著名的皇家园林，著名的“燕京八景”中的“琼岛春荫”“太液秋波”就在这一区域。历史上的什刹海水域，最早是古永定河下游的一处河湖湿地，自金代起因种植白莲而得名“白莲潭”。

元太祖十年，成吉思汗出兵攻破中都城，皇城宫阙为兵火所毁。半个世纪以后，元至元元年（1264 年），成吉思汗的孙子忽必烈称汗，决定从蒙古高原上迁都到这里，并决定放弃金中都城，另筑新城。忽必烈派刘秉忠到燕京相地，后来又委任他为主持大都城建设的总体规划设计师。蒙古民族尊崇自然，依水草而居，是他们长期生活于漠北草原而形成的传统习俗。当元朝皇帝忽必烈从蒙古草原的都城和林来到燕京，驻跸在金代离宫太宁宫的时候，就深深喜欢上了这片碧波荡漾、景色绮丽、环境宜人的地方。于是，在金代中都旧城的东北郊外，兴建新的都城，即元大都城。

元大都城选址的最终确定，与当时金中都北侧的白莲潭密切相关。为利用这片宽阔的水面和丰富的水源，决定以这片水面的东侧为大都城的中轴线。元代皇帝为蒙古族，从缺水的沙漠、茫茫草原来到北京，见到湖泊甚为惊奇，称湖泊为“海”，以后便有了“六海”的名字。元代积水潭又称作海子，是一个大湖，面积比如今什刹三海更加广阔。大都城的设计与营建，完全将积水潭整个水面，包括太液池在内，都纳入大都城内，这一规划思路，不仅使城市的发展具有了充实的水源，也使一系列自然因素渗透在北京老城的各层次空间，还使京杭大运河的漕运终点码头处于大都城的中心。

水是城市的命脉，营建都城更需要首选水源丰富的地方。侯仁之教授论证元大都的城市选址和规划设计时指出：“大都城城址的选择，首先是考虑到以湖泊为中心的宫殿建筑的布局，在湖泊的东岸兴建宫城，也叫‘大内’。湖泊的西岸，另建南北两组宫殿，南为隆福宫，北为兴圣宫，分别为皇帝、太后、太子所居。”三宫鼎立，中间湖泊按照传统被命名为“太液池”，“环绕三宫修建皇城”，大都城的街道纵横交错，呈整齐的棋盘式布局。

刘秉忠十分重视什刹海这片广阔水面所提供的水源条件。20 世纪 70 年代，经中国社会科学院考古研究所对元大都遗址的勘查和发掘证明，元大都城的规划建设中轴线与明、清北京城的中轴线是同一条城市轴线。而元大都城的规划建设中轴线的确定，正是以当时海子水面的最东端海子桥，即万宁桥，作为切点向南北延展。中轴线的北端正是地势较高的“鼓楼台地”，中心阁即建于台地上。又以此为基准点向西延伸，以最大限度地把原有的天然水面揽入大都城内，并以此距离为半径，确定大都城的东城墙。

由此可见，什刹海的存在不仅决定了元大都城规划建设中轴线、中心阁的具体位置及其延伸，还影响了元大都城的整体平面布局。这是北京城市发展史上一项具有重大意义的事件，也正是这一次城址的迁移，奠定了日后北京城的发展。其中什刹海所拥有的广阔天然水面，正是具有决定性意义的因素之一。元大都中心阁在哪儿，学术界意见不一致。过去人们认为，中心阁在旧鼓楼大街。为什么叫“旧鼓楼大街”，因为那里有元朝的鼓楼。但是这仅是猜测，没有考古发掘的支持。元大都海子东岸遗址对于北京中轴线的研究和展示宣传具有重要意义。

为满足大都城用水并解决南方往来货船的漕运问题，水利学家郭守敬找到了一处汩汩作响的泉眼，即今天昌平区九龙山脚下的白浮泉。元至元二十六年（1289 年）在山东境内开凿会通河之后，杭州与通州之间的运河全线贯通，由此奠定了京杭大运河空间分布格局的自然地理基础。元至元二十八年（1291 年），郭守敬复任都水监，勘测、规划、设计通惠河工程，打通运河全线，形成了全长 1794 公里的大运河，于是江南漕船可以直达元大都城。第二年春天，一条从西北至东南全长 160 里零 140 步的水路正式贯通，忽必烈亲自命名“通惠河”。

根据《元史·河渠志》记载，通惠河的范围“上自昌平县白浮村引神山泉，西折南转，过双塔、榆河、一亩、玉泉诸水，至西（水）门入都城，南汇为积水潭，东南出文明门，东至通州高丽庄入白河”。而从万宁桥到金闸河的一段因在大都城内，并流经元代皇城墙脚下，所以叫作“玉河”，也有时被称为“御河”。历史上的北京，从北方军事中心到全国首都的演变过程，对一座城市与一条运河的关系做出了生动诠释。大运河经过隋唐时期的重大发展，到元代找到了它的最终汇聚之地，即元大都城。

老北京人常说“大运河漂来的北京城”，形象地说明了北京城与大运河密不可分的关系。除了稳定供应北京粮食，还可以携带其他商品进行贸易，由南往北和由北往南所携带的商品货物大不相同。除了丝织品、纸张、铁铜器、药材等，还有农产品、扫把、竹子等商品，可任意携带而不需要纳税。返回时还可以增载客商，代客运输大宗货物，每年有数千条漕船行运，可以想见当时大运河上往返商品的数量之巨。通过运河输送的江南漕粮和其他物资，成为城市居民与戍边将士的衣食之源。

另外，历史上的大运河，不仅是供应北京漕粮的经济补给线，北京城修建需要的建筑材料和人力资源也通过大运河汇聚北京，包括从四川、云南、湖广等地采伐的楠木，苏州制作的金砖，临清烧造的城砖，以及由江苏、安徽、河南和山东等省的一些府、州、县窑场烧造的砖瓦，辗转经由大运河运到北京，因而能够以举国之力营造出“都市计划的无比杰作”。同时，大运河还是影响北京城市气质的文化交流线路。大运河文化深深嵌入水道、码头、仓场、闸坝、官署等文化遗址，造就了海纳百川的北京文化，京味文化也由此流向四面八方。

“今人不见古时月，今月曾经照古人。”大运河亦是如此。在通州北运河源头，可以看到有 1400 多年历史的燃灯佛舍利塔，运河古韵扑面而来；在东四十条，可以看到 600 岁的南新仓，这座仅存不多的皇家仓廒，满满都是漕运文化。但是，明代由于皇城的改建，阻断城内航道，河道淤塞，使通惠河只能通航到东便门外大通桥下，因此又称大通河。南方漕粮从朝阳门入北京城，积水潭水面逐渐缩小。从此，江南北来的船只再也不能沿着通惠河溯流而上，直接进入积水潭之中，原有的鼓楼至积水潭一带的市场，也因此而日渐萎缩。

明成祖在营建北京城的时候，将元大都的北城墙南移，利用高梁河、积水潭为北护城河；将元大都的南城墙，向南推移到如今的正阳门一带，新开辟了前三门护城河；东西护城河仍然按照元代旧址，分别向南延伸和前三门护城河接连，由东便门出大通桥入通惠河。由于白浮泉断流，新的水道只能起到排水的作用。护城河的流向，是从玉泉诸水经长河由德胜门西水关，入积水潭后分为两支，一支经地安闸循玉河南流入前三门护城河，一支经三海闸入北海、中海，向南从南海东岸流出，经外金水河，包括织女河、玉带河、菖蒲河入玉河。

北京内城的湖泊，经历了千百年的演变。外三海原为永定河故道，东汉后故道南移，遗留湖泊通称为积水潭。明代时原为一片的积水潭水域逐渐萎缩，形成几个相连的小湖，并在今中海之南增辟一片水面。经过一系列变动，积水潭被一分为二，南半部自北向南，分别为北海、中海，以及新增的南海水域，组成“前三海”也称“内三海”，属于苑囿禁区。北半部自东向西，分别命名为前海、后海、西海，组成“后三海”也称“外三海”，有散布的村落。但是这六片水面以桥相隔，互相连通，北起西海，南至南海，长约 4500 米，总面积约 1800 亩，即 1.2 平方公里。

前海东侧与南侧有两个出水口。向东的一条水道过地安门桥，经皇城根故道又分两支，一支向东南转经景山西侧入筒子河，再进紫禁城，另一支则向南入前三海。自此，南北两部分水域开始朝不同方向发展。明朝北京内城多居住官员士人和南方移民。什刹海周边不断盖起寺庙、民居、王府、商铺和酒楼，生活服务类商业崛起。同时这一带有莲花社、镜园、漫园、杨园、定园等诸多名胜，风景优美，成为民众可以涉足的游赏区。王公贵族和文人学士聚集于此，观景、论学、集会。

清代内城由八旗分区驻守，什刹海一带为上三旗之一的正黄旗进驻，规定内城不许经营商业，大批汉族士大夫迁居外城。城市经济活动迁往外城，前门地区成为商业中心。清代王府、别业和花园相继在什刹海地区出现，包括：醇亲王府、恭亲王府、庆王府、涛贝勒府、棍贝子府等。随后这一地区成为皇室宗亲、满汉官宦等开展雅集和堂会活动的场所，酒楼饭庄热闹非凡，如望苏楼、庆和饭庄、会贤堂、集香居、庆云楼、虾菜亭、清音茶社等。同时，由于清代挑挖水泡，水域获得新生。

历史上的北京虽然没有大江大河，但是不乏流淌在城市中的河湖水系，滋养着城市环境和民众生活。正是因为有这些河湖水系的存在，北京城无疑是一座美丽的城市。晚清以铁路为代表的近代交通兴起后，京杭大运河对于北京经济的保障作用迅速下降，随着清末漕运的终结，沟通南北的京杭大运河逐渐中断，多处淤废。此时紧邻皇城的什刹海更成为平民化生活空间，春赏花，夏观灯，秋望山，冬嬉冰，周边多名刹古寺、官私园林、名人故居，市井商业繁盛，茶楼酒肆生意兴隆，摆摊售卖和设场演出日渐兴起。

在民国年间，什刹海附近依旧受到文人喜欢，其中作家老舍先生就最爱什刹海。老舍先生曾到过世界上许多著名的大城市，但是他独爱北京。而北京城里，他又最爱积水潭。他说："面向着积水潭，背后是城墙，坐在石上看水中的小蝌蚪或苇叶上的嫩蜻蜓，我可以快乐一天，心中完全安适"，可见积水潭幽静淳朴的景象。在老舍先生的作品里，经常出现人们在什刹海、银锭桥、积水潭、德胜门等地活动的情景，也表明他对这一地区的熟悉和钟爱。"富有人民性之市井宝地"，是侯仁之先生对什刹海地区的评价。

随着德胜门内德胜桥的建设，将积水潭一分为二，德胜桥西北部分的水面称为西海，桥东部分称"后海、前海"，前后海以银锭桥为界。民国三十六年（1947 年）在《袖珍北平市分区详图》上，德胜桥以西的水域被标注为"西海（积水潭）"，以东水域为"后海"，银锭桥以东为"前海（什刹海）"。之后，李广桥一带河道改建成了马路，即现在的柳荫街，前海西半部分被填平，后来建设了什刹海体育馆。什刹海与北海、中南海，虽然水脉相连，却没有皇家园林那种多由人工构筑的叠山引水、雕梁画栋、富丽堂皇。什刹海历经沧桑，几度变迁，保持着几分天然淳朴的性格，是北京人喜闻乐见、最愿意涉足流连的地方。

侯仁之先生在"什刹海记"中这样写道："什刹海旧称积水潭，原是一南北狭长之天然湖泊。在北京旧城营建中，湖泊南部划入皇城以内，遂因古制改名太液池。太液池上先有琼华岛，后经开浚又建瀛台，始有北海、中海、南海之称，是为皇家御苑，庶民百姓不得涉足。积水潭隔在皇城之外，元代曾是漕运终点，一时舳舻蔽水，盛况空前。其后运道中阻，而人民群众喜其水上风光，乐于游憩其间。湖滨梵宇林立，旧有佛寺曰十刹海，寓意佛法如海。今寺宇虽废，而十刹海作为湖泊名称，却已屡见记载。或谐音写作什刹海，而口碑相传又已相沿成习。"

正是由于什刹海水系的存在，这一区域无论是胡同肌理，还是建筑形态，以及街区生活等方方面面，都与北京老城其他地区有很大的区别。北京的名胜古迹，几乎都是宫殿、陵墓、祭坛、皇家园林等帝王享用的建筑和佛寺、道观等宗教建筑，但是供普通大众休息游憩的地方并不多，而什刹海是难得具有公共性的区域，被称为"都城中的野景"，"富于野趣的情调空间"，男女老少在此各得其所，各尽其乐。

在什刹海地区，既有幽美的水景，又有幽深的胡同，还有格局严整又极富生活情趣的四合院，更有一种静中有动、闹中取静的韵致。夏日的什刹海莲荷争艳、清香沁人，再添上湖畔有绿荫匝地、垂柳依依，茶馆、酒楼、应时小吃和京韵京味的民间文艺演出，随处可见原汁原味的传统风貌，呈现出一幅现代版的北京“清明上河图”。什刹海地区有许多历代名刹、名人故居、王公府第，其中宋庆龄故居、郭沫若故居、恭王府及其花园等闻名海内外，是北京活化石般的城市历史博物馆。

大约10年前，当时一位来自欧洲的专家曾质疑中国的湖泊，认为欧洲城市中的湖泊，无论是水质，还是自然风光，都比中国城市中的一些湖泊更好。实际上，他们不清楚，中国城市中的这些湖泊，是人与自然共同创造的结晶，体现的是历史叠加的丰富信息，有着千百年的文化积淀。例如什刹海在城市中心已经有700年的历史，不断根据城市的发展变化而变化。元代的时候作为京杭大运河的终点，带来商品的汇集和贸易，明代的时候变成市民非常喜欢的休闲胜地，清代的时候又增加了很多商业经营内容。正是因为有了这片美丽的湖泊，人们才在这里过着宜居的生活。

北京老城是世界上少有的典范，即在建设之前已经有了完整的规划蓝图。城市中轴线在其中发挥了重要作用，这条刚直的中轴线旁边，有一组动感十足的湖泊，这样的景观非常难得，这片水面充满历史。“上善若水，水善利万物而不争”，什刹海开阔的水面平荡浩远，岸边垂柳依依，绿丝拂面，湖里满目荷菱，惠风徐来，藕香扑面，周围琼楼玉宇，殿阁辉煌。什刹海地区以宁静而优雅的环境和自然与人文的和谐而著称于世，是北京市民喜闻乐见、流连忘返的地方，也由此被确立为历史文化保护区而避免了“大拆大建”的厄运。

什刹海是北京旧城内重要的历史文化街区，分布着诸多重要节点，呈现为形式多样、内涵丰富、功能各异的文化形态。既有文化景观，又有文物古迹；既有百姓居住的胡同四合院，又有京华老字号等，构成平面形态、特色肌理和传统风貌的基底，记载了几百年来的浓浓乡愁，是一处充满传统民俗民风的历史文化区域。什刹海虽然位于城市中心，但是相对比较宁静，岸边有很多文物古迹，抬头就可以看到钟鼓楼，远眺还可以望见西山，所以在我的记忆中，这里是最具老北京风光的地方，也是最有市民情结的地方，这里不但不收门票，而且还有很多当地居民开展的民间活动，既丰富多彩，又各具特色。

朱祖希教授曾撰文指出：“说起京杭大运河，人们大都认为其北起通州，我认为，什刹海才是京杭大运河的北端码头。”通州至大都城运粮河的开凿，使南来的漕粮可以从通州的高丽庄经闸河径入大都城，停泊在积水潭中，使积水潭中部水面的东北岸，成为贯通我国南北漕运的京杭大运河的北方终点码头，被称为“北京古海港”。元代积水潭成为漕运总码头和水陆交通枢纽后，这一地区很快就成为全城重要的集市贸易中心和繁华商业地带，从而使元大都“前朝后市”的城市格局更趋完整。

作为“前朝后市”的“后市”，钟鼓楼一带与积水潭北侧的斜街构成了元代大都城内最大的商业街区。从那时起，积水潭沿岸车水马龙，酒楼歌台、茶肆作坊、商贾戏班云集，这里行业齐全，既有金银、珠宝、珊瑚、玉器，也有米市、面市、缎子市、帽子市、鹅鸭市、柴炭市、铁器市等，市场繁荣、盛极一时。积水潭一带水面宽阔，岸边风光旖旎，景色秀丽，银锭桥以东的水面盛产荷花，称为“莲花泡子”，是当年京城内观赏荷花的佳处，一些文人雅士亦多至此游乐题咏，元末著名诗人王冕就曾咏赞:“燕山三月风和柔，海子酒船如画楼。”

前海地理位置重要，紧邻北京中轴线，北望钟鼓楼、南望北海琼岛，万宁桥、银锭桥均是重要的通视走廊节点，有荷花市场、烟袋斜街、会贤堂、烤肉季、火神庙等著名地点，无论是北京市民还是外地游客到访量比较集中。过去的什刹海周围桥多，除现存的银锭桥外，一条不长的月牙河上就架了七座桥。最有名的是最北面的李广桥。目前月牙河早已荡然无存，取而代之的是羊房胡同。李广桥也作为街巷名称而保留下来，证明着过去的历史。什刹海周围的寺庙更是数不胜数，兴盛时多达 20—30 座。

前海东沿地区位于整个什刹海地区的东南端，是文物古迹较为集中的区域，也是传统上商业繁荣的地段。伴随着历朝历代的繁荣发展，不少历史建筑得以兴建，并留存到现在而成为文物古迹。在前海东沿地区，有一处重要的文物保护单位，即万宁桥，俗称后门桥，又名海子桥，始建于元世祖至元二十二年，即公元 1285 年。由于万宁桥地处水陆交通要道，为通惠河进入积水潭的跨街桥梁，因擅舟楫、陆运之利，桥头附近很快就成为市货辐辏、商贾云集之地。由江南远道而来的客商也多在此舍舟登陆，固有“金钩河上始通流，海子桥边系客舟”的著名诗句。

万宁桥是贯穿北京全城中轴线最初设计的起点和基准点，也是京杭大运河的重要桥闸遗产，因此成为中轴线和运河水利工程联系的纽带。在这里古代规划师把自然与人工的美融合在一起，波光潋滟，犹如人间仙境。同时也是北京城最初营建时的设计中心。当时大胆构想利用这一片浩瀚的水面，作为取自大自然的尺度，紧傍它的东岸则布置了规模宏大的城市布局。万宁桥桥身位于城市中轴线上，元代原为木板吊桥，明代城中不通航运，改为单拱石桥。

20 世纪 50 年代，地安门外大街道路修缮时，曾在万宁桥下发掘出一只石鼠，与此后在正阳门桥下发掘出土的石马，子鼠加午马，形成一条贯穿紫禁城的子午线。在万宁桥附近，考古人员还挖掘清理出了元、明、清三代的堤岸和码头遗址，以及两条古代的排水道遗址，还出土了大量的明清瓷片、陶器、碑刻等遗物。有了这些河道遗址遗迹和出土文物，万宁桥的历史面貌和玉河在明清两代逐渐变迁的过程，脉络也就更加清晰。

在 2000 年修复万宁桥的时候，又从万宁桥桥身东侧出土了四只形状怪异的古代镇水兽，经过专家的鉴定，为元代所雕刻，它们被深埋在淤泥中，却清晰地佐证了这段河道曾经的繁华。然而在相当长的时间内，万宁桥只作为一般的城市桥梁利用，缺乏保护措施。由于道路不断垫高，两侧桥体被埋于地下，更由于实施明河改暗沟的工程，万宁桥变成了“旱桥”，唯独两排 20 余米长的汉白玉桥栏板立于原处，其残破凋零状态令人十分担忧，还经常受到往来交通的威胁。当时万宁桥两侧设置的大型广告板，遮挡了西侧什刹海和东侧街巷景观。

朱祖希先生在《从莲花池到后门桥》一文中说道：“后门桥残破凋零的情况我感觉是挺可悲的，它就在中轴线上，而且是中轴线最初设计的起点，也就是靠它决定全城中轴线的。但是两边的石桥栏已经破损。不但这样，两边的水面也看不见了，而且用了很大的广告板挡起来。原来西有风景秀丽的什刹海，东有一溪清流。今天在贯穿全城中轴线的地方，本来是城市设计的起点，却处于这样一个状态。”目前，万宁桥得到维修，恢复了桥身与桥闸，桥下的镇水兽也按原位置加以安放。现在站在桥上可以直接看到什刹海的美丽景色，还能听到桥下的潺潺流水声，古老的万宁桥重新焕发了青春。

玉河水系故道环境整治的目标，是通过恢复玉河万宁桥至北河沿地段的水系，以及开展两侧环境的整治，搬迁拆除故道遗址上的杂乱民居，清除填埋的堆积物，恢复玉河故道的历史水系，形成与古都传统建筑交相辉映的历史文化风貌。随着时光岁月的推移，如今480米的玉河故道被揭示出来。在整治过程中，注意保护这一区域内的文物建筑和有价值的四合院建筑。数百年来的历史文化积淀，传统胡同、四合院市井生活环境形成的民情民俗，与玉河的人文景观融合在一起，最终形成了玉河区域的传统文化特色。

玉河保护整治，是北京市实施历史文化名城和皇城保护规划的一项重大举措，也是继皇城根遗址公园建设、菖蒲河遗址公园建设之后的又一项意义重大的保护工程，再次引起社会各界的高度关注。当年，侯仁之先生听到要恢复玉河北段的历史风貌，兴奋地说：“这些历史水系恢复后，北京城的血脉就通了，北京就有了灵气。在北京城中，明清时期的特征比较多，后门桥水系是典型的元代特征，与南锣鼓巷风貌保护区配合在一起，会为北京古都增色。”

因时代的变迁和玉河使用功能的变化，玉河在不同时期和不同地段的文化特点曾有着很大差异，要分段处理玉河两侧的景观效果。例如玉河自万宁桥至平安大街段，其两岸的建筑特点及区域性质，主要是体现和代表了元代以来的市井民俗，而平安大街以南的河段，则处于明清皇城范围以内，这一区域的两岸景观，突出明清时代皇城内四合院建筑的传统特色。为进一步突出万宁桥的影响及景观效果，应将万宁桥两侧建筑的恢复与什刹海宽阔的水面空间景观联系起来，使这一区域的景观效果得以丰富和扩大，从而实现玉河景观的整体效果。

清朝诗人李静山曾为玉河的水巷夜景赋诗：“十里藕花香不断，晚风吹过步粮桥。”如今诗中的风景，再现在玉河荡漾的碧波之间。我们看到，逐渐恢复的北京老城内的水系河道，不仅串联起周边的胡同街巷与民居院落，也更加综合地解决了城市环境与人们生活之间的关系，还将因水而生的多元文化与建筑之间形成相互关照、相互依托的和谐关系。玉河这段刚刚恢复的河道，必须具有公众使用功能，才能永久地留存下去。无论如何，这条700多岁的玉河，重新回到了人们的视野当中，向社会民众展示了曾经辉煌一时的京杭大运河，在北京城内的一段重要水路。

前海东沿地区历史悠久，源远流长。火神庙是北京最古老的寺庙之一，原名火德真君庙，始建于唐代，重修于元朝。明万历皇帝为表达对火神崇敬之意，特对此庙改增碧琉璃重阁。清乾隆皇帝又将山门及阁顶上加了黄琉璃瓦。虽然目前庙宇形制与殿堂名称有所变化，但是大体格局尚存。火神庙一度被居民和招待所占用，内部搭建、改建严重。21世纪初，搬迁了占用庙宇的单位和居民，又对火神庙依原貌进行维修。但是，火神庙的四面都被其他商业和住宅建筑遮挡，缺少绿化，对于发挥文物建筑的城市景观作用无疑是个遗憾。

银锭桥是京城内难得看到西山的地方，凭栏眺望，蓝天、碧水、荷花、垂柳，尽收眼底。

而“银锭观山”是什刹海的独特之处。人们站在银锭桥上沿后海南岸向西远眺，在相当大的范围内都能看到蓝天、青山、绿水融为一体的美丽画面，特别是每逢天气晴朗之日，站在银锭桥上西望，可以看到一脉青黛的西山连绵山峰，构成一道美丽的通视风景，使繁华的城市与恬静的山野实现对话，使人们获得视觉的享受，成为京城遥望西山的名胜，也留下“银锭观山”燕京八景之一的佳话。

历史上，北京城市河流上有不少跨水架设的桥梁，但是随着近代市政建设，大多数桥梁都已经消失，所幸什刹海地区保留下了地安门外的万宁桥、德胜门内的德胜桥、什刹海的银锭桥等古桥。我长期从事城市规划工作，一直关注这些河流上的桥梁，它们对于河道的功能、走向、宽度、水量等方面具有不可替代的定位作用，因此非常重要。如今东不压桥的桥拱早已不复存在，但是保留下来的东西引桥，以及巨大的石料，足以证明这座桥梁规模之大。而曾经横跨在玉河上的东板桥、二道桥、水簸箕桥、望云桥等，伴随城市的发展变迁均已消逝，这就更加需要对留存至今的古代桥梁加大保护力度。

民国五年（1917 年），什刹海的荷花市场悄然兴起，成为市民消夏胜地。钟鼓楼之间的鼓楼市场有京城小吃和曲艺杂技表演，与南城的天桥市场遥相呼应，成为平民百姓的游乐场所。地安门外到钟鼓楼前，以经营粮食、布匹、油盐、干果、煤炭为主，古玩店集中在烟袋斜街。直到民国年间，前海东沿和鼓楼地区仍是北京城重要的民俗活动场所和商业中心，因此有老北京人常言“东四、西单、鼓楼前”的说法。但是，随着王府井、西单等商业区的进一步繁荣，鼓楼一带的商业中心不再兴旺。

荷花市场，是什刹海可以怀念京华烟云的著名景点。昔日一到夏天水面开满荷花，这里不仅可以乘凉、休息，更可以听唱、会友、品尝小吃。每逢夏季的端午节到中元节，什刹海岸边就搭满了凉棚，主要经营各种风味小吃和时令鲜货，如年糕、扒糕、豆汁、豆腐脑、艾窝窝、驴打滚等，应有尽有。还有一些更为精明的商家，为让顾客尝鲜儿，干脆把什刹海内出产的莲藕、鸡头米、菱角等时鲜现挖现卖。这里还有京剧、杂技、曲艺等娱乐节目供人欣赏，成为京城大众开心消遣的民众乐园。

近年来，人们发现由于历史城区的整体衰败和其他商业中心的崛起，前海东沿地区已渐渐失去了商业中心的地位。同时，其他问题也日渐显露出来。首先是前海东沿地区用地功能混杂，居住、商业、学校、办公等各种不同功能性质的用地相互交织在一起，没有明确的界线范围。其次是这一地区道路系统不完善，区域东侧的地安门外大街客货混运、人车交织，西侧的前海东沿滨湖路定性不清、路况较差，东西向道路交通更是严重缺乏，完全不符合消防规范要求。这一地区有不少大的单位，却没有一处像样的停车场。

近年来，什刹海地区通过景观提升工程，改善南广场、火神庙广场、地安门百货商场三角地广场，增加前海小王府及荷花市场水面荷花种植，更换路面为石材铺装，改造提升码头形象，统一游船传统风格等措施，取得良好效果。同时，通过加强对城市的空间立体性、平面协调性、风貌整体性、文脉延续性等方面的详细规划和有效管控，留住城市特有的地域环境、文化特色、建筑风貌等基因。目前经过整治使前海东沿地区成为一处集文物古迹与自然风光旅游、商业购物、休闲娱乐为一体的高品质、多功能的历史文化商业旅游区。

地安门百货商场距离鼓楼较近，其高度和体量影响北京中轴线和钟鼓楼的景观，一直以来是维护古都风貌中的难题。此次对地安门百货商场实施降层和减少体量处理，重新营业后的“新地百”不再经营百货业，主要以会展和休闲业，以及文化创意产业为主，建设开放式书店、咖啡馆、茶室、老字号展示区、文化交流中心、空中小礼堂和户外休闲区等，赋予这组建筑更多的艺术气息，将传统与现代相结合。为恢复中轴线景观而进行的拆除项目，正在地安门外大街实施，其中北海医院和天意市场，最高处 23.7 米，影响到中轴线的整体风貌，目前这处楼群正在按规划降低高度，建筑高度不超过 9.6 米。

什刹海地区位于古都北京的核心地带。在几百年岁月里，都是一个有人气的地方。然而最近一些年，人们又感觉这里似乎过于喧嚣。从 2003 年，第一家酒吧在前海营业，自此之后大批的酒吧开始向这里涌来。同样被吸引而来的，还有很多喜欢热闹的年轻人，什刹海的宁静逐渐消失，变得越来越吵闹。随着什刹海文化节的举办，带动了商业旅游，不少商户发现了什刹海的商机，随后在原来荷花市场的基础上，形成了酒吧一条街。

短短的几年内，什刹海的酒吧数量迅速增长到上百家，并且增加势头越来越猛。酒吧数量的激增和规模的持续扩大，改变了这一地区原有的氛围和景象。由于西方文化的不断涌入，使这一区域成为东西文化冲撞的产物，香车、美女、超短裙、薄露透、法国香水气味，一片纸醉金迷的景象，与昔日古老宁静的街巷氛围格格不入。华洋杂处终日喧嚣的氛围，破坏了该地区整体风貌的和谐，不符合什刹海应有的特色。整个什刹海沿岸成为北京继三里屯酒吧街之后的第二个酒吧聚集区，很多传统建筑用于商业和餐饮业，被改建为各色酒吧、西餐厅和旅游制品的经营场所。

过度的商业氛围和过度的嘈杂环境，让南官房胡同、鸦儿胡同等这些与什刹海相通的胡同内的居民吃尽了吵闹的苦头。本不宽敞的胡同街巷里，到处都是汽车、行人，使原本就不堪重负的街区显得更加狭窄、拥挤，喇叭声、音乐声此起彼伏，车水马龙，这一切对于习惯安静生活的老住户们，简直就是一场噩梦。“白天出去，不管是不是节假日，总是人挤人，到了晚上九点，酒吧的乐队、音响，招揽生意的大喇叭声音此起彼伏，吵到半夜都不得消停。”过去的静谧被过度的喧哗所替代，每到夜晚，往日老北京人传统幽静的生活被打破，酒吧里喧嚣的音乐让居民难以入睡。

宁静幽深的什刹海地区，本是京城内难得的一片净土。过去，提起什刹海地区，人们想到的一定是湖水、胡同、四合院和“银锭观山”等文化元素。但是，成为“酒吧聚集区”以后，提得更多的是酒吧、餐馆和旅游商品。那时候什刹海沿岸有很多违章建筑，特别是临湖风景优美的区域，增建或改建大量酒吧设施，昔日市民散步的公共空间被侵占，环湖根本走不通，湖岸的每一块土地，甚至包括人行道都被酒吧主人所占用，导致交通拥堵、湖岸景观杂乱，五颜六色的灯光、充斥着外来语的招牌、此起彼伏的外国歌曲，构成了当时什刹海的总体印象，往日当地民众温馨恬淡的传统生活被打破。

实际上，成为“酒吧聚集区”后的什刹海地区，居民有居民的烦恼，他们的生活变得越发的吵闹；商户有商户的苦衷，络绎不绝的游客和地区的承载力，以及高昂的租金是不得不面对的问题；游客有游客的尴尬，他们在这里究竟能体会到怎样的“京味儿”。面对这些问题，如何使居住、工作和旅行的人们都获得满意的环境，什刹海地区必须破局重生。目前，国家正在倡导夜间经济，因此一方面要进行整治，另一方面保留一些比较安静的酒吧，不要过于喧嚣吵闹。需要及时制定适合什刹海地区可持续发展的规划方针。随着推进产业调整进程，针对什刹海酒吧聚集区集中整治，提升文化展示、国际交往、旅游体验等业态。

荷花市场步行街位于什刹海前海的西侧，全长 280 米。每逢盛夏临水荷花大片盛开，幽香阵阵，风景怡人。这处临水栈道是什刹海全长 6 公里的环湖步道的一部分，也是最美的一部分。因为风景好，过去常年被商家“霸占”，摆满了就餐卡座，游人想坐会儿，还得先消费。2017 年 7 月，荷花市场的业态调整启动，曾经热闹一时的酒吧、餐馆陆续关停，位于步行街最南端的星巴克咖啡馆也贴出了暂停营业的公告。今天我们看到，从北到南，市场建筑已经被 3 米高的围挡挡住，里面的店面早已腾空，过去卖炸鸡、鱿鱼串、烤香肠的小店面也已全部关停，门上贴着封条。

根据什刹海风景区的生态重塑计划，酒吧等腾退后的空间重点用于引进文化创意类项目，曾经存在了 10 多年的“酒吧一条街”成为历史。随着荷花市场步行街提升改造，这处被誉为什刹海最美“观海口”的观景栈道，彻底归还给市民。近两年，通过清查酒吧街的房屋产权，按照“一户一档”的方案要求，对酒吧街内 249 家经营单位的房屋性质和产权单位建立了档案和台账，大幅度减少了酒吧的数量。同时，明晰经营单位房屋产权，收回部分公房，关停违规经营酒吧，控制酒吧数量，希望什刹海再静一静。

我再次来到什刹海地区，任务是来收集什刹海地区的声音分贝指数。分贝是客观反映声音大小的科学数值，我在什刹海的周边，四处收集声音，并记录在什刹海的地图之上。现在景区要求就是在酒吧内，音响也不能超过有关规定。声音收集的结果表明，如今什刹海地区真的静了下来。环境整治后的什刹海地区，前来游玩的游客数量虽然有所减少，但是整个地区的氛围变得宁静了很多。那么安静下来的什刹海地区又应该如何定位，如何能够使什刹海地区持久健康的发展，又是一个新的课题。

然而，酒吧噪音数值的降低，也意味着招揽生意的“影响力”在降低，经营的压力随之而来。什刹海的“酒吧聚集区”，曾经是这一带最热闹的地方。一些年轻人和外地的游客，似乎很喜欢来到这里度过聚会的时光。但是，热闹的场面并不代表这种现象适合在这个地方出现。对于这里的居民来说，他们难以长期忍受这种乱哄哄的场面，对于北京老城来说，乱哄哄的“酒吧聚集区”，出现在历史文化保护区也不是好的现象。今天，人们更注重追求自然、清净的休闲方式，希望能有更方便与更温馨的现场享受文化体验。什刹海碧水环绕、古朴淳厚的气息正好满足了人们的这种需求。

今天我们处于不断变化的时代，一成不变的是要保护好文化和自然遗产，保护好人与自然共同创造的成果，并使这些遗产和成果与现代人们的生活和谐共生。随着时代的进步，向更加健康、更加美好的方向发展。这就是为什么在城市规划中，努力保护什刹海这片难得的水面，并努力使之惠及全体民众的重要原因。让什刹海静下来，这样的目标肯定会使一些人面临经济方面的损失。但是，为了共同营造这片地区的祥和，为了城市空间更加舒适怡人，环境整治的决心必须坚定，经营者们做出适当的牺牲，也是值得的。

在什刹海地区环境整治中，不但有政府部门的努力，当地民众也作出了重要贡献。银锭桥畔有东兴顺爆肚张，是北京城里出了名儿的百年老字号。店门口立着一尊清代服饰的铜人像，一手捧着茶壶，一手轻摆着邀请客人进屋。今年已经 80 岁的李老太太说："这是我老伴儿的爷爷张泉，17 岁从山东逃荒落到这条街上，学爆肚的手艺。这一晃 130 多年了，老张家五代人一直在这条街上，没挪过地方。"她本人嫁到爆肚张家也已经有 50 多年，在什刹海也就住了 50 多年。

回忆起当年的情景，她说从前每到傍晚，大小金丝胡同、南北官房胡同里就会传来卖米的男人、卖醋的小贩此起彼伏的吆喝声，磨刀师傅带来的则是打击乐，这些声音让人心安。由此看来，人们在日常生活中还是希望有些熟悉的声音伴随。李老太太讲到了不久前的环境整治，"我们家是这条街上最后一个盖的"，原来没有想扩大经营面积，就是心疼那些慕名而来的客人，特别是旅游高峰期，等位的队伍能从门口排出去 20 多米，"刮风下雨天也是这样，看着焦心。于是别人都盖二层，我们也盖吧"。

前一年刚刚盖了二层房屋，投入营业没俩月，成本还没有收回来，什刹海地区就启动了大规模的环境整治，银锭桥三角地是这次整治的重点。"拆了我家的，别的家还拆不拆？不拆就不公平。"这是李老太太当时心中最大的疑惑。2019 年初，眼看银锭桥周边所有门店的违规牌匾、违法建筑都被拆除。李老太太爽快说："我 21 岁就到这条街，从前的什刹海什么样，我心里有数。要说老样子、老风貌是应该恢复起来。"没过多久，东兴顺爆肚张二楼的违法建筑也启动拆除，同时一块架设了多年 10 米长的巨型广告牌匾也卸了下来。

我来到位于前海的烤肉季，这是什刹海的地标之一。北京人说起烤肉，一定会提到"南宛北季"。北季指的就是北城什刹海银锭桥边上的烤肉季，和南城的烤肉宛专注于烤牛肉不同，烤肉季以烤羊肉见长。相传清道光二十八年（1848 年），北京东通州的回民季德彩，在什刹海边的荷花市场，摆摊卖烤羊肉，打出了"烤肉季"的布幌。在一百多年的岁月里，烤肉季一直在什刹海守望着。2008 年，烤肉季和烤肉宛烤肉制作技艺共同被评为国家级非物质文化遗产。

从烤肉季的窗户，能够清晰地看到什刹海地区的变化。2017 年，什刹海地区开始整治，烤肉季也体现出了老字号的精神以及国有企业的担当，拆除了"招幌"和"灯箱"，进行了油烟改造，同时内部进行了精细装修。首都博物馆的唐宁老师在烤肉季担任非物质文化遗产的讲解员。2015 年，西城区开展非物质文化遗产项目讲解员的招募工作，唐宁老师就主动申请并成为烤肉季的讲解员。如今，她对于烤肉季的历史和特色内容，可以说是滚瓜烂熟，讲起烤肉季的"武吃自烤"是头头是道。平日里，她也愿意在什刹海地区走街串巷，了解这片地区的风土人情以及最新动态。

明清时期，北京城不仅是一个政治、文化的中心，也是一个商业发达的城市。传统商业在这座城市中，一直不仅仅是获取利益的设施，而且是实现文化传承的存在，进而被纳入北京传统文化的体系之中。例如北京城内有许多人们耳熟能详的“老字号”，本源来自全国各地，但是并不妨碍它们名冠北京，被纳入北京传统文化之中，并成为北京城市的人文特色，影响着人们在城市中的文化体验，吸引广大城市居民的关注，广泛介入到城市居民的生活中去，也成为这座城市人文思想积淀的重要组成部分。

什刹海地区有很多名人故居，成为一大文化盛景。宋庆龄、郭沫若、萧军、陈垣、田间等故居都散落在湖畔街巷之中，张伯驹、齐白石、老舍、张大千、侯宝林等文化名士也曾被什刹海风光所吸引，居住于此。故宫博物院著名专家单士元先生对什刹海地区感情深厚，1907 年他就出生于什刹海畔南官坊口胡同内的一座宅院。10 岁前曾先后在地安门内东板桥、地安门外帽局胡同、鼓楼前方砖厂胡同的私塾学习，并乔迁到地安门东蓑衣胡同。直到晚年，单士元先生一直居住在旧鼓楼大街的小石桥胡同。

文化名人故居是留存他们生活痕迹、内在精神的纪念场所。一方面，故居展示着与名人相关的历史文物，另一方面，还记载了名人的生平和故事。因此文化名人故居不仅凝练着文化前辈的生命光彩，也映射着人文思想的博大光辉，它们是祖国优秀文化遗产的重要组成部分，也是传承民族文化、发扬民族精神的重要载体。名人故居还是一所特殊的学校，是人们学习历史文化、弘扬前人美德的重要场所，具有很强的学习体验和陶冶情操的作用，尤其是具有对青少年进行理想教育的功能。

我在少年时代经常来什刹海，那时还能感受到“都市中的野景”氛围。近 40 多年来，北京城发生了巨大变化，北京的老城也发生了很多变化，什刹海地区当然也在不断发生变化。随着 20 世纪 80 年代以来大规模城市建设的展开，什刹海地区周边也出现了一些影响“观山”的高大建筑，“富于野趣的情调空间”不断被改变。特别是积水潭医院建设了高层建筑，将西山景色部分遮住，致使“银锭观山”的通视走廊景观大打折扣。这一历史遗憾应及时创造条件，采取降层等措施加以纠正。

历经千百年岁月洗礼而形成的北京古老街巷肌理，存在于在此居住的百姓生活中。要充分考虑社区居民因不同年龄、文化、职业等形成的不同文化需求，以及社区居民的不同爱好、追求和意愿。尤其是通过文化记忆空间的修补，能够有效激活社会网络的活力。只有做到了这些，才能让胡同和四合院永远洋溢着浓郁的京腔京韵京味，真正留住老北京的乡音乡情乡愁。同时，还要深入挖掘整理胡同四合院、京城老字号、名人故居、非物质遗产传承人的口述历史，使之成为北京永久的城市名片。

什刹海是北京的一处净水宝地，人们愿意常常到这里来游憩，寻找和探寻老北京旧影与文化。每一座四合院都是活态的存在，都留下了前人建造时的精神追求，由此使这里的一砖一木、一瓦一石，处处细节引人追忆，成为物化的精神载体。通过文化调查收集的历史资料、地图资料、研究文献、图片档案、考古报告、工程档案、城乡规划、管理计划、工程方案、风土人情、传统文化、传统节日、民间故事、地理数据、文化活动、宗教信仰、非物质文化遗产、教育水平、文化空间等，尽可能地收集完整并加以整理提炼，并以简洁和可视化、可理解的方式呈现出来。

一些生于斯长于斯的什刹海居民，以一本《我家住在什刹海》文集回馈故里。由66篇文章，以及绘画和摄影作品汇集而成的这本文集，作者大都出生于20世纪50年代。他们记述出生地的历史变迁、人世沧桑，展现老百姓曾经的烟火日常、老宅人家，从中可以由衷感受到暖意与真情。或许只有生活和成长于此的人，才能用这样浓郁饱满的倾诉来回味过往，而这样的回溯，无疑留住了什刹海文化，留住了北京的一段珍贵的历史。正是世世代代生活在这里的社区民众，用自己的知礼与明理、豪爽与内敛、开放与坚守，书写出历史悠久、内容丰富、影响深远的地域文化。

后海是什刹海的组成部分，这里水面开阔，两岸均有众多文物古迹，例如北岸有宋庆龄故居、醇亲王府、广化寺等，南岸有恭王府及花园、郭沫若故居等，由于远离城市交通干道，环境幽静，视野开阔，是一片既有水，又能观山的山水世界，也是垂柳拂岸的闲散之地。岸上的民居与居民，周边的王府和名人故居，更为后海铺陈着京味和历史的无穷韵味。侯仁之先生说这是人民性非常强的一块地区，一直在北京市民中人气很旺。在我的记忆里，后海地区有成片规整的院落，高质量的四合院民居，胡同街巷总是被打扫得干干净净。

在什刹海的望海楼下，我见到了时隔多年未见的郑光中教授时，不免有些激动。几十年来多次与朱自煊教授、郑光中教授一起讨论什刹海地区保护和发展规划的情景一一浮现出来。我对于什刹海的一些了解，也是因为多次参加两位教授组织的规划方案论证。如今朱自煊教授已经90多岁，郑光中教授也已经80多岁，虽然年事已高，但是身体健康，老当益壮，继续在为什刹海保护和发展绘制蓝图。今天给郑光中教授的意外惊喜，是我们大家在这里给他过生日，特意准备了生日蛋糕，以茶代酒祝福生日快乐。时间真的过得很快，我认识郑光中教授时，他还是一位中年教师，而今天已经是他的84岁生日。

在望海楼前，郑光中教授告诉我，这座望海楼最早就是由他和学生们设计建造，当初设计的意图是为地区居民增加一些公共建筑，人们可以进去休息一下，娱乐一下，希望实现还湖于民的目标。“但是事实上没有按照设计意图实现。一些地方原来是公共绿地，我们几十年都坚持城市规划确定的用地性质，但是当时的领导希望把这里搞成一个高标准的会所，就把民众可以休息游乐的一块绿地给圈了起来，当时我也很生气，怎能这么做呢。”几经变迁，没想到后来又成为“还湖于民”的一个堵点，如今为了打通堵点，又历经了一番周折。郑光中教授强调公共建筑应该对市民和游客开放，人们能到上面喝喝茶，望望景。

目前，在后海的绿道景观提升工程取得了预期成效。实现以绿道功能为主线，形成静谧休闲区，提高环湖舒适度，串联节点景观，体现借水成景的造园特点。同时增加湿地植物，恢复历史风貌，完善具有浓郁文化风格的环湖景观。如今我们走在实施后的什刹海后海绿道，这里占地面积23.8公顷，其中水面面积17.9公顷，周边绿地面积4.5公顷，环湖步道居然有2800米。通过后海绿道景观提升的建设，形成设施齐备、管理完善的什刹海环湖绿道生态空间，形成城市文化空间新的亮点。

在建设环湖步道的过程中，实现打通环湖路，疏通堵点，对北岸环湖人行路局部加宽，保证步道通畅；沿岸进行铺装更换，设置亲水平台，提升建筑节点，形成亭廊结合的休憩空间；沿湖步道增加坐凳和垃圾桶等便民设施服务公众；充分保留和利用现状植物，在林下空地补植碧桃、迎春、海棠、丁香等耐阴花灌木，形成桃红柳绿的环湖景色；将沿街摆放的临时花箱改为绿带，补植地被覆盖裸露的土地，利用植物遮挡围栏；在望海楼南侧增加6000平方米荷花，形成夏季水生植物景观区；对现状水中野鸭岛进行提升，新建鸟岛为野生水鸟提供栖息地。

时至中午，我与郑光中教授一起，来到护国寺小吃店品尝北京小吃，喝豆汁、吃焦圈，放松地享受了一下久违的休闲生活。品尝北京小吃后，我们决定在什刹海地区四处走一走。前往柳荫街的路上，经过护国寺大街的人民剧场，这是一座砖红色为主的建筑，虽然已经历半个多世纪的风风雨雨，依旧古朴典雅，面朝北的部分是剧院前厅，歇山式屋顶衬托出建筑的庄重，灰筒瓦绿琉璃，不失色彩上的丰富与活泼，不愧为中国近代建筑中的佳作。20世纪50年代，北京市相继兴建起一批演艺场所，人民剧场就是其中之一。1955年，国家京剧院成立，人民剧场的大幕正式拉开，梅兰芳先生担任首任院长，并登台表演代表剧目。

21世纪初，人民剧场因为建筑存在一些安全隐患而停业改造，不再对外演出。2007年改造正式开始，保留了建筑的原有整体风貌，但是将原有的观众区至舞台部分进行了拆除。未来，人民剧场不再具备剧院演出功能，据介绍将成为文化创意产品的生产制作场所，一座曾经的顶级戏曲演出殿堂失去原初功能，让人深感遗憾。我告诉郑光中教授，近年来中国文物学会和中国建筑学会联合开展20世纪建筑遗产保护行动。人民剧场虽然功能已经改变，但是2018年仍然入选“第三批中国20世纪建筑遗产”，希望这座优秀现代建筑不再受到伤害。

随后来到柳荫街，郑光中教授在现场继续叙说自己对恢复历史水系的看法。当年西小海被填埋，建成了什刹海体育运动学校。郑光中教授希望恢复什刹海的历史水系，为此他描绘了什刹海水系规划图，谈了对什刹海未来发展的畅想。郑光中教授知道说起来容易做起来难，但是作为远期规划，他表示会一直努力呼吁。在恭王府内，我们共同感受到作为京城保留下来最大的王府，恢复到今天的规模，可以说是很不容易，但是周围的环境，特别是停车设施还需要改进。看来在规划师眼里，看到的都是规划目标。

下午3点以后，什刹海沿岸水边开始热闹了起来，居然有几十位游冬泳的市民，其中不乏一些老年人，上去打招呼，“您多大岁数了？”“65岁！”居然和我年龄差不多，顿时感到自愧不如。同样是老人，看人家这精神头儿，值得向人家学习。老年人就应该有自己的生活，就应该以乐观的态度享受生活。同时我也在想，享受生活有不同的方法和习惯，我每天在各地奔波，经常忙碌到凌晨一两点钟，有着看不完的书、写不完的文章，乐此不疲，锲而不舍，总觉着时间不够用，累并快乐着，为了自己喜欢的事业而坚持做下去，甚至愿意付出一辈子，也是在享受生活。

孔子曰：“水有五德，因它长流不息，能普及一切。”人们喜水、近水、赏水、嬉水，衍生出水文化。水滋润着城市的文化，澄澈着人们的心灵。正是因为有了这片水，什刹海才衍生出丰富的样貌，集中了历史、文化、生态、民生等各个方面。正是因为有了这片水，自然和人文才得以和谐共生。水文化是北京重要的组成部分，水系恢复将使北京城市更加灵动。随着京城水系的保护与生态修复，城内水系逐渐恢复，与历史街区、街巷胡同、传统民居共同营造出独特文化景观，使人眼前一亮。利用好“水”生态，创造和谐的人居环境，让人们在诗情画意中感受日常的美好生活。

什刹海的冬天很美，很安静，心能沉静下来。但是什刹海的冬季并不萧条，在什刹海没有正式进行冰场经营管理的时候，人们大多自带冰鞋三五成群地在冰上滑野冰，这是很多北京市民冬季的城市记忆，也是冰上活动爱好者，以及具备一定冰上运动技能的人们，最常参与的冰上运动。实际上，北京作为文化古都，自古便有开展冰上活动的风俗。冰上活动从民间兴起，逐渐成为人们冬季游乐、健身、竞技的生活方式。北京的四季气候分明，在春、夏、秋季节中开展游船、游泳、垂钓等活动的河湖水面，在冬季结成冰面以后，取而代之的是滑冰、冰球等冰上活动。

我在少年时代，也曾和同学们多次相约到什刹海滑冰，那时冰场上的人很多，一些成年人滑冰水平很高，在人群中左右穿行，还有一些年轻人滑得也很好，我想可能是旁边什刹海体校的学员，而我们不大会滑，也就是在冰场上体验一下。实际上，一到冬天我们经常到护城河的冰上活动，最常去的是复兴门到阜成门一段的护城河。用木板和角钢做成冰车，坐在上面两手用纤子杵冰向前滑行。后来因为护城河施工修建地铁，我们的“滑冰场”也就消失了。在北京老城中的冬季，什刹海给我留下了难忘的童年记忆。

什刹海冰场是北京老城里最具有代表性的天然露天冰场，这里开展的冬季冰上活动是北京老城中极具吸引力的室外活动，丰富的冰上活动种类，每年都吸引了大量慕名前来的人们，更由于周边具有魅力的城市空间，使这里一直很有人气和活力，成为冬季城市活动中的亮点。相比较其他冬季户外冰雪运动场地，什刹海具有明显的区位优势和历史文化等优势。据了解，北京市内目前共运营 18 处露天冰雪活动场地，其中 14 处冰雪活动场地设置在公园或风景区内，人们在公园或风景区内的指定场地进行冰雪活动。

随后，我们来到了什刹海西海，这里北临北二环路和德胜门，东临德胜门内大街，附近有积水潭医院，特别是在西海西端有镇水观音庵，建于明永乐年间，清乾隆二十六年更名为汇通祠，1976 年因修建地铁而被拆掉，1988 年得以重建。现在是郭守敬纪念馆。郭守敬在天文、历法、水利、数学等方面成就卓越，因此围绕汇通祠郭守敬纪念馆的展览陈列内容进行呼应和外延，在北入口至湖边郭守敬雕塑之间形成郭守敬之路，纪念这位对北京做出巨大贡献的水利专家。

2018 年，北京市针对什刹海地区提出了“亮出岸线、还湖于民”的要求，历时 5 个多月，完成了什刹海西海湿地公园建设，包括连通山海楼南侧步道，迁移游船码头，新建浮桥，实现水岸步道连通。通过什刹海西海湿地公园建设，结束了过去人们需绕行山海楼的历史，既提高了湿地公园的亲水体验和游人安全，又形成了安静舒适的环境氛围，成为城市中难得的生态空间。什刹海还湖于民不仅仅是打通环湖步道的表层解析，其深刻内涵可上升至首都核心区历史文化保护的高度，从什刹海的历史地位到肩负的现实使命。

在西海北侧的山海楼与段志航经理聊了起来。他自从 2014 以来，连续几年坚持不懈地在山海楼的二楼观景台上拍摄，因为这里视野很好，能看到比较广阔的水面，景色一年四季都有所变化。从他拍摄的照片和视频里，可以看到修建浮桥时期的西海、浮桥建成以后的西海。也就是说，从雾霾严重的西海，湖水浑浊的西海，雨水滂沱的西海，一步步变成天蓝水清的西海。这就是西海几年间的生态变化图，水变清了，天变蓝了。如今他把拍摄到的四季美景，经常传给各地的朋友们。可以说他很上心，也付出了很大努力，成为西海变化的忠实见证者。

对准同一个角度、同一个方向拍摄西海的变化，这是段志航经理的拍摄技巧。的确是一个好办法，可以清晰地进行空间和时间的对比研究。我在从事城市规划的时候，也喜欢应用这样的拍摄方法，会在一个街区，选择一个点位，每隔一两年去拍摄同一方向的照片，这样连续几年，再回过头来一看，这个街区的变化就历历在目，能看到城市的步伐和发展的脉络。积水潭如今建成了湿地公园，也带来了这片水域的变化。段志航经理从湿地公园开始建设，到如今建成，所有的照片和视频都有所保存，从中可以看到环境确实比原来好了很多，而且是一天比一天好。

一个城市不能没有水，什刹海作为京杭大运河的终点，在气候干燥缺水的北方，拥有这样水量充沛的水域，极其难能可贵。段志航经理还拍下了在西海湿地公园鸟岛建成以前，小鸭子在山海楼墙边的花盆里产卵孵化的视频。他和同事们经常喂小鸭子，还给他们打遮阳避雨伞。他说什刹海西海这片水已经融进了自己的生活和生命，不仅见证着自己的成长和蜕变，还是烦恼的净化器。每当看见这片水，心就安静下来。从段志航经理拍摄的照片和讲的故事，可以感受到他对西海充满感情。

2018 年 10 月 1 日，什刹海西海湿地公园正式开放，给社会民众交出了一份满意的答卷。什刹海西海湿地公园占地总面积 10.9 公顷，其中水面面积 7.4 公顷，周边绿地面积 3.5 公顷，环湖步道长 1450 米，沿西海有郭守敬纪念馆、三官庙、普济寺等多处文物保护单位和纪念馆，这是北京历史城区内唯一的一处城市湿地。西海湿地公园的建设，旨在恢复什刹海地区丰富的物种多样性，构建城市湿地的生态系统。同时，结合历史文化、湿地科普和游览休闲，形成既朴野自然，又具有文化特色的城市湿地公园。

在西海湖岸，我见到了环湖景观设计师李战修先生。他告诉我，实现环湖打通，实际上最大的问题就是要整治原有的 7 个堵点，其中在西海这里就有 3 处因为违法建筑和临时建筑占据形成的堵点。通过打通过去山海楼阻隔的水面，新修浮桥、栈道，连接了东西两岸；通过关闭西海渔生餐厅，拆除各类违法建筑和临时建筑，疏通堵点，并对保留建筑进行提升，服务民众，重新命名为镜槛涵清，水上包间乌篷船如今成为西海一景；通过打通碧荷轩堵点，拆除碧荷轩近 2000 平方米的违法建筑，新建敞轩和绿水亭，可以观赏湖里种植的大量荷花，为游人休憩提供空间。

西海西北角汇通祠前的水域，最受游客青睐。通过搭设浮桥的方式实现环湖步道连通，所谓浮桥，实际上就是漂浮在水面上，没有落地，水要上升，它就能浮起来，用以解决环湖的通行问题。在西海湿地公园统一设置了导向标识牌、休闲座椅等便民设施。同时，加强智慧西海建设，对环湖夜景照明进行整体设计，以汇通祠作为景观节点和地标，将基础照明和景观照明相结合，提升夜晚景观的品质，如今夏天夜间也有很多居民前来纳凉。下一步希望建设一个生态湿地系统，吸引更多湿地的鸟类，种植更多适宜的水生植物。

目前，在什刹海西海湿地公园的环湖路上，安装了120个“集智慧安防视频监控、城市Wi-Fi、PM2.5智能感知、手机充电、4G基站、特殊人群监控、市政设施监控、智慧终端显示屏”等功能的智慧灯杆，并配以1082个物联网监测点，实现街区的无线网络全覆盖；基于智慧灯杆研发的报警、地图、导航、社交等相关互联网应用，不但让市民体验到了更加精确、便捷的人性化的城市服务，还让公园管理者可以通过数据中心，以及物联网可视化管理平台，实现什刹海区域内的游人管理、车辆管理、设施管理、应急管理和运营管理。

在什刹海西海湿地公园建设中，社会和单位车辆的管理也是重点，在首先保障周边居民175个停车需求的基础上，结合公园中智慧灯杆上的安防视频监控系统，实时监控园区内的静态交通和动态交通状况，对在非停车区域停放的车辆，通过灯杆上的显示终端进行提醒，并实施定位，以便于停车管理人员进行管理，实现规范停车，从而解决西海区域内停车无序的乱象，确保西海湿地公园周边有序的交通运行环境。

西海湿地公园的水是流动的，所以水质很好。通过改善流域生态环境，提高滨水空间品质，岸上污水全部实现截流，进行不间断水质监测，将蓝网建设成为服务市民生活、展现城市历史与现代魅力的亮丽风景线。水岸边按照公园建设规范，水深都是50厘米，再加上水生植物遮挡，避免出现孩子们落水的危险，确保居民和游客的安全。由于环湖步道的打通，为爱好运动的人们，在绿意盎然的西海，实现无比舒心的畅跑体验创造了条件。

实际上，人们更多采用步行的方式体验环境，随时停下脚步欣赏风景，相较于驾车游览，步行则更具备灵活性。我们行走在浮桥上，欣赏着冬日的西海风貌，有幽美的水景，有幽深的胡同，拥有一种静中有动、闹中取静的韵致。什刹海街巷内一砖一瓦都凸显出北京老城的气脉，密布的胡同四合院、空中的鸽哨声，讲述着这里不同凡响的生活状态。如今，什刹海碧波荡漾、垂柳摇曳，北京市民、外埠游客，纷纷前来游览，这里仍然是北京老城内一座免费的水上公园。

经过环境整治增加了人们日常休息的空间，什刹海的人民性更强，人们来到这里无论是休闲娱乐，还是体育锻炼都非常方便。事实上，在北京城里面，这样一处没有交通干扰的公共空间很是难得，可以说西海湿地公园的设计和改造十分成功。什刹海这片地区是著名旅游风景区，但是不能只有旅游业，还应该有更多的文化休闲内容。北京老城的地域空间十分有限，如果都依托旅游来推动地区发展，势必会造成过度开发的局面。还要苦练内功，发展创新业态，这也是北京老城需要解决的新问题。

城市品质的升级，来自每一个区域品质的提升。在服务周边居民方面，西海湿地公园建设中，拆除违章建筑，清理杂乱环境。西海湿地全线共新建7处总计1000平方米的环湖观景栈道，提高人们的亲水体验，形成了安静舒适、质朴自然，具有文化特色的湿地公园，既保障水质清洁，又消除安全隐患。在西海湿地公园的建设中，实现了环湖绿地总面积约3.5

公顷，改造过程中，在汇通祠山体、环湖绿地内，结合原有树木新植油松 30 株、垂柳 40 株，海棠、山桃、山杏、丁香等 600 余株。

历史文化保护区就是城市中的“文化湿地”，城市正是因为有了这一片片文化湿地，才更加宁静、美丽、和谐，才拥有独特而持久的文化气质。什刹海历史街区与素有“地球之肾”美称的湿地高度契合，历史文化街区具有储藏城市记忆、调节文化生态的功能，堪称“城市之肾”。城市设计是落实城市规划、指导建筑设计、塑造城市特色风貌的有效手段，通过城市设计来统筹城市建筑布局，协调城市景观风貌，体现城市传统、地域特色和时代风貌。

城市不只是衣食住行的场所，而且是人与外界交流、对话和思考的场所。在美好生活需求日益提升的今天，人们需要多样化的生活体验，感受多元化的人文气息。随着背街小巷整治，实现风貌重塑，还原什刹海风景区独有的水城景观和街区风貌，“亮出岸线、还湖于民”，湿地科普和游览休闲，形成既朴野自然，又具有文化特色的湿地公园。什刹海还湖于民是一项具有开创性的工作，例如浮桥的设计、鸟岛的构想、荷花的种植、碧荷轩亭廊的建设等。同时结合休闲空间和环湖步道将“运河文化、诗文荟萃、湿地文化”三方面文化内容融入其中。

西海汇通祠将原有什刹海入水闸口进行恢复性展示。在诗文荟萃方面，将历代描述什刹海湿地的诗文，以及老舍先生笔下的积水潭等内容予以表现。在湿地文化方面，对 50 余种水生植物及各种鸟类进行科普和讲解，普及湿地知识。此次结合西海湿地公园建设，新增了 2 个约 800 平方米的生态浮岛区，建设了 500 平方米的鸟岛，成为鸟类的幸福家园，西海湿地公园建成后，还曾经吸引了四只黑天鹅过来游憩。通过丰富的水生植物群落，以及多种鸟类生境的营建，共同构建出城市湿地的生态系统。

西海湿地公园建成后，恢复本地区丰富的物种多样性，营造约 2 万平方米的水生种植区，包括荷花种植区、菖蒲芦苇区等。此次新增水生植物共计 50 余种，都是北京乡土的品种，其中种植荷花品种 30 余种，其他水生植物 20 余种，例如菖蒲、芦苇、慈姑、菱角等，涵盖了挺水、浮水、漂浮等多种水生植物类型，形成大面积的水生植物群落，呈现出丰富的湿地景观。同时充分发挥水生植物的生态效益，利用水生植物群落对水体的净化作用，吸收水中的总氮（TN）、总磷（TP）、氨氮、有机物等，使水质长期保持一定的稳定状态，抑制水体的富营养化，保持水质清洁。

滨水绿道是一种将市民需求和绿色资源有机结合的文化空间。通过将公共绿地、湿地绿地、河道绿地等绿色空间变为可进入的公共空间，满足了居民休闲游憩需求，绿色出行需求，是一种以人为本的城市空间存在。如今植物丰富了，鸟类丰富了，再加上其他小动物，自然就逐渐得到回归。区外道路喧闹嘈杂，车流滚滚，但是滨水绿道却是另一个世界，静谧幽深秀美。事实证明，要让人们生活得舒适、安全、健康，需要通过生态修复和城市修补来改善。通过城市设计，可以把好山好水好风光融入城市，统筹空间形态，提升生态服务功能，保护和延续城市历史文脉，增强城市吸引力和软实力。

什刹海周边的历史文化街区内遍布着胡同、民居，极富京城特色。北京是世界上最方正、街道最平直的城市，因此在北京指示方向，不需要像在外国说向左或向右，而一般会说东西南北。但是也有少量斜街，对于这些斜街，往往会在街名上标明，例如烟袋斜街、樱桃斜街、李铁拐斜街等。其中烟袋斜街位于什刹海前海东北，因为宛如一只烟袋锅子而得名，是北京最古老的商业发达的街道之一。在清朝末年至20世纪30年代，街内以经营旱烟袋、水烟袋等烟具，还有古玩、书画、裱画、文具，以及风味小吃、服务行业等为主，其铺面建筑风格朴素，并有北京北城特点，是北京老城颇有名气的文化街，曾留下不少文化名人的足迹。

为了避免出现过度商业化的现象，为什刹海地区健康发展提供方案，2000年北京市开始逐步对烟袋斜街进行整治，清华大学建筑学院师生制定了烟袋斜街保护更新规划。他们发现以往许多历史文化保护区的保护规划，一旦进入操作层面和具体事务阶段时，却常常面临至少两个方面的困扰：其一，虽然保护规划在理论上受到有关法规的保护，但是管理却常常不到位；其二，对保护规划的可操作性研究不深，针对性不强，面临许多现实的困难，难以落实到实践之中。因此不免导致研究成果与实践效果之间的反差。

烟袋斜街保护更新规划依据《北京25片历史文化保护区保护规划》，通过历史研究及大量实地调研，确定烟袋斜街历史文化保护区的性质，明确了重点保护区和建设控制地带的范围和应采取的措施，对地区内建设行为作出严格限制。例如不拓宽街巷，不改变胡同尺度，杜绝大规模的开发改造，只允许零星、渐次地维修翻建，房屋限高3—6米（1—2层）等。此外，对于建筑的形式、色彩等方面也作出严格规定，整体保护历史文化街区的传统风貌。

在烟袋斜街内，尚存相当数量的传统建筑，拥有不少格局完好的传统院落，基本体现了传统风貌，但是仍有部分建筑与传统风貌相冲突。由于缺乏改善房屋质量的积极措施和动力，这些房屋仍呈衰败的趋向，房屋质量状况的恶化，也必然对该地区的传统风貌带来不良影响。烟袋斜街保护更新规划基本上深入到了每个院落单位，针对每栋建筑做出评价并指出保护更新的措施。同时，强调了人口疏散和居民参与的原则。在规划中强调采取小规模、渐进式的方式，一个门牌号为一个单位院落，作为整治更新的基本单位。

烟袋斜街保护更新规划明确保护类、综合整治类院落中指定的保护建筑对象，制定保护措施，对于保护类院落，进行控制性详细规划，有利于指导保护和管理工作。兼顾历史街区的自然生长、发展以及居民的自主建设，对于综合整治和更新类院落，提出引导性方案和控制性指标，用以指导建设和满足管理的需要。将人口、产权状况与处理方式相结合，具体情况具体分析，确定引导性的政策性措施，针对性强，有利于在实际操作中明确方向，减少矛盾。调整人口与增加建筑面积结合，互相协调补充，此消彼长。对于保护类院落，以调整人口为主。

烟袋斜街保护更新规划在操作过程中充分体现公平公开、自愿自主的原则，为居民提供多样性的选择。街区的居民多为中低收入者，且多没有属于自己的住房。因此，解决这些人的住房问题，不应仅仅是局限于历史街区自身的更新。完善的社会住房体系是解决这一问题的关键。同时，应制定一套更加高效、合理的贷款与补贴等政策与措施，以确保真正解决中低收入者的住房问题。这些问题的解决为保护区居住院落内人口变动、房屋产权置换等的顺利进行，打下了良好的基础。

在烟袋斜街的保护整治中，首先对社会宣布不会采取“大拆大建”的改造方式，而是希望当地居民自己投入到维修保护实施计划之中。2007 年 5 月，烟袋斜街特色商业街建设工程正式开工，2008 年规划实施后，烟袋斜街再现了老北京青砖灰瓦的历史肌理和建筑风格。结果，仅投入不到 160 万元用于公共服务和基础设施建设，投入较少资金，居民们就把自家房屋修缮得古色古香。保护整治以后，烟袋斜街的传统风貌没有改变，原住居民也没有迁移，即达到了保护和发展的目标。

2010 年，烟袋斜街入选“中国历史文化名街”，成为什刹海胡同旅游的必经之地，充分证明了其历史真实性、风貌的完整性、生活的延续性都得到了很好的传承。这一成果表明，这种保护整治思路是完全正确的，这种方式也可以激活历史文化街区的生命力。随着烟袋斜街历史文化保护区有机更新的深入进行，在远期，该地区的人口密度将继续降低，历史街区逐渐进入良性循环，历史风貌将得到更好的保护与延续，居民生活质量也将会得到进一步的提高。

什刹海地区是北京首批 25 片历史文化保护区之一。什刹海地区的保护规划，要权衡旅游资源与原住居民的需求，还要考量文化资源的永续利用。在历史文化街区保护和整治中，要兼顾历史街区的自然生长、发展以及居民的自主建设，将人口、产权状况与处理方式相结合，确定引导性的政策性措施，有利于在实际操作中明确方向。对于保护类院落，要明确保护对象，制定保护措施，进行控制性详细规划，有利于指导保护和管理工作。对于综合整治和更新类院落，应将调整人口与增加建筑面积结合，提出引导性方案和控制性指标，互相协调补充。

2016 年 3 月，在全国政协十二届四次会议上，我提交了《关于维护北京历史街区文化特色的提案》，针对北京历史文化街区文化特色保护提出五点建议。

一是合理确定历史文化街区的功能定位。不应让过度的商业氛围浸染历史文化街区的传统特色，破坏历史文化街区的幽雅环境，影响当地民众的日常生活。因此，必须延续历史文化街区的文化传统和历史环境，遏制“破墙开洞式”商家店铺的滋生蔓延，严守历史文化街区保护的刚性底线，强化历史文化街区业态的准入名录。

二是抓紧开展历史文化街区的城市设计。这些历史文化街区是古都北京经过长期发展积淀而成的文化环境，通过有机联系的胡同网络，构成独特的城市风貌，在现代城市趋于雷同、丧失个性的环境下更具价值。因此，应在制定并公布详细规划的基础上，开展历史文化街区的城市设计，编制相关保护标准，完善规划控制导则。

三是有效恢复历史文化街区的传统风貌。历史文化街区的变迁，需要时间与文化的积淀，应格外珍惜每一处保留至今的胡同和四合院民居，它们历经沧桑保留至今，实属不易，是古都北京文化传承的重要载体。因此，应实现由“大拆大建”转向小规模、渐进式、微循环改造式的转变，有效疏解历史文化街区内的功能聚集和人口密度。

四是保护开放历史文化街区的文化资源。历史文化街区是古都北京的文化标志，具有深厚的历史文化内涵，保留有丰富的历史文化遗产，相对于当代建筑，历史建筑更加耐人寻味。因此，应加强对历史文化街区内传统建筑的修缮力度，创造条件将更多文物古迹、名人故居对社会开放，这样才能使来访者更多地体味到北京独特的胡同文化。

五是维护延续历史文化街区的生活氛围。历史文化街区有丰富多彩的邻里交往习俗和特色生活方式，蕴含着社会文化记忆的连续性，这些正是最本质的魅力和吸引力所在。因此，不仅注重传统建筑的保护，还应加强历史环境、生活氛围和生存智慧的维护。同时当地居民对于历史街区同样是重要的因素，不应提倡将原住居民大量迁离。

对于什刹海地区来说，不合理的功能定位也会破坏历史文化街区的幽雅环境和人文底蕴。如果不加以控制和整治，这一状况必将愈演愈烈，其结果不但湖畔的景观遭到破坏，周边的胡同、四合院也会慢慢地被吞噬，历史文脉将一步步地被割断。什刹海历史文化街区的保护和发展，必须延续原有的文化传统和历史环境，包括胡同和四合院的生活气息，湖畔的传统文化功能，以及整个什刹海街区的独特风貌。应注重这一区域休闲活动的功能，但是也要避免整个沿海岸线出现过渡商业化的现象。

近 20 年来，在“旧城改造”和“危旧房改造”的政策推动下，什刹海历史文化保护区内的建筑活动仍然十分活跃。根据有关部门调查统计，仅在 2002 年 2 月至 2012 年 3 月期间，什刹海地区范围内就有约 700 多个地块进行了更新改造，改造面积总计约 34.6 公顷，占历史文化保护区总面积的 11.5%。其中，建设控制区内改造面积为 18.8 公顷，占建设控制区面积的 15.4%；重点保护区范围内改造面积为 15.8 公顷，占重点保护区面积的 8.9%。从建设和改造时间来看，在 2005 年至 2007 年间达到高峰，月均建设面积达到 4700 平方米。

参与什刹海地区建设和改造的实施主体包括四个方面，一是相关政府部门主导的建设项目，二是学校、医院等部分产权单位的建设项目，三是开发企业的建设项目，四是当地居民的建设活动。在什刹海地区的建设和改造项目中，政府和产权单位占有主导地位，政府部门占 44%，产权单位占 22%，开发单位占 16%，当地居民占 12%。从建设和改造方式来看，根据保护规划，700 余个改造地块中，占总面积 67.4% 的改造地块规划为文物类、保护类、改善类、保留类，不允许拆除；更新类、沿街整饰类、其他类三类占总面积的 32.6%。

总体来说，10 年间什刹海历史文化保护区内，约十分之一的面积被更新改造。政府部门、产权单位、开发企业、当地居民四大实施主体，在实际建设和改造活动中，价值取向、利益诉求等方面存在巨大差异，使得建设和改造活动受到不同因素、不同程度的驱动。其中政府部门占主导地位，包括落实文物保护单位的要求进行保护整治；针对重点片区公共空间和服务设施的建设；地铁站点用地的拆迁腾退；新街口东街、德胜门内大街、鼓楼大街的道路拓宽及沿路建筑整治等，其中道路拓宽使沿街传统院落被大量拆除，历史风貌发生了不可逆转的改变。

其中产权单位实施的建设和改造占 22%，各产权单位对院落的使用权可追溯到 20 世纪 50 年代，时至今日，院落的使用者和使用功能发生了很大转变，院落内基础设施匮乏、居住拥挤、建筑破败的状况，很难适应现实功能的需要。什刹海地区内许多单位大院都进行了建筑加建、增建，相当一部分老建筑被拆除改造成了新的建筑，增加了原有土地的建设强度。例如十几年来，什刹海体育运动学校的规模不断扩大，设施不断升级，原有的平房院落逐步被拆除，分别于 2002 年建成综合馆，2003 年建成国际公寓，2006 年建成综合场馆。

其中开发单位实施的改造占16%。这类建设和改造活动，在历史文化保护区规划制定后逐年减少，表明房地产开发活动受到了严格控制，取得一定成效。对于开发企业这一主体而言，往往以增加老城土地利用强度为手段，追求单位面积土地的使用效益。而当开发项目的建筑密度和容积率受到规划限制时，往往又转而通过房地产项目的高定位来实现盈利。随之而来的是居住人口的大规模置换。此外，为了降低成本，开发企业一旦获得成片的土地开发经营权，必然会采取成片拆除重建的策略，很难实现原有院落的有机更新。

其中当地居民的改造活动占12.3%，居民实施的改造有的来自经济因素的驱动，随着老城土地价值的攀升，老城居民房产出租的比例增大，促进了居民自发的改造、修缮和加建。居民自发改造的动力也来自改善居住条件的需求。除了原住居民的住宅修缮以外，老城人口置换的压力也推动了居民的自发改造，高收入人群开始替代大杂院中的贫困人群。因此，在什刹海历史文化保护区内也出现了多处豪华院落。就实施情况来看，绝大部分采用了彩钢板加建的方式，对于建筑质量的改善并没有贡献，但是与老城的传统风貌不协调。

什刹海保护规划强调协调政府和居民这两大改造主体，以实现理想的小规模渐进式改造模式：政府承担维护公共利益、保护历史文化街区的职责，使居民获得良好的发展预期，从而带来民间资本的持续跟进；居民则要“自己承担起改善自我居住环境的重任”。从改造结果来看，政府部门仍然是什刹海保护区建设和改造中的主导主体。尽管政府部门基本按照规划执行历史地段保护、公共环境整治的既定动作，但是改造行为仍然存在手法简单化的特点。此外，政府部门与其他实施主体的互动未达到预期的目标，其他主体的改造行为与规划存在一定差距。

在北京历史文化保护区中，什刹海地区总面积302.57公顷，是其中面积最大的一片。作为中轴线西翼最具文化特色的地区之一，在新版北京城市总体规划中，确定为首都核心区的13片“文化精华区”之一。什刹海的自然景观重点在水，范围内共有前海、后海、西海三处，共计34公顷的水面，这三个相互连通的水面，虽然同在一个区域，但是各具特色。“后三海”定位分别是：西海为自然生态区，后海为静谧休闲区，前海为活动文化区。因此需要根据三个水面历史上形成的不同性格，进行功能定位，发挥优势，扬长避短。

在社会各界的呼吁下，经过数十年的努力，全国重点文物保护单位恭王府，于2002年将长期占用的9家单位全部搬迁腾退，修复后的恭王府府邸于2008年对公众开放。同样在2002年，位于什刹海东岸的北京文物保护单位火德真君庙，将占用其中的部队招待所和近50户居民迁离，2008年维修竣工后，作为道教活动场所对外开放。这些文物建筑的腾退、维修、合理利用，为解决北京市大量存在的文物建筑占用问题提供了经验，应在全市范围内积极推广。

环湖步道将绿地广场、滨水绿廊休闲设施和重要节点用绿道串联起来，倡导城市慢生活，营造设施齐备、管理完善的公共休闲生态空间。从功能、景观、节点、交通、界面、夜景、生态、智慧八个方面进行整体提升整治，建设多元化的活力空间。同时，对环湖建筑界面整体提升改造，建设传统风格特色鲜明的滨水界面。深厚的历史文脉，塑造着什刹海地区独特的文化气质，浸润着独特的城市风骨，滋养着生活其间的地区民众，也激励人们共同守护这片古都文脉的根基，不能再让不负责任的商业开发，浸染什刹海这片清静的水域和周边历史街区。

若干年前，北京老城胡同里的很多居民都羡慕住楼房的人，因为新的住宅小区环境好，生活方便。反观眼前的胡同生活，曾经的宁静变了味，外来人口增多，私搭乱建严重，汽车见缝插针堵在不宽的胡同中。近年来，北京胡同四合院的整治让人们看到希望。这一变化折射出老城街区治理上的观念变化，那就是从过去纷乱无序、渐进式的“加法”，到有规划、适度的“减法”。如今，一些历史文化街区内居民生活又逐渐回到了以前的宁静。让历史文化街区融入现代生活，必须延续其原有生活功能，让社区居民更安居乐业才是保护初衷。

我来到什刹海景区行政综合执法中心。什刹海街道负责人海峰先生向我讲述，为了让什刹海“静下来”以及“亮出岸线、还湖于民”所采取的措施。什刹海街道以破解街区治理难题为导向，从联合执法到综合执法、从小分队行动到建立执法中心、从探索完善机制到建成实体平台，初步探索形成了多部门综合执法的基层治理模式。对民众反映的违章建筑一抓到底，特别是对两层以上的违章建筑零容忍，采取“早拆违、午巡查、晚整治”措施。

通过综合执法，在什刹海地区先后依法拆除了景区内酒吧 12 家、街区内违法建筑 5280 平方米，拆除违规广告牌匾 625 块、酒吧二层围栏 1350 延米、户外遮阳棚 18 家。集中整治银锭桥三角地脏乱点，封堵“开墙打洞”，清退 6 家酒店违规占用的绿地等，根治了一大批“老大难”问题，使地区环境和旅游品质不断提升。传统街巷是构成历史街区的骨架，充分体现出街区的风貌特色，也是历史街区的重要文化空间，部分街巷更成为历史街区居民的交往空间，应以温和的手段控制环境和整治街道，创造高质量的公共使用空间。

前海西街遇到一些从事“胡同游”三轮车的师傅，他们向我介绍了近年来什刹海旅游环境变化和旅游者的需求。什刹海地区设有步行道路，以及汽车、三轮车、自行车混行的道路，人们可以通过步行、骑行、自驾或乘坐“胡同游”三轮车等方式游览什刹海。什刹海三轮车环湖胡同游项目，是这一区域四季经营的旅游观光项目，人们可以乘坐老北京原有的人力交通工具——三轮车一边听讲解，一边赏景，感受北京老城的独特氛围。

胡同游三轮车需要在交通及人流密集处进行宣传，并等待乘客参与该游览项目。乘客乘坐时，讲解员同步讲解街区胡同历史，也常伴有随时停靠路边摄影、讲解的需求。什刹海的停车空间，首先需要保证居民正常居住停车需求，再进一步为到访什刹海的游客提供所需要的停车空间。什刹海片区内的机动车道上常常出现大规模违章停车的情况，造成机动车、三轮车、自行车混行车道更大的负担，易产生交通拥堵、秩序混乱等情况。近年来，什刹海地区探索推进社区停车自治工作方案，制定错时停车管理办法，对部分街区设置机动车禁行等。

今后在北京老城内，应实现低强度建设，建筑以底层为主，不建宽马路、大广场，重塑凝聚东方韵味、见山望水、乡愁可及的景观格局，保持原有肌理，维护传统特色，尊重地域生活习俗。积极推进“窄马路、密路网”道路街巷布局，选择“特而精、小而美、活而新”的发展路径，创建更多亲水的社区公园、口袋公园，以及碧道、绿道等线性开放空间。同时，加强沿线历史街区、文物建筑、传统民居、考古遗址等整体保护和活化利用，组成绿色开放空间网络，为社区民众和子孙后代创造诗意栖居的美好家园，留下丰富的物质遗产。

同时，坚持世界眼光、国际标准，营造体现生态文明的城市人居环境。统筹提升“管控保护、主题展示、文旅融合、综合利用”的历史环境和自然空间，继承优秀传统文化，延续城市历史文脉，加强历史文化风貌区整体保护，塑造各具特色的城市风貌，推进特色化、艺术化空间建设，创新文化和城市公共空间的融合，创造更多可亲近的城市区域，增强城市社区的创新力和吸引力。通过“积极保护、整体创造”，激发城市社会活力，营造更多具有时代意义的人性化、高品质、友好型的可亲近的滨水步道和休闲空间。

（北京电视台《我是规划师》第七集拍摄笔记，2019 年 12 月）

古建筑，在保存保护之外，是否需要重生？

北京，千年古都，丰富的文化遗产，是这座城市的灵魂。每一处古建筑都体现出中华民族的悠久历史和文化气质。今天，随着对文化遗产保护的认识与理念不断提升，保护手段也日趋多元化。在这座城市中，每栋古建筑、每座院落都有自己的故事。它们的存在不仅成为历史风貌，也烙下了生活的印记。我们对文化遗产的保护，也从静态修复转向动态活化与发展。通过深入发掘文化价值与内涵，以多种方式、多种模式进行保护和展示，对改善生态环境、优化城市面貌、丰富民众生活发挥出积极作用。

文化遗产需要活化利用，而不是呆板死守，不能将古迹封存，束之高阁。只有将历史文化资源与现代社会功能衔接，才能焕发出更强的生命力。但是古建筑保护和活化利用，需要不懈探索、尝试和改进，也只有这样，才能延续和弘扬中华传统文化的魅力。为此，对于每一座古建筑，都要详细考察它们的生命历程，精心保护好历史留下的信息，充分发挥古建筑的社会影响力，吸引社会公众对它们产生兴趣，关注它们的保护状况。使人们乐于走进古建筑，能够流连忘返地观赏，使古建筑成为有故事的主体，越有故事人们就越能从中受到启发。

清晨，我们一行在景山东街集合，林荫大道的一侧是景山红墙，透过红墙可以看到市民们已经在公园里晨练。几年前，景山东街还非常热闹。由于故宫博物院实行南进北出以后，大部分观众出神武门，这条原本十分幽静的街上，游客越来越多，沿街开墙打洞，出现了不少商铺，一些经营活动干脆延伸到了人行道上。如今通过清退违规建筑，沿街立面维修，开展环境整治，景山东街终于“静”了下来。近年来，景山街道开展了80条街巷胡同的环境提升，根据展现皇城景观风貌的原则，对每条街巷胡同都做了准确的功能定位、风貌要求和整治要点。

在从景山东街走向三眼井胡同的途中，见到了景山街区责任规划师阎照女士。我们一行走进三眼井胡同，拿出手机扫描胡同口牌子上的二维码，获得了三眼井胡同的介绍。三眼井胡同呈东西走向，中间多枝杈。清朝属皇城内，乾隆时称三眼井胡同，因胡同内有一口三个井眼的井而得名。清宣统时还称三眼井，后来因为阻碍交通而被毁掉，非常可惜。1965年整顿地名时将三眼井并入，改称景山东胡同，1981年复称三眼井胡同。现在这条胡同，虽然没有了井眼，但是建筑风格整体划一，成为景山街区的最美胡同之一。

这里是北京皇城保护区，历史文化资源非常丰富，区域内有很多古建筑和名人故居，在深入挖掘历史文化特色的基础上，通过扫二维码的形式，可以使人们在行进的过程中，随时了解历史知识，因此被誉为“流动的胡同博物馆”。如今，让历史街区真正地“活”起来，必须要通过互联网的手段，采取更具有科技感、时代感的方法，吸引社会公众，特别是年轻人的关注和喜爱，因此要给历史文化保护区建立传播平台，让它们成为老城历史中的“网红”，才能让更多的人认识它，了解它，从而保护它，传承它。

三眼井胡同东口有个百年老宅，拥有精美的如意门砖雕刻花，据说是老城胡同中最漂亮的砖雕。虽然精美的砖雕在历史变迁中得以完好保存，但是一度被防盗窗和为防止居民随意占道停车而设置的花箱所遮挡，无法被清晰地观赏。此次胡同环境提升过程中，设计团队在详细研究砖雕的历史价值与原始建筑风貌的基础上，改善砖雕周边环境，通过更换防盗窗、整理立面管线、消隐空调室外机等方式规整立面，使得砖雕要素得以凸显。结合座椅的设置，为居民提供休憩空间的同时，达到“让雕花秀出来”的目的，体现出三眼井胡同的历史感。

长期以来，由于对传统文物认识上的局限性，造成四合院建筑类文物的保护没有得到应有重视。随着 20 世纪 90 年代“危旧房改造”的铺开，大量四合院建筑类文物出现遗失现象，同时文物贩子活动猖獗，相应的立法亦存在一定滞后及操作上的困难，造成一些应得到保存的文物无法或不能为文物部门收存，甚至流入市场。因此，出台相应完善的法规，充分体现执法的严肃性和充分的可操作性，从根本上杜绝北京老城四合院建筑类文物的流失现象，市民爱护文物、保护文化遗产的觉悟日益提高，四合院建筑类文物丢失现象有所减少。

我曾多次访问位于先农坛的北京古代建筑博物馆，这是一座收集、研究、展示传统建筑技术、艺术形态及其发展的专题类型博物馆。根据立馆宗旨和发展定位，对于北京四合院建筑类文物的收藏是重要的工作范畴。为此，该博物馆从 1995 年起安排专时、专款，有计划地对北京老城范围内已登记为拆迁区的地域进行调查，以点带面逐渐铺开至老城的各个角落，基本上摸清了隶属于四合院建筑类文物的存量，以及不同种类文物分布特征。

根据北京古代建筑博物馆调查结果统计，北京四合院建筑类文物资源，主要涵盖在以下几类：一是石类，包括门墩、滚墩石、石敢当、拴马桩等。二是木类，包括槛联门、门簪、雀替、垂花门木刻、木格扇、地罩，其他木构件等。三是砖瓦类，包括戗檐砖雕、博缝砖雕、如意门砖雕、象眼砖雕、房脊砖雕，以及瓦当、滴水、砖门额、匾等。四是杂类，包括门钹、铁饰件、象眼泥制图案、地沟门等。经过调查，北京老城范围内的四合院建筑类文物资源，总量上限为 400 余处，而且每年还在以一定数量消失。

同时还有一些珍贵的四合院建筑类文物，一是木格扇、地罩，在北京老城范围内已发现的数量上限仅十余处。二是石敢当，这类文物多是旧时辟邪镇符之物，理应存世不少，但是经调查北京老城范围内存世数量上限为 30 余处。三是拴马桩，老城范围内存世仅 22 处，最大者 1.8 米，多为青石质地。四是门簪、雀替，旧时为住宅大门上具有实用及装饰双重性的构件，目前门簪仅见个别古语内容或富贵牡丹图案，绝大多数门簪图案已遗失，雀替也已经剩下不到 10 余处。五是四合院门楼象眼或正房廊下象眼泥质图案，这类文物具有较强装饰性，目前仅有几处存量。

北京老城四合院门楼形态众多，可以分为广亮、金柱、如意、蛮子、窄大门、小门楼等多种。我们走在胡同中可以发现现存数量比较多，具有代表性的是门墩和砖雕。门墩可以说是存量最多的四合院建筑类文物，形态多样，内涵丰富，但是多数门墩人为破坏严重，加上质地原因，存在较严重风化现象，因此存世的完整、精美的门墩数量很少。砖雕存世数量虽然比门墩较少，但是比较完整，有的在“文化大革命”中被住户抹上青灰泥，客观上使砖雕避免了风化破坏，如今去除灰泥，反而崭新如初。

今天，在推进社区营造的过程中，如何全面挖掘文化资源，维护历史文化特色，是必须考虑的问题。其实对于普通社区居民来说，他们不一定意识到祖祖辈辈居住的地方，那些司空见惯的建筑构件也是文物，都有可能对文化研究、历史传承具有不可替代的作用。因此要通过保护行动和宣传，使每一位社区居民都了解，这些老祖宗留下来的文化遗存，不仅不能被丢弃，而且还能够传承下去，在新时代焕发出新的生命力。因此，必须构建完善的保护体系，共同传承城市历史文脉，做到应保尽保，最大限度留存社区中有价值的历史信息。

作为文化遗产的保护者，我们有责任有义务把一点一滴的文物价值和历史信息都保护好。随着工作的不断深入，我们对历史文化街区的了解也就不断深入。正如侯仁之先生所说，知之愈深，爱之弥坚。随着对文物价值了解越来越多，对文化遗产就愈加热爱，就越来越珍惜它们。如果前辈们在过去时代创造的文化财富，能够经过我们的手，经过我们的时代，健康地传给下一个时代，传给子孙后代，使社区历史的链条不断裂，不间断地传承下去，才是历史街区和文化遗产保护的真正目的。

在北京地区，四合院已经有 800 多年的历史。我始终认为这种建筑形式最符合北京地区的自然条件和人文传统，集中体现出中华民族对待人居环境的态度，突出强调的是“天人合一”，即居民与环境的和谐关系。因此可以说，四合院中的每一细微之处，都有其丰富的文化内涵，是取之不尽的地域文化宝库，可以供我们子孙后代体验、享受和传承。舒乙老师认为：四合院有它光荣的传统，有美学上的价值，有建筑学上的价值，有人文上的价值，有居住上的价值，还有它非常先进的思想，那么它不应该被当作一种落后的东西，被历史所淘汰。

从童年到青年，我曾前后居住过 4 处北京四合院，可以说也是从小胡同大杂院里走出来的北京居民，老舍先生笔下一些故事发生的地点，也是我在童年和青年时期经常去过的地方。因此，四合院一直是驻留在我心灵深处的思念，是内心中对于城市记忆难以割舍的地方。20 世纪 80 年代以来，北京市文物和规划部门合作，通过大量调查研究，将一批批四合院民居列入文物保护单位，但是今天回望这一进程，做得还很不够，在持续的大规模城市建设中，保护行动始终处于被动状态。今天，应该千方百计地把幸存下来的传统四合院保护起来，留住北京地域文化特色，而且赋予它们新的生命。

“恢复性修建”是补救性保护措施，而非主要保护手段。恢复性修建是指对传统格局和风貌已发生不可逆改变或无法通过修缮、改善等方式继续维持传统风貌的区域，依据准确史料，对传统格局和风貌样式进行辨析，选取有价值的要素，可采用新材料、新技术、新工艺，进行传统风貌恢复的建设行为。恢复性修建的目的是加强与现存传统风貌的协调或重现传统空间形态特征，如高度特征、第五立面特征、街巷尺度特征等，而非一味复古、仿古，或要恢复到某一特定历史时期的样貌。

历史建筑维修保护是一项精细的工作，需要下绣花一样的功夫。目前，“慢工出细活儿”这种保护与维修的理念，正在应用于北京老城胡同四合院保护更新。北京市东城区以雨儿、帽儿、蓑衣、福祥 4 条胡同为试点，探索老城保护复兴的新路径，推出“申请式改善”工作模式。雨儿胡同有的居民申请外迁，住上了宽敞明亮的楼房，户均住房面积由原来不足

25 平方米变为现在户均 110 平方米，用行动支持了核心区疏解，同时自身生活也得到较大改善。还有的居民选择继续留下，在家中安装了厨卫浴设施，下厨、洗浴、如厕不再是困扰日常生活的难事，虽然身居老城胡同，却也能享受城市现代生活。

整个胡同四合院保护更新过程，不是“平地起高楼”的做法，而是用“燕子垒窝”的恒心、“蚂蚁啃骨”的毅力，恢复院落传统规制格局，留住乡愁和文化，留住老北京原住居民，同时让人们过上现代生活。“一院一方案、一户一设计”，“整体规划、织补功能、还原规制、精细修缮、修旧如旧、保护风貌、分类施策、改善民生”，这些是雨儿胡同整治提升的总体思路，设计师和专家们组成 8 个工作营和顾问组，根据历史文化保护区风貌保护要求和每户居民家中的不同空间特点，为雨儿胡同编制了 24 套院落的设计方案，以及公共空间精细化提升方案和排水排污设计方案。

在胡同四合院保护更新实施过程中，充分挖掘老材料、老构件的历史价值和实用价值，保留胡同老味道，留住老北京的记忆，让人们在新建筑中感受到传统与传承。例如老房上拆下来的柁、檩、柱、椽、板、枋、连檐、瓦口、瓦条、老砖，具有艺术价值的石雕、砖雕、木雕等，有着鲜明的时代特征。因此，严格实施人工保护性拆除，减少对原有建筑的损坏，对拆下来的老材料、老构件集中收集、分类整理，并对归集后的老材料、老构件进行分类建档登记，做好材料保护措施，避免人为破坏、受潮。对于具有足够承载力，糟朽程度低微、直顺、平整的老材料、老构件予以重新使用。

针对胡同两侧院落墙面和胡同空间，均以保护、恢复为原则，鼓励减法、慎做加法，有效杜绝违法建设和影响街区传统风貌的建设行为，避免出现“建设性破坏”“保护性破坏”“过度设计”等现象。在对于胡同中存在的贴皮子墙、镶瓷砖墙、糊砂浆墙，以及临街防盗门、防盗窗、水泥台阶等进行整治的同时，也避免在胡同墙面上增加不符合传统规制的浮雕、装饰。同时，严格控制胡同内花箱、栏杆等各类设施的增建，避免使胡同空间更为局促，影响居民正常的出行和公共活动。

历史街区既是历史文化名城的有机组成部分，又是特殊类型的文化遗产，还是广大居民日常生活的场所。保护历史街区的实物遗存只是一方面，关键在于既要保护各种物质文化遗产和街巷肌理等整体风貌，又要延续历史街区的社会结构和生命活力，还要保护非物质的或有传承价值的历史文化，从而营造“看得见历史、留得住乡愁”的独具特色的历史街区。作为历史街区主人，原住居民是历史街区保护最持久、最可靠的力量，最大限度满足居民的民生需求，鼓励居民广泛积极参与历史街区保护和更新改造，是历史街区永葆活力和凝聚力的关键所在。

城市记忆是在历史长河中一点一滴地积累起来的，是一座城市文化价值的重要体现。失去记忆的城市无论如何都不会是我们理想中的城市。北京市东城区为了使人们“记住过往”，为 1200 多条胡同撰写“编年史”。为胡同立传编史并非易事，不仅要详细测量每条胡同的长度、宽度、走向，记录胡同里的典型建筑，然而为胡同编撰历史，不能局限在房屋建筑上，还要梳理胡同数百年的文化渊源、地名沿革、社会礼仪，传统技艺、民俗风情、名人典故等等。胡同有史，历史街区才有魂，凸显出历史记录的价值。

保存我们的城市记忆、历史延续，保留人类文明发展的脉络，是现代社会发展的迫切需要。这里作为元大都同期建成的历史文化街区，在历史文脉的延续中，积淀了深厚的文化底蕴和文化内涵。如果从建置沿革、街巷胡同、宅邸故居、宗教建筑、字号商铺、旧事传说等方面进行深入挖掘和整理，使社区民众和访问者详细了解社区历史变迁，必将提升社区文化价值，自觉保护文化遗产，在文化身份的认同、生态环境建设、人居环境构建等多方面产生深远的影响。

新一版《北京城市总体规划》就发展街巷文化作出部署，要求："保护1000余条现存胡同及胡同名称。实施胡同微空间改善计划，提供更多可休憩、可交往、有文化内涵的公共空间，恢复具有老北京味的街巷胡同，发展街巷文化。"今天，人们多么希望在北京一直能够看到一条条真实的胡同，一座座传统的四合院，而不仅仅是一张张发黄的历史照片。但是对于社区居民来说，留住这些记忆不仅是为了传承文化、延续历史，也是为了更好地走向未来。对于这些珍贵的历史文化遗存来说，守护不仅意味着原汁原味保护，更要融入现代生活，继续为城市发展和居民生活发挥作用。

街巷胡同是北京历史文化发展演变的重要舞台。发展街巷文化，通过挖掘有文化底蕴、有活力的历史空间，让胡同文化活起来，重新焕发生机，超越了对街巷胡同本身的静态保留，保持了历史文化街区的生活延续性，使北京的城市记忆得以留存，历史文脉得以传承。街巷胡同是城市的毛细血管，是百姓生活与工作的聚集地，这里有市民最直接的存在感、获得感和自豪感。通过建设胡同文化博物馆、民俗传习馆等公共文化空间，发展街巷文化，以此为抓手推进社区建设，为胡同居民提供增进感情、涵养文化的空间和载体。

研究北京历史的专家们认为，北京的每条胡同都可以写一部书，北京的胡同和四合院堪称一部地方志、文化史。一个胡同出一本书，一个胡同讲一个故事，是一种有价值的文化选择。发展街巷文化，不仅要保护好胡同的老房子，还要讲好它们的故事。同时，要动员社会组织、社区民众，在深入挖掘街巷胡同历史的基础上，并给每条胡同和历史建筑都挂牌设置二维码，人们只要扫一扫就可以了解更多与之相关的故事，让每一条胡同、每一座历史建筑都可以阅读，向人们展示社区文化如何沉淀下来，社区文化如何发展过来。

所谓"小院儿议事厅"的历史可以追索到2012年，成立目的是增强居民自我管理的意识和能力，打通"民声"最后一公里。一个小院议事厅，敲开了小巷人家的院门，住户不再关着门过自家的日子，共同参与胡同治理。"胡同怎么设计，居民也有了发言权。"小到院子里的晾衣空间设置，大到架空线入地等工程，只要和民生有关的话题，就是议事厅的议题。所谓"共生院"，包括"建筑共生、文化共生、居民共生"，"共生院"模式促进腾退院落和房屋进行修缮，增加公共设施，也改善了留下来的居民居住条件。同时，实现腾退院落和房屋的合理利用，激发胡同的整体活力。

智珠寺创建于清乾隆二十一年（1756年），是北京第一个藏传佛教的寺庙，从建造之初，智珠寺就与相邻的嵩祝寺和法渊寺形成了一组较大规模的佛教寺院群，成为当时北京城内重要的藏传佛教圣地之一。智珠寺曾经是皇家御用的印经、藏经所，巅峰时期从事印经人数达千人之多，届时寺内宗教活动频仍，香火不断，还有“活佛”居住其中。解放初期，智珠寺里居住了很多穷苦的老百姓。20 世纪 60 年代，智珠寺大殿着过一场大火，大殿内 15—16 厘米的椽子被烧剩下杯口粗细，大殿的天花板也损毁严重。

此后，智珠寺内的空间被多个工厂和单位所占据，先后做过金漆镶嵌厂、自行车飞轮厂、东风电视机厂的厂房和办公室，还做过 3 年的废品回收站，那是智珠寺最脏最乱的一段时间，一刮风烂纸飘落得到处都是，废铁和塑料袋随地乱扔，根本没人管理，古建筑遭到严重的破坏。与智珠寺一墙之隔的嵩祝寺天王殿和钟鼓楼也被改造为生产车间。直到 1984 年，智珠寺挂起了“北京市文物保护单位”的牌子，废品回收站随即关门。但是作为工厂时期遗留下来的厂房车间工具，也不再有人过问。智珠寺长期被人冷落，伫立在那里，孤独落寞。

这样的情况一直持续到 21 世纪初，才得以转变。经过主管部门批准，分别于 2005 年和 2007 年将嵩祝寺西路北侧院落和智珠寺最后两进大殿的使用权，转让给了“嵩祝名院”，而将智珠寺山门至大殿南墙之间的前半段寺院的 20 年使用权，转让给了“东景缘”。智珠寺在保护与再利用的过程中均融入了社会资本，原有寺庙功能进行置换，以符合新时代的社会功能需求，让这组古建筑得以重新焕发活力。

在山门前，见到了智珠寺的负责人温守诺先生。他是意大利人，今年 58 岁，从事金融行业，在中国生活了 20 多年。1988 年 20 多岁的温守诺第一次来中国，那时他刚辞去美国的工作，在中国做了六年的背包客，之后先到香港，再到内地工作。温守诺先生喜欢中文“缘分”一词，他与智珠寺的缘分开始于 2007 年，当时他在上海和北京两地工作，在北京的住所是西城区的四合院，他经常在胡同里散步，也喜欢骑自行车到处溜达，一次在无意间路过智珠寺，觉得这是一处非常美丽的古建筑，但是却无人问津。当时智珠寺的大门紧闭，只能看到大殿的屋顶，其他的地方都被 60 年代的建筑所覆盖，院内环境杂乱无章。

温守诺先生看到这么珍贵的古建筑藏在这里，感到很可惜。当时有人联系温守诺先生说，北京佛教协会正在希望维修这个寺庙，于是他就决定和好友林凡成立“东景缘”团队，计划一起把智珠寺抢救维修保护起来，作为“东景缘”团队的主要投资人兼创始人，温守诺的生活和工作的重心，也由此开始发生了改变。2007 年 10 月，“东景缘”团队开始着手对智珠寺前半段进行维修保护，几年下来，智珠寺并没有被“修复一新”，而是最大限度地保存了历史信息，展现出完整的历史面貌。

智珠寺的整体面积 3000 平方米左右。一进来是一个山门，然后是前殿，之后是一个 60 年代的建筑，然后才是大殿。刚承接智珠寺维修保护的时候，院子里只有一个特别简陋的旅馆、一家小餐馆，以及一个很小的印刷厂，格局很混乱。维修保护的时间超乎了温守诺先生的想象，他原以为两年时间就可以完成，但是实际干下来用了 5 年时间。直到 2011 年智珠寺维修保护才阶段性竣工，并通过了北京市文物局验收。2012 年，这项工程荣获了联合国教科文组织颁发的“亚太地区文化遗产保护奖”，这是同年度中国内地唯一获奖项目。温守诺先生说，获得这个奖对于他来说最为重要，也是最欣慰的事情。

走进智珠寺山门，温守诺先生首先介绍了门内的景观设计。他指着山门内悬挂的一个木梁，这是智珠寺那场火灾中被烧毁的木梁，此次修缮时把烧焦的木梁从大殿上拆卸下来，没舍得随意处理，就展示在山门这里，希望每一位来到智珠寺的客人，都能够了解智珠寺的经历，作为一个见证历史的实物进行展示。同时，在山门内的电视屏幕上，正在循环播放几年来智珠寺维修保护过程的纪录片，向来访客人介绍古建筑保护理念，使人们进入之时，就能了解古建筑维修保护的艰辛和情怀。

智珠寺古建筑经过使用功能的多次变化，原有的建筑格局已经受到很大影响。前院西侧曾经是一个小饭馆，目前改成了法餐厅。因为做法餐不需要明火，不会给古建筑造成安全隐患。除利用天王殿作为入口处的候餐区，就餐区和厨房区都位于保留下来的原电视机厂厂房建筑中，没有占用古建筑，最大限度保护这些古建筑和老房子的完整性。右侧是 20 世纪 60 年代加建的一些房屋，以前是厂房和冷库，目前这些建筑全部进行重修，用一些传统材料改建成为一个画廊，用来展示当代艺术作品，举办免费的艺术展，游客和周围的居民可以在展厅内自由参观。

过去工厂锅炉房的水池也特意保留了下来，水面上会呈现出古建筑的倒影。同时在水池一侧设置了投影仪，在墙面上投射一些写意的画面，水面和墙面交相辉映，黄昏的时候呈现出迷人的艺术效果。温守诺先生告诉我，在维修保护工程现场，经常会有新的发现，就需要随时调整方案。并且工程进展的每一步，都按程序向北京市文物部门报批，同时保留好大量设计和施工档案资料，例如天王殿北侧的拱门、大殿殿前的月台等，均是在施工过程中偶然发现，经过认真记录报文物部门后保留下来。

大殿维修保护是整个寺庙最耗时耗力的地方，工期进行了一年左右。在大殿外，温守诺先生指着智珠寺大殿的屋顶讲道，在修复的过程中，希望保留原来的模样，留下时间的痕迹，于是对大殿屋顶的瓦片没有进行更换，而是由工人一片片取下来，擦拭干净再放上去，一共手工擦拭了 6 万多片瓦。那场大火使大殿的屋顶被烧焦，大梁烧坏后变得很细，最细的只有几厘米，非常危险。如果不及时修复，这个木质的建筑就会有坍塌的风险，于是筹备新的木料，进行做旧处理，替换掉了 70 根几乎要断裂的梁柱，并将从大殿拆下来的木梁存放在殿内展示。

大殿的天花板维修保护也投入了非常多的时间。大火把大殿屋顶熏黑后，当时看不出来房顶的状况，在修复过程中意外发现屋顶有 300 多块写有梵字真言的彩绘天花板。当时有人觉得没有必要保留，温守诺先生也不懂什么是梵字真言，但是他觉得很珍贵，坚持修复保护下来，于是就从上海请来画家汤国先生，带着助手在北京工作了一个月，将一块一块彩绘天花板按照中国传统技艺和修复方法，进行揭取、清洗处理后，再重新裱糊到原来的位置，最终有 80 多块彩绘天花板被完整保留了下来。

在大殿正中挂有白底红字的“团结紧张严肃活泼”牌匾，留在原来的地方，既显得有些突兀，又感到有些和谐。温守诺先生说，工厂搬走之后这个就留了下来，虽然他看不懂中文，但是明白这些词的含义，也是时代的印记，这和工作团队的氛围非常契合，我们做的就是严肃的事，但是我们的工作氛围又需要团结活泼。由此看来，智珠寺的维修保护不是只选出某个时间节点进行恢复，而是保留了历史发展的脉络。也就是说在智珠寺内参观，可以体会两条轴线，一条是从山门到大殿的空间轴线，另一条则是从古代到近现代的时间轴线。

如今，智珠寺大殿已经成为一座小礼堂，没有任何复杂的陈设，但是经常对社会公众开放，包括定期举办钢琴独奏、弦乐四重奏等音乐演出，有的时候还会邀请一些国外的艺术家来表演，因为全部是木结构的空间，比较空旷，听起来音响效果非常好。在这里还会举办各种学术沙龙，目前已经举办了数次历史建筑保护主题的讲座，也会请瑜伽教练定期开办瑜伽课堂，充分利用智珠寺大殿独特的文化空间。

温守诺先生告诉我，智珠寺还有一个卖呆望天儿的地方，是很有趣的文化空间，即Gathered Sky装置艺术，据说这个视觉装置在全球60多个地方都有，但是一般都在博物馆内或者由私人收藏起来，普通民众没有机会参与，而这个是国内唯一一个，在市中心对外开放的Gathered Sky，而且是永久性装置。无论春夏秋冬，每到日落时分，人们可以躺在有低热的垫子上，望向天空，有半小时的时间观察天空颜色的变换。屋内的灯光随着天光不断变化，每个人眼中都会对所看到的天空有不同的解读，或许是欢快的，或许是忧郁的，或者是充满幻想的。

2010年对于温守诺先生来说，是最困难的一年，那时候他在上海工作，每周五要搭最晚的航班到北京，然后周一早上再搭第一班飞机到上海。后来他索性辞掉了上海的工作，把自己在公司的股权也卖了出去，集中精力做智珠寺的维修保护。现在的智珠寺已经不再具有“寺庙”功能，依托这个数百年的古建筑群落，研发出了新文化的经营方式，例如大殿东侧区域过去是厂房和工作间，如今改成了茶室、潮流文化创意产品小店和活动区，还有对公众免费开放的艺术展，能吸引更多喜爱艺术的年轻人到这里学习与交流。

温守诺先生是一个外国人，不够了解中国文化，在古建筑修复方面也是外行，但是他希望修缮过后的智珠寺能最大限度保存历史信息。于是就随时征求文物部门和专家的意见，在修复过程中为每一座木构件、每一件瓦片编号记录，他认为通过时间洗礼被保留下来的都弥足珍贵。温守诺先生知道承担了智珠寺古建筑的保护和运营，也就意味着挑起了维护责任，每到雨季，他们都会检查漏水情况，做好各种设施的维护。当年施工团队的师傅，如今也成了“东景缘”团队的好朋友，他每周都会来智珠寺查看一下。

回想起来，做的这一系列工作，对于团队或者公司来说都比较困难。既要有资金支持，也需要有技术支持，的确挺不容易。当时在网上还看到过关于智珠寺开设私人会所的内容。实际上智珠寺每天对社会开放，不收门票，举办画展、艺术展均对公众免费开放，餐厅和茶室服务需要付费，但是均是自愿享用。2018年做过一次不算太准确的统计，一年的时间来过智珠寺的中外游客超过16万，大部分是年轻人。温守诺先生相信来过这里的人，都能感受到文物修复保护的用心和诚意。

一段时间以来，智珠寺保护和再利用引进社会资金的做法引发社会关注。截至目前，国务院公布了134座国家历史文化名城，全国划定历史文化街区875片，确定历史建筑2.47万处。经过第三次全国不可移动文物普查，我国共有76.67万处不可移动文物，数量巨大，种类繁多。

如果这些不可移动文物全部由国家负责保护、修缮和管理，将是巨大的人力、物力和财力支出。但是若直接放手社会资本参与，则会引发舆论引导与监督不足等问题，针对社会资金参与文物保护的利弊，应该通过加强法律制度引导和规范，用经济管理手段扶持和鼓励，并完善舆论监督机制，循序渐进地引导社会资本和力量参与到历史建筑保护中来。

就北京市而言，目前仍有六成以上的文物保护单位被不合理使用。数量如此众多的文物保护单位仍然有待腾退和修缮，这就带来了两个问题：一是谁来出资维修保护。显然仅靠政府的力量是不够的。二是这些失去原有功能的古建筑腾退修缮后，如何利用也是一个很重要的问题，全部恢复原有功能很难实现，全部变成博物馆也不现实，需要探索古建筑活化利用的路径，为社会再创造出新的文化价值。因此，允许社会资金在投入古建筑保护的同时，享有一定期限的使用权和经营权，不失为一种务实明智的选择。社会资金投入古建筑保护，在为公益事业做出贡献后，通过合理合法的经营所得，使事业可持续发展。

智珠寺虽然面积不大，但是重新植入了多种使用功能，使古建筑得以活化利用，包括陈列展示功能、餐饮服务功能、休闲活动功能、学术交流功能、文化创意功能等多功能，在这样一个经过精心修复和管理的古建筑中，无论人们是在当中就餐、休闲，还是参观、游览，都能在潜移默化中感受到中国古建筑所散发出的独特魅力。这无疑将吸引更多的人参与到古建筑保护行列，让古建筑在融入人们现实生活的过程中，得到活化利用，重新焕发活力。

对于一个外国人，温守诺先生很难从字面上理解“活化”的意思，但是他知道，所谓“活化”就是现在的智珠寺不再是寺庙，不再是烧香拜佛的地方，但是智珠寺依旧能以健康的状态融入现代生活，努力保持与社会公众的亲密关系，维系在当代生活中的凝聚力，从而涵养一种独特的历史记忆与人文气质。随着时代的进步，曾经的古建筑已经失去了原有的社会功能，但是她的存在是这座城市记忆的证明，也是这座城市文化价值的重要体现。只有赋予古建筑新的定位，创造新的社会价值，才能更好地延续城市文化的“根”与“魂”。

如何评判文物建筑的利用是否合理，首先要看在利用的过程中，是否会对文物建筑造成破坏，其次要看利用的性质是否具有一定意义上的公益性，使用的方式是否有助于文化遗产价值的彰显和传承。智珠寺古建筑在古建筑维修保护方面，既通过了文物行政部门的验收，又获得了联合国教科文组织的殊荣，通过合理利用，将一处丧失原有功能的古建筑群，由破败的闲置状态，变成一处集展示、餐饮、文化活动于一体的社区文化中心，面向社会公众开放参观，保证了文化遗产历史信息的传承，彰显了文化遗产的社会价值。

“恢复性修缮”是2017版《北京城市总体规划》中出现的新名词，要求老城保护应“通过腾退、恢复性修建，做到应保尽保，最大限度留存有价值的历史信息”。留存有价值的历史信息，在过去若干年的尝试中，拆掉近现代建筑，尤其是零星工业建筑痕迹，几乎成了一种通行的做法。今天对于新旧并存，保留各个时期历史印记的做法开始获得接受和赞许，支持用更新的方式对整个区域进行设计，探索更好的老城保护复兴方式。保护记忆场所，正在成为城市设计的前沿，成为实施老城保护的趋势，从而挑战着传统文化遗产保护的理念与实践。

这里所说的记忆场所，主要是指具有保留并能传承集体记忆的特色场所。虽然目前记忆场所尚未列入文化遗产保护范畴，却是人们寄托乡愁的重要载体，是社会民众赖以生活和休闲，以及创作和创造的空间。长期以来，注重孤立地保护文化遗产，而忽略了大量充满记忆的场所，使一处处文化空间消失。要让每一位民众在自己的城市，在身边的社区，就能享受文化保护成果，需要转变思路，转型发展，保护记忆场所就是一种新的理念与模式，让人们更多地享受历史文化资源成为一种可能，同时将为广大民众留住乡愁。

留住乡愁，离不开社区民众身边的记忆场所，留住这些记忆场所，实际上也是对社区民众的尊重。今天社区文化的保护与更新，应该上升到与城市生活品质相关的层面来思考，土地合理利用、邻里关系复兴、文化遗产保护、公共政策支撑、人居环境保护等，都需要进行统筹探究和深刻思考。同时，城市设计必须要研究人们的心理，满足人们的各种需要，并引发人们对社会公正、人性回归等全方位的价值判断。要实现“记得住乡愁”的目标，需要拓宽思路，充分利用好维系集体记忆的典型的“记忆场所”。

城市化加速发展的历史阶段，城市建设通常聚焦于物质空间，一般认为物质环境得到改善，文化环境就会自然而然地得到提升。一段时间以来，拆真建假、拆旧建新、拆小建大的房地产开发式“保护”现象屡禁不止，有过非常沉痛的教训。实际上，这些现象反映出重经济效益、轻文化内涵的问题。同时反映出由于保护方法不科学，保护内容不系统，保护对象不完整，造成大量文化遗产尚未纳入保护，不少情况下只保护历史建筑，没有延续历史文化，既割裂了历史建筑与历史时期的关联，也脱离了传统文化与当代社会的联系。

当前，既要避免在老城更新改造中的“见旧就拆”，又要避免在城市建设中的“千城一面”问题，必须明确，所有的更新改造，除了对于城市功能的考虑外，一定还要有对于城市文化发展的考量。从“城市复兴”的意义上看，复兴不是一味更新，而是对城市优秀传统的恢复和完善，复兴需要载体，如果文化遗产资源不能很好地存续在现代生活之中，而只是图片文字和博物馆的藏品，那么文化复兴就无法从根本上实现。“城市复兴”还要尊重民众感情。在这些问题上，要更多地站在城市居民的立场上多体会，要考虑几百年城市的历史要素，在规划设计中要注意弥补城市历史记忆，修复社区民众的情感缺失。

活化古建筑所具有的文化意义和教育功能毋庸置疑。但是，从事古建筑保护要有恒心，要耐得住寂寞，要抑制住冲动，要用精雕细琢的工匠精神进行维护，一点一滴，久久为功。即使这样，多年以后回过头来看，变化就会超出我们想象。我在故宫博物院工作了 7 年多，现在再回望一下，无论是古建筑的环境，还是观众们的感受，都发生了可喜的变化，为此感到非常欣慰。实际上，这些都是一个庭院一个庭院，一组建筑一组建筑，甚至一块地面一块地面地做过来，来不得半点浮躁和侥幸。

隆福寺地区处于城市中心，紧邻皇宫，地理位置优越，使这里很早就成为民众祈福的重要场所。隆福寺始建于明代，当年称“大隆福寺”，距今已有 500 多年的历史。隆福寺建成之后，作为皇家寺院，是朝廷的香火院之一，也是北京唯一一座汉藏同驻的皇家寺院。根据史料文献记载，隆福寺是官宦重臣、文人学士休闲游览的城市人文景观。而且作为城市寺院景观，层层递进的殿堂和院落，吸引京城文人墨客乐于在此交游娱乐。同时寺院景色优美，又有佛教独特的庄严与超凡脱俗，自然成为贵族雅士乐于向往的特殊文化空间。

作为京城一个重要的寺庙文化空间，随着皇室更替，政治色彩平淡，隆福寺地区寺庙逐渐适应城市社会发展，转变为一个市民休闲活动的场所。由于皇室的背景、政治的参与和浓厚的宗教氛围，也形成了隆福寺的显著特点。因此，隆福寺地区聚集了上至皇室贵族、下至平民百姓的各类人群，不久隆福寺开始出现民间香火，通过商业途径与城市世俗生活的融汇，成为北京城市商业中心，由于人群众多，沿街也随之出现了商铺与书肆，与皇室和中下层市民社会有着密切的联系。但是，景泰七年（1456 年），宫廷发生“夺门之变”，英宗复位，隆福寺因而备受冷落，失去了昔日的辉煌。

隆福寺是京师著名的大庙会，以前每逢农历的一、二、九、十日，隆福寺内举行繁闹的庙会，人来人往带动了寺庙外一条街的繁华，游客摩肩接踵，在附近王府居住的贵族、东交民巷使馆区的外国人、贫苦市民和近郊农民都来赶庙会。在这里可以买到各式各样的土特产品，可以吃到各种北京地方风味小吃，可以看到北京地区民间戏曲。《北京竹枝词》中描述，当年隆福寺庙会全盛时期“一日能消百万钱”。

民国时期，虽然隆福寺香火兴旺，但是庙会更加热闹。20 世纪 30 年代，隆福寺庙会市场共有商贩 946 户，营业面积 13000 多平方米，摊位从隆福寺内到神路街、隆福寺街和东四西大街。隆福寺的古旧书业也形成了一次发展的高峰，成为仅次于北京外城琉璃厂的“文化一条街”，仅古旧书店就有 30 多家，甚至琉璃厂等地的一些书肆也移到隆福寺地区，隆福寺书肆还在外地设立了分铺。由此，隆福寺地区逐渐成为市民广场与休闲胜地。新中国成立以后，隆福寺的香火依然，庙会也从无间断，整条街道还是非常热闹，财源生意依然兴盛。

1958 年到 1960 年，隆福寺地区发生了变化，市场取代庙会，隆福寺山门以及前部的一部分寺庙建筑被拆除，盖起了商业大棚，对庙会里原来的部分商贩进行重新组织，挂起了“人民市场”的牌子，纵然发生了经营结构的调整，但是市场里还是人群熙熙攘攘。到 20 世纪 80 年代，市场又改为商场，隆福大厦曾是北京第一家拥有中央空调、引进自动扶梯的商场。隆福寺地区一直都是北京城的重要商业地标，是北京老城最繁华的商圈之一，与前门、王府井、西单齐名。那时在隆福寺街上有三家电影院，构成地区的文化中心。隆福大厦、长虹影城、隆福寺小吃等，是我们那一代人难忘的记忆。

但是 1993 年的一场大火以后，隆福寺地区便不复盛况。2000 年隆福大厦重新改造，定位小吃、服装销售。2001 年闭门谢客，改造成类似秀水街的服装市场。2003 年，隆福大厦数码广场试营业，第二年即关门停业。中间经过数次改造，从传统小吃到服装零批，从纺织产品市场到数码广场，虽然不停地改变思路，但是始终没有回到当初的繁华，隆福大厦风光不再。昔日隆福寺地区呈现出的文化多样性，目前庙会文化不复存在，商业文化中的大部分传统老字号已更名换代，演艺文化中的部分剧场已经变成了历史。

隆福寺地区处于北京老城中心地段，紧邻故宫博物院，汇集了体现首都文化、传统文化、当代文化、国际文化等多种文化的大型设施和机构，可以说是文化中心的中心。隆福寺又是北京重要的历史文化遗迹之一，隆福寺地区蕴含着厚重的历史文化，承载着许多居民的记忆，地区内的传统建筑也体现着古都的风貌。对于我来说，长期居住在隆福大厦附近的美术馆后街，亲眼见证过隆福寺地区的兴衰，而今又期盼见证隆福寺地区的重生。

在隆福大厦的楼下，我见到了阎照老师，她提议我们到楼顶看看现在的新隆福寺。来到隆福大厦顶楼，首先看到的是四座仿古大殿和三个室外庭院，这是参照已经消失的隆福寺建筑形式，设置的一个文化中心，不仅适合不定时地举办各类文化艺术活动，而且也成为游客打卡拍照的热门景点。虽然隆福寺无法再完整复建，但是通过“概念性活化”再现了“隆福寺”。恢复这样一个建筑形态，可以延续人们对隆福寺的一种怀念，使人们回想以前曾经体验过的热闹场景，找到老北京人心里对隆福寺的回忆。

当我们登上隆福大厦顶楼露台，遭遇到扑面而来的 7 级大风，然而空气质量格外好，可以看得很远很清晰，在不远处就是故宫、国家博物馆，近处有中国美术馆、嘉德艺术中心等文化设施。向下看去是一片正在施工的区域，据了解是在建设长虹影城，将成为国内首家以全实景航拍飞行影院为核心的“文旅商”复合空间。隆福寺地区交织着地铁 5 号线和 6 号线，通过地铁东四站的织补功能，将这一地区定位为国际文化体验与创新区，重新命名为“隆福寺东院”。隆福广场也将重新命名为“隆福寺南坊”。

北京五朝古都，走过大街小巷，感受这座城市的历史变迁，不同的时期，不同的经济条件，为了不同的目的，由不同的设计师，建造不同功能的建筑，形成不同的历史叠加，既千篇一律，又千变万化，构成这座文化古都的独特风貌。今天我们必须看到，这些历史建筑只有融入现实社会生活，才能展现出它们的魅力，有魅力的历史建筑，才拥有尊严，有尊严的文化遗产，才能成为促进城市文化建设的积极力量。隆福寺地区的文化复兴前景，预示着历尽千帆，隆福寺能够在百年变迁中不断被赋予不同的空间意义，重生后的隆福寺，未来可期。

如今，隆福寺通过“概念性活化”得以再现。在文化遗产保护领域，对于已经消失的历史建筑是否重建经常引起纠结和争论。其中一些专家认为，严格按照历史建筑的原位置、原形制、原材料、原工艺进行重建的历史建筑，具有文化价值，其效果往往实现了历史建筑精神价值的延续，文化景观的完整。因此在全国各地历史建筑重建的案例时有报道，例如西安古城南门箭楼的重建，对于城墙文化遗产的完整性意义重大。但是，也有一些学者认为，重建的历史建筑并不具有文物价值，因此在现阶段不宜提倡历史建筑重建。我认为应尊重专家学者的不同意见，在文化遗产保护中，结合具体案例，进行分析判断。

2008 年 5 月，以大规模开发方式对前门大街进行的重建工程竣工。整治与修缮后的前门大街，看上去更像是“仿古一条街”，历史建筑基本拆除，新建的商铺大多采取明清风格的楼阁样式，高度也大体一致，堆砌了一系列符号式景观，不仅在材料、结构、工艺等方面改变了原有建筑特征，同时改造工程对于传统文化、非物质文化遗产方面也造成伤害。特别是重建工程造成景观环境的剧烈改变，致使这条古老的商业街很长时间内失去人气。人们认为，实际上对于前门大街并不需要一次性投资进行重建，只需制订详细的设计导则，由商家企业根据自身发展规律和预期，循序渐进自我完善。

这是近年来对于北京中轴线上的历史建筑进行复建的案例。一般来说，学术界认为已毁灭的历史建筑不应重建，是基于历史不可逆的认识。历史建筑的复建，与原建筑相比，建造者不再是古代的工匠，所使用的材料也非当时的材料。从物质层面来看，复建的建筑与原来的历史建筑并无直接的关系，它们之间实际上是复制品和真实文物之间的关系。从这个意义上看，复建的建筑物很难再现历史建筑的全部价值。国际社会对复建已经消失的建筑遗产，也始终保持谨慎的态度，复建往往不被视为是一种可以推广的建筑遗产保护方法。

在中国历史上，复建或者说重建已毁的前代建筑，是较为常见的一种文化现象。例如黄鹤楼与岳阳楼、滕王阁号称江南三大名楼。在漫长的历史进程中，在历代文人的吟咏中，三大名楼均成为山、水、楼合一的文化景观，屡毁又屡建的过程成为它们所述说的历史组成部分，也反映出历史上坚韧不拔、锲而不舍的保护实践。黄鹤楼早已成为荆楚文化的标志，人们通过兴修毁废的历史，感到黄鹤楼并不仅仅是一座凝固的建筑物，而是充满人文精神的文化景观和文化空间。于是在人们看来，年代并非界定古代建筑价值的唯一标准，文化传统的传承与再现同样具有重要意义。

雷峰塔初建时曾为八面七级，后毁于兵火。南宋乾道年间重建的雷峰塔为八面五级。每当夕阳西下，塔影横空，历代文化名人的文学描述使雷峰塔的人文价值不断得以强化，“雷峰夕照”文化景观脍炙人口。1924 年，以其宋塔形象持续近 600 年的雷峰塔倒塌。1983 年 5 月，杭州城市总体规划获得批复，其中明确：“恢复西湖十景之一、并在民间流传极广的雷峰塔。”1999 年底，杭州市政府基于展示遗址、完善西湖自然与人文景观、再现“雷峰夕照”美景的目的，决定对雷峰塔地宫进行考古发掘并建造雷峰塔遗址保护设施。

重建的雷峰新塔选址于遗址之上，设计者郑重指出：“需要强调的是，雷峰新塔是在新的历史条件下和社会背景中新建的景观建筑，绝不等同于对已经倒掉的雷峰塔的‘复原’。新建之雷峰塔目的不是恢复历史建筑原貌，而是基于现代人的审美要求、物质功能要求而建造新的建筑，是当代社会文化和技术条件的写照。”如今在原址上重建的雷峰塔，耸立在西湖南岸的夕照山顶，“一湖映双塔”和“雷峰夕照”景观在消失近 80 年后重现，西湖中轴线上的五大著名景观因此不再残缺。2011 年“中国杭州西湖文化景观”成功列入《世界遗产名录》。正如历史上诸多建筑遗产的重建，雷峰塔的重建也是对文化遗产精神的追求。

在东方文化背景下，人们认为建筑遗产不是凝固的标本，而是有生命的肌体，生命肌体的物质循环，并不影响其文化意义的绵延不绝。岁月与经历不仅为建筑在物质层面上留下了丰富的生命信息，而且为建筑遗产增添了精神层面的文化内涵。这些重建行动是当代人基于历史建筑的研究，从当代人的审美情趣、物质功能、时代需求的视角出发而进行的文化传承活动。重建以后的建筑遗产仍然延续历史建筑的名称，从而使得历史建筑所具有的部分文化价值、情感价值得以延续，成为历史与未来对话的桥梁。

同样，对老城历史街区的肌理修复，既要避免以往的大拆大建和整体搬迁，也要避免类似“补丁墙面”的简化处理，应处理好“破”与“立”的关系。老城历史街区整治宜采取渐进性、节点式、精细化的干预措施，运用“修补匠”般的微改造方法，拆除影响街区风貌的违章建筑，整治影响城市文脉延续的局面区域，通过城市设计的物质空间要素加以控制引导，对不完整的、碎片化的老城建筑遗产进行“修补”和“编织”，完善街道家具、标识、景观小品设计，挖掘有历史文化潜力的记忆节点，逐步建构风貌协调、肌理承续的老城景观。

2015 年 12 月召开的中央城市工作会议指出：“要加强城市设计，提倡城市修补，加强控制性详细规划的公开性和强制性。”由此，中央层面正式提出“城市修补”这一说法。城市修补主要是针对过去快速城市化发展中出现的野蛮生长、粗放开发、平庸空间等问题而提出，从表象看是一种“补短板、还欠账”的行为。但是，从长远看城市修补作为一种极具中国特色的城市工作新理念和新方法，其最终目标是扭转过去外延式的发展路径，实现城市的可持续发展。因此，城市修补需要进一步构建全面性、系统性、综合性、长期性的方法体系。

2007 年 6 月，在“城市文化国际研讨会”上，吴良镛先生作了题为《文化遗产保护与文化环境创造》的学术报告，阐释了“积极保护，整体创造”的理论观点。“积极保护”，即将文化遗产保护与城市建设发展统一起来，不仅保护文化遗产本身，还要保持其原有生态和环境，新的建筑可以并且也需要创新，但是应遵从建设的新秩序，而不是“就建筑论建筑”“就保护论保护”。“整体创造”，即通过建设过程中的不断调节，追求城市组成部分之间成长中的整体秩序，把各方面的问题综合起来考虑，化建筑的个别处理为整体性创造，既保持和发展城市建筑群原有的文化风范，又使新建筑富有时代风貌，实现有机更新。

北京老城是活的有机体，永远处于动态发展变化之中，始终遵循城市发展的客观规律。因此，社会经济文化发展是老城保护的基础，修补城市功能，激发和保持社会经济文化活力，是老城保护更新的重要目标和任务。北京老城的保护不是让这些历史地区留在某个历史时间点上，表达所谓某个时代的风格，而是要帮助这些具有历史文化价值的地区，在当代的发展中寻找到特定的发展价值，并且自然有机地传承下去，促进北京老城的社会、经济、文化、生活网络在现代不断得到发展与完善。

今天，保护文化遗产的目的，不仅仅是保存历史遗迹以满足人们对昔日文化的怀念，追溯往事，更是为了从物质层面和精神层面上延续城市文化甚至生活本身，使今天和未来世代都能够触摸到传统文化“不能消失的未来心跳”。每一座城市都有不同的故事，每一座城市都应该讲述好“自己的故事”。保护好历代古代城市遗址，有利于丰富城市文化内涵，使城市摆脱“千城一面”的规划形态，真正成为形神兼备、古今辉映、名副其实的历史文化名城，提升城市的文化影响力。

我访问了位于西城区佟麟阁路的模范书局。在院门口见到了模范书局负责人姜寻先生，他首先介绍了这座历史建筑的前世与今生。这组建筑是中华圣公会教堂，又名安立甘教堂，目前是全国重点文物保护单位，是在清光绪三十三年（1907 年）由英籍主教史嘉乐雇用北京工匠建造，时为华北地区建立最早、规模最大的基督教中心教堂。主体建筑面积 947 平方米，附属建筑 5955 平方米。教堂的设计者史嘉乐，是中华圣公会教区主教，鸦片战争后来到山东烟台传教，1883 年开始在北京工作生活。

随着义和团运动的爆发，中华圣公会北京教区的重要场所遭到严重破坏，自 1901 起，史嘉乐开始着手建造一座新的教堂，1907 年这座中华圣公会教堂竣工。就像“中华圣公会教堂”这个名字一样，虽然是西式教堂，但是建筑风格上却有着明显的“中华”印记，它的平面结构呈拉丁十字状，内部由中殿、侧廊、翼廊、圣坛与后殿组成，到此为止都是规范的哥特样式。然而教堂的屋顶为中国式坡顶，整体结构是由北京传统建筑的抬梁式梁架完成，山墙和屋面也采用中国古建筑硬山做法。

史嘉乐的助手曾在1907年10月的《来自秦土》杂志上发表过一封信，信中描述了教堂建造时发生的有趣的故事：“工人们并不习惯于图纸上给出的砖工样式，所以经常能看到他们围在某个不确定的地方，讨论如何才能更好地施工。有时甚至是对此（建筑）一窍不通的路人都会无偿地提供一些建议。”信中还提到，由于中国工匠对西方建筑的图纸不太理解，很多地方都是按照自己的理解完成的，例如屋顶上的两座中式八角亭完美替代了西式教堂本该拥有的钟楼和天窗。中式墙体搭配八角亭，这个中西合璧的建筑形式，其实是在建造过程的一个“误会”产生的。

同样，因为中国工匠的“临场发挥”，教堂的大门、钟楼、天窗等细节其实与史嘉乐的原本设计大不相同。但是这番操作丝毫没有影响一个哥特式教堂应有的开阔、高耸与庄重，只不过这一次教堂应有的神圣感，是通过中式元素实现的。而原本在传统建筑山墙式样中等级最低的“硬山”，在这个和谐的中西“混搭”的建筑作品中被重新定义，它可以更好地展现墙体与屋顶的结构关系，在西方视角看来极富东方意蕴，时至今日，仍在中式建筑设计中被频繁采用。

中华人民共和国成立后，中华圣公会教堂改为北京电视技术研究所的仓库，还曾计划要改建成职工宿舍。就在决定拆除的时候，教会的人们听说了，前来阻止，说这是文物保护单位不能拆除，于是被保留了下来，但是一直都处于荒废状态，无人管理。1997年，一家香港公司接手了这个教堂作为公共场所，对教堂进行了维修和改建，将教堂的内部漆成纯白色，并增加了两个楼梯。

姜寻先生出生于1970年，既是设计师，也是诗人及古籍收藏家。几年前，姜寻先生陪妻子在天津过年，她提议去看看儿时读书时常路过的地方，那里有一座安里甘教堂，看过以后就产生了想要做“教堂书店”的想法。最初就想开在天津的那座教堂，但是没有成功，后来，得知北京的中华圣公会教堂在闲置中，经过多次努力，最终有了现在的模范书局诗空间。模范书局最初的理念就是“老房子的新生”。目前模范书局在北京一共有四家书店，其中两家是由古建筑改造，一家在杨梅竹斜街，是利用一个国民时期的两层小楼，最新的一家就是利用这座教堂建筑建设的模范书局。

模范书局修缮教堂的原则是“修旧如旧”，在过去的110多年里，这栋建筑曾被各种机构使用，修缮时基本还原了这栋教堂初建时候的样子。但是中华圣公会教堂内部原本没有二层楼。被香港公司加建的二层部分，模范书局改建成了左右对称的玻璃阁楼，里面收藏了一些作家手稿和绝版诗集，在这里我看到了徐志摩的诗集、闻一多设计的封面等。模范书局的内部空间具有别具一格的建筑特色，彩绘玻璃窗、高耸的穹顶、排列的书架，大量文化类书籍与承载书籍的空间，以及书籍之外的文化创意、展览陈设、艺术作品、明代雕版、印制工具、文物收藏等，互相构建成一个带有历史沧桑又蕴含诗意的场所。

文物建筑一旦失去了使用功能，保护的难度就会成倍加大，这是全世界文化遗产保护普遍面临的问题。在一些西欧国家的城市中，由于传统教会势力的衰落，每年都有相当数量的古代教堂建筑被闲置起来。如何保护这些失去原有功能的文化遗产，人们给出的答案是“适应性再利用”，即在不破坏文物建筑的原则上，允许改变原有用途，选择合理利用方案，为文物建筑再度找到吸引人们前来访问的功能。于是有的教堂变成了图书馆，有的教堂变成了先锋剧场，有的教堂变成了城市旅馆，有的教堂甚至变成了运动场所。

目前模范书局在图书营销之外，还经常会举办一些文化艺术活动，特别是对周边单位和居民开放，营造和谐的文化环境。中华圣公会教堂虽然失去了教堂的属性，但是在新时期运用创新手段，通过“活化”，寻求传统文化的现代表达方式，赋予古建筑新的生命力。模范书局诗空间以活化再利用，提升古建筑文化附加值，通过继承、再现、再造三种方式，让历史文化资源真正活起来，体现古建筑新的社会价值，实现文化遗产的传承与传播，今后还可以通过互联网手段吸引年轻人的关注和喜爱，通过虚拟现实技术让更多的人身临其境，使更多年轻人感知传统文化的魅力。

中华圣公会教堂建成于 20 世纪初，是 20 世纪建筑遗产。“20 世纪遗产”，顾名思义是根据时间阶段进行划分的文化遗产集合，包括了 20 世纪历史进程中产生的不同类型的遗产。20 世纪是人类文明进程中变化最快的时代，对于我国来说，20 世纪具有更加特殊的意义，在 20 世纪的一百年时间，我国完成了从传统农业文明到现代工业文明的历史性跨越。没有哪个历史时期，能够像 20 世纪这样，慷慨地为人类提供如此丰富、生动的文化遗产，也只有文化遗产才能将 20 世纪的百年历史进行最为理性、直观和广博地呈现。

国际社会最初关于文化遗产保护的行动，通常是保护史前时期的古老遗物，而后人们对于数千年来的文化遗址、遗物表现出了日益浓厚的兴趣。19 世纪中后期，人们开始将中世纪的历史建筑，尤其是教堂建筑纳入保护之列，并进一步包括了文艺复兴时期的文化遗存。进入 20 世纪，保护对象逐渐扩展至 20 世纪的文化遗产。这一文化遗产保护的趋势和进程表明，文化遗产的年代界定范围正在逐渐延伸，指定保护的文化遗产类别正在逐渐拓展，判断文化遗产的价值标准正在逐渐深化，成为国际文化遗产保护的趋势，而将更多的当代遗产纳入文化遗产保护范畴，必然是一个永久的趋势。

2002 年 4 月 18 日的国际古迹遗址日设定为“20 世纪遗产日”，使世界各国文化遗产保护的目光更加关注 20 世纪遗产；在 2002 年的《濒危遗产报告》中，特别强调 20 世纪遗产；出版《20 世纪的遗产：认识、保护与现实挑战》，借以引发更加广泛的讨论，为共同保护提供理论和技术依据，推进 20 世纪遗产的保护与研究。尽管国际社会关于 20 世纪遗产的定义以及甄别方法的探讨仍在继续，尚未形成明确的理论成果，但是对于 20 世纪遗产的保护实践早已迫不及待。保护 20 世纪遗产，逐渐得到世界各国的积极响应。

在我国，进入新的世纪，20 世纪遗产保护的基础工作得到加强。在不可移动遗产保护方面，第三次全国文物普查工作中，将近现代史上的重要遗址、代表性建筑和工业遗产等项目，列入重要的普查内容。在已经公布的全国重点文物保护单位中，代表 20 世纪文化、史实和文明内容的文化遗产，占近现代类型中的绝大多数。这些 20 世纪遗产大体可以分为三类：一是以推动社会进步的重大历史事件为基本内涵的物质载体，二是以塑造人类文明的杰出人物历史遗迹为背景的物质载体，三是以反映不同流派特点、艺术风格和时代精神为特征的建筑载体。

20 世纪遗产，在人类文明发展史上起着承前启后的作用，具有历史借鉴和理论创新方面的丰富内涵。由于 20 世纪遗产形成年代较晚，未经历过多的自然侵蚀，而且在使用过程中不断得到维护，因此许多 20 世纪建筑遗产，至今仍然保持着鲜活的生命力，继续服务于社会生产、生活。与那些历经千百年沧桑，早已被剥离了实际应用，只作为历史遗迹接受研究与观赏的古代遗存不同，20 世纪遗产往往是功能延续着的“活着的遗产”，其产生背景、建造过程、修缮状况等均有据可查，基础资料相对较为完备。

每一代人都有一个神圣的使命，就是把前人的创造留给后人。当然，由于古代遗存数量较少而更为宝贵，得到珍视。但是 20 世纪遗产如果不及时加以保护，同样也会在当前的建设大潮中很快地消失。从古到今，文化的发展演变形成一条完整的链条，如果在当代发生断裂，将对不起后代子孙。虽然 20 世纪遗产与我们相距只有百年，与古遗址、古墓葬、古建筑等历史遗产无法相比，但是由于其艺术多元、技术先进、人文共融，使它们的价值更贴近时代，所以 20 世纪遗产也是文化记忆的摇篮，现代人类必须予以充分关注。

今天在 20 世纪遗产保护的诸多领域，未能掌握实现保护目标的修复理念、方法与技术，已经成为越来越不容回避的严重问题。在保护实践中，如果保护理念方面出现偏差，必然造成实施方法和技术的千差万别，甚至导致“建设性破坏”或“保护性破坏”。因此，应鼓励在保护和修复工作中，就 20 世纪遗产保护理念以及与保护方法和技术有关的特定问题展开专题研究，同时也应根据 20 世纪遗产的不同保护状况，充分尊重其在科学和艺术等方面的特点，关注保护和修复工作对可持续利用方面的影响。

“对老建筑最有意义的保护是找到它‘再利用’的方式。”这是加拿大建筑师 P.M. 歌德史密斯广泛强调的观点。而这一观点正在实践中成为一种共识。20 世纪遗产的保护，应与城市环境整治和地区功能提升相结合，与市民公共活动和培养健康情趣相结合，与城市文化建设和特色风貌保护相结合。通过选择 20 世纪遗产分布相对集中成片的地段，串联起相关的文化遗产资源，建设高品位的重点文化功能区，以提升 20 世纪遗产对城市文化的贡献度和社会发展的影响力。在模范书局所在地区就集中分布着北京国会旧址、京师女子师范学堂、宣武门天主堂等相当数量的 20 世纪遗产。

历史上，明北京城城墙全长 24 公里，是昔日北京的重要象征之一。喜仁龙教授曾在《北京的城墙和城门》一书中写道：“纵观北京城内规模巨大的建筑，无一比得上内城城墙那样雄伟壮观。初看起来，它们也许不像宫殿、寺庙和店铺牌楼那样赏心悦目，当你渐渐熟悉这座大城市以后，就会觉得这些城墙是最动人心魄的古迹——幅员广阔，沉稳雄劲，有一种高屋建瓴、睥睨四邻的气派……仔细观察后就会发现，这些城墙无论是在建筑用材还是营造工艺方面，都富于变化，具有历史文献般的价值。”

北京的明代城墙自明永乐十七年（1419 年）修建，距今已有 600 多年的历史，是明清北京城的重要象征。随着时代的变迁，如今明城墙遗址主要集中在两处。一处在西便门，遗存城墙比较短。另一处在东便门，遗存城墙比较长。这段城墙是北京现存最完整的一段明城墙，包括老北京城内的东南角楼，构成明清城墙遗址比较集中的地带，不复完整的城墙历经多年的风吹雨打，见证了多代王朝的兴衰，留下了历史的痕迹。为了加强明城墙遗址保护，明城墙遗址公园便是以此为核心保护内容进行修建。

当时，由于大量单位、住户的存在，使明城墙遗址区域的环境极为恶劣，市政基础设施极不完备，管线引不进，污水排不出，房屋低矮、破落、垃圾遍地、污水横流，房屋破败不堪。这一切都对城墙遗址造成极为严重的威胁，多处城墙只剩下如一个个堡垒般的断壁残垣。有的居民住房拆除城砖、挖掉城墙夯土；更有不少居民干脆将城墙打洞作为自家房屋的后山墙，大部分城墙的城砖被拆光挖净，有的地段已经大面积裸露出夯土层，仅存一侧的城墙砖体，也受到相当程度的腐蚀和风化。靠近崇文门三角地这段城墙遗存较多，留有夯土层的城墙上，当时我居然在城墙上看到了一块田地，有人在此种菜。

针对明城墙遗址区域的状况，北京市启动了大规模的环境整治，为抢救这段明城墙遗址探索出一条切实可行的途径。搬迁腾退工作分两个阶段展开。第一阶段从 2001 年 11 月开始，对明城墙遗址公园范围内的占用单位进行腾退。铁路部门为保证新年、春节运行的安全，于 2002 年 3 月开始启动。这一阶段共腾退单位 79 个。第二阶段是各责任单位搬迁安置所属住户，由于人口基数大，采取分阶段逐批搬迁安置的办法，便于解决腾退中出现的问题，最大限度地保证区域内居民利益和社会安定。

同时，在进行有效保护和管理的前提下，积极研究符合明城墙遗址特点的展示方式，改善展示手段，扩大展示空间，提高展示质量。对于明城墙遗址来说应尽可能再现其面貌，这里所说的再现，并不是要把全部城墙复原，而是维持遗址现状，在现状调查和科学研究的基础上，以长久、完整、真实地保护遗址为原则，通过城墙遗址的规模、布局和由基址所反映出来的平面形制，给人们以体形联想，使之对明代北京城墙的历史盛况有一个整体的印象。同时，要根据明城墙遗址的地理位置和文化内涵特点，探索适宜的展示方式。

北京市规划委员会和北京市文物局共同组织了东便门明城墙遗址公园规划设计招标评选工作。通过评选，获一等奖的是清华大学建筑学院与美国斯坦福建筑设计公司合作设计的方案。该方案保留了南区东便门角楼段、至今存留尚好的西段、部分残存的中段、曾经修复的东段残留线形片段，以及连续架构形成的城墙上不同高差的空中花园。在东段将绝大部分早已夷为平地的城墙南北土层依现状地形下挖，露出城墙基础，并将下挖部分设计成安静的下沉式广场，使人能在不同视点欣赏体会这段明朝北京内城仅存的较为连续的城墙。

东便门明城墙遗址公园规划范围分为两个区，南区为北京站南侧，即北至城墙遗址以北 20 米，南至崇文门东大街，东至东二环，西至崇文门三角地，长约 1300 米，宽 70 米，占地面积约 9.31 公顷。北区为现状铁路线以北，占地 2.99 公顷。东便门明城墙遗址公园设计方案，充分尊重历史，注意发掘保护历史遗迹。突出“遗址”作为遗址公园的主题，对城墙遗址不做不必要的修饰和美化，保护自然的状态，着意突出古城墙的历史沧桑感。同时，尊重植被环境，保存现状所有的树木，有 200 多株古树名木，将树木自然地与特定的空间环境相结合，营造出舒缓平和的空间氛围，以及城墙外侧特有的绿化环境。

北京明城墙遗址公园的设计手法，在以保护城墙为设计出发点的前提下，从人的活动和感受出发，具有较好的设计理念，即对于城墙的保护，不能仅限于墙体本身，重要的是对城墙所构成的特有文化氛围，及其所限定的特有空间形式进行保护。在较有条件的城墙顶部，开辟了原“梁陈方案”提出的京城百姓休憩场所——城墙顶部公园。在北京明城墙遗址公园里还留有京奉铁路信号所的遗址。京奉铁路是清末修建的一条铁路，起点就是位于前门的“正阳门东车站”，目前已经辟为博物馆。1901 年与前门火车站同时建造的京奉铁路信号所，是京奉铁路北京至辽宁的第一座信号所，至今已近 120 年。

2002 年 9 月明城墙遗址保护修缮竣工，北京明城墙遗址公园正式向公众开放。作为对市民不收费的城市带状绿地公园，当年在京城尚属少见。如今，以古老的城墙为背景的明城墙遗址公园，已成为人们工作之余一个重要的休闲场所，蚕食明城墙遗址的破旧不堪的低矮平房被彻底拆除，代之而起的是绿树成荫、充满韵味的文化遗址公园环境，古朴、绿色、自然，经过修复的城墙高低起伏，呈现雄伟、坚固的风貌，同时洋溢着沧桑之美。掩映在起伏绿荫后的城墙含蓄、隽永，唤起人们对渐渐远去的城墙记忆。

为了了解营造技术导则的编制和动态维护，我来到位于三间房的首开集团房地古建工作室。探访新版营造技术导则的执笔人，北京市古代建筑设计研究所张越所长，请她介绍新版营造技术导则的有关情况。张越所长 1999 年毕业后来到北京从事古建筑设计与修复工作，先后完成历代帝王庙、武汉归元寺等古建筑修缮项目。她与故宫博物院也有渊源，参与过故宫永寿宫维修保护的设计和养心殿的数字记录。2017 年张越所长受北京市住房保障部门的委托，研究老城“应保尽保”的修缮技术的课题，负责编写营造技术导则，数易其稿，于 2019 年 5 月 9 日开始实施。

之后，张越所长又受京诚集团的委托，进行营造技术导则的动态维护工作，以利于推动营造技术和传统工艺的研究、保护、传承和应用。京诚集团在 2019 年实施平房四合院维修保护工程 270 多处，张越所长参与了其中 70 多处有价值的传统风貌建筑的保护工作。当面对大片的胡同四合院进行修缮时，就需要有系统的标准规范和具体做法来进行指导，否则就会形成“你干成这样，他干成那样”的局面。因此，编制营造技术导则就是建立机制，让大家做起来有章可循。因此，营造技术导则可以称之为当代的营造法式，而新版导则对于目前开展胡同风貌保留具有重要价值。

走进古建工作室，可以看到这里是一处古建筑维修技艺传承培训的场所，高大建筑的四周正在展示传统“瓦、木、土、石、搭材、油漆、彩画、裱糊”等八大作古建筑维修技艺的工具、流程、做法和木结构房屋的模型，包括手工磨砖、五扒皮、老木门使麻、榫卯窗扇、彩画掐箍头等传统工艺，在此我们进一步了解了砖瓦、木作、油漆等相关的技艺内容，并现场体验了榫卯拼装、沥粉等技艺。同时，结合现场的屋架模型，测试四梁八柱的稳定性。

在张越所长播放的投影中，详细介绍了古建筑营造技术导则中的 117 张照片。这些照片是她在多年工作过程中随手拍的内容，每一张都是现实存在，每一张都渗透着古建筑设计师对老城文化遗产的深厚感情。借此次编制古建筑营造技术导则，张越所长将这些照片特辟专章，列为老城风貌的正负面清单，使古建筑修缮人员能够直观认识到什么是正确的维修保护方法，什么是不正确的操作。它使我感受到古建筑营造技术导则虽好，全面铺开落地不容易，能够不折不扣地实施更不容易。

张越所长播放的投影照片内容，涉及一些近年来在老城四合院保护和修缮过程中遇到的普遍问题。例如在今年东城区的一处四合院维修保护过程中，遇到居民为了多留屋内面积，拒绝屋架穿插按传统做法施工，而在木结构上直接采用硬山搁的方式，留下了不安全的隐患，影响四梁八柱的稳定性。还有一些胡同整治时，出现在街道的墙面上，贴仿古面砖、镶嵌砖雕、滥用花砖、涂画主题故事等做法，花哨的胡同墙面破坏了传统风貌。并且通过四合院门楼的形制、门的颜色、门钹等正负面照片，讲清楚什么是正确的做法，什么是有问题的。

当时看到老城胡同四合院在修缮时有一些不准确的地方，也引发一些媒体的关注，所以就希望编制新版导则，在技术上指导老城胡同四合院的保护与修缮。新版导则首先把所有平房四合院进行分级分类，因为过去列入文物保护的院落有成熟的修缮标准和体系，但是普通平房四合院修缮的原则只是解危，以保证安全为标准，对历史价值、文化价值的挖掘和保护力度不够，所以过去这些年老城胡同四合院的传统风貌才遭到持续的破坏，原汁原味的四合院已经不多了。而这版营造技术导则的核心，我觉得是关注到普通平房四合院的保护。

普通平房四合院量大面广，又不是文物保护单位，因此不能按照文物保护的四原原则，即原材料、原做法、原工艺、原规制的标准进行保护修缮。正如刘大可先生所说，对于普通平房四合院来说“太严了落不了地，太松了达不到目的”，经过反复论证，对老城的普通平房四合院建筑除了分级分类，维修保护的要求表述为：“应最大程度地保护有价值的历史信息，保护历史风貌原状。按照原形式、原结构、传统规制做法进行修缮。”这样既有要求，也有弹性。另外，是“原状”，不是“现状”，一字之差，内涵却完全不一样，有很强的现实针对性。

张越所长介绍，目前营造技术导则对直管公房比较有约束力，但是这部分只占平房四合院的 20% 左右，剩下的是私房和其他产权单位的公房，因为种种现实原因，营造技术导则对这部分平房四合院是引导不强制。但是传统风貌的维护、传统建筑的修缮不仅仅是技术问题，更是意识问题，首先要认识到这些四合院值得保留，其次才是如何保留的问题。现实的情况是一些人在尚不知道什么是原汁原味的四合院的情况下，就说做新中式四合院，如果不了解什么中式，不了解什么是四合院，做出来的就必然是五花八门的内容，因此并不是反对改变，但是如果吃透了再去改变，才会取得好的效果。

近年来，常听到人们说起“恢复性修建”，那么这套工艺体系具体是什么？为此，我们一行来到东四六条 57 号院，这是一处恢复性修建的四合院，无论格局还是工艺都是按照传统四合院的标准进行恢复，其中踏跺、地面、墙体砌筑、门窗色彩、屋面、油饰彩画等方面，均采取原汁原味的做法，表现出在一座传统四合院的维修中，包含着全方位的古建筑营造技艺，所谓“八大作”在四合院民居中主要的体现是土木砖瓦油，要恢复原汁原味的四合院，需要系统性和完整性。

我们比照营造技术导则中规定的技术质量要点和验收标准，查看这处四合院的“恢复性修建”做得是否到位、何以到位、还存在哪些问题。张越所长希望以此院为例，对未来老城40%的私房院的改建和修缮有指导意义。过去修缮这些民居都是为了保证房屋的安全，一般都是拆了旧的直接建新的，主要用红机砖和蓝机砖材料。营造技术导则出来以后，关注现场施工过程，保留住了有价值的房屋，拆下来的旧材料能用的都重新使用。在这个过程中各方面均特别受益，无论是境界还是技术，都有很大的提升。

随着钢筋混凝土等工业化特点的新型建筑材料的普及，中国传统的木结构越来越式微，这些属于农业文明的建筑营造工具也慢慢没人使用，它们从施工现场慢慢进入博物馆，逐渐变成了古董，它们背后凝结的匠心匠意，营建的智慧，也离我们越来越远。实际上，在我国文化遗产中，古建筑所占的比例最为丰富，然而这些古建筑多为砖木结构，历经长期自然和人为的损害，至今多已千疮百孔，抢救维修已刻不容缓。

对古建筑的维修保护，根据“保护为主、抢救第一、合理利用、加强管理”的方针，在“不改变文物原状”的前提下，要坚持“四原”原则，即原位置、原形制、原材料、原工艺。“保护”包括“保”和“护”两方面措施。所谓“保”主要是制止破坏，所谓“护”主要是防止破坏加速。即使为强化和改善文物建筑，使其益寿延年为目的，而使新技术、新材料，加入文物建筑维修保护时，也必须极其慎重，要经过科学实验，在不能得到可靠性证明时，不能应用于文物建筑本体的维修保护。

古建筑从下到上，台明、台阶、砖墙、木结构、瓦顶等，都是由许许多多的构件所组成的，这些构件名目繁多、五花八门，形状尺寸不一，加上榫卯等复杂结构内容，除部分可以利用机械加工外，目前大部分古建筑构件都要靠手工操作，制成标准构件拼装组合，只有能熟悉制作工艺，又能识别、熟悉、了解这些构件作用的工匠，才能让这些古建筑构件各就其位，各尽所能，牢固结合，而不是仅靠阅读做法说明，按照图纸施工就可以解决，因此，古建筑维修保护的工匠技艺和经验非常关键。

中国传统建筑同样历史悠久，在很长的一段历史时期内都使用以木结构为主、土木砖石相结合的营造方式，形成了世界上独树一帜的建筑传统。其中，木结构是我国传统建筑最主要的特征之一。我国传统木结构建筑的一个特点，是空间使用十分灵活，因此从宫殿、坛庙、寺观到园林、民居都普遍使用。在五行学说中，木属东方，是生气所在，而木材又分布广泛、资源丰富、易于加工，具有良好的力学性质，因此成为我国传统建筑最主要的材料。能工巧匠们通过世代传承，形成了完善的木结构建筑建造体系，是我国传统建造智慧的集中体现。

在这样的建筑结构体系下，房屋的墙体无须承重，房屋内部可以自由地分隔空间，对于门窗的开设也少有限制。因此，通过建筑室内的灵活布局以及建筑之间的组合布局，形成不同规模与形式的建筑和庭院。如果说钢筋混凝土框架结构中的节点，是“宁拆不弯”的刚节点，木结构建筑的节点则是“亦刚亦柔”的灵活有机的节点。当木结构建筑遭受到地震、大风等外力时，其结构就可以通过节点性能的变化，吸收和缓和一部分外力，加上木材本身具有良好的韧性，使得整体结构能在外力冲击面前，仍然保持稳定，屹立不倒，达到“以柔克刚”的效果。

2009 年 9 月，在联合国教科文组织保护非物质文化遗产政府间委员会第四次会议上，我国申报的“中国传统木结构营造技艺”被列入《人类非物质文化遗产代表作名录》。随着非物质文化遗产概念的引入和保护的开展，传统建筑营造技艺和代表性传承人被列入保护范围，并得到越来越广泛的社会关注。为了加强传统建筑营造技艺的保护，我国已经公布了 4 批 35 项涉及传统营造技艺的非物质文化遗产项目，其中第三批将“北京四合院传统营造技艺”列入国家级非物质文化遗产项目。

作为非物质文化遗产，传统建筑营造技艺的价值是多方面的，主要包括科学、社会、艺术等方面的价值。传统建筑营造技艺不仅包括传统营建技术、工艺、手艺、技巧，还包括传统的运输方法、吊装方法、木材采伐、石料开采、砖瓦烧制、构件加工等。传统建筑营造技艺的外延还可以扩展至相关的知识领域和文化习俗，例如规划、设计、建造、修缮、维护等，同时还包含对居住科学的认知，例如防火、防尘、防沙、防潮、防震、防蚁、通风、采光、隔热等科学知识和经验总结。

中国传统建筑具有一个生命体自身的生长发育过程，始终保持着自身的文化传统和艺术风格。传统建筑营造技艺包含着技术与艺术两个方面，中国传统木结构建筑的营造技艺与艺术风格互为表里，表现在结构与构造的结合，构造与装饰的结合，功能与艺术的结合，折射出中国人的行为准则和审美取向。一座传统建筑就是一个完整的有机体，有机体的每一部分都有功能意义，同时也有美学意义，不但形体是美的对象，而且形体内在的营造结构，同样也是美的因素，体现出对于审美体验的自觉。

中国传统木结构建筑营造技艺的传承人和从业者多以民间工匠为主，在传统社会中，匠人多隶属于民办的作坊，传统营造技艺主要是通过师承制加以传承，世代相传，延承至今。20 世纪以来，中国传统木结构建筑营造技艺受到现代材料、结构、营造方式的冲击，从业人员急剧减少，一些传统营造技艺濒临失传，然而传统木结构建筑作为一种文化与景观建筑类型，还依然有特定的社会需要和生存空间，传统木结构建筑营造技艺如今也仍应用于传统民居建筑的维修保护和营造。

2019 年 2 月，北京市规划和自然资源委员会网站公示了《北京历史文化街区风貌保护与更新设计导则》，旨在从技术上规范北京历史文化街区在风貌保护与更新中的目标与标准，使街区在具体规划、设计及建设时有规可依、有章可循。这项导则的适用范围为北京市老城内的 33 片历史文化街区，总面积 20.6 平方公里，占老城总面积 62.5 平方公里的 33%，占核心区 92.5 平方公里的 22%。中心城区范围内其他需要成片保护的地区，也可以参照执行。

《北京历史文化街区风貌保护与更新设计导则》的编制采用了目标导向和问题导向相结

合的方式，明确规划设计以及建设过程中要尊重历史，注意保留历史文化街区特色，要与周边环境相协调，让居民生活更方便更舒适。最终是要让胡同生活精致起来，为当地居民留住“乡愁”，让人们感受到北京的古都魅力。导则分为“街区整体风貌保护”，“建筑风貌保护、控制与设计”，“街巷空间及附属设施”三个层次进行风貌保护和控制，并按类别归纳了 10 项“保护要素”和 10 项“整治要素”。

在“保护要素”中，侧重于强调街区内各类有保护价值的元素，特别是街区天际线、整体形态和色彩基调、景观视廊和街道对景等整体风貌方面的元素。另外，除了保护价值的建筑和构筑物、街道和胡同肌理、历史水系、古树名木等物质要素之外，还将街区功能、人口构成和社会结构、传统文化和非物质文化遗产等非物质要素系统纳入了“保护要素”的范围。北京老城的历史文化街区的功能传统上以居住为主，根据非居住功能所占比例的多少，街区按照整体功能的类别可分为居住类街区和混合类街区两大类别。同时，导则强调对这一功能构成的延续，在避免过度商业化的同时，确保合理生活服务功能的保留和提升。

在“整治要素”中，导则重点关注街区改善、更新工作中的风貌控制。主要包括街区内与传统风貌不协调的建筑、违法建筑、地下空间利用、出行方式和出行环境、市政设施、无障碍设施、公共空间、街区绿化、地面铺装、景观设施、公共艺术、城市家具、标识系统、牌匾广告和公益宣传、建筑外挂设施、街区照明等方面。导则注重合理平衡保护与更新之间的关系，例如鼓励设置无障碍等现代化生活设施，但设计方案应采取不影响传统风貌的形式，并充分考虑街区的空间特点。在绿化方面，虽然历史文化街区空间有限，但是也建议适度绿化，同时要求绿化应符合街区的风貌特点，尽量采用“分散、多点、小规模”的方式。

导则提出，北京历史文化街区的整体特征是平缓有序的天际线，以胡同—四合院建筑为主体的形态特征，以及以大片青灰色房屋和浓荫绿树为基调的整体色彩。因此要严格控制新建和改建建筑的高度、体量、形态、色彩和材料。在色彩方面，新建或改建建筑的外立面色彩应以青、灰色色系为主，不得大面积采用黑色、白色、金色、银色及红色、橙色、黄色、绿色、蓝色、紫色等过于鲜艳的色彩。外立面材料应与传统风貌相谐调，可采用传统或现代灰砖、灰色陶面砖或石材、抹灰涂料等与传统风貌相谐调的外立面材料，不得大面积采用金属、镜面玻璃、釉面砖、反光石材等反光性强，与传统风貌不协调的外立面材料。

同时导则提出，要合理组织胡同交通，原则上远期取消胡同停车，近期具备条件时，可划定机动车禁（限）行、禁（限）停区，采用设置路口、街边人行道桩等方式，限制胡同内机动车的通行与停放，营造慢行优先的交通环境。针对历史文化街区内出现的一些不规范的建筑设计和建设行为，导则专门在地下空间开发利用、“仿古建筑”风貌控制、建筑的内外装修或装饰、景观照明等方面进行了规范。例如北京历史文化街区四合院建筑的外部油漆彩画，传统上较为低调、朴素，极少出现大量绘制苏式彩画等装饰性过强的做法。因此，在建筑修缮或改善时，要对油漆彩画的样式进行严格控制，尽量按照传统规制进行恢复。

历史风貌保护利用工作具有长期性、持续性，投入多、见效慢的特点，做好这项工作需要从发展全局把握战略定位，保持战略定力，秉持正确工作理念。历史文化街区的保护与更

《我是规划师》智珠寺拍摄现场

新，主要强调和谐。因此即使有了标准，也不是要求千篇一律、整齐划一，而是鼓励设计师在规范的基础上，能设计出更走心、更和谐、更具特色的高品质方案。历史文化街区进行街巷胡同整治时，对具有历史价值的沿街建筑墙体、影壁等采取保护性的整治措施，剔除多年叠加的贴砖、抹灰等附加面层，复原传统青砖墙面，并采用传统工艺进行修缮、修补，部分恢复沿街建筑的传统风貌。

（北京电视台《我是规划师》第八集拍摄笔记，2019 年 12 月）

我们的街道，是否能够安放我们的记忆与乡愁？

在历史悠久和丰富多彩的北京历史文化中，“胡同”占有特别重要的地位。因为它在北京老城中拥有庞大的规模，表现出作为地方特色的意义。胡同是北京老城一种特殊的文化空间，与人们的生活息息相关，因此北京人对胡同有一种深厚的情感。数千条胡同深入到老城的每个院落，把北京老城编织成一个整体，形成了独特的人文景观，也造就了独特的胡同文化、北京人性格和人际关系。如今作为北京的人文符号，胡同四合院已经成为北京最具魅力的地方。

北京老城为位于二环路以内的历史城区，总面积约 62.5 平方公里。北京老城是以《周礼·考工记》的王城规划理想为出发点，结合地理形态进行的规划，其最大的特征就是城市风貌与格局的整体性和有机性。它的规划和进化过程体现出将科学、美学及古代哲学思想应用于城市设计的创造，以及通过城市规划建立社会秩序、规范社会生活的方法，反映了中国传统营城理念的独特价值。同时，老城的规划建造综合体现了中国传统空间布局、景观营造的独到手法与各类建筑、设施建造工艺的最高成就，是传统城市建造的杰出代表和经典范例。

在一些人的眼中，与高耸直刺天穹的西方建筑相比，北京老城建筑似乎普遍显得较为低矮、平淡。实际上，中国建筑正是以简单重复单元组成的复杂的建筑群落，在严整中又富于变化，变化中又求统一，体现出一种整体之美、均衡之美、理性之美。一座城市的规划属于上层建筑范畴，其建设理念必然受到所处时代的政治制度、社会经济、科学技术水平、传统文化的影响。明清北京城的规划建设受“天人合一，象天设都”规划理念的深刻影响。北京老城所代表的以天地自然环境为本体、整体生成的东方城市营造模式，导源于中华先人固有的宇宙观。

“天人合一”不仅是中国文化、中华哲学的基本精神，也是中国最有代表性的文化特征，是历代都城规划的思想基石。“象天设都”则通过象征手法，物质形态，营造天、地、人三者之间高度和谐，是东方宇宙观在都城规划建设中的具体体现。正如朱祖希教授在《北京城：中国历代都城的最后结晶》一书中所言：我们的先人以卓越的智慧和辛勤的劳动，为我们创造了举世公认的奇迹，然而，更新的奇迹——既要整体保护北京老城，为后代留下一份弥足珍贵的历史文化遗产，又要建设现代化国际大都市。

1950 年以来，北京市先后 8 次组织编制城市总体规划。从历版城市总体规划的编制情况来看，一方面是以控制城市规模为主，但是由于城市规划并没有限制经济规模和人口规模的快速扩张，城市规划布局不断被突破，整体上呈现出以沿环线向外辐射的“摊大饼”式的空间扩展模式。另一方面对历史文化名城的保护认识不断提升，保护理念一脉相承，保护对象逐步扩大，保护手段日趋多元，探索实践不断深入。

1982 年 2 月 8 日国务院公布了首批 24 个全国历史文化名城，北京名列之首，通过总结新中国成立以后 13 年的城市建设和确定北京历史文化名城的地位，在扭转了对北京老城进行根本性改造的思路后，开始启动《北京城市建设总体规划》的修编。同时，在 1982 年版北京城市总体规划后，北京市开展了一系列历史文化名城保护工作，北京老城整体保护的原则不断发展，认识不断提高，包括制定文物保护单位保护范围和建设控制地带、调整北京老城高度控制要求、提出保护景观走廊和传统风貌街区等具体工作。

北京市于 1990 年公布了 25 片历史文化保护区。从最初的文物保护，到历史文化街区保护，再到历史文化名城保护，从局部保护逐步演进到整体保护。在这样的工作基础上，为适应首都高速发展的形式，持续开展《北京城市总体规划》的修订工作，同时把北京历史文化名城保护规划列为城市总体规划的重点课题。特别是在近 30 年来的 3 次城市总体规划编制中，一直坚持历史文化名城，特别是北京老城的整体保护理念，并不断完善和深化。

第一次，是《北京城市总体规划（1991 年—2010 年）》。这版总体规划第一次提出“注意整体保护”，明确了历史文化名城保护的三个层次，提出了实施整体保护的 10 项要求，即（1）保护和发展传统城市中轴线；（2）注意保持明、清北京城“凸”字形城郭平面；（3）保护与北京城市沿革密切相关的河湖水系；（4）基本保持原有的棋盘式道路网骨架和街巷、胡同格局；（5）注意吸取传统民居和城市色彩的特点；（6）以故宫、皇城为中心，分层次控制建筑高度；（7）保护城市重要景观线；（8）保护街道对景；（9）增辟城市广场；（10）保护古树名木，增加绿地，发扬古城以绿树衬托建筑和城市的传统特色。

进入 20 世纪 90 年代，北京的城市建设以每年 1000 多万平方米的规模展开，首都经济社会发展出现了新的形势，同时也遇到了不少新的问题。为此，1991 年初，历时两年有余，完成了《北京城市总体规划（1991—2010 年）》修订草案和 70 多项专业规划。1993 年 10 月，国务院对《北京城市总体规划》的批复中明确指出：“北京是著名的古都和历史文化名城，城市规划建设和发展，必须保护古都的历史文化传统和整体格局，体现民族传统、地方特色、时代精神的有机结合，努力提高规划设计水平，塑造伟大祖国首都的美好形象。”

第二次，是《北京城市总体规划（2004 年—2020 年）》。针对北京老城整体保护提出，“应进一步加强旧城的整体保护，制定旧城保护规划，加强旧城城市设计，重点保护旧城的空间格局与风貌”。明确提出“旧城整体保护”的基本原则，此后逐步建立起相应的保护规划体系与政策法规制度，并在保护内容、保护力度、风貌控制等方面提出明确而严格的要求。实际上，在这些年间“对旧城的拆除活动并未停止”。2005 年至 2013 年间，北京老城内建设规模增长近 1/3，给历史风貌带来严重冲击，且增长需求持续强烈。

2005 年至 2013 年间，在北京老城，一是出现一些高端住区，用地规模普遍较大，并施行门禁式封闭管理，客观上加剧了与周边地区的隔离。二是大量更新项目转变为商务金融办公功能，此类项目主要集中在西二环的金融街、东二环的总部经济区，以及宣武门、崇文门外的商务区。三是商业功能建筑，这类项目大多分布于旧城内的主要交通节点，较多是集购物中心、酒店、公寓等多功能于一身的商业综合体，建筑风格大多是大型现代商业综合体的通常面貌，对老城风貌缺乏关照。

第三次，是《北京城市总体规划（2016年—2035年）》。在规划中进一步提出“坚持（老城）整体保护十重点”。同时，还确定保护和发展13片文化精华区，包括：什刹海—南锣鼓巷文化精华区、雍和宫—国子监文化精华区、张自忠路北—新太仓文化精华区、张自忠路南—东四三至八条文化精华区、东四南文化精华区、白塔寺—西四文化精华区、皇城文化精华区、天安门广场文化精华区、东交民巷文化精华区、南闹市口文化精华区、琉璃厂—大栅栏—前门东文化精华区、宣西—法源寺文化精华区、天坛—先农坛文化精华区。

在“保护老城原有棋盘式道路网骨架和街巷胡同格局”方面，提出保护并逐步恢复老城传统的街巷空间尺度，老城内不再拓宽道路红线。对于现状红线宽度过宽的道路，通过调整道路断面、摆放城市家具、种植高大乔木等方式优化步行空间尺度，恢复老城传统的街巷空间感受。同时将历史街巷、胡同以及部分文化景观道路划定为永不拓宽道路，加强两侧有风貌价值的建筑界面保护，以严格保护老城传统的空间格局和风貌特征。通过改善胡同风貌，塑造有绿荫处、有鸟鸣声、有老北京味的清净、绿树掩映、儿童友好、舒适的胡同空间。

在历版《北京城市总体规划》的实施过程中，北京老城各项保护工作稳步推进，取得了一定成效。首先保护对象不断扩大，截至2017年底，北京老城共有3项世界文化遗产（故宫、天坛、大运河），321项三级文物保护单位，360项普查登记在册文物；国家级历史文化街区3片，市级历史文化街区33片；地下文物埋藏区3片，地下文物重点监测区1片。同时，已公布34项优秀近现代建筑、658处挂牌保护院落；形成历史建筑备选名录1892处，工业遗产备选名录10处；6159棵古树名木。北京老城范围受到保护管理的用地规模不断扩大，涉及34.3平方公里，占北京老城总面积的54.9%。

北京老城整体保护以2050年为远景目标，其中近期发展目标，即2018年至2022年，严格落实“老城不能再拆”要求，建筑与人口总量不再增加，重点地区和公共空间环境整治取得初步成效，城市管理水平明显提升。在这份引领北京20年发展的总体规划中，使用多年的“旧城”一词被“老城”所取代。“老城”比“旧城”更具有历史感，体现出对城市历史积淀的尊重。吴良镛教授曾多次呼吁：“我们放眼世界，首先要认识到把北京历史文化名城保护好、整治好、发展好，是最有现实意义的，是中国最大的甚至是无与伦比的‘中华文化枢纽工程’。这项工程不是旧有历史建筑的恢复，而是环境的再设计。”

北京老城保护的成败关键在于决策，决策的正确与否取决于对历史、对未来的态度。“老城不能再拆了”发出了北京老城保护的时代强音，针对的是老城之内长期存在的“大拆大建”问题。这句话虽然简单，却说出了城市该有的情怀，是留住城市“根”和“魂”的关键所在，也是北京老城规划发展的底线。必须全面叫停老城内的所有成片改造拆迁项目，进行清理、筛查、及时撤销、转项，确保老城平安无失。同时落实“老城不能再拆了”；必须以居民为中心，以财产权保护为核心，对导致老城衰败的公共政策进行必要的调整。

北京老城拥有清晰的街巷肌理，其中行走公共交通的大街是城市的公共空间，两侧不行走公共汽车的胡同是城市的半公共空间，胡同两侧的四合院是半私有空间，而人们居住的房屋则是私有空间，这种由街道、胡同、院落、房屋组成的空间序列，是北京老城的文化特色。

保护好北京老城胡同体系和肌理，是保护好文化古都平缓开阔的整体空间格局的重要基础。因此，北京老城胡同不仅是北京人心中的永久记忆，而且已经成为北京文化的重要象征，成为全人类共同拥有的文化财富。

学术界比较一致的看法，北京老城的胡同起源于距今800年的元大都时代，最早可以追溯到刘秉忠主持的元大都规划建设。一般而言，经过规划而发展起来的城市，其平面布局都比较规整，北京老城也是如此。元大都的规划虽然没有完全按照《周礼·考工记》中“匠人营国”的规划进行，但是显而易见是受到“匠人营国”思想的影响。在街道规划上，遵照“国中九经九纬，经涂九轨”的设计，形成了纵横交错各九条大街的格局，将全城划分为50个“坊”，每个“坊”之间由主干道和次干道系统分隔，“坊”内有可供马车行驶的小路，即现在的胡同。

考古学家徐苹芳先生曾回忆道，1964年开始做北京元大都的考古工作，并曾在明初废弃的元大都城北部进行考古勘探和试掘。在元大都光熙门和肃清门大街以北至北城垣之间，发现22条东西向平行的胡同遗迹，胡同宽约6—7米，距地面深约60—100厘米，胡同与胡同之间的距离一般为77米。如果把新发现的元大都的胡同遗迹，与今天北京老城内东直门至朝阳门之间，朝阳门至东长安街之间，西长安街至阜成门之间，阜成门至西直门之间的东西向平行胡同加以比照的话，它们都是22条胡同，其布局和尺度都是一个模式。

这一考古发掘成果进一步证明，元大都城是经过统一规划所形成的城市。徐苹芳先生认为，这个考古发现揭开了长期令人不解的元大都城市规划的谜底。元大都全城由九条南北纵街和九条东西横街，以及在东西城垣上两城门之间的等距离的胡同构成街道网络，这是从北宋汴梁城以来逐步发展形成的城市规划街道的定式，可以说是中国古代都城史上城市规划的最后经典之作。今天北京老城的街道布局仍然保存着元大都的痕迹，保留在今天已经现代化的城市之中，这是一个奇迹，说明元大都城市规划的街道布局是多么富有生命力。

历经元、明、清三朝的发展演变，胡同见证了中国封建社会王权制度从鼎盛到衰落的历史过程。虽然几经朝代变迁，但是作为整个社会根本制度的封建中央集权制度一直未变，城市管理制度也没有根本的变革，因此在这期间，胡同的空间特征也处于相对稳定的状态。如果将元代以来的北京城市地图细心加以比较，会发现从元代至清代，胡同的走向和尺度变化并不太大。随着朝代的变迁，胡同的数量不断有所增长，也增添了新的功能，但是居住功能一直是胡同两侧院落的首要功能。

曾几何时，北京胡同密如牛毛，细如蛛网。“有名胡同三百六，无名胡同如牛毛。”这是老北京引以为傲的一句话。胡同就如血管一样，遍布北京城。据《析津志》中记载，元大都有“三百八十四火巷、二十九衖通”。明代，北京城胡同数量不断增加，围绕干道整齐排列。明嘉靖年间，根据张爵在《京师五城坊巷衚衕集》的统计，北京共有1170条街巷胡同。从此，胡同成规模、成建制地出现在北京的城市中，与市民的生活息息相关。到了清代末年，根据朱一新在《京师坊巷志稿》中记载，当时北京总计有2211条街巷胡同，较明朝几乎增加了一倍。

据北京地名志编纂委员会的统计：北京老城内在1949年曾有胡同3250条，数量达到历史高峰。如今胡同产生的历史环境已经发生变化，随着城市建设的展开，胡同数量在持续地减少，被钢筋混凝土建筑所取代。有关统计显示，1965 年北京老城胡同的数量为 2380 条，1980 年有胡同 2290 条，1990 年有胡同 2257 条。而到 2003 年北京老城内的胡同已锐减到 1571 条，2011 年胡同已经不足 1000 条。近 50 年的时间，北京老城内的胡同总量竟然减少了一半以上。由此可见，20 世纪 80 年代以后，北京胡同消失的速度在加快。

胡同不仅具有交通功能，而且是四合院之外的公共空间，充满了生活的气息。所以，每一条胡同都是一部日常生活史。特别是那些有着丰富故事的胡同，他们无疑是北京人文记忆的组成部分。胡同抚育我们长大，给予我们最初的人生经历。每一座门楼，每一段老墙，都会留下平凡却难忘的回忆，每一座屋檐，每一片树荫，都收藏起我们曾被庇护的种种温馨。因此可以说，胡同的本质是居住空间的重要元素，是四合院的延伸。北京胡同的衰落，不仅是物质文明衰落，而且是精神气质的衰落。胡同是律动的北京生命之源。因此应努力让胡同文化融入当今百姓生活，继续承载北京记忆，诉说北京故事。

北京胡同大部分狭长、笔直、平坦，为了日照和抵御冬季凛冽的北风，北京胡同大多采取东西走向。原因是胡同的走向决定住宅朝向。东西走向的胡同，决定了四合院可以采取坐北朝南的布置。对于大陆性气候的北京来说，坐北朝南的住宅易于采暖和通风。胡同两侧是一座座面向正南、背风向阳、呈封闭状的四合院院落，胡同和四合院在这里和谐地结合在一起。人类的居住要求安全、静谧，胡同则提供了这样的环境。如果说，北京四合院是中国传统民居的典型，那么胡同则是中国传统居住环境的代表。

过去几十年间，北京老城的面貌发生着剧烈改变，传统肌理已有 2/3 被改变或拆除，传统遗存已经不足总面积的 1/3，建筑形式和街道形态在时代、风格、尺度、规模等方面存在巨大差异。如今北京经过城市化快速发展，成为承载中国首都功能和世界级大都市，承载着超负荷功能，推动更多的是增量规划，造成产业、空间、人口之间的矛盾，患上“大城市病”，致使这座城市的体魄不够健康。今天必须实施减量规划，通过“甩脂肪”“增肌肉”的科学健身方法，实现“减脂增肌”，增强文明古都的“身体素质”，才能实现健康发展。

再说四合院。这种居住形式在中国已有 3000 多年的历史。中国人崇尚“天人合一”，建屋造宅，安居生息，古往今来，莫不如此。元代建设居民选择了四合院的建筑形式，这种形式非常适合北京地区的自然环境，背风向阳，舒适宁静。四合院的建筑形制、体量等虽有所变化，但其四面围合的基本格局始终未变，四合院作为北京传统的民居形式，经元代、明代发展完善，至清代达到巅峰，乾隆年间北京四合院超过 2.6 万座。四合院在北京的历史中，不仅仅是人们生活居住的建筑，同时也是北京独特文化的重要载体，呈现出独特的传统风格，合院为宅，上通天空，下接地气。

四合院是北京城市传统风貌构成的基本元素，其格局具有北京城市传统风貌的四个特点，即四合院内正房居中，东、西厢房左右对称，一般都在东南设宅门，四面围合形成院落。北京四合院将院落作为居住、生活的中心，同时也体现了人与天地、自然的沟通，体现了建筑与自然、人的交融。站在四合院内，会感动于它们和谐、统一、宁静的整体感，感叹于它们将自身尺度与周边环境的尺度处理得恰到好处，感叹于它们将人、建筑与街道的尺度把握得如此精准，感叹于它们使生活空间与社会结构实现完美统一，达到宛若天成的契合。

所谓四合院就是四面都有房子，围成一个庭院，庭院是布局的中心。如果把房屋建筑看作是实体空间，那么院落空间自然就是虚体空间，这种虚实结合的生态理念，调节着人、建筑、自然的关系，满足日照、通风、保温、隔热、采光、隔声等人居环境需求，体现出朴实的自然观与生态观。宽敞的庭院不仅可以保障房间采光、通风的需要，而且是四合院内的交通枢纽，更为人们提供足够的活动空间，成为夏日乘凉、晒物晾衣、操持家务等的场所，种植在院内的树木、花草既点缀了庭院，也拉近了人们与自然的距离。

人们的起居活动多在院落里，而房子主要供居住。四合院的大体分布为大门、前院、垂花门、正院、正房、耳房，两侧有厢房，相互有游廊连接。前院是一个对外的空间，用于接待客人等，而第二进院就是家庭成员居住。对外来说，只有一个大门与外界相通，窗户都是对内开启，院落对外是完全封闭的，保证了私密性。温馨的四合院能让人们在繁华的都市中安静下来，老人们可以在恬静的环境中安享天伦之乐；儿童们可以在安全的空间中自由自在地戏耍；作家、画家、音乐家、收藏家，以及各行各业的人们都可以在此感受到居住环境的优越。

梁思成先生说："历史上每一个民族的文化都产生了它自己的建筑。院落是中国人居的核心所在，对于中国人来说，有了一个自己的院落，精神才算真正有了着落。"中式院落建筑的意境之美，以其缓缓流淌的文化气质，深受人们的喜爱。四合院支持、引导着私密性和集体性并存的文化和精神生活，早已成为北京的一种文化标志。中国传统居住文化讲究"天人合一，浑然天成"，即寄情山水，崇尚自在，追求人与自然和谐共处之境界。庭院文化是中国传统居住文化的精髓，人与自然，人与人之间的和睦相处，构成了让城市人魂牵梦萦的庭院文化。

目前，列入联合国教科文组织《世界遗产名录》的项目中，有半数以上属于历史城区或历史街区，它们往往既保持有完整的历史风貌，又具有现代化的生活基础设施，成为令人向往的文化圣地。而在我国已有的世界遗产中，古遗址、古墓葬、古建筑群、石窟寺等类别的文化遗产项目较多，而历史城区、历史街区和传统民居建筑群等类别的文化遗产项目则较少。因此，如能将北京旧城胡同—四合院成功申报世界文化遗产，将使我国拥有的世界遗产项目更具平衡性和完整性，也是对世界遗产事业的积极贡献。

多年来，加强胡同和四合院的保护，越来越成为社会各界的集体呼吁。如何使胡同、四合院居住体系获得再生，如何不断结合人们现实生活需要提升居民的生活水平，人们一直在进行着努力。2008 年，在全国政协十一届一次会议上，我联名郑欣淼、王瑞珠、张和平、耿其昌等 42 位全国政协委员，提交了《关于北京旧城胡同—四合院整体申报世界遗产的提案》，建议坚持对北京旧城胡同—四合院的整体保护，有计划、有步骤地推进旧城胡同—四合院的整治保护工作，启动北京旧城胡同—四合院申报世界文化遗产工作。

近年来，博物馆事业对于保证社区民众的文化需求，促进社区和谐发展发挥的重要作用清晰展现。人们越来越认识到，城市是人类文化和记忆的汇聚之地，历史性城市必须保护那些经过时间积淀，凝聚着地域文化和社会归属感的特定地点。博物馆的一个重要职责，就是支持社区民众参与到博物馆活动中来，吸引社区最广泛的观众，使博物馆成为所在地区的知识和文化中心，从而有助于社会的发展。今天，对于一座博物馆来说，能否融入社区生活，满足广大民众在教育、文化等方面的需求，并在经济社会发展中发挥更加重要的作用，已经成为衡量博物馆开放观念的重要体现。

进入新的世纪，社区发展已经成为博物馆界关注的热点问题。2001 年“国际博物馆日”的主题是“博物馆与社区”，呼吁博物馆利用其丰富的文化遗产以及相关的智力资源，积极推进社区的文化建设。从博物馆发展的历程来看，大多数博物馆都设立在城市中，使城市拥有了形形色色的博物馆类型，包括反映城市发展的综合类博物馆，反映城市历史的遗址类博物馆，反映城市文化的专题类博物馆，反映城市生活的民俗类博物馆等。这些博物馆与当代城市有着千丝万缕的联系，发挥着不尽相同的作用。其中，社区博物馆从出现之日起，就成为人们关注的对象，对博物馆事业发展产生深刻的影响。

我曾经访问位于美国华盛顿的安纳考斯提亚社区博物馆，作为第一座以社区民众及其议题为主的社区博物馆于 1967 年 9 月正式开馆。安纳考斯提亚社区在华盛顿特区内属于贫穷的区域。当地居民听到设立社区博物馆的消息后，主动前来接洽，共同讨论在社区成立社区博物馆的可能性。安纳考斯提亚社区博物馆，首先推出呈现社区文化及美籍非洲人历史的展览，由于这个展览紧扣社区实际问题，成功地增进了社会民众对弱势群体面临问题的了解。此后，社区博物馆以各种不同的形态，陆续在世界各地设立，实践其理念并影响当地的博物馆生态。

美国学者 L. 芒福德（L. Mumford）对博物馆有着广义的认识，他认为大城市“本身也是一个博物馆”，这一理念引起人们的深入思考。越来越多的国家开始重视“建筑外的博物馆”，甚至不少欧洲民众认为“整个欧洲就是一座博物馆”，很多城市居民也认为“应该把自己的城市建成博物馆”。讨论社区博物馆，必须要研究社区与博物馆的关系。瑞典 H. 弗里曼（H. Friman）的《没有围墙的博物馆》一书，讲述了她主持的“斯德哥尔摩教育”项目，认为斯德哥尔摩拥有丰富的文化资源，城市本身就是一个鲜活的“大博物馆”。

社区博物馆的出现，来源于对博物馆内涵和外延认识的不断深化，也来源于对社区和社区文化发展认识的深化。早期的博物馆，将社区教育作为博物馆的重要使命。但是，进入 20 世纪，博物馆这一传统职能却开始淡化，博物馆越来越以学术单位自居，而与社区民众渐行渐远，出现重学术而轻社区的趋势。经过半个世纪的实践，博物馆界才开始反省博物馆与社区的关系，社区文化开始重新受到关注，并将社区发展的过程，看作是社区成员以积极的行动来改造社区，使之更适合于环境和人们生活愿望的过程。社区博物馆的理论发展，一直伴随其实践而深化。

社区博物馆不同于传统博物馆的办馆理念。一座传统意义上的博物馆不可能做到完全开放，它受到建筑、学科和观众使用等方面的限制，而社区博物馆为克服这种封闭性提供了一种可能，即实现所有的建筑空间开放，实现各种类型的文化遗产开放，向全体公众开放，向不同学科开放。社区博物馆以新的理念与思考来挑战社会问题，尤其是以呈现社区问题作为展览活动的主要诉求。同时，社区民众不只是博物馆的服务对象，其本身即为博物馆的规划者与决策者，以社区博物馆作为工具，重建社区民众的自尊心，并解决他们对于社会和文化的迫切需求。

目前，在我国城市生活中，社区一词被广泛使用。在日常应用中，“社区”一词通常是指城市社区，因此从狭义理解，“社区博物馆”主要指与城市社区相关的博物馆。近年来，北京市开展社区文化记忆工程，许多社区纷纷举办胡同历史展览，开展社区老物件征集活动，组织当地居民口述胡同历史。例如干面胡同在社区文化记忆工程中，组织了60位原住居民口述胡同生活的感受。南锣鼓巷社区的胡同节一般在每年10月，已经连续举办了3年，以展现传统民俗和现代时尚的交融发展为主题，既成为展现社区文化的窗口，也是了解社区发展的平台。

三坊七巷社区坐落于福州城区，总占地面积45公顷，在经历了千年历史风雨之后，仍然基本保留着唐宋遗存下来的鱼骨架坊巷格局，特别是现存268幢保存较为完好的明清古建筑，有着“明清古建筑博物馆”和“城市里坊制度的活化石”之誉。三坊七巷社区曾是古代的儒林学士、文人墨客，近代的革命先驱、民族精英，现代的文坛巨匠、工商名人的聚居地，承载着福州厚重的历史和人文情感，浓缩着福州千年的历史。福州三坊七巷是我国保留至今最为完整和价值极为突出的历史街区之一。它囊括了福州人的性格、福州人的风俗、福州人的文化。

但是，伴随20世纪90年代的大规模“旧城改造”，福州市政府与香港长江实业集团签署了“三坊七巷”改造投资意向，在5—7年内对三坊七巷实施大规模改造。将由房地产开发公司投资35亿元人民币，在占地44.1万平方米的地段上，建设包括29幢高层住宅、6幢高级办公楼及公寓、5个大型商贸中心和娱乐场所在内的庞大项目。名义上保留和修复39幢古建筑，并要“与新建筑融合在一起”。但是，可以想象这一方案如果实施，历史街区传统风貌将荡然无存。

2003年3月，福建省政协文史资料委员会印发了《福州三坊七巷和朱紫坊保护调查问卷》。问卷发出后，100%的回执都否定了“旧房拆除，有文物价值的迁到其他地方重建”和“完全让房地产开发商去改造”这两种观点。社会各界对于大拆大建表示了强烈反对，国家文物局经过详细调查，将三坊七巷内的9组传统建筑，报请国务院公布为全国重点文物保护单位，并在每组传统建筑周边划定了保护范围和建设控制地带，致使房地产开发项目无法实施，于是在2005年末，这份房地产开发项目至2043年到期的50年合同，得以提前终止。

从2006年开始，福州市启动了三坊七巷修复保护工程，按照“政府主导、居民参与、实体运作、渐进改善”的思路，保护社区内的159处文化遗迹，以最接近历史真实的形态重现历史街区风貌。通过政策引导，调动社区民众参与的积极性，有序进行微循环式的渐进更新，改善基础设施，控制建筑密度，降低人口规模，优化人居环境。如今社区坊巷格局完整，传统建筑精致典雅，宅院内保存着花园、假山、鱼池、古树等，社区内古运河、古石桥、寺庙、书院等公共空间保存完好，浓缩着福州传统生活面貌。2011 年 8 月 24 日，福州三坊七巷社区博物馆正式揭牌。

居民作为社区的主体，其主观意识、思想行为会对社区的发展产生重大的作用。事实证明，民众是物质财富和精神财富的创造者，提升文化竞争力的任务主要靠他们来完成。从保护社区环境，到传承濒临消失的传统手工艺，再到带动社区经济发展和社区民众就业，社区博物馆逐渐成为社区民众的活动中心，使居民的向心力得以凝聚。社区博物馆的成功实践说明，社区博物馆应该深入关注社区现实生活，通过对热点、焦点问题的观察和思考，不断围绕这些主题，举办具有鲜明特点和积极意义的活动，以满足社区发展与民众生活等方面的需求。

吴良镛教授在《北京旧城保护研究》一文中指出："首先要把旧城看作'有生命的整体'，即使是要精心保留的文物建筑，也不能当作'木乃伊'，而要尽可能地派上适当的用途，即所谓旧建筑再利用。整个旧城更不能成为'博物馆城'，'既然是有生命的整体，当然就要有新陈代谢'。但不是大拆大改，而是要走'有机更新'的道路，这一点道理要明确。"社区博物馆诞生于对传统博物馆的反思，其中贯穿着对于博物馆功能与职能的重新定位。这种创新思维力图冲出馆舍天地，突破文物藏品的狭义概念，并且使文化拥有者自己成为文化的主人。

在城市文化建设中，社区博物馆能够起到各种文化融合和催化作用，成为促进多元文化相互理解，鼓励多元文化交流对话的重要渠道。同时，社区博物馆积极响应社会发展需求，努力成为社区民众实现发展的有效工具。社区博物馆的实践表明，博物馆需要在一种新的、更广泛联系的框架内，重新思考自身的作用和目标。社区博物馆的构建使社区变成生动的舞台，提高社区文化空间的可读性，强化社区民众与生活环境之间的情感联系。社区博物馆可以帮助人们架起现实与历史之间的桥梁，发挥认识过去、把握今天、探索未来的重要作用。

社区博物馆是全新的博物馆形态，没有围墙、没有边界，表达一种思维方法和行为方式，不断地延伸自己的特色和个性，不断地衍生出新的功能和新的职能，不断地为社区民众带来新的感受和新的惊喜。社区博物馆主动参与社区内的各项活动，社区民众也就会主动参与社区博物馆的各项活动。社区博物馆不是要求人们完全回归传统生活方式，而是从生长的地方寻求文化的根源，思索如何面对未来，与当地居民的互动中，在潜移默化中陶冶社区民众的情操，进行热爱自己所生活的城市、热爱社区、热爱自然、热爱生命的教育。

每个社区都有自己的发展历程，每个社区都有自己的传奇故事。一个社区只有坚守共有的精神家园，才会具有向心力、凝聚力和创造力。社区博物馆没有固定模式，是由于他们所代表的社区情况和文化状况不同，因而具有不同的实现形式。在当代生活条件下，社会网络日益扩张，人们的活动空间远远超出社区范围，邻里间的交往却逐渐冷淡。在这一背景下，社区博物馆的核心思想就是让社区充满爱，让社区民众能够在社区中寻找到温馨和安宁，使社区生活更美好，使社区不但宜于居住，而且宜于交流，更要宜于发展。

社区，是社会学的一个基本概念。费孝通先生在《社会学概论》一书中，把社区界定为：是若干社会群体（家庭、民族）或社会组织（机关、团体）聚集在一个地域里，形成一个在生活上互相关联的大集体。人们普遍认为，社区作为居民生活的社会共同体，通常包括五个基本要素："人群"是社区的主体，"地域"是社区人的生活空间，"生活服务设施"是物质基础，"制度和管理机构"是调节器，"认同感和归属感"是纽带。一般来说，所有符合上述"五要素"的社会生活共同体均可称做社区。

社区文化，是指一定地域范围内共同生活的人们，在其生活和历史发展过程中，所创造的文化形态，是通行于一个社区范围内的特定的文化现象，其内容包括社区内人们的历史传统、风俗习惯、价值观念、道德规范、行为模式、生活方式等。社区文化体现为社区内共同的价值观和行为准则，是社区凝聚力的核心，对于人们的心理、性格、行为有着深刻的影响。社区文化作为人们生活的真实表达，以不同方式体现在民众的日常生活中，铭刻在特定的社区空间里，不断发展和完善社区生活，使社区环境更加宜人，社区生活更加丰富。

社区文化保护的目标，是延续优秀传统文化与生活智慧，保留并重塑当地民众对所生活社区的认同感。只有将保护的目标与现实的生活有机结合，才能引领社区的发展与振兴。实际上社区文化保护也是一项民生工程，社区民众期待居住在有文化氛围的社区，过有文化理想的生活社区。社区民众长期生活在这里，自然拥有一种对社区文化的认同感。今天，居住在胡同四合院里的居民认识到，这里缺少的不再是快速变化，而是个性保持。历史文化街区的发展不在于努力创造日新月异，而在于努力维护独具特色。因为，现代化不仅意味着物质财富的极大丰富，同时也意味着精神文明的高度提升，而实现后者更加复杂艰难。

一个良好的社区，不仅需要居住环境的硬件配套设施建设，还要更加重视居住社区的睦邻关系、文化氛围和健康快乐、安定舒适的可持续生活方式，倡导以人为本的思想理念。优美、和谐、安宁的环境不仅可以增加社区的吸引力，也是社区可持续发展的需要。社区发展与民众生活密切相关，必须充分考虑民众的发展诉求，必须通过保护改善民众的生活条件，让民众在保护中得到实惠，只有这样才能使当地居民成为社区文化保护的主体，因为他们知道保护社区文化遗产资源就是保护自己的长远利益。由此社区文化保护也必然成为一项倾注社区民众感情的文化行动，持续为社区民众所关注和参与。

一个真正拥有活力的社区，应该给予人们鲜活的印象和记忆。但是伴随城市化加速推进，人们在追求和享受现代物质文明的同时，往往忽视心理和情感上的归宿和认同，缺少对精神世界的更多考虑，缺少对社区民众生活需求更多的关心，所形成的"千城一面"城市景观，正在消解着社区文化的集体记忆。因此，在社区层面，除了对历史街巷、传统建筑等文化遗产给予保护之外，还应该在社区建设的各个方面融入传统文化和地域文化的要素，增加当地居民的地方归属感。这样，一方面可以提升社区文化形象、发扬地域文化特色，另一方面，可以在潜移默化中提高居民保护传统文化的意识。

一个社区的魅力在于其特有的文化个性，它必须在现代化进程中探索适合自己的发展道路。现代社区文化具有非常丰富的内容，包括历史、艺术、教育、科技，以及市民文化素质，其中文化遗产资源是一个社区最宝贵、最独特的文化优势。众多历史文化街区，既不缺少历史，也不缺少文化，然而真正缺少的是对历史的挖掘，对文化的唤醒。人们不仅需要充满现代感的城市氛围，也需要来自社区民众文化生活的特色展现。今天，人们可以在社区里感受更多文化活力，体验更多真实情感，而历史文化是现代人理解城市精神和寻找归属感的源泉。

传统社区从诞生开始，它的每一块砖、每一片瓦，每一座院落、每一条街巷，都见证着社区的兴衰，都与特定的文化有着密切的关系。社区的建筑形式、景观特色均是文化品位的反映，社区民众的生活和生产方式也都带有文化的烙印。形神兼备是文化社区的重要特征。所谓“形”，就是社区的建筑、街道、景观，表现为社区外在的风貌气度；所谓“神”，就是社区历史和现实中蕴含的文化内涵，凸现社区独有的内在品格和气质。一个社区只有形神兼备，才能保持永不衰竭的文化魅力。

我曾经访问过菲律宾北部地区的历史城镇维干，感受到社区文化对于当地居民现实生活的重要意义。由于地缘关系，历史上维干直接与中国进行贸易。今天维干古城的街道保持着历史的尺度，斑驳的石板路蜿蜒至历史街道的尽头，两旁商家橱窗内陈列着土特产品，这些景象洋溢着社区民众恬静的生活记忆。历史街区商铺的主人中 90% 是中菲混血，他们依然保留着中国商人的习惯，当地传统的织布机、制陶业、制砖业等都源于中国文化。维干历史街区的魅力不仅在于历史悠久，也不仅在于保存完整，更加重要的是社区民众对于社区文化的自豪感和传承的自觉性。

社区，是与居民生活息息相关的基层组织，除了硬件条件，居民盼望什么呢？2010 年 7 月，在北京日报社等单位发起的“如何让社区生活更加和谐美好”专题建言活动中，共有 910 人提出了 1166 条建言。其中一位市民在“该探讨一下如何让社区真正成为邻里交融的纽带”的建议中提出，“应创新社区管理模式，让社区居委会真正成为居民自己的组织，发动尽可能多的当地居民参与到社区管理和公共事务中来，让社区成为邻里交融、构建和谐社会的纽带，经常组织各种联谊活动、座谈会、恳谈会，征求居民对社区的建议和要求”。这位市民建议，应创造更多的条件让居民认识自己的邻居。

社区在时代的前行中，变化是必然的、常态的，这种变化的过程，正是社区具有活力和生命力的表现。对随时都在变化和动态中的社区，进行合理的规划、保护和管理，是社区文化遗产保护的重要课题。一些传统社区在保护改造过程中，原有居民成分的急剧转变，原有生活方式的骤然消失，使独具特色的社区文化渐进过程被迫中断，而失去了文化真实性的传统社区将永远失去灵魂。事实上，传统生活方式的消失和传统建筑的消失同样可怕。一切不顾居民意愿、强行进行置换改造的方法，都是利用权势对社区文化进行野蛮的践踏和摧残。

韩国北村社区拥有大量称为“韩屋”的韩国传统住宅建筑，鳞次栉比的青瓦曾经是富贵的象征，但是经过 600 年的变迁，年久失修使传统韩屋中的生活出现诸多不便之处。20 世纪 60 年代末，韩国开发汉江南部，现代建筑开始取代传统韩屋，传统文化景观遭到破坏。1983 年首尔市开始转变经济发展方式，对传统韩屋实行保护政策，规定不允许拆除任何传统建筑，并实行严格的建筑风格和高度限制标准。然而这些传统韩屋保护措施，并没有考虑当地居民改善居住条件的愿望，因此遭到抵制。

1998 年首尔市重新制定保护北村社区传统韩屋的政策，提出多样性的整治方案，例如对于拥有产权的居民出售传统韩屋，政府进行收购；对于希望修缮传统韩屋的家庭，市政府提供资金援助；对于保护传统韩屋有贡献的居民，可以获得较低的银行贷款利率作为补偿奖励。8 年后，北村社区成为首尔人“最想走一走的街道”，成为韩国第一个荣获联合国教科文组织亚太地区文化遗产保护奖的项目。而经过保护性再利用的北村社区成为传统与文化的象征，岁月在这里成为美丽风景。

仓桥直街是绍兴著名的历史街区，是一条临运河的古老街巷，民居多为清末民初建筑，色彩平和，空间适度，风格统一，且有许多富于绍兴特色的台门保存完好。近年来，绍兴市实施渐进式的历史街区保护工程，采用政府主导、居民参与的模式，基础设施由政府负责，房屋修缮政府承担 55%，居民出资 45%，最终实现 80% 的原住居民回迁，重现了粉墙黛瓦的传统绍兴民居风貌。吴良镛教授在考察仓桥直街保护工程后，给予了高度评价，认为不但使社区历史文脉得以延续，而且使社区民众得以安居乐业，使仓桥直街真正成为活着的历史街区。

《北京日报》记者在西南三环一处入住 5 年左右的小区进行了一项邻里认知小调查，调查随机选取了 10 位常住的居民，发现当下认识邻居已经成了一件困难的事。在回答是否认识本楼层邻居的问题时，有 4 位受访者表示根本不认识。而在回答是否能认全本楼层邻居时，10 位受访者全部给予了否定答案。至于认识邻居的途径，不外乎装修、居住纠纷、电梯或走廊里碰到过，几乎没有人选择主动认识邻里。对于是否愿意与邻居相识，10 位受访者均表示希望能与邻居相识，但是同时表示，不知道该如何与邻居接触。

无论是国际社会还是我国发展现实，都表明伴随城市化进程的加快，既对居民与社区的关系产生重大影响，也提出了不断需要协调的要求。例如睦邻文化是我国传统文化中的重要特色，但是在现代城市社区中，这种优良传统已经严重萎缩，甚至荡然无存，门对门的两户人家有可能老死不相往来。以前居住在平房四合院的时候，邻里间朝夕相处，有说有笑。现在住房条件改善了，可是下了班一家人就在一个单元房里，邻里交往基本成了奢望，甚至居住在同一楼层的邻居都有可能互不认识。

以往，大规模改造对社区原有的街巷肌理产生巨大冲击，致使社区文化和文化遗产保护，变得错综复杂和日益严峻。一些城市社区正在面临传统文化丧失的严峻问题，在社区民众层面，尚未形成保护和弘扬传统文化的意识。虽然社区民众的生活水平不断提高，但是经济状况的好转与文化生活质量的提高并不同步。例如社区内缺乏文化交流的平台，缺乏关怀老年人和青少年的设施，邻里相互关系日益淡漠，公共绿化空间逐渐缩小等，这些都反映出社区规划建设缺乏人文关怀，传统文化正在远离社区民众生活。

历史文化街区保护规划中，要考虑社区的特色和个性，为社区民众营造充满人文关怀的文化氛围。人们热衷于探访历史社区，不仅仅是因为那里有独特的传统文化之美，更在于能真实了解城市历史和社区文化。因为在那些历经沧桑的历史街巷和传统建筑之间，沉淀着社区的悠久历史，蕴藏着社区的浓郁风情。通过对传统博物馆与社区博物馆的比较研究，可以发现两者之间存在明显差异，突出反映在社区博物馆“整体保护”“原地保护”“活态保护”“自我保护”“开放性保护”“发展中保护”“可持续保护”等方面的独特理念。

在“整体保护”的理念方面，我们认识到：传统社区内有大量居民生活其间，有其特有的社区文化，不能只保护那些历史建筑的躯壳，还应该保存它承载的文化，保护非物质形态的内容，保护文化多样性。社区博物馆引入“整体保护”的理念，即将社区特有的自然和文化遗产进行整体保护，并保存在社区原生环境中，内容涵盖与社区民众生活联系在一起的所有可移动与不可移动文物、物质与非物质文化遗产，涵盖一切见证社区发展的集体记忆场所，涵盖全部构成社区人居环境的文化景观和文化空间。

在“原地保护”的理念方面，我们认识到：社区博物馆和传统博物馆的重要区别是，在文化的原生地保护文化遗产，并且由当地居民自主管理和保护文化遗产，使文化遗产的原生环境与文化遗产得到一体保护，这就实现了把文化还给文化原生地的理想。使博物馆融入社区生活既是一种文化智慧，也是一种历史责任，而研究民众与社区和谐的基点，应该是如何使民众与社区更好地相融，社区既要宜人居住，又要宜人发展，同时，这种宜人居住发展的环境与条件，又要鼓励社区民众自己的创造。

在“活态保护”的理念方面，我们认识到：历史街区是一个复杂的动态系统，是物质、社会、环境和经济等因素演进发展的结果，同时也在推动这些因素之间的相互关系的发展。对于历史街区的保护，重在整体活态保护。今天，人们看待文化遗产的目光，不论是建筑、环境或景观，均在不断发生着变化。同时，社区文化动态发展，社区博物馆与社区的关系，不再只是静态的空间关系，而是与所有社区民众生活密切相关，呈现多层面、多方位的复杂互动关系。社区博物馆作为一种观念和工具，更加注重过程性，并实现对文化传承过程的保护。

在“自我保护”的理念方面，我们认识到：民众是社区文化的创造者，社区文化的保护应由民众参与。当地居民与社区之间有着独特的精神与物质联系，对于居民来说，社区与他们的知识系统存在着密不可分的关系。民众是社区的主人，也是社区记忆的主体。“一个城市的形象取决于人们对她的历史记忆。”社区是人们聚集的一种形式，当地居民在这个特定的区域里相互交往，相互影响，以社区为归宿地，形成眷恋感和依附性，这便是民众的社区意识。因此民众不仅是社区的主体，也是文化的主体。

在“开放性保护”的理念方面，我们认识到：社区文化往往是由当地居民广泛参与，形式多样、内容广泛，最为民众所喜闻乐见的文化活动。社区博物馆作为社区文化中心，要充分发挥对社区的教育作用，就必须具有对社区民众的持续吸引力，应该能够吸引社区民众持续来馆参观和举办活动，使参观博物馆成为他们一种经常性的文化习惯，只有这样社区民众才能受到持久的熏陶，对其审美心理才能产生深刻影响。社区博物馆要响应民众这一文化需求，为社区民众讲述身边文化遗产的故事，使他们获得和增强归属感。

在“发展中保护”的理念方面。我们认识到：社区是一个有机的生命体。社区的演化和发展是一个生命体的成长发育和有机完善的过程。社区博物馆应面对不断变化的形势，积极开展社区研究。通过社区研究，可以对社会变革进行典型调查，探索社会发展的普遍规律以及共同特点。通过社区研究，还可以了解社区的地域特点，因地制宜地进行改革和建设。要尊重社区内在的遗传基因，顺应社区生成肌理和发展规律，在改造与完善中，有机更新，有序发展，使其生态环境不断优化、服务功能日趋完备、文化韵味更加浓郁。

在“可持续保护”的理念方面，我们认识到：历史街区经历漫长的岁月逐步发展而成，正如生命体的发展离不开遗传基因的传递，社区的可持续发展也离不开自身的文化传统。社区博物馆是为社区民众追溯历史、驾驭现实和创造未来服务的特殊形式的博物馆，可以使当地居民在充分参与过程中，揭示和肯定自己的潜力和方向，提高促进自身发展的能力和水平。如果说改善自然生态，是致力于构建环境友好型的社区，那么改善文化生态，则是致力于构建人文关怀型的社区，建设一个环境友好型与人文关怀型相统一的人居社区，才是可持续发展之路。

为了了解北京胡同内的社区博物馆的发展状况，我来到东城区史家胡同，这是北京老胡同之一，至今仍保存着传统风貌。这个胡同的 24 号院，是一个特殊的宅院，2013 年在这里建成史家胡同博物馆，最初的定位就是居民活动空间，服务社区居民，营造公共文化活动场所。这里以前是始建于 1958 年的幼儿园，后来暂时关闭，70 年代末、80 年代初恢复幼儿园。但是近年来政企分开的政策，办事处不允许有自办的第三产业，入园的孩子也越来越少，幼儿园就再次停办，改成了小红帽配发中心。

2003 年英国查尔斯王子基金会希望在这里做一个中英文化交流平台，双方论证后达成共识，最后决定建一个胡同博物馆，将院内违章建筑拆除，恢复了北京四合院的传统格局。博物馆自 2013 年免费开放以来，受到很多传统文化爱好者的欢迎，面积并不大，但是内容很丰富。博物馆里陈列着大量历史资料，整体感觉古色古香。特别是根据 20 世纪 50 年代的历史资料，博物馆里还复原了整个史家胡同街区的原始建筑形态。一个个院落，一处处生活，一段段历史，都在这复原图中得到呈现。

史家胡同博物馆所在的史家胡同 24 号，曾经是民国时期著名才女凌叔华与陈西滢生活的地方。博物馆依托院落本来的格局，按顺时针方向共设八个展厅，依次展示了史家胡同的历史沿革、名人故事和今昔生活等方面的内容。第一展厅由大到小，从北京城的形成，讲到胡同之于这座城市的意义，再具体到史家胡同，讲述了史家胡同的名称由来以及变迁。展厅里有史家胡同历史模型，完整展示出 1959 年前后史家胡同的面貌，与展墙上 2009 年的航拍照片相对应，观众可以在对比中感受到史家胡同半个世纪以来的发展变化。同时展示了凌叔华笔下凌家大院的样貌，仔细观察可以感受到这座宅院的精妙和传奇。

另外，第一展厅里还展示了老北京居民常用的老物件，勾起人们一段段往事。搪瓷茶缸、粮食供应证、购煤证、旧式钟表、老相机、唱片机，还有小人书等，让老胡同的居民们倍感亲切。第二展厅中展示的史家胡同 56 号院，即现在 20 号院，在 20 世纪 50 年代曾经是北京人民艺术剧院演员的集体宿舍，后来在这里还成立了北京人民艺术剧院，因此从某种意义上说，这里称得上是北京人民艺术剧院的摇篮。在第二展厅还会看到不少著名表演艺术家的照片，他们都曾在史家胡同里工作或居住过，虽然很多老艺术家都已经不在了，但是他们的作品依然在影响着一代又一代人。

第三展厅中展示20世纪初的史家胡同面貌，这里曾做过“庚子赔款”赴美留学考试的考场，前后三次考试使史家胡同名扬天下。在史家胡同居住过的历史名人多达十余位。近代中国许多著名学者，例如胡适、赵元任、梅贻琦、竺可桢等人，就是从这里走出国门，走向世界，开始他们的精彩人生。而在更早的清雍正二年（1724年），这里曾建起“左翼宗学”，只招收八旗左翼的镶黄、正白、镶白、正蓝四旗子弟入学。直到1912年又改为“京师公立第二中学校”，1939年又建了史家胡同小学，后改为史家小学低年级部。

第四展厅主要讲述这座大院主人凌叔华的故事。凌叔华被称作民国三大才女之一。1926年，凌叔华与先生陈西滢便是在这里举行了婚礼，这座后花园作为陪嫁成为凌叔华真正的家，北大教授和女小说家的喜结连理，在当时也是一段佳话。凌叔华常在自己居住的院内举办画家名流的聚会，被称为“小姐家的大书房”，凌叔华曾在这里招待了齐白石等多位绘画大家。史家胡同博物馆里面有对凌叔华与陈西滢生活时代的详细介绍。1999年，凌叔华的女儿陈小滢，将房屋产权转让给了街道办事处。如今史家胡同博物馆不仅是一个胡同历史记忆的呈现，也是史家胡同居民公共活动的场所。

在史家胡同博物馆里，社区志愿者张秋云女士正在进行胡同历史讲解，她是史家胡同的老居民，也是史家胡同的历史文化通，在这里居住了20多年，现在已经退休，成为史家胡同博物馆的志愿讲解员，可以看得出来，张秋云女士对于居住在史家胡同特别有自豪感。今天一见面她就非常熟练地开始向我讲解史家胡同的历史。同时，她告诉我在从事讲解工作之前，并不了解史家胡同内住过这么多社会名人，而且这里还发生过那么多的历史事件，通过义务讲解自己也学习到了很多。

通过参观史家胡同博物馆，胡同居民对社区建立起感情和自信，来自各地的游客对史家胡同获得了解，表达尊重。这种信心和尊重非常重要。因为北京老城胡同四合院保护不是各级政府的专利，也不是规划部门、文物部门的专利，而是社会民众都应该参与的事业，人们只有感受和了解到这个地方的价值，了解到保护的意义，才会积极加入保护的行列，并且会感受到自己为胡同居民生活的变化做出过贡献。所以要在社区治理的各项工作中，给社会公众更多的知情权、参与权、监督权和受益权。

在史家胡同博物馆里有一个特殊的博物馆，即声音博物馆。这座博物馆的创始人是艺术家秦思源先生。他是中英混血人士，从小在英国长大，他的外祖母就是史家胡同博物馆之前的主人凌叔华女士。秦思源先生从小就喜欢中国文化，2002年来到北京之后便留在了北京。2004年开始收集有关老北京的声音。2013年秦思源先生发起了声音博物馆计划，他想留住老北京的声音，并将收集到的声音赠送给史家胡同博物馆。我与秦思源先生在史家胡同一起收集声音，特别是胡同里居民生活方面的声音，他认为史家胡同现在的声音，与他之前收集到的声音已经有了很大不同。

关于胡同声音，秦思源先生认为与外界的各种声音之间有所差别，他们能够使胡同里面的生活再现，他说在声音博物馆里，“时间倒流，枯木逢春，消失的气味、声音和光线被召回，瓦顶排浪般涌向低低的天际线，鸽哨响彻深深的蓝天”，特别是居住在胡同里的人们日常生活起居的声音，包括人们感受到大自然中的鸟类、树木的声音，包括一些传统的叫卖和交通工具的变迁，都会使人们在快速变化的过程中，不忘记自己曾经走过的路，曾经居住的空间，这样就能使一代代居住在胡同四合院的居民,感觉到胡同是有生命的,胡同里面的人有血有肉。

没有记忆的城市是没有温度的，城市在快速发展的时期，恰恰需要保留历史记忆。城市是每个人的集合，城市历史也必然是每个人的记忆的总和。胡同声音的记录作为胡同历史的补充，保留了最鲜活的文化记忆，对于传统环境有一种穿越的感受。有了这些文化记忆，城市的发展就不会迷失方向。人们生活在胡同和四合院中，可以享受到传统的文化气息，人们不但需要稳定的物理环境，还需要稳定的心理环境，这就需要有稳定的政策环境，这样才能使北京老城社区文化更健康更持续。

《北京城市总体规划（2016 年—2035 年）》指出，要畅通公众参与城市治理的渠道，培育社会组织，推广参与型社区协商模式，增强居民社区归属感。“社区营造”是指社区民众通过参与型社区协商，共同解决社区面临的问题，创造理想的生活环境，使居民彼此之间，以及居民与社区环境之间，建立起和谐的社会联系。推广参与型社区协商模式，就是要扭转“政府干、居民看”的局面，改变以往居民提出各种要求，政府沟通协调困难，改造成果难以维护的状况。社区营造的第一步，是居民参与环境改造和自我管理，通过院落公共空间改善项目提升生活质量，激发社区内生动力。

过去，一般一个胡同就有一个“居委会”。2000 年以后开始叫“社区”。同时，社区规模逐渐整合，起码要 1500 户以上才作为一个社区。随着人事制度改革，居住在胡同里过去的“单位人”成为“社区人”。社区工作人员的定位也不再是国家行政事业人员。以前，居委会就是“管”居民，主要管理对象是没有单位的居民。现在，社区机构的定位主要是发挥政府与居民之间的桥梁和纽带作用。“上面千根针，下面一根线”，政府需要落实基层的事项，最终全部要落实到这里。社区普遍设立社区居民服务站，就是对接政府需要落实的政策。

社区工作的另一个方面就是居民自治，例如胡同停车管理，必须通过居民会议来商定。参会居民代表一般以院落或者若干户居民为单位，由所有居民推选产生。居民会议的议事范围很大，例如公益金如何使用等。以前人们不愿意参与这些事，但是现在维权意识越来越强，愿意当代表的人也越来越多，觉得在这个平台上可以主张权利。过去只有老弱病残人士才会经常与社区联系，现在参与社区建设的居民年轻化，特别是儿童教育、文化活动等，使越来越多的年轻人参与到社区文化中来。事实上，社区建设需要专业化和年轻化。

胡同是老北京的底蕴所在。习近平总书记在视察北京老城时曾指出：“让城市留住记忆，让人们记住乡愁”，“一个城市的历史遗迹、文化古迹、人文底蕴，是城市生命的一部分。文化底蕴毁掉了，城市建得再新再好，也是缺乏生命力的”。在北京考察期间，习近平深入居民院落给老街坊拜年、贴“福”字，和大家一起包饺子、炸饹馇、聊家常。“乡愁是什么意思呢？就是你离开了这个地方会想念这个地方。”习近平总书记这样说。在北京城市的中心，林立的高楼中间，保留着大片平缓开阔的胡同四合院保护区，这里有老北京最接地气的“乡愁”。

以往说起“乡愁”我们谈到的无非是城市的历史，家庭的回忆，人们的思念，然而当我们走进社区，深入体验，就会发现所谓“乡愁”，实际上就是我们近在咫尺的日常生活。因为当人们用怀念的语气谈起胡同，他们怀念的不仅是四合院，还有那些慈祥的老人、聊得来的发小、看着长大的孩子。“老城内不再拆除胡同四合院”，这意味着围绕老城胡同，我们要探讨的话题，已经不仅仅是抢救和保护，还有更新和复兴。更新和复兴的目标应该不仅仅是街巷、院落和房屋，还应该有文化、记忆和亲情。

长久以来，人类对建筑的思考已经有了极大的外延，建筑已经不仅是一个遮风挡雨的安身之所，人们给了建筑以灵性和美感，成为一个城市的精髓，每个细节都浸润着城市的文化气息。虽然看起来胡同—四合院只是一种建筑形式，但是这一文化标志同这里居住的人、发生的事联系起来，就有了感情价值。这种感情价值，既体现在胡同—四合院承载的文化意蕴之中，更融入胡同—四合院里的日常生活。于是，春夏秋冬四季胡同和四合院的情景，显示出独特的生活情趣，淳厚的文化氛围。

总之，北京胡同和四合院里有着永远也讲不完的城市故事。在北京历史城区里，每一条胡同、每一座四合院都有故事，其建筑风格都与人文因素有关，每一条胡同本身都是一本关于北京城与北京人的书，一部北京民俗史话，值得人们细细品味。虽然许多四合院已成为大杂院，但是透过门楼、门墩、影壁、砖雕等，还能体味出北京人的生活文化。这是由于产生四合院的意识形态、经济文化、社会环境的稳定，四合院居住者身份的稳定，四合院作为构成城市的基本细胞，其几千年来承担着城市延续和发展的历史使命。

无论是胡同的布局，还是四合院的建筑，都在诉说着中国人世代相传的合家团聚、和睦相亲的家庭生活传统，邻里和谐，人心向善，这使得居住在胡同四合院的居民集体拥有“家”的温暖。各家各户和谐相处，成为多年的老邻居、老街坊，使用共同的通道、卫生间和水源，分享共同的室外空间，大家关爱礼让、相互照应，不分贫富，不分职业，不分地位，常常是一家有难，合院相帮，一家有喜，全院欢乐，形成了一种充满亲情、十分和谐的人际关系，保持着和谐、文明、理智的居住环境，是千百年来延续的优良风尚。

我喜爱北京的胡同四合院，因为那里曾经是我的家。胡同四合院是“老北京”难以割舍的精神家园，保留着人们挥之不去的历史记忆。然而在过去的半个多世纪里，北京老城经历了多次大规模改造，众多城门、牌楼、会馆、胡同、四合院被拆除殆尽，成片的四合院民居被夷为平地。据统计，在过去 50 年间，北京老城 80% 的四合院消失。现存的 3000 多座相对完整的四合院，除少数院落保护较好外，大部分演变为多数家庭共同使用的大杂院。

在四合院的保护和利用上，也有一些人持不同意见。他们认为，“四合院”是农耕文明的产物，代表的是传统生活方式，如今已完成历史使命。在现代文明的冲击下，走向瓦解和衰亡是历史的必然。事实上，目前在北京老城拆掉四合院建多层住宅，一般要增加 30% 以上的居住人口。这样与北京城市总体规划的目标背道而驰，只能使北京老城更加拥挤，给市政设施增加业已过重的负担。保留这部分四合院，可以不致增加新迁入的人口，并且有利于疏解居住在四合院的人口，避免用环境更差、缺乏特点的建筑取而代之。

传统的四合院多为单层，院落宽敞，占地较大。对于北京这样人口密集的现代城市，人们当然没有条件住在独门独户的四合院内，但是即使多户共同居住，只要在合理的限度内，也可以形成良好的人居环境。实际上，如果说四合院住宅不适应现代人的生活，主要是因为年久失修，没有现代化的基础设施，这些缺点如果通过加强维修和增加现代化的设备实现改善，四合院就可以满足现代生活需要，可以为人们提供比现代高层住宅质量更高的生活空间和居住环境。无论是文化遗产保护，还是城市建设和发展都应以保护民众生活品质为前提，不能以牺牲民众的生活水准为代价。

我来到东城区史家胡同，探寻这里居民的乡愁，感受胡同历史的厚重和四合院空间的温馨。如何让老城内的胡同和四合院不因居民老龄化而衰老，不因居民搬迁而衰落，不成为仅仅被保护、隔离和封闭的对象，也不沦为千篇一律吵吵闹闹的商业品一条街？如何让胡同和四合院仍然是有烟火气、有邻里情的地方？如何让这里既温情脉脉又生机勃勃？如何让生活在胡同和四合院的人们，把这里当作记忆的归属，情感的牵挂？如何在保护胡同历史风貌的同时，让胡同里的居民更有生活体验感？

2017 年 8 月，东城区试点启动“责任规划师制度”，与中国城市规划设计研究院、清华同衡、北京市城市规划设计研究院、北京工业大学等 12 家知名设计院校合作，为全区 17 个街道配置责任规划师组成的团队。责任规划师以技术顾问的形式介入，全程参与街巷设计和实施，听取民众意见，恢复胡同风貌，修复街区生态。在史家胡同口见到了赵蕊老师，她是北京市城市规划设计研究院的规划师，从 2015 年入职开始，就参与史家胡同的保护规划项目，如今她既是史家胡同风貌保护协会的秘书长，也是史家胡同的责任规划师。

目前，赵蕊老师正在组织和参与四合院的院落提升工作。责任规划师应该说是一个很好的制度，我在北京市规划委员会工作的时候还没有这个制度。这个制度建立以后，规划部门编制规划的时候，能够更接地气，更考虑实际的需要，因为责任规划师在一个社区担负一定责任，就会主动与社区居民沟通，了解人们的现实需求，就必须深入分析这个社区在发展的过程中存在什么问题，解决这些问题有什么途径，有什么困难，如何能够在规划中解决这些问题，这样规划出的蓝图才具有实施性。

我了解到作为社区责任规划师，工作很艰苦，需要付出很多，因为所面对的是不同的院落，不同院落里面不同的居民。这些院落可能是某个单位的产权，更多的是房管局的产权，还有就是私人的住宅，以及居住在私人住宅里面的一些外来住户。不同的群体他们对待四合院，对待胡同的态度，感情是不一样的，因此对待院内的基础设施，院子的地面，以及院内环境的改变，人们的认识可能会不一样，所以责任规划师要能够和不同的居民进行沟通，宣传传统文化的内容，宣传保护胡同四合院的意义，只有统一认识后才可以进行项目实施。

我在日本留学期间，曾经通过调研日本各地历史的传统建筑物群保护地区，研究历史文化街区保护问题。1984 年回国以后，就到北京市规划局工作，当时正在组织编制全市的分区规划，我就来到东城区建设委员会的规划科，负责编制东城区分区规划。当时仗着年轻，就挨门挨户地调查全区的胡同四合院，以期在详细规划中解决历史文化街区存在的问题。因此，对于胡同四合院现状调查的复杂与艰辛有所经历、有所体会。当然，那个时候城市规划的手段和公众参与的程度，与今天不能同日而语。

我了解到，赵蕊老师在从事城市规划设计任务的同时，作为史家胡同责任规划师，每星期至少三天在社区里面工作。我们走在胡同和四合院中，很多大叔大妈、大哥大姐都跟她打招呼，这就说明她的工作已经很深入。对于每条胡同、每个院落里面居住人口的结构，居民的需求都有所了解，在充分了解现实情况的基础上，再做出的规划设计就是不一样。这一制度长期坚持下去，责任规划师与社区居民长期沟通，使规划内容能够有的放矢地解决现实问题，也能使社区居民及时了解规划的远景。

目前一些规划实施的内容很精细，例如四合院的大门选用什么形式，责任规划师就与院内居民沟通了 10 余次，包括是采用木制的还是钢制的？是采用普通门还是防盗门？要不要加密码锁？密码锁是用指纹的还是用密码的？原来院门与地面之间留出缝隙，用于院内排水，那么此次缝隙留多高合适？要是采用防盗门后，如何兼顾风貌保护和环境协调？等等，就是这么一件不大的事，就要反复现场勘察和沟通，而且还要按照设计意图与施工队进行交接，整个过程都需要投入精力，挨家挨户地沟通，工作量非常大，占用了很多业余时间。

最忙的时候，赵蕊老师一周 5 天都要在史家胡同开展工作。因为社区营造与传统工作方法不同，平常的工作日是周一到周五，朝八晚五的工作状态。但是社区营造是在地的工作，居民平时有自己的工作，白天要上班，所以有很多事情需要休息日或晚上去与居民沟通，是属于不能用传统的工作量来衡量的工作性质。同时，为了使当地居民更加积极主动地参与到社区规划治理中来，赵蕊老师和同事们还组织了一系列社区文化活动，举办人文主题讲座，与居民逐渐建立起良好的互信合作关系。

通过互信合作模式的建立，居民们就会主动参与，协助深化方案，发动自身优势集结力量，号召身边更多的街坊共同支持社区营造，通过居民们自身努力，改善身边公共空间的环境品质，使综合治理目标一步一步达成，并尝试建立自管机制，制定居民自治的社区公约。为了鼓励居民参与社区活动，社区组织开展了史家胡同微花园设计活动。这项活动是在北京城市由增量扩张转向存量更新的背景下，风景园林师介入北京老城胡同社区，完善社区公共空间功能和提高居民对社区治理参与的一种探索。

微花园项目是北京老城胡同居住社区渐进式更新方式的探索，也探讨了风景园林在高密度老城地区城市更新中的介入可能性。微花园设计理念是尽量保留原汁原味的胡同生活状态，因为微花园不是在社区的空地上建造一个新的花园，而是在底蕴深厚的社区里，在居民习以为常的胡同中，见缝插针地进行微改造。微花园设计活动的规划主持人是北京市城市规划设计研究院的赵幸规划师。希望通过微花园设计活动关注普通民众的日常生活，采取景观方式提升他们的生活环境，增加居民介入社区事务的途径，促进了社区的凝聚力。

微花园是北京胡同居民自发而普遍的环境美化方式，从胡同街巷的角隅到半公共的杂院内，从数个盆栽到十余平方米不等，面积极小，数量庞大，丰富多样。微花园集观赏、食用等功能于一体，是居民日常生活和环境塑造的结合。北京老城区史家胡同微花园系列

（2015—2019）获得“社区景观更新与公共健康类别”卓越奖。评委评语认为：该项目卓越地展示了北京老城区胡同片区的微花园微更新设计，它结合了参与式设计、水资源保护和垂直绿化，以帮助社区整体可持续更新和提升，是一个可持续的北京老城胡同社区渐进式更新实践。

史家胡同系列微花园计划迄今为止已经开展了5年，项目分为四个阶段：微花园观察和记录、互动展览和社区营造、公众参与式设计工作坊、共建（建设）和共治（管理）模式。为了加强微花园项目的示范性、可复制性，微花园计划组织者提出了低成本、旧物利用的“减法”改造原则，鼓励社区居民将大杂院中占据空间的碎砖瓦、旧盆罐变废为宝，腾出院落空间，美化小院环境，能不买新的就不买新的，使用的都是社区居民家里闲置的东西，日常的养护也是由附近的住户来负责。

在一家缝补店门前的微花园项目中有一个木柱，上面有老舍先生写的“新梦是旧事的拆洗缝补”一句话。赵蕊老师对此进行了说明。这句话有三重含义：一是木柱的后面就是拆洗缝补的裁缝铺。二是木柱的前面是北京人民艺术剧院的宿舍，当年住着很多老表演艺术家，老舍先生当时为北京人民艺术剧院写过很多剧本，所以就选在这里竖起他的这句话。三是新梦就是对未来生活的美好期盼，旧事就是过去的历史记忆，通过拆洗和缝补，能够圆自己的梦。也就是说新梦是在旧事的基础上实现提升，老舍先生的这句话正符合今天社区营造的现实。

跟随赵蕊老师我们走访了史家胡同45号院，院内有一座明末清初的垂花门。当时因为年久失修，有安全隐患，院里的居民就找到责任规划师，请来古建筑专家进行勘测分析，还能用的构件保留继续使用。还有四合院的大门，是木质的门满涂大红漆，但是门上的漆已经基本脱落，经过一层层地分析，这个门最初的油漆属于“黑红镜”。但是要恢复“黑红镜”，院里居民有点不高兴，说你给我们按黑框。于是就由专家向居民们说明“黑红镜”的传统，美好的寓意，以及“黑红镜”的工程做法。

清晨，我走进了胡同服务社区，在便民饭馆吃早餐，在理发店理个发，在菜市场购买了一些水果，感受久违的胡同社区生活。因为来得早，所以理发店里没有客人，单剪一下20元钱。经营这家理发店的是年轻夫妇，老家江苏，2005年来到北京，在这里已经生活了十几年，本来在胡同里面租房子，开墙打洞凑合经营，后来进入胡同服务社区，条件大为改善，特别是紧邻菜市场，这里人气也比较旺，来理发的主要都是附近胡同的居民，熟人比较多，老主顾们见面都大哥大姐地称呼，像您这样的新客人也很快就能聊起来，感到特别温暖。

在菜市场里，经营者们操着各地的口音，不少水果蔬菜也都是来自全国各地。我购买水果的摊位经营者来自福建龙岩，来北京也已经好多年了，在这里生育了两个孩子，大孩子已经上大学二年级，小孩子只有10岁，在上小学，每天男士负责进货，女士负责售卖。我说你们一家人也不容易呀，他们说早已经习惯了北京社区生活。北京给人总体的感觉挺好，我们也不把自己当外地人。由此可见，社区服务展现出胡同文化的包容性，不仅是给本地人家的感觉，更是给所有人带来归属感。

我们走进一座规模较大的四合院，全院有50多户居民，刚一进院子，一位大姐就问我，你找谁呀？我觉得特别亲切，就是久违的住四合院时的感觉。这是四合院居民拥有归属感的表现，因为这个院子是大家共同的家，每个人都有权力和责任问一下，然后会热情地告诉你，你找的人在前院还是后院，在东屋还是西屋。这就是“胡同文化”的一部分，这种胡同文化保留下来才好。胡同四合院里除了老居民外，其实也有一些新住户，如何让所有人都能感受到归属感，让胡同四合院的包容性进一步扩大，也是社区营造的一个重点。

这种社区居民主动参与，充分发挥自身力量，助力社区文化传播，推动社区综合治理，既能够实现规划更好地落地，又能够通过精细化管理建设和谐美好的社区。四合院里居住着不同年龄、不同职业、不同身份、不同爱好的人们，不同背景的人们生活在一个共享空间里面，会有一些众口难调的事，就需要拥有共同意志，需要在日常生活中相互关照，这样就要在协调方面多下功夫，形成更加和谐的居住空间。值得一提的是，在院落保护维修和环境提升之后，如果缺乏必要的机制设计，四合院内往往会再次出现堆放杂物、搭建小屋的情况。

因此，实施团队引导居民共同制定“小院公约”，号召居民自觉维护公共空间环境，每户居民都在“小院公约”上签了字。同时，共同选举小院管家，多方筹资建立院落维护基金，鼓励居民开展自治组织的公共空间维护工作，激发居民责任感。这一做法取得了很好的效果，于是推广到更多的院落。每个“小院公约”的内容不一样，基本上都有八九条内容，也有少的仅有四五条内容，但是都很具体，没有前言、结束语之类内容，都是干货，就像当年红军时期的三大纪律八项注意，都是大白话，这样大家便于记住，便于在日常生活中遵守。

“小院公约”里有些条款很不起眼，例如把自己家的孩子看好，因为有时候孩子中午吵闹，影响邻居休息；夜里电视声音要小点，因为有时候年轻人看电视声音开得太大，影响邻居睡觉；不要在公共设施、树上晾晒衣物，影响公共环境等。这些事情对于住在楼房社区的居民来说或许不算什么，但是对于常年住在四合院内的居民来说，却是影响他们生活质量的大事。这种大白话的社区公约还可以不断完善，需要的时候可以再加上两条，这样在社区生活中就有了一些基本的规范。

当四合院居民们经常坐在一起，以胡同茶馆的形式共同商量社区的问题，讨论我们能为社区做些什么，就有了议事厅的氛围，能够激发小院落里大家庭的归属感。因为四合院的一个特点，就是人们一天紧张的工作之后，回到自己的院子，需要感受归属感。不像住楼房，上望不到星空，下不接地气，悬在半空中，住户中间很少交流。而居住在四合院内，大家同在一个蓝天下，相互接触多，是一个共享空间，里面的人们就要和睦相处，这就是四合院最好的地方，有人情味，街坊邻里建立起感情，才能知道“远亲不如近邻”的意义。

史家胡同社区内居住了不少文化人士，有北京人民艺术剧院的老演员，有曾在外事部门工作的老翻译，有在文物机构工作的老专家，具有很高的文化素质，对提升社区环境有自觉意识。他们看到随着北京老城胡同和四合院文化愈发引人注目，就有很多国内外游客来到胡同游览，同时胡同博物馆也有很多人前来打卡，他们就自发地把社区公约翻译成了英文版本，使史家胡同的社区公约，就有了中文版本和英文版本，也在胡同内进行公示。由于多方力量的参与，激活了社区环境的新生态。

在社区生活中，有了良好的物质环境之后，满足社区民众的精神文化需求，就被提上了日程。如何在老城胡同四合院里开展丰富多彩的人文活动，以及鼓励多样化的居民社团形成，努力留住历史上的胡同记忆，同时也努力创造新时代的乡愁。我随后来到了史家胡同文创社。这间只有 40 多平方米的文创社，并不是一家普通的文创社，而是和朝阳门街道合作的第三方公司运营的文化团队，即由街道出空间，文创社出运营团队，共同孵化特色的公共文化空间，构建社区居民的会客厅。

史家胡同文创社的马牧思社长是河北廊坊人，因为热爱北京文化，已经扎根胡同 4 年，可以算是一个新北京人。他热情地向我们介绍了他们团队设计师创作的手绘本，希望让更多年轻人通过这种原生态的绘画创作，感受到老北京的文化和乡愁。在这里，不仅聚集了作为胡同新居民的胡同设计师们，而且还挖掘出了 15 位居住在史家胡同的胡同艺术家，他们共同研发出包括充满时代气息的纸扇、明信片、冰箱贴，洋溢着时尚新潮的手机壳、帆布包、背包等 60 种文化创意产品，描绘着史家胡同的人和事，让人们感受到老北京胡同的新风尚，越来越受到胡同居民和游客的喜爱。

文创社的文化创意产品中也有胡同居民自己的创作。史家胡同 5 号院的朱红阿姨，他 70 岁以后才开始绘画，通过他的作品来赞美人生，赞美亲情，文创社将这些作品进行转化，制作成文化创意产品。这些油画、这些摄影作品都是来自普通的胡同居民，讲的都是自己社区的故事，自己胡同的故事，承载着对北京的热爱之情。他们被邀请作为社区艺术家，他们的作品被研发为文化创意产品，这些对于他们来说也是一种鼓励，让更多的居民参与到文化创意产品的创作中来。目前北京老城胡同和四合院的风貌有了改善，居民生活有了改善，这些都是胡同设计师、社区艺术家们创作的源泉。

下午，我访问了朱红女士一家，她住在一座典型的四合院，虽然全院有 9 户居民，但是少有搭建的临时建筑，这在大杂院里是难得的景象，也是社区环境整治的收获。朱红女士介绍，院落提升的结果除了硬件改善之外，他们的精神文化生活也得到了很大的提升。朱红老师向我们展示了她创作的水彩画，画的内容主要有两个题材：一是自己的一生经历，二是社区的方方面面。文创社看到朱红女士的作品，就把这些作品印刷出来，做成冰箱贴、茶杯垫等文化创意产品，还把绘画作品做成台历，表达对社区文化的热爱。

朱红女士的老伴李豫老先生，如今也成为服务社区文化的英语老师，近来由于疫情影响不能在教室上课，他每天依然坚持用手机来为社区的英语爱好者上课，原本已经退休的他，也在社区中找到了属于自己的价值，社区成为他们生活中必不可少的一部分。如今老两口的家成为社区对外开放的窗口，他们主动担任义务讲解员。我想从社区居民最关心的，能够改善他们生活质量的事情入手，才最能唤起社区居民对于社区营造的参与热情，共同保护住胡同四合院的生命历程，保护住精神家园的“根”和“魂”。

对于北京胡同和四合院的保护，与我们通常对于古遗址、古墓葬、石窟寺等保护的理念和方法是不一样的，因为人们生活在其中，并且今天还在延续着文化传统。因此，不仅要保护胡同和四合院遗存中的历史艺术科学的价值，还要保护其中的情感价值，它们既是今天人们生活的载体，又是人们的精神家园。人们对于自己长期居住的胡同四合院充满感情。这里有他们儿时的记忆，有他们青年时代的轨迹，有他们在成长过程中不断增厚的文化体验，还有很多老街坊老邻居之间的友谊和亲情。

傍晚，我来到西城区白塔寺社区，见到了在这里开展设计工作的青山周平先生。他是日本建筑师，对中国传统建筑、胡同四合院情有独钟。10 多年前他从日本来到北京，一下子被北京老胡同的生活气息所吸引，于是开始了在胡同里的生活，胡同文化也成为他建筑设计灵感的一大来源。青山周平先生观察胡同里面生活的时候，特别关注四合院共享生活的状态。人们居住的房子比较小，但是房间外面有院子、胡同，于是就把这些公共空间当做自己家庭生活空间的延续，所以人们的住房虽然小，但是他们的“家”比较大，这一现象给了他很多启发。

我曾经长期生活在四合院里，四合院里有一棵大槐树，吃过晚饭后各家各户经常拿着凳子、躺椅，甚至摆上小桌子，来到大槐树下，天南地北、国内国外、海阔天空地聊天。当时我们一家只有十几平方米的住房面积，在屋里读书累了，就来到院子里。庭院的确是住房空间的延续，是四合院的公共会客厅，它维系着北京胡同四合院最宝贵的传统文化，就是“人情味儿”，无论是老年人，还是年轻人、小孩子，也无论是居住进来的外地人，还是外国人，在这里都能感受到胡同四合院的魅力。

在北京老城，有这样一些热心人士，他们是学生、设计师、艺术家、记者、码农，是老人、小朋友、外乡人、外国人、老北京，他们活跃在胡同里、大殿中、展场上、朋友圈里，用展览、讲座、探访、演出、大数据、VR 等各种创意和手段，让名城保护的理念深入人心。他们希望用微小却真诚的力量，保护和记录自己热爱的城市和珍视的故乡。他们虽然自视力量“微小”，实际上却唤起了千万民众对历史名城文化资源的“寻找与守望”。他们有一个共同的名字：“四名汇智计划”。

与四名汇智相识是在 2017 年的冬天，当时我受邀参加西城区历史文化名城保护委员会一年一度的总结大会。我发现了一些特殊的身影，这是来自四面八方的社会公众，他们带着自己为传播名城保护理念，而将开展的活动、制作的产品、研究的成果等聚集到一起，举办小型展览，热烈而兴奋地展示和交流，分享着他们对“名城保护”朴素而真诚的理解。在他们的身上，我看到一种“主人翁”般的自豪感，名城保护对于他们而言不是遥不可及的历史，也不是高深的学问，而是一种使人内心愉悦的体验，一份不能推卸的责任，一种流淌在血液中的自觉。

近年来，随着人们对历史文化名城保护认知的不断完善，越来越多的社会力量也参与到这份事业当中，形成了各具特色的名城保护公众参与机制和实践。但是在诸多实践之中，“四名汇智计划”的工作方法独特而有效，他们充分调动社会公众和社会主体主动参与名城保护，运用公众智慧去探索更丰富多元的名城价值传播方式，让公众感染更多的公众认识名城、理解名城、保护名城、传承名城文化，让名城保护成为社会大众的普遍共识。

我想在这份自豪感的鼓舞下，每一位普通的社会公众都能成为自发行动的文化传播者，让名城保护的种子播撒到城市中的每一个角落。历史文化名城保护也因为每个普通人的身体力行而变得真实而鲜活。文化遗产保护是亿万民众都应参与的社会事业。作为一个在文化遗产保护领域摸爬滚打了 40 年的守望者，我至今仍对这份事业满怀热情。这份热情使我年轻而充满力量，使我情感真挚而期盼殷切，让我时刻想把感悟和体会分享给更多的人。

就是这样的机制设计，让“四名汇智计划”在短短四年之中迅速发展壮大，并始终保持着前进的动力，不仅积蓄了越来越丰富的能量，更唤起越来越多的人对历史文化名城保护浓厚的热情。我相信，因“四名汇智计划”而走到一起的每一位名城保护的热心人，也必定怀着与我同样的心情，相信自己所做的一切都是有价值的。在历史文化的厚重面前，每个个体的努力微不足道，但当它们汇集到一起，就成为一股不容忽视的力量。

（北京电视台《我是规划师》第九集拍摄笔记，2019 年 12 月）

水畔新生

北京，历史上曾是河湖纵横、清泉四溢、稻花飘香、禽鸟翔集的一座美丽城市。3000多年来，北京历代王朝建造的众多水利工程，奠定了今天北京市区河湖水系的基本格局，也明确了它们在功能上的划分，护城河水系、古代水源河道、漕运河道、防洪河道等。文化底蕴深厚的古都一直与水有着不解之缘，积水潭演绎了舳舻蔽水的壮丽景观，通惠河畔萦绕着纤夫牵挽的号子，高梁桥边回想着诗人骚客的吟唱，长河两岸留下了无数踏青者的萍踪履印。水，哺育了世世代代的北京人，也形成了独属于北京水脉的故事与文化。

水的蓝色，或许永远是一座城市最醒目的底色。环抱京城的水韵，曾经滋养了这座城市千百年，见证了这座城市格局的发展与变迁。不久的将来，它们会重新回到人们的视野中，被赋予新的使命，与现代城市融合共生，在得到保护与恢复的重要历史水系中，形成"六海映日月，八水绕京华"的宜人景观，为人们提供历史感与文化魅力的滨水开敞空间，让古今水脉与自然生态永续利用，让水畔新生在老城整体保护与复兴中，未来可期。

《宸垣识略》中这样描述北京城的地理位置："冀都山脉从云中发来。前则黄河环绕。泰山耸左为龙，华山耸右为虎。嵩为前案，淮南诸山为第二重案，江南五岭诸山为第三重案。"作者采用了中国传统风水理论的概念，以一种超宏观的"国家尺度"，来描述北京城在中华大地中所处的地理位置。综观北京地形，依山襟海，形势雄伟。诚如古人所言："幽州之地，左环沧海，右拥太行，北枕居庸，南襟河济，诚天府之国。"这一风水宝地中丰富的水资源，与历代宫廷建筑、城市格局紧密结合、相互呼应，一方面赋予了城市魅力和灵动，另一方面也起到交通、漕运、防灾等功能。

历史上的北京，并不是一座缺水型城市，而是一座因水而兴、依水发展的城市，而这座城市曾经历的两次大规模城址战略转移，都与水有着密不可分的关系。3000多年前，西周的燕都选址在今天永定河的西岸，依靠的是永定河，逐水而居，泽水建城。此后隋唐的蓟城，转移到了今天永定河的东北岸，后来因水患严重，辽南京城、金中都城，迁移到了今天广安门一带。北京城的河湖水系始建于金代，金中都将赖以生存的主要水源莲花池圈入城内，使当时的金中都城呈现水乡异彩，此后经元、明、清的精心经营而逐渐完整。

北京的河流以永定河为最大，但是河患比较多，因此康熙皇帝赐名永定河，祈求平安。永定河越过燕山山脉以后，便进入华北平原，由于河道中的泥沙较多，常常沉积于河底，造成河道的移动。最初的永定河自三家店出山以后，沿老山、八宝山转向东北，沿清河东流，与温榆河相汇合，再与潮白河合而为一。后来永定河向东南移动，经田村、高梁河，由德胜门进入积水潭，转向南流，经积水潭、北海、中海一线，又转向东南流经石碑相同、长巷三条，至龙潭湖，在贾家花园出城，与潮白河相汇合。

北京水系的发展建设过程，是以漕运供水为先导，同时解决城市生活用水，美化皇家环境的宫苑用水，而兴建的水利工程。对于漕运这个概念，侯仁之先生曾经在《古代北京运河的开凿和衰落》一文中给予了清晰的介绍。在封建社会，首都运河的主要任务，就是要把粮食运到都城，用以供应封建帝王及其庞大的官僚统治机构的使用，以及维持城市居民的生活，这就叫漕运。其次才是各种货物的运输，主要也是供给都城的消费。

10世纪初叶以后，北京逐步发展成为一个全国性的政治中心。最初是辽代太宗会同元年（938年）在这里建立陪都，即南京城，但是并没有把南京城作为真正的统治中心。到了公元1153年，金代海陵王才真正在这里建都，改称中都城。金代以燕京为中都，作为华北漕运中心，将各地粮饷运到通州。而通州至中都城50余里，先后开凿过漕渠、金口河及闸河，但是皆因水源缺乏和管理不善等原因，当时运河并不通畅。

通惠河玉河作为一条人工漕运水道，其诞生的原因，侯仁之先生做了详细的解释。金朝在中国的统治虽然只限于淮河、秦岭以北的部分地区，但是还是想尽办法把华北大平原北部的粮食，经由今卫河、滏阳、子牙、大清诸河汇集到当时的海滨，然后再溯潮白河，逆流而上，输送到通州。每年漕粮的数字少则数十万石，多则百余万石，不由水运，实在很难完成。沿途漕河都是利用天然河道，只是通州西至中都，约25公里，不得不开凿人工运河。但是因为水源的问题，这项工程在金代并没有能够完成。原因是北京城中心比通州海拔高出约20米，水不能从低向高流动，所以位于城东潮白河的水不能西引。

元太祖十年（1215年）出兵攻破中都城，皇城宫阙为兵火所毁。半个世纪以后，元世祖忽必烈灭了南宋，其统治范围远远超过了金代，版图空前辽阔，于是决定从蒙古高原迁都到燕京，但是放弃了当时的金中都旧城，在中都城东北郊外，另建新的都城，即大都城。这也是中国历史上第一次政治中心迁到华北地区。元大都之所以选址北京，是因为“幽燕之地，龙盘虎踞，形势雄伟，南控江淮，北连朔漠”，符合“天子必居中以受四方朝觐”的帝王理念，有志之士“欲经营天下，驻跸之所，非燕不可”。

元大都城的建设，说明北京城市水源，已经从莲花池的下游，转移到高梁河水系上来。这一转移，使城市发展获得了更为良好的条件。早在12世纪后半叶，金朝的统治者已经利用高梁河水所灌注的一片湖泊作为中心，建造了一座大宁离宫。于是忽必烈就选择了大宁离宫作为中心，建造一座崭新的大都城。大宁离宫中的这片湖泊，经过进一步的维护，获得了“太液池”的名称。从大都城初建时起，玉泉山诸泉之水就经过专辟的渠道，从和义门南水门引入城中，流经宫苑，注入太液池，其下游绕出宫禁前方与运河相会，名曰金水河。

忽必烈移都北京建立元大都城后，城里人口一下子激增到40—50万，人们的生活面临着缺水的危机。同时，元大都城对于漕粮的依赖，已数倍于昔日的金中都城，必须仰仗经济发达的南方各省。《元史·食货志》记载：“元都于燕，去江南极远。而百思庶府之繁，卫士编民之众，无不仰给于江南。”南北交通和漕运问题，也成为国家头等重要的事情。于是，元朝不但积极开辟南北大运河，而且还大力发展海运。无论河运或海运的漕粮都是先到通州，再转输京师。

水源是城市存在的基础。元代初年内陆运河从南方到北方，要沿隋代的“南北大运河”，向西行很远，而且最后进入大都城一段，只有坝河可以运输一小部分物资，其他主要靠陆上运输，花费巨大。这样迫切需要对南北大运河进行改造，使之成为一条南北直达的运河。实现南北直达有两个难点；一是要裁弯取直，不再绕行卫水上游而开通山东运河；二是开凿通州至大都城的运河，使漕船能够驶入大都城内的粮仓。

为了解决大都城的水源和漕运，精通天文历法和水利工程的科学家郭守敬精心设计，主持实施大都城的水利工程。在大都城未建之前，当时郭守敬就曾建议引用玉泉山水以通漕运。但是这个计划未得实现，因为5年以后新建大都城，玉泉山水已经专为宫苑所用。在水源未得解决之前，从通州到大都城的漕粮，只好陆运，但是劳费甚大。因此，要想引水济漕，还必须另寻水源。北京地区修建引水工程有两大困难：一是水源问题，二是河道坡降问题。郭守敬通过对北京地区水资源及地形详细进行调查，经过将近4年的找寻，终于获得成功。

郭守敬于至元二十八年（1291年），终于在北京昌平找到了一个泉眼，叫白浮泉，他第二次提出建议："自昌平县白浮村开导神山泉，西南转，循山麓，与一亩泉、榆河、玉泉诸水合，自西水门入都，经积水潭为停渊，南出文明门，东过通州至高丽庄入白河。"即"引白浮泉水，西折而南，经瓮山泊，自西水门入城，环流于积水潭，复东折而南，出南水门，合入旧运河，每十里置一闸，比至通州，凡为闸七。距闸里许，上重置斗门，互为堤淤，以过舟止水。"这段话不但说明了引水的来源和经过的路线，说明了建立水闸和设立斗门的作用，而且非常明确地勾勒出了整个京城漕运水系的来龙去脉。

郭守敬这次建议不但得以实现，而且得到了前所未有的效果。至元二十九年（1292年）郭守敬调集万人，开河道，挖淤泥，挖出了一条从西到东全长160里零140步的漕运水路，粮船可从通州以南高丽庄，经闸河径入大都城，一直停泊在积水潭。在郭守敬的引水计划中，充分掌握了北京小平原的地形变化，因此并没有把昌平白浮泉的水，自西北而东南，沿一条直线引向大都城。相反，却首先把水引而向西，然后再沿西山山麓南转，经由瓮山泊注入大都城，山麓诸泉以及南北沙河的上源，都被截流南下。

郭守敬所采取的引水路线，之所以向西绕行这么一个大圈，完全是为了利用天然地形的坡度，因为白浮泉的海拔约60米，仅仅高出大都城平均海拔10余米，如果由白浮泉采取直线引水向东南入大都城，其间所经沙河与清河河谷的高度还都不足40米，也就是说还在大都城的平均海拔以下，因此白浮泉水一旦引入沙河或清河，势必顺流东下，不可能再引入大都。而郭守敬所采取的引水路线，却正好保持了渠道坡度在海拔50米以上的山麓地带逐渐下降的趋势，一直到入城之前，这才开始下降到海拔50米以下。

大都城水利工程成功实现了引白浮泉、瓮山泊之泉水，经高梁河，入和义门水关，注入积水潭，使积水潭水量大增，经万宁桥向东南方向，经皇城东侧向东南方向出城，直通张家湾与南北大运河沟通，漕运船队可以从通州以南高丽庄经闸河直达大都城内，停泊在积水潭，使积水潭成为元代漕运终点，成为当时元大都最繁华的商贸中心。《元史·郭守敬传》中曾对积水潭有"舳舻蔽水"的描写，可见往来商船，粮船之多。《燕京杂咏》描述，开通漕运河道以后，积水潭周边及钟楼、鼓楼一带，商贸发达，万商云集，使通惠河及积水潭里"粮船万千”，场面十分壮观。

这一重大水利工程，也宣示了京杭大运河的全线贯通，带来了元代经济文化的繁荣与发展。大都城水利工程实现了五个方面的目标：一是借势采水，增加白浮泉、玉泉山诸泉为新水源，修建由昌平白浮泉至大都城的跨流域引水工程；二是修建瓮山泊及积水潭调蓄水库，最大限度节蓄水源，在合理分配大都城用水同时，保证运河供水；三是通过缩减运河断面，增设闸埂建筑物，实现人工控制水流，使之充分为行船服务；四是选择最佳运河路线，缩短航程，合理与北运河衔接；五是制定严格的管理制度，以保证漕运畅通。自此，江南漕船可以从北运河直接驶入大都城内积水潭。

纵观元代通惠河是由两个湖泊串联三段河道组成。这两个湖即瓮山泊和积水潭：这三条河的名称从上游起依次是白浮瓮山河、长河、通惠河。长河，大约开凿于辽代，元代也称为高梁河，是连接两个湖泊的水道，利用原有河道加以疏浚，成为水系中十分重要的河段，也是城区通往瓮山泊的黄金水道，元代开通通惠河，并且在通航水道上修建 24 座闸，实现“节水行舟”，可以使船只直接驶入大都城内。在所建的 24 座闸中，有 6 座在积水潭上游，即在长河上，用以控制水流。另外长河上还有麦钟桥、长春桥等著名桥梁。

当年，元朝政府建造了 8000 多艘运河漕船，每天川流不息地把来自江南的漕粮运到大都城积水潭码头。古人常用“舳舻蔽水”来形容积水潭港元代时的盛景。据史书记载，元至元三十年（1293 年），漕运通航，此时正值元世祖忽必烈返回大都，过积水潭，见舳舻蔽水，大悦，赐名“通惠”。“通惠河”之名由此始称，并一直沿用至今。自此，京杭大运河上从南方运来的稻米、布匹、绸缎、茶叶、水果、日用货物等都可以直抵积水潭内，丰富了京城百姓的生活，而建设紫禁城的金砖、楠木等也大都是通过大运河运到京城。联想当年浩浩荡荡的漕船队伍在大都城内驶过的情景，必定十分壮观。

这条在元代被命名为“通惠河”的宽 30 多米的闸河，由白浮泉自积水潭向东南，流经澄清闸、万宁桥、东不压桥、北河沿、南河沿出皇城，过北玉河桥，沿台基厂二条、船板胡同、泡子河入通惠河。那时，作为漕运入京城的重要一段，通惠河两边并未居住太多的达官贵人，多是普通百姓和商户。虽为皇家输送物质的渠道，通惠河两岸的景色却与皇城内的威严肃穆完全不同，这条人工开凿的运河带着浓郁的平民气息，清冽的河水滋养了两岸的市井文明。在通惠河开通的同时，元大都城也正式建成。作为京杭大运河的重要一部分，漕运的粮食基本都通过这条运河运入大都城，这是通惠河最繁荣的一段时间。

明太祖洪武元年（1368 年），朱元璋带兵入元大都，元朝灭亡。当时朱元璋定都应天，以南京为首都，以开封为北京，大都改为北平。燕王朱棣受封驻守北平。登上皇位以后，明成祖朱棣把皇都迁到了他的起家之地北京。明朝初年，京杭大运河北部已经停止漕运，首先要恢复京杭大运河通航。曾经派人到昌平县考察。从白浮泉引水的渠道年久失修，早已断流。土筑的河堤及荆笆编制的水口工程，近 50 年失于治理而荒废殆尽。积水潭也由于淤泥，原有泓大的水面日渐缩小。

永乐十五年（1417 年），朝廷决定重新治理通惠河。永乐十七年（1419 年），建北京内城，为了便于防守，北城墙向南迁至德胜门和安定门东西一线，改筑北城墙后，原在大都南面的文明、惠和二闸被包入城内，积水潭西北角的水域被切割在城墙外，形成后来的太平湖。后来城内的大湖由于上游水源的减少，又考虑德胜门内的交通，中间建德胜门桥将湖面再分开，桥西边的湖泊仍称积水潭，桥东边的湖泊称作什刹海、后海。

北京成为首都必然伴随重修皇城，但是皇城的改建，对整个北京城水道的影响巨大。朱棣建都之前，曾经大兴土木，把元朝的皇城向东、西、南三面，各自开拓了一些距离。通惠河从澄清闸至东便门一段，由于开始是从皇城外边流过，又有玉河之名。宣德七年（1432年），以东安门外缘河百姓居民靠近宫墙，喧嚣之声响彻大内为由，将皇城的东墙、北墙向外推移，改筑于河东，结果把原来绕经皇城东北及正东一面的玉河河道，完全包入皇城之中，从此什刹海以下城内河道再也不是京杭大运河漕运线路的一段，而变成了为皇家服务、输送物质、排泄暴雨、为扑灭火灾供给水源的皇城内河。

明嘉靖初年，为运输修建北京宫殿的超大木材，再次大规模治理通惠河。嘉靖六年（1527年）确定了筑新坝、修旧闸、浚河道，实行分5段搬运的方案。工程于次年完成，当年漕运获得成功。通过这次重修后，通惠河漕运格局已成定式，至清代不变，驳运与陆运并行。恢复京杭大运河的通航，最困难的河段是山东会通河和北京通惠河。元代会通河因水源困难一年只能承担30万石的漕运任务，大部分要靠海运。明代修建了戴村坝，基本解决了会通河水源问题以后，才充分发挥了京杭大运河的作用。

从金代开始，元、明、清三代兴修的众多治水工程，奠定了今日京城水系的基本格局。明清两朝，进一步加强了对京杭大运河的管理，使京杭大运河真正成为南北交通的干线、国家漕运的主要通道。元代起北京修建许多粮仓，储存运河的皇粮，其中通州粮仓达13座。明清时北京城内东部在元代基础上修建的粮仓，至今还有几座比较完整地保留下来，例如南新仓。通州的粮仓被陆续拆掉，只有大运西仓墙的遗址可见。明隆庆元年（1567年），北京城河闸坝工程定下3年一修的制度，一直执行到清末。

由于通惠河水源只有玉泉山一处，乾隆年间进行大规模昆明湖扩湖工程。工程始于乾隆十四年（1749年），乾隆十五年（1750年）初竣工。这次扩湖工程效果显著。新湖的形成是将原来的堤防移至今知春亭以东，留下龙王庙孤岛，建十七孔桥相连，南移响水闸于新湖南端秀漪桥下，新湖周岸达15余公里，面积是原来的两三倍以上。扩大了湖水面积和容量，并系统修建闸、埂、涵洞，保证了运河用水。

昆明湖扩湖工程对北京城市的防洪、灌溉、园林用水等方面发挥了巨大的作用。3年以后，为了增加昆明湖的水源，进行了引导西山泉水至玉泉山的工程。引水上源有两处："其一出于十方普觉寺旁之水源头，一出于碧云寺内石泉，皆凿石为槽，以通水道。"文献中记载，清代皇帝和大臣们经常乘船经过长河到昆明湖泛舟。这一时期北京城对京杭大运河的依赖也远超过前代，直到清末海运和铁路的兴起，才停止了京杭大运河的漕运。

我来到了北京市测绘设计研究院。这所测绘机构的院址一直在海淀区羊坊店路，没想到如今搬到南礼士路60号。对于这处地点我非常熟悉，过去30多年间，我曾经三进三出这个院子。一是1984年留学回国以后，入职北京市规划局，来到这个院子从事城市规划和规划管理工作，1989年调任首都规划建设委员会办公室任规划设计处处长，第一次离开了这个院子。二是1992年任北京市规划局副局长，再次来到这个院子，1994年调到北京市文物局任局长，第二次离开了这个院子。三是2000年任北京市规划委员会主任，又一次来到这个院子，2002年调任国家文物局局长，第三次离开了这个院子。

此次来到北京市测绘设计研究院，是来查阅一张与京城水系有关的历史地图。在这里见到了《中国水利史典》专家委员会副主任蔡蕃研究员。他向我介绍了这里保存的一张早期《北京地形图》，这是一张2米见方的大地图，根据地图上的地名等信息判断，是一张民国时期的地图。地图上对于水系、水域有清晰的标注，比较全面地还原了历史上北京的水环境，从中可以看到北京水系脉络的历史原貌，其中五大水系和北京老城的“六海八水”都有体现。

在这张早期的《北京地形图》上，明确标注的有玉河从万宁桥至正义路的全线，有通惠河的全线，也有前三门护城河、鱼藻池、太平湖，还有永定河、金沟河、凉水河、凤河、小龙河等水域，南海子诸多水域也存有7—8片水，标注为南海三水、南海六水等名称。从一些消逝的水系周边地形，也能够看到曾经的水系流向，如何流淌于北京城市之中。还有一些现在较少受到关注的水面，都被记录在了这张地形图上。

我们在图纸上探寻“六海八水”的位置、流向及变迁，探讨历史上北京的水系脉络。随着城市发展变迁，京城水系发生了不少变化，通过《北京地形图》对比，今天保留下来的水系河道，“六海”的变化不大，只是北二环路外的太平湖已经消失，其他水面还都在。“八水”的变化较多，1924年前后玉河改为暗河，1953年改为盖板河；20世纪60年代菖蒲河改为暗河，1965年以后前三门护城河、西护城河、东护城河等陆续改为暗沟。

在《中国水利史典》中提到：“3000多年来，北京历代王朝建造的众多水利工程，奠定了今天北京市区河湖水系的基本格局，也明确了它们在功能上的划分，护城河水系、古代水源河道、漕运河道、防洪河道。”今日北京老城区内水面、河道并非孤立存在，而是千百年来所形成的四大水系格局，彼此连通、交融。文献资料只是作为研究的理论基础和依据，随着城市的发展变迁，更为精准的信息，还是要依靠我们的双脚去实地踏勘丈量，当我们把每一条故道、每一条支流都走过一遍后，在惊叹古代水利专家智慧的同时，也会对当代保护和恢复历史水系更有期待、更有信心。

新中国成立以来，北京市不断加强水利建设，新建京密引水渠，成为昆明湖最重要最可靠的水源。1990年12月至1991年3月，北京市动员20万人响应号召，在严冬雪天里参加昆明湖的全面清淤工程。这项工程是30年来最大规模的河湖水系治理，扩大湖面，改善水质，使古老的水利工程更加绚丽多彩。进入新的世纪，随着历史文化名城保护规划实施，2002年以来逐步恢复了菖蒲河、玉河北段、三里河南段、西海公园等。无论是三里河景观公园，还是玉河遗址公园，都是《北京历史文化名城保护规划》公布后逐渐恢复的历史水系河道，它们都曾见证北京的水脉纵横。

风光秀丽的玉泉山，系西山东麓的支脉。这座六峰连缀、逶迤南北的玉泉山，“土纹隐起，作苍龙鳞，沙痕石隙，随地皆泉”。因为这里的泉流“水清而碧，澄洁似玉”，成为北京近800年来重要的地表水源。玉泉的名称最早出现在《金史》上，玉泉山的水久负盛名，水又源自名泉而著称。这里正是永定河冲积洪积扇的山前溢出带，地下水间断露出，流泉迂回密布，泉水晶莹如玉，故称玉泉池，山亦因此得名。玉泉山一带泉水很多，有名称者30余处，著名的有8处，无名小泉，遍布山麓，难以计数，均系裂隙泉。

玉泉山泉水开发利用很早，金代已负盛名，山前低洼地带，受玉泉诸水汇聚已成巨浸。金章宗在位11年，曾7次游历玉泉山，并建有行宫。金代兴建中都城后，首次将顺天然地势向东流入清河的泉流，改向南注入瓮山泊，开凿了瓮山泊南高梁上源的人式渠道，把泉水引向东南流入大宁宫的湖泊，点缀了离宫御苑。元代改建大都城后，又引昌平白浮泉水，汇流瓮山泊入大都城接济漕运。至此，以玉泉山为源头，以通惠河为结束的玉泉山水系形成，皇城四周的筒子河、城墙周边的护城河以及一水相连的内城六海，构成了北京的主要水系。这是北京历代水源最充足的时期。

历史上玉泉诸泉的出水量很大，是北京唯一持续供水的地表水源。但是终明一代，白浮泉水断流，仍只依赖玉泉山水汇集瓮山泊，流入北京城。清初经过几十年的经济恢复，到了乾隆初年，才下决心整理西郊水道，开辟新水源，疏浚瓮山泊，增加蓄水量，改称昆明湖。为了扩充昆明湖水源，把西山碧云寺和卧佛寺附近的泉水，经过石槽导引，流经玉泉山，汇集昆明湖，引入京城。近800年来，玉泉山泉水是北京唯一持续供水的地表水源。它不仅哺育了京郊大地，也为北京城的起源、发展、繁荣做出过重要贡献。

我国古代，人们常以水之轻重来衡量水质，轻者优，重者劣。据《玉泉山天下第一泉》中记载，乾隆皇帝为验证玉泉水质，特命内务府官员用银斗秤量天下名泉，结果唯玉泉之水最轻，“凡出山下而有洌者，诚不如京师之玉泉”。乾隆皇帝在比较国内多处名泉，并品尝了水轻、质甘、气美的玉泉水后，得出“朕历品各泉，实为天下第一”的结论，并亲笔题写了“天下第一泉”几个字，由工匠刻碑二座立在泉旁。从此，玉泉水定为清宫专用御水。

乾隆还在万泉庄地区修建泉宗庙，并对庙外3眼大泉、庙内28眼大泉分别赐予泉名，如大小沙泉、沸泉、映月泉、跃鱼泉、乳花泉等。乾隆还在一诗中谈道：“泉宗祠建万泉庄，稻町新开百顷强。”整个清代，宫廷饮用的水都是取之于玉泉。当时，给宫廷运水的车都从西直门进出。水车上插着小黄旗，当朝文武大臣遇到了也要让路。不仅如此，用玉泉水灌溉培育出的稻米、水果，也成了皇宫的御用食品。

每到隆冬时节，城郊开始采冰窖冰。明清两代，皇宫在太液池采冰，贮存北海陟山门的雪池冰窖。凡玉泉水流经的河湖附近，都有民间冰窖。例如海淀、颐和园、莲花池、德胜门、安定门、东直门、东便门城根、西便门城根、通惠河张家花园等。至今，北京老城还有冰窖胡同、冰窖口等地名。冬至过后进入“三九”“四九”，开始昼夜不停地抢采储运，供夏间使用。《忆京都词》中说：“宴客之筵，必有四冰果，以冰拌食，凉沁心脾。”北京城的冰窖，一直延续到1963年。后来河水被污染了，才逐渐被“机制人造冰”取代。

综上所述可知，在科学技术很不发达的时期，古人于水之蓄泄方法颇有研究，将有限泉流，截于青龙桥，引水南流，积蓄于昆明湖，在湖周设涵洞，分灌农田，开浚南长河，引水入城，分注内城六海，集水冲河渠，汇于东便门外通惠河，济于漕运，为用至广。这充分体现了中华祖先卓越聪明才智。玉泉山泉水涌流了千百年，为北京城的起源、发展、繁荣做出过重要贡献，几百年来，玉泉水系在为北京城市供水、园林、漕运、灌溉、防洪等方面有着多种效益。

进入 20 世纪 50 年代，玉泉山泉水逐渐减少。随着北京市区规模扩大，城市建设迅速发展，大范围大量开采地下水，到 1975 年 5 月玉泉山水完全断流枯竭，实在可惜。由于泉水干涸，玉泉山水系上源受到严重损毁，高水湖、养水湖早已面目皆非，荡然无存，已变成林区，金河破损污残，所剩无几，已成了地区排水沟，北长河古迹界湖牌楼残缺不全，一孔闸几乎被填没，玉泉分水闸被拆除，下游河道被裁弯取直，砌成筒子河，成为农田排水渠。

回顾历史，展望未来，不能不引起我们的深刻反思。历史上玉泉诸水的出水量甚大，在北京园林中占有极其特殊的地位。玉泉山泉水涌流了千百年，到 20 世纪 70 年代断流枯竭，实在可惜。恢复举世闻名的玉泉山“天下第一泉”及附近水漾塔影的景色，绝非易事。但是只要我们继承发扬祖先在治水中的种种聪明才智，发扬中华民族艰辛创业精神，就能在建设现代化首都的同时，努力把北京建成“山水城市”，积极保护恢复古都水系的风貌。

《北京城市总体规划（2016 年—2035 年）》在“构建全覆盖、更完善的历史文化名城保护体系”中提出，“加强老城和‘三山五园’地区两大重点区域的整体保护”。“三山五园”是对位于北京西北郊、以清代皇家园林为代表的各历史时期文化遗产的统称。“三山”指香山、玉泉山、万寿山，“五园”指静宜园、静明园、颐和园、圆明园、畅春园。其中，香山静宜园、玉泉山静明园、万寿山清漪园，是山与园重合，而圆明园和畅春园则是平地建园。总面积 68.5 平方公里，与北京老城面积 62.5 平方公里相当，还略大一些。

把“三山五园”作为北京历史文化名城格局中的一个完整保护对象，这在以往的规划中前所未有。北京西山，层峦叠嶂，湖泊罗列，泉水充沛，山水形胜，具有江南水乡的山水自然景观。三山五园地区因水系丰富，自然生态条件优越，风景秀丽适于休闲。自辽、金以来，北京西郊即为风景名胜区，行宫别苑多有建设。元代定都北京后，引白浮泉作为北京市水源的重要补充。明代对西北地区泉水的倚重日益加重，成为北京的重要水源地。崛起于白山黑水间的满族，习惯于游猎生活，对于紫禁城内枯燥呆板的生活很不适应，入关后就准备择地筑城避暑。

清初康熙皇帝即开始经营西山园林，开启了在西山大规模建院的序幕，康熙十九年（1680 年）将玉泉山南麓改为行宫，在香山寺旁建行宫。康熙二十三年（1684 年），在清华园废址上修建畅春园，成为北京西郊第一处常年居住的离宫。雍正三年（1725 年），将圆明园升为离宫，开始大规模扩建，将其面积由 300 亩扩大至约 3000 亩，并命名了“圆明园二十八景”。乾隆十年（1745 年）修建长春园。同年在香山修建静宜园，建成二十八景。乾隆十四年（1749 年），为向其母祝寿，兴建清漪园，历时十五年建成。至乾隆三十四年（1769 年），“三山五园”工程基本完成。

由此可见，清代对北京的建设重点不在城内而在西郊园林。在全盛时期，三山五园地区自海淀镇至香山，分布着静宜园、静明园、清漪园、圆明园、长春园、绮春园、畅春园、西花园、熙春园、镜春园、淑春园、鸣鹤园、朗润园、弘雅园、澄怀园、自得园、含芳园、墨尔根园、诚亲王园、康亲王园、寿恩公主园、礼王园、泉宗庙花园、圣化寺花园等 90 多处皇家离宫御苑与赐园，园林连绵二十余里，蔚为壮观。与此同时还大规模整治了西山水系，形成了别具特色的山水相间的山水园，以山为主的山地园，以水为主的水乡园。

乾隆年间利用瓮山和瓮山泊修建清漪园，有力地促进了三山五园地区水系的发展，乾隆时期为增加玉河水量以满足京城用水需要，同时为防洪及发展西郊水稻生产，而大规模整治西山水系。包括建立涵闸，疏通玉河及长河，开通玉泉山诸泉眼，建立养水湖及高水湖，扩大西湖，连通圆明园水系等一系列水利工程。河湖水系的改善为进一步开拓西郊风景园林建设打下基础。从乾隆三年至四十年（1738—1775 年）的 37 年间，新建或扩建了静宜园、圆明园、静明园、长春园、绮春园、清漪园等一系列园林。西郊宫苑基本连成一片，中间以长河及玉河相互串通，并将沿途的农田、村舍纳入园林观赏范围之内。

仁者乐山，智者乐水，山水一色，自然与人文交相辉映的三山五园风景名胜完整地体现出来，基本汇集了各种传统园林构思。帝王乘御舟游弋在河湖行宫之中，除领略园林的人工美景，同时也将农家生活纳入画框之中，园内园外混为一体。由于地形各异，因此各园皆有特异的园林形态，有人工山水园、天然山水园，也有天然山地园，基本汇集了传统园林的各类创作及各种园林构思。今天，应尊重历史上三山五园地区的总体结构，除了保护现状香山、玉泉山、万寿山遥相呼应的空间格局外，还将恢复历史上清河北支沟、北旱河、金河、长河历史水系，同时利用现有水源和南水北调蓄水设施，逐步涵养和发展这一地区的水系。

古时北京海淀泉多泊阔，气候相宜。清代康熙、乾隆皇帝亲自选育的京西稻种，至今有 300 年左右的历史。京西稻米光润透明，饭粒有黏性，口感好，软硬适中，一直成为清代皇宫专用御米。当年，玉泉山和万寿山山下不仅是水田连接两山，更是一幅天然美丽的水乡画卷。颐和园东南园墙外的六郎庄地区，有大量园地和林地，并有水系穿插其中。历史上这一地区曾经是京西水稻的发源地，康熙年间六郎庄一带种植 365 顷御田。康熙皇帝令人绘制《耕织图》并为每图赋诗一首。《耕织图》将稻农、水牛、水田、农户等基本生产要素，与美学艺术相结合，形成精致美图。

为有效利用泉水资源，乾隆修建约 10 里长的石槽，引樱桃沟泉、碧云寺泉和双清泉在广润寺汇集成一股流泉，向东直入玉泉山下，与玉泉山泉湖融入一体后流入高水湖、养水湖，最终汇入瓮山泊。扩建后的瓮山泊水面以及水深均大于旧状，构成一座碧波荡漾、名副其实的大水库。乾隆因此将瓮山泊改称昆明湖，并遂令玉泉山、颐和园周边及长河两岸皆种稻田。乾隆《昆明湖上作》：“新辟水田千顷绿，喜看惠泽利三农。”乾隆二十九年（1764 年），又对万泉河水系进行改造，引导巴沟低地积水北流，使这一带低洼湿地都开辟成稻田。

京西稻有名，离不开玉泉山泉水好，离不开万泉庄泉眼的众多。1985 年，海淀区京西稻种植面积近 10 万亩。从 2000 年起，伴随大规模城市建设，水资源匮乏，海淀区被迫进行种植结构调整，京西稻种植面积仅剩 2000 来亩。具有独特文化底蕴的京西稻面临濒危境况。

2015年11月海淀京西稻被列为中国重要农业文化遗产项目，作为重要农业文化遗产予与保护，也是历史赋予当代人的责任。国家级京西稻标准化示范区千亩稻田和周边600余亩茂盛的生态林，营造出一种僻静悠然，实乃天然的氧吧、原生态的避暑胜地。

万寿山是西山的余脉，是永定河故道旁的一座小山，山前地势低洼。12世纪初，金迁都燕京，最早修建金山行宫。1190年，金章宗引玉泉诸水至金山下，取名金水院，即昆明湖前身。元时相传有人在山麓挖出一只刻有花纹的大石瓮，改名瓮山。1262年后，元世祖兴漕运引西北郊泉水，扩浚湖泊，易名瓮山泊，俗称大泊湖。1506年，明正德皇帝在大泊湖建起“好山园”行宫，改名金海，又称西湖。明末时期，白浮泉水断流，只能依赖玉泉诸水汇集西湖。明清之交，西湖失于疏浚，泥沙淤塞，并有泛滥之患。

清朝经过几十年的经济恢复后，随着西郊园林的大量兴建和水田的增加，京城用水、运河用水及西湖水量日感不足。因此，乾隆初年开始大规模整治西郊水道，开辟新水源。经精心设计后，扩浚西湖，于乾隆十四年（1749年）冬天，开始了昆明湖扩建工程，次年初竣工，使“新湖之廓与深两倍于旧”，并且“为闸、为坝、为涵洞”，以控制蓄泄。这是北京城最早出现的一座人工水库，接济了城内用水，扩建了海淀园林。同时，导引西山碧云寺和卧佛寺附近的泉水，流经玉泉山，汇入昆明湖，扩充了昆明湖水系。同时，开辟高水湖、养水湖，使水次第节蓄，灌溉京西农田。

1950年疏挖北长河，新建颐和分水闸，雨季西山洪水通过北长河，由颐和分闸经青龙桥向清河分洪，平时玉泉诸水经北长河由颐和东闸经过玉带桥闸注入昆明湖。1956年、1960年疏挖西湖，平均挖深2米，清淤160万立方米。1966年京密引水工程建成，给昆明湖开辟了新水源，利用北长河下游河道为京密引水渠。1990年，昆明湖又进行清朝扩湖以来的彻底清淤，水面扩大到213万平方米。水体水质得到改善。800多年来，昆明湖为北京城市供水、航运、灌溉、防洪以及城市建设发展，城乡环境的改善，一直发挥着巨大作用。

实际上北京自古就有一条称得上“母亲河”的河流，那就是最早蜿蜒于京华大地、千百年来哺育滋养着北京城的“高梁河”。今天的高梁河，通常指紫竹院东流到西直门外高梁河的一段河道。但是在1500年前的《水经注》中，时称“高梁水”的这一河流，“出蓟城北，又东南流”。经过考证，当时高梁河发源于今紫竹院附近的西北平地，向东流经今德胜门、积水潭、什刹海、北海、中南海、龙潭湖等，最终注入今北京东南的凉水河，斜穿北京城心脏地带，对北京最终发展成为都城有重要影响。

北京作为都城的建城年份，确定在1153年，即金代迁都于北京之年。当时在今广安门南滨河路一带，建起了宏伟的皇城，所依托的河流，以高梁河为主。元代初期在金中都东北方向，更接近于高梁河发源地的地方，建起元大都，皇城就在高梁河流经的“太液池”，即今北海与中海的总称。东岸郭守敬又引来西山诸泉等汇集于今昆明湖，向高梁河补充水量，并筑河闸接通大运河，以供漕运。所以高梁河上的广源闸，有“京杭运河第一闸”之称。到了明代，高梁河更成为把玉泉诸水引入京城的唯一河流。

高梁河原是向西出城第一桥，是元明清时代京城人最为喜爱的踏青之处。清代慈禧赴颐和园，往往在高梁河附近的倚虹堂船坞上船，经白石桥、长春桥等，直达颐和园和玉泉山，故被称为“慈禧水道”。整个明清时期，高梁河不仅扮演着京城供水、灌溉和漕运的重要角色，从西直门一直到昆明湖，还成为帝王龙舟赴西郊各行宫的御用河道，沿河修筑了许多寺庙宫苑。这一重要河流的名称，也渐渐变为“玉河”和今日的“长河”。而保存至今的“高梁河”，仍固守着北京人对高梁河的记忆。

20世纪之初，北京投入巨资整治长河，开通了长河游的航道。从高梁桥西边的展览馆后湖登船，溯流而上直到颐和园，能观赏到以往只有皇家龙船才能欣赏到的沿岸美景。如果步行，则可从高梁桥开始。沿岸能看到慈禧时代就矗立在倚虹堂前的蝴蝶槐、原为清代高梁河畔万牲园的北京动物园、风格奇异寓示密宗五方佛的五塔寺、乾隆仿苏州风景遍种芦苇经霜变暗后讹为紫竹的紫竹院、慈禧常在此礼佛的万寿寺，一路行来，绵绵流水伴随着思绪，能真切感受到北京历史的沧桑与厚重。

莲花池位于广安门外六里桥的东北，早在1984年就被列入北京市文物保护单位。90年代初建设北京西客站时，有人提出方案要放弃莲花池，文物专家们表示坚决反对，致使最后的规划实施方案将西客站的主楼向东移100米，保住了莲花池遗址。随后又从玉渊潭引来清水注入莲花池内，再种植荷花，使已经干涸了多年的莲花池再现昔日的景象。我再次来到了莲花池公园，在南门内的休闲亭与游客攀谈起来，远望湖对面的北京西客站，呈现一副水畔新生的画面，感受千余年历史水源地与今日北京的交融。

目前，在北京市中心城范围内，有通惠河、凉水河、清河、坝河四条主要排水河道以及其支流，总长226公里，总水面面积460公顷。现状湖泊23个，水域面积700公顷。虽然部分历史水系得到保留，但是仍有许多河道或被填埋，或盖板成为暗沟，失去了“山—水—城”的整体特色。近些年，为了恢复历史原貌，北京市对部分河段开挖明河，修建临河公园，城市环境得到一定提升，但是历史上完整的河湖水系仍没有显现出来。

北京水脉的恢复不仅仅是展现一处处历史景观，更多的是服务于现代城市在更新和复兴过程中，对于北京历史文化名城的保护和规划理念的体现。恢复部分具有重要历史价值的河湖水面，使其基本形成一个完整的系统，对城市未来的发展具有积极的作用：一是可以初步再现湖光山色映衬下北京古都规则整齐的整体风貌；二是可以弥补因城墙缺失而带来的旧城轮廓残缺的遗憾，利用护城河等“软环境”勾勒出更加清晰的城市格局；三是可以发挥其在防洪排水、气候调节、环境美化方面的重要作用，提高城市的生态环境，改善居民的生活质量。

京杭大运河是世界上最长的运河，经历了2500多年的历史，北起北京，南至杭州，经北京、天津、河北、山东、江苏、浙江等省市，将海河、黄河、淮河、长江和钱塘江五大水系连成了统一的水运网，是中国历史上南粮北运、商旅交通、军资调配、水利灌溉等用途的生命线，是贯穿南北流动的文化血脉，是人与自然共同创造的人文景观。大运河沿岸文化遗产极为丰富，有沿河兴起的城镇，有码头、仓库、船闸，有桥梁、堤坝等，形成中国乃至全世界范围内罕见的大型线性文化遗产。

我开始关注大运河及其沿线文化遗产是在2003年。当时南水北调工程东线方案涉及大运河和遗产的保护问题，国家文物局开展了包括大运河在内的文物资源调查。我在全国政协写了一份《关于在南水北调工程中重视文物保护的建议案》。在提案中提道：我们的万里长城早已成为世界文化遗产，而大运河到今天连全国重点文物保护单位都不是，建议要在南水北调工程中注重保护包括大运河在内的文化遗产。40 多位全国政协委员参与了这次提案，这是全国政协在大运河保护方面最早的提案。

2003 年、2004 年、2005 年，国家文物局连续开展了三次大运河全程调研，2004 年我在全国政协提交了《关于大运河文化遗产保护亟待加强的提案》。这个提案对开展大运河文化遗产保护起到了一定的促进作用。2005 年，国家文物局专家委员会讨论第六批全国重点文物保护单位名单时，特别把京杭大运河列入进去。京杭大运河跨越了 6 个省、直辖市的 20 多个城市，当时专家一致赞同列入名单。最终 2006 年国务院批准京杭大运河整体进入全国重点文物保护单位，这在全国重点文物保护单位的确定中，是一次创新性的实践。

2007 年，我牵头撰写提交了《关于推进大运河世界遗产申报工作的提案》，有 40 多位专家联名支持这项提案。大运河申报世界文化遗产变成了运河沿线城市的一个集体行动。不久，在扬州设立了大运河联合申遗办公室。2008 年，为促进大运河保护纳入法制管理的轨道，我又提交了《关于尽快制定大运河保护条例的提案》，希望在大运河在申报世界文化遗产的过程中，能有更加鲜明的法律支撑。2008 年 3 月 23 日，国家文物局主持召开了大运河保护与申遗工作会议，大运河正式进入了申报世界文化遗产工作程序。

京杭大运河通常按照地理位置分为七段，分别为通惠河、北运河、南运河、会通河、中运河、淮扬运河、江南运河。大运河北京段为 82 公里，占比不到 1/10，但是沿线文物等级高、分布密集、时代跨度长、类型丰富，其重要性不言而喻。按照郭守敬的精巧设计，从昌平白浮泉一带引水接济漕运，由大都文明门至通州，沿河修建 11 组 24 座水闸以调节水位，形成了当时世界上技术最先进的梯级航道。浩浩荡荡的江南漕船直接驶入大都城内，终点码头积水潭呈现出“舳舻蔽水”的盛况，运河文化也迎来了最具创造性的时代。

2014 年 6 月 22 日，中国大运河申报世界遗产获得成功，大运河保护翻开新的一页。中国大运河申报世界遗产项目，选取了各河段的典型河道段落和重要遗产点，包括河道遗产 27 段，总长度 1011 公里，相关遗产点共计 58 处。北京作为大运河北起点，入选名录的共有两段河道和两处遗产点。两段河道：一段在北京老城内，中轴线的东西两翼，即“通惠河旧城段”，含什刹海、玉河故道北区、澄清上闸与万宁桥、澄清中闸与东不压桥；另一段是“通惠河通州段”，西起永通桥，东至北运河。两处遗产点则是坐落在玉河两端的万宁桥和东不压桥。

《北京市大运河文化保护传承利用实施规划》以大运河为轴线，构建“一河、两道、三区”的大运河文化带发展格局。“一河”即以大运河北京段为轴线，组织推进大运河文化保护传承利用，建设大运河文化带。“两道”即全线滨河绿道和重点游船通航河道，重点推进南长河、玉河、通惠河、潮白河、北运河等绿道建设升级；同时，开发重点游船通航河道，确保通惠河部分河段、潮白河部分河段、北运河通州段实现游船通航。“三区”即运河文化展示区、运河生态景观区和疏解整治提升区建设。

我是文物系统的一名老兵，20 多年来，我经常在各种场合呼吁保护大运河，撰写了《大运河遗产保护》一书。中国大运河申报世界文化遗产成功后，我也没有停止这种努力，我也曾参与过一些城市的规划工作，对于现代城市的规划，始终给予关注。目前我正在撰写《大运河漂来紫禁城》一书，希望寻找和讲述“依河而居”的运河城市的历史和故事，也是为了寻找和守望每一座文化城市的灵魂，只有找到城市的灵魂，才有可能防止泯灭个性，千城一面。北京内城的水系，通惠河、玉河的河道得以恢复，正是寻找和守望城市灵魂的重要举措。

古都北京，堪称一座古城墙的博物馆。金中都城、元大都城、明清北京城的城墙遗址，共存于北京城市中，它们像散落在这座城市之中的珍珠，见证着这座古都所经历的沧桑变迁。金中都城墙，并非全部重新修建，而是在辽南京城原城墙的东、西、南三面各向外扩展约 1.5 公里，北城墙仅向东、西各延伸出约 1.5 公里，城墙周长 18.69 公里。目前，在丰台区凤凰嘴村附近还留存着一处金中都城墙遗址，而在这处金中都城墙遗址正东 3 公里处，90 年代初发现了金中都水关遗址，被列为全国十大考古新发现之一，被公布为全国重点文物保护单位。

金中都水关遗址位于丰台区右安门外的玉林小区，距离凉水河以北 50 米处，水关位于金中都南城墙上，为城内的河流入城南护城河，即今日的凉水河的关口。全长 43.4 米，出水涵洞长 21.35 米，宽 7.7 米，出入水口各呈“八”字展开。这是迄今国内所发现规模最大、保存最完整的一处水关遗址，也是迄今所发现的唯一一处完整的金中都建筑遗址，建造年代为 1151 年至 1153 年间，为金中都城和中国古代城市的研究提供了难得的实物资料。金中都水关遗址跨城墙而建，木石结构，水流经水涵洞由北向南穿城而出，流入护城河。现存的遗址主要有水涵洞地面铺石、两侧的残余石壁、进水口的城墙夯土等。

历经数百年的沧桑岁月，这处遗址已经掩埋在地下约 6 米处。木石结构的水关，规模宏大的排水工程，保存基本完整，对其木质文物进行脱水处理，土质文物加固保护，安装有利于文物保护的各种设备，加强日常维护。1995 年 4 月，在金中都水关遗址上建立的辽金城垣遗址博物馆正式对公众开放，博物馆地下一层即金中都南城垣水关遗址，一层为展览大厅，介绍金中都水关遗址的发掘过程、研究成果及文化价值。目前这座全国唯一展示辽南京城和金中都城物质文化的遗址博物馆，已对外开放二十余年，接待众多市民和国内外访问者。

北京原有内外城都有护城河，这些护城河在历史上除了防卫的作用外，还具有排洪的功能。清澈的河水，古老的城墙，遍地的野花，怡然的白鸭，共同描绘出的是一幅旧时北京独特的风景画卷。如今，幽静的护城河环绕古老城墙的景色，只能在记忆中寻找。北京内城的护城河包括宣武门、西直门、复兴门、阜成门等位置的西护城河和东护城河，基本上都变成了暗沟。北京老城失去的是宏伟的城墙和护城河，失去的是文化古都壮美的景观和独特的风貌，得到的是宽阔的交通干道和道路两侧缺少地域特色的楼房建筑。

在现在北京火车站的位置，有一条叫“泡子河”，在元代是一条重要的河流，后来被填平修建了北京火车站。西城区的赵登禹路，下面也曾经是一条河。那里原来叫北沟沿，后改名白塔寺东街，元代曾是大都城金水河的故道。类似这样重要的河道遗址，如今恢复起来非常困难，毕竟很多地方已经成为交通干道，大部分还是交通主干道。其实，很多古河道的消失，并非完全是人为所致，水源的枯竭、历代城市的变迁等诸多原因，造成了它们最终退出历史舞台。

北京地区的很多河道实际上发挥着区域定位的作用，例如今天二环路就是过去明城墙遗址的定位，虽然城墙已经消失，有几个城门还在，实际上表明62.5平方公里的城市轮廓还在。如果现在北护城河还有，南护城河还有，包括规划中要恢复的前三门护城河，再把它们连通在一起，可以想象这样的内城和外城，区域定位更加鲜明一些，人们走在城市中就知道我现在走在何处，这个地方在历史上是什么功能的区域，要实证一个城市的历史，就是要靠这些历史遗存的叠加来加以呈现。

明嘉靖三十二年到四十二年（1553—1563年）修筑北京城外城，开挖了外城护城河，汇入通惠河。到1953年护城河填埋前，内外护城河总长41公里左右。我来到北护城河，从上游长河进入西直门三岔河口，经德胜门，到达安定门至东北城角。20世纪70年代，北护城河上段的明河改为暗沟；我来到东护城河，上游接北护城河，下游于东便门经大通桥入通惠河；我来到西护城河，自西直门长河终点三岔河口，至西便门前三门护城河与南护城河分流处，全长5公里，1965年至1971年，分两次将西护城河全部改为暗沟；我来到南护城河，上游起自西便门，绕流外城，经广渠门向北直入通惠河，全长15.5公里。

北京老城关于水的保护和规划中，也有很多落地实施效果好的实例。自从2015年就提出将建造60公里的“水二环”，围绕现有的护城河建造滨水空间，今天可以看到在南护城河一线，围绕水域的两岸建造了左安门滨水公园、玉蜓公园、二十四节气公园等，在治理和清淤的同时，把滨水空间提供给周边的社区民众，提升城市生活的幸福感。除了滨水空间可以为城市环境增色，护城河还有一个重要的作用，就是用内外城的护城河来勾勒出老北京城的风貌和轮廓。毕竟由于历史原因，没有能够保留住北京城的内外城城墙，但是有了这些护城河，也可以展现出老北京城的风貌，并具有老北京城的独特水韵和灵动景观。

我来到德胜门外的护城河畔。20世纪70年代，我在京城北郊沙河的电子器件工厂当了8年工人，每星期都要乘45路公共汽车返城，当汽车驶进德胜门外那条老街，远远望见德胜门城楼，再穿过城楼下的护城河，就知道即将进城，快到家了。可是今天再次来到德胜门城楼，却已经没有了昔日的印象和感受，记忆深刻的老街已经彻底消失，德胜门城楼下是纵横交错的高架立交桥，桥下的护城河水还在静静流淌。有城楼就有护城河，凭借护城河望城楼，过去在京城是常见的风景，如今只有三处地点，一是德胜门外，二是东便门外，三是永定门外，其余的地方不是已经没有城楼，就是已经没有护城河了。

过去，前三门护城河自西便门开始，流经宣武门、正阳门、崇文门至东便门汇入通惠河，全长7.6公里，是一条贯通城市中心的人工河道，也是作为明清北京内城的南护城河。前三门护城河所具有的核心位置，使之成为老北京内外城水系中一个重要的枢纽，并起着河道之间的连通作用。在前三门的崇文门西侧，是正义路南口，一直向北延伸连通了南北河沿大街，是历史上重要的漕运河道玉河段，玉河向南流到前三门护城河，接通东便门大通桥汇入通惠河。另外一个重要的地点，是正阳门前东南走向有一条减水河，具有为前三门大街排洪的功能，就是前门大街外的三里河，现在已经恢复成为三里河景观公园。

由于明、清时期城内皇家园林不许老百姓进入，于是城外的河道水体就成为普通民众游乐的好去处。尤其是前三门护城河，是距离皇家禁地内城最近的一处滨水空间，每到冬天，前三门护城河和南护城河都开辟出冰上运输线，可以坐冰船出游。明清时期的每年农历七月十五，即旧历的中元节，前三门护城河还是老北京人放河灯赏河灯的地方。但是1965年因为“备战、备荒、为人民”的方针，前三门护城河崇文门以西的5.6公里改为了暗沟。

我再次来到前门大街五牌楼下，这里是正阳门桥遗址区，在这里与北京市城市规划设计研究院历史文化名城规划研究所的赵幸主任工程师，按图索骥寻找正阳桥历史位置，探讨正阳桥及周边风貌规划，畅想老城水系未来按规划再现的图景，并就这三个话题进行了讨论。赵幸老师手里拿着几张正阳桥的历史照片，分析正阳桥的历史位置，为做正阳桥历史景观规划开展前期考证和调研工作。正阳桥下的前三门护城河是老北京城重要的水系之一，应该说正阳桥是北京水系的一个重要地标。

如今前门大街北端耸立着五牌楼，五牌楼南面写着“正阳桥”三个字。可见这座五牌楼当时是正阳桥的一个附属建筑，是一座地标建筑，因此写着“正阳桥”三个字，清代的时候由满汉两种文字书写，民国以后重建就只留下了汉字。无论是从历史照片中看，还是从历史文献记载分析，正阳桥的体量很大，宽度超过了30米，是一座三券石桥。正阳桥之所以如此宽阔，是因为桥下流淌的是前三门护城河，也就是明清北京城内城最重要的一条护城河。据文献记载，正阳桥桥面的中心点，与前门箭楼之间的距离，为58.5米左右。

早在1992年修建正阳门地下通道的时候，曾经将正阳桥挖了出来，为了保护又把它埋在地下。在前门大街修建的时候，还挖出过正阳桥东南角的镇水兽，也是出于保护的需要，考古专家把它们掩埋于地下。如今编制正阳桥历史景观规划，展示正阳桥整体风貌，需要开展前期考古调查，进一步明确正阳桥的位置，通过桥的位置，判断河道的位置，结合正阳桥和护城河保护规划，进行历史景观的展示。当然，希望人们看到的不仅是标识，还能够看到正阳桥和护城河本体，这就需要考古发掘和遗址保护。

赵幸老师告诉我，目前确定正阳桥的展示方式，可能是一些示意性展示，整体风貌展示的方案也会随之配合。目前只是一些初步的想法，可以有带水的规划，也可能用草地来代表水的位置，做示意性展示。就像东不压桥的展示方式那样，考古遗址揭示出来，就要进行保护，可以在局部地方恢复一些较浅的水面，对历史环境加以说明。如果未来有可能恢复正阳桥和前三门护城河的部分水系的话，将是一个复杂庞大的系统工程，道路下面有地铁，还有大量地下管道，路上有繁忙的交通线路，恢复必然有一定难度，但是期待就分阶段进行水系恢复，进行深入研讨。

天桥是北京中轴线南段不可忽视的节点。这个节点既是建筑的，也是地理的。北面正阳门，南望永定门。中轴线上不仅有重要建筑和坛庙，同时由南至北还存在一个桥的序列，包括天桥、正阳桥、外金水桥、内金水桥、万宁桥，而天桥正是这个桥的序列南端的起点。天桥地区在历史上有两处标志，一是石桥，一是明渠。石桥即天桥，明渠即龙须沟，前者为建筑标志，后者为地理标志，天桥位于龙须沟之上，是沟通前门与永定门地区之间的桥梁。历史上，天桥曾经是北京的平民文化中心，蕴藏丰富的文化遗产，包孕浓厚的人文内涵。

根据历史记载，天桥是一座单孔拱桥，桥面上设有四道栏杆，将桥面分为三部分。外边的两道栏杆为八字形，中间的两道为直形。栏杆每侧各有望柱 10 根，栏板 9 块，抱鼓石 2 块。栏杆与桥身为汉白玉，桥面两侧铺花岗岩，中间铺青石，是供天子行走的御道。在清代，御道两端设“辖禾木”将中间的道路封闭，只有皇帝去天坛与先农坛祭祀、籍田之时，才将其撤走。天桥的弧度较大，可以把视线遮住，张次溪先生在《人民首都的天桥》中写道：“若从桥南之处向北望，不见正阳门。同时，在桥北之尽处南望，亦不见永定门。”这就是天桥得名的原因。

历史上，天桥一带具有水乡风致。清乾隆时期，曾经对河道进行疏浚，在两坛之外的隙地开挖池沼、植莲种柳。1919 年翻修马路，对天桥进行了改建，拆除了中间的两道栏杆，降低了桥的弧度，将原来的穹隆形状改为平缓的坡度，以利行人通过。改造后的天桥据“京都市营造局”档案记载：“桥面全宽 22.8 米，净宽 21.7 米，桥身长 11.3 米，全长 22.5 米。桥台是带燕翅形，拱券是半圆形，跨径 5.6 米。”1934 年在展宽永定门至正阳门道路时，将天桥的上部结构拆除，桥洞埋于地下，天桥遂名存实亡。

龙须沟是北京外城中部的一条泄水沟。民间传说，正阳门是龙头，天桥是龙鼻，桥下的水沟是两条龙须。以天桥为界，西边的称西龙须沟，简称西沟；东边的称东龙须沟，简称东沟。天桥北部是前门商业区，繁华喧嚣；南部是天坛与先农坛，寂静肃穆，在历史上人烟稀少。龙须沟西端是虎坊桥，虎坊桥北部是今天的南新华街，在历史上也是一条明沟，虎坊桥的南部是南下洼子；龙须沟的东端辟有水关与外城南部的护城河相连，积潴成泊，即今日的龙潭湖。龙须沟东段有金鱼池，每至雨季，附近的雨水大都汇集于此，经水关流到城外护城河。

龙须沟不仅排泄雨水，也是生活污水的集纳之地，因此 1929 年将龙须沟改为暗沟，沟底用青石板铺筑，沟帮用城砖砌筑，沟顶盖花岗岩石板，于上修筑道路，从虎坊桥至西经路的段落称永安路，附近明沟上曾经有永安桥，永安路至天桥西侧的称西沟旁大街，1965 年统称现今的地名。但是，工程只进行到天桥东一巷西口为止，原因是东段金鱼池一带，即东龙须沟的中间段落，民房稠密杂沓而拆迁困难。21 年后，1950 年将这一段的明沟改为暗沟，在暗沟上筑路，称龙须沟路。又在其南，天坛的北墙根下，修筑马路，称天坛路。

明成祖朱棣营建北京宫殿的过程中，按照中国风水理论，在元代后宫正殿延春阁旧址上，巧妙地利用修筑紫禁城开挖护城河的泥土，以及拆除元代皇宫及城墙废弃的渣土，在紫禁城后面人工堆筑起一座土山，意在压制前朝的“风水”，所以这座土山在明朝前期称为“镇山”。明万历年间，命名为“万岁山”，清顺治年间改名“景山”，成为北京城中“君临天下，皇权至上”极为鲜明的标志，使北京中轴线内容更加丰富，把几千年来人们对城市设计的文化智慧、时空想象都集中体现在中轴线的创新与发展，达到中国古代都市设计的最高杰作。

在古人的建筑风水观念中，“背山面水”是理想的居址环境。在北京城的营建中，调形理气体现得非常明显，皇宫北面的景山，不是自然的山，而是人工堆砌而成，成为紫禁城的靠山，所谓靠山，依据“青龙、白虎、朱雀、玄武、天之四灵，以正四方”之说，紫禁城之北乃是玄武之位，应当有山，于是在北京小平原上出现了这座异峰突起的土山。皇宫前面的金水河，不是自然的河，而是人工开挖而成，在南面引进河水，就营造出山水环抱的格局，成为紫禁城内难得的面水。景山与金水河共同形成了紫禁城“背山面水”的格局。

所谓“背山”，景山不仅使皇宫建筑群，即紫禁城有座倚山，又增加了中轴线的重要节点，也是北京城市的制高点。山上嘉树葱郁，鹤鹿成群，中锋之顶设石刻御座，两株古松覆荫其上，有如华盖，为重阳节皇帝登高之所在。同时，冬天高大山体可以挡住寒冷的西北风，为皇宫营造出温暖的小气候。显然这一举措不仅仅是为了处理开挖的河泥和废弃的土渣做出的权宜之计，而是实现营建紫禁城宫殿整体规划的一个不可或缺的组成部分。清代在景山五座山峰上建造了五座亭式建筑，形成五峰东西并峙格局，而全城的几何中心则位于万岁山主峰，成为俯瞰紫禁城的最佳地点。

所谓“面水”，在紫禁城的南部，引入金水河。根据《大清一统志》记载：“元时名金水河，以其自西门而入，故名。”由此可以知道这条金水河始于元代，因为从西门进入皇宫，所以叫金水河。中国传统文化中有金木水火土之说，既是道家学说，也是哲学思想，还是对世界万物属性的一种概括。就方位来说，南方为火，北方为水，东方为木，西方为金，加上圆心，中间为土，构成方位上的五行。因为河水自西方而来，因此称为金水河，其源头来自京城西北的玉泉山。

金水河分为外金水河和内金水河。天安门前有外金水河。在元朝，金水河一直是独流入城，不得与他水相混。在遇有其他水道的地方，都要架槽引水，横过其上，名为“跨河跳槽”，而且“金水河濯手有禁”，悬为明令。这一切都在说明从元朝初年起，玉泉山诸泉之水，已为皇家宫苑所独享。金水河有白石条夹杂垒砌的陡直河岸，河岸很高，河岸上齐堤岸顺河势筑汉白玉护栏和望柱，护栏望柱提升了河岸陡峻高拔的感觉，倒映着蓝天、白云、陡岸、石栏的壮美景观。

内金水河像一条碧带，布局于故宫太和门广场，有人把她形容为玉带，称为玉带河。有人把她称为“一条镶着银边的弯弓”，与真实的弓极为酷似，而且是东西对称分布。弓从西向西南弯，在五座金水桥处成直线，过金水桥向东北弯，再向东弯，弓背在南，引发联想的弓弦在北。金水河的曲线勾勒出的生动画面，在红墙黄瓦的古建筑群中宁静而神秘。中轴线就在五座金水桥正中的御桥桥面的中心，南对午门的御门御路中心，北对太和门中心。

远远看太和门前的金水河，那张巨大的弯弓，把午门与太和门之间的空间分隔成南北两半。内金水河中间的五座由精选的汉白玉石砌成的金水桥，把分开的广场连成一体。五座桥高低错落，集中而又疏朗。通过精心设计的建筑空间排列和组合，构造出一个最佳的景观序列，使人在移动中不同位置和角度，都能有效地欣赏优美的造型艺术构图，并在这种造型的有序变换中，由浅入深地体验到金水桥主题强烈的感染力，把平淡宁静的空间变得生动而富于变化。实际上，金水河具有众多实用功能，包括美化环境、湿润空气、排水泄水，更是皇宫消防和施工用水的重要水源。

在北京中轴线的环境改善提升中，故宫周边的环境整治格外引人注目。当时故宫筒子河的保护状况令人非常担忧。由于历史原因，故宫筒子河及周围环境，脏乱不堪，严重影响故宫整体景观和城市生态环境。尤其是河水严重污染，当时筒子河两侧有 465 条管道向河内排放污水，同时沿岸一些单位和居民将生活垃圾、工程渣土等倾入河内，有些地方已经堆积到了水面，影响对古建筑及河墙的维修保护。筒子河内侧与紫禁城城墙之间，有一些单位及数百户居民，在狭窄的通道内堆满易燃物品，存在严重火灾隐患，成为北京市中心区内一处危机四伏的死角。

故宫筒子河的状况，早已引起社会公众的强烈不满，进出故宫博物院的国内外观众不断提出批评建议，新闻媒体对此也频繁予以曝光，要求进行彻底治理。1997 年春天，北京市文物局开展了故宫筒子河环境保护调研，随后北京市文物局、市规划局、北京日报社联合召集故宫博物院、东城区政府、西城区政府、中山公园、劳动人民文化宫等单位参加的协调会议，一致同意发挥各自优势，开展故宫筒子河治理行动，提出“把壮美的紫禁城完整地交给 21 世纪”的目标。

故宫筒子河治理目标：一是迁出仍占用故宫古建筑的单位，消除故宫博物院的火险隐患，整治环境，扩大开放。二是配合故宫博物院搬迁筒子河内侧与紫禁城城墙之间的单位和居民。三是进行筒子河古建筑及河墙的抢险保护修缮。四是实施污水截流，彻底解决向故宫筒子河内排放污水的问题。五是开展筒子河清淤。经过努力，故宫筒子河整治工程达到了预期目标，成为一次有意义、有声势、有影响的文化遗产保护行动，既实现了长期以来未能解决的问题，也提高了社会公众保护世界文化遗产的意识和决心。

2014 年 9 月，故宫护城河再次进行清淤工程，这是自 1998 年故宫筒子河完成综合治理以来，再次开展的环境整治行动，从深度达 15 厘米的淤泥中，共清理出总量 10172 立方米的垃圾。淤泥里不仅有饮料瓶等日常垃圾，还有人们不慎掉落的手机和照相机等物品。清淤后持续 3 天放水，总补水量约 25 万立方米。国庆节前，故宫筒子河再次呈现碧波荡漾的美丽景观。无论春夏秋冬，每天从清晨到夜晚，总有众多摄影爱好者，把紫禁城角楼和故宫筒子河组成的绝佳景色拍摄下来，把得意的照片通过朋友圈传向世界各地。

菖蒲河位于天安门金水河的下游。天安门前的金水河源于西山玉泉山，流经高梁河、积水潭、中南海，过金水桥，进入菖蒲河。菖蒲河是明清皇城中外金水河的东段，因河中生长菖蒲而得名，既是西苑三海的出水道，也是紫禁城筒子河向南穿过太庙的出水道，全长 510 米。但是菖蒲河一度被改成了暗沟，2002 年全部搬迁河道两侧居民，考古发掘出菖蒲河故道，恢复了水面，并作为菖蒲河公园对公众开放。虽然玉河和菖蒲河已经打开了，但是大部分北京城曾经的水面，都已不复存在或者成为暗沟，难以重见天日。

据专家考证，在元代已有三里河，当时的名称为文明河，位于大都城的丽正门与文明门之间。丽正门明代改为正阳门，文明门则是明代崇文门的前身。文明河在元代有两个重要作用，一是漕运，它连通着大运河把南方的粮米不断运到大都城的南大门；另一个就是疏导护城河的水流。在明代文明河的位置和流向没有很大变化，北接护城河，并引护城河水向东南流入芦草园，到北桥湾经三里河桥下向东流经薛家湾、水道子、河泊厂、揽杆市、南河漕等地，再转向东南经八里河、十里河，流向张家湾烟墩港，并入通惠河。

前门大街东侧的“三里河”，因距正阳门三里而得名。据明《河渠志》记载：“城南三里河旧无河源，正统间修城壕，恐雨水多溢，乃穿正阳桥东南洼下地开壕口以泄之，始有三里河名。”1437 年，作为南城的泄洪渠，出现了三里河水系。明代三里河流域河道纵横，居民沿河而居，戏楼、会馆聚集于此，颇具江南水乡韵致，对前门地区居民生活、市井文化、城市肌理的形成，产生了很大影响。明代后期三里河虽然已经干涸，但是河道还在，低洼处仍有积水。到了清末，新的泄洪通道形成，随着人口增加，三里河逐渐被填平，并最后消失。

2016 年 8 月，三里河绿化景观项目启动，全长约 900 米。历时 8 个月，安置居民 480 户，先后完成 9 条胡同环境整治、河道沿线文物和房屋修缮、景观配套设施完善等工作。以水系景观修复为依托，突出历史、人文、生态、艺术的特点，增加绿色空间，再现老城历史风貌。同时，依据历史的河道位置和走向进行还原，将街巷胡同、四合院建筑与自然环境渗透融合，充分展现胡同、院落与三里河“水穿街巷”“庭院人家”的美好意境。2017 年 4 月，这条充满南城记忆，穿过街巷宅院的生态古河，又重新回到了人们的视线中，为北京的老胡同赋予新内涵、焕发新生机。

三里河是一条自循环景观河。为保障水质始终清澈、透明度高，采用生物活性炭滤层、生态浮岛、曝气增氧等设计，去除污染物，保持水质状态，实现水体无色、无异味、无杂质。同时，河道中喷水的涌泉，河里种植的莲花等水生植物，既能造景，也能对水质起到净化作用。海绵城市理念也被引入三里河项目之中。河道建了三处大型地下蓄水池，表面上看只是景观平台，地下的蓄水池收集的雨水经消毒、过滤后，可以用来补充河水，只要一年当中下 3 场比较大的雨，就足够三里河自行补水一年。

玉河，是北京城内历史上的一条重要水系，它与北京城的形成、发展有着密不可分的关系。玉河由什刹海，经过今东不压桥胡同流入皇城，再从东黄城根南侧流出，经过台基厂二条、船板胡同出城，进入通惠河的水道。流经皇城内外的玉河，是元代在大都城内开凿的一条重要的漕运水道，也发挥着为城市供水、排水的功能。历史上在玉河流经的皇城内外分布着众多的寺庙、府邸、商家店铺、四合院民居等，构成一道具有老北京特色的古典园林、皇宫府第、百姓民居相互交融的历史风景线。

目前，南北河沿大街的笔直街面下边，就是元代和明代时期的玉河故道。对此北京市规划部门也是多次调研，查找古代的资料。实际上，元代和明代时期的城墙位置有所不同，元代的河道靠近马路的东侧，因为西侧是元代的皇城东城墙。在《元史·赵孟頫传》还记载了一段有趣的故事，“行东御墙外，道险，孟頫马跌，坠于河。桑哥闻之，言于帝，移筑御墙稍西二丈许”。说的是元代皇城东墙与水道之间道路过于狭窄，以至于大书法家赵孟頫骑马经过时，不小心坠入河中。忽必烈听闻此事竟下令将城墙向西移了二丈多。

明初，北京城北城墙南移，漕粮水道东移城外，玉河及积水潭等原有河道及周围环境发生了很大变化。明代皇城墙向东移到了今天皇城根遗址公园内展示墙的位置，河道也从东向西有所改道，大概位置就是目前人行便道附近。玉河被皇城北墙从东不压桥附近截开，东不压桥以南部分被圈入皇城内，玉河南段流入皇城之内的皇家禁地，绕东黄城根南流与金水河相汇，是一派红墙绿树、小桥庭院的皇家气派。由于这段运河专门为黄城供给粮食和物质，被老百姓叫成了“御河”，取御用之河的意思。

由此可见，明代玉河是皇城内重要供水支流，也是皇城内的一道风景。虽然在明朝有多次疏通通惠河的建议，但是因为水源有限，都没有达到预期的效果。侯仁之先生认为，其实并非天然地势所限，而是因为水源缺乏，明朝不从开源着想，单从疏导下游用力，所以导致郭守敬修建的这段运河河道再没能通航。到清代，皇城的皇家禁地被打破，几乎已被北京老百姓遗忘的玉河南段，早已退出了京城运河水系。在南、北河沿逐渐形成民居宅院，成为百姓生活居住的地区，在河道两侧分布有药王庙、玉河庵及数十条胡同街巷。

玉河特有的历史区域传统环境，经清末和民国时期逐渐衰落。民国以后，皇城城墙被拆除，由于玉河水量日益减少，逐渐淤塞不堪，开始自南向北将部分玉河改为暗沟。在民国时期，被改为暗沟的也不只是玉河。1924 年，自前三门护城河南水关，到东长安街改成了暗沟，上面填平植树，两岸修路，东岸称正义路，西岸称兴国路。后来又将两路中间辟为街心公园，两路统称正义路。1931 年，自东长安街到东安桥也改成了暗沟，只能从“北河沿”“南河沿”“船板胡同”这样的地名，才能看出北京城内曾经的漕运盛景。

1953 年，修建了四海下水道，玉河在东不压桥被截断，只留有直径 50 厘米的倒虹吸管，当作什刹海防水冲刷下游河道之用。由于经常排放污水，卫生条件较差，1955 年开始施工将玉河全线改为暗沟，工程于 1956 年 11 月竣工。至此，玉河整条河道均被盖板遮住，铺设排水管线，彻底成为地下暗河。在玉河故道遗址之上，逐步形成了未经统一规划的居民区，再也看不到古代河道的痕迹。此后随着现代化城市的供水、排水方式的改变，自积水潭南流 700 余年的玉河，在北京的地图里，在人们的视线中逐渐消失，消失成为只活在史书中的传说。

由于这些房屋是搭建在玉河故道和堤岸上，除房屋院落布局无规则外，很多房屋基础不实，质量普遍较差，加上多年失修和居住人口的骤增，已成为房屋破旧、居住拥挤、生活条件恶劣的区域。据统计，在玉河故道所建的各类房屋 600 余间，住户达 400 余户。近年来，北京市开始对皇城北部历史上的玉河水系故道进行整治，改善这一区域的环境。在搬迁占压河道的住户后，拆除全部杂乱建筑，清除填埋河道的渣土，重现河道的历史遗迹，显露出历史上的玉河故道及泊岸，恢复和展示玉河形成的历史内涵。

我来到玉河考古发掘现场，这里是玉河遗址集中保护区域，因为挖掘出土了大量珍贵的河道遗迹，出现了多层文物叠加，既有元代的河道，也有明代的水兽，为了保护这些文化遗址，玉河恢复后这个区域没有急于恢复水面，把遗迹直接呈现在社会公众面前，充分展示元明清三朝的河道遗址。实际上，进入遗址后脚下的地面是经过了重新铺装，真正的清代河底也已经被保护起来。而上游注入水的河道，也已经做了回填保护，只是在保护层上面展示清代河道的水面。如果注入水的话，同样作为玉河遗址中重要发现的澄清中闸，就难以看到。

随后，来到了玉河庵，这是一座在清代的尼姑庵，就名称来看是专门为玉河所造，完全叠压在了明代的东泊岸上。在《乾隆京城全图》上，可以清楚地看到玉河庵所在的位置。东不压桥的桥面早已不复存在，在玉河河道整治修复之前，玉河庵也几乎只剩下斑驳的墙面和几根柱子，已经难辨面貌。在考古挖掘中，专家们发现了一块《清重建玉河庵碑记》石碑，碑身和碑首分两次发掘出土，额题“玉河庵碑”四个字，嘉庆十三年（1808年）九月立。这块石碑清晰地证明：昔日的玉河庵，就在此处。通过碑上记载的文字才认定了玉河是“玉”而非“御”。

玉河庵的西侧就是东不压桥，连接玉河两岸，也是水道南边的尽头。我进入玉河庵院内，玉河庵内有春风书院，书院内正在举办学术讲座，正在演讲的是北京市文物研究所第三研究室张中华主任，他的讲座内容是《玉河遗址的前世今生》。我们进入课堂，坐在后排分享了当年亲历者讲述玉河考古的故事，以及玉河重要的历史价值。张中华主任骄傲地说，他就是在这里为世界遗产组织评估专家讲解了玉河遗址的发掘过程及保护措施，当时又紧张又兴奋，能够为大运河申报世界遗产作出贡献，感到特别的荣幸。

20世纪末，一些古老的瓷片和石块相继在这里被发现，让考古专家找到了消失近百年的玉河线索。1998年4月，在平安大街施工过程中，在东吉祥胡同北口发现了古代城砖砌筑的河堤。可以看出河道为西北至东南走向，宽6米，距地表深约6米，底部铺有石条，初步断定，此处正是靠近东不压桥南侧的玉河堤岸。这是一个不寻常的发现，很快对这处遗址进行了挖掘清理，挖掘出土作为玉河存在重要证据的镇水兽。恢复玉河北侧河道，被列入2002年颁布的《北京历史文化名城保护规划》之中，在恢复河道之前，首先要完成的是玉河遗址的考古。

根据《北京玉河2007年考古挖掘报告》中的确切描述，这次发掘的玉河遗址，通过北京城中轴线上的万宁桥与什刹海相连，考古专家把玉河遗址考古区域分为A、B、C三个区域。最重要的两处发现是东不压桥、玉河庵两座遗址。《北京玉河2007年考古挖掘报告》中记述，考古专家们在碎砖、瓦片、水泥块和大量瓷片中，挖掘出土了东不压桥桥基，及其燕翅桥梁靠桥基两侧部分遗存、河道遗存、玉河庵山门及东配殿的基址，此外还出土了银锭锁、瓦当、玉河庵碑和瓷片等。至此，这段玉河的轮廓慢慢清晰了起来。

东不压桥建于明永乐十八年（1420年），是一座东西向的石桥，位置就在东不压桥胡同的南口外，在原来地安门大街街心稍偏南的地方。实际上，在地安门西大街北海北口稍东位置，有一座同样、同名、同一功能的石桥，所以人们分别把这两座桥称为东不压桥和西不压桥。在民国初年拆皇城时，这两座桥一并拆除。20世纪50年代，河道改为暗沟，辟成胡同，称原来河道的南北方向段为东不压桥胡同，桥已经消失，但是名字却保存了下来。

伴随着发掘工作的展开，越来越多的考古发现，不断刷新以往对于玉河历史价值的认知。例如对于东不压桥目前只发掘了一部分，所见大部分遗址是明朝的桥面构建，西引桥长20.75米，东引桥已发掘15.75米，桥面最宽处10.5米，最窄处6.5米。桥拱发掘部分宽

9.25 米，跨径 5.6 米，桥总长推测 47.1 米，西南—东北向，中间窄、两头宽。这座桥历经了元明清三朝，元朝叫丙寅桥，明朝叫布粮桥，清朝因为早在明朝玉河就被划入到内城，这座桥被压在了城墙之下，得名东不压桥。

玉河的河道修建于元代，在明、清两代都有多次修葺，河面的宽度在每个时期都不相同。按照历史资料描述，初建成时的玉河宽 30 多米，是一条很宽阔的河流，如果按照那时的河面宽度设计，后代河堤两岸的建筑就都将被拆除，既不现实，也没有必要。按照《乾隆京城全图》显示，玉河河岸的高低、宽窄都标示得很明晰，也比较容易考证当时河岸建筑的产权归属，清朝中期的玉河河道宽 15 米左右，如果恢复到乾隆年间的玉河河道宽度，不会影响到两边的四合院，可行性比较强。基于这两个原因，最终选择恢复乾隆年间的玉河河道。

玉河风貌修复工程具有重要的历史价值和现实意义：一是部分恢复了历史水系，有利于增加市中心河道排泄能力和改善城市中心水系的水质，增加了北京老城的水域面积；二是它沟通了皇城根遗址公园和菖蒲河公园，将东皇城的轮廓勾勒出来，是对北京市皇城保护规划和中轴线景观规划的实现和补充；三是考虑到了对原有历史风貌的保护，特别是保护了一些重要的历史遗存，恢复了古河道和三座古桥，保护了原有的胡同肌理、古寺庙及许多有价值的院落；四是采用有机更新的方式，保护了原有的规划格局并修复了建筑风貌，在建筑尺度、功能设计方面满足了现代人生活的需要。

目前，采用科学的考古发掘方式开展玉河故道的清理工作。为再现玉河故道的原貌，河道填埋物的清理与考古发掘相结合，运用科学的考古发掘方式，首先确定河道堤岸的准确位置和历史遗迹，在几个重要地段，通过开展大面积的考古发掘，确定玉河在元、明、清各时代的宽度和泊岸的工程做法及时代变化，然后集中发掘清理著名的东不压桥遗址和皇城北城墙遗址，寻找和发掘元代文献中记载的澄清闸遗址，保护好残存的河闸遗迹等，在开放的玉河公园中保护和展示发掘出土的各类建筑遗迹。

自明朝开始，玉河从什刹海前海东端出水口起，经万宁桥后，先后经过今天的东不压桥胡同、东板桥胡同、北河沿胡同、北河沿大街、南河沿大街、正义路，最终流入北京内城南护城河。一般称万宁桥到东不压桥这一段为“玉河北段”，进入皇宫城墙内的一段为“玉河南段”。作为北京水系内城重点运河河道的逐步恢复，玉河北段经过考古发掘恢复河道，将其历史信息进行保护与展示，除了目前看到的万宁桥到平安大街段落，平安大街以南的河道，即玉河南段也在逐步进行恢复，并因地制宜地保护展示。

2014 年开始进行玉河南段考古，发掘有效河道较为有限，重点的遗址就是靠近北河沿大街的澄清下闸。玉河南段目前看到的这片水域，是依据一些点状的考古遗迹和河道，在现阶段建造的一处大运河露天博物馆，有一些滨水空间提供给周边民众亲水体验，再有就是建造了 110 米的大运河文化墙，将中国大运河及沿河文化制作成景观墙进行展示，传播有关大运河、通惠河、玉河，以及沿线 35 座城市的大运河文化内容。同时，等待考古工作者开展对这段地下河道进行考古发掘，创造条件继续向南延伸。

伴随着人们对大运河文化带保护意识、求知态度的提高，大运河北京段考古还将继续，文物部门对于玉河南区已经列入继续考古的计划。其中玉河南段发掘出重要遗址澄清下闸，从平安大街到澄清下闸仅有260多米的距离。澄清下闸的功能，就是在玉河澄清中闸之间形成一个“闸室”，很多水利专家都提到过大运河进京，逆水而行，而两闸之间的截水行船距离，就是这个闸室的距离。按照大运河行驶的漕运船只，这个闸室里面可以一次性停泊几条船，通过一波一波地缓缓升高水位，进入到积水潭。

我专门走访过大运河上的一些水闸，由于北京小平原的地理特点是西北高、东南低，因此通惠河的漕运不得不逆流而上，从西北的白浮泉到通州的大运河，整条河水落差不大，所以当时通过建造24道水闸来调节水位，截水、放水的过程，就像船只在水里上台阶，一步一步地缓缓升高，从下游进入到上游，即所谓“截水行船”。除了玉河上的澄清上闸、中闸、下闸得以保护下来，长河上的广源闸上闸、下闸，通惠河高碑店段落的平津闸，也都原址保留了遗迹，这些都成为大运河北京段世界文化遗产的组成部分，提高了北京大运河文脉的历史价值。

玉河是一条历史悠久、传统文化内涵丰富的古代人工运河和文化古都的供水设施，与北京城历史的发展演变有着密切的联系，具有浓厚的传统文化特色和历史价值。因此，要有效保护和展示玉河故道与文化古都的历史渊源和文化特色。今天笔直的南、北河沿大街下面，就是元明时期玉河流经内城的重要故道。每当我走在这条大街上，总会想到脚下便铺展着历史上玉河的水面，总有一种穿越数百年城市空间的感受。玉河南段在未来需要逐步进行分阶段考古发掘，恢复它们的景观面貌。

早在2002年出台的《北京历史文化名城保护规划》中就提出要“重点保护与北京城市历史沿革密切相关的河湖水系，部分恢复具有重要历史价值的河湖水面，使市区河湖形成一个完整的系统”。此后逐渐恢复了一些京城水系历史景观，例如2002年落成的菖蒲河公园、2011年恢复玉河遗址公园、2017年重塑三里河景观公园。规划还提出将玉河上段，即什刹海—平安大街段予以恢复，这就是北京玉河历史文化恢复工程。在《北京城市总体规划》中特别强调构建全覆盖、更完善的历史文化名城保护体系。

北京古代水利遗址中深藏着北京历史上辉煌、灿烂的记忆，也保存有能够代表和反映城市发展成就的历史遗存。保护好、研究好、展示好北京古代水利遗址，并实现其社会价值，是加强城市文化建设、改善民众生活和实现可持续发展的重要内容。同时，通过北京古代水利遗址的妥善保护和合理展示，形成古代水利遗址公园和街区文化绿地，必然产生震撼人心的文化景观，凸现出其他城市所不具有的文化特色和生态特色，不但为市民提供极为难得的绿色空间和文化休闲环境，还为国内外旅游者提供在世界其他城市难以获得的文化体验。

在探访北京城水脉的过程中，我深刻感受到这些河湖水系并非独立存在，古往今来它们始终都是连通在一起，共同构成北京城的命脉。水系是城市的记忆，也是城市的根与魂。像通惠河玉河一样，曾因很多综合问题被盖板或改为暗河的不在少数，前三门护城河、西护城河、龙须沟、南河沿、北河沿，能够把它们重新揭示出来，实际上是一个系统工程。通过建立贯穿城市规划建设管理全过程的城市设计管理体系，更好地统筹历史河湖水系和水利文化

《我是规划师》故宫筒子河拍摄现场

遗产的保护传承与合理利用。

北京城市总体规划中提到"六海映日月、八水绕京华"，作为"六海"中北海、中海、南海、西海、后海、什刹海，纵观北京城市的历史，它们都是历史都城营建的核心水域，是养育着皇城的命脉。而"八水"中很多是城市的母亲河，其中南北护城河、前三门护城河、莲花河等水系，多以护城河为主，它们也都是作为北京老城整体保护中的核心水域。我们一直畅想着"六海映日月，八水绕京城"的美丽图卷，展现出北京城与水的和谐景观。实际上，"八水"中很多是城市的母亲河，如何通过规划实施使它们重新展现风采，令人期待。

（北京电视台《我是规划师》第十集拍摄笔记，2019 年 12 月）

北漂睡城：在北京边缘安放的北京梦，如何绽放？

有一段时间没有来过回龙观和天通苑地区，好像已经与印象里的样子不太一样。说实话，对于这样一个世界级的城市社区，超量级的居住社区，如何进行治理和织补，来之前心里也是打着一个问号。应该说“回天地区”是阶段性规划的时代产物。20 世纪 80 年代，最后一批知识青年返城，同时国家经济迅速崛起，一线大城市人口聚集效应开始显现，北京新增城市人口 45 万。1978 年至 1990 年，北京市的城镇化率从 54.9% 提高到 73.5%，随之而来的是常住人口的激增，以及居住空间的紧缺问题。

20 世纪 90 年代，北京中心城区就像一个快吹爆了的气球，负担沉重。在这一背景下，1996 年北京市政府将北郊农场及部分绿化隔离带地区用地规划为居住用地。1998 年 6 月，全国城镇住房制度改革与住宅建设工作会议决定：“改革城镇住房分配制度，建设以经济适用房为主体的多层次新的住房供应体系。”1998 年 10 月，北京市公布的 19 个首批经济适用住房项目，在北京房地产交易中心集中展示，拉开了经济适用房大规模开发建设的序幕，实现为北京的飞速发展承载大量居住人口的目的。

1999 年昌平撤县改区，并在 1999 年和 2000 年建成了回龙观社区和天通苑社区这两个以居住功能为主的大型社区，成为当年公布的经济适用房居住区，统称“回天地区”，也是首批经济适用住房项目中规模最大的一片经济适用房居住区。经过经济平衡测算，确定了经济适用房居住区最初的用地规模，总占地 11 平方公里，社区总人口 20—30 万人。随着外来人口的不断涌入，北京老城区逐渐趋于饱和，为了满足生活工作的需要，新的大型居住地区的出现，可以说是必然的趋势。

“回天地区”位于北京中心城区以北，东至北七家，西至海淀区上庄镇和东北旺乡，南至昌平区与朝阳区交界，北至沙河镇，包括回龙观镇、霍营街道、东小口镇、天通苑北街道和天通苑南街道，辖区总面积 63.16 平方公里，包括 130 个社区或行政村。其中回龙观地区 35.36 平方公里，现包括回龙观镇和霍营街道，其中，现在的回龙观镇在将来会被划分为史各庄、龙泽园和回龙观 3 个街道。天通苑地区 27.8 平方公里，包括天通苑北街道、天通苑南街道和东小口镇。“回天地区”人口总数 108.9 万人，其中常住人口 83.2 万人，流动人口 25.7 万人，承接中心城区转移人口约 29.5 万人。

作为中心城区沿中轴线，向北部新城延伸发展的重要拓展区域，“回天地区”是中心城区功能疏解的集中承载区，是北部绿色廊道和通风廊道的重要节点区域，也是连接中关村科学城、未来科学城和怀柔科学城的重要枢纽区域。随着城市化进程的不断加快，“回天地区”人口快速增加，实施“回天地区”城市修补更新，优化提升公共服务和基础设施，成为推动城市高质量发展的现实所需，也是社会各界普遍关注、广大居民热切期盼的民心所向。

应该说“回天地区”的开发建设，肩负着疏解人口、推动城市更新、将“血栓”“化淤”的重任，既为缓解北京市普通居民的居住困难做出了贡献，也为疏解北京老城人口提供了一定的拆迁安置房源，还为北京外来人口提供了大量的经济适用型住宅，作出了这一时代的贡献。作为一块城市边缘的飞地就此诞生，人们开始“飞”入“回天地区”。那么这一“阶段性规划的时代产物”，如何在新时代发展中不断“校正”坐标，融入城市未来的良性可持续发展，必然需要有更加合理的规划蓝图和建设计划。

经过多年建设发展，“回天地区”成为亚洲最大的居住社区，规划面积达到600多万平方米，建筑面积达到48万平方米，人们说比世界上最小的国家梵蒂冈还要大，是世界级的城市社区。“回天地区”作为北京城市化进程中形成的大型居住区，由于论证、规划、设计等前期准备工作不足，一段时间以来“回天地区”交通拥堵、职住失衡、公共服务配套不足、基础设施薄弱等问题日趋严重，“大城市病”十分突出，当地居民反应强烈，成为生活品质差的“睡城”代表和大众舆论聚焦的对象。

胡维标先生是入住“回天地区”的第一批居民，现住东小口镇都市芳园社区，从20世纪90年代初到现在，已经在这里居住了20多年。今年81岁的他，退休前是北京出版社的摄影编辑，曾为故宫拍摄过许多珍贵的影像资料，收录进摄影集《中国古皇宫》《故宫》等出版物。20多年来，他积极参加社区志愿活动，为社区义务拍照近千张，都是社区变化一点一滴的记录，成为这一地区发展最普通最敏感的见证者。胡维标先生用镜头记录了“回天地区”环境发展、今非昔比的变化过程，为“回天地区”规划研究提供了珍贵的图片资料。

我们从胡维标先生的照片中可以看到，1998年“回天地区”这里满眼的荒地、麦田，还有零星的低层建筑。当时大片大片的农田平展广阔，只有几排青砖平房，最高的一处是三层红砖楼房，展示出那个时代城乡接合部的典型风貌。历经近20年的发展，如今“回天地区”的各项生活配套设施逐步完善，社区环境日臻成熟。社区内的商业服务配套设施，无论是经营规模大小，还是人们消费水平，均与北京市区内的居住区之间没有明显的差别。但是，大有大的问题，大有大的难处。

这是一个造城运动，城池造好之后，问题接踵而来，“回天地区”相当于一个中小型城市，当时几十万人口的大型居住区里很少有就业岗位，大部分人早上要到北京中心城区里来，晚上又涌回居住地区，造成巨大的钟摆式城市交通。建设部原仇保兴副部长曾对“回天地区”评价道：“实践证明，这类新城是失败的。”从世界城市发展角度看，超大城市能够吸收人口，也能引发规模膨胀，这样的问题在包括英国伦敦在内的很多城市都发生过，当时伦敦曾推出“新城计划”，在伦敦之外布局了30多个卫星城市。

英国在这个问题上走过弯路，具体实践上也经历了第一代、第二代和第三代新城。第一代新城城内有30万人口，但是却很少有就业岗位。大部分人早上到老城里工作，晚上又回到新城居住，造成钟摆式城市交通。丘吉尔时代的规划学家们逐步认识到应该发展第二代新城，人口规模应该在20万人以上，就业岗位的50%可以就地解决。这种新城能够至少减少50%

的城际交通。继第二代新城实践后，又迅速推出第三代新城，人口规模为30万左右，就业岗位基本上能够在新城内自己解决，实现职住平衡，也就是就业与居住平衡。

经过近年来解决当地就业的努力，大约有25%的人通勤距离在10公里以内，大约有50%的人通勤距离在15公里以内，半数的人通勤距离还不算太远。调查问卷显示，84%的人不打算离开回龙观，而要离开Top20的公司或北大、清华、北航也不是那么容易，职住平衡是一个时空概念，对于现状人口来说，缩短通勤时间可以明显改善职住平衡的直观体验。实际上，"回天地区"规划中的职住比例，将明显好于现状，但是实现规划需要时间。在吸引通勤方面，被吸引到"回天地区"上班的人，主要来自北部的沙河镇和北七家。在空间联系结构方面，联系最强的空间对是"回龙观—上地""沙河—史各庄"以及"北七家—天通苑南"。

职住平衡是一个相对概念，尺度不同，结论不同。从居民结构上来看，回龙观地区和天通苑地区18岁至45岁的人口，分别占区域总人口的70%和65%；从学历上来看，回龙观地区和天通苑地区大专以上学历，分别占区域总人口的65%和57%；从就业上来看，有65%以上的人口在海淀、西城等外区就业。由中国家庭的双职工特点决定，且IT行业的男女比例严重失调，也增大了就地平衡的难度。问卷显示，3455份问卷中有1288个IT业从业者，其中男性725人，女性563人。上地、中关村是较突出的就业集中地区。

2015年11月8日，由中关村管委会和昌平区政府联手建立的回龙观创新创业社区，即回龙观"双创社区"正式揭牌。回龙观"双创社区"是服务于互联网领域创业者和投资人的第三方服务机构，是在"大众创业、万众创新"国家战略目标指引下，发挥本地人才资源突出优势，实现创业与生活相融合，"统筹生产、生活、生态三大布局"的具体实践。希望通过回龙观"双创社区"推进城市科技、文化等诸多领域改革，优化创新创业生态链，让创新成为城市发展的主动力，释放城市发展的新动能。

回龙观"双创社区"建筑功能包括约5000个工位办公、展示、实验室、餐饮、娱乐休闲以及临时住宿等多种功能，并根据创业者和投资人的不同需求而设立。目前有20个团队，200多人入驻。腾讯众创空间，作为首个项目正式入驻回龙观"双创社区"。腾讯众创空间位于回龙观大街，用地约5公顷，A、B两栋建筑共5.5万平方米，其中地上部分4.3万平方米、地下部分1.2万平方米。产业功能包括众创空间、主题孵化器及企业加速器，为创新创业营造良好的工作空间、网络空间、社交空间和资源共享空间，营造活跃的创新创业氛围和条件。

城市不是靠规划师的图纸画出来的，而是由一个个鲜活的人生造就出来的。我们走访了回龙观腾讯众创空间，听听居民创业的故事。多年来，"回天地区"曾是一个被标签裹挟的地方，粗暴地被贴上"睡城""堵城""码农聚集地"的标签，由于与中关村软件园相隔不远，成为大批"码农"工程师的居住地。一时间，人们好像一提起"回天地区"就联想到交通非常拥堵，通勤时人山人海。有人送"回天地区"的上班族一个名字，叫"候鸟""赶海的人"，其实这些北漂的年轻人有着坚忍的奋斗和美好的梦想。

同时，"回天地区"又是一个具有传奇色彩的地方，极具活力和生命力，好像有数不清的鲜活的人和故事，每天在这里发生，尤其是那些我们最熟悉的陌生人，即每一个在"回天地区”里奋斗的人。这里记录着人们的喜怒哀乐，还会将城市鲜活的故事书写下去。睡城的明天，在奋斗青年夜间归家的疲惫又温馨的旅途，也在新生儿甜蜜的睡眼里，睡城，无数夜晚之后，都是黎明的光亮。无数普通人的命运永远都与城市交织在一起，夜梦之后，永远带着希望去迎接下一个黎明。一个崛起的未来，并不遥远。

仅仅十几年时间，中关村软件园发展成为世界级的科技园区，集聚了一大批科技创新企业总部，联想、百度、腾讯、新浪等，仅在岗的软件工程师就有近 8 万人，他们中的相当一部分人都有一段“回龙观记忆”。基于“回天地区”的人口结构和人才资源，回龙观“双创社区”，号召广大早晚在上下班通勤上耗时费力的工程师程序员们“回家创业”。腾讯众创空间是“回天地区”居民身边的创业基地。这一众创空间的成立和发展，对于促进就地就近就业、地区经济发展、改善职住平衡、缓解通勤高压、促进城市功能转型，以及服务当地居民等方面，具有重要作用。

2015 年 12 月召开的中央城市工作会议提出，要加强城市设计，提倡城市修补，加强控制性详细规划的公开性和强制性；推动以人为核心的新型城镇化，发挥扩大内需的最大潜力，有效化解各种“城市病”；加强创新合作机制建设，构建开放高效资源共享网络，以协同创新牵引城市协同发展；要把安全放在第一位，把住安全关、质量关，并把安全工作落实到各环节、领域；鼓励企业和市民参与城市建设、管理，真正实现城市共治共管、共建共享；要提升规划水平，增强城市规划的科学性和权威性，促进“多规合一”。同时要求规划编制要接地气，可邀请被规划企事业单位、建设方、管理方参与其中，还应该邀请市民共同参与。

早在 2015 年 11 月，北京市城市规划设计研究院主动开展《回龙观地区功能优化规划研究》项目，北京城市象限科技有限公司（城市象限）团队参与这一研究，利用轨道交通刷卡数据、手机定位等多源大数据，对项目的研究进行了支撑和联合分析，从此开启了利用大数据关注、研究“回天地区”的序幕。2017 年 9 月，为科学破解城市治理难题，北京昌平科技园发展有限公司联合北京城市象限科技有限公司（城市象限）成立专项工作小组，城市象限承接公共服务设施规划研究专题，启动了“回天有数”计划。

“回天有数”是以搭建“回天地区”社会治理大数据平台为具体工作，以提升“回天地区”城市公共服务水平和居民生活幸福感为目的的专项计划。以此建立起整合跨部门政务数据、跨领域社会大数据、多渠道民意诉求数据、多维度社区厚数据，构建动态指数这一监测体系，成为“民呼我应、精细治理”的动态治理机制。利用大数据对“回天地区”的公共服务水平进行现状评估、问题挖掘，并提出改善建议，例如要解决“回天地区”的职住平衡问题，治理之前，需要利用大数据手段，先给“回天地区”做一个“体检”，开出一张“化验单”。

“回天有数”计划执行共分为两个阶段：第一阶段在宏观层面以大数据分析为基础，系统判断“回天地区”现存的城市治理问题，并针对存在的问题提供方向性的分析结论；第二阶段与公共服务和社会治理创新紧密结合，旨在通过建立城市体检大数据监测平台和社会治理平台，对政府落实的社会治理举措和惠民项目的实施成效进行持续分析与观测，为社区的精细化治理和服务水平提升提供精准科学的决策建议。第二阶段从 2018 至 2020 年持续三年，每年为一期。“回天有数”的目标之一，就是希望不再让市民有“无力感”，解决的对象更应该增加公共服务类的就业类型，使“回天地区”就地就近就业人群比例大幅度增加。

目前，“回天地区”早已走出大规模增量建设阶段，进入存量更新的城市化阶段。为了更精准地解决社会问题、改善公共服务，城市管理部门需要形成地区的特色精准认知，在不断的对比回顾中准确定位地区发展水平和存在问题，在此基础上形成动态体检监测机制和持续渐进的精细化治理体系。要达成这一目标，城市管理者有必要建立一套可以在空间和时间上，进行横纵对比的量化动态监测体系：在空间上形成横向对比，定位“回天地区”在全市中所处的发展水平；在时间上形成纵向对比，动态体现“回天地区”在投资改造过程中的变化成效。

“回天有数”利用计算模型进行模拟预测，主要涉及两个方面：公共服务设施和道路交通。2018 年是回天公共服务提升的开局之年，也是“回天有数”工作的起点。“回天有数 2018”对“回天地区”进行了初始体检，对“回天地区”居民的民意进行多渠道收集。利用多种平台工具，对“回天社区”居民满意度及参与意愿进行调查，开展社区活力空间可达性支持体系研究。通过定期量化体检形成“精治”，帮助政府构建地区的精准认知，总结阶段性问题；通过多渠道收集民意形成“共治”，将问题和民意诉求转化为落地项目。

作为城市综合治理平台，“回天有数”不同于传统的信息化数据平台：一方面以大数据逻辑和技术为核心，在“感知—认知—治理”的全过程中贯穿始终，形成“回天有数”；另一方面在策划综合工作架构的基础上，广泛邀请不同背景的社会专业力量合作，营造公众参与平台和“回天”合作伙伴生态圈，利用数据资源助力反哺社会研究，也积极吸纳社会多源共治的智慧成果和实践建议，形成“回天有术”。首先，基于大数据的综合治理过程，可以从感知、认知和治理三个层面来认识。

在感知层面，广泛地接触和记录城市运行的方方面面，并通过量化数据形态将触达的内容采集、整理并存储下来，服务于后续的认知层面工作。为了进行充分感知，采集尽可能丰富的数据资源，执行团队在沟通协调、工具研发、调研策划、专题策划方面进行充分的部署和推进。通过与多个政府部门的前期沟通协调，建立了沟通机制，协调获取公共服务设施、社区管辖人口、城市部件、网格巡查事件、12345 热线投诉等政府统计的基础信息数据。经过充分的协调，这些数据不再局限于规划领域或粗粒度的统计数值，部分数据首次“得见天日”。

为了支撑量化指标的构建，采购了跨年度、周期性的手机信令大数据、街景照片数据，作为感知人的时空行为、街道界面演变的数据原材料。借助自助研发的社区调研小程序“猫眼象限”，对三个试点社区的功能性公共场地，例如中心广场、绿化步道等，各类公共服务设施，例如菜站、快递柜、回收柜、健身仓等，通过进行深度数据采集和空间化，帮助形成社区级量化指标。同时，基于自主研发的“蜂巢象限”平台，将来自政府、企业、互联网、社区调研等渠道的数据资源进行集中整合、沉淀，用于指标的计算，以及在未来与社会合作主体进行数据共享。

另一方面，策划并开展服务于量化指标体系的试点社区深度调研，观察居民的日常行为活动，记录他们使用公共空间的痕迹。经过标准化培训，采集了20位社区居民为期一周真实的生活圈记录，20位社区居民自主上传了他们一周的生活轨迹，共有573张照片、耗时576分钟、空间跨度达604公里。通过对数据的清洗分析，发现了“集中上班、普遍加班”的青年群体，也发现了“诗意生活”的老年人群体。

在认知层面，一套能够对城市体征进行监测的动态指标体系，能够实现从服务设施供给、城市运行状态，以及居民主观评价三个层面构建对城市的认知框架。不同于以往自上而下关注物质建成环境的政府考核指标，“回天有数”动态指数体系从人的基本需求层级理论出发，营造了一套自下而上的评估指标，提出从便利性、活跃性、可持续性、健康安全性、公正性、风貌协调性六大维度，构建动态指数体系。其中便利性、活跃性、可持续性和健康安全性，旨在体现居民的安全需求和社交需求，而公正性和风貌协调性则试图评估居民被尊重、获得机会公平，以及审美方面的“精神”层面需求。

在构建数据认知体系之外，还招募企业、高校学者、社会组织、社区居民、新闻媒体，邀请部分团队主体策划独立专题，构建社会智库，共同探讨地区治理的方法，形成协同治理的“回天有术”；同时还秉承开放共享的理念，计划在未来为合作伙伴提供数据接口与平台，开放数据资源的使用，营造协同治理的合作生态圈。成功召集组建了一个超过40人的专家智库，其中大部分成员既是社会科学领域的专家学者，又是“回天地区”居民。为了采集居民对回龙观大街空间环境，以及自行车专用路重点项目的意见和建议，开展“基于新媒体的环境提升公共参与机制设计”专题，开展线下和线上的大众提案征集活动，收集大众提案。

为了获取居民满意度等主观感受数据，策划开展了“回天社区居民满意度及参与意愿调查”，与中国人民大学社会学系的专业团队合作，带领来自北京农学院、华北电力大学30多名大学生志愿者，对“回天地区”43个社区居委会和居民进行访谈和问卷调查，拜访过居民户数超过4500户。为了模拟交通流量未来变化以及相应的商业活力中心迁移，策划了“社区活力空间可达性支持体系研究”专题，邀请专业团队合作，针对“回天地区”城市空间活力不足现象，从城市复合交通，包括机动车、自行车、步行的角度展开“交通—行为—用地”的量化模型研究。

从数据来看，“回天地区”有四大优势潜力：一是高素质青年人口比重大，19至44岁青年人群比例超过全市90%的街道，而且相当一部分拥有高等学历，从事新兴产业工作，为“回天地区”未来建设提供得天独厚的人口基础。二是创新与活力指数高。人口、商业活力超过全市67%和63%的街道。三是市场潜力和需求大。市场主导的服务设施便利度高，回天设施多样性指数为0.88，超过全市66%的街道，设施多样性水平很高。其中营利性体育设施便利度超全市94%的街道，体现了庞大的居民需求。四是居民参与社区建设积极性高。调查获知，尽管居民对各种服务设施评价不一，但是参与社区建设的意愿强烈。

“回天地区”的劣势和制约因素主要有六个方面：一是教育资源品质有待提升。高学历青年人群对小学以上的义务教育资源呼声高，教育水平成为阻碍他们留下的主要制约因素。第二，文化设施便利度为全类别中最差，仅超过全市28%的街道。第三，养老设施分布存在错位，便利度不高，仅超过全市46%的街道。第四，交通屏障作用导致地区内部割裂，进而影响居民触达各类服务设施的便利度和生活幸福感。第五，产业水平低，就业供给与居民需求不对等，就业岗位的供给和高素质居民所需求的岗位不匹配，供需错配。第六，环境卫生问题成为地区个性问题，污水、气味、噪音等环境卫生问题，降低了居民的生活体验。

我走访了作为回天大数据支撑单位的城市象限公司，见到了北京市城市规划设计研究院云平台创新中心茅明睿秘书长。城市象限公司成立于2016年5月，有一支由城市规划、计算机、数学和地理信息系统等专业背景人士构成的城市数据科学团队，致力于用数据科学改善中国城市治理。茅明睿秘书长认为，城市规划本质上是对城市资源的优化，是城市大脑的最高级应用和建设目标，用数据去感知城市，“用大数据读懂回天”，是传统规划师的转型。

“回天有数”计划的根本目标是要以数据为切入点，找到超大型社区城市体检与综合治理创新模式，可提炼为三个方面内容，一是找准坐标。汇集多源数据，构建测算完整的体征检测指标，找准目标社区在全市排名，为多时间截面的持续监测锚定起点，以期关注目标社区的成长和变化。二是评估效用。对政府制定的政策和建设项目进行建模评估，预测模拟现状和未来的效用变化和未来排名，并根据模拟效用为管理部门提供项目建设实施的优先时序。三是编织网络。汇集社会专业化力量组建智库，对接政府管理部门，形成共建共治的机制网络。

如何理解人们的出行行为？人的出行行为既与他们的生活习惯、生活方式，也与设施分布有高度相关性。“回天有数”通过计算社区15分钟生活圈的便利性，在15分钟的步行可达范围里，到底有什么、到底缺什么，可以直观地告诉人们，这里缺中学，缺运动场馆，缺咖啡厅，并且这里的公共交通覆盖度不好，地铁覆盖度也不好。利用手机的定位数据，可以计算社区居民的休闲时间都在什么地方活动，由此可以知道人们喜欢去哪个菜市场买菜，喜欢去哪个餐馆就餐，喜欢去哪里遛弯，这样就把社区居民的生活给投射了出来。

目前，通过对于“回天地区”体检所发现的问题、民意反馈的问题和改善实施建议，都已经获得了高度重视。政府各职能部门对体检成果和建议进行具有针对性地研究，并相继转化为一批新增的惠民项目。在未来，“回天有数”还将利用智能化平台，继续跟踪“回天地区”的变化，同时也将持续收集民情民意，将数据和民意转化为协助政府科学治理的决策建议。目前，民意收集有两个渠道，诚挚邀请所有关心“回天地区”变化的居民踊跃参与，一是每年10月开展针对居民“服务满意度”的问卷调查，分为线上网络和线下入户两种形式；二是通过持续开放的小程序大众提案入口，居民可以扫描下方二维码接口进行提案。

的确与我此前见过的规划师相比，城市象限公司的规划手段比较特别，是用大数据说话的规划师，表明现在的城市在转型的同时，规划师也在转型，即用大数据去理解城市，去读懂城市，发布观察目标，提出改善方向。我此前听过一首歌叫“感觉身体被掏空”，有一句歌词是“起来征战北五环，我家住在回龙观”，也看过茅明睿秘书长之前的演讲，题目是“回龙观人的身体为何被掏空”，讲的就是回龙观地区通勤的压力。当时那个视频受到了广泛的关注，回龙观的居民觉得身体被掏空，是因为他们上下班通勤太累。

于是，城市象限公司开始分析回龙观地区和望京地区的地铁刷卡记录。经过分析发现，回龙观地区的居民早高峰来得更早，下班的时候，5:15 开始望京地区的居民就开始刷卡回家，而回龙观地区的居民 7:15 才陆陆续续回家。回龙观地区的上班族比望京地区的上班族，少了一个小时以上的家庭生活。这就是回龙观地区的居民感到太累的来源。在城市规划语境方面，就是通勤距离和职住平衡问题，望京地区比回龙观地区多了 50% 的就业岗位。只有 10% 不到的回龙观地区的居民在回龙观地区内部上班，但是有接近四分之一的望京地区的居民在望京地区内部上班。

根据第五次北京市综合交通调查，北京市一天大概有 1215 万人上班，有接近 25% 的人使用小汽车上班，平均每辆小汽车有 1.24 个人，北京的早高峰期有两个多小时，早高峰通勤的时长是平均每个人 56 分钟。北京交通发展研究中心的数据显示，2015 年末，北京市机动车保有量 561.9 万辆，北京的小汽车使用水平是东京的 4 倍，北京五环内使用小汽车的比例为 32%，而东京相同范围内使用小汽车的比例是 8%。

经数据测算，“回天地区”的上班族平均通勤距离可达 13.5 公里，而望京地区只有 8.6 公里，日均通勤时间“回天地区”比望京长 1 个小时。在就业岗位密度方面，回龙观街道和天通苑南街道就业岗位密度最高。回龙观地区和生命科学园提供了数量最多的就业岗位，天通苑南街道的立汤路商圈拥有最高密度的就业岗位。在出发通勤方面，出发通勤最多的街道是龙泽园街道和回龙观街道，主要去往上地、马连洼、中关村、海淀街道。“回天地区”居民在上地就业的最大出发单元，是回龙观街道。天通苑北街道、天通苑南街道两个街道的最大通勤目的地是来广营、望京地区。

“回天地区”交通站点便利度超过全市 61% 的街道。综合考虑公交、地铁、加油站和停车场设施的布局，龙泽园街道的交通站点可达性最高，超过全市 70% 的街道。全市进站客流量排行前 10 的地铁站有 4 个处在这一区域。交通流过于单向，集中于中心城区方向，根据监测数据分析，回龙观地区居住的人口，80% 左右就业地分布在上地、中关村、望京、CBD、三元桥等区域；天通苑地区居住的人口，85% 就业地分布在立水桥北苑、亚运村、CBD、望京、三元桥、中关村、上地等区域。

大数据可以帮助我们改善公共政策的制定。在“回天有数”里显示，居民日常生活的社区里，有些不起眼的流动菜车、老式的滑梯、树林里的小空地等，对于社区居民生活具有实际的意义。在“回天地区”里有很多不起眼的设施和空间。这些设施和空间有时候是灰色的、低端的、非正规的，但是在生活于此的居民眼里，它们是实用的、鲜活的、亲切的存在。如果认为这些设施和空间是低端的、非正规的就进行简单的清理整治，也许空间秩序有所提升，但是社区的温度就会从此流失。如今，通过“回天有数”可以证明这些设施和空间的价值，作出正确的治理决策，改善社区居民的生活，而不是追求空间的表面光鲜。

一个城市社区，需要烟火气、需要人情味、需要生机勃勃，就要为不同的人群，提供不同的、多样化的、包容的服务。对于城市科学来说，想要让公共治理更加科学和人性化，就需要观察市民如何生活、如何使用空间，要挖掘社区居民对于不同生活服务的真正需求是什么。所以，必须关注各类不同人们的生活，关注各类不同业态的运行，用数据去理解它们，用科学的决策去优化它们。自然科学技术可以让人类社会走得更远更快，社会科学让人类走的过程中保持正确方向，以使社会系统生机勃勃。两者只有结合起来，才能获得更加可期的未来。

通过社会治理系统，一方面要使社会系统有秩序、稳定、安全、规范；另一方面要保留城市的人文价值，包括城市社区的活力、包容性、人性化、多样性、创新性。对此，智慧大脑可以为社会治理做参考。这是一个复杂系统的决策过程，不是仅靠更快的运算机制可以解决，而是需要考虑如何做出正确的决策。因为，在城市这样的复杂社会系统里，存在着大量不确定性。因此要认知城市的不确定性，就需要用不确定的思维面对复杂社会，进而培育市场和社会力量的自我成长机制，这样城市社区才不会失衡。通过智慧大脑建立起正确的城市观，应该是当下城市规划师的任务。

城市运行得好不好，如何衡量每个街道的发展水平，需要构建一套全市可比、时间可比的指标体系，以期通过对比全市其他街道，发现“回天地区”的相对水平，通过对比历史时间截面，发现“回天地区”的变化成长。“回天有数”团队针对“回天地区”服务满意度开展了调查，通过线下的抽样入户问卷调查，和网络传播的线上问卷调查，触达到了将近6000户“回天地区”居民，最终收集了共2326份完整的回复。其中，网络问卷主要触达70后和80后居民，线下问卷相对侧重60岁以上老年居民。受过高等教育的受访者在网络问卷中占87%，在线下问卷中仅占46%。

在服务满意度方面，受众群体对需求的差异化较大，按照青年人群和中老年人群划分，青年人群更多关注小学至高中的高等级义务教育、户外休闲绿地。针对收寄快递服务，老年人评价较低，青年人评价较高。青年人群评价较差、呼声最高的公共服务，前五名是文化体育设施、高中教育、遛弯休闲、小学初中教育和进城公路，评价最好的服务类型，包括收寄快递、邮政、缴费充值、银行网点和地铁城轨，大多属于市场提供的公共服务。中老年人评价较差的公共服务是公共厕所、配套养老、垃圾废品回收、文化设施、体育设施，评价较好的服务设施有便利店超市、菜市场、银行、幼儿园、购物中心。

在开展大众提案征集方面，2018年10月，“回天有数”团队分别在龙泽苑地铁站、回龙观地铁站、北店时代广场，邀请晚高峰下班人群和周末休闲购物人群，使用微信小程序，针对“自行车专用路和骑行”和“回龙观西大街沿线公共环境优化提升”两个主题，开展大众提案征集，共收集到985人提交的1487条提案。这些提案的内容丰富、具体，充分体现出“回天地区”居民的高素质和参与社会治理的积极性与诚意。这些提案最集中的问题类别是道路交通、步行过街、环境卫生。

此次对于现状问题的梳理，以及问题存在根源的解析，均采用大数据、调查、文献三线并行的方式推进，三者得出的结论相互校核。北京市共329个街道，此次选取206个城市化街道进行比较研究，分析“回天地区”在各维度指标上所处的相对水平，使用“百分位排名”表达相对水平，数据时间截止到2018年8月。通过横向对比，“回天地区”平均得分为0.492，低于82.7%的街道。其中，龙泽苑街道得分0.64，天通苑北街道得分0.57，天通苑南街道得分0.55，史各庄街道得分0.51，霍营街道、回龙观街道得分0.49，东小口镇得分 0.19。

在人口总体认知方面：一是整体居住密度偏高，超过全市 70% 的街道。其中，天通苑北街道是居住人口密度最高、最拥挤的街道，居住人口密度达到 2.1 万人 / 平方公里，超过全市 83.2% 的街道。二是在外来比例方面，史各庄街道、东小口镇和霍营街道外来人口占比最高，外地手机号码使用率在全市位居前列。而龙泽园街道、天通苑北街道、天通苑南街道最本地化。三是核心街道老龄化程度较高，龙泽苑街道、回龙观街道、天通苑北街道和天通苑南街道，老龄人口比例位居全市上游。四是中小学龄父母、新中产人群流失严重，“回天地区”45—60 岁居民占比在全市排名呈现明显下跌。

“便利与品质”是从通勤、出行、休闲、设施可达性、服务多样性、住区品质、就业七个角度，衡量居民生活的便利和品质水平。在公共服务设施多样性方面，“回天地区”整体指数为 0.88，超过全市 66% 的街道，设施多样性水平较高。在综合便利度方面，综合考虑教育、医疗、养老、文化、体育、生活便民、餐饮娱乐、交通站点等影响生活便利感受的设施配置，“回天地区”整体综合便利度位于全市中等水平，超过全市 51% 的街道。回天地区就业便利性指数为 0.45，超过全市 49% 的街道，位于中等水平。就业便利性最优的是回龙观街道和史各庄街道。

“创新与活力”是从商业、文化和人口三个方面衡量地区的创新活力水平。在人口活力方面，“回天地区”人口活力旺盛，超过全市 67% 的街道。其中，人口活力最高的街道是天通苑南街道和史各庄街道，与中心城区的景山街道、学院路街道、西长安街街道的人口活力水平相当。“回天地区”商业活力旺盛，超过全市 63% 的街道。其中，商业活力最高的街道是天通苑南街道、龙泽苑街道和天通苑北街道，商业活力指数分别为 0.70、0.69 和 0.63，超过全市 80% 的街道。但是，文化活力略逊一筹，超过全市 42% 的街道，其中天通苑南北两个街道文化活力最高。

通过分析，“回天地区”公共服务方面主要存在以下问题：一是欠账多。特别是天通苑地区的开发商在公共服务配套上存在较多欠账。例如有的幼儿园被挪用出售，有的小学用地被建成住宅，有的九年一贯制学校面积不足，有的文化设施被出售用于商业等，另外有 11 所幼儿园、1 处养老设施、2 处行政办公用房和 2 处公园尚未移交。二是缺口大。按照北京市居住公共服务设施配置标准核算，“回天地区”缺少教育学位约 5.1 万个；缺少社区卫生服务中心 6 所、社区卫生服务站 7 所；缺少室外体育用地约 14.4 万平方米。其中教育缺口最大，约为总需求的 52%；幼儿园配套不足，存在大量未注册幼儿园。

同时，“回天地区”公共服务设施不均衡。由于优质教育资源少，导致本地户籍学龄儿童更多到外区就读，在校生本地生源仅为 55%。医疗卫生总面积和床位数虽然达标，但是社区卫生服务中心和服务站短缺，导致服务半径过大。目前仅有两座消防站，消防救援能力不足，与实际需求严重不匹配。同时，公共服务设施空间资源匮乏。由于学校、派出所、消防站等设施都要求独立选址，在空间资源有限的情况下解决难度较大。特别是天通苑地区已基本没有待开发的土地资源，仅依靠自身无法解决缺口问题。

“回天地区”的舆论热点引起了市领导的重视，2017年7月，北京市委书记蔡奇来“回天地区”调研，针对当地居民反映的民生痛点，在深入调研和充分论证基础上，全面摸清“回天地区”人、房、地，以及公共服务、基础设施、社会管理等基本情况和数据，开展大数据监测分析，准确掌握问题，剖析原因、反复论证。为提升改善“回天地区”公共服务水平、提升居民生活幸福感，2018年8月，北京市政府正式印发《优化提升回龙观天通苑地区公共服务和基础设施三年行动计划（2018—2020年）》，即“回天地区三年行动计划”，包括17项任务、97个项目正式启动，涉及教育、医疗卫生、文化体育、养老、交通基础设施等方面。

北京市委书记蔡奇在“回天地区三年行动计划”座谈会上强调：“要抓好三年行动计划实施，坚持以人民为中心的发展思想，把市民关注的民生诉求作为工作着力点，确保落地见效。”实施“回天地区三年行动计划”的目的，是通过3年的行动，进一步丰富内容和项目清单台账，填补“回天地区”公共服务设施的不足，着力补齐区域发展短板，提升“回天地区”居民生活便利度，促进城市有机修补更新，努力把“回天地区”建设成城市修补更新的典范、大型社区治理的样本、充满活力的美好幸福新家园。

“回天地区三年行动计划”主要坚持三个原则：一是坚持问题导向。全方位摸清广大民众对便利性、宜居性、多样性、公正性和安全性的需求，更加注重解决社会普遍关心的突出问题，健全快速回应解决民众诉求机制，切实提高“回天地区”民众的获得感、幸福感与安全感。二是坚持政策引导。将“回天地区”城市修补更新与解决城市治理、社会治理和生态治理中的突出问题紧密结合，分类指导、创新实践，深入推进疏解整治促提升专项行动，加快推动这一地区公共服务和环境秩序面貌明显改善。三是坚持项目精准。围绕基础设施、公共服务设施缺口现状，按照“分年实施、统筹安排”的要求，压茬推进公共服务提升、交通治理、市政基础设施改造等重点项目，努力提升基础设施承载力和公共服务水平。

在充分结合“回天地区三年行动计划”任务项目、“回天有数”城市体检报告，以及未来“回天地区”拟开展重点工作任务的基础上，通过横向空间上与全市对比、纵向时间上与自身起点对比，精准定位“回天地区”城市发展水平和阶段性问题，将问题清单和民意诉求转化为具体支撑项目和重点任务，制定实施路径和计划，并对实施效果进行预期展望，有助于强化统筹协调，形成工作合力，不折不扣推动“回天地区三年行动计划”顺利实施，同时也为有关部门开展实际工作提供指导和借鉴。

“回天地区”所在的昌平区，抓住机遇，制定“昌平区贯彻落实《优化提升回龙观天通苑地区公共服务和基础设施三年行动计划（2018—2020年）》实施方案”，狠抓重点任务落地实施。聚焦“三个工程、一个示范”，围绕134个重点项目、259项台账任务，坚持立足三年、着眼长远，加强与市有关部门协调对接，按照任务、主体、标准、时限“四个明确”的要求，逐一分解细化量化具体化，理清工作内容、实施路径、预期目标和后续运营管理等关键环节，系统制定专项推进方案，周密组织、加紧实施，确保按期落地、按期完成、按期见效。

近年来，北京市在转变经济发展方式、加强社会建设、打响治理“城市病”攻坚战等方面取得了重要成果。实施“回天地区”城市修补更新，是治理“大城市病”的重要途径。作为北京城市化过程中形成的大型居住区，通过城市修补更新，有助于提升“回天地区”的功能和活力，推动城市发展从“规模扩张”向“品质提升”转型，营造大型居住区治理典范。如今，实施“回天地区”城市修补更新，这里成为城市治理的试验田，有着各种丰富的生态，在这里能够看到城市发展中各个阶段的不同截面。

世界近代史昭示，没有城市的成功崛起，就不会有一个国家的真正崛起。当今世界的竞争，首先是城市综合竞争力的较量。必须充分认识做好城市规划建设工作的重要性和紧迫性，城市规划也是生产力。但是，对于城市建成区的修补，其难度远远大于在白纸上画一个完美蓝图，发展中存在的问题需要在发展中解决。作为“回天地区”城市修补更新的主要目标，要解决三个方面的问题：一是基本公共服务设施，包括教育、医疗卫生服务的问题；二是交通基础设施；三是市政基础设施，水利电力燃气供热。这三个问题也是今天我们关注的重点。

实施“回天地区”城市修补更新，是推动区域高质量发展的重要前提。“回天地区”在地理位置、人才和科技创新方面具有得天独厚的优势，在全市功能疏解和承接中扮演着重要角色。通过城市修补更新，有助于贯彻落实新版《北京城市总体规划》，进一步优化“回天地区”存量空间，突出区域科技教育功能定位，激发创新活力，加快实现国际一流科技教育新区。实施“回天地区”城市修补更新，是解决民生诉求的有效手段。通过城市修补更新，有助于促使政府有形之手、市场无形之手、民众勤劳之手，同向发力解决居民最关心、最直接、最现实的民生问题。

在文化设施便利度方面，“回天地区”仅超过全市 28% 的街道，文化设施配置缺失情况比较严重，作为大型居住区，缺乏独立占地的文化馆、图书馆、少年宫、剧场、音乐场馆等适合青年人群高品质文化需求的场所。监测数据显示，“回天地区”文化设施便利度低于全市 72% 的街道。对此，应优化提升文化服务水平，针对居民多层次、多样化需求，采取新建、改扩建、租赁等多种方式，加快综合文化设施和社区文化设施建设。同时，引入专业社会力量，充分运用现代管理理念，提高文化设施综合协同利用水平。深入开展丰富多彩的民众性文化活动，健全民众性文化服务网络，营造具有社区特色的文化品牌。

在回龙观创新创业社区我见到了周青丰和郭利萍夫妇，他们是江西人，堪称青梅竹马，曾一起来到清华读书，毕业后从事出版行业。2005 年，周青丰老师放弃了大型出版集团的高薪职位，投身创业大军，多年奋斗，他成立了自己的出版品牌，并经营着上海三联书店、文创微言小集。作为回龙观社区居民，他们把这种文化热情传播给社区更多的邻里朋友，希望把书店办成回龙观地区，甚至京北地区有一定影响力的人文书店。过去回龙观社区文化服务设施落后，就在前几年这里甚至没有一家书店，到现在书店的数量还是跟不上，尤其是这样社区居民走路 10 分钟就能来到的阅读空间，更是稀有，办阅读空间、做阅读活动，可以满足民众的需要，弥补公共文化服务的不足。

在社区教育方面，“回天地区”应坚持教育优先，按照教育配套应当全部达标的要求，综合考虑义务教育和非义务教育、地区剩余用地资源、就近入学、高中全市范围招生、外地生源高中基本回原籍入学等因素，通过扩大优质存量资源规模，优化增量资源布局，科学设置教育分区划片，深入挖潜统筹周边，狠抓项目落地实施，增加小学及以上等级义务教育的资源配置，逐步分阶段推进解决，有效满足地区新增入园入学需求，努力扩大基础教育供给。目前，“回天地区”教育类设施便利度，超过全市 41% 的街道，其中回龙观街道和龙泽园街道的教育便利度相对最高。

对人的关怀，是城市规划和发展的最终要义。“回天地区”医疗卫生设施便利度位于全市 50% 的水平，龙泽园街道和天通苑北街道为最优。我们走访了位于“回天地区”的北京清华长庚医院。记得我在北京市规划委员会工作时，曾参与过这所医院的规划选址，而此次走访的目的是了解公共医疗服务提升的状况。目前清华长庚医院二期工程正在规划扩建，这也是深化“回天地区三年行动计划”，进一步补齐基础设施、公共服务等短板的亮点案例，通过提升“回天地区”的医疗条件，大大缓解居民的就医压力。

北京清华长庚医院院长向我介绍了医院二期规划扩建的占地面积、总建筑面积、总规划床位等情况，可以预计未来三年，医院在床位、就医能力上将有很大提升。北京清华长庚医院的妇儿科也是特色科室，在医院的候诊空间，我见到了孕妇张燕秋女士，她是一位典型的天通苑社区居民，从艰辛的北漂生活，奋斗到在北京安家，现在她的孩子将要出生，也将和城市一同成长。据统计，“回天地区”居民年龄构成中，19 岁到 40 岁年龄段占比高于全市 80%。其中 80 后的年轻人居多，育龄需求特别旺盛，产科就医需求突出，孕妈妈的肚子里孕育着下一代“回天人”，他们是城市未来的希望。

我们来到了龙泽苑社区，访问社区伊然书记，在网上她被誉为微信步数第一的“女神”。在龙泽苑社区，她是最了解这里每一位居民和一草一木的人，既切身感受着“回天地区”在公共服务方面的变化，也切身实践着“办好群众家门口的事”的承诺。此次伊然书记带领我们考察“回天地区”居民身边感受到的发展变化，从破败小区零配套，到丰富的体育运动设施、卓有成效的社区卫生治理，再到丰富的社区活动，这里有太多“回天有我”的多方参与和居民共治的生动案例。当路过正在实施的锅炉房改造工程时，伊然书记告诉我这里即将建成老年餐桌。

在住区品质方面，回天地区整体住区品质指数为 0.61，位于全市 50% 水平。其中，龙泽园、天通苑街道建设年代较为久远、容积率高，居住品质欠佳；而后期发展的史各庄地区居住小区、东小口的别墅小区、霍营的住区品质都比较高。目前，史各庄的北四村和东小口北部居住品质差的村庄已启动棚户区改造工程，棚户区村庄对居住品质的影响将进一步缩小。“回天地区”的市政基础设施标准低、不完善，软件和硬件两方面普遍存在不足，水务、电力、环卫等存在问题较多，燃气和供热设施还需要进一步评估。

在休憩空间方面，大量居民提出缺少就近活动的口袋绿地、儿童活动场地或球类活动设施，建议营造点状、带状的休憩空间，重新挖掘闲置空地价值。在儿童活动空间方面，回龙观西大街周边提供儿童的公共活动区域较少，缺少儿童活动空间，已有活动空间存在安全隐患。

居民建议增加公共儿童活动场地与活动设施，提高儿童活动的安全系数。在“回天地区”的诸多发展难题中，“一老一小”的问题，也是居民最关注的问题。为此，我们访问了社区内的北京新世纪幼儿园，与孩子们互动，听伊然书记讲述切实惠民的普惠园政策，这也是“回天地区”公共服务提升的一环。

关于“一老”的问题，考察了霍营的养老驿站，了解这里医养结合的养老方式，以及如何破解社区居家养老服务的供需错位、医养资源结合不够等问题。看到这里除了生活照料以外，还有丰富老年人精神生活的活动，让老年人在这里觉得不冷清孤单。根据“回天地区三年行动计划”，“回天地区”的5个镇街都要至少配套一家养老照料中心，逐渐实现养老照料中心的全覆盖，养老服务要用真心善心，尊重爱护，实现老年人在其周边、身边和床边就近享受居家养老服务，使“回天地区”的老人们拥有获得感和幸福感。在养老设施方面，“回天地区”共有10个养老院，总床位数2331张，收养人数1143人，收养人数不足。

按照养老设施标准核算，每万人需要80张床位，共计需要约6400张床位，目前“回天地区”床位约为需求三分之一，规划缺口较大。养老设施分布也存在错位，养老最便利的地区，反倒是年轻人比例最高的史各庄街道，现状有3个养老院，而老年人比例相对更高的回龙观街道和霍营街道，却没有养老院。因此，应完善养老服务体系，建立以居家为基础、社区为依托、机构为补充的养老服务体系。统筹区域内外资源，通过市场化等多种方式，加快推进配套养老设施和社区养老服务驿站建设。同时，支持社区民众性自治组织开展居家养老互助服务，为居家老人提供生活照料、家政服务、文化娱乐和精神慰藉等社会化服务。

在安全与健康方面，回天地区整体健康安全指数0.39，超46.8%的街道，处于全市中等水平。其中应急避难指数最高。即居民遇到紧急事件时能够及时避难，公安、消防和医疗急救应急服务提供安全保障。公安治安方面虽然排名欠佳，但是平均反应时间最短，仅需6.4分钟。以社区居民需求为导向的一刻钟社区服务圈覆盖率达到90%。“互联网+社区”“互联网+生活性服务业”等新模式、新业态应运而生，企业与社区高度融合，集家政餐饮、远程医疗、智能泊车和居家养老等社区服务于一体的智慧社区，将全面提升便利性和居民生活质量。

“回天地区”的生活便民服务设施便利度，超全市56%的街道。我们先后考察了回龙观体育文化公园、国风美唐小区和自行车专用路，深刻感受到，面对巨型的复杂系统开展公共治理的不易。城市的治理就像一个温度管控器，协助政府，保持温度，有人情味、有包容性、有活力。一个流动的卖菜小车，一小片健身器材，一个马路边下棋的小台子，这些碎片都能帮助我们理解市民的生活细节，发现问题，解决问题，需求就在这些细微之处，既要注重城市的风貌和秩序，也要保护城市的温度，真正关注人的需求。

“回天地区”总体便利与品质得分0.62，超过全市29%的街道。在服务多样性和休闲便利性方面存在一定优势，很大程度上得益于市场商业服务的蓬勃生长，也体现了“回天地区”巨大的商业需求和潜力。公共服务方面涉及教育、卫生、养老、公园绿化设施。“回天地区三年行动计划”各类项目实施后，整体的公园绿化便利度将提升16%。在设施便利度方面，综合考虑教育、医疗、养老、文化、体育、生活便民、餐饮娱乐、交通站点等影响生活便利感受的设施。目前，龙泽园街道各类设施便利度最高，天通苑南街道餐饮娱乐设施便利度高，天通苑北街道生活便民设施便利度高。

在“回天地区”，除了大型商业超市之外，底层商店成为区域消费的有效补充。包括杂货铺、水果店、点心房、家电维修等小型店铺，能够满足多数社区居民的日常生活需求。“回天地区”餐饮娱乐设施便利度超全市 62% 的街道。天通苑南街道的餐饮娱乐设施便利度最高，超过全市 80% 的街道。目前正在继续织密便民服务网络，统筹疏解腾退空间、国有商业设施、社会化空间等各类资源，优先用于补充完善生活性服务业便民网点配置，重点用于蔬菜零售、早餐等居民需求突出的生活性服务业。引导社区超市增加蔬菜零售，引导现有连锁便利店和餐饮网点增设早餐服务，提高社区生活性服务业便民网点服务能力。

“回天地区三年行动计划”着力提升生活性服务业品质，鼓励各类生活性服务业创新发展模式的探索和实践，积极引进以大数据分析、移动互联、智能物联网等先进技术为基础的创新型生活性服务业企业，鼓励发展生鲜超市与居民餐饮相融合、线下消费与线上服务相融合、基础服务与各类其他服务赋能相融合的创新企业，全面推进消费服务、消费商品与消费者需求最优化匹配，实现线上、线下一体化的智慧服务全覆盖，提升生活性服务业服务品质。

一方面，创新发展各类生活性服务业模式，加强现代电商和物流的配送，实现社区综合服务网络体系建设。另一方面，整合提升低效商业网点，建设规范化、连锁化、品牌化商业网络体系，满足居民不同层次生活需求。通过引入“厢式”便民网点，或将居委会、物业的部分办公用房用于建设生活性服务业便民网点等措施，积极解决商业性房源短缺的问题，满足社区民众的需求。生活性服务业便民网点，包括蔬菜零售网点、便利店、超市、早餐、洗衣、家政、美发店等项目的全覆盖，每个行政社区需要有两家蔬菜零售网点。

“回天地区”现有城市公园共 23 处，面积 76 公顷；郊野公园 3 处，包括东小口森林公园、太平郊野公园和半塔郊野公园，面积 380 公顷。存在的主要问题，一是公园绿地总量不足，人均公园绿地面积为 0.92 平方米，加上外围郊野公园和天通苑地区的部分居住区集中绿地，为 6.08 平方米，明显低于全区 13.72 平方米和全市 16 平方米的人均水平，人均指标差距明显。二是公园绿地功能构建、设施配置和活动培育需要加强，公园现有的休闲设施配置水平滞后，难以满足社区民众在儿童游乐、体育健身、主题休闲等方面日益多元化、品质化的活动需求。

同时，“回天地区”缺乏大型综合公园，难以形成综合性、生态型的休闲游憩服务需求。特别是社区公园和郊野公园的休闲游憩设施类型不全、设施陈旧。特色化、主题化的游园活动缺乏，社会效益较差。“回天地区”园林绿化建设养护水平和景观品质有待提升，各类公园绿地的建设养护水平整体偏低。道路附属绿化在绿地率、郁闭度、复层种植、花卉使用、植物景观多样性等方面有很大提升空间。部分重要节点的景观品质偏低、绿化景观意向不突出，缺乏精品公园和精品绿化街区。

同时，绿地管理问题突出，极大制约绿地多元功能发挥。由于规划、投资、管理，以及城乡二元体制等多方面的原因，存在违章建设侵蚀绿地、代征绿地收缴困难、居住区圈占绿地，以及封闭管理和多头管理等突出问题，限制了绿地公共服务功能的发挥。为此，需要采取多种措施，提高绿地管理水平，提升绿地品质。针对居民提出将闲置碎地改造成休闲绿地的建议，应对“回天地区”的闲置碎地进行全面梳理，积极营造点状、带状的口袋公园和小微绿地系统。同时积极与需求量同样较大的儿童休闲设施相结合，服务于低龄人群。

“回天地区”人口、商业、文化有活力；体育活动需求旺盛、市场潜力大；生活成本不高，可负担性较强。在体育设施方面，“营利型”体育场馆帮助“回天地区”成为全市体育设施便利度最高的地区，平均超过94%的街道，体现了居民对体育活动的高度需求。特别是史各庄街道因为有大学校园，所以体育设施多样性非常高。但是“回天地区”由政府投资建设的“公益型”体育场馆缺失，未来体育文化公园将对这一空白进行填补。

居民反映强烈的问题还有，“回天地区”人口密集、车流量大，存在临街建筑和围墙外立面老旧，线杆、灯杆和设备箱随意涂抹、粘贴小广告，部分公共场所照明缺失，临街商铺门面杂乱无章，步道砖、盲道砖和路缘石破损散落，树池框破损严重，道路绿化缺失，缺少绿地护栏，机动车侵占人行道和公共绿地等现象。卫生环境是回龙观地区最独特的问题，问题大多发生在居住区内部和道路两侧的底商附近，主要原因是市政垃圾回收点不清洁、垃圾车作业与居民出行交叉、垃圾处理不及时不彻底等。居民这些意见均已经进行了汇集整理，作为精细化改善提升的民意依据。

在休闲便利性方面，旨在通过人群活动时空数据，评估居民休闲活动是否奔波、休闲需求是否能近距离满足。“回天地区”整体休闲便利指数为0.52，超过全市58%的街道。龙泽园街道的休闲便利性最优，居民的休闲时间锚点距离约为5公里；而天通苑南街道的居民偏好前往市内四环休闲活动，平均休闲距离可达9.5公里。在设施多样性方面，“回天地区”设施多样性指数为0.88，超全市66%的街道，设施多样性水平很高。设施多样性最好的是龙泽园街道和天通苑北街道。

清晨，我站在天通苑社区的过街天桥上，除了社区风景外，满眼尽是匆忙行走的人群、地铁车站、共享单车、自行车大军。“开往天通苑北站方向的列车开始进站”，伴随着地铁站广播的声音，地铁站外的一排排共享单车前人流匆匆。2002年，地铁13号线开通，回龙观地区一下子与北京市中心区、中关村软件园有了便利的交通联系，来这里买房的家庭也越来越多。当时人们拿出几年的积蓄，就可以拥有一个属于自己的家，扎根北京的头等大事就能解决。但是“回天地区”的房屋也开始涨价，2013年以前，这里新房价格在2万元以内，2015年突破了3万元，也就是说房价2年内涨了50%。

“回天地区”在通勤便利性方面存在劣势，甚至比服务设施便利度排名更低，这揭示出交通结构造成的不便，比服务设施短缺造成的不便影响更大。“回天地区”综合通勤便利度指数约为0.39，仅超过全市25%的街道，处于全市较低水平。通勤绕路和拥堵情况严重，平均通勤距离约为13.5公里，长度超过全市63%的街道。“回天地区”区域整体出行便利性也较差，拥堵时间较长，存在一些严重堵点和断点，早晚高峰比全市平均早1小时，全天拥堵时间长达8小时。出行便利性指数为0.76，水平不佳，仅超过全市30%的街道。

“回天地区”需要提升地铁运力，目前13号线回龙观—知春路段，断面小时流量4万左右，满载率在1.25左右，回龙观10公里以内短距离地铁出行量为1万左右，占比约25%。目前13号线现状运能已达到设计运能，没有运力提高条件。为此，应积极推进建设轨道快线R3线，该线在龙泽站与13号线换乘，并与13号线对客流的服务方向相近，将进一步缓解13号线的拥堵状况。这一线路的中段已经列入轨道交通网建设方案中，应推动北段，即牡丹园—沙河高教园区段纳入建设计划。

在地铁接驳方面，地铁周边交通混乱是居民关注的焦点。机动车、自行车、公交车、行人在公交接驳换乘的过程中互相干扰。相当一部分居民对回龙观站和龙泽站出入口附近的黑车占道、公交进站困难、共享单车乱停放、骑行和步行困难尤其关注。作为公交换乘枢纽的公交车站，缺少候车空间和必要的照明条件；机动车违章停放缺少监管，使得公交车辆难以进站停靠，加剧了交通混乱程度。天通苑地区公交场站严重缺乏，现状仅按规划实现2处，未实现规划的2处公交场站占地面积约8500平方米，需重新落实选址。

需要提升静态交通体系服务能力，采取多种形式弥补停车缺口。同时加强停车管理，提高社会停车场用地的使用效率，修建立体化停车场（楼），例如霍营地铁站北侧社会停车场用地，加强对地面乱停车现象的行政管理，适当降低地下车库的停车收费标准，引导居民使用地下车库，提高地下车库的使用效率，对将地下车库在夜间或公休日开放给居民停车使用的商业、办公单位给予一定的奖励，对将地下车库在白天开放给办公、商业停车使用的居住区给予一定的奖励，提高地区城市更新建设中停车位配置比例。

大力提升公交运输能力，推动地区公共交通发展，适当增设地区到主要工作地的定制公共交通，以及从居住小区到地铁站的摆渡公共交通。发展快速公共交通专线，在就业地相对集中的情况下，定制公共交通和快速公共交通专线能够明显改善通勤速度和舒适度。目前仅有一条发往金融街的定制公共交通线路，路网畅通前提下，可开通去往中关村、上地、海淀山后等地的定制公共交通和快速公共交通专线。通过打通东西、南北向干道，施划公共交通专用道，将回龙观至上地、中关村等近距离地铁出行人群，转移至地面公共交通方式。

加密回龙观地区内部公共交通线网，特别是公共交通与地铁站接驳线路加密，提升区内公共交通出行比例，以及改善区域与地铁的公共交通接驳条件。避免机动车、自行车、公交车、行人在公共交通接驳换乘的过程中互相干扰。对回龙观至上地等严重拥堵路段，研究施划潮汐式公共交通专用道。对新建主次干道，规划配建公共交通港湾；对已建成主次干道的公共交通站台，研究实施港湾式改造。研究规划上跨京藏、京新高速公路的公共交通专用路。

在道路交通方面，居民意见主要集中在区域连通和无序逆行上。“回天地区三年行动计划”为“回天地区”定下了“五横五纵”的路网修补方案。加快完善规划交通路网，优化主次干路配置，打通断头路，畅通区域微循环。全面提高路网规划实现率，加快完善“一纵一横、五通五畅”主干路网架构。这些道路的实施，将为“回天地区”居民出行可达性带来大幅提升。通过建模计算，“回天有数”对驾车可达性、交通流量进行了模拟。随着道路的实施，不同居住小区的驾车可达性将得到不同程度的提升。全部实施以后，“回天地区”整体驾车可达便利度将增加 12.12%。

同时，需要研究规划与中心城区连接的快速通行线路，加强北部区域与中心城区的交通联系。加快回龙观地区外部连通的主干路网规划实施，加强回龙观地区与外部地区的联络。打通路网，结构优化，积极实现规划建材城东侧路的建设，实现太平庄北街的优化提升，使回龙观地区形成“六纵六横”的城市主干路网结构。六纵包括：京新高速、京藏高速、育知东路、文华东路、林萃路、建材城东侧路。六横包括：北清路（提级为城市快速路）、回南路、回龙观大街、太平庄北街、建材城路、13 号线南侧的次干路。

回天居民赴中关村产业园上班的最大阻碍是京藏高速——驾车拥堵，却因缺少跨越高速的骑行道路而无法改用绿色出行。如果居民要跨越京藏高速，只能从人行天桥或北郊农场桥的非正规骑行道路通过，费力且危险。为解决这一问题，北京市投资建设回龙观至上地自行车专用路，东起文华路、西至后厂村路，包含跨越京藏高速路段、下穿京包线铁路路段和西侧地面路段，设计时速 20KM/h。从范围上看，“回天地区”居民骑行 15 分钟可达范围向西南方向扩展，覆盖了中关村软件园区，从受益小区上看，自行车专用路主要激活了同成街北侧小区及西南部回龙观新村附近小区的骑行可达性。

通过发挥自行车专用路最大的区域连通价值，为自行车专用路效用最大化与骑行路网修补制订方案，建设骑行系统，多种形式的自行车专用道，通勤目的地相对集中且距离不远符合鼓励自行车出行的条件。为居民选择新的通勤方式创造条件，将有助于缓解回龙观地区早晚高峰时段机动车的出行交通压力。1 公里自行车专用道的成本可在 5 年内收回，收入源自用户身体得到锻炼而带来的健康收益。这些线路上的汽车流量平均下降 10%，而自行车流量则增加 20%。如果实现全国 41% 的骑车上班、上学人口，每年将为国家财政带来高达 18.5 亿元人民币的巨大收益。

在经历了西方第二次工业革命大力发展汽车的疯狂演变后，以汽车为中心的公路交通正在出现转变。例如在荷兰，1600 万人拥有约 1800 万辆自行车，拥有庞大的骑车人群。从幼儿园开始自行车安全行为和骑车礼貌行为，就被列为教育内容。在丹麦，哥本哈根的自行车道长度约 400 公里，相当于 8 条北京三环的长度。在英国，伦敦计划修建 12 条高速公路自行车道。“回天地区”建设骑行系统，将由“四轮”回归到“两轮”。建设骑行系统改善现状，提升自行车交通路权，改善骑行环境，改良自行车停放设施。

2019 年，回龙观大街、文华路、同成街慢行系统和霍营公园骑行一级园路建成投入使用，形成经回龙观东大街，穿越霍营公园和太平郊野公园，连接天通苑西区的骑行路。同步加快回龙观体育文化公园周边道路建设，满足青年人群和老年人群骑行和步行。规划实施北起十三陵水库，经滨河森林公园、沙河湿地公园、奥北森林公园，与奥林匹克森林公园相连，总长度约 42 公里的昌平区中轴骑行慢跑绿道。在铺装上，充分考虑平整度，保障老年人和儿童的行走安全。

加快构建区域慢行系统，立足区域自然禀赋，坚持绿色出行优先，构建安全连续、覆盖广泛的“骑行 + 步行”网络体系，建设连接居住区、森林公园、交通枢纽、就业区的适宜骑行和步行的专用道，使骑行成为中短距离出行首选，降低机动车使用强度。通过优化慢行系统、增加绿化等方式，增强市民慢行出行体验。借助街道断面设计改造，将街道空间重新划分，营造不受车辆干扰的步行和骑行空间。规划配套建设自行车公共停车场，规范自行车停车秩序。积极推进自行车专用路建设，提前规划与自行车专用路相连的骑行路网。

如今，回龙观、天通苑地区公共服务和基础设施供给有效增加、品质明显提高、体系更加完善，交通严重拥堵和职住严重失衡的状况得到缓解，城市治理能力显著提升，人居环境大幅改善，为长期可持续发展奠定了坚实基础。根据中长期规划，到 2025 年，公共服务基本达到城六区平均水平，基础设施体系规划基本落实；到 2035 年大城市病治理取得显著成效，建成与国际一流的和谐宜居之都相匹配、相协调的公共服务和基础设施体系。

当前，居住社区存在规模不合理、设施不完善、公共活动空间不足、物业管理覆盖面不高、管理机制不健全等突出问题和短板，与民众日益增长的美好生活需要还有较大差距。为了更好地为社区居民提供精准化、精细化服务，建设让社会民众满意的完整居住社区，以建设安全健康、设施完善、管理有序的完整居住社区为目标，以完善居住社区配套设施为着力点，大力开展居住社区建设补短板行动，提升居住社区建设质量、服务水平和管理能力，增强广大民众获得感、幸福感、安全感。

长期以来，由于老旧小区改造资金需求总规模较大，目前各地正在多渠道筹措资金，但是仍然存在资金总体不足、财政资金投不起、居民和社会资金不愿投、后期管护资金缺失等问题，迫切需要建立多渠道融资方式，确保老旧小区改造工作顺利进行。老旧小区的物业费，其实是一个“先有鸡还是先有蛋”的问题。物业公司害怕收不到物业管理费，不敢接管老旧小区，而居民担心物业服务不到位，不愿先缴物业管理费。近年来，一些城市坚持“谁受益谁出资”，完善资金筹措机制。

一是多方筹集改造资金。通过“居民出资 + 管线单位投资 + 财政以奖代补”等方式筹集。小区红线范围内改造提升资金以居民出资为主，包括房改维修资金、日常专项维修资金、公共收益、捐资等，财政按比例“以奖代补”。小区红线范围外区域由各管线单位投资，财政实施“以奖代补”。二是多元拓展公共维修资金。通过“居民自筹 + 政府补贴 + 公共收益”等方式，建立老旧小区维修资金归集、管理、使用机制，为小区公共管理及房屋后续维修提供资金保障。将小区公共房屋出租、停车费等公共收益充实到小区管理维修资金中，增强老旧小区“造血”功能。

对于社会资本参与老旧小区改造这项业务，获得融资是成功的前提。由于社会资本介入城市更新还是一个新的业态，商业银行不能测算出其盈利模式，因此获得融资较为困难。未来，随着更多的社会资本进入这一领域，更多的项目切实落地，金融机构或将降低对社会资本的融资门槛。此外，社会资本还应考虑保险类对于投资回报要求低、更稳健的融资产品。在“十四五”这五年的窗口期，如果保持以每年更新速度为 5%的势头，老旧小区改造的市场总投资额或可以达到 5—6 亿元。

创新管理是一座城市、一个社区健康发展的不竭动力。近年来北京市在老旧小区管理方面不断推陈出新。通过实施“网格化管理”，使各个部门形成合力，推动《北京市物业管理条例》落地见效，从社区居委会到社区物业部门实现无缝链接，第一时间解决居民切实的需求。通过资源共享、盘活存量、适度建设等多元方式，解决改造提升难题，创新性引入规划师、设计师，为提升院内空间功能、优化人居环境贡献范本。创新管理模式，已经成为解决老旧小区复杂棘手问题的有效手段。

在进一步完善老旧小区改造方面，需要通过建立权威性更强、流畅度更高的组织领导和统筹协调机制，分层级完善实战化机制和载体，促进加强整体协同、资源整合，破解难题。通过系统创新政策工具、金融工具和技术工具，创造有利于社会力量参与并充分发挥作用的良好外部环境，是推进老旧小区改造乃至城市更新和城市品质提升的重要条件。通过支持社会力量以投资主体、运营主体或实施主体身份，参与老旧小区改造。培育具有政策研究、策划包装、投资拉动、设计改造、物业服务全链条能力的社区综合服务企业或企业联合体。

在加强政策突破方面，需要增加社会力量投资稳定的回报收益，坚持“微利可持续”的商业价值导向，推动社会力量从“一次性高利润”向“长期性低利润”转型。建立更加稳固的资金平衡框架，促进多产权配套设施，在统一平台上利用。对于不具备自平衡条件的小区，研究将更多小区打包，从更大范围寻求可供社会资本运营、获取稳定收益的资源，做到“以丰补歉”。同时，研究单元化城市更新，以规划布局为先导，以老旧小区改造为基础，通过留、改、拆、补等多种途径，深入开展街区更新，完善城市功能，提升城市品质。

在合理调整规划方面，完善老旧小区建设配套指标体系，注重惠民实效，坚持以居民需求为导向，突出健康安全，鼓励在小区低效利用空间补建配套设施，简化规划建设手续办理。新建、改扩建配套设施，按照简易低风险工程建设相关政策，办理审批手续和产权。在深化物业管理方面，实施多产权老旧小区“一体化专业物业服务”，明确落实产权单位参与老旧小区改造责任，注重长效治理，充分调动居民积极性，培育老旧小区自我治理的内生动力。同时，政府采取以奖代补、购买服务等方式对物业服务企业给予必要扶持。

改革开放以来，我国城镇化和城市建设取得巨大成就，但是同时也面临着资源约束趋紧、环境污染严重、生态系统遭受破坏的严峻形势，基础设施短缺、公共服务不足等问题突出，“城市病”普遍存在，严重制约城市发展模式和治理方式的转型。开展生态修复、城市修补是治理“城市病”、改善人居环境的重要行动，是推动供给侧结构性改革、补足城市短板的客观需要，是城市转变发展方式的重要标志。居住社区是城市居民生活和城市治理的基本单元，是服务广大民众的“最后一公里”。

进一步加快推进老旧小区综合改造，是实现城市空间存量更新提升的破题之举，也是惠及千家万户的重要民生工程，对于实现城市有效治理，提升城市品质具有重要意义。同时，老旧小区的改造还是促进经济内循环、拉动内需、创造社会效益的重要途径。老旧小区改造是在原有小区基础上进行升级，既要解决现状问题、保障居民的生活品质得到提升，又要结合现阶段的城市规划，此外还需协调多方利益、合理筹措资金等，且由于各个老旧小区存在不同的现状问题，每个老旧小区的改造均面临不同的问题，因此，老旧小区改造的实践操作是一项复杂程度较高、牵扯利益较广的综合性工作，存在着诸多制约难点。

一是资金筹措困难。老旧小区改造需要大量的资金支持，目前我国的相应支出主要依靠财政资金的投入，部分小区有居民参与投资的方式，此外还有社会资本出资的模式。但是上述 3 种模式目前均面临困境，从政府的角度而言，财政资金有限，面临压力较大，仅靠财政资金难以满足改造所需要的巨大需求；寻求居民出资的方式容易面临较多抵触，因多数老旧小区位于城市中心，其中居民以老人和租户为主，对改造后产生的效益敏感度低，因此缺乏出资的积极性；从社会资本出资的方式来看，由于目前尚没有资金链的健康循环模式，收益难以保障，因此现阶段老旧小区对社会资本的吸引力不足。

二是多方利益协调困难。老旧小区由于建成时间长，居民多是居住多年的住户，改造首先需要居民达成一致，但是多方利益的协调往往面临较大的困难。协调小区业主的焦点主要体现在三个方面：第一，对改造需要的费用意见难以统一。由于各户居民的改造意愿不同、经济收入水平不同，导致了协商的困难。第二，改造后不同位置的物业可能会产生程度不同的效益提升，居民对于利益均衡的要求会给意见的协调带来难度。第三，对改造内容需求的差异造成改造内容的争议，导致小区长期无法进行改造。综上可见，如何平衡各方利益、协调各方意愿是老旧小区改造中难以避免的难题。

三是改造内容和改造水平参差不齐。近年来，我国老旧小区改造缺乏顶层设计的指导，尚未形成完整的技术标准体系，虽然当前已有多地根据自身需要制定了相应的导则、规范等，但是老旧小区改造涉及的问题繁多且较为复杂，例如绿化、道路、停车、采光等各方面都难以按照新建建筑的标准、规范执行，造成了近年来的老旧小区改造无完善标准可依的局面，也导致了改造水平不一的现象。部分小区的改造流于形象整改，还有部分改造工程仅针对建筑单体，对综合改造、老龄化改造、小区可持续发展缺乏考虑。此外，老旧小区改造工程中对新理念、新技术、新材料、新设备的应用较少，无益于相关产业的发展。

四是改造后长期管理困难。老旧小区改造应是建设与管理并重的长期工作，能否取得成功并非仅靠硬件环境的提升，还应包括改造完成后的长期且有效的管理，只有建设和管理水平同步提升，才能够有效促进老旧小区的可持续发展、惠及百姓。但是从目前已经完成的老旧小区改造项目来看，改造后的物业管理水平难以同步提升。《关于全面推进城镇老旧小区改造工作的指导意见》提出：城镇老旧小区改造内容可分为基础类、完善类、提升类三类。基础类是必须改造的内容，完善类和提升类是根据居民意愿确定的改造内容。

基础类共有 9 项内容，包括住宅楼出入口无障碍改造；住宅楼单元门扩宽门洞、消除门槛高差；小区内人行道路无障碍改造；小区内主要道路至住宅楼单元门增设夜间照明系统；小区内导引指示标志系统适老化改造；小区内为老年人服务机构及为老年人服务商户出入口无障碍改造；小区内老年人专用活动场地平整地面、更换防滑地材及消除场地高差坎；小区内高台、水池等临空、临水处增设安全警示标志及防护措施；公共场所及住宅楼加装宣传橱窗或电子屏，加强养老、孝老、敬老文化宣传。

完善类共有 9 项内容，包括小区内道路宜采用人车分行管理；小区绿化与公共场地整治改造；老年人活动场地增设健康锻炼器材及使用指导说明；老年人活动场地及散步道沿途增设休憩座椅和公共娱乐设施；老年人活动场地设置专用放置随身物品及衣物的设施；老年人活动场地周边增设无障碍卫生间或在临近公共卫生间内设置无障碍厕位；小区内商业、医疗、银行及其他公共设施出入口无障碍改造；小区内商业、医疗、银行及其他公共设施内的公用卫生间增设无障碍厕位或无障碍卫生间；小区内商业、医疗、银行及其他公共设施内增设老年人专用休憩区或服务区。

提升类共有 11 项内容，包括有条件的四层及以上无电梯住宅安装爬楼辅助设施或加装电梯等；小区原有安全防护扶手材质升级改造；小区原有无障碍卫生间或新建公共卫生间适老化无障碍设施完善升级；小区住宅楼栋入口附近设置无障碍停车位；小区中设置风雨连廊、风雨活动场、阳光房等设施；有条件的可设置老年餐桌或老年食堂；小区公共活动场所增设与社区物业服务机构或医疗、消防、公安等有关部门联动的紧急呼救装置；小区公共活动空间增设自动体外除颤器（AED）等用于紧急救治的移动医疗装置；小区增设提供全日照料服务的中小型养老机构；小区增设提供社区基本公共卫生服务和社区基本医疗服务的小型医疗机构；小区增设老年家庭与社区医疗及为老服务机构连接的智慧系统。

我国的居民委员会组织法已经很多年没有修订，远远落后于基层社会发展的现状，目前比较普遍的状况是，一些社区居民代表的代表性不强，甚至无法代表现在变化了的社会，变化了的社区，也无暇顾及社区内的更新工作，并且不太勇于表达自己的观点。鉴于社区基层事务的复杂性，应从居民中选取议事能力强的代表，能够常态化地热心讨论居住社区的一些问题。事实上，居住社区更新就是要让居民有归属感，不再把自己当作局外人，所有问题能由居民们自己发现，自己思考如何解决。

一是坚持以人为本，把握改造重点。从社区民众最关心最直接最现实的利益问题出发，征求居民意见并合理确定改造内容，重点改造完善小区配套和市政基础设施，提升社区养老、托育、医疗等公共服务水平，推动建设安全健康的完整居住社区。二是坚持因地制宜，做到精准施策。科学确定改造目标，既尽力而为，又量力而行，合理制定改造方案，体现小区特点，杜绝政绩工程、形象工程。三是坚持居民自愿，调动各方参与。激发居民参与改造的主动性、积极性，充分调动小区关联单位和社会力量支持、参与改造，实现决策共谋、发展共建、建设共管、效果共评、成果共享。

结合城市更新改造工作，通过补建、购置、置换、租赁、改造等方式，因地制宜补齐既有居住社区建设短板。优先实施排水防涝设施建设、雨污水管网混错接改造。充分利用居住社区内空地、荒地及拆除违法建设腾空土地等配建设施，增加公共活动空间。统筹利用公有住房、社区居民委员会办公用房和社区综合服务设施、闲置锅炉房等存量房屋资源，增设基本公共服务设施和便民商业服务设施。区分轻重缓急，优先在居住社区内配建居民最需要的设施。推进相邻居住社区及周边地区统筹建设、联动改造，加强各类配套设施和公共活动空间共建共享。

以开展居住社区建设补短板行动为载体，大力推进美好环境与幸福生活共同缔造活动，搭建沟通议事平台，充分发挥居民主体作用，推动实现决策共谋、发展共建、建设共管、效果共评、成果共享。完整居住社区是指为民众日常生活提供基本服务和设施的生活单元，也是社区治理的基本单元。以0.5—1.2万人口规模的完整居住社区为基本单元，依据《城市居住区规划设计标准》等有关标准规范和政策文件编制。若干个完整居住社区构成街区，统筹配建中小学、养老院、社区医院、运动场馆、公园等设施，与15分钟生活圈相衔接，为居民提供更加完善的公共服务。

居住小区综合整治涉及社会治理的多方面问题，以及实施居住小区改造的多项政策突破，市区两级要用改革思维，认真研究居住小区综合整治相关政策支持措施，完善管理体制机制，明确相关专业公司和物业管理单位在居住小区综合整治中的职责。居住小区改造内容包括：小区内道路、供排水、供电、供气、供热、绿化、照明、围墙等基础设施的更新改造；小区内配套养老抚幼、无障碍设施、便民市场等服务设施的建设改造；小区内房屋公共区域修缮、建筑节能改造，有条件的居住建筑加装电梯等；与小区直接相关的城市道路和公共交通、通信、供电、供排水、供气、供热、停车场、污水与垃圾处理等基础设施的改造提升。

城市规划师在大多数人眼里，是一个工程技术类行业，似乎就是修道路、盖房子，过去的确如此。但是，如今城市规划师的工作方法和内容也在转型。城市是一个复杂的巨型系统，对于已经形成的城市而言，城市规划的关键问题已经不是如何修道路、盖房子那么单纯。所以，城市规划师面临的考验从原来的工程技术问题，变成了公共治理问题。今天应该立足当前，放眼长远，紧紧围绕民众最关心、最直接的问题，重点抓好民众呼声强烈、带动面广、示范性强的项目，高起点规划、高标准推进、高质量建设，形成精准衔接、滚动实施的项目接续机制，尽快让民众有实实在在的获得感。

在城市化加速进程的发展时期，我们看到很多城市规划设计只是注重抽象的造型和形象，希望能通过大尺度的设计，体现恢宏的空间气势，通过标新立异的设计，展示地区的高端形象。一些高、大、上的设计方案标榜“国内第一”，但是却违背了“为社会和社会发展服务”的根本宗旨，包含了很多违背社会规律的决策因素，因此出现了不少既不美观，又不实用的公共设施，形成了一些缺乏良好文化体验的公共空间。社会公众没有能够从中得到实实在在的好处，城市社区也没有因此变得更加宜居。

一段时间以来，城市建设以外延式扩张为主，同时城市中心功能过度集聚，空间无序蔓延，但是对于可再生资源保护和利用不足，环境污染和自然灾害风险长期存在，城市空间品质不高，休闲游憩空间不够，公共文化空间系统性和生活便利性较差，不能满足社会民众日常需要。今后需要充分尊重客观规律，完善空间治理，提高自然资源节约集约利用水平，不断提升城市空间品质，形成绿色发展方式和生活方式，建设安全、绿色、宜居和富有魅力的城市空间，实现天更蓝、地更绿、水更清，提供丰富多元的蓝色生态文化创意，增强社会民众的获得感、幸福感、安全感。

由此可见，再好的规划设计，如果不能体现经济适用和美观生态的服务功能，只会让人们难以亲近，敬而远之。社会公众喜欢的规划设计才是优秀的规划设计，只有使广大民众感觉方便的生活空间才是人们期待的生活空间。要回归人的尺度，强调人的存在和需求，注重人们在城市空间中的体验，避免为了所谓的提升档次，进行美化改造，盲目加大设计尺度，使过去充满人文关怀的生活空间逐渐消失。因此，在城市规划设计和公共设施建设中，屡次出现为了视觉需要而违背人们活动规律的当下，强调城市规划设计要体现“以人为本”就显得特别重要。

对于大型居住社区来说，其功能结构、交通设施的条件，与居民的出行、生活有直接的关系，所以解决交通问题，并不仅仅只是简简单单地修建道路、开通地铁、增加公交车辆，而有可能是涉及功能布局、生活性服务的复杂问题。因此，要通过对于人们空间行为的感知，去认知人们对于城市的需求，通过人们对于城市的需求，去推动“以人为本”的设计，通过“以人为本”的设计，去营造人性化的居住社区，最终实现可持续的人居环境，这才能在未来的不确定性中，给予人们一个更可控制的未来。

（北京电视台《我是规划师》第十一集拍摄笔记，2019 年 12 月）

二

讲话编

在“韩美林生肖艺术大展”开幕式上的讲话

“韩美林生肖艺术大展”开幕式（2019 年 1 月 5 日）

欢迎大家来到故宫博物院的文华殿书画馆，共同参加“韩美林生肖艺术大展”的开幕式。

韩美林先生是当代中国具有影响力的一位艺术家，也是一位中国传统文化和现代艺术融合的开拓者、实践者和集大成者。生肖艺术是中国传统文化中具有永恒魅力和持久生命力的组成部分，“生肖”文化本就是中国人“过年”文化习俗中一个重要内容，“韩美林生肖艺术大展”在故宫博物院举办，与故宫博物院即将举办的“贺岁迎祥——紫禁城里过大年”展相映成趣，正是古老传统文化和当代艺术审美的一次生动融合。

2018 年故宫博物院启动了“紫禁城里过大年”展览项目。在即将到来的春节期间，紫禁城将按照皇宫里的年节礼仪，用丰富的藏品资源进行装饰，一些宫殿和庭院将宫灯高悬、张灯结彩，贴春联，挂福字，来自世界各地的观众将享受沉浸式“中国年”文化的深度体验。

无独有偶，韩美林先生的“生肖艺术大展”同一时间也在故宫博物院举办。此次展览以韩美林先生的“生肖艺术”为核心，选择了绘画、书法、雕塑、陶瓷、紫砂、木雕、铁艺、家具、民间工艺等使用传统媒介的创作类型，以体现艺术家对传统技艺、传统风格、传统美学等的理解与传承，与此同时又能从个性气质与时代精神等多个角度来阐发韩美林先生的艺术突破与艺术创新。

“韩美林生肖艺术大展”分为“生生不息”“艺术魔墙”“艺术大篷车”“‘邮’中赞美”“为美成林”五个部分，从不同角度呈现韩美林先生对传统技艺与传统美学的探索，同时从时代精神等方面展示其艺术创新。“韩美林生肖艺术大展”不是简单地传递生肖形象，而是将传统的生肖文化与艺术家极具个人特色的当代艺术形式有机结合，是“生肖”文化的艺术性延展和创新，是韩美林先生对大爱无疆的艺术阐释。这与当下故宫博物院的开放、包容和创新不谋而合，相得益彰。

此前，“韩美林全球巡展”先后在威尼斯、巴黎、首尔等世界各地的城市陆续举办，持续引发了各地观众的强烈关注和热烈反响。此次“韩美林生肖艺术大展”在故宫博物院举办，韩美林先生说：“我的‘艺术大篷车’之路，绕过了古老的文化，绕过了中华大地，还绕到了非洲、美洲，我们绕了四十多年，又绕回了家，绕进了故宫。故宫是中华文化的一个最大的家，我的生肖艺术大展将在故宫与大伙儿一块过大年。”

“生肖”文化本身就是中国人“过年”文化习俗中一个重要的组成部分，所以，“贺岁迎祥——紫禁城里过大年”展和“韩美林生肖艺术大展”两个展览可以说是相辅相成，猪年春节，故宫博物院必将异彩纷呈。作为新春展览，“韩美林生肖艺术大展”的展期将跨越己亥农历新年，以古老的生肖文化为全国观众祈福新年。

在此，我还要向韩美林先生表示由衷的感谢，他向故宫博物院捐赠了十件套极具代表性的个人作品。其中包括绘画、书法、雕塑、家具等类别，均集中体现了其艺术风格。此次展览中就有五件展品是捐赠作品，例如雕塑作品《龙槊》，对于龙形象的使用进行了匠心独具的设计和安排，又借鉴了早期青铜器和玉器纹样，纪念碑式的结构体现一种稳定与庄严；又如其家喻户晓的水墨动物系列作品中的《有豕为家》，憨态可掬的猪形象欢乐喜庆，辅以中国传统吉祥纹样，更使猪的形象充满民族色彩……这些作品在反映韩美林先生卓越的创作技巧的同时，都彰显了他独特的对于传统的现代表达。

近年来，韩美林先生先后获颁“联合国教科文组织和平艺术家”“国际奥委会顾拜旦奖”等。韩美林先生在创作中，总是一手伸向传统，一手伸向民间与大众生活。而对于大众的文化传播与文化教育更怀有难能可贵的使命感，令人钦佩。感谢韩美林先生的捐赠义举，使故宫博物院的藏品得到进一步丰富，同时又使十件优秀的艺术作品成为全社会的财富。

今天，《己亥年》特种邮票首发仪式也在文华殿举行。己亥猪年邮票是韩美林先生和生肖邮票的第三次牵手“良缘”，此前 1983 年和 2017 年韩美林先生分别设计了癸亥猪年、丁酉鸡年生肖邮票。《己亥年》全套邮票以“家”为核心概念，将生肖的形象特点与中国人的家国情怀巧妙结合，赋予生肖形象以“合家欢”的生动设定。

最后，我谨代表故宫博物院衷心祝贺“韩美林生肖艺术大展”在故宫博物院隆重开幕，也诚挚地邀请全体嘉宾和各界朋友一同参观展览，共同见证这一 2019 开年艺术盛事。

（2019 年 1 月 5 日）

在“贺岁迎祥——紫禁城里过大年”展览开幕式上的讲话

故宫博物院“贺岁迎祥——紫禁城里过大年”展览开幕式（2019 年 1 月 7 日）

欢迎大家莅临故宫博物院，出席“贺岁迎祥——紫禁城里过大年”展览开幕式。公历的元旦刚刚过去，我们又将迎来农历的春节。春节作为中华民族最隆重的传统节日，是悠久中华传统文化的重要组成部分。春节寄托着广大民众“回家过年”的美好期盼。习近平总书记说，一句“回家过年”，牵动着亿万中国人最温馨的情愫，万家团圆、共享天伦，走亲访友、共祝美好，贯穿其中的就是浓浓的亲情。

远在春秋时代，中国就定出仲春、仲夏、仲秋和仲冬四个节气。2016 年，“二十四节气”获批列入联合国教科文组织人类非物质文化遗产代表作名录，更体现出国际社会对保护传统知识与实践类非物质文化遗产的重视。我国的传统节日形式多样，内容丰富，沉淀着深邃丰厚的文化内涵。传统节日的形成过程，是一个民族或国家的历史文化长期积淀凝聚的过程，从这些流传至今的节日风俗里，可以清晰地看到古代民众社会生活的精彩画面。

现在的春节，俗称“过年”，古称元旦。辞旧与迎新，始于腊月初一，终于二月初二，除夕和大年初一达到高潮，其间的庆祝活动，是人们对生活的美好祈愿。春节意味着春天将要来临，万象复苏，草木更新，新一轮播种和收获季节又要开始。千百年来，人们使年俗庆祝活动变得异常丰富多彩，迎春扫尘、准备年货、添置新衣、张贴春联、燃放鞭炮、除夕守岁、走亲访友、祭拜祖先等等年俗，早已深埋进中国人的血脉之中。

中华民族历来重视家庭，正所谓“天下之本在国，国之本在家”，家和万事兴，春节是万家团圆的日子。以往说到春节，全家团聚、逛庙会等，成为长期以来的过年方式与习俗。但是随着时间推移，一些新年俗逐渐出现。近年来，“博物馆里过大年”已从一个响亮的口号，成为博物馆界的一种常态，越来越多的人会在春节假期规划中给“博物馆”留有一席之地，在浓浓的文化氛围中感受别样年味，丰富多彩、形式多样的系列文化活动吸引着观众走进博物馆大门。

不论古代抑或今天，不论宫廷还是民间，辞旧迎新都是中国人过年永恒的主题。为了迎接即将到来的己亥年春节，让传统的节庆文化鲜活起来，为观众带来节日的文化享受，此次故宫博物院己亥春节大展，将以破纪录的近千件文物展示数量，恢复昔日皇宫过年场景的展览创新形式，为广大观众呈现一个充满年味的紫禁城。在“贺岁迎祥——紫禁城里过大年”展览中，观众既可以看到平时生活中熟悉的场景和物品，又会有新奇的发现。

在古代，帝王是国家的象征，因此皇帝过年更兼具家与国的双重意义。而清代宫廷过年更融入了满族的特色。基于文献和实物的留存情况，故宫博物院虽然选择了清朝作为宫廷春节文化的展览时段，但是其内容仍是汉文化大框架下的历代相继的礼俗。“贺岁迎祥——紫禁城里过大年”展览以“祈福迎祥”“祭祖行孝”“敦亲睦族”“勤政亲贤”“游艺行乐”“欢天喜地”六大主题，全面展现清代宫廷过年习俗。

“祈福迎祥”单元展示的是过年不可或缺的节物。如福字、春联、春条、门神等不论宫廷还是民间都要使用。而像岁朝图、天灯、万寿灯、宫灯之类的器物则富于宫廷特色。诸多的节物表达了人们祛除邪祟、祈求福祉的美好愿望，也为节日增添了浓浓的喜庆气氛。在这一单元，观众朋友们可以看到康熙、雍正、乾隆、嘉庆、道光五代皇帝书写的福字，可谓福气满满。

在欢愉的春节期间，祭祖是最重要的传统礼仪活动。通过祭祀活动，追思祖德，弘扬孝道。“祭祖行孝”单元中康、雍、乾三代皇帝的神主难得一见。众多材质优良、工艺精美的斋戒牌更是美不胜收。

过年是阖家团圆的日子。团圆饭更必不可少。“敦亲睦族”单元展示了元旦这天皇帝与宗亲、后妃分别宴饮的场景。展览以复原陈列的方式，呈现了宗亲宴上的金龙大宴桌与宗亲宴桌。宴桌摆放参照了乾隆四十八年（1783 年）膳档的记载，动用文物超过 100 件，十分壮观。

古代，皇帝一举一动无不牵涉国政。过年期间虽有封印仪式，以示休息，仍不免于政务。“勤政亲贤”单元重点还原了明窗开笔的场景，将养心殿东暖阁明窗在展厅搭建了出来。《国家宝藏》第二季中的明星文物——金瓯永固杯原件就放置于此处。明窗开笔是皇帝新年举行的第一次书写仪式。皇帝用万年青笔书写吉语笺，为天下苍生祈福许愿。吉语笺写毕，封存于黄匣中，任何人不能开启。直到今天，人们才有幸看到它们的真容。此外，在这一单元，观众还可以看到古代最高规格的皇家交响乐团——中和韶乐。过年时，当王公大臣在太和殿向皇帝行礼、乾清宫家人向皇帝行礼，均需演奏。中和韶乐共有 18 类乐器，此次展览甄选了最有特色的 6 类作复原陈列，包括编钟、编磬、建鼓、柷、敔、麾等，气势恢宏。

“游艺行乐”单元展示了过年期间的娱乐活动。春节是中国人的团圆节，也是中国人的狂欢节。高高在上的皇帝，也会趁此佳节放松娱乐。展柜中的《冰嬉图》描绘了腊月初八太液池冰嬉的场景。八旗健儿在冰面表演各种“花样滑冰”和杂技，如倒立、舞刀、叠罗汉、舞中幡等，好不热闹！看戏也是过年时主要的娱乐活动之一。展品中有 8 件精美的戏衣，是难得一见的珍贵戏曲服装资料。配合戏台、乐器、剧本、戏画等，令人不难想见当年看戏时热闹喜庆的场面。

前五个单元是文物展览。第六单元“欢天喜地”则指开放区域内按照清宫旧俗复原的年节装饰。春节期间的紫禁城，道道宫门张贴着年画和春联，长长廊庑悬挂着各色宫灯，乾清宫丹陛上下树立着万寿灯和天灯……观众只要走进紫禁城，就能感受到浓浓的年味，获得沉浸式的体验。

为期三个月的“贺岁迎祥——紫禁城里过大年”展，2018 年 1 月 6 日向观众试行开放，这一天是阴历戊戌年腊月初一，也是传统上一系列庆贺新年活动开始的日子。展览最后一天特意选在 2018 年 4 月 7 日，即阴历己亥年三月初三，正是游春踏青的“上巳节”，这与传统的庆贺新年活动的时间相吻合。

“贺岁迎祥——紫禁城里过大年”展览分为文物展览和实景体验两部分。文物展览位于午门正楼和东西雁翅楼展厅，共展出文物 885 件套。展品主要精选自故宫博物院珍藏，并得到中国第一历史档案馆、沈阳故宫博物院、首都博物馆、天坛公园管理处等单位的大力支持。实景体验部分，整个紫禁城开放区域都是春节文化的展场，在宫殿门口会悬挂着寓意吉祥的春联、门神，在乾清宫和皇极殿廊庑下装饰着华美的宫灯。

此次展览不但是文物展，更是文化展。展览兼顾了学术性和通俗性。依托故宫博物院丰富的馆藏文物资源，通过仔细研读清代档案史料，展览力图将相关文物还原到历史本来的场景中去。例如，立天灯、万寿灯是清代早中期过年最盛大的活动之一。从立到撤，前前后后要使用八千多人次。自道光二十年（1840 年）被节俭的皇帝取消以来，它们已经消失在历史长河中将近 200 年。相关文物也早已分散各处，渐渐不为人所知。今天，通过研究人员的努力，不但在文献中查出来天灯、万寿灯的使用方式、历史沿革，乃至各部分的详细尺寸；更在各个库房中找到了灯身模型、灯联小样，以及灯杆原件，并成功将它们复原出来，重新竖立在乾清宫的台基上下，让康乾盛世的过年景象又重新出现在今天。

“贺岁迎祥——紫禁城里过大年”展是故宫博物院历史上提用文物最多、展场区域最大的展览。

一是单一展览动用文物数量最多。按照惯例，一般展览使用文物数量在 100 件左右，年度大展则有可能达到300件以上。而历史上，故宫博物院单一展览提供文物最多的一次，还要追溯到1935年的伦敦中国艺术国际展览会，那次故宫博物院有735件文物出展。而本次展览不但在正式展出文物的数量上已经超过了1935年的展览，加上复制涉及的文物更为可观。这样大规模的展览在世界上也极为罕见。

二是展场区域最大。通常，故宫博物院内的展览都局限在斋宫、永寿宫、延禧宫、神武门等处，而午门正楼和东西雁翅楼是其中最大的展厅。本次展览除了午门和东西雁翅楼展厅以外，还将紫禁城整个开放区域营造成春节文化的展场。春节元素随处可见，最大限度地还原清代皇宫过大年的场景。

“贺岁迎祥——紫禁城里过大年”展采用了丰富的陈列展览手段，让文物鲜活起来。首先，改变了展品“排队”的摆放方式，让文物呈现更加立体，例如书画和器物对照摆放，较多地使用复原陈列等。其次，采用了多种技术手段，丰富了观众的感官体验，例如动画、视频、音乐、投影、熏香等。再有，增加了互动环节，让观众真正参与进来：在西雁翅楼有盖印章等活动；在东雁翅楼有根据《乾隆帝岁朝行乐图》搭建出来的布景，观众可以走进去照相。

“宫里过大年”数字沉浸体验展位于乾清宫东庑，围绕紫禁城传承丰厚的年节文化，以数字技术、虚拟影像、动作捕捉等科技手段进行创新形式落地，辅以互动体验区及文化创意产品矩阵，呈现多端口展开平台。展览分为冰嬉乐园、门神佑福、花开岁朝、戏幕画阁、赏灯观焰、纳福迎祥六个部分，依托文物大展，切实落地丰富的互动展现形式，运用科技手段，呈现传统文化语境下的视觉互动表现力。存在于书画、器物的祥瑞与期许，将一一苏醒于观众的沉浸体验中，带来“过大年”的全息视境创新体验。

而且这次“过大年”展可以说是“永不落幕”的展览。展览文物配有二维码，观众扫描后可以下载文物信息，随时看、随时听。展览内容还将适时放到故宫博物院的官网上，不能亲临现场的朋友还可以在网上浏览。待时机成熟时，“过大年”展还将被送往更多的地方，为各地观众带去节日的快乐，把传统的节庆文化传承下去，为华夏儿女留住民族的文化记忆。

举办展览同时，故宫博物院还以2019年已亥春节为起点，以节庆为主题，研发综合文化创意项目。目前，与“过大年”相关的文化创意产品共研发近百种，分为福禄寿系列、门神系列、岁朝系列、婴戏系列、冰嬉系列、赏梅迎春系列、喜福连绵系列及金瓯永固系列等。品类涉及贺岁礼盒、纸品书签、帽饰丝巾、茶器水具、靠垫挂饰、香氛香蜡、手机配饰等。从“生活美学”的概念提取故宫经典年节文化元素，以简约、重组、解构等设计语言重新设计，突出故宫丰富的年节文化及艺术价值的高度和美感，并注入情感内涵，使文化创意产品成为带有温度、传递故宫展览风貌的媒介。春节主题系列文化创意产品，是本年度启动的“故宫中国节”主题性综合文化创意项目的起点。未来，故宫博物院将以各种传统节庆为主题，研发更多的文化项目。

为了让观众在参观“紫禁城里过大年”展览的同时，享受优质服务，留下美好回忆，春节期间还将有以展示全国各地老字号产品为主题的“中华老字号故宫过大年”展，在故宫博物院慈宁宫花园、慈宁门外广场举办。此次活动由商务部、文化和旅游部、山东省政府支持，故宫博物院、山东省商务厅主办，展期为2019年1月28日（农历小年）至2019年2月10日（农历正月初六）。届时，来自北京、天津、上海、山东、江苏、浙江、河南、安徽、吉林、山西共10个省（市）的145家中华老字号企业参展，展示传统小吃、特色美食、保健食品、丝织服饰、生活用品、文房用品、首饰玉器、文化创意类工艺品、非物质文化遗产工艺品等10余项内容，相信会给观众带来更加丰富的观展体验。

在此，要特别感谢“贺岁迎祥——紫禁城里过大年”展览的独家联合推广单位——中国工商银行。中国工商银行在展览期间全方位调动推广力量，大力宣传该展览，并推出具有中国工商银行特色的“故宫陪你过大年”主题活动，把最具历史传承感的故宫文化与最具现代化创新精神的金融产品有机地结合起来，实现“文化+金融+科技”的有机融合，让每一款深植故宫文化内涵的金融产品飞入寻常百姓家，也让收藏在禁宫里的文物真正地活起来。

中国工商银行正式发布国内首张带有故宫博物院标识的信用卡——“工银故宫联名信用卡”，卡面设计独具匠心，无论是卡片底色还是元素细节都充分彰显了中华民族传统文化的气度和神韵，首批发行的工银故宫联名信用卡以中华文化瑰宝“明清玉玺”作为主题，用烫金工艺镌刻了三组玉玺文字，分别是“协和万邦”“九有一心”和“自强不息”，象征了中华民族开放共享的胸怀、同舟共济的文化和勇往直前的精神。

同时，在中国工商银行的“融e购”商城上专门开设了“故宫精品馆”，一大批精美的文化创意产品陆续上新，包括千里江山、白鹤紫霄、福禄寿系列的小艺术品等，以满足“故宫粉丝”们的各式喜好。发红包、压岁钱是中国人最重要的春节习俗，中国工商银行精心设计了一批饱含故宫元素的红包、存单、借记卡，还有故宫授权的大福年贺岁金，用满载文化精神的金融产品感恩和回馈客户，也为人们在春节期间的走亲访友、纳福迎祥注入中华传统文化的精髓和内涵。

在推广渠道方面，中国工商银行准备了丰富多彩的体验活动，将在线下线上全渠道以故宫过年特色元素进行网点装饰、官方线上平台装饰。例如将在全国约1.6万个中国工商银行网点对展览进行宣传推广，让人们走进中国工商银行的网点就能感受到故宫的年味儿，在各网点的免费Wi-Fi和智能终端上，都可以看到紫禁城里过大年的场景及元素。

同时，在北京王府井支行的北京站网点、长安支行的西单网点等全国1500多家中国工商银行旗舰网点装饰原汁原味的故宫特色福字、宫灯、春联、门神等。届时，故宫博物院周边的几家中国工商银行大型金融旗舰店将营造成为故宫文化特色网点，客户可以在工行网点、官方微信、微博等平台体验故宫中国年传统文化，推动将故宫过大年展览及故宫文化传播到千家万户。

春节将至，在中华民族最重要的传统节日春节到来之际，能够和大家欢聚一堂，共叙“过大年”这一充满团圆幸福感的话题，我本人感到格外高兴。“亿万人增亿万寿，泰平岁值泰平春”，借用乾隆皇帝这句诗，向各位拜个早年！2019年春节，让我们“在紫禁城里过大年”！

（2019年1月7日）

在故宫博物院龙泉窑研究中心揭牌仪式上的致辞

故宫博物院龙泉窑研究中心揭牌仪式（2019 年 1 月 11 日）

很高兴与各位朋友相聚在美丽的龙泉。

故宫博物院研究员陈万里先生曾经说过：“一部中国陶瓷史，半部在浙江，一部浙江陶瓷史，半部在龙泉。”高度肯定了龙泉窑的历史地位。从北宋开始，龙泉青瓷长期代表着中国古代青瓷生产的最高水平，并为宫廷送去了大量精美的瓷器。明朝政府还在龙泉设立御窑厂专门为宫廷烧造瓷器，龙泉成为皇家工厂所在地之一。今天，故宫博物院收藏有 1700 余件龙泉青瓷，龙泉青瓷成为故宫博物院与龙泉之间天然的纽带。

在丝绸之路上龙泉青瓷也扮演着重要角色，从宋到明，龙泉窑瓷器一直是中国输出的最大宗商品，通过陆路和海路出口到亚、非、欧三大洲的 50 多个国家。龙泉青瓷不仅成为中国与世界各地沟通联系的使者，还是“海上丝绸之路”上一个重要的中国符号，是中国文化输出的重要内容，是文化自信的重要物证。

2018 年 11 月故宫博物院与龙泉市政府，共同成功举办了“故宫龙泉青瓷回家展”。今天双方又成立“故宫博物院龙泉窑研究中心”，双方发挥自身优势，在龙泉窑遗址保护及青瓷藏品的研究、修复、宣传等方面紧密合作，为弘扬中华民族优秀文化助力。2019 年我们将再次携手，联合浙江省博物馆共同举办“天下龙泉展”，希望通过我们长期多方面的合作，在展示龙泉青瓷辉煌历史的同时，提升龙泉青瓷文化的活力，让“龙泉青瓷”这个中国文化的符号再次走向更加广阔的世界。

最后，预祝双方的合作圆满成功。

（2019 年 1 月 11 日）

2018 年度述职报告

2018 年是改革开放 40 周年，也是故宫博物院建设世界级博物馆迎接紫禁城建成 600 周年的重要一年。在文化和旅游部党组的领导下，我深入学习贯彻落实十九大精神和习近平新时代中国特色社会主义思想，进一步提高政治站位，增强“四个意识”，坚定“四个自信”，做到“两个维护”，落实“两个责任”，狠抓从严治党“八项规定”，进一步强化管党治党政治担当，不断加强党组织建设，狠抓意识形态工作，确保了队伍纯洁稳定。扎实进行巡视整改，把巡视整改作为一项严肃的政治任务、政治责任抓实抓好。同时，深入贯彻落实习近平总书记关于做好文化文物工作的讲话精神，坚定文化自信，“让收藏在禁宫里的文物、陈列在广阔大地上的遗产、书写在古籍里的文字都活起来”，当好“中华文化会客厅”。

一方面，通过组织实施“精细化”管理，实现了文物安全、观众安全、古建筑安全和形象安全。全年接待中外观众 1753 万人次，再创年度观众数量新高，向“无投诉、无事故”目标又迈进了一步，故宫博物院获得了“服务社会十佳单位”。另一方面，不断探索文物“活起来”的新方式。通过扩大开放、筹建新馆、数字展览、文物修复、故宫讲坛、文化创意研发、影视作品拍摄等形式，不仅找到了“活起来”的方法，还使观众数量从单纯来院参观的“千万级”数量，猛增到多个渠道获得故宫知识的“亿万级”人数，提升故宫博物院影响力的同时，也极大地传播了中华传统文化。

下面，我分几个方面进行述职汇报。

一、不断加强对习近平新时代中国特色社会主义思想和十九大精神的学习，进一步增强“四个意识”

对党建工作的重视程度不断提升，积极研读《习近平谈治国理政》《习近平新时代中国特色社会主义思想三十讲》等学习材料，在思想上、政治上、行动上始终同以习近平同志为核心的党中央保持高度一致。年内，积极参加文化和旅游部党组中心组集体学习，做到预习学习内容，提前准备发言稿，会上与其他成员交流学习心得，深化学习认识。同时，深入推进“两学一做”学习教育常态化、制度化，积极落实党委理论中心组学习、民主生活会等制度，参与集体学习讨论 19 次，学习传达各类文件共计 100 余份。积极参加所在支部的专题组织生活会、参观纪念马克思诞辰 200 周年主题展览、学习习近平总书记在庆祝改革开放四十周年大会上的重要讲话精神等活动。

高质量组织召开党员领导干部民主生活会。2018 年 1 月 23 日组织召开 2017 年度故宫博物院党员领导干部民主生活会，雒树刚部长亲临指导。为确保会议质量，提前组织召开多个座谈会，设置意见箱，听取全院 31 个党支部、38 个部门对院党委、院领导工作的意见建议，共收集整理了100多条内容，参与修订完善了《故宫博物院党员领导干部民主生活会方案》，印发相关学习材料。

扎实开展“警示教育月”活动。10月，严格落实上级指示要求，认真制定《故宫博物院党委开展警示教育月活动工作方案》，组织全体党员和副处级以上干部共计330人召开警示教育大会，部署警示教育活动。严格落实“一岗双责”，对各部门精心指导。各党支部按照院警示教育活动方案及时召开警示教育大会和专题组织生活会，活动期间形成工作交流4篇上报文化和旅游部，征集格言警句40余条。

认真贯彻落实中央八项规定精神。严查节日关口腐败，紧抓“平安故宫”工程等重点项目的廉政建设，严格执行招标规定，重点环节重点设防，把工程廉政建设要求具体细化为合同条款。严格履行纪检监察四项职能，坚持“严肃执纪是职责，保护干部也是职责”，做到政策纪律经常提醒、重点部门和关键岗位随机提醒、薄弱环节专门提醒、苗头隐患个别提醒。加强对权力运行的制约和监督，有效防止了各种违规违纪问题的发生。

督促各党支部认真落实“三会一课”制度，充分利用“七一”、重大纪念日等时机和各自工作特点，开展丰富多彩的党建活动，提高了全体党员的思想觉悟。离退人员服务处党支部组织80余位离退老党员召开“改革开放40年”座谈会，畅谈伟大祖国翻天覆地的变化；科研处党支部针对工作特点，开展了“文化自信”大讨论，组织参观北京新文化运动纪念馆等活动；资料信息部党支部针对年轻党员多的特点，充分利用信息资源，利用新技术新媒体创新党建工作；文保科技部党支部把党建工作和业务工作有机结合，有效破解党建与业务工作脱节问题；开放管理处党支部针对员工天天与中外观众面对面服务的特点，常年开展“让党徽闪耀在开放岗位，我为党徽增光彩”活动。

二、坚决落实巡视整改要求，分阶段推进巡视整改任务

高度重视中央第五巡视组巡视文化和旅游部党组的反馈意见，坚持“照单全收、立整立改”的原则，紧紧围绕巡视整改意见中指出的问题，研究制定《故宫博物院落实中央第五巡视组巡视整改工作方案》和《意识形态工作责任制整改方案》，方案中明确责任人、整改内容、完成时限等。及时召开党员干部大会，统一思想，认真抓好整改工作。特别是7月30日，雒树刚部长赴故宫博物院听取巡视整改措施汇报，并做出了指示，故宫博物院进一步细化深化了整改方案。8月3日，我主持召开院长办公会，针对巡视整改的问题，责成人事处和文物管理处修改完善工资条目和文物藏品征集办法。8月13日再次主持召开院长办公会，讨论通过了工资条目修改和文物藏品征集办法修改稿，报文化和旅游部备案并逐月向部报送整改进展情况。

巡视整改期间，根据要求排查、梳理了故宫博物院实际工作中的风险点19处，出台了《故宫博物院意识形态责任制落实中的风险点及建议》，建立健全了各项规章制度，扎紧了制度的笼子，强化了规矩纪律意识，查找了廉政风险点，巩固了廉洁教育成果。

三、狠抓安全“精细化”管理，夯实安全保障基础

将2018年作为安全“精细化”管理“落实年”，严格落实《故宫博物院安全工作“党政同责，一岗双责”实施细则》，着力提升整体安全水平。始终把安全工作摆在重要位置，自觉组织做好各种防范措施。精准防控、精细管理，推动安全工作各项制度、规定落细、落小、落实。

每当节假日和敏感时期，带队对全院实施安全大检查，对重要施工现场和布展现场，随时到场检查。组织职能部门常年进行隐患排查治理，持续开展安全检查和“拉网式”排查，实现了隐患排查治理工作常态化、制度化、规范化，全年开具消防隐患通知单61份。9月2日，巴西国家博物馆发生重大火灾，为深刻汲取惨痛教训，立即组织召开专题会议，布置火灾隐患排查工作，成立了由三名副院长带队的办公室秩序整治、文物库房整治和施工现场隐患整治的三个检查组，实施全方位拉网式检查。针对国务院第五督导组指出的问题，关停中轴线上耗电量大且有安全隐患的十多处店铺，对院内商业设施开始全面整治规划。10月2日，在应急管理部组织的消防安全大检查中受到好评。

安全技术防范系统建设进一步完善，实现了火灾报警与视频联动功能。观众参观体验环境不断优化，持续推进网络售票，分时段控制观众流量，全年8万人限流天数76天。“清明上河图3.0”展出期间，组织实施了参观门票与大门票同步预约措施，为今后重要的特大展览摸索了经验。不断加强与公安、消防、武警之间的协调联动，依法严厉打击各种违法违规行为，全年共抓获“黑导游”“小广告”等2406人。新设无障碍坡道23处、标识牌166个，加强开放设施设备维护保养，及时消除安全隐患。加强应急管理和义务消防队建设，全年共组织院内外多部门合作应急演练6次，举办第七届消防运动会，进一步提升了应急处置能力。不断加强安全保卫队伍建设，使其牢记“我的岗位我坚守，我的岗位您放心”要求，坚持教育与培训相结合，检查与考核相配合，提高了队伍的综合素质，全年共收到锦旗、表扬信30多份。严格电瓶车管理，完善充电场所，规范了充电行为。

四、抓住攻坚期，不断推动“平安故宫”工程向中长期目标迈进

“平安故宫”工程还有两年即将结束，2018年是“平安故宫”工程的关键一年，抓住攻坚期，持续发力。启动地下文物库房改造项目、故宫博物院北院区建设项目。基础设施维修改造，一期（试点）工程继续推进，二期工程设计方案上报国家文物局并获得相关批复，文物影响评估报告及项目建议书编制完成。世界文化遗产监测、午门城台监测、养心殿环境监测工作持续推进，查清不可移动文物底账，理清11类遗产要素，确定标准定名。故宫安全防范新系统中，应急指挥平台项目进入内部系统试运行；文物藏品技术防范系统进行联调测试；安防系统功能提升项目完成监控中心系统更新及部分前端施工。院藏文物防震，完成一批陶瓷库房的库内改造及文物密集柜安装；阻尼器防震方案进一步细化并完成安装施工招标；完成宁寿门外西院库房内部改造深化设计并开始施工。院藏文物抢救性科技修复保护，修复保养

文物 757 件；故宫文物医院，5 人被评为国家级非物质文化遗产传承人，公开招聘 25 名志愿者上岗服务。

五、继续优化文化遗产保护管理工作，古建筑研究性保护项目初显成效

养心殿研究性保护项目完成工匠选拔、培训工作，9 月 4 日正式开工，阶段性研究成果向观众展出。故宫城墙西段修缮工程持续推进，西北段、西南段修缮工程进行设计和报批。乾隆花园保护项目，进行建筑环境监测，完成丝毛织品、贴落等的仿制，以及假山监测和安全评估。大高玄殿油饰彩画修缮工程、长春宫前院修缮工程竣工。

为储备“紫禁城下一个 600 年”优质古建筑维修保护材料，将苏州陆慕御窑金砖厂、南京金陵金箔集团股份有限公司设立为第一批“故宫官式古建筑材料基地”，并接受太湖世界文化论坛捐赠给故宫博物院的金砖 100 块、金箔 100 万张。

强化可移动文物管理与保护工作。统筹全院文物库房使用规划，三期地下库房文物布局初步完成，启动地面文物库房规划调整并完成局部方案。组织开展全院文物部门业务培训，从操作及流程全面保障文物安全。

六、持续推动故宫博物院展览与宣传教育从“馆舍天地”走向“大千世界”，滋养当代人精神生活

实体展览、虚拟展览亮点纷呈。新开设箭亭武备馆、南大库家具馆。从卡塔尔、摩纳哥、乌克兰等引进展览 5 项。赴境内外文物博物馆机构举办或参展 42 项。其中，养心殿展览巡展至山东博物馆和辽宁省博物馆；7 项大展同时登陆山西太原市博物馆，展出 1000 余件故宫文物。与凤凰卫视合办“清明上河图 3.0”高科技互动艺术展演，吸引超过 140 万观众参观，并被引进国家博物馆“伟大的变革——庆祝改革开放 40 周年大型展览”中，再度引发观众参观热情。“发现·养心殿——主题数字体验展”获 2018 国际文化遗产视听与多媒体艺术节金奖、第二届国际数字遗产案例竞赛技术创新奖。

全年接待包括法国总统、英国首相等国宾 92 批次，提供咨询 41.3 万人次，志愿者提供志愿讲解 8318 人次，讲解员接待观众 41935 批次，使用自动讲解器的观众 23.4 万人次，举办各类教育活动 2299 场。在北京市 9 所中小学开设了故宫课程。124 场教育活动输送到厦门、济南、石狮等地。

七、故宫文化创意连接更多新公众，故宫出版再创纪录，“数字故宫”异彩纷呈

故宫文化创意继续引领行业潮流，许多文化创意产品成为观众生活中的必需品。多次亮

相国内外专业展会。同时，借助文化和旅游部海外文化中心平台，故宫文化创意得到生动展示，2018 年出现在了悉尼、曼谷、首尔等 6 个海外中国文化中心。2018 年 5 月，在日本东京举办的“让文物活起来——故宫文创展”，李克强总理邀请日本首相安倍晋三前往参观。

故宫图书再创佳绩。《紫禁城》被国家新闻出版广电总局推荐为第三届全国“百强报刊”，被中国期刊协会评为 2018 年“中国最美期刊”。《赵孟頫书画全集》获得优秀美术图书“金牛杯”金奖。《故宫日历》《满汉全席日历》《故宫如意日历》《故宫月历》等形成日历家族，受到社会好评。首部互动解谜游戏书《谜宫·如意琳琅图籍》很快达到 2000 多万元众筹金额，打破诸多领域众筹的世界纪录。

数字故宫让故宫成为一种生活方式，成为世界博物馆中最强大的数字平台。“微故宫”获微信贡献力“十佳账号”称号。“故宫出品”系列 App 全年下载量超过 120 万，比上年增长 16%。《紫禁城祥瑞》PRO 版发布。完成第七部虚拟现实节目《御花园》制作。与腾讯、网易、金山软件公司等就漫画、游戏、音乐创新大赛等开展合作。

首档聚焦故宫博物院的文化创新类节目《上新了·故宫》在北京卫视热播，《国家宝藏》第二季隆重推出。

八、继续推进文物修复和“学术故宫”建设，稳步开展学术研究与博物馆人才培养

一年来，故宫文物医院在文物修护展示宣传交流、文物修护工作、非物质文化遗产保护、交流合作与人才培养、科研课题与论文论著发表、故宫博物院北院区文物修护中心功能深化设计、设施设备的完善与维护上取得了明显成绩。文物修复完成 757 件，同时完成大量文物维护保养，复制完成 118 件，接待各类学习参观 160 批次，4500 人次。

故宫研究院与太湖世界文化论坛合作成立中医药文化研究所，与吉林大学合作成立张忠培考古研究中心。故宫研究院下设各研究所持续开展相关课题研究，推进合作项目，举办第七届西藏考古与艺术国际学术讨论会、四王暨清前期书画研讨会等学术会议。考古研究所完成雄安新区阶段性考古任务，参加安徽凤阳明中都遗址考古调查。

故宫学院在重庆、开封设立分院，目前已在全国建成 8 个分院。面向故宫员工举办藏文中、高级培训。承办国家文物局、地方市级文物局、博物馆等单位委托培养的培训班共 7 个，涉及官式古建筑木构保护及木作营造技艺、藏传佛教文物保管与保护、文化创意产品开发与市场运营等主题。

九、不断促进境内外文化交流与合作，有效提升故宫文化影响力

故宫博物院赴境外举办展览 8 个，涉及我国港澳地区、美国、沙特阿拉伯、希腊、葡萄牙等地。2018 年 12 月 4 日，在雒树刚部长陪同下，习近平总书记参观了故宫博物院在葡萄

牙里斯本阿茹达宫展出的“东风西韵——紫禁城与海上丝绸之路”展览，给予故宫博物院莫大的鼓舞和鞭策。

举办第三届“太和·世界古代文明保护论坛”，12 个国家官员、学者共论“古都文明”。与叙利亚文化部古物和博物馆总局签署合作谅解备忘录，进一步扩大交流范围，深化两国间文化交往。此外，与 3 个海外文化相关机构签署谅解备忘录。配合国家“大湾区”战略，推动第二届故宫青年实习计划，今年接收粤港澳三地实习生 48 人。

赴乌兰巴托、悉尼、马德里等 9 个城市举办海外教育活动 10 场。国际博物馆培训中心举办春季和秋季培训班，六年来累计培训 375 名学员，来自 72 个国家。与国际文物修护学会联合举办“国际文物修护学会——故宫博物院 2018 北京国际学术研讨会”。国际文物修护学会培训中心举办第四届培训班，四年来累计培训 91 名学员，来自 30 个国家。故宫考古研究所赴乌兹别克斯坦、塔吉克斯坦等国开展考古工作。

十、综合行政部门充分发挥职能作用，共同促进故宫博物院可持续发展

加强人才队伍建设，圆满完成 2018 年应届高校毕业生接收等工作。财政经费的项目预算执行顺利，严格政府采购及财务日常管理以及资金使用中的绩效管理。法律处全年把关合同 1256 份。审计室全年审核各种合同、招标文件等 839 项，报审总金额 17.86 亿元。院工会积极当好“娘家人”，组织开展各类文体活动，在部系统和东华门地区组织的比赛中屡获佳绩，组织纪念改革开放四十周年“放歌新时代，故宫与改革同行”歌咏比赛。团委充分发挥团员青年生力军作用，在不同岗位上涌现出了许多青年才俊。特别是组织排练的《海棠依旧》，在上海戏剧节上引起了轰动，获得了好评。离退人员服务处组织离退人员开展丰富多彩的明理、益智、健身活动。行政处精心建设职工超市，全力做好各种后勤保障工作。

一年来成绩的取得，离不开以习近平同志为核心的党中央对文化工作的高度重视，离不开文化和旅游部的关心指导，离不开全院各部处的有力组织，离不开全院 1500 名“故宫人”以及志愿者队伍、保洁、保安、施工队伍等编外“故宫人”的不懈努力。在看到成绩的同时，还要保持清醒头脑，找差距找不足。例如“平安故宫”工程时间还有短短两年，但是故宫博物院北院区、地下文物库房改造因种种原因刚刚启动，后期任务极其艰巨；故宫博物院内各类服务机构、施工单位、经营部门 100 多家，存在较多隐患，管理上还需进一步加强。

通过一年的工作实践，我有以下几点体会：

一是必须把党建工作摆在故宫博物院各项建设的首位。以习近平新时代中国特色社会主义思想为指导，认真学习贯彻“十九大”精神，不断增强党员干部和全院职工“四个意识”，做到“两个维护”，在思想上、政治上、行动上始终与以习近平同志为核心的党中央保持高度一致。

二是一定要将纪律挺在前面，用好监督执纪“四种形态”，严格落实“中央八项规定”。故宫博物院各项事业正在飞速发展，每年上千个合同，数亿的资金，既是事业发展的有力证

明又是对我们的考验。纪检部门要充分发挥监督作用，对发现的苗头性、倾向性问题要及时咬耳扯袖、红脸出汗，抓早抓小，防微杜渐。这是对同志的最好的关心爱护。

三是一定要将安全作为各项工作的重中之重。安全，是故宫博物院的生命线，没有安全就没有故宫博物院的一切，故宫博物院的安全“一失就万无”。安全工作没有预演，没有彩排，没有从头再来。昨天安全了不等于今天也能安全，每天都要从零开始，如履薄冰，如临深渊，提心吊胆。每天都安全了，才能集小胜为大胜。各项建设也是如此，每天完成一点点，积少成多，集腋成裘，终将成就大事。要保证安全不能被动地防，把文物都放在库房里藏起来，固然安全一些，但这是对社会的极不负责。故宫博物院的安全不仅仅是故宫人的责任，也是全社会的责任。故宫博物院的安全仅靠故宫人难以承担，要动员全社会来承担、来监督，让每名观众都参与进来，他们既是参观者又是安全员。

四是一定要不忘初心，精准发力，稳步开展文化传播和文化创意。2016年以来，国家出台一系列政策法规，倡导大力发展文物博物馆创意产业。如今故宫文化创意逐渐成为人们关注热点，一项展览的开幕、一场活动的举办、一部影视的推出、一类新品的面世、一款数字技术的应用、一种图书出版的众筹，都可能引起热议和轰动，这就需要更加注重公共文化设施的社会责任。故宫博物院的每一项文化传播和文化创意，都应该是故宫文化资源的深入挖掘和提炼，都必须以传播中华优秀传统文化、满足人们对美好生活的需求为己任，从“数量增长”走向“质量提升”，做到“故宫出品，必是精品”，实现可持续健康发展。

2019年，我们即将迎来中华人民共和国成立70周年盛典，紫禁城建成600周年也即将到来，故宫整体维修保护工程和“平安故宫”工程接近尾声，一系列艰巨的工作任务就摆在我们面前。形势催人，时不我待，要继续深入学习贯彻“十九大”精神，以习近平新时代中国特色社会主义思想为指导，周密计划，稳步推进，按照“精细化管理”要求，狠抓各项工作落实，为献礼紫禁城建成600周年，把壮美的紫禁城完整地交给下一个600年做好准备工作。

一是贯彻落实习近平新时代中国特色社会主义思想和党的十九大精神，坚决维护习近平总书记核心地位，坚决维护党中央权威和集中统一领导，树立政治意识、大局意识、核心意识、看齐意识。继续贯彻落实巡视整改任务和意识形态工作责任制，推进全面从严治党，深入开展党性党风党纪教育和从政道德教育，培养高素质人才队伍，开创党建纪检工作新局面。

二是继续实施故宫整体维修保护工程和“平安故宫”工程，稳步实施乾隆花园、大高玄殿、养心殿、故宫城墙4项“研究性保护项目”，全面推进故宫博物院北院区建设、地下文物库房改造、基础设施改造、世界文化遗产监测、故宫安全防范新系统、院藏文物防震和院藏文物抢救性科技修复保护等七项重点工程，抓好即将收尾阶段的攻坚期，保证工程质量，提升整体安全水平。

三是继续抓住安全这个重点不放松，夯实基础工作，提升综合素质，落实规章制度，把精细化管理目标层层落到实处。在排查整治隐患时必须消除“事故征兆”和“事故苗头”，对待细小隐患要如临大敌，对排查出的安全隐患要立即整改，把问题解决在萌芽状态，构建集风险管理规划、识别、分析、应对、监测和控制的全周期风险评估系统，最大限度地避免安全事故发生。

四是坚持以服务观众为中心，继续举办优质展览，优化参观环境，增加服务设施，精减商业网点，提升服务水平，努力实现文旅融合。办好“贺岁迎祥——紫禁城里过大年”这一以破纪录的近千件文物、紫禁城开放区域喜迎春节，让传统节庆文化鲜活起来的展览，以及“万紫千红”题材文物展等重点展览。推动境内外重要展览项目，特别是“养心殿展”“重华宫展”在国内外的巡回展示。

五是完善故宫学术体系，将更多的研究成果融入各种展览和教育发展，通过不懈的努力，形成强大的文物博物馆行业知名“专家群体”。继续利用故宫研究院和故宫学院搭建国内外文物博物馆人才交流合作平台，不断提升与扩大故宫学术研究在学术界的话语权与影响力。

六是践行“大宣教”理念，广泛开展故宫内外、市区内外、国内外合作教育，让大众共享故宫文化成果，弘扬中华传统文化。持续创新文化传播模式，不断推陈出新，获得更好的社会影响力，联合雅昌集团将“发现·养心殿”主题数字展在全国更多城市进行推广落地，与惠普公司合作开展“V 故宫”巡展第一期。

七是继续研发具有故宫元素和特色、高文化附加值的文化创意产品，满足人们对美好生活的需求。继续探索与社会各界合作研发文化创意产品的成功模式，办好“中华老字号故宫过大年”、非物质文化遗产进故宫等特色展览，让大众享有更好的生活体验和节日记忆。

八是配合中华人民共和国成立 70 周年及中俄建交 70 周年，中美、中葡建交 40 周年，积极开展境内外文化合作，落实合作协议，举办“太和·世界古代文明保护论坛”，参与 2019 年“文明古国论坛”专家论坛工作，落实第三届“故宫青年实习计划”。

习近平总书记在庆祝改革开放 40 周年大会上说，建成社会主义现代化强国，实现中华民族伟大复兴，是一场接力跑，我们要一棒接着一棒跑下去，每一代人都要为下一代人跑出一个好成绩。为实现“把壮美的紫禁城完整地交给下一个 600 年”，我们也要跑好接力赛，更加紧密地团结在以习近平同志为核心的党中央周围，在文化和旅游部党组的坚强领导下，奋发有为，开拓进取，为献礼中华人民共和国成立 70 周年，为实现中华民族伟大复兴的宏伟目标做出新的努力。

（2019 年 1 月 17 日）

在《哇！故宫的二十四节气》新书发布会上的讲话

《哇！故宫的二十四节气》新书发布会（2019 年 1 月 21 日）

转眼又快迎来传统节日春节，各位朋友是不是都在抓紧结束手头的工作，准备过年了？

故宫博物院也在为过年做准备。“贺岁迎祥——紫禁城里过大年”的展览已经在午门开展，每天来访的观众络绎不绝。故宫里每道宫门也都贴上了门神、春联，乾清宫挂上了宫灯，立起了天灯、万寿灯，营造热热闹闹的过年氛围。年味十足的中华老字号及非物质文化遗产展示区、“宫里过大年”数字沉浸体验展和春节教育体验活动已经筹备就绪，珍宝馆、钟表馆展览提升顺利结束。参观展览、体验空间、参与活动，观众们可以通过多种途径在“紫禁城里过大年”。

故宫博物院举办“紫禁城里过大年”系列活动，目的是传播中国传统的年节文化。春节，是中华民族最重视的传统节日，也最能代表中国传统文化。故宫作为世界文化遗产，作为中国传统文化的载体，一直致力于传统文化的传承与发扬。今天发布的《哇！故宫的二十四节气》这套书，也是为了同样的目标，就是围绕中国非物质文化遗产二十四节气而展开。

我国的传统节日形式多样，内容丰富，沉淀着深邃丰厚的文化内涵。二十四节气，对于每一个中国人都不陌生，从小学就开始背，春雨惊春清谷天，夏满芒夏暑相连……但是每个节气对应的气候和物候现象，很多人，特别是孩子们就不太清楚。2016 年，“二十四节气”成功列入联合国教科文组织人类非物质文化遗产代表作名录，体现出我国政府和国际社会对保护传统知识与传承实践类非物质文化遗产的重视。

《哇！故宫的二十四节气》这套图书，不仅为孩子们介绍了二十四节气对应的气候和物候变化、民俗传统，更是把故宫博物院作为故事背景，为他们展现了紫禁城在二十四节气的变化。孩子们可以看到御花园从繁花盛开到银装素裹，看到金水河从潺潺流淌到冰封冻结，更有个性鲜明的小神兽带孩子们走进故宫二十四处宫殿，认识它们的功能与特点。相信看完这套书，孩子们对二十四节气的认识就不再停留于一首民谣，而是一幅幅生动的画面。

这套图书是写给孩子们的文化历史通识绘本，由故宫博物院宣传教育部与御鉴文化潜心研讨、打磨而成，中信出版社出版，将节气知识与故宫文化相结合，保证图片与文字的准确性，提升绘本的儿童性，是故宫博物院传承和发扬中国传统文化的一次新的尝试，引领孩子走进传统文化的世界，将中华文明之美植根于下一代心中。在这套绘本里，小读者们可以与神兽朋友一起，探索故宫博物院悠久的历史文化，感受四季之美。这套传统文化读物，犹如孩子的纸上博物馆，可以让孩子们把故宫博物院带回家。

《哇！故宫的二十四节气》针对 3—6 岁幼童开发，以亲子阅读为主，小学低年级学童也可自主阅读。全书共 24 册，以世界非物质文化遗产“二十四节气”为时间线索，将 830 幅手绘故宫原景大图、52 座故宫建筑、48 个传统习俗、115 件故宫珍宝、64 种动物、76 种花木、24 次成长体验等，融入充满童趣的故事里，将故宫近 600 年的历史与文化知识向孩子们娓娓道来。为了给孩子们更好的阅读体验，绘本还采用了先进的 AR 技术并研发了同名 App，让孩子们在科技中感受节气变化、建筑搭建及互动的乐趣，以开放的视角展现传统文化的魅力，彰显文化的当代力量。

故宫博物院宣传教育部的果美霞老师告诉我，《哇！故宫的二十四节气》这套图书有三大特色：

一是真实性，图书内容与真实环境、藏品相结合。这套图书用手绘全彩精美绘画描写了在故宫博物院这座集大成的博物馆里发生的节气故事，故事中所有的文物皆有出处，彰显了不同的艺术价值和珍贵的工匠精神。除此以外，亲近自然是孩子的天性，绘本中色彩斑斓的花木和活泼可爱的动物们共同构成了故宫博物院动植物的博物学。24 座核心建筑作为故事的主背景一一展现，让孩子从不同角度了解真实的故宫建筑。跟随节气时令，用一整年时间，让古老的宫殿、文物、藏品，在孩子们的生活里活起来，让中华优秀的传统文化与人们今天的生活产生联系，让历史焕发新的活力。

二是专业性，处处彰显建筑、藏品的专业细节。有形的故宫是中华传统文化传承、中外文化交流的场所和见证者；无形的故宫延续着中华历史文脉，承载着国家记忆，彰显着中华文化实力。绘本中的一砖一瓦、一窗一棂，都力求还原故宫原貌。慈宁宫的重檐歇山顶、文渊阁的六间房，以及三交六椀菱花窗，每一处细节都经过数次校对审核，让孩子了解最真实的历史。春天，在坤宁宫前放风筝，到浮碧亭喝谷雨茶；夏天，在东华门前放莲灯，去乾隆花园找萤火虫；秋天，到文渊阁的石桥上喂金鱼，在故宫最美的角楼赏月；冬天，到御花园打雪仗，在金水河上滑冰，去太和门广场看烟花。用心呈现美好，用心呈现细节，给孩子最美、最专业的故宫。

三是儿童性，以儿童的语言讲述文化的故事。整套绘本紧密贴近儿童日常生活，从衣食住行到琴棋书画，用趣味性的语言、儿童的视角编织了二十四个成长情境。让孩子们和主人公一起经历传统节日，感受文化仪式感。一次次的成长经历，让孩子学会分享。诗词典故自然融入故事，让孩子不知不觉中了解传统文化的智慧。这套给孩子们的故宫系列《哇！故宫的二十四节气》，让孩子们把故宫博物院带回家，在反复阅读中，提升对中华文明的认知与体验。

故宫博物院的目标是“把故宫文化带回家”，结合儿童的年龄特征和阅读习惯，从孩子的角度出发，孩子们在读故事的同时，可以学知识、识珍宝、品古诗、赏艺术，解开故宫的历史奥秘。相信这样一套集知识性、趣味性与互动性于一体的图书，一定能够带给孩子们一种别样的文化体验。当然，里面不少内容对成年人来说，也很新鲜有趣。

故宫博物院一直坚持公益教育的理念，所以为了让更多的小朋友们接触到这套书，故宫博物院决定捐赠200套书给北京市的百所幼儿园，鼓励幼儿园的老师们利用这套图书向孩子们传播中国传统节气文化，传播故宫文化，加深孩子们对中国历史文化的认识。小朋友们可以在老师的指导下阅读这套书，跟随小神兽们畅游故宫，了解二十四节气，了解故宫文化。我们也希望，孩子们能够通过阅读这本书，更留心观察四季的变化，更加热爱生活，也更加热爱拥有深厚文化与无限生机的故宫博物院。

昨天，正式进入二十四节气中最后一个节气——大寒。大寒过后，就是立春，万物萌动，新的一年又将开始。今年立春恰逢除夕，我借这个机会，给大家拜个早年，祝大家新的一年顺顺利利，平平安安，开开心心。

（2019年1月21日）

在故宫博物院新闻发布会上的发言

“阳和启蛰，品物皆春。”春节是中华民族最重要而美好的节日。

为了迎接即将到来的己亥年春节，故宫博物院特举办春节大展“贺岁迎祥——紫禁城里过大年”，为观众呈现一个充满年味的紫禁城。作为该展览的重要组成部分，“宫里过大年”数字沉浸体验展将于2019年1月23日在乾清宫东庑正式拉开帷幕。沉浸体验展融汇了故宫历史及院藏文物中蕴藏的过年元素，运用数字投影、虚拟影像、互动捕捉等方式形成春节文化与人的互动，传统文化元素与当代艺术设计交织，组成创新的文化体验空间。观众可以沉浸其中，感受新鲜有趣的浓浓年味。

“宫里过大年”数字沉浸体验展按照展览内容，分为门神佑福、冰嬉乐园、花开岁朝、戏幕画阁、赏灯观焰、纳福迎祥六个部分。

一是“门神佑福”，一进展厅，故宫博物院典藏的文物门神正在红色垂帘上恭迎来者。憨态可掬的门神时而眨眼，时而微笑，既有护佑的威武又生动有趣。

二是“冰嬉乐园”，穿过门神，来到“冰嬉乐园”。清代皇家有腊月初八观看冰嬉的习俗。这里设计了蜿蜒曲折的空间。屏幕中，大雪漫天飞舞，来自《冰嬉图》中的古人正在冰上游戏。脚下，条条“冰痕”跟随观众挪移的脚步，相随相伴。特别设置的“堆瑞兽”交互体验，源于故宫博物院典藏书画《乾隆帝岁朝行乐图》中婴童堆雪狮子的场景。观众挥舞手臂，雪会从天空飘落，而婴童也会逐渐堆好雪狮子、雪象和可爱的雪猫。观众挥舞幅度越大，瑞兽堆起的速度也越快。亲身体验古代皇宫瑞雪丰年嬉戏游乐的欢乐。

三是“花开岁朝”，穿过瑞雪，与可爱的门神告别，映入眼帘的是“花开岁朝”。“岁朝”，即一岁之始，古指农历正月初一。“岁朝图”通常以静物画的面貌出现，将绘画与自然时序结合，通过画中物的谐音、寓意或掌故表现美好的新年祝福。本部分汇集故宫博物院典藏的多幅《岁朝图》所绘祥瑞之物，观众挥动手臂，蝴蝶飞舞，花枝摇曳，水仙与梅花纷纷绽放、各式吉果滚动，如穿梭在古人的岁朝图中，迎接新年来到。

四是“戏幕画阁”，皇家的过年娱乐少不了观赏大戏，故宫博物院至今仍留存着各式戏画谱本。在“戏幕画阁”中，一面是故宫博物院典藏的戏谱画人物正顾盼生辉、矫健灵活，对面的弧形屏幕则是经过当代艺术抽象演绎的京剧人物，显得沉稳大气。传统与当代搭配呼应，同一段戏曲，不同的表现形式，娓娓道来、感受独特。

五是“赏灯观焰”，这一部分源于故宫博物院藏画中描述的皇家点亮宫灯、观赏烟火等习俗。通过地屏及镜面投影装置，营造出一个沉浸式的新媒体空间。根据院藏《雍正十二月行乐图》，墙上的皇家园林与宫殿上悬挂的宫灯依次点亮，脚下与天际线上空，数字代码生成的璀璨烟花相映绽放，变换各式图案，在传统与当代中进行奇妙的穿越。观赏宫灯与烟花之后，还有一对武门神在出口恭送观众。这里设置了感应装置，观众微笑或点头，门神也会随之“摇头晃脑”，让每一个体验者都可以与威武的门神互动，在新的一年“神来运旺”。

六是“纳福迎祥”，此部分源自皇家过年最重要的两件事：开笔书福、写吉语——帝王以福赐予天下苍生，祈求天下安康吉祥。这里同样是交互空间，墙面投影汇集了紫禁城帝王所写的各式“福”与吉语、带有“福”字的印章，以及各色吉果与花朵。观众张开手臂，可以收纳从天而降的吉庆百福，在纳福迎祥的欢乐氛围中，迎接新的一年。

每一场体验都源于故宫博物院藏品，展览根植传统，实现传统与现代、视觉与听觉、真实与奇幻的综合体验，引领观众通过全新的文化游历，重塑新时代中国春节仪式感，引领“文化过年”新风尚，实现通过年节记忆，留住中国文化根脉的初心。

“宫里过大年”数字沉浸体验展也特别设立了故宫文创专卖区，为过大年系列展览研发的近百种文化创意产品在此展示，如福禄系列、门神系列等，涉及礼盒、纸品、配饰、茶器水具、香氛香蜡等品类。这些文化创意产品由设计师从生活美学的概念提取故宫经典年节文化元素，以简约、重组、解构等设计语言重新设计，突出故宫丰富的年节文化及艺术价值的高度和美感，使文化创意成为整个展览的传播和延伸，让观众将紫禁城的过年文化带回家。

2019 年 1 月 21 日，故宫博物院在乾清宫前丹陛上下竖立起“天灯”和“万寿灯”各一对，作为“贺岁迎祥——紫禁城里过大年”展览的实景体验部分正式向观众开放。

为了迎接即将到来的己亥年春节，故宫博物院于 2019 年 1 月 8 日起举办“贺岁迎祥——紫禁城里过大年”展览，以恢复多种昔日皇宫过年的装饰，通过展览创新形式，为观众呈现一个充满年味的紫禁城。此次展览分为文物展览和实景体验两部分，文物展览位于午门正殿和东西雁翅楼展厅，实景体验部分包括整个故宫开放区域，在宫殿门口悬挂着寓意吉祥的春联、门神，在廊庑下装饰着华美的宫灯等，其中天灯、万寿灯的复原成为室外展场广受瞩目的景观。

民间过年有挂灯笼的习俗，皇家也不例外，但是较之民间更有新年气象。清代宫廷沿明代旧制，元旦（即今日春节）前后要在乾清宫丹陛上下各立一对天灯和万寿灯，乾隆五十四年开始在皇极殿各增立一对。按《国朝宫史》记载，每年十二月二十四日安设天灯万寿灯。天灯至次年二月初三撤出，万寿灯至正月十八日撤出。立天灯、万寿灯是清代早中期过年最盛大的活动之一，从立到撤，前前后后要使用八千多人力。随着清朝国力逐渐衰弱，道光二十年（1840 年）皇帝下谕，此后天灯和万寿灯停止竖立。直至今天，乾清宫、皇极殿丹陛上下只有灯座遗存。

旧时新年前后，民间有在高处悬挂灯盏之俗，此灯彻夜通明，谓之“天灯”。清潘荣陛《帝京岁时纪胜·十二月·祀灶》记载：“廿三日更尽时，家家祀灶，院内立竿，悬挂天灯。”追溯宫廷中竖立天灯、万寿灯的详细情况，文献记载并不全面。应该说竖立天灯的情况与民间差别不大，只作为高位照明灯，但天灯与万寿灯同时出现，目前所见到的最早文献是明代《工部厂库须知》有《御用监成造天灯万寿灯》：“前件查万历十四年三月内，该题造天灯十九对、万寿灯三对……”由此可知天灯设立的处所多，而万寿灯少。从清代内务府文献中可知，除乾清宫、皇极殿外，毓庆宫、建福宫、养性殿等处均竖有天灯。

万寿灯主要承担的是装饰功能，重点体现的是美好寓意。从细节上来看，灯楼即顶部的亭子，在不同的年份有不同的式样，乾隆朝以前是彩漆六角重檐亭，至迟在嘉庆十三年以后是金罩漆圆形攒尖重檐亭，现在在乾清宫丹陛上与皇极殿丹陛上的万寿灯座是六面体，正是为与六角形灯楼相呼应；灯楼的内部安装六扇仙人风扇，即围绕一个木柱嵌有六扇绘有仙人的扇面，这六扇仙人可以转动，像走马灯；灯楼下部有云托，即刻有云纹的半圆托；上有八叉蹲龙，龙口内有环，可挑起灯联；为稳固八叉蹲龙，其下还有弧形的支撑杆，形同戗木，因上面亦有云纹而称云戗；蹲龙上对应有八仙人；灯联正反两面均有文字，共十六幅，每联两副对仗非常工丽，歌舞升平、吉庆祥瑞等内容一一铺排；为防止灯联随风飘动，设有坠风甜瓜式铜鼓，每联一鼓；为稳固整个灯杆，下面还有四根戗木、四个古铜坠。万寿灯不仅仅要挂灯联，还要挂成串的花灯。

2018 年 3 月，故宫博物院决定，在 2019 年春节前后举办新年贺岁的展览。在设计展览的总体方案时，正式提出设想：竖起天灯、万寿灯，以烘托整个故宫博物院里的新年氛围，同时也融入宫廷的过年特色。但是在具体实施过程中，复原天灯与万寿灯却遭遇了极大的困难。天灯、万寿灯已经消失在历史长河中，相关文物也早已分散各处，无迹可寻，复原工作几度陷入僵局。但是通过研究人员的不懈努力，不但在文献中查出来天灯、万寿灯的使用方式、历史沿革，乃至各部分的详细尺寸；更在各个库房中找到了灯身模型、灯联小样，以及灯杆原件；并成功将它们复原出来，重新竖立在乾清宫的台基上下，让康乾盛世的过年景象又重新出现在今天。

自从道光二十年下谕，天灯和万寿灯停止竖立，至今已有 179 年，这几个灯座静静地置于宫殿前，阅尽了人间沧桑，世事巨变。现在，它们有幸“复活”，让今人一睹天灯、万寿灯的风姿，为盛世中华再添华彩，为民众送去新年的美好祝福。

（2019 年 1 月 21 日）

在 2018 年度故宫志愿者总结表彰会上的讲话

2018 年度故宫志愿者总结表彰会（2019 年 1 月 21 日）

很高兴能够再次参加故宫志愿者年终总结会。一年的时间过得很快，去年与各位志愿者老师在这里见面的情景还历历在目，令人高兴的是今年又见到了许多新面孔。

这一年，故宫博物院迎来了很多新的展览、新的变化，我们向着“做一个有温度的博物馆”这一目标又迈进了一步。其中，与各位志愿者老师的付出与奉献是分不开的。

2018 年，故宫博物院共向社会推出了 19 个新的展览，其中 11 个展览都能见到故宫志愿者老师的身影。从 2015 年“石渠宝笈特展”开始，为了更有针对性地服务社会观众，故宫博物院开始以主题展览的形式策划、布置书画展览。今年，武英殿陶瓷馆闭馆改陈，故宫博物院又推出了一系列陶瓷主题展。主题展的增加也对志愿者老师提出了新的挑战：展览筹备周期相对缩短，展品更换频率也相应增加。特别是像“贵胄绵绵：摩纳哥格里马尔迪王朝展”“爱琴遗珍——希腊安提凯希拉岛水下考古文物展”这样的海外引进展览，无论从主题还是展品，都与故宫博物院展览有一定距离。在时间紧、任务重的形势下，故宫志愿者展现出了深厚而广泛的文化知识储备和十分丰富的讲解接待经验，一次又一次出色地完成了讲解、接待任务。

此外，故宫博物院也在不断探索新的展览形式，以期不断拉近博物馆与公众之间的距离。例如“清明上河图 3.0”高科技互动艺术展演，志愿者老师的讲解和引导使观众能更好地理解画作的背景和内涵，从而进一步提升了体验效果。再例如，在“故宫博物院藏清初‘四王’绘画特展”中，首次引入了演奏志愿者——邀请专业演奏家在展厅内演奏古琴、古筝、箫等中国传统器乐，以音乐烘托画作所表达的情绪、意境，营造视听交融的观展体验。同时也展示了故宫博物院志愿者的多才多艺。

2018 年，故宫志愿者在迎接新挑战的同时也坚守住了自己的“基本岗位”，故宫志愿者的讲解服务非常值得骄傲，一是志愿者的讲解水平高，二是志愿者的服务意识强。我刚才上台颁奖，看到今年实现定时定岗全勤的志愿者老师有 6 位，去年是 3 位，人数翻了一番，服务优秀的志愿者老师就更多了。在这里，我要代表故宫博物院向每一位志愿者老师的辛勤服务表示感谢，大家对专馆讲解岗位的坚守，让故宫博物院可以放心对观众承诺：开馆期间，每天、每个主要专馆内，都有志愿者为观众提供专场讲解服务。

这两年，一提起故宫博物院，媒体朋友和社会公众都说是“网红”。据我所知，故宫志愿者当中也有很多“网红”。一方面，这得益于媒体的广泛宣传，从去年《国家宝藏》播出以来，故宫志愿者的形象可谓是深入人心，今年一年有十几家媒体主动联系故宫博物院，专门要求采访故宫志愿者，报道了很多令人敬佩和感动的事迹。另一方面，这更有赖于故宫志愿者长期以来以传播故宫文化为己任的热情。在故宫博物院内，志愿者老师通过一点一滴的讲解、咨询、接待服务，诠释着故宫文化与历史、践行着故宫人精神。在故宫博物院外，志愿者们通过宣讲、交流乃至互联网平台，孜孜不倦地传播着故宫知识与信息，建立、维护故宫博物院为社会公众服务的良好形象。故宫志愿者就像一盏盏灯，将故宫博物院的温度从“馆舍天地”传递向“大千世界”。

今年，有一批超过 70 岁的志愿者老师将告别坚守多年的讲解岗位，作为荣誉志愿者，以其他的形式融入故宫博物院的宣传教育事业中。刚刚各位荣誉志愿者的发言深深打动了我。各位荣誉志愿者对故宫博物院深厚的感情、对志愿服务无私奉献的精神，以及在故宫博物院服务多年积累的深厚经验，值得每一位故宫人敬佩和学习，他们身上闪耀的也是故宫人精神。

我相信，每一位故宫志愿者的热情、智慧与奉献，都是故宫博物院的宝贵财富，也希望故宫志愿者能够将故宫文化和志愿精神代代传承，与紫禁城一同迎接下一个辉煌的 600 年！

（2019 年 1 月 21 日）

在“同心同书·祖国新春好”书法文化惠民公益活动上的讲话

“送万福进万家”故宫博物院活动（2019 年 1 月 22 日）

非常高兴在今年春节来临前，迎来“同心同书·祖国新春好”书法文化惠民公益活动——“送万福进万家”走进故宫博物院，中华全国总工会、中国文联、中国书法家协会、中央电视台、中国网络电视台为广大文物工作者送来祝福，在此我谨代表故宫博物院全体员工表示衷心的感谢！

春节是万家团圆的日子。中华民族历来重视家庭，正所谓“天下之本在国，国之本在家”，家和万事兴。国家富强，民族复兴，最终要体现在千千万万个家庭都幸福美满上，体现在亿万人民生活不断改善上。千家万户都好，国家才能好，民族才能好。只有积极弘扬中华民族传统美德，把爱家和爱国统一起来，把实现个人梦、家庭梦融入国家梦、民族梦之中，才能汇聚起实现中华民族伟大复兴中国梦的磅礴力量。此次活动以书法为载体，弘扬中华优秀传统文化，抒写新时代，凝聚正能量，为广大民众送上新春祝福和文化大餐，也为广大文物工作者送来幸福，应时应景，意义非凡。

近年来，中华优秀传统文化广泛弘扬，公共文化服务水平不断提高，文化事业和文化产业蓬勃发展，文化自信得到彰显，国家文化软实力和中华文化影响力大幅提升。去年，我们迎来改革开放四十周年，四十年来的建设与发展，使中国朝着全面建成小康社会的目标大步迈进。今年，我们又将迎来新中国成立70周年。继续发展和繁荣社会主义文化，是国家、人民的共同期待，也是文物博物馆从业者的历史使命。

故宫博物院将在新时代不断开拓创新，周密计划，稳步推进，按照“精细化管理”要求，狠抓各项工作落实，确保故宫整体维修保护工程和“平安故宫”工程如期完成，为紫禁城建成600周年献礼，真正把壮美的紫禁城完整地交给下一个600年，同时让中华优秀传统文化在新时代得到更好的弘扬。

最后，预祝本次活动圆满成功。

（2019年1月22日）

在故宫学院藏文高级培训班结业仪式上的讲话

故宫学院藏文高级培训班结业仪式（2019 年 1 月 23 日）

由故宫博物院故宫学院负责承办的“藏文高级培训班”，在故宫博物院科研处的精心组织，以及相关部处的共同努力下，经过近半年时间紧张忙碌的学习和严格的考试，圆满完成了各项培训任务，今天举行结业仪式并颁发结业证书，我们倍感激动。在此，我谨代表故宫博物院向参加本届培训班，并圆满结业的学员们表示衷心的祝贺！向为本次培训班付出辛勤劳动的教师和工作人员致以诚挚的谢意！

故宫学院藏文高级培训班培训内容设置科学合理，主要内容涵盖藏文古典文献的阅读等，培训内容自成体系，对于参加本次藏文高级培训班的各位学员来说，是一次十分难得的机遇。从刚才萨尔吉老师的讲话和学员代表的发言中可以清晰地感觉到，此次培训班达到了预期效果，取得了圆满成功。各位学员通过这次学习，不仅打下了扎实的藏文语言基础，而且开阔了视野，启发了思路，学到了知识，提高了能力。

故宫博物院收藏有大量的藏传佛教文物，这些藏传佛教文物在数量、品质、类别等各方面均居全国各大博物馆前列。除此之外，故宫博物院还收藏有大量的藏文、梵文典籍资料，其中藏有500多部藏文古籍。这些藏文文本文献是今后研究工作的基础。在2017年举办藏文初级培训班和2018年举办藏文中级培训班的基础上，本次培训班是继藏文中级培训班之后，为了响应故宫博物院科研发展和人才培养的需求，而开设的更高层次的藏文高级培训班，可以说，这三个班次夯实了故宫博物院藏文人才培养的基础。培训班一如既往地将重点放在了故宫博物院与藏传佛教文物密切相关若干部门的业务人员培养上，培育了一批能懂藏文、会用藏文的人才。

本次培训我们有幸邀请到北京大学外国语学院的萨尔吉教授为学员授课，萨尔吉老师在授课过程中始终兢兢业业地为各位学员传道、授业、解惑，对此我们表示衷心的感谢。除此之外，还要感谢故宫博物院科研处业务培训科的各位同人，是他们精心组织授课的相关工作，在幕后为大家默默服务，保证了本次藏文高级培训的顺利进行。

最后，希望大家能在本次培训结束之后，依然保持高昂的学习热情，投入到藏文学习与实际工作的结合中，不断发挥故宫博物院丰富的藏传佛教文物资源优势，攻坚克难，不断有所突破、有所成就！

（2019年1月23日）

在故宫博物院安全工作会议上的讲话

故宫博物院安全工作会议（2019 年 1 月 25 日）

每年的 1 月份，我们都要开一个安全工作会议，而且是全院性的第一个会议，这既表明安全是故宫博物院的头等大事、第一要务，坚持安全工作先于一切、高于一切、重于一切，也表明我们一如既往抓好安全工作、持续保证安全“零事故”的坚定信心和坚强决心。刚才，李小城副院长向大家报告了去年安全工作情况和今年安全工作的安排，我完全同意。下面，就抓好各项工作落实，保证全年安全讲三点意见。

一、树牢“红线”意识，时刻绷紧安全这根弦

去年 12 月 31 日，2018 年最后一天的清场和封门检查，我和开放管理处的同人们在一起，这是我第七次参加年底的清场封门检查。那天天气虽然寒冷，但看到大家一丝不苟的那股认真劲儿，听到“用忠诚和担当扛起使命责任”的豪迈誓言，我的心里头涌起了一股暖流，感到非常欣慰。欣慰的是，“用忠诚和担当扛起使命责任”，不仅仅是开放管理处同人们的思想自觉和行动自觉，也是在座的各位以及全院员工的精神写照和行动写照。

过去的一年，对于故宫博物院各个岗位来说，真的很不容易，我用习近平总书记在2019年新年贺词中的一句话来形容：“我们过得很充实，走得很坚定。”一分耕耘就有一分的收获。故宫博物院配合国家外交，在葡萄牙举办的“东风西韵——紫禁城与海上丝绸之路”展览，受到习近平总书记的充分肯定。故宫博物院内接连推陈出新的展览，满足了千万观众的需求，在国内举办的专题展览也广受欢迎和好评，太原市博物馆因此人气指数爆棚、“故宫跑”带来了“国博仰”。故宫“上新”了、《国家宝藏》第二季开播了，养心殿研究性保护项目、地下库房三期项目和故宫博物院北院区项目开工了，故宫文化创意展览在国外成功举办，故宫博物院参观人数再创新高，全年接待观众17537591名，等等。过去的一年，故宫博物院的文化地位进一步提升，故宫博物院的文化影响力进一步彰显。我们更为感到骄傲和自豪的是，去年，习近平总书记先后多次表扬故宫博物院的工作。这是巨大的荣誉，是全院上下齐心协力、用心用情、真抓实干的结果。借此机会，我向在座的各位同人，向全院员工表示衷心的感谢！

过去的一年，我们保证了故宫古建筑、文物藏品、观众安全。但是，必须明确，安全工作不可能一劳永逸，也不可能毕其功于一役，昨日安全不等于今日安全，今日安全不等于明日安全。去年12月29日，文化和旅游部部长雒树刚在故宫博物院年终工作总结大会上强调，安全永远在路上，每天要从零开始。他还叮嘱我们：世界就这么一个故宫、中国就这么一个故宫，故宫绝不能有任何闪失，“底线思维”一定要保持。我们要按照雒树刚部长的指示要求，抓好贯彻落实。无论在任何工作中，都要注意树牢“红线”、强化“底线”思维。

一是“居安更要思危”。我在不同场合多次讲过，没有哪一家博物馆有故宫博物院如此之大的安全压力，我们所遇到的难题都是世界级难题：毗邻中南海、承接天安门，地处政治核心圈；我们守护的是有六百年历史的古建筑、世界最大规模的木结构宫殿建筑群，我们管理的是世界上收藏中国文物藏品最多的一座博物馆，是全世界接待观众数量最多、没有之一的一座博物馆；随着中华文化的影响力日渐提升，故宫博物院承接的国事活动也越来越多。安全工作一头连着国家影响，一头连着古建筑的安危、文物安全和观众的生命安全，我们必须时刻保持高度警觉，以如履薄冰、如临深渊的谨慎态度，警钟长鸣、常抓不懈，真正防在前、想在前、做在前。

二是要重细节、抓细节。“祸患常积于忽微”，细节决定成败，这是安全工作的灵魂。去年巴西国家博物馆火灾之后，国务院督查组、国家应急管理部、北京市消防局先后对故宫博物院进行了暗访、检查和专项普查，故宫博物院也举一反三开展了自查自纠，上级检查和我们自查情况表明，故宫博物院的安全风险隐患存量依然很大，安全工作问题短板依然不少。虽然我们采取了针对性的防范措施，控制了风险，安全得到了保障，但是，必须保持高度警惕，安全隐患的发展演变有一个从量变到质变的过程，一旦突破临界点，事故便有一触即发的危险。必须坚持从细小环节入手，抓早、抓小、抓实，措施要落细、落到位，特别是对排查出的苗头性、倾向性安全隐患，一定要立即整改，坚决把安全隐患问题解决在萌芽状态。

三是要牢记“一失万无”“九功不抵一过”。我也在多种场合说过，故宫博物院的院长都没有好下场，这不仅是提醒我自己，也是提醒大家，如果没有安全，即使各项工作干得再好，一切都是枉然。因为，一旦发生安全事故，不仅会付出很高的社会代价、经济代价和政治代价，还会引发一些潜在矛盾，甚至影响大局稳定。事故伤害的不仅是哪一个人，伤害的更是故宫博物院的整体形象、声誉、影响力。2011 年的“5·8”事件印证了“九功不抵一过”这句箴言，绝不能好了伤疤忘了痛，无论如何不能让巴西国家博物馆的悲剧在我们这儿重演，我们也决不当历史的罪人。

二、标本兼治，全程全域防控

几年来我们一直强调，安全工作要积极防范。积极的安全防范，不只是把安全工作置于先于一切、高于一切、重于一切的位置，突出安全工作的基础地位、前提地位和保障作用，更紧要的是要围绕保证安全这个目标，积极作为，坚持“防”字在先、“严”字当头、“实”字托底，在各项工作的每个环节、每个部位，都健全制度、强化监管、靠实责任，筑牢守好安全每一道防线。

一要坚持源头预防，牢牢把握安全工作主动权。这几年，我们各项任务非常繁重，今年的任务会更繁重，地下综合管廊项目、地下文物库房改造、城墙保护工程、养心殿等古建筑维修保护项目、消防和世界遗产监测指挥中心建设、调整展览布局及其展室改造，还有地面改造、古建筑零修岁修等等，点多、面广、线长；这几年，故宫博物院服务国事活动越来越多，外单位慕名来故宫博物院举办的活动越来越多，这些新情况给安全工作带来了新的挑战，极易出现一些没想到、没管到的新风险。因此，一定要做好安全风险评估分析，强化监测监控、预警预报，一定要坚持把源头防控作为关键环节常抓不懈，关口前移、程序前置，最大限度减少发生安全事故的隐患、风险和概率。

二要强化隐患排查治理。隐患是一切事故的源头，必须及时排查出、化解掉。要提升发现问题的能力，加大解决问题的力度。去年，上级部门、有关单位多次来故宫博物院检查，指出了一些问题，暴露的这些问题，有些是我们主动反映的，希望得到支持；有些问题不是没有看到，但是把问题看小了、标准放低了；有些问题也不是没有制定整改的计划措施，但是抓整改的力度还不够，尤其是对那些尚不具备条件、需要创造条件解决的问题，还存在畏难情绪、等靠的思想。这种状况要改变，一定要坚持高站位、高标准、严要求看待存在的问题和隐患，下真功夫、苦功大抓好整改工作，特别是要抓好消防安全整治。消防安全是我们的命根子，对排查出的问题和火灾隐患，无论大小，都要逐一制定整改时间表，落实整改的责任单位、责任人和整改措施。故宫博物院消防处要跟踪问效、紧盯不放，务必在规定时限内完成整改，彻底消除安全隐患。

三要抓好施工场所、商业网点安全监管。去年，各项检查发现消防问题隐患 389 起，其中，室内外施工场所 163 起，经商网点 178 起。施工场所、商业网点安全问题多发、反复发生要引起高度重视。一方面，务必从源头上堵住各类安全风险，主管部门要加强对施工单位和企业的监督管理，安全部门要坚持依法依规严管严查，敢于亮剑，绝不允许任何单位和个人降低安全标准、违反安全规定。另一方面，要加强对企业负责人和员工的针对性培训，破除侥幸心理，克服松懈麻痹情绪，解决“不会管”“管不好”等问题，帮助他们建立事故隐患自查自纠自报办法，实施隐患检查治理闭环管理，实现从代替企业排查隐患向企业自觉排查隐患治理转变。

四要突出强化重点时段安全防范。事故出于麻痹，安全来自警惕。今年是新中国成立70周年，大事、要事多，重大纪念日多、重大活动多，特别是新中国成立70周年庆祝活动，故宫博物院将会直接参与。这些时间节点，对我们是一个重大的考验，可以说，每个季度、每个月，甚至每一天都是“硬仗”。我们必须高度警惕敌对势力、分裂势力、邪教组织的捣乱和破坏活动，一定要把握好、管控好、治理好安全工作。既要坚定打歼灭战、攻坚战的信心和决心，还要做好不打无准备之仗的心理、力量、物质、预案准备，更要精心组织，精细管理，坚持高标准、严要求，确保安全万无一失。

三、从严从紧，联动共管，推动安全工作再上新台阶

我非常赞同雒树刚部长的观点：世界只有一个故宫，中国只有一个故宫。故宫是中国的，也是世界的，故宫的安危，举世关注、全民关注。这些年，为确保故宫博物院安全，我们既有“平安故宫工程”这样的宏观思考和顶层设计，又有限流8万、全网预约、实名制售票；扩大开放面积、调整展览布局、丰富展览内容；强化古建筑日常维修、不断改善和美化环境等具体的措施，这一大套组合拳下来，成效立显，而且随着时间的推移，综合效应将会越来越好。实践证明，这条路子，我们走对了，还要坚定不移地往前走下去。

故宫博物院非常重视新闻媒体的作用，这些年借助新闻媒体的舆论导向和监督作用，让社会各界不仅关注我们是怎么管理故宫博物院的，同时又促使社会各界与我们一起共同警惕故宫博物院存在的安全隐患，一起破解安全隐患难题，一起发力把壮美的紫禁城完整地交给下一个600年。时间证明，新闻媒体发挥了很好的作用，我们的工作也赢得了全社会的理解和支持，我们对故宫博物院、对传统文化的保护、传承，有了更加浓厚的舆论氛围和良好的社会环境。

当然，外因是事物发展的一个外部条件，起决定作用的还是内因，取决于我们治理故宫博物院内部这个小环境的能力和水平。新的一年，我们要下更大的气力，采取更加有力的措施，把自己的“一亩三分地”种好，为观众创造更加舒适、和谐、安全的参观体验环境而努力，为让前来故宫博物院的观众有更多、更直接、更实在的幸福感、获得感、安全感而奋斗。

一要知责明责尽责。国务院关于《地方党政领导干部安全生产责任制规定》《消防安全责任制实施办法》，以及故宫博物院的《安全工作“党政同责、一岗双责”实施细则》，有一个共同的主题，就是“责任”二字，不仅明确了领导干部在安全工作上“抓什么”，也指出了“怎么抓”，既是一份“责任清单”，也是一个“工作指南”。各部门领导一定要牢记只有不出事，我们才能干大事，切实把安全工作记在心上，把安全责任扛在肩上，把安全监管抓在手上，认真履职，敢于担责，做到守土有责、守土负责、守土尽责。要进一步细化和完善部门内部监管职责，层层靠实责任，让“千斤重担人人挑，人人头上有指标”。要切实爱护和关心我们的干部职工，激励大家忠于职守、爱岗敬业，积极化解因工作压力大、责任大产生的忧虑情绪。

二要进一步强化全员的安全意识。健康是金，平安是福。无数事故反复提醒我们，每个人都可能是安全事故的受害者，反过来说，每个人也都应该成为安全的守护者。要高度重视宣传教育培训，进一步改进方法，把维护安全的重要意义讲清楚、说明白，引导大家树立安全意识，养成安全习惯。要搞活警示教育，把历史上的事故当成今天的事故看待，警钟长鸣；把别人的事故当成自己的事故看待，引以为戒；把小事故当成重大事故看待，举一反三，通过真实的案例、血泪的教训，警醒自己，查漏补缺、亡羊补牢，防止侥幸心理酿成大祸。

三要把检查督查抓到位。故宫博物院行政处有一个院容环境检查情况通报，效果很好。去年，我提出建立消防检查、检巡查情况通报制度，执行后的效果也很不错。这两个通报，相互促进、相得益彰，所有问题或隐患处理结果都及时在办公平台公开，既让思想麻痹和心存侥幸的单位和责任人受到教育和警醒，也促使安全工作更加透明化。要认真总结经验，坚持采取明察暗访、专项检查等多种方式，定期不定期对安全工作情况进行监督检查，始终保持利剑高悬的高压态势。检查督查要抓"神经末梢"，宁可"交叉覆盖"也绝不能"遗漏留白"。检查督查工作人员要以"零容忍"标准履职尽责，对督查检查中发现的事故苗头隐患，要做到态度上鲜明、行动上果断、处置上严格，防止和克服"查出隐患一罚了之、情况通报一发了之"的现象，发挥好督查督办、通报"亮剑"作用，真正把隐患消除在现场，把事故消除在萌芽状态，做到发现一处、整改一处、销号一处。

四要提升应急能力。应急管理是安全工作的一个关键环节，是安全的最后一道防线。去年，我们成功处置了两起事件：3 月 7 日，一名观众手持灭火瓶跳进乾清宫，直奔座镜而去，千钧一发之际，被现场值守的蔡春毅等四人制服，文物免受伤害；9 月 17 日，家具馆内装施工作业时，万能胶起火，展览部王戈副主任沉着冷静，指挥现场作业人员第一时间扑灭了明火，没有造成损失。现在回过头来想，仍然心有余悸，试想，这两起事件如果哪一件应急处置不及时、不得当、不到位，后果都不堪设想。所以一定要重视应急管理、不断地提升应急能力。要完善应急预案，健全应急指挥和联动处置机制，细化操作流程，提升预案的科学性和可操作性。要定期组织应急演练，探索规律、优化方法、积累经验，通过演练来检验预案的实用性，检验应急物资、装备和技术的准备情况，使演练真正达到强化应急意识、改进预案程序、提升协同能力的效果，切实增强应对突发事件的能力。要加强应急队伍建设，科学配备必要的专业仪器设备，经常开展系统业务培训，切实提高应急处置专业化水平。

各位同人，春节临近，观众要来"紫禁城里过大年"，我们要把问题思考得更严峻些，把情况估计得更复杂些，把计划措施定得更细致、更严谨一些，努力为观众提供一个安全、祥和、舒适的参观体验环境。要坚持好领导干部到岗带班、关键岗位 24 小时值班和信息报告制度。要切实抓好各类安全突发事件应急处置，一旦发生事故征兆或紧急情况，要立即按程序报告、按规定启动应急预案，及时有效开展应急救援和处置工作，确保节日期间安全、和谐、稳定。

春节就要到了，我代表院领导班子，提前给大家拜年，祝大家新年快乐、阖家幸福、万事如意！

（2019 年 1 月 25 日）

在故宫博物院与西藏自治区人民政府合作框架协议签约仪式上的讲话

故宫博物院与西藏自治区人民政府签署合作框架协议（2019 年 1 月 25 日）

西藏自治区拥有丰富的文化遗产资源，同时拥有具备文化遗产保护意识的广大民众，在全国文化遗产事业中具有重要地位。

故宫博物院是世界五大博物馆之一，明清时期皇宫与西藏的互动交流是文化的传输与接纳的通道。故宫博物院收藏有大量藏传佛教文物，是积皇家数百年之精华，在数量、品质、类别等各方面均居全国各大博物馆前列。除此之外，故宫博物院还收藏有大量的藏文、梵文典籍资料，其中有 500 多部藏文古籍。同时，迄今保存完整的清宫藏传佛教佛堂系列，更是国内博物馆所仅见。

长期以来，西藏自治区文物博物馆部门和机构与故宫博物院相关部门始终保持着深厚的友谊。故宫博物院积极落实国家援藏工作部署，在资金、技术、专业人员方面大力支持西藏自治区文物博物馆的工作，帮助和支持西藏自治区发展文物事业。20 世纪末，故宫博物院就选派优秀专家参加布达拉宫一期维修工程。2013 年起，故宫博物院与西藏大昭寺展开合作，内容包括寺内文物藏品的数字化、编目和文物说明。2015 年，故宫博物院与西藏自治区人民政府签署合作框架协议，统筹开展数字化工作和文物保护数字资料采集等基础性工作。

近三年来，由故宫博物院故宫学院负责承办的藏文培训班持续举办，重点放在故宫博物院与藏传佛教文物密切相关若干部门的业务人员培养上，在 2017 年举办“藏文初级培训班”和 2018 年举办“藏文中级培训班”的基础上，就在两天前，“藏文高级培训班”，经过近半年时间紧张忙碌的学习和严格的考试，圆满完成了各项培训任务，举行了结业仪式，为 15 名学员颁发了结业证书。可以说，三个班次藏文培训班的举办，培育了一批能懂藏文、会用藏文的人才，也进一步夯实了故宫博物院与西藏自治区人文交流的基础。

为深入贯彻中央第六次西藏工作座谈会精神，促进西藏文物事业与全国同步发展，更好地继承、保护和弘扬中华民族优秀传统文化，故宫博物院与西藏自治区人民政府本着互相尊重、共同参与、优势互补、成果共享的原则，决定在以往良好合作的基础上，加大合作力度，故宫博物院将凭借故宫学院、故宫研究院、博士后科研工作站和藏传佛教文物研究所等学术机构，使双方的合作可以更加全面、充分地发挥各自的资源优势，在博物馆建设、藏品研究、保护修复、人才培养，尤其是布达拉宫的全面保护利用等方面开展广泛深入的合作，加强双方积极主动的衔接，真正把协议的内容落实到文物工作中，促进双方共同发展，实现双赢，共同推动我国文化遗产保护事业取得新成绩。相信这必将开拓文化文物事业发展的新天地，必将对中国优秀传统文化的传播产生积极的推动作用。

（2019 年 1 月 25 日）

在“中华老字号故宫过大年展”开幕式上的讲话

“中华老字号故宫过大年展”开幕式（2019 年 1 月 28 日）

今天是农历的腊月二十三，俗称“小年”，小年的到来意味着新春的脚步更近了，在这即将到来的团圆佳节，我谨代表故宫博物院全体同人，向来自五湖四海的朋友们致以最诚挚的问候，道一声“新春快乐”！并感谢大家前来参加“紫禁城里过大年”系列展览中的“中华老字号故宫过大年展”开幕式。

近年来，故宫博物院不断探索文化创意的创新方式，拉近博物馆与公众的距离，让人们不论在紫禁城内，还是紫禁城外，都能感受故宫文化的多元魅力。而“中华老字号”，则以其历史悠久、世代传承、具有鲜明的中华民族传统文化背景和深厚的文化底蕴，成为深受人们信赖的中国品牌力量。“中华老字号故宫过大年展”的举办，将二者很好地结合，有利于发挥博物馆在文化资源方面的优势，以及老字号企业在衣食住行等各个经营领域的研发销售经验，促进博物馆文化创意事业的创造性转化和创新性发展，进一步实现“让收藏在禁宫里的文物活起来”的国家文化事业发展愿景。

在接下来的十几天里，来自全国 10 个省（市）的 150 家优秀的参展单位齐聚一堂，让观众们与这些优秀的中华老字号企业、非物质文化遗产传承人零距离接触，感受来自紫禁城的不一样的年味。希望参展的中华老字号企业，让自己优秀的企业文化“活起来”，将自己最好的一面呈献给前来故宫博物院的观众，让他们留下更多在紫禁城里过大年的珍贵回忆。

不论古代抑或今天，不论宫廷还是民间，辞旧迎新都是中国人过年永恒的主题。千百年来，年俗庆祝活动变得异常丰富多彩，早已深埋进中国人的血脉之中。乾隆诗云“亿万人增亿万寿，泰平岁值泰平春”，故宫博物院举办“紫禁城里过大年”系列展览活动，目的是满足公众的文化需求、心理需求、情感需求，更好地阐释“过大年”这一充满团圆幸福感的话题，让春节的故宫博物院，在深沉壮美的厚重文化之外，以更加“接地气”的方式，让公众沉浸其中，感受博物馆里独特的年味儿、人情味。

最后，我要在此感谢商务部、文化和旅游部、山东省政府对此次活动的大力支持，也感谢各省（市）商务厅（局）对此次活动给予的密切配合，还要隆重感谢所有参加此次“中华老字号故宫过大年展”的文化企业以及相关工作人员。相信我们的共同努力，将化作源源不竭的发展动力，推动我国文化事业在新时代不断前行。

（2019 年 1 月 28 日）

在故宫博物院媒体发布会上的讲话

春节是中华民族最隆重的传统节日，寄托着广大民众“回家过年”的美好期盼。自1月8日“贺岁迎祥——紫禁城里过大年”展览，在故宫午门展出以来，在社会上引发公众的观展热潮，每天有超过2万名观众前来参观。故宫博物院参观人数，同比增长超过70%。今天“中华老字号故宫过大年展”正式开幕，故宫博物院珍宝馆二期改陈项目、钟表馆改陈项目相继完成，正式对观众开放。同时，故宫博物院启动“厕所革命”，全面提升开放区域卫生间，使观众在参观的过程中获得更加贴心、细心、称心的“故宫服务”。

一、“紫禁城里过大年”系列展览活动

这是故宫博物院过大年系列展陈活动的核心部分，是全体故宫人历时一年倾力推出的一次年度大展，在展场面积、展品数量、展示手段等方面创造了多项故宫博物院历史之最。展览以“祈福迎祥”“祭祖行孝”“敦亲睦族”“勤政亲贤”“游艺行乐”“欢天喜地”六大主题，全面展现清代宫廷过年习俗。

在午门展厅，“祈福迎祥”单元展示了宫廷过年张贴的福字、春联、春条、门神，还可以看到康熙、雍正、乾隆、嘉庆、道光五代皇帝书写的福字。“祭祖行孝”单元表现通过祭祀活动，追思祖德，弘扬孝道。“敦亲睦族”单元展示了元旦这天皇帝与宗亲、后妃分别宴饮的场景。“勤政亲贤”单元还原了明窗开笔的场景，观众还可以看到古代最高规格的皇家交响乐团——中和韶乐。“游艺行乐”单元展示了过年期间的娱乐活动，例如八旗健儿在冰面表演各种“花样滑冰”和杂技，看戏也是过年时主要的娱乐活动之一。

在“贺岁迎祥——紫禁城里过大年”展览开幕的第二天，即2019年1月9日下午，养心殿研究性保护项目的维修保护工匠，在清理养心殿西配殿南山墙前檐金柱砖雕透风，探查柱根糟朽情况时，在透风与柱根空隙间发现有细卷状纸张堆砌。工作人员取出纸张后，发现其质地绵软，颜色泛黄，字迹基本清晰。研究人员查看后，确认该物品应为清代造办处呈大年三十戏曲节目单，故宫博物院现存文物中尚无此类形式的曲目单。因此，这一发现将有助于宫廷戏曲及清宫节庆文化的深入研究。目前这件文物已经故宫文物医院专家修复，加入“贺岁迎祥——紫禁城里过大年”展览，作为第886件文物展品，正式向公众展出。

在室外展场，乾清宫前丹陛上下竖立起壮丽的天灯和万寿灯，成为广受瞩目的景观。旧时民间过年有挂灯笼的习俗，皇家也不例外。新年前后，在高处悬挂彻夜通明的灯盏，称为“天灯”。万寿灯则装饰华丽繁复，悬挂有“歌舞升平”“吉庆祥瑞”含义的灯联，体现美好寓意。立天灯、万寿灯是清代早中期过年最盛大的活动之一，从立到撤，前前后后要使用八千多人力。但是自道光二十年下谕停止竖立，至今已有180年。此次复原工作遭遇了极大

困难，几度陷入僵局。通过研究人员的不懈努力，成功将它们复原，竖立在乾清宫台基上下，让康乾盛世的过年景象重新出现在今天。

在乾清宫东庑，“宫里过大年”数字沉浸体验展，围绕紫禁城丰厚的年节文化，以数字技术、虚拟影像、动作捕捉等科技手段进行创新形式落地，辅以互动体验区及文化创意产品矩阵，让观众沉浸其中，获得“过大年”的全息视境创新体验。

文化创意研发方面，以节庆为主题，研发“过大年”相关文化创意产品百余种。分为福禄寿系列、门神系列、岁朝系列、婴戏系列、冰嬉系列、赏梅迎春系列、喜福连绵系列及金瓯永固系列等。提取故宫经典年节文化元素，突出故宫丰富的年节文化及艺术价值的高度和美感，并注入情感内涵，使文化创意产品成为带有温度、传递故宫展览风貌的媒介。

除此之外，故宫的开放区域全部按照清宫旧俗复原的年节装饰，一道道宫门张贴着年画和春联，长长的廊庑悬挂着各色宫灯……观众只要走进紫禁城，就能感受到浓浓的年味儿。

二、“中华老字号故宫过大年展”活动

为了让传统的节庆文化鲜活起来，给观众带来节日的文化享受，己亥春节前夕，在商务部、文化和旅游部、山东省政府的支持下，故宫博物院于 2019 年 1 月 28 日（农历小年）至 2 月 10 日（正月初六），举办“中华老字号故宫过大年展”，来自山东、北京、天津、山

“中华老字号故宫过大年展”现场（2019 年 1 月 28 日）

西、吉林、上海、江苏、浙江、安徽、河南 10 个省（市），以及 5 家非物质文化遗产传承人，共计 150 家单位参加此次活动。展览地点位于慈宁宫花园、慈宁门外广场以及隆宗门外广场。展示内容涵盖了文房用具、生活用品、特色美食、保健食品、糖果、茶叶、酒类、丝织品、服饰、首饰、玉器、文化创意类工艺品、非物质文化遗产工艺品等 10 余类别。

“中华老字号故宫过大年展”的举办，是为了弘扬中华老字号的优秀商业文化，将故宫博物院和中华老字号企业双方共有的厚重的文化底蕴、追求完美的工匠精神相结合，并配合故宫博物院“贺岁迎祥——紫禁城里过大年”展的整体布局，为在春节期间来故宫博物院参观的观众提供更优质的服务。

观众将在本次展览期间，观赏到富有浓郁地方特色的匠心产品和独特技艺，品尝到别具风味的传统小吃和特色美食，了解到历史底蕴相通的民间老字号与宫廷文化的悠久渊源。阿胶、老酒、绸缎、名茶、漆器、珐琅、徽笔、歙砚……这些老字号产品的到来，为紫禁城即将到来的 600 年华诞增光添彩，还让观众们在故宫博物院全方位体会到浓浓的新春气息。

三、故宫博物院珍宝馆二期改陈项目完成

位于紫禁城东部宁寿宫区域的珍宝馆，自 1958 年开馆以来，已成为故宫博物院最重要的常设展览之一。展厅主要展示由金、银、玉、翠、珍珠等贵重材料制作的珍宝类文物。珍宝馆曾经进行过多次大规模修整、改陈，不断提升陈列展览效果。此次改陈包括位于皇极殿东、西两侧的庑房，共四个展厅，分别以珠宝、金银、玉石、盆景类文物为主题。一期改陈为皇极殿东庑南、北展厅，已于 2016 年 9 月 30 日正式对公众开放。二期改陈为皇极殿西庑南、北展厅，计划于今年春节前正式对公众开放。

本次开放的皇极殿西庑南展厅面积约 220 平方米，主题为像生盆景类文物。像生盆景，又称宝石盆景、工艺盆景，使用金银、珠宝、玉石、珊瑚、象牙等珍贵材料制景，配以金银、珐琅、玉石、漆木等制作的盆，材料华美，工艺考究，色彩绚丽，寓意吉祥，是清代宫廷内年节庆典时不可或缺的陈设，也是重要的贡品类型，反映了清代皇室独特的审美趣味和文化。像生盆景类文物极具宫廷特色，此前从未做过集中的长期展示，本次改陈填补了这一展览空白。

皇极殿西庑北展厅面积约 340 平方米，主题为玉及彩石类文物。中国传统玉文化源远流长，清代是中国古代玉石工艺发展的高峰，当时非常重视对原材料的选择，新疆和田玉依然占据着产品的主流，翡翠则在清代中晚期成为皇室新宠，地位不断提高。此外，还有为数可观的玛瑙、水晶、青金石、绿松石、孔雀石、芙蓉石、寿山石等材质的器物传世，其丰富多彩的面貌与新意迭出的意匠令人赞叹，其精雕细琢的工艺代表了清代玉石雕刻的水平。

在紫禁城的古建筑内布置展览，既是故宫博物院独具的特色，也有很多局限，面临很大挑战。如何充分利用古建筑本身的优势，使皇家收藏的珍宝与这一特定环境有机结合、相得益彰，是改陈工作的重点和努力方向。除了在展厅、展柜、展具、照明等硬件设施上进行提升外，本次改陈还尝试布置了四处小型景观，以突出宫廷特色。例如南展厅的碧玉雕云龙纹

瓷景观，就是为了更好地展示这件乾隆中晚期大型玉雕代表作而进行的专门设计。北展厅的多宝格里放入了玉器、瓷器、珐琅、玻璃等珍贵文物。

珍宝馆二期改陈项目的完成，进一步充实了故宫博物院常设展览的内容，为观众提供了更多样的参观选择，是故宫博物院在己亥年即将到来之际，为广大观众献上的又一份文化大礼。

四、故宫博物院钟表馆改陈项目完成

自20世纪30年代故宫博物院设立钟表馆以来，先后曾经以永和宫、奉先殿、保和殿东庑作为馆址。2004年9月底，钟表馆再次迁至奉先殿。经过十余年的展出，钟表馆展示设备日渐陈旧。并根据故宫博物院展览计划调整，奉先殿钟表馆拟改为奉先殿原状陈列，奉先门南侧的南群房区域改设为新钟表馆。2019年1月17日起，新钟表馆布展完成，向公众开放。

新钟表馆目前陈列故宫博物院藏精品钟表82件，其中中国钟表21件，外国钟表61件。82件钟表中，有20件钟表为首次展出。展览通过清宫造办处钟表、广州钟表、英国钟表、法国钟表、瑞士钟表、多国钟表六个单元，以及两个场景展示，展示了故宫博物院所藏清代钟表的境况。新的展室面积和展品数量虽比奉先殿有所减少，但是原钟表馆里的精品和代表作品在新钟表馆里得到了尽可能的保留。例如著名的铜镀金写字人钟、铜镀金象拉战车表等“明星”钟表仍然在陈。

另外，展厅设计也别具匠心。通过不同的色彩空间，反映英国、法国、瑞士、清宫造办处和广州钟表等各类型钟表文物的不同风格特点。同时在展厅的东西两端分别设立西洋和中国场景展示，结合院藏西洋和宫廷家具等文物，呈现钟表在环境中的陈设效果。

奉先殿陈列展览撤出后，将进行古建筑维护和原状陈列展览设计，待工作完成后向公众开放。另外，故宫博物院已经启动将延禧宫区域重新规划设计，改为故宫博物院“外国文物馆”，作为一个新的常设专馆与观众见面。其中，一些院藏精品钟表也将在外国文物馆进行展出。届时，陈列展览环境和效果将得到明显提升，观众将欣赏到更多故宫博物院收藏的精美钟表，以及更多风格独特、中西合璧的各类外国文物。

五、全面提升故宫开放区域卫生间服务标准

为了贯彻落实“厕所革命”的指示要求，进一步加强开放区域的厕所建设和管理，故宫博物院将厕所环境提升作为今年重点工作，努力实现“数量充足、干净无味、实用免费、管理有效”的标准目标。

目前，故宫博物院开放路线中有14处公共厕所，均有专人管理，基本能满足观众日常使用。但是随着近年来参观人数逐年攀升，屡创新高，暑期及国家法定节假日期间经常出现厕所排队现象，女性观众排队现象尤为严重，给故宫博物院观众接待和服务工作带来很大压力。为此，故宫博物院首先以御花园西卫生间和紫禁书院东卫生间为试点进行设计改造，充分考虑

之前出现的各种情况，具体围绕参观高峰期女性观众排队长、厕所异味大、设备能耗高等几个方面，同时坚持“厕所革命”提出的“简约、卫生、实用、环保”的要求进行改造，目前两座卫生间试点改造已经完成。

御花园西卫生间，安装了换新风系统，在所有厕位都设有抽风口，及时清除异味，新风及中央空调系统在保证使用效果的同时，都采取了节能设备。改造之前男厕 6 个坑位 8 个小便斗 1 个残疾人厕卫，女厕 11 个坑位 1 个残疾人厕卫，改造之后男厕 5 个坑位 8 个小便斗，女厕增加至 20 个坑位 1 个残疾人厕卫，以解决女性观众排队时间长的问题。此外，卫生间设计上也更加雅致，米色的主色调、隔间的复古推门、青花瓷的洗手池、精美的古代装饰画，在解决使用问题的基础上，为观众营造出更有文化氛围的空间。

紫禁书院东卫生间已经完成改造提升，在保留御花园西卫生间改造优点的基础上进一步优化，在保证古建筑安全的前提下，针对参观高峰期女士排队的情况，把男厕、女厕位置对调，以增加女厕坑位及面积，同时根据观众的实际需要增设第三空间（无性别卫生间），满足观众的特殊需求。改造前此处卫生间男厕 9 个坑位 10 个小便斗 1 个残疾人厕卫，女厕 9 个坑位 1 个残疾人厕卫，改造之后男厕 6 个坑位 8 个小便斗 1 个残疾人厕卫，女厕则增加至 21 个坑位，1 个第三空间，以满足观众的实际需求。

2019 年开始，故宫博物院将努力克服施工与开放使用之间的矛盾和制约，逐步对开放区域剩余的卫生间全部进行改造提升，在吸取前期两座卫生间改造的经验基础上，延续优点，并继续进行深化设计，努力为观众创造一个良好的如厕环境。并通过建设有文化、有“温度”的卫生间，让观众在参观的过程中获得更好的体验，感受到更加贴心、细心、称心的“故宫服务”。

（2019 年 1 月 28 日）

在《紫禁城》大型史诗剧合作签约仪式上的致辞

故宫博物院与《紫禁城》大型史诗剧合作签约仪式（2019 年 1 月 29 日）

按照中国的传统习俗，昨天过完小年，今天就要开始迎接春节，借此机会，给各位关心故宫博物院的朋友们拜个早年。

习近平总书记指出："要系统梳理传统文化资源，让收藏在禁宫里的文物、陈列在广阔大地上的遗产、书写在古籍里的文字都活起来。"这正是故宫博物院这些年来一直努力争取实现的目标。作为世界五大博物馆之一，故宫博物院以明清两代皇宫——紫禁城和宫廷旧藏文物为基础建立，是以宫廷建筑群、古代艺术品及宫廷文化史迹为主要展示内容的大型综合性博物馆，应该成为中国文化的世界地标。

由于受场地限制，故宫博物院所收藏的 186 万余件（套）文物中，能够展出的藏品仅占约 2%，这一比例近几年正在不断提升。为了让广大观众更好地领略故宫文化的风采，在一系列改革创新的基础上，故宫博物院近年来不断尝试创新传播方式，从网络到影视，从文化创意到动漫，推陈出新，彰显出故宫博物院的独特魅力。

一花独放不是春，百花齐放春满园。仅仅依靠故宫博物院的自身力量，是远远不够的。所以，故宫博物院不断与社会各界通力合作，以弘扬中华文化为目的、以社会公众需求为导向、以藏品研究成果为基础、以文化创意研发为支撑，努力推动故宫文化走进当代、走向世界。今天，故宫博物院携手域上和美共同出品、合作制作反映紫禁城恢宏历史的大型史诗剧，也是想以一种全新的表现形式来呈现故宫的历史与文化。

紫禁城始建于明朝永乐四年（1406年），永乐十八年（1420年）建成，历经明十四朝、清十朝，是世界上现存规模最大、保存最完整的砖木结构的古代宫殿建筑群，是我国古代宫城发展史上现存的唯一实例和最高典范。紫禁城作为中华民族五千年传统文化的积淀与结晶，承载着我们民族的精神与力量，铭刻着我们祖先的梦想与智慧。

《紫禁城》大型史诗剧，将使用最前沿的舞台科技手段，创新传统演艺的综合表现力，让这些珍贵的文化资源活起来，以紫禁城600年历史为基底，讲述紫禁城建成的前世今生和传奇故事，把历史的智慧告诉人们，实现传统文化的当代表达，传播故宫文化的价值与精神，并计划于2020年10月31日之前在北京完成首演，向世人昭示中国文化自信，坚定实现中华民族伟大复兴中国梦的信心和决心。

2020年，对于紫禁城和故宫博物院来说都具有重要意义。1420年，紫禁城建成，到2020年时紫禁城整整600岁；同时，国务院批准的“故宫整体维修保护”工程和“平安故宫”工程两项重大工程都将在2020年完成。

域上和美集团是四川领军文化和旅旅企业，域上和美集团总部位于四川成都，旗下域上和美文旅股份是中国文化企业30强提名企业，域上和美除在西藏自治区出品《文成公主》藏文化大型史诗剧、《金城公主》历史舞台剧，在四川策划出品《英雄三国》主题剧、营造成都东湖当代都市艺术群落外，还在尼泊尔启动《尺尊公主》项目、在柬埔寨推进《梦幻吴哥》项目等。

此次域上和美集团与故宫博物院强强联手，用创新的方式，让更多的人感受故宫文化的魅力，连接传统文化和年轻人，连接中国IP和国际舞台，共同呈现一部传承中华文明、展现中国自信的经典之作，绘就壮阔的文化自信宏图，让“故宫成为世界的故宫”，献礼紫禁城建成600年华诞。

衷心希望域上和美整合最优质的资源和团队，故宫博物院积极支持，双方通力合作，高效率推进，高品质呈现，使《紫禁城》这台大型史诗剧能够在2020年这一重要年份实现首演，用一台精彩纷呈的演出迎接紫禁城的下一个600年！

（2019年1月29日）

在故宫博物院与中国第一汽车集团有限公司战略合作签约仪式上的讲话

故宫博物院与中国第一汽车集团有限公司战略合作签约仪式（2019 年 1 月 29 日）

说起长春第一汽车制造厂，我想起一件往事。2010 年春天，长春市崔杰市长来到国家文物局商谈文化遗产保护和博物馆建设问题，当时长春市还没有一项不可移动文物列入全国重点文物保护单位。我讲解了长春并不是没有文化遗产资源，主要是有关部门在认识方面有误区，如今国家不但重视古代文化遗产保护，同时也重视近现代建筑遗产的保护，例如吉林大学作为校舍的一些近代建筑，都符合申报条件。当年夏天我到长春调研，看到长春市文物部门已经将众多近代建筑群列入申报全国重点文物保护单位之列，但是没有列入长春第一汽车制造厂、长春电影制片厂等现代建筑群，经过现场考察，崔杰市长要求抓紧申报，于是长春第一汽车制造厂成为全国重点文物保护单位。

今天，长春第一汽车制造厂早已发展成为中国第一汽车集团有限公司，成为中国汽车行业中最具实力的汽车公司之一。红旗品牌是中国第一汽车集团有限公司旗下高端轿车品牌，作为一个寄托着中国人振兴民族汽车工业梦想的品牌，从诞生之日起就成为国人的骄傲。

1958年，红旗牌轿车诞生。从此，红旗成为国家重大活动的国事用车。在六七十年代，红旗轿车成为中国汽车工业的一面旗帜。在公众眼里红旗轿车并不单纯是一辆汽车，而是新中国的一件科技和艺术结合的代表作品，带有显著的中华文化特色和浓浓的民族情怀。

2018年1月，中国第一汽车集团有限公司发布全新红旗品牌战略，新的红旗品牌形象发生巨大转变，在品牌塑造、造型设计、产品矩阵、技术研发、工厂品质、渠道服务、销售业绩、创新生态等各个维度，均取得了不凡的成绩，让人们深切感受了红旗品牌60年来的信仰与传承，见证了新时代新的红旗品牌全新风貌。

故宫博物院建立于1925年，是在明清两代皇宫及其收藏的基础上建立起来的中国综合性博物馆，也是中国最大的古代文化艺术博物馆。为了更好地传播故宫文化，故宫博物院不断探索新的模式以及新的途径，努力前行，努力展现一个充满活力、正青春的故宫博物院形象。

习近平总书记说："一个博物馆就是一所大学校，要把凝集中华民族传统文化的文物保护好、管理好，同时加强研究利用，让历史说话、让文物说话。"一座博物馆的价值，不仅在于它拥有多么悠久的历史、多么宏大的建筑、多么丰富的藏品，甚至不在于拥有多少观众，而在于应用这些文化资源为人们做了哪些实实在在的贡献，在于这些文化资源在多大程度上融入了人们的现实生活，在于这些文化资源是否成为人们生活中的一部分。

每一种文明都延续着一个国家和民族的精神血脉，既需要薪火相传、代代守护，也需要与时俱进、勇于创新。除了传播文化，我们还要不断继承中华民族优秀传统文化，随着全国文物博物馆事业的蓬勃发展，故宫博物院的文化创意事业也在摸索出一条自己独特的发展道路，不断取得喜人成绩。从"被动"走向"自觉"，从"数量增长"走向"质量提升"，从"馆舍天地"走向"大千世界"。越来越多的人了解到，故宫文化创意产品"不但霸气，而且接地气；不但脑洞大开，而且心胸开阔"。

2019年是中华人民共和国成立70周年，是实施"十三五"规划承上启下的关键一年。此次故宫博物院与中国第一汽车集团的战略合作，正是以十九大提出的"四个自信"为理念，将故宫博物院承载的文化自信，注入民族工业品牌的崛起之中，通过画风清新的文化创意产品，借助新媒体文化传播，让尚艺、尚美、尚善成为新时代的生活方式，让民族品牌插上文化的翅膀，形成更鲜明的品牌力量，从而更加自信地走向国际。

故宫博物院与中国第一汽车集团战略合作协议的签署，不仅仅是民族文化与民族品牌的合作，而是双方在文化领域携手共同合作。双方将秉承"传承与创新"的宗旨，融合东方美学与现代创新，从展览、公益、教育等多个层面传承和推广中国文化，弘扬文化自信。让故宫文化中蕴含的民族精神在大众生活中得到更广泛的传播，成为民族品牌振兴的见证者和参与者。

致敬经典，拥抱未来。故宫和红旗是每个中国人心中深深的情怀和神圣记忆。它们代表的不仅是辉煌的过去、传承的现在，更是新生的未来。今天，拥有60年汽车制造历史的红旗品牌，与拥有600年文化历史传承的紫禁城，决定携手合作，共同向中国文化致敬。600年牵手60年，一个国之瑰宝，一个国之重器，双方的合作，是一次展示中国品牌力量，深挖中国文化魅力，营造文化经典的一次跨界合作，是汽车工业的优秀文化代表和传统文化的一次碰撞。

今年正值新中国成立70周年，红旗品牌将作为故宫博物院“万紫千红”展览的联合推广单位，在展览期间全方位调动宣传推广力量。作为文化传承者，红旗品牌和故宫博物院将研发具有中国特色、中国文化底蕴的文化创意产品，并衍生新的形式致敬经典，在助推中国文化自信建设的同时，体现红旗品牌新的设计理念。2020年紫禁城建成600周年之际，红旗品牌将特别推出一款紫禁城600周年纪念款专属车型，令人期待。另外，红旗将在未来三年内作为故宫大型文化活动指定用车，联手展现中国品牌的实力，展示国家形象。

未来，红旗品牌将联合故宫博物院着力文化教育推广以及社会责任联动，共同研究中国优秀文化的宣传推广等公益行动，携手社会各界为中国民族的文化自信贡献自己的一份力量，并以与故宫博物院的合作为开端，开展更多中国文化和自然遗产的保护工作，让优秀文化不断传承。同时，启动红旗品牌“旗迹中国”项目，营造专属于红旗品牌的IP形象和产品，用车轮丈量祖国的大好河山，用心去感受发生在中国大地上的各种奇迹。

春节将至，“亿万人增亿万寿，泰平岁值泰平春”，借用乾隆皇帝这句诗，向各位拜个早年！

（2019年1月29日）

在故宫博物院第七届四次职代会上的工作报告

受第七届故宫博物院工会委员会委托，我向本次大会做2018年度工作报告，请予审议。

又到一年总结时，回首刚刚过去的2018年，我们有太多感动、太多感悟、太多感慨。2018年是全面贯彻落实党的十九大精神的开局之年，是决胜全面建成小康社会，实施“十三五”规划承上启下的关键一年，是改革开放40周年，也是故宫博物院建设世界级博物馆，迎接紫禁城建成600周年的重要一年。

在刚刚过去的12月里，有两件大事让我们难忘，一是当地时间12月4日，葡萄牙里斯本阿茹达宫，习近平总书记参观了故宫博物院在这里展出的“海上丝绸之路”展览，给予故宫博物院莫大的鼓舞和鞭策；二是12月13日，故宫博物院观众流量突破1700万大关，这是在全年有76天实施8万人限流的情况下，依然创造的世界纪录，达到了“削峰填谷、提升参观体验”的目的。2018年，是不寻常的一年。

这一年，故宫博物院在文化和旅游部的领导下，全院始终以习近平新时代中国特色社会主义思想为指导，深入学习贯彻党的十九大精神，进一步提高政治站位，增强“四个意识”，坚定“四个自信”，做到“两个维护”，落实“两个责任”。狠抓从严治党“八项规定”不放松，进一步强化管党治党政治担当，不断加强党组织建设，党纪政纪明显好转。同时，狠抓意识形态工作，确保了我们队伍的纯洁稳定。

这一年，故宫博物院深入贯彻落实习近平总书记关于做好文化文物工作的讲话精神，坚定文化自信，“让收藏在禁宫里的文物、陈列在广阔大地上的遗产、书写在古籍里的文字都活起来”，当好“中华文化客厅”，不断探索文物“活起来”的新方式。通过扩大开放、筹建新馆、数字展览、文物修复、故宫讲坛、文化创意研发、影视作品拍摄等形式，不仅找到了“活起来”的方法，还使观众数量从单纯来院参观的“千万级”数量，猛增到多个渠道获得故宫知识的“亿万级”人数，极大地传播了中华传统文化。

这一年，故宫博物院扎实进行巡视整改，把巡视整改作为一项严肃的政治任务、政治责任抓实抓好。故宫博物院班子成员思想认识高度一致，态度明确，政治自觉和行动自觉贯彻始终，坚持问题导向，抓好统筹协调，扎实推进整改工作，顺利完成了藏品征集条款修订、工资科目调整的阶段性整改任务。今后，故宫博物院将继续抓好巡视整改任务落实，在继续优化参观环境、让更多文物同观众见面、提升服务水平等方面下功夫，不断提高故宫博物院影响力，推进巡视整改常态化。

这一年，故宫博物院努力提升影响力，用精深的学术研究、精湛的展览设计、丰富的宣传教育、多彩的数字节目、优美的文化创意、井然的参观秩序、整洁的卫生环境、精彩的影视节目、良好的岗位形象、周到的服务保障，不断赢得广大观众的好评和世界的瞩目，承担起了故宫博物院的社会责任，向世界一流博物馆的目标迈出了坚实的步伐。

这一年，各项事业紧锣密鼓，各个部门争分夺秒。不知有多少故宫员工节假日是在岗位上度过，有多少故宫员工经常加班加点，有多少故宫员工忙得连年假和双息日都休不了，有多少故宫员工忙得连老人孩子都照顾不上，有多少故宫员工刚下班接到任务又义无反顾地投入了工作，有多少故宫员工是带着病痛在坚守岗位。这种对工作的高度自觉和忘我境界非常令人感动！虽然不提倡加班，但是正处在上升期、爬坡期、攻坚期的故宫博物院需要这种精神和奉献，正是有了众多的这样的“故宫人”，才有了故宫博物院的今天，新时代是奋斗者的时代，贪图安逸将会一事无成。

这一年，通过全院上下努力，实施“精细化”管理，我们实现了文物安全、观众安全、古建筑安全、形象安全，向“无投诉、无事故”目标又迈进了一步，开放部门、保卫部门、服务部门、接待部门等一线工作机构，好人好事层出不穷，队伍建设越来越好。

这一年，通过我们出色的工作，故宫博物院还获得了多个国际和国家级的奖项，许多部处、科组和个人也获得了各种奖励，为故宫博物院争得了荣誉。例如，故宫博物院获得了“服务社会十佳单位”，获得了“2018 年国际文化遗产视听与多媒体艺术节金奖”；“微故宫”获得了“微信贡献力十佳账号”称号；《紫禁城》杂志被中国期刊协会评为 2018 年“中国最美期刊”等等。

在此，我代表故宫博物院全体领导班子成员，向一年来辛勤工作的全体故宫同人们表示衷心的感谢！也向一年来支持我们、鼓励我们的家人和朋友们表示崇高的敬意！

一、一年来的工作情况

（一）不断加强党的建设，进一步增强党组织凝聚力、战斗力

故宫博物院党委对党建工作高度重视，组织全体党员深入学习贯彻习近平新时代中国特色社会主义思想，在思想上、政治上、行动上始终同以习近平同志为核心的党中央保持高度一致，深入推进“两学一做”学习教育常态化、制度化，先后下发《习近平谈治国理政》《习近平新时代中国特色社会主义思想三十讲》等学习材料，多次组织党员干部集中轮训，并将学习贯彻情况纳入各党支部党建述职评议考核当中。结合“七一”建党日等纪念日，开展班子成员讲党课、重温入党誓词、“不忘初心、牢记使命”主题党日等教育活动。

高质量召开党员领导干部民主生活会，2018 年 1 月 23 日组织召开 2017 年度故宫博物院党员领导干部民主生活会。故宫博物院党委对此次会议高度重视，提前召开多个座谈会，设置意见箱，听取全院 31 个党支部、38 个部门对院党委、院领导工作的意见建议，共收集整理了 100 多条内容，原汁原味向党委会进行反馈汇报，修订完善了《故宫博物院党员领导干部民主生活会方案》，印发相关学习材料。

扎实开展“警示教育月”活动。10 月份，故宫博物院党委严格落实上级指示要求，认真制定《故宫博物院党委开展警示教育月活动工作方案》，组织全体党员和副处级以上干部共计 330 人召开警示教育大会，部署警示教育活动。故宫博物院领导班子成员严格落实“一

岗双责”，对分管部门精心指导。各党支部按照院警示教育活动方案，及时召开警示教育大会和专题组织生活会，活动期间形成工作交流4篇上报文化和旅游部，征集格言警句40余条。

推进“两学一做”学习教育常态化、制度化。故宫博物院党委积极落实党委理论中心组学习、民主生活会等制度，全年开展集体学习讨论19次，学习传达各类文件共计100余份。故宫博物院领导班子成员按照部党组要求，分别为全院广大党员干部讲授党课，结合个人学习体会，深入解读习近平新时代中国特色社会主义思想和党的十九大精神。

认真贯彻落实中央“八项规定”精神。严查节日关口腐败，紧抓“平安故宫”工程等重点项目的廉政建设，严格执行招标规定，重点环节重点设防，把工程廉政建设要求具体细化为合同条款。严格履行纪检监察四项职能，坚持“严肃执纪是职责，保护干部也是职责”，做到政策纪律经常提醒、重点部门和关键岗位随机提醒、薄弱环节专门提醒、苗头隐患个别提醒。加强对权力运行的制约和监督，有效防止了各种违规违纪问题的发生。

一年来，各党支部认真落实“三会一课”制度，充分利用“七一”、重大纪念日等时机和各自工作特点，开展丰富多彩的党建活动，提高了全体党员的思想觉悟。离退人员服务处党支部组织80余位离退老党员召开“改革开放40年”座谈会，畅谈伟大祖国翻天覆地的变化；科研处党支部针对工作特点，开展了“文化自信”大讨论，组织参观北京新文化运动纪念馆等活动；资料信息部党支部针对年轻党员多的特点，充分利用信息资源，利用新技术新媒体创新党建工作；文保科技部党支部把党建工作和业务工作有机结合，有效破解党建与业务工作脱节问题；开放管理处党支部针对员工天天与中外观众面对面服务的特点，常年开展“让党徽闪耀在开放岗位，我为党徽增光彩”活动。

（二）坚决落实巡视要求，积极完成整改任务

故宫博物院高度重视中央第五巡视组巡视文化和旅游部党组的反馈意见，坚持“照单全收、立整立改”的原则，紧紧围绕巡视整改意见中指出的问题，研究制定《故宫博物院落实中央第五巡视组巡视整改工作方案》和《意识形态工作责任制整改方案》，方案中明确责任人、整改内容、完成时限等。及时召开党员干部大会，统一思想，认真抓好整改工作。8月3日，院长办公会上，针对巡视整改的问题，责成人事处和文物管理处修改完善工资条目和文物藏品征集办法。8月13日召开院长办公会，讨论通过了工资条目修改和文物藏品征集办法修改稿，报文化和旅游部备案并逐月向部报送整改进展情况。

巡视整改期间，排查、梳理了故宫博物院实际工作中的风险点19处，出台了《故宫博物院意识形态责任制落实中的风险点及建议》，建立健全了各项规章制度，扎紧了制度的笼子，强化了规矩纪律意识，查找了廉政风险点，巩固了廉洁教育成果。

（三）狠抓安全“精细化”管理，提供坚实安全保障

一年来，通过全院上下的共同努力，安全职能部门的全力以赴，故宫博物院平安地度过了2018年。一年来，我们严格落实《故宫博物院安全工作“党政同责，一岗双责”实施细则》，着力提升整体安全水平。各部处始终把安全工作摆在重要位置，自觉做好各种防范措施。安全部门更是将2018年作为“落实年”，精准防控、精细管理，推动安全工作各项制度、规定落细、落小、落实。北院区管理处远离本院，困难较多，始终将安全放在首位，确保了万无一失。

每当节假日和敏感时期，都有院领导带队对全院实施安全大检查，对重要施工现场和布展现场，院领导和主管部门随时到场检查。职能部门常年进行隐患排查治理，持续组织安全检查和“拉网式”排查，实现了隐患排查治理工作常态化、制度化、规范化，全年开具消防隐患通知单 61 份。9 月 2 日，巴西国家博物馆发生重大火灾，故宫博物院深刻汲取惨痛教训，立即召开专题会议，布置火灾隐患排查工作，成立了由三名副院长带队的办公室秩序整治、文物库房整治和施工现场隐患整治的三个检查组，实施全方位拉网式检查。针对国务院第五督导组指出的问题，关停中轴线两侧耗电量大且有安全隐患的十多处店铺，对院内商业设施开始全面整治规划。10 月 2 日，在应急管理部组织的消防安全大检查中受到好评。

安全技术防范系统建设进一步完善，实现了火灾报警与视频联动功能。观众参观体验环境不断优化，持续推进网络售票，分时段控制观众流量，全年 8 万人限流天数 76 天。“清明上河图 3.0”展出期间，实施了参观门票与大门票同步预约措施，为今后重要的特大展览摸索了经验。不断加强与公安、消防、武警之间的协调联动，依法严厉打击各种违法违规行为，全年共抓获黑导游、“小广告”等 2406 人。新设无障碍坡道 23 处、标识牌 166 个，加强开放设施设备维护保养，及时消除安全隐患。加强应急管理和义务消防队建设，全年共进行院内外多部门合作应急演练 6 次，组织了第七届消防运动会，进一步提升了应急处置能力。不断加强安全保卫队伍建设，牢记“我的岗位我坚守，我的岗位您放心”要求，坚持教育与培训相结合，检查与考核相配合，提高了队伍的综合素质，全年共收到锦旗、表扬信 30 多份。严格电瓶车管理，完善充电场所，规范了充电行为。

（四）抓住攻坚期，持续推动“平安故宫”工程

“平安故宫”工程还有两年即将结束，今年是“平安故宫”工程的关键一年，相关部处抓住攻坚期，持续发力。地下文物库房三期项目启动，故宫博物院北院区建设项目启动。基础设施维修改造，一期（试点）工程继续推进，二期工程设计方案上报国家文物局并获得相关批复，文物影响评估报告及项目建议书编制完成。世界文化遗产监测、午门城台监测、养心殿环境监测工作持续推进，查清不可移动文物底账，理清 11 类遗产要素，确定标准定名。故宫安全防范新系统中，应急指挥平台项目进入内部系统试运行；文物藏品技术防范系统进行联调测试；安防系统功能提升项目完成监控中心系统更新及部分前端施工。院藏文物防震，完成一批陶瓷库房的库内改造及文物密集柜安装；阻尼器防震方案进一步细化并完成安装施工招标；完成宁寿门外西院库房内部改造深化设计并开始施工。院藏文物抢救性科技修复保护，修复保养文物 757 件；故宫文物医院，5 人被评为国家级非物质文化遗产传承人，公开招聘 25 名志愿者上岗服务。

（五）文化遗产保护管理继续优化，古建筑研究性保护项目初显成效

养心殿研究性保护项目完成工匠选拔、培训工作，9 月 4 日正式开工，阶段性研究成果向观众展出。故宫城墙西段修缮工程持续推进，西北段、西南段修缮工程进行设计和报批。

乾隆花园保护项目，进行建筑环境监测，完成丝毛织品、贴落等的仿制，以及假山监测和安全评估。大高玄殿油饰彩画修缮工程、长春宫前院修缮工程竣工。

为储备“紫禁城下一个 600 年”优质古建筑维修保护材料，将苏州陆慕御窑金砖厂、南京金陵金箔集团股份有限公司，设立为第一批“故宫官式古建筑材料基地”，并接受太湖世界文化论坛捐赠的金砖 100 块、金箔 100 万张。

强化可移动文物管理与保护工作。统筹全院文物库房使用规划，三期地下库房文物布局初步完成，启动地面文物库房规划调整并完成局部方案。开展全院文物部门业务培训，从操作及流程全面保障文物安全。

（六）故宫展览与宣传教育从“馆舍天地”持续走向“大千世界”，滋养当代人精神生活

实体展览、虚拟展览亮点纷呈。新开设箭亭武备馆、南大库家具馆。从卡塔尔、摩纳哥、乌克兰等引进展览 5 项。赴境内外文物博物馆机构举办或参展 42 个。其中，养心殿展览巡展至山东博物馆和辽宁省博物馆；7 项大展同时登陆山西太原市博物馆，展出 1000 余件故宫文物。与凤凰卫视合办“清明上河图 3.0”高科技互动艺术展演，吸引超过 140 万观众参观，并被引进国家博物馆“伟大的变革——庆祝改革开放 40 周年大型展览”中，再度引发观众参观热情。“发现·养心殿——主题数字体验展”获 2018 国际文化遗产视听与多媒体艺术节金奖、第二届国际数字遗产案例竞赛技术创新奖。

全年接待包括法国总统、英国首相等国宾 92 批次，提供咨询 41.3 万人次，志愿者提供志愿讲解 8318 人次，讲解员接待观众 41935 批次，使用自动讲解器的观众 23.4 万人次，举办各类教育活动 2299 场。在北京市 9 所中小学开设了故宫课程。124 场教育活动输送到厦门、济南、石狮等地。

（七）故宫文化创意连接更多新公众，故宫出版再创纪录，“数字故宫”异彩纷呈

故宫文化创意继续引领行业潮流，许多文化创意产品成为观众生活中的必需品。多次亮相国内外专业展会。同时，借助文化和旅游部海外文化中心平台，故宫文化创意得到生动展示，今年出现在了悉尼、曼谷、首尔等 6 个海外中国文化中心。5 月，在日本东京举办的“让文物活起来——故宫文创展”，李克强总理邀请日本首相安倍晋三前往参观。

故宫出版社图书再创佳绩。《紫禁城》被国家新闻出版广电总局推荐为第三届全国“百强报刊”，被中国期刊协会评为 2018 年“中国最美期刊”。《赵孟頫书画全集》获得优秀美术图书“金牛杯”金奖。《故宫日历》《满汉全席日历》《故宫如意日历》《故宫月历》等形成日历家族，受到社会好评。首部互动解谜游戏书《谜宫·如意琳琅图籍》，很快达到 2000 多万元众筹金额，打破诸多领域众筹的世界纪录。

数字故宫让故宫成为一种生活方式，成为世界博物馆中最强大的数字平台。“微故宫”获微信贡献力“十佳账号”称号。“故宫出品”系列 App 全年下载量超过 120 万，比上年增长 16%。《紫禁城祥瑞》PRO 版发布。完成第七部虚拟现实节目《御花园》制作。与腾讯、网易、金山软件公司等就漫画、游戏、音乐创新大赛等开展合作。

首档聚焦故宫博物院的文化创新类节目《上新了·故宫》在北京卫视热播，《国家宝藏》

第二季隆重推出。

（八）文物修复和“学术故宫”建设继续进行，学术研究与博物馆人才培养稳步推进

一年来，故宫文物医院在文物修护展示宣传交流、文物修护工作、非物质文化遗产保护、交流合作与人才培养、科研课题与论文论著发表、故宫博物院北院区文物修护中心功能深化设计、设施设备的完善与维护上取得了明显成绩。文物修复完成 757 件，同时完成大量文物维护保养，复制完成 118 件，接待各类学习参观 160 批次，4500 人次。

故宫研究院与太湖世界文化论坛合作成立中医药文化研究所，与吉林大学合作成立张忠培考古研究中心。下设各研究所持续开展相关课题研究，推进合作项目，举办第七届西藏考古与艺术国际学术讨论会、“四王”暨清前期书画研讨会等学术会议。考古研究所完成雄安新区阶段性考古任务，参加安徽凤阳明中都遗址考古调查。

故宫学院在重庆、开封设立分院，目前已在全国建成 8 个分院。面向故宫员工举办藏文中、高级培训。承办国家文物局、地方市级文物局、博物馆等单位委托培养的培训班共 7 个，涉及官式古建筑木构保护及木作营造技艺、藏传佛教文物保管与保护、文化创意产品研发与市场运营等主题。

（九）促进境内外文化交流与合作，不断提升故宫文化影响力

举办第三届“太和·世界古代文明保护论坛”，12 个国家官员、学者共论“古都文明”。与叙利亚文化部古物和博物馆总局签署合作谅解备忘录，进一步扩大交流范围，深化两国间文化交往。此外，与 3 个海外文化相关机构签署谅解备忘录。配合国家“大湾区”战略，推动第二届故宫青年实习计划，今年接收粤港澳三地实习生 48 人。

故宫博物院赴境外举办展览 8 个，涉及我国港澳地区、美国、沙特阿拉伯、希腊、葡萄牙等地。赴乌兰巴托、悉尼、马德里等 9 个城市举办海外教育活动 10 场。国际博物馆培训中心举办春季和秋季培训班，六年来累计培训 375 名学员，来自 72 个国家。与国际文物修护学会联合举办“国际文物修护学会—故宫博物院 2018 北京国际学术研讨会”。国际文物修护学会培训中心举办第四届培训班，四年来累计培训 91 名学员，来自 30 个国家。故宫考古研究所赴乌兹别克斯坦、塔吉克斯坦等国开展考古工作。

（十）综合行政工作各具特色，充分发挥职能作用

加强人才队伍建设，圆满完成 2018 年应届高校毕业生接收等工作。财政经费的项目预算执行顺利，严格政府采购及财务日常管理以及资金使用中的绩效管理。法律处全年把关合同 1328 份。审计室全年审核各种合同、招标文件等 839 项，报审总金额 17.86 亿元。院工会积极当好“娘家人”，组织开展各类文体活动，在部系统和东华门地区组织的比赛中屡获佳绩，组织纪念改革开放四十周年“放歌新时代，故宫与改革同行”歌咏比赛。团委充分发挥团员青年生力军作用，在不同岗位上涌现出了许多青年才俊。特别是组织排练的《海棠依旧》，在上海戏剧节上引起了轰动，获得了好评。离退人员服务处组织离退人员开展丰富多彩的明理、益智、健身活动。行政处精心建设职工超市，全力做好各种后勤保障工作。

各位同人，一年来，各部处快马加鞭，攻坚克难，亮点频现，成果累累。这些成绩的取得，离不开以习近平同志为核心的党中央对文化工作的高度重视，离不开文化和旅游部党组的关心指导，离不开全院各部处的有力组织，更离不开全院1500名“故宫人”以及志愿者队伍、保洁、保安、施工队伍等编外“故宫人”的不懈努力。在看到成绩的同时，我们还要保持清醒头脑，找差距找不足。例如“平安故宫”工程时间还有短短两年，但是故宫博物院北院区、地下文物库房改造因种种原因刚刚启动，后期任务极其艰巨；故宫博物院内各类服务机构、施工单位、经营部门100多家，存在较多隐患，管理上还需进一步加强。

二、几点体会

通过一年的工作实践，有以下几点体会：

一是必须把党建工作摆在故宫博物院各项建设的首位。以习近平新时代中国特色社会主义思想为指导，认真学习贯彻“十九大”精神，不断增强党员干部和全院职工“四个意识”，做到“两个维护”，在思想上、政治上、行动上始终与以习近平同志为核心的党中央保持高度一致。这是完成各项任务的政治保障，只有不断加强党建工作，才能保证故宫博物院各项工作正确而顺利地向前推进。

二是一定要将纪律挺在前面，用好监督执纪“四种形态”，严格落实“中央八项规定”。故宫博物院各项事业正在飞速发展，每年上千个合同，数亿的资金，既是事业发展的有力证明又是对我们的考验。纪检部门要充分发挥监督作用，对发现的苗头性、倾向性问题要及时咬耳扯袖、红脸出汗，抓早抓小，防微杜渐。这是对同志的最好的关心爱护。

三是一定要将安全作为各项工作的重中之重。安全，是故宫博物院的生命线，没有安全就没有故宫博物院的一切，“一失就万无”。安全工作没有预演，没有彩排，没有从头再来。昨天安全了不等于今天也能安全，每天都要从零开始，如履薄冰，如临深渊，提心吊胆。每天都安全了，才能集小胜为大胜。各项建设也是如此，每天完成一点点，积少成多，集腋成裘，终将成就大事。要保证安全不能被动地防，把文物都放在库房里藏起来，固然安全一些，但这是对社会的极不负责。故宫博物院的安全不仅仅是故宫人的责任，也是全社会的责任。故宫博物院的安全仅靠故宫人难以承担，要动员全社会来承担、来监督，让每名观众都参与进来，他们既是参观者又是安全员。

四是一定要清醒地认识故宫博物院的吸引力、影响力、作用力。一杯平常的咖啡，因为有故宫的元素，就能引起轰动；一个观众晒出御花园几粒当今的不起眼的小石子，也能引起轩然大波；山西太原闲置了多年的一座博物馆，故宫博物院的文物展览一推出，就被评为全国“十佳”博物馆，这样的事情还有很多。这就是故宫博物院的吸引力、影响力，社会和观众将故宫博物院的声誉看得很重，我们怎样才能不辜负社会和观众的期望？怎么发挥我们的作用？怎样才能当好“中华文化客厅”？怎样挖掘故宫文化内涵，向国内外讲好中国故事，传播中华文化？我们还有很多工作要做。

五是一定要不忘初心，精准发力，稳步开展文化传播和文化创意。2016年以来，国家出台一系列政策法规，倡导大力发展文物博物馆创意产业。如今故宫文化创意逐渐成为人们关注热点，一项展览的开幕、一场活动的举办、一部影视的推出、一类新品的面世、一款数字技术的应用，一种图书出版的众筹，都可能引起热议和轰动，这就需要更加注重公共文化设施的社会责任。故宫博物院的每一项文化传播和文化创意，都应该是故宫文化资源的深入挖掘和提炼，都必须以传播中华优秀传统文化、满足人们对美好生活的需求为己任，从“数量增长”走向“质量提升”，做到“故宫出品，必是精品”，实现可持续健康发展。

三、2019年工作任务

2019年，我们即将迎来中华人民共和国成立70周年盛典，紫禁城建成600周年也即将到来，故宫整体维修保护工程和“平安故宫”工程接近尾声，一系列艰巨的工作任务就摆在我们面前。形势催人，时不我待。故宫博物院将继续深入学习贯彻“十九大”精神，以习近平新时代中国特色社会主义思想为指导，周密计划，稳步推进，按照“精细化管理”要求，狠抓各项工作落实，为献礼紫禁城建成600周年，把壮美的紫禁城完整地交给下一个600年做好准备工作。

一是贯彻落实习近平新时代中国特色社会主义思想和党的十九大精神，坚决维护习近平总书记核心地位，坚决维护党中央权威和集中统一领导，树立政治意识、大局意识、核心意识、看齐意识。继续贯彻落实巡视整改任务和意识形态工作责任制，推进全面从严治党，深入开展党性党风党纪教育和从政道德教育，培养高素质人才队伍，开创党建纪检工作新局面。

二是继续实施故宫整体维修保护工程和“平安故宫”工程，稳步实施乾隆花园、大高玄殿、养心殿、故宫城墙4项“研究性保护项目”，全面推进故宫博物院北院区建设、地下文物库房改造、基础设施改造、世界文化遗产监测、故宫安全防范新系统、院藏文物防震和院藏文物抢救性科技修复保护等七项重点工程，抓好即将收尾阶段的攻坚期，保证工程质量，提升整体安全水平。

三是继续抓住安全这个重点不放松，夯实基础工作，提升综合素质，落实规章制度，把精细化管理目标层层落到实处。在排查整治隐患时必须消除“事故征兆”和“事故苗头”，对待细小隐患要如临大故，对排查出的安全隐患要立即整改，把问题解决在萌芽状态，构建集风险管理规划、识别、分析、应对、监测和控制的全周期风险评估系统，最大限度地避免安全事故发生。

四是坚持以服务观众为中心，继续举办优质展览，优化参观环境，增加服务设施，精减商业网点，提升服务水平，努力实现文旅融合。办好“贺岁迎祥——紫禁城里过大年”这一以破纪录的近千件文物、紫禁城开放区域喜迎春节，让传统节庆文化鲜活起来的展览，以及“万紫千红”题材文物展等重点展览。推动境内外重要展览项目，特别是“养心殿展”“重华宫展”在国内外的巡回展示。

五是完善故宫学术体系，将更多的研究成果融入各种展览和教育发展，通过不懈的努力，形成强大的文物博物馆行业知名“专家群体”。继续利用故宫研究院和故宫学院搭建国内外文物博物馆人才交流合作平台，不断提升与扩大故宫学术研究在学术界的话语权与影响力。

六是践行“大宣教”理念，广泛开展故宫内外、市区内外、国内外合作教育，让大众共享故宫文化成果，弘扬中华传统文化。持续创新文化传播模式，不断推陈出新，获得更好的社会影响力，联合雅昌将“发现·养心殿”主题数字展在全国更多城市进行推广落地，与惠普公司合作开展“V故宫”巡展第一期。

七是继续研发具有故宫元素和特色、高文化附加值的文化创意产品，满足人们对美好生活的需求。继续探索与社会各界合作研发文化创意产品的成功模式，办好“中华老字号故宫过大年”、非物质文化遗产进故宫等特色展览，让大众享有更好的生活体验和节日记忆。

八是配合中华人民共和国成立70周年及中俄建交70周年，中美、中葡建交40周年，积极开展境内外文化合作，落实合作协议，举办“太和·世界古代文明保护论坛”，参与2019年“文明古国论坛”专家论坛工作，落实第三届“故宫青年实习计划”。

各位故宫同人，时序更替，梦想前行。年轮已走向2019，离2020又近了一步。让我们紧密团结在以习近平同志为核心的党中央周围，在文化和旅游部党组的坚强领导下，上下一心，众志成城，为“把壮美的紫禁城完整地交给下一个600年”，贡献我们的聪明才智！

最后，祝愿全体故宫同人新年快乐，身体健康，阖家幸福！

（2019年1月30日）

在会见印度新任驻华大使米斯里一行时的谈话

会见印度驻华大使（2019 年 1 月 31 日）

近年来，故宫博物院与印度文物博物馆界有越来越密切的联系和合作。

在与印度考古机构合作方面。2013 年故宫博物院与喀拉拉邦历史研究委员会签订了《中国北京故宫博物院与印度喀拉拉邦历史研究委员会合作谅解备忘录》。印度喀拉拉邦历史研究委员会（KCHR）是由印度喀拉拉邦政府高等教育部出资建立的独立研究机构，目前正在从事印度西南部喀拉拉邦帕特南遗址、奎隆港口遗址的考古发掘工作。根据框架协议内容，故宫博物院承诺未来四年内，向喀拉拉邦历史研究委员会提供 4000 万卢比，约合人民币 400 万元的硬件设备以供深入研究。计划到 2019 年，将会有 6 组中方资助的专业级别考古设备分批送往印度，协助完成此项目。

2014 年，故宫博物院王光尧、冀洛源两位研究人员赴印度完成了为期 5 周的第一期考古调查与发掘工作，协助印度方面开展文化遗产地的管理、监测和保护工作，拓展双方展览交流合作，在科研方面形成了广泛的共识，取得了重要的科研成果，并促进了与当地大学研究机构在博物馆研究等方面的合作。

2015 年 4 月和 2015 年 12 月，故宫博物院王睿研究馆员一行 3 人和故宫博物院王光尧研究馆员一行 3 人，分别赴印度进行了第二期和第三期的考古调查与发掘工作，完成了帕特南中国陶瓷初步研究和数据创建、考古现场黏土实地研究和帕特南考古挖掘现场陶瓷数据库的创建，并商定了考古成果展，取得了一定成果。

未来四年内，该合作项目将继续深化交流、扩大合作。初步将分为田野考古工作、中印文化交流及科技考古实验室项目三个部分，为中印文化合作贡献应有的力量。在具体工作中，双方将本着《中国北京故宫博物院与印度喀拉拉邦历史研究委员会合作谅解备忘录》的共识，协商、合作，确保按时完成本年度各项科研、交流工作，共享工作成果。喀拉拉邦历史研究委员会已经发函邀请故宫博物院相关研究人员，于今年 9 月赴印度进行合作研究工作。

在与印度博物馆合作方面。“梵天东土 并蒂莲华：公元 400—700 年中印雕塑艺术展”于 2016 年 9 月 28 日至 2017 年 1 月 3 日在故宫博物院的午门展厅展出，之后先后巡展至福建博物院、浙江省博物馆和四川博物院，直至 2018 年 1 月结束。此项展览是近年来罕见的中印艺术的盛宴，展品包括两个部分，一部分为来自印度各地 9 家博物馆收藏的笈多与后笈多时期的雕塑作品 56 件，另一部分为来自故宫博物院和北京、河北、河南、山东、陕西、四川、甘肃、新疆等地 28 家中国收藏机构的藏品中挑选出的同时期雕塑精品 119 件。这项展览旨在使观众感受到前所未有的印度艺术与中国艺术之美，了解亚洲两大文明之间源远流长的文化交流史，感受到两者独特的文化创造力。这是中国首次将中印古代同时期雕塑艺术对比展示，也是中印两国文化交流项目的重要一部分。

在文化交流方面。故宫博物院多次邀请印度文化官员、专家学者来故宫博物院出席“紫禁城论坛”“太和·世界古代文明保护论坛”等文化交流活动。故宫博物院自 2016 年以来，每年秋季举办一届“太和·世界古代文明保护论坛”，与世界各文明古国文化遗产领域同人，以及相关国际组织专家，共同研究和探讨如何在当今日益复杂的国际形势下，开展世界古代文明的抢救性保护。连续三届的“太和·世界古代文明保护论坛”均邀请了印度官员和专家学者出席，促进了文化遗产保护领域的沟通、交流与协作。

2018 年 4 月在武汉举行的非正式会晤期间，习近平主席和莫迪总理就加强在博物馆领域合作达成一致意见。2018 年 9 月“太和·世界古代文明保护论坛”期间，故宫博物院娄玮副院长与印度文化部联合秘书尼鲁帕玛·科特罗女士和加尔各答印度博物馆馆长普罗希特先生，就两国博物馆合作试点项目达成一致意见。会议期间双方介绍了各自的概况以及近年来取得的成果，科特罗女士转达了莫迪总理向习近平主席的提议，希望中印双方的博物馆加强合作，帮助印度的博物馆机构快速实现现代化。故宫博物院表示会积极响应领导人的提议，配合印方落实具体的项目。

2018 年 11 月，印度方面发来项目建议书，希望故宫博物院组派专家团队赴印度调研，为加尔各答印度博物馆展馆改建提出建议，撰写项目报告。此前 2017 年 3 月，故宫博物院娄玮副院长率代表团访问印度期间，曾与加尔各答印度博物馆进行过初步接触，就博物馆宣传教育、展览、学术研究等方面进行了广泛交流，为将来的合作打下基础。2018 年 12 月，故宫博物院王跃工主任等 6 人在加尔各答印度博物馆开展交流活动，从藏品管理及利用、展览、数字化、宣传教育、安全技术等方面，为加尔各答印度博物馆提出切实可行的建议，积极推动此项合作试点项目的实施。

2018 年 12 月，由中印两国外长出席的中印高级别人文交流机制首次会议举行。作为中印高级别人文交流机制重要活动内容，为加强中印两国博物馆领域的交流与合作，于 2018 年 12 月 20 日，在印度德里举办了以“博物馆建设和管理”为主题的“中印博物馆管理论坛”。中方由故宫博物院作为承办单位，印方由印度国家博物馆作为合办单位，双方共同成功举办了论坛。

故宫博物院计划于 2019 年 7 月至 10 月，在故宫博物院内举办“天下龙泉展”，之后这项展览还将巡展至浙江省博物馆。“天下龙泉展”计划从中国国内近 20 家博物馆和国外 8 家收藏机构借展文物藏品，为了使展览取得更好研究和传播效果，拟从印度喀拉拉邦历史研究委员会借展龙泉青瓷标本。拟借展品为印度奎隆港口遗址出土的产自中国龙泉地区的青瓷器标本，总计约 50 件。器形有碗、盘、折沿盘、瓶、壶等，釉面较厚，具有一定玻璃质感，灰白胎，胎质致密，支钉支烧为多，符合元代（12—14 世纪）龙泉窑系产品的特点。

印度奎隆港口遗址出土的龙泉青瓷遗存，可补同类器物在海外出土地点的空缺。以这批龙泉窑瓷器标本为线索，可以勾勒出浙江地区青瓷器在 12 至 14 世纪参与海外贸易过程中，自生产到运输，直至抵达贸易终点的全程线路。奎隆港口是这一线路上重要的贸易目的地与运输中转地，其遗址出土的标本，对于系统整理和研究海外出土龙泉标本，全面认识龙泉青瓷外销历史，具有重要的学术与文化意义。

故宫博物院藏传佛教文物研究所几年来一直与印度方面接洽，希望在佛教艺术研究方面开展合作，包括与印度考古局合作进行阿旃陀石窟的数字化项目，但是由于印方人员更迭频繁，始终无法进入实质合作。近期，故宫博物院与印度文化部、印度考古局等单位商谈具体合作，希望能够邀请印度学者合作研究故宫博物院的藏传佛教文物；与印度考古局、马哈拉施特拉邦地区考古局合作对阿旃陀及周边石窟开展数字化工作，希望于 2019 年阿旃陀石窟发现 200 周年之际，能够确定该项目或取得阶段性成果，并且在未来能够与印度考古局和国家博物馆共同举办“阿旃陀石窟中印文物保护数字化成果展”。

（2019 年 1 月 31 日）

在文化和旅游部党组会上的发言

1 月 21 日，省部级主要领导干部坚持底线思维着力防范化解重大风险专题研讨班在中央党校开班，习近平总书记发表重要讲话，强调“坚持底线思维，增强忧患意识，提高防控能力，着力防范化解重大风险，保持经济持续健康发展和社会大局稳定”。学习贯彻落实习近平总书记的重要讲话精神，我认为需抓好如下两点。

第一，认清当前形势，保持高度警惕状态。

习近平总书记指出，当前，我国形势总体上是好的。但同时，面对波谲云诡的国际形势、复杂敏感的周边环境、艰巨繁重的改革发展稳定任务，我们必须始终保持高度警惕。并就防范化解政治、意识形态、经济、科技、社会、外部环境、党的建设等领域重大风险做出深刻分析、提出明确要求。当下，国内部分领域长期累积的深层次结构性矛盾日益显现，而外部环境的不确定性增加。生于忧患而死于安乐，我们不能安于现状，满足于目前成绩，必须居安思危，增强忧患意识，透过现象认清本质，防范风险挑战。

第二，承担好防范化解重大风险政治责任，提高风险防控能力，防范化解重大风险。

一是领导干部要勇挑重担。习近平总书记强调，防范化解重大风险，是各级党委、政府和领导干部的政治职责，大家要坚持守土有责、守土尽责，把防范化解重大风险工作做实做细做好。并且他还特别强调了要发挥“关键少数”的关键作用。

二是要加强斗争历练，增强斗争本领，永葆斗争精神。关于增强斗争本领，习近平总书记指出：“既要高度警惕‘黑天鹅’事件，也要防范‘灰犀牛’事件；既要有防范风险的先手，也要有应对和化解风险挑战的高招；既要打好防范和抵御风险的有准备之战，也要打好化险为夷、转危为机的战略主动战。”同时，他还提出建立健全风险研判机制、决策风险评估机制、风险防控协同机制、风险防控责任机制，突出强调领导干部的“六种思维能力”，也就是提高战略思维、历史思维、辩证思维、创新思维、法治思维、底线思维能力。关于永葆斗争精神，习近平总书记指出，各级领导班子和领导干部要以“踏平坎坷成大道，斗罢艰险又出发”的顽强意志，应对好每一场重大风险挑战，切实把改革发展稳定各项工作做实做好。

结合故宫博物院实际情况来看，我们也面临着各种各样的风险。例如，党风廉政建设方面的风险。党的十八大以来，全面从严治党成效显著，故宫博物院党的建设也取得一定成绩，干部职工的“四个意识”日益增强，将习近平新时代中国特色社会主义思想同博物馆建设工作结合方面也探索出一定的新形式，但这并不意味着可以止步于此、高枕无忧。习近平总书记强调，党面临的长期执政考验、党面临的精神懈怠危险、能力不足危险、脱离群众危险、消极腐败危险具有尖锐性和严峻性。故宫博物院全体党员干部都必须按照习近平总书记的要求，增强“四个意识”、坚定“四个自信”、做到“两个维护”，始终保持共产党员的先进性和纯洁性，同人民的血肉联系，作风建设永远在路上，要坚决打好反腐败斗争攻坚战、持久战，继续贯彻落实好习近平新时代中国特色社会主义思想。

再如，故宫可移动和不可移动文物所面临的风险。安全始终是故宫的生命线。近年来，随着安防技术升级及安全管理能力的提升，故宫总体安全状况良好。但这并不代表故宫安全万无一失。为进一步做好安全工作，不发生“一失万无”的遗憾，1 月 25 日，故宫博物院召开安全工作会议，总结 2018 年的安全工作情况，布置了 2019 年安全工作的任务。要求严格健全和落实安全责任制，狠抓事故防范，狠抓隐患排查整治及基层基础，把基层基础建设摆在更加突出的位置。树牢“红线”意识，时刻绷紧安全这根弦，进行全程全域防控。坚持源头预防，强化隐患排查治理，抓好施工场所、商业网点安全监管，突出强化重点时段安全防范。既要进行故宫古建筑修缮工程和“平安故宫”工程这样的宏观思考和顶层设计，又要实施好每日限流 8 万人次、全网预约、实名制售票，扩大开放面积、调整展览布局、丰富展览内容，强化古建筑日常维修、不断改善和美化环境等具体的措施。还要继续重视新闻媒体的作用，借助其舆论导向和监督作用，共同警惕故宫博物院存在的安全隐患。

2019 年是新中国成立 70 周年，是决胜全面建成小康社会关键之年，也是故宫古建筑修缮工程和“平安故宫”工程关键期。我们将领会好习近平总书记的重要讲话精神，提高政治站位，强化政治意识，切实肩负起防范化解重大风险政治责任，增强忧患意识，未雨绸缪，精准研判。利用风险防控机制加强协调配合，层层落实责任，预防、应对风险。从纷繁复杂的矛盾中把握规律，不断积累经验、增长才干，既注重从短期着手，解决眼前亟待破解的难题，又注重从长远着眼，防范形成系统性风险的潜在问题。同时还要发扬充沛顽强的斗争精神，敢于担当，敢于斗争，克难攻坚，把防范化解重大风险的各项工作真正落到实处，确保故宫各方面的平安。

（2019 年 2 月 1 日）

在会见奥地利驻华大使石迪福先生一行时的谈话

欢迎石迪福大使和欧诺德文化参赞再次光临故宫博物院。石迪福大使到任以来，已经多次“微服私访”故宫博物院，1 月 28 日还参加了“各国使节进故宫”活动，通过参观“贺岁迎祥——紫禁城里过大年”展览和参加“中华老字号故宫过大年”活动，想必对于故宫博物院有了更加深入的了解。过去不到一个月的时间，今天又在故宫博物院见到您，非常高兴。

我也曾经于 1988 年 1 月、2005 年 5 月和 2006 年 3 月三次访问奥地利。先后考察了维也纳历史中心、申布伦宫殿及花园、新锡德尔湖文化景观、塞莫灵铁路和格拉茨历史中心等多处世界文化遗产，也考察过一些著名的博物馆。特别是 2005 年 5 月 11 日至 16 日我率中国文物代表团赴维也纳参加了世界遗产中心“城市景观保护”国际会议，这是一次非常重要的会议。

维也纳国际会议的主题为“世界遗产与当代建筑——管理具有历史意义的城市景观”。会议实地考察了维也纳历史城市景观的保护状况，看到维也纳的历史城市景观以中、低层公寓楼为特点，整个城市的屋顶采用古典主义建筑风格，形成协调的城市文化景观。从城市的各个角度清晰可见教堂和其他宗教建筑的穹顶和尖顶，发挥着地标性建筑的作用。2001 年，维也纳历史中心列入《世界遗产名录》，提高了市民对城市文化景观价值的认识，他们对新的高层建筑可能对城市轮廓线和文化景观遗产产生的影响质疑，并由此引发了世界遗产委员会的关注。维也纳会议还讨论了包括北京在内的世界遗产城市的高层或当代建筑的案例，讨论焦点包括：如何协调历史文化名城或历史地区与现代化建设的关系，如何确定文化景观可以接受的变化限度，如何建立适用的评估和评价标准等问题。会议形成了《保护具有历史意义的城市景观备忘录》，即《维也纳备忘录》。这是一份具有历史意义的文件，被视为提倡采取综合方法维护城市景观的重要声明。

回国以后，我们就积极筹备了 2005 年 10 月在我国西安召开国际古迹遗址理事会第 15 届大会，大会期间的“古迹遗址及其周边环境——在不断变化的城镇和自然景观中的文化遗产保护”国际科学研讨会上，各国代表所交流的众多案例和反思，促使大会形成并通过了“保护历史建筑、古遗址和历史地区环境”的《西安宣言》。这一国际性文化遗产保护文件同样具有里程碑意义，其重要性在于国际社会第一次在行业共识性文件中提出文化遗产是历史信息的载体，离开了环境，就将成为孤零零的标本。单体的文物固然重要，有着文化生态意义的环境同样重要，整体性的历史环境提供给人的精神记忆更加强烈，因此，“环境”应被认为是体现文化遗产真实性的重要部分。

中国和奥地利同为拥有悠久历史的国家，面对时代的发展，我们应该共同承担起保护和传承人类文化遗产的责任。感谢石迪福大使今天所介绍的奥地利方面关于文化合作的设想，特别是为庆祝 2021 年中国和奥地利建交 50 周年，奥地利艺术史博物馆希望与中国故宫博物院合作举办展览的意愿。

据我了解，维也纳艺术史博物馆是全世界规模最大、最重要的博物馆之一，下辖 8 座分馆。主馆位于维也纳重要的城市广场，博物馆藏品历史跨越五千年，从古埃及、古希腊时代直至 18 世纪末，重点为文艺复兴和巴洛克时代艺术作品。众多收藏分布在数个建筑中，包含绘画画廊、古典艺术收藏馆、埃及和东方艺术收藏馆、雕刻和装饰艺术收藏馆等。

维也纳艺术史博物馆绘画画廊源自哈布斯堡家族的收藏。哈布斯堡王朝几乎每任皇帝大公都利用家族财富和社会地位大量购入艺术作品，因此丰富的收藏品足以和意大利佛罗伦萨的美第奇家族、费拉拉的埃斯特家族相媲美，仅绘画作品就超过 7000 幅，使之成为当今世界最大和最重要的美术馆之一。15 世纪至 16 世纪的威尼斯画派和尼德兰画派、17 世纪的佛兰德斯绘画和荷兰早期绘画、17 世纪至 18 世纪的意大利巴洛克绘画，以及德国文艺复兴时期的绘画均有收藏，卢本斯、伦勃朗、丢勒、拉斐尔、提香等著名画家的作品使这座艺术博物馆的名声倍增。

维也纳艺术史博物馆的埃及和东方艺术收藏是全世界最重要的古埃及馆藏之一。12000 多件藏品时间跨度近 4500 年，地理上跨越埃及、努比亚、东地中海、两河流域及阿拉伯半岛。东方重要展品则包括南阿拉伯古典时代的人像碑柱和巴比伦伊什塔尔大门的狮子壁砖。古典艺术收藏馆展出约 2500 件藏品，时间跨度超过 3000 年，从青铜时代塞浦路斯出土的陶器直到早期中世纪遗存。雕刻和装饰艺术收藏馆展现了文艺复兴和巴洛克艺术的全貌，王室的爱好和追求使得藏品不仅工艺精湛而且多使用珍稀原料。

虽然近年来，故宫博物院与奥地利博物馆之间没有展览方面的合作，但是曾有过一些文化交流。包括故宫博物院代表团于 2017 年 4 月赴奥地利就员工和行业培训机制、文物保护等方面进行了交流。2018 年 4 月 7 日，故宫博物院接待了奥地利共和国总统亚历山大·范德贝伦偕夫人一行的参观活动。

故宫博物院将认真考虑石迪福大使的建议，希望在今年上半年故宫博物院和维也纳艺术史博物馆双方能够互派专家组进行考察，初步确定互办展览的意向，争取在 2021 年纪念中国和奥地利建交 50 周年期间，正式在两地举办展览。期待未来的展览能够成为中国和奥地利文化交流的重要篇章。

最后，我代表故宫博物院赠送给石迪福大使“金龙银鹰 1644 至 1795——故宫博物院／德累斯顿艺术收藏馆文物联展”的德文图录一本。同时，赠给欧诺德文化参赞故宫博物院与德国科隆东亚艺术博物馆合办“金昭玉粹：清代宫廷生活艺术展”德文图录一本，希望这些资料能对下一步的展览合作有所帮助。

（2019 年 2 月 21 日）

在黄廷方慈善基金捐资故宫博物院签约仪式上的讲话

黄廷方慈善基金捐资故宫博物院签约仪式（2019 年 3 月 2 日）

今天我们在这红墙黄瓦的紫禁城中迎来了尊敬的客人。你们的到来，不仅温暖了北京孟春的微寒，而且带来了我们共谋发展的热情期盼。在此，我谨代表故宫博物院和全体“故宫人”向各位嘉宾、各位同人们表示诚挚的欢迎。衷心感谢大家能够一起见证故宫博物院与黄廷方慈善基金、北京故宫文物保护基金会签署捐赠协议。

黄廷方先生一生俭朴勤奋，奉献社会。黄志祥先生更是继承了父亲乐善好施的传统。近年来，黄志祥先生积极投身慈善公益事业，始终心系着优秀传统文化与历史遗产的保护工作。黄廷方慈善基金支持注重社会民生、福利慈善事业的同时，也致力于支持对文化遗产的保护工作。此次对故宫延禧宫研究性保护项目的捐助，正体现了黄志祥先生对文化遗产保护事业的关心。在此我代表故宫博物院，对黄志祥先生及黄廷方慈善基金真诚关心、支持祖国文化遗产保护事业的义举，表示由衷的感谢。

众所周知，故宫博物院有三大文化资源，其中之一就是拥有世界上现存规模最大、保存最完整的古代宫殿建筑群。在这片建筑群中，位于东六宫的延禧宫最为独特。延禧宫主体宫廷建筑毁于清末，后于20世纪初在宫殿原址修建灵沼轩。灵沼轩是紫禁城中仅有的金属及石质结构为主的西洋建筑，其部分建筑材料直接源于西方国家，其建筑的独特性使得灵沼轩蕴含着独一无二的珍贵历史文化，是故宫博物院中为数不多的中西设计理念结合的建筑。

故宫是全人类的文化遗产，是全人类的珍贵财富和历史资源，这些文化遗产承载灿烂文明，传承历史文化，是中华民族的精神标识，是我们国家的文化名片，也是人类文明的瑰宝。今天全社会一起努力保护和利用文化遗产是必然趋势。在文化遗产保护传承的过程中，故宫博物院开放性地广泛吸收社会力量，鼓励广大公众积极参与古建筑维修保护和博物馆事业发展。

故宫博物院作为世界五大博物馆之一，也是“明清官式建筑保护研究国家文物局重点科研基地”。在国家政策支持和社会人士推动下，通过自主尝试与探索，已经多次开展创新性文物保护项目，而且成果颇丰。“延禧宫研究性保护项目”是故宫博物院对于“研究性保护”这一理念的一次深入探索，努力为中国古建筑的研究与保护提供又一优秀范例。因此，通过此次合作，在推动对延禧宫的研究性保护的同时，也承担了对文化遗产保护、研究的责任，意义重大。

北京故宫文物保护基金会成立以来，对故宫博物院文物研究保护工作予以全力支持。此次黄志祥先生通过故宫文物保护基金会向故宫博物院捐款，用于延禧宫区域建筑研究性保护和修缮，这正是一次国内博物馆吸纳社会力量进行文化遗产保护，做出的一次积极探索，相信也将是一次成功的探索。正因为有了像黄志祥先生这样有识之士的无私资助，让更多的人士认识到文物保护和文化传承的重要性，共同参与到文化遗产保护传承的事业中来。

我相信故宫延禧宫研究性保护项目在社会各界的关怀下，在黄志祥先生的资助下，在全体“故宫人”的努力下，一定会取得圆满成功！

（2019年3月2日）

在故宫博物院与中国银行战略合作协议签约仪式上的讲话

故宫博物院与中国银行战略合作协议签约仪式（2019 年 3 月 4 日）

首先，我代表故宫博物院，向拨冗参加今天签约仪式的各位嘉宾表示热烈欢迎。欢迎大家来到紫禁城，共同见证故宫博物院和中国银行战略合作协议的签署。同时，对中国银行一直以来给予民族传统文化保护和传承工作的支持表示钦佩，对中国银行为故宫博物院提供的优质服务表示感谢！

在 5000 多年的文明发展进程中，中华民族创造了博大精深的灿烂文化。党的十九大报告明确提出，要深入挖掘中华优秀传统文化蕴含的思想观念、人文精神、道德规范，结合时代要求继承创新，让中华文化展现出永久魅力。

作为中国最大的古代文化艺术博物馆和举世闻名的世界文化遗产，近几年来，故宫博物院主动利用先进技术手段，积极引入现代传播理念，在文物保护和展示、文化传承和推广方面取得了一些成绩。我们正在通过精细化管理和运营，把故宫博物院建设成为一个文化的殿堂、一片文化的绿洲、一个真正有温度的博物馆。让更多的观众在一个更友好、舒适的环境中，欣赏中华传统文化的优秀成果，树立对中华文明的强大自信。

习近平总书记多次强调要“让收藏在禁宫里的文物、陈列在广阔大地上的遗产、书写在古籍里的文字都活起来”，为故宫博物院事业发展指明了方向。近年来，故宫博物院不断尝试各式各样的“文化 +”，如“文化 + 创意”“文化 + 传媒”“文化 + 金融”，通过不断进行跨界融合、开放创新，让古老的故宫文化与日新月异的现代传播方式“碰撞”出越来越多的公众喜闻乐见的文化成果。

今天，我们非常高兴地看到，中国银行这样优秀的百年民族金融企业，正在和我们一道，积极参与到故宫文化的传承和发扬工作当中来。此次合作是故宫博物院进一步拓展“文化 + 金融”创新发展的又一举措。另外，故宫博物院和中国银行都致力于中华传统文化保护和传承事业，服务于国家文化事业，在理念和价值观上高度认同，这是双方进行战略合作的基础与前提。

一个国家、一个民族、一个企业，乃至每一个人，在其生存发展当中，文化都发挥着不可估量的作用。中国银行视文化为事业发展不竭动力的源泉，努力发挥专业金融力量，为民族文化事业的发展做出重要贡献。去年，我曾经到中国银行总行作故宫文化遗产保护的专题报告。整个过程中，全场数百位中国银行客户和同事们聚精会神听讲、积极踊跃互动，令我十分感动。我完全相信，中国银行对故宫文化有着最诚挚的热爱。双方的战略合作也将为广大民众带来更好的服务和产品，让文化和金融和谐共生、并肩成长，为新时代的民族文化事业发展做出更大贡献。

希望故宫博物院与中国银行在更高层次和更多领域开展合作。通过文化和金融深度融合的力量，传承和弘扬中华传统文化，树立和滋养民族文化自信。根据今天签署的战略合作协议，故宫博物院和中国银行将致力于建立长期、稳定的战略合作伙伴关系，在故宫文化保护传承、机构和个人金融服务、文化创意产品研发销售和品牌联合营销等领域开展全面合作。特别是，欣闻中国银行将整合和发挥其海外机构网络和合作伙伴的独特优势资源，进一步丰富中国银行“以金融力量助力文化生长”的战略内涵，对中国民族传统文化在全球范围内的推广和传播发挥重要作用。

接下来，故宫博物院和中国银行将紧密合作，把此次战略合作协议的内容扎扎实实地落到实处，为广大民众带来更好的服务和产品，让文化和金融和谐共生、并肩成长，为新时代的民族文化事业发展做出更大贡献！

今年是紫禁城建成 599 年，到明年 2020 年我们将迎来它的 600 岁诞辰纪念。古代有“五福”之说，长寿即是其中之一。我们奉百岁老人为“人中之瑞”，那么 600 岁的紫禁城宫殿又该作何称呼？壮美如它，晨曦中廊庑重重，金殿辉煌。沧桑如它，夕阳下群鸦栖息，古木沉沉。或许，就像建造者在创造它时所使用的材质“木材”一样，寓意了厚重、年轮、生机、勃发。这些，也是我们作为故宫的守护者，希望今天的故宫博物院带给世人的印象。

在这个即将到来的盛大日子，我们想用一种特殊的方式为它庆生。从今年下半年开始，故宫博物院将推出最好的展览，在最优质舒适的参观环境中向公众展出，从历史遗存、书画器物、宫廷文化、文人雅士、节庆风俗、世界文明、考古发现等方方面面，展现600岁的紫禁城和95岁的故宫博物院所蕴蓄的深沉魅力，让世人再次感受中华文化的伟大、独特、深刻，对它心生崇敬和向往。这一系列持续到2020年底的展览，将淋漓尽致地绽放紫禁城的惊世光彩。

这数十项展览将在遍布故宫博物院各处的展厅内进行展出，包括午门正殿及东西雁翅楼、文华殿、武英殿、东西六宫、神武门等处。在此简要介绍其中部分展览，更多展览项目将伴随筹展进度陆续通过各位媒体朋友向广大观众公布。

午门正殿及东西雁翅楼

2019年9月，为庆祝中华人民共和国成立70周年，故宫博物院在午门正殿及东西雁翅楼展厅举办“万紫千红——中国古代花木文物特展”，展览以院藏设色观赏性的花木植物文物为主，包含绘画、器物、织绣、图书等门类，突出花木的自然属性、艺术属性与人文属性。展览举行之际，正值秋高气爽，大朗气清，届时将在宫中举办各地花卉展览。

2019年11月，故宫博物院在午门正殿及东西雁翅楼展厅举办“洪武、永乐、宣德瓷器大展”。作为世界上收藏明代御窑瓷器数量最多的博物馆，近年来院观众每年都可以在故宫博物院观赏到“五大名窑”系列展览和“明代御窑瓷器”系列展览。此次展览总计展品约500件，创历年之最，将为观众全面呈现明代初期宫廷手工业的生产水平，以及这一时期御用器物的特殊风貌。故宫建筑群创建于明永乐时期，该展览将明初御用器物与宫殿建筑群相结合，更好地呈现出紫禁城创建初期的宫廷文化面貌。

2020年5月，“韩熙载夜宴图——历代人物画作品展”在午门正殿及东西雁翅楼展厅展出。南唐顾闳中《韩熙载夜宴图》以连环长卷的方式描摹刻画了韩熙载的复杂心境。该图在人物画技法和构图上都十分精妙，是我国古代人物画的杰作。人物画是我国最早产生的画科之一，出现较山水画、花鸟画等为先，在绘画史上占据很重要的地位。故宫博物院藏有《挥扇仕女图》《韩熙载夜宴图》《采薇图》《萧翼赚兰亭图》等重要作品，在人物画收藏上有突出优势。该展览将以南唐顾闳中的《韩熙载夜宴图》为中心，系统梳理、展示中国历代人物画的发展脉络。

2020年9月，“《清明上河图》与历代风俗画”展在午门正殿及东西雁翅楼展厅举办。风俗指的是某时代普遍的社会生活习俗。风俗画作为人物画的一个分支，是以习俗生活为题材的绘画，它采取比较客观的视角，描绘社会习俗的场景。在故宫博物院数以万计的古代绘画作品中，风俗画占有相当比重，反映了各个朝代的民俗风情。宋代是中国风俗画创作的高峰期，其中最著名的是张择端的《清明上河图》，作品以长卷形式，采用散点透视构图法，生动记录了中国12世纪北宋都城东京（又称汴京，今河南开封）的城市面貌和当时社会各阶层人民的生活状况。该展览将使观众们能够清晰地欣赏到古人社会生活的精彩画面，对中华传统文化有更为直观的认识。

2020年12月，“康、雍、乾瓷器大展”在午门正殿及东西雁翅楼展厅举办。该展览选取500余件清代康熙、雍正、乾隆时期故宫博物院藏陶瓷器及相关文物，按朝代选取典型文物，结合相应历史背景和时代特色，营造符合当时历史环境的展览氛围，为观众带来身临其境的观览体验的同时，了解清代瓷器的发展脉络、瓷器于康、雍、乾时期的发展高峰及其背景与意义。

文华殿

在文华殿，2019年5月的“乾隆皇帝的文人会”展览集中展示乾隆朝君臣书画活动；2019年11月的“藏传佛教文物展”，着重展示班禅额尔德尼与中央政府的长期密切往来的文物，扎什伦布寺在佛教文化、艺术方面的重要贡献，以及汉藏团结的历史进程；2020年5月的“海上四任书画特展”，展示清末活跃在上海画坛职业画家任熊、任薰、任颐、任预的艺术风貌。

武英殿

在武英殿，2019年3月有“千年文脉 大美雄安——雄安新区历史文化展”；2019年7月有基于考古发现的“良渚玉文化展”；2020年6月底完成武英殿陶瓷馆升级改造，系统展现中国陶瓷发展史。

神武门

神武门作为重要的外国引进展展厅，2019年8月举办“穆穆之仪——来自莫斯科克里姆林宫的俄罗斯宫廷典礼展”，来自俄罗斯克里姆林宫的最为重要的宫廷仪式上的物品，展现了俄国罗曼诺夫王朝统治时期的诸多方面，展品包括沙皇华服、沙皇军装、装饰物品、档案文件、印刷品和照片，是在俄境外举行的此类物品的首次全面展览，在世界上同类展览中独一无二，具有独特的历史、纪念和美学意义。

斋宫、诚肃殿

在斋宫、诚肃殿，2019年3月举办“龙凤呈祥——故宫博物院藏龙凤题材文物展”，带观众了解历代龙凤造型和纹饰的发展演变脉络，领略中国传统文化中祥龙瑞凤的华彩与意蕴。2019年7月举办“天下龙泉——龙泉青瓷与全球化”大展，展示包括故宫博物院、大英博物馆在内的世界顶级博物馆收藏，并集中了包括中国境内各地的窖藏、沉船等遗址出土的龙泉青瓷，以及日本、韩国、印度、伊朗、英国、阿联酋等世界上重要中外贸易点所发现的龙泉及仿龙泉青瓷，以立体化地展现宋元以来陆上及海上陶瓷之路的兴盛发达。对于中国海外贸易史的理解，有助于广大观众更加深刻地理解“一带一路”倡议的缘起。

景仁宫

在景仁宫，2019 年 11 月的“故宫文房特展”，展出清宫旧藏的文房用具，其中既有宫廷造办处砚作所制各式歙石砚等，又有徽州进贡的徽墨、毛笔、宣纸，极具地域文化特色。2020 年 4 月的“清代漆器特展”，大规模展示乾隆朝漆器的工艺特色和卓越成就。2020 年 9 月的“乾隆玉器展”，从院藏近 19000 件（套）清代玉雕、翡翠艺术品中，遴选 100 件（套）精品，以玉器功能为经，材质、工艺、造型、纹饰、内涵、包装为纬，立体展示清代乾隆玉雕艺术所取得的成就。

延禧宫

延禧宫计划 2020 年改造成外国文物馆。故宫博物院庋藏的外国文物类别丰富，包括漆器、陶器、瓷器、玻璃器、珐琅器、金属器、织物、绘画、书籍、雕塑、家具、钟表、科技仪器等，国别五花八门，分别有英国、法国、德国、瑞士、俄罗斯、意大利、奥地利、美国、保加利亚、日本、朝鲜等国家。其来源主要是清宫旧藏，也有部分为民间征集或个人捐赠。其时代从 16 世纪至 20 世纪初不等，而以 18、19 世纪居多。展览通过具有鲜明地域特色的外国文物，展现所属国家的文化风貌，反映出中国与其他国家政治、经济、文化交流的盛况。

体仁阁迤南庑殿、迤北廊房、弘义阁及迤南廊房

体仁阁迤南庑殿、迤北廊房、弘义阁及迤南廊房经过改造用于仓储式展示大藏经等书版，“《大藏经》及书版展”是以故宫博物院藏《大藏经》经版及其他书版为主题的专题展览，重点展示康熙、雍正、乾隆三朝官刻藏、蒙、汉、满四种文字的《大藏经》经版文物藏品及其他题材的各类雕版藏品，同时对照展示大藏经印刷品、手写本，并辅以佛像等文物。此次展览是故宫博物院首次以仓储式陈列方式向公众大规模展示经版类文物藏品，是一次“展藏合一”的有益尝试。该展览将展出多达 24 万块书版，除书版文物外，展厅中将有沉浸式场景展示并设置互动体验区，为观众带来全新的观展体验。展览位于太和殿两侧及宁寿宫区南侧，其中甲库、北鞍库将用于展示《大藏经》雕版，弘义阁、戏衣库则主要展示其他雕版文物。

永和宫

永和宫 2019 年 4 月举办“宫廷御医药展”，展览遴选的文物，既有道地的中药药材，又有精心炮制的中成药，还有来自异域的外国药物，以及种类多样的医疗保健器具和各种名

目的档案簿册。通过这些文物，可以揭示清宫医疗的历史状况，进而窥见清代宫廷生活一斑。

钟粹宫

钟粹宫2019年4月举办“大圣遗音——古琴文化展”，是故宫博物院开设的第一个古琴和与古琴相关的器物展览，除展示院藏唐、宋、元、明、清古琴标准器各一把外，还将搭建古琴与明清帝王的生活展区，展示琴墨、琴式盒等生活类器物。

奉先殿

奉先殿将恢复奉先殿原状及供奉明清帝后的场景，计划2020年9月向公众开放。奉先殿位于东六宫南端，是明清帝王祭祀祖先的场所。明代永乐皇帝迁都北京，按太祖之制建奉先殿于乾清宫东侧，以作为家庙祭祖。清顺治十四年重建，后经康、乾两朝改建形成了现在的奉先殿建筑布局。新中国成立后，奉先殿经改造，先后作为文物库房及专题展厅，目前祭祀原状无存。为了丰富故宫博物院展示内容，将通过展览的形式复原前堂后寝的祭祀场景，展示清代祭祖场景。前殿9间拟恢复原状7间，陈设清太祖努尔哈赤至嘉庆朝宝座、供案、祭器。工字廊拟陈设清代奉先殿的祭祀程序、祭品说明，以便观众了解奉先殿的祭祖程序。后殿靠墙部分按道光时的陈设恢复：“中室列龛三，奉太祖、太宗、世祖；左一室龛二，奉圣祖、高宗；右一室龛二，奉世宗、仁宗。昭穆仍旧制，余四室分列八龛焉。”拟恢复5间11室原状陈设。

御茶膳房

御茶膳房建成“瓷器仓储展”，以故宫博物院藏清代御窑瓷器为主，涉及藏品约15万件。该展览以故宫博物院文物库房的文物保管与整理工作为核心，旨在通过改善文物库房的存储条件，更加方便库房工作人员对藏品进行日常的管理和研究工作。同时为预约观众提供近距离观摩该类藏品的机会。

南薰殿

南薰殿始建于明代，旧为陈列历代帝后御容画像的场所，距南大库不远。南薰殿将建成“明式家具馆”，成为常设展馆，与南大库“清代宫廷家具展览”一同构成明清宫廷家具展示的完整系列。届时故宫博物院对外展出的家具文物数量将再创新高。

养心殿

养心殿计划2020年10月研究性保护竣工并开放，以原状展览为主，同时于西配殿举办“养心殿项目保护性修缮成果展”。养心殿区域的原状展览从20世纪70年代直至现在，已经展出了40多年。目前养心殿区域古建筑正在修缮，在古建筑修缮期间，故宫博物院对养心殿所陈文物根据内容加以整理，在各地的博物馆进行展览，使得更多的观众都能深入了解养心殿以及建筑背后的历史知识，并有机会欣赏到养心殿的精品文物。从2016年9月至今，养心殿展览已经在首都博物馆、香港艺术馆、南京博物院、山东省博物馆、辽宁省博物馆进行了展出，展览内容主要包括原状展和专题展两大部分。原状展主要是将养心殿正殿明间、西暖阁、东暖阁、三希堂、佛堂的陈列进行复原，专题展主要展示了政务处理、清宫造办处、宫廷生活等方面。

毓庆宫

毓庆宫是皇太子宫，将以扎实的研究为基础，以宫殿原状展览形式呈现。将前殿恢复为光绪时代，主要展示其作为幼帝、少帝“典学之所”的状态；将后殿恢复为嘉庆时代，主要呈现其作为帝王“几暇临幸之所”的风貌。同时划分了每间屋室的功能与展呈重点。通过原状展览，为观众展现更加真实的清代宫廷生活与更加丰富的时代艺术。

咸福宫

咸福宫计划2019年举办“我在故宫修文物”常设展览，展示故宫博物院数十门类的文物修复成果，并以多媒体形式向观众展示文物修复技艺与过程，设置非物质文化遗产展示和观众互动。

部分赴国外、港澳展览

2019年3月，赴俄罗斯莫斯科克里姆林宫博物馆举办“18世纪的东方盛世及清高宗乾隆皇帝”展览。2019年3月，赴美国史密森学会赛克勒博物馆举办“凤舞紫禁：清代皇后的艺术与生活”展览。2019年12月，赴香港科学博物馆举办“故宫文物修复成果展”。2019年12月，赴澳门艺术博物馆举办“紫禁城与海上丝绸之路展”。2020年5月，借予新加坡亚洲文明博物馆80至100件明永乐及万历年间的宫廷收藏，用于举办“壮丽河山：透过两位皇帝看中国明朝”展览。2020年3月，赴英国举办故宫钟表专题展览。

故宫博物院的展览呈现“百花齐放”的面貌，得益于基础工作的长期扎实开展及勇于创新尝试。

一是得益于从2002年开始的长达18年的故宫古建筑整体维修保护工程，确保了目前故宫古建筑处于健康稳定的状态，使陈列展览得以全院范围内大规模铺开。故宫古建筑整体维修保护工程、“平安故宫”工程都将在2020年6月30日前达到既定目标。

二是得益于先后进行的七年文物清理及三年藏品普查清理工作，以及持续不断的文物藏品修复保养工作，以上各项计划的顺利实施，将使故宫博物院展出文物的比率，将远远突破目前的状况，有望在年内达到8%，明年达到12%，并进一步向30%的目标迈进。

三是得益于故宫博物院近年来倾心服务所获得的社会影响力，使故宫文化遗产保护事业近年来获得诸多机构和人士的慷慨捐资，用于养心殿研究性保护项目、收购《丝路山水地图》、修缮延禧宫，以及故宫博物院的各项事业发展。

四是得益于故宫博物院推进“学术故宫”建设，故宫研究院充分发挥研究人员的积极性，研究领域涵盖了考古、古文献、明清宫廷历史、戏曲、书画、陶瓷、玉器、藏传佛教、书法、画法、宫廷技艺、宫廷原状、文博法治、中外文化交流、世界文明古国、钟表、影视、文化遗产、中医药文化等22项，使研究成果不断转化为弘扬中华优秀传统文化、服务广大社会公众的丰富内容，使各项活动充满文化内涵。

五是得益于“数字故宫社区”建设的不断深入，使得故宫博物院丰富的文物藏品资源能够通过数字技术，以广大观众喜闻乐见的多种方式传播。

六是得益于故宫开放范围日益扩大，使院内各个展陈区域都能够向观众开放，源源不断地提供新鲜的展览体验。

紫禁城建成600年来临之际，故宫博物院将以更深切的情感、更多元的形式、更贴心的服务，为观众带来最好的文化体验和博物馆之旅。

通过一次次的参观体验，很多观众已经对故宫博物院内窗明几净、琳琅满目的“故宫文创体验馆”，海棠环绕、含蓄雅致的文华殿“故宫书店”，小巧精致、内藏乾坤的御花园“故宫商店”，环境独特、声名远播的“冰窖餐厅”，都非常熟悉。这些标志性服务场所的设立，是建立在故宫博物院对自身文化资源内涵的发掘，对观众参观游览需求的理解，对时代精神、流行文化的把握和共情基础上所取得。

文化服务领域的探索和创新需要遵循“以人为本”的理念原则，需要具备敢于“第一个吃螃蟹”的勇气精神，才能不畏艰难、不惧挫折，永葆“为观众服务”的博物馆初心。也是基于这个原因，春节期间故宫博物院在神武门外开设了“故宫角楼餐厅”，白天供应各式简餐，为不进故宫博物院参观，但又想观赏体验故宫的公众提供一处文化休闲场所。有观众反映餐厅晚间排队等候时间长、价格偏高。随着天气渐暖，故宫角楼餐厅将在近期进行内容调整，增加饮品及快餐种类，缩短观众等待时间，并提供性价比更高的餐饮，为餐厅增加更多的文化内涵，使每一项服务都能够让观众满意。

（2019年3月4日）

在会见英国文化教育协会全球副主席雷切尔·洛马克斯时的谈话

欢迎雷切尔·洛马克斯副主席访问故宫博物院。英国文化教育协会作为提供教育机会与促进文化交流的国际机构，为英国以及世界各地的人们创造相互学习、理解与交流的机会，与全球100多个国家开展合作，涉及艺术文化、英语语言、教育和社会发展领域，利用英国丰富的文化教育资源使很多合作的国家广为受益，通过创造机会、建立联系和增进信任来改变人们生活。去年有超过6500万人与其面对面交流，超过7.31亿人通过网络、电视广播和出版物与其互动。

进入新的世纪，故宫博物院与英国博物馆领域有越来越积极和丰富多彩的合作。例如故宫博物院的“盛世华章展”于2005年11月至2006年4月在英国皇家艺术学院举办，是对清代康熙、雍正、乾隆三朝文化与艺术的综合展示，展览广受瞩目，中国国家主席胡锦涛、英国女王伊丽莎白二世等中英双方政要出席了开幕式。

2004年12月，故宫博物院与大英博物馆签订合作备忘录，决定在展览、专家交流等领域进行合作。2006年6月，故宫博物院与大英博物馆决定在原有合作的基础上，深化合作，签订了为期五年的合作意向书。2007年3月，大英博物馆在故宫博物院午门展厅举办了“英国与世界（1714—1830）展”。鉴于之前良好的合作关系，2012年10月故宫博物院与大英博物馆再次续约，签署了2012年至2017年合作备忘录。2014年9月至2015年1月，大英博物馆举办了“明：皇朝盛世五十年（1400—1450年）”展，故宫博物院的展品参展。

2010年12月至2011年2月，故宫博物院在英国国立维多利亚与艾伯特博物馆举办“紫禁城皇家服饰展”。作为交换展览，英国国立维多利亚与艾伯特博物馆于2013年4月在故宫博物院举办“印度宫廷的辉煌——英国国立维多利亚与艾伯特博物馆珍藏展”。2013年10月至2014年1月，英国国立维多利亚与艾伯特博物馆举办了“中国古代绘画名品700—1900”展，故宫博物院的文物参展。

2016年10月，故宫博物院与斯特灵大学以及苏格兰历史与环境公共管理机构在北京签订了《故宫博物院、斯特灵大学与苏格兰历史与环境公共管理机构之间的谅解备忘录》，以此为合作基础，开展关于保护故宫博物院金属和石材砌体建筑灵沼轩的合作、关于“通过环境科学加强未来的遗产保护”的合作，并签订相关合作协议。主要合作内容包括：一、对灵沼轩开展研究与保护工作，通过彼此的合作探索苏格兰和中国在保护方法和技术层面存在的差异，以及如何通过该合作项目共同发展保护方法和技术；二、在“通过环境科学加强未来的遗产保护”方面，希望重建故宫建筑下方河流水系和文化环境历史的复杂发展过程；评估建筑材料的劣化和腐蚀程度及原因；对这些建筑材料如何应对环境变化进行新的实验和监测评估，并模拟未来环境变化情况，以便对未来的遗产保护工作提供指导等。

2017 年 6 月 19 日—8 月 4 日，英国圣保罗大教堂保护部唐卡修复专家与故宫博物院文保科技部进行唐卡修复技术交流。通过技术探讨和学习，完成了唐卡《智行佛母》的病害调查、科技检测分析、病害图绘制、纺织品和画心的除尘清洗、背衬黄绸加固、装帧加固等工作，取得了圆满的成果，并邀请特蕾莎·赫迪与维多利亚与艾伯特博物馆的迈克先生就唐卡的修护做了专题讲座。

2016 年 12 月，故宫博物院与英国杜伦大学在上海签署了《合作谅解备忘录》。2017 年 5 月，杜伦大学考古系师生在故宫博物院、浙江龙泉进行了为期三周的考古学交流活动。在杜伦大学专家的引荐下，故宫博物院与阿联酋哈伊马角酋长国古物博物馆建立了联系，并派专家团队在当地展开为期 7 天的调查访问。

2018 年以来，故宫博物院与英国杜伦大学双方共开展了 5 场“考古、博物馆学”系列讲座，以及一场主题研讨会，接收 2 名博物馆学硕士研究生实习一个月。在拉斯海马地区，双方联合当地古物与博物馆部，开展了为期一个月的考古发掘。

几年来，故宫博物院专家学者多次参加英国文化教育协会主办的论坛、讲座，例如“中英博物馆治理与发展高层对话”论坛、英国博物馆协会大会、“中英文化遗产高层论坛”，以及英国当代手工艺研修访问。

在此特别感谢英国文化教育协会长期以来对中英文化交流工作的大力支持，对故宫博物院事业发展的长期关注。故宫博物院也将继续深化两国博物馆之间的合作。例如 2020 年 3 月至 8 月，故宫博物院将与英国科学博物馆集团合作，借展故宫博物院 25 件清宫藏珍贵钟表文物在伦敦展览，通过展示来自英国以及中国广州的精美钟表，再现中英两国工匠的精妙绝伦的技艺。

希望今天雷切尔·洛马克斯副主席的访问成为新的合作起点。

（2019 年 3 月 6 日）

在会见秘鲁驻华大使路易斯•克萨达时的谈话

欢迎路易斯•克萨达大使一行访问故宫博物院。刚才听说大使先生到任仅仅10个月，已经不止4次来故宫博物院参观，最近还参加了春节期间“贺岁迎祥——紫禁城里过大年”活动和正月十五“紫禁城上元之夜”活动。感谢您对这些活动的成功举办给予肯定和赞扬。

中国和秘鲁都是拥有悠久历史的国家，两国民众之间有着几个世纪的友好往来。早在16世纪末和17世纪初，也就是中国的明清时期，已经有中国的商人、工匠、水手等经过当时西班牙殖民地的菲律宾马尼拉到达秘鲁，这些中国人或经商或务工，被称为“马尼拉华人”。19世纪中叶，即1840年以后，大批中国人被迫出国谋生，其中不少前往秘鲁，仅1849年至1874年间就有10万“契约华工”进入秘鲁。

我曾于2007年4月率中国文物代表团为落实文化交流执行计划访问了秘鲁，其间考察了多处世界文化遗产和博物馆。利马历史中心的丰富文化遗存给我留下了深刻印象。我看到利马历史中心的文物古迹得到了整体保护，同时吸引了来自世界各地的旅游者。我们一行还访问了位于秘鲁东南部的库斯科城和马丘比丘历史圣地，这些世界文化遗产都是我们向往已久的参观内容。

西班牙殖民者在印加帝国故都的废墟上建立起库斯科城，实际上这里是古印加文化的摇篮，以保存有大量印加文物古迹和巴洛克式历史建筑而闻名于世。马丘比丘历史圣地整个遗址高耸在海拔约2350米的山脊上，俯瞰着乌鲁班巴河谷，为热带丛林所包围，是秘鲁著名的前哥伦布时期印加帝国建于约公元1500年的遗迹，被誉为世界新七大奇迹之一，是保存完好的前哥伦布时期的印加遗迹。马丘比丘也是南美洲最重要的考古发掘中心，由于独特的位置、地理特点和发现时间较晚，马丘比丘成为印加帝国最为人们所熟悉的标志。

我们代表团一行还重点参观了位于首都利马建成于1976年的秘鲁国家博物馆，这里介绍了西班牙征服之前的历史，展出了大量印加文化的珍贵文物，并介绍了秘鲁的不同民族文化，是座了解秘鲁历史的重要博物馆。

近年来，故宫博物院与拉美国家在文化领域开展日益紧密的合作。例如2012年3月，故宫博物院与墨西哥国家人类学与历史博物馆合作，共同举办了“天堂之石——玉石文明展”，开创了双方文化交流的新形式，进一步加深了两国民众对双方悠久历史和文化传统的了解，用文化和文明的瑰宝，在两国之间架起一座友谊之桥。

2016年9月，故宫博物院与智利总统府文化中心合作，共同举办了“盛世繁华——紫禁城清代宫廷艺术展”，这是在南美洲举办的最大规模中国古代艺术展览，也是中国与南美洲文化交流一大盛事。曾对此项目给予大力支持的中国驻智利大使馆文化参赞贺踊先生，现任中国驻秘鲁大使馆文化参赞一职，对中国和秘鲁的文化交流做出积极的努力。2016年9月，故宫博物院还参加了赴秘鲁文化部国家博物馆文化中心的“天涯若比邻——华夏瑰宝秘鲁行”

展览。希望通过大使先生的此次访问，促进故宫博物院与秘鲁博物馆界开展更多合作，包括互换展览、学术交流、人才培养等方面。

故宫博物院与北京故宫文物保护基金会拟于 2019 年 10 月或 11 月在北京举办“古国文明保护论坛——太和论坛”，希望再次邀请“古国文明保护论坛”成员国之一的秘鲁派员参加，拟邀请秘鲁文化部领导、国家级博物馆馆长及文化遗产领域专家等，共同研究和探讨保护人类文明遗产，促进文化遗产可持续发展。论坛的议题包括古代世界诸文明形态的异与同、现代文明中继承的古代文明遗产、考古视野下的丝绸之路。

（2019 年 3 月 6 日）

在贯彻《大运河文化保护传承利用规划纲要》座谈会上的主旨发言

参加今天会议的很多专家学者都是在大运河申报世界文化遗产工作中做出重要贡献的同人。我们这次会议的主要内容是学习贯彻《大运河文化保护传承利用规划纲要》。

我开始关注大运河、关注大运河沿线的文化遗产是在2003年，当时的南水北调工程东线方案涉及一些大运河文化遗产的保护问题。水利部门给予了很多的关注。南水北调东线工程进入实质性阶段，我们开展了包括大运河在内的文物资源调查。我在全国政协写了一份《关于在南水北调工程中重视文物保护的建议案》。这个建议案提出了在南水北调工程中要注重包括大运河在内的文化遗产保护，樊锦诗等40多位政协委员都参与了这次提案，这是在大运河文物保护方面最早的提案。其中就提到，中国的万里长城早已成为世界文化遗产，而大运河到今天连全国重点文物保护单位都不是。

我们组织力量分别于2003年、2004年和2005年先后进行了三次大运河文化遗产全程调研，在此基础上我又写了一些提案，例如2004年的《关于大运河文化遗产保护亟待加强的提案》，这个提案起到了一定的促进作用。在2005年，国家文物局的专家委员会、专家组讨论第六批全国重点文物保护单位名单的时候，特别把京杭大运河列了进去。这在当时，应该说是一件难以置信、难以想象的事情。因为，当时长城都没有整体列入全国重点文物保护单位，仅仅是山海关、嘉峪关、居庸关等一些点和段。京杭大运河跨越了6个省、直辖市的20个城市，能不能列入？当时专家一致赞同列入名单。于是，国务院在2006年就批准京杭大运河整体进入了全国重点文物保护单位，这在全国重点文物保护单位的确定中，是一次革命性的实践。

全国政协在推动大运河的保护的整个过程中功不可没。一直在积极地呼吁、组织考察，通过多种形式推动大运河申报世界文化遗产。2006年“两会”期间，58位全国政协委员联名提交了《应高度重视京杭大运河的保护和启动申遗工作的提案》。5月，全国政协开展了声势浩大的大运河保护与申报世界文化遗产的考察活动。令人难忘的是2006年5月22日，在杭州召开了京杭大运河保护与申报世界文化遗产研讨会，发表了《杭州宣言》。由此，拉开了大运河保护与申报世界文化遗产的序幕，起到了社会动员的作用。大运河作为一处文化遗产进入了国家的文化事业。

2006年这一年发生了三件具有重要影响的事情。一个是孙家正部长在2006年11月14日签发了《世界文化遗产保护办法》。这是我们国家1985年加入世界遗产保护公约以后，关于世界文化遗产的第一个保护的部门性法规，它建立了与《文物保护法》不同的一个文物管理保护体系，直接推动了我国世界文化遗产的保护事业。第二个是国家层面成立了“文化遗产专家委员会”，关注包括大运河在内的文化遗产的保护。第三件事就是在2006年底，第一次召开了全国文化遗产工作会议，进一步统一思想。

这三件事情之后，我们重设《中国世界文化遗产预备名单》，根据专家的意见将京杭大运河扩展为中国大运河列入了名单，使它进入了申报世界文化遗产的正常程序。后来，又根据专家的意见，在京杭大运河、隋唐大运河的基础上，增加了浙东运河。在2007年全国政协十届五次会议上，仅有的三次集体采访中，就把大运河列入其中。在人民大会堂举办了一次集体采访，刘枫、舒乙、刘庆柱和我等几位全国政协委员面对媒体，进行了大运河保护与申报世界文化遗产的呼吁，引起更多的社会公众对大运河申报世界文化遗产的关注。

后来，我牵头提交了《关于推进大运河世界遗产申报工作的提案》，40多位专家都签名支持这项提案。于是，申报世界文化遗产变成了大运河沿线城市的一项集体行动。设立大运河联合申遗办公室，全国政协对大运河持续开展了考察、调研和研讨活动，前后有陈奎元、徐匡迪、李兆焯、孙家正、罗富和等五位全国政协副主席带队，包括京杭大运河、隋唐大运河、浙东运河在内，一个城市一个城市地多次视察，听取地方政府汇报，交流情况和提出建议。我们的一些专家，例如谢辰生先生、罗哲文先生、朱炳仁先生、舒乙先生、刘庆柱先生都参加了沿线的调研和考察活动。

2008年，为促进大运河保护能够纳入法治管理的轨道，我又提交了《关于尽快制定大运河保护条例的提案》，希望在申报世界文化遗产的过程中，能有更加鲜明的法律支撑，于是大运河申报世界文化遗产进入了实质性的阶段，上报国务院，并获得了批准。

2008年3月23日，国家文物局主持召开了大运河保护与申报世界文化遗产工作会议，大运河正式进入了申报世界文化遗产工作程序。第一项工作就是编制保护规划，中国文化遗产研究院承担了规划的编制研究工作，吴良镛教授也参加了规划编制的评审。2008年8月，经过专家评审会审议通过，确定了大运河遗产保护规划编制工作分三个步骤进行：2009年6月前完成地市级的规划编制，2009年12月前完成省和直辖市的规划汇总，2010年12月底完成大运河总体保护规划编制。

一项科学的工作需要一个缜密的设计，一步一步都严格按时间、按步骤、按程序来做，大运河保护规划的编制就是认真按照计划如期完成的。大运河第一阶段保护规划编制工作部署以后，35个城市全部行动起来。2009年，国务院成立了13个部门和6个省、直辖市参加的大运河保护和申报世界文化遗产省部级会商小组，每年召开一次工作会议，有力地推动了这项工作的开展。孙家正副主席多次参加大运河申报世界文化遗产的各类会议，直接推动这项工作。国家文物局多次召开大运河申报世界文化遗产工作会议，在申报世界文化遗产工作进展到各个不同阶段，或针对某一个地区出现的重要情况，研究并部署工作。

特别是2011年的无锡论坛，确定的主题就是运河遗产的保护，会议通过了运河遗产保护宣言，进一步对大运河遗产保护工作发出了号召。国家及运河沿线各地秉承民意正式启动大运河保护和申报世界文化遗产工作以来，各地政府和民众的保护热情持续高涨。一些河段两岸民众自觉保护运河，参与清理垃圾、打扫运河，出现了“河水清冽，碧波荡漾，当地人在河边张网捕鱼，聊天嬉戏”的情景。一些运河城市搬迁岸边企业厂房，整改历史街区中的不和谐建筑。扬州市、苏州市、无锡市、济宁市等都在探索与实践中保住了城市的独特风貌，凸显了运河城市的文化魅力，让文化传统得以延续，妥善处理了城市发展与运河遗产保护的矛盾。

申报世界文化遗产成功，意味着大运河的突出普遍价值、真实性、完整性以及为保护这些珍贵遗产，几代人付出的艰苦努力，得到了世界遗产委员会和国际专业咨询机构的一致认可，在文化遗产保护领域开创了历史新篇，使人振奋，令人深思。

今天，大运河申报世界文化遗产成功，给中国文化遗产带来了哪些启发、哪些经验？我总结了三点。

首先，文化遗产保护理念和保护范围的重大变化。

一是引发文化遗产保护理念的变化。使文化遗产保护的内涵更加深化，保护的外延更加拓展。通过大运河申报世界文化遗产，报请国务院公布了《关于加强文化遗产保护的通知》。在这个通知上，鲜明地把文化遗产作为主题词贯穿整个文件，也就是把文化遗产保护作为一个新的概念提了出来。文化遗产保护和文物保护有哪些不同呢？第一，更强调文化遗产的传承性。我们每个人、每届政府做的每一件事，在历史的长河中都是短暂的一瞬。常常有人把我们的专家学者分成两派，一派说保护是目的，一派说利用是目的。其实，保护不是目的，利用也不是目的，真正的目的是传承，把祖先创造的文化遗产，经过我们的努力传给下一代，这是我们开展文化遗产保护的根本目的。第二，文化遗产保护比文物保护更强调公众的参与性，特别像大运河这样大型的文化遗产，涉及众多的利益相关者，涉及千千万万家庭的切身利益。保护文化遗产不是政府的专利，也不是文物部门的专利，是一个涉及广大地域的一项文化行动，所以一定要重视全民的参与，它应该是一项世代传承的、公众参与的事业。

二是在文化遗产保护的范围上与其他文物的保护思路，有六个方面的重大变化。第一，不但要保护文化方面的内容，而且要保护文化和自然共同形成的一些文化景观；第二，不但要保护那些静态的宫殿建筑、寺庙建筑、纪念性建筑，而且要保护人们仍在使用的这些活态的历史街区、村落民居、江南水乡；第三，不但要保护那些点、面，而且应该向“线性文化遗产”保护发展，文化遗产保护的视野从单个文物点，或古建筑群、历史文化街区、村镇，扩大到空间范围更加广阔的“大遗址群”“文化线路”“系列遗产”，拉开了中国线性文化遗产保护的序幕；第四，不但要保护古代的、近代的，而且要保护当代的，即保护所有对社会发展传承发挥过重大作用的内容；第五，不但要保护宫殿建筑、寺庙建筑、纪念性建筑，而且要保护人们生活其中的传统民居、工业遗产、老字号遗产等，这些和人们生活息息相关的文化遗产保护内容，在大运河沿线的数量最为博大；第六，不但要保护物质文化遗产，还要保护非物质文化遗产。这六条总结就是从大运河保护和申报世界文化遗产中逐渐形成，后来对全国的文物保护事业有很大的促进。

其次，文化遗产保护格局的重大变化。

1987 年中国有了第一批世界文化遗产，开始迈入世界遗产领域的大门。特别是 2004 年在中国苏州召开的第 28 届世界遗产大会，世界各地的遗产专家和政府人士云集中国，给我们文化遗产保护创造了一个很好的沟通交流的机会。第二年，声势和规模更大的国际古迹遗址理事会第 15 届大会在西安召开，1000 名各国专家学者，探讨古迹遗址保护的新理念，诞生了《西安宣言》，就是遗址要和它周边的环境一起保护。这两次会议把中国的世界文化遗产保护事业呈献给国际社会，也为中国文化遗产保护视野的扩展创造了条件，于是开始更多地与国际社会，例如世界遗产中心、国际古迹遗址理事会、国际文化财产保护与修复研究中心，三大文化遗产组织建立了密切的合作。世界三大文化遗产组织的一把手居然多次同时聚集中国，和其他国家的专家学者一起进行世界文化遗产的行动和推动，于是国家文物局建立了无锡论坛。从 2006 年，每一年把国际社会号召结合中国文化遗产实际，通过召开研讨会、通过发布文件号召等形式，在全国文化遗产保护工作中加以推动。例如 2006 年的工业遗产、2007 年的乡土建筑、2008 年的 20 世纪遗产、2009 年的文化线路、2010 年的文化景观、2011 年的运河遗产，每一届都呼吁保护一项新型文化遗产。与启动中国大运河保护的同时，线型文化遗产的保护也得到关注，推动丝绸之路、茶马古道、秦蜀古道等线型文化遗产的保护，由此形成了中国文化遗产保护的宏大格局。

全世界没有哪个国家年年申报世界遗产，更没有哪个国家年年申报成功，只有中国做到了。使中国文化遗产在更高层次、在全世界的关注下来进行保护。例如 2004 年的高句丽王城、王陵及贵族墓葬，2005 年的澳门历史城区，2006 年的殷墟，2007 年的开平碉楼与村落，2008 年的福建土楼，2009 年的五台山，2010 年的登封“天地之中”历史建筑群，2011 年的西湖文化景观，2012 年的元上都遗址，2013 年的红河哈尼梯田，连续 10 年成功。在这个基础上，2014 年获得了大丰收，大运河和丝绸之路两项同时进入《世界遗产名录》，中国成为名副其实的拥有世界文化遗产资源最多的国家。

西湖申报世界文化遗产的过程令人感动。10 年申遗路，使西湖保护成为市民的共识。当时杭州的地价房价一度高于北京、高于深圳、高于上海，是全国最高的城市，但是地方政府顶住压力，不让任何一个开发项目进入西湖区域，不但在西湖沿岸，而且在西湖的“三面云山一面湖”范围内一栋楼房都没有建。今天，无论漫步苏堤白堤，还是泛舟西湖，都看不到任何一栋影响西湖景观的现代建筑，世界遗产委员会给予高度赞扬，获得全票通过。文化遗产保护的力量就是这么强大，只要形成社会的共识，就能够创造奇迹。

大运河申报世界文化遗产成功后，最重要的是世界遗产监测。从 2001 年开始，国家文物局推动世界文化遗产监测的行动。申报世界文化遗产成功，不是最终的目标，是保护更艰巨行动的开始。为此我们做了三件事：第一，连续举办了六期世界文化遗产负责人培训班，对于用什么样的理念去管理和保护世界遗产，开展了世界文化遗产保护的培训；第二，开展世界文化遗产管理体制的调查，对于不符合文物保护法的问题进行调整，形成调研报告呈报国务院；第三，加强对世界文化遗产的监测工作，召开了世界文化遗产监测的研讨会和推动会。例如杭州西湖申报世界文化遗产成功以后，第一个行动就是西湖世界文化遗产监测管理中心揭牌，召开世界文化遗产保护监测的研讨会，号召要冷静地对待每一处世界文化遗产申报成功以后的行动。

最后，文化遗产保护目的的重大变化。

文化遗产保护不仅要我们尽职尽责、死看硬守，而且要有更大的追求，什么样的追求呢？第一，要使我们保护的文化遗产拥有尊严；第二，我们的文化遗产保护要成为促进经济社会发展的积极力量；第三，文化遗产保护成果要惠及广大民众，特别是当地的民众。这是从大运河遗产保护工作中总结出来的文化遗产保护要实现的三个目标。

第一个目标，面对城市化加速的进程，如何使文化遗产能够保护下来并拥有尊严。比如戴村坝、鸿山遗址，以及运河两岸的码头、堤岸遗址，怎么样能够有尊严地、可持续地留存下去。

第二个目标，人们生活其中的历史街区、传统村落能够保存下来，并且能够延续下去。一条条历史街区、一座座传统村落，在大运河申报世界文化遗产过程中列入了国家保护的视野，也推动了中国历史文化街区、中国历史文化村镇的保护行动，促进了文化景观和文物古迹的保护工作。例如扬州坚守文化理想，一直没有让任何一栋突兀的建筑侵占和影响瘦西湖的景观，这些文物古迹在大运河申报世界文化遗产过程中和今后能够得到持续的保护。同时，人们正常的生产和生活活动不能终止，要正确处理文化遗产保护与运河航运、农业生产、居民生活，以及养殖业、种植业、老字号企业的坚守和发展的问题。

第三个目标，大运河的保护应该惠及广大民众。千百年来，运河两岸民众的生活习俗和已经过惯的和谐生活环境，应该得到保证。例如在这些小街小巷，这些面对老龄化社会而悠闲生活的老人喝着茶扇着扇子、生着火炉子看着书、晨练舞剑打太极拳；孩子们在运河边长大、学生们上学、孩子们游戏等等。这些场景应该永存，大运河的保护应该能够切切实实地使人们的生活不断地改善，使他们优质的生活能够延续下去。大运河沿岸还有一些传统技术、非物质文化遗产的继承，例如剪纸、书法、手工艺。今天，大运河杭州段建成了非物质文化遗产的中国刀剪剑博物馆、中国伞博物馆、中国扇博物馆，这些活态的传承应该在运河沿线成为一道亮丽的风景。

近日发布的《大运河文化保护传承利用规划纲要》，是遵照习近平总书记关于大运河文化遗产要保护好、传承好、利用好的重要指示和推进大运河文化带建设的重要批示精神，由国家发改委牵头，组织各相关部委、相关省市编制的一项关于大运河文化法规性的文件，是新时代党中央、国务院做出的一项重大决策部署。在《大运河文化保护传承利用规划纲要》前言中明确指出："为强化顶层设计，明确大运河文化带的方向、目标和任务，推动保护传承利用工作，打造宣传中国形象、展示中华文明、彰显文化自信的亮丽名片，以大运河文化保护传承利用为引领、统筹大运河沿线区域经济社会协调发展，制定本规划纲要。"

规划纲要有前言，加上 10 章、37 节，按版面计算约为 4 万字，文字涉及大运河文化的方方面面，内容非常丰富。在这里，我仅从中国文物学会的角度，谈谈学习贯彻《大运河文化保护传承利用规划纲要》的认识。

一、深刻领会大运河文化保护传承利用的重大意义

在座的许多专家都参加了大运河申报世界文化遗产的工作。例如郭旃先生从参加全国政协组织的第一次大规模的大运河保护与申报世界文化遗产考察、在杭州召开的第一次大运河保护与申报世界文化遗产研讨会，一直到2014年在卡塔尔多哈经历惊心动魄的大运河列入世界遗产，经历了全过程。再如张廷皓先生，大运河申报世界文化遗产时担任中国文化遗产研究院院长，亲身参与了多次大运河的考古行动，此后张廷皓先生既是全国政协委员，又是大运河专门委员会会长，在推进大运河申报世界文化遗产，以及现在的大运河文化带建设中做了大量卓有成效的工作。

大运河申报世界文化遗产发起时，我作为全国政协委员，参与了撰写大运河保护和申报世界文化遗产的提案、调研、研讨，在“两会”期间接受记者集体采访等活动；作为国家文物局局长，组织了大运河列入全国重点文物保护单位，列入申报世界文化遗产预备名单，召开全国文化遗产工作会议，启动大运河申报世界文化遗产程序，编制大运河文化遗产保护规划，召开无锡运河遗产论坛等活动。积极参与大运河申报世界文化遗产工作，反映出我们对大运河遗产的价值有比较清楚的认识，在政协提案中曾提出国家应从战略的高度重视大运河申报世界文化遗产工作。

大运河申报世界文化遗产成功时，大家都无比兴奋。2014年8月8日，在全国政协文史和学习委员会和国家文物局支持指导下，中国文物学会在故宫建福宫举办了“中国大运河世界遗产保护座谈会”，孙家正副主席出席会议并讲话，会议向全社会发出《加强大运河遗产保护的倡议》。之后，又在淮安市召开了“大运河文化遗产保护和管理论坛”，会议成果出版了《大运河文化遗产保护和管理论坛文集》。

大运河申报世界文化遗产成功后，应该怎样对待这一世界文化遗产？各个部门往往从各自的职责出发安排工作。文物部门加强了对大运河文化遗产的监测工作，首先保证不被摘牌。旅游部门则充分发挥世界文化遗产的品牌效应，积极召开发展大运河旅游的会议。一些运河城市也围绕着世界文化遗产大运河开展各种活动，有的大兴土木，开工旅游项目。运河沿线一些古村古镇，也在寻求旅游开发项目。

我们知道，大运河流经八个省、直辖市，规划纲要讲的核心区就有150个市县，牵涉到10多个政府部门。大运河保护传承利用工作中“九龙治水”，难以统一认识和管理。

就是在这种形势下，习近平总书记在视察北京时做出了关于大运河保护传承利用和大运河文化带建设的重要指示和批示。北京市、江苏省等地迅速贯彻落实习近平总书记的指示和批示精神，大运河文化带建设蓬勃兴起。今天我们邀请了北京、江苏的专家来介绍他们的做法和经验，这是我们学习的一个好机会。

我们经常讲，对某某事情要加强顶层设计。《大运河文化保护传承利用规划纲要》明确告诉我们，这就是强化顶层设计。

习近平总书记在党的十九大报告中明确指出：“文化是一个国家、一个民族的灵魂。”“中

国特色社会主义文化，源自于中华民族五千多年文明历史所孕育的中华优秀传统文化。”大运河贯通南北、连通古今，蕴含着中华民族悠远绵长的文化基因。深入挖掘大运河承载的深厚文化价值和精神内涵，结合时代要求继承创新，合理利用文化资源建设大运河文化带，有利于推动中华文化展现出永久魅力和时代风采。《大运河文化保护传承利用规划纲要》表现出强烈的文化自信，特别是对大运河文化的自信，值得我们引以自豪和骄傲。

《大运河文化保护传承利用规划纲要》将大运河文化带建设提高到实现中华民族伟大复兴的战略高度，放到衔接“一带一路”建设、京津冀协同发展、长江经济带发展等重大国家战略全局中统筹规划。《大运河文化保护传承利用规划纲要》将重大意义概括为“四个有利于”，即有利于推动优秀传统文化保护传承，有利于促进区域创新融合协调发展，有利于深化国内外文化交流与合作，有利于展示中华文明增强文化自信。

二、进一步明确大运河文化带建设的方向、目标和任务

（一）大运河文化带建设的方向

《大运河文化保护传承利用规划纲要》第二章从指导思想、基本原则、功能定位、空间布局、规划分区等方面提出了总体要求。指导思想：以习近平新时代中国特色社会主义思想为指导。基本原则：科学规划，突出保护；古为今用，强化传承；优化布局，合理利用。功能定位：继古开今的璀璨文化带，魅力运河；山水秀丽的绿色生态带，美丽运河；享誉中外的缤纷旅游带，多彩运河。空间布局：按照“河为线，城为珠，线串珠，珠带面”的思路，构建一条主轴带动整体发展、五大片区重塑大运河实体、六大高地凸显文化引领、多点联动形成发展合力的空间格局框架。规划分区：合理划分大运河文化带的核心区、拓展区和辐射区。

（二）大运河文化带建设的主要目标

2018—2025 年，大运河文化遗产实现全面保护，主要河段基本实现有水，绿色生态廊道基本建成，文化旅游形成统一品牌。

2026—2035 年，大运河文化遗产实现科学保护、活态传承、合理利用，主河道全线有水，生态环境根本改善，文化旅游品牌影响力显著提升。

展望 2050 年，一条包容开放、俯仰古今、贯通南北的大运河以全新姿态展示在世人面前。

（三）大运河文化带建设的任务

《大运河文化保护传承利用规划纲要》从第三章到第八章，分别在文化内涵、文化遗产、河道水系、生态环境、文旅融合、区域统筹等方面提出了大运河文化带建设的任务，并明确了牵头部门和参与部门。文物部门牵头的工作主要在第三章和第四章，其他章节有的工作也有些由文物部门牵头。

第三章是深入挖掘和丰富文化内涵。多层次、全方位、不间断地深化对大运河文化内涵的认知，是我们保护好、传承好、利用好大运河文化的前提和基础。通过实现各类运河遗产的真实性、完整性保护，并通过这些遗存所承载文化的发掘和展示，使人们了解运河沿线具

有突出地域人文特征和时代特色的漕运文化、水利文化、商事文化等，系统认知周边城乡与运河关系的发展脉络，深入感受大运河的伟大历史。

第四章是强化文化遗产保护传承。从加强文化遗产系统保护、增强文化遗产传承活力、阐发文化遗产当代价值三个方面，对大运河文化遗产保护传承提出要求。第四章后面设有专栏，列出了十项文化遗产保护展示工程。

三、中国文物学会要在贯彻落实《大运河文化保护传承利用规划纲要》中发挥积极的作用

首先，学好弄懂《大运河文化保护传承利用规划纲要》精神。

第一，要原原本本地学、认认真真地学。规划纲要文字较长，涉及领域较多，要在读懂弄通上下功夫。

第二，在通读的基础上要抓住重点。特别是对一些新的提法、新的要求，要消化吸收。

第三，学用结合，学以致用。在工作实践中学习，以指导我们今后的工作。

其次，发挥学会及专家的优势，做好学习贯彻《大运河文化保护传承利用规划纲要》的宣传、咨询、培训工作。

最后，中国文物学会内部一些和大运河文化遗产有关的分支机构，要集中智慧和力量，创新合作机制，加强合作和协调，共同为贯彻落实规划纲要做出新的贡献。

（2019 年 3 月 7 日）

在人力资源和社会保障部、文化和旅游部座谈会上的发言

今天非常高兴能够参加这个研讨会。首先，我要感谢人力资源和社会保障部长期以来对于故宫博物院一如既往的支持。没有你们的支持，故宫博物院 2018 年社会招聘工作不可能顺利地开展和推进；没有你们的支持，故宫博物院历年应届高校毕业生接收工作不可能如此高效地完成；没有你们的支持，故宫博物院职工夫妻两地分居问题也不会得以顺利地解决；诸如此类，为故宫博物院工作的整体部署和安排打下了坚实的基础，也为故宫博物院职工的切身利益提供了有力的保障。现在，故宫博物院还有一些工作需要你们继续大力支持，有一些困难，需要你们从政策上给予我们指导和帮助，例如解决故宫博物院非京籍官式古建筑营造技艺传承人进京户口，并调入故宫博物院工作的事情。

故宫博物院官式古建筑营造技艺于 2008 年被列为国家级非物质文化遗产项目，开展此项技艺的传承保护工作，同时也成为故宫博物院重要工作内容之一。为缓解官式古建筑营造技艺的人才短缺，2012 年经故宫博物院研究决定，由修缮技艺部负责，人事处协助，通过中全人才服务中心向社会发布招聘公告，以派遣制形式招收学习传统营造技艺的工人，计划培养一批有理论基础，并能够实际操作古建筑维修保护的专业人才，进而推动故宫博物院官式古建筑营造技艺健康有序地传承和保护。

故宫博物院共计招收 14 名派遣制学员学习官式建筑营造技艺。经过 4 年的精心培养，以及自身的努力学习和锻炼，其中 9 名派遣制学员已顺利通过各项考核，达到了出徒的基本素质要求，具备了承担部门日常工作的能力。经故宫博物院研究决定，拟正式调入上述人员来故宫博物院工作。其中北京户籍 5 人，京外户籍 4 人。京外户籍 4 人具体情况为：1. 张奉兵，男，油画专业，河北户籍，农业户口；2. 李云龙，男，油画专业，辽宁户籍，非农业户口；3. 魏明浩，男，瓦木专业，河北户籍，非农业户口；4. 王俊福，男，瓦木专业，河北户籍，非农业户口。

本着为故宫博物院古建筑日常维修保养、官式古建筑营造技艺的传承保护积蓄专业人才为目的，同时，为开展官式古建筑营造技艺的传承、保护及推广工作打下坚实的基础，我们将解决 4 名非京籍官式古建筑营造技艺传承人进京户口并调故宫博物院工作的申请报送文化和旅游部人事司，恳请协调解决 4 人的户口进京问题。

文化和旅游部人事司直属单位人事处经请示人力资源和社会保障部，对故宫博物院报送的申请于 2017 年 9 月 19 日做出答复，内容为：目前中央机关事业单位解决进京户口只有两个渠道，一是全日制统招统分应届毕业生（特殊人才可往届生）；二是通过京外调干。如果想解决故宫博物院非京籍官式古建筑营造技艺传承人进京户口只能通过：一是继续深

造达到学历要求；二是京外调干绿色通道，但必须是承担国家重点特重大工程项目建设工作所需人员。

根据答复，在现有政策下，故宫博物院非京籍官式古建筑营造技艺传承人调院的工作无法进一步推进。相关情况，我们也曾向中央领导反映过，原中共中央政治局常委、十二届全国政协主席俞正声曾在“关于故宫非物质文化遗产保护传承的思考和建议”的信中对于故宫博物院提出的解决人才引进的困难问题上做出重要批示，要“特事特办地解决故宫这一特殊建筑传承的困难”。刘延东副总理也同时批示“认真落实正声同志重要批示精神，会同有关方面认真研究，依法依规予以积极支持”。故宫博物院也曾在人力资源和社会保障部事业单位管理司的领导来故宫博物院进行调研时，再次强调了关于非京籍官式古建筑营造技艺传承人进京户口如何解决的问题。

为了官式古建筑营造技艺能够得以继续传承，为了故宫博物院这方面工作能够得以更好地开展，我们由衷希望人力资源和社会保障部的各位领导和同事，能够根据故宫博物院的实际情况，在参考《关于印发从京外调配人员管理暂行规定的通知》（人社部发〔2009〕37号）的基础上，对以上人员调京工作的条件及程序进行补充修订，尽快解决相关问题。我们相信，人力资源和社会保障部的领导和同事们一定会帮助我们，集思广益，制定针对性政策，最终解决这个关系文化遗产保护传承的现实困难。

（2019年3月12日）

与德国驻华大使葛策先生会谈时的讲话

欢迎德国驻华大使葛策博士访问故宫博物院。您自从去年到任以来，已经多次来故宫博物院参观，感谢您对今年正月十五故宫博物院举办的“紫禁城上元之夜”文化活动给予的高度评价。刚才您又亲自介绍了德国方面对于开展文化交流的设想，表达了期待与故宫博物院开展文化合作的愿望，希望能够充分调动两国文物博物馆资源，开展丰富多彩的文化交流活动。

近年来，故宫博物院与德国博物馆之间有着日益密切的联系。例如2007年，故宫博物院与德国德累斯顿国立艺术收藏馆签署了合作意向书。2015年，故宫博物院与德国考古研究院签署了合作意向书。2016年，故宫博物院与德国柏林国家博物馆又签署了馆际项目合作意向书。

在赴德国的展览方面，2008年故宫博物院赴德国举办了“金龙银鹰：1644至1795——故宫博物院／德累斯顿艺术收藏馆文物联展”，这是一个东西方艺术、文化交流方面的成功展览。故宫博物院参展展品120件（组），展览通过两馆收藏的200余件（套）17—18世纪的珍贵宫廷文物，展示出两个地区的宫廷政治、文化和艺术的面貌，描绘出一个相对清晰的欧洲萨克森—波兰王朝与中国清王朝的肖像。

2012年赴德国的“金昭玉粹：清代宫廷生活艺术展”在德国科隆东亚艺术博物馆隆重开幕，成为中国文化年中的重要项目，展览以清代生活及艺术为主题，选取了数量众多匠心独具巧夺天工的艺术品，其中不乏一些来自欧洲艺术家的精美之作。我参加了这项展览的开幕活动，感动于观众在博物馆展厅前排起长队等待参观。

2017年赴德国的“传神雅聚：中国明清肖像画展”，由故宫博物院与德国柏林国家博物馆和加拿大皇家安大略博物馆联合举办，为文化部纪念中德建交45周年系列活动“今日中国”的重要组成部分，展出故宫博物院明清绘画作品及织绣类文物共70件。参展肖像画大致分为帝后朝服像与行乐图、臣僚宦迹图与雅集图、文人高士肖像画三个类别，涵盖了明清主要流派代表画家作品。此次展览是在欧洲举办的首次大规模的中国肖像画展，使得欧洲观众认识到中国悠久的肖像画历史、中西方肖像画的异同以及肖像画背后的人文历史和风土人情。

在故宫博物院举办德国博物馆展览方面，“白鹰之光——萨克森—波兰宫廷文物精品展（1670—1763）”于2009年4月至7月在故宫午门展厅举办。这项展览是故宫博物院与德国德累斯顿国家艺术收藏馆达成全面合作意向后，在陈列展览领域的第二次合作，也是2008年故宫博物院赴德累斯顿艺术收藏馆举办的“金龙银鹰：1644至1795——故宫博物院／德累斯顿艺术收藏馆文物联展”的交换展览。展览通过七个部分再现了萨克森—波兰宫廷在政治、文化、生活、建筑、艺术的方方面面。通过这项展览中国民众能够了解德意志17—18世纪的历史与文化，欣赏到精美绝伦的欧洲艺术珍品，被观众盛赞“有着巨大的外交和文化意义”。

2017年，故宫博物院再次与德国考古研究院在故宫紫禁书院签署了合作协议。此次针对具体项目的合作协议，是双方2015年在京签署的《故宫博物院与德国考古研究院合作意向书》基础上，进一步开展合作的尝试。在未来三到五年内，双方拟就灵沼轩的研究性保护以及树木年轮学研究工作在故宫博物院进行深入合作，从实践到理论，共同探索服务于历史学和考古学研究的工作方法，从而更好地服务于建筑遗产的研究和保护。同时，在灵沼轩保护和树木年轮学两个合作项目顺利开展的基础之上，双方拟以进一步探索如何在中国传统皇家建筑研究方法体系中，融入西方建筑历史研究方法为课题，进行长期深入合作。

故宫博物院与德国柏林国家博物馆在商谈2017年赴德“传神雅聚：中国明清肖像画展”时，德国柏林国家博物馆提出希望以交换展览的形式开展合作，故宫博物院同意了对方要求，并在“传神雅聚：中国明清肖像画展”展览协议中规定，“德国柏林国家博物馆计划于2020—2021年期间来故宫博物院展览”。关于展览主题，故宫博物院对德国柏林国家博物馆提出的1400—1800年之间关于欧洲古代艺术的综合展览不感兴趣；王亚民常务副院长在2017年10月赴德国参加“传神雅聚：中国明清肖像画展”展览开幕式时提出希望德国方面组织古希腊、罗马雕塑展来故宫博物院展出，德国柏林国家博物馆回应馆内有古希腊、罗马的雕塑收藏，他们也有兴趣来故宫博物院举办展览，但是具体展品要协商。德国柏林国家博物馆表示他们在筹备新馆，让我们耐心等待，之后再无消息。因此双方一直未就展览主题达成一致。

考虑到中德两国于1972年10月建交，2022年恰逢建交50周年，为此请葛策大使推动柏林国家博物馆在2022年来故宫博物院举办古希腊、罗马雕塑展，以庆祝两国建交。根据交换展览条件对等的原则，故宫博物院需承担该项展览的全部费用，包括展品运输和保险、德方人员接待，以及展览制作和宣传、图录出版等。

（2019年3月13日）

在设立“龙湖—故宫文化基金”框架协议书签署仪式上的讲话

“龙湖—故宫文化基金”框架协议书签署仪式（2019 年 3 月 14 日）

非常高兴在这座将近 600 岁的紫禁城中，迎来了各位尊敬的客人。一夜东风起，万山春色归。大家的到来，不仅为故宫带来了一席春色，也带来了我们共谋发展的热情期盼。在此，我谨代表故宫博物院和全体“故宫人”向各位朋友、同人们表示诚挚的欢迎。

今天，故宫博物院与龙湖集团、北京故宫文物保护基金会正式签署框架协议。龙湖集团是国内具有广泛影响力的民办企业。我和吴亚军老师认识的时间其实只有几个月。在今年 1 月我参加在三亚举办的“马云乡村教师重回课堂”和表彰致敬坚守在农村的乡村教师公益活动时，认识了吴亚军老师，绝不是因为她的美貌也绝不是因为她的财富打动了我，而是她所谈到的龙湖集团核心理念使我感动，特别是“善待你一生”的经营理念和“空间即服务”的发展战略，对于故宫博物院来说也很值得借鉴。

谈到“善待你一生”的经营理念，故宫博物院每年接待 1700 余万观众，通过优质服务可以使观众对故宫博物院产生感情，我们应该为热爱故宫博物院的观众提供终身服务，通过互联网技术和数字技术，源源不断地把博物馆文化信息传播给他们，使他们再次、多次来到故宫博物院时就感觉像回家一样。谈到“空间即服务”的发展战略，故宫博物院是一个文化空间，随着古建筑维修保护和环境整治，越来越多的古建筑、历史院落成为人们今天参观的场所。在这些文化空间中人们究竟感受如何？就取决于每一处空间、每一个展厅、每一次活动、每一项服务的质量。

吴亚军老师是创业的一代，她强调要善待自己、善待同事、善待客户和善待同路人，最终要善待社会。善待社会就是要积极承担社会责任，回报社会。事实上，龙湖集团作为勇于社会担当、充满社会责任感的成功企业，自成立以来长期积极投身于扶贫救灾、生态环保、公民教育等慈善事业，一直以实际行动向大众诠释着企业对社会的回馈和奉献，本次捐资 1 亿元设立“龙湖—故宫文化基金”，是龙湖集团又一次热心公益、真诚投入，既表现出龙湖集团的社会担当，彰显龙湖集团对传统文化传播、文化遗产保护事业的关心，又是雪中送炭、支持故宫文化遗产保护事业的感人义举。在此我代表故宫博物院，对吴亚军女士，对千万个“龙湖人”表示衷心的感谢！故宫博物院将公开透明地妥善使用好这些善款，更加开放地与全社会一起为保护和利用好文化遗产贡献力量。

众所周知，故宫博物院作为中国最大的综合性博物馆，不仅拥有数量巨大、传承有序的珍贵文物，还拥有多项国家级非物质文化遗产项目。我们肩负着文化遗产保护与传承的重任，悉心守护着国家宝藏，始终重视文化遗产的保护、利用与研究，不断挖掘其价值并加以传承。所以，积极寻求社会力量的支持，更好地保护维修故宫古建筑与文物藏品，为学术研究提供支持，让传统的修复技艺和现代的科技手段相结合，为社会公众特别是青少年提供丰富多彩的博物馆教育内容，扩大故宫博物院国际国内的影响力和传播力，这些内容一直是故宫博物院发展的宗旨。

有人问最近故宫博物院不断有这样的大额社会捐赠活动，甚至还有一些跨界合作，这究竟是为什么？故宫博物院为什么需要大量社会资金？实际上，故宫博物院正在经历一个非常艰苦的发展时期。在座的媒体朋友们都知道，2020 年要到了，紫禁城马上就要走进下一个 600 年。更具实质意义的是，两项重大文化工程都要在 2020 年以前完成，一个是历时 18 年的故宫古建筑整体维修保护工程要按计划如期竣工，1200 栋古建筑要保持健康状态，呈现完整的壮美风貌。另一个是历时 8 年的“平安故宫”工程，包括规模很大的地下库房扩建工程、地下基础设施工程等，这些都处于最后的冲刺阶段，只有经过艰苦努力，才能为下一个 600 年的故宫打下一个好基础。

近年来，国家财政每年给予故宫博物院事业发展越来越多的资金支持，特别是故宫古建筑整体维修保护工程和“平安故宫”工程，国家财政予以保障。但是，故宫博物院各项事业发展也需要越来越多的资金支持，例如古建筑维修保护之后需要举办展览和开辟教育空间，工程项目竣工之后需要各类配套才能使用，这些均需要及时得到资金保障，但是鉴于国家今年的财政形势，“一刀切”地压缩了事业单位资金的 10%，因此故宫博物院在急需财政支持的阶段遇到了资金投入瓶颈，必须想方设法努力克服这些困难。

困难还不仅如此，故宫博物院在实施这些工程期间，还坚持正常开放，而且接待的观众数量不断增加，虽然实施了每天8万观众的限流，但是为了实现“削峰填谷”，引导淡季的观众数量不断增加，旺季的观众数量有所减少。特别是今年“贺岁迎祥——紫禁城里过大年”展览，使淡季变成了旺季，每天观众的数量都达到6万到8万，甚至多次实施限流。每天白天忙于观众接待，不断提升服务观众水平，实际上每天夜里都在由内向外运送工程渣土，由外向内运进各种材料。包括古建筑维修保护工程、“平安故宫”工程、地面维修工程、展览实施工程等，目前有近百个工程项目在故宫博物院内实施。

面对国家财政一时的困难，我们理解，于是面向社会寻求更多方面的支持。一个“紫禁城上元之夜”文化活动的举办，紫禁城第一次在夜间大规模开放，古建筑群第一次被大规模照亮，数千观众和125个国家的大使和外交使节现场参与，包括87家外国媒体在内的新闻机构进行了轰炸式的报道，图片传遍了世界各地。“紫禁城上元之夜”文化活动之后，故宫博物院每天都要接待大量来自各个城市的领导和来自各界的人士，希望与故宫博物院开展合作，也有一些企业希望支持故宫博物院事业发展。

筹措事业发展资金，对于世界上任何想做事的博物馆来说，都是非常重要的本职工作，承担这一职能的事业发展部门在很多博物馆中都是重要的部门。最近在网上大家可以看到，美国史密森学会所属国家历史博物馆要更换新馆长，新任馆长的政绩，就是他在过去七年间，为博物馆筹措了2000万美金，这是很重要的政绩。而美国大都会博物馆馆长因为博物馆财政困难等原因，在前一年辞职，新馆长上任以后，大都会博物馆开始由免费开放，改为购票进入，而且门票高于故宫博物院的门票，我想这也是不得已而为之。

故宫博物院规模更大、观众更多，需要更多资金维持，需要更多资金鼓励实现更多目标。因此争取社会资金支持故宫博物院事业发展，是我们应该努力实践和积极践行的本职业务，难得有龙湖集团和吴亚军老师这样充满文化情怀和奉献精神的企业家始终关心社会发展和文化事业。在今天展示的“建福榜”上，我们可以看到从2016年至今，3年间，有7个捐赠企业和个人的名字，加在一起有7亿多元人民币。显示出故宫博物院的事业发展受到更多关注和支持。

实际上远远不止这些，仅香港故宫文化博物馆项目就收到35亿港币支持。这些都是取自社会公益人士的无私奉献，他们的捐赠被用于今天全民的文化教育、文化遗产保护事业发展，这是一个良性循环。当一座博物馆得不到社会关注的时候，就没有尊严，没有尊严的博物馆成不了促进社会经济发展的积极力量，不能成为促进社会经济发展的积极力量，就得不到政府的关注，人们就不会喜欢这座博物馆，博物馆的文化遗产资源就难以得到很好的保护，这就是一个恶性循环。我们应该使更多的博物馆进入良性循环的发展环境，博物馆事业才能有整体发展。

今年“两会”期间有的政协委员，提出了“博物馆热中的冷思考”，我觉得今天确实需要“冷思考”，我们真的迎来了“博物馆热”了吗？我认为还远远没有出现“博物馆热”！确实有一些博物馆观众数量增长很快，例如故宫博物院去年接待观众1754万人次，位居世界第一，今年 1、2 月份同比增长了 51.8% 的观众。国内也有一些博物馆出现观众大量增长的情况。但是这样的“博物馆热”只出现在少数博物馆，在我国已有的 5100 多座博物馆中更是极少数，大多数博物馆还处于门可罗雀的状况。去年全国博物馆接待观众达到 10 亿人次，我们为此感到很高兴，但是仔细想一想，对于我国 14 亿人口的规模来说，每年 10 亿人次走进博物馆，也就是说平均一个人一年都没有走进一次博物馆，而发达国家的居民平均每年 3 到 5 次走进博物馆，可见我们的差距还是很大的。

所以我们还不能急于说出现“博物馆热”，必须实事求是地进行评估。我最近经常接待来自经济不太发达地区的博物馆馆长，他们述说维持博物馆运营所遇到的种种困难，希望故宫博物院能够给他们提供展览、修复文物、提供培训，但是同时希望能够免费。我们必须要面对现实，必须大力发展博物馆事业，必须通过努力让更多的博物馆走向良性循环，让更多的民众真正能够享受博物馆文化，这是当前最重要的任务。

人们通过博物馆的文化，能够使他们的生活质量得到提升、教育水平得到改善，特别是对于青年人来说，通过博物馆文化可以增长课外知识，使他们热爱生活、热爱传统文化、树立文化自信。为此，每一座博物馆都必须付出更大的努力，为社会公众呈现出更加丰富多彩的博物馆文化。如果一座博物馆展出的文物不到馆藏文物的 3%，那就是对社会和公众不负责任。如果一座博物馆大量文物泡在水池里面长期得不到修复，那就是对社会和公众不负责任。如果人们在一座博物馆的网站上可以查阅到的文物藏品数量不到 30%，那就是对社会和公众不负责任。

博物馆和博物馆工作者只是受社会和公众的委托保护文化资源，所以必须要不断地努力，使博物馆的全部文物藏品都能够有尊严地处于良好的保存状态，使人们能够通过博物馆网站了解这些文物藏品的基本信息，努力使更多的文物藏品得到展示，这些都是博物馆最重要的职责。故宫博物院正在为实现这些目标加倍努力。

今天，故宫博物院正值努力爬坡做事的关键时期，就在这个时刻，龙湖集团和吴亚军老师向我们伸出了援手，属于雪中送炭！故宫博物院一定要用努力工作的成果加以回报，例如在文物藏品展示方面，做到今年年底展出的文物藏品数量将从去年的 3%，达到 8% 以上，明年年底展出的文物藏品数量将达到 12% 以上，因为我们看到那些古代家具、书版、古建筑构件、车马轿舆、中和韶乐、武备仪仗等被仓储式展示出来以后，更有尊严，将彻底摆脱过去“惨不忍睹”的保管状态，每天可以获得通风除尘保洁、观众可以参观、学者可以研究、专家可以修复，何乐而不为？因此“让文物活起来”是我们必须不懈努力的方向。

最可喜的是今年 1 月和 2 月故宫博物院的观众中两类观众迅速增加，一是北京当地的民众开始走进了故宫博物院。过去北京市民来故宫博物院的比例不大，人们往往感到上大学的时候来过、刚参加工作的时候来过，认为这里反正一直是这样，就不会再来参观。而今天北京市民发现故宫博物院有了不小的变化，于是就再次走进故宫博物院。故宫博物院票务系统显示，春节期间超过 50% 是当地的观众，也就是说人们更加喜欢自己身边的博物馆，博物馆已经成为他们生活的一部分。二是越来越多的年轻人走进故宫博物院，这是非常可喜的现象。

有的日子30岁以下的年轻人几乎占观众总数的50%。如今600年的古老紫禁城为年轻人所喜爱，表明“紫禁城正年轻”。只有一代一代的年轻人热爱博物馆文化，博物馆才有未来。

我们看到，进入故宫博物院的年轻人精力充沛，有着更多的文化需求，看展览、拍景观、听讲座、约朋友、买文创、喝咖啡，他们参观过程中会发现故宫博物院是一片充满情怀的文化绿洲。当他们徜徉在故宫古建筑群里，会感受到中华文化的灿烂；当他们漫步在故宫古典园林中，会感受到人与自然的和谐；当他们聚精会神地参观展览，会感受到传统文化的博大精深；当他们关注数字博物馆的互动项目，会感受到科技与文化之间没有距离；当他们访问故宫文化创意馆，会感受到历史与现代如此贴近；当他们走进故宫文物医院内，会感受到无处不在的工匠精神，感受到故宫人为保护文化遗产所付出的艰苦努力，可能这些都是年轻人喜欢故宫博物院的原因。

当年轻人喜欢上故宫博物院，就会再来，经常来，邀请自己的同学、亲戚、朋友们前来参观。故宫博物院必须策划举办丰富多彩、引人入胜的展览，满足他们的需求。每当我们在故宫博物院内巡查，经常会遇到许多年轻人热情地与我们打招呼，这是我们最欣慰的时光，激励我们把工作做得更好。所以在这里我要特别感谢龙湖集团，能够在这个时候帮助故宫博物院永续发展、帮助故宫博物院实现自己的目标。

与此同时，我们也清晰地认识到，故宫是全人类的文化遗产，是全人类的珍贵财富和历史资源，开放地与全社会一起努力保护和利用文化遗产是必然趋势。此次龙湖集团设立“龙湖—故宫文化基金”，将有助于推进故宫博物院文物收藏、保护和修复等多项事业健康发展，在文物保护和修复、文化遗产研究与利用、重要藏品征集、优秀传统文化传播等领域发挥效能。在未来，我们欢迎与更多的像龙湖集团这样有社会责任感、社会担当的企业一同携手，为保护文化遗产、传承传统文化贡献出我们的力量。

我们保证今后“龙湖—故宫文化基金”的捐款能够做到公开、透明、规范、专业、高效地管理和运作，相信“龙湖—故宫文化基金”大有可为，在龙湖集团的资助下，在全体“故宫人”与“龙湖人”的努力下，故宫博物院各项事业发展也必将大有作为！一阵好风凭借力，直送故宫上青云，希望借“龙湖—故宫文化基金”这席好风，可以带动故宫文化传播飞得更高，走得更远。同时期待在未来能够有更多人士认识到文物保护与文化传承的重要性，共同参与到文化遗产保护传承的事业之中。

最后，祝愿龙湖集团在自身不断发展壮大、蒸蒸日上的同时，在未来与故宫博物院精诚合作，勠力同心，为保护人类共同的文化遗产做出更大的贡献！

（2019年3月14日）

在故宫博物院和华为技术有限公司签署战略合作协议仪式上的致辞

故宫博物院和华为技术有限公司战略合作签约仪式（2019 年 3 月 15 日）

今天，我们共同见证故宫博物院和华为技术有限公司签署战略合作协议，共同开展建设 5G 应用示范、建设故宫智慧院区、举办人工智能大赛等方面合作，进一步推动故宫博物院的数字化、信息化、智慧化建设。

众所周知，华为技术有限公司是优秀的民族企业，在 5G、人工智能、云计算、物联网等方面，有强大的研发能力、创新成果和解决方案。如今，了解和使用华为产品的用户越来越多，华为已成为当代中国一张耀眼的名片。

故宫博物院所在的紫禁城，既是世界最大规模的木结构建筑群，也是世界最大规模的宫殿建筑群。2018 年故宫博物院接待观众数量已突破 1700 万人次，是世界上参观人数最多的博物馆。故宫博物院拥有超过 186 万件（套）文物藏品，这些海量、珍贵的宝贵资源，需要我们不断借助新技术手段，一方面做好文物的保护和研究，一方面为逐年递增的现场观众和互联网观众提供更优质的文化服务和数字体验，从而实现中国优秀传统文化的全人类共享。

早在1998年，故宫博物院就启动了数字化、信息化建设。经过20年的努力，逐步建立起覆盖全院的办公信息网络，铺设光缆近40公里；安装600余个Wi-Fi天线，为办公应用、文化遗产保护及观众服务提供无线网络；建立起管理186万件（套）文物信息的藏品系统，并开展涵盖10项内容的世界文化遗产监测；发布官方中文、英文、青少年网站群，年浏览量达2200万；开发深度解读文物信息并提供文化服务的App，下载总量超过600万，官方社交媒体微博、微信账号拥有的粉丝群体总数超过1000万；持续开展VR、AR、AI等最新技术在博物馆的应用研究，积累了丰富的古建筑、文物数字资源。

在过去的20年中，故宫博物院一直在努力通过博物馆数字化、信息化建设，建设了覆盖故宫博物院的信息网络和安防监控体系，建立起故宫文物藏品和数字资源等管理系统，体现在为观众提供的参观和展示的服务中。时下，5G时代来临，故宫博物院率先选择与华为技术有限公司合作建设“5G智慧故宫”。华为是全球领先的ICT（信息与通信）基础设施和智能终端提供商，双方签约，让世界领先的华为5G率先服务优秀文物博物馆机构，为“数字故宫”建设提供新的技术支撑。

华为技术有限公司立志把数字世界带入每个人、每个家庭、每个组织，构建万物互联的智能世界。现在，当5G时代来临的时候，我们很高兴和有责任、有能力、有影响的民族企业强强联合，借助华为技术有限公司强大的技术研发能力和全面的智能解决方案，充分挖掘故宫博物院拥有的丰厚文物资源、学术资源和数字资源的巨大潜力和价值，让观众能够享受到大带宽、短时延、无限连接的“5G智慧故宫”所能带来的更具突破性的全方位服务体验。

600岁的故宫从未与科技靠得如此之近，我们可以插上科技的翅膀，去畅想未来。例如让远在世界各地的观众，都能够随时身临其境体验到实地参观故宫博物院的乐趣；让每一位来到故宫博物院的观众，能够享受到更高速的网络服务和高清视频内容，瞬间获取眼前的古建筑、文物知识链接和服务设施信息：对文物出入库、修复、运输、展览的全流程进行随时随地的安全监控；邀请世界各地的文物医生和考古学家，远程开展文物修复的会诊或考古调查；利用更强大的人工智能技术，为文物的鉴定、修复和青少年教育，提供更宽广的平台和更强有力的知识支撑……

今天，故宫博物院和华为技术有限公司战略合作协议的签署，标志着故宫博物院和华为技术有限公司在战略合作上开启了新篇章。前者代表中国优秀传统文化，后者代表中国优秀民族科技，双方将共同推进国家5G先进应用示范项目，建设故宫智慧院区。希望华为技术有限公司凭借自身在5G、人工智能、云计算、物联网等信息与通信解决方案，以及智能终端等领域的创新技术和人才培养综合优势，加快推动故宫博物院建设世界一流博物馆，推动国家文化事业和文化产业繁荣发展，保护、传承、利用民族文化遗产，弘扬中华传统文化。

我相信，故宫博物院和华为技术有限公司的合作，一定能够充分展现中国智慧，弘扬中国价值，为世界和谐发展提供更多更好的中国方案！

（2019年3月15日）

在故宫博物院媒体发布会上的讲话

故宫博物院2019年春节“贺岁迎祥——紫禁城里过大年”展览的重要实景展品——依据故宫博物院档案藏品研究成果而复原制作的“天灯”和“万寿灯”，于2019年春节前夕在故宫乾清宫前丹陛上下竖立展出，为春节期间的故宫增添了浓浓节庆氛围，让数百万的观众体验到明清宫廷过年的盛大景象。

清代宫廷沿明代旧制，元旦（即现在的春节）前后要在乾清宫丹陛上下各立一对天灯和万寿灯，乾隆五十四年开始在皇极殿各增立一对。按《国朝宫史》记载，每年十二月二十四日安设天灯、万寿灯。天灯至次年二月初三撤出，万寿灯至正月十八日撤出。立天灯、万寿灯是清代早中期过年最盛大的活动之一，从立到撤，前前后后要使用八千多人力。由于西方列强的入侵，道光二十年（1840年）皇帝下谕，此后天灯和万寿灯停止竖立。直至今天，乾清宫、皇极殿丹陛上下只有灯座遗存。

根据研究成果，万寿灯因主要承担装饰功能，其造型和装饰格外精美繁复。灯楼即顶部的亭子，在不同的年份有不同的式样，乾隆朝以前是彩漆六角重檐亭，至迟在嘉庆十三年以后是金罩漆圆形攒尖重檐亭，现在在乾清宫丹陛上与皇极殿丹陛上的万寿灯座是六面体，正是为与六角形灯楼相呼应；灯楼的内部安装六扇仙人风扇，即围绕一个木柱嵌有六扇绘有仙人的扇面，这六扇仙人可以转动，像走马灯；灯楼下部有云托，即刻有云纹的半圆托；上有八叉蹲龙，龙口内有环，可挑起灯联；为稳固八叉蹲龙，其下还有弧形的支撑杆，形同戗木，因上面亦有云纹而称云戗；蹲龙上对应有八仙人；灯联正反两面均有文字，共十六幅，每联两副对仗非常工丽，歌舞升平、吉庆祥瑞等内容一一铺排；为防止灯联随风飘动，设有坠风甜瓜式铜鼓，每联一鼓；为稳固整个灯杆，下面还有四根戗木、四个古铜坠。

天灯、万寿灯的复原工作依托于故宫博物院丰富的馆藏文物资源、故宫文物专家对清代档案史料的扎实研究。2018年3月，故宫博物院设计过大年展览的总体方案时，正式提出设想：竖起天灯、万寿灯，以烘托整个故宫博物院里的新年氛围，同时也融入宫廷的过年特色。但是在具体实施过程中，复原天灯与万寿灯却遭遇了极大的困难。天灯、万寿灯已经消失在历史长河中，相关文物也早已分散各处，无迹可寻，复原工作几度陷入僵局。但是通过研究人员的不懈努力，不但在文献中查出来天灯、万寿灯的使用方式、历史沿革，乃至各部分的详细尺寸；更在各个库房中找到了灯身模型、灯联小样，以及灯杆原件；并成功将它们复原出来，重新竖立在乾清宫的台基上下。天灯、万寿灯的复原工作，可以说是故宫博物院“过大年”展览最大的文化创意研发。

在复原天灯、万寿灯的过程中，采用了锻铜工艺技术，这项工艺技术源自中国传统的铜浮雕。该技术主要在设计好图案后，按照一定的工艺流程，以特制的工具和特定的技法，在金属板上加工出千变万化的浮雕状图案。天灯、万寿灯灯柱上的龙纹都是由工匠师傅们采用锻铜工艺用皮锤手工锻造，力求最大限度地复原天灯、万寿灯上的每一处细节。

2019年1月8日，“贺岁迎祥——紫禁城里过大年”展览向观众开放，通过创新展览形式，以及恢复多种昔日皇宫过年的装饰，为观众呈现一个充满年味的紫禁城。展览分为文物展览和实景体验两部分，文物展览位于午门正殿和东西雁翅楼展厅，实景体验部分包括整个故宫开放区域，在宫殿门口悬挂着寓意吉祥的春联、门神，在廊庑下装饰着华美的宫灯等，其中天灯、万寿灯的复原成为室外展场广受瞩目的景观。

十八大以来，我国的文化建设取得了历史性的变革，中华优秀传统文化广泛弘扬，公共文化服务水平不断提高，文化事业和文化产业蓬勃发展，文化自信得到彰显，国家文化软实力和中华文化影响力大幅提升，文化发展成果更多惠及广大民众。故宫博物院按照国家文化文物工作政策，勾勒并构筑着“把壮美的紫禁城完整地交给下一个600年”的“故宫梦”。通过多年来的辛勤耕耘与积极探索，故宫博物院呈现出了更加安全、更加亲切、更加开放的新面貌，向成为世界一流博物馆的目标不断迈进。

党的十九大报告指出：“让贫困人口和贫困地区同全国一道进入全面小康社会是我们党的庄严承诺。要动员全党全国全社会力量，坚持精准扶贫、精准脱贫。”近年来，故宫博物院在公众服务、展陈提升、文化创意等方面不断取得突破和佳绩，故宫博物院的文化遗产保护事业获得诸多机构和人士的慷慨捐资。为支持国家扶贫工作，吸引社会各界关注，以博物馆文化创新能力反哺贫困地区，故宫博物院决定近期对“过大年”展览展出的天灯、万寿灯复原品进行公益拍卖。

此次拍卖所得善款全部用于贫困地区的教育和文化事业。复原品天灯、万寿灯由故宫博物院下属企业北京故宫文化传播有限公司出资承担复原制作和搭建工作。为了让本次公益拍卖活动顺利进行，北京故宫文化传播有限公司将向北京故宫文物保护基金会捐赠天灯、万寿灯，并由故宫文物保护基金会完成对天灯、万寿灯的公益拍卖。

故宫文物保护基金会成立于2010年10月，是由故宫博物院发起，多位企业家参与的非公募基金会，其宗旨是维护故宫博物院藏品和建筑，为故宫博物院学术研究和公众服务提供支持，并扩大故宫博物院国际国内影响力。2017年被北京市民政局认定为慈善组织。

（2019年3月15日）

在北京中轴线保护监督和立法调研座谈会上的发言

一、故宫世界文化遗产保护与利用管理情况

1961 年，故宫因其不可移动文物的重要价值，被列入国务院公布的第一批全国重点文物保护单位；1987 年，明清故宫与长城、莫高窟、秦始皇陵、周口店“北京人”遗址、泰山一起被联合国教科文组织世界遗产委员会列入《世界遗产名录》。

作为世界文化遗产，故宫的文物建筑、室外陈设、古树名木等不可移动文物作为文化遗产的主体与建筑室内原状陈列的馆藏文物，共同组成了明清故宫的历史建筑空间和园林景观，保护好它们，就是保存了故宫作为世界文化遗产的主要价值。

（一）依据

所有世界遗产保护的依据皆来源于《实施保护世界文化与自然遗产公约的操作指南》。1972 年，联合国教科文组织在其第 17 次大会中通过了保护世界遗产的第一个国际文件——《保护世界文化和自然遗产公约》，它成为全世界世界遗产保护的核心依据。1977 年，世界遗产委员会对《公约》的条文进行详细阐释，诞生了《实施〈保护世界文化和自然遗产公约〉操作指南》，《操作指南》40 年间不断修订，最新为 2017 版。

《操作指南》明确对遗产地的管理提出要求，即世界遗产的保护与管理须确保其在列入《世界遗产名录》时所具有的突出的普遍价值以及完整性和（或）真实性在之后得到保持或加强。

《操作指南》也明确列出了威胁世界遗产的主要危险包括 6 类，而对应故宫博物院的建筑遗产的基本特征和脆弱性，遗产可能形成的损伤以及诱因如下：第一类材料严重受损与第二类结构特征和（或）装饰特色严重受损，主要指遗产本体上的损伤，表现在建筑单体彩画、裱糊、瓦面、木材、石材等建筑材料的病害以及结构形变，引发原因多为人为损坏、利用不当、修复不当、环境污染以及自然老化。第三类建筑和城镇规划的统一性严重受损，对于故宫而言，主要指建筑空间的历史面貌被改动、空间的完整性受到损伤，包括现代建筑影响历史空间形态、历史空间内现代管线裸露堆结、建筑历史空间被大幅改动等现象，引发原因主要是不当利用与违规建设相关。第四类城市或乡村空间，或自然环境严重受损，故宫若有该类损伤，将集中在自然生态环境的改变。引发原因通常为环境污染和人为改造，例如排放有毒有害气体、不做研究就增加或减少植物种类、改变土壤含水率与密实度等。第五类与第六类为历史真实性严重丧失、文化意义严重丧失，该类全面性毁灭多为地震、火灾、战争等灾害性因子所致，发生概率虽低，但是毁灭性的破坏，遗产地对此类灾害须启动预防性措施。

（二）目标与策略

根据遗产面临的6类危险，故宫制定了文化遗产保护的目标与实施策略。

1. 有效维护遗产的健康，恢复材料、结构与装饰的受损的遗产维护遗产的健康，恢复遗产受损的材料、结构与装饰部位是保护文化遗产实体代代相传的根本要求。而做好这项工作，需要如下前提：

第一，专门的管理部门。故宫博物院成立了以古建部、修缮技艺部、工程管理处为核心的不可移动文物的管理、保护与研究部门，其职责即为保护建筑遗产、修复建筑损伤、保存传统技艺。

第二，有效的保护措施。早在50年代，故宫建筑遗产保护的先驱们就提出了“着重保养、重点修缮、全面规划、逐步实施”的建筑遗产保护的十六字方针，故宫通过巡查普查、日常保养维护、保护修缮、抢险加固以及各类保护研究项目，有效维持了不可移动文物的健康。

第三，有效的政策保证。故宫博物院的规章制度是最全面的，从部门职责、文物修缮、巡查巡视到档案管理形成了一整套行之有效的管理制度，保证了保护措施的执行。

2. 改善遗产保存环境，延缓遗产的材料、结构与装饰的受损

保护遗产，最重要的是改善其保存环境。故宫博物院常年致力于厘清遗产生存面临的风险要素，改善遗产生存环境。环境污染及自然力对建筑的破坏是缓慢的，在很大程度上也是难以完全避免的。但是由人为行动引起的绝大多数损伤若行动前研究充分、管理到位是完全能够避免的。故宫博物院通过规范遗产利用与管理的遗产干预行为，调整遗产的微环境，致力于为遗产创造合适的生存环境而努力。

3. 加强遗产突发性、灾害性事件的预防

故宫博物院重大灾害的预防则在全院各部门开展。厘清火灾、雷击、地震以及故意破坏等为故宫遗产所面临的突发性风险后，故宫博物院一方面启动了文物防震项目、安防消防改造项目、防雷设施安装、基础设施改造等技术防范项目，以达到灾害第一时间发现处理，灾害发生最小损伤等目的；另一方面启动各类安全培训，将安全隐患发生的危险降到最低。以此来有效规避或减少这些可能发生的灾害性损伤。

4. 进行遗产与影响因素的全面监测

世界文化遗产的全面监测是实现遗产安全与风险管控的重要举措。故宫博物院于2011年成立了故宫世界文化遗产监测中心，其主要职责是评估遗产保存状况，分析其面临的风险因素，最终达到最大限度规避危险、减少建筑遗产损伤的目的。8年来，开展了诸多卓有成效的工作。

5. 全面提升遗产保护的精细化、信息化水平

信息化时代带来的信息多元、信息关联以及大数据分析等便利为遗产保护提供了更好的条件。故宫博物院从20世纪90年代起开始致力于信息化建设，时至今天，已逐渐形成了OA办公平台、世界文化遗产监测平台与可移动文物信息平台互联互通的大格局。

（三）进展

1. 壮美的紫禁城已屹立在世人面前

故宫古建筑整体维修保护十余年来，已完成近 7 万平方米的文物建筑的修缮，持续进行的日常保养与维护工作，使故宫瓦面的杂草不见踪影、地面平整洁净、墙体油饰不再斑驳，故宫已经改变了解放初期垃圾成堆、建筑残破、院落荒凉的悲惨境地，这座世界最大的宫殿建筑群已展现出她最美的身姿，建筑结构、材料以及装饰的病害得到全面的治理和控制，遗产焕发出前所未有的光彩。

2. 不可移动文物的保护与持续发展体系已经形成

保护遗产非一日之功。故宫形成了病害发现、处理、评估的完整体系，保证了保护的有效性。

（1）巡查普查——常规体检：巡查巡视与普查是故宫对于建筑遗产进行管理的最重要的日常工作，类似于为建筑做常规体检。通过每日的现场巡视巡查和 3—5 年一次的全院调查普查，我们掌握了故宫建筑遗产存在的病害残损，为及时保护提供了条件。

（2）保养维护——日常诊疗：保养维护是我们日常说的“小修”，通过小修小补，用最小的成本维持了建筑的健康，避免其小病变成大病。保养维护是故宫遗产保护的最为重要的程序，主要内容包括建筑的瓦面天沟、内外檐装修、油饰、彩画、裱糊、排水系统的经常性养护，彩画定期保洁除尘，文物建筑定期室内通风，以及保护设施的安装等，每年都有固定的资金进行此类工作。

（3）修缮——专业手术：通过定期普查的全面调查发现的严重建筑隐患，故宫古建部会慎重地制订维修计划，由工程管理处启动维修保护工程。其主要工作内容是修补损坏部位，添配缺失构件、整治劣化病害等，最终恢复建筑遗产的健康。

（4）抢险加固——急重症处理：抢险加固是制止建筑结构形变继续发生的有效方法。通过支顶拨正、铁件加固、化学加固等方式，对不安全的遗产结构或构造进行支撑、补强，提高结构的力学性能，延长结构的使用寿命。

（5）保护研究项目——疑难杂症专项研究：通过系统研究和新技术的二次开发，使新技术应用于建筑遗产的勘察、监测、修复，例如激光除垢、碳纤维加固、化学彩画显色等。故宫博物院近年来在这些方面进行了许多有益的探索。

3. 研究性保护项目结出硕果

研究性保护项目的目标是全面研究遗产价值，恢复其健康，改善其环境，展示其魅力，是对遗产保护、利用、管理的全面的理论研究和实践项目。故宫博物院借助研究性保护项目重点攻克遗产保护中的传统工艺缺失、项目管理不到位、传统材料不过关、保护方法待完善等关键性问题。养心殿研究性保护项目、宁寿宫花园保护项目等取得一系列成果。

4. 世界文化遗产监测体系即将初步形成

世界文化遗产监测包含 10 个分项的建设工作，其建设目标有一个关键性标志，就是“至 2020 年，监测系统平台基本搭建完成”。自 2012 年起，古建部、行政处、展览部以及资料信息中心等部处通力合作，完成了 11 个遗产要素和重要风险因素的监测系统建设。2019 年，将建成世界文化遗产监测总平台。届时，故宫世界文化遗产监测的完整体系将初步形成。

世界文化遗产监测总平台的目标是按照世界遗产委员会的要求汇总故宫遗产保护和管理的关键性评估数据——遗产保存状况、影响遗产因素以及管理措施是否促进价值保护，并初步将这三类数据进行管理，最终形成故宫遗产保护干预措施实施的提前研判机制。

5. 摸清故宫产权范围内遗产的底账

故宫世界文化遗产要素（文物建筑类）的基础数据普查是一个分阶段、分层级逐步深入的工作。古建部，作为故宫世界文化遗产监测中心办公室，计划用 15 年的时间，建构遗产要素从分区、单体再到建筑部位与构件构筑全面的管理信息化体系。

故宫产权范围内文物建筑基础信息普查（第一期）2015 年 12 月启动，2017 年 8 月完成室外调查工作，2018 年 1 月完成第一次数据核对，2018 年 3 月完成第二次数据核对与统计。对故宫遗产保护范围内的房屋类文物建筑的名称进行了梳理，对它们的数量、间数、屋顶形制等进行了全面核查，同时增补墙、台、桥、门、井、影壁、遗址、花树池、假山、河道驳岸等 10 类遗产要素。故宫博物院产权范围内文物建筑 1087 座，古建筑 9046 间，墙 693 段，门 549 处，台 64 处，桥 10 处，遗址 64 处，花树池 52 处，假山 21 处，影壁 26 座，河道驳岸 15 段。

6. 环境质量监测层级建构完成

环境作为遗产要素病害以及空间感受损伤的影响因素，其指标是复杂多样的，需要获取的基本数据不仅包括宏观上的周边环境和故宫大范围的空间变化、空气质量和气象变化数据，更重要的是典型院落内、建筑内外、典型地层，甚至更为局部的微环境数据，将其与空间格局、建筑材料、建筑病害相结合，最终才能掌握遗产影响与作用的方式和进程。

2010—2017 年，故宫博物院渐次开展了建筑外部环境、建筑室内环境监测工作，并以养心殿为例，开展典型环境问题综合研究。2019 年，开始着手准备周边环境调查分析工作，购买了 2001—2017 年故宫缓冲区内的航拍影像，开始进行周边城市空间，以及故宫保护范围内空间格局变迁分析，将环境监测的四个层级的问题都纳入了监测体系之中。

7. 文物利用的精细化管理初见成效

《操作指南》对世界遗产的利用是持肯定态度，但是也对其提出了要求。

世界遗产存在多种现有和潜在的利用方式，其生态和文化可持续的利用可能提高所在社区的生活质量。必须确保这些可持续使用或任何其他的改变，不会对遗产的突出的普遍价值、完整性和（或）真实性造成负面影响。

建筑遗产的许多损伤是不可逆的。在所有的负面影响中，“人类活动”往往是重要因素。为了尽量减少建筑遗产不必要的损伤。故宫文化遗产利用过程中，注重精细化的管理。

第一，改变皆报审。

当建筑被改造成办公室、库房、观众服务、展览展示等功能用房的时候，常会对建筑遗产进行局部改动。由于遗产的价值判断和认定是技术措施，当建筑确实需求进行改造和功能变化时，故宫博物院的使用部门、设计部门或有关单位需要将详细的设计方案报送古建部进行审核，由古建部来判断这些变化是否合理，是否有损遗产的价值。若变化较大，还需请专家论证和上报主管单位批准，最终根据古建部以及专家意见来进行修改和调整设计方案。且在施工当中，不仅要对建筑原有装修、彩画和构件进行封护，还需注意的是，如发生施工做法变更，则与古建部协商处理。

第二，环境改变谨慎处理。

在建筑改造过程中，添加空气调节设备相当慎重。若建筑从自然通风状态改为全空调密封环境，其空气调节方案需满足古建部、文物主管部门提出的对文物保护的要求，并经过专家论证，慎重进行。在使用过程中，对室内外进行环境监测、建筑病害监测，以免造成虫蚁的增多、霉菌的生长、构件掉落等问题，损害建筑、文物和人身健康。

第三，发现异常及时报告。

日常工作和管理的院落中发现建筑异常，各部门会第一时间通知古建部。这些异常包括瓦件歪闪松动甚至掉落；彩画局部剥落；柱根出现糟朽；天沟裂缝；室内漏雨、霉菌；墙体裂缝、墙面大片空鼓。

第四，信息化管理渐成常态。

多年来故宫博物院制定了一系列规章制度，规范建筑遗产的管理，古建部作为建筑遗产管理的主要责任部门，也致力于业务工作的流程化和规范化。近年来与资料信息部、展览部、行政处合作，古建部陆续建设了故宫古建筑信息管理系统（2004 年）、世界文化遗产监测系列系统（2011—2020 年）、网格化管理系统，还计划建设古建筑房屋利用申请、图纸利用申请等工作系统，其目标是使建筑遗产管理信息化、规范化，并实现数据的共享。

故宫古建筑信息管理系统：建成于 2004 年的古建筑信息管理系统，将故宫博物院产权范围内的房屋类建筑遗产进行了列表管理，每一座建筑名下有与其相关的 20 世纪 40 年代至 2004 年间测绘图影像和建筑照片，供访问系统的人员查阅。但是若要下载使用，须向古建部提交申请，批准后才能得到超清晰大影像。因该系统只能在 XP 系统下运行，使用受限，因此 2019 年该系统将停用，数据迁移至网格化系统中。图纸利用将重新研发新系统，并植入 OA 功能，届时使用者可利用该系统申请图纸利用。

网格化管理系统：该系统已开始上线试运行。其主要功能是为建筑遗产的基础信息管理、日常巡查和定期普查等各项文物建筑管理相关工作建立统一的信息平台。不仅建筑遗产的损坏和病害可以在系统里进行网上报修，实现“一键报修、全程追踪修理进度”，而且系统建成后，故宫博物院内将制作故宫文物建筑的电子地图，以便于实现查询建筑的名称、位置、基本尺寸和形制特征，实测建筑及院落的面积、查询管理部门与责任人等功能。

房屋利用申请：建筑遗产的使用功能是不能随意改变的。使用建筑的部门和单位改变建筑的原使用性质，必须报院同意后由古建部备案，必要的由院上报北京市文物局批准或备案。当建筑遗产的使用部门发生变化时，拟使用该建筑的部门应填写“故宫博物院文物建筑使用申请表”报送古建部，签订安全使用古建筑的责任书，并办理点交保护手续。这一程序在房屋利用申请系统建筑完成后，将在网上进行。该系统预计 2020 年建成。

二、对中轴线申报世界文化遗产立法工作的建议

第一，故宫是我国第一批世界文化遗产、中轴线核心文物保护单位，在拟议中的中轴线立法中结合已有法规、《故宫整体保护规划》，进一步加强文物保护管理，是总体立法保护需求。第二，明确中轴线概念及保护范围，故宫和其他构成部分，例如寿皇殿、太庙、社稷坛以及皇史宬、御史衙门等，立法中应强化统一规划、加强文物同步保护，加大去除现代建筑、居民占用搬迁的工作力度。第三，在对故宫被占用单位外迁方面，应作为立法重点。第四，建议立法中对中轴线，特别是对核心区域的开发建设去商业化、去公园化加以明确，并应明确不再批准核心区进行现代楼房建设。第五，拟立法对故宫等核心区实行交通管制，形成步行区。第六，故宫博物院在上级单位的主导下，起草《故宫保护条例》并已成稿，可与拟议中的中轴线立法形成衔接。

三、故宫在中轴线申报世界文化遗产工作中面临的困难

皇史宬位于东城区南池子大街 136 号，为明清两代的皇家档案馆，属国家重点文物保护单位。新中国成立后，皇史宬分为南院和北院，北院由中国第一历史档案馆使用，南院由故宫博物院和中国第一历史档案馆共同使用，为两个单位的职工宿舍。皇史宬院落总占地面积 8473.84 平方米，北院占地 6151.15 平方米，南院占地 2322.69 平方米。目前，南院为居民居住区域，共 26 户。其中：故宫博物院 16 户，中国第一历史档案馆 8 户，外户 2 户。房屋建筑面积约 650 平方米，自建房屋面积约 700 平方米。本次腾退范围为南院。故宫博物院于 1988 年 11 月 3 日取得皇史宬房产证，2004 年 1 月 15 日取得国有土地使用证。

2017 年 3 月 17 日，故宫参加东城区住建委牵头组织的“太庙、皇史宬、社稷坛、京师大学堂等重点文物环境整治工作协调会”。会议要求，以上涉及文物院落腾退的产权单位应积极配合北京市的重点文物环境治理工作，尽快完成腾退任务。皇史宬腾退工作交由故宫博物院及第一历史档案馆分别向上级部门汇报，研究确定资金来源。

2019 年 2 月 27 日，北京市文物局组织召开“中轴线申遗专项工作组例会”。会上，故宫博物院汇报了皇史宬工作进展并提出相关建议。目前，故宫博物院多次与财政部沟通，财政部表示未接到中轴线相关文件，无法对接相关事宜，无法拨付资金。目前该项工作因资金问题无法立项申报。希望中轴线申报世界文化遗产专项工作组或北京市政府与财政部相关部门对接，以便故宫博物院立项并申请资金。

（2019 年 3 月 21 日）

在故宫博物院与北京首都国际机场股份有限公司战略合作框架协议签约仪式上的讲话

故宫博物院与北京首都国际机场股份有限公司战略合作框架协议签约仪式（2019 年 3 月 22 日）

今天非常高兴，在故宫建福宫花园，北京首都国际机场股份有限公司与故宫博物院签署战略合作框架协议，见证双方迈出更加深入合作的新步伐。

北京首都国际机场股份有限公司隶属于首都机场集团公司，是首都机场的管理机构，负责首都机场的安全保障、运行服务、环境保护和公共事务管理。北京首都国际机场是“中国第一国门”，是中国最重要、规模最大、设备最先进、运输生产最繁忙的大型国际航空港，是中国的空中门户和对外交流的重要窗口。随着中国经济的快速发展，并得益于北京得天独厚的政治、经济、文化和地理位置优势，北京首都国际机场的年旅客吞吐量居全球第 2 位。

故宫博物院成立于 1925 年，是在明清两代皇宫及其收藏的基础上建立起来的中国大型综合性国家级博物馆，是享誉世界的五大博物馆之一。拥有世界上现存规模最大、保存最完整的古代木结构宫殿建筑群，以及门类齐全、数量众多的珍贵藏品。截至 2017 年，故宫博物院收藏了 1862690 件（套）历代文物，其中珍贵文物数量达 168 万余件，占全国博物馆系统珍贵文物数量的近 42%，是中华文化的珍贵宝库。

为了更好地传播故宫文化，故宫博物院在致力于文物保护、学术研究与观众服务的同时，不断探索新的模式以及新的途径，在传播中国优秀传统文化等方面不断提升自身影响力，努力前行。习近平总书记指出："让收藏在禁宫里的文物、陈列在广阔大地上的遗产、书写在古籍里的文字都活起来。"故宫博物院一直在思考故宫文化如何与今天的人们生活顺畅对话的问题，希望能够用文化创意，将文化遗存与当代人的生活、审美、需求对接起来，让故宫博物院的文化传播更加"接地气"。

随着科学技术的发展，如今的博物馆可以吸引以往核心观众以外的群体，通过新的藏品阐释手段找到新的观众，例如博物馆可以将藏品数字化，为展览增添多媒体元素，让公众在社交媒体上分享体验。不仅如此，我们还建设数字博物馆，以"数字建筑""数字文物"的形式，把本体脆弱难以展出的文物或实物展览中难以表达的内容，以数字形态呈现给公众。

目前故宫博物院已经建成"文化国门——故宫印象"文化展示项目、"端门数字馆"和北京奥运塔故宫数字影院。未来还将建设大高玄殿数字讲坛、故宫博物院北院区数字文化中心等数字专馆。因数字专馆分别建设在紫禁城以外的不同区域，将不再受故宫博物院闭馆时间的限制，可以根据不同的使用方式灵活制定开放时间。故宫博物院正不断探索创新的方式，借助互联网和新技术的平台，把故宫博物院所拥有的优秀文化资源分享给社会公众，把故宫博物院所蕴含和代表的优秀传统文化分享给年轻人。

故宫博物院肩负着保存、传承中华民族优秀文化艺术的重要使命，也在积极探索文化产业的多方面发展。此次与北京首都国际机场股份有限公司签署战略协议，意味着双方将在此前合作的基础上，进一步建立长期、稳定的战略合作伙伴关系，将在"数字故宫"文化展示、文化展览展演和博物馆文化创意产品传播推广活动、文物修护培训指导、人才培养交流等方面开展广泛深入的合作交流。

故宫博物院与北京首都国际机场股份有限公司此次全面而深入的战略合作，是推动中华优秀传统文化创造性转化、创新性发展的一次具体行动。双方资源的进一步融合、平台优势的进一步共享，将更进一步释放首都国际机场的文化价值。让数以千万计的国内外旅客，在首都国际机场就能体验到故宫博物院灿烂深邃的文化魅力，让全世界的游客通过"中国第一国门"把故宫文化、中华传统文化带往世界各地，带回每个人家里。

总之，希望通过故宫博物院和首都国际机场，在此前合作基础上的深化和创新，充分借助信息数字化快速发展和应用成果的文化表达，使中华传统文化集大成者，在"中国第一国门"实现全新亮相和全面呈现。让中华优秀传统文化更加深入、广泛地传播，让更多公众受益于丰富、精彩的文化成果。

祝愿双方合作取得丰硕成果。

（2019 年 3 月 22 日）

在国家珍贵古籍《洪武南藏》重修复原出版座谈会上的讲话

《洪武南藏》是明代初期由官方出面刊刻的一部大藏经，又名初刻南藏。它从洪武五年（1372年）开刻至建文末年（1402年）完成，至今已有617年的历史。早于紫禁城创建17年。

明年是紫禁城建成600年纪念，今又恰逢《洪武南藏》重修复原出版。这不仅仅是时间上的巧合，而且此中必有其深深的历史渊源。

早在2011年夏天，北京大方广华严书局梁冰先生陪同吴天任部长和方甜女士到国家文物局介绍情况。当时我请教需要国家文物局做些什么，需要多少资金？他们回答不要资金，但是《洪武南藏》是海内外仅存孤本，为国家重要文物。如今经600年风雨已经丢失损坏得不像样子，希望国家文物局了解情况并引起重视。后来我与同人谈起此事，前来国家文物局汇报项目的人很多，但是没有见到过不要资金的人。

2012年初，我入职故宫博物院，当上了故宫博物院的“看门人”。虽然因为事务缠身，一直没有顾得上《洪武南藏》的事，但是也一直牵挂在心。2012年6月30日，我参加了《洪武南藏》重修复原座谈会。那次会上，我为华严同人留了四句话：“坚韧不拔，锲而不舍，一丝不苟，默默奉献”，这是1999年我在房山云居寺石经回藏仪式上讲到的“房山石经精神”。没想到华严修藏团队把这四句话挂在墙上，落实到了修复《洪武南藏》的行动中，这些着实令我感动。

听了华严修藏团队负责人的介绍，如同来到了修藏现场。看到在修藏工作中的每项创新，真是令人高兴。例如利用《补修勘记》与《校勘记》最大限度地保存了《洪武南藏》的文物价值、文献价值和学术价值，被专家们称为“历史性的创举”。

又如华严修藏团队创建的《洪武南藏》字体库，“以其《藏》之字，还治其《藏》之失”，使残、缺、模糊的经版、经文清晰完整，重现其历史原貌；使缺失经卷、经文恢复完整，清晰如初，不仅使修复后的整部藏经经文字体风格统一，而且也使整部藏经的版刻风格浑然一体。实现了古籍修复工作中“以旧还原”的目的。被专家们称为《洪武南藏》修版刊经工程中的一项特殊创举。

再如，华严修藏团队在长期修藏过程中，实践摸索出了一整套修版工作流程，并把它总结为《〈洪武南藏〉修版刊经程式》。这套既科学又严谨的《修版刊经程式》，是还原《洪武南藏》600多年前历史原貌的可靠保证。同样得到了专家委员会诸位古籍专家的充分肯定。

另外，通过介绍我也看到了华严修藏团队在修经过程中专心致志、一丝不苟的工作态度，看到了他们细心、耐心、至诚恭敬之心，这同样令人敬佩。其实，古人修藏写经一贯如此。特别是像《洪武南藏》这样一部鸿篇巨制，经600多年风雨后已经丢失损坏严重，要把它修复还原回 600 多年前的历史原貌，这在一般人看来是连想都不敢想的事，华严修藏团队经过努力居然做出来了，这实在是不可思议事情。

说起来，《洪武南藏》重修复原理应是国家的事，是文化部门的事。它早在 2008 年就被文化部列入珍贵古籍名录中，但是因为该项目庞大而又复杂，并且其中所含的技术、学术、学识的分量极高，不是一般人所能企及，因此一直无人敢于问津。

现在由华严修藏团队，一个不为人知的民间文化团体，一伙不为名利而默默奉献的公益热心者，没有借助国家一分钱的投入，完全依靠自身的动员和组织能力，经过近 8 年的艰苦努力，终于使这部隐藏了 600 多年之久的《洪武南藏》，重新得到修复、还原、出版。这既是一件历史性佛教盛事，又是中国文化建设的一件大事。同时更是落实习近平主席提出的“要让书写在古籍里的文字活起来”重要指示最实际的行动。

值此，我代表故宫博物院，向《洪武南藏》编辑出版委员会，向《洪武南藏》专家委员会，向《洪武南藏》工作委员会，以及华严修藏团队的全体同人，表示热烈的祝贺！

（2019 年 3 月 23 日）

在发现“中纹”之美——首届中华符号数字化创意设计大赛启动仪式上的发言

发现“中纹”之美——首届中华符号数字化创意设计大赛启动仪式（2019 年 3 月 28 日）

今天，由故宫博物院、中国紫禁城学会及金山办公软件共同发起，中国紫禁城学会和金山办公软件联合承办的“发现‘中纹’之美——首届中华符号数字化创意设计大赛”在故宫博物院正式启动。

2019 年，国际博物馆日的主题是“作为文化中枢的博物馆：传统的未来”，今天这个“发现‘中纹’之美”活动，恰恰实现了以传统连接未来的目的。过去的时间里，故宫博物院一直致力于对公众开放的姿态，其中一个重要途径就是借助互联网的开放，从丰富精美的故宫博物院藏品，到通俗有趣的网上展览，再到解读故宫文化资源的系列 App，观众足不出户，便可以看到令人震撼的故宫景致和多元精彩的故宫文化。

刚才三位专家从书仪、服饰、建筑等专业领域深入阐述了以故宫博物院为代表的“中纹”的文化内涵，并从传统文化进行数字化并落地应用的角度，提出借助互联网科技力量传承中华传统文化价值的创新设想。故宫博物院的这种开放是多方位的、无边界的，影响力和辐射面都接近于无穷大。正是这种开放的姿态，让今天的故宫博物院获得越来越多的关注。

今天的“发现‘中纹’之美”活动，“中纹”取得很有意思，用以指中华文化背景下的纹理图案，涵盖中华传统文化中的主要符号元素，这些符号元素的背后，其实是博大精深的中华文化。通过各种现代演绎方式，让固态的中华传统文化焕发出具有鲜活生命力的光彩。

此次大赛的目标主要包括三个方面：一是通过广大设计师对源于故宫博物院的“中华符号”的创意设计，将其演绎成为具有中华美学理念的现代符号，并建立“中华符号库”，将五千年的文化沉淀转为数字化永久保存；二是以故宫文化符号为基础，由金山办公软件开发设计“金山办公软件——故宫版”，形成中文特色的专属办公软件，成为国人传扬民族文化的数字化载体；三是启动线下训练营“纹学院”，通过邀请专家导师对故宫文物的文化阐释和符号解读，定期招募学员进行研修和设计实践，在设计理念及创作思路上给予帮助和引导，以完成“发现美—演绎美—创造美”的过程，为中华符号与互联网的完美结合提供源源不断的新生力量。

“中纹”是指中华文化背景下的纹理图案，涵盖中华文化中的主要符号元素，包括附着于书法、绘画、器物、建筑、织物等物质载体上博大精深的中华文化。在中华文化符号元素上，故宫博物院拥有得天独厚的资源宝库，占地106万平方米的木结构古建筑群、186万余件（套）跨越各个时代的文物藏品，承载着中华文化数千年积淀的文化精品，具有极高的历史价值、文化价值、艺术价值。发现“中纹”之美，就是要通过发现故宫博物院建筑、文物中蕴含的各种符号，解析中华文化的美学密码。

这次活动以故宫博物院为起点，旨在从故宫博物院的建筑、藏品等文化资源出发，唤起民众全面“寻找、发现”生活中承载中华文化符号的热情，形成“发现中华符号”→建立“中华符号库”→“再塑中华印象”的过程和目标。既推动了“传统文化+生活方式”的普及和推广，也是故宫博物院数字化的又一次新的尝试。

此次活动将通过符号提取—符号演绎（设计）—符号应用三个环节，让中华传文化符号成为现代人工作、学习、生活中视觉识别和意境交流的媒介，从而实现让故宫博物院成为一种生活方式的目标。活动以金山办公软件为应用平台，让大众在日常生活、学习和办公场景中使用，可以在很大程度上提升民众，特别是年轻人对中华文化的认知和认可。

举办“发现‘中纹’之美”活动的特殊意义主要有以下三个方面。

首先是大众参与度。“发现‘中纹’之美”，由谁发现？不只是故宫博物院的专家，而是全国人民乃至全球华人都可以参与的事情，中华文化无处不在，每个人穷其一生可能只能窥其一斑，但无数双眼睛就有可能发现无数个被掩藏或者忽略掉的文化纹理和文化细节。

其次，引导社会公众深入了解传统文化。过去人们对传统的理解，有些是抽象的、片面的，有些是关注整体，而忽视细部，这次活动让社会公众发现那些附着在古建筑、服饰、文物上的纹理和细节，这种发现对深入了解和感受中华传统文化很有价值。

再次，是数字化应用的传播力度。故宫博物院一直提倡让科技为传统文化的保护、传承与传播提供数字化解决方案。这次活动的应用，具有很强的普适性。金山办公软件拥有3亿用户，每天都会通过文档来学习、工作和生活，可以想象这种近距离、高频次的应用场景，对传统文化的浸润和传播，无疑是非常有益的一件事。

“发现‘中纹’之美——首届中华符号数字化创意设计大赛”活动将贯穿2019年全年，分为发现中华符号、再塑中华印象、重拾中华书仪、慢品中华韵味四个阶段，活动将营造出以故宫文化为核心的大众应用场景，使之进入社会生活的各个层面，实现现代与传统、科技与文化的完美呈现，彰显故宫文化的无穷魅力。

明年，紫禁城即将迎来建成600周年的重要历史时刻。当下我们真正追求的是让文物、文化遗产真正地“活起来”，这就需要更多借助于科技的力量。我们还要推出精品数字文化创意内容，让大众在浸入式的趣味互动中理解传统文化。故宫博物院已从资源的数据化，迈向数据的场景化、场景的网络化、网络的智能化。我们会继续努力，把“智慧故宫”“数字故宫”尽快完善，不断创新。

（2019年3月28日）

外事接待活动时的情况介绍（一）

欢迎各位贵宾光临故宫博物院。

地点：宝蕴楼至熙和门

紫禁城内有1200座建筑，我们面前的这座仅有100余年历史的比较年轻的建筑是宝蕴楼。

宝蕴楼建于1915年，是一组中西合璧的建筑群，体现中外文化的融合。这座建筑是专门用于文物收藏、保管的库房，也是中国近代建成的第一座大型文物库房，曾经收藏过数万件珍贵文物。2015年是宝蕴楼100岁生日，经过整体维修保护后，辟为故宫博物院早期院史陈列和文化创意产品展厅，对观众开放。

宝蕴楼旁边的建筑名叫武英殿。过去这里曾经是重要的皇家印书处，著名的《四库全书》及《古今图书集成》等巨著，就是在这里印行。今年，武英殿将作为陶瓷馆重新对外开放，观众可以在这里观赏到故宫博物院所藏36万余件陶瓷文物的菁华。

位于我们右侧的区域名为南大库，这里曾是古代宫廷的库房，现在则成为故宫博物院的家具馆，故宫博物院收藏有全世界数量最多、价值最高的明清家具，观众在这里可以感受它们的魅力。

我们右前方的城墙高度将近10米，是昔日皇宫的屏障，它的外面还有52米宽的护城河，使紫禁城戒备森严，当时普通民众不得入内。而今天作为博物馆，每天看到来自世界各地的观众兴高采烈地前来参观，故宫博物院的每一位员工都感到十分欣慰。

地点：太和门前

今天各位贵宾参观的地方有三个名字，第一个名字叫紫禁城，是中国明清两朝的皇宫，曾经有24位皇帝居住在这里。这组宏伟的宫殿建筑群建成于1420年，明年就是她的600岁生日。第二个名字叫故宫，拥有世界上最大规模的木结构古建筑群，1987年被列入《世界遗产名录》，今天得到精心而专业的维修保护，也是世界著名的文化旅游目的地。第三个名字是故宫博物院，成立于1925年，经过94年的发展，成为一座大型综合性博物馆，与美国大都会博物馆等一起被誉为世界五大博物馆之一，这里收藏着世界上最丰富的、记录着中国5000年文明历史的珍贵文物藏品，共计186万件（套），也是每年接待来自世界各地观众最多的一座博物馆，去年共接待观众1700余万人次。

我们现在所在的位置是太和门广场，广场的南侧是午门，即紫禁城的正门。广场上的这条蜿蜒美丽的长河名为“内金水河”，除了营造景观和调节环境之外，还有两项重要的实用功能。首先是排水，紫禁城的整体地势北高南低，各宫院的明渠暗道都连接着这条河，所以即使下暴雨，紫禁城内也不会积水。此外，这条河也是消防的重要水源，防火对于故宫木结构古建筑群来说是头等大事。内金水河上有五座石桥，中间的那座桥是皇帝专用，主桥旁两座供宗室王公行走，再外面两座供高级官员行走。

广场北侧的建筑就是太和门，这里曾经是明代皇帝听政的地方。皇帝每天拂晓来到这里接受朝拜，处理政事。太和门前由一对巨大的青铜狮子镇守，脚下踩球的为雄狮，踩幼狮的为雌狮，这对雕塑总高达 4.3 米，超过一层楼高。

地点：太和门内北望太和殿广场

登上太和门向北环视，眼前是一片更加开阔的广场，这就是面积达 3 万平方米的太和殿广场。中间这条石板铺就的御路，就是紫禁城的中轴线，也是北京城的中轴线。在中国传统建筑中，中轴线是统率城市空间全局的主线，其他建筑都在中轴线的两侧对称展开。北京城这条传统中轴线长达 7.8 公里，是世界上最壮美的城市中轴线，而紫禁城建筑则是这条中轴线上最精彩的部分。

中国古建筑的特色，是通过群体组合展示宏大气魄和壮美景观。故宫这座世界上现存规模最大、保存最完整的古代木结构宫殿建筑群，共由 1200 座古代建筑，9371 间古代房屋组成，在整体上形成一部气势宏伟的壮美建筑乐章。

故宫古建筑给人们的印象是在层层黄色琉璃覆盖下的红色大殿，宫殿下面是带有光影的白色高台。紫禁城的色彩组合看上去虽然简单，但是却极具魅力，红色的墙壁、黄色的屋顶和蓝色的天空，这是色彩中的三原色，这三种颜色可以调出一切颜色，形成五彩缤纷的世界，也为紫禁城增添了无尽的风采。

地点：太和殿广场

现在我们进入了宽阔的太和殿广场。

在过去，我们脚下的这条御路曾专供皇帝行走。只有两种情况例外，一是在皇帝大婚当日，皇后可以从御路进入皇宫；二是皇帝亲自主持选拔官员的全国考试，获得前三名的考生，可以沿御路走出皇宫，以示皇帝对人才的重视。

我们眼前这座高大宫殿，就是紫禁城内体量最大、等级最高的建筑——太和殿，连同台基通高 35 米。太和殿的台基也显示出这座大殿的尊贵地位。三层台基共 8 米多高，周围环以栏杆。栏杆下面安装有 1142 个排水用的石雕龙头，每逢雨季，可呈现“千龙吐水”的奇特景观。

过去紫禁城中许多重要庆典都曾在这里举行，例如皇帝登基即位、皇帝大婚、册立皇后、命将出征和接见外国使节。除了以上典礼外，每年万寿节、元旦、冬至这三个重要节日，皇帝都在太和殿接受文武官员的朝贺，并向王公大臣赐宴。

地点：太和殿台基上

现在我们来到了太和殿的近前。太和殿面阔 11 间，长达 60 米，使这座大殿呈现出无与伦比的壮美气魄，太和殿也是中国现存面积最大的单体古建筑。

中国古建筑往往通过观察外形，就能了解建筑的等级。例如眼前太和殿的屋顶，有两层屋檐、五条脊和四个坡面，它就是古建筑中最高等级的屋顶形制。

再如这些古建筑的每个屋檐檐角都安放有中国传统吉兽，它们各有寓意，象征吉祥、驱邪和防火。吉兽数量越多，宫殿等级越高。太和殿的屋檐檐角安放有 10 个吉兽，这是中国古建筑中数量最多的特例。

请回首向南方眺望，一条御路沿着中轴线，穿过太和门、午门伸向远方。百官朝贺的时候，就在这条御路两侧按官职高低由近及远排列，向皇帝三跪九叩、山呼万岁，场面壮观。

我们现在所在位置是太和殿前的月台，太和殿前东面有日晷，为古代计时器；西面有嘉量，为古代度量器。在中国古代，时间和度量衡是国家统一的体现，是皇帝至高无上权力的象征。此外，还有铜鼎、铜龟、铜鹤，它们既是举行典礼时点燃和放置松柏枝和檀香的器具，又象征江山永固。

现在就让我们走进这座紫禁城最大规模的宫殿，请注意脚下台阶和门槛。

地点：太和殿内

为了突出皇帝的无上权威，皇帝的宝座被安放在大殿正中的高台之上，四周围绕着六根贴金龙纹巨柱，气势非凡。这把雕龙髹金大椅就是皇帝的宝座，椅背上盘绕了 13 条金龙。周边按礼制对称放置着一些陈设。其中有象征长寿的仙鹤、用于燃香的香炉等器物。

太和殿内宝座上方匾书“建极绥猷”四字及左右楹联为清代定都北京之后的第四位皇帝乾隆所书。“建极绥猷”有两方面含义，一方面要承天立极，一方面要顺民体性。帝王以天子自称，以沟通天帝与民众之间的联系为己任，此匾意在昭示皇帝对上对下的双重神圣使命。柱子上的楹联上联为“帝命式于九围，兹惟艰哉，奈何弗敬”，意为皇权受命于天，祖宗创业艰难，皇帝的一言一行应做天下万民的表率；下联为“天心佑夫一德，永言保之，遹求厥宁”，意为皇帝是上天的代言人，要和人民同心同德，永保国富民强，四海承平，天下澄清，江山万年。

在太和殿内顶部的天花正中，安置有形若伞盖向上隆起的藻井。藻井是中国传统建筑中室内顶棚的独特装饰部分，具有消除火灾，护佑建筑安全的寓意。太和殿的藻井正中雕有蟠卧的巨龙，龙头下探，口衔宝珠，这颗宝珠名为“轩辕镜”，据说有分辨真假天子的神奇功能。

太和殿地面铺设的地砖也很珍贵，称为金砖。这是专供重要建筑使用的一种高质量的铺地方砖。产自中国南方的苏州、松江等地，选料精良，经过数十道复杂制作工艺，往往需要一年半的时间才能制作完成。金砖因其质地坚细，敲之若金属般铿然有声，故名金砖。也有人因为这种地砖的制作成本高，所以称其为“金砖”。为了防止过多观众踩踏磨损，所以太和殿平时观众不进入室内。

太和殿内两侧陈设着紫檀雕云龙纹大柜。紫檀主要产于北回归线以南至赤道地区，生长周期很长，800 年以上才能成材，这种木材可以承受极细致的雕刻而不易损耗，纹理质感亦富有欣赏价值，因此使用紫檀制作的家具均十分名贵，这两组大柜以大块紫檀木板组成，更成为紫檀家具中的稀世珍品。紫檀大柜内原贮存夏商周三代鼎彝等青铜礼器。

地点：中和殿、保和殿

太和殿北面是中和殿与保和殿，这三座宫殿并称为“三大殿”，是紫禁城外朝区域的中心建筑。每当太和殿举行各种大典前，皇帝先在中和殿小憩，并接受执事官员的朝拜。保和殿在明清两代用途不同，明代大典前皇帝常在此更衣，清代，这里的一项功能即为举办宴会，同时清代自乾隆晚期开始还在保和殿举行科举制度最高一级的考试——殿试。

太和殿、中和殿、保和殿这个区域，是皇帝处理政务的地方，它们的名称中都有一个中文的“和”字。“和”是中华文明观念的集中体现，它代表着中华文化的内涵，主张天人和谐、社会和谐、身心和谐，即人类与自然要和谐相处、人与人之间要和谐相待、人的内心世界要和谐相安，才是国家昌盛、民众幸福的和谐世界。

中国建筑不同于西方建筑的特色之一，是采取以土木为核心的建筑形式，这也是尊重自然的传统。土地是生养万物的根本，树木种在自然里，长在人世间，与人一起成长。土地和树木的特性加上人的需要，共同发展出一种充满中国文化色彩的建筑系统，这一系统强调人与自然的和谐，表现出皇家建筑“天人合一”的理念。

保和殿两侧有镏金铜缸，这是古代的消防设施。平时盛放清水，以便取水灭火。除等级最高的镏金铜缸外，紫禁城里还有不镏金的铜缸和铁缸，材质不同，用途都是一样的。

地点：保和殿北侧平台

站在保和殿北侧平台，既可以俯视紫禁城内廷，又可以远眺景山、北海，令人心旷神怡。

保和殿后横街是乾清门广场，为紫禁城南部外朝与北部内廷的分界线。刚才我们走过的“外朝”，由高大的建筑、宽阔的广场组成，而内廷是皇室生活区域，建筑相对平缓、密集，皇帝的妻子们平时都居住在内廷，轻易不能踏出，而大臣也较少进入内廷。

乾清门是内廷中轴线上的主要建筑，清代皇帝在此“御门听政”。其后的乾清宫是皇帝正寝，主要用于皇帝日常居住和办公。不过，清代自雍正皇帝以后的 8 位皇帝移至西路的养心殿居住和办公。养心殿目前正在进行维修保护。

昔日这里是军政重地，乾清门广场左边设有军机处，相当于皇宫的“办公厅”，右边设有九卿值房，为高级官员等待皇帝接见的地方。

地点：保和殿后下方大石雕

现在我们来到乾清门广场，可以看到保和殿后面的石雕，其中最下方的石雕是紫禁城中最大的石雕，由一整块石料雕刻而成，长约 16.1 米、宽约 3.1 米、厚 1.7 米，重 200 多吨。现有雕刻是象征皇帝“九五之尊”的九条蟠龙图案，下部为海水江崖图案。

大石原料采自京城西南 50 公里处。由于石料太重，只能在隆冬时节，先修路填坑，每隔 0.5 公里左右打井取水，以泼水成冰的方式，在冰道上加上滚木拽行。以 2 万人力，骡子上千，缓行 28 天才抵达皇宫。紫禁城建造所耗费的巨大人力、物力、财力，由此可见一斑。

至此，我们已经完成了故宫中轴线上的参观内容，下面请乘坐电瓶车前往故宫建福宫花园。

地点：保和殿后转场至建福宫花园

下面我们将前往建福宫花园，我也借此机会简单介绍故宫博物院的情况。

进入新世纪以来，中国政府批准实施“故宫整体维修保护项目”和“平安故宫”工程。计划至 2020 年，也就是明年，全部完成故宫古建筑群的整体维修保护，保持更加壮美和健康的状况。同时，消除存在的各项安全隐患，实现“把壮美的紫禁城完整地交给下一个600年”的目标。随着项目的推进，故宫的开放范围也由本世纪初的 30% 扩大至 80%。

近年来，故宫博物院观众数量不断攀升，我们开始实行每天限流 8 万观众的措施，以保证故宫文化遗产安全和观众参观良好感受。同时，故宫博物院目前正在北京市西北方向，距离紫禁城25公里的地方，建设一座新的大型博物院，届时将有更多文物藏品得到保护，实现对公众展示。

下面，我们即将到达建福宫花园。

地点：建福宫花园

在紫禁城内西北隅，有一座清代乾隆初年建成的宫廷花园，因其随建福宫而建，又叫“建福宫花园”。建福宫花园虽然占地仅4000余平方米，但是园内有建筑十余座，殿堂宫室、轩馆楼阁无所不有，不仅建筑形式各异，而且布局也较灵活。花园东部以轴线控制，布局不失皇家建筑的严谨气氛，西部以延春阁为中心向心布局，建筑形式也多体现了乾隆时期灵活多变、丰富多彩的特点。乾隆皇帝对建福宫花园非常满意，将其所珍爱的奇珍异宝收藏于此，此后，建福宫花园一带一直作为皇家珍宝的收藏地。

1923年6月，园内静怡轩、延春阁、敬胜斋及中正殿等皆焚于火，这座瑰丽的皇家花园连同无数珍宝化为灰烬。1999年，故宫博物院启动了建福宫花园复建工程，工程由香港中国文物保护基金会捐资支持。2006年5月，建福宫花园复建工程顺利竣工。其中，延春阁是园中的主体建筑，外观虽为两层，内实为三层，为有夹层的楼阁式做法，其中底层隔间较多，而且真门假门分置其中，一旦身临其境，即令人虚实莫辨，因有“迷楼”之称。此阁为观景之地，是赏雪、听雨、观花的理想地点，下面请大家登延春阁观赏紫禁城春日景色。

地点：静怡轩

最后，请大家移步静怡轩。

请大家欣赏这幅《千里江山图》。这是900多年前，十八岁的天才画家王希孟为皇帝宋徽宗所作。这位画家曾是皇家绘画专门学校的学生，后得画家皇帝宋徽宗亲自指导，不到半年即画成了这幅长12米的画卷，表现千里江山之景，营造出可行、可望、可游、可居的空间意象。

在大家刚刚登临的延春阁和这里的书架上，陈列有2136函的《四库全书》。《四库全书》是中国古代最大的文化工程，这一工程由清代的乾隆皇帝主持，360多位官员、学者编撰，3800多人抄写，历时十年才得以完成，因这套书分经、史、子、集四部，故称四库。全书共收录3462种书，共计36000余册，约8亿字，是对中国古典文化进行的一次最系统、最全面的总结，可称为中华传统文化之集大成者。《四库全书》编撰结束后共抄录了7套，分别贮藏于紫禁城文渊阁、沈阳故宫、圆明园、避暑山庄等地。这套书为避暑山庄文津阁本《四库全书》的原大、原色、原样影印本，为2016年8月扬州市人民政府向故宫博物院捐赠。文津阁本《四库全书》是抄写时间较晚的一部，因此对之前版本中的讹误、遗漏有所补正，且成书后还进行了两次全面检查，并由乾隆皇帝亲自校对，因此整体质量优于其他版本。

我们现在看到的这套《晦庵集》属于《四库全书》中的集部，这套书共一百卷，为宋代理学大师朱熹撰写，朱熹是中国宋代著名的思想家，对古代东亚地区的思想发展具有重要影响。该书汇集了朱熹的诗文、奏折、书信和论文，比较全面地反映了他的学术观点和政治思想。

（2019年3月28日）

在 2019 年故宫研究院工作新闻发布会上的讲话

3 月的紫禁城，草木萌发，生机盎然，一年一度的故宫研究院新闻发布会如期举行。欢迎大家来到故宫建福宫花园敬胜斋现场，共同见证故宫研究院的发展成长。

自 2013 年 10 月成立以来，故宫研究院跨过了 5 个年头，在故宫博物院的积极领导下，以“学术故宫”为宗旨，不断发展壮大，目前已经形成一室（研究室）、一站（博士后科研工作站）、二十一所共 23 个机构的学科布局，今天郑欣淼院长还要宣布新成立玉文化研究所、文物保护科技研究所、古书画鉴藏研究所、建筑与规划研究所、知识产权研究所等五个研究所，故宫研究院的队伍在不断壮大，正像春天一样，充满了勃勃生机。今天，还将举行故宫研究院近两年以来重要学术成果揭彩仪式，并向媒体发布故宫研究院 2018 年以来的学术成果和 2019 年工作规划。

故宫博物院有良好的学术传统，自从建院伊始，就吸纳了诸多社会上的学问大家参与故宫博物院业务管理和学术建设，例如北京大学的马衡、沈兼士、俞同奎、袁同礼、单士元，辅仁大学的陈垣、那志良、朱家溍，中法大学的李煜瀛、李宗侗等，形成故宫博物院建院初期名流治学时代，其后在山河沦陷、文物飘零的时期，故宫学人仍然守住了学问领域，铸造了故宫博物院的学术坚守时期，新中国成立后，接纳一大批文物研究者与文物修复专家进入故宫博物院，继续壮大故宫学术队伍，在官式建筑、三代鼎彝、陶瓷书画以及明清宫廷史等方面，既有著名的专家学者，又有学问厚重的学术成果，使故宫学术在国内博物馆界保持领先地位。

新时期随着人民物质生活水平的提高，对文化的追求也日益渴望，到博物馆参观、学习、体验成为时尚，博物馆与人们的生活更紧密地联系在一起，人们不仅走入博物馆，还希望把博物馆文化带回家。这就对中国博物馆事业的发展提出了新要求，要求在收藏、保管、展览、宣教、文化创意等博物馆传统领域内，要有广泛而充分的学术研究支撑。让文物有尊严，不仅在于对文物妥善而科学地保藏与保护，也在于对文物的深入研究。通过每一件文物，让人们都能感受到其背后的文化光芒。让学术的身影无处不在，让文化的影响力深入生活，使生活变得有滋有味有境界，这也是对美好幸福生活追求的体现。

有学术支撑的博物馆，才有广泛的交流和发展空间，才是博物馆发展的不尽源泉。在“平安故宫”的大背景下，故宫学术发展有了新的发展空间，研究队伍日益壮大，涉及的领域越来越广，研究的学科越来越深入，与海外合作的研究项目也越来越多，亦能承担国家重大学术项目，故宫学术在为故宫博物院发展的基础上，也努力为全社会服务。

故宫研究院的发展仍然任重道远，制订一个整体的学术发展规划十分重要，在提炼各研究所学术目标、领域与业绩的基础上，制订出故宫研究院的学术目标与规划，并以此来引领整个故宫研究院的学术研究工作。特别是各研究所的工作要注意突出做好社会关注、学界瞩目的重要项目。只有做学界领先的重大项目，故宫博物院才能站到学术前沿上，拥有学术话语权，也才能引领文化与学术的发展潮流。

今天，我们将为故宫研究院近两年以来重要学术成果揭彩。主要学术成果包括张忠培先生的三部著作《说出自己的话》《尽到自己的心》《走出自己的路》，郑欣淼先生的《故宫学概论》，朱诚如先生主编的《清朝前史》五卷本，王素先生的《汉唐职官制度研究》，王连起先生的《赵孟頫书画论稿》《中国书画鉴定与研究——王连起卷（上下册）》，王光尧先生的《中国古代官窑制度》，晋宏逵先生主编的《明代史料长编》第二部、故宫博物院与商务印书馆（香港）有限公司联合编辑的《故宫博物院藏文物精品集》（十卷本英文版），以及王津、亓昊楠先生合著的《我在故宫修钟表》等。

故宫研究院郑欣淼院长还将发布故宫研究院 2018 年以来的学术成果和 2019 年工作规划。2018 年各研究所紧密结合各自的专业优势和特点，国家社科基金重大招标项目“吐鲁番出土文书再整理与研究”、《清史》工程及相关项目、“院藏样式雷图档”整理工作、中法合作“珐琅艺术研究”等课题继续有序开展，特别是围绕“养心殿研究性保护修缮工程”的一系列课题研究，均取得了阶段性成果。古书画、古文献、古建筑及故宫学领域推出一批重要著作，在学界产生广泛影响，彰显了故宫学术的整体实力和对学界的学术贡献。

各位专家学者、各位同人，故宫研究院担负的学术研究事业，是故宫博物院整体事业的重要组成部分，是保障故宫博物院开展博物馆业务的重要支点。广大员工对故宫研究院的工作给予极大的关注，并怀有殷切的期望。希望故宫研究院开拓进取、严谨求实、扎实工作，为故宫博物院的学术研究不断发展做出贡献。

建设一个强大的学术故宫，永远是故宫博物院努力的目标。

（2019 年 3 月 29 日）

外事接待活动时的情况介绍（二）

地点：太和门广场

欢迎各位贵宾光临故宫博物院参观。

这里有三个名字，第一个名字叫紫禁城，是中国明清两朝的皇宫，曾经有24位皇帝居住在这里。这组宏伟的宫殿建筑群建成于1420年，明年就是她的600岁生日。第二个名字叫故宫，拥有世界上最大规模的木结构古建筑群，1987年被列入《世界遗产名录》，今天得到精心而专业的维修保护，也是世界著名的文化旅游目的地。第三个名字是故宫博物院，成立于1925年，经过92年的发展，成为一座大型综合性博物馆，与美国大都会博物馆等一起被誉为世界五大博物馆之一，这里收藏着世界上最丰富的、记录着中国5000年文明历史的珍贵文物藏品，共计186万件（套），是每年接待来自世界各地观众最多的一座博物馆，去年共接待观众1700万人次。

我们现在所在的位置是太和门广场，广场上的这条蜿蜒美丽的长河名为“内金水河”，除了营造景观和调节环境之外，还有两项重要的实用功能。首先是排水，紫禁城的整体地势北高南低，各宫院的明渠暗道都连接着这条河，所以即使下暴雨，紫禁城内也不会积水。此外，这条河也是消防的重要水源，防火对于故宫木结构古建筑群来说是头等大事。内金水河上有五座石桥，中间的那座桥是皇帝专用，主桥旁两座供宗室王公行走，再外面两座供高级官员行走。

广场北侧的建筑就是太和门，这里曾经是明代皇帝听政的地方。皇帝每天拂晓来到这里接受朝拜，处理政事。广场的南侧是午门，即紫禁城的正门，其前有端门、天安门。午门有五个门洞，中门为皇帝专用，东侧门供文武官员出入，西侧门供宗室王公出入。两掖门只在举行大型活动时开启。

下面，请移步午门西雁翅楼展厅，请注意脚下台阶。

地点：午门西雁翅楼

午门、东西雁翅楼展厅是故宫博物院最人的展厅，展厅位于中轴线上，气势磅礴。曾举办过很多重大展览，例如“普天同庆——清代万寿盛典展”“千里江山图——历代青绿山水画特展”等，近年这里还举办了一些来自印度、阿富汗、法国、卡塔尔、摩纳哥等国的展览，明年紫禁城建成600周年时，这里还将举办非常重要的展览。

今天各位贵宾参观的是“贺岁迎祥——紫禁城里过大年”展。该展览自1月8日起正式向公众开放。展览以破纪录的近千件文物展示数量，恢复昔日皇宫过年场景的展览创新形式，为观众呈现一个充满年味的紫禁城。

中国的传统节日形式多样，内容丰富，是中华民族悠久历史文化的一个组成部分。传统节日的形成过程，是一个民族或国家的历史文化长期积淀凝聚的过程，从这些流传至今的节日风俗里，可以清晰地看到古代民众社会生活的精彩画面。

中国的春节，俗称“过年”，古称元旦，是中华民族最隆重的传统节日。辞旧与迎新，始于腊月初一，终于二月初二，除夕和大年初一达到高潮，其间的庆祝活动，是人们对生活的美好祈愿。春节意味着春天将要来临，万象复苏草木更新，新一轮播种和收获季节又要开始。千百年来，人们使年俗庆祝活动变得异常丰富多彩，迎春扫尘、准备年货、添置新衣、张贴春联、燃放鞭炮、除夕守岁、走亲访友、祭拜祖先等年俗，早已深埋进中国人的血脉之中。

远在春秋时代，中国就定出仲春、仲夏、仲秋和仲冬四个节气。2016 年，“二十四节气”获批列入联合国教科文组织人类非物质文化遗产代表作名录，更体现出国际社会对保护传统知识与实践类非物质文化遗产的重视。

“贺岁迎祥——紫禁城里过大年”展览分为文物展览和实景体验两部分。文物展览位于午门正楼和东西雁翅楼展厅，展品主要精选自故宫博物院珍藏。实景体验部分，整个紫禁城开放区域都是春节文化的展场，在宫殿门口会悬挂着寓意吉祥的春联、门神，在乾清宫和皇极殿廊庑下装饰着华美的宫灯，在乾清宫的丹陛上下竖立着壮丽的天灯、万寿灯。

“贺岁迎祥——紫禁城里过大年”展览是故宫博物院历史上提用文物最多、展场区域最大的展览，共展出文物 886 件套，这样大规模的展览在世界上也极为罕见。此外，展场区域最大。通常，故宫博物院内的展览都局限在某个宫殿，而午门和东西雁翅楼是其中最大的展厅。本次展览除了午门和东西雁翅楼展厅以外，还将紫禁城整个开放区域营造成春节文化的展场。春节元素随处可见，最大限度地还原清代皇宫过大年的场景。

下面，请大家欣赏“贺岁迎祥——紫禁城里过大年”展览。

“贺岁迎祥——紫禁城里过大年”展览共分六个主题，全面展现清代宫廷过年习俗。

“祈福迎祥”单元展示的是过年不可或缺的节物。如福字、春联、春条、门神等不论宫廷还是民间都要使用。而像岁朝图、天灯、万寿灯、宫灯之类的器物则富于宫廷特色。诸多的节物表达了人们祛除邪祟、祈求福祉的美好愿望，也为节日增添了浓浓的喜庆气氛。在这一单元，可以看到清代五位皇帝书写的福字，可谓福气满满。

十二生肖：十二生肖是中国重要的文化符号。这组十二生肖，都是用青玉雕琢的，以拟人化的形象表现十二属相，仿佛十二尊时间的守护神。除夕子夜是两个属相“换班”之时，2018 年是狗年，2019 年是猪年，十二生肖中的狗和猪就该换班了。时钟的嘀嗒声，在半夜零点，也就是子时，告诉我们除夕与元旦完成了轮回，旧年过去，新年已来。

福字：福字在中国具有吉祥寓意。过年老百姓写福字，皇帝也要写，清代皇帝从腊月初一就开始动笔，写第一个福字，称“开笔书福”。这五个在一起的福字是康熙、雍正、乾隆、嘉庆、道光五个皇帝亲笔写的，我们把它们排成乐器磬的形状展示，寓意福庆。最顶上的是康熙皇帝写的，他的左边是雍正和嘉庆皇帝的，右边是乾隆和道光皇帝的。

春联：春联是具有吉庆寓意的重要民俗，一般是红色的，但是这里有一对白春联。白春联源于满族先民的尚白贱红的习俗，所以，白色对于满族来说代表着吉祥和幸运。这两幅皇帝过年时的绘画《万国来朝图》上贴的就是白春联。

门神：门神是家庭的守护神，过年时家家户户都贴在门上。手里拿着大锤的叫武门神，另一边是文门神，此外还有仙女门神、童子门神，都会给家人带来幸福好运，大家看他们手中的盘子正在接从天而降的福寿，或抱着瓶子里插有谷穗，寓意岁岁平安。

清代宫廷的门神、春联使用后都要收到库里，坏了的不能丢弃，要集中起来，修好了明年接着用。这里展示的白门神不但保存了完整的装裱样式，还留下了修补的痕迹。

天灯、万寿灯：故宫乾清宫和皇极殿前一共有 8 个巨大汉白玉石座。它们就是过年期间立天灯、万寿灯用的灯座。每年腊月二十四，宫里要立天灯、万寿灯。天灯的主要功能是照明，万寿灯上都是期盼国泰民安的吉祥话。展柜里看到的是当年留下的小样。在乾清宫立天灯、万寿灯的做法开始于明代，清代乾隆时的天灯、万寿灯高度都在10米以上。由于它们形体巨大，每年竖立及撤除共要用 8000 多人，因此至清代道光时期就取消了。所以，天灯、万寿灯已经消失近 200 年。

今年春节期间，故宫博物院的研究人员经过千辛万苦，在 186 万多件文物中分别找到了万寿灯和灯联模型。展柜中这组悬挂着灯联的模型，就是当年竖立在乾清宫台阶上的万寿灯的缩小版。根据模型，再参考档案和绘画，我们把它们复原了出来。

宫灯：年节期间，宫廷均悬挂彩灯。宫灯比民间彩灯装饰华美。展厅中央看到的这 6 盏，就是清代宫灯中的一些代表。它们有彩漆的、紫檀的、画珐琅的、牛角的，造型各异。现在，乾清宫和皇极殿的屋檐、房廊下都已经挂上了仿制的华美宫灯。

“祭祖行孝”单元中康、雍、乾三代皇帝的神主难得一见。众多材质优良、工艺精美的斋戒牌更是美不胜收。在欢愉的春节期间，祭祖是最重要的传统礼仪活动。通过祭祀活动，追思祖德，弘扬孝道。

中国人有过年吃团圆饭的习俗，此时阖家团圆。“敦亲睦族”单元展示了元旦这天皇帝与宗亲、后妃分别宴饮的场景。“勤政亲贤”单元重点还原了明窗开笔的场景，将养心殿东暖阁明窗在展厅搭建了出来，《国家宝藏》第二季中的明星文物——金瓯永固杯原件就放置于此处。此外，在这一单元，观众还可以看到古代最高规格的皇家交响乐团——中和韶乐。

宗亲宴：展览以复原陈列的方式，呈现了宗亲宴上的金龙大宴桌与宗亲宴桌。宴桌摆放参照了乾隆时期膳档的记载，动用文物超过 100 件，十分壮观。中国古代讲究男女有别，皇家尤其重视。宫中规定，后妃在 50 岁以后才可与非亲生皇子见面。所以即使过年吃饭，皇帝与宗室、皇帝与后妃，也得分别聚会。这里的宴会既有骨肉亲情，也有严格的礼法制度。“宗亲宴”宴桌上的餐具有近百件之多，菜品有鲜果、各色点心、冷荤、热菜、小吃等，还要有汤、奶茶。前后加起来共有 130 多样菜品。宴会进行期间，会一直演奏宫廷音乐。

吃饺子：饺子是中国的传统美食，清代皇家过年也要吃饺子。根据档案记载，皇帝在正月初一日早上吃饺子。我们现在看到的桌子叫大吉宝案，饺子盘就放在“吉”字上。这盘饺子一共 4 个，其中 2 个包着钱。吃到有钱的饺子就表示一年吉利。

明窗开笔：这个小房间复原了养心殿东暖阁明窗的场景。清代自雍正朝开始，每年初一子时，皇帝都在养心殿东暖阁明窗下，把金瓯永固杯放在炕桌上，在其中倒满屠苏酒，亲手点燃蜡烛，提起毛笔在黄色的纸条上写下祈求江山社稷平安永固的吉祥话。开笔仪式上使用的物品十分讲究，每件都有吉祥寓意。喝酒的金杯上刻着“金瓯永固”四个字，意思是江山永固。当年制作它时，用了黄金二十两，上面镶嵌红宝石九粒、蓝宝石十二粒、大小珍珠十一粒、碧玺四粒。青玉烛台上刻着“玉烛长调”四个字，指风调雨顺。写字用的毛笔上刻着“万年青”三个字，意为大清基业万年。

今时今日，步入这个空间，皇帝当年所用的物品重归历史场景，让我们真切地感受到历史的温度。千百年来，中国人对新年的祈愿没有变，对生活的希望没有变。

馈岁品物：逢年过节，老百姓互相走动赠送礼物，宫廷也一样。王公大臣、皇室成员向皇帝拜年要进奉礼物，皇帝同样也会向皇室成员以及王公大臣赏赐礼物。皇帝赏赐的礼物首选刺绣精美的荷包，里面会放上金银钱币、各色玉石珍宝，此外还有各种文玩、书画及各地物产。这个红色的荷包就是皇帝要发的红包，里面的压岁钱有金银元宝、小玉件。这个红包是用红缎子刺绣的，上面绣有鹌鹑、如意、柿子，瓶子里还插有谷穗，寓意平安如意、事事如意、岁岁平安等。

中和韶乐：中和韶乐有最高规格的皇家乐团乐器。过年时，要用它们来演奏宫廷雅乐。在音乐的伴奏下，皇帝要接受王公大臣、皇室成员的拜贺。明清两代，在举行祭祀、朝会、宴会等重大活动时，都会演奏这样的宫廷音乐。

演奏中和韶乐要使用 18 类乐器，其中最重要的，就是这些悬挂在架子上的编钟和编磬，它们是宫廷乐团中的实力担当。编钟和编磬都是由 16 枚外观相同的乐器组成，这些造型、大小都一样，它们依靠器壁的薄厚来区分高低音，越薄声音越低。

“游艺行乐”单元展示了过年期间的娱乐活动，春节时皇帝也会趁此放松娱乐。“欢天喜地”则指开放区域内按照清宫旧俗复原的年节装饰。春节期间的紫禁城，道道宫门张贴着年画和春联，长长廊庑悬挂着各色宫灯，乾清宫丹陛上下竖立着万寿灯和天灯……观众只要走进紫禁城，就能感受到浓浓的年味，获得沉浸式的体验。

《冰嬉图》卷：这幅长卷叫《冰嬉图》。腊月初八，清代皇帝后妃、王公大臣要到皇家西苑太液池观赏冰嬉。冰嬉是中国东北地区冬季特有的民俗活动，在冰面上表演各种高难度动作，既是一种娱乐，也可锻炼士兵的作战灵活与抗寒能力，可以说是国家军事体育活动。表演项目有的类似今日速滑，有的类似踢足球和团体花样杂技等。表演结束分出三个等次，分别奖赏银两。

此图描绘的项目类似今日的团体花样杂技。画面右侧，众人簇拥的就是皇帝的冰床。冰场上，旗手和射手们间隔排列，盘旋滑行于冰上，队伍蜿蜒如龙形。冰面上设球门，上插小旗，门上悬一球。队伍滑至此处时，分别转身向球射箭，中者有赏，彩球翻飞，热闹非凡。滑行队伍中还有各种花样滑冰和杂技表演，如倒立、舞刀、叠罗汉等。此次展览中，故宫博物院的技术团队用动画效果让《冰嬉图》中的人物都“活”了起来。

花灯与花烛：正月十五，元宵节前后有赏灯习俗。宫廷制灯样式丰富，除了常见的方圆几何形以外，还有各种动物灯、树灯、莲花灯、冰灯等。过年之际，华灯齐放，皇宫还会点燃造型纹饰考究的花烛，有的是龙纹的，有的是葫芦的，有的上面有字，这些器具都非常契合年味。

戏本：戏曲是中国传统的演艺形式。过年时，皇帝也会在紫禁城内欣赏热闹的戏曲。这些戏本都是清代宫廷过年时上演的曲目。清宫中，每逢不同节令都要上演相应的剧目，主要内容为祝圣寿无疆、人民富庶。屏幕播放的就是其中的代表片段。

戏衣：这一排色彩鲜艳、装饰华美、款式多样的服装是宫廷戏衣。戏衣，是戏曲演出时角色所穿的服装。正所谓“人靠衣装”，戏衣的功用，更不仅仅是遮寒蔽体，其色彩、纹样、款式、质料都直接反映舞台角色的身份、地位、年龄、性格，有着深刻的寓意。因此，戏曲演出中，角色的扮相穿戴，要严格遵守穿戴制度的规定。这件黄绫彩画花蝶纹宫衣就是年节戏中皇妃、公主的衣服。

过年期间，在紫禁城的戏台上，这些华丽的戏衣都曾释放过自己的灿烂，它们与古老的紫禁城一直走到今天，见证着民族的传统文化记忆。

（2019 年 3 月 30 日）

在故宫博物院与人民日报社签署战略合作协议仪式上的讲话

今天，我们相聚在人民日报社，共同见证人民日报社与故宫博物院签署战略合作协议。

人民日报社作为党和政府的重要宣传机构，作为中国对外文化交流的窗口，作为展现蓬勃发展社会主义新中国的舞台，正在积极展现党和国家的政策主张，记录中国社会的变化，报道着中国正在发生的变革。从1949年中共中央确定《人民日报》为中国共产党中央委员会机关报，到1985年创办《人民日报海外版》，成为中国对外发行的最具权威性的综合性中文日报，再到如今《人民日报》开通法人微博、全媒体平台“中央厨房”正式投入使用，人民日报社的同人们正在用自己开拓创新的精神，将这份有着悠久历史的报纸，转变为传统与新兴相融合的时代标志。

近年来，故宫博物院也在自身优势的基础上，加速迈入信息化时代。紫禁城是一个拥有着近600年历史沧桑的明清皇家宫殿，故宫博物院更是一座即将迎来百岁生日，始终以崭新的姿态面向公众、面向世界的现代化综合性博物馆。近年来，倡导共享与开放的故宫博物院，用包容的心态，积极迎接着数据交融与信息共享时代的机遇与挑战。从最初的运营维护官方网站，到开发App应用，从官方微博粉丝猛增，到微信阅读量“10万+”不断，故宫博物院正在不断探索“让收藏在博物馆里的文物、陈列在广阔大地上的遗产、书写在古籍里的文字都活起来”的全新方式。

人民日报社一直以来都与故宫博物院有着密切联系，从利用传统纸媒，到新媒体互动，从宣传故宫博物院全年各项工作，到发布故宫博物院内四时风景，《人民日报》作为故宫博物院最重要的合作媒体单位，一直在积极传播故宫文化，弘扬传统文化新风采。2015年4月27日，恰逢故宫博物院建院90周年之际，《人民日报》在头版头条、六版整版刊载了《故宫让文物藏品活起来》系列报道并通讯，介绍了故宫博物院历时多年典守国宝、清理文物的故事，赞扬了几代故宫人在传承中华文明的事业中任劳任怨、不计名利的精神。时任中共中央政治局常委、全国政协主席俞正声同志做出批示，充分肯定并高度赞扬了这篇文章。同年9月，《人民日报》多次报道了引发了全民“故宫跑”的“石渠宝笈特展”，从千人跑步冲向武英殿的清晨，记录至凌晨四点观众不忍惜别的深夜。汇聚民众对文化的渴求与敬畏，成为照亮文化传承之路的烛光。

随着今天战略合作协议的签署，我们即将融合资源优势和发展优势，通过“报、网、端、微、屏”等全媒体形式，传播当代中国文化创新成果；重点推动“一带一路”沿线人文交流和文化传播，助力中国文化走出去、讲好中国故事；推动现有文化和旅游服务平台协同合作，依托双方平台汇聚的优势资源，在文化和旅游品牌传播、文化产品营销、文化创意内容生产

在人民日报社与故宫博物院战略合作签约仪式上讲话（2019 年 4 月 2 日）

等方面提升双方整体社会效益和经济效益。

为了深入贯彻落实习近平总书记关于推动中华优秀传统文化创造性转化、创新性发展的重要指示精神，我相信，故宫博物院与人民日报社的携手合作，一定能促进对中华优秀传统文化的宣传推介、推进文化事业和文化产业创新发展，一定能更好地实现优势互补、资源共享，创新“文化 + 媒体”的发展模式，共同开创新的辉煌！

（2019 年 4 月 2 日）

在“景禧灯华——故宫万寿灯、天灯、宫灯复原品公益拍卖”活动上的讲话

“寒雪梅中尽，春风柳上归。”在这春风拂面、万物复苏的北京，在这红墙黄瓦的紫禁城中，在这夜幕下的乾清宫广场上，我们怀着热诚的期盼，迎来了各位城市代表、商界领袖、慈善家们，参加在这里举办的“景禧灯华——故宫万寿灯、天灯、宫灯复原品公益拍卖”活动。本次活动还特别邀请了山西省娄烦县、山西省静乐县、内蒙古自治区阿尔山市、广西壮族自治区巴马县的当地各族民众和县领导。在此，我谨代表故宫博物院和全体“故宫人”向对于公益慈善事业给予热情关心和大力支持的各位嘉宾、各界社会爱心人士、媒体朋友及全体同人表示衷心的感谢、崇高的敬意，以及诚挚的欢迎。

1925 年，故宫博物院在紫禁城的基础上成立。自那时起，无论战乱与和平，“故宫人”都致力于对文化遗产的保护与研究，但是故宫博物院不仅仅属于“故宫人”，它更属于全社会、属于全体民众。如今，故宫博物院成为中国最大规模的综合性博物馆，世界五大博物馆之一，在拥有世界上现存规模最大、保存最完整的古代木结构宫殿建筑群，门类齐全、传承有序的珍贵文物，以及多项国家级非物质文化遗产的同时，故宫博物院也肩负着对文化遗产予以传承的重大责任。故宫博物院在全国乃至全球都具有相当的文化影响力，有责任也有义务最大限度地履行作为一座博物馆的宣传教育、文化传播职能，成为一座具有强大传播能力的世界一流博物馆。

为此，故宫博物院始终坚持把公益性放在第一位，深刻挖掘故宫博物院藏品蕴含的文化价值、推动文化事业的可持续发展。近年来，故宫博物院在藏品保护、学术研究、公众服务、展陈提升、文化创意等方面不断取得可喜的成果。在此历史进程中，一直不乏热心公益、关注故宫文化事业发展的社会力量及社会各界爱心人士的积极参与和大力支持，不断获得诸多机构和人士的慷慨捐资。在接纳来自社会各界力量的资助和支持的同时，故宫博物院也没有忘记自身肩负的博物馆使命，不忘回馈社会，作为中华民族优秀传统文化的承载者、传播者，始终不忘推动青少年的传统文化教育，始终心系贫困地区，开展“孩子，圆你故宫梦”等一系列文化公益活动，为公益事业贡献出一份力量，为更多需要帮助的人们带去更多关爱和支持。

作为“贺岁迎祥——紫禁城里过大年”展览重要实景展品，也是故宫博物院最大的文化创意产品，立于乾清宫前的一对万寿灯和一对天灯复原品，由故宫博物院下属企业北京故宫文化传播有限公司，依据故宫档案藏品研究成果，出资复原制作和搭建，并于 2019 年春节期间在故宫乾清宫前展出。

清代宫廷沿明代旧制，元旦（即现在的春节）前后要在乾清宫丹陛上下各立一对万寿灯和天灯，乾隆五十四年开始在皇极殿各增立一对。按《国朝宫史》记载，每年十二月二十四

日安设万寿灯、天灯。万寿灯至次年正月十八日撤出，天灯至次年二月初三撤出。立万寿灯、天灯是清代早中期过年最盛大的活动之一，从立到撤，前前后后要使用八千多人力。由于西方列强的入侵，道光二十年（1840）皇帝下谕，此后万寿灯和天灯停止竖立。直至今天，乾清宫、皇极殿丹陛上下只有灯座遗存。

万寿灯、天灯、宫灯的复原工作依托于故宫博物院丰富的馆藏文物资源、故宫文物专家对清代档案史料的扎实研究。2018 年 3 月，故宫博物院设计“贺岁迎祥——紫禁城里过大年”展览的总体方案时，正式提出设想：竖起天灯、万寿灯，以烘托整个故宫博物院里的新年氛围，同时也融入宫廷的过年特色。但是在具体实施过程中，复原天灯与万寿灯却遭遇了极大的困难。天灯、万寿灯已经消失在历史长河中，相关文物也早已分散各处，无迹可寻，复原工作几度陷入僵局。但是通过研究人员的不懈努力，不但在文献中查出来天灯、万寿灯的使用方式、历史沿革，乃至各部分的详细尺寸；更在各个库房中找到了灯身模型、灯联小样，以及灯杆原件；并成功将它们复原出来，重新竖立在乾清宫的台基上下。天灯、万寿灯的复原工作，可以说是故宫博物院“贺岁迎祥——紫禁城里过大年”展览最大的文化创意研发。

2019 年 1 月 8 日，“贺岁迎祥——紫禁城里过大年”展览向观众开放，通过展览创新形式，以及恢复多种昔日皇宫过年的装饰，为观众呈现一个充满年味的紫禁城。展览分为文物展览和实景体验两部分，文物展览位于午门正殿和东西雁翅楼展厅，实景体验部分包括整个故宫开放区域，在宫殿门口悬挂着寓意吉祥的春联、门神，在廊庑下装饰着华美的宫灯等，其中天灯、万寿灯的复原成为室外展场广受瞩目的景观。

为支持国家扶贫工作，以博物馆文化创新能力反哺贫困地区，故宫博物院决定对“贺岁迎祥——紫禁城里过大年”展览展出的万寿灯、天灯、宫灯复原品进行公益拍卖，与社会各界携手将这份爱心传递出去。为了让公益拍卖活动顺利进行，北京故宫文化传播有限公司向北京故宫文物保护基金会捐赠万寿灯、天灯、宫灯复原品，并由北京故宫文物保护基金会完成对万寿灯、天灯、宫灯复原品的公益拍卖。

今天将由北京故宫文物保护基金会，依托中国嘉德举行公益拍卖活动，所得善款将全部用于资助贫困地区的教育事业和文化事业。北京故宫文物保护基金会成立于 2010 年 10 月，是由故宫博物院发起，多位企业家参与的非公募基金会，其宗旨是维护故宫博物院藏品和建筑，为故宫博物院学术研究和公众服务提供支持，并扩大故宫博物院的国际国内影响力。2017 年被北京市民政局认定为慈善组织。

此次复原制作的“万寿灯”和“天灯”最大限度地复原了每一处细节。近 200 年后的首次复原，引起了社会的广泛关注，无数观众慕名而来，只为一睹华彩。此次拍卖的万寿灯和天灯也将会是唯一在民间合法流通的“万寿灯、天灯、宫灯”系列产品。

习近平总书记曾说：“人心齐，泰山移。脱贫致富不仅仅是贫困地区的事，也是全社会的事。要更加广泛、更加有效地动员和凝聚各方面力量。”此次受捐的部分代表地区：山西省娄烦县、山西省静乐县、内蒙古自治区阿尔山市、广西壮族自治区巴马瑶族自治县等，均处于脱贫攻坚的决战阶段，任务十分艰巨，这次的公益捐助将会是这些地区实现脱贫攻坚的重要推力，这些地区拥有多项省级及国家级非物质文化遗产传承技艺，例如：树皮画、剪纸等，助力脱贫的同时，也是担负起了推动文化事业的弘扬与发展的责任，意义非凡。

近年来，故宫博物院勾勒并构筑着“把壮美的紫禁城完整地交给下一个600年”的“故宫梦”。通过多年来的辛勤耕耘与积极探索，故宫博物院呈现出了更加安全、更加亲切、更加开放的新面貌，向成为世界一流博物馆的目标不断迈进。此次故宫万寿灯、天灯、宫灯复原品公益拍卖活动，是将扶贫工作与文化教育有机结合，发挥自身优势助力扶贫的一次有益实践。故宫博物院能够与社会各界爱心人士携手为脱贫攻坚、为慈善公益、为推动文化和教育事业的发展奉献出一份力量，努力让贫困地区的孩子们享有受教育的机会，为国家的扶贫工作积极贡献自己的力量，这是我们的荣幸。

再次感谢社会各界爱心人士的参与与支持，也预祝今天晚上的公益拍卖活动圆满成功！

附：

1. 万寿灯复原品

万寿灯复原品为一对，灯柱高度为7.6米，总高10.9米，直径5米。因万寿灯主要承担装饰功能，其造型和装饰格外精美繁复。灯楼即顶部的亭子，在不同的年份有不同的式样，乾隆朝以前是彩漆六角重檐亭，至迟在嘉庆十三年以后是金罩漆圆形攒尖重檐亭，现在在乾清宫丹陛上与皇极殿丹陛上的万寿灯座是六面体，正是为与六角形灯楼相呼应；灯楼的内部安装六扇仙人风扇，即围绕一个木柱嵌有六扇绘有仙人的扇面，这六扇仙人可以转动，像走马灯；灯楼下部有云托，即刻有云纹的半圆托；上有八叉蹲龙，龙口内有环，可挑起灯联；为稳固八叉蹲龙，其下还有弧形的支撑杆，形同戗木，因上面亦有云纹而称云戗；蹲龙上对应有八仙人；灯联正反两面均有文字，共十六幅，每联两幅对仗非常工整，歌舞升平、吉庆祥瑞等内容一一铺排；为防止灯联随风飘动，设有坠风甜瓜式铜鼓，每联一鼓；为稳固整个灯杆，下面还有四根戗木、四个古铜坠。

2. 天灯复原品

天灯复原品为一对，灯柱高度为10.8米，总高13.9米，直径0.6米。在《雍正帝十二月景行乐图·正月观灯》图中记录有天灯的图像，与乾隆帝御制诗“金龙护柱长数丈，四柱撑如巨灵掌。彩灯左右列丹墀……”描述相合。在复原万寿灯、天灯的过程中，采用了锻铜工艺技术，这项工艺技术源自中国传统的铜浮雕。该技术主要在设计好器行或图案后，按照一定的工艺流程，以特制的工具和特定的技法，在金属板上加工出千变万化的浮雕状图案。天灯、万寿灯灯柱上的龙纹都是由工匠师傅们采用锻铜工艺用皮锤手工锻造，力求最大限度地复原万寿灯、天灯上的每一处细节。

3. 宫灯复原品

宫灯复原品包括福磬挂灯（1对）、葫芦挂灯（2对）、四方挂灯（2对）：福磬挂灯复原品高70厘米，宽50厘米，状似传统乐器——磬，上雕蝙蝠纹样。蝠谐音“福”，磬谐音“庆”，福庆相生，寓意幸福吉庆，为宫中节庆吉祥挂灯。葫芦挂灯复原品宽55厘米，形似葫芦，缀有红色流苏。葫芦谐音“福禄”，被赋予大吉福禄、福禄康宁、多子多福的美好寓意。据史料记载，葫芦挂灯与万寿灯一起于年节中被悬挂于乾清宫和宁寿宫。四方挂灯复原品高105厘米，宽40厘米。四方挂灯是清宫年节时诸多品类的御用挂灯款式之一。在《乾隆帝岁朝图》中，皇帝上方悬挂的便是花鸟图四方灯。四方挂灯复原品分为两款，一款为红底书黄字“丰登、昌盛、安泰、升平”，一款为花鸟图案。

宫灯复制项目历时一年四个月，由故宫博物院副院长任万平带领器物部、宫廷部、出版社同人辗转江苏苏州、浙江海宁、四川自贡，共三省三市，全程5300多公里，通过考察、调研、筛选四座彩灯博物馆、六家彩灯企业，充分摸底掌握了目前国内彩灯行业生产现状。经过宫灯项目组专家的仔细分析、对照，针对宫灯仿制品与宫灯文物的细节区别，大规模生产、悬挂结构改良等方面充分进行讨论与指导，最终选择具备实力的企业进行宫灯项目承接实施。2018年底播出的《国家宝藏》第二季，故宫博物院宫灯仿制项目首次面向全社会展示，引起观众和社会各界的广泛好评。2019年春节，众多观众从国内外慕名而来，一睹乾清宫前万寿灯、天灯、宫灯的华彩盛放。

4. 受资助贫困地区情况介绍

山西省娄烦县地处太原市西北部、吕梁山腹地、汾河中上游，距太原76公里。娄烦原是一个古老民族或部落的名称，春秋战国时有“楼烦国”，后演变为地域概念，成为历史上郡、县、乡的名称。全省最大的水库汾河水库在娄烦，是集山区、老区、库区为一体的国家扶贫开发重点县，也是省城太原重要的水源地和生态屏障。娄烦县是全国生态文明建设先行示范区，也是太原市唯一的国定贫困县。全县国土面积1289平方公里，总人口12.6万人，其中农业人口9.6万人。全县共有建档立卡贫困村119个，建档立卡贫困人口12436户38156人，脱贫攻坚任务十分艰巨。

山西省静乐县地处晋西北黄土高原、汾河上游，是“中国民间艺术之乡”“中国藜麦之乡”。全县国土面积2058平方公里，总人口16.2万，其中农业人口13.8万。静乐是国家扶贫开发重点县，是吕梁山片区集中扶持县，也是全省10个深度贫困县之一。目前，全县仍有38个贫困村、3122户贫困户、8924名贫困人口，贫困发生率为6.4%，贫困村占全县行政村的10.3%，并且存在“村多、村小、村散”的现状，贫困面积大，贫困程度深，脱贫任务重。习近平总书记2017年6月在视察山西时强调，落实精准方略，采取务实举措，努力实现脱贫进度和质量成效有机统一，确保全面建设小康路上一个都不掉队。

内蒙古阿尔山市，地处内蒙古东部，横跨大兴安岭西南山麓。阿尔山系蒙古语，意为“温暖而圣洁的泉水”。行政区划面积7408平方公里，总人口6.8万，是由蒙古、汉、回、满等13个民族组成的多民族聚居地区，与蒙古国边境线长约94公里，是我国五个对蒙古国开放的国际口岸之一。阿尔山生态环境良好，景观层次分明，民族风情浓郁。阿尔山市于2011年7月被纳入大兴安岭南麓山区特殊类型贫困地区，同年10月经自治区政府批准，纳入国家级重点贫困县。2014年至今，共有建档立卡贫困户588户1441人。近年来，阿尔山市坚持以脱贫攻坚为统领，强化攻坚力量投入，努力打赢脱贫攻坚战。

广西壮族自治区巴马瑶族自治县位于广西西北部，县域面积1976平方公里，辖10个乡镇，

万寿灯、天灯、宫灯公益拍卖会（2019 年 4 月 2 日）

103 个行政村和 4 个社区，聚居着瑶、壮、汉等 12 个民族，总人口 30.5 万人，少数民族占总人口的 85.2%，其中瑶族人口占 17.46%。巴马瑶族自治县是一个集“老、少、边、山、穷、库”于一体的新时期国家级贫困县，全县共有 50 个贫困村 14573 户贫困户 64710 名贫困人口，贫困发生率为 25.5%，属深度贫困县。根据广西壮族自治区的统一部署，到 2019 年底未脱贫的贫困人口要控制在 3800 人以内，至少实现 18702 名贫困人口脱贫、22 个贫困村脱贫摘帽，实现脱贫攻坚任务处于决战阶段。

（2019 年 4 月 2 日）

在“感悟润思祁红·体验文化池州——《悠远的祁红——文化池州的‘茶’故事》首发式”上的致辞

《悠远的祁红——文化池州的“茶”故事》首发式（2019 年 4 月 3 日）

欢迎大家来到故宫博物院建福宫花园参加“感悟润思祁红·体验文化池州——《悠远的祁红——文化池州的‘茶’故事》首发式”。此次活动是由中国文物学会 20 世纪建筑遗产委员会和池州市政府联合主办，得到了北京市建筑设计研究院建筑与文化遗产设计研究中心、池州市文化和旅游局、安徽国润茶业有限公司、天津大学出版社、《中国建筑文化遗产》编辑部等单位的支持承办。

中国 20 世纪工业建筑遗产是中国建筑的宝库，传承是基础，需要有来自社会各界的融合力量。非常高兴地看到出席今天活动，有不少是多日未见面的专家学者和老朋友，包括谢辰生先生、马国馨院士、修龙理事长、陈铎先生、雍成瀚市长、何长风副厅长等，还有来自全国文物博物馆界、建筑界、出版界、茶行业等数十位专家。我是在 2017 年 12 月安徽池州召开的“第二批中国 20 世纪建筑遗产公布会”上，知晓池州“祁门红茶”老厂房的情况，在那次会上，池州祁红老厂房以其独特的工业遗产价值，与令今人感到震撼的建筑风格，荣获“第二批中国20世纪建筑遗产”，这在安徽全省尚属首次。

我高兴地看到《悠远的祁红——文化池州的“茶”故事》一书，不仅书写了老厂房的建筑特色，还挖掘出有着68年建厂史的国润祁红守护者们自力更生、艰苦创业的精神；我还看到，该书从物质文化与非物质文化的双重性出发，将祁门红茶的前世今生一一梳理，既有其影响世界的文化脉络，也有曾伴随西南联大等中国英才所写就的历史。我认为，这种从工业建筑遗产到产品全过程呈现的亦文化、亦旅游、亦传承、亦创新的编撰思路，是写好祁红“茶故事”、发掘“文化池州”内涵的好做法。

翻阅这本新书，我还是很感慨。中国文物学会20世纪建筑遗产委员会专家团队，对国润祁红“厂房”的发现，真是具有特别的意义，同时也感受到池州市政府对文化遗产保护与发展的高度自觉与自信。《悠远的祁红——文化池州的“茶”故事》一书是“中国20世纪建筑遗产项目·文化系列”的开卷之作，是中国20世纪建筑遗产项目活态研究的文化成果。它带给读者的绝不仅仅是一幢好厂房，一个有滋味的好茶品牌，深读这本新书的读者，还将从中读到难得的保护中国文化遗产的坚守，也更能理解中华民族生生不息、坚韧不拔的伟大精神。

“国润祁红”20世纪50年代的旧厂房入选“中国20世纪建筑遗产项目”，恰恰说明其遗产珍贵、价值独特，从新中国建筑与创意的层面观察，国润祁红茶厂虽小，但是它具有我们格外关注的“活态遗产”的代表性。相信这本新书在用讲“故事”的方式，解读“品祁红茶”的感悟时，能传达出如下信念：中国20世纪工业建筑遗产是中国建筑的宝库，保护传承的是文化传统，更有来自文博艺术、文化旅游、工业遗产、历史人文诸方面创意的大融合，更需要来自政府主导和文化政策的特殊导向。

我更坚信，池州城、祁红茶、一本书串起的不单单是传承与创意，于国于民都将聚焦起“一带一路”上历史与未来，有深意的文化发展新路径。在池州大地上不仅有40万辛勤耕种的茶农的贡献，更有为“20世纪建筑遗产”保护与创新事业默默坚持、无私奉献的守望者。祁红茶及文化池州的“文化培育”过程，说明它们不仅有深厚的根基，更表明“文化立市”的坚定信念，是一座城市、一个企业成功的关键。希望池州市继续走好文化城市创新之路。

我衷心祝愿“感悟润思祁红·体验文化池州——《悠远的祁红——文化池州的‘茶’故事》首发式”的成功举办，衷心感谢池州市与祁红人为“文化池州”建设所做出的不懈努力。

（2019年4月3日）

在故宫博物院领导干部任职宣布会上的讲话

故宫博物院领导干部任职宣布会（2019 年 4 月 8 日）

上个星期，就在这个会场，召开了任命都海江为故宫博物院党委书记的会议，会议由我主持，这回轮到我了。几天前都海江书记骄傲地对我说，他去文化和旅游部机关服务局开交接会议时，几位女士都哭了。我想今天在座的各位同人不会哭，可能还会乐。可能会想这个老头终于退休了，这七年多给大家累得够呛。累肯定是很累，因为故宫博物院处于特殊发展阶段，但是我想大家一起经历的这些苦和累是值得的。

感谢文化和旅游部一直以来关心故宫博物院各项事业的发展。雒树刚部长最担心的是安全，他上任走访的第一个单位就是故宫博物院，嘱咐一定要把安全放在首位。我也多次做出保证，一定会确保故宫博物院的安全。在这次退休前的谈话时，雒树刚部长特别引用我的话说，故宫博物院的几任院长都没有好下场，你却有了好下场。对此我也感到非常欣慰。

为什么会非常欣慰呢？大家知道，故宫的保护、故宫博物院的管理是很不容易的事情，8 年前，这里出了盗窃事件，墙倒众人推，在社会上造成了很不好的影响，所以到故宫博物院来工作也是顶着很大压力。但是这 7 年下来，我觉得在三个方面最为欣慰。

第一件值得欣慰的是，郑欣淼院长当时启动的为时 18 年的故宫古建筑整体维修保护工程，今天已经到了最后收尾阶段，明年 6 月就能真正实现几年前提出的“把一个壮美的紫禁城完整地交给下一个 600 年”的庄严承诺。

第二件值得欣慰的是，通过全院上下的努力，“平安故宫”工程顺利实施，确保了故宫博物院的平安。七年多没有发生火灾、盗窃和观众踩踏等安全问题，确保了故宫博物院的平安。

第三件值得欣慰的是，实现了我们提出的口号，“从‘故宫’走向‘故宫博物院’”。故宫博物院已经有 94 年历史，但是我们希望观众真正能够感受到这座博物馆的魅力。通过大家的共同努力，我们可以自豪地说实现了既定的目标。今天故宫博物院无论在藏品清理、文物修复、陈列展览、学术研究、遗产监测、数字技术、社会教育、文化创意等各方面都走在博物馆界的前列，真正成为一座世界级的博物馆。五年前，我提出故宫博物院是世界五大博物馆之一，如果说当时还担心有人会不同意。而今天我们用事实证明，故宫博物院就是世界五大博物馆之一，对此我感到非常自豪。

在故宫博物院工作期间，会有很多对不起大家的地方，特别是工作量很大、待遇很低。一星期前，纪天斌书记退休的时候，他非常主动地对大家说，他脾气不好，平时表情显得很严肃。在会上我还开玩笑说，他的表情一点都不严肃，脾气也很好。但是我确实有时候脾气不好，尤其“时间紧、任务重”的时候，一着急态度就简单粗暴。像方遒老师、王戈老师那么好的人都被我骂过，回想起来太不应该。我今天特别向他们和所有被我伤害过的同人们表示道歉。就一笔勾销了吧，以后见到我时还得给个笑脸。

在故宫博物院工作的七年零三个月时间，我学到了很多很多。我在国家文物局担任了将近十年的局长，大约在 2008 年的时候，当时国家文物局博物馆司司长、现在国家文物局宋新潮副局长很严肃地对我提出意见，指出我总是关注古建筑、古遗址保护，而不关心博物馆建设。我觉得这个意见提得对，就找了很多博物馆方面的著作，各地博物馆同人也送给我一些博物馆方面的资料，我就一边阅读，一边写作。大约用了 3 年时间写了两部专著，一部是《从“馆舍天地”走向“大千世界”——关于广义博物馆的思考》，另一部是《从“数量增长”走向“质量提升”——关于广义博物馆的思考》。没想到就在这时，我来到了故宫博物院工作，我获得了理论与实践结合的机会。

在故宫博物院的实践，使我原来的认识有了很大的提升，我知道了什么才是正确的故宫古建筑维修保护。故宫古建筑都是故宫博物院的文化资源，对于它们的维修保护，不应仅仅是古建筑部门的专利，全院文物保管、研究、修复、展览、开放等各个部门都应该在维修保护之前和过程中参与，使以往的古建筑修缮工程成为研究性保护项目。

我知道了什么才是正确的文物藏品修复，不但要有务实敬业、身怀绝技的文物修复专家学者，还应该有宋纪蓉院长倡导的“文物医院”的理念，随着故宫文物医院的建立，一件文物来到这里首先要建立病例，进行科学的诊断、分析、检测，形成分析检测报告和治疗方案以后，才能开始修复保护。

我知道了什么才是好的文物保护，不是清理出来以后，闲置在库房里就是好的文物保护。这些文物应该经过科学研究，有尊严有魅力地“活起来”，重新回到人们的社会生活中，真正落实习近平总书记说的，让收藏在禁宫里的文物、陈列在广阔大地上的遗产、书写在古籍里的文字都活起来，才是好的文物保护。

我知道了什么才是好的博物馆，在人们的心目中应该是一片文化的绿洲、知识的课堂、城市的客厅，人们一有闲工夫就想来，来了就流连忘返地不想走，走了还想来，这样的博物馆才是好的博物馆。人们生活中需要的博物馆，离不开的博物馆，融入人们生活的博物馆，才是好的博物馆。

今年春节以来，任万平副院长组织筹备的“贺岁迎祥——紫禁城里过大年”展览，展厅内外一派祥和的新春氛围，多少北京市民走出家门来到故宫博物院，多少年轻人因此喜爱上博物馆文化，故宫博物院真正实现了“淡季不淡”。

与大家朝夕相处的共同工作中，真是学到了很多，有深刻的体会，同时也必然会有一些遗憾。好在王旭东院长来了，年富力强，有专业知识，有管理经验，有文化情怀，有敬业精神，有几年来担任敦煌博物院院长的经验，一定能够担负起故宫博物院院长的职责。今天他从 4 世纪到 14 世纪的敦煌，来到 15 世纪到 20 世纪的故宫，正好把历史的链条串联起来。

在此，我以老院长的名义，号召故宫博物院领导班子成员和全体员工全力以赴地支持王旭东院长的工作，像支持我的工作一样，领导班子继续团结得像一个人一样，全院是一个团结向上的集体。故宫博物院必须要把安全搞好。今天有人说故宫博物院是“网红”博物馆，越“网红”被关注度越高，一件小事都会被放大。在这种情况下，需要我们更加兢兢业业，也需要继续加大宣传和文化传播，只有让全社会都知道故宫文物保护的伟大意义，让全社会都知道故宫博物院对社会发展做出的独特贡献，社会各界才会更加支持故宫博物院的发展。

此时此刻，感想很多，最强烈的愿望就是继续按照张忠培老院长的嘱托，将故宫博物院建设成为“平安的故宫、学术的故宫、完整的故宫、强大的故宫”。希望大家共同努力，全力支持王旭东院长的工作，共同把故宫博物院的工作搞好。在此也特别感谢文化和旅游部多年来对我的培养、对我的支持。

（2019 年 4 月 8 日）

在故宫学院第二期满文初级培训班开班仪式的讲话

故宫学院第二期满文初级培训班开班仪式（2019年5月7日）

由故宫学院承办的第二期满文初级培训班开班，在此向大家表示衷心的祝贺！向第二期满文初级培训班授课教师，以及筹办此次培训班的各位同人表示诚挚的感谢！

保管、研究和教育是博物馆的基本职能，新时代的博物馆建设离不开一流的博物馆研究人员，在强调文化自信的今天，高水平的博物馆研究人员对发掘、传承和弘扬优秀传统文化起着关键作用。故宫博物院作为世界五大博物馆之一，肩负着文化传承和文化交流的重任，这也对我们研究人员提出了更高的要求。如何勇立潮头，使我们的研究水平跻身世界博物馆的前列，是摆在故宫博物院面前的重要课题。这就要求我们根据博物馆自身定位和特点展开实践。由此，故宫学院应运而生。

故宫学院是故宫博物院结合发展需要而成立的业务培训和教育机构。故宫学院的办学宗旨是为故宫博物院建立人才培养机制，加强人才储备，为建设世界一流的博物馆奠定坚实的基础。故宫学院成立以来，响应我国博物馆和文化遗产保护事业发展的最新形势和需要，围绕故宫博物院整体事业的发展，面向自身、面向行业、面向全国、面向世界开展了多层次、多渠道、多形式的培训项目与教育活动，为博物馆事业发展提供专业人才支持，践行博物馆公众教育和社会服务的使命。

故宫博物院科研处作为故宫学院业务培训和教育的执行机构，经过数年不同类别的培训与讲座，在针对博物馆和文化遗产保护事业的人才培养方面，探讨更为完善的育人机制，积累了较为丰富的办学经验，形成了较为完整的框架性思考，逐步形成博物馆教育培训方面的品牌。

在成功地举办了第一期满文、藏文培训班后，故宫学院为故宫博物院少数民族语言人才的培养搭建起良好的平台。满文培训班是综合我院自身特点和人才结构而设立的，紫禁城作为明清两代政治、经济、文化的中枢，掌控中国长达五百年之久，深度参与到中华文明的历史进程中。1925 年故宫博物院成立，博物馆取代了昔日的深宫禁苑，紫禁城波澜壮阔的历史，赋予了故宫博物院丰富的历史信息和厚重的人文价值，成为研究人员不断探索和发现的对象。满文作为清朝的官方文字承载了大量历史信息，满文文献对清代宫廷历史研究具有不可替代的作用。满文人才的培养由此变得必要而紧迫。

为满足故宫博物院业务与科研工作的新需求，继第一期满文初级、中级、高级系列培训班之后，再次开设第二期满文初级培训班。本次培训班教师不仅有上期满文培训班主讲专家春花老师，还吸纳上期培训班的优秀学员洪晔、张杰、张玉学作为助教，新兴科研力量的成长，足以说明故宫学院成立后，故宫博物院年轻的科研人员专业素质正在逐步提高，有的学员已经可以运用满文独立开展课题研究，极大地促进了故宫博物院研究事业的发展。希望在座的各位新学员能够珍惜本次培训机会，提升自己的满文水平，为今后的研究工作打下坚实的基础。祝大家学有所成！

（2019 年 5 月 7 日）

在北京高校博物馆联盟“高校博物馆策展”培训班开班仪式上的讲话

大家上午好！受北京高校博物馆联盟的委托，由故宫博物院故宫学院负责承办的“高校博物馆策展”培训班在今天开班了。我谨代表故宫博物院向大家的到来表示欢迎和感谢！

在当今社会中，博物馆是连通社会生活、文化景观和自然环境的纽带。博物馆的展览，是博物馆文化的核心输出口。作为世界五大博物馆之一，故宫博物院是收藏中国文物最丰富，全世界来访观众最多的一座博物馆。

近年来，故宫博物院的展览开展得如火如荼。2015年的“石渠宝笈特展”、2017年的“千里江山——历代青绿山水画特展”和刚刚落幕的“贺岁迎祥——紫禁城里过大年”展览，都受到了观众们空前的关注。这些都反映出人们日益高涨的文化诉求，以及对博物馆展览的热忱，越来越多的观众渴望走进博物馆，感受中华传统文化的魅力。

故宫博物院，收藏有186万余件（套）文物。如此庞大的文物馆藏基础，给予故宫博物院开展多样化展览的条件。故宫是世界上现存规模最大、保存最完整的木质结构宫殿建筑群，这是故宫博物院独立于世界博物馆之林的重要特色。因此，故宫博物院不仅有常规性的文物展览，还有宫廷原状陈列展览。让走进故宫的观众，身临其境地欣赏文物，体味皇家宫廷风貌。

2018年，故宫博物院参观人次首次突破1700万。在日益庞大的受众群体面前，在文化热的大环境下，故宫博物院通过改善管理方式、合理安排展馆空间、规划引导参观路线等举措，致力于为观众提供更舒适的观展环境、更人性化的展厅服务、多样化的展览视角与更完美的观展体验。

有的展览从世界各地远道而来，在午门或神武门展出，譬如即将开展的“有界之外——卡地亚与故宫博物院特展”。有的展览，走出宫墙、赴外巡展，如“发现·养心殿——数字故宫体验展”。在超级互联的时代，故宫博物院将展览与数字化技术相结合，加强展览的趣味性与观众的互动性。多样化的展览输出，让“平安故宫”“数字故宫”与“学术故宫”得到全方位的展现。

为了让故宫文化更好地传播，故宫博物院在公众教育与学术建设方面做了多方面努力。故宫学院于2013年11月4日成立，是一所业务培训和教育机构，也是国内首家以博物馆办学的模式成立的“学院”，旨在面向故宫、面向行业、面向全国、面向世界开展多层次、多渠道、多形式的教育与培训项目。

在成立以来的四年多时间里，已经先后在苏州、景德镇、西安、深圳、徽州、上海、重庆、开封成立了故宫学院分院，在文物博物馆专业培训、社会公众教育与学术交流和合作等几方面都取得了可喜成果。

“故宫讲坛系列讲座”是故宫学院的招牌项目，让故宫的文化与学术资源传递到全国各

北京高校博物馆联盟“高校博物馆策展”培训班开班仪式（2019 年 5 月 13 日）

地。故宫特展的策展人将展览以讲座的形式呈现，当地的观众“足不出户”便可了解故宫文化，甚至欣赏到故宫展览。

故宫学院凭借故宫博物院在文物鉴定、文物修复与科技保护、博物馆管理、宫廷历史与建筑研究等领域的优势，将自身的能量逐步辐射到国内外博物馆及相关业界，使之成为国内文物博物馆行业重要的人才培训基地。科研处，作为故宫学院的牵头部门和执行机构，积累了丰富的办学经验，逐步营造出博物馆各类专业主题培训的品牌。

近年来，故宫博物院在举办展览方面积累了一些经验。故宫展览的百花齐放与学术故宫的建设相辅相成，相互促进。我们希望把建设性的经验分享给业界，促进文物博物馆事业的繁荣与进步。

此次故宫博物院受北京高校博物馆联盟委托，开设“高校博物馆策展”培训班，这正是一个相互交流、共同学习的平台。本次培训班邀请故宫专家授课，以故宫博物院具有代表性的展览为例，详细讲授策展经验。

培训班将采取专家讲座、现场教学及主题研讨等相结合的方式，为学员设置丰富而实用的培训课程。在讲座之余，培训班学员可自由选择参观故宫博物院的各类展览，欢迎各位学员将学习和参观中对于故宫展览的思考和建议，与主讲专家们交流与分享。

最后，衷心祝愿大家在培训期间学习愉快，身体健康，学有收获！

（2019 年 5 月 13 日）

在会见希腊总统普罗科比斯·帕夫洛普洛斯时的谈话

接待希腊总统（2019 年 5 月 13 日）

欢迎帕夫洛普洛斯总统在对中国进行国事访问并出席亚洲文明对话大会期间，访问故宫博物院。

这里是故宫重华宫、漱芳斋区域，是在原乾清宫西五所的旧址上建立起来的，与乾清宫东五所一样，原均为年少皇子的居所，清朝乾隆皇帝当皇子时曾在此住过，登极后遂将西五所东边的三所，改建为重华宫、漱芳斋，西边二所改建为建福宫。

重华宫区的重华门内有崇敬殿、重华宫、翠云馆等建筑，装饰精美，格调高雅。目前重华宫正在进行维修保护，而在此期间重华宫内的文物组成临时展览，第一站就前往希腊雅典卫城博物馆，感谢您出席了故宫博物院“重文德之光华——重华宫原状文物展”的开幕式，并发表了热情洋溢的致辞，您说道：“我今天是从机场直接赶来现场的，我今天需要来这里，这是我的责任。今天，面对世界动荡的局面，也许我们还没有充分意识到这样的活动如此重要。今天，两个古老文明相聚在一起，这当然不是第一次，也不会是最后一次。但每当这样的古老文明在这些前提下聚集在一起，都是一个我们应该尊重的伟大事件。”同时您指出古老文明之间的一个非常重要的共同特征，那就是“温和力量”。

“重文德之光华——重华宫原状文物展”是根据希腊新雅典卫城博物馆内700平方米的临时展厅面积，将重华宫原状陈设再现于展厅内，展出故宫博物院的119件（套）文物，涵盖绘画、金银器、织绣、玉石器、漆器、珐琅器、陶瓷、钟表、生活用具、宗教文物等多种类别，把乾隆皇帝时代的宫廷生活介绍给希腊观众。这一展览于2018年9月至2019年2月展览期间，迎接观众6.7万人次。

乾隆是清入关之后的第四位皇帝，执政长达60年，其主要成就是完成了多民族国家的统一，在位期间将清朝的康乾盛世推向顶峰，是中国历史上知名度最高的皇帝之一。他所居住的紫禁城——帝王的皇宫，是清朝历史重要的一部分。鉴于乾隆时期重华宫并未留下完整有序的陈设档案，且重华宫在乾隆之后的百余年，基本维持了乾隆时期的宫殿陈设，此次展览以重华宫陈设记录更为完整的嘉庆、道光、光绪时期陈设档为依据，再现由乾隆皇帝潜邸升格为宫殿的重华宫。

重华宫区是乾隆时期新年宴赉廷臣、赋诗联句的地方。重华宫西路为重华宫厨房，这是养心殿南御膳房之外皇帝的又一处厨房。现在我们所在的地点是重华宫东路的漱芳斋，院内有紫禁城内第二大戏台，后殿内还有“风雅存”小戏台。漱芳斋自故宫博物院建立以来，就作为贵宾接待室。

今天再次见到希腊驻华大使莱奥尼达斯·罗卡纳斯先生，他是我的老朋友。在他的联系和推动下，故宫博物院与希腊文物保护和博物馆机构建立了友好合作关系，相互访问也逐渐频繁起来。

2015年6月，故宫博物院宋纪蓉副院长应邀率团访问了希腊研究与技术基金会下辖的电子结构与激光研究所，并就双方在艺术品保护的激光技术应用领域的合作达成初步意向。2016年2月，在希腊大使馆科技参赞的推动下，希腊电子结构与激光研究所与故宫博物院采用邮寄的形式，签署了《故宫博物院与希腊研究与技术基金会科学合作备忘录》，计划在文物保护领域合作开展激光应用技术的研究，包括激光技术应用、文物分析、合作推广科研成果、人员互访和交流，以及召开各种学术会议等内容。

2016年7月5日，希腊阿莱克斯·齐普拉斯总理访华期间，访问故宫博物院，出席故宫博物院和希腊研究与技术基金会共同建立的“中国—希腊文物激光技术联合实验室”的揭牌和启动仪式。故宫博物院与希腊电子结构与激光研究所实施开展大量的文物激光清洗相关的研究，而联合实验室的建立提升了故宫博物院激光技术在文物保护、研究领域的发展和应用。

为了进一步加强文化交流合作，2016年10月初，我率领故宫博物院代表团访问希腊，出席中欧文明对话会，同时，为庆祝希腊国家考古博物馆成立150周年，出席纪念展览，展出一件故宫博物院一级文物“蟠虺纹壶”。

近年来，故宫博物院先后举办了“紫禁城论坛”和“太和论坛”，各国代表签署了《紫禁城宣言》和《太和宣言》，希腊的政府文化官员和专家学者一直积极参加上述国际论坛。2016 年 10 月，故宫博物院邀请来自中国、埃及、希腊、印度、伊朗、伊拉克、意大利、墨西哥等文明古国的政府官员、文化学者，共同举办“世界古代文明保护论坛”（太和论坛），探索在当前国际形势下加强文明古国交流与合作的途径，通过了旨在传承人类古老文明、保护世界文化遗产的《太和宣言》。希腊驻华大使馆公使衔参赞伊丽莎白·弗缇亚多女士、希腊雅典卫城博物馆迪米特里奥斯·潘特马里斯馆长，以及雅典通讯社社长米哈利斯·普西洛斯先生等参加了此次活动，潘特马里斯馆长在“世界古代文明保护论坛”上做了令人印象深刻的主旨发言。

2017 年 9 月，故宫博物院再次举办“太和·世界古代文明保护论坛”，论坛规模扩大，邀请到 20 个国家的政府官员、文化遗产保护机构负责人、专家学者，以及联合国教科文组织世界遗产委员会、国际古迹遗址理事会、国际博物馆协会等相关国际组织的代表出席，故宫博物院保护世界文明多样性的朋友圈不断扩大。此次论坛希腊文化和体育部玛利亚·弗拉扎基秘书长率领雅典文物局局长、国家考古博物馆馆长和新雅典卫城博物馆馆长等希腊代表参加了此次活动，对故宫博物院文物保护理论及实践经验给予了肯定。在世界古代文明保护论坛上，故宫博物院和希腊雅典卫城博物馆签署了战略合作协议。

此前，2017 年 2 月，罗卡纳斯大使曾来故宫博物院，共同商讨引进希腊国家考古博物馆“沉没的宝藏展”事宜。2017 年 6 月 19 日，由希腊文化与体育部秘书长玛利亚·弗拉扎基女士率领的代表团访问故宫博物院，进一步就展览事宜交流了意见，一致同意希腊国家考古博物馆“沉没的宝藏展”在故宫博物院展示，同时玛利亚·弗拉扎基秘书长提出，希望故宫博物院能于同一时期，在希腊新雅典卫城博物馆举办一个以明清宫廷历史为主题的交换展览。2017 年 9 月，希腊文化与体育部弗拉扎基秘书长和潘特马里斯馆长、罗卡纳斯大使一起，再次来访故宫博物院，继续商讨双方交换展览的具体问题，并确定故宫博物院赴希腊展览的主题为重华宫原状文物展。在此基础上，2018 年年初，故宫博物院与希腊文化与体育部签署了合作协议，就合作举办交换展览达成一致。2018 年 9 月，“爱琴遗珍——希腊安提凯希拉岛水下考古文物展”在故宫博物院神武门展厅成功举办。同日，“重文德之光华——重华宫原状文物展”在希腊雅典卫城博物馆开幕，两个展览在东西方两个文明古国首都同时举办，成为中国和希腊文化交流史上的佳话。

“爱琴遗珍——希腊安提凯希拉岛水下考古文物展”由希腊文化与体育部组织来自希腊国家考古博物馆、雅典贝纳基博物馆和希腊水下文物监委会三家机构共同参与，共计展出文物 350 件。与以往在中国举办的古希腊展览不同的是，这些文物藏品来自一艘公元前 1 世纪的古希腊沉船，这艘船是从希腊驶向意大利罗马，装载着大量罗马贵族订购的商品，却不幸沉没在爱琴海西部安提凯希拉岛附近海域，在水下静静沉寂了两千余年。

此次展览展出包括船体残骸、生活用品、大理石雕塑、青铜雕塑、玻璃器皿、运输用的陶瓶、沙发构件等，向人们展示了古希腊文明的方方面面，涉及航海、经济、艺术、宗教、体育等领域。古希腊文明是人类历史上最为辉煌灿烂的文明之一，这艘船上的货物恰是古希腊文明的物质见证，精美而丰富，蕴含着珍贵的历史信息，可以帮助观众解读许多历史事实。从 2018 年 9 月至 2019 年 2 月，展览参观量达到 189.4 万人次。

“爱琴遗珍——希腊安提凯希拉岛水下考古文物展”是一个与爱琴海有关的展览。在很多中国人心目中，爱琴海与文化浪漫密不可分，在历史上这里是古希腊文明的摇篮。我们很多人都对灿烂的古希腊文明心怀崇敬。30 多年前，当我在海外留学的时候，就省吃俭用积攒下来路费，去欧洲考察历史建筑，第一个去的国家就是希腊，第一个来到的城市就是雅典，当只有在教科书上才能学习到的古希腊建筑，真正呈现在眼前时，那种震撼心灵的感受永世难忘。

希腊国家和民众对悠久历史文化的尊重，也让我感受至深。2006 年我应邀出席新雅典卫城博物馆开馆仪式，当希腊总理将一块已经流失的石刻重新镶嵌回雕塑本体的时候，当希腊同人呼吁仍然漂泊异国的文物早日回家的时候，我深刻感受到希腊民族对于祖国文化遗产的珍视。如今，我非常荣幸能为促进故宫博物院与希腊文物保护和博物馆机构交流合作贡献力量。

（2019 年 5 月 13 日）

在故宫学院（沈阳）签约揭牌仪式上的讲话

故宫学院（沈阳）揭牌仪式（2019 年 5 月 18 日）

大家上午好！今天我们相聚在沈阳，一起见证故宫学院（沈阳）的成立，我谨代表故宫博物院向大家表示欢迎和感谢！

沈阳故宫和北京故宫，同为中国仅存的两座古代宫殿建筑群，记载了明清两代不同时期、不同民族文化的建筑风格相互融合的过程，传承着中国古代宫殿建筑发展的历史文化传统。沈阳故宫博物院和北京故宫博物院，都是在宫廷原址上建立的综合性博物馆，共同面对着如何更好地保护与利用古代宫殿建筑的永恒主题。1961 年，沈阳故宫和北京故宫同为国务院公布的国家第一批全国重点文物保护单位。1987 年，故宫被联合国教科文组织作为文化遗产列入《世界遗产名录》；2004 年，沈阳故宫作为明清皇宫文化遗产扩展项目列入《世界遗产名录》。两个故宫作为人类共同的智慧结晶，见证了不同民族文化相互学习、相互借鉴的过程。可以说，故宫学院分院落户沈阳故宫，是基于双方深厚的历史渊源和携手共进的发展展望。

故宫博物院是在明清两代皇宫及其收藏的基础上建立起来的一座中国最大的综合性博物馆，是全世界拥有观众资源最多的一座博物馆，同时也是世界上文物藏品与文化资源最为丰富的博物馆之一。今天，故宫博物院正在努力建设成为国际一流博物馆。国际一流的博物馆，硬件和软件建设要齐头并进，但是归根到底，关键在于人才。为此，故宫学院于 2013 年 11 月 4 日正式成立。人才培养方面除了我们自身的需要，还应对全国文博界、社会大众和国际领域有所贡献。故宫学院的目的就是要面向故宫、面向行业、面向全国、面向世界开展多层次、多渠道、多形式的教育与培训项目。

故宫学院成立至今，我们已经在苏州、景德镇、西安、深圳、徽州、上海、重庆、开封成立了 8 家分院，调动相关各地资源实现分院“因地制宜”的发展，这些分院都产生了非常积极有益的影响。我们希望把故宫博物院近年来在传承优秀文化，推动创造性转化和创新性发展方面积累的经验与更多的省市共享。

故宫博物院与沈阳故宫博物院将依托故宫学院（沈阳）这一重要平台，今后在学术研究、教育培训以及其他有益于博物馆人才建设和文化传播的方面，开展多方位合作。我相信，在双方的强强联合下，在热心关注故宫及传统文化的社会大众的积极参与下，故宫学院（沈阳）定会发挥更大的作用，为地区、全国的文化遗产保护事业发展尽一份力。对此我们充满信心！

（2019 年 5 月 18 日）

故宫博物院任职期间述职报告

我自 2012 年 1 月至 2019 年 4 月担任故宫博物院院长期间，认真学习贯彻习近平新时代中国特色社会主义思想和党的十八大、十九大精神，树牢“四个意识”，坚定“四个自信”，做到“两个维护”，自觉在思想上、政治上、行动上同以习近平同志为核心的党中央保持高度一致。

工作中能结合自己以往在国家文物局等处的经验经历，分析问题，协调各方处理复杂问题。学习弘扬“故宫人精神”，有强烈的事业心和责任感，识大体、顾大局。为人亲和，作风民主，团结同志，严格自律。善于听取专家学者、同事下属、工作伙伴的意见建议，主动帮助同事们的工作、生活。

在故宫博物院工作期间，深入践行习近平总书记“让收藏在禁宫里的文物、陈列在广阔大地上的遗产、书写在古籍里的文字都活起来”的重要讲话精神，以“把壮美的紫禁城完整地交给下一个 600 年”为目标，推动故宫博物院在故宫世界文化遗产的保护传承和博物馆建设上继承、突破、创新，向世界一流博物馆的目标不断迈进。

认真履行管党治党主体责任，坚持党建与业务建设统筹推进，做到“两手抓，两促进”。积极服务国家外交大局，圆满完成多个重要国事访问活动的接待工作，充分展示中华民族的文化自信，创办“太和论坛”，促进多元文明交流互鉴、繁荣发展。

克服重重困难启动故宫博物院北院区建设和地下文物库房改造等项目，稳步推进“平安故宫”工程、故宫整体维修保护工程，开启古建筑研究性保护项目，开展藏品三年普查清理工作，七年间没有出现失窃、火灾、观众踩踏等安全问题，有力确保了故宫古建筑、文物和观众的安全。建立故宫研究院、故宫学院，创立故宫文物医院，为学术研究、文物修复等事业发展培养人才。

坚持以人民为中心的工作导向，通过地下、地面、墙面、屋顶等全方位环境治理、全网售票、观众限流分流、扩大开放区域、增强服务内容等方式，恢复了紫禁城的壮美风貌，也极大地提升了观众的参观体验。在展览陈列上积极探索，开拓创新，策划举办了“石渠宝笈特展”“千里江山——历代青绿山水画特展”“贺岁迎祥——紫禁城里过大年”等众多高质量、高水准的展览，赢得国内外广泛好评。

积极拓展公共教育职能，为全国乃至世界不同年龄和层次的观众提供有针对性的教育课程、专题讲座、志愿讲解等服务。建设“数字故宫”，建成故宫博物院官网群，“故宫出品”系列 App 总下载量达 650 万，数字展览项目斩获诸多荣誉并开启全国巡展。

推动国际博物馆协会国际博物馆培训中心、国际文物修护学会培训中心落地故宫，加强学术研究与人才培养，积极拓展对外交流与合作，取得很好的成效。充分利用故宫资源优势，研发品类众多的文化创意产品，让大众“把故宫文化带回家”。积极回应媒体和大众关切，

2019 年第一天迎接观众（2019 年 1 月 1 日）

同时吸引更多的热心博物馆建设和文物保护事业的人士加入到故宫博物院事业发展中来。

这些年来，故宫博物院的工作亮点多、成绩大、社会反响好、人民群众满意，这是以习近平同志为核心的党中央坚强领导的结果，也是全体故宫人开拓创新、真抓实干、共同奋斗的结果。我自身也收获颇丰，对什么是好的古建筑修缮、文物修复、文物保护，什么是好的博物馆等问题，也有了更为深入和客观的认识和感悟。希望故宫博物院继续按照张忠培老院长所指出的发展方向，建成一个学术的故宫、平安的故宫、完整的故宫、强大的故宫。

（2019 年 6 月 12 日）

在新时代新征程：中国建筑遗产保护 70 年学术论坛开幕式暨中国文物学会盐业文物专业委员会成立仪式上的致辞

中国文物学会盐业文物专业委员会成立仪式（2019 年 6 月 14 日）

仲夏时节，我们来到历史文化名城自贡，参加“新时代新征程：中国建筑遗产保护 70 年学术论坛开幕式暨盐业文物专业委员会成立仪式”，感到非常高兴。这是中国文物学会为庆祝中华人民共和国成立 70 周年，由三个专委会联合举办的一次学术活动，也是祝贺中国文物学会盐业文物专业委员会成立的一个庆典。参加今天这个活动的有中国文物学会的 7 位副会长。我谨代表中国文物学会向莅临会议的各位专家学者、各位嘉宾、各位同人表示真诚的敬意，向新成立的盐业文物专业委员会表示衷心的祝贺，向为筹办这次会议付出辛勤劳动的自贡市有关部门和单位表示诚挚的感谢！

自贡历史上因盐设市，是我国著名的盐业之乡。中国悠久的盐业历史，为我们留下了种类丰富、类型多样、价值极高的盐业文物，既有盐井、祠堂、庙宇、会馆、古道、码头等不可移动文物，也有煎盐陶器、盐锅、钻凿及修治井工具等可移动文物。这些盐业文物见证着中国优秀传统文化，凝聚着劳动人民勤劳与智慧，传承着执着敬业、精益求精、勇于创新的工匠精神。

盐业文物是我国文化遗产的重要组成部分。燊海井、卓筒井、西秦会馆、个园、春秋祠等一批盐业文物古迹相继列入全国重点文物保护单位，自贡市盐业历史博物馆、中国海盐博物馆、河北海盐博物馆等一批博物馆相继建成开放，都标志着盐业文化遗产保护越来越得到各级政府的重视，越来越得到社会各界和广大民众的关注和支持。

今天，由自贡盐业历史博物馆牵头，组建中国文物学会盐业文物专业委员会，这是社会力量积极参与盐业文物保护的重要体现，也是盐业文物保护利用工作的新起点。我们希望盐业文物专业委员会，广泛团结各地盐业文物保护单位和博物馆，携手合作、互学互鉴，创造条件举办丰富多彩的学术活动，加强盐业文物保护、盐业文化内涵的研究，交流盐业文物保护利用和管理工作的经验和成果，推动盐业文物保护体制机制的创新，让古老的盐业文明在新时代的呼唤下，更加熠熠生辉。

中国文物学会传统建筑园林委员会，是学会现有分支机构中，成立时间最早、坚持开展活动时间最长、工作相对规范的专业委员会。这个专业委员会成立 30 余年来，团结一大批专家学者和古建筑保护设计修缮企业，坚持不懈开展传统建筑园林的调查研究，发掘探索传统建筑园林的文化内涵，保护继承传统建筑园林艺术，搭建专业化、社会化的学术平台，促进古建筑保护维修的理论与实践进步，做出了积极的贡献。

中国文物学会 20 世纪建筑遗产委员会，是相对比较年轻的专业委员会。自 2014 年成立以来，通过我国文物界、建筑界专家学者和设计大师参与的评选，连续三次公布中国 20 世纪建筑遗产项目 298 处，向全社会疾声呼吁加强 20 世纪建筑遗产保护，留下中国近现代建筑发展的脉络，展示中国共产党领导社会主义建设和改革开放取得辉煌壮丽成就的建设画卷，为推动 20 世纪建筑遗产保护，做出积极的努力。

自贡市是我国历史文化名城，以“千年盐都”“恐龙之乡”“南国灯城”“美食之府”闻名于世。我们高兴地看到，自贡市秉持创新、协调、绿色、开放、共享的发展理念，统筹推进“五位一体”总体布局全面发展。创业环境优越，发展势头强劲，处处充满着生机与活力。同时加强对文化遗产和自然遗产的保护利用，特别注重盐业文物保护利用。

自贡市盐业历史博物馆以及所管理的系列古盐井，展示了两千多年来我国井盐业在钻井、采卤、制盐和天然气开采、利用等方面的历史和卓越成就。自贡又是我国著名的“恐龙之乡”，是我国重要的恐龙化石产地，拥有全国最大的以展出恐龙化石为主的自然科学博物馆。自贡的灯会、灯彩、灯品，将非物质文化遗产传承与文化旅游相结合，将传统文化与现代审美相结合，以其壮观的气势、精巧的制作、璀璨的艺术，令人瞩目。文化遗产、自然遗产的保护成果，彰显自贡这座城市的文化魅力，体现出高度的文化自信，增强保护利用文化和自然遗产的历史自觉，我们很受教育和鼓舞。

这次，中国文物学会三个专业委员会组织齐聚自贡市，共同学习习近平总书记关于文化遗产保护系列重要指示精神，共同畅谈 70 年文物事业发展的成就，共同聚焦新时代文物保护的机遇和挑战，共同学习考察自贡市文化和自然遗产保护成果，是一件非常有意义的事情。

历史是文化的载体，文化是历史的血脉。党的十八大以来，以习近平同志为核心的党中央高度重视文化遗产保护，身体力行推动我国文化遗产保护工作不断迈出新的步伐。党的十九大报告强调，加强文物保护利用和文化遗产保护传承。保护好文化遗产，就是守护过去的辉煌、今天的资源、未来的希望，就是守护我们共同的精神家园。我们要像爱惜生命一样保护文化和自然遗产，让人们通过一件件国之瑰宝，感受自然生态、传统文化的生命韵律与脉搏跳动，领略中华文明的博大精深和勃勃生机。

中国文物学会愿意同自贡市一道，共同保护好利用好文化和自然遗产，传播盐业文明，传承中华民族精神，促进文化遗产保护工作更好服务经济社会发展大局，为满足社会民众日益增长的美好生活需要做出更多的贡献。

（2019年6月14日）

在青海省博物馆综合业务培训班开班仪式上的讲话

由故宫博物院故宫学院主办的“青海省博物馆综合业务培训班”今天开班了，我谨代表故宫博物院向大家的到来表示欢迎和感谢！

博物馆是文化事业的重要组成部分，它保藏着人类最为珍贵、最为优秀的文化精品，承载着一个城市乃至一个国家、一个民族的历史和回忆。在新时代新形势下，我国不断加强文化软实力建设，重视国民综合素质的全面提升，作为公共文化服务体系的重要组成部分，博物馆被赋予了更多责任和使命。积极适应新形势，加快改革和创新，进一步提升博物馆的专业化水平，激发博物馆可持续发展的活力，加快博物馆融入社会生活的步伐，是博物馆界共同关注和积极实践的重大命题，也是今天故宫博物院和青海省博物馆共聚一堂，开展此期培训班，学习交流的主题。

大家知道，目前全球范围内博物馆的工作重心在悄然发生转移，博物馆不仅从最初的收藏保护发展为开放展示，而且逐步从“以藏品为中心”向“以人为中心”转变，建立起更加融入社会的发展理念。习近平总书记说，要让收藏在禁宫里的文物、陈列在广阔大地上的遗产、书写在古籍里的文字都活起来。“活起来”三个字给我们指明了方向，故宫博物院也据此进行了一系列深入的探索和大刀阔斧的改革。例如，“故宫整体维修保护”工程和“平安故宫”工程在稳步开展，通过持续扩大开放区域，进行环境综合整治、展陈提升、限流分流等措施，不断提高我们的接待能力和服务质量。

故宫文物医院，是目前国内面积最大、功能门类最完备、科研设施最齐全、专业人员数量最多的文物科技保护机构，也是服务于“平安故宫”工程中“院藏文物抢救性科技修复保护”的重要工程。现在，故宫文物医院已试行预约参观，观众通过网上报名，可参观故宫文物医院，近距离观摩文物的修复，与经验丰富的文物“医生”交流。

展览方面，从常设展馆到大型特展，我们不仅对于文物藏品从历史、文化、艺术等多角度、多层次展示，还配套相应的出版物、学术研究、数字技术、文化创意产品，以及宣传计划等，真正让文化资源“活”起来。

此外，故宫博物院建立了全覆盖的网络数字平台，观众可以在网上看展，参观故宫古建筑院落，鉴赏文物藏品，通过 VR、AR、沉浸式展览等多种新技术途径，让传统文化 IP 以更有效的方式，进行推广和普及，带来更广泛的社会影响力。我们的数字技术已经被应用于青海地区的文化遗产保护合作项目。2016 年，故宫博物院为瞿昙寺 1600 平方米的明清壁画进行高清数据采集，并建立了文物保护数据库。

故宫文化创意也为大家津津乐道，每年总营业额超过 10 亿元。我们坚持以公众需求为导向，以文化创意为核心，既要有创新精神，也要有工匠精神，真正使文化创意融入百姓生活，品牌走向世界。故宫博物院的文化创意产品也在今年4月，在青海文化旅游节上亮相，获得很好的反响。

总的来说，故宫博物院的各项事业，包括古建筑修缮、文物修复、科学研究、展览陈设、数字建设、文化创意、观众服务等，都处于积极向上、创新突破的良好态势，取得了一些成绩，我们很乐意将这方面积累的经验和发展成果与大家共享，在立足自身特色的基础上，共同探讨更加多样化的发展模式。

本次培训班由故宫学院承办。故宫学院是故宫博物院结合人才需求和发展需要的特点而成立的业务培训和教育机构。主要从四个层面开展工作，分别是面向自身、面向行业、面向全国和面向世界。目前，各类培训项目都已稳步开展，成效卓著。自2013年年底成立以来，故宫学院已经多次成功地举办了针对故宫博物院内员工的讲座与培训班，以及承办国家文物局文物博物馆行业培训班，逐步成为国内文物博物馆行业重要的人才培训基地，形成了独具特色、信誉良好的品牌形象。

故宫学院非常重视此次培训班，教学管理组就课程设置及内容与青海省博物馆进行了多次的沟通。精心设计了课程主题与内容，涵盖了文化创意研发、文物藏品修护、文物典藏与征集、展览策划、公共宣传教育、学术研究与博物馆事业发展等热门主题。本次培训班由元旦尖措副馆长带队，学员都是青海省博物馆的中层干部和业务人员，涉及博物馆管理及业务工作的方方面面，期望通过这次学习交流的机会，给大家提供一些经验和参考。

最后，衷心祝愿此次培训班圆满顺利，祝大家在故宫学院学习愉快，身体健康，学有收获！

（2019年7月15日）

在《生命如此美好：故宫的苗苗》新书发布会暨“永远的微笑——张钫纪念展”开幕式上的讲话

“永远的微笑——张钫纪念展”开幕式（2019 年 7 月 21 日）

今天，我们相聚在这里，参加《生命如此美好：故宫的苗苗》新书发布会暨“永远的微笑——张钫纪念展”开幕式，实际上是故宫博物院优秀员工张钫老师的纪念会。几年来，故宫博物院为优秀员工举办过多次纪念活动，德高望重的单士元先生、张忠培先生、于倬云先生、傅连兴先生……但是今天我们第一次为一名年轻员工举办纪念活动，因为她值得我们纪念和怀念。我之所以称张钫为老师，是因为她通过自己的言行，给予我们教育和启发，包括如何对待他人、如何对待事业、如何对待生命。

在张钫的心中，事业需要舍身投入，生命应该拥有尊严。张钫在故宫博物院工作了三年，对故宫的一草一木、一砖一瓦，都有着深厚的感情。听鲁景超教授说，苗苗小时候就爱背着画板来故宫画画，说长大之后要来故宫博物院工作。从中国美院毕业后，她如愿以偿，成为一名“故宫人”。在这个承载着她儿时梦想的地方，她铆足了劲，希望为故宫博物院发展多做贡献。张钫能写善画，热爱传统文化，对现代设计、视频制作又很在行，具有复合型能力，正是故宫博物院最需要的人才。在故宫博物院资料信息部的工作岗位上，张钫兢兢业业，恪尽职守，精神饱满地完成每一项创新设计，为古老的紫禁城和正青春的故宫博物院奉献着自己的才华和智慧。

正当工作成果不断涌现的时候，病魔使张钫离开了热爱的岗位。在美国治病期间，我曾请鲁景超教授转告她“早点康复，我们大家都等着你回来”，希望借此能给她加油打气。大家一直关注着她的病情。张钫离开后，我听到了张钫与病魔抗争的故事，对于她拥有的这种豪气和豁达深感敬佩。在医院接受治疗期间，张钫始终保持着“故宫人”的坚韧品格和顽强信念，骨头和故宫的城墙一样硬，不愿被病魔打趴下，挺直腰杆勇敢地和病魔抗争。在明知生命即将走到尽头的时刻，她仍然努力康复锻炼、刻苦学习英语，向来到病房的每一个人讲述故宫的故事，始终保持着微笑；病危的时候她强忍痛苦安慰亲人，安慰身边所有的人，在生命的最后一刻，虽然已经不能说话，但是她仍然努力对母亲做出“加油”的手势，安慰母亲要坚强，最后笑着陷入昏迷，走完人生的最后一程。这是何等高尚的境界。

无疑，张钫拥有超人的文化力量，力量来自幸福家庭的抚育，来自艺术前辈的指导，来自追求理想的努力。我认为，更重要的是来自心中拥有的人间大爱。

去年 7 月，张钫在美国休斯敦病逝，生命就此定格在她的 29 岁。这个消息令人悲伤，张钫作为“故宫人”的年轻一员，她的不幸去世，是我们故宫博物院的损失。

在安排好张钫的后事回国后，我看到鲁景超老师的精神状况、身体状况令人担忧。今天我们看到，她没有辜负女儿的临终嘱咐，为张钫感到骄傲，勇敢地面向未来的生活。我们将永远站在鲁景超教授的身边。

为了纪念张钫对待生命的感人事迹，我向鲁景超教授建议，通过“五个一”来启动张钫纪念活动，即撰写一篇纪念文章、出版一部纪念图书、举办一个纪念展览、召开一场纪念座谈会、制作一部影视作品。在张钫去世一周年的日子里，非常欣慰地看到这些成果都呈现在大家眼前。在这些文字、图片、作品、实物陈列中，我们熟悉的那个张钫又回到了我们的中间。

近年来，随着像张钫这样的年轻一代进入故宫博物院工作，慢慢改变着故宫博物院的精神面貌，让古老的故宫向公众展示出青春、活力的一面。故宫博物院的发展离不开这些年轻人。张钫在故宫博物院做的很多项目都很有趣，大家通过“永远的微笑——张钫纪念展”可以感受到。她用自己的灵气和才气，给“数字故宫”增添了瑰丽的色彩。

张钫去世后，很多人自发写了怀念文章。我看到这些文章很感动。张钫作为“故宫人”，是普通的一员，但也是特殊的一员。她虽然去世了，但她的精神不灭，仍然激励着我们。对于“故宫人”来说，故宫是我们永远的家。今天，我们纪念张钫，纪念这个在故宫绽放过灿烂青春的“故宫人”。张钫永远都是故宫的苗苗。

张钫老师用生命书写续写的故宫精神，已经成为宝贵的精神遗产，激励我们继续奋力拼搏。

来时小苗，去时大树。

（2019 年 7 月 21 日）

寄语西城区历史文化名城保护

在伟大的北京历史文化名城中，西城区不但是元明清故城所在，还是唐辽金故城所在，西周的蓟城也在宣南一带，这是北京城区建城之始。西城区承载了北京的建城史和建都史，所拥有的历史文化资源是中华文明源远流长的伟大见证，必须尽最大力量加以保护。

因此，应采取有力措施坚决落实“老城不能再拆”的重要指示精神，应汲取既往教训，禁止以房地产开发方式大拆大建、拆真建假、成片建设仿古建筑；应高度重视社会生活的延续性，以当地居民为主体施行保护工程，让他们在胡同里过上现代生活；应禁止贴面砖式的急功近利的形象工程，真正下足绣花功夫，理顺产权关系，明确公私责任，修复老城固有的生长机制；应调动多方面积极性，以院落为单位，原材料原工艺高标准修缮传统民居四合院建筑，争当历史文化名城保护的首善之区。

（2019 年 8 月 1 日）

在吉林大学“中国考古学：人类·文化·生业·社会”学术研讨会上的讲话

吉林大学“中国考古学：人类 · 文化 · 生业 · 社会”学术研讨会（2019 年 8 月 5 日）

很高兴再次来到“北国春城”、再次来到美丽的吉林大学参加今天的盛会。

这段时间有两个特殊的日子。7 月 5 日是张忠培先生逝世 2 周年纪念日，8 月 5 日，也就是今天，是张忠培先生诞辰 85 周年纪念日。今天又恰逢“中国考古学：人类·文化·生业·社会”学术研讨会召开，此时此刻，我们十分怀念张忠培先生。

在吉林大学和故宫博物院教学、任职期间，是张忠培先生事业发展的两个重要阶段。张忠培先生的考古事业也塑造了吉林大学和故宫博物院的历史。在张忠培先生和诸位师生的共同努力下，吉林大学成为国内“双一流”高校，其“双一流”的考古学科，办学历史悠久、人才培养体系完善、学术视野宽广、研究领域宏阔，为中国考古学的发展做出了巨大贡献，在国内外享有崇高的声誉。今天我们齐聚这里交流中国考古学各个方面的新发现、新进展、新观点，同气相求、增益学术，是对张忠培先生的最好缅怀和纪念。

7 月 6 日，在阿塞拜疆首都巴库举行的第 43 届世界遗产大会上，中国良渚古城遗址成功入选《世界遗产名录》。良渚文化是中国五千年文明史的代表之一。良渚文化及其研究，是中国考古学在人类文明、文化、生业和社会等领域的代表性发现和研究之一。张忠培先生在良渚古城遗址的保护、研究，良渚国家考古遗址公园的建设，申报世界文化遗产的推进等问题上，倾注了大量的心血，是张忠培先生晚年谈得最多、用力最勤的事情。良渚古城遗址申报世界文化遗产的成功，使我们更加不能忘怀张忠培先生等学界前辈的辛勤付出，更加激励我们扎实做好今后的文化遗产保护工作。

7 月 16 日，“良渚与古代中国——玉器显示的五千年文明”特展在故宫博物院开幕。在故宫博物院举办良渚玉器展览是张忠培先生的遗愿。展览开幕之后，由良渚博物院周黎明院长出面邀请了张忠培先生的夫人马淑芹老师参观了展览，展览总策展人高蒙河教授陪同讲解。马淑芹老师对展览很满意，给出了高度评价。这个展览的举办既是为张忠培先生了却了一个心愿，也是故宫博物院对张忠培先生坚持真理、无私无畏精神的一种传承。

吉林大学与故宫博物院有着长久的渊源与深厚的情谊。去年，我们双方签署了战略合作框架协议，并与吉林大学考古学院共同揭牌成立了“吉林大学—故宫博物院张忠培考古研究中心”，为国内外学者又搭建起一个高端的、开放的、多元的学术交流平台，由此吉林大学和故宫博物院双方的合作，又迈上了一个新的台阶。

英国杜伦大学是国际知名高校，其考古学专业位居世界前列。在张忠培先生的直接关怀下，故宫博物院与杜伦大学合作开展学术交流与研究，并且在海上丝绸之路重要节点阿联酋的拉丝海马遗址考古中取得初步成果。这一考古成果成为今年 7 月 15 日在故宫博物院开幕的“天下龙泉——龙泉青瓷与全球化”特展中的重要组成部分。

在故宫博物院的联络与各方的不懈努力下，吉林大学、杜伦大学、故宫博物院三方也于今年 4 月达成广泛合作，并于 5 月成功举办了“吉林大学—杜伦大学—故宫博物院学术交流周”的活动。在活动中加深了了解，增进了友谊，建立起新型、兼容、互鉴的合作交流机制，共同推进考古学和博物馆学的学科建设、人才培养和研究层次。

这些合作与成绩的取得，离不开吉林大学校领导、考古学院师生及在座诸位的共同努力和鼎力襄助，今后，我们将会一如既往高扬和继承张忠培先生为学为人精神，站在全球化视角，为中国考古学的健康、全面发展贡献力量。

（2019 年 8 月 5 日）

在国家文物局官式古建筑木构保护与木作营造技艺培训班开班仪式上的讲话

国家文物局官式古建筑木构保护与木作营造技艺培训班（2019年8月19日）

受国家文物局委托，由故宫博物院故宫学院负责承办的“官式古建筑木构保护与木作营造技艺”培训班，经过半年时间紧张繁忙的筹备工作，今天正式开班了。作为国家文物局文物博物馆人才培训示范基地之一，故宫博物院故宫学院举办官式古建筑木构保护与木作营造技艺培训班已是第六个年头，培训效果显著，学员反馈良好，所以，“官式古建筑木构保护与木作营造技艺”培训班已作为故宫学院的经典培训项目，保留并传承下来。

我们选择每年的7、8月间开班，是因为这是古建筑进行大规模维修保护的最佳时期；除了学习理论课程，还开展木作实践，伴随着故宫博物院开展的各项维修保护项目，可以深入一线开展现场教学。但是同时，7、8月的天气也比较炎热，即便如此，每期培训班学员的学习积极性都很高。本期培训班我们将延续官式古建筑木作营造技艺的主题，从课程的编排到课程的内容、形式都在以往学员反馈的基础上进一步优化，所有的授课专家都带着丰富的学识和实践经验而来，相信这一期的培训班，会办得更加出色。

我们知道，故宫博物院拥有全世界最大规模的木结构宫殿建筑群，它是封建时代传统木结构建筑最后的辉煌，留下了形制齐全、内容丰富的古建筑遗存，对于它的研究必须一直持续深入下去，这是我们每一代故宫人的任务和使命。2007 年，故宫博物院成立了古建筑研究中心，研究范围包括故宫古建筑以及其他明清皇家建筑的设计思想与文化内涵、形制演变与历史沿革、艺术成就与技术特征、科学保护与合理利用，以及中国宫殿建筑的发展、中外宫殿建筑的比较、世界文化遗产保护的理论与实践等方面。

2013 年，故宫博物院作为明清官式古建筑保护研究国家文物局重点科研基地经评估后认定通过。2014 年，故宫研究院古建筑研究所成立。科研基地和古建筑研究所成立后，充分利用故宫博物院明清官式建筑群在类型数量上的优势，组织院内外专家，全面、系统、深入地探索和研究明清官式建筑的发展历史、建筑形制、营造技艺、保护修复的理论与方法。在持续开展故宫整体保护修缮工程的新阶段，开展实施了乾隆花园、大高玄殿、养心殿等研究性保护修缮项目，这些项目已经成为最具代表性的示范项目。因此，在故宫博物院举办官式古建筑保护培训班，具有得天独厚的优势。

近年来，国家对古建筑保护的投入力度不断加大，中国官式古建筑营造技艺已经列入国家级非物质文化遗产名录。但是古建筑的保护和修缮始终是一个普遍存在的难题，尤其是一些遗存大量木构建筑的文物大省，这一问题显得尤为突出。一方面，繁重的保护任务与专业队伍、科技人才的匮乏形成很大反差，大量古建筑急需系统化、科学化的保护与维修；另一方面，古建筑的保护理念也存在争议。究竟是“保存现状”，还是“恢复原状”？而“原状”又如何界定？如何尽可能多地保存古建筑蕴含的“历史文化信息”？这些都成为我们今后的工作要面临的问题。

因此，我认为此次培训班也是一个研讨班，要实实在在地研究问题，解决问题。尤其是随着社会进步出现了很多新问题，例如修复用的材料，现在很多维修工程中加入了新做法，一些传统技艺濒临失传，进行营造技艺的抢救性研究，保障传统技艺的传承，故宫博物院一直在探索有效的途径和方法。此次培训班也希望给大家提供一个很好的学习与交流平台，在掌握先进科学技术的同时，把中国传统的工艺精华发扬光大。

此次培训班为学员们精心设计了课程主题和内容，邀请了院内外的专家授课，代表了官式古建筑理论与实践的较高水平。培训内容涉及官式古建筑的保护原则与理念、研究基础、基本知识、设计方法、保护修缮技术、工程实例与档案记录，通过官式古建筑木作营造技艺的理论授课与现场教学，使各位学员深入思考文物建筑保护的理念、原则与方法，在熟练掌握传统工艺的基础上，结合最新的古建筑保护理念，探索科学的古建筑保护理论，融会贯通，总结提高。

在座的各位学员来自全国各省市古建筑研究、保护与修缮单位的一线，具有管理、设计、施工、质量监督等不同方面的经验。古建筑的保护与修缮是一门复杂的科学，并没有放之四海而皆准的终极真理，通过此次培训，大家要学会具体问题具体分析，因地制宜地将古建筑保护修缮的科学思维与方法理念，应用于各地方的实际，这才是最重要的。

最后，衷心地祝愿大家在培训期间身体健康，学有所成。祝培训班圆满成功！

（2019 年 8 月 19 日）

在光明日报社座谈会上的发言

习近平总书记一直高度重视文物工作和文化传承。在各地调研工作期间，经常来到文物保护单位和博物馆视察并做出重要指示。近期，习近平总书记在内蒙古、甘肃考察时又针对中华文明保护和传承做出重要讲话，充分体现出对中华民族传统文化的高度重视，进一步激发了文物博物馆工作者坚定文化自信的志气、夯实了全国文物博物馆系统保持文化定力的底气。

习近平总书记一再强调，要把凝结着中华民族传统文化的文物保护好、管理好，同时加强研究和利用，让历史说话，让文物说话。特别强调保护文化遗产、弘扬传统文化，是增强民族自信的重要方式。通过对中华文化的弘扬，引导人们树立正确的历史观、国家观、民族观、文化观，不断巩固各族人民对伟大祖国的认同、对中华民族的认同、对中国特色社会主义道路的认同。

今年是中华人民共和国成立70周年。70年来，在中国共产党的领导下，文物事业发展欣欣向荣。但是我们不能忘记新中国文物事业创业时的初心。新中国成立以前，在半封建半殖民地社会中，中国的文物古迹饱受帝国主义列强的破坏，“或劫、或掠，且骗、且偷”。1949年10月中华人民共和国成立，老一代文物工作者以保护祖国珍贵文物、传承中华文明为己任，在一穷二白、极其困难的条件下，从机构设置、方针政策、指导思想、队伍建设、业务拓展乃至宣传出版各个方面，为文物事业的创业和发展做出重大贡献。1950年《禁止珍贵文物出口暂行办法》的颁发，结束了帝国主义破坏掠夺中国文物的局面。1954年“两重两利”文物工作方针的确定，使大批珍贵文物得到保护，1961年第一批全国重点文物保护单位的公布，具有重要的首创意义，所有这些都彰显出文物事业为保护文化遗产、改善人民生活、开创美好未来、传承中华文明，勇于担当的初心和勇气。

特别是改革开放以来，以《文物保护法》为核心的文物保护法律规章体系框架初步形成，文物方针政策与时俱进；文物普查、文物保护、考古发掘、文物安全督察、博物馆建设、社会文物管理、文物保护科技等方面都取得长足的进步。同时申报世界遗产捷报频传，成功承办系列大型国际会议，文物保护对外合作交流与出入境展览不断展现亮点，这些表明中国在国际文化遗产保护领域发挥出越来越重要的作用。伴随着中华民族迎来从站起来、富起来到强起来的伟大飞跃，文物事业也在快速发展，正在由一个文物大国向文物保护强国迈进。回顾70年中国文物事业发展的历程，我们倍感自豪和激励。

“文化自信是更基本、更深沉、更持久的力量。”新中国成立70年来，我国博物馆事业经历了新中国成立之初、改革开放和新世纪之初几个显著的发展高潮，我国已经稳步迈入文化遗产大国之列。今天文物博物馆资源正在成为亿万民众取之不竭的精神食粮，也让中华传统文化既有辉煌的过去，有尊严的现在，更在创新中走向未来。一代代文物保护前辈们，为新中国文物事业的创业发展，做出了不可磨灭的贡献，他们的初心就是为保护祖国文物守士有责，为弘扬中华文明执着追求，体现出高度的文化自信和文化自觉。

回顾中国文物博物馆领域70年发展成果，要思考我们是从哪里来，展望我们要到哪里去，守初心、担使命，唱响文化遗产保护传承的主旋律。今天文物博物馆事业发展与习近平总书记的殷切期待还有很大差距。大部分列入文物保护单位的文物建筑和考古遗址还没有进入安全稳定的状态；大部分博物馆的文物藏品还没有得到科学保护修复；大部分博物馆还没有摆脱门可罗雀的状态；大部分基层文物部门的机构编制还没有得到健全。

中华文化经过历史长河的洗练、峥嵘岁月的磨砺、伟大实践的锻造，是最有韧劲、最具内涵、最富生机的文化，是凝聚我们不懈奋斗的精神力量。没有文化自信和文化自觉，就不可能有发自内心的责任担当，就不可能完成艰巨而光荣的历史使命。因此，要切实落实习近平总书记关于文物博物馆事业发展一系列重要讲话，不忘初心，振奋精神，通过加强文物保护和利用，加强历史研究和传承，使中华优秀传统文化不断发扬光大。

一是高度重视文化遗产保护传承。面对城市化加速进程，在很多地区、很多情况下，历史文化名城、名镇、名村和文化遗产还处于亟待抢救的状况，因此要正确处理文化遗产保护中一系列复杂关系，全面铺开一系列重大文化遗产保护工作，逐步破解一系列文物保护实践课题，使文物事业发展跟上新时代、实现新跃升。习近平总书记一再强调，要把凝结着中华民族传统文化的文物保护好、管理好，保护好中华民族精神生生不息的根脉。2014年，习近平总书记在北京市考察工作时强调，历史文化是城市的灵魂，要像爱惜自己的生命一样保护好城市历史文化遗产。我们要本着对历史负责、对人民负责的精神，传承历史文脉，处理好城市经济社会发展和文化遗产保护的关系，切实做到在保护中发展、在发展中保护。

进入新世纪以来，故宫博物院坚持坚守的定力、奋起奋发的勇气、创新创造的活力，经过历时18年的故宫整体维修保护工程、10年的故宫文物藏品清理、8年的“平安故宫”工程，努力实现“把一个壮美的紫禁城完整地交给下一个600年”。保护文物功在当代，利在千秋。今天我们将保护文化遗产、弘扬传统文化，作为增强民族自信的重要方式。中华民族历史悠久，中华文明源远流长，中华文化博大精深。作为历史文化的有力物证，文物不仅是一个民族的宝贵文化遗产，也是一个国家文化软实力的重要载体。

二是让文化遗产重回人民生活。文化遗产来自广大民众的创造，人民群众是文化遗产的真正主人。当前广大人民群众不断增长的精神文化需求与我们所提供的文化供给严重不足。习近平总书记多次强调，要系统梳理传统文化资源，让收藏在禁宫里的文物、陈列在广阔大地上的遗产、书写在古籍里的文字都活起来。今天传承和弘扬中华优秀传统文化，要重点做好创造性转化和创新性发展，使之与人们现实生活相融相通。创造性转化，就是要按照时代特点和要求，赋予中华优秀传统文化以新的时代内涵和现代表达形式，让文化遗产资源“活起来”。创新性发展，就是要按照时代的新进步新进展，对中华优秀传统文化的内涵加以补充、拓展、完善，增强其影响力和感召力。

今天我们认识到，什么是好的文物保护状态？不再是把文物藏品锁在库房里，死看硬守就是保护好了文物藏品，而是要让文物藏品成为文物展品，重回人们现实社会生活，这才是好的文物保护状态。什么是好的博物馆？不再是建立起大规模的馆舍，等待观众参观就是好的博物馆，而是要不断挖掘文物藏品资源，凝练出强大的文化力量，不断推出引人入胜的展览，举办丰富多彩的活动，使人们在休闲的时候就会想起博物馆，走进博物馆后流连忘返地参观不愿离开，离开以后还要再来的博物馆，这才是一座好的博物馆。

三是加强青少年文化遗产教育。中华文明延续着我们国家和民族的精神血脉，既需要薪火相传、代代守护，也需要与时俱进、开拓创新。青少年是祖国的未来、人类的未来。今天，中华传统文化元素已经渗入当代年轻人感兴趣的诸多领域，包括陈列展览、图书出版、文化教育、数字技术、文化创意、影视节目、艺术摄影等，形成以中华传统文化元素为特征的博物馆文化现象。

几年来，宣传文化机构和故宫博物院合作通过《我在故宫修文物》，介绍稀世珍宝的修复过程和修复工匠的生活故事，展现了中华优秀传统文化的博大精深和精妙绝伦；通过《国家宝藏》讲述文物的前世今生，使观众在一眼千年中感悟传统文化的深沉和厚重；通过“贺岁迎祥——紫禁城里过大年”展览，还原昔日春节景象，让沉淀于历史的传统节庆文化“活”起来；通过“紫禁城上元之夜”，促进城市夜间文化活动和博物馆对民众夜间开放的兴起，一系列“故宫现象”引发社会公众的广泛关注。

这些文化创意，通过展览活动和电视艺术手段，生动呈现中华文化的基因密码和独特魅力，唤起了无数人对传统文化的崇敬和自信。最为欣慰的是越来越多年轻人走进故宫博物院，使故宫博物院的年轻观众比例不断提升。同时越来越多年轻人希望进入故宫博物院工作，一大批年轻的文物博物馆工作者成长起来。博物馆应更加主动地迎接年轻人、拥抱年轻人。将传统文化通过文化创意形成富有个性时代气息、具有民族特点的文化元素，经过宣传媒体的传播放大，惠及广大青少年的学习生活和健康成长，让传统文化以当代时尚的方式在年轻人中迸发活力，帮助年轻人将兴趣爱好发展成为可持续、有后劲的创新力量。

四是推动中华优秀文化走出去。中华文明植根于和而不同的多民族文化沃土，历史悠久，是世界上唯一没有中断、发展至今的文明。中华文化跨越时空的永恒价值和魅力，是我们的自信之根。习近平总书记强调：“我们有本事做好中国的事情，还没有本事讲好中国的故事？我们应该有这个信心！”讲好中国故事，是提高中华文化影响力的基本途径，就是要把优秀传统文化的精神标识提炼出来、展示出来，把优秀传统文化中具有当代价值、世界意义的文化精髓提炼出来、展示出来。因此，要采取丰富多彩的形式讲好中国故事，讲清楚中华民族传统文化的思想精华和道德精髓，讲清楚其历史渊源、发展脉络、基本走向，讲清楚其独特创造、价值理念、鲜明特色。

今年“良渚古城遗址”成功列入《世界遗产名录》，使中华民族拥有五千年文明的史实在国际领域获得共识，也使历史悠久的文明古国展示出中华民族的文化自信。只有充满自信的文明才能在保持自己特色的同时，包容吸收各种文明成果。几年来，来自世界各文明古国的代表云集故宫博物院举办“太和论坛”，“太和论坛”以太和殿命名，“和”文化是中华传统文化的精髓，号召人与自然之间和谐相处，人与人之间和谐相待，人的内心世界和谐相安，今日世界就会成为和平发展的和谐世界，各国代表都十分赞成中国的主张。今天我们要铸就中华文化新辉煌，就要以更加博大的胸怀，更加广泛地开展同各国的文化交流，更加积极主动学习借鉴世界一切优秀文明成果。文明因多样而交流，因交流而互鉴，因互鉴而发展。因此，要坚持从本国本民族实际出发，坚持取长补短、择善而从，在不断汲取各种文明养分中丰富和发展中华文化。

1949 年 9 月，在新中国即将诞生之际，毛泽东主席充满自信地预见："随着经济建设的高潮的到来，不可避免地将要出现一个文化建设的高潮。中国人被人认为不文明的时代已经过去了，我们将以一个具有高度文化的民族出现于世界。"70 年过去了，这个预见正在逐渐变为现实，我们迎来了文化的繁荣发展，正在为建设文化强国而不懈奋斗。习近平总书记强调："博大精深的中华优秀传统文化是我们在世界文化激荡中站稳脚跟的根基。"文化兴国运兴，文化强民族强。中国当下要增强文化自信、走向文化自强，从文化大国成为文化强国，需要有这样的文化自觉，才能使自己国家和民族的文化在面对新环境、新时代不断传承、创新和发展，在世界文化多元竞争发展格局中具有自主能力、取得自主地位，从而实现与时代同行、与世界同进。

文化承载着初心使命，时代呼唤着文化自信。新时代赋予我们新的文化使命，我们要不忘初心，牢记使命，坚定文化自信，将习近平总书记对中华文明保护和传承的高度重视和亲切关怀，熔铸为忠诚维护的情感基础、奋发进取的力量源泉，自觉成为中华优秀传统文化的忠实践行者、弘扬者，勇往直前地继续前行。

（2019 年 8 月 25 日）

在《故宫日历》2020年版发布会上的致辞

今天我们在这里举行《故宫日历》的新书发布仪式，回首看，新版《故宫日历》已经陪伴大家度过了十一载岁月。

1925年，故宫博物院正式成立，当时的故宫博物院先贤在文物清典、整理的同时，自觉地以“服务公众为本，播扬文化为宗”，出版了各类印刷品，介绍故宫宫殿建筑、故宫博物院文物藏品或是明清档案。《故宫日历》就是大众普及读物中的一种。

时隔77年后的2009年，《故宫日历》进入了故宫出版社的视野，经过一番酝酿，以1937年版《故宫日历》为蓝本的2010年版《故宫日历》正式问世。既有传承，也有发展。原汁原味的“复刻版”，是致敬90余年的博物院、致敬前辈故宫人。这本穿越时光的日历，洗去旧尘，崭新的、宫墙一般的朱红色布面，书名烫金，保留了原有的《史晨碑》集字，大方典雅却不失古意。装帧上，一改曾经悬挂壁上、穿线竖翻、每日撕页为主的旧有方式，以横陈案头、左右翻页、无须撕拆的全新面貌来到大家面前。

2011年版《故宫日历》的编纂，将过去不设主题、图片随机的编排方式改为以主题化、系列化表达的思路进行呈现，生肖开始作为线索，或隐或显地呼应主题。

2012年，壬辰年的生肖龙，不仅是遍及整个紫禁城的符号，也是中华民族的图腾。于是，在“紫禁龙时空”的主题下，陶瓷、青铜、书画、珐琅……十二个类别，一一呈现。这一年，实现了全彩印刷，真实准确地呈现文物藏品。

2013年，癸巳年，生肖蛇。由于文物中蛇的形象较少，因此另辟蹊径表现故宫藏品中的草木山川，以“山水有清音”为主题、取材山水画作、辅以文玩器用，每一页增加了优美的文字说明，展现古人寄情山水的诗意生活。

2014年，恰逢农历甲午年，生肖马。以唐人李贺《马诗》中“快走踏青秋”之句为题，选取故宫珍品与国内外馆藏出土文物，以脍炙人口的唐宋诗句为切入点，为读者展现周秦汉唐奔腾而来的天马神骏，追忆铭记千年的豪情逸兴、征战家国。

2015年，恰逢故宫博物院建院90周年，以“美意延祥年”为主题，为院庆贺寿，选取精美的故宫珍宝，涵盖福、禄、寿、喜、春等美好寓意的各类文物，得到读者的广泛喜爱。这一年，《故宫日历》的销量达20余万册。

2016年，丙申年，生肖猴。因猴生性活泼机敏，编纂者以展现古人生活及娱乐为方向，精选院藏文人画或宫廷画中表达庆演、歌舞、钓乐、童趣等极为生动的绘画场景，受到了公众广泛好评。

2017年和2018年，丁酉鸡年和戊戌狗年，结合各自生肖的形象性格，鸡有武勇之德、报晓之信，狗有忠勇之德、护主之义；分别以“鸣曲奏吉祥”以及“瑞兽祝昌隆”为主题，选取仙禽瑞鸟与萌宠瑞兽相关的文物。

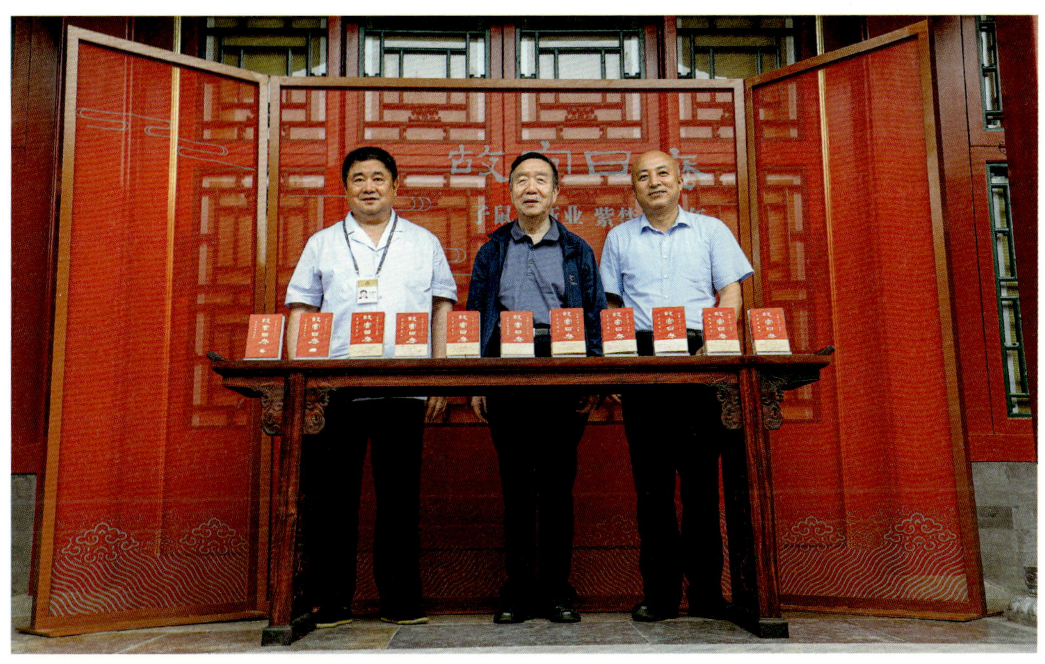

《故宫日历》2020 年版首发式（2019 年 8 月 26 日）

2019 年，己亥年，生肖猪。选取院藏文物中表现饮食的文物，蔬鲜丰盈、盛宴相欢，为读者呈现古人宴饮文化。

《故宫日历》这十余年来的发展历程，从一本默默无闻的书，迅速成长，目前统计已累计发行 300 万册，还多次作为国礼赠送外国友人，被大家亲切地称为“中国最美的日历”“故宫红宝书”。

2020 年紫禁城将迎来她的 600 岁生日，2019 年伊始，《故宫日历》编辑团队决定将紫禁城建筑和历史作为表现的主题。这一版与以往遴选文物的方式不同，他们尽力将现存规模最大的中国古代木结构建筑群“搬”进书中，与读者一同开启一次紫禁城六百年的时空之旅，进行一场古今对话。

自 20 世纪以来，皇宫转变为博物馆，从秘不示人成为全民共享，故宫博物院承载着文化、艺术、历史的丰富内涵，是时代的见证者和经典的承载者。故宫博物院正走向百年历史进程的重要时期，值此关键时期，《故宫日历》一直在致力于努力唤醒“深藏在禁宫中的文物”，努力实践让参观者能够“把故宫文化带回家”，通过高雅却可亲近、通俗但不媚俗的形式和内容吸引读者，并由此加强了传统文化和古代艺术的宣传普及，履行了博物馆教化育人的使命，实现了紫禁城的“延伸”。

希望这本日历，能让人们在一整年的时间里时时感受到故宫的陪伴、故宫文化的浸润，是我们每一个故宫人的心愿。

（2019 年 8 月 26 日）

在 2019 第三届孔学堂·国学图书博览会开幕式上的致辞

贵州孔学堂·国学图书博览会开幕式（2019 年 8 月 30 日）

很高兴又一次来到多彩的贵州、爽爽的贵阳。贵州山清水秀，气候宜人，文化多彩，是宜居宜业宜游的好地方。今天，我们齐聚孔学堂·国学图书博览会，共享中华优秀传统文化阅读盛宴，以举办专题国学图书博览会的形式，传承和弘扬中华优秀传统文化。

我多年从事文化遗产保护工作，对传统文化的传承和保护有切身感受和直观认识。中华传统文化是中华民族的文化根脉，中华文化遗产是不可再生的珍贵文化资源，是国家的“金色名片”。党的十八大以来，习近平总书记多次提出“要系统梳理传统文化资源，让收藏在禁宫里的文物、陈列在广阔大地上的遗产、书写在古籍里的文字都活起来，使中华优秀传统文化成为涵养社会主义核心价值观的重要源泉，努力建设社会主义文化强国”等文化发展理念。8 月 19 日至 22 日，习近平总书记在甘肃考察时强调，“要十分珍惜祖先留给我们的这份珍贵文化遗产，坚持保护优先的理念，加强石窟建筑、彩绘、壁画的保护，运用先进科学技术提高保护水平，将这一世界文化遗产代代相传”，“要做好长城文化价值发掘和文物遗产传承保护工作，弘扬民族精神，为实现中华民族伟大复兴的中国梦凝聚起磅礴力量”。习近平总书记的这些重要论述，为我们保护、利用和传承好中华优秀文化遗产指明了方向。

那么，应该如何做好文化遗产的保护和传承呢？我认为核心理念应是两条：第一条是世代传承性，第二条是公众参与性。世代传承性，表明文物保护是一个历史过程，每一代人都有他的责任。而公众参与性，则表明文化遗产保护是全民的事业，每个人都有保护的权利，也都有保护的义务。文化遗产保护不是把文物锁在库房里面，死看硬守就是好的文物保护状态。而是应该把文物藏品悉心地进行修复保护，让它们保持健康的状态，让它们重新回到人们的生活中。还要把文化遗产保护的知情权、参与权、监督权和受益权等更多权利赋予广大民众，通过展示和教育，让人们自发热爱祖国文化遗产。

故宫博物院历来是人们到北京游览参观的重要目的地。近年来，故宫博物院进行了很多尝试，软硬件条件都有极大的改进和提升，使人们参观故宫博物院的感受越来越好，参观意愿越来越强，不仅是迈开双脚走进故宫博物院，而且可以通过登录网站等途径，来更多地接触故宫博物院的文物藏品、陈列展览，还可以通过互动，更加多元地参与到故宫博物院的活动中来，还有很多人通过文化创意产品来了解故宫博物院，这些融入现实生活的改变，让人们对故宫博物院的感觉更加亲近。回过头来看，这些年我们尝试过一些举措，无论是互联网上的内容传播，还是特色文化创意产品，均起到很好的效果。同时，故宫出版物也是参与故宫展示教育的重要力量。这些都使越来越多的人成为热爱故宫、热爱博物馆的新群体。

新时代博物馆文化发展目标，将从满足广大民众日益增长的文化需求，拓展到保障广大民众的基本文化权益，再拓展到让广大民众共享文化发展成果。我们希望更多的人参与到文化遗产的保护和传承中来，让博物馆更加丰富多元的文化元素以及强大的文化资源，与当下中国人的生活、审美和需求有效地对接，让博物馆成为大家取之不竭的精神食粮，也让中华传统文化既有辉煌的过去、有尊严的现在，也能健康地走向未来，推动中华优秀传统文化的“创造性发展、创新性转化”。

中华文化源远流长，浸润在每一个中国人的血脉里生生不息，记载在每一本出版物的表达中薪火相传，我们从内心深处强烈认同民族文化承载的价值理念，增强坚持文化自信的自觉、坚定文化自信的自豪。在这里，博物馆人和出版人携起手来，做中华文化忠实的守望者。最后祝第三届孔学堂·国学图书博览会圆满成功！

（2019 年 8 月 30 日）

在中国文物学会第八届理事会第二次会议上的讲话

中国文物学会第八届理事会第二次会议（2019 年 9 月 3 日）

今天，我们召开中国文物学会第八届理事会第二次会议。我们这次会议的主题是：不忘初心、牢记使命，做好新时代学会工作。刚才，黄元副会长已经就 2018 年的工作做了总结。在这一年我们召开了中国文物学会第八次代表大会，进行了换届改选，这是一个具有标志性的节点，标志着自 2012 年 6 月以后的 6 年时间里，学会组织建设不断改革，业务建设不断创新，队伍建设不断壮大，业务覆盖面越来越广泛，学术氛围越来越浓郁，工作出现新气象，恢复了一个学术团体的本色和品质。

尽管我们的工作有困难、有曲折、有压力，但是中国文物学会理事会和各个分支机构负责人忠于职守，共同为实现价值引领和文化担当做出了辛勤的努力，尽职尽责履行了社会组织参与文物保护的社会责任。

下面，我讲三个问题。

一、坚持不忘初心、牢记使命，进一步坚定文化自觉和文化自信

不忘初心、牢记使命，是贯穿于党的十九大报告的鲜明主题。我们不能忘记中国共产党建党时的初心。十九大胜利闭幕后，习近平总书记带领新一届中央政治局常委重访上海中共一大会址和浙江嘉兴南湖红船，回顾建党历史，追溯党的根脉，解读党的初心，重温入党誓词。习近平总书记指出，“事业发展永无止境，共产党人的初心永远不能改变。唯有不忘初心，方可告慰历史、告慰先辈，方可赢得民心、赢得时代，方可善作善成、一往无前。”最近，习近平总书记在甘肃视察工作，参观了敦煌莫高窟、嘉峪关长城，以及中国工农红军西路军纪念馆，体现出对文化遗产保护利用的高度重视与支持。他在红军西路军纪念馆指出：“新中国是无数革命先烈用鲜血和生命铸就的。要深刻认识红色政权来之不易，新中国来之不易，中国特色社会主义来之不易。西路军不畏艰险、浴血奋战的英雄主义气概，为党为人民英勇献身的精神，同长征精神一脉相承，是中国共产党人红色基因和中华民族宝贵精神财富的重要组成部分。我们要讲好党的故事，讲好红军的故事，讲好西路军的故事，把红色基因传承好。”这是对我们做好文物工作的激励与鼓舞，也是对我们开展“不忘初心、牢记使命”主题教育的诠释与指导。作为中国文物学会，要善于运用红色资源充实主题教育内容，弘扬中国共产党人建党时的奋斗精神，始终为人民的利益保护利用好文化遗产，始终保持对人民的赤子之心。

我们不能忘记新中国文物事业创业时的初心。新中国成立以前，在半封建半殖民地社会中，中国的文物古迹古董饱受帝国主义列强的破坏，“或劫、或掠，且骗、且偷”。1949年10月中华人民共和国成立，郑振铎、王冶秋出任文化部文物局首任局长、副局长。他们以保护祖国珍贵文物、传承中华文明为己任，在一穷二白、极其困难的条件下，从机构设置、方针政策、指导思想、队伍建设、业务建设乃至宣传出版各个方面，为文物事业的创业和发展做出重大贡献。1950年，中央人民政府政务院颁发《禁止珍贵文物出口暂行办法》，结束了帝国主义破坏掠夺中国文物的局面。1954年“两重两利”文物方针的确定，1956年的第一次全国博物馆工作会议、全国考古工作会议的召开，1959年中国革命历史博物馆的落成，1961年国务院《文物保护管理暂行条例》和第一批全国重点文物保护单位的公布等，一系列具有首创意义的重要事件，都彰显文物事业为人民建设美好生活保护文化遗产、为开创美好未来传承中华文明而勇于担当的初心。郑振铎、王冶秋、任质斌等老前辈，他们为新中国文物事业的创业发展做出了不可磨灭的贡献；他们的理想信念、学者品格、敬业精神、廉洁风范，永远是我们学习的榜样。

我们也不能忘记中国文物学会成立时的初心。1984年4月，一批刚从工作岗位上离休的德高望重的老前辈，发起成立了中国老年文物研究学会，这是中国文物学会的前身。他们提出，中国文物学会一不要国家行政编制，二不要国家拨给经费，三不要国家分给房子。他们不辞辛苦，不计报酬；没有经费，开展活动“化缘”筹集经费；没有办公用房就在老红军王定国同志的家里办公，后来借用房屋办公，几经辗转搬迁。中国文物学会从成立之始，就

以保护中华文物为宗旨，以弘扬中华文化为己任，以组织文物保护学术研究活动为特征，为文物保护奔走呼吁、建言献策，开展了大量的工作，保护了一批珍贵文物，也使中国文物学会成为文物界知名的学术团体。革命老前辈创建学会时的初心，就是为保护祖国文物守土有责，为弘扬中华文明执着追求，体现出高度的文化自信和文化自觉。他们的守土有责、博学多识和文化担当，为文物事业做出了无私的奉献，激励我们推动学会工作不断前进。

当前，全党正在开展不忘初心、牢记使命主题教育，中国文物学会党支部也被列入第一批开展教育的单位，按照国家文物局的要求和步骤开展了教育活动。我们坚持不忘初心、牢记使命，就是要立根固本，保持忠诚干净担当的本色。文物事业发展永无止境，共产党人的初心永远不能改变。当前中国文物学会各项工作、分支机构的各项活动，都要以“不忘初心、牢记使命”为指导，切实学习贯彻习近平新时代中国特色社会主义思想，学习习近平总书记热爱文化、珍爱文化遗产的真挚情怀和传承文明、弘扬文明的高度自觉，落实习近平总书记对文物工作系列重要指示精神，切实增强做好新时代文物工作的思想自觉和行动自觉，增强本领和能力，坚定文化自信，保证中国文物学会发展的正确方向。

二、以庆祝中华人民共和国成立70周年为主线，开展好今年的学术活动

今年是中华人民共和国成立70周年。70年来，在中国共产党的领导下，文物事业发展欣欣向荣。特别是改革开放以来，以《文物保护法》为核心的文物保护法律规章体系框架初步形成，文物方针政策与时俱进；文物普查、文物保护、考古发掘、文物安全督察、博物馆建设、社会文物管理、文物保护科技等方面都取得长足的进步；申报世界遗产捷报频传，成功承办系列大型国际会议，文物保护对外合作交流与出入境展览不断展现亮点，表明中国在国际文化遗产保护领域发挥出越来越重要的作用。伴随着中华民族迎来从站起来、富起来到强起来的伟大飞跃，文物事业也在快速发展，正在由一个文物大国向文物保护强国迈进。回顾70年中国文物事业发展的历程，我们倍感自豪与震撼。

最近，传统建筑园林委员会、20世纪建筑遗产委员会和新成立的盐业文物委员会联合在自贡市举办中国建筑遗产保护70年学术论坛，思考交流新中国70年传统建筑遗产、20世纪建筑遗产保护成果与成功经验，率先拉开庆祝新中国成立70周年学术研讨的帷幕。中国文物学会还将在国庆节前夕组织老专家座谈会，回顾文物事业70年发展成果，展望未来发展方向。工业遗产委员会也即将在郑州市举办以庆祝中华人民共和国70华诞为主题的研讨会，梳理新中国工业化发展的巨大成就，研讨工业遗产保护的理念和举措，这是一件非常有意义的学术命题。各个专委会也要围绕庆祝中华人民共和国成立70周年这个主题，举办好今年的学术研讨，回顾本专业领域70年发展成果，研讨我们是从哪里来，展望我们要到哪里去，守初心、担使命，唱响文物保护利用改革的主旋律。

今年6月初，中国文物学会部分副会长在自贡召开了一个办公会议，讨论了今后的工作。其中一项重要内容就是要发挥学会资源优势，拓展业务培训工作。中国文物学会广泛联系着

文物博物馆界专家学者以及高校的教授导师，具有良好的人才智力师资资源；学会在北京顺义区建立培训基地，具有良好的教学环境和条件，我们要把这块培训阵地充分运用起来；学会分支机构覆盖着文物保护方面众多专业，具有良好的专业氛围。文物事业的发展在党，也关键在人，在于人才的培养、专业技术人员的培训提高。这种培训包括理念理论、实践操作，也包括传统文物保护技艺的师承制的传承。这是一项具有重要意义的工作，我们将投入力量把这项工作开展起来，坚持下去。同时也希望各个分支机构能够将培训工作列入计划，把我们这个培训阵地充分利用起来，坚持理论联系实际的学风，培养人才，多出学术精品。

同时，中国文物学会还将举办好或参与好一些品牌项目。中国文物学会与中国文物报社联合举办的全国文化遗产十佳图书年度推介活动，已经坚持开展3年，取得良好的社会效益。中国文物学会还将与中国博物馆协会、中国文物报社联合举办“全国革命文物保护利用优秀案例宣传推介活动”，推介革命文物在维修保护、展示传播、社会教育、文化创意研发和红色旅游方面的成功经验，为革命文物保护利用营造良好的舆论氛围。

在这里，我们要表扬古村镇专业委员会。前年，中国文物学会委派郑国珍副会长到古村镇专委会担任会长。最近，古村镇专委会在四川省泸县进行换届选举，并举办主题为文旅融合背景下古村镇保护利用的论坛，体现出新时代、新思路、新举措的特点。郑国珍会长在论坛上带头做“致力文化传承、深化文旅融合——学习领会习近平总书记《〈福州古厝〉序》等讲话精神”的主旨演讲，以铭记重托厚望、致力文化传承、深化文旅融合为题，深入诠释了习近平总书记对文化遗产保护系列重要指示的内涵，帮助与会人员深刻理解习近平总书记的文化思想，阐述文旅融合背景下古村镇保护的新思路，赢得大家的好评。与会专家学者在论坛发表的演讲也都主题鲜明，内容翔实，具有时代特色。目前由古村镇专业委员会承办的“走进传统村落——中国优秀古村镇宣传推介活动”正在启动，通过推介优秀古村镇，展现古村镇的历史、文化、科学、艺术、社会、情感等方面价值，展示古村镇的和谐自然之美、淳朴人文之美、厚重历史之美，传播优秀传统文化，增强公众的文化自信，吸引社会广泛关注并参与到古村镇保护传承、活化振兴上来，这是一个具有重要意义的项目。工业遗产委员会启动编撰“中国工业遗产故事丛书”，古村镇专业委员会启动编撰“历史文化名镇名村丛书”，青铜器专委会启动编撰“洛阳曹魏大墓出土石牌拓本”，我们期待这些活动和项目能够办成精品工程，也希望各个分支机构充分挖掘潜力，把专委会开展的活动办成品牌项目、精品工程。

三、从加强管理入手，推动中国文物学会工作制度化、规范化

今天，我们要进一步加强中国文物学会的管理，推进学会工作的制度化、规范化。在“不忘初心、牢记使命”教育活动中做好整改工作，落细、落小、落实。在昨天晚上召开的中国文物学会第八届常务理事会第二次会议上，审议通过了《分支机构管理办法》《关于加强党风廉政建设规范“三重一大”事项的决策制度》《人事管理制度》等一批制度，就是要进一步提高中国文物学会工作的制度化管理水平。

一是突出中国文物学会建设的政治性。十九大修订的《中国共产党章程》，2016年中办国办印发的《关于改革社会组织管理制度促进社会组织健康有序发展的意见》，以及去年11月中央组织部印发的《中国共产党支部工作条例》，都对社会组织党的建设做出明确规定。去年国家文物局开展的巡视工作，对中国文物学会党的建设提出要求。我们按照要求，在《中国文物学会章程》中增加了关于设立党的基层组织、践行社会主义核心价值观等条款。按照规定，中国文物学会成立了党支部，由黄元同志担任党支部书记，围绕党章赋予党的基层组织的基本任务开展工作。

我们要求，凡有条件的分支机构都要建立临时党小组，保证专委会遵守政治纪律、政治规矩。同时按照落实意识形态责任制的要求，中国文物学会与各分支机构签订了意识形态工作责任制，在日常工作中严格实行研讨会、论坛备案制度，加强对学术研讨发言报告的政治把控，抵制错误理论、违规言论的滋生传播。无论是中国文物学会理事会还是各分支机构负责同志，都要提高政治站位，切实树立“四个意识”“四个自信”，做到“两个维护”，保证中国文物学会发展的正确方向。

二是注重管理工作的制度性。新修订的《中国文物学会分支机构管理办法》，对分支机构工作中应该遵守的制度做出规定。这个办法既吸收了最近几年来中办国办及民政部对社会组织管理改革措施，也总结了中国文物学会在各项管理方面的经验和不足，将办法进行了健全完善。同时也要求各分支机构建立起工作规则。我们还对财务收支管理、聘用人员管理及薪酬管理、档案和印章管理等都建立起制度。中国文物学会的组织与企事业单位比较，相对比较松散，但是不能涣散，不能无视组织纪律、我行我素。我们要通过制度来管人管钱管事，规避风险，营造风清气正的良好工作环境。

三是保持中国文物学会学术性、非营利性。学术性、非营利性是《中国文物学会章程》对学会性质的明确规定。学术性是学会的根本品质，开展学术活动、搭建学术研究交流平台是学会生命力的体现。非营利性是根本属性，不能以营利为目的来经营学会，不能追逐经济利益。当然，中国文物学会开展活动、维持日常工作需要经费的支撑，这些经费来源于会费、社会赞助和有偿服务。近些年来我们反复强调，中国文物学会不介入社会收藏、文物市场、文物鉴定，现在还要加上一条，不参与社会资金募集活动。这要成为我们坚守的基本原则。我们按照国家文物局巡视组的要求，撤销了收藏鉴定委员会。这既是我们坚守这条基本原则的体现，也是严肃中国文物学会纪律的举措。

四是维护财务收支的规范性。最近一个时期，各个主管部门强化了对社会组织的审计，既有社会审计，同时也纳入政府审计范畴。我们重新修订了《中国文物学会经费收支管理办法》，对经费收支的标准、审批程序、管理措施都做出细致的规定。同时对审计中提出的具体问题，都有针对性地进行了整改。这些问题，大多体现于分支机构的经费支出、财务报销的不规范性，特别是经费比较充裕的分支机构，问题也发现得比较集中。我们必须强调，一定要坚持财务制度，规范经费收支行为。中国文物学会财务实行集中管理，一个银行账号，一本财务账目，一个会计核算，一支笔审批。同时各分支机构在授权范围内，按照分级使用的原则，使用好、管理好业务经费。首先要确保收入，特别是会费收缴要到位。其次是支出行为规范，做到购物有明细，出差有审批，补贴有标准，劳务打入卡。10万元以上大额资金运转使用，必须集体研究决定，三人以上签字。同时要求大家严格遵守八项规定，坚持廉洁自律，防范廉政风险。

五是强调组织建设的严肃性。中国文物学会目前已经有27个分支机构，最近计划成立的分支机构还有3个。分支机构多了，说明中国文物学会的队伍扩大了，影响更加广泛了，同时管理责任也更加繁重了。我们强调，分支机构要有工作规则、有领导班子、有会员队伍、有集体活动，这四者缺一不可。目前，各个分支机构集中在进行换届改选工作，要通过换届改选，建设忠诚干净担当的领导班子。还有一些专业委员会两三年没有活动，处于涣散停顿状态，对于这种情况，中国文物学会要提出警告，督促他们健全组织、恢复活动，长期没有活动的将予以撤销，维护学会组织纪律，维护学会的声誉。

各位同人，办好中国文物学会的事情任重而道远，需要有锲而不舍、驰而不息的艰苦奋斗，也需要理事会全体理事、分支机构同人携手并进、同舟共济、锐意进取。我们不断探索适于自身发展的模式，已经取得了一些成绩，但是不能懈怠，需要加倍努力。我们要为文物事业的发展尽心尽力，为中国文物学会事业的进步尽职尽责；不忘初心、牢记使命，不懈追求、接力奋斗，把中国文物学会办得富有生机活力，迎接国庆70周年的到来。

（2019年9月3日）

在江西博物馆文化创意产品开发培训班结业仪式上的讲话

江西博物馆文化创意产品开发培训班今天顺利结业了，我代表故宫博物院，向完成本次培训的各位学员表示热烈的祝贺。

本次培训班，江西省文化和旅游厅与故宫博物院一道，加强交流合作，促进共同发展。博物馆要在历史和继承的基础上，有所创造、有所发展。博物馆是中华优质文化资源的集中保存地，作为文物博物馆领域的工作者，在实现中华民族伟大复兴的中国梦的实践中，担负着深入挖掘和阐发中华优秀传统文化价值的神圣职责。因此，更应该利用馆藏优势，利用藏品所蕴含的传统文化底蕴，把中国的传统文化精髓创意设计到文化创意产品当中，并且让它融入人们的生活。

故宫有186多万件（套）文物藏品，从这些藏品中，人们既可以感受到追求卓越的工匠精神，又能看到最优秀的文化创意思想以及制作工艺；既可以领略古人的智慧，也可以对当前的创新有所启发与借鉴。而如何把这些经典揭示出来，让博物馆的藏品活起来，是博物馆的责任。基于这种理念，我们的文化创意研发团队始终致力于深入发掘、传递丰富而优秀的传统文化信息，同时结合民众的需要，赋予文化创意产品实用性和趣味性。本期培训班，正是就文化创意的人民性开展的一次成功交流。

本期培训班，由故宫学院负责承办。故宫学院成立于2013年11月，是一所业务培训和教育机构。故宫博物院要建设成为世界一流的博物馆，充分发挥展示中华文明、引领文物博物馆事业的典范作用。实现这一目标，人才是基石、人才是关键，因此，我们要把人才培养工作作为博物馆工作的基础，作为一项长期任务来抓。故宫学院的业务主要分为四个板块，分别面向是故宫博物院院内员工培训、国内博物馆界及相关业界培训、国际业界培训和公众教育。培训的目的是为文化遗产保护事业和博物馆事业的发展注入新的活力，为从业人员的更新换代和专业、年龄结构的合理配置提供保障。故宫学院成立近六年来，各类培训项目都在稳步开展，成效卓著。本次培训班在赵国英副院长的带领下，由科研处组成管理组，负责课程设置、专家选题、教学管理等方面的工作，在这里也向他们的辛苦付出表示感谢！

今天是个收获的日子，衷心期望每一位学员都能够在这次培训中有所收获，融会贯通地将本次培训所学到的文化创意产品开发的理念和思路，用于以后的工作实践当中。

（2019年9月10日）

在中国文物学会与中国文物报社联合举办文博界老专家庆祝中华人民共和国成立70周年座谈会上的发言

今天，中国文物学会与中国文物报社联合举办“壮丽七十年 奋进新时代”——文博界老专家庆祝中华人民共和国成立70周年座谈会。这是一个很好的主题。参加会议的有98岁的谢辰生老先生，是为新中国文物事业奋斗了一生的老前辈。有国家文物局的老领导，有文博界的老专家，为新中国文物事业守土有责、奉献担当。还有就是我们这一代新中国成立后50年代出生的老同志，经历了新中国发展的风风雨雨，与祖国同命运、共成长，如今也过了花甲之年。

70年来新中国文物事业与祖国风雨同舟、与时代乘风破浪，取得举世瞩目的成就。

新中国成立以前，在半封建半殖民地社会中，中国的文物古迹饱受帝国主义列强的破坏，“或劫、或掠，且骗、且偷”。1949年10月中华人民共和国成立，郑振铎、王冶秋出任文化部文物局首任局长、副局长。他们以保护祖国珍贵文物、传承中华文明为己任，在一穷二白、极其困难的条件下，从机构设置、方针政策、指导思想、队伍建设、业务建设乃至宣传出版各个方面，为文物事业的创业和发展做出重大贡献。1950年，中央人民政府政务院颁发《禁止珍贵文物出口暂行办法》，结束了帝国主义破坏掠夺中国文物的局面。1954年“两重两利”文物方针的确定，以及围绕社会主义建设的发展出台了一系列政策法规性文件。1956年第一次全国博物馆工作会议、全国考古工作会议的召开，1959年北京十大建筑中就有博物馆类文化建筑4座，1961年国务院《文物保护管理暂行条例》和第一批全国重点文物保护单位的公布等，一系列具有首创意义的重要事件，都彰显文物事业为人民建设美好生活保护文化遗产、为开创美好未来传承中华文明而勇于担当的初心。郑振铎、王冶秋、任质斌等老前辈，他们为新中国文物事业的创业发展做出了不可磨灭的贡献；他们的理想信念、学者品格、敬业精神、廉洁风范，永远是我们学习的榜样。

改革开放以来，文物事业伴随着经济建设的快速发展而发展。1982年全国人大常委会通过《文物保护法》，2002年再次修订，推动文物工作进入法治化轨道，至今已经形成以《文物保护法》为核心的法律法规体系。1992年召开的全国文物工作会议，提出“保护为主、抢救第一”方针。此后，伴随着对文物工作认识的不断深化，又提出“有效保护、合理利用、加强管理”的原则，最终在2002年整合为“保护为主、抢救第一、合理利用、加强管理”十六字方针，写入《文物保护法》。

文物保护力度明显加大。国家已经公布7批全国重点文物保护单位，共计4296处；国家历史文化名城135座。全国重点文物保护单位基本得到良好的保护修缮。特别是2008

年“5·12”抗震救灾文物保护行动取得重大成果。传统村落保护取得成效，革命文物、工业遗产、文化景观、文化线路、20 世纪建筑遗产保护稳步展开。

考古工作扎实推进。一批重要考古发现提升了考古工作的社会影响力，人类起源、文明探源、边疆考古、航空遥感考古、水下考古得到社会广泛关注。

大遗址保护获得良好的社会效益和经济效益，国家考古遗址公园建设使文物保护成果惠及民众。

世界文化遗产事业取得重大突破。自从 1982 年中国加入世界遗产公约以来，至 2019 年已经有 55 处文化与自然遗产列入《世界遗产名录》。其中世界文化遗产 32 项、世界文化景观遗产 5 项、世界文化与自然双遗产 4 项、世界自然遗产 14 项。

博物馆建设日新月异，社会效益不断提升，免费开放受到公众拥护，文化创意产品丰富社会文化生活。

对外交流与合作不断扩大。政府间交流深入发展，与国际组织合作不断加强，成功举办若干大型国际组织大会，中国在国际文化遗产保护领域的地位和作用不断提高。

党的十八大以来，中国特色社会主义进入新时代，文物事业改革发展迎来历史最好时期。党中央、国务院高度重视文物保护工作。习近平总书记对文物保护做出系列重要指示。特别是“要像爱惜自己的生命一样保护好城市历史文化遗产”，“要留得住青山绿水，记得住乡愁”，“让收藏在禁宫里的文物、陈列在广阔大地上的遗产、书写在古籍里的文字都活起来”等等一系列重要指示，提出了文物保护的新理念、新思路、新举措。我们看到，中办国办印发《关于加强文物保护利用改革的若干意见》，推进文物保护利用改革纵深发展。出台《长城、大运河、长征国家文化公园建设方案》《长城保护总体规划》《大运河文化保护传承利用规划纲要》，推动实施革命文物保护利用工程，实施亚洲文化遗产保护行动，等等。我们感到非常高兴。

回眸 70 年取得的成果，我们为文物事业的发展感到自豪。展望新时代文物事业发展的前景，我们增强了文化自信。我们要落实习近平总书记的重要指示，努力走出一条符合国情的文物保护利用之路，为开创新时代文物事业改革发展新局面做出应有的贡献。

（2019 年 9 月 12 日）

在中央文史研究馆双周文化座谈会上的发言

今天双周文化座谈会的题目是《中外文化交流的历史、现状与未来》，现在仅就把中华五千年文明史告诉世界、加强世界文明古国文化交流、讲好“一带一路”文化交流故事、发挥故宫文化交流独特作用等问题，谈一点肤浅的认识。

一、把中华五千年文明史告诉世界

长期以来，国际社会总有人质疑中华五千年文明史的真实存在。实际上，中华人民共和国成立后，特别是改革开放以来，通过考古学家和历史学者们的共同努力，在祖国各地不断揭示出中华五千年文明的大量遗址、遗存，犹如满天星斗，璀璨夺目。今年7月6日，在阿塞拜疆举行的联合国教科文组织世界遗产委员会第43届会议上，“良渚古城遗址”成功列入《世界遗产名录》，成为中华五千年文明当之无愧的实证。

良渚文化是中国史前时期最为灿烂的文化瑰宝之一，以玉器为代表的出土文物是良渚古城遗产价值的重要承载。进入新世纪以来，良渚古城遗址的发现进一步揭开了良渚文化的神秘面纱。考古研究实证良渚古城的宫殿区、内城、外城呈向心式三重布局，其中内城面积约3平方公里，外城面积约6.3平方公里。三重城墙体现了中国最早建构王城的方式，这种方式一直得到传承，形成中国古代都城发展中最基本的形制。集中体现良渚文化智慧的还有庞大的水利系统，是目前已发现的世界上最早的大型堤坝系统。

习近平总书记指出，良渚遗址是实证中华五千年文明史的圣地，是不可多得的宝贵财富，我们必须把它保护好。在“良渚古城遗址”列入《世界遗产名录》10天后，“良渚与古代中国——玉器显示的五千年文明展”在故宫博物院隆重开幕。庆祝中华人民共和国成立70周年，故宫博物院举办良渚文明展览意义非凡。这是两个世界文化遗产，跨越时空的交流与对话，展品年代跨度从新石器时代良渚文化时期到明清时期，贯穿中华文明上下五千年，完整、系统地反映5300—4300年前良渚文明的早期国家特征，以及对后世文化的影响。

举办良渚与古代中国展览，对于在世界范围内推广传播良渚古城遗址的遗产价值，追溯中华文明的历史渊源，构筑中华文明的标识体系，坚定中华民族的文化自信方面，具有特殊的文化意义，也让更多的国内外观众了解良渚古城遗址是实证中华五千年文明史的圣地。

实际上，越来越多的考古资料证明，中华文明的发祥地，不只是黄河流域，还包括长江流域。越来越多的考古资料又证明，除了黄河流域和长江流域，还有许多上古的文化遗存散布在全国各地。因此，中华文明的组成，既包括定居于黄河、长江流域，较早以农耕为主要生活来源的华夏文明，也包括若干以游牧为主要生活来源的少数民族文明。中华文明的演进过程，是多种文明因素的整合。整合的模式是以华夏文明为核心，核心向周围扩散，周围向核心趋同，核心与周围互相补充、互相吸收、互相融合。[1]

以联合国教科文组织 1972 年《保护世界文化与自然遗产公约》为核心形成的世界遗产保护运动，是人类文明进步的重大成果，体现了当今人类在文明上的自觉。它向人类社会提出了关于遗产的简洁而永恒的理念，即它们不仅是当地人的，也是全民族乃至人类共同遗产；它们不仅是当代人的，也是子孙后代的宝贵财富，未来世代同样有权利面对这些遗产，同样需要与历史与祖先进行感情与理智的交流。因此，对于世界遗产，当代人只能不遗余力地保护，在守望与传承的同时，适当地加以利用。

1985 年中国加入《保护世界文化和自然遗产公约》，这是中国文物保护加入国际文化遗产事业的一个极为重要的步骤，不仅影响着人们对传统文化的认识和态度，也影响着新的文化观念形成，使人们以更深刻的文化思考和更广阔的文化视角，来审视中国文化遗产在人类整体文化中所具有的地位、作用和应当承担的责任。经过 40 年来的不懈努力，中国已经从一个文化遗产保护技术的受援国，逐步发展成为具有较强文化遗产保护能力的国家，并在国际文化遗产保护领域开始发挥越来越大的作用。

今天，中国拥有的世界遗产规模位居世界之首，反映了中华文明强盛的生命力，以及中国政府强大的文化遗产保护能力。进入 21 世纪，中国立足本国文化遗产的特点，积极探索东亚地区木结构建筑保护与修复的方法。特别是《北京文件》《西安宣言》等诞生于中国的国际重要文件，表明中国的实践经验丰富了国际文化遗产保护理论的内涵。中国借助长期积累的保护经验和保护技术，积极援助其他国家的文化遗产保护，特别是对柬埔寨吴哥窟古迹保护修复的援助，表明中国在国际文化遗产保护技术领域具有重要地位。

当前，在不少外国人的眼中，东方文化尤其是中华文化古老而神秘。埃及作家黑托尼认为，“人类文明的发源从两大文明开始，一是包括法老文明和基督教、伊斯兰教、犹太教在内的地中海文明；另一个则是包括佛教、孔子哲学、道教的亚洲文明。尽管人们知道中华文明的存在，但由于语言、地理位置和文化差异，中国文化并没有被世界广泛认知，人们对其内涵的了解仍不深刻”。[2] 显然历史悠久的中国文化在世界的交流中仍然存在障碍，中国文化的国际传播力和影响力还亟待增强。

中国今天已经成为国际社会高度重视、日益瞩目的国家。伴随中国经济的高速增长和中国国际地位的迅速提高，中国文化在国家整体外交格局中的地位应该日益彰显，在世界上的传播力和影响力应该逐步提高。正所谓以胸怀天下的气魄发出中国声音，才能让世界读懂中国。今天的中国，重回世界舞台中央，实际上每天都在上演丰富多彩的故事，需要通过国际传播能力建设，吸引更多来自全球的关注目光，让中国故事更多更快地走向世界。如此对于传递价值理念、塑造国家形象、扩大文化影响意义重大。

因此，加强国际文化传播能力建设是一项重要而紧迫的战略任务，要努力拓展国际文化

[1] 袁行霈：《中华文明的历史启示》，《清史参考》第21、22期合刊，2014年6月16日。

[2] 李舫：《外国学者眼中的中国文化》，《人民日报》，2011年10月14日，第17版。

传播发展新空间，引导国际社会全面客观认识中华文明和当代中国，塑造中华民族良好国际形象。中国的和平发展，是世界上最大的发展中国家在发展理念和发展实践上的新飞跃，可以为世界和平发展，提供更多的中国智慧与中国力量。随着不断扩大开放的中国和平发展，中华文明将更加魅力焕发，对人类文明做出更大贡献。今天，中华民族要对世界真正产生影响，就必须把自己独特的文化传统和发展模式介绍给世界各国民众。

“国际社会共同努力，多一份平和，多一份合作，变对抗为合作，化干戈为玉帛，共同构建各国人民共有共享的人类命运共同体。”习近平总书记振奋人心的讲话，展现出博大的人类共荣情怀。今天要将中华优秀传统文化融入世界文明的整体进程之中，提升中华文化影响力，发挥文化潜移默化、润物无声的作用，需要讲述好中国故事，其中“把中华五千年文明史告诉世界”，可以提升中国的国际话语权和影响力，在世界展现中华民族蓬勃生命力。

二、加强世界文明古国文化交流

放眼全球，文化底蕴最深厚的首先是举世公认的四大文明古国：古埃及、古巴比伦、古印度和中国。这四大古国文明，分别位于尼罗河流域，幼发拉底河和苏格拉底河流域，印度河和恒河流域，黄河和长江流域。四大文明古国之外，还有古希腊、古罗马、古波斯、古玛雅等重要的古代文明。回顾历史，人类社会的每一次发展进步，都是人类文明价值的凸显，古国文明责任的担当，同时也成就了闪烁文明之光的伟大国家。

上述古国文明里，除中华文明一脉传承至今而外，在今天与这些古文明有直接关系的国家有埃及、伊拉克、印度、希腊、意大利、伊朗、墨西哥等国家。这些古代文明与古国，虽然处于不同时代、位于不同地域，但是均创造了人类早期的文明，创造了人类早期的国家、城市、文字、金属工具、天文学、医学、数学、哲学、宗教等，是当之无愧的世界文明源头。如今，在文明古国广袤的地理空间内，人类古代文明留下了丰富的文化遗产，古遗址、古墓葬、古建筑、石窟寺、石刻、壁画，以及各种载体的古代艺术品和古籍文献。

在历史上，文明古国之间有着漫长的交流历史。约在公元 6 世纪，中国的种桑养蚕缫丝工艺开始传入西方，公元 8 世纪中国的造纸术传入西方，其后是火药、罗盘针、印刷术相继通过丝绸之路传播到西方。四大发明在一定意义上催生了欧洲文艺复兴和世界地理大发现，其中造纸和印刷术传到欧洲后，促进了《圣经》和罗马文化的传播，也便催生了文艺复兴，而罗盘针和造船技术则使航海大发现有了保障。此外，中国儒家文化中的礼义诚信等思想和经济生活中的契约文化等，也影响到丝绸之路沿线的一些国家和民族。

这些文明古国曾经是世界上实力最为强盛的国家，拥有经济繁荣、政治稳定、文化发达的开明社会；这些文明古国曾经是世界上文化最为辉煌的国家，拥有先进的精神文化、物质文化、制度文化、行为文化；这些文明古国曾经是世界上最具影响力的国家，拥有善气迎人、海纳百川的国家风范。因此，文明古国曾经有着无比坚强的体魄和无比坚强的意志，作为很多国家和民族的楷模和典范而令人向往。不幸的是，长期以来古国文明保护和传承遭到来自两个方面的严重挑战：一是军事战争带来的野蛮破坏，古国文明面临生死存亡；二是全球化浪潮带来的文化冲突，守护人类共同价值的道路异常艰难。

第二次世界大战结束后，世界仍不安宁。冷战结束后的20年间，相继爆发了海湾战争、波黑内战、科索沃冲突，阿富汗战争、伊拉克战争，在这些局部战争中，文化遗产更是命运多舛。进入21世纪，文明之间、国家之间的冲突仍然非常显著，局部战争更成为众多文明古国共同面对的严重威胁，人类文化遗产的保护面临更加严峻的形势。近年来，国际领域发生的一系列武装冲突造成历史名城和文化遗产的毁坏，对文明古国的历史和文化来说损失重大。特别是针对世界文化遗产的蓄意破坏，以及著名博物馆的文物藏品屡屡遭受人为重创，更是达到了令人发指的程度。

目前，对于古国文明保护与传承的另一方面威胁，甚至可以说更大的威胁，来自发展理念方面的冲突。今天与昔日相比，国际社会面临更加日益严重的生存问题，诸如安全问题、环保问题、能源问题，这些都涉及人类文明的生死存亡。面临每一个世界性的重大问题，任何一个国家和民族都难以独善其身。同时，文明古国还面临着思想文化渗透所造成的文化传承问题。美国杜克大学教授詹姆逊曾说：“美国的电视、美国的音乐、好莱坞的电影，正在取代世界上其他一切东西。”因此，如今文明古国面对的不仅是领土安全问题，还有更为重要的文化安全问题。

近年来，习近平总书记的足迹遍布世界各地，中国声音响彻国际社会。每到一处文明古国，习近平总书记都强调，世界是丰富多彩的，不同文明和文化只有在保持自身特色的同时，以开明开放的态度相互包容、和平相处，才能共同发展、共同繁荣。世界不同文明的交流互鉴，才是增进各国民众友谊的桥梁，推动人类社会进步的动力，维护世界和平的纽带。同时提出“我们期待时间能够消除各种偏见和误解，也期待外界能够更多以客观、历史、多维的眼光观察中国，真正认识一个全面、真实、立体的中国”。

今天，相比于武装冲突的野蛮残酷，国际社会对于极端组织破坏文化遗产的谴责显得微弱苍白。如何通过国际合作和联合行动，更有效地保护古国文明，保护人类文化遗产，已经成为国际社会亟须考虑并付诸行动的问题。在新的时代，文明古国更应当表现出充满自信的文化风度，在新的历史起点上重建文化自信。今天，中国提出的全球发展方案，以推动人类社会整体进步为目标，回应了全球发展事业中存在的现实问题，也有助于帮助文明古国找到解决困扰自身种种问题的钥匙，这也正是重拾文化自信的大好时机。

今天，文明古国要真正走向世界，就必须在国际上有更强的号召力。为此文明古国之间应该积极加强交流合作。文明古国之间可以通过适时举办世界古代文明保护论坛，搭建起文化交流与合作的平台。使来自古代文明发祥地的各国博物馆馆长、知名文化学者、文化遗产保护专家，以及文化领域相关政府官员和国际组织代表，从保护文明的物质载体和非物质载体，深入研讨世界古国文明保护议题，再扩大到整个文化层面，并通过文明古国的和平倡议，发出保护古国文明的共同呼吁。

习近平总书记在谈到中外文化交流时指出：“世界那么大，问题那么多，国际社会期待听到中国声音、看到中国方案，中国不能缺席。”为了在当今国际环境下，研究和探讨世界文明古国文化遗产保护问题，推动世界古代文明在当今人类社会发展中发挥持久作用，在外交和文化部门的支持下，故宫博物院于2016年开始每年举办“太和——世界古代文明保护论坛”，即“太和论坛”，来自中国、埃及、希腊、印度、伊朗、伊拉克、意大利、墨西哥等文明古国的历史学家、考古学家和博物馆学者，以及相关国际组织的代表出席论坛。

“太和论坛”反响热烈，通过充分深入的交流与对话，加深与会代表对世界古代文明保护传承现状及所面临挑战与机遇的相互了解，积极探索古代文明的国际交流与合作的途径。经协商一致，代表们共同发起了《太和宣言》，共同承诺将更加深入地探索古国文明的起源、发展过程及其规律，努力寻求互联互通、互学互鉴、互利互惠的繁荣之路，将更深刻地理解文明古国的交流、合作模式及其规律，携手应对世界文化遗产保护所面临的共同问题，联合探讨人类文明可持续传承的有效途径。

“太和论坛”的规模不断扩大，所邀请的国家全部来自“一带一路”沿线国家。“太和论坛”的举办，对于提升“一带一路”倡议的文化内涵具有一定的推动意义。通过对世界古代文明保护的探讨与交流，加强、加深文明古国之间的文化交流，引起各国不同文化背景人群的共鸣，从而为传承人类文明和保护世界文化遗产共同努力。今后，故宫博物院将以更加开放自信的态度、更加开阔活跃的思路举办好“太和论坛”。同时也期盼“太和论坛”成为国家文化交流领域的重要平台，以填补缺少文化领域国际论坛的状况。

三、讲好“一带一路”文化交流故事

2014年，习近平主席首次提出共同建设“丝绸之路经济带”和“21世纪海上丝绸之路”的构想，这一跨越时空的宏伟构想、气势磅礴的战略蓝图，从历史深处走来，融通古今、连接中外，顺应和平、发展、合作、共赢的时代潮流，承载着丝绸之路沿途各国发展繁荣的梦想，赋予古老丝绸之路以崭新的时代内涵。随着中国与“一带一路”沿线国家经济文化联系的日益密切，这一创新的宏大合作模式对重新焕发古老丝绸之路的生机与活力，实现各自民族复兴的伟大梦想，具有划时代的重大意义。

昔日的“一带一路”，通过公平贸易带动了沿线各地经济的兴旺和发展，使之成为东西方物产、技术及文化交流的繁荣经济带。今日的“一带一路”致力于亚欧非大陆及海洋的互联互通，建立和加强沿线各国互联互通伙伴关系，构建全方位、多层次、复合型的互联互通网络，将促进国际经济更加富有活力。“一带一路”强调建立以合作共赢为核心的新型国际关系，倡导构建不冲突不对抗、相互尊重、合作共赢的新型大国关系，为世界经济发展提供新的机遇，符合国际社会的根本利益，彰显人类社会共同理想和美好追求。

当前，复兴“一带一路”的行动已经起航，一幅横贯东西、共谋发展的宏大蓝图正在铺展开来，为未来中国的发展指明了方向。中华文明五千年不断，一个重要的原因就是具有兼容开放的精神，能够不断吸收新的文化要素，并通过消化、融合和提升后为我所用。中华民族的复兴之所以伟大，是因为它为世界各国提供了极其重要的和平发展的经验，同时也为世界各国的和平发展提供了极其重要的机会。“丝绸之路经济带”与“21 世纪海上丝绸之路”的构思和建设是中国智慧对人类做出的重大贡献。

在“一带一路”的宏伟蓝图中，包含“文化艺术的丝绸之路”。古代丝绸之路的交流呈现立体格局，是政治交往、经济发展和文化交流的融合，而不是单纯的货物贸易。今天，在共建“一带一路”过程中，需要推动中华文化传播、中外文化交流。建设“一带一路”，既有经济上合作共赢的需求，也有文化交融的重要内容。正如习近平总书记所指出：“命运共同体”就是“命运相连，休戚与共”，同一个地球，同一片天地、同样的经历、同样的危机、同样的挑战、同样的愿景。中国的发展身在此中，才能讲好生动感人的中国故事。

2018 年 12 月，习近平主席访问葡萄牙期间，故宫博物院在葡萄牙首都的阿茹达宫举办了“东风西韵——紫禁城与海上丝绸之路”展览，获得两国国家元首的好评，也取得了很好的社会反响。“东风西韵——紫禁城与海上丝绸之路”展览从故宫博物院藏品中遴选出各类珍品文物，包含陶瓷、玉器、金银器、珐琅器、钟表、科学仪器等门类。这些文物展品集中反映了明清两朝与外部世界的交流与互动，诠释了丝绸之路不仅是频繁的商贸之路，更是联系古代中国与世界文明的纽带。

故宫博物院是中国收藏外国文物最丰富的一座博物馆，其丰富的文物藏品大都源于昔日的宫廷收藏，其中涉及“海上丝绸之路”的文物，与当时的王朝政治、帝王生活有着千丝万缕的联系，甚至对宫廷文化产生过重要影响。这些文物主要来源于明清两朝中外君王间的礼品、贡使往来互赠的礼品、外国传教士礼物、臣属的进献、宫廷采购与订购、奉旨由宫廷作坊或地方作坊借鉴或仿制舶来之作等，还有一部分文物藏品为友好人士所捐献、政府拨交及 1949 年以后故宫博物院所购藏。

展览通过“扬帆远播”部分，讲述明、清宫廷通过海上丝绸之路向域外输出的产品。明代新航路开辟后，中外贸易往来更加频繁。明清时期，在朝贡体制下，宫廷实行“厚往薄来”的外交政策，大量赏赐礼品有些由宫廷造办处制作，有些由各地臣僚敬献，通过皇帝赏赐的方式由海上丝绸之路向域外传播。在著名的葡萄牙桑托斯宫中，有一个以中国明末清初“克拉克”瓷器装饰的“瓷器屋顶”，因其天花板上覆盖着 260 多个中国“克拉克”青花瓷盘而闻名。这些瓷盘是 500 年前跨越海洋的文明交往的见证。

展览通过“西风东渐”部分，展示与西方科学知识有关的文物，从中可以窥见来自西方的科学技术对于中国宫廷生活的影响，以及双方往来交流中，形成的交互式对话格局。明末清初以来，西方传教士以来华传教为契机，形成了具有深远影响的中西文化交流浪潮。例如明万历（1573 年）至清嘉庆（1820 年）年间来华的西方耶稣会传教士一共有 900 余人，其中 337 位是葡萄牙人。一些葡萄牙传教士供职清代宫廷，在机械制造、天文历法、音乐、医学等方面做出突出贡献。清乾隆三十九年（1774 年）至道光六年（1826 年）的 52 年间，钦天监监正均为葡萄牙人。

展览通过“交互参酌”部分，从西方科学技术的应用、工艺原料与技法的输入、造型与纹饰的接纳，到西洋绘画在宫廷中的传播，宫廷与外来物品接触等方面，展示宫廷在吸收外来文化中扮演的角色，体现西风东渐在清朝宫廷进一步扩展的结果。西方王室贵族采用中国风格装饰房间，刮起崇尚中式的中国风，亦是东风西渐的体现。明清皇帝对于西方的科学知识、生产技术和原材料都有强烈的兴趣，在引进学习和使用过程中，以宫廷造办机构为主，对于西方的各种技术和工艺进行学习和模仿，在洋为中用的同时，中西交融，推陈出新。

“东风西韵——紫禁城与海上丝绸之路”展览的目的，一方面是为集中反映明清宫廷通过海上丝绸之路与外界的交流互动。另一方面，也希望由此建起中国与葡萄牙交流合作的桥梁。这些文物让观众们见证了“海上丝绸之路”不仅是一条商贸航线，更是文化与艺术之路，承载着中国与世界的交流与对话。故宫博物院收藏的文物反映了明清紫禁城与海上丝绸之路之间政治、经济、科学、技术、宗教、外交等各个方面的往来，这些跨越东西的往来与交流，文明的滋养与互融，体现出最高层次的文化致用。

习近平总书记指出，要加强国际传播能力建设，增强国际话语权，集中讲好中国故事。中国文化机构作为连通中外、沟通世界的桥梁纽带，需要突出以讲故事的方式向世界说明中国、以潜移默化的方式让世界理解中国。需要坚持国家站位，树立全球视野，以多种传播平台为载体，通过鲜活事例深度讲述历史故事，生动讲述现代故事，塑造中国良好形象。需要突出中国作为负责任大国的担当，有理有据地驳斥西方话语体系对中国的偏见，让世界都能听到并听清中国声音，让中国故事赢得国际社会的认同。

当前，中国在国际上有理说不出、说了也传不开的状况经常出现。因此在讲述中国故事的同时，要注意跨文化传播规律，使用外国受众易于接受的方式，使故事更加生动并兼具感染力，把和平发展的中国故事讲好，阐明中国道路的来龙去脉，凸显当代中国的世界贡献。这就需要增强说服力和感召力，注重用学术话语阐释中国道路及其世界意义。因此，要把中国故事讲得生动和精彩，就需要把我们“想讲的”和人们“想听的”结合起来，实现入脑入心的精准传播。中国故事讲得好不好，最终要用效果来检验，用国外受众的评价来衡量。

四、发挥故宫博物院文化交流独特作用

袁行霈教授认为，中华文明本质上是 种“和”的文明，“和”的观念在经典中多次出现，《老子》中有“万物负阴而抱阳，冲气以为和”。这是从哲学的高度解释“和”，用“和”来概括万物之间相互依存的关系。《论语》中有“子曰：君子和而不同，小人同而不和”。将“和而不同”视为一种维系社会的准则。古人认为“和”不仅是万物生存的根本，也是天下通行的道理，《中庸》曰：“中也者，天下之大本也；和也者，天下之达道也。致中和，天地位焉，万物育焉。”努力达到中和即大和谐，天地就各安其所，万物就发育生长，这就是古人的信念。

紫禁城的太和、中和、保和三大殿坐落在三台之上，即三层雕栏环绕的高大台基，占据了紫禁城中最主要的空间。三台呈“土”字形，按照古代“五行”学说，认为土居中央，三台为“土”字形，寓三大殿乃天下中心。太和殿的太和之意，出自《周易》乾卦《象》传：

“乾道变化，各正性命。保合太和，乃利贞。”“保合太和，乃利贞”的意思是按照自然规律，保持聚合以达到大和谐，就会天下吉利，万物才各得其宜，天地才能长存永固。在天、地、人中，阴阳交错，矛盾至极，而又能融合于一个相对稳定的整体之中，这就是最大的“和”即“太和”。

“太和”将“和”提升为宇宙法则，语出朱子《周易本义》曰：“太和，阴阳会合冲和之气也。”阴阳为宇宙的两种基本性质和力量，因而太和是就宇宙法则而言。从朱子的解释看，太和包含两层含义：一是阴阳二气的会合、合一，二是阴阳二气的和谐、调和。因而，作为《周易》的核心价值，太和也相应地拥有两个基本内容：一是万物合一，包括天人合一、人神合一、物我合一、主客合一等等；二是万物和谐，包括人与自然的和谐、人与人之间的和谐、人的内心的和谐等。[3]

太和殿建于明永乐年间，是中国古代建筑中，开间最多、进深最大、屋顶最高的一座古代宫殿，至今已有将近600年的历史，在历史上和民众的心中具有神圣崇高的地位，每年接待各国来宾瞻仰，极大地重塑中华民族的自豪感。对于任何一个民族、一个国家来说，文化经典永远都是其生命的依托、精神的支撑和创新的源泉，都是其得以存续和赓延的血脉。昔日的紫禁城，今日的故宫和故宫博物院，体现了中华文明的精华，是中华五千年历史文化的沉淀，蕴含着中华民族生生不息的创造精神，具有不竭的历史生命，具有不可替代的地位和价值。

中华文明的历史告诉我们：文明的发展离不开和平、和谐，唯和平才能使文明的成果得以保存，唯和谐才能使文明稳步发展。中华文明中关于和谐的观念，对于解决当前中国和世界面临的种种问题，无疑具有重要的参考价值。故宫博物院是中国文化对外交往的一张亮丽的名片，也是“一带一路”建设中无可替代的文化元素。紫禁城虽然是昔日大内禁地，却也是最早能感受到丝绸之路舶来品的地方。那些通过陆海两条丝绸之路运送到中国、进入紫禁城的各色物品，至今收藏于故宫博物院，成为当年中外交流的见证。

故宫博物院作为世界五大博物馆之一，是世界上最丰富、最重要的中国古代艺术品的宝库，每年接待国内外观众数量，在世界博物馆中名列首位；其拥有的世界现存面积最大的古建筑群，代表了古代中国建筑的最高水准，在世界建筑史中独树一帜；其收藏的186万余件文物，均为历代宫廷收藏的精华，集中体现了传统文化与艺术的精粹，中华民族绵延不断的历史文化在故宫博物院的各类文物藏品里，均能得到充分的印证。

目前，故宫博物院已与世界各大博物馆建立起稳定而密切的联系，其中就包括丝绸之路末端英国的大英博物馆、法国的卢浮宫、俄罗斯的艾尔米塔什博物馆等。故宫博物院与这些博物馆在学术交流、展览交换、文物保护、管理经验交流等方面，有着良好的合作。借助这些世界著名博物馆的平台，故宫博物院很好地展示了中华优秀传统文化，让欧洲人更了解中

[3]郭沂：《中华价值　世界意义》，《光明日报》，2012年11月26日，第7版。

国，让世界更了解中华文明。这些交流、共享的做法，为故宫博物院扩大、加深与丝绸之路沿线国家博物馆的交流提供了经验。

故宫博物院的对外影响，还有一个重要渠道，就是来自世界各国的观众，有不少就是“一带一路”沿线国家的朋友。他们在故宫博物院感受中国文化的博大精深，有些成为中华文化的爱好者。故宫博物院凝聚着中华传统文化之精髓、文明成果之精品，有着独一无二的地标意义和文化象征，是绝大多数国内外观众初次来京的必选之地。恢宏的宫殿建筑群、丰厚的宫廷文化史迹、珍贵的古代艺术藏品、精美的专题陈列展览，这些都构成了每年1700余万观众前来参观的理由。特别令人欣慰的是，近年来年轻观众的比例大幅增长，接近50%。

故宫博物院也在不断努力，通过提升接待环境、扩大开放区域、举办精彩展览等，更好地发挥具有中国传统文化象征意义的紫禁城，以及数量丰富、内涵深厚的文物藏品资源的独特优势，让更多来自世界各地的观众通过故宫古代建筑、古典园林、礼制陈设、文物藏品等，了解中华民族博大精深的文明历史，感受到这座历史悠久、文化多元、内涵深厚、展示手段丰富多样的文化殿堂所具有的独特魅力。同时每年接待重要国宾参观80批次以上，这也是对故宫博物院文化地位与文化魅力有力的肯定。

参观故宫博物院的各国来宾，往往都对中国历史文化怀有浓厚的兴趣，在参观的过程中也会认真听取讲解，进行互动交流。当各国来宾走在故宫建筑群内，就会看到红墙、黄瓦、蓝天的美丽景观，了解到这是“三原色”，这三种颜色可以绘出世界上任何色彩，人类世界就应该绚丽多彩，不应是单一色彩，每个民族都有他们值得骄傲的历史，也都应该拥有灿烂的未来。当各国来宾来到太和殿前，就会了解到“和”文化是中华传统文化的重要理念，号召人与自然要和谐相处、人与人之间要和谐相待、人的内心世界要和谐相安，这样的世界才是和平、友好、发展，不断进步的世界。

对于每一次接待外国贵宾的任务都需要精心准备、力求圆满。首先通过了解来宾参观时间安排、文化背景、个人兴趣、希望参观内容等信息，然后依据这些内容提出建议参观计划，包括参观路线、重点讲解内容等，让来宾在有限的时间内感受到中华文化的魅力，保证每次接待活动的顺利进行。在接待外国来宾参观结束时，均会向来宾赠送故宫图录书籍或故宫文化创意产品。故宫博物院有邀请前来的外国贵宾在留言簿上留下参观感言的传统，这些感言记录了外国贵宾参观中的所思所想，他们对中华文明的赞叹流注笔端，溢于言表。

近年来，故宫博物院的对外交流范围不断扩大，除了陆上丝绸之路沿线国家，还与海上丝绸之路沿线的越南、印度、埃及、坦桑尼亚等国家，合作进行了文物考古与调查、文物修复与保护。通过合作，弄清了海上丝绸之路上最重要的中国商品外销瓷器的销售路线，弄清了佛教造像艺术自印度通过海陆两条丝绸之路逐渐东传的脉络。故宫博物院文物展览每到一处，均会引起轰动，成为当地的文化时尚。这种深入而具体的交流方式，很好地向域外展示了中国优秀传统文化，加深了他们对中国文化的了解，潜移默化中，为双方的进一步合作拓展空间。

（2019年9月17日）

在故宫学院工作会议上的报告

故宫学院工作会议（2019 年 9 月 18 日）

故宫学院成立于 2013 年 11 月 4 日，是一所文物博物馆业务培训和教育机构。成立以来，依托故宫博物院丰富的文物资源和人才资源，故宫学院面向本院、国内文物博物馆业界、国际文物博物馆业界和社会公众，开展了数十类培训项目和教育活动，为国内外文物博物馆从业人员和广大文物博物馆爱好者搭建了一个专业化的教育和交流平台。

培训和教育主题涉及古代书画、陶瓷、玉石、青铜、建筑、典籍等的鉴赏、鉴定、修复和保护，涵盖了藏品保管与保护、陈列设计、博物馆经营管理、社会教育等博物馆实务，还有满文、藏文和明清史等学术前沿。故宫学院还是国际博物馆协会（ICOM）和国际文物修护学会（IIC）的培训中心。截至 2019 年 9 月，故宫学院已经在苏州、景德镇、西安、深圳、徽州、上海、重庆、开封、沈阳设立了九家分院。

故宫学院的人才培养和教育工作主要围绕以下四个层面展开。

一、面向故宫博物院内员工开展培训教育

（一）故宫博物院内员工培训

在面向故宫博物院员工培训方面，故宫学院邀请授课教师21人次，培训时间453学时，结业学员477人次。培训主题涉及满文系列培训、藏文系列培训、明代书画鉴定培训、紫禁城论坛专题培训、世界古代文明保护论坛专题培训、故宫国际文化交流培训项目等。既响应故宫博物院科研发展的需求，从专业技能出发培养研究型人才；同时配合故宫博物院重大的外事活动，培训志愿员工，助其展现世界一流博物馆应有的水平和风貌。

针对故宫博物院收藏大量满文文献资料和文物藏品的特点，故宫学院先后于2013年11月至2014年3月举办满文初级班，2014年11月至2015年6月举办满文中级班，2016年3月至2016年8月举办满文高级班，故宫博物院春花教授授课，故宫博物院在职员工踊跃参加，取得预期效果。在第一期满文系列培训班的基础上，故宫学院于2019年5月开始举办第二期满文系列培训班。

为了响应故宫博物院科研发展的需求，培养懂藏文、用藏文的人才，故宫学院邀请北京大学外国语学院南亚学系萨尔吉副教授授课，于2017年5月至2017年8月举办藏文初级班，共64课时，培养学员50名。2017年11月至2018年5月举办藏文中级班，共60课时，培养学员38名。2018年7月至2018年12月举办藏文高级班，共60课时，培养学员25名。

为了传承并发扬故宫几代专家在古书画鉴定与研究方面的深厚积淀和学术优势，提高故宫博物院业务部门工作人员书画鉴定水平，以满足藏品管理及研究的实际需求，故宫学院于2015年3月16日至4月22日举办明代书画鉴定培训班，共39课时，60名故宫博物院书画部业务人员，以及院内外具有一定学术基础的相关专业人员参加培训。

在故宫博物院建院90周年之际，于2015年9月举办紫禁城论坛专题培训班，对故宫博物院内参加“紫禁城论坛”的助理人员进行培训，帮助其高质量地完成接待任务，以圆满完成参加“紫禁城论坛”的各国馆长接待工作，共培训志愿者29名。

为圆满完成“世界古代文明保护论坛”的外宾接待工作，故宫学院于2016年10月举办世界古代文明保护论坛专题培训班，从故宫博物院院史、组织架构、藏品和展览、外事接待规范等方面对34名陪同助理进行培训，帮助展现故宫风采，更好完成接待任务。

为进一步加强故宫博物院员工在对外文化交流活动中的业务能力，故宫学院从2017年起开设“故宫国际文化交流培训项目”，邀请文化部外联局专业人员为全院员工开设讲座。

此外，故宫博物院作为传承“官式古建筑营造技艺”的先驱代表，在师承制培养“故宫官式古建筑营造技艺”人才方面，多年来做了许多基础工作和有益尝试。“故宫官式古建筑营造技艺”根据不同内容分为“瓦、木、土、石、搭材、油漆、彩画、裱糊”八大作，其下还细分为上百工种，全部为纯手工工艺。各行各作的技艺传承多采用师徒间“口传心授”的模式进行，使得官式古建筑营造技艺流传有序，技艺精湛。

2013年以来，一方面，举办官式古建筑营造技艺系列培训，包括官式古建筑营造技艺培训、

官式古建筑营造技艺学员培养、官式古建筑营造技艺展示等内容；另一方面，举办官式古建筑营造技艺培训，包括官式古建筑营造技艺木作培训、瓦作培训、石作培训、油漆作培训、彩画作培训、裱糊作培训、应急抢修培训等主题，邀请多名非物质文化遗产传承人，培训时间 306 学时，结业学员 95 人，为传统古建筑修缮技艺的传承培养专业人才。

（二）故宫学术专题系列讲座

为拓展故宫博物院员工的视野，创造自由探究的学术氛围，故宫学院开设故宫学术专题系列讲座，围绕故宫博物院学术发展和人才培养的论题，以明清史、考古学、博物馆学、文物学、文物科技保护和建筑学等学术前沿为主。目前已连续举办 70 讲，故宫博物院内受众达到 1500 人次。

（三）联合高校培养硕博士，创新人才培养模式

故宫学院积极拓展与高等院校、研究机构间的交流、合作，搭建具有专业特色的人才培养平台。包括：故宫博物院与相关高等院校如清华大学、中国艺术研究院、北京工业大学等联合培养专业人才。与清华大学联合建立“研究生专业实践基地”，故宫博物院导师开展对于硕士研究生的实践过程、项目研究、课程与论文等多个环节的指导。依托故宫博物院在古代书画、器物保护与鉴定，古建筑保护与研究等文物修复与鉴定方面的专业特长，结合中国艺术研究院研究生院的艺术人才培养强项，在中国艺术研究院研究生院美术学系设置“书画鉴定及文物保护”艺术专业硕士方向，联合培养相关人才。此外，“故宫博物院 / 美国世界文化遗产基金会（WMF）/ 清华大学：家具与内檐装修保护培训班”面向故宫博物院学员招生，进一步提升专业人才的国际视野。

此外，2014 年 1 月，故宫博物院与北京国际职业教育学校签订协议书，协助北京国际职业教育学校开展文物保护专业人才培养工作。2015 年 1 月，故宫博物院、北京国际职业教育学校和北京联合大学合作开展“3+4”人才培养模式座谈会，三方就文物修复的技术性人才培养模式达成合作意向，共同探索在中等职业教育阶段和本科阶段贯通培养文物保护人才的理念和方案。2015 年至 2019 年，故宫博物院组织专家队伍在北京国际职业教育学校开设了“文物基础”“文物保护方法基础”“中国工艺美术史”“古书画装裱”“古建筑营造技艺”和“古书画鉴赏”等课程。

（四）故宫博物院博士后科研工作站

2014 年 2 月，故宫博物院博士后科研工作站举行揭牌仪式。2015 年 6 月，故宫博物院博士后科研工作站获准独立招收博士后研究人员。故宫博物院博士后科研工作站设立，为故宫博物院人才培养和人才引进搭建平台。目前，故宫博物院已出站博士后 14 人，在站博士后 24 人，其中脱产 8 人，在职 16 人，研究方向包括考古学、古建筑研究、明清档案及宫廷史研究、明清宫廷史、中国古代书画鉴藏史研究、新中国出土墓志整理、甲骨文整理、科技保护研究、古窑址调查与研究、明代宫廷工艺史、明代工艺美术史、宫廷戏曲研究、故宫博物院史、清宫古籍研究、中国书法研究等。

根据年度招聘计划，每年 1 月遴选出本年度的博士后合作导师，制定出本年度博士后招聘简章后，在中国博士后网及故宫博物院官网向社会发布。自2013年设站以来，共有20位专家申请博士后合作导师，110多人申请故宫博物院博士后，随着故宫博物院博士后科研工作站的逐渐开展，2015年工作站招聘了一名毕业于法国埃克斯—马赛第一大学的博士，2016年招聘了两名毕业于日本京都大学和日本艺术大学的博士，2017年招聘了两名毕业于荷兰莱顿大学和中国台湾明道大学的博士。

博士后面试每年在6月份举行，面试小组由5位本领域专家和1名秘书组成。面试通过后为每位博士后制定工作协议并由法律处审核。自工作站设立以来共组织了31场博士后面试，已招聘博士后38人。2019年度面向17个专业方向招收博士后，最终经过面试拟录用7人，其中脱产3人，在职4人，研究方向分别为明清宫廷历史文化、中国古代书画鉴藏史研究、故宫学、世界五大博物馆研究、清宫典籍研究、明清宫廷医疗保健制度研究、清宫戏曲研究。录用博士后在博士后管理委员会审核通过后，组织博士后携带所需的相关材料办理进站手续，并负责联系人事处、保卫处办理胸卡等事宜。

根据全国博士后管理办公室的要求，博士后进站3到6个月进行开题报告，自设站以来共组织开题报告36场。其中2018年进站的8名博士后均于今年通过了开题报告。博士后进站满一年进行中期检查，由工作站组织，已对24名博士后进行了中期检查。博士后工作期满，由工作站组织专家进行出站考核，现已组织18场出站答辩，18名博士后均顺利通过出站报告。今年共组织了5场出站答辩会，为9人办理了出站手续。

二、面向国内文物博物馆业界开展培训教育

故宫学院于2015年9月被正式授牌国家文物局文物博物馆人才培训示范基地，每年固定承办国家文物局若干培训班。此外，故宫学院还受文化部、地方文物博物馆系统、高校文物博物馆系统及兄弟博物馆的委托，结合故宫博物院特色资源与研究优势，承办相关专题培训班和主题系列讲座，助力全国文物博物馆人才的培养。

截至2019年9月，故宫学院承办的各类培训项目共计32期，邀请授课教师289人次，培训时间2131学时，结业学员1000人次。培训主题涉及文物鉴定与保护修复、古建筑保护、博物馆管理与综合业务提升、文化创意开发，以及面向特定类别文物的保管与保护等。

官式古建筑木构保护及木作营造技艺培训班：为了使全国不同省市古建筑研究、保护与修缮单位的专业人士，系统地了解官式古建筑木构保护及木作营造技艺的历史脉络与发展现状，建立对官式古建筑保护的科学理念与全面认知，分别于2014年8月、2015年8月、2017年7月、2018年7月、2019年8月，连续举办官式古建筑木构保护及木作营造技艺培训班。

古建筑装饰表面涂层培训班：于2016年4月举办了古建筑装饰表面涂层培训班，旨在丰富与提高从事古建筑文物保护专业技术人员的专业素养与保护技能。

明清瓷器鉴定培训班（提高班）：2014年7月，来自全国27个省市，从事陶瓷研究与保护的专业技术人员或鉴定站的37位学员参加培训，旨在实现“两个提升”：一是鉴定理

论水平的提升，二是传统鉴定方法的提升；实现“两个结合”：一是传统目鉴方法与现代科技的结合，二是理论与实践的结合。

明清瓷器鉴定培训班：为落实扬州市政府与故宫博物院合作框架协议，加快扬州市文物系统人才培养步伐，提升瓷器鉴定、鉴赏能力及保护水平，扬州市文物局与故宫学院联合举办明清瓷器鉴定培训班，邀请故宫博物院内资深专家进行理论授课和现场教学，来自扬州市文物系统的36位专业技术人员走进故宫，系统地学习明清瓷器的传统鉴定理论与科技保护方法。

玉石器鉴定培训班：2015年5月，来自全国29个省、自治区和直辖市的文物系统从事玉石器鉴定的36名专业技术人员参加培训，以故宫博物院老中青三代玉器研究专家为主要师资，分享理论方法和实践经验，加强中国博物馆玉石器鉴定人才队伍建设。

清代书画鉴定培训班：进一步提高全国文物博物馆系统专业人员在清代书画鉴定方面的专业水准，提升鉴定能力和鉴赏水平，于2016年5月举办清代书画鉴定培训班，来自全国20个省、自治区、直辖市的21名专业人员参加了培训。

宋元书画鉴定培训班：为了提高全国文物博物馆系统专业人员，在宋元书画鉴定方面的专业素养和业务能力，传承并发扬故宫博物院专家，在古书画鉴定与研究方面的深厚积淀和学术优势，2017年6月来自全国22个省、自治区、直辖市，32所文物博物馆单位，从事书画保管、鉴定和研究工作的专业技术人员参加了培训。

文物安全执法人员文物鉴定培训班：2015年9月来自海关部门相关工作人员39人参加培训，旨在掌握文物目鉴的基本知识和基础理论，能够将所学内容运用到文物安全执法过程之中。

藏传佛教文物保管与保护培训班：为了丰富与提高藏区文物系统专业技术人员文物保管与保护的知识和能力，系统了解藏传佛教文物的基础知识，掌握文物操作与保护的基本要领，建立对藏传佛教文物保管与保护的科学理念与全面认识。于2015年11月、2016年10月、2018年10月分别以藏区藏传佛教文物保管的31名业务人员为对象开展了培训。

陶瓷藏品保护与修复培训班：为加强中国博物馆陶瓷藏品保护与修复人才队伍建设，通过系统的理论课程和现场教学，提高学员对古陶瓷文物的科学研究水平、艺术鉴赏素质和修复实践能力，达到有效保护和科技修复的效果。2014年11月，来自全国19个省的从事陶瓷文物保护与修复的21名技术人员参加了培训。

中德博物馆管理培训班：为帮助中国博物馆拓宽视野，应对日新月异的现代社会对博物馆所带来的新的挑战和要求。同时，搭建中国博物馆管理人员与德国博物馆业界专家的沟通桥梁，就共同的议题进行对话与经验交流，同时也为日后开展合作打下基础。来自全国15个省、自治区和直辖市，20位国家一级博物馆中地市级博物馆馆长或副馆长和中西部地区博物馆馆长或副馆长，于2014年9月参加了培训。

中美博物馆策展培训班：为提升中西部博物馆管理者的展览策划技能，学习美国博物馆策展经验，搭建中美博物馆展览交流的平台。2016年9月来自中国中西部15个省（直辖市、自治区）的 18 名博物馆展览策划人员参加了培训。

中法博物馆管理培训班：为提高中国一级博物馆高层人员的管理水平，学习法国博物馆策展与管理经验，搭建中法博物馆交流的平台。2017 年 9 月，34 名国家一级博物馆管理人员参加了培训。

博物馆前沿理论与实践研修班（陕西历史博物馆）：为了对陕西历史博物馆业务骨干人员进行更为科学、全面的系统培训，使学员们系统地了解最前沿的博物馆管理理念、经验与方法，不断提高从业人员的自身业务素质和国际化视野。2015 年 4 月，来自陕西历史博物馆 16 个部门的 21 名学员参加了培训。

博物馆管理知与行研修班（陕西历史博物馆）：为进一步加强干部队伍建设，培养后备人才，通过对博物馆中青年管理人员进行科学、全面的系统培训，达到提升管理效能的目的，受陕西历史博物馆委托，由故宫学院和陕西历史博物馆联合举办了博物馆管理知与行研修班，重点关注博物馆科研发展、综合治理、文化创意经营等方面的突出问题，解决管理者的“观念”与“行动”如何做到“知”与“行”相统一的问题。

山东省济宁市文物系统博物馆管理与保护培训班：为了使学员能够在原有基础上提升新境界，学习故宫博物院的有益经验与做法，以一种新的思维模式和方法，更好地促进文物博物馆事业全方位发展。2015 年 8 月山东省济宁市文物系统 33 名学员参加了培训。

中国（海南）南海博物馆管理人员培训班：为了落实故宫博物院与海南省政府签署的合作框架协议，为提升中国（海南）南海博物馆管理人员与专业技术人员的专业管理水平，2017 年 5 月，针对中国（海南）南海博物馆的 24 位学员开展了培训。

文化文物单位文化创意产品开发培训班：为深入发掘文化文物单位馆藏文化资源，推动文化创意产业的发展，培养文化创意产品开发者的专业技能，2016 年 8 月，61 名文化文物单位学员参加了培训。

济宁市文化创意产业研发专题培训班：为依托馆藏资源开发文化创意产品，促进传统文化资源的创造性转化，提高文物博物馆单位自我发展能力，同时推动文物博物馆单位管理体制的创新。2018 年 6 月，针对 60 名济宁市文物单位学员开展了培训。

上海高校博物馆育人联盟故宫文博研习营：为突出高校自身文化特色，创新思维理念，增强文化影响力与感召力，更好地发挥高校博物馆以文育人、以文化人的教育功能。2018 年 6 月，41 名上海高校博物馆专业人员参加了培训。

西北大学文物保护修复观摩培训班：落实故宫博物院与西北大学合作框架协议，探索、实践双方在文物博物馆人才培养方面的新模式，进一步实现双方优势资源的交流共享，加强双方在理论与实践、教学与科研等方面的沟通与学习，2018 年 8 月，10 名学员参加了培训。

文化创意产品开发与市场运营培训班：为深入发掘文物单位馆藏文化资源的价值内涵和文化元素，通过文化创意产品开发弘扬优秀传统文化和社会主义核心价值观，建立起文物单位文化创意产品开发良性机制。2018 年 9 月，39 名学员参加了培训。

襄阳市传统文化传承与发展专题研讨班：为提升襄阳市宣传思想文化系统单位管理人员

的综合管理水平，深化博物馆人才培养。推进襄阳文物保护工作发展创新，为襄阳文化建设提供强有力的文化基础。2018 年 11 月，52 名襄阳市宣传思想文化系统单位管理人员参加了培训。

北京高校博物馆联盟高校博物馆策展培训班：为助力北京市“四个中心建设”，提升高校博物馆管理人员在展览策划、组织实施等方面的理论和实践水平。2019 年 5 月，25 名学员参加了培训。

青海省博物馆综合业务培训班：为增进两馆之间的合作交流，实现青海省博物馆提升改造的实际需要，提升学员的综合业务能力、自主创新能力和管理水平。2019 年 7 月，31 名学员参加了培训。

江西博物馆文化创意产品开发培训班：为帮助学员巩固博物馆文化创意产品的理论，加深认识。为学员搭建一个与故宫博物院文化创意产品研发、经营和推广的一线人员面对面深入交流的平台。2019 年 9 月，30 名学员参加了培训。

三、面向国际文物博物馆业界开展培训教育

（一）国际博物馆协会培训项目

国际博物馆协会培训中心于 2013 年在故宫博物院正式成立，是国际博物馆协会、中国博物馆协会和故宫博物院合作建立的国际博物馆专业培训机构，是目前国际博物馆协会在海外设立的唯一博物馆专业培训机构。在国际博物馆协会的指导下，故宫学院充分利用专业资源，为国内外博物馆专业人员提供高质量的国际培训。截至 2019 年 9 月，故宫学院已举办包括非洲特别培训班在内的共 12 期国际博物馆协会培训中心培训班，主题涉及博物馆管理、藏品阅读、博物馆教育、博物馆展览、建设参与型博物馆、当今博物馆管理实践、藏品与故事讲述、丰富全龄段观众体验、博物馆参与型展览开发、当今博物馆管理、博物馆宣传推广以及博物馆藏品之挑战。邀请中外授课教师 100 人次，培训时间 714 学时，结业学员 370 人次，培训范围已扩展至世界五大洲的 74 个国家。

第一期培训班：多元与变革世界中的博物馆管理最佳实践

2013 年 11 月 4 日至 11 月 13 日，国际博物馆协会培训中心第一期培训班在故宫博物院成功举办。邀请了来自德国、荷兰、瑞士、日本、加拿大、南非以及国内的多位博物馆领域专家前来授课。共有 33 名学员参加培训，其中国际学员 17 名，国内学员 16 名。培训过程中，除课堂教学和分组讨论之外，培训班还穿插安排了实践观摩研讨活动。包括半天的首都博物馆的主题参观、业务交流及故宫博物院文物保护主题下的展示与观摩研讨活动。培训结束时，举行了学员培训结业仪式，为 33 名学员颁发了结业证书，祝贺所有学员顺利完成全部课程。

2014 年春季培训班：博物馆藏品架起沟通的桥梁

2014 年 4 月 22 日至 4 月 29 日，国际博物馆协会培训中心 2014 年春季培训班在故宫博物院成功举办。培训中心邀请了来自中国、加拿大、荷兰、德国、澳大利亚的 6 位专家、学

者，为来自国际14个国家和国内15个博物馆的收藏及保管专业人员，带来了内容丰富而又参与感极强的精彩课程。

2014年秋季培训班：博物馆教育与观众学习

2014年10月27日至11月4日，国际博物馆协会培训中心2014年秋季培训班在故宫博物院成功举办。培训班邀请了来自中国、加拿大、澳大利亚、意大利和法国的9位专家前来授课，共招收国内外学员36名，包括来自国内各省的16名中国学员和来自亚洲、非洲、欧洲、北美洲和大洋洲不同国家的20名国际学员。

2015年春季培训班：博物馆展览

2015年4月13日至4月21日，国际博物馆协会培训中心2015年春季培训班在故宫博物院成功举办。培训班以“博物馆展览”为主题展开，邀请了来自中国、加拿大、法国和南非的9位专家前来授课，为国内外32名学员带来了丰富实用、互动性强，且富有启发性的课程。在培训形式上，除了沿用前三期培训班的模式，这期培训班也探索了一些新的课程形式。例如首次尝试了专家授课与学员自我展示相结合的形式，即专家与学员交叉上台演讲。学员自我展示不再作为一个单独的环节呈现，而是与课程内容紧密结合，与专家授课穿插进行。

2015年秋季培训班：建设参与型博物馆

2015年11月2日至11月10日，国际博物馆协会培训中心2015年秋季培训班在故宫博物院成功举办。共招收学员30人，其中中国、国际学员各15人。中国学员分别来自国内10省市15家机构，国际学员来自亚、非、拉、欧的13个国家，巴西、捷克、克罗地亚及塞内加尔4国都是首次有学员参加。“藏品阅读”课是所有培训课程中最活跃、最受学员欢迎的。故宫博物院为该课程提供了7件馆藏珍贵文物，供学员近距离“阅读”。学员选择自己感兴趣的文物，自行分成7组，在故宫博物院文物保管和研究人员的指导下，对7件藏品的收藏信息、时代信息、文化信息进行阅读与学习。除专家授课外，国际博物馆协会培训中心还为学员安排了半天的博物馆考察活动。专家、学员根据自己的兴趣选择，分赴中国科学技术馆、中国美术馆、中国儿童中心儿童探索馆三家博物馆进行考察观摩，了解这些博物馆观众参与项目的开展情况。

2016年春季培训班：当今博物馆管理实践

2016年4月11日至4月19日，国际博物馆协会培训中心2016年春季培训班在故宫博物院成功举办。共有29名国内外学员参与此次培训，覆盖亚、非、拉15个国家和国内8个省市。学员所在机构类型多样，除各种类型的博物馆、图书馆和相关科研机构，还包括部分国外的国家文物博物馆系统主管部门。“主题工作坊”是国际博物馆协会培训中心的一次新的尝试，也是本期培训的一大特色。课程分“展览”“收藏伦理”“管理人员素质”三个主题分组执行，由三位专家分别主持。学员们可根据个人专业背景和工作需求选择一个主题，与该组的专家和学员展开深入讨论。“藏品阅读”作为培训班独具特色的课程之一，再次受到学员欢迎。除课堂讲授外，国际博物馆协会培训中心还组织学员分赴首都博物馆、中国科学技术馆和北京汽车博物馆参观，与各馆管理人员座谈，交流博物馆管理模式和管理方法。

2016年秋季培训班：藏品与故事讲述

2016年11月6日至11月15日，国际博物馆协会培训中心2016年秋季培训班在故宫博物院成功举办。共招收学员31人。其中中国学员16人，分别来自国内8省市16家机构；国际学员15人，来自亚、非、拉、欧的15个国家。围绕本期主题，来自中国、法国、荷兰、加拿大、英国的8位老师，以多样的内容、形式和国际化的视角，为学员们讲授不同方面的课程。文物修复体验课是这期培训班的一次新尝试。学员们在故宫博物院专家指导下体验书画装裱、修复和陶瓷考古与修复的某些步骤，通过亲身实践，对故宫文物医院的建设，有了更直观的认识和更深刻的了解。这次培训班的另一新的尝试，是在晚间安排了一次形式轻松的专家面对面环节，为学员提供了更多与专家交流和讨论的机会。这一环节分为四组，学员可根据自己的问题与需求，自由安排时间参与一组或多组讨论，与专家自由畅谈自己在工作和这次学习中的一些疑惑与观点。课堂之外，国际博物馆协会培训中心还为学员精心安排了博物馆考察活动，专家、学员分赴首都博物馆、中国消防博物馆、北京大学塞克勒博物馆进行参观考察，并与各博物馆的管理人员进行深入座谈，了解博物馆的藏品收藏、保护与展示工作开展情况，并交流相关经验。

2017年春季培训班：我们的博物馆——丰富全龄段观众体验

2017年4月2日至4月11日，国际博物馆协会培训中心2017年春季培训班在故宫博物院成功举办。这期31名学员所在地域覆盖了世界亚、非、拉、欧和大洋洲15个国家和国内10个省份，其中澳大利亚、贝宁、厄瓜多尔和塞舌尔的学员均为首次代表该国参加培训。2016年培训中心新设计的分题研讨会和专家面对面环节，在这期培训中依然得到延续。这两个环节为专家和学员们提供了更多面对面交流的机会，他们不仅可以根据各自的兴趣选择不同主题的小组共同学习、实践交流，专家面对面环节中，学员还可以根据自己的问题与需求，与专家自由畅谈自己在工作和此次学习中的疑惑与观点。展示汇报技巧这一培训环节是这期培训班的一个新的尝试，中外专家共同以导入式的方法，带领学员了解展示汇报的要点。课程中，专家强调展示汇报不仅仅只是一个PPT的制作和播放，如何以讲故事的方法，结构清晰地向观众展示演讲的主题内容，才是其中真谛。“藏品阅读”作为培训班独具特色的课程之一，这期再度得到学员们的高度评价。课程中用到的藏品，不仅有故宫博物院藏珍贵文物，而且选用了宣教部自主制作的文物复制品教具，并将私人收藏也纳入到课程体系中来。除课堂讲授外，这期培训班还结合教育主题，精心设计了参观和教育项目体验，组织学员分赴首都博物馆、中国妇女儿童博物馆和北京市青年湖小学开展课程。青年湖小学是本次合作中唯一一家非博物馆机构，其以书法为特色的教育项目十分引人注目。

2017年秋季培训班：博物馆参与型展览开发

国际博物馆协会培训中心2017年秋季培训班于2017年11月5日至14日在故宫博物院举办。这期学员来自18个国家的33个机构，其中亚美尼亚、布基纳法索、危地马拉、肯尼亚、立陶宛、斯洛文尼亚和土耳其7国均为首次派员参加培训。

2018年春季培训班：当今博物馆管理

2018年4月8日至17日，国际博物馆协会培训中心2018年春季培训班在故宫博物院成功举办。历时10天，共招收31名学员。其中，中国学员15名，分别来自国内10个省市的15家机构；国际学员16名，来自亚、非、拉、欧的16个国家，其中瑞典和秘鲁首次派员参加了培训。

2018年秋季培训班：博物馆宣传推广：提升相关性与吸引力

2018年11月13日至22日，国际博物馆协会培训中心2018年秋季培训班在福建博物院成功举办。这是培训中心首次在北京以外的中国城市举办培训班。这期招收31名学员，包括来自国内9省市不同机构的15名中国学员和来自亚、非、欧、拉的16名国际学员。其中，来自海地和摩洛哥的3名学员，为其所在国首次参与培训的人员。

2019年春季培训班：当今博物馆藏品之挑战

2019年4月9日至18日，国际博物馆协会培训中心2019年春季培训班在故宫博物院成功举办。历时10天，共招收28名学员。其中，中国学员12名，来自国内10省市12家机构；国际学员16名，来自亚、非、欧、拉的15个国家，其中俄罗斯和比利时首次派员参加了培训。

（二）国际文物修护学会培训项目

国际文物修护学会（IIC）于1950年在英国伦敦成立，为独立的国际性组织，由个人及机构会员组成，旨在为从事修复和保存文化遗产的专业人员提供交流经验的平台。国际文物修护学会每两年举办一次国际性的专题会议，让世界各地的专家学者聚首一堂，讨论业界的发展，分享文物保护技术。会议论文集收录的论文及海报文稿，是重要的学术文献。

2014年9月国际文物修护学会在香港召开第25届双年国际会议，故宫博物院积极组织参与此次盛会，经过大会的甄选后，共有3篇论文获选大会发言，5篇论文获选海报展讲。同时，我出席此次会议并获得国际文物修护学会授予的“福布斯奖”，该奖项是国际文物修护领域最高荣誉，以表彰在文物保护领域做出的贡献。会议期间，我提议故宫博物院和国际文物修护学会合作成立国际文物修护学会培训中心。经过多次商谈，双方决定在故宫博物院成立国际文物修护学会培训中心。宋纪蓉副院长与国际文物修护学会主席莎拉·斯坦尼福斯签署了双方合作备忘录。备忘录主要涉及以下四个方面：一是启动国际文物修护学会培训中心；二是建立国际文物修护学会中国分会；三是翻译相关保护修复的文献，包括英汉翻译与汉英翻译；四是鼓励个人与机构积极参与国际文物修护学会的各项活动。

2015年4月，故宫博物院与国际文物修护学会签署合作协议，成立国际文物修护学会培训中心（IIC-ITCC），这是国际文物修护学会第一个，也是该组织唯一的国际培训机构。国际文物修护学会培训中心是国际文物修护学会和故宫博物院基于其宗旨、任务，以及共同专业诉求而建立的、隶属于国际文物修护学会、依托于故宫博物院进行运行管理的合作平台，是以培训项目为核心的常设培训机构，旨在国际层面推动文物修护研究及交流，特别是提升发展中国家，以及亚洲国家及地区的文物修护业务水平和能力，为中国乃至整个亚太地区培养国际化的文物保护修复人才，为全世界的博物馆与文物保护修复人员，提供一个国际化修复技艺与保护研究的高水准的交流平台，将成为推动亚太地区乃至世界的保护修复技术与研究的重要力量。

2015 年 9 月双方在故宫博物院建福宫敬胜斋举行签约揭牌仪式，国际文物修护学会培训中心正式成立。国际文物修护学会培训中心设于故宫博物院文保科技部，通过“管理委员会”“学术与课程委员会”和“办公室”实现。管理委员会是培训中心最高决策机构，其职责是指导和管理培训中心各项活动。学术与课程委员会是培训中心的专家咨询机构，其职责是直接参与培训项目的规划、课程设置和师资遴选。办公室是处理培训中心日常事务的常设办事机构。

国际文物修护学会培训中心每年举办一期培训班，目前已举办四期培训班。2015 年 9 月举办的第一期培训班，主题是“科学的预防性保护”。2016 年 11 月举办的第二期培训班，主题是“文物保护修复过程中的无损分析技术”。2017 年 11 月举办的第三期培训班，主题是“纺织品的保护与修复”。2018 年 10 月举办的第四期培训班，主题是“纸质文物的科学保护”。每期培训班均邀请国际文物修护领域知名的专家授课，为世界范围内的文物修护人员搭建学习的平台。通过参加培训班，学员将有机会学习到世界先进的文物修复理念，并与世界各地的专家和同行探讨问题，寻求可能的解决方案。目前，已邀请中外授课教师 37 人次，其中来自英国、丹麦、意大利、美国、加拿大的 13 位外国专家为学员授课。培训时间 159 学时。

国际文物修护学会培训中心培训班每期学员为 20 人左右，国内、国际学员各占一半。主要为全球范围内担任博物馆文物保护的中层及以上管理职务，或拥有 5 年以上工作经验的在职文物修复人员。国内与国际学员招收执行相同的选拔标准。其中，国内学员由故宫博物院负责招生，国际学员由国际文物修护学会招生。目前，培训班的学员来自 37 个国家，分别是中国、埃及、墨西哥、希腊、澳大利亚、印度、新西兰、英国、加拿大、菲律宾、南非、罗马尼亚、泰国、波兰、奥地利、丹麦、韩国、马来西亚、阿根廷、法国、芬兰、塞尔维亚、越南、新加坡、意大利、西班牙、捷克共和国、秘鲁、乌克兰、克罗地亚、柬埔寨、伊朗、土耳其、立陶宛、比利时、德国和美国，目前已结业学员 92 人次。

国际文物修护学会培训中心培训班的课程设置，聚焦于近年来在文化遗产修护领域中极为重要议题。授课形式采取专家授课、实践操作、案例分析、互动讨论、参观学习等多元化课程，对学员进行理论与实践方面的培训，使学员充分了解文物修护技术和最佳的使用方法。在案例分析环节中，每位学员都根据自己所在国家的实际情况，进行文物保护案例介绍，通过互动式的介绍，学员与专家增进了解，起到了良好的交流。互动讨论是培训班始终强调的培训方式之一。培训班依托来自世界各地的专家资源，强调学员与专家的互动。课程通过设计互动讨论，帮助学员从亲身体验中学习知识、分享经验。

故宫博物院文保科技部目前有古书画临摹复制技艺、古字画装裱修复技艺、古代钟表修复技艺、古代青铜器修复及复制技艺四项非物质文化遗产。教师与学员通过参观修复工作室，了解书画装裱、金石、钟表等修复工序，感受传统手工技艺的魅力。专家与学员实地考察文保科技部实验室，参观红外光谱仪、扫描电镜等仪器设备，了解文保科技部如何运用多种现代化仪器设备为传统文物修复提供技术支持。专家与学员通过参观故宫博物院的端门数字馆、午门的“梵天东土 并蒂莲花”等展览，以及在首都博物馆“走进养心殿”等展览，增长见识，增加了解。

培训班的课程结束后，所有达到课程要求的学员将获得国际文物修护学会颁发、由国际文物修护学会主席和故宫博物院院长共同签字确认的结业证书。每期培训班为学员准备了中英文培训手册，内容涵盖课程安排、通讯录、温馨提示、地图等实用信息，以方便学员在京期间的学习和生活。培训结束后，培训中心设计制作中英文宣传册，以扩大国际文物修护学会培训中心的影响力。

此外，故宫学院非常重视与国外研究机构间的交流、合作，搭建具有专业特色的人才培养平台。2014 年 11 月，故宫博物院与美国博物馆联盟（AAM）在厦门签订合作意向书，双方约定以故宫学院为平台，共同致力于加强博物馆专业人员的培训；2015 年 1 月，法国卢浮宫学院院长菲利普·杜莱教授一行来访故宫博物院，双方签署合作备忘录，将在多个领域展开深入广泛的交流合作，形成学术研究互动、人才交流培养的良好机制，为中法文化交流做出贡献；2016 年，故宫博物院与法国文化遗产学院洽谈合作。

四、面向公众教育培训

（一）故宫文化走进各地

故宫讲坛是故宫学院面向公众进行社会教育与文化传播的重要平台。2012 年 9 月 8 日举办第 1 期，2013 年 11 月故宫学院成立以来，故宫讲坛纳入故宫学院的业务范围，形式更加规范化。截至 2019 年 9 月，共举办 157 期。故宫讲坛以亲近、通俗的语言，向社会传播明清历史、古代建筑、文物研究与鉴赏等诸多领域的知识，让公众深入了解故宫文化、感受中国传统文化的魅力。

此外，故宫学院与秦皇岛市联合举办“故宫文化大讲堂”，每月举办活动一场，形式涉及互动教育活动、讲座、图片展览等，共举办活动 47 场，共服务当地民众 7600 人次。2018 年是天津博物馆成立 100 周年。为了开启天津博物馆百年庆典活动序幕，“文博讲堂”邀请故宫博物院专家走进天津博物馆，将故宫学者的深厚学养，以及丰富的管理经验和创新发展理念，传播并惠及天津观众，目前已经与天津博物馆联合举办文博讲堂 8 期。

故宫学院以开放式的平台，在国内先后成立苏州、景德镇、西安、深圳、徽州、上海、重庆、开封，以及沈阳 9 个故宫学院分院，辐射国内外业界及公众，并产生积极有益的影响。截至 2019 年 9 月，9 个故宫学院分院共举办讲座 89 期，涵盖了故宫博物院院史、文物专论、古建筑专论、宫廷历史与文化、文物修复与科技保护、考古学、博物馆学、文化遗产保护等方方面面内容，受众达到 13490 人次。

故宫讲坛走进苏州，自 2014 年 6 月以来，故宫博物院的知名专家走向苏州，为苏州公众送去了 43 场精彩的讲座，受众万余人。“故宫学院（苏州）学术讲座”是 2016 年故宫学院（苏州）主办，面向苏州博物馆员工的培训项目，围绕对苏州博物馆的学术发展与人才培养启发有益的论题，搭建推动苏州博物馆学术科研稳步扎实推进的平台。已经成功举办 4 期，内容涉及博物馆学、文物保管与操作、书法艺术与鉴赏等。

（二）海外中国文化中心项目

故宫博物院开展教育项目由来已久。由故宫博物院宣传教育部组建的专职从事博物馆教育项目开发和执行的工作团队，结合故宫历史、文化、建筑、藏品、展览等资源开发，并执行了数十项活动内容、受众群体、组织方式和呈现形式均丰富多彩的教育活动，其中 14 个精品项目，面向海外的中国文化中心重点推介。

应海外中国文化中心邀请，故宫宣传教育团队的教育项目输送至马耳他、新加坡、曼谷、悉尼、乌兰巴托、马德里等中国文化中心及当地其他机构，反响强烈，备受欢迎。对于展现故宫宣传教育工作能力，传播中国文化、故宫文化起到了良好的推动作用。

赴马耳他中国文化中心：2016 年 11 月，故宫宣传教育团队赴马耳他，在马耳他中国文化中心、国际学校和圣詹姆斯艺术中心 3 个机构，以“朝珠 DIY”“八旗笔筒大变身”“巧刻乾隆印，玩转橡皮章”为主题，针对不同年龄段学生和公众，共执行教育活动 8 场。

赴新加坡中国文化中心：2016 年 11 月，故宫宣传教育团队赴新加坡，在新加坡中国文化中心，执行“朝珠 DIY”“八旗娃娃放肆萌”“巧刻乾隆印，玩转橡皮章”和“击扫黑白、传拓万千”4 个活动共 19 场，参与活动对象包括当地伊顿国际学校、马兰花艺校和社会公开报名观众。

赴曼谷中国文化中心：2017 年 5 月，故宫宣传教育团队赴泰国曼谷，在曼谷中国文化中心开展“朝珠映如意——故宫文化体验课堂”活动，为当地民众带去“宫廷里的遂心如意”和“朝珠 DIY”两个教育项目，在当地共执行活动 5 场，共有约 150 名观众参与了活动。

赴悉尼中国文化中心：2017 年 11 月，故宫博物院与悉尼中国文化中心共同举办“发现紫禁城——故宫博物院互动体验活动”。在悉尼当地 4 所学校，故宫宣传教育团队为 180 名学生带去了“康熙与西学”“手绘龙袍”“折纸龙袍”3 个主题课程，执行教育活动共 7 场。

赴乌兰巴托中国文化中心：2018 年 6 月，故宫博物院与乌兰巴托中国文化中心共同举办“发现紫禁城——故宫博物院互动体验活动”。故宫宣传教育团队为约 300 个家庭带去了“巧刻乾隆印，玩转橡皮章”和“一窗一世界”教育活动 2 个主题课程，执行教育活动共 3 场。

赴悉尼中国文化中心：2018 年 6 月，悉尼中国文化中心邀请故宫宣传教育团队赴悉尼，为当地四所学校的学生带去“巧刻乾隆印，玩转橡皮章”和“太和殿上的小精灵”两个主题课程，执行教育活动共 4 场，约 100 人参与活动。

赴马德里中国文化中心：2018 年 10 月，故宫博物院与马德里中国文化中心共同举办“探秘紫禁城——故宫文化体验工作坊”。在马德里中国文化中心，故宫宣传教育团队为约 180 名观众带去了“折纸龙袍”“康熙与西学”和“一窗一世界”3 个主题课程，执行教育活动共 3 场。

（2019 年 9 月 18 日）

在平凉市博物馆开馆仪式上的致辞

平凉市博物馆开馆仪式（2019 年 9 月 26 日）

今天，平凉市博物馆新馆正式开馆，我有幸来平凉参加开馆仪式，与大家共同见证甘肃文化事业的又一件盛事。

甘肃是中华民族重要的文化资源宝库，我常听甘肃人自豪地讲“丝绸古道三千里，黄河文明八千年”，甘肃作为华夏文明的重要发祥地之一，古丝绸之路的重要通道，是全国的文物大省，也是文化遗产最辉煌灿烂的地段，令世界为之侧目，让世人为之倾心。习近平总书记视察甘肃期间，穿越千里河西走廊，走进世界文化遗产地敦煌莫高窟，感受中华文明包容开放，从坚定文化自信、传承中华文明和铸就中华文化新辉煌的高度，发表了重要讲话，我们深受教育、备受鼓舞。对于广大文化工作者来说，我们就要“守土有责”，保护传承好老祖宗留给我们的宝贵遗产，让历史说话、让文物说话，让文物“活起来”“走出去”，精彩讲述甘肃故事、讲述中国故事。

说到文化，大家脑海中不断涌现的是我们祖国壮丽的名山大川、文化古迹，不过，想要集中、全面、深刻地了解一个地方的历史风貌和风土人情，首选还是要去博物馆。举目西望，雄伟秀丽的崆峒山就矗立在眼前，平凉市把博物馆建设在景区附近，为广大游客提供了非常好的文化旅游体验项目。平凉作为古丝绸之路西出长安的第一重镇，文物古迹众多，平凉市博物馆馆藏各级各类文物 1 万多件，尤其以史前陶器、商周铜器、宋元瓷器、历代铜镜、名人字画和佛道造像艺术等最具地方特色，走进平凉市博物馆，大家也就开启了一场心灵之旅、文化之旅，从而踏上漫漫丝路，走进了千年丝路的文明深处。

我由衷地为平凉市博物馆的建成开馆而感到高兴。平凉市博物馆与故宫博物院有着特殊的渊源，早在 2016 年，根据原文化部文化帮扶计划，确立了故宫博物院与平凉市博物馆的文化帮扶关系，双方就平凉市博物馆的建设和布展进行了充分的交流，也结下了深厚的友谊。我了解到，平凉市博物馆新馆的建设项目，能够很快付诸实施，并在短时间内建成开馆，十分来之不易，得到了甘肃省委、省政府，平凉市委、市政府的大力支持，倾注了省、市各级文化部门的大量心血，也得到了社会各界的鼎力帮助，充分体现了甘肃人民对文化事业的重视和热爱。

文物保护不仅是各级政府、文物工作者的职责，也是广大民众的共同事业，只有全社会都承担起保护文化遗产的责任，文化事业才能乘风远洋，发扬光大。希望甘肃省、平凉市在今后的工作中，能够一如既往地支持文化事业的发展，也希望平凉的文化工作者再接再厉，坚持高质量发展，创新筑远道，让博物馆事业更加贴近民众的精神文化需求，更好为人民群众服务。

（2019 年 9 月 26 日）

在中央文史研究馆第六届国学论坛上的发言

在国学论坛上做主旨发言（2019 年 10 月 11 日）

尊敬的各位专家学者，非常感谢此次论坛给我发言的机会。这一论坛环节的主题是“交流：中国与世界”。刚才樊锦诗老师讲到了中华五千年文明。今天每一个中国人都为中华民族拥有五千年不间断的文明历史而感到骄傲。但是，国际社会却一直有人在质疑中华民族五千年文明历史的真实存在。这里除了一些人对中国存在固有偏见的因素外，还与长期以来我们对外宣传中华文化，讲好中国故事不够有关。

实际上，新中国成立以后，特别是改革开放以来，中国考古学家、历史学者通过考古发掘和历史研究，持续开展中华文明探源，在长城内外、大江南北，通过所揭示出来的“满天星斗”般的文化遗址，不断实证中华五千年文明的客观存在，以及清晰的发展历程。这些通过中华文明探源，所不断揭示出来的研究成果，应该更多走向世界，为全人类共享，同时在国际社会中争取更多中华文化的话语权。为此，故宫博物院老院长、著名考古学家张忠培教授和几位专家学者给习近平总书记写信，呼吁良渚古城遗址早日申报世界文化遗产，得到了习近平总书记的高度重视，并做出重要批示。经过努力，在今年 7 月召开的世界遗产大会上，良渚古城遗址成功列入《世界遗产名录》。良渚古城遗址通过大规模的城市遗址、水利遗址的考古成果，以及大量珍贵出土文物，以距今5300—4300年的真实历史，骄傲地走进世界文化遗产大家庭。

世界遗产保护运动至今不过百年的历史，特别是第二次世界大战之后，人们开始关注自己国家领土上的具有突出普遍价值的文化和自然遗产保护状况，当一些文化和自然遗产受到人为破坏或自然威胁时，会举全国之力，甚至求助于国际社会实施集体保护行动。特别是20世纪60年代，针对埃及阿斯旺水库大坝的建造对卢比亚遗址造成威胁、海平面的上升对意大利威尼斯水城造成威胁，联合国教科文组织均开展了国际救援行动。正是这样一次次保护行动，于是在国际社会就诞生了一个重要的理念，即这些文化和自然遗产不仅是一座城市、一个国家所独有的资源，而是人类共同的遗产。

保护人类共同的遗产这一理念，导致1972年诞生了《保护世界文化和自然遗产公约》，成为迄今最有影响和号召力的公约之一，被看作是联合国教科文组织最成功的公约，已经有190余个国家加入其中。1985年中国加入《保护世界文化和自然遗产公约》，虽然加入时间相对较晚，但是成为中国文化遗产事业的里程碑。1987年中国拥有了第一批世界遗产，共6项：长城、周口店“北京人”遗址、秦始皇陵及兵马俑、北京故宫、敦煌莫高窟和泰山，通过这些极具标志性的文化和自然遗产，向世界展示出中国古老文明的魅力和文化成就，促进中国文物保护进入一个新的时期，无论在保护范围还是保护方法方面都出现了重要转变，特别是推动了从“文物保护”走向“文化遗产保护”理念的发展。

世界遗产申报的过程中，在各城市和地区都解决了大量困扰保护的老大难问题，取得了一个又一个令人鼓舞的保护成果。申报成功后的监测工作成为遗产管理者的重要职责，更使文化遗产事业成为各级政府不可推卸的神圣使命。一项又一项世界遗产申报成功，促使更多的城市和地区踊跃申报文化和自然遗产项目，并希望早日成功。特别是1997年丽江古城和平遥古城列入《世界遗产名录》，城市知名度迅速提升，促进了当地社会经济发展，引起人们广泛的关注，于是，就形成了长达数十项的申报世界遗产预备名单。

2004年，在中国苏州召开第28届联合国教科文组织世界遗产委员会会议，会议通过了一项规定，即国家无论大小，每个国家每年只能申报一项文化遗产。这项规定无疑是正确的，有利于解决世界遗产的不平衡问题，即文化遗产与自然遗产数量的不平衡，各地区间世界遗产数量的不平衡，以及遗产保护能力的不平衡问题，倡导文化多样性。但是我国长长的申报世界文化遗产预备名单给予我们很大的压力，不希望申报不成功而浪费宝贵的名额。于是，一方面加强与国际组织的沟通交流，另一方面努力协调各申报项目的城市和地区，做好各项申报世界文化遗产的充分准备。

通过不懈努力，2004年高句丽王城、王陵和贵族墓葬申报成功，2005年澳门历史城区，2006年殷墟，2007年开平碉楼与村落，2008年福建土楼，2009年五台山，2010年登封“天地之中”历史建筑群，2011年西湖文化景观，2012年元上都遗址，2013年哈尼梯田；2014年两项成功，一项是大运河，一项是丝绸之路，因为丝绸之路是跨国申报项目，中国与哈萨克斯坦和吉尔吉斯斯坦三国共同申报，用的是吉尔吉斯斯坦的名额；2015年土司遗址，

2016年花山岩画，2017年鼓浪屿，2018年未能成功，但是已经创造了奇迹，没有一个国家年年申报项目，更没有一个国家年年申报成功。当2019年良渚古城遗址申报世界文化遗产成功之时，中国就成为拥有世界遗产最多的国家。数量最多并不重要，重要的是改变了我国文化遗产的格局，改变了我们对于文化遗产保护的认识，实现从“文物保护”走向了“文化遗产保护”。

文化遗产保护在保护内容的外延方面不断扩大，一是从重视单一文化要素的保护，向同时重视由文化要素与自然要素相互作用而形成的文化景观保护的方向发展。二是从重视已失去原初使用功能的古迹遗址等“静态遗产”的保护，向同时重视仍保持着原初使用功能的“动态遗产”和“活态遗产”保护的方向发展。三是从重视文化遗产由“点”到“面”的保护，向同时重视因历史和自然相关性而构成的“文化线路”“线性文化遗产”保护的方向发展。四是从重视“古代文物”“近代史迹”的保护，向同时重视“20世纪遗产”“当代遗产”保护的方向发展。五是从重视重要史迹及代表性建筑的保护，向同时重视反映普通民众生活的“民间文化遗产”保护的方向发展。六是从重视“物质要素”的文化遗产保护，向同时重视由“物质要素”与“非物质要素”结合而形成的文化遗产保护的方向发展。从而将文化遗产的内容由物质的、有形的、静态的，伸延到非物质的、无形的、动态的，体现出对于文化遗产认识的进步。

这些方面的变化，使文物保护从过去比较独立的系统，发展成为开放的系统，变成与城市生活、城市发展密切相关的领域，逐渐改变了中国文化遗产保护的格局，也带来了前所未有的文化气象。实际上，我国正处于城市化加速进程的历史时期，每一项申报世界文化遗产都是抢救性的行动。可以举两个例子，一是五台山提出申报世界文化遗产的时候，我们考察了每一个申报地点，都需要实施整治，尤其是台怀镇，一段时期以来不可持续的旅游发展，造成台怀镇佛教建筑群周边，形成上千个小门脸，什么小饭馆、小茶馆、小酒馆、卡拉OK屋，还有洗脚屋，把佛教建筑群围得水泄不通。为了实现申报世界文化遗产成功，就必须进行整治，在远离台怀镇的地方建设旅游接待设施，经过环境拆迁整治，“深山藏古刹”的景观再现，由此五台山才得以成功进入《世界遗产名录》，这就是申报世界遗产的作用和文化力量。

还有一个例子是不需要大规模拆迁整治，但是需要进行控制，不能进行建设。进入新世纪，杭州提出西湖申报世界文化遗产，这是一座蓬勃发展的大城市中心区域，而西湖的特点是“三面云山一面城”，要期盼申报世界文化遗产成功，就要保证“三面云山”视野内不能有任何一栋新建筑，可是当年杭州的地价、房价超过北京、上海，谁要是在西湖附近建设一个项目，一定是“一本万利”，因此需要坚决顶住压力。今天人们无论是荡舟西湖，还是漫步苏堤、白堤，都看不到任何一栋侵入三面云山的新建筑，西湖文化景观申报获得成功。实际上，杭州的经济社会发展也没有受到影响，从西湖申报世界文化遗产开始，杭州城市建设就坚定不移地从“西湖时代”走向“钱塘江时代”，在钱塘江两侧建设了气势恢宏的杭州新城，真正实现了梁思成先生当年的主张“保护老城，建设新城”，两者相映生辉，在杭州得以实现，这就是文化的力量。

通过文化遗产保护，我们获得了两点深刻认识：一是世代传承，二是公众参与。世代传承就是告诉人们，保护不是目的，利用也不是目的，真正的目的是传承，也就是要把祖先创造的珍贵文化遗产，经过我们的时代，健康完整地传给子孙后代。因此我们每一个人、每一座城市都不能利用现实的优势随意处置文化遗产，要为后代的发展多留有余地。公众参与就是告诉人们，今天文化遗产保护对象已经进入千家万户的生活空间，因此保护不再仅仅是政府的专利、文物部门的专利，而是全体民众的共同事业，需要赋予社会公众文化遗产保护的知情权、参与权、监督权、受益权。

我就是带着这两点认识，于2012年1月来到故宫博物院工作。这里是世界上最大规模的古代宫殿建筑群，收藏有世界上最丰富的中国文物，是一座每年观众来访量最多的博物馆，这是故宫博物院的三大文化资源。一代一代故宫前辈倾心保护着它们，故宫古建筑的安全、文物藏品的安全、观众的安全，是故宫博物院发展的生命线。我的前任郑欣淼院长，在故宫博物院担任十年院长，成就了故宫博物院发展最好、做事最多的十年。郑欣淼院长刚一上任，就启动了故宫整体维护保护工程，计划用18年时间，从2002年到2020年把故宫古建筑维修好，扩大对观众开放的区域。用7年时间，开展故宫博物院藏品清理，摸清文物家底。随着故宫博物院事业发展，也迎来了更多观众，压力很大。2002年郑欣淼先生上任之初，故宫博物院接待700余万观众，2012年我上任之初，故宫博物院接待1500余万观众，10年时间观众增长了一倍，于是故宫博物院开始了一系列限流分流措施，目前故宫博物院每天接待观众8万人以内，即使实施限流，2018年故宫博物院仍然接待了1700余万观众。

在1700余万观众里，有上百万是来自外国的观众，要帮助他们获得更好的参观感受。例如故宫博物院开始实行全网购票，没有了售票处，一些外国人不习惯用手机预约，我们就要帮助他们顺利进入故宫博物院参观。为了讲好故宫故事，传播中国文化，针对外国观众提升自动讲解器，目前故宫博物院的自动讲解器有40种语言，成为全世界博物馆语言最丰富的讲解器，不但有各国的语言，还有专家版、少儿版、对话版，观众可以各取所需。针对故宫博物院现状，我们提出了三个目标：一是通过故宫古建筑维修保护工程，把一个壮美的紫禁城完整地交给下一个600年；二是通过“平安故宫工程”，确保故宫博物院平安；三是从“故宫”走向“故宫博物院”，不断丰富参观内容，提升参观体验，使故宫从一个旅游景点，变成一座世界级博物馆，一片文化的绿洲。

2002年，故宫博物院只开放30%的区域，到了2014年终于开放区域超过50%，达到了52%；2015年达到了65%；2016年达到了76%，连续3年每年增长10多个百分点，目前已经达到了80%。故宫博物院实现了大部分区域对观众开放，在此期间进行了艰苦卓绝的环境整治，拆除了135栋临时建筑，其中有59栋具有严重火灾隐患的彩钢房。通过整治，一片片区域，一座座古建筑，变成了展区、展馆、展场。例如午门变成了大规模的展厅，而过去则是保管“文留文物”的库房；慈宁宫变成了雕塑馆，而过去是有关单位的办公地点；寿康宫从原状库房，恢复成原状陈列；紫禁城里4个花园，其中两个明代花园，两个清代花园，如今都实现了对观众开放，最后开放的是明代的慈宁宫花园，106棵大树古树，非常幽静，花园内的佛堂也对观众进行展示。

故宫有完整的城墙，但是几十年都没有开放，城墙不开放，城门和角楼也得不到开放，如今开放了城墙，城楼变成了展厅，东华门变成了古建筑馆，神武门变成了临时展厅，端门如今是数字博物馆。城墙开放后人们就不用再沿着筒子河马路边走向各自目的地方向，而是可以走在城墙上，获得不同的感受，可以欣赏紫禁城的景观，观赏外面的风光，沿着城墙走还可以有惊喜，人们可以走进过去只能远远眺望的角楼。在角楼里制作了虚拟现实的影片，尤其是外国观众特别喜欢这部影片，了解如何用榫卯结构，把上万块木头组合成“三重檐七十二条脊”的美丽建筑。

中国现存最古老的宫廷戏楼畅音阁，百年以来没有再演戏。如今我们知道这些木结构的古建筑维修好以后，把它锁起来闲置在那儿，损坏更快，越正常开放，经常维修，古建筑就越健康。因此畅音阁也重新利用起来，演出中国传统戏曲。还修缮开放了宝蕴楼，1914 年故宫前朝作为古物陈列所开放，建设了宝蕴楼文物库房，1933 年一批南迁文物从这里运出，如今宝蕴楼作为故宫博物院早期院史陈列开放。一部影片《我在故宫修文物》引起很多年轻人的强烈反响。今年故宫博物院计划招聘 88 名新员工，4 万多年轻人报名。其中很多人希望到故宫博物院来修文物，但是我想告诉这些年轻人，在故宫博物院修文物，并不像影片里演得那么浪漫，一会儿摘果子，一会儿逗野猫，一会弹吉他，那只是影片里的花絮，而文物修复是一项默默无闻的工作，要耐得住寂寞，面对一件文物可能要几个月的时间，你们有这个心理准备吗？今天经过预约可以参观故宫文物医院，让观众了解文物修复的过程。

故宫博物院积极探索仓储式展示的方法。武英殿南侧有南大库，是故宫内规模较大的库房，长期以来室内存放着电线、木材等材料，室外是建筑材料加工地点。此次对南大库内外环境进行清理，对古建筑进行维修，作为故宫博物院家具馆对观众开放。故宫博物院的藏品中有 6200 件明清家具，其中有很多紫檀、黄花梨材料的大型家具，但是我看到这些家具存放在 94 间库房里，几十年前存放进去，再也没有出来，小型家具堆摞在一起，最高摞了 11 层，不便通风、不便维护、不便研究、不便展示，今天把这些家具展示了出来，包括精品陈列、组合陈列、情景陈列、仓储式陈列，使大量家具文物得到展示。家具馆的设立取得很好效果，目前正在实施 24 万块书版的仓储式陈列、筹备 3 个古建筑构件仓储式陈列展厅，同时计划将陶瓷、车马轿舆、中和韶乐等文物藏品，也采取仓储式陈列方式展示出来，使故宫博物院展出的文物藏品数量倍增，使中外观众能够欣赏到更多精美的文物藏品。

近年来，故宫博物院经常接待来自各国的文化部长、博物馆馆长，看到故宫博物院良好的展览设施条件，纷纷要求将他们国家或城市博物馆的展览，也能在故宫博物院展出，因此午门展厅、神武门展厅等临时展厅，不断安排来自世界各地的优秀展览，例如近年举办的来自墨西哥、美国、印度、阿富汗、法国、卡塔尔、摩纳哥、匈牙利、希腊、梵蒂冈、乌克兰、葡萄牙等国家的展览，使国人不出国门也能够欣赏到各国博物馆的展览，也使故宫博物院成为国际文化交流的平台。

2016 年初，阿富汗驻华大使馆贾楠·莫萨扎伊先生来到故宫博物院，希望在故宫博物院展出在战争中保护下来的阿富汗珍贵文物。他告诉我，这些文物是流血牺牲保护下来的，当时在塔利班政权下，阿富汗国家博物馆员工将这批文物藏到德国银行仓库地下室，躲过了灾难。博物馆员工守口如瓶，馆长甚至因此被杀害。由于近年阿富汗本土再起波澜，局势仍旧动荡，贾楠·莫萨扎伊大使希望这批文物不再受到威胁，能在中国长时间进行展出。得知此情况，故宫博物院决定为保护文明古国珍贵文物做出努力，在午门展厅举办了“浴火重光——来自阿富汗国家博物馆的宝藏”展览，并帮助阿富汗方面积极寻找国内其他展览场地。

故宫博物院每年举办“驻华大使进故宫活动”，深受各国大使欢迎。例如今年春节期间，80 个国家的大使在故宫博物院参观了“贺岁迎祥——紫禁城里过大年”展览，观赏了乾清宫前竖立起来的万寿灯、天灯，集体在这已经消失一百多年的景观前合影，在“中华老字号进故宫”货架前选购了来自全国各地丰富多彩的年货。

为了更有力地传播中华传统文化，故宫博物院加大网站的建设力度，其中把英文网站做得更加强大，使没有机会前来参观的各国民众能够了解故宫博物院的各方面信息和文化创意内容。今年 1 月 1 日故宫博物院与网易合作，面向 190 多个国家推出第一款手机游戏《绘真·妙笔千山》，引起很好的反响，让人们通过手机领略《千里江山图》中的壮美景观和人居环境。

为了发挥好博物馆教育职能，故宫博物院于 2013 年成立了故宫学院，不但负责故宫博物院员工的业务培训，还开展文物博物馆系统专业人员的培训，而更多的是面对青年学生的教育活动，例如故宫知识课堂有丰富多彩的综合实践课程。一些课程在全国各地开展的同时，也开始走向世界各地，例如到马耳他、新加坡、泰国、澳大利亚、西班牙等国家，各国年轻人对于故宫文化也表现出了浓厚的兴趣。

国际博物馆学会和国际文物修护学会也都把全球唯一的培训机构设在了故宫博物院。其中国际博物馆学会培训中心过去 6 年已经有来自 72 个国家的 350 多名专业人士参加培训，我们的朋友圈越来越大。故宫博物院与更多国家的博物馆签署战略合作协议，与更多国家的教育机构建立联合培养人才机制，与更多国家的文物修复机构建立联合实验室。

作为文明古国，中国的博物馆较少收藏外国文物，而故宫博物院是中国收藏外国文物最多的一座博物馆，保存有数以万计的来自各国的艺术品，近年来，故宫博物院一方面建设外国文物馆，另一方面举办外国文物展览。例如 2018 年“紫禁城与海上丝绸之路”展览在葡萄牙展出，两国元首参观展览时，我讲解了 16 世纪末至 18 世纪初，葡萄牙传教士来到中国的人数最多，共有 330 余位，其中有 30 余位供职于清宫，乾隆时期掌管天文历法的清宫钦天监监正多为葡萄牙人。今天，故宫博物院的展览源源不断走出“馆舍天地”，走向“大千世界”。过去 6 年，共有 135 项展览走出了故宫，其中 2018 年就有 42 项展览走向了全国各地、世界各地。同时，故宫文化创意和数字技术成果组成的文化创意展览，也开始在世界各国展出。通过文化交流，中国与世界更紧密地联系在一起，这也是今天论坛的主题。

我在国家文物局工作期间，与阿富汗政府部门签署了文化遗产保护合作协议。2015 年 11 月，参加庆祝中国和阿富汗建交 60 周年纪念活动，我有机会去了阿富汗，结果没有下飞机，就被要求穿上防弹衣，出机场后汽车直接开到总统府的高墙里，几场活动下来，连夜就要撤离阿富汗，根本不可能实现参观博物馆、考察文物古迹的愿望。阿富汗同人讲述了巴米扬大佛被炸毁的故事，以及美军坦克开进阿富汗国家博物馆使文物受到伤害。在飞机上我与外交部的张明副部长坐在一起，我谈到阿富汗是世界著名的文明古国，位于丝绸之路的十字路口，拥有辉煌灿烂的传统文化，但是阿富汗古代文明今天得不到切实保护。世界上还有一些文明古国，例如伊拉克、叙利亚，当地的世界文化遗产和博物馆都在遭到破坏和劫掠。当前世界上有G8，即经济发达国家的俱乐部，如今发展到了G20，但是人类社会发展不能仅靠经济，还应该弘扬文化，因此世界上不应该仅有G8、G20，还应该有C8、C20。在历史上，这些文明古国的灿烂文化曾经照亮了世界，今天文明古国应该团结起来，呼吁国际社会共同保护古代文明。张明副部长表示支持故宫博物院举办“世界古代文明保护论坛”。

2016年，“世界古代文明保护论坛”在故宫博物院成功举办，得到了外交部、文化部、新华社的支持。中国、埃及、印度、伊拉克、伊朗、希腊、意大利、墨西哥等8个文明古国的文化学者、博物馆馆长、文化官员参加会议，会议代表共同签署了《太和宣言》。我向会议代表说明，《太和宣言》以太和殿命名，核心理念是“和”，是中华传统文化的精髓，主张人与自然之间要和谐相处，人与人之间要和谐相待，人的内心世界要和谐相安，如此人类世界才是一个和平发展、不断进步的世界。与会代表非常赞成中国的主张。2017年，故宫博物院举办了第二届“世界古代文明保护论坛”，简称“太和论坛”，与会国家增加到20个，从C8走向了C20，《太和宣言》大家庭不断壮大，目前正在筹备的是第四届“太和论坛”。

故宫博物院每年都要承担大量外国国家元首、政府首脑的参观活动，认真做好每一次外交接待。过去，各国来宾参观故宫博物院往往只是用50分钟左右时间，走过中轴线。如今希望各国来宾能够感受丰富多彩的内容，例如参观展览、欣赏藏品，在古建筑维修工地考察工匠技艺，在故宫文物医院考察文物藏品修复，在故宫御花园参加文化活动，在畅音阁大戏台观赏京剧，在数字博物馆欣赏虚拟现实演示，在宝蕴楼观赏故宫文化创意产品，为他们的参观活动留下更为深刻的印象。

当各国领导人来到故宫博物院，我们会用紫禁城所呈现出的中华传统文化给他们进行解读，红墙—黄瓦—蓝天，这是“三原色”，用这三种颜色可以谱画出世界上任何的色彩，我们的世界必须绚丽多彩，不能是单一色彩，每个民族都有他们值得尊敬的历史，也都应该拥有他们向往的未来。我把这个道理给美国总统特朗普讲过，看来他没有听懂。但是，每天当数以万计的世界各国观众走在故宫博物院之时，看到这座世界最大规模的古代宫殿建筑群，如今被保护修复得如此健康、如此壮美、如此有尊严，他们一定会感动于中国保护世界文化遗产所做出的积极贡献。

正是因为我们付出了努力，才能实现“把壮美的紫禁城完整地交给下一个600年”！

（2019年10月11日）

在故宫博物院 2019 年度科研课题立项评审会上的讲话

故宫博物院 2019 年度科研课题立项评审会（2019 年 11 月 7 日）

今天我们在这里召开 2019 年度故宫博物院科研课题立项评审会。非常感谢各位委员，在百忙之中参加此次课题立项评审工作。

自 1999 年初设院级科研课题以来，故宫博物院科研课题立项已经有 20 年的时间。20 年来，也是故宫博物院人员结构中本科以上学历人员比重不断增加、研究人员比例不断提高的 20 年。院级科研课题资金虽然有限，但是发挥了重要的杠杆作用，鼓舞和支持一代代科研人员，开展科学研究。通过做课题、做项目，培养了一批有真才实学的研究学者，培养了一批精通业务的专家，培养了一批有一技之长的骨干，同时也推出了很多优秀的科研成果，搭建了故宫博物院科学研究的学术框架，奠定了“学术故宫”的基础。

2019 年，我们共收到 41 项院级科研课题申报书，数量上是一个历史高位，除了传统文物博物馆与考古学、文物保护科技申报大户外，安全、工程、消防、文化创意等方面也申报踊跃。

至目前为止，故宫博物院除2003年“非典”时期中断院级课题立项评审一次，该项工作一直是故宫博物院科研工作的重要组成部分。20年来，故宫博物院共立项课题333项。在过去的十五年里，每五年有一个申报的小高峰。这个高峰的数值也与结项的周期基本相符，这也从一个侧面反映出由于申报课题中初次申报人员的占比较大，结项周期与科研人员的成长周期同步。那么经过20年的代际成长，通过科研课题项目的研究，初步完成了专业人员学术成长的基础建设。近十年来，大量硕士、博士人才的进入，故宫博物院博士后科研工作站的建设，在故宫博物院里以学术委员会委员为核心的各位学术带头人的引领、支持、亲力亲为下，进一步壮大、夯实了申报科研课题的队伍，新方法、新发现、新观点得以不断涌现。

社科基金重大项目、自然科学基金、科技部“十三五”科技支撑计划等项目不断刷新申报立项的成功率。

2019年度，故宫博物院有自然科学基金“漆器文物中天然有机成分的识别及老化程度评估方法研究”（王娜）、国家社科基金冷门绝学与国别史研究专项课题“西辽国物质文化研究”（余辉）、“康熙朝内务府满文档案的整理、翻译与研究”（李文毅）获得立项。

王素先生承担2012年度国家社科基金重大项目“新中国出土墓志研究”，研究已接近尾声，研究成果陆续出版。2013年度国家社科基金艺术学项目“基于中国古代绘画的新媒体展示研究”（李琼）、资助文化部课题“明代官式彩画研究——以紫禁城为例”（杨红）均顺利结项。2017年国家社科基金艺术学项目“伊朗阿德比尔清真寺藏中国瓷器及相关问题研究”（项坤鹏）进展顺利，2018年度国家社科基金艺术学项目“俄罗斯皇宫典藏中国瓷器研究”（多丽梅）、“明代金银器史”（张燕芬）立项，2018年度国家社科基金冷门绝学与国别史研究重大专项课题“《满文大藏经》研究”（春花）获得立项。2017年国家社科基金重大项目“吐鲁番出土文书再整理与研究”子课题“吐鲁番出土高昌国文书再整理与研究”（王素）进展顺利。

国家自然科学基金项目立项的有2011年度“拉曼技术对中国古代高温釉瓷釉烧温度的无损分析研究”（苗建民）、“故宫彩画颜料及绘制工艺的同步辐射无损分析研究”（雷勇）、“故宫博物院藏传世哥窑及相关窑址标本的关联研究”（段鸿莺），2012年度“古陶瓷产地溯源的锶同位素方法初探和应用研究”（丁银忠），2017年度“瓷胎热膨胀参标测温方法体系的构建及其核心要素的影响机理研究”（丁银忠），2018年度自然科学基金“故宫出土明清铜红釉呈色机理的同步辐射应用研究”（雷勇）、“元大内规划复原研究”（徐斌）、“抬梁式木构古建抗震性能系统化研究”（周乾）。

其他院外项目有2006年国家科技部“十一五”国家科技支撑计划重点项目“古代建筑保护技术及传统工艺科学化研究”（苗建民），2014年度国家科技部“十三五”国家科技支撑计划项目“可移动文物数字化保护关键标准研究与示范”（冯乃恩），2017年教育部、国家语委甲骨文研究与应用专项课题“殷商占卜思想文化再检讨”（王素），文化和旅游部2018年度文化智库项目“文化遗产管理单位在构建现代公共文化服务体系和旅游公共服务体系中的双重作用研究——以故宫博物院为例”（战雪雷）。

从2017年至2019年立项数量上看，故宫博物院的科研水平已和普通高校的科研水平相接近，在国内文物博物馆系统中更是首屈一指。这一科研水平的确立与故宫博物院每年开展科研课题立项工作是分不开的。

开展科研课题立项，是推动故宫博物院文物保护事业发展的重要途径。开展科研课题立项，是促进故宫博物院人才培养的重要方式。目前故宫博物院科研人员的科研能力和学术水平都较以往有了很大的提高。今天，故宫博物院学术委员会的各位委员又听取了2019年度申报科研课题立项的评审意见，并将在广泛讨论的基础上，通过投票的方式确定获得立项的课题，我们希望获得立项的课题在未来的学术研究工作中取得优秀的成果，在故宫博物院的科研工作中发挥引领作用。

我相信，经过新一届故宫博物院学术委员会全体委员的共同努力，故宫博物院的科学研究工作将不断涌现新的成果，持续培养出具有高水平、高素质的科研人才，在未来，将故宫博物院整体科研水平发展到一个新的高度。

（2019年11月7日）

在“致敬百年经典——第四批中国20世纪建筑遗产项目公布学术活动暨新中国70年建筑遗产传承创新研讨会”上的致辞

正值新中国成立70周年之际，我们在与新中国同龄的北京市建筑设计研究院举行“致敬百年经典——第四批中国20世纪建筑遗产项目公布学术活动暨新中国70年建筑遗产传承创新研讨会”，特别有意义，因为在南礼士路62号的北京市建筑设计研究院涌现了张镈、张开济、赵冬日、华揽洪等为代表的北京“五十年代八大总”。北京市建筑设计研究院从60年前的“国庆十大工程”，到一批又一批堪称城市的标志性建筑，如今成为令建筑界行业认同的20世纪建筑遗产项目的“诞生地”。所以，在这里举办“致敬百年经典”的发布仪式以及研讨会，既庄重又让人浮想联翩。

中国文物学会20世纪建筑遗产委员会自2014年成立至今，五年间已评选出四批共计396项“中国20世纪建筑遗产”。这是全国建筑界、文化遗产界有学术见地、有国际视野、有对文化遗产前瞻性思考，对中国20世纪建筑作品负责任的成果。这项活动之所以令业界瞩目，社会反响一届比一届强烈，是因为既符合国家对文化遗产保护的要求，也符合城市可持续发展的需要，还符合新时代国际进步趋势。

这里要特别感谢以修龙理事长为代表的中国建筑学会这些年的通力合作，感谢百余位业界老一辈学术顾问、中青年建筑和文化遗产领域专家的鼎力支持。我们的工作呈现出“蹄疾步稳”成果。“蹄疾”是，因为国际文化遗产界很关注20世纪遗产，而中国尚未系统地予以呈现，我们应该跟上；“步稳”是，作为推动者和见证者，我们需要记录，我们特别应该敬畏，所以要在理性、科学的审慎认定中稳步向前。

围绕“中国20世纪建筑遗产”项目所展开的学术活动、公众教育普及都全面展示了中国20世纪建筑遗产项目的风采，不仅为更多的建筑和文化遗产界人士及公众提供了领略20世纪建筑遗产的魅力与价值的渠道，更向世界昭示了中国20世纪不仅有丰富的多元化建筑作品，也有对世界建筑界做出贡献的建筑师与设计思想。无论时光怎样流逝，这些作品都是经得起历史考验的优秀建筑作品，而且总是和前辈为我们铸就的“工匠精神”密切相关。他们扎根于中国建筑创作的沃土，怀抱对华夏建筑文化的满腔热情，创作出的一座座精品建筑影响时代、造福民众。

认真研究并总结优秀的20世纪建筑遗产的规律，思考它们与当时社会、经济、文化乃至工程技术之间的互动关系，从中吸取丰富的营养，已经成为当代建筑师获取创作灵感的智慧源泉之一。文化遗产是有生命的，这个生命充满了故事。20世纪遗产更是承载着鲜活的故事，随着时间的流逝，故事成为历史，历史变为文化，长久地留存在人们的心中。

面对新时代，习近平总书记对文化遗产保护传承工作有无数殷切期待，文化遗产界与建筑界要不忘初心，牢记使命，在保护文化遗产上，更重要的是要让文化遗产有尊严地“活起来”，通过利用与城市更新，让它们充满生机地焕发活力。中国文物学会将一直为20世纪中国建筑设计思想的“留痕”去努力挖掘，我们更将与中国建筑学会密切合作，在每年共同推出的中国20世纪建筑遗产项目认定与评选工作中，探求新方法与新思路。

这里还要感谢北京市建筑设计研究院、中国建筑设计研究院等设计机构对20世纪建筑遗产评选认定工作的支持。今年9月19日，在北京市建筑设计研究院举行了中国文物学会20世纪建筑遗产委员会等机构的揭牌仪式，这表明了全社会共同推动20世纪建筑遗产保护事业的携手之力。未来，中国文物学会与中国建筑学会将与更多的设计机构，以及立志于文化城市建设的城市紧密合作，共同为推进中国高质量的城镇化建设与20世纪建筑遗产的保护不断发力。

（2019年12月3日）

在《故宫日历·2020年·黄金典藏版》推介会上的讲话

为纪念2020年紫禁城建成600周年，故宫出版社推出《故宫日历·2020年·黄金典藏版》——福门开好运来套装。

2020年《故宫日历》由故宫出版社出品，经由故宫博物院原副院长陈丽华，器物部专家冯贺军、刘岳、韩倩和书画部专家李湜等学者编撰，内容编排专业精准，一年12个月各有主题，一月：天开于子；二月：宫城肇建；三月：皇建有极；四月：家国天下；五月：中正仁和；六月：螽斯衍庆；七月：天年颐养；八月：慈寿康宁；九月：敬天法祖；十月：佛道同辉；十一月：文华武英；十二月：御苑萃赏，全方位展现紫禁城600年历史画卷。为了方便读者快速找到365种文物，《故宫日历》还在最后设计了文物索引。

在2020年《故宫日历》的九个版本中，《故宫日历·2020年·黄金典藏版》唯一将紫禁城轮廓加入日历封面，设计灵感来源于故宫午门，外观是镶兽形铺首与九九八十一颗金色门钉的朱色大门，辅以午门剪影函套直观展现故宫文化的厚重。“大门”展开后露出乾隆手书春联“五云迎晓日 万福集新春”，一左一右，保护四季平安，带来一年好气象。精美的紫禁城建筑剪影和《故宫日历》，以喜庆年味的吉祥色为主色调，宫墙与日历交相辉映，相得益彰，将紫禁城建筑文化与鼠年金章结合，传承中国建筑文化知识，为新的一年增添更多喜气。

《故宫日历·2020年·黄金典藏版》套装内配有金鼠贺岁宫廷黄卷轴，作为生肖金鼠的文化小百科，从鼠之源、鼠之力、鼠之福、鼠之文、鼠之性，讲到鼠之历，以简明扼要的语言，将生肖鼠的知识进行清晰介绍。可谓金鼠送福，一册览尽。外嵌0.1克鼠年贺岁金章，专为紫禁城建成600周年而设计，金章正面以灵鼠和中国盘长结组成“600”周年的徽志，置于故宫图案造型之中，呼应600周年纪念，寓意吉祥延年的鼠年来临。金章背面故宫造型中浮雕有故宫出版社LOGO，下方“庚子年”三字，精致立体。金章中上方嵌有圆孔，通过精美绳结穿上后可以作为车挂。

《故宫日历·2020年·黄金典藏版》是故宫新年礼物，也是一件关于故宫文化的艺术品。采用小开本精装，风雅布面装帧，外观颜色取自象征故宫主色的明黄金，文字和鼠年LOGO烫金，书口刷金，整体大气沉稳。搭配精美同色函套，方便珍藏。封面和函套封面皆有金色浮雕效果，烫金工艺更具皇家气质。

自2002年起，《故宫日历》已经出版了12年，形成了丰富多彩的故宫文化科普读物系列。如果把《故宫日历》作为手账，记下每年今日的随笔，回看时幸福感满满。同时，在留白处可随手记录，累积故宫知识的同时，记录美好日常。特别是将《故宫日历》当作亲子读物，图文并茂，讲解全面，日积月累中让孩子对中华传统文化有更立体的认识。

（2019年12月17日）

在中国紫檀博物馆横琴分馆开馆仪式暨“紫禁之辉——故宫宫廷家具文物展”开幕式上的致辞

中国紫檀博物馆横琴分馆开馆仪式（2019 年 12 月 18 日）

很高兴在澳门回归祖国二十周年之际，来到美丽的珠海横琴，参加中国紫檀博物馆横琴分馆的开馆仪式和“紫禁之辉——故宫宫廷家具文物展”的开幕式，我谨代表中国文物学会和故宫学院向中国紫檀博物馆表示热烈的祝贺。

二十年前，中国紫檀博物馆在首都北京创办，致力于紫檀文化的继承和弘扬，集中展示中国传统宫廷紫檀家具艺术，填补了中国博物馆界的一项空白。二十年来，中国紫檀博物馆不断地研究和创新，制作了众多的古典家具精品和建筑艺术模型，历时十载用紫檀木恢复了老北京城门楼的景观。二十年后，中国紫檀博物馆又在美丽的珠海横琴岛建设另一座紫檀宫——中国紫檀博物馆横琴分馆，将传统的紫檀文化带到珠海，立足横琴，面向港澳，给粤港澳大湾区的观众们带来文化的盛宴。

习近平总书记曾讲过一段名言，他说要“让收藏在禁宫里的文物、陈列在广阔大地上的遗产、书写在古籍里的文字都活起来”，“活起来”三个字就告诉我们这些文化遗产应该活在当下，应该重新回到人们的生活。这是我们文物工作者努力的方向。今天开幕的“紫禁之辉——故宫宫廷家具文物展”是故宫博物院同珠海市横琴新区管委会、北京中国紫檀博物馆于 2017 年共同签署的合作协议成果的具体落实，当时我见证了协议的签署，而今三方的合作已经成为现实，即将呈现给广大的观众朋友。此次展览的 96 件（套）故宫博物院收藏的珍贵的宫廷家具文物很多都是第一次走出故宫，对外展出。感谢中国紫檀博物馆横琴分馆建设了如此恢宏的建筑和现代化的展厅，使这些文物能够精彩地呈现。我们惊叹于这些文物精美工艺的同时，更敬佩于前人的“工匠精神”。

文化是国家和民族的灵魂；文化自信是一个国家、一个民族发展中更基本、更深沉、更持久的力量。弘扬中华优秀传统文化，密切博物馆之间合作交流，助推城市历史文化资源互动，故宫博物院责无旁贷。中国紫檀博物馆横琴分馆作为横琴新区独具特色的文化中心，我希望将来能够与故宫学院和中国文物学会加强合作交流，成为横琴新区公共文化服务的前沿平台，发挥重要的文化研究、教育和传播功能，有利于丰富粤港澳大湾区广大民众的精神文化生活。希望中国紫檀博物馆横琴分馆持续完善博物馆功能体系，努力建成国际一流的专题性博物馆平台，让更多的文化遗产走进中国紫檀博物馆，成为提升当地民众和社会公众幸福指数的“精神粮仓”。

祝愿中国紫檀博物馆横琴分馆越办越好，祝“紫禁之辉——故宫宫廷家具文物展”取得圆满成功。

（2019 年 12 月 18 日）

三

报告编

重回课堂之《乐思课》

这节课，我带大家到数千里之外的故宫走一走。刚才我听到那么多的优秀教师没有去过故宫。欢迎大家，优秀的教师毕业以后，与马云公益基金会联系，到故宫博物院参观，我在门口欢迎大家。

这个地方说是全世界最大的木结构建筑群，这里也收藏着中国文物藏品最丰富的一座宝藏，这里还是全世界访问量、关注度最高的博物馆，很多人都慕名而来。

在过去的2002年到2012年，过去十年间，我们的观众增长了一倍，从700万到了1500万，世界只有这座博物馆每年接待上千万的观众，压力很大，我不幸就是这一年到故宫博物院工作的，2012年。

但是，真是像人们期待的那样吗，我每天走在观众中间，这些“世界之最”并没有感受到。你说这里的馆舍宏大，但是我看到70%的范围都立着一个牌子，上面写着“非开放区，观众止步”，你说这里的藏品多，但是我看到99%的藏品是沉睡在库房里面，人们根本看不到，看到的只有1%都不到。你说这里的观众多，但是我看到人们进了故宫博物院以后，都是跟着导游们的小旗一直往前面走，他们只去看看皇帝坐在什么地方，躺在什么地方，再看看皇帝在什么地方大婚，然后就走出去了。

其实长期以来，广大观众并没有真正感受到故宫博物院的应有魅力，对此故宫博物院下决心进行改变，为此做了两件事，第一是把故宫的1200栋古建筑维修保护好，古建筑维修保护好并合理利用，才能扩大开放，例如武英殿维修保护之后，作为书画馆开放。西部最大的宫殿是慈宁宫，维修保护好了之后，变成了雕塑馆，这些都是故宫古建筑合理利用的典范。

第二是实施整治环境。我们五年前向社会承诺，我们要把一个壮美的紫禁城完整地交给下一个600年，希望人们到故宫博物院看到的只有壮美的古代建筑，没有那些杂乱无章的东西，于是我们可以扩大开放。

过去紫禁城开放30%，2014年是一个转折点，我们开放了50%以上，到了52%，2015年我们开放到了60%，2016年达到了76%，现在已经80%开放。很多过去的这些非开放区，观众止步的地方，今天变成展区、展场。

这个地方是紫禁城最大的一座古建筑群，2800平方米，架在中轴线的上空，过去它就是一个大的库房，在这里存放了大量“文留文物”文物，瞧这些瓶子最高摞了十层，这些占据了很多空间。

所以我们把它们移交出去以后，建成了最有魅力的一个展厅，今天它迎接世界各地的展览，我们开始把这些宫殿变成了展厅，刚才这座慈宁宫今天变成了雕塑馆，故宫博物院有10200件各个时期不同材质的雕塑，过去睡在库房里面，它们没有展厅，那么高大的雕塑连库房都没有。

比如这两尊三米多高、一千五百年前北齐的雕塑很珍贵，但是几十年里，站在故宫南城墙底下，我们每次看，它们表情都不好，脸色都不好，现在脸色表情都好了。第一次我到我们的库房，吓我一跳，我说谁躺在台阶底下，他们说这是周恩来总理特别批准秦始皇陵兵马俑出土的兵马俑要在故宫博物院保存一套，但是这么珍贵的文物怎么这个待遇，于是我们把它们进行了修复，然后把它们进行了展示。

大家瞧瞧这些文物，当它得不到保护，它就没有尊严，它蓬头垢面。但是得到保护以后，得到展示以后，它就光彩照人了。所以今天我们一定要叫我们故宫博物院收藏的1862690件（套）文物藏品，每一件必须要光彩照人。

我们还开放了乾隆皇帝的生母崇庆皇太后居住的地方，今天我们把老太后当时居住时候的家具用具摆放到原处，乾隆皇帝是孝子，他每天早晨都会来请安，来的就是这个房间。今天我们观众看到的房间情景跟当年乾隆皇帝看到的情景应该是一模一样的，只不过现在比那个时候少一个老太太。崇庆皇太后的卧室、起居室今天都进行了原状布置。

今天我们开放了所有花园，紫禁城有四个美丽的花园，两个清代、两个明代，最后开放的就是慈宁宫花园，106棵大树古树，园林非常幽静，包括院子里面的佛堂都得到了开放。

今天我们开放紫禁城的城门、角楼，紫禁城有四座城门，四个角有四座角楼，非常漂亮，但是过去里边都是库房，文物存放在这里面，得不到保护，这是非常珍贵的乾隆版大藏经，在东华门城楼里面，今天我们把一件一件的珍贵文物取下来进行修复以后，进行了陈列。这些城门角楼我们进行了开放，比如刚才这座东华门，今天是古建筑馆，故宫毕竟是最大的木结构建筑，我们收藏的这些藏品，今天它们得到了展示，比如说这些金属构件得到展示。

这是神武门，过去去过故宫的人知道到了神武门就要走出去了，但是今天人们出去的时候还会有惊喜，原来上面有两层大型展厅，有非常精彩的展览，最近每天到这个展厅，两万多人，人们还可以有更多的地方。

比如端门，这个端门故宫博物院用作了数字博物馆，用先进的仪器设备之外，关键是把故宫博物院的文化遗产资源提炼出来，用数字化进行了展示，人们可以有互动，人们可以看到震撼的平常视角看不到的内容。

今天我们把城墙开放了，北京城过去有城墙，非常遗憾都拆掉了，但是紫禁城的城墙非常完整，那么我们把城墙开放以后，人们很兴奋，能够走进过去只能远远眺望、远远拍照的角楼，在角楼里，做了一个25分钟的虚拟现实影片，人们可以看到怎么用榫卯结构，把上万块木头组合成三层檐七十二条脊的美丽神奇的建筑。

还开放了什么？我们开放了畅音阁大戏楼，这里已经一百多年没有演戏了，过去也没有想象这个大戏楼还能再演戏，我们今天知道要让文物活起来，要融入现实生活当中，实际上这些木结构的古建筑，越正常地使用，经常地维修，越不易糟朽，今天畅音阁大戏楼修好以后，重新开始演出传统的戏曲。

今天故宫博物院还开放了这所医院，故宫也有医院，是修文物藏品的故宫文物医院。《我在故宫修文物》片子一演，上万名年轻人报考，要来故宫博物院修文物。我们也把故宫文物医院开放出来了，告诉大家故宫医生是以什么样的态度保护文物，我们的文物医生，他们有一半人是从事分析、检测，出分析检测报告、出治疗方案的专家，故宫文物医院建立 23 个科技实验室，人们走进这里，可以看到文物医生们正在进行这些文物的分析检测过程。

比如这件青铜器是商代的，已经三千年历史了，它来到故宫文物医院，就要知道它是什么时代的，在什么地方出土的，历代人在它的身上叠加了什么有用的信息，不能去掉，它的金属成分是什么，合金比例是多少，今天它得了什么病，采取什么方法治愈，清晰报告出来之后，专家学者才可以对它进行修复。今天人们在这里可以看到文物医生修复的过程，以及修复的成果，每天都接待很多来访的观众。

我们还开放了宝蕴楼，这座建筑是紫禁城 1200 栋建筑里面最年轻的一栋建筑，1914 年的时候，从沈阳故宫和避暑山庄运过来 23 万件文物，要筹备古物陈列所，但是没有库房，就建设了一个大型库房，即宝蕴楼，在它 100 岁生日的时候，故宫博物院把它开放了。今天是故宫博物院早期院史陈列展览，故宫博物院建院于 1925 年 10 月 10 日，已经有 94 年的历史，故宫博物院 94 年来，有六任院长，我是第六任院长。

每一任院长其实都很辛苦，他们担惊受怕、殚精竭虑，倾心保护故宫文物，但是每一任院长都没有好下场，比如故宫博物院第一任院长易培基先生，当时含冤去世，我们前任院长做了大量工作，但是由于七年前故宫博物院进了一个小偷，结果叫我来故宫博物院工作。因此，这是一个高风险岗位，有今天没明天。

我们平常说做一件事情要万无一失，但是我们这个岗位，一失就万无。做了 9999 件事情，一件事情没有做好，把文物损害了，对不起民族、对不起国家。但是我们真的有这个能力吗？没有，我们真的承担得起这个责任吗？承担不了的。那么怎么办，今天我们找到了出路，就是要让文化遗产资源活起来，每个人都有保护文物的权利，每个人都应该获得文物保护的知情权、参与权、监督权、受益权，文物保护不是博物馆人的专利，也不是文物工作者的专利，应该把这个权利交给亿万民众，只有这样文物才最安全。

所以故宫博物院改变了过去的做法，过去的做法是什么？文物保护不是责任大吗，那么拿出来展示的文物越少越安全，都在库房里存放着最安全。文物安全不是责任大吗，那么开放的区域越小越安全，严防死守开放区域，其他地方不开放最安全，这是过去的做法，但是该出事还是出事了。

今天，故宫博物院反其道而行之，举个例子，这座宫殿是太和殿，大家都知道，太和殿两边各有一个门，西面叫左翼门，东面叫右翼门，过去没有开放过，两边都是非开放区，观众只能沿着中轴线往前面走，看到高大的宫殿，宽阔的广场，一棵树都没有，一直走到御花园才能看到树林。如今打开了左翼门，迎面就是十八棵三百年树龄的大槐树，景色非常好，如今打开了右翼门，人们就可以看到过去骑马射箭的箭亭广场，于是，这些不开放的区域，都纳入了每天巡查保护的视野之下。

每天下午 5 点钟，故宫博物院的员工要清场，过去开放 30% 的时候，每天有 250 多名员工拉网式地清查，如今故宫博物院开放到了 80%，每天下午五点钟有 700 多名员工拉网式地清查，每个人手中都有一个接触器，所负责接触的点，都要反馈给中控室，才能放过，这样每天详详细细认真检查每一个地点、每一个区域，故宫博物院各个区域就都安全了。

从此以后，观众再来故宫博物院，就不一定一直往前面走，他们东边看景区，西边看展馆，观众就散开了，人山人海的故宫博物院也就一去不复返了。故宫博物院还要继续扩大开放，例如开放那些地面库房，不能让大量文物藏品沉睡在库房里面。故宫里面最大的一个地面库房是南大库，156 米长。但是一直以来里面堆着一些杂物，没有得到很好的保护和利用，如今把这些杂物移走以后，对南大库进行了维修保护，建设了故宫博物院的家具馆。过去这些家具分别存放在 94 间小库房里面，得不到合理的利用，有些家具最高都摞了 11 层。今天把这些家具取出来，在故宫文物医院进行修复保护，然后在故宫博物院家具馆进行陈列，包括精品家具陈列、组合式陈列、情景式陈列、仓储式陈列，这些家具不再闲置在库房，这样观众可以参观，日常可以通风，专家可以研究，修复人员可以修复，使这些家具真正地活起来。

但是，我们知道，故宫博物院开放再多的区域，举办再多的展览，到故宫博物院参观的观众，仍然是全球人口很少的一部分，故宫博物院是唯一每年千万级观众的博物馆，但是要成为亿万级的博物馆，十亿万级的博物馆，靠的是什么？就要靠互联网技术、靠数字技术。

今天加大故宫网站建设，去年故宫网站访问量 8.91 亿，中国文化机构第一，首先把外文网站做得更加强大，让各国的人们都可以看到故宫文化，同时把青少年网站、孩子们的网站建设得更加活泼，孩子们经常可以访问故宫博物院，听那些通俗有趣的故事。故宫博物院还举办网上展览，过去举办过的展览，正在举办的展览，人们足不出户，可以参观、了解这些展览。

2016 年，故宫博物院在全国的博物馆领域，率先把全部文物藏品，1862690 件（套），全部进行了公布，人们在网上可以查阅到故宫博物院任何一件文物藏品的信息，但是这还是不够，故宫博物院设立了三个摄像室，用高清晰的摄像手段，把文物藏品的照片、古建筑的照片拍摄以后，源源不断地进入故宫网站，使这些信息得到传播。

故宫博物院在六年前开始研发系列 App，现在已经有九部出品了，每一部都获奖了，媒体给予了一个公正的评价，叫作“故宫出品，必属精品”。例如制作了《皇帝的一天》App，其中有一个栏目叫作“做一天小皇帝”，当时我有些担心，现在的孩子们都是独生子女，都把自己当作小皇帝，还叫他做一天小皇帝，更不得了了。

但是一看内容我认可了，原来告诉孩子们做皇帝也是蛮拼的，早晨不到五点就得起床，起床以后不能吃饭，得先读书一个半小时，“四书五经”，然后还不能吃饭，得去给皇太后请安，回来以后，还得换一身衣服，到冰冷的乾清门上早朝，这样回来以后才能吃饭，一天只吃两顿饭，每顿饭只能吃七成饱，吃完饭后别想玩，还要学习，学习汉文、满文、英文，下午还要操练，骑马射箭，到四点半以后才可以玩一会儿，但是很早就要吃晚饭，很早就要睡觉，第二天不到五点还得起床。孩子们由此可以知道，原来做皇帝也很辛苦，每年只能休几天假，包括皇帝父亲的生日，自己的生日，还有春节可以休假。但是孩子们从这款 App 可以了解到，过去小皇帝使用什么样的学习用具，吃什么样的食品，接触什么样的人，因此“做一天小皇帝”栏目有很多小粉丝。

如今，故宫博物院最为得意的 App 是《每日故宫》，每天早晨喜欢故宫文化的观众，都可以通过手机，免费收到一件（套）故宫藏品的信息，图文并茂，人们把它们收藏起来，一年 365 天，三年 1000 多天，他就可以拥有一个属于自己的掌上的故宫博物院，故宫博物院做好每一天，已经 6 年多了。

前年故宫博物院推出了《故宫展览》App，人们终于可以用自己的手机在家里参观故宫博物院展览。故宫博物院用了三年零四个月的时间，建成了“数字故宫社区”，这是全世界博物馆目前最强大的数字平台之一，它的功能在不断强大，例如公众教育、文化展示、参观导览、资讯传播、休闲娱乐、社交广场、学术交流、电子商务，“数字故宫社区”会与时俱进地往前走，永无止境。

故宫博物院建立了故宫学院，故宫学院不但要培养专业学者，而且是全国文物博物馆系统的培训中心。故宫学院更多的教育活动是深入社区、深入学校，去年故宫博物院的教育活动达到 61000 多场次。一些故宫古建筑维修保护以后，用于开展教育活动。建福宫花园是紫禁城四大宫廷花园之一，1923 年 6 月一把大火被烧掉了，80 多年来一直闲置在那里，如今把建福宫花园修复了起来，目前经常作为故宫学院的教学场所。

太和门广场西侧的古建筑，如今成为故宫博物院教育中心，这些新的大教室能容纳更多观众、更多同学在这里面学习。“故宫知识课堂”每次开班都会爆满，同学们在这里，开展丰富多彩的手工课程。故宫博物院坚持每周二对于同学们集体参观实施免费开放。故宫博物院大量收入也投入到教育上，这些同学在故宫博物院长大，将来一定会是对中华文化热爱的一代。

故宫博物院还有一个得天独厚的地方，就是故宫内的几十个庭院都非常安全，环境很好。无论是春天、夏天、秋天，天气好的时候，这些庭院里都有很多同学在参加教育活动。每当看到这样的情景，都感到非常欣慰。故宫博物院在故宫学院的基础上，在全国十个城市规划建立十所故宫学院分院，这样能够使故宫博物院的教育活动更加活跃。

同时，故宫博物院与更多的学校共同研发综合实践课程，现在已经有四十多个课程应用于不同学校、不同年级、不同班级、不同学生群体。老师们结合自己教学的需要，同学们根据自己学习的需要，来选择故宫教材。每一本教材都有一个学习卡，一个材料包，那么在老师的指导下，打开阅读学习卡，自己打开材料包，剪剪贴贴、拼拼画画，然后把自己的得意之作，带到学习生活中，所以同学们特别高兴。

如今，越来越多的学校开始应用故宫综合实践课程教材，如果今天在座的学校老师希望利用故宫综合实践课程教材，可以通过马云公益基金会与我们联系，将无偿提供给大家。故宫博物院的教育活动深入到越来越多的学校，同时通过不断获得反馈、不断改善综合实践课程教材，使这些教材更加成熟，同学们更加喜欢，使他们的学习生活更加丰富多彩。

同时故宫博物院希望教育活动走向更多地区、更多城市，举办更加丰富多彩的活动。几年来，故宫教育活动到了长春、秦皇岛、太原、毕节、泉州、东莞、深圳等城市，也走进了很多国家，例如到马耳他、新加坡、泰国、澳大利亚、西班牙等，这些外国小朋友也很喜欢来自中国的传统文化。

今天故宫博物院设立的故宫讲坛，已经成为教育品牌，每一讲听众都会爆满，这些培训课程也深入到各个社区，例如书法培训、古琴培训等。近年来，故宫出版社也培养出一个品牌，即“紫禁书院”。过去书院的利用者，是有知识的人士，如今人人都有知识，希望在他们的知识结构中，更多增加中华优秀传统文化。所以紫禁书院今天也走向全国各地，受到了很多城市的欢迎。

故宫博物院也开展国际培训，两大国际组织，一个是国际博物馆协会，一个是国际文物修护学会，都把唯一的培训机构设立在故宫博物院，几年来，国际博物馆协会培训中心已经有 72 个国家的 350 多名博物馆专业人士，在这里接受培训毕业。故宫博物院和世界各国更多的博物馆建立战略合作关系，和更多的教育机构联合建立人才培养机制，和更多的文物修复机构建立联合文物修复实验室。故宫博物院博士后科研工作站人气也很旺，出站的博士后都愿意留在故宫博物院工作。

今天，一方面把世界各国的优秀展览，源源不断地吸引到故宫博物院，希望人们不出国门，也可以看到世界各国的展览。同时，故宫博物院的展览也源源不断地走向全国各地、世界各地。过去六年里，故宫博物院走向全国各地、世界各地的展览一共是 135 个，是全世界博物馆中，走出自己的馆舍，走向大千世界最多的一座博物馆。

从去年开始，故宫博物院又有了一个新型的展览，也希望各位老师能够了解，就是故宫文化创意展，即由故宫文化创意产品和数字技术应用所融合的展览。由于没有文物藏品，可以便捷地走向各个城市，故宫文化创意展第一站去了日本东京，取得了很好的效果，随后去了贝宁、布鲁塞尔、曼谷、首尔、悉尼、新加坡，也都取得了很好的反响。今后故宫博物院还要把这一类型的展览继续推广出去，更好地传播故宫文化。

总之，我们希望不断扩大开放的故宫博物院，成为人们生活中的一片“绿洲”，成为同学们的一个知识课堂。前年非洲有艾滋病背景的孩子们，和中国的小朋友一起参加了非常有意义的活动。这是 20 个文明古国的专家学者、政府官员，在故宫博物院召开每年一度的“太和论坛”，这是以太和殿命名的文化论坛，“和”文化是中华传统文化的精髓之一，就是号召人与自然要和谐相处，人与人之间要和谐相待，我们的内心世界要和谐相安，这样我们的世界就是一个和谐、友好、发展、进步的世界。

我们每年都会完成一次次重要的外事接访任务，当这些外国领导人来到故宫博物院，我们会用故宫所呈现的中华文化来给他们进行讲解。例如红墙、黄瓦、蓝天，这是三原色，用这三种颜色，可以绘制出世界任何色彩，我们这个世界必须是五彩缤纷的，不能是单一色彩，每个民族都有自己值得骄傲的历史，每个民族也都应该拥有他们向往的未来。每天数以万计的中外观众，走进故宫博物院，相信这些观众一定会感受到，世界最大规模的古代建筑群，如今被维修保护得如此壮美、如此健康、如此拥有尊严，他们一定会感动于中国政府为保护文化遗产所做出的杰出贡献。

“重回课堂”活动（2019 年 1 月 13 日）

今后，故宫博物院还要更多地走出去，开辟新的博物馆展览设施。习近平总书记亲自见证香港故宫文化博物馆的合作协议签署，感谢香港特区政府为这座博物馆选择了一处理想的建设用地，在维多利亚海湾唯一三面临海的半岛绿地里面，也感谢香港非常有文化情怀的赛马会，他们得知故宫文化博物馆在香港建设，捐赠了这座博物馆 35 亿港币，使这座博物馆拥有了建设资金。目前在北京海淀区西北旺镇，正在建设故宫博物院北院区，这是一座大型博物馆，它的建设将使故宫博物院的文化传播力量更加强大。在这里，我衷心希望各位同学毕业以后，能够访问故宫博物院。

春节快到了，我借用乾隆皇帝的一句话给大家拜年：亿万人增亿万寿，泰平岁值泰平春。

（2019 年 1 月 13 日）

文旅融合的故宫实践

我在故宫博物院工作。过去，故宫博物院有两个主管部门，一个是原文化部，一个是原国家旅游局，因为故宫不但是5A级旅游景区，也是文化机构。现在诗和远方在一起，实现文旅融合以后，故宫博物院的事业发展更加顺畅。

党的十九大以来，习近平总书记就传承优秀传统文化做了一系列重要指示。习近平总书记说，让收藏在禁宫里的文物、陈列在广阔大地上的遗产、书写在古籍里的文字都活起来。“活起来”三个字给文旅融合发展指明了方向。

过去我们把故宫里的这些文物看作是已经远离今天社会的东西，看作是已经没有生命的东西，只是被观赏、被研究的对象，但是习近平总书记所说的“活起来”告诉我们，这些文化遗产资源能够活在当下、活在人们现实生活中。它们有灿烂的过去，还应该有尊严的现在，并且应该健康地走向未来，所以故宫博物院在努力创新实践。我认为，我们有责任、有能力把文化和旅游巧妙结合起来，推动我国文化旅游发展迈上新台阶。

做出改变，方便每一名观众

过去，故宫博物院的午门外广场是一个商业化的广场，售卖着与故宫文化没有关系的来自全国各地的小商品。观众们挤在这个面积不大的广场里，买票、验票、安检等，广场的广播经常播放找孩子的信息，还没进故宫，孩子先被挤丢了，参观时心情能好吗？现在，广场进行了整治，搞得干干净净，观众8—10分钟就可以走进故宫博物院。

以前，观众买票进故宫是个很困难的过程，特别是旺季，排队需要半个小时、一个小时，甚至更长时间，买完票还不能顺利进入故宫，还有诸如验票、安检、存包等手续，很麻烦，进去的时候已经筋疲力尽。现在，故宫同时开了32个售票窗口，观众3分钟之内就能完成购票，在买票环节省下的时间可以再多看一两个展览，静下心来欣赏故宫的文化之美。这些改变不仅方便了观众，也让故宫博物院员工们欢欣鼓舞。

以前，故宫博物院的验票安检是这样的：验票员站在栏杆里面，观众要通过栏杆的3个缝挤进去，然后再安检。单单安检机就堵了半个门洞，观众每天都长时间挤在一起。后来，我们拔掉了栏杆，移走了安检机，这样，即使在暑假高峰期，观众们也能有秩序地鱼贯而入。

这就是故宫博物院一场管理变革。我们重新审视一切管理措施，究竟是以自己管理方便为中心，还是以服务观众方便为中心。如果以自己管理方便为中心，就会设置很多不方便观众的措施，而如果以观众方便为中心，过去实施了几十年的规定，都要重新审视。

为方便观众，我们在三岔路口、十字路口、有展览的地方，设置了512块标识牌，这两年随着开放区的扩大，标识牌的数量已经到了800多块，观众走到任何地点都可以知道自己身在何处。

有一次，我看到人们在厕所门口排起了长长的队，一看全是女士，男士一个都没有。男士上哪儿去了？我一找，男士也很惨，在旁边拎包、看孩子，也不能继续参观。为解决这一难题，故宫博物院通过大数据分析，又经过两个月的实践，得出男女卫生间应该按照1 ∶ 2.6的比例进行配置，于是开始按比例进行调整，从此观众们上洗手间再也不需要排队。同时，故宫博物院开展“厕所革命”，将观众洗手间设计得清新、典雅，并且增加“第三空间”为残障人士和带异性孩子的观众服务。更进一步，在观众参观的中间地段乾清门广场，设立了“母婴室”，服务于母亲为婴儿喂奶和换尿不湿。

曾经，人们抱怨，这么大的一个故宫，总让观众坐在台阶上、铁栏杆上，有些铁栏杆都坐弯了，不能设一些座椅吗？我也问为什么不能设一些座椅呢？老员工说增加座椅太麻烦了，维修不及时，螺丝钉出来了，给孩子的腿划伤了，还得带他去看病，把观众的裤子划破了，还要给人家赔裤子，同时，红墙黄瓦下摆放座椅，照相时躲都躲不开。经常有纠纷。故宫博物院虚心听取观众的意见，开始寻求改变。经过认真研究，选择了适合故宫观众使用的座椅：一是坚固结实，几年来再也没有发生过任何划伤、夹伤观众的事件。二是椅子面是实木的，便于每天早上8点到8点半清洗。三是椅子底下是通透的，便于每天清扫。四是坐在上面很舒服，但是躺不下来，一定程度上防止了不文明行为。五是座椅的色彩与环境非常协调，观众很喜欢。现在，故宫的开放区域内一共有1850个这样的座椅，还有大量的树凳，同时能容纳1万余名观众，在故宫博物院的各个空间内，有尊严地坐下来休息。我认为，要满足广大观众的需要，就要认真研究服务观众的各方面细节。

观众还经常提到，故宫的层层大殿都是黑黑的，为什么不能照亮呢？我们过去总是耐心地跟观众解释，这是木结构的古代建筑，不能通电。虽然道理很清楚，但是观众们确实很不方便，每天人们都挤在一起往大殿里看，孩子往里面挤，挤不进去；老人往外面挤，挤不出来。在科学技术不断进步的今天，真的不能改变这一状况吗？于是与消防部门共同研究，选择了LED的冷光源，不发热，照明灯具不是挂在古建筑上，而是与古建筑保持足够的距离，用石质的基座加以固定，开灯的时候两边各有一名工作人员值守。同时，用测光表反复监测，光线不能超标。不同的室内空间，采用什么样的光线照明，都设置了严格的标准。经过反复实验终于“点亮了”紫禁城的层层大殿。

扩大开放，让观众获得尊严

我是7年前到故宫博物院工作的，我来工作的第一天，办公室就给我准备了一些材料，介绍故宫博物院的情况，例如说这里是世界最大规模、最完整的古代宫殿建筑群，这里是世界上收藏中国文物藏品最丰富、价值最高的宝库，这里还是全世界观众来访量最多的一座博物馆。看了这些介绍，令人激动人心。但是第二天，当我走在岗位上、走到观众中间，却感受不到这些“世界之最”的现实存在。介绍材料说故宫的馆舍宏大，但是我看到大部分区域都立着一个牌子，上面写着“非开放区，观众止步”，观众根本进不去；介绍材料说故宫博物院的藏品丰富，但是实际上99%的藏品都沉睡在库房里面，拿出来展示的不到1%；介绍材料说故宫博物院的观众数量最多，虽然每天都有数以万计的观众走进这里，但是我看到大部分观众都是跟着导游的小旗子往前面走，在导游的带领下，看看皇帝坐在什么地方——太和殿，皇帝躺在什么地方——养心殿，皇帝在哪里上早朝——乾清门，皇帝在哪里大婚——坤宁宫，然后导游指向东边，那里有两个展馆，即珍宝馆和钟表馆，50分钟以后到御花园集合，之后给观众20分钟时间购物和休息，导游就会率领观众走出故宫博物院，下午去参观其他旅游景点。

每当看到这一现象，我总是在想，对于来访的观众来说，这些“世界之最”真的是最重要的吗？虽然很重要，但不是最重要的。什么才是最重要的呢？我认为，这些丰富的文化遗产资源，究竟在多大程度上为人们的现实生活做出贡献，才是最重要的。换言之，对于故宫博物院的观众来说，难得的文化之旅究竟能够获得什么，才是最重要的。

我的前任，郑欣淼院长，在故宫博物院当了10年的院长，我认为是故宫博物院发展最好、做事最多的10年。他在2002年上任之初，就启动了故宫古建筑整体维修保护工程，下决心用18年的时间，把故宫1200栋古建筑全部维修保护到安全稳定的状态。同时开展了为时7年的文物藏品清理工作，这些都是非常重要的文物保护基础工作。2012年我来到故宫博物院工作后，延续郑欣淼院长的发展思路，继续开展故宫古建筑维修保护和文物藏品清理工作，完成这两项重要使命。

此后，故宫博物院用了3年时间，对故宫的环境进行全面整治，室内10项内容，室外12项内容，把故宫博物院里里外外整治得干干净净，消除安全隐患。我们对社会庄严宣布，“要把一个壮美的紫禁城完整地交给下一个600年”。紫禁城建成于明代1420年，2020年是紫禁城600岁生日。我们希望观众再到故宫时，看到的是原汁原味的古代建筑，看不到任何一栋影响安全、影响环境的现代建筑。

实际上，环境整治不像我说得这么简单，要做大量细致的工作。5年前，故宫的大量道路上铺的是沥青，即柏油地面，不少广场，包括太和门南广场、端门广场、乾清门广场、隆宗门广场、景运门广场等铺的都是水泥做的砖。这些道路和广场的地面，是20世纪70年代初故宫博物院重新开放时铺上去的，时间长了坑坑洼洼。当时，全院的绿地都是用绿篱或者铁栏杆围住，绿地反倒更难以养护。还有那些高高低低的井盖、灯柱等，与环境都不协调，都需要改变。故宫博物院用了两年半的时间进行了环境整治。如今，故宫博物院内所有的道路、广场都变成了传统建材的地面、石材的地面，上千延长米的铁栏杆也已经全都拆掉，绿地反倒养护得更好。

地上干净，屋顶上也要干净。过去故宫古建筑的屋顶上有很多草。它们很顽强地生存，把根扎在古建筑里面，瓦被拱松动了，雨水就会灌进去，木结构梁架就会糟朽。所以我们下决心对杂草宣战，经过两年的努力，终于故宫1200栋古建筑上面没有一根杂草。如今，故宫的城墙也开放了，人们可以沿着城墙走向天安门广场、走向王府井，沿途观赏紫禁城古建筑群，眺望故宫外面的城市景观。沿着城墙走，还可以走进过去只能远远拍照的角楼，在角楼里面制作了25分钟的虚拟现实的影片，使人们可以了解到用榫卯结构，如何将上万件木构组合成美丽的角楼。

故宫博物院将院内300座灯杆，换成了300盏宫灯，白天是景观，晚上可以照明。总之，我们希望观众再到故宫博物院参观时，看到的是绿地、蓝天、红墙、黄瓦的美景，希望每一名来到故宫博物院的观众，都能享受到和谐的环境，留下终生难忘的美好印象。

故宫院内有200多只野猫，它们很有身份，可能是明清御猫的后代。今天，每个猫都有名字，一叫它们就来了，每天都有人给它们送猫粮，尤其这两年，一些全国各地的观众通过快递送来猫粮，还指明是给慈宁宫的猫、是给延禧宫的猫，观众与故宫里的猫和谐地相处。因为人们知道这些猫劳苦功高，每天晚上五点半，故宫博物院工作人员下班时，跟院里的猫打一声招呼，走了以后，猫就开始站岗、放哨、巡逻。在这些猫的守护下，整个故宫没有老鼠，如果有鼠害的话，故宫的文物将可能受到损坏。

我们希望观众到故宫博物院参观，可以欣赏到花园般的美景，春天可以看到牡丹，夏天可以看到荷花，秋天可以看到银杏，冬天可以看到蜡梅。为此，故宫博物院研发了一款手机应用“寻花图”，观众通过手机，可以了解游览当天什么花在什么地方开放。

文物修复，让更多人了解故宫

故宫内还有一些历史遗憾，1923年6月，一把大火把紫禁城四大花园之一的建福宫花园烧毁，如今经过国家批准，建福宫花园得以修复。这把大火还烧了中正殿。如今，修复后的中正殿成为故宫研究院藏传佛教研究所的陈列展厅。文物建筑的修缮是一项科学的工作，要最大限度保留历史信息，不改变文物原状，还要进行传统工艺技术非物质遗产的传承，要极其细致，尤其目前正在维修保护的一些古建筑密集的区域。

紫禁城古建筑最密集的区域，莫过于乾隆花园，它是乾隆皇帝85岁退位之前给自己建的太上皇的宫殿。例如倦勤斋屋顶上的一幅通景画，是郎世宁的学生王幼学所画。漫天的藤萝绘在精美的丝织品上，透过藤萝，可以看到蓝天。维修保护这幅画的时候，专家发现它的部分材料是用一种特殊的植物制作，这种植物出自安徽的山里，于是专家到当地寻找这种材料，以及工艺传承人。经过上百次的研发后，研发出了与原物的品质一样的材料，把成品送到故宫，把画裱上，焕然一新。为什么如此费心费力，就是希望数百年以后，后人如果再修这幅通景画时，就会知道当时乾隆时期使用的材料、工艺，这就是“为未来保护今天”的工匠精神。

维修保护古建筑要有工匠精神，修复文物藏品同样要有工匠精神。《我在故宫修文物》这部纪录片的“演员”，都是我们的专家学者，他们数十年如一日地从事书画修复、陶瓷修复、木器修复、漆器修复、乐器修复，以及家具、挂屏、象牙、缂丝、唐卡、织绣、西洋钟表……这些默默无闻修复文物的专家，一夜之间，成为年轻人眼中的男神女神。没想到《我在故宫修文物》这部纪录片，引起了那么多的年轻人强势围观，2018年就有1.5万名应届毕业生报名，希望来故宫修文物。

其实，我们距离科学修复文物藏品还有很长的路要走。如今如果人病了，去医院，一定要先接受体检，对待文物也应该有这样的科学态度。过去，一件文物藏品需要修复，送到文物保护部门，交由修复这类文物最权威的专家，凭经验进行修复后送回收藏部门。实际上，这样的文物修复程序并不科学。为此，故宫博物院拿出 361 米长的地上地下建筑，集中了 200 名文物医生，建立了人类第一个为文物建立的医院，即故宫文物医院。同时，为这所医院建立了 23 个科研实验室，每一件古建筑的构件，每一件文物藏品，必须得到科学的分析检测后，才能够动手治疗。

今天，故宫文物医院的工作环境得到了改善，每一件文物在修复前，都要得到诊断。例如一件青铜器，在修复之前要知道它在什么地方出土，在器物上叠加了什么需要保留的信息，今天它得了什么病，有害锈属于哪一种，据此才可以制定诊断方案。故宫博物院不断为故宫文物医院配备了先进的、实用的设备，例如文物保护分析仪器、分子结构分析设备、热性能和物理性能设备、通用型文物 CT 系统、热场发射电镜系统、造纸纺织联用纤维分析仪、高精度可移动实体显微镜、大样品室 X 射线荧光能谱仪等。

例如，河南上蔡郭庄楚墓出土的升鼎，这个青铜器出土的时候已经碎了 200 多片了。它进入故宫文物医院，我们要知道它的金属成分是什么，合金比例是多少，经过仪器测量，在它最大的铜片的铜锈下面发现了 20 多字的铭文，了解到它是 2500 年前先秦时期一件非常重要的鼎。

2020 年之前，我们决心在全院共同努力下，让故宫博物院收藏的 1862690 件珍贵文物，件件光彩照人，这是我们的责任，也是故宫博物院应该对社会做出的贡献。

整治环境、修缮文物，只是做了单方面的工作。文物清理好、修复好了，就可以举办更多的展览了。不断扩大开放，才能让更多人了解故宫，传统文化的深层价值，才能传播得更远。

经过今后两年的不懈努力，一定能够实现“把一个壮美的紫禁城完整地交给下一个 600 年”的目标。

（2019 年 2 月 11 日）

让传统文化活在当下
——在亚布力中国企业家论坛第十九届年会上的演讲

我在北京最大的四合院“看门”

我在北京住过很多传统民居四合院，非常可惜，有的四合院拆掉了，但是万万没想到，我退休之前最后一个岗位是到北京最大的四合院来看门，我很感动，也很激动。因为资料上写道，这里是世界最大规模、最完整的古代宫殿建筑群，这里是收藏中国文物藏品最丰富的一座宝库，这里还是全世界来访观众最多的一座博物馆。

您家的孩子找到了

五年前，人们要在不大的广场空间里买票、验票、安检、存包，大喇叭几乎每天都在广播，“您家的孩子找到了，到什么地方去领”。还没进故宫博物院呢，孩子先丢了，心情能好吗？今天人们 8 分钟、10 分钟就能走进故宫博物院。

欢迎来参观故宫的洗手间

我在洗手间前看到人们排队。排长长的队，一看全是女士，男士一个都没有。男士上哪儿去了？我一找，也很惨，就在旁边拎着包，看着孩子，耽误很多时间。特别令人汗颜的是，门上贴着一个条“女士请排队”，我们进行了大数据计算，故宫博物院里女士的洗手间应该是男士洗手间的 2.6 倍，所以，我们进行了配比，对洗手间进行了环境的提升。欢迎大家来故宫博物院参观我们的洗手间。

我们的座椅“硌腰”

人们经常抱怨，这么大一个紫禁城老叫我们坐在台阶上，坐在铁栏杆上，铁栏杆都给坐弯了，不能设一些座椅吗？为什么没有座椅？因为会划伤孩子的腿，要去看病，有的人的裤子还给撕坏了，并且跟环境不协调。

于是，故宫博物院研发了新型座椅，价格稍微贵一点，3500 块钱一个，但是非常结实，几年以来没出现任何伤害观众的事件。第二个特点就是椅子面是实木的，便于每天早上 8 点到 8 点半清洗。第三个特点是底下是通透的，便于清扫。第四个特点是躺不下来，躺下来会硌腰。第五个特点是跟环境比较协调，现在有 11000 名观众在故宫博物院各处能够同时有尊严地坐下来休息了。

点亮紫禁城

人人抱怨故宫的大殿里面是黑的，每当这个时候，我们都苦口婆心地告诉观众，这是木结构建筑，不能通电，里面沉淀的东西都是古物，但是很痛苦，孩子往里面挤，老人往里面挤。真的不能改变吗？我们用了 LED 主光源，灯具不挂在古建筑上，而是远离古建筑 2.5 米以上，开灯的时候两边各有一个工作人员职守，用测光表反复测敏感部位的光线，不能超标，测试什么样的照度最好，最后，我们成功了，开始点亮紫禁城。

我的“不幸”

2002 年，故宫观众第一次突破 700 万，到 2012 年观众人数翻了一番，达到 1534 万，成为世界上唯一一座每年接待上千万观众的博物馆，不幸的是，我就是这一年到故宫博物院的。我们探讨了观众增长速度、参观质量、遗产安全三者的关系后，开始放慢增长速度，一直到 2016 年，我们开放的面积增加了一倍以后，观众人数才开始再次增长，去年故宫博物院的观众是 1754 万，这是买票的观众，其实故宫博物院还有大量不买票的观众。除了这些以外，还有 52 万免票的学生，每周二学生集体参观是免票的，所以压力是很大的。

削峰填谷

过去淡季只有一两万人，暑期学生们放假，一座山就起来了，除了这座山还有两根针，一个是五一，一个是十一，每年人山人海。于是，故宫博物院把好的展览放在了淡季，做了大量的教师、医务人员、环卫工人、公交司乘人员、大学生志愿者的免费日来体验，做宣传，2016 年故宫博物院实现 70 多天超过 8 万人数参观的日子没有了，而人们更多地选择淡季。到今年出现一个奇特的现象，春节每天 8 万人预约满了，就是淡季不淡，旺季不挤，这是我们的理想。这个成功对于我们来说是历史性的。

咨询网络购票的很少有老年人，都是中年人

2014 年，故宫博物院推广全网购票。当时媒体告诫我们，中国已经进入老龄化社会，老年人不习惯网购，不习惯手机买票，你们要多做咨询，我们信以为真，设立了 5 个咨询台，但是一段时间过去之后，我们发现很少有老年人来询问，中国老年人太伟大了，他们很早就退休了，有的是时间学习先进技术，他们吃早点、买冰棍都是用手机，因此来咨询的很少有

老年人，更没有年轻人，主要都是中年人。还有就是外国人，英国人、法国人、美国人，我们还得教他们怎么过现代化的生活。

每个人都要多做好事，最后可能落在自己头上

我的前任院长郑欣淼先生当了十年院长，那是故宫博物院发展最好的十年，做事最多的十年。郑欣淼院长用十年时间，苦口婆心地把当时盘踞在故宫里面的 13 个外单位，一家一家请走了，这是很难的一件事。

我们不收房租，不收水电费，又没有噪声，没有尾气，都赖着不走。我深有体会，因为这 13 家外单位里面，有 7 家是国家文物局的下属单位，郑欣淼院长当故宫博物院院长的时候，我做了十年的国家文物局局长，我当时协调下属单位搬迁，给他们房子，给他们资金，其实也很困难，但是万万没想到，最后一家下属单位搬走以后的第二年，我到了故宫博物院当院长了。所以我的体会很深，每个人要多做好事，最后可能落在自己头上。

没有强大的博物馆是不能成为联合国安理会常任理事国的

有人问北京故宫博物院的文物多还是台北故宫博物院的文物多，我可以明确说，台北故宫博物院只拿走当时故宫博物院不到 1/20 的藏品。当我们文物藏品公布以后，联合国教科文组织、国际博物馆协会都把故宫博物院誉为世界五大博物馆之一，当之无愧。这五座博物馆有什么规律？联合国安理会有五个常任理事国，中国、美国、俄国、英国、法国，一个国家一座，说明没有一个强大的博物馆是不能成为联合国安理会常任理事国的。

文物得不到保护的时候，它们是没有尊严的

故宫博物院收藏了 10200 件各个时期不同材质的雕塑，高大的雕塑连库房都没有，比如两尊菩萨，3 米多高，1500 年的历史，几十年来就在南城墙的墙根底下站着，每当走在这儿，我都说，你看咱们的菩萨脸色不好，表情也不好，今天慈宁宫成了故宫博物院雕塑馆，两尊菩萨得到了展示陈列，再看它们的脸色好了，表情也好了。

第一次到库房吓我一跳，我说谁躺在那里？他们说是兵马俑，我说这么珍贵的文物怎么这个待遇？躺在那儿？我们就对它们进行了精心的呵护、修复以后，把它们进行了陈列。这就告诉我们，当这些文物得不到保护的时候，它们是没有尊严的，它们是蓬头垢面的，而得到保护，得到展示，它们就会光彩照人。所以故宫博物院下定决心，明年紫禁城建成 600 年之时，故宫博物院收藏的每一件文物都必须要光彩照人。

寿康宫与乾隆时期一样，就是少个老太太

乾隆皇帝是孝子，每天早晨会在寿康宫里给母亲请安，来的就是这个房间，寿康宫东暖阁，我们完全按皇太后居住时的景观布置上。今天观众看到的东暖阁的情景跟当年乾隆皇帝看到的情景是一模一样，只不过现在比那时候少一个老太太就是了。

故宫博物院院长是高风险岗位，有今天没明天

故宫博物院今年已经 94 年历史了，94 年来一共有 6 任院长，每一任院长都是付出了极大的辛苦，付出了很多的努力，但是每一任院长都没有好下场，不是因为着火，就是因为盗窃。这是一个高风险的岗位，有今天没明天啊，平常说做一件事要万无一失，那么我们心里知道一失就万无，你做 9999 件事，1 件事没做好，文物损坏，你对不起民族，对不起国家，你就得下台。但是我们真能承担这个责任吗？承担不了，我们真正有这个能力吗？没有这个能力。怎么办？我们今天找到了出路，有一个词叫“层层分解压力”，我特别喜欢这个词，就是每个人都有保护文物的权利，保护文物不是某些人的专利，每个人都应该获得知情权、参与权、监督权和受益权。只有当人们共同保护，共同呵护，沟通守护，共同监督，文物才最安全。

这两年不下雪我们着急啊

前年紫禁城一场初雪，一组照片放上去，1425 万的访问量，这两年不下雪我们着急啊。但是天无绝人之路，去年来了红月亮，晚上 9 点到 11 点故宫博物院拍的一组红月亮放上去以后，第二天早上我一看有 2000 万点击率。今年下雪了，故宫博物院拍摄了一组故宫雪景的照片，5000 多万访问量，不断把美景告诉大家，人们就会来实地看。

故宫口红的唯一缺点是买不着

我今天要做女性的口红广告，这个绝对美，为什么呢？它是提炼了故宫的服装和藏品的元素，组成的一个系列。大概唯一的缺点就是买不着，我们加快生产，还是供不应求。其实故宫博物院同时还出了故宫面膜，但是卖得不好。后来我才知道，人们要在大庭广众之下拿出故宫口红来使用，多有身份，而面膜是晚上在家里贴的。

故宫日历，今年 100 多万本，为什么它有文化？每天翻开故宫藏品的信息，把它收藏起来。故宫博物院的文化创意产品也作为国礼送给外宾，你看他们拿着笑得多灿烂。

2019 年亚布力中国企业家论坛第十九届年会（2019 年 2 月 17 日）

故宫开“夜市”

两天以后，正月十五，故宫博物院将举办“紫禁城上元之夜”活动。故宫博物院将有史以来第一次夜间开放，紫禁城将有史以来第一次大面积亮起来。在故宫城墙上，每隔 5 米将挂上一个红灯笼，350 盏红灯笼串起一条红龙，把 5 个展馆连在一起，《清明上河图》《千里江山图》将会投影在古建筑屋顶上，欢迎大家到故宫博物院来体验。

前年故宫文化创意产品营业额达 15 亿　希望把 IP 做大

国家文物局局长嘱咐我，不要说故宫博物院文化创意产品卖了多少钱，因为别的博物馆压力太大。我们只能说，前年故宫博物院文化创意产品有 15 亿的营业额。

邀请亚布力论坛开在故宫

我希望陈东升老师明年能够到故宫举办亚布力论坛的活动，明年亚布力论坛 20 周年，紫禁城建成 600 周年。

（2019 年 2 月 17 日）

在 2019 年中国发展高层论坛上的演讲

先做一点更正，我不是掌门人，我是看门人。7 年前，我到这里来看门。确实我越来越感觉到它是应该讲好中国故事的地方。它有很多可以呈现的讲故事的地方。例如，午门正楼及东西雁翅楼，刚刚进来的时候它就是一个巨大的空间，几十年来，它是一个大库房。今天，我们把它清理出来，进行布置，使它成为非常有魅力的博物馆展厅。有很多展览都在这里呈现。比如，这两年来自印度、阿富汗、法国、卡塔尔、摩纳哥等国家的展览。这次我们讲了一个故事“紫禁城里过大年”。

中国的二十四节气已经列入了世界非物质文化遗产，但是还没有能够广泛深入到人们的现实文化生活中。大家春节的时候看春晚、家里团聚吃年饭，真正走出家门是到哪儿？我们希望把“过大年”的习俗进行整体的呈现。所以，我们举办了故宫博物院建院 94 年来，最大规模的一次展览，即“贺岁迎祥——紫禁城里过大年”。由 886 件文物藏品构成了 6 个主题，使这些文物藏品通过内容组合讲好中国故事。例如，过去过年使用的中和韶乐、五位皇帝书写的福字等，再有就是有特定文化内涵的餐具组合。昔日皇帝在明窗开笔之前，在金瓯永固杯内斟满屠苏酒，拿起万年青笔，书写对于新的一年的期盼。这样的情景通过文物组合得以再现。观众们通过展览看到很多从来没有面世的展品，例如皇宫里面使用的蜡烛是什么样的、皇宫里使用的压岁钱是什么样的，原来这些小金疙瘩、小银疙瘩就是压岁钱。故宫博物院的宫灯藏品第一次修复好，也悬挂了起来。

“贺岁迎祥——紫禁城里过大年”展览，通过 886 件丰富的文物藏品，充满了巨大的展示空间。同时，故宫博物院还通过沉浸式的数字技术，来展示紫禁城里过大年的各种习俗。例如，一进展厅，文门神、武门神就会跟观众打招呼。人们在数字展厅里可以体验接福，可以放花，可以看戏，可以滑冰，可以堆雪人、堆雪象，通过室内的沉浸式体验，感受过大年的习俗。

作为“贺岁迎祥——紫禁城里过大年”展览的重要组成部分，故宫博物院前所未有地在院落大门和宫殿建筑上，再次挂起了春联、门神、宫灯。人们更感受到从未体会过的紫禁城过大年景观的恢复。

特别值得自豪的是，在乾清宫前将消失了 179 年的万寿灯和天灯重新竖立了起来。1840 年以后，国力衰退，明清时代每年春节竖立起的万寿灯、天灯，再也没有竖立起来。今年中华人民共和国成立 70 周年，故宫博物院经过半年的研发，再次把万寿灯、天灯在乾清宫前竖立了起来。一组 11 米高的万寿灯，一组 14 米高的天灯，非常漂亮。

“贺岁迎祥——紫禁城里过大年”展览圆满结束后，我们不希望这套万寿灯、天灯从此消失，于是决定将万寿灯、天灯，加上宫灯进行拍卖。明年春节可以再做一套，永远不会再拍卖了。也就是说只拍卖这一套万寿灯、天灯和宫灯。为什么要拍卖呢？参加扶贫。故宫博物院将利用拍卖所得，对 4 个贫困县的孩子们提供教育资金。

扶贫是当前我们国家的首要任务，至 2020 年底还有 20 个月的时间，我国就要达到全面建成小康社会的目标。14 亿人口，五千年文明的古国，这是多么令人震撼的目标，我们必须为实现这一目标而奋力拼搏。故宫博物院作为一个文化机构，不能躺在政府的财政上，我们要通过不懈的努力，赢得社会尊重的同时，释放文化机构的能量。经过多年努力，故宫博物院研发的文化创意产品已经有 11900 多种，其中最大的一组就是万寿灯、天灯。此次把万寿灯、天灯和宫灯提供出来，希望得到社会各界的支持，为国家扶贫事业做出贡献，同时将万寿灯、天灯保留下来，陈列在城市中，讲好中国故事。

2019 年 4 月 2 日，故宫博物院将在乾清宫广场，在万寿灯、天灯的前面，举办万寿灯、天灯和宫灯艺术品拍卖。中国嘉德艺术品拍卖公司实施拍卖，但是不会收佣金，共同为扶贫事业做出贡献。

我们希望成功获得万寿灯、天灯的城市文化机构或企业，能够把万寿灯、天灯宫在城市广场上竖立起来，讲好与故宫博物院合作扶贫的故事。希望万寿灯、天灯和宫灯有一个好的归宿。

举办“贺岁迎祥——紫禁城里过大年”展览的同时，故宫博物院还举办了“中华老字号 故宫过大年”展，汇聚了来自山东、北京、天津、山西等 10 个省（市），以及 5 家非物质文化遗产传承人的 150 家中华老字号，使观众体味到民间老字号与宫廷文化的悠久渊源。“中华老字号 故宫过大年”展不收任何摊位费，就是要传播中华老字号文化。展览期间，80 个国家的大使来到故宫，在万寿灯、天灯前合影，在“中华老字号 故宫过大年”购买老字号节日商品，体会到不一样的博物馆文化。

过年期间，故宫博物院观众人数同比增长 70%。这期间，有两个突出的新气象，即两个 50% 以上。一是大量北京居民开始走出自己的家门，进入故宫博物院参观。长期以来，北京居民参观故宫博物院的比例不高，他们认为小时候已经去过故宫，那里也不会有什么变化，如今他们发现故宫每年都发生着不少的变化，每年都有新开放的区域，于是越来越多的北京市民走进故宫博物院。今年春节期间故宫博物院的观众中，50% 是北京市民。二是 50% 以上的故宫博物院观众是 35 岁以下的年轻人，格外令人感慨。过去这个比例不到 30%，如今越来越多的年轻人喜爱古老的紫禁城，喜爱正青春的故宫博物院，丰富多彩的陈列展览，环境优美的文化景观，成为年轻人们喜欢的地方。下雪了，来故宫博物院的观众更多了，人们在独特的环境中感受中华传统文化。

什么叫文化遗产保护？我觉得就是要让文化遗产融入人们的现实社会生活，让人们热爱她们，让她们“活起来”。什么是好的博物馆？就是要成为人们生活里的一片“文化的绿洲”，为人们的现实生活做出贡献，才是真正的人们喜爱的博物馆。故宫博物院就应该成为人们喜爱的博物馆，否则对不起这里所拥有的文化遗产资源，对不起热爱故宫文化的亿万观众。

（2019 年 3 月 23 日）

在东西方古堡文明论坛上的主旨报告

今天非常荣幸有这个机会和大家交流。我准备了 PPT，但是题目还没有起好，刚才在路上我看到路边有一个题目特别好，就用上了，这个题目叫“出重拳，扫黑恶，保平安”。我多么希望文化系统、文物部门也能出重拳，像环保部门、安监部门那样，狠狠打击破坏文物的违法行为，多么希望未来扫黑除恶更加彻底。今天听说山西省这一轮扫黑除恶铲除盗墓团伙的成果，能够建设一个青铜器博物馆，希望未来文化遗产能够真正实现确保平安。

刚才，阳城的夏老师拿来 14 年前给我拍的照片。那是 2005 年、2006 年的时候，我来到山西晋城、运城、长治、临汾地区进行了一次考察，主要是调研早期的木结构古建筑群，中国明代以前的早期木结构古建筑 75% 集中在山西这一区域。那次调研以后，国家文物局经过研究论证，决定开展山西南部地区木结构古建筑群保护修缮工程。当时从国家财政资金安排了 6 亿元专项资金，计划用 5 年时间，对山西晋城、运城、长治、临汾四座城市范围内的 108 组中国早期木结构古建筑群进行维修保护，目前这项大规模文物古建筑保护工程已经竣工，但是今天看来还不是很圆满，仍有遗漏，例如对于古建筑内彩塑、壁画的科学保护，对于安全防范设施的提升，以及对于古建筑合理利用的规划等，今后这些工作还可以做得更细致一些。

我在故宫博物院工作了 7 年零 3 个月，20 天之前我退休了。在宣布退休的大会上，文化和旅游部的雒树刚部长对这 7 年多的工作，给予了令我感动的评价。他说，我经常说故宫博物院的院长“都没有好下场”，现在你就有了好下场，这个评价我觉得比什么都好。回想 7 年多的工作历程，的确获得这个评价也是不容易的。今天故宫博物院迎来了一位新的院长——王旭东院长。宣布任命的当天晚上，我就和他一起，查看了故宫博物院安防中控室和夜里值班的岗位。第二天又和他一起，查看了一些正在实施的维修保护项目，在故宫博物院里走了 15000 多步，详细介绍了一些安全保卫、环境整治和去商业化的情况，衷心希望新的领导班子继续努力，把故宫博物院的各项工作做得更好。今天我想与大家分享的内容是，如何确保世界文化遗产故宫和故宫博物院的安全，借此机会，与各位同人分享文物安全方面的实践和体会。

大家知道，8 年前，故宫博物院发生了一件不堪回首的往事，一个盗贼躲开了斋宫区域的闭馆清场，偷走了一些展品。我就是因为发生了这个事件之后，来到故宫博物院工作。当时我们用了 5 个多月的时间，走遍了故宫博物院的所有角落，走遍一共 9371 个房间，目的是详细了解每一个房间的保护和使用状况，特别是对安全隐患状况进行调查。目前保留下来的数万张照片，已经成为珍贵的历史资料。

那次调查之后，故宫博物院组织编制了一套“平安故宫”工程的文本，经过专家论证后，上报国务院。国务院领导专程来到故宫博物院进行详细调查，于是很快批准了“平安故宫”

工程，一共有 7 个安全工程项目。通过调查了解到故宫博物院当时共有 7 项安全隐患，必须要及时排除：一是火灾隐患，二是盗窃隐患，三是震灾隐患，四是藏品腐蚀方面的隐患，五是库房存在的隐患，六是基础设施存在的隐患，七是观众可能发生踩踏的隐患。为了消除这 7 项安全隐患，故宫博物院开始采取强有力的行动，同时完善了故宫博物院的安全机构，过去只有一个保卫处，此次又增加了消防处、技术处。我认为无论是文物行政部门还是博物馆，必须要健全安全保卫机构和编制。目前，一些省、地、县的文物保护机构不健全，在这次机构改革中，很多地方的文物保护机构不但没有加强，反而被削弱，应该引起高度重视。

在“平安故宫”工程批准后，故宫博物院建立起安全防范新系统，陆续设立和完善了 5 个安全中控室。在新的综合中控室内设有 65 面大屏幕，连接着 3300 多个高清摄像头，监控着故宫博物院室内、室外的各个角落，不但要监控文物库房和古建筑，还要动态监控观众的参观活动。在此基础上，故宫博物院分别在端门广场、午门城台、故宫文物医院等处设立中控室，执行特定区域的安全防控任务。目前故宫博物院安全应急指挥中心正在建设，今年年底竣工，将使故宫安全防范新系统更加强大。

同时，不断对安全防范工具进行升级，例如所有的一线安全保卫人员都随身携带能够监控和记录的仪器，使管理过程更加规范。再如将数千个门锁都换成了电子锁，使授权使用更加清晰。总之，故宫博物院对安全防范系统已经完成了重新布局，有效避免了安全事件的发生。

最近，故宫博物院与华为集团签署了战略合作协议，共同建设“5G 故宫”。就是要更广泛地利用互联网系统，使每一座古建筑、每一件文物藏品的保存环境和安全状态都得到有效监控。

故宫博物院建立起强有力的世界文化遗产监测系统，根据故宫世界文化遗产的特点，覆盖了 10 个方面的内容，无论是室内的，还是室外的；无论是动态的，还是静态的；无论是物质的，还是非物质的，全面进行监测，并且每年都会将世界文化遗产监测报告上报世界遗产中心。同时，会定期编制世界文化遗产监测工作简报以及工作通讯，使故宫世界文化遗产处于可控的状态，不断反馈存在问题的监测系统，包括对古建筑的梁架，内外檐彩绘，室内外环境质量、观众动态流量等方面的监测，例如气象环境监测系统、动植物监测系统、白蚁监测系统、售检票监测系统、展厅温湿度监测系统、防雷设施监测系统、室外陈设监测系统、电力监测系统、热力监测系统等方方面面。

在此基础上，故宫博物院加大预防性保护的力度。华北地区历史上发生过多次强震，特别是存在着多处断裂带。过去故宫博物院文物保护在防震方面是短板，瓷器库房、雕塑库房内的文物缺少防震措施，故宫博物院下决心解决这一严重的安全问题，对防震水平进行了提升，将所有存在震灾隐患的文物藏品都装入囊匣，装入密集柜。文物藏品装入囊匣，就需要更大的库房空间，但是密集柜的使用又会节约一些空间，经过计算可以基本保持平衡。再有对地下库房进行改造，80 年代、90 年代建设的地下库房，存在着很多的安全风险。例如 50 吨的水箱存在于地下库房的上面，是一个非常大的隐患，特别在发生地震的情况下。同时，很多文物藏品缺乏储存的专柜。所以我们开始在 80 年代、90 年代的地下库房的基础上，建设第三期地下库房，使地下库房保管的文物藏品从 97 万件上升到 110 万件。这还不是最主要的，最主要的是提升了文物保管的安全水平和环境质量，目前地下库房正在抓紧进行建设。

再就是越来越多的各类市政管道犬牙交错、盘根错节、跑冒滴漏，无情地穿过古建筑，穿越内金水河的情况比比皆是，既存在严重的安全隐患，也严重影响故宫的文化景观。经过专家三年的论证和审查，批准了故宫基础设施的新规划。在地下 8—14 米的空间内，通过盾构的形式，不影响地下文化层，建设两个断面的市政共同沟，将 17 种管线全部进入共同沟，今后铺设市政管线再也不用开挖故宫的地面，也再也不用穿越故宫的红墙和古建筑。几年来，白天的故宫博物院照常开放，观众在里面正常参观。实际上工人们在地下隐蔽施工，每天夜里也都在进行施工，运土、运材料，清晨时清理施工现场，正常开放。目前故宫基础设施的施工非常顺利，正在建设的共同沟我已经考察过几次。

火灾是故宫古建筑面临的重要风险。1923 年 6 月，一把大火把故宫建福宫花园烧毁。1987 年故宫景阳宫被雷击中，这是故宫博物院建院 94 年来，最惨痛的一个教训。2008 年故宫角楼出现过火灾险情，幸好及时发现。2009 年当时国家博物馆管理的故宫端门，由于人为纵火，5 个窗户被烧着了，马上就烧到屋檐的时候，武警战士将火扑灭，英勇的武警战士立了一等功，此后国家博物馆将端门古建筑群交由故宫博物院管理。我到故宫博物院工作以后，2013 年夏天，工作人员夜里值班的时候，看到天上掉下来一个大火球，直接砸到一棵国槐树上，过了几天这棵国槐就“牺牲”了。

历史上这些火险火灾事件的发生，一次次为我们的防火工作敲响了警钟。所以，对于天灾人祸要时刻防范，我们认真地分析了高压消火栓的分布，加以完善，然后健全故宫消防报警系统。同时，全面开展消防培训，每一个新员工在入职时，都必须接受系统的消防培训，每一个到故宫博物院里工作和施工的人员，都必须接受消防培训和考试。

因为整个故宫博物院区域平缓开阔，经常有雷来访问，古建筑存在被雷击中的风险。所以，故宫博物院把防雷系统的检测，以及不断提升防雷设施功能，放在非常重要的位置。并且故宫消防部门加大研发新型的消防设施。大型的消防车辆虽然适用高大古建筑，但是不能进入那些狭小的空间，所以还专门研发了小型的消防装备。同时，组建义务消防队员，加强日常培训，加大全体员工的安全意识，每年举办消防运动会，各部门都要组队参加。组织大型实战消防演练时，消防队伍、武警队伍和保卫部门一起联合演习。在联合演习过程中，首先要学会如何把室内的文物迅速抢救出来，如何把伤员迅速地疏散出去。除了消防战士要演习，研发的机器人也要演习，因为在特殊的情况下，机器人会率先进入室内，定点将明火扑灭。

在这个基础上，故宫博物院开始开展文物环境的整治。过去故宫午门前面的广场上，有很多商业摊位，售卖着各地旅游景点都在卖的小商品，与故宫文化没有什么关系，充满商业氛围。环境整治后，广场呈现出清新、庄重、典雅的景观。过去观众排队买票往往是很痛苦的过程，等待很长时间。好容易买到票，还是进不去，还要排安检、验票、存包的队，还没有走进故宫博物院就已经累了。对此，故宫博物院认真进行整改。将国家博物馆移交的端门广场西侧围房进行维修后，一下子开设了 32 个售票窗口，从而保证观众到故宫博物院门前，

3分钟内就可以买到票。接下来的问题是进门难，虽然故宫博物院的午门有三个门洞，但是过去买票的观众只能走两边的小门，中间的门不能走，用于接待外宾的车队，因此买票的观众经常要排长队。经过协调，终于外宾的车队不再驶入故宫博物院。法国总统奥朗德是第一个在故宫外下车，步行走进故宫博物院的外国总统，他享受了走进紫禁城的兴奋，很有仪式感，一定会终生难忘。从那以后，有关部门大力支持，再也没有机动车队开入午门，三个门洞全部打开，观众也就再也不用排队进入故宫博物院。

还有一项多年的规矩也得到了改变，就是验票和安检。过去验票员站在栏杆里面，观众要排队经过栏杆之间的空间进入，在门洞中还放置着安检设施，还要再排队。我们就把验票、安检设施设在广场两边，不再堵午门门洞，安检通道也不再只有2个口，而是扩大了12倍，达到24个口，观众无须再排队。这一系列改革措施，改变了午门广场的状况。过去故宫午门广场上经常挤满了人，人们在这里买票、验票、安检、存包，由于拥堵，一些观众还没有走进故宫博物院，就已经和亲人走散，故宫博物院的广播几乎每天都在播放寻人的消息。午门广场区域经过整治和服务提升，如今观众10分钟左右，就可以带着好心情、好体力有序地走进故宫博物院。

但是进入故宫博物院以后，还有很多问题会给观众带来烦恼。首先是观众数量过多，特别是黄金周等高峰时段，故宫博物院观众数量过于集中。2013年10月2日，也就是国庆黄金周第二天，观众数量达到18.2万人，史上最高，也应该是空前绝后的纪录。当天有的观众形容说，进入故宫博物院就没有看见地面，一直是后面的人推着往前走。虽然有些调侃，但是在拥挤的状态下，观众确实难以正常参观。我就遇到过有的观众已经走到了神武门，即将走出故宫时，还问我故宫博物院在哪儿。我告诉他你刚刚参观过的就是故宫博物院，观众说我们只看了故宫。可见由于人多拥挤，他们没有看到展览，没有看到展品，显然不能说参观了故宫博物院。这样的状况不是理想的参观环境，也存在着严重的安全隐患，需要做出改变。

此外，由于管理不到位，管理和服务人员职数不足，存在一些观众不文明的行为，未能及时制止。例如观众乱扔垃圾，在红墙上、铁缸上刻画，非法经营人员兜售伪劣的导游图。再有就是广场上、庭院里有很多发小广告的人，黑导游、黑票贩十分猖獗。成群结队，拦截观众，还划分了各自的势力范围。故宫保安都不敢管，只要管他们，他们就开始推搡殴打，竟然发生故宫保安被打伤的事件。他们还曾威胁我说，你要是出了故宫，就打折你的腿，他们对于故宫博物院院长也是这么狠。一些观众被骗去了非法经营景区，被强行售卖旅游商品，因为在这里被骗，就投诉故宫博物院。故宫博物院也试图抓捕非法经营者，但是由于没有执法权，只能花上几个小时对非法经营人员进行教育，并把他们的导游证没收，他们说导游证可以没收，但是要把证件套还给他们，后来我才知道他们做了好多假导游证。

面对这种情况，我们决心加大力度进行彻底整治。最主要的方法是实行实名制，一旦在故宫进行非法经营活动，就被列入黑名单，一年之内就不能再进入故宫博物院。同时联合公安部门加大治理力度，几个月以后，多年困扰故宫博物院参观秩序的"老大难"问题，得以解决，就是因为采取了一系列"组合拳"措施，目前非法经营活动情况完全绝迹。

《人民日报》曾经呼吁："故宫里面都是宝，天天围观受不了，文物也有生物钟，劳逸结合身体好。"我们意识到古建筑和文物展品都需要有休息的机会。过去故宫博物院一年365天，每日对社会开放。由于每天开放，没有机会提升展览环境和改善服务质量，于是故宫博物院开始实行周一半天闭馆。为此特意邀请媒体朋友们来参观周一半天闭馆时的故宫博物院。原来故宫员工都没有休息，他们在清洗地上的口香糖，在清理古建筑的窗棂，在更新展厅的说明牌，在拆除庭院内的临时建筑。媒体朋友们对此进行了报道，得到了社会公众的理解，表示故宫博物院应该实施每周闭馆，使文物得到更加细心的保护，使参观环境得到进一步优化。于是故宫博物院"得寸进尺"，从第二年开始，故宫博物院周一全天闭馆，这样古建筑和文物有了更多的喘息机会。

从2002年到2012年，10年间故宫博物院的观众增长了一倍。2002年的时候，世界上观众数量最多的博物馆是法国卢浮宫艺术博物馆，2012年故宫博物院成为世界上唯一观众数量突破1000万的博物馆，不幸的是，我就是这一年来到故宫博物院工作。2013年，故宫博物院开始采取限流措施，观众增长速度开始放缓。等到故宫开放区从2012年的48%，达到2017年的76%的时候，故宫博物院接待观众的数量达到1670万，居世界第一，世界第二名还是卢浮宫艺术博物馆，2017年共接待810万观众，不到故宫博物院接待量的一半。可见故宫博物院的观众接待压力还是很大的。

故宫博物院一天如果接待4万观众的话，就会很轻松，要接待8万名观众的话，那就要饱和了。过去接待18.2万观众的时候，就已经接近失控。工作人员总是要站在保和殿北面最陡的大台阶处，嗓子都喊破了，告诉观众不要推搡，注意脚下，为什么呢？大家知道，2014年12月31日，上海黄浦江外滩发生了踩踏，平地就踩死了30多人。故宫博物院的地面高高低低，如果在大台阶处发生推搡，非常危险。所幸建院94年来故宫博物院从来没有出现过观众踩踏事件，也可以说是"奇迹"了。

其实故宫博物院每年不但要接待1600多万买票的观众，还要接待大量不买票的观众，而且数量越来越多，频率越来越高。例如每周二学生团队集体参观是免费的，每年大约60多万学生免费参观故宫博物院。为了应对超出故宫博物院接待能力的观众数量，我们开始探索新的解决办法。过去故宫博物院接待观众的曲线是"两针一峰"，暑期是一个高峰，"五一""十一"是两根针，这根针的针头就是每年的10月2日。于是故宫博物院在2014年开始实施限流，每天只接待8万观众。为此我们做了大量的工作，首先把旅游团尽量引导到淡季来参观，其次设立淡季免费日，包括教师免费日、医务人员免费日、大学生免费日、志愿者免费日等，让人们体验淡季参观故宫博物院的感受，这样观众慢慢地接受了限流的措施。在此基础上，故宫博物院全面实行实名制，这样限流的效果很好，参观秩序也得到提升。

2014年故宫推出网上购票，人们在家里就可以购买10天之内的故宫博物院门票，如果不来还可以免费退票。但是当年只有2%的观众在网上预约，2015年这一比例达到了17%，2016年国家批准使用支付宝，预约的观众比例达到了41%，2017年国家批准使用微信，预约的观众人数超过了70%。在这一基础上，故宫博物院开始实行全网购票。

在2017年的“十一”黄金周，故宫博物院所有的购票窗口全部关闭，开始实施全网售票，这是国内博物馆第一家，因此还是有些担心失败，当时要求所有的售票员都原地待命，一旦失败，重新开窗口售票，但是观众很平静地接受了全网售票。对于没有在网上预约的观众，故宫博物院积极进行引导。广场的大屏幕告诉观众如何扫码、支付、入院，整个广场就是一个支付空间，并且工作人员在广场上巡视，回答问题，疏导观众。观众用手机扫码即可进入，在购票的环节不用再耽误时间。

当时媒体朋友告诫我们，中国已经进入老龄化社会，老年人不习惯网上预约，要为老年人提供特别服务。我们就在端门广场上设置了五个票务咨询台，帮助老年人购票，但是过了一段时间后发现，来咨询的很少有老年人。中国的老年人太伟大了，他们很早就退休了，什么先进设备都学得特别快，就连买冰棍儿、吃早点都是用手机。所以真正来咨询的很少有老年人，也没有年轻人，主要都是中年人。来咨询的还有外国人，这个没办法，美国人也不会，英国人也不会，法国人也不会，我们还得教他们怎么过数字时代的现代化生活。

如果有人在购票过程中遇到困难，例如手机没有充值怎么办？工作人员就会帮助他给朋友发一个微信，朋友给他发一个红包，就有钱了。对实在有困难的观众，故宫博物院还在午门广场设立了一个综合服务窗口，可以说明情况后用现金买票。总之全网购票实施已经3年，没有一起投诉，全网购票得以顺利实现，于是2017年10月故宫博物院售票处的牌子被摘了下来。尤其是2019年，1—3月份，故宫博物院举办了“贺岁迎祥——紫禁城里过大年”展览，虽然是冬季，每天的观众也都在8万左右，真正做到了淡季不淡，旺季不挤。

故宫作为世界文化遗产，在安全检查方面要不断加强。首先是禁止在故宫内吸烟。先从故宫博物院员工做起，当时在故宫博物院员工中有400多位烟民，我们要求不能再在故宫博物院里抽烟，如果要抽烟的话，只能到神武门外、西华门外、东华门外去抽，在那里设置了灭烟头垃圾箱。由于严格要求、严格管理，故宫博物院成为了无烟博物馆。

其次是不允许打火机、火源进入故宫，加强了安检措施。第一天就没收了8000多个打火机，第二天就没收了上万个打火机，需要尽快处理。经了解北京有4个可以处理打火机的单位，但是每天要给他们运送过去，并且要交400元处理费。我认为太不合适了，给他们那么多打火机，还要我们交这么多钱，算下来一年365天也是一笔不小的支出。我们就在神武门外出口的地方，设立打火机领取处，把入口没收的打火机分批送到出口，观众可以自取，这样既节省了每天的开支，又方便了抽烟的观众，还节约了宝贵的能源，可谓一举多得。加强安检以后，杜绝了危险品进入故宫博物院，酒精制品进不来了，刀具进不来了，持假学生证、假票的人也进不来了。目前假学生证和假票已经绝迹。

之前观众来故宫博物院参观，会有很多不方便的地方，例如过去导览的标识很不清楚，根据故宫古建筑和环境色彩进行研发，在2014年就制作了512块标识牌，竖立在经常被问路的地方，三岔路口、十字路口，对于展馆、卫生间等进行明确的标识，人们走到故宫博物院任何地方，都知道身在何处。

一度在故宫开放区的卫生间外，总是排着长队，堵塞了半个通道，排队的都是女士，在卫生间的门上，居然贴着一个纸条，上面写着“女士请排队”。我说赶快把它摘下来，太丢脸了，他们说不能摘，摘了就乱了。那么男士上哪儿去了？实际上男士也只能等在旁边，拎着包，看着孩子，都走不了，每天都要耽误人们很多时间。于是故宫博物院开始研究女士和男士卫生间的比例，经过一段时间的统计和两个月的实验，得出在故宫这个空间里，女性的卫生间应该是男性的卫生间 2.6 倍最合适，此后就按这个比例进行卫生间的布局。虽然是举手之劳，但是节约了观众很多时间。卫生间外边不再排队，里边也要干净，故宫博物院又启动了“厕所革命”。把卫生间室内搞得有文化氛围。

来故宫博物院参观的观众们经常抱怨，这么大的故宫博物院，缺少座椅，走累了只能坐在台阶上，或坐在铁栏杆上，铁栏杆都被坐弯了，为什么不能设一些观众座椅？故宫博物院的老员工却告诉我，设座椅太麻烦了，螺钉出来没有及时维修，把人家孩子的腿给划伤过，还要领孩子看病，座椅坏了没有及时维修，把人家的裤子给划破了，还要赔裤子，总是有纠纷。还有观众反映故宫座椅的形式和色彩与环境不协调，观众来故宫博物院参观，主要目的是观赏古建筑，但是拍照时躲不开这些椅座。

于是故宫博物院就专门研发了适合故宫文化氛围，适合大规模观众流量的座椅。新设计的座椅有很多优点。一是非常坚固结实，几年来都没有再发生伤害观众的事件。二是椅子面是实木的，便于每天早上 8 点到 8 点半进行清洗。三是椅子底下是空透的，便于每天清扫。四是坐在上面很舒服，但是躺不下来。五是色彩与故宫红、故宫黄很协调。这种座椅第一年就做了 1400 把，随着开放区扩大，座椅不断增加。目前在开放区内已经有 11000 名观众，可以同时舒舒服服地坐下来休息。

如今，在故宫博物院坐下来休息，还会发现一个现象，就是整个开放区的地上没有一片垃圾。过去是有垃圾的——矿泉水瓶子、雪糕棍、餐巾纸、废票根儿，我们过去走出办公室，总要沿途捡垃圾，弯腰十几次、几十次。但是我们重新签订物业招标文件，明确规定一片垃圾落地，两分钟之内，物业公司的员工要把它扫走。条件虽然有些严苛，但是中标单位很快就尝到了甜头，原来清洁人员把地面打扫干净以后，就没有人忍心往没有一片垃圾的地上再扔垃圾。现在物业员工每天的工作就是眼睛看着四周，终于有一个人扔了一片垃圾，兴致勃勃地把它扫掉。因此，他们的工作量大大减少。事实证明，环境的净化能够影响人们的文明素养。

长期以来观众们抱怨，故宫的层层大殿都是黑黑的，天气越亮里面越黑，不能把室内空间点亮一些吗？我们需要经常向人们解释，这些是木结构的古建筑，因此不能通电，而且里面陈列的都是文物，尤其是那些纸制品、丝织品不能长期被灯光照射。对此观众们有的理解，有的不理解。这是他们必须要参观的地方，观看的过程确实很不舒服，经常是人们挤作一团，尤其是老人、孩子们挤在中间存在危险。故宫博物院用了很长的时间研究解决这个问题，一是选择 LED 的冷光源，不发热，不是使用灯泡照射，而是一组组冷光源散射。二是灯具不是挂在木结构上，而是远离木结构 2.5 米以上，用石质的灯座固定下来。三是开灯的时候两边各有一名工作人员值守。四是用测光工具反复检测光线不能超标，不同的室内，什么样的光线最好，反复听取观众的意见，实现既不影响古建筑和文物保护，又方便观众参观。于是中轴线上的太和殿、中和殿、保和殿、乾清宫、交泰殿、坤宁宫等殿堂相继被照亮。例如过去太和殿的藻井几乎看不清楚，如今可以进行欣赏。过去在坤宁宫前，观众都是趴在窗户上往里面看，尤其在冬天，人们脸贴着玻璃很近，哈气一哈，手再一抹，玻璃总是很脏，更不便于观赏，如今坤宁宫也被点亮，观众可以清晰地观赏到里面精彩的景象。

为了消除安全隐患，实现扩大开放，故宫博物院开始进行为期三年的环境大整治，包括室内10项内容，室外12项内容。在室外整治方面，全院动员开展了大扫除，清理堆积在院落里、通道内、窗沿下的杂物，很多明明没有用的东西，常年堆放在那里，存在火灾隐患，此次把环境打扫得干干净净。再有清理地面杂草。过去一些不开放的地方，杂草过膝，进去以后要扒拉着杂草往前面走，如今把地面清理干净，既消除安全隐患，也加强了古建筑地面的保护。

以往故宫非开放区内的几十个院落都堆着石刻构件，一组古建筑维修竣工后，石刻构件就近一放，没有实施统一保管，此次把这些石刻构件集中到东华门下，形成石刻构件保护展示园区，既保护了石刻构件，又腾出了大量院落空间利于扩大开放，还为观众增加了参观内容。同时，开展了庭院地面环境的整治，一些长期没有开放利用的庭院，积水严重。有的人居然在庭院里面挖开古建筑地面种植葡萄和喂兔子的青菜，目前这些地面都进行了恢复。

过去故宫很多古建筑的屋顶都长着草，甚至长成了小树，看上去生态环境很好。但是这些草要生存，就把根扎在古建筑的瓦里面，瓦松动了雨水就会灌进去，梁架就会糟朽，于是故宫博物院下决心向杂草宣战。但是也很不容易，不是简单把这些草拔掉就可以，两场雨下来这些草又会冒出来，斩草要除根，需要把瓦揭开，把草根取出来，再把古建筑维修好。就这样实施了两年，终于实现故宫博物院内1200座古建筑的屋顶上面，没有一根草。

一些开放区域的维护设施不规范，例如御花园里的堆秀山、宁寿宫区域的九龙壁等，如今统一制作保护设施，既安全，又不影响景观。在御花园撤掉了围合盆景、石雕的铁栏杆，采用绿篱把文物进行隔离，使环境得到改善。再有施工环境也需要提升，过去无论在太和殿前，还是御花园内施工，都是用粗糙的铁板一围。现在采用整洁的专用围挡，进行文明施工。同时，在围挡上展示维修保护工程的说明和图片，向观众介绍，此次维修保护所采用的传统工艺、传统工具、传统材料。

在环境提升过程中，最复杂的是市政管线的整治，不断增加的市政基础设施项目，造成各种管线盘根错节、犬牙交错、跑冒滴漏，占据着大量室外空间。上水管道、下水管道、热力管道等，无情地穿越古建筑、红墙、内金水河。为此故宫博物院经过详细设计和履行审批程序，终于实现在远离古建筑的位置，在地下8—14米的空间，采取盾构的方式，建设两个断面的共同沟，延伸数公里长，将所有市政管线集中入地，这样再也不用开挖故宫的地面，再也不会让管线穿越古建筑和红墙。同时，木结构古建筑群里，不断增加的电线，存在严重的火灾隐患，尤其一些裸露的电线更加危险，对此也全部按照规范进行清理整治。

同样需要下大决心进行整治的还有故宫内的广场地面。例如在珍宝馆的入口处，一条市政管线通过去，用水泥一抹，坑坑洼洼，残疾人轮椅、婴儿轮椅走上去存在危险，对于开放区内这样的情况均重新进行了铺装，把地面铺得平平整整。过去，无论是端门广场、太和门南广场，还是乾清门广场、景运门广场、隆宗门广场等，铺的都是水泥材料制作的砖，在世界文化遗产地有这么多水泥地面本身就很丢脸，而且时间长了这些地面也早已出现问题。因此，故宫博物院下决心解决这一“老大难”问题，将这些广场地面都换成了青砖、石材等传统建筑材料的地面。

还有需要全院动员开展的整治行动，是拆除违章建筑和临时建筑。几十年来，在故宫博物院内，一共搭建了 135 栋临时建筑，其中最危险的有 59 栋彩钢房。这种彩钢房两三个星期就可以搭建好，但是最大的缺点是不阻燃，尤其在古建筑内非常危险，一旦着火后果不堪设想，所以我们首先向 59 栋彩钢房宣战。我和公安部消防局的领导，先将午门下面宣教部的彩钢房拉倒，做出示范，然后资料信息部使用了 8 年的彩钢房被拆掉了，行政处 600 人吃饭的大食堂被拆掉了，十三排的彩钢房办公区被拆掉了，古建部的彩钢房库房被拆掉了，宫廷部的库房区被拆掉了，西部区域审计室、基建办、预算处三个部门的彩钢房办公区也被拆掉了。

此外，还拆除了一些临时建筑。例如把车库搭在古建筑的红墙上，非常不合理，就把它拆掉了。特别是皇太子生活的南三所，九组院落，绿琉璃瓦，非常漂亮，但是几十年来故宫博物院的老员工都没有见过南三所是什么样，因为这里一直被七栋花房围了一圈。于是故宫博物院在海淀区西北旺镇建设了古典花卉养殖中心，建设了温室大棚。在初春的时候，把花卉送到故宫各个庭院，在深秋的时候，把花卉送回古典花卉养殖中心，花卉养得更好，而这些花房就没用了。这时才把这些花房拆掉，人们也才第一次看到南三所的美丽景观。

这样整体整治的例子还有很多，例如通过西河沿区域的环境整治，在这里建设了 361 米长的故宫文物医院。通过南大库区域的环境整治，在这里建设了故宫博物院家具馆。总之，经过艰苦卓绝的环境整治，故宫博物院的环境每年都在发生可喜的变化。2016 年 10 月 10 日，故宫博物院院庆当天，大家齐心合力把南三所院内的最后一座彩钢房拉倒了。我们终于实现了庄严的诺言，在实施环境整治前，我们曾向社会宣布：要把一个壮美的紫禁城完整地交给下一个六百年。希望人们再到故宫博物院，看到的只有古代建筑，没有任何一栋影响安全、影响环境的现代建筑。我们没有食言。

实际上，环境整治不像我说得这么简单，需要做大量细致的工作。过去故宫内的大量道路上，铺的都是沥青，这是 1971 年故宫博物院重新开放的时候，国家拨款铺上去的，时间长了已经坑坑洼洼。道路两侧的绿地用铁栏杆或者绿篱围住，里边的绿地养护并不好，因为不便于养护。还有高高低低的井盖、灯杆与环境都不协调，我们一边拆违章建筑，一边整治环境，两年半的时间，终于恢复了历史环境。现在大家到故宫参观，道路上铺的都是传统建材的砖石地面，上千延长米的铁栏杆全部拆掉了，绿地反倒养护得更好，偶尔有人不自觉踩一下，也没有什么了不起。

为什么做了两年半时间？主要就是那些井盖。故宫博物院里有多少井盖呢？当把最后一个井盖做平以后才知道，一共有1750个井盖，每个井盖都需要定制，都需要与市政部门沟通，现在终于全部制作、铺设完成，这样残疾人轮椅、婴儿车走上去才安全。故宫博物院把影响环境的300根灯杆，换成了300盏宫灯，这样晚上可以照明，白天也是景观。总之，我们希望人们再到故宫博物院参观，看到的是绿地、蓝天、红墙、黄瓦的美丽景观。

我们希望人们在故宫博物院参观，感受到这里是温馨的环境。故宫里有200多只野猫，它们很有身份，可能是明代、清代御猫的后代。现在这些猫都有名字，每天都有人给它们送猫粮，尤其这两年，人们从全国各地给它们寄猫粮。还指名道姓地嘱咐，这些猫粮是给延禧宫那只猫的，是给慈宁宫那只猫的。甚至希望喂猫粮的时候，要拍照片给他们发回去。人们为什么喜欢故宫的猫？因为他们知道这些猫“工作很努力”，每天下午五点半故宫员工下班以后，猫就开始站岗、巡逻、放哨，所以整个故宫没有鼠害。如果有老鼠的话，对于故宫文物来说非常危险，所以故宫的猫跟我们一起保护文化遗产。

故宫博物院是在古代宫殿建筑群基础上建设的博物馆，与现代建筑内的博物馆馆舍不一样，现代建筑内的博物馆从一个展厅到另一个展厅，有连续的室内空间，而故宫博物院每一个展区、展馆、展厅周围都是自然空间。人们在自然环境中，更需要享受美好的环境。于是故宫博物院开始系统进行美化环境，在环境整治后的适宜区域种植花卉、树木，希望人们春天可以看到牡丹，夏天可以看到荷花，秋天可以看到银杏，冬天可以看到蜡梅。到哪里去观赏呢？故宫博物院制作了“寻花图”，大家打开手机，就可以知道什么花在什么地方正在开放。

故宫博物院扩大开放，首先要把古建筑维修保护好。2002年，郑欣淼院长来故宫博物院的第一年，就启动了故宫古建筑整体维修保护工程，计划用18年的时间，把故宫古建筑群全部维修保护到健康稳定的状态。这是很了不起的计划，今天已经是第17年了，明年就将实现这一宏伟的目标，令人感到非常振奋。例如武英殿当时是由国家文物局文物交流中心所使用，经过腾退、维修保护，今天成为了陶瓷馆，当时慈宁宫也是由国家文物局所使用，今天成为了雕塑馆。当年的火场建福宫花园，经过复建，成为故宫博物院重要的文化活动场所；当年的火场中正殿，经过复建，今天成为故宫研究院藏传佛教研究所的陈列展厅。

故宫博物院还有一项重要使命，就是要不断地收复历史上被不合理占用的“失地”，实现完整的故宫。例如在故宫筒子河的北侧，景山与北海中间，有一座大高玄殿，是大型皇家道教建筑群，1950年有关部门要举办展览，从故宫博物院借走，60多年以后，在人大代表、政协委员的呼吁下，才还给故宫博物院。2014年办完交接手续，我们进去一看，一片狼藉，20多座违法建筑挤得满院子都是，先后用了4个月时间，才把这些违法建筑拆除，当时大家还是很兴奋的，终于可以维修大高玄殿对公众开放。举行大高玄殿修缮工程开工仪式那天下雨，但是人们热情不减，当故宫博物院第四任院长张忠培先生讲话的时候，第五任院长郑欣淼先生给他打伞，当第五任院长郑欣淼先生讲话的时候，第六任院长单霁翔给他打伞。这就表示出，要前赴后继地一代一代把故宫保护好，每一任都要为下一任打好工作基础，如今大高玄殿古建筑维修保护工程已经竣工，即将对公众开放。

在开展故宫古建筑维修保护的同时，故宫博物院加大了文物藏品修复力度。186万多件文物藏品中相当一部分需要及时安排修复保养。故宫博物院拥有国内最强的可移动文物保护技术力量。在古书画、青铜器、瓷器、木器、漆器、乐器、家具、象牙、缂丝、唐卡、织绣、西洋钟表等各类文物修复方面都有经验丰富的专家。但是，伴随文物科技保护理念的进步，我们认识到仅凭传统经验开展文物修复还是不够的。过去一件文物需要修复，从收藏部门、使用部门送到文物修复部门，文物修复部门安排最有经验的专家凭经验进行修复保养，修复完成后，将文物藏品送回文物库房或展厅。这样的程序科学吗？实际上并不科学，因为缺少对于文物藏品病情和状况的分析检测，没有建立文物健康档案，也没有撰写和出版文物藏品修复报告。

为此，故宫博物院建立了第一所专门为文物修复保养的医院——故宫文物医院。提供361米长地上地下的院舍，给予200名文物医生编制，我们参观考察过不少世界著名的博物馆，一般有30名、40名文物修复人员就很不简单，那么故宫文物医院为什么需要200名编制，实际上其中半数人员都是从事分析检测、出分析检测报告、出治疗方案的专家。今天这里已经成为国际文物修护学会在全球唯一的培训机构，几年来已经有30多个国家的100多名文物修复人员在这里接受了专业培训。

目前，来到故宫文物医院的每一件文物藏品，都要建立病例档案，经过分析检测，形成治疗方案，才能开始上手进行修复保护。例如修复一件青铜器，首先要确定它的年代，出土的地点，历代保管者在它的身上叠加了什么需要保护的信息，这件青铜器的金属成分如何，合金比例如何，现在得了什么病，其有害锈属于哪一种，应该采取什么措施进行治疗等，这些问题都明确了以后，才能送到非物质文化遗产传承人的手里进行修复保养。

故宫博物院为故宫文物医院配备了既先进又实用的各类文物分析检测和修复设备，包括分子结构分析设备、热性能和物理性能设备、无损成像测量设备、显微观察设备、元素分析设备等等。故宫文物医院的文物450KVCT系统，是目前全球博物馆内规模最大的文物专用CT机，这台设备的第一批病人，就是出土于江西海昏侯墓的七件青铜器。当这些文物修复专用的仪器设备应用以后，故宫博物院的文物修复水平不断提升。

一些过去没有条件修复的文物开始进入故宫文物医院，例如唐卡，虽然目前西藏、青海、四川等地有人在制作唐卡，但是恐怕没有人会修复古代的唐卡，因为如果不了解唐卡的材料、染料、编织方法，盲目地进行修复，就会改变古代唐卡的原状和历史信息，对文物造成伤害，甚至把古代唐卡修成21世纪的唐卡。故宫博物院收藏有2000多幅唐卡，过去也很少进行修复。但是今天终于有能力开展唐卡修复。例如在养心殿的小佛堂二层仙楼上，挂着54幅唐卡，其中第34幅唐卡是上乐王佛，在修复前进行分析检测，了解到在这幅唐卡上一共有25层堆绣，使用了32种不同的材料，唐卡上串联并联着682颗小珍珠。当唐卡上的头像被放大20倍以后，鼻子、眉毛、眼睛、嘴都清晰地呈现，小珍珠如何串联，如何并联均清清楚楚，再放大100倍，唐卡上的每一根丝、每一根线也都清清楚楚，经过分析检测可以确定唐卡的材料、染料、编织技术。如今故宫博物院已经能骄傲地宣布，故宫文物医院可以科学地修复古代唐卡。

如今，在故宫文物医院建立了23个科技实验室，支撑着上百种文物修复的平台。《我在故宫修文物》播出后，很多年轻人要来故宫修文物。去年故宫博物院招聘88名新员工，当时共有三万多名应届毕业生报名。为了普及文物修复保护知识，故宫博物院安排预约的观众可以参观故宫文物医院，在开放日，观众可以隔着文物修复室的窗户，看到修复文物的场景，听文物修复专家的讲解，参观文物修复的成果。

故宫博物院开展的为期近18年的古建筑维修保护工程即将实现既定目标，同时进行了7年的文物藏品清理，又开展了3年的可移动文物普查，弄清了文物藏品的"家底"。故宫博物院最强大的学术力量是专家学者团体，但是很多专家学者已经到了或者早已超过了退休的年龄，为了使专家学者不离开他们热爱的文物研究工作，为了加强对于故宫古建筑和文物藏品的研究，故宫博物院建立了故宫研究院，由郑欣淼院长担任故宫研究院院长，目前已经建立了26个研究所。这样故宫博物院的90多岁、80多岁、70多岁的老专家学者，如果愿意继续开展学术研究，就可以留在工作岗位上。例如如今已经90多岁的著名陶瓷专家耿宝昌先生，每天仍然在从事研究工作。在专家学者的身边就会有2—3名年轻的学者与他们一起工作，专家学者们的经验、精神就自然传承了下来。故宫博物院的大量研究课题，列入了国家重点科研课题。

通过近年来的古建筑维修保护、文物藏品清理、文物修复保养、安全水平提升、环境整治、科学研究，故宫博物院逐渐具备了扩大开放的条件。2002年故宫的开放面积只有30%，2012年开放面积达到48%，2014年是重要的转折点，故宫的开放面积超过了一半，达到52%。2015年达到65%，2016年达到76%，每年新增10%以上的面积实现对公众开放，目前开放面积已经达到了80%。

很多过去立着"非开放区，观众止步"牌子的地方，如今变成了博物馆展区、展馆、展厅。例如紫禁城最大的古建筑群——午门正楼及东西雁翅楼，共有2800平方米的室内空间，但是过去不能对公众开放，因为这里曾经是一个大库房，保存着大量"文留文物"。这些"文留文物"曾经作为外贸文物出口创汇，改革开放以后，这些"文留文物"交由国家文物部门管理，于是39万件"文留文物"进入了故宫博物院库房，但是这些文物不符合故宫博物院的收藏标准，于是就堆积在这里，没有获得良好的保存条件，当时工作人员踩着下面的瓷器往上面堆，最高摞到十层左右，非常可惜。所幸近年来国家博物馆得到扩建，国家博物馆当时有60万件藏品，国家文物局就把这39万件文物移交给国家博物馆，这些文物藏品得到了合理利用。于是，午门经过维修保护，成为了最有魅力的大型临时展厅。每当午门内举办大型临时展览期间，每天都有少则2万，多则4万观众，走进午门展厅。如今，午门成为故宫博物院举办临时展览最重要的展厅。

2014年以来，故宫博物院推开了一座一座古建筑大门。2014年乾清门广场西侧的隆宗门被打开，隆宗门的门洞里面曾经是一处观众快餐店。如今隆宗门的打开，意味着广阔的西部区域正式对观众开放，现在每天大约有三分之一的观众访问这一区域。修复后的慈宁宫成为雕塑馆，故宫博物院收藏有10200件各个时期不同材质的雕塑，但是过去没有地方展出，都在库房"睡觉"。高大的雕塑甚至连库房都没有，例如有两尊1500年前北齐的菩萨雕塑，

3 米多高，此前一直站立在故宫南城墙的墙根底下，一些佛头则躺在地上，每次看到这些珍贵的雕塑文物没有获得良好的收藏条件，感到非常可惜，感到这些佛像的脸色、表情都不好。现在这些雕塑陈列在高大的展厅中，脸色、表情都变好了。

我第一次到库房的时候吓了一跳，问是谁躺在台阶底下呢？他们说是周恩来总理特别批准，秦始皇陵出土的兵马俑要给故宫保留一套。我说兵马俑这么珍贵的国家一级文物，怎么能躺在地上呀，围着海绵，躺在担架上，像伤兵一样。经过维修保养，这一套兵马俑已经在雕塑馆展示了出来。这就告诉我们，当珍贵的文物得不到关注、得不到保护的时候，她们是没有尊严的，而只有当她们得到了呵护，得到了展示，面对观众的时候，她们才能神采奕奕，光彩照人。这就是故宫博物院加快故宫文物医院建设，汇集更多文物医生的初衷。必须全院动员，加快文物保护力度，要在明年紫禁城建成 600 年到来之时，让故宫博物院收藏的 1862690 件套文物，每一件都能够光彩照人。

经过努力，故宫博物院终于对观众开放了紫禁城内的所有园林。紫禁城内有四个园林，两个明代的、两个清代的，最后开放的是明代的慈宁宫花园，106 棵大树古树非常幽静。慈宁宫花园里的佛堂，如今也得到了展示。随后，故宫博物院开始开放城门、城墙。紫禁城有四个城门，城墙上有四个角楼，过去城墙、角楼都不开放，因为城墙不开放。那么这些古建筑里面做什么呢？当时作为收藏书版的库房。实际上，高高的城台之上的古建筑里，跑风漏气，当作文物库房太不合适。例如东华门里曾经收藏的是非常珍贵的乾隆版大藏经，书版上厚厚的一层土。如今把城楼、角楼里的书版，小心翼翼地取下来，进行了维修保护，专门建立起保护展示书版的仓储式展厅。东华门今天成为古建筑馆，故宫博物院收藏有 4900 件古建筑相关的文物藏品。过去没有古建筑馆时只能存放在库房里面，现在终于得到了展示。

神武门是故宫的北门。过去人们走到神武门下，就意味着参观即将结束，要走出故宫博物院了。今天人们走到神武门下还会有惊喜，原来上面有两层大型的临时展厅，常年举办引人入胜的展览。但是参观展览后走出展厅，就会发现不用再走出神武门，沿着马路边走向目的地的方向，如今可以走在城墙上，沿着城墙走向天安门广场，走向王府井方向，走在城墙上感受就不同，沿途可以观赏紫禁城的景观，观赏外面的风光。沿途还会有惊喜，可以走进过去只能远远眺望、远远拍照的角楼，而今天观众可以走进角楼。在角楼里制作了 25 分钟的虚拟现实影片，展示如何不用钉子，将上万块木构件通过榫卯结构，将 3 重檐 72 条脊的角楼建造起来。

端门在天安门和午门中间，规模较大，如今成为了数字博物馆。我认为这是世界博物馆中最好的数字博物馆之一。因为数字博物馆不仅在于设备先进、技术先进，还在于所有观众欣赏和参与的内容，都是深入挖掘故宫古建筑和文物藏品资源信息所制作的原创内容。

经过缜密的考虑，故宫博物院开放了畅音阁大戏楼。这是中国最古老的宫廷戏楼，但是过去一百多年来都没有再演戏，甚至没有人敢想畅音阁大戏楼还能演戏。实际上，这些木结构的古建筑维修以后，锁起来，闲置起来，糟朽得更快，只有正常地使用，经常地维修，这些古建筑才会更健康。所以此次畅音阁大戏楼经过维修保护以后，作为故宫博物院戏曲馆的一部分对观众开放，经常演出中国传统戏剧，效果很好。

宝蕴楼是故宫1200座古建筑中唯一一座民国时期建设的大型建筑，1914年为筹备古物陈列所，从避暑山庄和沈阳故宫运过来23万件文物，为此建设了宝蕴楼作为文物库房。在宝蕴楼100岁生日的时候，经过维修保护，宝蕴楼作为故宫博物院早期院史陈列馆实现开放。

为什么说故宫博物院院长都没有好下场？因为这是一个高风险的岗位，责任重大。实际上，每一任院长都付出过不少牺牲，承担了很大的风险。平常说做一件重要的事情要努力实现万无一失，但是对于故宫博物院这个岗位，一失就万无。因此一定要有自知之明，真的能够承担这个责任吗？承担不了。真的有这个能力吗？能力不足，必须要承认不足。必须要认识到，世界最大规模古建筑群的保护、世界最多中国文物藏品的保护、世界最多博物馆观众的保护，不是故宫博物院的专利，而必须要依靠全体民众共同保护。每个人都有保护文化遗产的权利，也都有保护文化遗产的义务，每个人都应该获得文化遗产保护的知情权、参与权、监督权和受益权。只有亿万民众共同保护，故宫文化遗产才会更安全。因此必须让更多的文化资源走进人们的视野。即“让收藏在禁宫里的文物、陈列在广阔大地上的遗产、书写在古籍里的文字都活起来”。为了实现这一目标，故宫博物院坚定不移地将更多的区域对公众开放，将更多的文物藏品展示出来。

过去人们参观太和殿以后，只能继续往前走，高大的宫殿、宽阔的广场，一棵树都没有，也有观众曾经问过我，为什么故宫里面没有树？过去我只能告诉他们一直往北面走，走到最北边的御花园可以看到树林。实际上太和殿的两侧各有一个门，西面是右翼门，东面是左翼门，只是没有开放。如今整治了两侧环境，开放了两侧区域，举办了丰富多彩的展览，于是打开了这两扇门。当人们走出右翼门，就能看到18棵300年树龄的大槐树，人们还可以走向新开放的西部区域。当人们走出左翼门，就能看到过去宽阔的骑马射箭的箭亭广场。于是人们才恍然大悟，原来太和殿两侧一步之遥，就有这么优美的生态环境。这样第二次、第三次来故宫博物院的观众，就不一定一直往前面走，而是往西面看景区，往东面看展览，人们就分散开了，对于观众参观环境来说就更安全了。

过去，故宫博物院开放区域只有30%的时候，每天下午5点左右，观众离去以后，200多名安全保卫人员开展拉网式清场。如今，故宫博物院开放80%区域以后，每天要有700多名安全保卫人员进行拉网式清场。每个人都有一个接触器，要接触几十个固定的位置。所有的门窗、角落、犄角旮旯都要细心地检查一遍，确保故宫安全。

故宫的中轴线是观众参观的重点，太和殿、中和殿、保和殿、乾清宫、交泰殿、坤宁宫都是原状陈列，很受观众欢迎。实际上，故宫里面还有一个横向的轴线，也非常精彩。这条横轴从乾清门向两侧展开。乾清宫是皇帝治国理政的宫殿，乾清宫西侧的养心殿是皇帝居住的地方，清朝8个皇帝曾经居住于此。再向西是皇帝的母亲们居住的慈宁宫、寿康宫。乾清宫东侧的毓庆宫，是皇太子生活的地方，再向东的宁寿宫是皇帝的父亲，太上皇居住的地方。这些宫殿建筑一字排开，充满故事。实际上，在这个横轴上还有一组重要的建筑群，就是祭祀祖先的奉先殿。奉先殿内过去有两千多件原状文物，但是“文化大革命”中，为举办从四川来的《收租院》泥塑展，将奉先殿里所有的文物都撤了出去。此后奉先殿又成为展示西洋钟表的钟表馆。实际上祭祀祖先的奉先殿作为钟表馆并不合适，几十年来奉先殿始终没有得到合理定位。因此，故宫博物院近期将西洋钟表撤出了奉先殿，建立了新的钟表馆。随后将奉先殿的两千多件文物重新回到原有空间，开始重新恢复奉先殿原状陈列。

库房重地，过去没有考虑过对观众开放，但是一些地面库房并没有得到合理利用。例如156米长的南大库，长期以来一部分是存放建筑材料的库房，一部分是国家文物局文物交流中心的库房，一部分是驻院部队的食堂。我们用一年多时间对于南大库进行清理，对古建筑维修保护后，筹建了故宫博物院家具馆。故宫博物院有6200件明清家具藏品，很多是紫檀、黄花梨等珍贵家具，但是经过详细调查，这些古代家具长期存放在94个小库房内。据老员工说，当年有些家具是拆了窗户、拆了门才搬进去的，几十年来存放在这些库房里，不能通风，不能维修，不能研究，不能参观，小一点的家具，最高摞了11层。为什么把这些珍贵的古代家具，长期存放在保管条件并不好的库房里呢？于是，故宫博物院决定利用南大库建设家具馆，包括精品家具的陈列，组合式家具展示，场景式家具布置，形成书房、客厅景观。同时更多的家具通过仓储式陈列得以展示。

家具馆开放以后，获得观众好评，于是故宫博物院做出决定，逐步开放书版库房、陶瓷库房、古建筑构件库房、车马轿舆库房，让更多文物藏品走向文物展品，走进观众视野。2012年，故宫博物院展出的文物占文物藏品的比例不到1%。几年下来，展出的文物实现倍增，今年实现仓储式展览计划以后，展出的文物占文物藏品的比例可以达到8%。

今天，故宫博物院一方面加大故宫文化创意产品的研发，另一方面一直在持续“去商业化”。长期以来，中轴线上的一些重要建筑，无论是太和门、乾清门，还是隆宗门、景运门等都有商品经营，有的售卖食品，有的售卖饮料，有的售卖手工艺品，有的干脆就是快餐店，为了净化古建筑环境，消除安全隐患，故宫博物院开展清理行动。

乾清门广场是非常重要的广场，南面是外朝，北面是内廷，乾清门是清朝皇帝上早朝的地方。但是过去人们站在乾清门广场望去，正面的乾清门门洞两侧各有一个“故宫商店”，严重影响了历史的真实，于是坚决把这些“故宫商店”拆除，恢复了历史原貌。乾清门广场西侧的隆宗门，门洞里是一个观众餐厅，随着西部区域开放被去掉了。乾清门广场东侧的景运门内一边一个“故宫商店”，也被拆除。经过一番整治，今天观众站在乾清门广场向四周望去，呈现出壮美的古建筑景观，而看不到任何商业设施。

过去人们参观故宫博物院即将结束，在御花园里吃吃喝喝，一到中午整个御花园里弥漫着汉堡包、烤肠、爆米花的味道。在御花园环境整治过程中，将售卖食品的网点全部撤离，恢复了御花园清新典雅的古典园林景观。

一方面在中轴线区域实现“去商业化”，另一方面还要在东、西两侧为观众提供更好的休息场所。因为随着故宫开放面积的不断扩大，观众参观故宫博物院需要的时间也在延长，三个小时、五个小时都不一定够。西部区域开放以后，三分之一的观众要来此参观，需要有观众服务中心，但是不能再盖临时建筑。我们就找到矮矮的红墙后面四栋古建筑，不是砖木建筑，而是砖石建筑，是过去皇家的冰窖，既结实又防火。实际上这组皇家冰窖已经一百多年没有存冰了。我进去查看的时候，里面存放着木板、汽油桶、建筑材料等，我们利用一年多的时间，对这组冰窖建筑进行维修保护以后，建成了冰窖观众服务区。观众参观过程中，累了、渴了，可以到书吧、茶吧，喝点茶，看看书，到咖啡吧喝一杯咖啡，到快餐店吃一份快餐，而且这些设施都是可逆的，一旦停止经营，可以恢复冰窖的原有景观。

故宫博物院通过互联网系统，数字技术应用，加大文化传播力度，经过不懈努力，用三年零四个月的时间，终于建成了“数字故宫社区”，可以负责任地说，世界博物馆领域最强大的数字平台，已经诞生在这里。包括公众教育、文化展示、参观导览、资讯传播、休闲娱乐、社交广场、学术交流、电子商务等，各项功能不断延伸。几年来，“数字故宫社区”终于从资源数据化，走向数据场景化，从场景网络化，走向网络智能化。当然互联网系统、数字技术应用永无止境，还要与时俱进，开拓创新。今年1月1日，故宫博物院与网易公司合作，向全世界190多个国家和地区推送了《绘真·妙笔千山》手机游戏，介绍故宫博物院收藏的古代著名绘画《千里江山图》，取得了很好的反响。明年故宫博物院将成功实现“智慧故宫”的建设，届时故宫博物院的文化传播力量、世界遗产监测水平、安全防范系统将更加强大。

过去6年，故宫博物院一共有135项展览走向全国各地，走向世界各地，无疑在全世界博物馆中，是走出馆舍天地，走向大千世界举办展览最多的一座，加大了文化传播的力度。同时，故宫博物院每年接待各国领导人、高层代表团的数量不断增加，当各国来宾在故宫博物院参观游览时，看到世界文化遗产故宫被保护得如此壮美、如此健康、如此有尊严，他们一定会感动于中国对文化遗产保护所做出的杰出贡献。

当前，故宫博物院正在积极建设两座博物馆，格外令人瞩目。一座是在香港西九龙文化区内建设的香港故宫文化博物馆，这座博物馆的建设，有利于故宫文化在香港地区的传播，满足香港民众的文化需求。另一座是在北京海淀区西北旺镇正在建设的故宫博物院北院区，这座12万平方米大型博物馆的建设，将为故宫博物院开展文物藏品修复、大型展览举办、非物质文化遗产保护传承等，提供更理想的环境，使文化传承与传播的力量更加强大。

故宫博物院的发展得到社会各界的支持，因此要积极回报社会。今年1月至3月全院上下格外忙碌，各部门通力合作，策划故宫博物院建院以来最大规模的展览，前所未有地拿出了886件套文物，举办了“贺岁迎祥——紫禁城里过大年”展览。同时设计了沉浸式的数字技术展厅，人们可以在这里放烟花、听京剧、堆雪人。同时，在故宫的各个庭院内，挂上了消失一百多年的春联、门神、宫灯。更为值得自豪的是，在乾清宫前，再次竖立起已经消失了175年的万寿灯和天灯，使故宫博物院的春节更有年味儿。这一期间，80个国家的驻华大使，一起来到乾清宫，在万寿灯和天灯前合影留念。春节期间，看到来自全国各地、世界各地的观众，在故宫博物院里观看丰富多彩的展览，参与各种活动，流连忘返，获得难忘的文化体验。我认为一座博物馆就应该通过不懈努力，成为人们生活中的文化绿洲，成为国际交往的文化平台。

大年三十，故宫博物院接到任务，北京市要改变传统节日里“有庙会，没灯会”的状况，希望在正月十五把中轴线区域照亮。虽然留给我们的时间不多，却是一个必须完成的任务，当时人们都放假了，正月初三把同人们召集回来，经过 4 天的设计策划，8 天的安装调试，熬了 12 天，进行了精心的准备，终于在正月十五如期举办了“紫禁城上元之夜”元宵节文化活动。这是故宫博物院有史以来，第一次举办大型灯会，第一次组织夜场活动，也是第一次把紫禁城大面积区域照亮。350 盏红灯引领观众走上城墙，走进展厅，沿着城墙前行，可以看到沿途古建筑的屋脊上，呈现出《清明上河图》《千里江山图》的影像。走下城墙，红墙上投射出上元诗句，一个前所未有的元宵节景观，呈现在北京中轴线上。

活动结束后，在手机上看到有人说，故宫的上元之夜没有巴黎圣母院的灯光秀好，我赶快调出了巴黎圣母院的灯光秀影像资料。在欧洲的城市中，建筑以单体取胜，巴黎圣母院耸立在广场中，灯光打在教堂的立面上，不断变换内容，人们则站在广场上观赏。而中国的建筑以群体取胜。人们是行走在天地间，环境在变化、灯光在变化、景观在变化，体验更加丰富多彩。经过比较我认为，今年的正月十五，还是中国的月亮最圆。

有朋友曾经问我，故宫博物院为什么要不断扩大开放，不断推出新的展览，频繁开展面向社会公众的文化活动，这样做不累吗？做事越多会不会风险越大？实话说，常年处于紧张工作状态怎能不累，不断增加工作压力怎能没有风险，但是这些都是走向世界一流博物馆必须付出的努力。一座大型博物馆要实现自身文化使命，要为社会发展做出应有的贡献，就必须跟上时代发展的步伐，必须不断提升自身的综合能力。故宫博物院作为一座有着 90 多年历史的博物馆，管理和服务水平当然不能在原有层次上徘徊，要与时俱进地发展，就必须探索和实现变革，在发展的过程中，肯定会遇到各种各样的困难，但是不能回避，不能绕着走，要努力一件一件地解决这些问题，尤其是制约可持续发展的“老大难”问题，才能实现故宫博物院的管理和服务水平不断提升。

要实现故宫博物院各项事业健康发展，还要寻求运营经费的保障。故宫博物院是差额拨款的文化事业单位，故宫博物院的门票收入全部上缴国家财政，国家提供的资金只占所需经费的一部分，还有相当一部分经费需要自筹。由于今年国家财政经费压缩，提供事业单位的经费，一刀切地减少了 10%。但是要实现故宫扩大开放的目标，工作量必然成倍增长。在故宫博物院开展一项工作，需要大量资金支撑，例如为了满足观众休息需要，制作结实的长条座椅；为了保证观众参观行走安全，将开放区地面上的井盖做平；为了改善开放区环境，将拆除临时建筑后的区域进行绿化，将数百根灯杆改换成宫灯等等，这些事可以暂时不做，有条件时再做，但是为了尽快补上服务公众的短板，故宫博物院仍然在克服困难，不懈努力作为。

作为一个非营利机构来说，筹集事业发展经费绝非易事。任何一座博物馆，保证正常运营，都是博物馆馆长的重要职责。近期，英国的大英博物馆就是因为经费削减了 15% 以后，关闭了很多展厅。美国大都会博物馆的馆长，两年前也因为运营亏损而被迫辞职。如何保障事业发展经费筹集，故宫博物院通过不断举办引人入胜的展览，不断开展具有社会影响的文化活动，不断提升观众参观过程的美好感受，不断开放新的区域，不断推出文化创意，努力扩大自身影响力，引起社会各界的广泛关注。例如故宫博物院举办的“贺岁迎祥——紫禁城里过大年”展览和“紫禁城上元之夜”活动，引起200多家国内外媒体的关注，向全世界进行了大量集中报道，也引发更多有识之士希望参与故宫博物院的文化遗产保护和文化事业发展。

当人们感动于故宫博物院的奉献精神，感动于故宫博物院的服务精神，感动于故宫博物院的创新精神，也感动于故宫博物院员工的敬业精神，就会对故宫博物院的事业发展提供支持。例如近期龙湖集团捐赠一亿元人民币，用于故宫博物院提升展览水平，再如香港黄廷方基金会捐赠一亿元人民币，用于故宫古建筑维修保护，等等。实际上，自从国家允许事业单位接受现金捐赠以后，2016年以来故宫博物院已经接受了来自社会各界人士7亿多元人民币的捐赠，有力地支撑了故宫博物院古建筑维修、文物科技保护、陈列展览筹办、社会教育活动开展，以及专业人才培养。

由于故宫博物院的影响力不断扩大，近年来从国内外著名院校毕业的年轻人，纷纷报名，希望进入故宫博物院工作，因为他们知道这里虽然工资待遇不高，但是充满活力，是一个能够发挥自身作用的地方。7年来，随着老员工进入退休高峰期，故宫博物院的新员工入职数量每年都在增加。2012年，我刚到故宫博物院工作的时候，全院硕士以上学历的员工只有70余名，到去年年底，硕士以上学历的员工已经有将近500名，相信再过三年，硕士以上学历的员工将超过一半，拥有大量高素质的年轻员工，工作想干不好都不容易！这就是故宫博物院可持续发展的底气，也正因为如此，我对故宫博物院的未来发展充满信心。我们要牢记张忠培老院长的临终嘱托，故宫博物院一定要努力建成“平安的故宫、学术的故宫、完整的故宫、强大的故宫”。明年是紫禁城的600岁生日，必将实现我们的诺言，“把一个壮美的紫禁城完整地交给下一个600年”。

（2019年4月28日）

坚定文化自信，做中华文化的忠实守望者

——在北京大学百周年纪念讲堂的专题报告

在北京大学百周年纪念讲堂的专题报告（2019 年 6 月 8 日）

主持人：各位同学大家好！本学期形势政策最后一场报告，我们请来了故宫博物院院长单霁翔先生主讲，单霁翔先生大家非常熟悉，不仅是一位优秀的专家型的领导干部，还是中华文化使者。单霁翔先生担任过国家文物局局长、中国文物学会会长、中国建筑学会副理事长。但是单霁翔先生最为人熟知的就是故宫博物院院长，提升了故宫文化和社会热度，更提升了故宫博物院院长的知名度，我是学文科的，但是真正让我把故宫博物院所有院长数出来，我数不出来，但是我相信在座大家跟我一样，故宫博物院院长首先想到的就是单霁翔院长这个名字。大家对单霁翔院长了解很多，单霁翔先生就是故宫的代名词。更多的我不多做介绍了，把宝贵的时间留给单霁翔先生，他今天报告的题目是：坚定文化自信，做中华文化的忠实守望者，掌声欢迎单霁翔先生作报告。

单霁翔：老师们好、同学们好。今天非常荣幸和大家交流，今天又是一个特殊的日子，是我们国家的文化和自然遗产日。因此今天早上把题目改了一下，改成了“寻找与守望”，

这是中国文化遗产歌曲的题目。2005年，国家启动了第三次全国文物普查，当时我们想，文化遗产开始进入更广阔的领域，需要呼吁更多的民众，来共同关注文化遗产保护。为了加大文化遗产的传播，应该有一个文化遗产标志、一首文化遗产歌曲和一个文化遗产纪念日。

中国文化遗产标志，当时在上千种的征集方案中，没有找到特别理想的方案，在已经淘汰的方案中发现了“太阳神鸟”的图案，当时四川省文物部门也呼吁把“太阳神鸟”作为中国文化遗产标志，后来十几位文物专家为此事给我写信，呼吁采用“太阳神鸟”方案，经国家文物局讨论，决定把“太阳神鸟”作为中国文化遗产标志，我觉得这是一个智慧的决定，也是一个适宜作为标志的方案。“太阳神鸟”是近三千年前人们的艺术创造，当21世纪第一缕阳光照射中华大地的时候，“太阳神鸟”在金沙遗址出土，这是一个非常有设计感的造型，中间一个太阳，四周有12个光芒，外面又有4只神鸟逆时针飞翔，既有动感，又非常端庄，是非常理想的文化遗产标志，延用至今。

中国文化遗产歌曲，一次我陪同文化部孙家正部长去四川出差，在飞机上说到希望创作一首文化遗产歌曲，邀请专业人士作词、作曲，进行创作。没想到在下飞机的时候，孙家正部长告诉我，文化遗产歌曲第一段已经写出来了。不久孙家正部长就完成了歌词创作，并为文化遗产歌曲起名“寻找与守望”，我觉得这是一首非常好的歌曲，唱出了文化遗产工作者的情怀，“拨开岁月的迷雾，远离现代的喧嚣，攀缘峭立的山崖，踏遍荒草萋萋的古道。寻找、寻找、寻找，一千遍一万遍地寻找，寻找源头，寻找根脉，寻找回家的小路，寻找我的魂牵梦绕。多少个严寒酷暑，多少个孤灯通宵，凝视你尘封的斑驳，感受你会心的微笑。守望、守望、守望，一千年一万年的守望。守望初衷，守望未来，守望精神的家园，守望一个民族的骄傲”。但是可惜这首歌曲谱曲做的是独唱，如果是合唱，就能更广泛地唱起来。

中国文化遗产日。当时设定的过程比较复杂，我于2005年，在全国政协十届三次会议上提交了“关于设立‘文化遗产日’的提案”，但是有关主管部门在答复这项政协提案时告知，国家已经决定不再设立纪念日，因为现在已经设立的纪念日太多，不能每天都是纪念日，既然有规定也就只好作罢。但是就在这个时候，国家批准设立了航海日，即每年7月11日为国家航海日，我马上找到有关主管部门询问，既然答复不再设立纪念日，为什么又设立了国家航海日，他们答复这是为了纪念郑和下西洋600周年，经国家领导特别批准设立的。我问国家领导特别批准就可以吗？国家领导也重视文化遗产保护呀！我就赶快请郑孝燮、吴良镛、宿白、谢辰生等11位文化遗产保护专家，给国家领导写了一封建议信，获得了高度重视，经过批准终于设立了中国文化遗产日。

如今，每年中国文化遗产日当天，各个城市都会举办一系列宣传和纪念活动，国家文物局也会选择中国文化遗产日主场活动城市，今年主场活动城市是延安。2011年12月，第三次全国文物普查顺利结束，第二个月我来到故宫博物院工作，这是一个大型文化机构，也有“寻找与守望”的任务吗？经过7年的工作实践，我体会到，在这样一处有着近600年历史的古建筑群中，在这样一座有着近100年历史的博物馆内，也需要寻找，也需要守望。寻找什么呢？就是寻找这些文化遗产重回人们现实生活的途径，守望什么呢？就是守望这些文化遗产能够有尊严地世代传承。

我到故宫博物院工作的时候，对这个地方虽然并不陌生，但还是仔细地阅读了介绍资料，看到介绍资料里反复出现三个名称，一个叫紫禁城，这个名称最早，表明这里是明清两代的皇宫，有着世界最大规模、最完整的宫殿建筑群。第二个名称出现得晚一些，就是故宫，是指末代皇帝1912年退位以后，获得的新名称。今天故宫成为《世界遗产名录》里的名称，成为全世界接待观众数量最多的文化旅游目的地。第三个名字来得更晚一些，1924年11月末代皇帝被驱逐出宫以后，不到一年的时间，这里成为了对公众开放的博物馆，即故宫博物院，是全世界收藏中国文物最丰富的一座宝库。

但是，真正来到这里工作，每天走在观众中间，我发现介绍资料里所写的这些世界之最，观众们并没有真正感受到，因为这些世界之最还没有被擦亮，有很大提升的空间，例如介绍资料里所说的规模宏大，实际上观众难以感受到，大部分区域都立着一个牌子，上面写着“非开放区，观众止步”，人们是进不去的。介绍资料里所说的文物藏品丰富，实际上99%的藏品被锁在库房里，拿出来展示的不到1%，只有0.9%。

介绍资料里所说接待观众数量最多，确实故宫博物院从来不缺观众，但是他们是真正意义上的博物馆观众，还是“到此一游”的旅游者？大多数观众进入故宫博物院后，往往跟着导游的小旗子往前走，听着并不专业的讲解，导游一般先领着他们看看皇帝坐在什么地方——太和殿，躺在什么地方——养心殿，在什么地方上早朝——乾清门，在什么地方大婚——坤宁宫，然后导游告诉观众东侧有两个馆：珍宝馆和钟表馆，50分钟的时间去看一看，御花园集合，在御花园休息20分钟以后，观众就走出神武门，结束了参观。正因为如此，有的观众走出神武门后还在问，故宫博物院在哪儿？在他们的实际感受中，只是参观了一处旅游景点，而没有参观博物馆，因为他们没有感受到故宫博物院的应有魅力。

由此我想到，在故宫博物院介绍资料中所讲的这些世界之最，真的是最重要的吗？这些很重要，但是并不是最重要的。什么才是最重要的呢？我认为这些文化遗产资源，究竟在多大程度上为人们的现实生活做出贡献，可能才是最重要的，具体到一位观众，从他走进故宫博物院到结束参观，究竟能够获得什么，才是最重要的，因此需要改变。

习近平总书记强调，让收藏在禁宫里的文物、陈列在广阔大地上的遗产、书写在古籍里的文字都活起来。“活起来”三个字让我们感到既兴奋，又新鲜。因为过去从事文物保护也好，考古研究也好，对于身边的这些文化遗存，往往视作已经失去生命历程，已经远离今天社会，如今只是被观赏、被研究的对象。但是“活起来”就是告诉我们，这些文化遗存是有生命的存在，它们不但有灿烂的过去，还应该有健康的现在，更应该有尊严地走向未来。因此，我们要重新思考对待观众、对待文物的态度。

过去故宫博物院的午门广场是充满商业氛围的广场，大量摊贩售卖着来自全国各地的旅游商品和速食食品，与故宫文化没有什么关系，但是使观众感受不到即将进入的是一座博物馆。为此，故宫博物院对午门广场进行了清理，环境整治后，午门广场呈现出清新庄重典雅的景象。

过去观众购买故宫博物院门票，是一件很困难的事情，往往要排队半个小时，甚至一个多小时。好不容易挤到窗口，购买门票以后，还进不去，验票、安检、存包等都需要排队，这样进入故宫博物院时，已经筋疲力尽了。为了解决观众排队买票的问题，故宫博物院请示上级部门，将端门广场西侧的朝房划归故宫博物院管理，用于售票。这排朝房的管理单位将这排房屋出租出去，租房子的单位办了一些格调不高的展览，有什么太监展、宫女展、武则天展、帝王司法刑罚展等，20 元一张票，观众参观以后大呼上当，批评故宫博物院办这么低俗的展览，故宫博物院很委屈。实际上这些房屋不是故宫博物院管理的，这些展览不是故宫博物院办的，门票也不是故宫博物院收的。故宫博物院收回了这排房屋以后，经过维修清理，建成了售票处和观众服务中心，一下子开了 30 个售票窗口，据说是全世界售票窗口最多的博物馆。于是故宫博物院就可以对社会宣布，人们到故宫博物院前，3 分钟之内就能买到门票。人们在买票的环节，省了半个小时、一个小时，用这个时间多看一个展览、两个展览，有更多的时间和精力参观展览，对于观众、对于故宫博物院都很受益。

观众购票以后，要从午门进入故宫博物院，午门正面明明有三个门洞，但是长期以来，买票的观众只能走两边的小门，中间的大门不能走，因为中间的大门要走贵宾的车队。这样就造成两边的小门前总是排长长的队，中间的大门总是空着，观众意见很大。我曾在午门前遇到过一位东北来的老大爷，他告诉我一辈子就来一次故宫，他希望像皇帝一样走中间的门进去，但是到午门前一看，不能走中间的门，感到很遗憾。这一做法真的不能改变吗？我们请示有关部门，贵宾的车队能否不再开进午门，让观众不再排队？得到的回答是，这是几十年的外交礼遇，中国是文明古国，对客人有礼貌。我告诉他们无论是卢浮宫、白金汉宫，还是日本皇宫，都接待贵宾，但是都不允许机动车驶入，我们国家领导人访问这些地方，也都以对别国文化尊重的态度，步行走进这些文化设施。故宫是世界文化遗产，是世界著名博物馆，为什么机动车可以长驱直入呢？这是观众权益问题，也是文化尊严问题。于是，故宫博物院发布公告，机动车不允许再开进故宫博物院。第一个走进故宫博物院的是法国奥朗德总统。当天他在午门外面下的车，我迎上去向他介绍午门的故事，见他站在午门下面，仰望着高高的城台上面的城楼，这种壮美、震撼的景观，他会终生难忘，之后他带着女朋友步行走进了紫禁城，这种感受他也一定会终生难忘。联想起过去的外国总统、总理就很可怜，他们是乘车进入午门，下车的时候还会问助理，到故宫没有？到故宫哪儿了？从那以后有关部门大力支持，再也没有机动车开进午门，于是午门的三个门都对观众开放，观众再也不用排队了。

过去观众进入故宫博物院前，在验票、安检环节往往都需要排队。当时在验票环节，验票员站在铁栏杆里面，观众从三个缝进去。在安检环节，安检机堵了半个门洞。于是验票也排队，安检也排队，观众每天都挤作一团。这些完全是人为造成的。于是就拆掉了铁栏杆，移走了安检机，观众可以顺畅地走进故宫博物院。当然验票、安检还是需要的，故宫博物院就把验票、安检设备设置在广场两侧，不是两个口，而是一下子设置了 24 个口，一侧 12 个口，这样来多少观众也不需要再排队。

总之，就是这么四个方面的调整，午门广场的环境就得到彻底改变。7 年前的午门广场，人们挤在不大的空间内，买票、验票、安检、存包，几乎每天都有寻人广播，有的观众还没有进故宫博物院，孩子就丢了，心情能好吗？如今观众八分钟、十分钟就可以走进故宫博物院。广场的环境好了，观众的心情也好了，体力也好了，精力充沛地走进故宫博物院。

对于故宫博物院来说，这是启动了一场管理革命。我们开始重新审视过去的一切做法，究竟是以自己管理方便为中心，还是以服务观众方便为中心。如果以自己管理方便为中心，就会设置很多观众不方便的规定和做法，如果以观众方便为中心，过去的规定和做法该改变的就一定要改变。

虽然经过一番服务提升，观众进入故宫博物院的过程，比较以前变得顺畅，但是观众进入故宫博物院以后，还有很多麻烦事等待着他们。例如大多数观众都是第一次来故宫博物院，如何参观缺少引导标识。在研究故宫环境色彩的基础上，故宫博物院研发设计了具有故宫特色的标识牌，第一年就设立了 512 块标识牌，在经常被问路的地方，十字路口、三岔路口、有展览的地方、有卫生间的地方增设标识牌。但是这些标识牌是静态的，不能告诉观众需要了解的最新信息，于是就增加了一些电子标识牌，随时公布新的信息。但是观众也不能一直站在标识牌前，需要在参观的时候、行进的过程中接收信息，故宫博物院就加大自动讲解器研发的力度，经过提升，故宫博物院的自动讲解器，可能是全世界博物馆中语言最丰富的，一共有 40 种语言，有各个国家、各个民族的语言，还有地方的方言，例如粤语、闽南话等。但是，不久就发现仅有自动讲解器已经不能满足观众们的需求，因为很多观众都有自己接收信息的工具，尤其是手机的普及，故宫博物院又抓紧加大免费 Wi-Fi 的设置，为更多观众解决讲解的问题。如今已经进入了5G时代，今年年初故宫博物院与华为公司签署了共同建设“5G故宫”的合作协议，为观众提供更丰富、更快捷的信息。

一到旺季，故宫博物院开放区的洗手间前，总是排起长长的队，堵了半个参观通道，排队的观众全是女士，洗手间的门上居然贴着一张纸条，上面写道“女士请排队”，看到这一景象，我觉得太不文明了，那么男士上哪儿去了？实际上也没有走远，就在旁边拎着包，看着孩子。就这样，每天都耽误很多观众不少时间，也是观众参观过程中最不愿意度过的时光。故宫博物院经过大数据分析，又经过两个月的实践，得出了一个科学结论，即在故宫博物院的开放区域，女性洗手间应该是男性洗手间的 2.6 倍，于是按这样的比例进行调整。这也是举手之劳，就解决了人们排队上洗手间的问题，避免观众太多时间的耗费。

在使观众不排队的基础上，故宫博物院开始系统提升卫生间内的环境，把洗手间搞得清洁、典雅，有故宫文化氛围。同时，还要照顾特殊的人群，例如有身体障碍行动不便的观众，例如母亲带着男孩子上洗手间等，于是在卫生间内设立了第三空间。但是经常看到母亲抱着孩子，躲在墙角处，喂奶、换尿不湿，故宫博物院就在乾清门广场，观众方便的地方，设立了母婴室，使母亲和孩子也能有尊严地享受优质服务。

长期以来，人们抱怨这么大规模的故宫博物院，总是让观众坐在台阶上、铁栏杆上，铁栏杆都被坐弯了，为什么不多设一些座椅，让观众可以舒舒服服地休息？我也问为什么不多设一些座椅，老员工说故宫博物院的观众不断增加，职工数量却因为名额限制，不能增加，人手不够，观众座椅得不到经常维修，就会发生伤害观众的情况。同时红墙黄瓦的环境中，摆上座椅与景观不协调，观众照相的时候躲都躲不开。

为了解决这一难题，故宫博物院就开始研发符合大流量观众使用，适合摆放在红墙黄瓦下的座椅，经过认真选择，确定了具有故宫特色的座椅。这种座椅第一个特点就是结实，多年以来再也没有出现伤害观众的事件。第二个特点是座椅面为实木制作，便于每天早上清洗。第三个特点是座椅下部为通透的，便于每天清扫。第四个特点是观众坐在座椅上面很舒服，但是躺不下来。第五个特点是座椅的色彩，采用故宫红、故宫黄，与故宫环境景观协调。这种新制作的座椅观众很喜欢利用，于是第一年故宫博物院就做了1400把，随着开放区扩大，座椅不断增加。如今，在故宫博物院开放区，可以有11000名观众同时在各个地方，有尊严地坐下来休息。

如今观众在故宫博物院的开放区坐下来休息，会发现一个现象，就是地上没有一片垃圾。过去开放区的地上是有垃圾的，矿泉水瓶子、包装盒、餐巾纸、废票根，你扔他也扔。当时我们每次从办公室出来，总是要多次弯腰捡垃圾。在文化遗产日当天，故宫博物院还曾组织过捡垃圾的活动，每个人拿着一个兜子捡垃圾。为了解决这一问题，故宫博物院重新制定了招标文件，上面明确规定，一片垃圾落地，两分钟之内物业员工要过去清扫干净。虽然条件很严苛，但是中标的单位马上尝到了甜头，因为他们将地面打扫干净了以后，就没有人忍心再往没有一片垃圾的地上扔垃圾了。于是物业员工的工作量大为减少，可见环境是可以影响人们的行为的。

人们还抱怨，故宫的层层大殿都是黑黑的，天气越亮里面越黑，为什么不能将其点亮呢？我们总是要耐心向观众解释，这是木结构的古建筑，不能通电，里面陈列的都是古物，特别是那些纸制品、丝织品，不能长期灯光照射。这些道理观众可以理解，但是观众在参观的时候，确实很不方便，孩子往里面挤，挤不进去，老人往外面挤，挤不出来。真的不能改变吗？今天科学技术不断进步，可以做到既保证文物安全，又满足观众参观体验。首先选择了LED冷光源，不发热，不是一组灯光直射，而是把一组组光源调整成散射的状况。其次灯具不是挂在木结构上，而是远离古建筑2.5米以上，用石质基座固定下来，开灯的时候两边各有一名员工值守。再次用测光表，反复检测敏感部位的光线不能超标。同时，不同的室内，调试出不同的照度，反复征求观众的意见。经过反复测试，直到观众满意，终于故宫博物院开始点亮了紫禁城。如今太和殿、中和殿、保和殿、乾清宫、交泰殿、坤宁宫等都被点亮。过去太和殿的藻井几乎看不见，如今可以进行观赏。特别是坤宁宫，是萨满教的祭祀场所，中间没有门，但是里面有皇帝大婚的新房，所以长期以来观众都是趴在玻璃窗前往里面看，看不清楚，尤其在冬天，脸贴得很近，哈气一哈，手再一抹，玻璃总是很脏，就更看不清楚了。如今坤宁宫室内被点亮了，观众可以清晰地进行欣赏。

过去故宫博物院每隔三个月，要对这些原状陈列的殿堂，系统地保洁除尘一次，如今大殿被点亮以后，两个星期就要保洁除尘一次，因为观众都可以看清楚室内景观，这就说明当观众拥有知情权、监督权以后，会激励我们把文物保护做得更加认真。

但是我们清楚地知道，在故宫博物院做任何事情，都有一个最重要的前提，就是要确保安全。近两年世界上发生了一些文化的灾难，例如一把大火，世界文化遗产日本冲绳首里城被烧毁；一把大火，世界文化遗产巴黎圣母院遭遇火灾重创；一把大火，巴西国家博物馆90% 的文物藏品化为灰烬。这一桩桩、一件件就发生在当下的火灾伤害文物的事件，一次次给我们敲响了警钟。如果说一些现代建筑、砖石建筑都因为防范不力发生火灾，那么故宫作为世界最大规模的木结构古建筑群，比任何一座博物馆的防火任务都更加艰巨。过去 10 年，我国文物保护单位发生了 150 场火灾，一次次给我们敲响了警钟。故宫博物院在防火方面也有过教训，1987 年故宫景阳宫被雷击中，遭到损毁。

事实上，故宫博物院还需要防范其他方面的安全隐患，例如防盗。8 年前故宫博物院进来了一个小偷，偷盗了展品，造成恶劣影响。我就是在这次盗窃案件之后，来到故宫博物院工作。为了消除安全隐患，我们对故宫博物院的室内室外进行了 5 个月的详细调查，走遍了故宫的所有房间，逐一查找安全方面的隐患。组织编制了一部“平安故宫”工程文本，上报国务院。

“平安故宫”工程文本中，清晰地阐述了故宫博物院存在的七项安全隐患，其中最具威胁的就是火灾隐患，对于大规模木结构古建筑群来说，防火是第一要务。第二就是盗窃隐患，需要防范的对象是极其复杂的地形地貌。第三是震灾隐患，华北地区发生过邢台地震、唐山大地震，存在发生地震的危险。第四是藏品腐蚀隐患，特别是地面一些库房尚未达到收藏标准。第五是文物库房存在的隐患，对藏品安全造成威胁。第六是基础设施的隐患，不断增加的各类市政管线经常出现问题。第七是观众踩踏的隐患，随着观众逐年增加，危险也在加剧。

“平安故宫”工程上报国务院以后，国务院领导亲自来故宫博物院调研，主持专题论证会议，很快批准了“平安故宫”工程。故宫博物院随即做出承诺，“实施平安故宫工程，确保故宫平安”。第一步，故宫博物院建立起强大的安全防范新系统，设立了五个中控室，其中总中控室里面有 65 面大屏幕，连接着故宫博物院内 3300 个高清晰的摄像头。对于一个现代化的博物馆来说，设立一个中控室，安装几百个摄像头，就可以满足需要。但是，故宫博物院需要更强大的安全防范系统，才能严密监控到故宫室内室外的各个角落。

强化故宫世界文化遗产监测，包括动态的、静态的，可移动的、不可移动的，分为 10 个方面内容，24 小时监测保护管理的状况。加强防震系统建设，不但在展台、展柜下面安装防震设施，同时把易碎的文物藏品全部装入囊匣，再装入防震密集柜。提升消防灭火系统，合理布局高压消火栓系统，提升古建筑的防雷系统。组织研发更实用更强大的消防装备，在故宫博物院里，仅有大型消防装备是不够的，因为很多巷道、庭院消防车进不去，还要研发小型的消防装备。故宫博物院的年轻员工组成义务消防队员，经常进行集训，全体员工都要参加消防运动会，提高消防意识，提高消防技能。故宫博物院每年还要举行大规模实战消防演习。当出现火情，拉响警报，如何把珍贵的文物抢救出来，特别是先把伤员抢救出来，除了消防队员要演习，消防机器人也要演习，一旦出现火情，它们会率先冲入火场，把明火扑灭。总之，消防灭火工作是故宫博物院安全的生命线，需要做到常备不懈，不能有丝毫的懈怠。

当然还要做好防范风险的安全工作，例如故宫博物院有 1450 名员工，其中将近 400 人是抽烟的，尤其一些老烟民，一听说禁烟，他们就不高兴，说抽了几十年的烟，如果一下子不让抽烟，思维会受影响，工作效率会受影响，所以戒烟总是不成功。但是谁都知道，在木结构古建筑群里面抽烟是很危险的，尤其这里是世界文化遗产。国务院批准“平安故宫”工程以后，故宫博物院召开了动员大会，容纳 350 人的大礼堂坐得满满的，在会上我说起抽烟的问题，有些激动，我说国家关心故宫安全，批准了这么多“平安故宫”工程项目，我们每一名员工必须要以身作则，共同努力确保故宫平安。因此我建议，从明天开始全体员工在故宫博物院里就不再抽烟了，不同意的请举手。结果没有人举手。那就通过了！会后我赶快叫办公室发新闻通稿，故宫博物院的员工从此在故宫里不抽烟了。我怕消息要是发晚了，“烟民”们又找来了。果然第二天有人来提意见，建议院长更加人性化地管理，能不能设几个抽烟区，抽烟的员工集中到抽烟区抽烟。我说这个建议好，就设三个抽烟区。一个是神武门外、一个是东华门外、另一个是西华门外，反正媒体已经报道了，故宫博物院里面不能再抽烟。过了几天有人告诉我，几个门外都是故宫人抽的烟头，环卫部门该找咱们了。我说赶快设垃圾箱呀，于是行政部门找到了一种“灭烟头垃圾箱”，烟头扔进去，自己就灭了，非常安全。于是烟瘾大的员工，每天上午来抽一次，下午来抽一次，一边抽烟一边骂院长，反正故宫博物院里面不能再抽烟。故宫博物院还做出规定，通过 3300 个高清晰的摄像头进行监控，如果拍摄到哪一位员工抽烟，或者他抽烟被别人发现并被举报，那么抽烟者所在整个部门的安全奖就没有了，当抽一根烟影响到很多人收入的时候，就没有人干这样的事。好多家属还说要给我们送锦旗，说先生抽了几十年的烟终于戒掉了，但是几年来我一面锦旗都没有收到。

故宫博物院员工带头不抽烟，我们就可以理直气壮地告诉观众，在故宫里不能抽烟。过去见到抽烟的观众，我们只能上前制止，但是这次发布了公告，打火机、火柴等火源一律不能携带进入故宫博物院。在加强了安检力量以后，于 2015 年 7 月 20 日开始实施，第一天查没了 8000 余个打火机，第二天查没的打火机就有上万个，始料不及，堆在那里，天气又那么热，存在危险。我要求赶快去找处理危险品的专业机构，帮助安全处理。结果咨询以后告诉我，找到五家可以处理危险品的专业机构，经过询价，最低要求需要故宫博物院购买一辆防爆车，购买两个防爆箱，把需要处理的打火机运过去，每天付 400 元的处理费。我想太不值得了，故宫博物院每天给他们送去那么多打火机，还收我们的钱。于是，就改变思路，在故宫博物院观众出口处，设立了打火机领取处，在午门前查没的打火机，每隔一小时运到神武门外出口处，观众如果需要，就可以取走一两个。这样做有三大好处：第一，不用花钱处理打火机，节约经费；第二，人们不用去商店购买打火机，方便观众；第三，有限的资源得到了节约，利国利民。现在每天查没的打火机和取走的打火机基本收支平衡。

在故宫午门前，加强了安检措施以后，那些危险品和违法物品就被挡在了故宫博物院外，例如酒瓶子、刀具、三节鞭，还有假学生证，故宫博物院门票并不贵，旺季 60 元、淡季 40 元，20 年都没有涨价，但是学生票半价，于是就经常出现假学生证，如今也进不来了。还有假票，经过实施实名制，也绝迹了。通过这些措施，保证了故宫博物院良好的参观秩序。

真正解决故宫博物院的安全隐患，还要靠预防性保护措施，于是故宫博物院启动了为时三年的环境整治，全院参加的大清理、大扫除行动，室内 10 项内容，室外 12 项内容，将室内室外彻底打扫得干干净净，不留死角，不留隐患。

室内的第一项整治内容，就是把散落在各个房间里面，还没有及时建档收藏的文物，经过维护后进入文物库房，妥善保管起来。

第二项整治内容是散落于各个房间的古建筑构件，其中一些汉白玉构件已经风化得很严重，一些帘子坠、铜门钉、铁门栓堆放在哪里，锈蚀得很厉害，于是进行了抢救保护，该真空包装的真空包装，该重新使用的修复后重新使用。

第三项整治内容是，几十年来由于开放的需要，拆卸下来的古建筑门窗，堆放在通道上和几十个房间里，没有作为文物保管，它们都是古建筑重要的组成部分，应该善待，于是对这些门窗进行修复后，专门建立古建筑馆进行陈列。

第四项整治内容是清理箱子，将近 200 多个房间都堆着大箱子，其实这些箱子里面什么都没有，20 世纪 80 年代和 90 年代，故宫博物院建了两期地下库房以后，把箱子里的文物取出来，分门别类放入地下库房，而当年装文物的箱子，全留在了各个房间，有樟木的、紫檀的、皮革的，其实也都是很好的文物，箱子上带有很多文物信息。于是在故宫博物院北院区建设了大型箱子仓储库房，进行了妥善保管。

第五项整治内容是不少房间的地上炕上，堆积着毯子、被子、褥子、门帘子，虽然这些文物不是皇帝使用过的物品，但是毕竟是古人使用过的，于是通过消毒、除菌、熏蒸、修复以后，专门建立了织绣库房把它们保管了起来。

第六项整治内容是堆在一些房间里的展览用品，过去一项展览结束以后，找一间空屋子把展柜推进去，把展具堆进去，把模特道具放进去，门一锁，就变成了仓库，十年八年再没有人光顾，早就被人遗忘了。今天策划展览也用不到这些内容，于是就对这些房间进行打扫，又腾出了很多房间。

第七项整治内容是清理闲置的物资，几十年来“破家值万贯”的理念，使用过的桌子、椅子、凳子、沙发、运动器材等都堆在那里，这些都是国有资产，也不能随便处置，于是就在庭院里办了一个展示大会，需要的部门登记领走，等了一天也没有什么部门来领，就整体按规定进行了处理，腾出了很多房间。

第八项整治内容是杂物垃圾，十几年没进过人的房间，几十年没进过人的房间，进去以后脚一踩，扑腾扑腾的尘土，存在严重安全隐患。于是对这些房间全部进行了清理。还有一些重要的历史建筑，由于堆进了很多杂物，也不能对观众开放，如今也清理干净。

第九项整治内容是古建筑室内不可移动的家具，包括书柜、床具，很多床具闲置在那里上百年，床上堆积着杂物，有的床具则已经面目全非，实际上这些室内家具也带有珍贵历史信息，是难得的历史资料，于是一件一件进行了修复。

第十项整治内容是原状陈列房间墙上挂的书画，有皇帝的作品、有大臣的作品，有书法也有绘画，都是重要的文物，但是没有得到很好的保管。于是把这些书画取下来进行了修复。

总之，经过三年室内环境整治，几千个房间变得干干净净，越来越多的古建筑得以对公众开放。

室外的整治内容比室内的更加艰巨。室外第一项整治内容是清理那些火灾隐患，特别是古建筑区域角落里的树枝、树叶、杂物，全院进行了三个星期的大扫除。

第二项整治内容是清理地面的杂草，非开放区域的地上都长着没膝的杂草，老员工告诉我，进去的时候要大喊两声，让小动物先走，你才能进去，如今这些非开放区域的地面都清理干净了。

第三项整治内容是散落在各个庭院的石刻构件，过去古建筑维修保护后，替换下来的石刻构件就堆在附近，因此几十个院子内都堆着石刻构件，它们也是很重要的古建筑组成部分，应该保护下来，于是就在东华门下，设立古建筑构件保护展示园区，这样观众可以参观，专家可以研究，维修保护古建筑时还可以选择利用。

第四项整治内容是清理室外的杂物，窗台下、通道内，不知道什么时候，谁堆的物品，有时候问谁都不承认，于是就集中进行了清理，例如慈宁宫东侧广场施工以后，环境杂乱无章。进行清理以后，也作为公园对观众开放，春天在这里展示菊花，秋天在这里展示牡丹。

第五项整治内容是屋顶的杂草，过去故宫古建筑屋顶上有很多杂草，生态环境很好。但是这些草要生存，就把根扎在瓦里面，瓦拱松动了，雨水就会灌进去，古建筑梁架就会糟朽，于是下决心对杂草宣战，这也不是一件容易的事情，这些杂草不是拔掉就可以了，两场雨下来它们又会长出来，斩草要除根，因此要一片片瓦揭开，把草根取出来，再把古建筑维修好，把瓦缝重新抹严，不要叫草籽再飞进去，这样整整忙活了两年，终于可以对社会宣布，故宫1200座古建筑上没有一根杂草。

第六项整治内容是清理裸露的电线，这是非常危险的情况，如今很多火灾事件都是由电器电线不合理安装、不合理使用引起的，于是将所有电线进行套管，实施隔离措施。

第七项整治内容是市政管道，故宫内有一条美丽的内金水河，从紫禁城西北流入，从东南流出，途经武英殿、太和门广场、文华殿，但是内金水河上有上百条市政管道，包括污水管、上水管，很多市政管道无情地穿越故宫古建筑红墙，粗粗的热力管道占据着很多空间，经过门的时候，往往还会拐几个弯，这是很难处理的情况，既不能挖古建筑的墙根，将市政管道入地，又不能架到空中影响景观，为此经过两年半的设计、报批，终于获得批准，在远离古建筑的地方，在地下8—14米的空间，通过盾构的施工方法，躲过文化层，两个断面的共同沟，延长数公里，把10多种市政管线全部入地，就此避免市政管道再穿越古建筑，也避免再挖故宫地面埋设市政管道。对于故宫博物院来说，这是一项需要统筹组织的重大工程。白天，故宫博物院正常对观众开放，但是每天夜里都在施工，运土、运材料、运物资，第二天早上恢复环境，保证正常开放。

第八项整治内容是修复故宫内各个广场地面，1971年“文化大革命”中，故宫博物院重新开放后，将很多广场，包括端门广场、太和门南广场、乾清门广场、隆宗门广场、景运门广场等都铺上了水泥砖，时间长了已经坑坑洼洼，在世界文化遗产地使用水泥本身就不应该。于是就将这些广场都换上了砖石材料，这也是在正常开放的情况下进行的施工，非常不容易。

第九项整治内容是改善保护设施，过去故宫博物院内很多保护设施并不讲究，例如御花园内的盆景、石雕用铜栏杆围一圈，再用铁栏杆围一下，地面则是露天的土地，一旦刮风御花园里面尘土飞扬。如今将铜栏杆、铁栏杆移走，用绿篱将盆景、石雕维护，地面用透水的木材保护，不但盆景、石雕得到了更好的保护和展示，而且观众可以行走的面积大大扩展，刮风也不再有尘土了。

第十项整治内容是改善施工环境，过去一个施工队伍进场以后，无论是在太和殿下，还是在御花园内，都是用锈迹斑斑的铁皮围挡一封，既不安全，也不美观，今天对施工围挡进行统一设计，所有工程现场都要整洁，在太和门广场、乾清门广场等处施工围挡还要通透，使观众能够了解施工内容，同时通过展板介绍此项保护工程内容，以及使用什么工艺、什么材料、什么工具。

第十一项整治内容是“去商业化”，以往观众进入故宫博物院会沿着中轴线往前走，于是商品经营部门就将商业设施沿中轴线布局，无论是太和门、乾清门，还是隆宗门、景运门、宁寿门，门洞内都有“故宫商店”经营，例如观众来到乾清门前，导游就会介绍这里是清朝皇帝上早朝的地方，但是观众们一看门洞内左边是一个“故宫商店”，右边是一个“故宫商店”，如何体会当年的历史氛围？于是故宫博物院就对这些门洞内的商业设施进行了彻底清理，恢复了历史景观。再说御花园，人们走到这里已经累了、渴了，于是就在这里售卖汉堡包、烤肠、爆米花、饮料，观众就在御花园里围坐一团就餐，一到中午御花园的空气中都是烤肠和爆米花的味道，古典园林的意境荡然无存。为此，故宫博物院清理了御花园里的所有食品经营，恢复了古典园林的环境和氛围，而将为观众服务的食品经营等移至中轴线外侧，提升服务水平，受到观众们的欢迎。

第十二项整治内容是拆除临时建筑，几十年来，在故宫博物院内积累了135栋临时建筑，其中有59栋彩钢房，这种建筑两三个星期就可以搭建好，但是其最大的缺点是不阻燃，一旦失火会迅速燃烧，因此在古建筑群内非常危险。我们率先向彩钢房宣战。首先我和公安部消防局的领导，将午门下宣教部的彩钢房拉倒，做了示范动作，随后资料信息部使用了8年的彩钢房被拆掉，行政处600人吃饭的彩钢房大食堂被拆掉，十三排的彩钢房办公用房、古建部的彩钢房库房、宫廷部的彩钢房库房区相继被拆除，最后西部区域审计室、基建办公室和预算处的彩钢房办公区也全部被拆除，一栋都没有留。除了彩钢房，更多的是临时建筑，例如消防中队附近的一个车库，一侧搭在红墙上，一侧搭在古建筑上，非常不合理，被整治拆除。唯一的一座职工浴室，是搭建在慈宁宫广场南侧的古建筑上的临时建筑，于是动员全体员工都回家淋浴，这座浴室也被拆除。南三所是皇太子生活和读书的地方，九组院落，绿琉璃瓦，非常漂亮，但是就连故宫博物院老员工都没有看见过南三所是什么样，一直被七栋花房围了一圈。故宫博物院就在海淀区西北旺镇建设了故宫宫廷园艺养殖中心，建设了温室大棚，这样花卉养得更好了，南三所前的花房没用了，拆掉以后，人们才第一次看到南三所是什么样。

故宫博物院内还有三处环境最杂乱差的地方，集中力量进行了整治。第一个地方是西河沿地区，这里过去是存放木材，加工建筑材料的地方，进行整治以后，在这一区域建设了 361 米长，地上地下两层的故宫文物医院。第二个地方是南大库区域，过去是古建筑修缮的建筑材料基地，同时在此加工砖瓦、木材、灰浆，进行整治以后，成为故宫博物院家具馆和宣教部、展览部办公用房。第三个地方是内务府区域，过去是古建筑维修的施工临时设施，堆放着搭脚手架使用的铁管子和木材，还有一些铁皮办公用房，如今把这些全都搬迁到了故宫博物院以外的建筑材料基地，在这一区域开工建设第三期地下文物库房。在环境整治过程中，故宫博物院各个部门做出了很大贡献，为了拆除临时建筑，不得已压缩了原本不宽敞的办公空间，克服了很多困难，付出了积极努力。

总之，经过三年艰苦卓绝的环境整治，故宫博物院面貌得到了很大变化。当 2016 年 10 月 10 日院庆当天，我们齐心合力把南三所内最后一栋彩钢房拉倒的时候，终于实现了三年前的诺言。三年前环境整治启动时，我们对社会庄严宣布，“把一个壮美的紫禁城完整地交给下一个 600 年”。紫禁城建成于 1420 年，2020 年是紫禁城 600 岁生日，我们希望人们再到故宫博物院来参观，看到的只有古代建筑，没有任何一栋影响环境、影响安全的现代建筑，我们实现了承诺，没有食言。

但是作为一名观众，在故宫博物院里参观，更加关注的是自己的脚下、自己的身边环境。当时，故宫博物院的道路上铺的是沥青地面，这也是 1971 年故宫博物院重新开放的时候铺上去的，此后一些市政管道来回穿越，用水泥一抹，坑坑洼洼。当时全院的绿地都是用铁栏杆或绿篱围上，里面的绿地养护得并不好，同时高高低低的井盖，还有道路两侧的灯杆，与故宫应有的环境都不协调，都需要改变。故宫博物院用了两年半的时间，改变了这一切。今天观众走进故宫博物院，看到所有的道路上铺的都是传统的建材，砖的地面、石材的地面，上千延长米的铁栏杆全部被拆掉，绿地养护得反而更好。

这项环境整治为什么实施了两年半呢？就是因为要把那些井盖做平，故宫博物院开放区内有很多市政井盖，当观众多的时候，残障人士轮椅、婴儿轮椅、老年人轮椅走上去很危险，因此需要把它们做平，但是每个井盖都需要定制，还必须得到管水的、管电的等市政部门批准，所以整整用了两年半的时间，把 1750 个井盖全部做平，这样人们走上去才不会出问题。同时把 300 根灯杆，换成了 300 盏宫灯，白天也是景观，晚上可以照明。总之我们希望通过不懈努力，人们来到故宫博物院，看到的是绿地、蓝天、红墙、黄瓦的美景。

我们希望人们在这里享受温馨的环境，例如故宫内有 200 多只野猫，它们很有身份，可能是明代猫的后代、清代猫的后代，今天它们的生活还是很幸福的，每个猫都有名字，你一叫它就过来了。每天都有人给它们送猫粮，特别是这两年，从上海寄来的、从沈阳寄来的猫粮，上面还写着这份是给哪个院子的猫的猫粮，希望喂的时候拍照片给他们发回去。每天下午 5 点半，故宫员工下班以后，跟院里的猫打声招呼，这些猫就开始上岗了，站岗、放哨、巡逻，这么大的故宫博物院，没有一只老鼠，如果有老鼠的话，连摄像头都可能照不着，就是文物的天敌，所以从某种意义上说，故宫猫功不可没。

故宫博物院与其他新建的博物馆还有一点不同，就是从一个展厅到另一个展厅要经过室外空间，希望人们感受到的是一个美丽的环境、温馨的环境，于是故宫博物院对环境进行系统的美化，观众来到这里，春天可以看到牡丹，夏天可以看到荷花，秋天可以看到银杏，冬天可以看到蜡梅，到哪儿去看呢？大家拿出手机，我们有“寻花图’，可以轻松找到。

故宫博物院和华为公司签署了战略合作协议，共同建设“5G 故宫”，通过“5G 故宫”，首先更加严密地监控故宫文物和古建筑状况，同时提升为观众服务的质量。再过一段时间，大家来到故宫博物院打开手机，就可以知道今天有多少项展览，每个展览是什么内容，我要看的展览在什么位置，展厅里现在有多少观众。如果想上洗手间，就可以知道离你最近的洗手间在什么地方，有几个坑位在等着你。如果喝茶休息，就可以知道故宫有几个茶室，有什么新书可以看。如果想购买故宫文化创意产品，就可以知道你需要的文化创意产品在那里售卖，有多少存量。总之，希望人们更轻松地享受这次难得的文化之旅。

总之，故宫博物院为了消除安全隐患，开展环境整治付出了积极努力，取得了实际效果。其中一些问题可以通过短时间突击完成，比较简单；一些问题需要较长时间巩固，相对复杂，但是对于故宫博物院来说，真正复杂的是在每一天、为每一位观众服务好。4 年前我们提出一个口号，很具挑战，即“全年无事故，全年无投诉”。挑战在于观众增长的速度太快。故宫博物院的观众 2002 年第一次突破 700 万。当时世界上观众最多的博物馆是卢浮宫艺术博物馆，800 万观众。2003 年由于“非典”原因，故宫博物院的观众人数大幅下降。但是过了 10 年，也仅仅过了 10 年，到 2012 年，故宫博物院的观众数量翻了一番，达到 1500 万，应该说全世界没有一个博物馆的观众数量增长得如此之快，故宫博物院也成为了世界上唯一每年要接待上千万观众的博物馆。这里所遇到的种种问题，无疑都是世界级的难题。

不幸的是，我就是在这个时候，2012 年 1 月来到故宫博物院工作。首先我们要平衡观众增长速度、参观质量、文物安全三者的关系。为此，故宫博物院决定放缓观众数量的增长速度，等待开放区的扩大。此后，故宫博物院的开放区从 2012 年的 48%，到 2014 年的 52%，到 2015 年的 65%，再到 2016 年达到 76%，每年增长超过 10 个百分点，这就是故宫博物院三年环境大整治，带来的三年大开放，也是故宫博物院环境整治最艰苦的三年。

随着故宫博物院开放区的逐渐扩大，观众数量也开始逐渐增长。2017 年故宫博物院的观众数量达到 1670 万，稳居世界第一。那一年世界上观众数量排在第二的博物馆，还是法国卢浮宫艺术博物馆，830 万，不到故宫博物院的一半。可见故宫博物院接待观众数量的压力始终很大。如果故宫博物院一天接待 4 万观众的话，就会很轻松，在售票窗口，3 分钟就能买到票；如果一天接待 8 万观众的话，那就饱和了；如果一天接待 18 万观众的话，那就崩溃了。

当时每到观众数量饱和的时候，我们总是要站在保和殿北面的大台阶处进行观众疏导，工作人员的嗓子都喊哑了，告诉人们不要拥挤，注意脚下。特别是上海外滩发生了踩踏，在平地就踩死了 30 多人，故宫博物院内可是高高低低的台阶，一旦发生推搡，人们叠罗汉式地压下来，老人孩子是很危险的。故宫博物院建院 94 年来，没有发生过踩死观众的事件，已经是奇迹了，但是如果再无限制地增长，就很难说不发生问题，我们每天都处于精神高度紧张的状态。

事实上，故宫博物院每年不但要接待1600多万买票的观众，还要接待大量不买票的观众，特别是每年要接待60多万免费参观的学生们，因为每周二对于学生集体参观实施免费。除此之外，每年还有上百次外事接待。

认识到事态的严重性，就一定要改变。于是故宫博物院根据开放区域环境的承载量，决定每天只接待8万观众。为了实现这一目标，需要做大量准备工作。因为人们不能在不知情的情况下，到故宫博物院门前时才发现没有票，一天的计划就会被打乱，就会很不高兴。为此故宫博物院开展了广泛的宣传，特别是把旅游团积极引导到淡季参观，在淡季设立了免费日，包括教师免费日、医务人员免费日、大学生免费日、志愿者免费日等等，通过一个一个免费日的宣传，使社会公众了解和接受故宫博物院实施限制观众数量的做法。在大量宣传工作的基础上，2016年故宫博物院终于实现了全年限流成功，每天接待8万观众参观，过度拥挤的日子得以消除，更多观众选择淡季参观。在实施限流的情况下，故宫博物院的观众数量不降反升，但是过去人山人海的参观情景，一去不复返了，几年来观众接待都很平稳。

特别是今年1月至3月，故宫博物院举办“紫禁城里过大年”系列展览活动，进入故宫博物院的观众中，50%是北京市民。过去北京市民一般不来故宫博物院参观，他们觉得过去来过，故宫博物院又不会有什么变化，但是这次他们淡季走进了故宫博物院，发现有很多新开放的区域，举办了很多新的展览，表示以后会经常来看看。

实现每天观众数量限制在8万，对于这个成功我们还是很兴奋的，为了创造更好的参观环境，于是故宫博物院“得寸进尺”，开始制定观众分流和全网购票方案。如果观众通过预约就可以远程得到故宫博物院门票的话，就不必那么辛苦地早起到故宫售票窗口买票。

实现观众分流和全网购票也是经过了几年努力。2014年故宫博物院开始广泛告知参观故宫博物院的观众，可以在十天之内预约，如果不来还可以免费退票，但是当年只有2%的观众选择预约。通过宣传取得效果，2015年预约观众的比例达到了17%。2016年国家批准使用支付宝，预约观众的比例达到41%；2017年国家又批准使用微信，预约观众的比例超过了70%。这样我们认为条件已经成熟，就关闭了所有售票窗口，开始实施全网售票。

当时，实施全网售票的大型文化单位只有故宫博物院，没有经验可以借鉴。第一天我嘱咐所有售票窗口的工作人员，一定要原地待命，如果全网售票失败了，就开窗售票，结果全网售票实施很平稳。由于大部分观众都是预约，就不用起大早来买票，在家里睡一个懒觉，再来故宫博物院。人们前来时间分散开来，也就实现了分流的目的。对于没有预约的观众，端门广场的大屏幕上告诉人们怎么扫码、怎么支付、怎么进入。人们在广场上手机一扫二维码，就可以顺利进入故宫博物院。

当时媒体告诫我们，中国已经进入老龄化社会，60岁以上的老年人比例将近15%，老年人恐怕不习惯预约，不习惯网购，要针对老年人多开展咨询。于是故宫博物院在端门广场上设立了五个票务服务咨询台，帮助老年人购票，结果过了一段时间发现，很少有老年人来咨询。中国的老年人退休较早，有充足的时间，先进设备学得也特别快，日常买早点、购物都用手机，拿着手机到全国各地旅游，所以老年人前来咨询的并不多。当然年轻人也不需要咨询，来咨询的主要是中年人，再有就是外国人，一些国家手机网购没有普及，就连美国人、英国人也不会，我们还要耐心地教他们怎么网上购票。也有人说今天手机没有充值怎么办，我们还可以告诉他，你给朋友发一个微信，朋友给你发一个红包就有钱了。总之要帮助所有观众，都能顺顺当当地走进故宫博物院。由于分流的实现、全网购票的实现，人山人海的故宫博物院，一去不复返了。

解决了“人山人海”的状况，还要使进入故宫博物院的每一位观众参观好，要实现这一目标，就要靠扩大开放，使人们能够各取所需、流连忘返地参观。但是，故宫博物院要实现扩大开放，前提要把古建筑维修保护好。我的前任，故宫博物院第五任院长郑欣淼先生，在故宫博物院当了 10 年院长，那是故宫博物院发展最好、做事最多的 10 年。2002 年刚一上任，郑欣淼院长就启动了故宫整体维修保护工程，下决心把故宫古建筑全部维修保护到健康稳定的状态，这是非常了不起的计划。当时开工维修保护的第一座古建筑就是武英殿，此前由国家文物局文物交流中心作为文物库房使用，维修保护竣工后，今天成为故宫博物院陶瓷馆。西部区域最大的宫殿慈宁宫，当时也由国家文物局所使用，维修保护竣工后，今天成为故宫博物院雕塑馆。这些古建筑维修保护后都发挥了重要作用，成为观众喜欢访问的展馆。

郑欣淼院长还做了一件非常伟大的事，在任 10 年，他苦口婆心、锲而不舍地，把当时在故宫博物院里面的 13 处由外单位占用的地方，一处一处收了回来，这是很不容易办到的事，故宫博物院既不收房租，又不收水电费，还都是上级单位，都不愿意离开。对此，我是有体会的，因为这 13 处外单位占用的地点里面，有 7 处是国家文物局下属单位所占用，而郑欣淼院长在故宫博物院的 10 年，我正好当了 10 年国家文物局局长。当时不但武英殿、慈宁宫，还包括午门、南大库、北五所、宝蕴楼等处，都是由国家文物局下属单位所占用，因为以前国家文物局曾是故宫博物院的上级单位，直到 2002 年，才改由文化部直接领导，当时故宫博物院很多区域都没有对公众开放，国家文物局的单位就占用了很多院落和建筑，如今故宫博物院要扩大开放，这些单位就应该离开。作为局长要让这些单位离开也不容易，要给他们找房子、找资金，也需要克服一些困难，但是万万没想到，当最后一处单位腾退了以后的第二年，我来到故宫博物院当了院长。对此，我的体会是很深刻的，就是我们每个人都要牢记，一个人要多做好事，最后可能落到自己的头上。

还有一件更难办的事情，就是要收复那些由于历史原因被其他单位长期占用的区域，例如在北海和景山中间有一座大高玄殿，1950 年有关单位以举办展览为由，从故宫博物院借去，但是没想到，60 多年以后，在人大代表、政协委员的呼吁下，才还给故宫博物院，2014 年在移交时还向故宫博物院要了 50 万元钱，哪有借别人东西还向人家要钱的道理，为了尽早交接，只好交钱办手续。但是走进大高玄殿一看，一片狼藉，20 多座违法建筑，挤得满院子都是，我们用了 4 个多月时间才把这些违法建筑拆除，终于可以维修大高玄殿，对社会公众开放，大家还是很兴奋的。举行“故宫大高玄殿修缮工程开工仪式”那天，正在下雨，大家还是热情不减，当我们尊敬的故宫博物院第四任院长张忠培先生讲话的时候，第五任院长郑欣淼先生给他打伞，第五任院长郑欣淼先生讲话的时候，第六任院长单霁翔给他打伞。什么叫前赴后继？这就是前赴后继，故宫博物院的事业就是一代接力一代，每一任都要为下一任的工作打好基础，今天大高玄殿即将维修竣工，欢迎观众前来参观。

故宫古建筑维修保护是一项科学性很强的工作，这里的每一座古建筑都是独一无二的，而且都是充满故事的地方，室内室外文物遗存非常密集，因此在维修保护过程中，要最大限度地保留历史信息，不改变古建筑的原状，还要注重传统修缮技艺的传承。

紫禁城里面建筑最密集的区域莫过于乾隆花园，是乾隆皇帝改建宁寿宫时所建的内廷花园，因此也称宁寿宫花园。乾隆花园位于宁寿宫区的西北处，南北长 160 米、东西宽 38 米，占地面积不到 6000 平方米，但是有各类建筑 20 多座，布局精巧，类型非常丰富。乾隆花园一共有四进院落，前半部分的两进院落已经对观众开放，后半部分从来没有实现开放，这里亭台楼阁，假山林立，建筑结构紧凑。故宫博物院制订了乾隆花园的七年维修保护计划，对于每一件文物都要用原工艺、原材料、原技术进行维修，从墙上摘下来的匾额、楹联、挂屏都要准确地测绘，维修以后要丝毫不差地回到原来位置上，不能改变，按照这种理念，乾隆花园的一座座古建筑陆续维修竣工。

倦勤斋位于乾隆花园的北端，名称取“耄期倦于勤”之意，表明这里是太上皇憩息的地方，虽然外观只是一排东西九间，在故宫内并不醒目的建筑，但是其内部装饰，却是故宫内最为豪华的地方。此前因为这里建筑级别高、技术难度大而从来没有修缮过，此次维修也极具挑战。倦勤斋的西面四间内有一个小戏台，小戏台的四周和顶部，有大面积的通景画，当修复这幅通景画的时候，发现其中有的材料是由一种特殊植物制作，经专家研究这种植物当年取自安徽的山里，于是到当地，找到这种材料，找到制作工艺的传承人，经过上百次研发获得成功，这样才把成品运来故宫博物院，在修复通景画时得以重新使用。

虽然，今日人们看不到当时复杂和艰难的修复过程，但是对于从事古建筑修复的工匠来说，他们问心无愧，因为他们秉持和诠释了一个重要的理念，就是“为未来保护今天”，如果 200 年以后、300 年以后，后人再修复这幅通景画的时候，就能知道乾隆时期使用什么材料、什么工艺、什么技术，这就是故宫古建筑修复中的工匠精神。按照这种精神，倦勤斋、符望阁等古建筑相继完成了维修保护，呈现在世人面前。

维修保护古建筑要有工匠精神，修复文物藏品同样要有工匠精神。一部影片《我在故宫修文物》，感动了不少观众，其中最令我欣慰的是，这部片子点赞最多的是年轻人，特别是在校的学生们。没想到这个慢节奏的、充满文化情怀的影片真正打动了同学们。从影片上映第二年，每年报考故宫博物院的应届毕业生就数以万计。今年 4 万名应届毕业生报名，按照公布的招聘标准审核，17000 人参加了选拔考试。很多人都希望到故宫博物院来修文物，也使故宫文物修复专家的工作技艺、工作精神得到社会各界的认可。

在《我在故宫修文物》里被观众誉为“男神”的王津，是钟表修复专家。他确实很神，18 世纪的西洋钟表，在他手中，表针还能走得准，水还流，小鸟还叫唤，小人还出来，到点还敲钟，背景还有音乐，这么复杂的机械构造，在王津老师手里，一座一座地修好，40 年来他已经修好了 300 多座西洋钟表。同样很神的是，这部影片上映的第二年，他在食堂碰到我，高兴地说他要去一趟美国，我说你到美国去干什么，他说他获得了国际电影节的白金奖，我问他演什么了，他说什么都没有演，他在修复钟表，摄影师在拍摄，就通知他去美国领奖，多少电影演员、电影导演梦寐以求的大奖，王津老师什么都没有演，到美国休斯敦把奖杯拿了回来，这就是人们赞美的中国工匠精神。

故宫博物院宋纪蓉副院长一直倡导要应用科学技术修复文物藏品，我非常赞同她的观点。过去的程序是，一件文物藏品需要维修，就从保管部门、使用部门送到文物修复部门，文物修复部门交由负责这类文物的权威专家进行修复，修复好了以后再送回原部门。但是今天我们知道这些文物藏品都拥有自身的生命历程，在修复过程中，要想方设法最大限度地保留文物藏品的生命历程。就像我们得了病，去任何一个医院，到任何一位大夫手中，都不会上来就给我们吃药，给我们打针，而一定会先进行诊断，出了诊断报告，制定治疗方案以后，才会给我们治疗。对待文物藏品也应该这样，没有诊断的修复是不科学的。

为此，故宫博物院建立了世界上第一座文物医院，即故宫文物医院。一下子拿出 361 米长地上地下的院舍，在故宫博物院员工编制 20 多年没有增长的情况下，拿出了 200 名编制。在故宫文物医院设立之初，我们去考察了世界上一些重要博物馆的文物藏品修复机构，在这些博物馆内有 30 名、40 名文物修复人员就了不起了，故宫文物医院为什么需要 200 名“文物医生”？其实他们中半数都是从事文物藏品分析、检测，出分析检测报告，出治疗方案的科学家。

如今，故宫文物医院是国际文物修护学会在全球唯一的培训机构，过去五年已经培养出来自 30 多个国家的上百名文物修护专家。无论是古建筑构件，还是文物藏品，来到故宫文物医院以后，首先要进行体检，例如一件商代的青铜器，首先要了解它三千年的生命历程，了解它出土的地点，历代人在它身上叠加了什么不应该去掉的信息，它的金属成分是什么，合金比例是多少，如今得了什么病，有害锈属于哪一种，通过什么方法和手段能够治愈，一份清晰的分析检测报告和治疗方案出来以后，才能送到青铜器修复专家的手里。

几年来，为故宫文物医院先后添置了 100 多台先进的、实用的设备，包括激光显微拉曼光谱仪等分子结构分析设备、全自动运动黏度计等热性能和物理性能设备、热场发射电镜系统等显微观察设备、大样品室 X 射线荧光能谱仪等元素分析设备，这里有全世界博物馆中最大的一台无损成像的文物专用 CT 机，第一批病人就是江西海昏侯墓出土的 7 件青铜器。当这些仪器设备加盟进来以后，故宫文物医院的文物修复水平，就如虎添翼。

故宫博物院的文物修复一直采取传统加科技的方法，例如曾经挂在乾隆花园最高的建筑符望阁里的一幅大画，5 米多高，70 年前堆落了下来，当时正在战争时期，没有条件修复，老员工就把这幅画包了起来，70 年以后打开一看，已经呈现碎片状，碎成了上千片，没办法进行研究。今天运用计算机系统和辅助设备，科学地拼对，科学地修复，一年以后这幅画起死回生了，才知道它原来是清朝一位著名学者董诰的一幅非常有历史价值的作品，如今得到了修复。一件青铜器出土的时候，已经碎成了 200 多片，也没有办法研究了，但是运用无损探伤的设备，在最大的青铜残片的铜锈下面，发现了 20 多字的铭文，知道这是 2500 年前带先秦铭文的一件鼎，如今这件青铜器得到了修复。

还有更复杂的文物藏品修复过程，例如唐卡，如今在西藏、四川、青海有人在做唐卡，但是没人敢说他会修复古代的唐卡，因为当时采用什么材料、什么染料、什么技术如果不了解，贸然上手修复，就会把古代的唐卡修成21世纪的唐卡。故宫博物院收藏着2000多块唐卡，但是从来也不敢动。如今故宫文物医院掌握了这门技术。例如在养心殿小佛堂二层仙楼上挂着54块唐卡，故宫文物医院在修复其中第34块“上乐王佛”唐卡时，发现在这块唐卡身上有25层堆绣，在这块唐卡上面使用了32种不同的材料，在唐卡的身上串联并联了682颗小珍珠。唐卡上面的头像放大20倍以后，鼻子、眉毛、眼睛、嘴均清晰地呈现出来，小珍珠怎么串联、怎么并联得清清楚楚。再放大一百倍的时候，唐卡上面的每一根丝、每一根线，使用什么材料、什么染料清清楚楚，这个时候我们才能骄傲地说，全世界只有故宫文物医院能够真正科学地修复唐卡。今天在故宫文物医院建立了23个科技实验室，支撑着故宫博物院数百种文物修复的平台。如今人们格外关心故宫博物院文物修复的情况，于是故宫文物医院就开始对观众开放，观众经过预约可以参观文物修复的过程，可以看到文物修复的成果，接待了很多热心的观众。

人们关心故宫博物院文物藏品的情况，但是长期以来社会公众并不知道故宫博物院有多少件文物藏品，故宫员工也不知道故宫博物院有多少件文物藏品，就连故宫院长也不知道故宫博物院有多少件文物藏品，也就是说谁都不知道。郑欣淼院长来故宫博物院任职后写的著作中说道，故宫博物院有100余万件文物藏品，也不知道准确的数字。但是七年前，我到故宫博物院工作的第一天，就知道故宫博物院有多少件文物藏品，1807558件（套），能够有整有零地说出来，为什么呢？是在交接工作时，郑欣淼院长告诉我的。他带领故宫博物院各部门员工，从2004年到2010年，整整用了7年的时间，把故宫博物院的文物藏品第一次进行了全面清理。文物藏品清理是一件相当复杂的工作，与清理一般物品完全不一样，每一件文物藏品都要科学地定名，都要进行科学的编目，其历史价值、艺术价值、科学价值要进行揭示，每一件文物藏品都需要科学地建档，与历史档案还要进行核对。就这样通过7年文物藏品清理，终于摸清了故宫博物院文物藏品家底。

近年来，国务院又组织开展了第一次全国可移动文物普查，故宫博物院在7年文物藏品清理的基础上，又进行了为时三年的文物藏品普查登记，又增加了55000件文物藏品，使故宫博物院的文物藏品总数达到了1862690件（套）。通过全国可移动文物普查，我们知道了故宫博物院的家底，也知道了自己的责任，其中42%的国家珍贵文物收藏在故宫博物院。为什么故宫博物院珍贵文物的收藏比例这么高？因为在故宫博物院的文物藏品中，93.2%是国家定级的珍贵文物，几乎件件都是珍贵文物，这就是故宫博物院的神圣职责。

故宫博物院为了加强学术研究，成立了故宫研究院。至2018年，故宫博物院有450名高级职称的研究人员，但是一些老先生已经退休多年，还有一些研究人员即将退休，他们不应该离开研究岗位，他们的丰富经验应该留下来，他们一生奉献事业的精神应该得到尊重。因此我们成立了故宫研究院，成立了古建筑研究所、考古研究所、古文献研究所、陶瓷研究所、书画研究所、青铜器研究所、中医药研究所等等，先后成立了 24 个研究所。这样 90 多岁、80 多岁、70 多岁的老先生们，仍然可以活跃在熟悉的研究岗位上，他们从事研究工作时，身边就有两名、三名年轻学者与他们一起工作，他们的经验、精神就传承了下来。由此故宫博物院的大量学术研究课题逐渐展开，无论是青铜器的研究、甲骨文的研究，还是藏传佛教文物的研究、尺牍的研究等，开始列入国家研究项目。

郑欣淼院长告诉我，在 7 年文物清理刚开始的时候，在故宫图书馆发现了两个大箱子，打开一看里面装的原来是乾隆御稿，乾隆皇帝写的诗，拿出来一清理 28000 首，过去故宫博物院保存着乾隆皇帝写的 17000 首诗，加在一起，证明这个皇帝一生写了不少于 40000 首诗，乾隆皇帝的诗很少有人会背，但是他详细地记事，今天发生了什么，这段时间发生了什么，宫里发生了什么，全国发生了什么，所以是非常重要的史料。故宫博物院收藏有 18000 张老照片，还有 27000 张老照片的玻璃底片，这些照片全景式地记录了那个时代的历史，但是研究工作也不简单，对于每张照片都应该知道是谁照的、照的是谁、什么时间照的、什么地点照的，这样才能给照片科学地定名。总之，研究任务大量存在，故宫研究院调动研究人员的积极性，使优秀研究成果不断涌现。

经过努力，故宫博物院的环境得到了整治、古建筑得到了修缮、文物藏品得到了修复、学术研究得到了加强、观众安全得到了保障，由此可以有条件开放更多的区域，举办更多的展览。2015 发生的一件事，坚定了故宫博物院扩大开放，举办更多优秀展览的决心。

以往，观众进入故宫博物院，都是目不转睛地往前走，直奔太和殿方向。但是突然有一天，很多观众进入午门以后，却直接往西面跑，越跑人越多，越跑越快，于是网络媒体就出现了一个新的名词“故宫跑”。发生“故宫跑”了，我赶快到午门去了解情况，确实看到很多人在争先恐后地跑，跑向西面的武英殿，那里正在举办“石渠宝笈特展”。在武英殿前，一位老年观众认出了我，他说起了一个大早，排在队伍的最前面，但是大门一开，人们都跑了起来，虽然穿着一双运动鞋，也没有跑过年轻人，结果没有第一批进入展厅。他问我故宫博物院办一个展览，怎么像举办运动会一样，还让观众跑呀。我表达了歉意，表示一定要好好办“运动会”。

为了应对这一突发局面，下午我召开了专题会议，决定通过加强服务，保证观众正常参观秩序。于是连夜制作了 20 个牌子、1000 个胸牌，第二天早上不到 7 点钟，我们就来到端门广场，把牌子立了起来了，先来的观众领一个胸牌，排第一组、第二组、第三组……不到八点钟，“石渠宝笈特展”运动会的开幕式就成功举办了。开幕式之后还有入场式，当天提前半小时开馆，第一组入场，第二组入场，第三组入场……就再也没有发生“故宫跑”。后来我了解到，全世界的博物馆举办展览，有入场式的只有故宫博物院。

以往故宫博物院举办展览，即使很受欢迎，也就排 10 米、20 米的队，但是此次参观“石渠宝笈特展”的观众太多了，一下子排了几百米，几千人在排队，一直排到了太和门广场，尤其是大量年轻观众也在排队的行列中，人们耐心地长时间等待。为了使人们了解情况，避免浪费时间，我们就隔几十米立一个牌子，告诉人们排到这里还需要 5 个小时、排到这里还需要6个小时，但是人们仍然坚持。上午观众们的情绪还比较好，互相认识认识，聊聊天，但是到了下午4点以后，人们的情绪就开始激动起来，围着我问今天能不能晚一点闭馆，已经排了一天队，看不到展览太遗憾了。我当时也很激动，也很感动，我就不计后果地承诺，今天最后一个观众参观以后，故宫博物院才闭馆。结果豪言壮语说出去以后，后果就很惨，观众一直排到了后半夜。晚上8点我去看观众的时候，问他们累不累，他们说累也得坚持，但是故宫博物院怎么没有水喝。因为故宫博物院晚上从来不开放，餐厅和商店都已经下班了，于是赶快通知员工回来，开始烧水，沏了2000多杯茶，给观众们递了上去。

夜里12点我再去看望观众，问他们喝水了吗，他们说喝水了，但是饿了。数了一下当时还有800多位观众在排队，就赶快打开库房、商店，凑了800多盒方便面，给每位观众沏上一碗，大家继续坚持。后来我听说全世界的博物馆，举办展览免费发方便面的也只有故宫博物院。凌晨4点，最后一批观众才进入展厅参观，当最后一名观众雄赳赳气昂昂地走出故宫博物院时，天都快亮了。就这样我们苦熬过这次展览以后，得到了一个深刻的启发和教训，就是故宫博物院再也不能大部分区域不开放了，再也不能99%的文物不对公众展示了，社会公众有强烈的文化需求，我们必须要开放更多的区域，举办更好的展览，努力满足人们参观故宫博物院的需求和愿望。

于是故宫博物院坚定不移地加快扩大开放的步伐。2014年故宫博物院的开放面积超过了一半，达到了52%。2015年开放面积达到了65%，2016年开放面积达到了76%，每年10个百分点以上实现扩大开放，2018年故宫博物院的开放面积已经超过了80%，除了必要的员工办公区、文物库房区、能源动力区等，大部分区域实现了开放。很多过去竖着“非开放区，观众止步”牌子的地方，如今变成了展区、展馆、展厅。

午门是紫禁城内最大规模的古建筑群，雁翅楼一边1000平方米，两边2000平方米，加上中间800平方米的城楼，2800平方米巨大的连续空间，在故宫博物院里非常难得。但是过去不能开放，因为里面是一个大仓库，保存着大量“文留文物”。这些文物曾经作为外贸文物出口创汇，“文化大革命”结束以后，这些文物进入了博物馆，于是39万件“文留文物”收藏在故宫博物院，但是这些文物成为不了故宫博物院的藏品，因为它们不符合故宫博物院的收藏标准，于是长年堆积在文物库房中，占据了很多空间。这些文物本身保存状况也很不好，在午门内的瓷器最高摞了十来层，工作人员居然踩着下面的瓷器往上面摞，看到当时的照片让人非常心疼。当时我在国家文物局担任局长，经过协调故宫博物院和国家博物馆，经过文化部批准，将这39万件“文留文物”整体划归国家博物馆，同时国家博物馆将端门区域的古建筑交由故宫博物院管理，这样既丰富了国家博物馆的藏品，使当时国家博物馆只有60万件的文物藏品，增加到了100万件。也使故宫博物院得以利用端门作为展厅，利用西侧朝房作为故宫博物院售票用房，各取所需，各得其所。

随后，故宫博物院就将午门这个巨大空间，建成了世界上最有魅力的临时展厅。我经常接待来访的各国文化部部长、博物馆馆长、驻华大使，他们到了这个展厅，眼睛都亮了，纷纷要求展示他们国家博物馆的展览，因此午门展厅一直很忙，例如近年举办的来自印度的“梵

天东土 并蒂莲华：公元400—700年中印雕塑艺术展”，来自阿富汗的“浴火重光——来自阿富汗国家博物馆的宝藏展”，来自法国的“尚之以琼华——始于十八世纪的珍宝艺术展”，以及故宫博物院的“紫禁城与海上丝绸之路”“千里江山与历代青绿山水画特展”，还有来自卡塔尔的展览，来自摩纳哥的展览，齐白石艺术特展。今年春节期间在午门举办了“贺岁迎祥——紫禁城里过大年”展览，每天少则2万观众，多则4万观众进入这个展区，改变了很多观众进入故宫博物院以后，一直往前面走的惯性。如今观众进入午门以后，先参观丰富多彩的展览。这样人们的第一感受才是故宫是一座博物馆。

2014年开始，故宫博物院推开了一座座过去紧闭的大门。隆宗门门洞内过去是一个“故宫餐厅”，如今第一次打开，意味着广阔的西部区域开始开放，西部区域过去没有开放，显得很神秘。故宫博物院员工把这片区域称为女性的世界，我认为不是太准确，我给加了两个字，这是退休女性的世界，这里住的是皇帝的母亲们。慈宁宫是嘉靖皇帝给他母亲建设的寝宫，规模非常大。如今在这里建设了五个雕塑展厅，成立了故宫博物院雕塑馆。故宫博物院收藏有不同时代、不同材质的雕塑10200件，但是过去没有展厅，这些雕塑只能在库房里睡觉，其中一些高大的雕塑连库房都没有。例如3米多高的一对菩萨，是1500年前北齐时代的雕塑，过去就在南城墙的墙根底下站着，一些同样上千年历史的佛像就在地上躺着。每次我走到这里都感到非常悲哀，这么珍贵的文物就像被遗弃在那里，仔细看看这些佛像、菩萨的脸色都不好，表情都不好。如今把他们修复以后，陈列在高大的雕塑馆展厅，再仔细看看这些佛像、菩萨的脸色和表情都好了，因为这些珍贵的雕塑获得了尊严。

我第一次进入地面库房的时候，吓了一跳，我问谁躺在台阶底下？保管人员告诉我，这是当年周恩来总理特别批准，秦始皇陵出土的兵马俑要给故宫博物院收藏一套，可是如今这么珍贵的文物怎么躺在这里？我们赶快安排进行了修复，如今也在雕塑馆里展示了出来。这些事实告诫我们，当这些珍贵的文物得不到关注、得不到保护的时候，它们是没有尊严的，蓬头垢面、忍气吞声，而当它们得到了保护，得到了展示，面对观众的时候，它们才会神采奕奕、光彩照人。因此我们必须下定决心，加大文物修复力度，让故宫博物院收藏的每一件文物，都必须神采奕奕、光彩照人，这也是加快故宫文物医院的建设，会集更多故宫文物医生的初衷。

由于慈宁宫里的文物在“文化大革命”中被运到了洛阳白马寺等处，至今没有回归故宫博物院，所以慈宁宫不具备原状陈列的条件，如今作为雕塑馆对观众开放。但是慈宁宫西面的寿康宫，可以实现原状陈列。寿康宫维修开放第一天，就拥进来很多年轻观众，因为当时电视台正在播映《甄嬛传》，所以他们说这里是甄嬛居住的地方。实际上居住在这里时间最长的是乾隆皇帝的母亲崇庆皇太后，她在这里居住了42年，于是就把老太后居住在这里时用过的家具、用具都从各个库房里提取出来，进行修复以后，摆放到了原处。乾隆皇帝是孝子，每天早上在宫里的话，都会给母亲来请安，来的就是寿康宫的东暖阁，乾隆皇帝当年看到的室内情景，与每天观众看到的情景应该是一模一样的，只不过比那个时候少了一个老太太。目前无论是当年的卧室、起居室等都按照原状进行了恢复，直接向观众们讲述历史。

经过努力，故宫博物院终于开放了所有的花园，紫禁城里有四个花园，两个明代的、两个清代的，最后开放的是明代的慈宁宫花园，106 棵大树、古树非常幽静。慈宁宫花园里的佛堂也对观众进行展示。

紫禁城有完整的城墙，但是过去没有开放。城墙上面有四个城门、四个角楼，也没有对观众开放，一直作为储藏书版的文物库房使用。实际上，高高的城台之上的古建筑，跑风漏气，不适合用作文物库房。例如东华门一直存放着非常珍贵的乾隆版大藏经，经版上厚厚的一层土，没有得到应有的保护，非常可惜。如今把这些书版小心翼翼地取了下来，进行维修保护以后，在太和殿两侧专门建设了书版陈列展厅，对公众进行展示。东华门进行维修保护以后，辟为故宫博物院古建筑馆对观众开放。故宫博物院收藏着 4900 件古建筑相关的文物，过去没有展厅展示，如今有了古建筑馆。为了扩大展线，在古建筑馆内建设了二层平台，人们登上平台继续参观，并且可以更近距离地观赏古建筑梁架和彩绘，在古建筑馆里展示着圆明园烫样、斗拱、金属构件、玻璃画，都是第一次展示，几乎每天都有同学们来这里上课。

神武门是故宫的北门，观众走到这里意味着参观结束了，即将走出故宫博物院。但是现在人们走到神武门下，还会有惊喜，神武门上有两层大型展厅，经常举办来自世界各地的引人入胜的展览，出了展厅人们还会发现，可以不用走出神武门，不用再沿着马路边走向目的地的方向，如今可以走在城墙上，在城墙上走向王府井、天安门方向。走在城墙上感受肯定不同，可以看故宫古建筑群的景观，可以看外面北海、景山的风光。沿着城墙走还会有惊喜，今天可以走进过去只能远远眺望、远远拍照的角楼，在角楼里制作了虚拟现实的片子，告诉观众如何用榫卯结构，将上万块木头组合成 3 重檐 72 条脊的奇特建筑的过程。

从今年 1 月 1 日起，故宫博物院开放了神武门外至东华门外的故宫城墙和筒子河之间的通道。此举既是为缓解故宫神武门外观众疏散压力和景山前街城市交通压力，也是为提升广大观众的参观质量。此前，故宫博物院观众从神武门走出故宫博物院，2018 年开放了南面、东面和北面的故宫城墙，开辟了新的观众疏导路线，形成“立体交通”。如今，又开通一条前往王府井方向的“快捷通道”，有利于疏导流量、提升服务水平。希望观众能够有尊严地享受参观的过程，慢慢欣赏一下云卷云舒，能够有好的展览陶冶情操。故宫博物院在一步步向理想迈进，虽然还不能心想事成，但是也在为实现理想而不懈努力，只要是有心为观众减负，就一定能够不断提升服务水平。

畅音阁大戏楼是留存下来最古老的宫廷戏楼，但是这个戏楼已经 100 多年没有再演戏了，也没有人敢想这个戏楼能再演戏。但是今天我们知道，这些木结构的古建筑维修好了以后，把它闲置起来，它糟朽得更快，越是正常使用，经常维修，古建筑会更健康。因此这次畅音阁大戏楼维修竣工以后，作为戏曲馆对公众开放，重新演出中国传统的戏曲。

延禧宫是内廷东六宫之一，位于这一区域的东南角，因屡遭雷火，清朝末年决定在此建造一座水晶宫，用金属搭架，以玻璃为墙体、地板，四周凿水池蓄水，使人在其中如在水晶宫中。但是水晶宫最终未能建成，只留下了一座“烂尾楼”。20 世纪 30 年代，在水晶宫的周边建设了文物库房。于是延禧宫就成为故宫内呈现中西合璧景观的一处院落。近年来，延禧宫作为文保科技部科研用房和陶瓷研究所、书画研究所举办临时展览的展厅。故宫博物院决定利用这处独特景观，在此筹建外国文物馆，使观众能够看到故宫博物院收藏的大量精美的外国文物。

在中国的博物馆藏品系统中，外国文物的比例不大。因为中国是文明古国，过去没有偷盗、抢劫别的国家的东西。但是故宫博物院是个例外，明清 500 年间，24 个皇帝坐在太和殿内，万国来朝，各国使臣带来大量贵重的礼品，18 世纪以后很多外国传教士进入紫禁城，又带来了很多西洋钟表仪器。例如目前保存西洋钟表数量最多、品质最好的博物馆并不在欧洲，而是故宫博物院。故宫博物院收藏有 1500 件西洋钟表。还有大量西洋仪器，包括康熙皇帝使用过的绘图仪器、计算仪器和天文仪器。

2018 年，故宫博物院开始利用地面库房，实现文物藏品仓储式陈列。由于故宫博物院三期地下库房正在建设，在一期、二期地下库房保存 97 万件文物藏品的基础上，可以再增加保存 11 万件文物藏品，特别是那些比较脆弱的文物藏品，将全部得到更好的保管条件，在此基础上，故宫博物院开始逐渐对地面库房进行调整。其中故宫内最大的地面库房是南大库，建筑长度 156 米，过去南大库内东段是建筑材料库房，中段是国家文物局下属单位借用的文物库房，西段是驻故宫博物院武警的食堂，将这些占用单位迁出后，对南大库进行维修保护，建成了故宫博物院家具馆。

故宫博物院收藏有明清家具 6200 件，其中有大量紫檀、黄花梨等珍贵材料的家具。但是我在对一间一间文物库房的调查中发现，很多地面库房是家具库房。一一清点，居然有 94 间库房保存着这些家具。大量家具几十年来就封闭在这些库房里面，不能通风，不能修复、不能研究、不能展示，体量小一点的家具，最高摞了 11 层。实际上，这里的每一件家具都很珍贵，但是长期忍受着不公正的待遇。为什么不把这些家具维修保护好，展示给观众呢？所以故宫博物院建设了大型的家具馆，这些精品家具的陈列、组合式家具的陈列、情景式家具的陈列、仓储式家具的陈列，人们可以流连忘返地参观到大量珍贵的明清家具。另一方面，这些家具进入展厅，能够经常通风、保洁，经常维护、保养，观众能够尽情欣赏，何乐而不为？

故宫博物院家具馆开放以后，很受观众欢迎。因此，故宫博物院决定今后逐步开放书版库房、陶瓷库房、古建筑构件库房、车马轿舆库房等，使更多适宜长期展示的文物藏品与观众见面。通过系统梳理文物资源，“让收藏在禁宫里的文物、陈列在广阔大地上的遗产、书写在古籍里的文字都活起来”，把这些深藏在库房里的文物展示出来，才能使它们得到经常性的维护，观众才能在参观过程中，获得文物保护的知情权、参与权、监督权、受益权，这样才是对文化遗产最好的保护。

宝蕴楼是故宫博物院内少有的 20 世纪近代建筑，1914 年为筹备古物陈列所，从沈阳故宫和承德避暑山庄运过来 23 万件文物，为了存放这些文物建设了宝蕴楼，当宝蕴楼 100 岁生日的时候，维修保护工程竣工，成为了故宫博物院早期院史陈列馆。在故宫博物院早期院史陈列馆内，可以了解故宫博物院非常坎坷的历史，特别是故宫博物院文物南迁、西迁的历史。在抗战期间，故宫文物穿越南北，横跨东西，时延十年，地迤万里，已成为一段难忘的集体记忆、民族记忆。

1931年日寇侵略东北，华北告急，当时故宫博物院理事会决定把一部分文物避敌南迁。当时一共制作了13491个箱子，装好文物后，于1933年分五批运往上海，再到南京。后因战争形势紧张，运走的文物又从南京分三路西迁，运到贵州、四川和重庆等地。故宫博物院员工守护这些文物，躲敌机轰炸、防自然灾害，历尽艰辛。日寇投降以后，1947年将这些文物运回南京，经过清理，从故宫博物院运出的13491箱文物，居然一箱都没有少。故宫文物南迁和西迁的壮举与成就，是故宫人在民族危急关头保护文化遗产的伟大壮举，也是对保护人类文化遗产所做出的重大贡献。

历史上，故宫博物院的每一任院长，都顶着非常沉重的安全压力，每一任院长都全身心地扑在工作上，努力把故宫保护好，把故宫博物院建设好，但是每一任院长都不一定有好下场。历任院长的经历告诫我们，这是一个高风险的岗位，有今天没明天。即使你做了9999件事，但是一件事没有做好，可能就要引咎辞职。因为你对不起民族，对不起国家。但是我不断地问自己，你真的有这个能力吗？真的能承担这个责任吗？实际上能力不够、难以承担。但是经过7年多的实践，今天找到了出路，就是认识到文化遗产保护不是一个部门、一个单位的专利，每个人都有保护文化遗产的责任，也都有保护文化遗产的权利，当你把文化遗产保护视为自己专利的时候，你就会想拿出来展示的文物越少越安全，所以大部分文物被锁在库房里。当你把文化遗产保护视为自己责任的时候，你就会想开放的区域越小越安全，所以大部分区域不对公众开放，遗憾的是，该出事还出事。今天我们知道，一定要把文化遗产保护的知情权、参与权、监督权、受益权交给社会公众、亿万民众，当大家都参加到保护中来，文化遗产才能安全。这是通过实践得出的体会。

举个例子，太和殿是观众参观的重要场所，过去人们参观太和殿以后，只能往北面走，高大的宫殿、宽阔的广场，一棵树都没有，也有观众问过我，为什么故宫里面没有树？当时我只好告诉观众，一直往前面走，到最北面的御花园，就可以看到树了，其实我知道太和殿两侧各有一个门，西面叫右翼门，东面叫左翼门，只是没有打开。经过几年的努力，整治了两侧的环境，开放了两侧的庭院，举办了丰富多彩的展览，终于可以打开两侧的门。当观众走出右翼门时可以看到十八棵大槐树，沿着十八槐景观走向新开放的西部区域；当观众走出左翼门时可以看到过去骑马射箭的箭亭广场，沿着箭亭广场，可以走向宽阔的东部区域，人们这时才恍然大悟，原来太和殿两侧一步之遥，有这么完整的生态景观，于是第二次、第三次来故宫博物院的观众，就不再往前面走了，西面看展览，东面看景区，人们就散开了。

那么对于文物保护意味着什么呢？过去故宫博物院开放30%区域的时候，每天下午5点半，观众离去以后，会有250多名员工拉网式地清场。今天故宫博物院开放了80%的区域以后，每天下午5点半，会有700多名员工拉网式地清场，每个人手里都有一个接触器，沿途要接触几十个点，每一扇窗户、每一道门、每一个角落都要细心地检查，每天一遍，能不安全吗？白天这些区域都变成了开放空间，众目睽睽之下，有人抽烟吗？有人刻画吗？有人扔垃圾吗？都没有，这些区域就变得更加安全。正是由于故宫博物院努力把古建筑和文物藏品维修保护好，坚定不移地扩大开放，才有一个院长能够平安地退休。

故宫博物院开放区域不断扩大，观众数量不断增加。但是我们也认识到，开放再多的区域，举办再多的展览，到故宫博物院参观的观众无非就是1000多万人，仅仅是全世界人口中很少的一部分，我们不能满足于此，不能仅是一个千万级的博物馆，应该是亿万级、十亿万级的博物馆。如何实现？要依靠互联网技术、数字技术。

经过几年努力，故宫博物院的网站，2017年访问量达到8.91亿，在中国文化机构中排名第一。首先把外文网站做得更加强大，使世界各国民众通过故宫网站了解故宫文化。把青少年网站做得更加活泼，孩子们都在网上，希望他们自愿多走进故宫博物院。故宫博物院开始举办网上展览，过去举办的展览，正在举办的展览，使人们不出家门，就可以参观故宫展览。2016年故宫博物院网站实现重大突破，实现故宫博物院全部文物藏品的公布，人们在网上可以查阅到故宫博物院1862690件（套）文物中任何一件藏品的信息。目前故宫博物院设立了3个摄像室，采用高清晰的摄像技术，故宫古建筑的照片、文物藏品的照片，源源不断地进入网站，人们在家里也可以看到全景的故宫、震撼的故宫。

故宫博物院同时加大故宫微信和故宫微博的影响力。故宫微信不断增加新的内容，聚集了很多年轻的粉丝。故宫微博则不断根据用户需要，经常进行改版，白天给人们讲建筑，晚上给人们讲故事，设计出更多人们参与的活动。近年来，人们特别喜欢观赏和收集故宫美景的照片，于是，春夏秋冬、早中晚，天气好的时候，故宫摄影师就会将故宫不同区域的美丽景色照片，拍摄下来，放到网站上。于是人们在欣赏这些照片以后，发朋友圈。例如前年一场紫禁城的初雪，一组照片放到网站上去以后，阅读量达到1425万，但是第二年不下雪我们着急啊，天无绝人之路，这时来了红月亮，晚上9时至11时拍摄以后，放到网站上去，第二天早上一看，2000万的阅读量。今年冬天终于下雪了，故宫博物院里人比雪还多，雪景的照片引来5000多万的阅读量。

七年前，故宫博物院开始制作系列App，目前已经出品了十几部，每部都获了奖，媒体给予了高度的评价，“故宫出品，必属精品”。例如把《韩熙载夜宴图》这幅古代书画立体了起来，220个知识点，点击进去以后，就可以深度阅读这幅古代书画，历史的、艺术的、人物角色，在里面可以看到当年的场景，可以听到当年的音乐，可以看到当年的舞姿。最得意的App是《每日故宫》，每天早上，喜欢故宫文化的观众打开手机，就可以获得一份图文并茂的故宫文物藏品信息，有心人把这些文物藏品信息收藏起来，一年365天，三年1000多天，就可以获得一个掌上的故宫博物院。故宫博物院认真做好每一天的《每日故宫》，已经6年多了。

2017年故宫博物院推出了《故宫展览》，人们可以用手机进入故宫展厅来参观。同时，故宫网站推出了《故宫社区》，人们不断地访问故宫网站，参与网上活动，可以获得积分，积分积累以后，就可以在故宫网站上获得一块地，随着积分增加，地上的房子越来越大，于是越来越多的人在故宫抢地盖房子，说这是北京城唯一不要钱的地，不要钱的房子。《故宫社区》使故宫网站获得了更高的访问量。

故宫博物院应用数字技术在端门建立了数字博物馆，这是今天全世界博物馆中最好的数字博物馆。这座数字博物馆不仅在于技术先进、设备先进，关键在于所有项目，都是深入挖掘故宫博物院丰富的文化资源，所凝练出的原创作品。在数字博物馆，观众可以通过“数字地图”项目，观赏故宫1200座古建筑的景观；观众可以通过“数字地毯”项目，看到深藏的1500块故宫地毯的图案；观众可以通过“数字书法”项目，调阅一部书法作品进行临摹，临摹以后设备还可以为你打分，留作纪念；观众可以通过“数字绘画”项目，与绘画中的小动物互动，点击以后，鸟就会飞，会叫，会吃食；观众可以通过“数字长卷”项目，清晰地阅读三年才可能展示一次的故宫书画长卷，甚至可以再放大，一直看到每个人的表情、服装。

故宫漱芳斋名气很大，里面有一个多宝阁，摆满各类器物。在数字博物馆观众可以通过“数字多宝阁”项目，挑选自己喜欢的器物，然后放大来看，旋转各个角度来看，再分解来看，了解这件器物制作的过程、使用的过程；观众可以通过“数字宫廷原状”项目，走进故宫内不能开放的狭小空间，例如乾隆皇帝的书房“三希堂”内间只有4.8平方米，人们不可能进入参观，但是在虚拟现实中，可以走进养心殿，走进“三希堂”；观众可以通过“数字屏风”项目，穿起一套套古代的服装，看看自己不同的相貌；观众可以通过“数字织绣”，自己拿起电梭子，将美丽的图案完成。特别是在数字博物馆建立了“虚拟现实剧场”，一共有7部虚拟现实影片循环播放，可以观赏正常参观所看不到的景观细部，以及空中鸟瞰的风光。

目前，养心殿在进行“研究性保护”，实施过程中人们不能进去观赏，有些遗憾。于是在数字博物馆推出了“养心殿虚拟现实展示”项目，人们可以走进虚拟现实的养心殿，但是感受会很不同，在VR互动体验区，观众可以坐在皇帝的宝座上，自己批批奏折，盖盖印，设备会告诉你，你批得好还是皇帝批得好，在这里还可以召见大臣，每位大臣都会说五百句话，你说什么都能积极应答。数字博物馆还公布了御膳菜谱，用手机扫一下，就可以试试做御膳。

经过3年零4个月的努力，故宫博物院建成了“数字故宫社区”，我相信这是全世界博物馆中最强大的数字平台。“数字故宫社区”的功能不断在延伸，包括公众教育、文化展示、参观导览、资讯传播、休闲娱乐、社交广场、学术交流、电子商务，各项功能在与时俱进地延伸。经过几年的努力，故宫博物院终于从资源数据化走向了数据场景化，从场景网络化走向了网络智能化。

故宫博物院应用丰富的数字技术成果，更好地回报社会。近年来故宫博物院与腾讯公司合作，建立了“文化+科技”的国际论坛，每年针对年轻人推出文化创意大赛，例如表情包创意大赛、动漫创意大赛、游戏创意大赛。去年推出的是“古画会唱歌”，推荐故宫博物院收藏的11幅古代绘画作品，请绘画专家对这些作品进行深入解读，然后由热爱音乐艺术的年轻人作词谱曲，500多首歌曲创作完成后，在故宫博物院建福宫花园举办了音乐创新大赛，年轻人们根据自己对于传统文化的理解，对于古代书画的体会，唱出自己的音乐作品，取得了很好的文化传播效果。

几年来，故宫博物院积极参加文化交流活动，例如在深圳举办的文博会、在上海举办的进博会、在乌镇举办的互联网大会，与社会各界交流，同时展示数字故宫社区成果。2018

年春季，故宫博物院与凤凰卫视共同举办了“清明上河图 3.0”高科技互动艺术展演，3 个月的时间，141 万观众参观了动态的清明上河图，814 个人物、29 条大船，所有柳树、河水都动了起来。人们可以在孙羊店茶馆体验民俗，坐在汴河的船上观赏沿岸风光。

随着《国家宝藏》节目的热播，第一期展示的故宫博物院藏品青绿山水画《千里江山图》也被观众所熟知。时隔一年，2018 年 12 月 28 日，故宫博物院与网易公司在故宫博物院文化资产数字化应用研究所举办了发布会，宣布合作推出青绿山水互动叙事手机游戏《绘真·妙笔千山》，在全球 200 多个国家同步发行。《绘真·妙笔千山》就是以《千里江山图》为创作蓝本，将传承千年依然魅力不减的青绿山水画以全新面貌向大众呈现，意在还原中国传统绘画瑰宝——青山绿水的意境和效果，游戏采用横版平面视角与 3D 自由大视角结合的方式，营造出“如入画境”的体验。

故宫博物院一直以来都在不断探索文化资源创造性转化、创新性发展的方式，满足更多公众，尤其是年轻群体的喜欢。这款游戏能让关注书画的人和钟爱游戏的人都自然地被吸引，有助于推动传统文化的普及。这款游戏在画面处理上确实极大地还原了《千里江山图》的样子，声音处理上也给用户很好的体验，让人宛如身历其境，在游戏的过程中感受中国文化的博大精深，探寻处世之道，这款游戏不仅被国人所喜爱，也被其他 200 多个国家的用户所喜爱，和我们一同感受中国古代的山水画及语言文化。

总之，故宫博物院通过不懈努力，将于明年建成“智慧故宫”，相信故宫博物院的文化传播力量必将更加强大。

2018 年国际博物馆日的主题是“超级连接的博物馆：新方法、新公众”。近年来，故宫博物院与电视和网络媒体不断合作，面向年轻观众推出综艺节目。继《故宫 100》《我在故宫修文物》等纪录片之后，故宫博物院与中央电视台合作的大型文博探索节目《国家宝藏》，就是一个采用新方法，面向新公众的超级连接节目，2017 年 12 月开播以后引起良好社会反响。这一节目中故宫博物院等九家博物院合作，连接了博物馆、电视综艺和社会公众，通过展现文物之美，以及文物背后等故事和历史，唤起大众对文物保护的重视，也为博物馆开创了藏品阐释与展示的新方法，吸引了新观众，特别是年轻观众，更增强了博物馆与广大民众，特别是青年人彼此之间的联系。

另一档综艺节目《上新了·故宫》再次把镜头对准故宫博物院，一经播出就引发了公众追捧，不仅收视率持续保持高位，位列同时段综艺节目第一名，而且互联网热度值也居高不下，公众好评如潮。《上新了·故宫》另辟蹊径，虽然是一个综艺节目，但是在拍摄中融合了纪录片的拍摄手法，以综艺节目的形式亮相，挖掘历史，以崭新的视角、年轻的表达，解读故宫、解析历史的方式，强调体验感、真实感，更贴近受众尤其是年轻人。不仅带给广大观众一次诗与远方的文化之旅，更是一场文化探险的有趣体验。《人民日报》评论认为其“有新意、有新知，用创意让故宫焕发出新的意趣”。

单单从节目的名称上来看，《上新了·故宫》，“新”字便在其中，这也就奠定了节目的整体格调。每期节目的开始，我都会给出一个主题，主持人被冠以“故宫文创新品开发员”

的身份去寻找主题所在地，并从中搜罗文化创意元素，设计出文化创意产品。最终文化创意产品的设计重任，则交给跨界设计师，联手高校设计专业的学生一同来研发，每期诞生一个引领热潮的文化创意衍生品。此外，他们也会把搜集的元素发布到网络上，让更多的设计者参与进来，实现线上互动。目前这一节目研发的“美什件”“仙鹤纹样睡衣”“日晷”“珍熹”“紫禁薰”等文化创意产品的出品不仅为故宫文化注入了新生命，同时还引领了一波潮流，通过文化创意产品的创新构想，实现传统文化与现代潮流的完美结合。

《上新了·故宫》节目在内容设定上也别出心裁，公开了故宫内一些未开放的区域，很大程度上满足了观众对故宫的好奇心。例如探索乾隆皇帝的“秘密花园”，也走进了乾隆的内心秘密；在解锁三层大戏楼畅音阁的同时，光绪皇帝的复杂心理也被演绎了出来；康熙不仅是一位皇帝，还是紫禁城内的超级学霸……节目通过一步一个脚印去追寻历史，从蛛丝马迹中不断挖掘历史，向观众还原一个又一个更加鲜活、更加完整的历史人物，实现正确的文化传播。

《我在故宫修文物》《国家宝藏》《上新了·故宫》焕发新意趣。作为文博类综艺节目，打破以往对故宫沉闷式或抒情式的叙述，充分展现综艺的轻松感，让故宫文化“活”了起来，集创新性、趣味性和文化性于一身，让观众能够在轻松欢快的氛围下，走进故宫，认识故宫，了解历史。

随着故宫博物院开放区的不断扩大，观众的参观体验越来越丰富。今天人们到故宫博物院参观，两个小时、三个小时、五个小时肯定不够了，人们需要休息休息，喝点茶，吃点快餐。所以要为人们休息创造更好的环境，例如故宫西部区域开放后，1/3 的观众要访问那里，需要建立观众服务中心。我们寻找到一处理想的地点，矮矮的红墙后面，有 4 栋古建筑，它们非常结实，不是砖木结构，而是砖石结构，原来是过去皇家的冰窖，但是 100 年来都没有再存冰。我进去看到里面存着一些木板子、汽油桶、建筑材料，没有得到很好的保护和应用。于是，就用了一年多的时间，将古建筑维修保护好，建成了冰窖观众服务区。观众们累了、渴了，可以到书吧、茶吧看看书，喝点茶，到咖啡厅喝杯咖啡，到快餐店吃顿快餐。冰窖餐厅可以容纳 300 人同时就餐，一个中午翻桌 3 次，就可以近千人在这里休息，一边就餐一边观赏冰窖风光。

为了满足人们把故宫文化带回家的愿望，故宫博物院开始研发文化创意产品。过去叫文化产品，把书画复制，瓷器复制，挂在那儿、摆在那儿，很少有人购买。今天我们知道最好在文化产品中间加两个字，即文化创意产品。什么叫文化创意产品呢？我的体会，一是要深入研究人们不断变化的生活，了解人们生活中需要什么，再根据人们的现实需求进行研发。二是要深入挖掘自己所拥有的文化资源，提炼出独具特色的文化内容，使人们愿意把你的文化带回家。

例如人们参观太和殿，对藻井印象很深，为了满足观众把藻井文化带回家的愿望，就研发了藻井伞。人们参观故宫，对宫门印象很深，为了满足观众把宫门文化带回家的愿望，就研发了宫门包。人们参观古建筑，对屋顶脊兽印象很深，为了满足观众把脊兽文化带回家的愿望，就研发了脊兽衣服夹子。经过多年努力，到2018年底，故宫博物院已经研发了11900种文化创意产品，覆盖了人们生活的方方面面。于是故宫博物院就喊出了一个新的口号，从“数量增长”走向“质量提升”，更加注重文化创意产品的质量。

在研发文化创意产品的同时，故宫博物院也努力营造充满文化气息的营销环境，使商店成为人们参观博物馆时的最后一个展厅，成为人们参观博物馆展厅的心情和感受的延续。所以一些营销空间干脆不叫商店，而叫文化创意馆。在故宫东长房区域，建立了一系列各具特色的文化创意馆，例如丝绸馆、服饰馆、御窑馆、影像馆、木艺馆、陶艺馆、铜艺馆等，这里不是充斥商业气氛，而是充满文化气息，人们在这里就像观看展览一样，延续文化体验。在东长房还设立了紫禁书院，人们可以进来喝杯茶、看看书画、听专家讲座，购买故宫图书。故宫博物院还建立了儿童文化创意体验馆。孩子们带爸爸、妈妈来这里购买礼物，自己简单做一下手工，然后把礼物和手工一起带回家。

如今，教育在博物馆的各项职能中排第一位。故宫博物院作为文化教育机构，长期以来致力于与社会教育需求相结合，发挥出独特的作用。为此，故宫博物院于2013年11月成立了故宫学院。故宫学院成立以来，响应我国博物馆和文化遗产保护发展的最新形势和需要，围绕故宫博物院整体事业的发展，面向自身、面向行业、面向全国、面向世界，开展了多层次、多渠道、多形式的培训项目与教育活动，为博物馆发展提供专业人才支持。目前故宫学院已经先后在苏州、景德镇、西安、深圳、徽州、上海、重庆、开封、沈阳成立了故宫学院分院，弘扬传统文化，传播故宫文化，践行博物馆公众教育和社会服务的使命。

故宫博物院开展的社会教育活动，更多是深入社区、深入学校的内容。故宫博物院的专家讲座非常受欢迎，每场都爆满。故宫教育培训进入各个社区，赢得社区民众的欢迎。2018年故宫博物院各项教育活动总数达到了6万多场次，无疑是全世界博物馆中，教育活动最丰富多彩的一座博物馆。例如“故宫知识课堂”每次开班都会爆满，同学们在这里串朝珠、绘龙袍、画盘子、学织绣、包粽子、做拓片，所有活动都是免费的，故宫教育坚持不收费用。故宫文化创意产品的营销收入也投入到同学们身上，我们坚信这些同学长大以后，一定是对中华传统文化有认知，对博物馆文化有感情的一代。

故宫博物院与中小学校共同研发综合实践课程，目前已经有40多种课程应用于不同学校、不同班级、不同孩子群体。老师们结合自己教学需要，同学们结合自己学习需要，来选择不同的故宫教材。对于幼年的孩子，每个教材都有一个学习卡、一个材料包，在老师的指导下，认真阅读学习卡，自己打开材料包，剪剪贴贴、拼拼画画，把自己的得意之作带到学习生活中。紫禁书院作为故宫出版社的文化品牌，也开始走向更多的城市社区，与广大社区民众共同营造有品质的文化生活。

故宫博物院在太和门广场西侧，建立了故宫博物院教育中心，一间间敞亮的大教室，可以迎接更多的观众、更多的同学们来这里学习。故宫博物院还有得天独厚的环境，几十个庭院都非常安全，非常适合室外学习和实践活动，于是春天、夏天、秋天，天气好的日子里，这些空间常常被各个学校和教育机构带来的同学们铺满。目前，故宫教育活动深入更多的城市、更多的国家，例如到马耳他、到新加坡、到泰国、到澳大利亚、到西班牙，这些国家的同学们也非常喜欢来自故宫博物院的中华文化。

故宫博物院积极开展国际教育，两个重要的国际组织都将全球唯一的培训机构设立在故宫博物院，一个是国际博物馆学会培训中心，一个是国际文物修护学会培训中心。过去6年，国际博物馆学会培训中心在故宫博物院已经培养了来自72个国家的350名博物馆领域的专业人士，这些学员毕业以后，很多成为各国博物馆的业务骨干，有的还当上了博物馆馆长。同时，故宫博物院与各国博物馆签署战略合作协议，与各国教育机构建立联合培养人才机制，与各国文物修复机构建立联合实验室，使国际合作更加深入、更加广泛。

如今，我们一方面源源不断地把世界各国优秀展览吸引到故宫博物院来，使国人不出国门就能看到世界各地的展览。另一方面，也不断将故宫博物院的展览源源不断地走出馆舍天地，走向大千世界。过去6年，故宫博物院一共有135项展览走向全国各地，走向世界各地，无疑是全世界博物馆中，走出自己馆舍举办展览最多最丰富的博物馆。去年以来，还有一项新的展览形式开始走向世界各地，即故宫文物创意展览，故宫文化创意产品与数字技术组合在一起，形成别开生面的创意展览。第一站到了日本东京，之后到了布鲁塞尔、曼谷、首尔、新加坡等，走向更多的国家、更多的城市。

我们希望故宫博物院成为传承和弘扬中华文化的一片绿洲。如今越来越多的国际文化交流活动在故宫博物院举办，例如非洲有艾滋病背景的孩子们和中国的小朋友在故宫博物院度过了美好的夏令营。每年一次的“太和论坛”，即世界古代文明保护论坛在故宫博物院召开，20个文明古国的政府代表和文化学者在故宫博物院共同签署了《太和宣言》，我告诉各国代表，无论是“太和论坛”，还是《太和宣言》，都是以太和殿命名，“和”文化是中华传统文化的精髓之一，就是号召人与自然要和谐相处，人与人之间要和谐相待，人的内心世界要和谐相安，我们的世界就是一个和平、友好、可持续发展的世界。每年故宫博物院都要完成上百次外交接待，我们会用故宫所呈现的中华传统文化向来宾们进行解读，红墙、黄瓦、蓝天，这是三原色，用这三种颜色，可以谱画出世界任何色彩，我们的世界必须绚丽多彩，不能是单一色彩，每个民族都有他们值得骄傲的历史，也都应该拥有他们向往的未来。

故宫博物院在北京市海淀区西北旺镇，正在规划建设一座大型博物馆，即故宫博物院北院区，这是“平安故宫”工程确定的重要项目。紫禁城占地72万平方米，故宫博物院北院区规划面积62万平方米，建筑面积12万平方米，其中包括可以举办各种大型展览的展示空间，可以修复地毯、大型家具等文物藏品的科技保护空间，可以举办各种大型活动的文化教育空间，可以开展非物质文化遗产传承的培训空间，可以应用数字技术实现观众互动的文化创意空间等。故宫博物院北院区的建设，将使故宫博物院的文化传播力量更加强大。

故宫博物院的发展得到社会各界的支持，也要努力回报社会。今年1月至3月，故宫博物院举办了有史以来最大规模的展览，即“贺岁迎祥——紫禁城里过大年”大型立体展览，前所未有地展出886件套文物藏品，组成春节相关的6个主题。同时，在故宫内的各个庭院，也把消失上百年的春联、门神、宫灯重新挂了起来，营造出喜气洋洋的节日氛围。春节期间，来故宫博物院参观的年轻人比以往多了不少，他们一大早就相约而来，参观不同的展览，参加丰富的活动，闭馆时才意犹未尽地离开。人们在这里感受故宫博物院不一样的情怀、不一样的温度，我觉得博物馆就应该有这样的面貌。

过去明清两代每年春节在乾清宫前竖立万寿灯、天灯，是宫廷重要的活动之一。但是自1840年鸦片战争爆发以后，就再也没有能力把天灯、万寿灯竖立起来。此次，在故宫博物院任万平副院长的主持下，经过半年研发，把天灯、万寿灯重新研发了出来。今年春节期间，看到天灯、万寿灯竖立在了乾清宫前，80个国家的驻华大使聚集在天灯、万寿灯前合影留念，我感到非常骄傲。

今年春节前，故宫博物院接到通知，北京市要在正月十五把中轴线点亮，故宫是中轴线上重要的文化空间，不可或缺。经过四天研发，八天安装，奋战多个日日夜夜，终于完成了这个任务。正月十五如期举办了“紫禁城上元之夜”活动，北京市劳动模范、120多个国家驻华大使和外交官，与北京市民一起，走进夜间的故宫博物院。这是90多年来，故宫博物院建院以来，第一次夜间开放；这是600年来，紫禁城建成以来，第一次大规模被照亮。当天晚上，人们登上被350盏红灯照亮的城墙，沿途参观展览，听艺术家表演。在古建筑的屋顶上，呈现出《清明上河图》《千里江山图》的投影；在故宫角楼，观赏数字文化创意；在故宫红墙上，被灯光打上了“上元诗句”。200多家中外媒体进行了集中报道，将“紫禁城上元之夜”的景观影像传往世界各地。

“紫禁城上元之夜”活动取得了圆满成功，故宫博物院接到了各国大使的感谢信，感谢给他们带来了没有体验过的文化享受。但是，我也看到了一位老师在网上评论，说“紫禁城上元之夜”没有巴黎圣母院灯光秀好，我调阅了巴黎圣母院灯光秀的资料，确实各有特色，不一样的文化。在欧洲的城市，教堂耸立在城市中央，建筑以单体取胜，灯光打在巴黎圣母院的立面上，人们站在广场上观赏。但是中国的古建筑群以群体取胜，人们行走在天地之间，随着人们的移动，灯光在变化、景观在变化，内容在变化，更加丰富多彩。经过比较我个人认为，今年的正月十五，还是中国的月亮最圆。

春节期间的活动结束了，但是我们希望经过精心研发的万寿灯、天灯能留存在城市中。于是故宫博物院决定举办拍卖活动。在故宫乾清宫广场上，举办了万寿灯、天灯、宫灯复制品的公益拍卖，拍卖所得的全部资金捐助国家贫困县。拍卖活动得到社会各界支持，拍卖所得的2000多万元资金，全部捐赠给了从广西巴马到内蒙古阿尔山的4个贫困县。对此我们深感自豪，博物馆向来接受社会赞助，而今天故宫博物院可以加入到扶贫的行列，可以赞助别人了。

习近平总书记说，我们从哪里来，走向何方，中国到今天无时无刻不提醒自己要有历史感，中国要有道路自信、理论自信，本质上是文化自信。文化是什么？是一个国家、一个民族的灵魂。文化自信是什么？是一个国家，一个民族发展中最基本、最深沉、最持久的力量。当我们一个人、一个单位、一个地区拥有文化自信，我们就一定会拥有未来。

我在故宫博物院已经工作了7年多时间，我获得的最深刻体会是，什么是文化遗产保护好的状态？不是把它们锁在库房里，死看硬守就是好的保护状态，而是一定要使它们重回人们的社会生活，人们感受到它们的魅力的时候，人们才会投入力量保护文化遗产。文化遗产获得倾心保护，才能拥有尊严，有尊严的文化遗产，才能成为促进经济社会发展的积极力量，当文化遗产成为促进经济社会发展的积极力量时，才能惠及更多的民众，使更多的民众加入到文化遗产保护的行列中来，这才是文化遗产保护的良性循环状态。

什么是一座好博物馆？不是拥有大规模博物馆建筑，对观众开放就一定是好博物馆，而是深入挖掘博物馆所拥有的资源，凝练成强大的文化传播能量，使博物馆不断推出好的展览，不断举办人们乐于参与的活动。当人们感受到博物馆对现实生活的意义，人们才会在休闲的时候走进博物馆，走进博物馆以后，感受到文化魅力，感受到文化智慧，感受到文化情怀，流连忘返不愿意回家，回家以后还想再来的博物馆，才是一座好博物馆。

我们一直在为实现文化遗产保护的良好状态，建设一座好博物馆而不懈努力，虽然不够，但是我们会继续努力，相信经过努力，我们可以自豪地说，把壮美的紫禁城完整地交给了下一个 600 年。

主持人：看得出来在座的同学们掌声如雷，我也一样，单院长本来特别希望能跟大家互动一下，但是他今天下午又有一个重要活动，就取消这个环节，对同学们恐怕是一个挺残忍的决定，但是没办法，我们尊重单院长的决定。我相信单院长到这儿来肯定不是第一次，更不是最后一次，我们要经常请单院长跟同学们报告，刚才听报告的时候，我跟同学们一样，是在掌声和笑声中度过的，根本没有感觉到两个小时到了，我觉得过得很快。

刚才听报告首先有两个冲动，第一个冲动，咱们报告将来能不能够到故宫里面搞一次，或者每年关于文化这块，尤其文化自信，能够在故宫搞一次，周二是免费日嘛，这个不是开玩笑，是我真心的冲动。

第二个冲动，我刚才想，应该要出一本书，故宫与北大人。故宫这么重要，这么“高大上”，咱们北大给故宫做了什么贡献？我想考古咱们北大还是很厉害的。单院长是北大的兼职教授，编这个书真的是需要研究一下。我讲这些可能有点拉杂，但是是发自内心对单先生报告之后产生的感想。单先生今天清晰的讲述，把他当故宫博物院院长七年，和他的同人，他的团队在传承故宫文化上所做的艰辛、细致、睿智的工作给大家做了讲解，也可以说他和他团队所做的工作，使故宫所承载的中华文化更加不断地面向人民、面向社会、面向世界，说得非常实在。我已经有 18 年没去过故宫了，但是单先生当院长这几年不断听我小孩跟我讲，今天故宫出了新的明信片，过段时间又出了什么，一回来就买一堆，每次都很高兴。有些家长可能也生气，孩子把很多的零花钱都买了故宫的文创了，但这个文创值得，这个零花钱花得值得，我也高兴，而且也让我涨了知识，明信片、小玩意、各种小雕像，涨了知识。

中华文化具有强大的魅力，中华文化五千年绵延不绝，就是因为有了单先生这样的文化的守望人，今天我想接着单先生的报告谈一点学习的感想，单先生刚才那句话很多人都记住了，要让文物有尊严。我不是搞文物的，我们现在尊重文物，但是我们经常到博物馆去看，很少有让文物有尊严的，作为政策，作为一个口号展示出来，我们过去在学校里，要让老师有尊严，要让学生有尊严。对于博物馆来说就是让文物有尊严，让文物有尊严说起来容易做起来难。刚才单先生讲兵马俑，小时候我们家画报上面看到的。要想文物有尊严，必须要有文化情怀，要想文化有情怀，必须对人民有情怀，刚才单院长讲了很多他们团队为了守望文化，为了守望故宫，为了弘扬故宫的文化精神做的很多事情，少排队、排隐患、多展品、研发文创、多渠道开放。实际上就是一句话，多承担文化情怀，所以总书记讲要文化自信，文化自信就是所有的人都有文化情怀。在我看来就是单先生他们这个团队的精神，多付出，多为社会、为大众服务。不多占用大家时间了，最后用掌声为单院长、无数个故宫人为文化传统做的贡献鼓掌。感谢单先生！感谢各位同学！

（2019 年 6 月 8 日）

文化的力量——让文化遗产资源“活起来”

——在清华大学的演讲

清华大学“未来已来”清华系列讲座（2019 年 6 月 25 日）

主持人：2018 年年底，在《中国新闻周刊》影响中国年度人物的颁奖典礼上，单霁翔院长被授予“影响中国年度文化人物”奖。在他任职院长的 7 年多时间，故宫博物院经历了全面的管理变革，展览区域从不足 50% 扩展到 80%，文物展示数量数倍增长。他把人们以往认为的古板、隔绝和高深的皇家宫苑，改变为今天如此有趣、开放和亲民的文化圣殿，改变成世界一流的博物馆。

单霁翔：各位老师、同学们，大家好！

我在 2012 年 1 月来到故宫博物院工作，这里有多个名称，代表着不同的身份。首先它叫紫禁城，表明这是明、清两代的皇宫，今天保留下世界上最大规模、最完整的古代宫殿建筑群。

第二个名字为故宫。1912 年 2 月清朝宣统皇帝宣布退位，有了故宫这个名称。今天在这里保存着历代文物藏品，成为世界上收藏中国文物最丰富、最珍贵的一座宝库。

第三个名称来得更晚，1924年在冯玉祥发动的“北京政变”中，末代皇帝溥仪被驱逐出宫。从1925年10月10日开始，这里又有了一个新的名称——故宫博物院，成为一座对社会开放的公共文化设施。今天更成为世界上每年接待观众数量最多的博物馆。

同样一个地方，拥有这么多的世界之最：世界上最大规模、最完整的古代宫殿建筑群；世界上收藏中国文物最丰富、最珍贵的一座宝库；世界上每年接待观众数量最多的博物馆，在这里工作怎能不让人充满自豪感、责任感。

但是，当我真正成为一名故宫博物院员工，每天走在观众中间，设身处地地体验人们的参观感受，这些世界之最竟然很难真正体会到。因为这些世界之最还没有完整呈现出来，还有很多提升的空间。

首先，你说故宫博物院的馆舍宏大，但是我看到的是大部分区域并不开放；你说故宫博物院的文物藏品丰富，但是我看到的是99%的文物藏品在库房里面沉睡，展出的文物不到1%；你说故宫博物院的观众最多，故宫博物院的确从来不缺观众，但是他们真的享受到应有的待遇了吗？实际上，大多数观众都是随着导游的小旗盲目前行，听着不够专业的讲解。很多观众的参观体验就是看看皇帝坐在什么地方、躺在什么地方，在什么地方大婚，然后看看珍宝馆、钟表馆，在御花园休息一下，就走出了故宫博物院。在我看来，如此参观体验充其量就是“到此一游”而已，人们并没有感受到这座世界著名博物馆应有的魅力。

由此，我们在反思：我们经常挂在嘴边上的这些“世界之最”，对于观众来说真的是最重要的吗？它们的确很重要，但并不是最重要的。那么什么才是最重要的呢？我认为，随着时代的发展，人们对于有品质的文化生活更加向往，因此更重要的是这些文化遗产资源，究竟在多大程度上能够为人们的现实生活做出贡献，具体就一位观众而言，当他走出故宫博物院的时候，回顾这次难得的文化之旅究竟获得了什么，才是最重要的。应该说，故宫博物院缺少的是“以人为本”的管理理念，不足的是人文关怀，因此必须要加以改变。

改变要从观众走进故宫博物院的时刻开始。过去故宫博物院门前的广场是一个充满商业氛围的广场，销售来自全国各地的小商品和旅游纪念品，与故宫文化没有什么关系，首先对广场环境进行了整治，整治后的故宫端门广场清新、庄重、典雅，使人们能够充满期待地走进这座文化殿堂。

长期以来，人们到故宫博物院午门前，买票、进入就是一个困难的过程，往往要排队半个小时、一个小时，好不容易排到窗口买完票还进不去，还有很多麻烦的手续，如验票、安检、存包，当走进故宫博物院的时候，已经筋疲力尽，这一状况也必须改变。

在端门广场两侧，各有连檐通脊的朝房47间，东侧的朝房目前由国旗卫队使用，西侧的朝房则被当时的管理单位出租出去，租房的人就办了一些格调不高的展览，诸如太监展、宫女展、武则天展、刑罚展等，20元一张票，很多观众看完之后批评故宫博物院举办这么低俗的展览，故宫博物院也很委屈。于是，经请示上级部门收回了这排朝房，由故宫博物院管理，随即撤除了这些临时展览。这排朝房经过维修后用作售票，一下子开了30个售票窗口，最多时增加到32个。这样就能保证观众来到故宫博物院前，3分钟内就能买上票。希望观众能在买票的环节上省半个小时、一个小时，用这些时间多看一个、两个展览，那么故宫博物院辛辛苦苦举办的这些展览，有更多的观众欣赏，对于观众和故宫博物院都大有裨益。

故宫博物院的入口是午门，午门正面明明有三个门洞，但是过去买票的观众只能走两边的小门，中间的大门却不能走，留作贵宾车队通行。这样就造成两边的小门前经常排着长长的队伍，人们眼睁睁地看着中间的大门空着而不能走，对此观众们意见很大。有一位东北来的老大爷，激动地跟我诉说，他说一辈子可能只有一次机会来故宫，希望体验一下皇帝的感觉，走中间的门进入故宫。我还要做他的思想工作，因为中间没有验票，所以不能体验皇帝的感觉。

于是，我们就向有关部门请示，机动车能否不再开进故宫午门，使观众不再排队。答曰："那可不行，这是几十年来的外交礼遇，我们是文明古国，对客人有礼遇，不能新院长上任就不再给贵宾礼遇了。"其实，无论是访问英国的白金汉宫还是法国的凡尔赛宫，各国来宾都要远远地下车，调整好心情步行进去。我们国家的领导人出访，参观博物馆或文化遗产地时，也都是在门前下车，步行进入，表现出对别国文化尊重的态度，这是事关文化尊严的问题，也是事关观众权益的问题。故宫博物院就发布了公告，机动车不允许再开进午门。第一个来访的贵宾就是法国总统奥朗德，他在午门外面下了车，我迎上去开始讲述午门的故事，他仰望着高高城台之上壮美的午门，故宫古建筑所带来的震撼，对他来说会终生难忘。随后，奥朗德总统带着女朋友走过长长的门洞，步行进紫禁城，这是过去来访的外国总统、总理没有享受过的待遇。过去外国的总统、总理是坐车进入故宫博物院，下车还要问助手"我到故宫没有"，或者是"我到故宫哪儿了"，实际上失去了难得的参观感受。自此以后，所有的来宾，无论何种身份，进入午门都要步行，再也没有机动车队开进故宫午门。这样故宫午门的三个大门就都打开了，观众再也不需要排队等待，愿意当"皇帝"的观众也可以走中间的大门。

过去故宫博物院门口验票都是工作人员站在铁栏杆里面，观众从栏杆中间的通道走进去，后来需要安检，安检机又堵了半个门洞，因此验票也排队、安检也排队，每天午门前面都挤满了观众。这完全是人为造成的排队拥堵。我们就拔掉了铁栏杆、移走了安检机，观众可以顺畅地走进故宫博物院。

实际上，这些措施的实施，开启了故宫博物院的一场"管理革命"——就是要重新审视过去的一切做法，究竟以"自己"管理方便为中心，还是以"观众"参观方便为中心？如果以自己管理方便为中心，就会设置很多让观众感到不方便的措施，但是反过来，如果以观众方便为中心，那么对于过去几十年的做法都要重新审视，该改变的就要改变。当然，验票、安检还是需要的，就重新设计了观众路线，把午门正面亮出来，而把验票安检入口放在两侧，入口数量也增加到 24 个，这样一来，再多的观众都不需要排队等待。

总之，就这么简简单单的一个"组合拳"施展开来，故宫博物院门前广场的环境就得到了改变。几年前，故宫午门广场不大的空间里面，人们挤在一起买票、验票、安检、存包，那时大喇叭经常广播：您家的孩子找到了，到什么地方去领。对于一位观众来说，还没有进入故宫博物院，孩子先丢了，心情能好吗？而今天，人们在 10 分钟之内，就可以有序地走进故宫博物院，环境也好了，心情也好了，体力也好了，人们还可以在午门前照相留影。

但是，人们走进故宫博物院以后，心情还能好吗？不一定好，也许还会很糟，还会面对很多麻烦事。首先，大部分观众是第一次来故宫博物院参观，找不到前去的方向，标识不清楚。所以，赶快制作统一的标识牌，根据故宫的环境色彩来进行设计，并征求观众的意见。第一年就制作了 512 块标识牌，放在经常被问路的地点，例如：三岔路口、十字路口、有展览的地方、有卫生间的方向等。随着开放区的扩大，标识牌不断增加，但是仅有这些静态的标识牌是不够的，因为人们还需要了解每天的动态信息，于是又开始增设电子标识牌，把当天的信息、近日展览的内容及时告诉观众。同时，人们还需要在行走的过程中听讲解，于是又提升自动讲解器功能，目前故宫博物院的自动讲解器，可能是全球语言最丰富的博物馆自动讲解器，一共有 40 种语言，包括各国的语言、主要民族的语言、地方的方言，例如粤语、闽南话等，还有专家版、少儿版、对话版，人们各取所需。此外，今天人们接受信息的方式和手段还在不断进步，故宫博物院开始加大免费 Wi-Fi 互联网服务覆盖，使人们能够自主获取新的信息。这样的努力将永无止境，例如今天已经进入 5G 时代，如何利用新的技术更好地为观众服务，需要继续探索。于是故宫博物院与华为公司共同建设“5G 故宫”。

以往，故宫博物院内的洗手间外，经常排起长长的队伍，堵了半个观众通道，而排队的全是女士。最丢脸的是，我看到洗手间门上居然贴着“女士请排队”的牌子。实际上男士也走不了，只能在旁边拎着包、看着孩子，十分尴尬。观众们宝贵的 15 分钟、20 分钟的时间就被如此浪费掉了，因此应该改变。通过征求专家意见，进行大数据的分析，做了两个月的实验，得出了合理的结论，即在故宫博物院这个公共空间里面，女性洗手间的数量应该是男性洗手间数量的 2.6 倍，于是按这个比例进行调整，在旺季还设立了女士专用卫生间。应该说也是举手之劳，调整以后女士、男士都不需要再排队。洗手间外面不再排队，里面也应该干净整洁，于是又开始启动“厕所革命”，把洗手间布置得具有文化品位，打扫得干净整洁。不久前，在钓鱼台的颁奖会上，黄永玉先生曾问起故宫洗手间现在的条件怎么样，今天我可以满怀信心地邀请黄老前来参观，也欢迎大家前来参观故宫博物院的卫生间。实际上，对于故宫博物院这么大的公共空间，卫生间不但要干净整洁，而且要方便有特殊需求的观众，例如残障人士怎么办？母亲带着男孩子怎么办？于是开始增加“第三空间”，方便有特殊需要的人们。我经常看到有的母亲，站在墙角处，抱着婴儿换尿不湿、喂奶，很没有尊严。于是设立了母婴室，让母亲、孩子也都拥有尊严，母亲可以休息休息，孩子可以玩耍玩耍，还可以带走儿童礼物。

长期以来，人们抱怨：“这么大的故宫博物院，总是让我们坐在台阶上、铁栏杆上，铁栏杆都坐弯了，不能多设一些座椅吗？”一开始我也对此感到奇怪：“为什么缺少座椅？”老员工告诉我，故宫博物院内设置座椅很有讲究，大流量的观众频繁使用，如果不经常维修，螺丝钉就会冒出来，甚至把孩子的腿划伤，要领人家去看病。没有及时维修，把观众的裤子刮破，还得赔人家裤子。还有就是红墙黄瓦的古建筑群里摆放椅子颜色需要协调，否则影响观众观赏拍照。看起来在故宫博物院开放区设置椅子也很讲究。于是，专门研究适合故宫博物院大流量观众、红墙黄瓦下面的观众座椅应该是什么样，经过研发选择了有以下特点的座椅：一是坚固结实。使用几年来没有发生过伤害观众的事件。二是椅子面是实木材料，便于每天早晨 8 点到 8 点半清洗。三是椅子下面是空透的，便于每天清扫。四是坐在上面很舒服，但是躺不下来。五是椅子的颜色为故宫红、故宫黄，与整体环境非常协调。如此，故宫博物院第一年就做了 1400 把观众座椅，随着开放区域扩大，观众座椅不断增加，人们坐在上面既有尊严，又很舒服。目前，在故宫博物院的开放区域内，已经有 11000 名观众可以同时坐下来休息。

当人们在故宫博物院坐下来休息时会发现一个现象，就是故宫博物院的开放区内没有一片垃圾。过去可不是这样，地上经常有矿泉水瓶子、冰棒棍、餐巾纸、废票根等垃圾，你扔他也扔。过去在文化遗产日、国际博物馆日、国庆黄金周等日子，我们每人都手里拿着袋子，捡地上的垃圾，希望以此感动观众，并通过媒体宣传，但是收效甚微。故宫博物院内的观众服务均采取专业的事，由专业的人来做，重新制定了招标文件，上面明确规定一片垃圾落地，两分钟之内物业员工要发现，并走过去把它扫掉。条件很严苛，但是很快我就发现，受益最大的就是中标单位的物业员工。当他们把地面打扫得干干净净以后，就没有人忍心扔第一片垃圾了，没有第一片垃圾，就没有第二片垃圾，所以他们的工作量大大减少。清洁环境绝对可以影响人们的行为。

长期以来，中轴线上的层层大殿内都是黑黑的，天越亮大殿内越黑，难以看清楚建筑室内的情景，观众问为何不能把大殿内照亮，让我们看得清楚一些？以往我们会耐心地向观众解释："这是木结构的古建筑，不能通电源进入室内，宫殿里面陈列的物品都是古物，特别是纸质品、丝织品，不能长期灯光照射。"这些道理很明确，但是人们观赏时确实很不方便，孩子往里面挤，挤不进去，老人往外面挤，挤不出来。难道真的不能改变吗？如今随着科技进步，应该研究妥善的解决办法。为此选择了 LED 的冷光源，不发热，不是一组组灯泡照射，而是将一组组光源调整为散射的状态。灯具不是挂在木结构上，而是远离木结构 2.5 米以上，用石质的灯座把灯具固定下来，开灯的时候大殿两侧各有一位安保人员值守。同时，用测光表反复测量敏感部位的光线不能超标。不同的室内环境，用什么样的光线效果更好，反复征求观众的意见。经过一年半反复的调试，太和殿、中和殿、保和殿、乾清宫、交泰殿等均被点亮。坤宁宫是萨满教的建筑。中间没有门，但是里面很精彩，一直以来观众都是趴在玻璃上往里面看，看不清楚，尤其一到冬天，观众呼出的哈气覆盖在玻璃上，再用手一抹，玻璃都变得很脏，更加看不清楚。现在则不需要趴在玻璃上了，因为坤宁宫也被点亮了。过去，这些原状陈列的殿堂每三个月要系统地保洁、除尘一次。现在则两个星期就要清洁一次，因为人们都看清楚了室内环境。由此我们认识到，并不是人们看不到就表明文物得到了应有的保护，而只有观众获得了文物保护的知情权、监督权，文物才会保护得更好。

博物馆作为公共文化设施，做一切事情最重要的前提是确保安全，保证观众的安全、保证文物的安全。这两年，世界上发生了一些文化史上的悲剧，例如 2018 年的一把大火，巴西国家博物馆 90% 的文物被烧毁了。2019 年的一把大火，世界文化遗产巴黎圣母院遭到重创，听到这些消息大家都很难过，这些都是人类共同的文化遗产。但是我也在想，巴西国家博物馆是现代建筑、巴黎圣母院是砖石建筑，居然都能够着火，而故宫是由近 1200 幢木结构的古建筑组成，世界上没有任何一座博物馆比故宫博物院的防火压力更大。故宫博物院建院以来也曾出现过火情，发生过火灾，例如 1987 年，故宫景阳宫被雷击中后烧毁，就是故宫博物院建院以后发生的一次火灾。

当然，故宫博物院除了防火，还有一个非常严峻的安全挑战，就是防盗。过去故宫博物院曾 6 次被盗。最近的一次就在 8 年前，一个窃贼潜入故宫博物院斋宫临时展厅，把一些展品偷走，引起很大的社会反响。我就是因为那个小偷才被调到故宫博物院来当院长。当时已经 58 岁，我想只能再工作两年，按照规定就应该退休，但是没有想到一干就是 7 年多。

到任后，正逢故宫博物院安全状况遭到社会质疑的时候，于是全院上下认真分析故宫博物院到底存在什么安全隐患。进行了 5 个月的安全隐患排查，走遍了故宫 9371 间古建筑和现代库房、临时建筑，对每个房间都进行登记、拍照，查找安全隐患。在这一基础上，启动编制了一套“平安故宫”工程文本，详细记录了所查找的七项安全隐患：火灾隐患、盗窃隐患、震灾隐患、文物腐蚀隐患、库房存在的隐患、市政基础设施存在的隐患、可能发生的观众踩踏隐患。这七项隐患客观存在，有些方面甚至触目惊心。“平安故宫”工程文本及时上报国务院以后，很快获得了批准，于是启动了为时 8 年的“平安故宫”工程。

首先，故宫博物院建立起强大的安全防范新系统，设立了 5 个中控室，室内有 65 面大屏幕，连接着 3000 多个高清晰的摄像头。如果说新建一座现代化的博物馆，有一个中控室、几百个摄像头就足够了，但是故宫博物院这么大的面积，这么复杂的地形地貌，就需要更加强大的安全防范系统。同时，加强了故宫世界文化遗产监测，动态的、静态的，物质的、非物质的，可移动的、不可移动的，24 小时全时空、全天候进行监测。在防震方面，展台、展柜增加防震设施。特别是将文物藏品装入囊匣，再装入具有防震功能的密集柜，更加妥善地保护文物藏品。

在防火方面，合理布局高压消火栓的位置和数量。故宫这片区域平缓开阔，雷会经常光顾，因此要不断地提升防雷设施的水平，增加日常的检查监测频度。还要不断研发先进的大型消防装备，但是故宫里有很多小巷道、小庭院，大型消防装备无法进入，因此还要研发专用的小型消防装备。同时，年轻员工组成一代一代的义务消防队，经常进行训练，各部门员工都要参加消防运动会，进行消防技能演练，提高消防意识。每年故宫博物院都要举行大型联合消防演习，一旦发生火灾以后，把文物先抢救出来，特别是要把伤员先抢救出来。除了消防队员要演习，机器人也参加演习，能够及时准确地冲入火海，先把明火灭掉。总之，只有时刻保持战备状态，才能在发生火灾后及时扑救。

但是，更重要的是不能发生灾害，更重要的是预防性保护。必须把故宫博物院室内室外清理得干干净净，消除所有的安全隐患。因此，故宫博物院从 2014 年开始，启动了为时三年的环境整治，这一过程艰苦卓绝。

在室内进行了10项内容的清理

一是清理那些还没有登记的、散落在各个房间的文物。其中有些器物座、整根象牙等，存放在文保科技部，原准备做修复材料；有服饰盒子、中药盒子等，没有确定类别，都堆在各个房间已经很长时间，实际上都应该作为文物保管起来，于是对这些文物进行清理，进入藏品系列。

二是散落在各个房间里的古建筑附属构件，一些汉白玉构件已经严重风化，一些帘子坠已经锈蚀，一些铜门钉、铁门闩堆在一起，既没有得到保护，又占据很多室内空间。于是进行了清理，应该包装存储的就保管起来，可以继续使用的就合理利用起来。

三是清理散落在各处的门窗，几十年来因为古建筑开放的需要，或是因为布置展览的需要，将一些古建筑门窗卸下来，往通道上一堆、往屋子里一放，没有把它们当作文物保管，其实这些门窗都是古建筑重要的组成部分，应该获得保护，于是对这些门窗进行维修保护，建立古建筑构件仓储式展馆进行展示。

四是清理散落在很多房间里的箱子，上百个房间都堆着大箱子，其实这些箱子里面什么都没有。就是因为故宫博物院在20世纪80年代、90年代建设了两期地下库房，把这些箱子里的数十万件文物藏品取出来存入地下库房，原来的箱子就仍然放在各个房间内，樟木的、紫檀的、皮革的，应该很好地保存起来。于是就安排了3个大型库房存储这些箱子，同时腾出来大量的古建筑房间安排使用。

五是清理留存在炕上、地上的那些被子、褥子、毯子、毡子、门帘子，这些都是过去使用过的东西，带着丰富的历史信息，由于未能确定文物性质，就一直堆放在那里。于是对几十个房间里面的这些织绣文物进行了熏蒸、除菌，专门建立了织绣库房进行保存，又腾出了不少房间。

六是清理展览设备，以往一些展览结束以后，就把展柜、展具等往空屋子里一堆，加以存放，时间长了早已被遗忘，随着展览水平的提升，这些展具也没有可能再使用，但是占用了很多空间，清理以后腾出了大量房间。

七是清理杂物。过去总有“破家值万贯”的思想，使用过的一些凳子、椅子、桌子、沙发、运动器材，舍不得处理，往房间里一搁，占了很多空间，时间长了逐渐失去了利用价值。但是毕竟是国有资产，不能随意处置。于是把这些物品集中在英华殿北侧的庭院里，各单位前来挑选，需要的话登记领走。结果没有单位领走，也就只好办理手续进行处理，又腾出不少房间。

八是清理室内的杂物。长年很少有人进去的房间，堆放着各种杂物，地上沉积着厚厚的尘土，踩上去腾起灰尘，这是非常严重的安全隐患，同时对古建筑保护，特别是地面保护也非常不利。于是进行彻底的大扫除，把每一个房间都收拾得干干净净，逐步实现开放或合理利用起来。

九是清理不可移动的家具。这些家具与古建筑连在一起，数量最多的是床具，即古代人睡觉的炕，常年闲置在那里，有的已经糟朽，有的床具上面堆着一些东西，有的床具上面还铺着古时的炕席、褥子，但是缺乏维护。于是把这些与建筑连在一起的家具修复好，条件具备时进行原状陈列。

十是清理古建筑墙上的贴落。在不少房间内的墙上有遗留的书法、绘画作品，包括皇帝的书法、名人的绘画，具有珍贵的历史和艺术价值，但是为了保持原状，都没有取下来专门保管，实际上这些书画作品寿命较短，不应长期保存在原处。于是，故宫博物院做出决定将文物书画进行修护，将高仿复制书画长期陈列。

经过艰苦卓绝的 3 年室内环境清理，故宫博物院的几千间古建筑被清理得干干净净，消除了安全隐患，为实现扩大开放创造了条件。但是，相比室内环境清理，室外环境清理更加复杂，更加艰苦。

在室外进行了 12 项内容的清理

一是消除火灾的隐患。非开放区的一些地方堆积着树枝、树叶、杂物，这是非常危险的火灾隐患，为此开展了全员参加的大扫除，将工作区域、仓库区域、动力后勤区域等全部清理打扫干净。同时，通过全面禁止在故宫博物院内吸烟，严防火灾发生。

二是清理地面杂草。当时故宫大部分区域没有开放，非开放区的通道、庭院的地面上长着很多草，一些地方的杂草竟然 1 米多高。第一次走进去时，老员工告诉我先要大喊两声，让小动物先跑，再进去，否则会踩到它们。今天把各处通道、庭院的杂草全部进行了清理。

三是清理石刻构件。以往维修保护古建筑，把一些替换下来的石刻构件堆放在附近的院落里，日积月累几十个院子都被散落的古建筑石刻构件所占据。于是，把这些石刻构件运到东华门下，设立石刻构件保护展示园区，既腾出了不少院落，又把石刻构件展示出来，观众可以进行参观，专家可以进行研究。

四是清理室外杂物。一些报废设备堆在屋檐下，一些纸箱子堆放在通道上，已经很久没有人过问，还有一些施工过后的场地杂乱无章。于是对这些室外杂物进行清理，例如慈宁宫花园的东侧广场，曾经堆放着一些施工材料，如今清理干净后作为花园广场对观众开放，春天在这里展示牡丹、秋天在这里展示菊花。

五是清除屋顶上的杂草。过去故宫古建筑的屋顶上长了很多杂草，虽然生态环境很好，但是这些杂草要生存，就把根扎在瓦里面，瓦拱松动了，雨水就会灌下去，梁架就会糟朽。因此下决心清除这些杂草，前后居然用了两年的时间。因为这些杂草不是拔掉就可以，两场雨过后，又会长出来。斩草除根，要把瓦揭开，把草根取出来，再把古建筑维修好。经过两年坚持不懈的努力，今天终于可以郑重地宣布：故宫 1200 栋古建筑上没有一根草。

六是整治与古建筑接触的电线。电线、电器漏电是当前古建筑火灾最重要因素，过去一些电线安装不规范，挂在古建筑上非常危险，于是采取增加安全套管、重新规整安装等措施，消除隐患。

七是清理市政管线。日益增多的市政管线对古建筑及其环境造成伤害，例如在故宫内金水河上穿越着上百条各类市政管线，一些市政管道穿越红墙，一些热力管道挂在古建筑的墙上，经过门洞时还形成两个弯，成为十分尴尬的“风景”。因为明清时代没有这么多种类的市政设施，也就没有市政管道的路由。为了解决这一难题，经过两年半的设计与报批，最终获得了通过，即在故宫红墙以外，地下 8 米到 14 米的位置，采取盾构的形式，避开文化层，修建了两个断面的共同沟，长达几公里，把十几种市政管线全部入地，再也不用开挖地面，再也不用穿越古建筑。目前，白天故宫博物院正常开放，其实每天夜间都在往外运土、往里运材料。这项工程目前进展顺利，实现了全线贯通。

八是提升广场地面。大家都知道，明清时期紫禁城内建设了完善的排水系统，因此长期以来“故宫不积水”成为值得骄傲的话题。但是，由于过去一些广场地面用水泥砖铺装，没有做好排水，下雨后造成积水。还有的广场上埋设市政管道以后用水泥一抹，好似在地面上打上补丁，坑坑洼洼。于是针对这些广场，重新做好排水，全部用砖、石等传统建材把地面施工平整。今天又可以骄傲地对社会宣布，北京地区无论下多大的雨，紫禁城内都不会积水。

九是改善保护措施。一些开放区域的保护设施不讲究，例如在御花园里，为保护盆景、石雕，用铜栏杆、铁栏杆围住，地面是裸露的土地，刮风的时候，灰尘弥漫。于是，把这些铜栏杆、铁栏杆拆掉，再用绿植把地面封护起来，这样不但保护了盆景、石雕，而且维护了地面，使整个御花园的景观环境得到了改善。

十是提升施工环境质量。施工单位在施工的时候将施工场地用铁板一围，丝毫不顾及与周围环境是否协调。于是，故宫博物院统一设计施工的围挡。例如在修复地面时，使用空透的围挡，人们可以了解施工的状况，同时图版展示使用什么样的工艺、工具来进行维修保护，普及文物保护知识。

十一是“去商业化”。长期以来，观众集中走在故宫中轴线区域，于是太和门、乾清门、隆宗门、景运门等门洞内都有经营销售设施，严重影响人们观赏壮美古建筑群的效果和感受。例如人们来到乾清门，自动讲解器就会告诉观众，这里是清代皇帝每天上早朝的地点，但是观众向西侧一看是故宫商店，向东侧一看也是故宫商店，还如何体会历史情境？于是进行了整治，恢复历史原貌。再如隆宗门曾经是观众餐厅，冬天冷，夏天热，雾霾日子来了更不卫生，于是也进行了整治，开放了隆宗门。再有就是御花园，观众来到这里已经累了、渴了，于是商店里就卖汉堡、烤肠、爆米花等食品，人们购买以后就地吃喝，一到中午御花园就像是个大餐厅，空气中都弥漫着烤肠和爆米花的味道，观众难以体验古典园林的意境。为此，把经营食品的项目全部撤离了御花园区域，恢复了古典园林往昔的文化氛围。

十二是清理临时建筑。几十年来，故宫博物院内积累下来历年建设的 135 栋临时建筑，其中最危险的有 59 处彩钢房，这种建筑两个星期就可以搭建好，但是这种材料不阻燃，一旦着火会迅速燃烧，留在古建筑群内非常危险，因此下决心首先拆除这 59 处彩钢房。例如午门下面宣传教育部的彩钢房、资料信息部已经使用了 8 年的彩钢房、行政处 600 人吃饭的彩钢房东食堂、十三排彩钢房办公用房、古建部的彩钢房库房、宫廷部的彩钢房库房区，以及集中在西部区域的审计室、基建办、预算处的彩钢房办公用房等，全部都被拆除。更多的是临时建筑，搭在红墙上的车库、搭在古建筑上的职工浴室等都被拆除。南三所是古代皇子生活的地方，9 组院落、绿琉璃瓦非常漂亮，但是几十年来人们都没有完整地看到过南三所的景观，一直被 7 栋花房围挡着。于是，故宫博物院在北京海淀区西北旺镇建设了古典园林中心，盖了温室大棚，花卉得以更好养育。每年初春时节把养好的花卉送往故宫各个庭院，每年深秋时节又把花卉送回古典园林中心。在此基础上，拆除了花房，人们才看到南三所的景观。

同时，故宫博物院对三处最脏、乱、差的地点进行了彻底的环境整治，故宫里面为什么会有这三处脏、乱、差的环境呢？因为清朝末年和新中国成立之前，由于古建筑失修或失火，地上古建筑损毁后，作为空地堆物堆料。一是西河沿区域，长期以来用作储存木材、加工木材的地方，进行清理以后，用三年的时间恢复传统景观，建成了故宫文物医院。二是南大库区域，长期以来是施工备料的地方，进行清理以后，修复历史景观，成为对观众开放的家具馆。三是内务府区域，长期以来施工单位在这里建设施工临时设施和存放施工机械、施工材料，进行清理以后，建设地下库房的配套附属设施。

总之，经过三年艰苦卓绝的环境整治，故宫博物院环境面貌从内到外全面改观。我们终于兑现了一个庄严承诺，就是在 5 年前故宫博物院对社会宣布，要“把一个壮美的紫禁城完整地交给下一个 600 年”，我们实现了这一目标。紫禁城是 1420 年明代永乐皇帝时期建成，2020 年是紫禁城的 600 岁生日，我们希望人们再次走进故宫博物院，看到的只有古代建筑，没有任何一栋影响安全、影响环境的现代建筑。

但是，作为一名观众，走在故宫博物院里，最关注的是自己的脚下和周围的环境，因此仅仅进行整治是不够的，还要进行环境的提升。例如 6 年前故宫博物院内的大量道路是沥青地面，这是“文化大革命”中重新开放的时候铺上去的，时间长了变得坑坑洼洼。很多广场，包括端门广场、太和门广场、隆宗门外广场、景运门外广场等，铺的都是用水泥做的砖。时间长了也变得坑坑洼洼。当时故宫博物院内的绿地，或是用铁栏杆，或是用绿篱把绿地围住，其实这种办法并不好，不便于绿地养护，也影响景观，还有那些高高低低的灯杆、井盖，与历史环境都不协调，应该改变。

为此，也用了两年半的时间来整体提升环境。今天人们走进故宫博物院，所有的地面，无论是道路，还是广场，铺的都是传统建材，砖的地面或石材的地面，数千延长米的铁栏杆都去掉了，绿地反倒养护得更好，偶尔有人踩一下也没有什么了不起。整体提升环境为什么用了两年半的时间呢？主要是为了把井盖做平，广场上、通道上有许多高高低低的井盖，人们参观时还要留神脚下，尤其是残障人士轮椅、婴儿车走上去很危险。但是真正做起来才知道难度。首先有关市政部门要批准才能调整井盖，其次是数量非常大，用了两年半时间终于把 1750 个井盖改换为平平整整的“故宫井盖”。无论是屋顶除草、还是地面换井盖，都是很简单的事情，但是放大到故宫的宏大空间里，就成为不简单的事情，需要花费很大的气力，需要持之以恒、锲而不舍的态度和精神。过去走在故宫博物院的一些通道上，沥青、水泥砖、井盖和市政管道留下的凹凸地面，今天都得到了改善。同时，近年来把故宫内的 300 盏灯杆，也换成了 300 盏宫灯，这样白天也是景观，晚上又可以照明。

总之，我们希望通过不懈地努力，使人们再到故宫博物院参观，看到的是绿地、蓝天、红墙、黄瓦的美景，现在除了蓝天在个别的日子里看不到，其他都已经做到了。当然在北京看到蓝天的日子，近几年来也越来越多，灿烂阳光下红墙黄瓦的紫禁城古建筑格外迷人，充满魅力。但是，故宫博物院还有与其他博物馆不同的地方，就是人们从一个展厅到另一个展厅要经过室外的空间，因此应该是一个连续美好的参观过程，于是故宫博物院也不断进行环境的美化，希望人们在这里春天可以看牡丹，夏天可以看荷花，秋天可以看银杏，冬天可以看蜡梅。到哪儿去找呢？人们都有手机，故宫博物院制作了“寻花图”，打开手机就可以知道今天什么花卉在什么地方开放。

最近，故宫博物院与华为公司签署了战略合作协议，共同建设“5G 故宫”，主要目标有两个：一是全时空、全天候监测不可移动文物、可移动文物的保护状况。二是为观众提供更好的服务。希望再过一段时间，观众走进故宫博物院，打开手机就能够知道今天有多少项展览，每个展览什么内容，想要参观的展览在什么位置，展厅里面现在有多少人在观赏。如果想上洗手间，打开手机就可以知道距离最近的洗手间在什么地方，有几个坑位空着。要想喝茶打开手机就可以知道有几个茶室正在开放，都沏的是什么茶，有什么新书可以看。要想买故宫文化创意产品，打开手机就可以知道要买的文化创意产品在哪个地方正在售卖，存量有多少。总之“5G 故宫”实现以后，观众能够更方便、自主地参观故宫博物院。

以上说的这些其实还算容易做到的事情，只要突击整治、持续保持就可以实现，都不是真正的挑战，而真正的挑战在于如何服务好每天大量进入故宫博物院的观众。挑战的严峻在于故宫博物院观众数量的增长速度太快。

2002 年故宫博物院的观众数量第一次突破了 700 万，当时世界上观众数量最多的博物馆并不在中国，而是法国的卢浮宫艺术博物馆，2002 年观众数量达到 800 万。2003 年故宫博物院最为轻松，因为有 SARS，下半年人们都不来参观了。但是到 2012 年，故宫博物院的观众突破了 1500 万，也就是 10 年间故宫博物院的观众增长了一倍，成为世界上观众数量最多的博物馆，超量接待的压力很大。“不幸”的是，我就是在这一年的 1 月 10 日来到故宫博物院工作，经历了 2012 年全年惊心动魄的观众参观场景，故宫博物院有史以来接待观众最多的一天就是在 2012 年 10 月 2 日，一天接待观众达 18.2 万，也可以说是空前绝后的纪录。也就是在这一天我们意识到不能再放任观众自然增长，而应该进行调控设计，平衡接待观众的数量、观众参观的质量、文化遗产的安全等诸多因素。于是从 2013 年开始故宫博物院放缓了观众增长的速度，一直到 2016 年故宫博物院的开放区从 2002 年的 30%，到 2011 年的 48%，再到 2016 年的 76%，终于实现了大部分区域对观众开放。这时才开始每年有序地增长几十万观众。2017 年故宫博物院观众达到 1670 万，居世界第一，同一年法国卢浮宫艺术博物馆接待观众 830 万，居世界第二，接近故宫博物院观众数量的一半。

对于故宫博物院来说，如果一天接待 4 万观众的话，很轻松，3 分钟就可以买上票，但是如果一天接待 8 万观众，就已经饱和了，如果一天接待 18 万观众的话，简直就崩溃了。人们形容进了故宫博物院以后就没有看见地面，一直都是后面人推着往前面走。每到这个时候我们总是要站在最容易发生问题的保和殿北侧大台阶上，嗓子都喊哑了，告诉人们不要推搡、注意脚下，精神高度紧张。特别是 2014 年 12 月 31 日，上海外滩发生踩踏事故以后，就更加注意防范警惕。那里是平地都发生了踩死 36 个人的惨案，而故宫博物院内可是高高低低的台阶，如果在大台阶上发生推搡，人们叠罗汉式地压下来，瞬间就会发生问题，特别是孩子和老人非常脆弱。应该说，故宫博物院建院 94 年来没有发生过踩踏事故，绝对是奇迹，为此故宫博物院员工付出了极大努力。但是如果观众继续增长，危险随时都可能发生，所以一定要有进一步的对策。况且，故宫博物院每年除了要接待 1700 万买票的观众以外，还要接待大量“不买票”的各国来宾，数量越来越多，频率也越来越高。每一次接待都需要制订疏导观众的预案。同时，故宫博物院每年还要接待将近 60 万的学生们，因为每星期二对学生集体参观实行免费，更需要注意安全。面对这一难题，思来想去只有一个办法，即“削峰填谷”。因为参观故宫博物院是刚性的需求，不能规定谁能来谁不能来，但是可以引导人们在更加合适的时候前来参观。

过去，故宫博物院观众数量曲线是“两针一峰”，即“五一”黄金周一根针、“十一”黄金周一根长针，针头就是每年 10 月 2 日，人山人海。暑期学校放假以后，一座山就堆了起来，只有“削峰填谷”，将高峰日观众的数量控制下去，才能获得安全。于是就画了一道线，即每天只接待 8 万观众。这道线画起来容易，实施起来却非常不容易。不能在观众不知情的情况下实施，人们到了故宫博物院门前，才知道因为限流而买不到票，一整天的计划都被打乱，就会很不高兴。为此，故宫博物院用了两年时间进行宣传，广而告之。同时，积极引导旅游团在淡季参观故宫博物院，在淡季把展览办得同样好，吸引观众愿意淡季前来参观。随后，在淡季实施了一系列免费日，例如教师免费日、医务人员免费日、军人免费日、大学生免费日、志愿者免费日、环卫工人免费日、公交司乘人员免费日等，让不同的观众们体验。逐渐人们了解到淡季参观故宫博物院也很好。经过努力 2016 年故宫博物院终于实现了全年观众限流成功，即 70 多天超过 8 万观众的日子没有了，越来越多的观众自愿选择淡季前来参观。几年来一直都很平稳。特别是今年 1 月至 3 月，故宫博物院在淡季举办了“贺岁迎祥——紫禁城里过大年”的大型展览，没想到这三个月期间，每天接待 8 万观众，特别是其中 50% 的观众居然是北京市民。北京市民过去很少来故宫博物院参观，他们青少年时来过，认为故宫博物院不会有什么变化，就不再来参观，如今看到这里开放区域不断扩大，举办丰富多彩的展览，就再次走进了故宫博物院。同样令人欣喜的是，年轻观众的比例快速增长。如今越来越多的年轻人热爱传统文化，喜爱故宫博物院的文化氛围，让我们感到格外欣慰。

实现观众限流的成功，对于故宫博物院来说是历史性的成果，经过努力基本消除了观众过度集中可能引发的踩踏隐患。于是，“得寸进尺”，开始谋划观众分流措施。分流就是防止观众在一个时段集中进入故宫博物院，特别是早上 8：30 至 10 点的时间段。故宫博物院采取的办法是网上售票，观众可以预约 10 天之内的票，如果来不了可以免费退票。即使这样，2014 年只有 2% 的观众选择预约，98% 的观众仍然在售票窗口购票。加大宣传以后很见效，2015 年预约的观众达到了 17%。2016 年国家批准故宫博物院使用支付宝收款，预约的观众达到了 41%。2017 年国家批准故宫博物院使用微信收款，随着智能手机的普及，网络购票的比例逐渐提高到了 70% 左右。于是认为时机成熟，就关闭了所有的售票窗口，改为全部网络售票。这在当时也是一项大胆的决定，因为还没有一个博物馆或景区实行全部网络售票。所以开始关闭售票窗口的时候，我们嘱咐里面的售票人员都要在窗口内待命，一旦全部网络售票失败，重新打开窗口售票。结果全部网络售票居然一举成功。广场上的大屏幕告诉人们如何扫码、如何支付、如何进入，于是没有在家里预约的观众，在广场上拿出自己的手机自助把票买好，在买票的环节上不用再耽误时间。而大部分已经预约的观众，则不需要起大早来售票窗口买票，而是可以睡一个懒觉，9 点多、10 点多再来，到故宫博物院前，一刷身份证即可以进入参观，这样就实现了分流。

当时一些媒体朋友告诫我们说，中国已经进入老龄化社会，老年人可能不习惯预约，要帮助老年人购票参观。我们信以为真，就在广场上设立了 5 个“故宫票务服务咨询台”帮助老年人，但是过了一段时间后，发现来咨询的很少有老年人。当代中国的老年人太伟大了，他们较早就退休了，学习先进设备和技术特别快，带上一部手机到全国去旅游，日常吃早点、买零食都使用手机，因此前来咨询的老年人不多。年轻人、学生们也不需要咨询，所以前来咨询的主要是中年人。还有来咨询的很多是外国人，欧洲人、美洲人都不会，我们还得教他们怎么过现代化移动的生活。也有人有实际困难，说手机没有充值，没有钱怎么办？我们还得耐心地跟他说，你给朋友发一个微信，朋友给你发一个红包不就有钱了吗？总之，要想方设法让所有的人都能够方便愉快地进入故宫博物院。实施全部网络售票两年多来，没有接到观众投诉。限流成功了，分流成功了，人山人海的故宫博物院永远一去不复返了。

真正解决人们参观质量的问题，不但需要限流和分流，还要靠扩大开放。我的前任郑欣淼院长，在故宫博物院做了十年的院长，那是故宫博物院发展最好、做事最多最实的十年。郑欣淼院长刚一上任，就启动了“故宫整体维修保护工程”，下决心用 18 年的时间，即 2002 年至 2020 年，把故宫的古建筑全部维修保护好，这是一个非常了不起的计划，今年已经是这项计划执行的第 17 年，到明年最后四个维修保护项目竣工，这一轮故宫古建筑维修保护工程计划就全部得以实现。

第一个维修保护的是武英殿，当时是国家文物局文物交流中心所使用，他们腾退以后进行维修保护，今天成为故宫博物院陶瓷馆。西部区域最大的宫殿是慈宁宫，也曾是国家文物局所使用，腾退以后进行维修保护，今天成为故宫博物院雕塑馆。一座座故宫古建筑通过维修保护，恢复了健康状态，也为日后对观众开放创造了条件。

郑欣淼院长在位十年，还做了一件非常了不起的事，他苦口婆心、锲而不舍地把当时占据故宫古建筑空间的 13 个外单位，一个一个请走了。这是很难的一件事。故宫博物院不收房租，不收水电费，又都是上级单位，都赖在那儿不走。对此，我是深有体会的，因为这 13 个外单位里面，有 7 个是国家文物局的下属单位，因为 2002 年以前，故宫博物院是由国家文物局管理的单位，当时午门、南大库、北五所、宝蕴楼等地方都有国家文物局所属单位占用的房屋。而郑欣淼院长当故宫博物院院长的十年，我正好做了十年的国家文物局局长。郑欣淼院长经常提醒我，国家文物局所属单位还没有搬走。我虽然是局长，要让这些单位腾退也很难，不准备房子、资金，他们也不会走，也付出了一番努力。但是万万没有想到，最后一个单位搬出故宫后的第二年，我就到故宫博物院当了院长。所以，我的体会是很深刻的，就是每个人都要多做好事，最后很可能落到自己的头上。

在维修保护古建筑的同时，故宫博物院还要弥补一些历史上的遗憾。例如 1923 年 6 月，一把大火建福宫花园被烧毁，当时末代皇帝溥仪还在故宫里居住，内务府认为是电线引发了火灾，其实更多的人相信是太监偷东西，纵火把犯罪现场给烧毁，损失很严重，几十年来只好闲置在那里。上报国家批准后，对建福宫花园进行复建，如今成为故宫博物院重要的文化交流和教学活动的场所。这把大火还烧毁了南侧的中正殿，现在也恢复了起来，成为故宫研究院藏传佛教研究所陈列展览和学术交流的场所。

还有一件工作也很艰巨，就是要收复那些历史上被别的单位占用的区域。例如在北海和景山公园中间的大高玄殿，在紫禁城的北面，是一组很大规模的道教建筑群。但是 1950 年有关部门提出要举办展览，把大高玄殿借去，近年来在故宫博物院和政协委员多次呼吁下，终于在占用 60 年以后还给了故宫博物院。2014 年我进入归还后的大高玄殿一看，一片狼藉，共有 20 多栋违法建筑，用了 4 个月的时间才完成了环境整治。终于可以维修保护大高玄殿，实现对社会开放了。举办故宫大高玄殿维修保护工程开工仪式那天下雨了，大家还是热情不减，当第四任院长张忠培先生讲话的时候，第五任院长郑欣淼先生给他打伞。当第五任院长郑欣淼先生讲话的时候，第六任院长单霁翔给他打伞。什么是前赴后继？这就是前赴后继，一项事业就要一代一代地推向前进，每一代都应该为下一代的工作开展打下基础。如今大高玄殿维修保护工程即将竣工，对社会开放后欢迎观众前往参观。

故宫博物院还有一项每天都要开展的重要工作，就是文物藏品修复保护。对于收藏中国文物藏品数量最多和价值最高的博物馆，这方面的任务很重。长期以来，故宫博物院采取原工艺、原技术、原材料，发扬工匠精神，凭丰富的经验进行文物藏品修复保护，这是绝对正确，并且必须长期坚持的精神和态度。但是今天我们知道仅有这些是不够的，应该再加上科学技术的力量，采取传统技艺与科学技术相结合的方式修复保护文物。因为我们面对的文物藏品是有生命历程的，就像我们有了病，到任何医院、任何医生手里，都不会上来就给我们打针、吃药，而会首先调出我们的病历，查看我们的病史，然后进行检查，出诊断报告，形成治疗方案后，才能开始治疗。因此在文物藏品修复保护过程中，应该最大限度地保留历史信息，不改变文物的原状。

为此，故宫博物院建立了世界上第一所文物医院，即故宫文物医院，提供 361 米长的院舍和 200 名文物医生编制，成为故宫博物院人员编制最多的机构。事实上，故宫博物院的人员编制 20 多年来都没有增长，每个单位的编制都很紧张，但是一次拿出 200 名编制充实到故宫文物医院，下了很大决心。这是因为故宫文物医院的文物医生中一半以上是从事分析、检测、无损探伤，出具分析检测报告，制订治疗方案的科学技术人员。故宫文物医院建立以后，国际文物修护学会的全球唯一的培训机构就设在了这里，4 年来已经培养了 37 个国家的上百名文物修复人员。

今天，当文物藏品进入故宫文物医院，首先都会得到分析检测。例如对于一件青铜器来说，首先要进行分析检测，了解它的出土地点，历代在它的身上叠加了什么应予保留的信息，它的金属成分是什么，合金比例是什么，今天得了什么病，有害锈属于哪一种，通过什么手段能把它治愈。一套分析检测报告和治疗方案出来以后，才会送到青铜器修复保护的专家手里。为此，故宫文物医院配备了先进的、实用的设备，这两年又增加了一百多台专业设备。例如分子结构分析设备——激光显微拉曼光谱仪，热性能、物理性能设备——全自动运动黏度计，显微观察设备——热场发射电镜系统，造纸纺织联用纤维分析仪，高精度可移动实体显微镜，元素分析设备——大样品室 X 射线荧光能谱仪，开放式 X 射线荧光扫描系统等，还有无损成像、测量设备——通用型文物 450KVCT 系统，它的第一批“病人”就是出土于江西海昏侯墓的青铜器。

有了这些仪器设备的加盟，故宫博物院的文物修复水平如虎添翼。例如曾经在乾隆花园中最高的建筑符望阁内的一面墙上有一幅贴落，高 5 米左右，70 多年前这幅贴落掉落了下来，当时没有条件修复保护，老员工就把它包了起来。今天要进行修复保护，打开一看，这幅画已经碎成上千片，小的碎片像人的指甲盖大小，没办法进行研究。但是，在计算机系统和辅助设备的支持下，科学地拼对、科学地修复，一年以后这幅贴落“起死回生”，修复以后才知道原来是清朝一位著名学者董诰的一幅作品。再如一件出土于河南上蔡的青铜器，出土的时候已经碎成了 200 多片，也没有办法进行研究。但是在无损探伤的设备支持下，在最大的铜片的铜锈下面，发现了 20 多字的铭文，知道这件青铜器是 2500 年前带先秦铭文的一个鼎，非常珍贵，也进行了科学的维修保护。

还有更复杂的文物藏品维修保护，例如唐卡。如今在西藏、四川、青海有工匠在制作唐卡，但是恐怕没有人敢说会修复古代的唐卡，因为古代制作唐卡时使用什么材料、染料、技术没有掌握的话，贸然凭主观经验进行维修，就会把唐卡修坏。故宫博物院收藏有 2000 多块唐卡，从来也不敢动，但是今天故宫文物医院的医生掌握了这门技术。例如挂在养心殿小佛堂二层上有 54 块唐卡，其中第 34 块是上乐王佛，经过分析知道这幅唐卡共有 25 层堆锈，共使用了 32 种不同的材料，在唐卡上面通过串钉法联系着 682 颗小珍珠。当唐卡上的头像被放大 20 倍以后，眉毛、眼睛、鼻子、嘴都清晰地呈现出来，这些小珍珠怎么串联、怎么并联的看得清清楚楚。再把唐卡放大 100 倍以后，每一根丝、每一根线，什么材料、染料，相互之间什么关系，也都清清楚楚，在此基础上修复保护唐卡，就可以最大限度地保留原有的历史信息。这个时候才可以骄傲地说，只有故宫文物医院能够真正科学地修复古代唐卡。如今，在故宫文物医院内设立了 23 个科技实验室，支撑着各类文物藏品修复保护的平台。

一部纪录片《我在故宫修文物》上映后影响很大，在豆瓣上得到 9.4 分，超过当时热播的《琅琊榜》和《舌尖上的中国》等节目，其中点赞最多的居然是年轻人，特别是在校的同学们，令人非常高兴，感到当今年轻人很了不起。因为这是一部慢节奏的纪录片，原以为年轻人喜欢看那些蹦蹦跳跳、打打闹闹、拥拥抱抱的片子，没想到这部充满文化情怀的纪录片真正打动了他们，此后每年希望入职故宫博物院的同学们持续增长。今年故宫博物院有 88 名新员工的名额，共有 4 万多名在校学生报名，经过严格地筛选以后，1.7 万名学生参加了考试，其中不少年轻人希望到故宫博物院来“修文物”。但是我希望同学们报名前，要了解文物修复保护是一项充满奉献精神的职业，日常工作并不像影片里拍摄得那么轻松，一会摘水果，一会逗野猫，一会弹吉他，那些只是导演为表现文物修复师浪漫情怀的添加镜头，而日常真实的工作状态则是默默无闻地坚守在岗位上，全神贯注于文物修复的过程，日复一日、年复一年，正所谓“择一业，终一生”，因此必须做好思想准备再考虑加入报名的行列。为此，故宫文物医院实施对公众开放，成为面向观众特别是年轻人科学普及的地方，讲述博物馆背后的故事。在开放日，观众通过预约可以了解文物修复的过程，参观文物修复保护的成果，已经迎接了很多热心观众前来参观。

社会公众关心故宫博物院的文物保护，但是长期以来，广大民众并不知道故宫博物院有多少件文物藏品；长期以来，故宫博物院员工也不知道故宫博物院有多少件文物藏品；长期以来，故宫博物院院长还是不知道故宫博物院有多少件文物藏品。七年前，我成为唯一在上任第一天就知道故宫博物院有多少件文物藏品的院长，共计 1807558 件（套），能够有整有零地说出来，这是为什么呢？因为，在交接工作的时候，我的前任郑欣淼院长告诉我的，他在担任院长期间，领导故宫博物院的员工，用了整整七年的时间，艰苦卓绝地第一次把故宫博物院的文物藏品清理了出来。这是一个极其艰难的过程。因为文物藏品清理与清理一般物品很不一样，每一件文物藏品都需要科学地命名编目，揭示其历史的、科学的、艺术的价值，再建立起详细的档案，这个档案和历史上的文物藏品档案还要对得上，如此一次文物藏品清理就延续了七年。

2014 年至 2016 年，国务院启动全国第一次可移动文物普查，故宫博物院又开展了“三年藏品清理”，经过三年对故宫博物院文物藏品的再清理，得到了一个新的馆藏文物数据：截止到 2016 年 12 月 31 日，故宫博物院的文物藏品总数由 1807558 件（套）上升到 1862690 件（套），其中包括珍贵文物 1683336 件（套），一般文物 163969 件（套），标本 15385 件（套）。至此，故宫博物院终于清晰地知道了自己的文物藏品家底，也知道了自己的文化责任。

目前，全国有 5000 余座博物馆，共收藏国家定级的珍贵文物 401 万件，其中故宫博物院收藏 168 万件，是全国收藏珍贵文物最多的博物馆，占全国国家定级珍贵文物的 42%。为什么故宫博物院收藏的珍贵文物比例如此之大？是因为故宫博物院的藏品结构非常特殊，一般的博物馆能有 10% 是国家定级的珍贵文物就不简单了，而故宫博物院的文物藏品中 90% 以上是国家定级的珍贵文物。世界各地的博物馆几乎都是金字塔形的藏品结构，塔尖是镇馆之宝、珍贵文物，腰身是量大面广的一般文物，底层是待研究的、待定级的资料，而故宫博物院是个例外。故宫博物院藏品结构是“倒金字塔”，可以说绝大多数藏品是珍贵文物。故宫博物院的文物藏品按照不同内容，分为绘画、法书、碑帖、铜器、金银器、漆器、珐琅器、玉石器、雕塑、陶瓷、织绣、雕刻工艺、其他工艺、文具、生活用具、钟表仪器、珍宝、宗教文物、武备仪仗、帝后玺册、铭刻、外国文物、其他文物、古籍文献、古建藏品，共25大类，231个类别。

研究是博物馆的三大职能之一。故宫博物院有450多名高级职称的研究人员，但是一些老先生年事已高，已经退休甚至退休多年，这些老专家学者是故宫博物院最宝贵的智力资源和知识财富，所以只要他们有意愿，就应该把他们留在研究岗位上。为此，故宫博物院成立了故宫研究院，请郑欣淼老院长担任故宫研究院院长，先后成立了故宫学研究所、考古研究所、古建筑研究所、明清档案研究所、古文献研究所、陶瓷研究所、书画研究所、玉器研究所、藏传佛教研究所、宫廷戏曲研究所、中医药研究所等等，一共成立了26个研究所。这样90多岁、80多岁、70多岁的老先生仍然工作在研究岗位上，他们身边就有几名年轻学者跟随他们一起工作，他们的经验、他们的精神就得以传承下来。

如今，越来越多的故宫研究院的研究项目进入了国家重点研究课题。例如带先秦铭文的青铜器研究，2.8万件古代碑帖的研究，2.3万片殷墟甲骨的研究等。10年前文物藏品清理的时候，在故宫图书馆发现了两个大箱子，打开一看里面装的是乾隆皇帝写的诗，拿出来一清理共计2.8万首。过去故宫博物院收藏着乾隆皇帝写的1.7万首诗，这次新发现了2.8万首诗，证明他一生确实写了不少于4.5万首诗。

故宫博物院的文物藏品中还有一个富矿，就是尺牍，都不是清宫旧藏，而是故宫博物院建院以后的90年间，来自政府的划拨，名人或遗孀的捐赠，以及从北京的琉璃厂、上海、苏州、广州、香港等地文物市场所购藏，积累下来共计4.2万通，它们不仅用于书法研究，还可以揭示出一段一段鲜为人知的历史。故宫博物院还保存有1.8万张老照片和2.7万张老照片的玻璃底片，直接讲述那个时代的历史，但是研究起来也不简单，要给每一张照片科学定名、详细编目的话，就需要研究出这张照片是谁照的、照的是谁、什么时间照的，什么地方照的，才能正式进入文物藏品序列。因此文物藏品研究是一项需要艰苦付出的博物馆基础工作。

在全体故宫博物院员工共同努力下，故宫古建筑进行了维修保护，环境进行了整治，文物藏品进行了清理、修复和研究，就有条件开放更多的区域，举办更多的展览。然而，一个突发事件的发生，影响了这一进程。

长期以来，观众进入故宫博物院，一般都会目不转睛地往前面走，去看三大殿。但是，突然有一天，很多观众进入故宫博物院以后，竟然往西边跑，越跑人越多，于是网络上就出现了一个新的名词叫“故宫跑”。我到太和门广场去看，确实有很多人在争先恐后地向西面跑，原来人们去看正在武英殿举办的“石渠宝笈特展”。我来到武英殿前，刚站住，一位老先生就认出了我，问我是不是院长，我回答说是呀。他马上激动地说：“你们怎么搞的？办一个展览怎么像运动会一样，还让我们跑呀？”他说今年已经70岁了，很早来排队，排在最前面，结果一开门人们都跑了起来，他虽然穿着一双运动鞋，还是没有跑过年轻人，就没有能第一批进去参观。我赶快承认错误，说我们一定好好办“运动会”。当天晚上就赶制了20个牌子，又做了1000个胸牌。第二天早上不到7点，就把牌子在端门广场上立了起来。这样先来的观众领一个胸牌，然后排第一组、第二组、第三组，不到早上8点“石渠宝笈特展”“运动会”的开幕式就得以成功举办。开幕式以后还有入场式，当天提前半小时观众入场，第一组入场、第二组入场、第三组入场，成功避免了再发生“故宫跑”。我听说全世界博物馆观众参观有“入场式”的只有故宫博物院。

但是，当天观众们来的确实太多了。以往观众排8米、10米就叫作排队，这次居然几千人在排队，队伍有几百米长。担心人们没有心理准备而耽误时间，就隔几十米立一个牌子，告诉观众还需要排队几个小时，5点钟闭馆。但是，人们还是坚持等候，上午观众们的情绪还比较稳定，一到下午4点钟以后，很多观众就情绪激动了起来，我一到广场观众们就围着我问：“今天能不能晚一点闭馆？”“能不能我们参观以后再闭馆？”我当时很感动，也很激动，就不计后果地说：“今天最后一位观众参观以后，我们再闭馆。”结果“豪言壮语”说出来以后，后果就很“惨”，就一直要开放到后半夜，这可不是我一个人加班，需要上百个人加班。晚上8点我去看观众，问他们怎么样，累了吧？观众们说累了也要坚持，但是故宫博物院怎么没有水喝呀？因为故宫博物院夜间从来不开放，也就没有供水。于是赶快打开餐厅，准备了2500杯茶，提供给观众们。过了4个小时，夜里12点，我又去看观众，问他们喝水了吗。观众们说水倒是喝了，但是饿了呀。于是就赶快把库房里的方便面全都拿出来，一共800多盒，每位观众沏上一碗。后来我听说全世界的博物馆举办展览，免费发方便面的只有故宫博物院。又过了4个小时，到了夜里4点钟，最后一批观众可以进去参观了，当最后一位观众雄赳赳气昂昂地走出故宫博物院的时候，天都快亮了。

“故宫跑”事件，给予我们一个强烈的信号，也使我们受到了深刻的教育，就是不能再让大量的文物藏品都沉睡在文物库房里面，必须要不断扩大故宫博物院的开放面积，不断推出广大民众喜爱的优秀展览，因为社会公众对优质展览有着强烈的需求，对故宫博物院也有着热切的期待。于是更加坚定了故宫博物院不断扩大开放区域，不断举办优质展览的信心。2002年故宫博物院只开放30%的区域，2014年是重要的转折点，开放区域超过了一半，达到52%，2015年提高到65%，2016年又提高到76%，每年以10个百分点左右的增速发展，目前开放面积已经达到了80%。

这样过去很多立着“非开放区，观众止步”牌子的非开放区域，如今变成了展区、展馆。例如午门是紫禁城最大规模的一组古建筑，东西雁翅楼各1000平方米，加上中间的午门城楼800平方米，形成2800平方米的巨大连续空间。但是，几十年来这里一直是一个大型文物仓库。在这里保存着数十万件“文留文物”，当时工作人员踩着下面的大瓶大罐往上面摞，最高叠压了近10层，没有很好的保管环境。因为这些文物来自千家万户，不是宫廷文物，不符合故宫博物院的文物入藏标准，就长期堆放在这里。国家博物馆成立以后，经过国家文物局协调，这批文物移交给了国家博物馆，既充实了国家博物馆的藏品，也使午门等古建筑空间得到合理利用。

如今，午门成为世界上最有魅力的博物馆临时展厅之一。我经常接待来访的各国文化部部长、博物馆馆长，他们一到这个展厅里面，往往眼睛都亮起来，纷纷要求把他们国家的展览送来这里展出，所以午门展区的展览档期始终安排得十分饱满。例如近年来举办的展览：中国和印度博物馆合作的“梵天东土 并蒂莲华：公元 400—700 年中印雕塑艺术展”、来自阿富汗的“浴火重光——来自阿富汗国家博物馆的宝藏”、来自法国的“尚之以琼华——始于十八世纪的珍宝艺术展”、故宫博物院的“紫禁城与海上丝绸之路”、非常有影响力的“千里江山与历代青绿山水画特展”、来自卡塔尔的“铭心撷珍——卡塔尔阿勒萨尼收藏展”、来自摩纳哥的“贵胄绵绵——摩纳哥格里马尔迪王朝展”、多家博物馆合作举办的“清平福来——齐白石艺术特展”，今年的 1 月至 3 月在这个展区举办了“贺岁迎祥——紫禁城里过大年”大型展览，每天少则 2 万多观众，多则 4 万多观众进入这个展区，改变了人们进入故宫博物院后一直往前面走的习惯，而是进入故宫博物院以后首先观看丰富多彩的展览。

从 2014 年开始，故宫博物院推开了一座座常年封闭的大门。例如隆宗门被打开，意味着故宫的西部区域第一次开放。这一区域由于没有开放过而显得很神秘。昔日住在这里的是皇帝的母亲们，她们在这里建了一些佛堂和花园。其中最大的宫殿是慈宁宫，是明代嘉靖皇帝给母亲建的皇太后寝宫，规模非常大，如今在这里安排了 5 个雕塑展厅，成立了故宫博物院雕塑馆。故宫博物院有 10200 件各个时期、不同材质的雕塑，但是过去没有雕塑馆，这些雕塑长期沉睡在库房里面，一些高大的雕塑甚至连库房都没有。例如两尊高大的菩萨雕塑，有 1500 年的历史，但是长期以来就在故宫南城墙的墙根底下站着，而佛像则躺在地上。每一次走到这里，心情都很沉重，感到这些佛像、菩萨的脸色都不好，表情也不好。如今经过维修保护后展示出来，脸色也好了，表情也好了。

一次到地上文物库房检查时，看到一组秦始皇陵出土的兵马俑放在台阶底下，用海绵一围，躺在担架上，满身尘土。这么珍贵的文物怎么能在这里躺着，连包装箱都没有。经过修复以后，这组兵马俑终于在雕塑馆内被神采奕奕地展示了出来。由此我们认识到，当文物得不到呵护的时候，它们是没有尊严的，在库房内蓬头垢面。只有得到了保护，展示给观众，它们才会神采奕奕，才会光彩照人。所以必须要切实加强文物藏品保护状况的改善，下决心要在紫禁城建成 600 年之时，让故宫博物院收藏的 1862690 件（套）文物，每一件都神采奕奕，都光彩照人，这是我们最重要和最紧迫的职责。正因为如此，故宫文物医院加快建设，扩大编制，最大限度地汇集文物修复的专业力量。

慈宁宫西侧的寿康宫同期开放，开放的第一天就迎来了很多年轻人，他们说这是“甄嬛”住的地方。实际上在寿康宫里居住时间最长的是乾隆皇帝的母亲，崇庆皇太后在这里居住了 42 年，故宫博物院宫廷历史专家经过详细研究，将崇庆皇太后居住时使用的家具、用具、陈设都恢复了原状。乾隆皇帝是一位孝子，如果在宫里的话，每天早晨都会给母亲请安，来的就是寿康宫的东暖阁，乾隆皇帝当年看到的室内情景，应该说与今天观众们看到的室内情景是一模一样的，只不过现在比那个时候少一位老太太就是了。

经过长期的努力，紫禁城里的四个园林都得到了开放，其中两个是明代建造，两个是清代建造。最后开放的是明代建造的慈宁宫花园，园内 106 棵古树、大树，非常幽静，包括花园里面的咸若馆佛堂如今也实现了对观众开放。

目前，正在逐步开放每一座城门和角楼。北京城的城墙被拆掉了非常遗憾。但是紫禁城有完整的城墙保留下来，然而没有得到开放，城墙不开放，那么四个城门、四个角楼就都不能开放，这些建筑就被用作库房。实际上城墙之上的古建筑，风沙大、温差大，跑风漏气，不适合作为库房使用。长期以来，非常珍贵的乾隆版大藏经就存放在东华门城楼内，不能进行维护，不能合理利用。于是，故宫博物院在太和殿广场南侧布局了能够展示 24 万块书版的仓储式书版展厅，然后小心翼翼地把城楼、角楼里的每一块书版取了下来，进行了维护保养后，陈列出来供观众参观。

东华门经过维修保护后成为故宫博物院古建筑馆。故宫是世界最大规模、最完整的古代宫殿建筑群，故宫博物院收藏有 4900 余件古建筑相关的藏品，但是长期以来没有展示条件。古建筑馆建成以后，不但大量精美的古建筑烫样、构件、玻璃画、工具等第一次得以展示，观众还可以登上二层平台，近距离地观赏古建筑的彩绘和结构，经常看到同学们来到这里上课。

过去，人们走到神武门前，意味着参观已经结束，即将走出故宫博物院。今天人们走到神武门前会发现，在神武门城楼里面有两层大型展厅，常年举办引人入胜的展览。当观众走出展厅，又会发现可以不用走出神武门，再沿着街道走向目的地方向，而是可以走在新开放的城墙上，沿着城墙走向自己的目的地方向，走向王府井方向、走向天安门广场方向，沿着城墙走会获得不同的感受，可以观赏沿途紫禁城内的景观、紫禁城外面的风光。沿着城墙走还会有惊喜，可以走进过去只能远远眺望、远远拍照的角楼，在角楼里面制作播放一段 25 分钟的虚拟现实影片，告诉观众如何把上万块木头通过榫卯结构，组合成三重檐七十二条脊的美丽角楼建筑。

故宫博物院探索开放更多的区域，畅音阁大戏楼是中国现存最古老的宫廷戏楼，但是近 100 年来没有再演戏，也没有人敢想它可以再演戏。但是今天我们认识到，这些木结构的古代建筑，如果维修保护好了之后锁起来，闲置在那里，糟朽得会更快。只有正常地使用、经常地维修，这些古代建筑才能更健康。所以畅音阁大戏楼维修保护之后，重新回到观众中间，回到人们的生活中，经常在此演出中国传统剧目。

宝蕴楼是故宫 1200 栋历史建筑里面最年轻的一栋，也是故宫内唯一民国时期建成使用的大型建筑。1914 年故宫的外朝作为古物陈列所对公众开放，并从沈阳故宫和承德避暑山庄运来 23 万件文物，由于没有地方存放，建设了宝蕴楼，作为保存珍贵文物的库房。在宝蕴楼 100 岁生日的时候，维修保护工程竣工，建设成为故宫博物院早期院史陈列馆。

故宫博物院成立于 1925 年 10 月 10 日，建院 90 余年来，有非常坎坷的发展历程。特别是日寇侵华，故宫博物院的文物被迫避敌南迁，将 13491 箱文物分 5 批运离北平到了上海，然后在南京筹建故宫博物院分院，建设文物库房。当 1936 年 12 月至 1937 年 1 月，将这批文物运到南京以后，仅仅几个月时间，南京告急，这批故宫文物又被迫避敌西迁，最远的一条路经过桂林、安顺进入贵州。最险的一条路，则经宝鸡、汉中，翻秦岭，走秦蜀古道到达峨眉、乐山一带。7 年零 4 个月的时间，故宫员工与当地民众死看硬守着这批文物，躲敌机轰炸、躲土匪抢劫、躲自然灾害，人在文物在。1945年日寇投降，1947年这批文物集中到重庆，重返南京以后逐一清理，从北平运出来的13491箱故宫文物居然一箱都没有少，这就是第二次世界大战期间，人类保护文化遗产所创造的奇迹，也充分体现出故宫人“坚忍不拔、锲而不舍”的做事风格。

故宫博物院建院以来，至今一共有七任院长，我是第六任院长。每一任院长都为推动故宫博物院事业发展呕心沥血，无私奉献，同时承担着巨大的安全责任压力，每一任院长都全身心扑在工作上，但是每一任院长都没有“好下场”。例如第一任院长易培基先生，因为所谓的“盗宝案”，最后只能躲在上海，含冤去世。第四任院长张忠培教授是中国著名的考古学家，在任时推动故宫博物院各项改革，做出杰出贡献，但是在任时“两个小偷、一把火”背着处分离开岗位。我的前任郑欣淼院长，从“故宫整体维修保护工程”到“故宫文物藏品清理”，做了那么多的工作，但是8年前，一个小偷引发的舆论风波，使他也离开了院长的岗位。这些说明故宫博物院院长是一个高风险的岗位。俗话说“做事要万无一失”，但是我们心里清楚，对于故宫博物院院长来说，“一失就万无”，即使做了9999件事，但是一件事没有做好，一件珍贵文物藏品被盗，或者一座古建筑着火烧毁，那么院长只能下台，因为对不起民族、对不起国家，对不起这个神圣的岗位。但是我们不断地问自己，你真的有这个能力吗？你真的能承担起这个责任吗？天大的责任！

今天，我们真正找到了出路，就是习近平总书记所指示的，让文化遗产资源“活起来”。过去，文物部门往往把文物保护视为部门、行业、系统的专利，而没有视为全民的事业。视为自己的专利的话，就会想安全责任不是大吗？那么开放的区域越小就越安全，拿出来展示的文物越少越安全，于是大部分区域不对观众开放，拿出来展示的文物藏品不到1%。结果适得其反，该出事还是会出事。今天我们认识到，每个人都有保护文物的权利，也都有保护文物的责任，只有把文物保护的知情权、参与权、监督权和受益权，交给全体观众，交给亿万民众，大家都来保护，文物才最安全。

过去人们参观故宫太和殿以后，只能往北边走，高大的宫殿，空阔的广场，一棵树都看不见。太多的观众问过我：故宫里面为什么没有树呀？我当时只能告诉观众，一直走到最北边的御花园能看到树林。其实我们心里清楚，太和殿广场两侧各有一个门，西面叫右翼门，东面叫左翼门，此前从来没有开放过。今天，对两侧的环境进行了整治，开放了新的参观区域，举办了丰富多彩的展览。于是，打开了右翼门，观众走出去迎面就是300年树龄的18棵大槐树，人们沿着著名的“十八槐”景观，走向新开放的西部区域；打开了左翼门，观众走出去迎面就是宽阔的骑马、射箭的箭亭广场，人们沿着箭亭广场走向广阔的东部区域。如此观众们才会恍然大悟，原来太和殿两侧一步之遥，有这么完整的生态景观。这样第二次、第三次来故宫博物院的观众，就不会再盲目地往前面走，而是西面看景区、东面看展览，观众们就散开了。

持续扩大开放对于故宫博物院的安全来说意味着什么呢？过去开放30%的区域的时候，每天下午5点半观众离去以后，会有250多名员工进行拉网式的清场。但是今天开放区域达到80%，那么每天下午5点半观众离去以后，则会有700多名员工拉网式地清场，每个参加清场的员工手里都有一个接触器，负责检查几十个点位，每一道门、每一扇窗户、每一个室内、每一个角落都要细心地检查一遍，清场结束以后，强大的安全防范新系统全面启动，覆盖着故宫博物院的全部空间，如此故宫古建筑和文物藏品真正获得了安全。

白天故宫博物院 80% 的区域都成为开放区域，都是观众参观的空间，所有区域干干净净、整整齐齐、清清爽爽，观众在参观过程中心情愉悦，文明参观，相互影响，有人抽烟吗？有人扔垃圾吗？有人在墙上刻画吗？都没有了。一个不断扩大开放的故宫博物院，一个把广阔区域交给观众参观的故宫博物院，反而变得更加安全。正是因为故宫博物院坚持不懈进行环境整治、文物维修、不断扩大开放，坚定不移地贯彻让文物“活起来”，把保护文物的权利和责任交给广大观众，使广大民众获得了文物保护的知情权、参与权、监督权和受益权，才真正达到了“平安故宫”的目标。

故宫博物院的开放区域还在继续扩大，例如近年来进入人们视野的延禧宫区域。延禧宫在历史上屡遭雷火烧毁，最后一次是在道光年间。于是，末代皇帝溥仪决定在此建造一座观鱼的西洋建筑“水晶宫”以避火灾，建筑主体使用金属结构，墙体和地板大量使用玻璃材料建造，建筑四周凿水池蓄水。但是开工不久，溥仪就被迫退位，建造工程就此停止，成为北京地区最早的“烂尾楼”，也留下了一处故宫里面难得一见的中西合璧文化景观。利用这一景观环境，故宫博物院决定建设一座外国文物馆。中国缺少外国文物馆。中国是文明古国，在历史上没有偷盗、抢掠别国的文物，不像在欧洲、北美那里的一些博物馆收藏着大量来路不明的别国文物。然而故宫博物院却收藏着很多来自世界各国的珍贵文物。明清时期 500 年间，24 位皇帝坐在太和殿里，万国来朝，各国使臣带来大量的珍贵礼品。18 世纪以后，又有不少外国传教士进入宫廷，送来了很多西洋奇器。例如在全世界的博物馆里，收藏 18 世纪西洋钟表数量最多、品质最好的并不在欧洲，而是在故宫博物院，这里收藏了 1500 件西洋钟表。再如康熙皇帝当年使用的绘图仪器、计算器和天文仪器等都收藏在故宫博物院。以往，一些外国元首、政府首脑来访的时候，故宫博物院会展示出一些所藏对方国家的文物。例如德国默克尔总理来访的时候，展示了一些汤若望当年从德国科隆带来的文物。法国奥朗德总统来访的时候，展示了一些法国文物。印度辛格总理来访的时候，就展示了几件来自印度的文物。而外国文物馆建成以后，普通观众就都可以看到大量精美的外国文物。

去年，故宫博物院开始计划系统地开放一些地面库房，用作仓储式展厅，使更多的文物藏品得以展示。例如首先开放了南大库。这座地面库房规模很大，长度有 156 米，库房的东部长期以来保存一些电线、木料和金属材料，西部则是外单位的库房、武警的食堂等，观众无法进入参观。于是下决心对南大库进行彻底整治，腾退了所有房间里的单位和建筑材料，建成了故宫博物院家具馆。故宫博物院收藏有 6200 件明清家具，用专家的话说，不是紫檀就是黄花梨，但是事实上，大部分家具是被堆放在 94 间库房中，几十年前被抬进库房以后，就再也没有出来过，不能通风、不能修复、不能研究、不能展示，有的库房里的家具最高叠放了 11 层，没有实现良好的保管条件。每当看到这样的场景，我就在想，为什么要让这些文物常年委屈地放在库房里呢？只有被展示出来，才会进行精心的维修保养，只有被观众欣赏，这些文物才能获得应有的尊严。于是，将南大库区域作为大型家具展厅，包括开放式的家具展示，组合式的家具展示，情景式的家具展示，仓储式的家具展示。看到观众们在家具馆里面参观，兴致勃勃，流连忘返，感到非常欣慰。于是，故宫博物院下决心陆续打开更多库房，将文物藏品进行仓储式陈列展示，例如古代书版仓储式陈列展馆、古建筑构件仓储式陈列展馆、陶瓷仓储式陈列展馆、车马轿舆仓储式陈列展馆，中和韶乐仓储式陈列展馆等，使每年展示的文物藏品倍增，使观众参观故宫博物院时有更多的收获。

但是，我们也知道，故宫博物院即使开放再多的区域、举办再多的展览，每年到故宫博物院参观的观众仍然是全球人口中很少的一部分，充其量就是接待千万级观众的博物馆。要成为亿级观众的博物馆、10 亿级观众的博物馆，就要靠互联网技术、数字技术。经过多年的努力，故宫网站前年的访问量达到 8.91 亿，在中国所有文化机构中排名第一。努力把外文网站做得更加强大，让世界各国民众通过网站了解中华文化、故宫文化。努力把青少年网站做得更加活泼，希望同学们通过网站了解故宫博物院，听到通俗有趣的故事。同时，故宫网站开始在网上举办展览，包括过去举办过的展览，正在举办的展览，使人们足不出户就可以参观故宫博物院，观赏优秀的展览。

从 2016 年起，故宫博物院在全国博物馆中率先把全部文物藏品都通过网络公布展示，观众可以在故宫网站上，查阅到故宫博物院 1862690 件文物藏品中任何一件藏品的基础信息。目前故宫博物院搭建了三个摄像室，使用高清晰摄像技术，将文物藏品、古建筑的照片和信息，源源不断地传至网站，使人们在家里也可以看到一个全景的故宫、亲切的故宫博物院。

故宫博物院通过微信不断扩大文化传播影响，获得社会民众，特别是年轻人的喜爱。故宫博物院的微博也不断根据人们的需求丰富内容，白天给人们讲建筑，晚上给人们讲故事，特别是有很多年轻人喜欢参与的网上活动。通过几年实践我们体会到，网站必须每天提供新的内容，人们才会每天都来访问。近年来人们特别喜欢故宫的美丽景色，于是春、夏、秋、冬和早、中、晚，天气好的时候，故宫摄影师都会拍摄一批不同地点的景观照片，放在网站上，这样人们欣赏以后，可以下载在朋友圈传播。例如三年前一场“紫禁城的初雪”照片，放到网上后阅读量达到了 1425 万。但是，这两年北京不下雪，我们着急啊。然而前年来了“红月亮”，当时我正在苏州出差，打电话建议拍一组“红月亮”的照片放上去，结果第二天一看，2000 万的阅读量。今年终于下雪了，在广场上观众比雪还多，但是阅读量居然达到了 5000 多万，说明社会公众还是非常关注具有特色的故宫文化景观。

故宫博物院拥有一支非常优秀的资料信息团队。7 年前，故宫博物院开始研发系列 App，目前已经出品了 10 部 App，每部都获了奖，媒体给予故宫系列 App 一个公正的评价，“故宫出品，必属精品”，激励故宫博物院做得更好。例如《韩熙载夜宴图》App，把这幅古代书画立体呈现，其中上百个知识点，点击进去，就可以深度了解这幅书画的历史、艺术，以及人物的角色，从中可以看到当年的情景，听到当年的音乐，看到当年的舞蹈。

故宫系列 App 中人们最为喜爱的是《每日故宫》App，每天早晨喜欢故宫文化的人，都可以通过自己的手机，免费收到一件（套）图文并茂的故宫藏品信息，有心人把这些信息收藏起来，一年 365 天，三年 1000 多天，就可以获得一个属于自己的掌上的故宫博物院，故宫博物院研发人员认真做好每一天，已经五年多时间。两年前故宫博物院又推出了在线“故宫展览”，人们可以用手机进入故宫博物院的展厅来参观。同时建立起强大的“故宫社区”，“故宫社区”就是一个大平台，人们不断地访问故宫网站，参与故宫网上的活动，就可以获得积分。积分积累以后，故宫博物院就会慷慨地在紫禁城里给他一块地，随着积分的增加，地上的房子就越来越大，因此越来越多的人在“故宫社区”里要地、盖房子，说这是北京城唯一不要钱的地、不要钱的房子。

故宫博物院进一步应用数字技术，在天安门北面的端门建立了数字博物馆。经过比较，我相信这是世界博物馆领域中最好的数字博物馆，因为不但有先进的技术、先进的设备，而且所有项目都是深入挖掘故宫文化遗产资源内涵所进行的原创。例如故宫有 1200 栋古建筑，通过“数字地图”可以知道这些古建筑的信息；故宫博物院收藏有 1500 件地毯，通过“数字地毯”可以了解这些地毯的图案；故宫博物院收藏有 7.5 万幅法书，通过“数字书法”人们可以调阅一幅书法进行临摹，临摹以后设备还会给你公正打分，例如“太棒了”“惨不忍睹”，你写的书法还可以呈现出来留作纪念；在“数字绘画”的“写生珍禽图”项目中，请中国科学院动物所的专家为画中的每个鸟都配了真实的叫声，点击以后鸟就会飞、会叫、会吃食，再点击，还可以看到鸟的身材、鸟的羽毛。故宫博物院收藏有很多书画长卷，但是由于保护的需要，并不经常展示，展示出来时光线也会比较暗，但是在“数字长卷”中就不一样了，人们可以清晰地看到书画的细节，还可以再放大，一直看到每个人的表情和服装。故宫漱芳斋里面有一个著名的多宝阁，受此启发，建立了“数字多宝阁”，人们可以在多宝阁前点击自己喜欢的器物，可以放大来看，也可以旋转各个角度来看，还可以分解来看。于是，越来越多的器物通过“数字多宝阁”，展示其制作的过程、具备的功能；故宫内有一些狭小的空间人们进不去，例如乾隆皇帝的书房“三希堂”，里间只有 4.8 平方米，人们不能进去参观，但是观众在虚拟现实中，可以走进养心殿、走进三希堂；为了满足一些观众希望穿一下古人服装的兴趣，制作了“数字屏风”，人们站在屏风前，可以自己穿起古代服装试一试；通过“数字织绣”，人们可以了解织绣的过程，然后自己拿起电梭子，把这些美丽的图案织完整。数字博物馆中最为震撼的还是虚拟现实剧场（VR）影院，现在已经有 7 部 VR 影片在这里循环播放，带给人们前所未有的感受。

经过三年零四个月的努力，故宫博物院终于建成了“数字故宫社区”，事实上，全世界博物馆中最强大的数字平台已经诞生在这里。今天“数字故宫社区”的功能还在不断地延伸、不断地扩大，例如公众教育、文化展示、参观导览、资讯传播、休闲娱乐、社交广场、学术交流、电子商务等。经过不懈的努力，“数字故宫社区”开始从资源数据化，走向数据场景化，从场景网络化，走向网络智能化。

不断通过技术进步，故宫博物院把所代表的中华传统文化与人们的现实生活联系起来，尤其是拉近了与年轻一代的距离。故宫博物院和腾讯公司联合建立起文化 + 科技的合作机制，每年都向年轻人推出文化创意大奖赛，例如表情包创意大奖赛、动漫创意大奖赛、游戏创意大奖赛，去年推出的是“古画会唱歌”音乐创新大赛，故宫博物院提供十三幅古代书画藏品，请学者对这些古代书画进行深入的解读，然后年轻人根据他们对这幅书画的理解作词、谱曲。当500多首歌曲创作完成后，就在故宫博物院里举办了“古画会唱歌”音乐创新大赛，年轻人们根据他们对传统文化的理解、对书画意境的体会，创作并演唱自己的作品，取得了很好的社会反响。

故宫博物院积极参加在全国各地举办的文化创意设计博览会、博物馆及相关产品与技术博览会、文化创意产品国际综合展等活动，与同行进行学习和交流，也展示故宫博物院最新的研发成果。去年春夏，在故宫博物院箭亭广场举办了“清明上河图3.0”高科技互动艺术展演，3个月的时间，141万观众参观了动态的“清明上河图”，绘画上814个人物、29条大船，那些河水、柳树全都动了起来，观众可以在孙羊店茶馆里体验民俗，乘坐在汴河的船上观赏沿岸的风光。这个展览近日在香港展出以后，还在广州展出，在青岛还建立了一个不落幕的“清明上河图3.0”高科技互动艺术展演常设的展厅。2019年1月1日故宫博物院和网易公司合作，联合向190多个国家推出了第一款手机游戏《绘真·妙笔千山》，将《千里江山图》这幅书画成功地介绍给世界各地。

总之，故宫博物院将会与时俱进，不断地根据人们接收信息的习惯和年轻人的文化需求进行文化创意研发，计划在2020年建成“智慧故宫”，我相信故宫博物院的文化传播力量、世界遗产监测水平、安防技防的功能将更加强大。

今天人们再来故宫博物院参观，两个小时、三个小时，甚至五个小时都不够了。因此需要休息一下，喝点儿茶，吃点儿快餐，再继续参观。为此，要给人们准备良好的休息环境。例如西部区域开放以后，1/3的观众要访问这里，需要设立观众服务区。于是找到了一处适宜的地点，在不高的红墙后面有四栋砖石结构的古建筑，十分坚固，是过去的皇家冰窖，冬天把冰存放进去，夏天取冰出来使用。但是清朝末年已经不再作为冰窖使用，里面存放了一些木板、汽油桶、建筑材料，没有得到很好的保护和利用。经过一年维修保护，这里成为了冰窖观众服务区，当观众累了、渴了时，到书吧、茶吧看看书、喝喝茶，到咖啡吧喝一杯咖啡，还可以到快餐厅就餐，同时可以供300人就餐，这样中午十一点到两点半，翻桌四五次，每天就可以有千人左右在这里就餐，一边就餐，一边感受平常体验不到的冰窖文化氛围。

近年来，故宫博物院努力通过研发文化创意产品传播中华传统文化，希望更多的观众把故宫文化带回家。过去故宫商店内售卖的文化产品，一部分是来自各地的旅游纪念品，另一部分是故宫博物院书画和器物藏品的复制品，实际上购买的观众并不多，因为人们参观过程中很少有这方面的预期。今天我们认识到，文化产品的中间最好加上“创意”两个字。什么是文化创意产品？经过实践体会到，一是要深入研究人们的生活，根据人们不断变化的生活需要来进行研发。二是要深入挖掘故宫博物院所拥有的文化资产资源，把鲜为人知的文化信息提炼出来，形成文化创意产品，这样人们才愿意把故宫文化带回家。所以，文化创意产品要有实用性，最好还有趣味性，丰富人们的文化生活。例如人们参观故宫博物院，对故宫太和殿的藻井印象很深，为了满足人们把藻井文化带回家的需求，就研发了藻井伞。人们参观故宫博物院，对于故宫的宫门印象很深，为了满足人们把宫门文化带回家的需求，就研发了宫门包。人们参观故宫博物院，对于古建筑上的脊兽印象很深，为了满足人们把脊兽文化带回家的需求，就做了脊兽夹子。

博物馆的商店也一定要充满文化气息，不能充满商业氛围，应该是人们参观博物馆展览体验和心情的延续。5 年前，故宫博物院将东长房的文物商店全部更名为文化创意馆，就是希望观众来到这里都像在展厅参观一样，仍然是文化之旅，如果对文化创意产品喜欢的话，可以把它们带回家。例如丝绸馆、服饰馆、瓷器馆、影像馆、木艺馆、陶艺馆、铜艺馆，还有故宫书店，都像展厅一样。还专门为孩子们设立了儿童文化创意馆，孩子们领着爸爸、妈妈到这里来挑选礼物，可以在这里短暂地做一下手工，然后把礼物和手工一起带回家。

进入新的世纪，人们开始把社会教育列为博物馆的第一职能，故宫博物院应该在教育方面做出表率。为此故宫博物院成立了故宫学院，一方面做好故宫学者的培养，包括老员工的在职教育和新员工的入职教育。另一方面也是全国文物博物馆系统的培训基地之一。为了更好地传播中华传统文化，在北京故宫学院的基础上，在全国各地 10 个城市建立故宫学院分院。

故宫博物院更多的教学活动是深入社区、深入学校，特别是开展面对学生的校外教育。去年故宫博物院共举办了 6 万多场教育活动，无疑是全世界博物馆大家庭中，开展教育活动最丰富多彩的一座。例如举办多年的“故宫知识课堂”每次开班都会爆满，同学们在这里串朝珠、绘龙袍、画盘子、做堆绣、做结彩、包粽子、做拓片，所有的项目全部免费，故宫博物院大量经费投入到教育上面，这是最值得的，同学们在博物馆里成长，将来一定是对传统文化热爱的一代，对博物馆有感情的一代。因此，故宫博物院与更多的学校共同研发综合实践课程，目前已经有 40 多种课程应用于不同的学校、不同的年级、不同的班级、不同的学生群体，老师们结合教学的需要，同学们结合学习的需要，选择故宫博物院的学习教材。对于那些年龄小的同学们，每本教材都有学习卡和材料包，在老师的指导下，阅读学习卡，打开材料包，剪剪、贴贴、拼拼、画画，把自己的得意之作带到学习和生活之中。

随着故宫整体维修保护工程的推进，更多古建筑用于开展教育活动，这些新的大教室可以接待更多的观众、更多的同学来到这里学习。故宫博物院还有一个得天独厚的条件，就是这里几十个美丽的庭院和广场都非常安全，春天、夏天、秋天，天气好的时候，总能看到很多学校的同学们利用这些场所开展各种教育活动。故宫博物院的教育活动也活跃于国内各个城市，也走向更多的国家，例如到马耳他、新加坡、泰国、澳大利亚、西班牙等国家，外国观众和小朋友们也很喜爱来自中国故宫的文化。

面向社区的“故宫讲坛”场场爆满。故宫博物院的培训活动深入更多社区，包括碑帖传拓、楷书技法、古琴与太极、茶器与花器的培训讲座，都赢得社区民众的欢迎。近年来，故宫博物院一个新的教育品牌——紫禁书院，开始走向全国更多城市。书院过去属于知识阶层利用的场所，今天人人都有知识，但是希望人们更多了解中华传统文化，过更有品质的社区生活，所以故宫博物院的紫禁书院也受到各城市的欢迎。

故宫博物院也开展国际培训，国际博物馆协会和国际文物修护学会两大国际组织，都把全球唯一的培训机构设在了中国，设在了故宫博物院。国际博物馆协会培训中心过去6年已经培养了来自72个国家的350名学员，他们来自世界各地的博物馆，这些学员毕业以后，成为各个国家博物馆领域的业务骨干，故宫博物院的朋友圈越来越大。近年来，故宫博物院与更多的博物馆建立起战略合作关系，与更多的教育机构建立起联合培养人才的机制，与更多的文物修复机构建立起联合实验室。故宫博物院的博士后科研工作站人气也很旺，出站的很多博士后都申请留在故宫博物院工作，成为我们引进人才的一个重要渠道。

今天，随着故宫博物院开放区域的扩大，临时展厅的增加，世界各国博物馆的优秀展览源源不断地进入故宫博物院展厅，使国人不出国门，也能够参观到各国博物馆的展览。故宫博物院的展览也源源不断地走出“馆舍天地”，走向“大千世界”。过去6年，故宫博物院一共有135项展览走向了全国各地，走向了世界各地，无疑是全世界走出自己馆舍举办展览最多的一座博物馆。

希望不断扩大开放的故宫博物院，成为人们生活中的一片文化绿洲。例如非洲有艾滋病背景的孩子们和中国的小朋友们在这里度过了一个有意义的夏令营。每年来自世界文明古国的专家、学者、政府文化官员在故宫博物院共同举办“太和论坛”，探讨世界古代文明保护。我向各国代表介绍，“太和论坛”是根据故宫太和殿命名，“和文化”是中华传统文化的精髓，它号召人与自然要和谐相处，人与人之间要和谐相待，人的内心世界要和谐安宁，世界才是一个和平、友好、发展、进步的世界，与会代表都赞成中国的主张，在故宫博物院共同签署了“太和宣言”。

故宫博物院每年都要承担大量外交接待任务，这些国家元首、政府首脑和各国代表团，在故宫博物院里参观时，我们会向来宾介绍故宫所呈现的中华传统文化，例如红墙、黄瓦、蓝天，这是“三原色”，用这三种颜色可以描绘出世界上任何色彩。我们的世界必须是绚丽多彩的，而不能是单一色彩的，每个民族都有他们值得骄傲的历史，也都应该拥有他们向往的未来。今天，当各国领导人、外国代表团、中外观众走在故宫博物院内，看到故宫古建筑维修保护得如此壮美、如此健康、如此有尊严，会感动于中国对于世界文化遗产保护所做出的积极努力和贡献。

今天，故宫博物院的国际影响不断扩大，联合国教科文组织和国际博物馆协会都把故宫博物院誉为“世界五大博物馆”之一，故宫博物院当之无愧。世界五大博物馆还有哪些呢？有英国的大英博物馆、法国的卢浮宫艺术博物馆、美国的大都会博物馆、俄国的阿尔米塔什博物馆。这五座博物馆有什么规律呢？联想到联合国安理会有五个常任理事国：中国、英国、法国、美国、俄国，正好一个国家一座，说明没有一个强大的博物馆，就不能成为联合国安理会的常任理事国。

故宫博物院不断地“走出去”，努力传播中华传统文化。习近平主席亲自见证在香港建立故宫文化博物馆的合作协议签署，感谢香港特区政府为这座博物馆选择了最好的一片土地，位于维多利亚海湾唯一三面临海的半岛绿地里面，距离已经开通的大陆到香港的高铁车站一步之遥。也感谢香港赛马会赞助这座博物馆35亿港币。香港故宫文化博物馆目前顺利开工建设。在北京，海淀区西北旺镇，正在建设故宫博物院北院区。这一大型博物馆的建设将使故宫博物院的文化传播力量更加强大，目前建设工作也已经启动。

今天，故宫博物院的建设和发展得到了社会各界的支持，故宫博物院要通过举办更好的展览、更丰富多彩的活动来回报社会。2019 年 1 月至 3 月举办的“贺岁迎祥——紫禁城里过大年”展览，是近年来故宫博物院举办的最大规模的展览。首先在午门展厅里面，通过 886 件（套）与春节相关的文物展品，分六个专题呈现出皇宫过年的景象。同时还有一系列配套展览和活动，例如通过数字沉浸式展示，使人们在虚拟环境中放花炮、看京剧、堆雪人，可以通过“中华老字号进故宫”活动购买年货，特别是在紫禁城里消失了上百年的春联、门神、宫灯都重新挂了起来。

同时，最为自豪的是，经过半年时间的研发，终于在乾清宫前把消失了 179 年的万寿灯和天灯重新竖立了起来。明清两朝竖立天灯、万寿灯是宫廷内最重要的活动之一，但是自 1840 年鸦片战争爆发以后，清朝走向衰弱，就再也没有能力把天灯、万寿灯竖立在乾清宫前。2019 年是新中国成立 70 周年，故宫博物院重新把 11 米高的一对万寿灯、14 米高的一对天灯在乾清宫前竖立了起来。很多观众为观看这一景观而来，80 个国家的驻华大使齐聚万寿灯、天灯前合影。

1 月至 3 月是故宫博物院的淡季，往年这一季节每天只接待 2 万—3 万名观众，但是今年这 3 个月每天观众都在 8 万限流上限。特别令人兴奋的是，其中 50% 的观众是年轻人。一座古老的紫禁城，一座开放近百年的故宫博物院，如今成为年轻人喜欢访问的地方，我感到非常欣慰。很多年轻人清晨就相约走进故宫博物院，流连忘返地参观丰富多彩的展览，参与引人入胜的活动，闭馆时才离开，我觉得这才是一座博物馆应有的文化气象。

春节前，故宫博物院接到通知，北京市要求把城市中轴线点亮。当时故宫博物院员工都已经开始休假，初三我们把相关的员工们请回来开始筹备，4 天的研发，8 天的安装，经过 12 天的努力，故宫博物院终于如期于正月十五第一次在夜间对观众开放，第一次在夜间大规模把紫禁城照亮。

人们登上故宫城墙，观赏串联起来的一系列展厅，包括午门内的“贺岁迎祥——紫禁城里过大年”、东华门内的“营造之道——紫禁城建筑艺术展”、神武门内的“爱琴遗珍——希腊安提凯希拉岛水下考古文物展”，在展厅内还可以观赏艺术家的表演。沿着城墙前行，可以看到灯光映照下金碧辉煌的紫禁城。走在城墙上可以看到《清明上河图》《千里江山图》被完整投影在古建筑屋面上的恢宏呈现，可以观赏畅音阁大戏楼里京剧艺术家的表演，可以在角楼里观赏 VR 影片的播放，走下城墙还可以欣赏被灯光投射在红墙上的“上元节诗句”。连续两天夜晚，故宫博物院接待了北京地区的劳动模范和预约前来的北京市民，同时，125 个国家的大使和外交官们参加了这项活动。人们在夜色中的故宫博物院，获得了从未有过的文化体验。数百家中外媒体把故宫的迷人景色向全世界进行了大量推送，一个揭开夜晚神秘面纱的紫禁城，一个拥抱现代城市生活的故宫，一个为满足民众文化需求不懈追求的故宫博物院，以新的形象呈现给世人，呈现给世界。

这个时候我打开手机，在赞许声中也有一位老师提出批评，他说故宫博物院的“紫禁城上元之夜”没有巴黎圣母院的“灯光秀”好，我就赶快查看了一下巴黎圣母院的“灯光秀”资料，确实也是很不错的创意。欧洲的建筑文化传统以单体取胜，教堂往往耸立于城市中心，灯光照射在教堂的立面上，不断实现光影变化，而人们站在教堂广场上静止地观赏“灯光秀”表演。但是，中国的古建筑是以群体取胜，古建筑群组合成生动的文化空间，人们行走在天地间，随着灯光的变换，观赏不同的景观，更加丰富多彩。经过比较，我还是放心了，我觉得还是中国正月十五的月亮更圆。

为期 3 个月的“贺岁迎祥——紫禁城里过大年”即将闭幕，经过辛辛苦苦研发的万寿灯、天灯和宫灯不应从此消失，希望它们能够留存在城市中，为此故宫博物院举办了专场公益拍卖，并对社会宣布拍卖所得全部资金捐献给国家级的贫困县，这一行动得到了社会支持，最终这组万寿灯、天灯和宫灯拍出了 2000 余万元，拍卖款项全部捐献给了从广西巴马到内蒙阿尔山等四个贫困县。虽然捐献数额并不多，但是对于故宫博物院来说感到非常自豪，以往博物馆都是被人们捐赠的对象，而今天故宫博物院已经有实力捐赠贫困地区，扶贫是今天中国最重要的时代任务，故宫博物院也能够光荣地参与其中，为国家全面实现小康社会做出积极的贡献。

习近平总书记指出：“要系统梳理传统文化资源，让收藏在禁宫里的文物、陈列在广阔大地上的遗产、书写在古籍里的文字都活起来，以多种方式努力展示中华文化独特魅力。”几年来，正是通过系统梳理传统文化资源，让文物“活起来”，才实现了故宫博物院事业的健康发展。

故宫博物院的实践证明，什么才是好的文化遗产保护状态？不是把文化遗产资源锁在库房里，死看硬守就是好的保护状态，而是应该让文化遗产重新回到社会生活中。因为文化遗产原本就是来自社会，由普通民众所创造。今天，要努力使文化遗产在人们的现实生活中再次展现出独特魅力，有魅力的文化遗产才能得到人们倾心的呵护，得到人们呵护的文化遗产才有尊严，有尊严的文化遗产才能成为促进社会发展的积极力量。当中华大地丰富多彩的文化遗产资源，经过系统梳理和科学保护，都能够成为促进社会发展的积极力量，就能惠及更多的民众，使更多的民众加入到保护文化遗产的行列，这样才是好的文化遗产保护状态，才能形成文化遗产保护的良性循环。

故宫博物院的实践证明，什么才是一座好的博物馆？不是拥有大规模的馆舍，丰富的文物藏品，数量不断增长的观众，就是好的博物馆，而是需要深入研究人们的现实生活需求，深入挖掘博物馆的文化资源，凝练出强大的文化能量，不断推出引人入胜的展览，不断举办丰富多彩的活动，使人们在现实生活中感受到博物馆就在自己的身边，休闲时间就会走进博物馆，走进博物馆后流连忘返不愿意回去，回去以后还要再来的博物馆，这才是一座好的博物馆。

正是因为故宫博物院坚定不移地贯彻让文物“活起来”的理念，经过艰苦卓绝的努力，如今才能实现“把一个壮美的紫禁城完整地交给下一个 600 年”的庄严承诺。

主持人综述

在短短的两个小时里，单霁翔院长带领我们走过紫禁城过去的600年，走过故宫博物院过去的90余年，特别是走过在单霁翔院长领导之下过去的7年，其中，单霁翔院长多次使用了一个概念——“艰苦卓绝”。故宫博物院实现了改头换面的管理变革，从里到外清理环境，修复文物，把开放区域扩大到80%，使故宫博物院成为世界上最好的博物馆。不仅如此，还为故宫文化传播赋予数字化、智能化的特质，走近年轻人、走向世界。我由衷地感觉到单霁翔院长真是做了一件了不得的事。在聆听的过程中，我们了解了故宫博物院1862690件文物藏品，单霁翔院长件件如数家珍；了解了故宫9371间古建筑，单霁翔院长间间走过，对它们的历史了如指掌。所以，我特别感动，单霁翔院长对推动事业发展有如此强烈的责任感，对弘扬中华传统文化有如此坚定的使命感，所以才能带领全院开展如此艰苦卓绝的改革。今日的故宫博物院是我们时代的骄傲，也是中华民族的骄傲。

（2019年6月25日）

文明互鉴与对话：构建人类命运共同体

——在中法文明对话会上的演讲

法国是一个神奇而又多彩的国度，承载着世界人民关于文化、艺术、浪漫、创新的向往，吸引着全球文化爱好者的目光。虽然记不得来过多少次，但是每次来到法国，都会带回难忘的记忆。记得30多年前，我在日本留学期间，第一次获得到欧洲研学的机会，就选择了巴黎。从小成长在东方文化古都北京，正在攻读建筑学专业的我，对于巴黎气质典雅的城市景观有着特殊的感受。记得10多年前，参加“中法文化年”活动，夜晚坐在塞纳河的船上，看到高耸的埃菲尔铁塔整体呈现出“中国红”，这一场景令我终生难忘，为中法两国民众的深厚友谊而感动。

当世界迈入近代历史时期，在东方，中华文明维系着幅员辽阔的统一帝国，并将影响力辐射向周边区域。同一时期，在西方，法兰西的光芒冉冉升起，照耀欧洲。为了生动描述这一历史篇章，在2004年至2005年的“中法文化年”，故宫博物院向凡尔赛宫博物馆送去了“康熙时期艺术展”，凡尔赛宫博物馆则送来了“太阳王路易十四——法国凡尔赛宫珍品特展”，中法两国总理为展览揭幕，展览盛况载入中法友好交流的史册。

故宫博物院和卢浮宫艺术博物馆是两座气质不同，但是有相似历史的世界级博物馆，也是今日世界每年接待观众数量最多的两座博物馆。2008年4月，卢浮宫艺术博物馆的“卢浮宫·拿破仑一世展”在故宫博物院成功举办，成为两座博物馆签署合作协议后的首个展览项目。2011年9月，故宫博物院的“重扉轻启——明清宫廷生活文物展”在卢浮宫艺术博物馆开幕，中法两国元首亲自担任展览的监护人，反映出对两国在文化领域开展交流合作的高度重视。对于卢浮宫艺术博物馆来说，这是第一次举办亚洲国家的展览，打破了该馆不展出东方文物的惯例。

中法两国博物馆的文物展览，掀起文化交流热潮，促进国家间的交流对话。事实证明，一个好的文物对外展览，甚至能够起到外交家无法起到的独特作用。今天，全球重要的博物馆已经成为城市乃至国家的名片和地标，成为重要的文化资源。博物馆作为多元文化的中心，具有很强的开放性。博物馆通过深化与相关领域的交流合作，可以扩大博物馆及地区文化的国际影响力，成为社会发展的推动者，尊重与维护文化多样性，推动世界和平发展。中法两国在文化交流中不断涌现出强盛的生命力，未来更是令人憧憬。

2019年6月，故宫博物院与卡地亚公司携手举办“有界之外——卡地亚·故宫博物院工艺与修复特展”，围绕“灵感中国”“风范见证”和“时间技艺”三大主题，对中西方器物、珠宝、钟表进行深入对比展示，共同呈现中西文化艺术之间的灵感共鸣与交融互鉴。同时，通过展出双方近年合作修复的故宫博物院藏6件西方钟表文物，辅以修复历程的纪录片，以及双方修复师现场技艺演示，让观众身临其境了解工匠精神的内涵。

文化传承需要不断扩散传播，价值才能真正得以体现。新时期博物馆的使命，不仅在于还原历史，展现人类发展漫长曲折的进程，还在于鼓励创新，激发当代人的思考，展示最新的发展成就，吸引新的观众群体。在一次次接触、交往、互相借鉴和学习中，古老文明焕发出新的异彩，谱写了文化交流的一段段佳话。同时为观众打开一条通向陌生世界的道路，扩大与各地区、国家民众之间的相互认知和交流，激发相互尊敬和彼此赞佩之情，有利于改善国家间关系，加强民众的友好交往。

近年来，故宫博物院与法国博物馆界在共同成功举办一系列具有影响的展览基础上，开展更加广泛、深入、务实的文化交流与合作，内容包括藏品研究、文物修复、教育培训、学术交流、文化创意、数字技术等各个方面，合作领域在不断扩展和深化。同时，国际博物馆协会和国际文物修护学会两大国际组织均将各自唯一的培训机构设立在故宫博物院，其中国际博物馆协会培训中心在过去 6 年里，已经有 72 个国家的 350 名学员毕业，也使更多法国博物馆同人参与其中的教学和培训。

2015 年 1 月，故宫博物院与法国卢浮宫学院签署合作备忘录，在多个领域展开深入广泛的交流合作。双方致力于培养世界范围内博物馆领域和文化遗产领域的未来专业人员及管理人员，并兼顾面向更广泛社会公众的文化传播使命。作为首期合作培训项目，2017 年“中法博物馆管理培训班”在故宫博物院成功举办，通过法国博物馆专家的讲解，学员们了解到法国博物馆的多样化运作方式，尤其是法国博物馆在展览设计、策划和管理方面的经验，为学员们提供更多的启发和思考。

文明的交流互鉴是各种文明互通有无、取长补短、相互促进的过程。在交流互鉴中，民众之间获得了相互信任和深厚友谊，文明则在交流互鉴中融合各方精华，呈现出蓬勃生机。中华文明长盛不衰的历史表明，开放是文明发展的重要条件，唯开放才能吸取其他文明的长处。同时中华文明的成就，从丝绸到瓷器，从医药到烹饪，从哲学到文学，也丰富了西方和世界各国民众的物质与精神生活。只有不断从不同文明中寻求智慧、汲取营养，为人们提供精神支撑和心灵慰藉，才能携手解决人类共同面临的各种挑战。

博物馆承载着人类文明成果，是国家文化的窗口、国际文化交流的纽带，对提升国家文化软实力、提升地区或国家的吸引力具有重要作用。故宫博物院与法国凡尔赛宫博物馆同为皇宫性质的博物馆，双方共同筹备举办大型主题展览，从绘画、艺术品、室内装饰、建筑、园林、文学、音乐等众多领域，展现中国文化带给法国艺术家的创作灵感。同时，将故宫博物院收藏的法国宫廷及传教士、使节带来的科学仪器、钟表和书籍等精美文物，也融入展览之中，还原一个更丰满、更全面的 18 世纪中法两国外交和艺术盛况。

在中华文明形成阶段，若干至关重要的文化因素，来自西方的发明创造和交流，例如物产、技术、文化和宗教。故宫博物院收藏有大量西方制作和受西方影响而制作的珐琅艺术品。鉴于 17—18 世纪法国珐琅对清代宫廷珐琅艺术的影响，故宫研究院与法国国家科学研究中心等机构开展合作研究，分析研究故宫博物院收藏相关文物的原料产地、工艺技法，以及与欧洲珐琅艺术的交流与互动，厘清中国宫廷珐琅艺术从引进到国产化的技术传播和演进过程，进而以珐琅技术为代表，认识现代科学技术通过“海上丝绸之路”从西方传入中国，并逐渐被中国掌握、吸收和本土化的过程。

2013年，习近平主席首次提出共同建设“丝绸之路经济带”和“21世纪海上丝绸之路”的构想。这一跨越时空的宏伟构想，气势磅礴的蓝图，承载着各国发展繁荣的梦想。中国和法国均是连接东西方的贸易中心和文化枢纽，穿越千年，见证了驼铃声声、舟楫相望的历史篇章。千年亲缘，万里茗香，古老而又青春的丝绸之路，将两大文明紧紧相连，交流互鉴，彼此汲取营养。古代丝绸之路不仅是一条商贸通道，更是一条文明互鉴之路。绵延千年、贯通古今的丝绸之路精神，正是两国友好交往的真实写照，这份彼此的友谊，经历了时间的磨砺，在历史长河中历久弥坚。

法国孕育了绵延千载的古老文明，走过了曲折漫长的自强之路，绚烂的科学文化、丰富的艺术创造、激荡的哲学思想，千百年来一直是人类文明的宝藏。在文化遗产保护和博物馆建设方面，法国始终走在世界前列，散布在法国各地的文物古迹和历史建筑更是法国民众的骄傲。法国前总理拉法兰先生曾经说过：“中国思想是‘人类经验另一极’，它让我们着迷。西方思想和中国思想就像阴和阳的关系，形成了创造性的互补。我们的差异表现在许多方面，这让我们互相思考，也激发了我们对彼此的兴趣、好奇和尊敬。”

故宫博物院所在的紫禁城，是世界上现存规模最大、保存最完整的古代木结构宫殿建筑群，其建筑布局反映了中国传统哲学理念和美学思想。紫禁城内最重要的建筑是太和殿，为皇帝处理政务的地方。“和”是中华文明观念的集中体现，它代表着中华文化的内涵，主张天人和谐、社会和谐、身心和谐，即人类与自然要和谐相处、人与人之间要和谐相待、人的内心世界要和谐相安，才能实现国家昌盛、民众幸福的和平世界。

衷心希望文明交流互鉴继续成为增进中法人民友谊的桥梁、推动人类社会进步的动力、维护世界和平的纽带。

（2019年10月21日）

有尊严的文化遗产才能成为促进社会发展的积极力量

——在 2019 搜狐财经峰会上的报告

感谢搜狐财经给我们搭建的交流平台，我想通过搜狐给我澄清一下，我真不是网红，我是被网红的。

在到故宫博物院之前，我曾经在文物系统工作过很长时间，我们知道文化是一个国家、一个民族的灵魂，文化自信是一个国家、一个民族发展当中最基本、最深沉、最持久的力量。中华民族文化自信从何而来？一个重要的来源就是我们有五千年的文明。其实国际社会有很多人一直在质疑，你们不就三千年的文明吗？事实上，几十年来我们的考古学家、历史学者对中华文明探源的活动一直没有停止，祖国大地、长城内外、大江南北，已经满天星斗般地证明了我们五千年文明的存在。今年 7 月 6 日在联合国教科文组织的世界遗产大会上，良渚古城遗址正式申报成功，在 193 个国家的见证下，5300 年到 4300 年的中华文明实证写在了历史上。

世界文化遗产运动到今天不过百年的历史，特别是二次大战以后，国际社会开始关注那些有突出普遍价值的文化和自然遗产状况，通过一次次联合行动，比如埃及卢比亚遗址保护、威尼斯水城保护，逐渐达成了共识，就是这些文化遗产不是一个城市、一个国家所固有的，而是人类共同的遗产。

人类共同遗产这个理念生成以后得到了国际的共识，就在 1972 年，联合国教科文组织诞生了一个重要的公约，就是《保护文化与自然遗产公约》。我们国家进入公约比较晚，公约诞生十三年以后中国才加入，但是在两年以后中国就有了第一批世界遗产，当时是有长城、周口店、秦始皇陵兵马俑、故宫、敦煌莫高窟、泰山等。

这些进入世界文化遗产以后打开了我们对文化遗产认识的一个窗口，就是文物保护和今天的文化遗产保护究竟有什么区别？比如泰山摩崖过去是作为文物保护，今天申报世界文化遗产，我们知道这些摩崖石刻和山休是不可分割的，摩崖石刻上面的内容和整个泰山文化是不可分割的，于是中国政府将泰山作为一个完整的项目申报世界遗产，获得了成功，也改写了世界遗产的格局。过去世界遗产只有文化遗产和自然遗产两个类别，自从泰山进入以后，有了第三个类别，即文化和自然双遗产。从此以后，中国的峨眉山、武夷山、庐山这些名山大川纷纷进入世界文化遗产。

过去文物保护的重点是那些已经失去原初功能的古遗址、古墓葬，包括万里长城，这些文物如今只是被研究、被观赏的对象，但是今天我们知道，还要保护那些人们生产生活当中的活态文化遗产，这样江南水乡也好、传统村落也好、民族村寨也好、龙井茶园也好，这些人们居住其中、生产其中的文化内容，也纷纷进入了文化遗产保护之列，于是文化遗产与千家万户建立起了联系。

过去文物保护内容，一个桥、一座塔、一组古建筑，后来放大到历史街区、历史村镇，再放大到历史城市，由点到面。但是今天我们知道，还要保护那些文化交流、商品贸易的文化廊道和线性文化遗产，这样丝绸之路也好、大运河也好、茶马古道也好、万里茶道也好，纷纷进入了文化遗产保护之列，大大开阔了我们的文化视野。

1997 年，山西平遥、云南丽江两个过去在世界上并不知名的小城，进入《世界遗产名录》，走向了世界，推动了当地的经济社会发展，于是越来越多的城市、地区积极提出申报世界遗产的要求，希望当地具有突出普遍价值的文化和自然遗产能够进入《世界遗产名录》，我们手中就有了一份多达 70 项的申报世界文化遗产的预备名单，如果一年有 3—4 项申报成功，也需要 20 年的时间，并且还有陆续增加进来的申报项目。

2004 年，在中国苏州召开了联合国教科文组织第 28 届世界遗产大会，这次会议开得很成功，但是会议制定了一项新的规定，对我们所开展的申报世界文化遗产工作很不利，就是规定无论国家大小，每个国家每年只能申报一项文化遗产，也就是我们作为拥有五千年文明历史，文化遗产资源非常丰富的国家，与其他比较小的国家，例如老挝、吉尔吉斯斯坦、阿富汗等国家都是同等待遇，对我们来说很不利。但是这个规定无疑是正确的，就是要平衡和促进文化多样性，帮助更多的国家也有机会进入世界遗产的大家庭。因为每年全世界会有上百个国家申报项目，经过专业机构严格审查会减少大半，提交世界遗产大会审议后又会减少一半，所以每年申报成功的项目只有 30 项左右。

我们一方面继续努力做好申报世界文化遗产的准备，一方面积极与国际组织进行沟通。世界文化遗产领域有三大国际组织，我们把三大国际组织的负责人请到北京，包括世界遗产中心主任班德林、国际古迹遗址理事会主席佩萨特、著名的罗马中心主任布什纳迪，让他们了解中国正处于城市化加速进程的历史时期，每一项文化遗产的保护都具有抢救性质，所以在遵守国际规则的基础上，我们每年会积极申报一项世界文化遗产。

2004 年高句丽王城王陵及贵族墓葬申报成功，2005 年澳门历史城区申报成功，2006 年殷墟申报成功，2007 年开平碉楼与村落申报成功，2008 年福建土楼申报成功，2009 年五台山申报成功，2010 年登封“天地之中”历史建筑群申报成功，2011 年西湖文化景观申报成功，2012 年元上都遗址申报成功，2013 年哈尼梯田申报成功，2014 年有两项申报世界文化遗产成功，一项是大运河，一项是丝绸之路。因为丝绸之路是跨国申报，中国和哈萨克斯坦、吉尔吉斯斯坦三个国家共同申报，用的是吉尔吉斯斯坦的名额。2015 年土司遗址申报成功，2016 年花山岩画申报成功，2017 年鼓浪屿历史国际社区申报成功。2018 年福建泉州申报没有成功。但是 2019 年良渚古城遗址申报成功之时，中国一跃成为全世界拥有世界遗产最多的国家。中国和意大利均有 55 项世界遗产，并列第一，但是由于中国有长城、大运河、丝绸之路等大型巨型的文化遗产，无疑中国世界遗产的实质数量更多，规模更大。

实际上，没有一个国家年年申报世界遗产项目，更没有一个国家能够年年成功。因此，经过不懈努力，中国成为拥有世界遗产最多的国家，是值得骄傲的。但是，对于从事实际工作的专业人来说，数量最多并不重要，也可以说中国早晚都会最多。最重要的是，通过申报世界文化遗产，我们提升了文化遗产保护的理念，改变了对文化遗产的态度，抢救保护了大量文化遗产资源。

在文化遗产保护理念方面，我们最深刻的认识是：文化遗产保护要更加重视世代传承和公众参与。

世代传承告诉我们，这些文化遗产是祖先的辉煌创造，如今经过我们的时代，经过我们的手中，还需要真实地、完整地交给我们的子孙后代。因此，当今时代不能用现实的优势随意处置这些文化遗产，我们的子孙后代同样有权利保护它们、享用它们。

公众参与告诉我们，今天文化遗产已经进入了人们的生活、人们的社区，甚至人们的家庭中就有文化遗产，无论是居住的老宅，还是收藏的文物。因此，文化遗产保护不能视为是文物部门的专利，也不再是政府的专利，而是全民共同参与的文化事业，全社会的每一个人都有保护文化遗产的权利，也都有保护文化遗产的义务，应该把文化遗产保护的知情权、参与权、监督权和受益权交给社会公众、亿万民众。

2006 年山西五台山申报世界文化遗产，当时我们在现场看到，20 多处地点均需要进行环境整治，特别是最核心的地点台怀镇，那个时期不可持续的旅游环境，造成宗教寺庙建筑群的山下，居然有上千个商业网点，包括小饭馆、小茶馆、小酒馆、卡拉 OK 屋，还有一种叫洗脚屋，这可是佛教圣地呀，山上的僧人怎么念经啊？他们告诉我，寺里的小和尚晚上化装之后都下山了。如此商业化的环境，怎么能够成为世界文化遗产？于是当地开展了艰苦卓绝的环境整治，所有商业网点退后十里地，建设规范的游客服务中心，随后开展环境绿化，经过两年的努力，“深山藏古刹”的意境又回来了，这样五台山才成为了世界文化遗产，这就是申报世界文化遗产、保护文化遗产的力量。

进入新的世纪，杭州提出西湖申报世界文化遗产，我们知道这是更加艰巨的项目。因为西湖是在一个蓬勃发展的省会城市的中心区域，而西湖的文化景观特色是“三面云山一面城”，也就是在西湖的三面云山中，不能出现任何一栋影响文化景观的新建筑，能否做到？难度是非常大的，特别是多年来，杭州的土地价格、房屋价格超过了北京、上海，是全国最高的城市之一，谁不想在西湖边上建设一个项目，一定会一本万利，能否坚守得住？但是杭州做出了承诺，十年申遗路，今天大家再到西湖感受一下，无论是荡舟西湖里面，还是漫步苏堤、白堤，都看不到任何一栋新的建筑侵入西湖文化景观，为此守住了积淀着中华传统文化的这片净水，“三面云山一面城”的文化特色得到了保护，杭州西湖文化景观成功进入《世界遗产名录》。

但是，杭州的经济社会发展因此受到影响了吗？并没有，就在西湖申报世界文化遗产之时，杭州就坚定不移地从“西湖时代”走向了“钱塘江时代”，在钱塘江两侧气势磅礴地建设了杭州新城。几年前的 G20 会议在杭州新城召开，美丽的城市面貌通过影视传遍了世界各地，人们为之而赞叹，通过从“西湖时代”走向了“钱塘江时代”，真正实现了梁思成先生当年的主张，保护老城、建设新城，二者才能相映生辉。杭州通过西湖申报世界文化遗产，证实了这一论断的正确性，这就是申报世界文化遗产、保护文化遗产的力量。

2012年1月，来到故宫博物院工作，我知道这里是我国第一批世界文化遗产，是一座有着90多年历史的世界级博物馆，那么这里也有需要整治的地方、需要提升的方面吗？当我和周高亮秘书一起，走遍故宫博物院的每一个角落、每一间房屋的时候，我们知道了，随着时代的进步，需要整治的地方、需要提升的方面还有很多。为此，故宫博物院进行了为时3年的环境整治提升，室内10项内容，室外12项内容，经过全院共同努力，终于把故宫博物院室内室外的环境清理得干干净净，消除了长期以来存在的安全隐患，实现了故宫开放区域的逐年扩大。

过去，观众参观太和殿以后，都是往北面走，看到的是高大的宫殿、宽阔的广场，一棵树都没有。也有观众曾经问过我，为什么故宫里面没有树，当时我只能告诉他们，再往前面走，走到最北边的御花园就有树了。其实，太和殿两边各有一个门，西面是右翼门，东面是左翼门，只是没有开放。如今整治了两侧的环境，开放了两侧的区域，举办了丰富多彩的展览，于是打开了右翼门，观众走出去迎面就是18棵300年树龄的大槐树，向北可以走向新开放的西部区域。打开了左翼门，观众走出去迎面就是过去骑马射箭的箭亭广场，由此走向广阔的东部区域。这时候人们才恍然大悟，原来太和殿两侧有这么丰富的绿色空间。这样第二次、第三次来故宫博物院的观众，就不一定再往前面走，而是西面看景区，东面看展览，流连忘返地参观扩大开放后的故宫博物院。

如今，不断扩大开放的故宫博物院，已经成为一片学习的园地。经过修复保护的古建筑群，开始更多地投向了教育。例如位于太和门广场西侧的故宫博物院教育中心，可以接待更多的观众、更多的同学来到这里学习。另一方面，故宫内广场多、庭院多，故宫博物院发挥这一得天独厚的优势，通过环境整治扩大开放，几十个庭院都成为了非常安全、非常友好的教育空间。记得几十年前，我到欧洲的一些博物馆参观，非常羡慕博物馆的展厅里、庭院内，总是有很多小学生、中学生在那里开展学习活动。如今，无论是春天、夏天、秋天，故宫博物院的各个庭院都被同学们铺满，每年在这里开展上万场教育活动，成为全世界开展教育活动最丰富多彩的博物馆，我感到非常欣慰。

如今，不断扩大开放的故宫博物院，已经成为一片文化的绿洲。在这里，来自非洲有艾滋病背景的孩子们和中国的小朋友们，共同参加美好的夏令营活动。在这里，20个文明古国的专家学者和政府官员，召开每年一度的“世界古代文明保护论坛——太和论坛”，我告诉各国代表，“太和论坛”是以太和殿命名的，“和”文化是中华传统文化的精髓之一，就是号召人与自然要和谐相处，人与人之间要和谐相待，人的内心世界要和谐相安，我们的世界就能够成为一个和平、友好、发展的世界。

如今，不断扩大开放的故宫博物院，已经成为一片友好的客厅。越来越多的重要外交活动在这里举办，每年故宫博物院都会接待来自世界各国的国家元首、政府首脑。当这些外国领导人走进故宫博物院，我们会用故宫所呈现出的中华传统文化为他们进行解读，红墙、黄瓦、蓝天，这是三原色，用这三种颜色可以谱画出世界上的任何色彩。我们的世界必须是绚丽多彩的，而不能是单一色彩的，每个民族都有他们值得骄傲的历史，每个民族也都应该拥有他们向往的未来。当各国领导人和中外观众走进故宫博物院，看到今天世界最大规模的古代宫殿建筑群，维修保护得如此壮美、如此健康、如此拥有尊严，我相信他们一定会感动于中国对世界文化遗产保护所做出的贡献。

如今，故宫文化不断走出去，传播中华传统文化。习近平总书记亲自见证香港故宫文化博物馆合作协议的签署，感谢香港特区政府为这座博物馆给予了最好的一片土地——维多利亚海湾唯一一片三面临海的绿地，距离已经开通的大陆到香港的高铁车站只有一步之遥，也感谢香港赛马会赞助香港故宫文化博物馆 35 亿港币，使得博物馆得以顺利建设。同时，故宫博物院在北京市海淀区西北旺镇，正在建设故宫博物院北院区，这是一座大型博物馆综合展示空间和文物藏品修复设施，建筑面积 10 余万平方米，故宫博物院北院区的建设将使我们文物保护和文化传播的力量更加强大。

经过多年的实践，此时此刻，我深刻地感受到：什么是一个好的博物馆？不是拥有一个大型馆舍，每天对观众开放，就一定是一个好的博物馆，而是一定要深入挖掘自己的文化资源，凝练出强大的文化力量，不断推出引人入胜的展览，不断举办丰富多彩的活动，使人们能够感受到博物馆就在我的身边，就在我的生活里，于是人们在休闲的时候就会走进博物馆，走进博物馆后流连忘返，收获满满，离开后还想再来，这样的博物馆才是一个好的博物馆。正是因为故宫博物院全面实施故宫古建筑维修保护工程、“平安故宫”工程，加强环境整治，不断扩大开放，坚定不移地贯彻让文物活起来，通过不懈的努力，所以今天可以骄傲地说，我们把一个壮美的紫禁城完整地交给了下一个 600 年。

（2019 年 11 月 14 日）

在 2019 中日韩名记者对话会上的演讲

中日韩名记者对话会（2019 年 12 月 15 日）

尊敬的中日韩各位来宾，今天非常荣幸参加这次对话会。我们中日韩三国的朋友们在一起对话，是非常有意义的事情，因为我们三国是一衣带水的邻邦。我们有共同的文化理念，我们有共同的文化力量，我们的文化力量从何而来，其中一个重要的因素，就是我们有五千年的文明，今年的 7 月 6 日，在联合国教科文组织的世界遗产大会上，中国的良渚古城遗址申报世界文化遗产成功，5300 年的历史，今天走向了世界。

今天人们更加关注世界遗产运动，大家知道，世界遗产运动不过百年的历史，在第二次世界大战以后，人们更加关注我们城市、我们国家中的这些文化和自然遗产，当它们受到威胁的时候，我们会用国际的力量来进行拯救，例如著名的埃及卢比亚遗址因为阿斯旺水库的建设受到威胁，在联合国教科文组织的倡导下众多国家齐心合力进行了拯救的行动。一直到今天，我们对于威尼斯水城由于海平面的上升受到的威胁，一直不断地予以关注和参与国际保护合作。通过这些行动，就诞生了一个重要的理念，就是这些文化和自然遗产，它不是一个国家、一个城市所独有的，是人类共同的遗产，保护文化和自然遗产，是全世界共同的责任。人类共同的遗产这个理念诞生以后，很快达成国际共识。1972 年就诞生了重要的《保护世界文化和自然遗产公约》。

中国因为历史的原因，加入《保护世界文化和自然遗产公约》比较晚，一直到1985年才加入公约，1987年中国也有了第一批文化遗产。当时长城、北京周口店遗址、秦始皇陵兵马俑、故宫、敦煌莫高窟和泰山，这些遗产进入国际领域受到了更多的关注，人们也更细心地保护它们，就引发了在中国大陆上的一个申报世界遗产的热潮。特别是1997年两座小城，一个山西的平遥、一个云南的丽江进入世界遗产以后，更多的城市、更多的地区，希望让这些文化遗产进入世界遗产名录。这些年我们就不断地努力，我们手里有一个长长的申报世界遗产的预备名单。2004年在中国召开了联合国教科文组织的世界遗产大会，这次大会很成功，但是大会上定了一项规定，就是一个国家无论大小，每年只能申报一项文化遗产。我们的压力就更大了。这项规定无疑是正确的，就是要平衡文化多样性，使那些还没有世界文化遗产的国家也有更多的机会。因为大家知道，世界遗产大会每年会讨论130项、140项申报项目，但是每年真正能够成功的只是30项以内，今年是29项。因此我们的压力确实很大，我们就不断地与国际组织沟通，我们拥护联合国教科文组织的决定，但是也会积极申报世界文化遗产，因为我们是在加速城市化的进程中保护文化遗产，每一项世界文化遗产申报都带有抢救的性质。

中国苏州、无锡地区城市化进程，其中城市和绿色空间的比例随着城市化进程加速，20年来不断地发生变化。1991年、1996年、2002年、2004年、2006年，短短的20年间，发生了激烈的变化。在这样的城市发展进程中，我们地上、地下的文化遗产资源保护就必然面临着非常严峻的形势。我们既要面临城市化进程，又要努力保护文化遗产，因此需要不断地进行沟通。

对于我们东亚地区，长期以来不断地探索木结构的古代建筑群和欧洲以砖石建筑为主的古代建筑群之间在保护方面的区别。为此我们中日韩共同举办了东亚地区建筑保护理念的国际会议，不断地加强沟通，包括东亚地区建筑彩绘的保护问题。这些年经过艰苦卓绝的努力，中国更多的文化遗产进入《世界遗产名录》。例如2004年高句丽王城王陵和贵族墓葬、2005年澳门历史城区、2006年殷墟、2007年开平碉楼和村庄、2008年福建土楼、2009年五台山、2010年登封“天地之中”历史建筑群、2011年杭州西湖文化景观、2012年元上都遗址、2013年哈尼梯田，2014年居然两个申报项目成功：一项是大运河，一项是丝绸之路。因为丝绸之路是跨国申报项目，中国和哈萨克斯坦、吉尔吉斯三国共同申报，用的是吉尔吉斯的名额。之后2015年土司遗址、2016年花山岩画、2017年鼓浪屿相继申报成功，但是2018年没有成功。应该说，没有一个国家年年都申报，更没有一个国家年年都成功。2019年良渚古城遗址申报世界文化遗产成功之时，中国就一跃成为全世界拥有世界遗产最多的国家。从数字上看，中国和意大利均拥有55项世界遗产，并列世界第一。但是由于中国世界遗产中包括长城、大运河、丝绸之路这些线性文化遗产，所以实际上中国的世界遗产规模和内容更加宏大和丰富。

在我们长期从事世界文化遗产保护工作的人看来，拥有世界遗产的数量并不重要，关键在于这些保护行动，改变了我们对待文化遗产的态度，改变了我们以往的理念，同时抢救保护了大量文化遗产。例如文化遗产要与周边的原生环境一起保护，五台山申报世界文化遗产前，我在现场看到，20多处地点都需要整治，特别是台怀镇的古代寺庙建筑群下面，聚集着一千多个小门脸，小饭馆、小茶馆、小酒馆、卡拉OK屋，还有一种叫洗脚屋，这样的环境叫山上的僧人们怎么念经？为了成功申报世界遗产，对环境进行了整治，所有商业设施退后10里地，建设游客服务中心，第二年通过绿化，恢复了“深山藏古画”的意境，五台山申报世界文化遗产获得成功。如今那段浮躁的旅游发展阶段过去了，文旅融合将使五台山获得长治久安的保护。

我再举一个例子，进入新的世纪，杭州西湖提出申报世界文化遗产，我们知道这是一个重要而艰巨的申报项目，因为西湖处于一座蓬勃发展的大城市的核心区域，西湖的景观特色又是“三面云山一面城”，也就是在三面云山区域，不能出现任何一座影响西湖文化景观价值的新建筑，能做到吗？杭州做出了承诺，于是十年申遗路，杭州坚守住了。今天大家再到杭州去看看，无论是荡舟西湖里面，还是漫步苏堤、白堤，都看不到任何一座侵入到西湖文化景观的新建筑，西湖文化景观申报世界文化遗产获得成功。

但是，杭州的经济社会发展受影响了吗？没有。就是在西湖文化景观申报世界文化遗产之时，杭州就坚定不移地从“西湖时代”走向了“钱塘江时代”，在钱塘江两侧气势磅礴地建设了新的杭州城，几年前的G20会议在杭州召开，这座新杭州城的壮美景观，包括夜景通过影视传遍了世界。这就真正实现了梁思成先生当年的主张，一座历史性城市，保护老城、建设新城，两者才能相映成辉。这一理想在杭州得以实现，这就是文化的力量。

通过申报世界文化遗产，也改变了我们对于文化遗产价值的认识和态度，例如长城保护，1961年公布第一批全国重点文物保护单位时，就将山海关、嘉峪关、居庸关、八达岭等长城点、段列入保护项目，之后每公布一批全国重点文物保护单位，也会有长城点、段列入，但是始终没有将长城作为一个整体保护内容。但是申报世界文化遗产时，中国将各个时代、各个地域的长城，作为一个完整的项目申报，获得了成功，开始注重线性文化遗产的整体保护。

再如泰山，过去保护泰山，保护对象是具有文化价值的摩崖石刻和古建筑，但是申报世界遗产的时候，知道这些摩崖石刻和背后的山体不可分割，摩崖石刻的内容和泰山文化不可分割。于是中国政府就将整个泰山作为一个完整的项目申报世界遗产。1987年联合国教科文组织自然遗产协会考察泰山项目时，发现泰山不同于一般世界遗产项目的独特价值，即它不仅符合世界自然遗产的标准，也同时符合世界文化遗产的标准。这意味着中国贡献了一件独一无二的特殊遗产，需要重新评价自然与文化的关系，从而开拓一个过去从未做过，也从未想过的新领域。因此，泰山的申报丰富了世界遗产的内容，从此也改写了世界遗产的分类，即在以往世界文化遗产和世界自然遗产这两大类别之外，增加了“世界文化与自然双重遗产”这一新的品类。

文化遗产是一个内涵十分深刻并且不断发展丰富的概念。随着中国文化遗产保护理念的发展和实践的深入，工业遗产、乡土建筑遗产、20世纪遗产、文化景观、文化线路、运河遗产等，都已成为文化遗产的重要组成部分。而这些类别限于我们过去的认识水平，没有得到应有的重视，同时存在对大型文化遗产、线性文化遗产的整体保护，对文化遗产背景环境的保护缺乏应有的关注等认识方面的问题，导致大量文化遗产在相当长时期内没有纳入保护的视野，造成一定程度的损失。近年来，文化遗产保护内涵的深化，促使人们从更广阔的视野、更深入的角度去分析和梳理文化遗产之间的内在联系，探索和建立新的文化遗产类型和相应的保护方式、手段、体系。因此，文化遗产保护领域对传统保护对象的概念认识呈现出新的发展变化。

在文化遗产的保护要素方面，从重视单一文化要素的保护，向同时重视由文化要素与自然要素相互作用而形成的综合要素保护的方向发展。例如兼具文化和自然复合特征的“双重遗产”、由文化要素与自然要素相互作用而形成的“文化景观”，均成为国际社会加大保护的对象。文化遗产的产生和发展与其所在的自然环境密不可分。中国自古即有“天人合一”的思想，崇尚人与自然的和谐共处，许多名山大川更是人文胜景荟萃之处，形成了中国文化遗产与自然遗产相互交融的重要特性。因此，继泰山作为世界文化与自然双重遗产列入《世界遗产名录》之后不久，中国的黄山（1990年）、峨眉山和乐山大佛（1996年）、武夷山（1999年）等又相继作为双重遗产列入《世界遗产名录》，使中国成为拥有世界文化与自然双重遗产最多的国家。

在文化遗产的保护类型方面，从重视现已失去原初和历史过程中使用功能的古迹、遗址等“静态遗产”的保护，向同时重视仍保持着原初或历史过程中的使用功能的历史文化街区、历史文化村镇、工业遗产和农业遗产等“动态遗产”和“活态遗产”保护的方向发展。文化遗产并不意味着死气沉沉或者静止不变，它们完全可能是动态的、发展变化的、充满活力的和具有生活气息的。许多文化遗产仍然在人们的生产生活中发挥着重要的作用，甚至不断地吸纳更多的新鲜元素，充满着生机与活力。遍布全国的历史文化街区、历史文化村镇中大部分的传统建筑都在被使用，如果将其从生活中割裂出来，并不能达到很好的效果。对它们的保护应该是积极的、动态的和持续的。保护并不是要冻结这些文化遗产的现状，而是要让它们融入现代生活之中，继续发挥作用，这也是继承和延续传统文化、地域文化，实现文化遗产保护可持续发展的必然选择。

在文化遗产的保护空间尺度方面，从重视文化遗产“点”“面”的保护，向同时重视因历史和自然相关性而构成的“大型文化遗产”和“线性文化遗产”等文化遗产群体的保护方向发展。文化遗产保护的视野扩大到空间范围更加广阔的“遗产地”“文化线路”和“系列遗产”等，甚至文化遗产的空间尺度还在向跨地区、跨国家方向发展。今天，人们对文化遗产事业的企望越来越高，从最初动员国际社会保护那些日渐消失的具有全球突出的普遍价值的文化遗产，到通过文化遗产事业去发掘和增进人类互相的交流与融合，保护共同的文明，实现全人类的和平、合作与发展。应运而生的“文化线路”类文化遗产受到普遍的推崇和鼓励。文化线路是集文化遗产保护，以及生态与环境、休闲与教育等功能为一体的线性文化遗产元素，包括河流沿线、峡谷沿线、道路沿线以及铁路沿线等。

在文化遗产保护的时间尺度方面，从重视“古代文物”“近代史迹”的保护，向同时重视“20 世纪遗产”“当代遗产”的保护方向发展。当前，我国经济社会的快速发展使社会生活的各个方面都在发生急剧变化，原有的生产生活方式及其实物遗存消失速度大大加快，如不及时加以发掘和保护，我们很可能将在极短的时间内，彻底忘却刚刚过去的昨天这段历史。每一个历史时期都有自己独特的文化背景，形成独特的文化风格。从古到今，文化发展演变形成完整的文化链条，不应在近代和当代发生断裂。虽然 20 世纪遗产与我们相距时间不长，与古代文化遗产的悠久历史无法相比，但是由于这一时期文化多元、技术多样、形式多变，而具有特殊的时代价值，成为文化记忆的重要组成部分。因此，不应让它们简单地随着城市化的发展和时间的流逝而消失，必须予以认真鉴别，充分关注。只有留住这一部分文化遗产，城市才具有丰富年轮，才会充满记忆。

在文化遗产的保护性质方面，从重视重要史迹及代表性建筑，例如皇家宫殿、帝王陵寝、庙堂建筑、纪念性史迹等的保护，向同时重视反映普通民众生活方式的“民间文化遗产”，例如“传统民居”“乡土建筑”“工业遗产”“老字号遗产”以及“与人类有关的所有领域”的文化遗产保护的方向发展。民间文化遗产过去常常被认为是普通的、一般的、大众的而不被重视。但是它们却是养育了一代又一代民众的生活文化，反映了他们最真实的生活状况，记录了他们平凡的喜怒哀乐，具有广泛的认同感、亲和力和凝聚力。民间文化遗产从真实生活的角度形成对原有文化遗产的补充，把人类社会的诸多要素作为文化基因保留下来，以达到教育后人的目的。民间文化遗产为文化遗产的保护提供了空间上的过渡、时间上的缓冲，以及资源上的储备，有助于构筑起文化遗产完整的类型体系和保护框架。

在文化遗产的保护形态方面，从重视“物质要素”的文化遗产保护，向同时重视由“物质要素”与“非物质要素”结合而形成的文化遗产保护的方向发展。将文化遗产的内容由物质的、有形的、静态的，伸延到非物质的、无形的、动态的，显示了当今人类对于文化遗产认识的进步。物质与非物质文化遗产的区分只是其文化的载体不同，二者所反映的文化元素仍然是统一和不可分割的。因此，物质和非物质文化遗产必然是相互融合，互为表里。今天，人们对非物质文化遗产的关注与兴趣与日俱增。非物质文化遗产在不同程度地依附于物质文化遗产的同时，也给物质文化遗产以更生动的展示，延续着不同族群人们特有的传统文明，体现着生存与进步的价值与活力。因此，在着力保护文化遗产物质载体的同时，必须重视发掘和保存其蕴含的精神价值、思想观念和生活方式等非物质文化遗产，必须更积极地探索物质与非物质文化遗产保护相结合的科学方式和有效途径。

更为重要的是，通过从“文物保护”走向“文化遗产保护”的实践，我们得到了两个深刻的体会，一是世代传承性，长期以来在社会上一直有争论，对待文化遗产保护重要，还是利用重要。今天我们认识到，保护不是目的，利用也不是目的，真正的目的是传承。就是把我们祖先创造的灿烂文化，经过我们的时代，经过我们的城市，真实完整地传给子孙后代，这才是最重要的目的。二是公众参与性，今天文化遗产已经进入千家万户的生活领域，保护文化遗产不是政府的专利，也不再是文物部门的专利，而是亿万民众共同的事业。每个人都有保护文化遗产的知情权、参与权、监督权和受益权，所以应该把广大民众保护文化遗产的意愿和热情更多地动员起来。

今天，国际博物馆领域对一座博物馆的职能定位，把教育职能放在了第一位，包括向社会公众开展的文化传播。近年来，故宫博物院一方面通过故宫学院、故宫博物院教育中心、故宫讲坛等形式，积极开拓社会教育的影响面、覆盖面。另一方面加强国际文化交流。通过教育和文化交流活动开展，使故宫博物院真正成为社会生活中的一片“文化绿洲”。于是，每年都有一些重要教育和文化活动，相继在故宫博物院展开。例如非洲有艾滋病背景的孩子们，在故宫博物院和中国的小朋友们一起，度过了一个愉快的夏令营。20 个文明古国的专家学者、政府文化官员，在故宫博物院参加每年一届的“太和论坛”，我对各国代表说，“太和论坛”以太和殿命名，“和”文化是中华传统文化的精髓之一，就是号召人与自然要和谐相处，人与人之间要和谐相待，人的内心世界要和谐相安。如此我们的世界才是和平、友好、发展、不断进步的世界，各国代表都非常赞成中国的主张，20 个文明古国在故宫博物院共同签署了《太和宣言》。

今天我们不断与相关国际组织加强沟通，进行国际交流和专业培训，两大文化领域的国际组织，一个是国际博物馆协会，一个是国际文物修护学会，都把全球唯一的培训机构设在了中国、设在了故宫博物院。国际博物馆协会培训中心过去 6 年已经培养了来自 72 个国家的 350 多名博物馆专业人士，故宫博物院的朋友圈越来越大。每年故宫博物院都组织各国驻华大使们，走进故宫博物院参加丰富多彩的文化活动。例如今年春节期间，80 个国家的驻华大使，云集故宫乾清宫前，合影留念，相互畅谈。

故宫博物院也不断推动精心设计筹备的展览，走向全国各地、走向世界各地。在过去的 6 年里，一共有 135 项展览走出了紫禁城。例如故宫博物院的文化创意展到了日本，我向李克强总理、安倍首相介绍了故宫博物院研发的文化创意产品和数字技术应用。一个多月前，在韩国召开的第七届中韩公共外交论坛上，我与韩国同行交流了文化遗产保护和博物馆发展方面的实践体会。这些文化传播、文化交流活动意义重大。祝贺此次中日韩名记者对话会取得圆满成功，通过对话交流加深我们的友谊。

（2019 年 12 月 15 日）

附录：访谈编

故宫院长单霁翔：2018 年的最后一班岗

元旦前后，接连的北风和低温，让北京展现出冬日那种典型的干冷、响晴，天蓝如洗，让人觉得冷得痛快。在元旦假期，就着如此美景，去故宫走一走是值得的：红墙、黄瓦和蓝天搭配起来是北京最美的模样。

2018 年的最后一天，记者在故宫游玩，有幸偶遇故宫院长单霁翔，并跟随单霁翔一起度过了一次难忘的故宫“跨年之旅”：从 2018 年最后一天的上午到夜幕降临，单院长在马不停蹄的忙碌中，亲自送走 2018 年的最后一位观众。十几个小时之后的清晨，单院长又出现在午门的大门外，迎接 2019 年的第一批观众，故宫和他的“守门人”也迈进新的一年。

在与单院长一天的相处中，这位自称为故宫“看门人”的院长，将他对故宫的关注之情展露无遗。

御花园

10：30

卫生间改造凸显人文关怀

上午 10 点半的故宫御花园，远远就看见身穿黑色冬装挂着胸牌的单院长正带着一群客人参观，得知我是经常采访故宫的记者，单院长发出邀请：“愿不愿意跟着我走走？”跟着单院长游故宫，这样的机会谁能拒绝呢？

跟着单院长走了没几步，就听院长说，这是咱们参观的第一站——卫生间，说着一转身他就进了御花园外的一个公共卫生间，一边走还一边说“不许拍照啊”，然后钻进男厕，没影了。早知道单院长是著名的冷幽默段子手，今天终于体会到了。

等到单院长从厕所出来，他问我：“你觉得厕所有什么变化吗？”我发现，女厕比以前大了不少，内部重新进行了装修，干净漂亮了很多。单院长说，这就是故宫 2019 年将要开始的“厕所革命”，御花园的卫生间是第一个完成改造的。“以前女厕外面经常排长队，我们把原来男厕女厕位置换了一下，男厕加上吸烟室和休息室改造成了女厕，这样更科学，内部重新设计装修，提高了档次。”

一位故宫院长，竟然如此关心厕所这样的小事，多少让人有些吃惊。不过，接下来我发现，单院长还关心更小的事：一边走着，他忽然弯腰从地上捡起了一个很小的纸片，一直拿在手里，直到找到一个垃圾桶扔了进去。“故宫的地上不能有纸片垃圾，如果地上没有一片垃圾，观众也就不会扔了。包括在墙上刻画的，一旦出现我们会如临大敌立刻擦掉，墙上没有划痕别人也就不画了。”单院长说，他四五年前下来巡查老得捡垃圾，现在基本走一趟下来也捡不到一片。

其实正是这些点点滴滴的小事，让故宫发生了巨大的变化。例如，以前故宫的端门广场、御花园没有座位，很多人席地而坐。单院长定制了观众座椅，还将御花园花池等改造成可供观众休息的座椅，这样可以供近 400 名观众在此休息。端门广场把树坑填平了，在树坑上做一圈树凳，加上靠背座椅和餐桌椅，一共能给观众提供近千个座位。

在隆宗门内，我注意到新竖起了一个“母婴室”的牌子，单院长说，“之前有观众反映没有母婴室，带儿童参观多有不便，2018 年我们就利用原有办公用房改造设立了一个。”院长还补充道，“观众走到这里正好走完三大殿，走了一半，累了，2019 年我们还要把后左门、后右门内原来的商店收回改造，提供热水，变成老弱病残孕专用休息室。”

太和殿

11：00

“文物要有尊严，不能蓬头垢面”

跟着单院长一路向西，走过太和殿的右翼门，单院长指着这扇打开的大门说，过去这个门从没打开过，原来这一带都是非开放区，现如今，太和殿的左翼门和右翼门都打开了，景观一下子丰富起来。

实际上，多年来故宫老观众都对一块牌子记忆深刻，牌子上写着“非开放区，观众止步”，因为故宫 70% 的范围都曾立过这种牌子。“都说故宫建筑多，可观众看不到它的馆舍宏大，都说故宫藏品多，但是 99% 的藏品睡在库房里，绝大多数观众进了故宫以后，只能沿着中轴线走，看看皇帝坐在什么地方，躺在什么地方，在哪儿结婚，就穿过御花园走出去了。”单院长觉得这不是一个博物馆应有的样子。

“过去观众沿着中轴线走，只能观看三大殿，连一棵树都没有，现在出右翼门一看，非常漂亮，有古松、有十八槐；出左翼门是箭亭广场，过去骑马射箭的地方，视野一下子就开阔了。”单院长表示，故宫为了打开这两扇门也付出了很艰辛的努力，总共拆了 135 栋临时建筑。

单院长自嘲：“故宫院长是个高风险的岗位，有今天没明天，整天提心吊胆怕出事儿。”但是因为怕出事儿，为了保证文物的安全，就不开放，不拿出来展览，这个思维方式单院长觉得有问题。

“过去的思维方式是，要保证文物安全，拿出文物越少越安全，都在库房锁着才安全，所以拿出来展出的不到 1%。一个瓷器掉地下摔了，博物馆的责任，全世界都知道；反过来，一屋子的古代服装、织绣、地毯全腐烂了，一点责任没有，属于自然腐蚀，这个机制得改变，现在我们就要反过来做。”

单院长说他的原则是“能开的全都开”，比如新开的家具馆，“过去是 6200 多件家具都在库房里，90 多个小库房最高摞了 11 层，现在都拿出来，建了家具馆，处理好就没危险。”

故宫有 10200 件雕塑，过去没有展厅，后来成立了雕塑馆，其中两尊菩萨 3 米多高，是 1500 年前北齐的雕塑，非常珍贵，而且在馆内，秦始皇兵马俑也神采奕奕地展出来了。“所以文物必须要有尊严，不能蓬头垢面，必须要融入人们的生活才更有尊严。”

现在故宫 80% 的区域都可以参观了，这给故宫开放管理处的职工增加了大量工作。“过去 200 多人封门，现在 800 多人封门，每个人都拿一个接触器，每个角落都要走到。这样每天查一遍，我觉得比封闭更安全。”

西门工地

12：00

以后管道再也不会穿红墙了

跟着单院长一路向西往隆宗门方向走去，忽听单院长一声低呼：“我们就怕这种大高跟鞋。”原来前边不远处一位女观众穿的皮鞋鞋跟又细又高，走路咯噔咯噔的。“这要是去御花园，踩上甬道，那个小石子就会蹦出来。”单院长满脸的心疼，他说为了保护故宫的地面，曾经一度请观众穿鞋套，但是没能推行开，现在全凭观众自觉，他请大家最好穿软底鞋参观故宫。

可以看得出来，单院长对故宫的一砖一瓦、一草一木，甚至对一个小石头都是有感情的。我曾经听过单院长的演讲，他对于故宫的历史、数字，甚至故宫猫等几乎如数家珍，那份熟稔的背后透着他的热爱和艰辛付出。据说单院长上任伊始，就在5个月里走完了故宫的9371间房屋，自1420年紫禁城建成，只有两人做到了这件事：单霁翔和他的秘书。

跟着单院长走过冰窖对面的一堵正在施工的红墙，他的脸上又露出心疼的表情，“我们的苦恼就是热力等各种管道，因为施工，不得已在这里做了一面假墙。”为了走管线，红墙上有几个很显眼的孔洞，古建筑遭到破坏是他最不愿意看到的事。但单院长表示，这样的事情以后不会发生了，他面带神秘的表情说：“敢不敢跟我去一个地方，故宫职工都没去过，就是里面太脏，你这衣服怕是够呛。”

我注意到单院长黑色的工作服上蹭了不少土，尤其是一双鞋，很旧而且满是灰尘，已经看不出原来的颜色，照他的说法，他经常出入那个很脏的地方，这究竟是个什么地方呢？单院长带着我们一路向西，快到西门附近是一片施工围挡，进去是红色的工棚，空地上停着铲车等施工车辆。跟着单院长走进工棚，眼前的情景令人大吃一惊，里面尘土飞扬，地面被挖了一个很深的大坑，一层一层的楼梯通往地下深处，下面隐约可见管道。“这就是故宫正在建设的地下管廊，单院长很自豪地告诉我。

“故宫要在红墙以外建一圈市政管廊，最深到14米。为什么这么深？因为故宫地下3米以内是文化层，怕有文物，躲过这层，加固以后在底下铺设管道，里面将来要进17种管道，建好以后，管道再也不用穿红墙、穿古建筑了。”单院长满脸欣慰。

这个工程最终要到2020年6月才能完成，“我们所有的古建筑维修都会在那时竣工，迎接故宫600年的生日”。单院长很憧憬那一天的到来。

隆宗门

16：30

送走2018年最后一位观众

下午4点半，单院长、主管安全的副院长李小城和安全部门的主管领导出现在隆宗门附近，此时已是夕阳西下，这一天北京全天温度都在零摄氏度以下，傍晚更是寒气刺骨，我穿着羽绒服还冻得一直打哆嗦，单院长却依然精神抖擞。故宫开放管理处处长沈丽霞曾经对我说：“院长是我们的‘男神’，是‘超人’，精力真不是一般人比得上的。”现在终于信了。

故宫开放管理处每天最后的一项任务是封门，随着闭馆音乐声响起，工作人员穿上荧光“清场背心”开始拉网式清场，确保所有的观众都能离开故宫。这些年不乏因为各种原因总想在故宫过夜的奇葩观众，和工作人员玩“藏猫猫”，所以清场需要特别仔细，无论雨雪，工作人员都要钻山洞、爬假山、转小院，搜索每一个隐秘的角落。

清场完毕之后就是锁门了，喧闹了一天的故宫又重回宁静，乌鸦开始回到这个原本属于它们的世界，在上空盘旋、觅食，二百多处古老的大门次第闭合。

单院长也穿上“清场背心”，和开放管理处的工作人员一起，检查一道道落锁的大门。我发现工作人员锁门都有一个不自觉的动作，锁上后再使劲拉几下锁，再左右晃两下，王昆科长解释，这是为了防止门锁回簧，一旦锁没有锁上，不管文物有没有事，都是天大的事。

“这都成了我们的‘职业病’了，有时夜里醒来还在想自己负责的门锁会不会有事，今天的封门检查是不是都走到位了，是不是有什么异样没注意到，是不是漏掉了什么蛛丝马迹。”开放管理处处长沈丽霞 19 岁进故宫工作，如今已经 35 年。一年终于平安地过去了，一代又一代故宫人，就这样把最好的年华留在了这里。

亲自送走每年最后一位观众，亲自迎接新一年第一位观众，单院长坚持这样做已经是第七个年头，之所以这么做，我想正如他所说，要尽到一个“看门人”的职责，他曾经说过：“我从三个月大时被父母抱到北京，住了很多的四合院，万万没想到退休前的最后一个岗位，是在北京最大的四合院‘看门’。这个院子很大，这个‘门’不好看。”

本以为，2018 年故宫的工作到此结束了，没想到单院长问我：“我还要去午门看看过大年的展览弄得怎么样，还跟我去吗？”我已经冻得透心凉，都快说不出话了，但还是咬着牙说：“跟！”

午门

17：30

整个故宫就是最大的展厅

下午 5 点半，我跟着单院长和故宫一众主管领导又从北边的神武门来到南边的午门，爬上城墙来到展厅里，只见这里一片繁忙，主管展览的副院长任万平和展览部的策展人带领工人正在紧张地加班工作，展台和展柜已经搭建了起来，但是展品还没有放进去。

这里正在布展的是故宫史上规模最大的展览：“贺岁迎祥——紫禁城里过大年”（按，从 1 月 6 日起，展览已经开始，将持续至 4 月 7 日），届时，整个故宫都将是展厅，展现清朝鼎盛时期紫禁城里过大年的盛况。

从故宫各殿一路走来，其实已经明显感到了过年的氛围，大门上的年画、门神和对联，大殿和走廊挂出的各式宫灯，都是故宫前所未有的。

单院长告诉我，这次“过大年是故宫展出文物最多的一次，春节不能光是吃吃喝喝，也不是只有舞狮子、挂灯笼，春节有非常丰富的文化内涵，以前紫禁城里过大年，过各种节日，遗留了大量文物，我们就设置不同的节日主题让这些文物和大家见面”。

立天灯、万寿灯曾是清代早中期过年最盛大的活动之一，从立到撤，前后要动用 8000

多人次。这次展出，通过故宫研究人员的努力，不但在文献中查出天灯、万寿灯的使用方式、历史沿革，乃至各部分的详细尺寸，更是在各个库房中找到了灯身模型、灯联小样和灯杆原件，成功复原出来，展览时将重新竖立在乾清宫和皇极殿的台基上。过大年还会展示过年不可或缺的“节物”，如福字、春联、春条、门神等，以及岁朝图、天灯、万寿灯、宫灯等富于宫廷特色的器物，观众可以看到康熙、雍正、乾隆、嘉庆、道光五代皇帝书写的“福”字。

单院长表示，故宫“过春节”，丰富了观众的文化生活，同时还有一个很重要的原因，就是有利于文物“延年益寿”。“故宫藏有1400盏精美宫灯，一度都存放在盒子里。这次春节项目启动，每一盏灯都被精心修复，还补齐了灯穗等。之后被悬挂在宫内，烘托节日气氛。春节只是一个开始，端午、中秋等传统节日将被逐一开发，让观众能在紫禁城里感受到浓浓的节庆氛围，让更多文物藏品活起来。”

在布展现场，单院长详细询问各项工作的主管领导，敲定每一个细节。我看到单院长鞋子上的灰土好像又加厚了一层，今天跟他走了这几个小时，我的微信计步已经到了15000多步，相当于7公里，据说单院长每天走路不低于10公里。

布置妥了2018年最后一天的工作，单院长走出展厅的时候已经7点多了，站在午门上往下望，近处是昏暗肃穆的巨大宫殿，远处则是华灯初上的北京城，此地仿佛是历史和现实的交会处。1420年永乐皇帝建造的紫禁城，即将迎来它的六百岁生日，单院长曾经立下志愿：“要把一个辉煌壮丽的紫禁城，完整地交给下一个600年。”

再过10个小时，2019年第一天的五点多钟，单院长又将出现在午门外，迎接新一年的第一批观众。

（《北京晚报》第34、35版，记者张鹏，2019年1月9日）

故宫博物院院长单霁翔来龙泉揭牌故宫博物院龙泉窑研究中心

2018 年 11 月 2 日，一场千年之约在龙泉上演——“故宫龙泉青瓷回家展”在龙泉青瓷博物馆开展！

102 件故宫珍藏青瓷国宝首次大批量走出紫禁城，回到故乡龙泉。开展两个多月来，迎来了海量参观者。

1 月 11 日，故宫“掌门人”——故宫博物院院长单霁翔来到龙泉，参观了这场千年一遇的展览，并带来一场精彩绝伦的演讲。

1 月 11 日上午，故宫博物院龙泉窑研究中心揭牌仪式在龙泉大剧院举行。文化和旅游部党组成员、故宫博物院院长单霁翔、副院长赵国英、浙江省文物局副局长郑建华、中共龙泉市委书记王顺发、龙泉市人大常委会主任叶石玄仙、龙泉市政协主席刘赤波共同为“故宫博物院龙泉窑研究中心”揭牌。

故宫博物院是中国最大的古代文化艺术博物馆，是中国文化遗产的保护者和传承者，拥有深厚的学术积累、先进的技术支撑和强大的文创力量。近年来，故宫博物院推陈出新，把传统文化和现代科技有机结合，通过数字媒体、互动体验、文化创意等方式，进一步提升故宫文化的传播力和影响力，使 600 年历史的故宫一次次惊艳了世界。

单霁翔引用故宫博物院研究员陈万里说过的话：一部中国陶瓷史，半部在浙江；一部浙江陶瓷史，半部在龙泉，高度肯定了龙泉窑的历史地位。

“从北宋开始，龙泉窑青瓷就长期代表着中国古代青瓷生产的最高水平，为宫廷送去了大量精美瓷器。明朝政府还专门在龙泉设立御窑厂，为宫廷烧造瓷器。今天故宫博物院收藏了 1700 余件龙泉青瓷，非常珍贵。龙泉青瓷成了故宫博物院与龙泉之间的天然纽带。一个多月前，我参加了在葡萄牙皇宫举办的紫禁城与海上丝绸之路特展，展览取得了成功。其中就有几件龙泉青瓷，得到来宾高度赞赏。在丝绸之路上，龙泉青瓷也扮演着重要角色，从宋朝到明朝，龙泉青瓷是中国输出的重要商品，我们在考古工作中经常发现有龙泉青瓷的遗物和身影。通过陆上和海上出口到亚非欧三大洲 50 多个国家，龙泉青瓷不仅成为与世界各地沟通联系的使者，还是海上丝绸之路一个重要的中国文化符号，是中国文化输出的内容，以及中国文化自信的载体。”单霁翔说。

坚定文化自信，做中华传统文化忠实守望者

单霁翔院长此次亲临龙泉，带来一场精彩的演讲，主题是《坚定文化自信，做中华传统

文化忠实守望者》。

龙泉青瓷在漫漫历史长河中，承载着中国匠人高超的技艺、可贵的匠心及中国传统文化内涵。而故宫，是世界最大规模的木结构建筑群，世界最完整的宫殿建筑群，也是收藏中国文物最多的博物馆。

谈起故宫博物院，单霁翔语气中带着自豪，在他看来，这种自豪属于所有中国人。但他也指出，仅有自豪还不够，“让文物活起来”是博物馆、文保人的重要工作。

如何系统梳理传统文化资源，让收藏在禁宫里的文物、陈列在广阔大地上的遗产、书写在古籍里的文字都活起来，以多种方式展示中华文化独特魅力？

单霁翔院长的演讲围绕这个主题，讲述故宫博物院攻关解决各种难题，让文物真正活起来的案例。

单霁翔院长用丰富的图片讲述了故宫文化发展和传承，从故宫博物院便民服务、环境整治、文物修复、区域开放、文创产品、数字故宫社区等角度，给观众带来震撼视觉享受。

“数字”故宫让古老的故宫和酷炫的互联网技术相遇，通过研发出一个又一个“网红”产品，使紫禁城更加惊艳。

当天，能容纳千余人的龙泉大剧院座无虚席，除了龙泉当地人，还有不少人从外地赶来听演讲。

“听了单院长的演讲感触很深。故宫是中国优秀传统文化最具代表性、最具标志性的文化载体之一，单霁翔院长对文旅融合发展路径进行了深入分析和阐释，深感我们民族文化博大精深，值得我们好好保护与传承。”杭州的何女士前一天特地提前赶到龙泉，她说，听完讲座她也想趁机会，去看看故宫龙泉青瓷回家展，近距离感受国宝的魅力，感受龙泉窑青瓷的深厚文化。

故宫龙泉青瓷回家展
千年一遇的观展机会别错过

龙泉是中国青瓷之都、中国陶瓷历史文化名城，文化底蕴深厚，龙泉青瓷始于南朝、兴于北宋、盛于南宋，迄今有1600多年历史。2006年，龙泉青瓷烧制技艺成为首批国家级非物质文化遗产代表作；2009年，龙泉青瓷传统烧制技艺入选“人类非物质文化遗产代表作名录”，成为迄今为止全球唯一入选“人类非遗”的陶瓷类项目；“2012年龙泉黑胎青瓷与哥窑论证会”认定：文献记载的哥窑就在龙泉；2016年3月24日，国家文物局正式明确29处“海上丝绸之路”申遗首批遗产点，“龙泉窑大窑—金村遗址”位列其中。通过“一带一路”授旗，组织了30余件省级及以上当代青瓷精品携手中国嘉德举办2017“龙泉青瓷专题拍卖会”。

演讲结束后，单霁翔院长来到龙泉市青瓷博物馆，参观了“故宫龙泉青瓷回家展”。

展览的这102件龙泉青瓷精品，器型涵盖瓶、盘、碗、洗、炉、烛台、屏风等，以“龙

故宫博物院龙泉窑研究中心揭牌仪式（2019 年 1 月 11 日）

泉再辉煌”“宫廷有佳器”“老家在龙泉”三个单元来分别展示，其器物之精美、釉色之纯正、数量之丰富是以往展览中罕见的。

在过去两个多月里，国内外青瓷爱好者纷至沓来，一睹青瓷国宝的风采。

（《都市快报》第 B06 版，记者诸芸、黄捷，2019 年 1 月 12 日）

网络环境下的知识产权保护

这次采访是配合十三届全国政协第十九次双周协商座谈会的举行，主题是“网络环境下的知识产权保护”，通过互联网传播方式，宣传中国在知识产权保护方面所取得的成就，以及对世界知识产权保护事业的重要贡献。通过单霁翔这位故宫“掌门人”，讲述故宫文化创意产品开发中的知识产权保护等“故宫故事”，向世界展示故宫在 IP 经济方面所取得的成果。

问：故宫目前文化创意产品一万多种，销售额超过 10 亿元。朝珠耳机、故宫日历等已经成为圈粉利器。这些创意里面，有哪些是您的主意？有没有什么小故事？如此多的文化创意产品，涉及哪些类型的知识产权？现在很多侵权行为集中在网络上，故宫博物院在网络知识产权保护方面，采取了哪些措施？您怎么看待知识产权保护对于现在以及将来故宫文化传播的作用？紫禁城明年将迎来 600 岁生日，在文化创意产品的研发规划上，您有没有一个小目标？具体是什么样的？是否会希望打造一个世界知名的 IP 帝国？

答：2018 年，故宫博物院年接待观众数量首次突破 1700 万，达到 1753 万人次，创造了新的历史纪录，当之无愧是世界上参观人数最多的博物馆。实际上每年故宫博物院还接待大量免费观众，例如每星期二对学校集体参观实施免费，每年淡季针对教师、医务人员、军人、大学生、志愿者、公交司乘人员、环卫工人等设立主题免费日，免费接待残疾人，接待外国代表团等，2018 年达到 62 万人次。因此，实际上故宫博物院 2018 年的观众数量已经超过 1800 万人次。

从 2018 年观众数据上看，30 岁以下观众占 40%，30—40 岁观众占 24%，40—50 岁观众占 17.5%，可见年轻观众，尤其是“80 后”和“90 后”观众，已经成为参观故宫博物院的“主力”。故宫博物院近年实行每日 8 万人次限流措施以来，淡季参观人数稳定增长，实现了“削峰填谷”的预期效果，初步实现了“旺季不挤、淡季不淡”的目标，观众参观环境也得到显著提升。同时，观众参观的区域分布上也出现新的变化，中轴线之外的区域得到了更多观众青睐。钟表馆、珍宝馆等常设专馆参观人数不断增长，2018 年这两个馆的参观人数达 524 万人次，比 2013 年翻了一番。这些数据证明了故宫博物院正在吸引越来越多社会公众，尤其是年轻人的目光。

在博物馆事业上，2018 年又是收获满满的一年。这一年，“平安故宫”工程持续推进，故宫博物院北院区项目开工，地下文物库房改造项目动工；文化遗产保护管理继续优化，养心殿研究性保护项目完成工匠选拔、培训工作，正式开工，阶段性成果展出；故宫博物院的展览项目与教育项目从“馆舍天地”持续走向“大千世界”，南大库家具馆开馆，3/4 的城墙向观众开放，实体展览、虚拟展览亮点纷呈。

服务国家外交大局，故宫博物院的展览不断走出国门，影响世界，为迎接中葡建交 40 周年，“东风西韵——紫禁城与海上丝绸之路”展在葡萄牙举办，国家主席习近平与葡萄牙总统德索萨共同参观，与香港特区政府合作筹建的香港故宫文化博物馆正式动土；故宫文化创意产品连接更多新公众，将故宫文化持续融入大众生活，“让文物活起来——故宫文创展”亮相日本东京，国务院总理李克强与日本首相安倍晋三共同参观，《国家宝藏》第二季、《上新了·故宫》等综艺文化节目热播，开创故宫文化的全新表达。

“学术故宫”建设继续进行，成立中医药文化研究所，与吉林大学合作成立张忠培考古研究中心，故宫学院在重庆、开封设立分院等，学术研究与博物馆人才培养稳步推进；在境内外文化交流与合作方面，通过举办第三届“太和·世界古代文明保护论坛”、国际博物馆协会国际博物馆培训中心培训班、“国际文物修护学会——故宫博物院 2018 北京国际学术研讨会”等，不断提升故宫博物院的影响力。

长期以来，在故宫商店里售卖的文化产品主要有两类。一类是故宫文物藏品的复仿制品，例如书画、器物等。另一类是从各地引进的文化产品。前者由于缺少创意，观众往往没有购买的预期，后者由于与故宫文化没有关系，难以满足观众“把故宫文化带回家”的愿望。

近年来，故宫博物院开始以“文化产品”为主，转向以“文化创意产品”为主，一是注重满足广大民众的文化需求，观察人们的生活状态和变化，了解人们在生活和工作中需要什么，就努力研发什么文化创意产品。二是注重深入挖掘文物藏品文化内涵，提取可以转化为民众文化需求的信息资源，形成“我有他无”的文化创意产品。

习近平总书记指出：“一个博物馆就是一所大学校，要把凝集中华民族传统文化的文物保护好、管理好，同时加强研究利用，让历史说话、让文物说话。”随着全国文物博物馆事业的蓬勃发展，故宫博物院的文化创意事业也在党中央、国务院、文化和旅游部的重视和指导下，摸索出了一条自己独特的发展道路，不断取得喜人成绩。从“被动”走向“自觉”，从“数量增长”走向“质量提升”，从“馆舍天地”走向“大千世界”。目前，越来越多的人了解到，故宫文化创意产品“不但霸气，而且接地气；不但萌萌哒，而且高尚文雅；不但脑洞大开，而且心胸开阔”。

近年来，故宫博物院根据新时代不断发展变化的形势，加大文化创意产品研发力度，希望营销的每一件文化创意产品都是故宫文化创意。截止到 2018 年 12 月，故宫文化创意产品研发种类达到 11936 件（套），获得相关领域奖项数十种，形成了多元化的故宫文化创意产品系列。

故宫博物院的观众组成也最为多元，要满足广大观众的文化需求必须付出更多的努力，这也是故宫文化创意产品种类不断增加的原因。为了满足多元观众的文化需求，故宫博物院形成各具特色的文化创意产品研发和管理团队，包括文创事业部为主的故宫文化创意产品系列，经营管理处为主的文化创意馆精品系列，资料信息部的数字技术文化创意产品系列，故宫出版社的故宫图书和相关文化创意产品。各个文化创意团队各负其责，加强文化创意产品的质量。

与此同时，故宫博物院大力改善文化创意产品营销环境，改变过去故宫商店充满商业氛围的状况，而使营销环境充满文化气息，成为观众参观过程的“最后一个展厅”，特别是创建了一系列“故宫文化创意馆”，例如丝绸馆、服饰馆、御窑馆、影像馆、木艺馆、铜艺馆、陶艺馆等，观众漫步其中，是参观展览的心情和体验的延续。

几年来，故宫博物院文化创意产品研发遵循四个原则，也是实践经验总结和成功“秘诀”，在这四个原则的指导下，故宫文化创意逐渐有了自身鲜明的特色和风貌。

一是以社会公众需求为导向。故宫博物院是世界文化遗产、国家一级博物馆、全国重点文物保护单位，又是世界五大博物馆之一，故宫博物院有责任，也有义务履行博物馆的文化传播职能，为公众送上精彩的文化体验。而文化创意产品所具有的实用性和体验性，其介入生活的亲和特征，是其他教育传播手段难以达到的。故宫博物院提出“把故宫文化带回家”，就是希望通过文化创意产品进一步延伸博物馆文化的影响力。

二是以时代前沿科技为依托。除了实体产品之外，文化创意产品的另一种形式就是故宫博物院的新媒体和数字化建设。除故宫网站外，从 2012 年开始，故宫博物院尝试探索基于移动设备的观众服务及文物藏品介绍应用程序，为观众提供线上的文化饕餮盛宴。故宫博物院自主研发并上线了 9 款 App 应用产品，拥有故宫微博、微故宫等宣传媒介。与凤凰卫视联合制作的“清明上河图 3.0”高科技互动艺术展演在故宫箭亭广场仅仅 5 个月的展演，迎接了世界各地 141 万观众热情现场参观，以 360 度全息沉浸交互经典舞台艺术、4D 球幕影像等多重结合，让观众亲身体验遥远而又繁华多彩的宋代社会生活。

三是以扎实的学术科研为支撑。故宫博物院拥有深厚的学术研究基础和强大的科学研究力量，也注重将学术成果“反哺”于文化创意产品的研发。要求每一件文化创意产品都重视“无一物无来历”，这里所说的“来历”主要就是基于故宫博物院通过七年时间完成的文物藏品清理。这样保证了故宫文化创意所承载和传播文化的准确性和前瞻性，真正地体现出故宫文化，以及中国传统文化的历史内涵、醇厚韵味。

四是从追求数量向品质提升转变。故宫博物院拥有着自己优秀的研发团队，有着非常丰富的经验，同时在具体制作环节上，认真选择具有相同文化理念、拥有强大经济实力、社会信誉度好，并且能够保证故宫古建筑和文物藏品安全的优质企业开展合作，形成优势互补，借助专业的力量，共同研发优质文化创意产品。故宫博物院正在从保持数量递增的业绩层面，转变为追求文化创意产品的优异品质层面努力，并且已经研发出了一系列设计精美、内涵丰富、质量上乘的文化创意产品。

同时，针对不同社会需求和受众群体，在文化创意产品的类别方面有所区分。

一是国家礼品类，故宫文化创意产品有不少多次被国家外事部门选为国礼，赠送外国元首及领导人，例如大凤手绣披肩、高仿真书画系列、千里江山团扇。

二是专业学习类，图书出版已经形成宫廷文化、文物艺术、明清历史三大板块，出版有《故宫博物院藏品大系》，畅销品牌《故宫日历》，众筹新品《谜宫·如意琳琅图籍》等。

三是品质生活系列，充分调动文物藏品蕴含的传统文化元素，让更多日常用品附加上文化的价值，例如“海水江崖”系列产品、故宫领带系列、“官瓷遗韵”盖碗系列。

四是时尚设计系列，把对传统文化的理解，注入到文化创意产品设计之中，例如“宫门”

箱包、天穹伞、手机壳、“神骏”水果叉等。

五是大众潮流系列，例如“故宫娃娃”、故宫胶带、“奉旨旅行”行李牌等，作为“萌萌哒”故宫的代表，广受青少年喜爱。媒体朋友们较多报道“故宫娃娃”“朝珠耳机”等“萌萌哒”的故宫文化创意产品，实际上这类文化创意产品仅在5%以内，需要平衡各类中外观众的不同文化需求。

故宫博物院开辟多种渠道，方便社会公众购买多种风格的故宫文化创意产品。

一是实体店，例如位于故宫东长房的故宫博物院文化创意体验馆，端门西朝房设立的故宫商店，神武门外的角楼咖啡。

二是新媒体推广，目前故宫博物院拥有4家文化创意产品网络经营主体，风格互为补充，共同塑造故宫文化创意的整体形象，都是故宫博物院倾力建设、服务观众的网络窗口，分别是：主打年轻化品牌形象的“故宫淘宝”、定位传统的“故宫商城”、网店与实体店相结合的“故宫博物院文化创意馆”、打造生活美学主题概念的“故宫博物院文创旗舰店”。

三是其他形式的推广，例如“《韩熙载夜宴图》数字艺术展”，皇家加勒比游轮搭载故宫文化创意产品，与腾讯的合作“NEXTIDEA 腾讯创新大赛”，与网易合作开发《绘真·妙笔千山》手机游戏等。不断探索传统文化 IP 的活化模式，这些举措让故宫博物院“文化+”的道路越走越宽广。

近年来，故宫文化创意产品和品牌也开展了国际性的推广实践。

在国际方面，先后参加了“德国法兰克福国际文具及办公用品展览会”“美国拉斯维加斯国际品牌授权博览会”。

在国内方面，参加了“中国（深圳）国际文化产业博览交易会”“北京国际图书博览会”“中国非物质文化遗产传统技艺大展”“杭州文化创意产业博览会”“国际文物保护装备博览会”“海峡两岸（厦门）文化产业博览交易会”。故宫文化创意产品还随同故宫博物院赴世界各国博物馆的展览，出现在世界各地的博物馆礼品店。

顺应“互联网+”的趋势，我们尝试了各式各样的“文化+”，例如“文化+创意”、“文化+传媒”等。通过不断地进行跨界融合、开放创新，让古老的故宫文化与日新月异的现代科技和传播方式“碰撞”出越来越多公众喜闻乐见的文化成果。《国家宝藏》创新连接了电视综艺、博物馆和公众，它为博物馆开创了藏品阐释与展示的新方法，吸引了新观众，特别是年轻观众，更增强了博物馆与广大民众彼此之间的联系。另一档综艺节目《上新了·故宫》一经播出就引发了公众追捧，不仅收视率持续破1，位列同时段综艺节目第一名，互联网热度值也居高不下，公众好评如潮。节目以崭新的视角，年轻的表达，解读故宫、解析历史的方式，强调体验感、真实感，更贴近受众尤其是年轻人。不仅带给受众一次诗与远方的文化之旅，更是一场文化寻宝、文化探险的有趣体验。

今天，在国家政策和社会各界的支持下，文化创意事业迎来了大好时机和有利环境，但是文化创意事业从纸面走向现实，从计划变成成绩，需要一步一个脚印地去探索和落实。需要我们更加稳健地理清思路，辨别自身所处的环境和发展方向；认清自身拥有的文化资源，掌握必要的知识和理论；不忘初心，秉持为广大民众服务的立场，保护好原创者的权益和积极性，做好商标注册和监测，也自觉做到尊重他人知识产权，而对性质严重、影响较大的侵权行为，则主动开展诉讼维权，依法保护自身权益，将这项利国利民的事业做好，传承传统、传播文化，为增强国家文化软实力贡献力量。

发展文化创意这是一个包容开放的主题，围绕这一主题，更好地建构故宫文化传播、文化经营的 IP 矩阵，并将“国际化视野、个性化设计、非遗人参与、品牌化管理、市场化运作”五大经营理念贯穿项目始终。从量变到质变，是一项浩大的工程，需要数年时间的积累和充足的耐心。对待文化创意事业，也需要我们像维护文物、保护古建筑、研究历史一样，发扬“工匠精神”，耐心地开展工作，认真地加以落实。同时，还要做好自身合法权益的保护，保护创造和原创激情与动力。

自 1996 年以来，故宫博物院先后注册了“故宫”“紫禁城”“宫”“御膳房”“故宫贡茶”“紫禁城”（大赛）、“紫禁城及英文”（大赛）7 枚商标。其中，“故宫”“紫禁城”曾被认定为驰名商标。2009 年 4 月，对“故宫”“紫禁城”两个驰名商标同时进行了欧盟和马德里国际注册。2010 年 8 月起，故宫博物院对“故宫”“紫禁城”商标在香港地区、澳门地区进行了注册。2013 年 8 月，进行了“故宫”“紫禁城”商标在新西兰和印度的注册。

由于故宫博物院的知名度及品牌形象，社会企业及个人恶意仿冒故宫博物院商标，利用近似商标“搭便车”现象时有发生。2011 年起，故宫博物院委托知识产权公司进行商标监测及维权。根据初审商标公告的监测结果，对其中 58 件商标进行了异议维权，胜诉率约 82%。通过商标监测和异议维权，故宫博物院商标权益得到了较好的维护，同时对保护及推广故宫博物院品牌起到了积极的促进作用。

2018 年起，故宫博物院将电商平台监测纳入商标监测范围，对“淘宝 / 天猫”“亚马逊”“京东”三个电商平台的侵权商标及产品进行监测，对于违法使用故宫博物院商标、标注故宫博物院名称及未经授权擅自销售故宫博物院文化创意产品的商家，发送律师函，通过电商平台维权系统进行投诉，关闭或撤销违法经营的店铺，维护故宫博物院的合法权益。

为了推广故宫博物院品牌，先后 4 次参加了“香港国际授权展”，先后 3 次参加了“美国国际品牌授权博览会”。另外，参加了德国法兰克福“国际纸制品世界办公用品世界展览会”“第 57 届意大利威尼斯艺术双年展中国官方主题平行展《记忆与当代》”等众多国际知名展会。故宫博物院先后选择优秀企业，开展了多个监制和品牌合作项目，达到传播故宫文化、扩大故宫博物院品牌知名度、提高品牌社会影响力的良好效果。

近年来，国家在打击知识产权侵权方面采取了一系列有力的举措，在网络版权保护方面也有了显著改观，同时行业自律体系、原创单位的自我维权措施也逐渐健全，盗版呈现出下降趋势，用户购买正版和付费享用的意识也显著提升，越来越多的人支持并身体力行购买正版产品，故宫 IP 的发展，其实就是得益于这样一个良好的知识产权保护生态，我相信国家的版权保护机制越来越完善，文化创意事业在这种环境下将会更好地发展，大有可为。

故宫博物院也在走向依法授权、依法维权的良好发展新阶段，率先做好知识产权保护和依法促进博物馆文化创意事业发展繁荣的大文章，力争为博物馆文化创意事业蹚出一条康庄大道。例如《谜宫·如意琳琅图籍》是故宫出版社出版的首部解谜游戏书，仅众筹就超过2020万元，销售了12.2万册，是社会各界都很关注的一本书。2018年12月底，在第一批书正式发货后仅3天，淘宝网上就出现了100多家售卖盗版的商家，以低于正价168元的各种价位大肆售卖盗版《谜宫·如意琳琅图籍》。当时在淘宝网上，搜索《谜宫·如意琳琅图籍》，首先出现的是各个盗卖商家，而唯一出售正版《谜宫·如意琳琅图籍》的故宫博物院出版旗舰店，则被这些店铺挤到了最末端。

面对这些公开售卖盗版的猖獗行为，故宫出版社第一时间在故宫出版社微信公众号、微博以及通过各大媒体发布相关情况，同时强调《谜宫·如意琳琅图籍》具备高科技反盗版的特有属性：它是一本需要通过手机App配合才能体验的游戏书，由于技术上的保护，正版《谜宫·如意琳琅图籍》设置了防盗版系统，正版上每一本都有唯一的登陆线上App用的二维码，而盗版书上的二维码根本就无法上线App游戏。因此，《谜宫·如意琳琅图籍》虽然遭遇了市场上疯狂的盗版，但是盗版的销售却是大受影响，毕竟，体验不了的游戏书没有人愿意购买。

同时，故宫出版社及时和阿里知识版权保护部门进行联系沟通，经过一天的反复交涉，淘宝最终将低于168元售卖《谜宫·如意琳琅图籍》的淘宝卖家全部下架。《谜宫·如意琳琅图籍》反盗版一事的迅速解决，证明了目前高科技对于图书防盗版的重要性已经深深地进入到了图书的内容领域。也就是说，类似《谜宫·如意琳琅图籍》这样的图书，如果绕开这些高科技，就没有办法正常阅读。

2019年故宫博物院将继续在传统文化的展示与活化方面下大力气，融合先进的文物保护理念与科技手段，对优秀传统文化价值进行系统的发掘与梳理，对内以喜闻乐见的文化展示内容和舒适的开放接待环境服务社会公众，对外以文明古国的姿态和文化复兴的重任沟通各国，举办国际论坛，展示改革开放四十周年来取得的伟大成就。持续在新时代挖掘故宫博物院的文化传播的潜力，加大释放力度，创造新价值，讲好中国故事，做名副其实的“中华文化客厅”。

2020年，紫禁城就要过600岁生日，故宫博物院的目标是全面提升管理和服务水平，迈进世界一流博物馆行列。故宫博物院的事业是永远的事业，必须一步一个脚印地走可持续发展之路，这样我们才能把一座壮美的紫禁城完整地交给下一个600年。

（全国政协社法委，赵伟渊，2019年1月22日）

故宫“看门人”单霁翔：故宫不刻意追求“网红”故宫是被“网红”

1 月 23 日，2019 中国旅游产业发展年会于北京亮马河会议中心举办。

会上，文化和旅游部党组成员、故宫博物院院长单霁翔做了《文旅融合的故宫实践》主题演讲。单霁翔从旅游环境整顿、游客服务保障、文物保护与利用、文化创意产品、教育活动开展等方面介绍了故宫博物院近年来的变化，赢得与会观众的阵阵掌声。

会后，自称故宫“看门人”的单霁翔先生接受了央广网记者的独家专访。

从简单“复制”到融入“创意”

与互联网合作、在文化创意产品的宣传文案上“卖萌”、多方合作制作纪录片和电视节目……很多人说，这几年来故宫有了“网红”体质。面对记者“是否希望故宫成为‘网红’”的提问，单霁翔幽默地说：“故宫没有刻意追求‘网红’效应，我们是被‘网红’的。”

近年来，故宫博物院不断探索文化创意产品的发展路径，让故宫文化“活起来”“火起来”。

“以前只是简单复制自己的资源，认为这样大家就会喜欢，没有深入研究人们的生活需要。”单霁翔表示，人们的生活方式不断发生改变，特别是碎片化传播方式盛行，让“我们开始把创意融入文化产品当中，更多地关注人们生活的需求，关注我们的资源和人们生活之间的关系”。

经过五年的不懈努力，故宫博物院在文化创意上终于走出了一条属于自己的特色道路。除了根据自有资源开发文化创意产品，故宫博物院还会配合各种主题展览成套成批推出特色鲜明的新产品。

单霁翔自豪地介绍，目前故宫文化创意产品达到 11900 多种，是世界上所有博物馆中的佼佼者。

600 岁的故宫“越来越年轻”

拥有着近 600 年历史的故宫，面对的是全世界最为庞大、复杂的观众群体。故宫博物院观众数量从 2002 年首次突破 700 万到 2018 年达到历史新高的 1753 万，庞大的数字背后，单霁翔有担心，但更多的是欣喜，因为他发现，不仅观众数量倍增，“观众结构也正在悄然发生一些改变”。

以前，很多人来到故宫博物院就是抱着看一看皇帝生活地方的心态，大多数人都是沿着中轴线游览参观。有一次，在故宫钟表馆门口，单霁翔听见一名导游高喊就给五分钟参观时间。当时他有些生气，但更多的是反思。

通过一系列努力，现在“专门来故宫博物院看展览的人多了，一年之内重复来的人多了”。值得一提的是，“来故宫博物院的年轻人多了，30 岁以下的年轻人观众群体达到了 40%，35 岁以下的观众群体占总参观人数的一半以上”。单霁翔笑着说，故宫博物院成为了一个“越来越年轻的博物馆”。

2018 年，故宫的开放面积超过 80%，中轴线之外的区域得到了更多青睐，钟表馆、珍宝馆等常设专馆参观人数不断增长，“人们进入故宫博物院参观的时长增加了，深度参观的人越来越多”。

对比台北故宫博物院，位于北京的故宫博物院优势大

位于北京的故宫博物院和台北故宫博物院时常被放在一起分析比较。对比后者，北京的故宫博物院优势是什么？单霁翔自信地说，故宫博物院的“传统优势不可比拟”。

首先，建筑是故宫博物院最珍贵的文物资源之一。故宫博物院的“馆舍宏大”，是世界上现存规模最大、最完整的木结构古建筑群，具有独一无二的历史文化价值。

其次，故宫博物院“藏品丰富”。故宫博物院和台北故宫博物院的藏品均主要来自于清宫旧藏，是历史原因致使分隔海峡两岸，其源流清晰，数据明确，“台北故宫有很多由故宫博物院迁移过去的藏品，但是只占故宫博物院藏品的不到二十分之一”。

最后，故宫博物院“观众众多”。“参观台北故宫的人数在不断下降，而参观我们故宫博物院的人数在不断增长，观众就是资源。”单霁翔笑着说，“所以在这方面台北故宫的同人们还要努力呀！”

（央广网，记者陈谖，2019 年 1 月 23 日）

故宫文创走红，该如何保护知识产权？

｜单霁翔专访

故宫口红、卖萌的雍正表情包、《我在故宫修文物》……故宫博物院的文化创意产品屡屡走红网络，让严肃的文物得以时尚地表达。如此多的文化创意产品，对故宫博物院的文化传播有哪些作用？故宫博物院在知识产权保护方面又是怎么做的？

他因“磨破了 20 双布鞋，走遍了故宫 9000 多个房间”而被众人熟知，自称是故宫“看门人”，也是京城最火段子手。

在他领导下的故宫，明年将迎来 600 岁生日。如何让深沉的文化得以时尚地表达，故宫博物院近年来做了很多工作，文化创意产品的开发就是其核心之一。目前，故宫文化创意产品近 1.2 万种，年销售额超过 10 亿元。

如此多的文化创意产品，在知识产权保护方面是怎么做的呢？我们跟着故宫博物院院长单霁翔，一起来看看。

数字传播将让故宫博物院成为十亿万级的博物馆

新京报：你之前讲过，故宫博物院要做走进人民生活的文化创意产品，要兼顾它的趣味性和实用性，其实从 2016 年初开始，基本上每年销售额就超过 10 亿了。文化创意产品对故宫文化传播有哪些作用？

单霁翔：故宫有世界最大规模的古代优秀的建筑群，同时有 186 万件文物藏品。这些文化资源应该融入人们的社会生活中，让文物“活起来”。

故宫博物院从来都不缺观众，去年故宫博物院接待 1700 多万人，是世界上唯一一座接待观众千万级的博物馆。从当前看，我们的观众呈现几个变化：第一是专门为参观展览来故宫博物院的人多了，不再像以前一样多是到此一游；第二是多次重复来的观众多了；第三是年轻人多了，2018 年，观众中 40% 以上是 30 岁以下的年轻人；第四是参观的时间越来越长了。但是接待观众再多，来参观展览的人数也不可能无限制地增长。

未来我们希望故宫博物院成为亿万级的，十亿万级的博物馆。这个要靠什么呢？靠更多形式的文化传播，比如说用互联网技术、数字技术传播；通过出版物、文化创意产品来传播，这种传播使人们能够更多地在日常生活当中享受故宫的文化，也使我们的文化传播走进千家万户。到去年年底，我们一共研发了 11900 多种文化创意产品，文化创意产品已经成为传递故宫文化的重要渠道。

科技含量助力故宫文化创意产品知识产权保护

新京报：故宫的文化创意产品这么多，在保护知识产权方面是如何做的？

单霁翔：知识产权保护方面我们在不断地深化。随着文化创意产品的人气增长，一些人开始蹭热度，开始复仿制我们的产品，未经我们授权来进行销售的也越来越多。

在工作中，我们会通过注册商标、维权等多种方式来应对侵权行为，从2011年开始到现在，我们比较典型的维权案例大概58次。举例说，故宫出版社之前出了一本书：《谜宫·如意琳琅图籍》，这是故宫出版社出的第一本游戏书，当时通过众筹，还没到预订的时限，就达到了2020万元，为了保证质量，我们提前叫停众筹。但是当我们的产品上线后，第三天就发现有假冒产品。故宫出版社马上发布声明，同时讲述这部书的制作过程，包括这部书的一些技术含量，同时通过电商下架比正版价格便宜的产品，达到维权效果。

我自己也是每天都关注这类信息。每天下班前，工作人员都会给我一个简报，里面有很多文件夹，其中就包括是否有文化创意产品侵权的。我们每天都会关注到这些内容，然后快速处理。

新京报：你怎么看待知识产权保护对故宫文化传播的作用？

单霁翔：国家对维护消费者的合法权益、对打击盗版的这些问题采取了越来越规范、越来越坚决的措施。同时，我觉得今天消费人群的维权意识也越来越强，买正版，花钱购买服务这种理念也越来越强，所以总体的情况是向好的。随着国家打击盗版、打击违法犯罪的力度加大，今天对于像故宫博物院这样不断出现新的文创产品、不断印发新的图书这样的单位，我们是很受益的。

当然我们也要自己不断地来总结、维权，不断提升产品的科技含量，使产品本身能够更多的自我保护。

（新京报网，记者展彦时，2019年1月27日）

该向故宫学什么?

近几年，故宫博物院在单霁翔院长的带领下，正变得越来越可爱。他所引领的博物馆文化时尚，无疑成为中国文化新的品牌。以学者的睿智，通过“市侩”的手段，打破博物馆的墙，让更多人走进博物馆，接受博物馆教育，这是一位学者型领导对其在国家文物局局长之任上提出的振兴博物馆的政纲所进行的有益实践，值得称赞。

单院长说，故宫的生命力很大程度上取决于懂得其价值的观众之多寡。显然，他并未满足于皇宫所带来的先天优势。学者单霁翔“用五个月的时间，磨破了 20 双布鞋，走遍了故宫 1200 个建筑 9371 间房，查看了 1807558 件收藏文物”之后，用撰写博士论文的态度和方式，对故宫按步骤、有规划地进行了一番改革，其中就包括年销售额达 10 个亿的文创产品开发。

专业水准，不仅仅在于掌握学科的专业技能水平，还是一种工作态度和处事方法。笔者认为，作为博物馆这样一个负有社会教育功能的科研机构的当家人，都应当向故宫“掌门人”学习。

我们要向故宫学什么？如何更好地为公众捧出博物馆文化产品？什么是博物馆的文化产品？仅仅是文创产品？显然，不是。从大的概念来看，博物馆的文化产品包括研究成果（专著、图录）、陈列展览、社教活动。2015 年，《博物馆条例》这样定义：“博物馆，是指以教育、研究和欣赏为目的，收藏、保护并向公众展示人类活动和自然环境的见证物，经登记管理机关依法登记的非营利组织。”可见，博物馆最重要的三大功能，即教育、研究和欣赏，而其他功能，正是围绕这最基本的三个功能而延伸出来。

博物馆的藏品实力是博物馆声誉之所在，是软实力中的核心。没有一流的藏品，不能称为一流博物馆，但没有一流的陈列，却不影响其成为一流博物馆，比如法国的卢浮宫。故宫的藏品无疑是世界一流的，故宫博物院无可争议地成为世界一流的博物馆，但仅仅满足于藏品还是不够的，科研力量是博物馆发展的基础和前提。在火热的故宫文创背后，除了公众对故宫文化的价值认定，更多的是基于故宫博物院的基础科学研究。

以创建“学术故宫”为宗旨，故宫博物院创建了故宫研究院，下设一室十四所，即研究室、故宫学研究所、考古研究所、明清宫廷历史档案研究所、古文献研究所、古建筑研究所、宫廷戏曲研究所等机构。2013 年 8 月，故宫博物院博士后科研工作站申报成功。从中可以看出，故宫研究院的下设研究机构遍及博物馆科研的各个门类，从文物藏品研究到文物保护技术研究，均取得了一系列重大科研成果，其近几年丰硕的社会效益，正是基于藏品研究、陈列研究。而社会效益必然带来经济效益，也就是单霁翔院长所说的观众对故宫文化的价值认可。

从严格意义上讲，近年来最惹观众注意的文化创意产品正是博物馆教育功能的延伸物和成果。早在 20 世纪七八十年代的传统博物馆部门分工中，旅游纪念品的管理和导购归属博物馆的社会教育部门。观众通过丰富有趣的导览参观，受到博物馆文化的感染，接受到深入浅出的社会教育，于是把博物馆所要展现的文化因子记在心里，并且把博物馆“带”回家，每一个具有博物馆特色的文化创意产品成为一份独特的纪念品。

近十年，博物馆事业大步发展，博物馆文化主题的旅游纪念品向国际接轨，文化创意产品设计、开发逐渐成为一门独立的学科，并且渐成体系。文物是历史的载体，一件文物可以承载多个历史信息，如何将历史信息开发出来，并融合当代艺术形成文化创意产品，最基础的工作基于对文物历史信息的了解与发掘。误读文物历史信息的错误开发，会造成不良的社会效果，最典型的就是前几年有关唐三彩的陈设争议。没有历史信息为支撑的文化商品，仅追求形式的文化创意产品，终究是无法被市场真正地接纳，不要说收获利润，甚至投入的成本都无法收回。

文物的展示是博物馆的独特语言，离开了“以物说史”这个基本原则，博物馆就不能称为博物馆，博物馆一定是要用文物来说话的。尽管与故宫博物院相比，很多省市级的博物馆都没有与之相抗衡的藏品，尽管先天弱势，但在向故宫博物院学习中，我们仍然需要在对自身馆藏了解、研究的基础上，进一步开展具有针对性的教育、研究和欣赏活动。

（《福建日报》第10版，记者丁清华，2019年1月28日）

故宫“守门人”单霁翔：让沉睡的文物都“活”起来

故宫博物院是全世界最大的木结构建筑群，拥有最丰富的中国文物藏品，也是全世界访问量、关注度最高的博物院之一。每年都有超过1500万名游客不远万里慕名而来，只为一睹真容。

故宫博物院有一位日常谈笑风生、行事不拘一格的红人，他被媒体戏称为隐藏的段子手，也有网友称他是“故宫一宝”，他叫单霁翔——故宫博物院院长。

春节即将来临，故宫博物院是许多游客来北京必去的景点，故宫博物院有什么新变化？当院长好玩吗？乾隆眼中的慈宁宫是怎样的？对此，单霁翔有一肚子话要说。

故宫院长看似风光无限
实则风险极大

过去2002年到2012年的十年间，观众从每年700万人次增长到1500万人次，在这座接待量如此庞大的博物院里工作，压力和责任可想而知。

故宫博物院至今已有94年历史，我于2012年调任至此，是第六任院长。每一任院长都历尽艰辛，他们担惊受怕、殚精竭虑地保护着故宫里的每一件文物。比如第一任院长易培基先生曾含冤去世；而第五任院长做了大量工作，可七年前一次盗窃事件后，他辞去职务并推荐我接任。

做一件事情要万无一失，我们这个岗位一失就万无。9999件事情中一件没做好，导致文物损坏，那就对不起民族、对不起国家。

所以，我的想法和做法就是让文化遗产资源活起来。每个人都有保护文物的权利，每个人都获得文物保护的知情权、受益权、监督权，它不是博物院人的专利，也不是文物工作者的专利，把这个权利交给大家，文物才最安全。

过去我们认为，展示的文物越少越稳妥、开放的区域越小越安全，严防死守少量地方，其他区域不予开放，可没想到后来还是出事了。

今天我们反其道而行之，举个例子，太和殿两边有两扇门，几十年没有开过，两边都是非开放区，观众只能沿着中轴线往前面走。可当打开了左翼门和右翼门后，游客迎面可以看到十八棵三百年树龄的大槐树和过去骑马射箭的箭庭广场，这么一开放就都处在人们的监督保护视野之下。

每天17点，我们的员工要清场，过去开放30%的时候，我们是250多名员工清查。今天我们开放到了 80%，则由 700 多名员工按时拉网式清查，他们每人手中都有一个接触器，负责接触的点都要走到，中控室才能放过，这样每天详详细细认真检查每一个区域，才能确保安全。

不断还原出皇帝眼中的“家”

一些观众到故宫博物院就想着去找“甄嬛”住的地方，寿康宫就是所谓“甄嬛”住的地方。乾隆皇帝的生母崇庆皇太后在这里住了 42 年，我们把老太太居住时的家具、用具都按原貌复制修缮。乾隆皇帝每天早上给母亲请安，来的就是这里。乾隆皇帝看到的屋里的情景和今天观众看到的情景一样，只不过现在比那时候少一个老太太。

紫禁城有四座城门、四座角楼，非常漂亮，过去里边都是库房，文物存放在这里面得不到保护，其中还包含了非常珍贵的乾隆版大藏经。今天我们把每一件珍贵文物取下来进行修复和展示，做了真实的还原。

一百多年没有演戏的大戏楼，现在又重新开始上演传统的戏曲，恢复了过去的活力，融入人们生活当中。

紫禁城里最大的一个库房叫南大库，156 米长，但是一直以来里面就堆着杂物，没有得到很好的利用和保护。我们把它修复保护好了，把这些杂物拿走以后，建了故宫博物院的家具馆，这些家具都是按照情景式、仓储式陈列，原汁原味鲜活展示。

去过故宫的人都知道，到了神武门游览就要结束了。但是今天人们出去的时候还会有惊喜，我们设置了两层大型展厅，里面有非常精彩的展览，每天到这个展厅的观众上万人次，很是热闹。

修复文物赋予其生命力

2012 年第一次到库房时，我吓了一跳，我说谁躺在台阶底下？他们说这是秦始皇兵马俑，当初周恩来总理特别批准故宫博物院要保存一套兵马俑。但这么珍贵的文物怎么是这个待遇？我提出把它修复并进行展示。

还有两尊 3.5 米高、1500 年前北齐的雕塑，非常珍贵。但是几十年里它们一直站在墙根底下，每次我看到都觉得它们在阴暗角落里表情不好、脸色欠佳，修复展示后再看，觉得脸色表情都变得阳光灿烂了。

大家瞧瞧这些文物，当它们得不到保护，它们就没有尊严、蓬头垢面。但是得到保护和展示以后，就变得光彩照人了。所以今天我们一定要让故宫博物院收藏的每件文物藏品，都光彩照人。

过去，故宫许多“世界之最”并没有得到体现。都说壮观宏大，可我看到大部分区域都立着“非开放区，观众止步”的牌子；都说藏品繁多，可我看到 99% 的藏品都沉睡在库房；

都说体验非凡，可我看到人们进了故宫博物院后，都是跟着导游的小旗一直前行，他们只去看皇帝坐在什么地方、躺在什么地方，当看完皇帝大婚场地后就草草离开。

那时的观众并没有真正感受到故宫博物院的魅力，所以我们做了两件事来改变。第一是把故宫 1200 栋古建筑修好，修好了就能扩大开放，比如武英殿修好之后成为陶瓷馆。西部最大的宫殿慈宁宫修好后变成了雕塑馆。

现在的观众再来故宫博物院，不会跟着导游一直往前走了，他们东边看景区，西边看展馆。分散后，故宫博物院人山人海的状况一去不复返。

第二就是环境的整治。五年前我们向社会承诺，要把一个壮美的紫禁城完整地交给下一个 600 年，希望人们到故宫博物院来，看到的只有壮美和真实的古代建筑群。

（《中国城市报》第 18 版，记者王楠，2019 年 1 月 28 日）

让传统的节庆文化鲜活起来

刚刚在人民大会堂参加了2019年春节团拜会，与各界人士共聚一堂，聆听了习近平总书记的重要讲话，特别是提到一年来文化事业取得的成果和未来的美好前景，感到备受鼓舞、充满希望。

故宫博物院也担负着传播和传承中华优秀传统文化的重任，中华民族绵延不断的历史文化，在故宫博物院的各类文物藏品里，都能得到印证。对于博物馆来说，只有不断探索更多文化资源创造性转化、创新性发展的方式，才能够跟得上时代前进的步伐，才能回应公众对博物馆的热切期待。

为了迎接即将到来的己亥年春节，让传统的节庆文化鲜活起来，故宫博物院首次举办了“贺岁迎祥——紫禁城里过大年”系列展览，创造了多个院史之“最”。故宫博物院最大的展厅——午门正楼及东西雁翅楼展厅以破纪录的近千件院藏文物精彩亮相，而整个紫禁城开放区域都布置为春节文化的展场，使用了超过一千件门神、春联等装饰和数十盏华美宫灯，乾清宫区域还复原了170多年前壮丽的天灯、万寿灯，研发了百余种“过大年”相关文化创意产品，并举办了数字沉浸体验展、中华老字号进宫过大年展等丰富多彩的展览和活动。

文物展览、实景体验、数字沉浸、文化创意展示等多元手段结合起来，让整个紫禁城充满浓浓的年味儿，更好地阐释“过大年”这一充满团圆幸福感的话题。让春节的故宫博物院在深沉壮美的厚重文化之外，以更加接地气的方式，让公众沉浸其中，让传统文化的传播悄无声息、直入心田，为华夏儿女留住民族的文化记忆。

“贺岁迎祥——紫禁城里过大年”展览大大激发了公众的参观热情，开幕以来故宫博物院参观人数同比增长超过70%。故宫博物院也欢迎广大观众在喜气祥和的春节期间，来紫禁城体验“过大年”的热烈氛围，感受博物馆里独特的年味、人情味。

（中央电视台《新闻联播》，记者孟颖，2019年2月3日）

市民进故宫过大年偶遇单霁翔：院长，签个名、合个影

“贺岁迎祥——紫禁城里过大年”可不仅仅是一次室内展览，整个紫禁城开放区域，都将成为春节展场。

今年过年，紫禁城里可同往年大不一样。故宫博物院史上最大展览——“贺岁迎祥——紫禁城里过大年”已隆重上线，道道宫门都张贴了门神，宫殿门口悬挂着春联。展厅内春节文化的看点多多，院落中随处洋溢着过年的气氛。

在故宫慈宁宫外的年货大集上，游人如织。不少摊位上都摆放出了猪年生肖产品，像红木雕成的手把件、琉璃材质的小猪摆设，北京市珐琅厂也带了铜胎掐丝珐琅工艺的猪形存钱罐。记者了解到，这些猪年生肖产品销售十分火爆，刚开展没多久有的产品就已经脱销。

“您这个风车卖得怎么样呀？”在一个卖手工风车的摊位前，正在整理货物的老板刚要回头应答，却发现问话的不是别人，正是故宫博物院院长单霁翔。老板笑着回答道：“昨天天气暖和卖得还不错，温度达到六七摄氏度，刮一点小风，风车非常容易响。今天天气冷，大家手都揣在裤兜里不愿意拿东西。”单霁翔听罢连连点头：“您可是把买风车的给研究透了。”

刚从卖风车的摊位离开，单霁翔就被周围的观众认出来，一位拿着故宫日历的女观众就“拦”在了单霁翔面前，希望他能给自己签个名，单霁翔爽快答应。记者也赶紧凑上去，想了解一下正月初二故宫接待情况。“院长，我是新京报记者，过年好啊。”单霁翔在拥挤的人群中抬头望过来，笑呵呵地回道：“过年好，大家过年好。”

单霁翔告诉记者，虽然是春节假期，他今天早上八点多就已经在午门处迎接第一批观众了。“今天主要任务就是检查接待服务的情况，现在已经把全部展区都走完一圈了。”

他继续挨个展位检查，一路上，不断有人来和单霁翔合影留念，还有不少游客见到他后高喊：“单院长，过年好！”单霁翔也都一一回礼致意。

目前，故宫博物院史上最大展览——“贺岁迎祥——紫禁城里过大年”已隆重上线，此次展览为期三个月，从1月6日试开放，1月8日正式展出至4月7日，与传统的庆贺新年活动的时间相吻合。“贺岁迎祥——紫禁城里过大年”可不仅仅是一次室内展览，整个紫禁城开放区域，都将成为春节展场。只要进宫，大家就能身临其境感受昔日宫里过年的景象。其中，午门上的“宫廷春节”主题展览、乾清宫前万寿灯天灯等布置、慈宁宫区域由上百家老字号组成的“年货大集”可以说是今年春节期间游览故宫的最大看点。

谈及为什么要在故宫博物院举办如此规模的“贺岁迎祥——紫禁城里过大年”展览时，单霁翔表示，在中国传统节日中，春节是老百姓最容易感受到传统文化的一个节日，我们希望在节日期间，大家可以除了看春晚、全家聚会、吃年夜饭以外，还能走出来到博物馆参观、

了解传统文化。

“今年春节，我们的活动可以说是非常丰富多彩，能够让观众在故宫感受到春节的氛围。”据单霁翔介绍，这次故宫博物院除了在午门上举办了有史以来最大规模的展览以外，还把故宫内各个庭院都按过去春节的习俗进行了装点。同时，在乾清宫和皇极殿廊庑下挂起了宫灯，在乾清宫前丹陛上下竖立起“天灯”和“万寿灯”各一对。

今年春节，大家游览故宫时除了能欣赏到众多难得一见的展品外，还可以在老字号年货大集上“逛吃逛吃”。

“今年春节，我们还为150家老字号提供了一个免费的场地，让中华老字号与人们的生活更密切地接触。”单霁翔说，老字号是在人们心中印象最深的一个商业文化，伴随着一代代人的生活而延续了几十年甚至上百年，所以在春节的时候让全国各地的老字号汇集在一起，能让观众朋友在游览故宫时，获得更好的游览体验。

（新京报网，记者裴剑飞、李木易，2019年2月6日）

过年故宫偶遇单院长，细说今年观众六大新变化，大高玄殿有望迎客

到故宫博物院“过大年”成了不少人今年春节的新去处，初四这一天，笔者也跟着人流进入故宫博物院，想体验一下昔日皇上过春节的感受，幸运的是，偶遇故宫博物院院长单霁翔，因为常写故宫，所以和院长混一脸熟，有机会多聊几句。

今年春节单霁翔院长基本“长”在故宫里了，每天披星戴月，早来晚走，所以观众的偶遇率非常高，面对粉丝，院长合影握手来者不拒，非常是亲和，想偶遇的可以来试试。院长每天加班主要还是因为春节这几天故宫博物院太火了，每天都需要限流，创下了历史新纪录，故宫博物院里的工作人员都忙得不亦乐乎。匆匆在食堂吃了盘饺子，插个空，单霁翔院长和我聊起了今年故宫博物院观众的一些新变化。

单霁翔院长表示，这几年故宫博物院的观众一直在不断上涨，2016 年第一次突破了 1600 万，2017 年到了 1670 万，2018 年达到了 1754 万，主要是因为故宫的开放面积在不断扩大。2019 年虽然才过去了一个多月，但是故宫博物院通过 1 月份和春节期间的大数据进行分析，发现观众呈现出六个方面的新趋势，和以前有所不同。

第一个趋势就是来看展览的观众多了，过去观众跟着导游来，“到此一游”的观众多，现在专门为看展览来故宫博物院的观众明显增加，午门的“贺岁迎祥——紫禁城里过大年”展览每天 4 万左右观众，钟表馆也排起了长队。

第二个趋势是多次来故宫博物院的观众数量增加，有的观众说 1 月份来了 3 次，多的还有 5 次的，很多人表示一年 6 次的年票根本不够用。

第三个趋势就是北京市民来的多了，初三的统计数字显示，参观故宫博物院的北京市民数量已经占据第一位，很多市民以前二三十年不来故宫一次，因为觉得故宫反正就那样，现在故宫博物院总有新变化，可以上城墙，可以看热展，有看头。

第四个趋势是观众中年轻人多了，单霁翔院长对此感到特别欣慰，去年统计 30 岁以下年轻观众占 40%，今年继续增加预计会达到 50% 左右，院子里面明显年轻人和年轻人的团队增加很快，“故宫知识课堂”里都是孩子们，接待的学校也很多。

第五个趋势就是观众在故宫博物院滞留的时间加倍延长，过去一般逛一个半小时就走出去了，现在很多观众早上进门，下午快闭馆了才走。

第六个趋势就是观众现在来故宫博物院的目的性多样化，有的是为了看展览，有的是为了照相，有的是为了感受节日气氛，有的来看天灯和万寿灯，还有的甚至是来和朋友喝咖啡约会。

单霁翔院长表示，正是这六大趋势使故宫博物院的参观人群发生了新变化，1 月份统计

的故宫博物院观众人数比去年增加了 70%，今年春节故宫博物院观众同比增加 42%，过去从来没有发生过每天都要限流的情况，而且是提前好几天票就卖完了。“这些对我们进一步提高观众接待能力，提供更好的文化享受，都是一个很大的挑战。”

为了应对这些挑战，今年故宫博物院有不少新任务，单霁翔院长告诉我，首先就是对故宫 14 组卫生间进行提升改造，解决观众如厕难的问题。通常公园里女厕排队比男厕长，这次厕所改造就是把原来的男厕加上吸烟室改成女厕，空间几乎大了一倍，这将会大大缓解女厕排队现象。

单霁翔院长还透露，今年故宫博物院还将进一步扩大展览和开放，包括扩大周边，比如故宫筒子河外面的区域也开放了，这样观众能够感受到的故宫文化空间也在不断扩大。还有，今年大高玄殿也会开放，这个是很多人期盼已久的。“养心殿、大高玄殿、乾隆花园等目前都在进行研究性保护，所以速度会慢一点，但是将来成果会非常丰富。”单霁翔院长自信地说。

（今日头条，记者张鹏，2019 年 2 月 8 日）

让故宫“活起来”

记者：故宫博物院是世界关注度最高、来访量最高的博物馆。但很多人抱怨，“去故宫不是看文物，而是去看人山人海。”面对如此庞大的参观人流，故宫博物院采取了哪些措施？又是如何做到合理导流的？

单霁翔：旅游景区发展中，真正的难题在于为每个观众服务好。我们的口号是全年无事故，但是这个挑战太大了。挑战大在于故宫博物院的观众增长速度太快：2002 年故宫博物院的年观众量第一次突破 700 万；仅仅过了 10 年，到 2012 年，故宫博物院的年观众量就突破了 1500 万。这对于景区的管理来说是个很艰巨的难题，如果平均一天接待 4 万名观众，3 分钟就能让观众买到票；如果平均一天要接待 8 万名观众，故宫博物院就会饱和；如果平均一天接待 18 万名观众，故宫博物院就会崩溃。很多人形容进了故宫博物院，一直是后面的人推着往前走，根本就没有看见周边什么样、地面什么样，这不是旅游应有状态。

我是在 2012 年到故宫博物院当院长的，来了后就开始跟大家一起讨论怎么平衡观众的数量、增加参观的舒适感、保证文化遗产的安全等。于是，故宫博物院采取了限流措施，所以这几年观众数量增长慢了。特别是故宫博物院采取引流措施，把旅游团有计划地通过优惠政策引导到淡季，在淡季设立免费日，包括教师免费日、医务人员免费日、大学生免费日、环卫工人免费日等，这样一方面宣传了故宫博物院，另外一方面也提高了所有观众的舒适度。2016 年，故宫博物院观众数量没有一天超标，并且观众的总体数量还增加了，这一年故宫博物院的观众量达到 1600 万。对于这个成功的尝试，我们非常喜悦。

在限流措施的基础上，故宫博物院开始尝试实行全网购票。2014 年我们鼓励大家网上买票，10 天以内不到故宫博物院可以全款退票。当时，只有 2% 的观众预约门票；2015 年预约观众人数增长，占比为 17%；2016 年国家批准使用支付宝支付故宫博物院门票，此时，预约观众数量的比例达到 41%；2017 年国家批准使用微信支付故宫博物院门票，预约观众数量再次增加。2017 年 7 月 1 日，故宫博物院全面推进网络售票，开放网售当日票和现场手机扫码购票，2017 年 8 月实现网售占比 77%。这时，我们认为时机成熟了，故宫博物院关闭了所有的售票窗口，通过电子大屏幕告诉观众怎么扫码、怎么支付、怎么进入，没有预约的观众可以通过电子扫码。

记者：据说，故宫博物院有 186 万件文物藏品，真正展出的只有不足 1%，99% 的文物藏品是沉睡在库房里。对此您怎么看？为了让更多的人欣赏到故宫文物之美，故宫博物院有哪些举措？

单霁翔：我第一次到仪仗库一楼里，吓了一跳。我说谁躺在台阶底下呢？同事说那是周恩来总理特别指示收藏的秦始皇陵出土的兵马俑。这么珍贵的文物怎么这个待遇？故宫博物院赶快进行了保护，进行了维护，展示出来了。这些文物得不到保护的时候，是蓬头垢面，没有尊严的，当它们得到了保护和展示，就光彩照人了。

过去，故宫只开放 30% 的区域，2014 年成为一个重要的转折点，开放区域达到了 52%。2015 年开放区域达到了 65%，2016 年达到了 76%，2018 年达到了 80%。很多过去的非开放区，今天变成了展区、展馆。比如说午门正楼及东西雁翅楼——紫禁城最大的一处古建筑，2800 平方米的巨大空间，过去一直都是仓库，如今成为世界上最有魅力的、最大规模的临时展厅之一。这个展厅很忙，每天接待 3.5 万名观众。

大家知道紫禁城有四个城门和角楼，以前这些城楼作为保存文物的仓库，积了厚厚的一层尘土。我们把里面的文物小心翼翼地一件件拿下来，计划今年年底全部陈列出来。我们开放了一座座城门，沿着神武门就可以登上城墙，紫禁城的城墙是完整的，人们兴奋地沿着城墙走到王府井，走向天安门方向。

在过去，我们总把保护文物看成是文物部门和博物馆的专利。其实，保护文物是全民的责任。让每个人都有保护文物的知情权、参与权、监督权和受益权，为此，故宫博物院实现了前所未有的开放。

记者：纵然开放再多的区域，举办再多的展览，到故宫参观的观众依然只占全球人口中很少的一部分。如何让更多人有渠道接触故宫文化？

单霁翔：这得靠互联网技术和数字技术。经过 6 年的努力，故宫博物院网站去年的访问量达 8.91 亿，位居中国文化机构第一。我们把外文网站做得更加强大，让世界各国人民通过网站了解故宫文化；我们把青少年网站做得更加活泼，让孩子们自愿走进博物馆；我们举办更多的网上展览，让人们足不出户便可参观；我们和腾讯合作，每年推出动漫、游戏创意大奖赛。

在全国的博物馆中，故宫博物院率先公布了 186 万件文物藏品，每一件文物都可以在网上查到相关信息。故宫博物院搭建了 3 个摄像室，每天源源不断地用高清晰的摄像手段把展品和建筑照片收入网站。就这样，全世界最强大的数字博物馆在这里诞生了。

过去 7 年，故宫博物院在世界各地举办了 160 多项展览，是全世界博物馆走出自己馆舍办展览最多的一个博物馆。我们希望有一天，我们能够像世界各大博物馆那样把自身 30% 的文物展出来。

记者：您曾说过“年轻人如果不了解传统文化，就会变得后继乏人”，请问，如何让年轻人主动贴近传统？如何让更多的人爱上故宫博物院？

单霁翔：过去我们的营销有两个缺点，第一是我们商店卖的东西，80% 不是自己研发的，满足不了人们把博物馆带回家的愿望；第二是商店的商业气息太浓，文化气息不够。我相信文化传播的力量，文化产品里面一定要加创意两个字。什么叫文化创意产品？就是要深入研究人们的生活，根据他们的生活需求研发产品；要深入挖掘自己的资源，实用性和趣味性相结合，才能产生受欢迎的文创产品。由此诞生了故宫的 480 种不同款型的手机壳、“正大光明”的充电器、朝珠耳机、为儿童研发的拼装玩具。故宫凤凰梅花的图案很漂亮，我们就把这些文化元素提取出来，设计了女士纱巾、披肩；人们对故宫门文化印象很深，我们就做了故宫抱枕。

今天到故宫博物院，两三个小时肯定不够，人们要休息，要有喝茶吃饭的地方。于是，我们把故宫的冰库利用了起来。冰库100多年没有用了，已经闲置多年了，我们发现一个个门洞做餐厅挺好的，人们可以一边就餐一边欣赏故宫神奇的建筑。

当前社会越来越开放，在中西交融的氛围中很多人追求洋气、洋节、洋文化，而实际上，中国的传统文化博大精深，博物馆并不应该是落着尘埃、沉睡千年、毫无新意的古董，而应该挖掘本地区本博物馆的特色，出品特色节目和文创产品，激发博物馆的内生动力，带动文化产业持续健康发展。

（《中国旅游报》第04版，记者邢丽涛，2019年2月11日）

委员的别样春节

天地风霜尽，乾坤气象新。又是一年春节到。当众人阖家团圆、围炉共话之时，全国政协委员中有人为了万家幸福放弃与家人团聚的机会。

2月5日，己亥年正月初一。清晨，刺骨冷风中，紫禁城的宫门缓缓打开，第十、十一、十二届全国政协委员，故宫博物院院长单霁翔已凝神伫立在午门旁，迎接新年的第一批访客。

几小时后，在故宫慈宁宫外的年货大集上，游人如织。正挨个检查展位的单霁翔很快被认出，要求合影签名的摊贩和游客逐渐把他包围，秘书几番解围才将他从人群中“抢”出。

这是单霁翔在故宫度过的第八个大年初一。自打2012年初接掌故宫博物院以来，他每个春节都坚守在红墙内，见证着人们和传统文明在熙攘喧嚣中的亲密团圆。

自年前“紫禁城里过大年”展览的“邀请”发出，“进宫过年”一时间成了时尚，整个春节假期故宫博物院火爆到了“一票难求”的程度。与往年不同，今年整个紫禁城开放区域都被布置为春节文化展场，包括文物展览、实景体验、数字沉浸、文化创意展示等多个部分。除了在午门上举办了有史以来最大规模的展览以外，这次故宫还把宫内各个庭院都按过去春节的习俗进行了装点。在乾清宫和皇极殿廊庑下挂起了宫灯，在乾清宫前丹陛上下竖立起“天灯”和“万寿灯”各一对。

单霁翔告诉记者，竖“天灯”和“万寿灯”是清代中期故宫春节期间最盛大的活动，至今消失近200年，相关文物早已散佚。为了让历史中消失的场景尽可能还原，故宫的能工巧匠通过广泛查阅文献确定了天灯、万寿灯的使用方式、详细尺寸，并在各个库房中找到了各部分的模型、小样及原件，首次复原了它们当年的模样，重现出康乾盛世的过年景象。

辞旧与迎新，于深宫或民间，都是同一种文化的不同表现。“紫禁城里过大年”这一创意在单霁翔脑海中酝酿已久，此次展览策划更是历时一年。如今，很多人在感叹年味儿变淡，春节逐渐成为日历上静态的标签。物质丰富消解着囤积年货的劳累与喜悦，新衣新袜不再是贯穿一年的期盼，人们很难再被一顿年夜饭所诱惑，一家人爆竹声中围炉守岁的温馨慢慢变为抢红包的背景音乐，似乎关于过年的很多习俗正在变得可有可无。

“能在宫里过年，无疑是感受年节文化最直接的方式。”动作那么大，单霁翔就是想传达一个信息：“春节不仅是吃吃喝喝、挂挂红灯笼而已”。他想让公众在紫禁城中感受浓郁年味儿的同时，再体验一下博物馆的文化气息、精彩创意和人文关怀。

“春节是老百姓最容易感受到传统文化的一个节日，我们希望在节日期间，大家可以除了看春晚、全家聚会、吃年夜饭以外，还能走出来到博物馆参观、了解传统文化。”单霁翔期望，让春节的故宫博物院在深沉壮美的厚重文化之外，以更接地气的方式令公众沉浸其中，感受博物馆里独特的年味儿、人情味。在他看来，在熟悉的历史场景中，人们可以深切地感受到文物的温度，感受到千百年以来中国人对新年的祈愿、对生活的希望。

看着一张张满怀好奇的面孔穿梭而过，他有一点欣慰：眼前汹涌的人潮说明，“博物馆里过大年”的理念逐步成熟并为公众所接受。

“近年来，这座古老的宫殿愈益以年轻、时尚、亲和的姿态呈现于世人面前，不复古板，不再隔绝，不作高深之态。”去年年底举行的“影响中国”2018 年度人物荣誉盛典上，单霁翔获颁“年度文化人物”奖项时，颁奖词这样写道。

在这位被称作“萌萌哒”的院长上任之后，故宫也开启了自己的“网红”之路。这条路的成功，意味着传统文化与年青一代的关系得到了续接。

2018 年，故宫博物院接待了 1700 多万人，是世界上唯一一座接待观众超千万的博物馆。故宫从来都不缺少观众，令单霁翔欣慰的是，来故宫的年轻人变多了：过去一年中，观众中 40% 以上是 30 岁以下的年轻人，而且参观时间越来越长了。“我们希望故宫成为中国传统文化的客厅，每个人来这里舒服地领略传统文化的精髓。”他经常这样说。

“如何让沉睡在博物馆里的优秀传统文化受到青年一代的喜欢和接纳，是博物馆人应该思考的问题之一。”这几年，面对公众宣传故宫、推广传统文化，单霁翔总有一种时不我待的紧迫感，在他看来，穿越千年历史，文物已不再单纯是用来收藏、展示和研究，更是传承、传播优秀传统文化的重要载体，凝聚着民族和文化认同感，蕴含着中华民族五千年来不断延续的文化基因。他和所有故宫人大费周章地推出“紫禁城里过大年”的展览，目的就是让更多人可以近距离地欣赏、了解和认识文物，无形中提升了文化自信和历史认同感，让人们更近距离地与历史相接，“与记忆对话，让文明传承，让优秀传统文化流淌在每一个人的血液之中”。

（《人民政协报》第 3 版，记者王慧峰，2019 年 2 月 12 日）

故宫，你怎么变成这样了？

94 岁的黄永玉，上台给单霁翔颁奖。

来之前，他特意写了一幅字，带给这位比自己小整整 30 岁的故宫院长。

“故宫很具体，走遍 9000 多座房屋，1200 多座建筑，每天沿着宫墙走一圈，踩破 20 双布鞋。”

这是 12 月 15 日“影响中国”2018 年度人物荣誉盛典上的一幕，故宫博物院院长单霁翔获得了“年度文化人物”奖项。

董卿形容这位 63 岁的院长：“终日奔波苦，一刻不得闲。”

1

2011 年，故宫因为管理问题，闹出了不少笑话。

当年，故宫丢失了数件珍宝，在北京公安局的帮助下追回。

以示感谢，故宫制作了一面锦旗送给公安局，却不料，锦旗写错了一个字。

2012 年年初，故宫正处低潮，深陷失窃、会所、错字、拍卖、封口、瞒报、逃税等“十重门”。

58 岁的单霁翔临危受命，接到调令，被任命为故宫博物院新院长。

他曾以为国家文物局局长是他的“最后一站”，没想到最后一岗是来故宫“看门儿”。

早在 20 世纪 80 年代，清华建筑系出身的单霁翔还在教授建筑史，所以经常在周末领着年幼的儿子，到故宫里拍建筑。

不曾料到几十年后，自己竟成为故宫的“看门人”。

大家都很关心新官上任会有哪三把火，单霁翔却笑言：“我一把火都没有，因为故宫古建筑群最怕火。”

话虽如此，做起事情来单霁翔毫不含糊，随之而来的是对故宫大刀阔斧的“改革”。

上位伊始，单霁翔穿着一双老布鞋，带着助理周高亮，俩人，花了 5 个月，绕着故宫走了一圈儿。

故宫的 1200 多座建筑，9371 间房间，凡是门都要推开看一看。

光是鞋就磨坏了 20 多双。

大夏天，助理脖子上挂着相机，吭哧吭哧跟着跑，偷偷抱怨：“跟着我们院长，费鞋。”

故宫收藏着众多文物，鲜有人能够将其数得一清二楚，但单霁翔做到了。

他可以将文物数量精确到个位数：

1862690 件（套），这是 2016 年底的数据。

没有人知道，为了能理直气壮说出这句话，单霁翔和工作人员付出了多少辛苦。

单霁翔曾说："我们国家收藏的国外藏品比较少，因为我们没有掠夺，没有偷盗别的国家，每一件都来历清楚。"

接任故宫博物院院长之后，办公室给了单霁翔一份介绍故宫的资料，他要把内容背下来，以备接待来访的贵宾。

"故宫是世界上最大规模的古代宫殿建筑群，是世界上收藏中国文化藏品最多的宝库，是全世界参观人数最多的博物馆。"

这些"高大上的话语"让单霁翔咂舌。

进一步了解故宫之后，那些世界之最，单霁翔"感受不到"。

故宫馆址宏大，但大部分区域竖起了"非开放区，观众止步"的牌子；故宫藏品多，但"90%的藏品都沉睡在库房里，谁都看不见"；故宫观众多，但80%的观众进了故宫就看看皇帝上朝、睡觉、结婚的地方。观众压根没把故宫当一座博物馆。

2

"究竟什么是最重要的？那些世界之最吗？"

"其实真正重要的是故宫这座文化机构究竟能给人们奉献什么。"

单霁翔自问自答。

可要真正做到一切工作"不以管理方便为中心，而以观众方便为中心"，对故宫来说，无异于"一场管理革命"。

"革命"从"装点门面"开始，之前端门广场上有很多"太监展、宫女展、刑具展"，20块一张门票，观众看完就骂故宫。

其实并不是故宫博物院办的，那排房子被收回之后，故宫博物院设置了30个售票窗口，并购置了很多快速售票的设备，以保证观众到故宫博物院3分钟内能买到票。

6年前，故宫里专供游客休息的座椅不足，只能坐在石头上、屋檐下、御花园的栏杆上。

单霁翔一看又急了：还能不能让大家有尊严地休息了。

他决定增设休息座椅：要结实，要坐着舒服，要跟周围环境协调，椅子底下要便于清扫……

这一箩筐要求，最后做成的实木座椅一把要3500块钱，可单霁翔不心疼钱，在端门广场火速安置了200把椅子、56组树凳。

当员工不无得意地告诉单霁翔："现在有11000名观众可以'坐下了'"。

"这个数字是假的。"单霁翔直接说。

"你们去看吧，夏天太阳直射的地方没人坐，冬天没有太阳的地方人们不爱坐。"

针对女士上洗手间经常要排很长的队，单霁翔和故宫的工作团队进行了研究，得出了一个结论：女士的洗手间应该是男士洗手间数量的2.6倍。

为此，故宫对洗手间进行了调整，甚至将一个职工食堂也改造成了洗手间，排长队自此成了历史。

这些仅仅是故宫改善游客体验的小小例子。

单霁翔认为，故宫博物院不仅要关注文化遗产保护，更应关注观众的需求，注重公益性和人性化的细节设计，让观众有尊严。

3

午门是故宫博物院的正门，以前三个门洞中，中间的门洞专为接待贵宾车队所用。

因而时常紧闭，而两侧的门洞则每天排满了观众。

单霁翔觉得这“很不合理”，便打算把三个门洞都向观众开放。

但有关部门反对，“贵宾开车进故宫是几十年的礼遇，不能换了一个院长，礼遇都不要了”。

“那英国白金汉宫、法国凡尔赛宫，这些帝王曾经的居所今天也都对公众开放，那些地方车队就不能开进去。”

单霁翔据理力争，最终，故宫在2013年初发布公告：故宫开放区内不允许机动车再驶入。

2013年4月，法国总统奥朗德参访故宫，成为近几十年来第一位步行进入故宫的贵宾。

奥朗德来故宫参观，单霁翔提前到了午门，发现安保人员已经就位，很明显是准备为车队开门开道的架势。

单霁翔让人把午门关了起来，安保人员立马跟他急了。

单霁翔正色说：“这是世界文化遗产，不能破坏！”

安保人员向上报告，等了3分钟，等来了撤走的指示。

车队来了，单霁翔站在午门前迎接，奥朗德就此下车，一路步行参观了这组世界上现存规模最大、保存最为完整的木质结构古建筑群。

同年10月，81岁的印度总理辛格参观故宫，有关部门提出能不能破例，让腿脚不好的辛格坐汽车游览。

单霁翔坚持：“奥朗德总统率先不坐车进入，这样的制度还是应该坚持。”

鉴于辛格腿脚不好，折中之下，故宫从钓鱼台国宾馆借了辆电瓶车，让辛格总理一路乘坐参观。

自此以后，所有贵宾，无论中外，再无例外。

后来有一次，故宫午门外，一位来自东北的老大爷认出了单霁翔，提要求：“我这辈子就来一次故宫，我想走中间的门，当一次‘皇帝’。”

如此令人哭笑不得的要求单霁翔却当真了：午门三个门洞第一次全部打开。

“让观众自由选择，想当皇帝当皇帝，想当大臣当大臣。”

这就是一心想让故宫充满人情味的单霁翔，不为权贵折腰，却尊重每一个人的合理需求。

4

2013 年 5 月 18 日，国际博物馆日当天单霁翔宣布：故宫禁烟。

当时人人质疑，无烟故宫纯属“单相思”，且不说观众，博物院还有 400 多烟民，回办公室抽两口，谁还能发现？

“可不敢抽！”一位故宫老烟民连连摆手，悉数院长“罪状”：一个人吸烟，全部门扣奖金。

从此，烟灰缸在故宫再无用武之地。

禁火的第一天，故宫共截下了 8000 多个打火机。

单霁翔曾在故宫里捡到过 1000 多个烟头。

“我走到哪儿捡到哪儿。他们就会用手机悄悄告密，院长奔东去了，你们快去，先把烟头捡起来。”

“其实我都知道这些猫儿腻。我就故意满院子走，故宫一下子就变得干净了，多好。”

笑侃背后，是一位花甲老人一次又一次的弯腰。

有一次公开亮相，单霁翔脸上结着明显的痂。

很多人偷偷打听情况，工作人员悄悄说：“院长看到台阶上有垃圾，直接过去捡，一个没站稳，把脸搓破了。”

“摔得多狠啊，我们院长脸上的痦子都给蹭掉了。”

好在后来，痦子又长出来了，院长的脸没毁，大家松了口气。

纪录片《我在故宫修文物》里也有一段：

一位文物修复师犯烟瘾，一边抱怨着“也不让我抽根烟”，一边认命地骑车，越过重重宫墙，到宫外冒两口。

“故宫不能有一片垃圾，屋顶不能有一棵草。”这是单霁翔给故宫人提出的基本要求，而他是第一个身体力行者。

2013 年，单霁翔提出“开放区不允许有一片垃圾”。

他看到垃圾，亲自弯腰去捡；砖石缝里有烟头，他就亲手去抠。

“我想把这当成家，有一种想呵护每一个角落的冲动。”

弯腰俯身，是工作人员对单霁翔最深刻的印象。

他要求一片垃圾落地后，两分钟内必须有人清扫掉，所有“犄角旮旯”，干干净净。久而久之，由于地面十分整洁，游客也不忍心扔了。

单霁翔又在 2014 年提出“屋顶不能有草”。

飞鸟或大风将草籽带到房顶，草生命力很强，生长过程中会拱瓦，瓦松动了，导致木头糟朽，木结构的古建筑就得大修。

捡垃圾、拔野草这些“小事”，在故宫博物院院长单霁翔看来，都是必须且紧迫要做的事。

在他眼里：只要是对维护文物生态有好处，就得“有令即行、有禁即止”。

5

2015 年 1 月，故宫历经数次限流失败后，再次提出要限流。

计划将每日接待客流上限定为 8 万人次。

此时，故宫每年的参观人数稳居世界各大博物馆榜首。

单日观众人数最高突破了 18.2 万人次。

8 年前故宫也曾试过限流，“第一天就失败了”。

8 万张票卖完后，故宫关闭售票窗口，用大喇叭作了广播。

已经排在售票窗口前的几百名观众不停敲击窗户，喊着口号要进故宫。

公安局知道后很敏感，赶紧通知故宫处理。

结果没卖票，故宫把观众全放进去了。

之后没人再提限流的事儿，但单霁翔非要再次来“挑事”。

从 2002 年到 2012 年，故宫每年观众数量从 700 万猛增到 1500 万。

单霁翔自嘲：“不幸的是，我就是这一年到故宫工作的。”

每年的暑假、五一和十一假期，故宫都过得比较煎熬。“故宫每天 8 万观众就饱和了，18 万就一切都崩溃了。”

一天接待 18 万人的日子里，工作人员每天都站在保和殿下面，大声喊“请大家注意脚下，不要推搡”。

单霁翔为此忧心忡忡，为了观众安全，故宫下决心要限流。

单霁翔专门召开了一次媒体发布会征求意见，他说：“限流不仅是为了缓解压力。如果观众超过 8 万，人挤人，后面人看前面人的后脑勺，这对观众的权益是个伤害。”

冲着镜头，单霁翔“打报告”上春晚，呼吁观众避高峰。

他不忘嘱咐：“先把这段播出去啊。”

有媒体问：“为什么不采取提高票价分流的措施？”

单霁翔说：“提高票价阻挡的是低收入人群进入故宫博物院，这是我们不愿意看到的。”

这位为了故宫下雪扫雪不扫雪都能“纠结”半天的院长，在绝不涨价事儿上毫不犹豫。

有一次，单霁翔在甘肃博物馆做调研，看到一群大学生在很认真地抄写讲解词。

聊天中，他知道这群孩子是学旅游专业的，为了节省一张 35 元的门票，趁着有活动才第一次走进博物馆。

正是这段经历让单霁翔坚持故宫博物院绝不涨价。

真正实施限流之前，故宫博物院做了一年半的宣传工作，并采取各种分流措施。

2015 年 6 月 13 日，世界文化遗产日当天，故宫博物院宣布“每天只接待 8 万观众”。

开放了 90 年的故宫博物院，开始限流，从此再无一日观众流量超过 8 万人次。

单霁翔决不打无准备之仗，他做了两件事：

第一，用大屏幕滚动更新余票数量，即使余票售完，仍提供全天预约服务。

第二，开设了32个售票口，这是全世界售票窗口最多的博物馆。

他的目标是：让每个观众5分钟内买上票。

而之前，售票口在午门，动辄几千人排上百米长队买票，一两个小时才买到票。

北京大学文物与博物馆学教授宋向光十分赞赏单霁翔的限流措施，“在故宫与社会互动很难的问题上，找到了一个很好的平衡”。

6

2014年的一天，照常巡查的单霁翔突然发现，刚刚修好的太和殿，又搭起了脚手架。

工程师也很无奈：政府采购的材料不适合故宫，包工队不懂文物建筑，老工匠退休，又不能返聘。

“修一栋坏一栋，我们没法负这个历史责任啊！”

单霁翔心疼，无奈之下，只好又去和领导演苦情戏。

2015年11月的全国政协座谈会上，单霁翔整整“哭诉”了8分钟。

一个50多岁的男人，在公众场合动了感情，看得所有人为故宫博物院感慨，为单霁翔动容。

故宫博物院终于得到特批，文物建筑修复不再作为工程处理，而是被列为研究性的保护项目。

我们如今看到一座座精美绝伦的宫殿，是单霁翔“不顾形象”“哭”来的。

专门建立雕塑馆之前，故宫博物院的1万多件雕塑大多“沉睡”在文物库房里，其中有两尊3.5米高的北齐时期的菩萨，过去几十年都站立在故宫城墙的墙根儿底下。

单霁翔路过时总说：“你瞧，咱们这菩萨脸色都不好。”

单霁翔第一次进库房时，被躺在台阶底下的兵马俑吓了一跳。

眼看兵马俑被一堆海绵围着，他正色道：“这不行，我们得赶快保养。文物必须有尊严。”

随着雕塑馆、古建馆等专馆的设立，午门及东西雁翅楼展厅的开辟，越来越多的文物得以妥善安置和展出。

有一次单霁翔连着几个月的时间，总看到一位漆器师傅在修复同一件器物，就忍不住问他还要修多久。

师傅回答说：“7个月。”

因为在北京，只有伏天才能一天刷两道漆，平常是一天刷一道，而这件器物一定要刷满120道漆。

7

2015年9月，故宫博物院建院90周年时推出“石渠宝笈特展”：《清明上河图》《伯远帖》《游春图》《听琴图》《洛神赋图》等283件珍贵书画藏品首次集中展出。

大批观众奔涌看展的场面被媒体描述为“故宫跑”。

观众想看一眼《清明上河图》，需要排六七个小时的队。

展览最后一天，当天下午 3 点，离故宫博物院闭馆还有两小时，武英殿外依然排着长队。

天色渐暗，排队人群开始骚动，有人问：“故宫几点关门？”

单霁翔很感动，保证说最后一个观众看完再闭馆。

没想到豪言壮语说出去，“后果就很惨”。

晚上 8 点，他去看望观众。

“还在坚持啊。累不累？”

“累倒是没什么，就是故宫晚上没有卖水的，渴了。”

单霁翔赶忙让工作人员烧水，当晚故宫博物院送出了 2500 多杯茶水。

接近子时，观众还在排队。

单霁翔又来了。

“大家都喝到水了吧？”

“不渴了，饿了。”

单霁翔赶紧让工作人员开车到附近转，并把院里的库存都翻出来了，一共凑了 800 盒方便面。

单霁翔不无自豪地说：“故宫博物院是全世界唯一一家举办展览免费发方便面的博物馆。”

这一晚，单霁翔和上百名员工一起加班到次日凌晨。

最后一位观众在凌晨 4：00 以后离开，东方渐晓。

也是从那会儿起，故宫博物院展厅里，不准拍照的牌子被他改成不许使用闪光灯。

他说：“能进来看展览，都是我们的义务宣传员，照片发到微博上、朋友圈，让更多人看到我们优秀的文化。”

一道宫门，不再是两重世界。

“石渠宝笈特展”两个展期共接待观众约 17 万人次，是 2015 年中国最受瞩目的文化事件。

此后，单霁翔又提出“意见”，故宫博物院办好展览必须常态化，“不能抽风似的，今年办一个，过两年不办了”。

时光千年一瞬，故宫博物院却不再隐秘遥远。

8

“要让领导看到不好的地方，这样领导的责任心油然而生，就给我们解决很多问题。”

单霁翔这一套路，坊里流传。

故宫博物院收藏了各种奇珍异宝，比如巨大的印章，大到一个人都抬不动，但是因为太大搬运不方便，所以很少示人，连单霁翔自己都没见过。

直到有一天领导来故宫视察，工作人员把这方印搬出来了。

工作人员说："这方印印壳坏了，您跟领导汇报一下吧。"

于是，单霁翔立马火速汇报。

领导进一步询问："那为什么保管不善啊？"

单霁翔解释："因为地下库房是 20 世纪 80 年代建造的，只能设定一个温度和湿度。因此为了保护那些娇贵的字画，就先委屈其他类型的文物了，这印章就是其中之一。"

领导一下子就明白了单霁翔的言外之意："那改善这个保管条件需要多少钱啊？"

单霁翔脱口而出："4 个亿"。

紧接着就是空气中飘满尴尬。

领导没接话，不过又问了一句："那你们地下库房保管多少文物啊？"

单霁翔抓紧时间讲了讲这库房有多重要，但现实条件多艰苦，听得领导深为动容，当即拍板。

领导很快做出了批示："上对祖先，下对子孙，我们这代人要负责，要把这件事在当代做了。"

2016 年底，故宫博物院公布馆藏数量为 1862690 件（套）。

一般的博物馆，珍贵文物占总藏品的 5%—10% 已经很了不起了，但是故宫博物院的占比是 93.2%。

随着一栋栋古建筑被维修好，故宫的开放区从过去的 30%，增加到 2015 年的 60%，2017 年达到了 80%。

单霁翔希望两年以后，故宫开放区能达到 85.02%。

"文物从来不是尘封的古董，要让故宫博物院充分发挥博物馆的价值。"

9

几年前，单霁翔趁着开会前，特意跑到台下问记者："萌，是什么意思？"

大家乐了。

单霁翔担任故宫"掌门人"期间，故宫博物院通过花式卖萌吸人眼球。

印象中严肃的历史人物，雍正帝、鳌拜等集体卖萌；

幽默搞笑的崇祯帝生平故事，其实竟然是销售广告。

故宫淘宝官方微博发布《够了！朕想静静》的文章：

以极具幽默调侃的语气介绍了"一个悲伤逆流成河的运气不太好的皇帝的故事"。

一开始，原本在画像中正襟危坐的崇祯皇帝画风突变，他变成了手拿机关枪、眼神有点小邪恶的"被害妄想症"患者，搭配台词"总有刁民想害朕"。

故宫博物院还发了一组历史人物图，李清照抛媚眼比剪刀手；

康熙戴眼镜手拿玫瑰，摆出花朵、剪刀手等经典自拍姿势，完全颠覆传统观念。

故宫博物院称"我们疯了一个设计师"。

网友认为"文案策划可能也疯了"。

从此，“雍正卖萌图”被疯狂转载；

朝珠耳机等近万种文化创意产品诞生；

《胤禛美人图》《韩熙载夜宴图》《每日故宫》等 App，下载量嗖嗖直升。

网友大呼：“能有这样尽职尽责宣传中国文化的人真是好！”

面对如此爆红的故宫文化创意，单霁翔傲娇地摆摆手，“别买我们的行李牌，太漂亮了，用一次准丢”。

2016 年故宫文化创意产品销售额已超过 10 亿元，到 2017 年底，文化创意产品已经突破了一万种。

2016 年、2017 年，故宫博物院的教育活动都是 2.5 万场。

每次都爆满，孩子们穿朝珠、画龙袍、做拓片……所有这些全部免费。

故宫博物院把大量的营销收入投入到孩子们身上。

在故宫博物院，文物开始说话，越来越多的人通过文物和文化创意产品，与时间对话。

“生命中真正重要的不是你遭遇了什么，而是你记住了什么，又是如何铭记的。”

故宫博物院正在通过她的方式，悄悄地将中华文明的印章刻在孩子们的心里，这些活动一定会让孩子们成为对中华文化热爱的一代人。

“我不懂时尚，也不懂新鲜词汇，但将故宫文化数字化可千万不能落伍！”

2018 年 4 月 27 日，GMIC 北京 2018 大会——AI 产业化领军者峰会上，故宫博物院院长单霁翔做压轴演讲。

单霁翔利用先进技术筹建真正的数字博物馆，历时 3 年零 4 个月，全世界最强大的数字博物馆诞生在故宫博物院。

单霁翔立下 flag：将尽己所能，让传统文化走进百姓生活，活在当下，把一个完整的紫禁城交给下一个 600 年。

十多年前，启功先生极力推荐故宫博物院把书法家米芾的传世大作《研山铭》买回来，但嘱咐不要花太多的钱。

单霁翔心想，这有点难办，人家底价就是 3500 万元，但来回谈判后，花 2999 万元买下来了。

启功先生问：“是不是有点贵？”

单霁翔说：“北京建一公里地铁要 8 个亿，能买 20 多个《研山铭》。”

为了故宫博物院，为了中华文化，单霁翔一向很舍得，因为他明白，文化是无价之宝。

当朝霞满天的时候，当日落西山的时候，当月亮升起的时候，望着故宫，单霁翔心底就漫出一种静静守护故宫的幸福。

“我退休以后，想来故宫博物院当一名志愿者，希望面试的时候手下留情。”

多年的努力，故宫不再是高傲威严的紫禁城，而是一座富于生活气息的博物馆。

人们对故宫博物院的欢喜不仅因为这儿最著名，而是因为这儿时光千年流淌，山河璀璨如星。

（微信，最爱大北京，记者度公子，2019 年 2 月 15 日）

紫禁城里过大年

| 专访故宫博物院院长单霁翔：2019 年的故宫更好看

“IP 王”故宫又一次狠狠地收割了流量。

它推出的“紫禁城里过大年”火爆了整个春节。7 天时间里，在严格限流的情况下，50 万观众拥向故宫博物院，已经到了“一票难求”的程度。

在此之前，《上新了·故宫》《国家宝藏》第二季两档综艺节目相继热播，人们对博物馆的兴趣空前高涨。据统计，2018 年故宫博物院游览人次首次突破 1700 万，稳坐“世界上参观人数最多的博物馆”之位，基本实现“旺季不挤、淡季不淡”。

不仅如此，600 岁的紫禁城还进军彩妆界时尚圈，让人惊艳，故宫文化创意成为热潮，故宫文化也被更多年轻人“带回家”。近些年，故宫文化创意总能“脑洞大开”，从朝珠耳机到故宫日历，从帝王折扇到“御膳房”冰箱贴……借助网络营销，上市的新品成为“网红”几乎成为必然，以至于有粉丝调侃：“一入宫门深似海，从此钱包是路人。”

不只是故宫博物院，全国的博物馆都在设法绽放魅力。在“博物馆里过大年”也正成为新年俗。

2019 年 2 月 10 日，中国旅游研究院（文化和旅游部数据中心）发布的最新调查结果显示，春节期间全国范围内参观博物馆的观众比例达到 40.5%。

2019 年春节，从南方到北方，从三线城市到一线城市，从中国到外国，从线下到线上，越来越多的民众走进博物馆触摸历史、回味传统，为春节增添了浓浓的“文化味”。

2018 年年初，《中国经济周刊》曾做了《国宝“活起来”，博物馆“火起来”》的封面报道，引起良好的反响。一年过去了，我们再一次采访故宫博物院、河北博物院、山西博物院、山东博物馆、广东省博物馆、四川博物院、云南省博物馆、甘肃省博物馆、新疆维吾尔自治区博物馆等馆（院）长，论道“为一座博物馆赴一座城”。

2019 年春节故宫再一次火了！

从大年初一故宫博物院观众同比增长 42.9% 开始，春节长假 7 天的门票在长假开始前便被预订一空。

整个春节期间，故宫博物院“一票难求”。

据外地观众告诉《中国经济周刊》记者，从旅行社购买的故宫博物院门票涨到了 200 元一张，现场的黄牛票更是炒到了 400 元一张。朋友圈频现“求购故宫门票”的信息。

商务部 2 月 10 日发布的数据显示，“紫禁城里过大年”活动，节日期间共接待观众近 50 万人次。

885 件（套）年味文物，首次复原的“天灯”“万寿灯”，将整个故宫展区装点成文化展示的场所，“祈福迎祥”“祭祖行孝”“敦亲睦族”“勤政亲贤”“游艺行乐”“欢天喜地”六大主题，全面展现了中华民族历代相继的传统礼俗。“中华老字号故宫过大年展”汇聚了来自山东、北京、天津、山西等10个省（市）以及5家非物质文化遗产传承人的150家老字号，使观众体味到民间老字号与宫廷文化的悠久渊源。

从《我在故宫修文物》到《国家宝藏》《上新了·故宫》，从“故宫萌”到“故宫跑”，故宫博物院不但是中国最火的博物馆，还是当今最大的IP王之一。

故宫博物院院长单霁翔接受《中国经济周刊》记者独家专访时表示：“为了迎接紫禁城600岁的华诞，故宫博物院会全力以赴，保持赤诚之心，2019年的故宫更好看。”

平衡观众的数量和参观的质量

《中国经济周刊》：故宫博物院是世界上参观人数最多的博物馆，开放的区域也越来越大，接下来会不会有惊喜？

单霁翔：2018年12月13日故宫博物院的观众突破了1700万人次，到年底大概在1730多万人次，这个数字创了历史新高。但是故宫博物院实际上不追求观众的数量，而是要平衡观众的数量和参观的质量，以及文化遗产的安全。

以前我们365天不闭馆，2018年故宫博物院大约限流了76天，这是因为观众多了，文物、设施、环境都在超量工作，所以故宫博物院做了大量维修保养和提升工作。

而且，实施全网购票后，现在70%的观众是在家里预约，到故宫博物院来就不需要再排队买票了。

故宫博物院在逐步扩大开放区域。过去故宫只开放30%，2014年是个重要的转折，故宫开放了52%，超过了一半。2015年开放了65%，2017年开放了76%。随着故宫的开放区域不断扩大，观众人数的压力在减小。经过前后7年的努力，2018年已经基本没有观众发生踩踏的隐患了。

故宫很多此前没有开放的区域得到了开放。例如，隆宗门的打开就是一个很大的开放举措。过去隆宗门本身是一个观众的餐厅，外侧是西部区域，也就是寿康宫、慈宁宫这一片区域，过去没有开放。现在，有1/3的观众分流到了西部区域。2016年，故宫博物院打开了太和殿东西两侧的右翼门和左翼门。过去，观众参观太和殿后，都是一直往前走，这两个门打开以后，观众能够看到西面的18棵300年树龄的大槐树，即十八槐景观，南侧是故宫最古老的建筑物断虹桥。东边的箭亭广场也是生态景观，能看到过去骑马射箭的场景。

这些开放为观众提供了更大的游览区域。特别是第二次、第三次来的观众，不一定再走中间，他们会去西面看景区，东面看展馆。这样一来，改变了人们参观故宫的感受，提升了故宫博物院的参观环境，人流的压力也得到了缓解。

最可喜的是年轻观众数量增多了

《中国经济周刊》：故宫博物院现在几乎成了年轻人的“打卡圣地”，观众的年龄构成中，80后、90后成为主力军。现在故宫博物院的粉丝数量之多在全国独一无二，您对这样的变化，有什么样的感受？

单霁翔：现在是实名制，每天进多少观众，观众来自什么地区、什么年龄结构、一年进了多少次故宫博物院，每天都可以轻松地进行统计。

我们发现，第一个变化是观众参观展览的多了。过去人们进了故宫博物院，走一趟一个多小时就出去了，看景观、看原状宫殿的比较多，现在很多人进入展厅、展馆参观。

第二个变化就是重复来故宫博物院的观众多了，一旦有好的展览观众们就会来参观。在限流的情况下，观众还在持续增长，就是因为反复来的观众数量大大增加了。

第三个变化最可喜，就是年轻观众数量增多了。

过去故宫博物院给人们的印象是比较沉稳的，距离现实生活比较远。故宫博物院通过对历史资源的挖掘，和现在民众社会生活中的文化需求相联系，不断推出人们喜欢的一些主题和系列展览，用一些讲故事的方式，使人们感到这些展览跟他们的现实生活是合拍的，是有所借鉴的。

同时，故宫博物院也在举办各种文化活动，发挥故宫教育场所的功能。故宫博物院是全世界博物馆中举办面对学校的教育活动最多的博物馆。这些博物馆教育活动，使很多年轻人感受到了故宫博物院的活力、感受到传统文化对精神生活的滋养。年轻人越来越喜欢，效果越来越突出，我们的干劲也越来越足，每年做的就更多。

“游故宫走城墙吃故宫烤鸭”

《中国经济周刊》：紫禁城在2020年将迎来600岁华诞，2019年必然是一个冲刺之年，您能透露一下2019年对故宫博物院来说有什么“小目标”吗？

单霁翔：首先，故宫博物院为时18年的古建筑维修保护工程，将于2020年6月底基本收尾，一些重要的工作都要在2019年基本竣工，像观众比较注重的养心殿、大高玄殿、乾隆花园等。还有，故宫冰窖也不再是材料库房，而是作为餐厅对观众开放。原来到北京旅游有句顺口溜，“游故宫、登长城、吃烤鸭”，今后到故宫博物院就可以把这3件事儿一起办了，观众可以“参观故宫、登故宫城墙、吃故宫烤鸭”。

第二个就是“平安故宫”工程。故宫博物院安防系统的建设2019年要竣工，防震系统也在完善。观众们可能不知道，近年来，故宫博物院是一边开放一边施工，每天晚上都在加班加点运原料，往外面运土。这些工程是保证故宫博物院长治久安发展的重大工程。

还有就是文物的展出会更多。故宫博物院现在展出的文物占馆藏文物的3%左右，2019年希望通过仓储式陈列能达到8%，特别是24万块书版文物能够展示出来。虽然这样的力度会使我们要承担一些压力，但是可以让观众看到更多的文化遗产资源，也使这些文物得到更好的保护。

要以开放的态度对待文化遗产

《中国经济周刊》：故宫博物院现在是当之无愧的 IP 王，不断令人惊喜，就像一个宝藏一样。故宫文化创意总能“脑洞大开”，从朝珠耳机到故宫日历，从帝王折扇到“御膳房”冰箱贴。网友们在讨论什么才是故宫博物院的镇馆之宝，很多人也在从事这方面的开发。故宫博物院在 IP 开发方面有什么不一样的地方呢？

单霁翔：故宫博物院是世界上唯一的千万级观众的博物馆。2018 年，故宫网站访问量是 8.9 亿人次。故宫博物院通过互联网技术、数字技术、数字产品，比如 VR、虚拟现实作品等，对更多的观众开放。这种潜力是无穷的。

故宫博物院与其他博物馆不一样。其他博物馆珍贵文物可能只占 10%、20%，故宫博物院的文物藏品数量多达 186 万件，93.2% 都是国家定级的珍贵文物。所以，故宫博物院不能定位哪几件是镇馆之宝，因为珍贵文物数量太多了。故宫博物院会源源不断地进行文化创意研发，要永远保持一颗年轻的赤诚之心，才能把故宫博物院办好。

《中国经济周刊》：故宫下雪的照片，不到一个小时就可以突破 10 万点击量。2017 年北京没有下雪，但是一张故宫红月亮又创下传播纪录。这背后有什么秘密？

单霁翔：这不是秘密，是人所共知的，关键是要创新。故宫的网站每天都在更新，人们当然会不断看、不断点击，这是我们的一个公开的秘密，就是要不断把最新的消息传到人们的信息化生活中。

我们的一个核心理念是，文化遗产保护不是我们的专利，不是我们死看硬守的对象，而是全民共同的财富。对于文化遗产保护、博物馆建设，公众都有知情权、参与权、监督权和受益权。

要通过研究丰富展览内容，通过展览讲好文物藏品背后的故事，因此仅把文物放在展柜内展出是不够的，还要使人们了解这件文物的价值，使人们对文物展品感兴趣。

要以开放的态度对待文化遗产，这样文化遗产资源才能不断得到解读，不断地回到人们的生活中。这样的网站也才是人们喜欢的网站。

“有竞争才有好文化创意”

《中国经济周刊》：前一段两个团队研发的故宫口红引发关注。故宫文化创意成为“带货王”，创造了巨大的经济效益，您对此如何看待？

单霁翔：你觉得口红好吗？

记者：颜值特别高，我自己都在网上订了。

单霁翔：故宫博物院内有 3 个与文化创意产品研发有关的团队，他们各自提供多元化的文化创意产品，属于正常竞争。为什么要有口红？故宫有中国色，红墙黄瓦蓝天，这些体现了中国传统文化的色彩。我们经常给外宾讲，世界应该是绚丽多彩的，我们的口红具有中国的色彩。

目前故宫文化创意产品数量有 1 万多种，3 个团队都在组织文化创意产品研发，会有一些竞争，有团队竞争才能不断赶超，把文化创意产品的品质做好才是硬道理。

时代在进步，博物馆的文化创意也有了更多“创意”形式，和人们的生活走得越来越近。2017 年年底，故宫博物院在故宫神武门外，紫禁城的城墙根下，开了一间故宫角楼咖啡厅，为观众提供养心咖啡、康熙最爱巧克力、三千佳丽奶茶、佛手香茗、一骑红尘妃子笑——荔枝红茶等透着“宫”味儿的创意饮料。咖啡店所在的位置曾经是故宫博物院的办公用房，现在这里改造成“文创街”，让人们无须进入故宫博物院，也可以近距离享受到故宫文化，尤其是故宫博物院闭馆之后，也有机会购买到故宫文化创意产品等。故宫角楼咖啡就专门开辟了一个展区，集中展示《千里江山图》的扇子、宫藏文物为封面的笔记本、故宫日历等小件精致文化创意产品。

习近平总书记说过：“一个博物馆就是一所大学校，要把凝结着中华民族传统文化的文物保护好、管理好，同时加强研究利用，让历史说话、让文物说话。”

在国家政策和社会各界的支持下，文化创意事业迎来了大好时机和有利环境。故宫博物院的文化创意事业也摸索出了一条自己独特的发展道路，不断取得喜人成绩。从“被动”走向“主动”，从“自发”走向“自觉”，从“数量增长”走向“质量提升”。2019 年，故宫博物院会继续在传统文化的展示与活化方面下大力气，一步一个脚印地走可持续发展之路，把壮美的紫禁城完整地交给下一个 600 年。

（经济网，记者侯隽，2019 年 2 月 18 日）

紫禁城上元之夜

问：为什么在元宵节举办这样的活动？

答：正月十五上元节又叫元宵节、灯节、春灯节，是我国传统民俗节日。上元节是新一年的第一个月圆之夜，是农历春节后的第一个重要节日，也是新春庆贺的延续。

关于上元节的起源有各种说法，而这些不同的上元起源传说，都最终指向了上元节的行程要素，即灯的出现及演进、具有庆典意义的张灯活动出现、正月十五日晚进行张灯活动。中国上元节的起源传说基本上都发生在汉代，那么综合判断，上元节起源、成型于汉代当无疑义。汉代之后，历代的上元节节庆都要持续数天时间。

在中国历朝历代中，明代上元庆典持续时间最长，达10天之久。北京形成了白天为市场，晚上观灯的“市”与“灯”的结合体——灯市，以灯市为依托，上元市井文化高度发达。明代的灯品、烟火（火戏）在前代的基础上，突飞猛进。明代由宫廷和市井庆典共同构成的上元文化，是清宫上元节庆以及清代北京市井上元文化的先声。

今晚的北京城皓月高悬，彩灯万盏。不管是北方的元宵，还是南方的汤圆，都象征了团团圆圆，和睦幸福，寄托了人们对美好生活的期盼。正月十五闹元宵，在元宵佳节之际，我首先代表故宫博物院向观众朋友和各界宾朋致以最诚挚的节日问候，道一声“元宵节快乐”！

“紫禁城上元之夜”文化活动是故宫博物院建院94年来第一次在晚间免费对公众开放大型展览，也是紫禁城古建筑群第一次在晚间被较大规模点亮。通过灯光照明及灯光布景，紫禁城内的午门、太和门、太和殿、东南角楼、东华门、宁寿宫、畅音阁、东北角楼、神武门等区域霓虹闪耀，让观众可以在晚间观赏紫禁城，拉近博物馆与公众的距离，让人们更加深刻地感受故宫文化的多元魅力。

此次活动邀请劳动模范、北京榜样、快递小哥、环卫工人、解放军和武警官兵、消防队员、公安干警等各界代表以及观众朋友数千人，来到故宫观灯赏景，共贺良宵。

作为故宫博物院“紫禁城里过大年”系列展览活动的延续，“紫禁城上元之夜”文化活动的举办，目的是满足公众的文化需求、心理需求、情感需求，更好地阐释“传统节庆”这一充满团圆幸福感的话题，让新春的故宫博物院，在深沉壮美的厚重文化之外，以更加“接地气”的方式，让公众沉浸其中，感受博物馆里独特的节庆味、人情味。

问：您曾经表示“希望故宫成为中国传统文化的客厅，每个人来这里有尊严地领略传统文化的精髓”，除了农历春节之外，2019年其他的节庆，故宫博物院有哪些新的创意？

答：近年来，故宫博物院通过持续开展古建筑整体维修保护工程、稳步推进“平安故宫”工程，故宫开放面积从2002年的30%，持续扩大到2015年的65%，再到2018年的80%，新开放了南大库家具馆、3/4的城墙，越来越多的院落、展览、文物与公众“见面”。

我国的传统节日形式多样，内容丰富，像春节、端午、中秋，都是中国人最为重视的传

“紫禁城上元之夜”活动（2019 年 2 月 19 日）

统节日，也是中华民族悠久历史文化的一个组成部分。传统节日的形成过程，是一个民族或国家的历史文化长期积淀凝聚的过程，从这些流传至今的节日风俗里，可以清晰地看到古代民众社会生活的精彩画面，也是最能与普通观众产生共情的话题。

紫禁城已经走过了 599 年的岁月，在悉心保护故宫文化遗产的前提下，故宫博物院希望通过多元化的、融合高科技的展陈手段，深层次地发掘和展示优秀传统文化的深厚内涵，用人们喜闻乐见的方式普及传统文化，包括“节庆文化”，在春节、端午、中秋这样的节日期间，举办相关主题展览和游园活动，与观众的期望互动，让沉睡的文物更好地活起来。

（中央电视台，记者赵晶、褚尔嘉，2019 年 2 月 19 日）

一个“600 岁网红”的自我修养

2018 年，参观故宫博物院的观众中，30 岁以下观众占 40%，30—40 岁观众占 24%，40—50 岁观众占 17.5%，可见年轻观众，尤其是“80 后”和“90 后”，已经成为参观故宫博物院的主力。

正如单霁翔在接掌故宫博物院院长后，说得最多的一句话，期许在故宫 600 岁的生日之际兑现承诺，“把壮美的紫禁城完整地交给下一个 600 年”。

千门开锁万灯明，正月中旬动帝京。

——（唐）张祜

古时上元佳节绚丽多彩的元宵灯火会将大地点缀得五彩缤纷，造就万人空巷的热闹非凡之景；昨夜（2 月 19 日）这一盛况，被开放夜游的故宫推向高潮。

虽然立春已过，但前不久才经历过一场大雪的北京，依旧是寒风刺骨。昨天（2 月 19 日）下午 4 时许，《每日经济新闻》记者来到故宫博物院，看到神武门外早就聚集起众多热情的观众，其中不乏摄影爱好者，他们纷纷裹紧大衣，抢占有利地形。

如今的故宫博物院不仅是一家博物馆，还是一个“大 IP 王”，从纪录片到综艺节目，再到丰富多彩的文化创意产品。故宫博物院已然从“高冷”转变为“萌萌哒”，成为新一代网红后圈粉无数。故宫博物院院长单霁翔则期许在紫禁城 600 岁生日之际兑现承诺，“把壮美的紫禁城完整地交给下一个 600 年”。

现场：免费门票被黄牛党炒到 5000 元 / 张

一年一度元宵节常有，但故宫博物院开夜场搞灯光秀却是 94 年来头一次。

昨日本应坐在暖和家中的市民们坐不住了，纷纷跑到零下 1℃的室外吹寒风等待着夜晚到来。

“老张，你帮我扶下机器占个位置，我先去拿个东西。”一位摄影爱好者对着自己的同伴嘱咐道。在故宫神武门外 200 米的地方，记者看到有摄影爱好者正在架机器，上前一问，这些人正是为了故宫灯光秀的夜场而来。除了这个地方，更多的摄影爱好者聚集在了离神武门 1000 米的拐角处，那里视野更好。

那进故宫博物院拍现场不是更好？这是当然，但是前提是能拿得到票。2 月 19 日故宫博物院面向公众开放的票只有 500 张，抢票难度已超越了春运。下午六点，离故宫博物院活动开始半个小时前，记者又来到了故宫午门，在入口处，记者采访到了此次有票的观众。这位观众本该晚上七点半入场，但为了看到全程，他早早就来了。

这位观众表示：“票是我朋友帮忙抢的。我们都开玩笑说这运气都可以去买彩票了。”

此次故宫博物院“紫禁城上元之夜”活动门票本是免费发放，但是因为一票难求、想参与的人又很多，灯会黄牛票价已被炒到了上千元，最高票价达到了5000元。

在“紫禁城上元之夜”活动开始的二十分钟前，午门前并没有出现记者预想中的人山人海。现场有票的观众挺少，更多的是白天就进入故宫的滞留游客和小部分摄影爱好者。

晚上六点半，故宫午门响起了故宫博物院院长单霁翔的声音，开始了“紫禁城上元之夜”的倒计时，全场观众倒数，宣告了这场活动的正式启动。

网红养成记：故宫从“高冷”到“萌萌哒”

故宫，是北京必去的景点。数据显示，2009年，故宫博物院年度接待观众人次突破1000万，之后每年都持续增长——2012年度突破1500万，2016年突破1600万，到2018年突破1700万。

让故宫文化走出宫墙，最初靠的是新媒体运营。

早在2010年，故宫博物院就开设了官方微博，虽然当时只是发布一些活动信息、讲一些文物故事，但与网友的互动明显积极起来。

2014年8月，“故宫淘宝”微信公众号发布了一篇叫作《雍正：感觉自己萌萌哒》的文章，文中的动态图展现了“一个自信坦然，还带着一点幽默”的雍正。从此，故宫“萌萌哒”的形象深入人心。

此外，微信公众服务号“微故宫”也于2014年1月上线。

故宫博物院的微博端打着文艺风向粉丝不断输送美图、新知，时不时地还幽默一下。

微信端则以故事向为主，将那些古老的故事“转译”成趣图+可读性强的文本。

目前，“微故宫”和“故宫淘宝”的文章已是篇篇10万+。在社交媒体的助推下，故宫博物院逐渐褪下了神秘面纱，每个人都可以很方便地了解到宫里的新鲜事。

关于故宫博物院的纪录片、电影、电视剧数不胜数。但是真正让故宫博物院大火的还数《我在故宫修文物》。不同于以往的宏大叙事，《我在故宫修文物》以一种平等视角来展现文物修复师的普通生活，就是在这种日常的语境中，文物变得不再冰冷，而是与修复师有血肉的关联。

2017年底，故宫博物院还做了一档综艺《国家宝藏》，明星“国宝守护人”通过表演来讲述国宝故事，自带槽点和段子的节目引发了网友的跟风吐槽和表情包制作，成功打入了年轻人内部。

最后就是“带货”了。

在文化创意产品的开发上，故宫博物院借鉴了台北故宫博物院。2008年，故宫文化创意中心成立。2013年，台北故宫博物院推出了大受欢迎的“朕知道了”纸胶带，这让故宫博物院院长单霁翔认识到了文化创意产品的庞大市场。

2月17日，在亚布力中国企业家论坛第十九届年会上，故宫博物院院长单霁翔表示，故宫博物院的文化创意产品在前年（2017年）的销售额已达15亿元。据中国证券报统计，这样的业绩已经超过了 1500 家 A 股上市公司。

根据此前公开资料，2016 年故宫文化创意产品销售额已超过 10 亿元，到 2017 年底，文化创意产品已经突破了 1 万种。从日历、手提袋、钥匙链实体小商品，到线上的表情包、输入法皮肤，应有尽有。

去年，因为一支口红，两家故宫店铺甚至“掐”了起来。”故宫淘宝“和“故宫博物院文化创意馆”，同样挂着“故宫”牌子，前后脚推出口红，为了争夺谁是“原创”和“官方”，在微博上开始了明枪暗箭的罗生门。

“故宫淘宝”彩妆 VS“故宫文创”彩妆，虽然不是好事，但网友说，故宫文创和故宫淘宝之争，是“亲儿子”和“干儿子”的一场宫斗。这种形象的比喻与过去几年故宫博物院打造的形象十分吻合，反而让故宫口红更火了。

2 月 17 日，单霁翔提及故宫口红时表示，故宫口红大概唯一的缺点就是买不着。“我们加快生产，90 多万套卖出去，还是供不应求。其实我们同时还出了故宫面膜，但是卖得不好。后来我才知道，面膜是在家里晚上贴的，别人看不到，但口红可以在大庭广众之下来抹，多有身份！”

能卖萌、能斗图、能带货……近年来，故宫这座 599 岁（1420 年建成）的老建筑，正在以萌萌的形象，以及越来越开放的姿态受到大众的欢迎。

幕后推手：“段子手”单霁翔

从高冷气质的女神到“萌萌哒”网红，故宫博物院走出宫墙，成为“超级 IP 王”——用丰富的综艺节目造势、用脑洞大开的文化创意产品圈粉、用话题收割流量。

这些都离不开其背后的掌舵人——单霁翔。

2 月 19 日故宫博物院院长单霁翔向“紫禁城上元之夜”来宾现场讲解。

今年 65 岁的单霁翔，从 2012 年初担任故宫博物院院长至今已有 7 年时间，他是自 1925 年故宫博物院成立之后的第六任院长。在此之前，单霁翔曾是国家文物局局长、党组书记，并在西北大学文化遗产学院担任兼职教授、博士生导师，是中国艺术研究院研究员、博士生导帅。

文化官员出身、学识渊博的单霁翔，其实还是个言辞幽默的“段子手”。

“要庆祝我们《成都商报》的 20 岁生日，这 20 年是辉煌的 20 年，这个喜庆的日子里，我们讲紫禁城 600 年显得不太厚道。”2013 年，彼时上任 1 年的单霁翔，在受邀参加“我看未来 20 年大型公益演讲”时，一上来就拿 20 年和 600 岁小做文章，惹来台下笑声一片。

不仅如此，单霁翔还能把一些外国政要参观故宫发生的趣事讲得活灵活现，好似有趣的段子。“（法国前总统）奥朗德总统带着女朋友来（故宫）的时候，我们分析他们两个头一晚肯定吵架了，因为进了故宫博物院，两个人谁都不理谁……送给她披肩后，她才第一次露出了灿烂的笑容。”

细微之处无不体现着单霁翔为了让中国文化走出去而拼尽的全力。

“我的职责是看好故宫。博物馆把每一位观众称作尊贵的客人，但是对于故宫博物院来说，公众才是主人。”单霁翔自称为故宫的“看门人”。

为了服务好公众，他走遍了故宫9000多间房屋，这一走就走了5个月，穿破20多双布鞋。

经过深入了解，单霁翔认识到，“长期以来，我们说起自己的博物馆，往往说了很多世界之最……现在我们反思这些真是最重要的吗？……真正最重要的是你的文化资源究竟给人们带来了什么。”

所以，“我们需要改变，不能再躺在这些‘世界之最’上了。过去，我们把文化遗存视为过去的东西，仅仅是被研究的东西。它们应该是有生命历程的，它们应该‘活在当下’。它们不但有灿烂的过去，还应该有有尊严的现在，还应该健康地走向未来。”单霁翔曾公开表示。

如何吸引年轻人，并成为他们的“打卡圣地”？

“过去故宫给人们的印象是比较沉稳的，距离现实生活比较远。故宫博物院通过对历史资源的挖掘，和现在民众社会生活中的文化需求相联系，不断推出人们喜欢的一些主题和系列展览，用一些讲故事的方式，使人们感到这些展览与他们的现实生活是合拍的，是有所借鉴的。”单霁翔在接受《中国经济周刊》采访时坦言道。

“同时，我们也在举办各种活动，发挥故宫教育场所的功能。故宫博物院是全世界博物馆举办面对学校的教育活动最多的博物馆。这些教育活动，使很多年轻人感受到了故宫博物院的活力、故宫传统文化对精神生活的滋养。年轻人越来越喜欢故宫博物院，效果越来越突出，故宫博物院的干劲也越来越足，每年做的就更多。”

2018年，参观故宫博物院的观众中，30岁以下观众占40%，30—40岁观众占24%，40—50岁观众占17.5%，可见年轻观众，尤其是“80后”和“90后”，已经成为参观故宫博物院的主力。

正如单霁翔在接掌故宫博物院院长后，说得最多的一句话，期许在紫禁城600岁的生日之际兑现承诺，“把壮美的紫禁城完整地交给下一个600年”。

（每日经济新闻网，记者王嘉琦、杜蔚、张玉路，2019年2月20日）

“上元之夜”元宵灯会点亮紫禁城

看，《清明上河图》《千里江山图》映在宫殿屋顶；听，畅音阁古戏楼重新回荡起雅韵清音；猜，宫殿红墙映上古典灯谜。昨晚，故宫“紫禁城上元之夜”元宵节文化活动正式上演。这是故宫博物院建院94年来第一次在晚间免费对公众开放，也是紫禁城古建筑群第一次在晚间被较大规模点亮。

记者了解到，此次活动通过设定不同的灯光强度，产生光影对比，避免因照明对古建筑产生损害，达到“见光不见灯”的布光效果。未来，故宫博物院或考虑在文华殿举办夜赏海棠等夜场文化活动。

北海、玉渊潭等多家市属公园昨日开展了猜灯谜、花灯制作等民俗活动，截至14时，市属11家公园及中国园林博物馆共计接待游客15万人次。此外，永定门、德胜门城楼等地在晚间举办灯光秀，与市民共度元宵佳节。

现场

人在画中游，“看到另一个故宫”。

昨晚，紫禁城内的午门、太和门、太和殿、东南角楼、东华门、东北角楼、神武门等区域霓虹闪耀，观众首次在晚间游览紫禁城。

18时30分，故宫博物院院长单霁翔在午门前与观众一起倒计时。随后，午门和东西雁翅楼光芒四射，“紫禁城上元之夜”正式启幕。

自午门入场后，观众先看到的是点亮后的太和门广场，随后由午门西马道登午门城楼，参观“紫禁城里过大年”展。

结束午门展厅参观后，观众沿着红灯笼点缀的城墙步行至东南角楼，观看虚拟现实影片《角楼》，再沿城墙行至东华门城楼，参观“营造之道——紫禁城建筑艺术展”。走过近千米长的布满红灯笼的故宫东城墙时，观众可以看到临近城墙西侧的部分古建筑也被点亮，紫禁城一片璀璨。

“有灯无月不娱人，有月无灯不算春。春到人间人似玉，灯烧月下月如银。”在神武门区域，红墙上还打出了古诗，烘托元宵节气氛。

上元之夜不仅有现代灯光秀，还有很多传统元素。在东南角楼和东北角楼附近，《清明上河图》和《千里江山图》分别通过艺术灯光投映在屋顶上，配合现场播放的古典音乐，令游客产生“人在画中游”的感觉，梦回古代。

离开神武门城楼后，观众还可以光顾神武门外东、西两侧的角楼餐厅和角楼咖啡厅，结束游览。

值得一提的是，活动还带来了两场特殊的音乐和戏曲表演。在午门东雁翅楼中，中央民族乐团琵琶演奏家赵聪及其团队进行了精彩演奏。当观众走在东城墙上，远眺畅音阁戏楼，能看到戏曲演员在畅音阁表演。

“最美退役军人”“北京榜样”、北京大学研究生宋玺当晚受邀参观元宵灯会，从灯光照耀的午门广场走进故宫，宋玺直言“震撼”。

与宋玺同来的还有“北京榜样”、中国墨子协会副会长廖理纯。廖理纯说，这次夜场的灯光秀场面非常宏大，灯光与古建筑的融合也能看出经过了精心设计，令人眼前一亮。“白天来故宫，看到的是红墙黄瓦，这次通过灯光营造出不同的造型和色彩，感觉是另外一个故宫。”

近年来，廖理纯经常看到故宫博物院的新举措，“老百姓还是很热爱故宫的，这种在保护文物安全的基础之上采取的开放措施，希望以后还会有。”廖理纯说。

释疑

灯会“见光不见灯”，不伤及古建筑。

大范围的灯光照明，是否会对古建筑安全产生威胁？记者从故宫博物院获悉，“紫禁城上元之夜”的照明设计将高科技与文物保护有机融合，在方案制订阶段，就考虑到避免因照明对古建筑产生损害。通过设定不同的灯光强度，产生光影对比，使其在夜间自然产生立体感，达到“见光不见灯”的布光效果，使照明融入建筑，让观众更充分感受到紫禁城的夜间风采。

整个活动中，太和门建筑主体及汉白玉台阶为主要投影目标，用 55000 流明的激光电影放映机，通过激光投影技术，实现精准对位，让数字画面跃然于故宫古建筑之上。

故宫博物院院长单霁翔表示，紫禁城已经走过了近 600 年岁月，在保护故宫文化遗产的前提下，故宫博物院希望能够通过展览等方式，多层次地展示优秀传统文化的深厚内涵，用人们喜闻乐见的方式展示和解读传统文化。

近年来，故宫博物院通过持续开展古建筑整体维修保护工程、稳步推进“平安故宫”工程，故宫开放面积从 2012 年的 48% 扩大到 2015 年的 65%，再到 2018 年的 80%，越来越多的院落、展览、文物向公众开放。此次晚间活动，也是故宫扩大开放的又一次尝试。

对话

单霁翔：未来或能在文华殿夜赏海棠。

昨晚，故宫“紫禁城上元之夜”元宵节文化活动正式上演。这是故宫博物院建院 94 年来第一次在晚间免费对公众开放，引发持续关注和抢票热潮，两天活动预约票“秒光”，还导致故宫票务网站“瘫痪”。故宫博物院院长单霁翔当晚在回应元宵灯会抢票难时表示“我也没想到，已尽最大可能”，同时他透露故宫将持续扩大开放，未来计划今年年底之前展出文物达到 8%。

新京报：有没有想到这次灯会活动会“一票难求”？

单霁翔：这次活动受到公众广泛关注，但没有办法延长时间，因为当前时令有时间限制，同时故宫博物院工作人员太辛苦，白天坚守岗位，晚上还要加班。此次活动是在 12 天内筹备完毕的，比较匆忙。

我没有预料到会这么火爆。两晚的活动，尽最大可能提供门票供观众预约，但与实际需求相差太远。原本以为春节过后大家都很累了，需要在家休息，没想到还有这么多人愿意出来游览。正月十四，我们彩排，我晚上 11 点多去午门和神武门广场看，还有几百个摄影爱好者在拍摄，他们看到我，就要和我合影。完全没有预料到，这次活动给大家带来这么多新鲜期待的感受。

新京报：未来故宫还会不会继续举办夜场活动？

单霁翔：此次活动结束后将进行全面评估，研究如何能够举办得更好、哪些地方还可以继续点亮，争取结合二十四节气中的重要节气，以及中秋、端午、重阳等时节，在保护古建筑、文物和观众安全的前提下推出一些活动，但不一定都要走城墙，可能还有其他的区域。还有比如春暖花开的时候，文华殿前有一片很美的海棠，我们在策划是不是要搞一些文化活动。

新京报：观众的参观热情持续上涨，未来如何应对越来越多的观众？

单霁翔：未来，一方面将持续扩大开放，继续开放新的区域；另一方面，我们将让沉睡在库房里的文物活起来。去年，故宫博物院展出的文物已经达到所有馆藏文物的 3%，计划今年年底之前通过实施书版、古建筑构件等仓储式展示，展出文物达到 8%。

新京报：今年“紫禁城里过大年”展览在春节“走红”，目前展览情况如何？

单霁翔：过大年活动受欢迎的程度超出我们的预期，展览期间，观众数量较往年同比增长七成。

而且我们欣喜地发现了六个改变。一是现在来故宫看展览的观众增加了，故宫的博物馆属性正在增强；二是多次进宫的观众增多了；三是北京本地观众大大增多，很多老北京人几十年都没进过故宫博物院，现在也来了；四是年轻人占比增加；五是观众参观停留时间更长了；六是故宫博物院观众参与活动的目的更加多样化，看展览、看景观、拍照、买文化创意产品等。

明年过年，我们布置的过年装置还要数倍增加，空间也要继续扩大。

（《新京报》第 A06 版，记者倪伟、周依、李玉坤、戴轩、沙雪良，2019 年 2 月 20 日）

让紫禁城焕发出青春活力和时代风采

问：故宫博物院这些年在文化创意领域取得了可喜的成绩，尤其是2019年开端，接连三项在紫禁城深厚文化底蕴基础上开展的传统年活动大受欢迎，请给观众谈一谈这个创意的初衷。

答：2019年己亥年春节期间，故宫博物院共举办了三项新春活动：

一是2018年腊月二十三开展的“贺岁迎祥——紫禁城里过大年”展览，在社会上引发公众的观展热潮，故宫博物院参观人数同比增长超过70%。这项展览是故宫博物院过大年系列展陈活动的核心部分，是全体故宫人历时一年倾力推出的一次年度大展，在展场面积、展品数量、展示手段等方面创造了多项故宫博物院历史之最。

二是农历小年至正月初六的“中华老字号故宫过大年展”，来自山东、北京、天津、山西、吉林、上海、江苏、浙江、安徽、河南10个省（市），以及5家非物质文化遗产传承人，共计150家单位参加此次活动。展览地点位于慈宁宫花园、慈宁门外广场以及隆宗门外广场。展示内容涵盖了文房用具、生活用品、特色美食、保健食品、糖果、茶叶、酒类、丝织品、服饰、首饰、玉器、文化创意类工艺品、非物质文化遗产工艺品等10余类别。

三是元宵节期间，由北京市委宣传部和故宫博物院联合举办的“紫禁城上元之夜”文化活动。有2500名驻华使节、劳动模范、北京榜样、快递小哥、环卫工人、解放军和武警官兵、消防指战员、公安干警等各界代表受邀参观，同时接待网上预约的观众3500人。

几项展览活动都是免费对观众开放，都是故宫博物院“紫禁城里过大年”系列展览活动的内容，目的是满足公众的文化需求、心理需求、情感需求，更好地阐释“传统节庆”这一充满团圆幸福感的话题，让新春的故宫博物院，在深沉壮美的厚重文化之外，以更加“接地气”的方式，让公众沉浸其中，感受博物馆里独特的节庆味、人情味。

新年以来，“故宫人”放弃节假日休息，在保证日常安全开放的同时，为丰富节日文化生活，在春节期间给广大观众奉上了“贺岁迎祥——紫禁城里过大年展”“中华老字号故宫过大年展”“紫禁城上元之夜”等精彩展陈。为了给社会各界一个热闹、祥和、安全的故宫特色元宵之夜，举办好“紫禁城上元之夜”文化活动，“故宫人”白天正常上班，夜里加班加点，期待“紫禁城上元之夜”文化活动，使历史悠久、恢弘壮丽的紫禁城焕发出青春活力和时代风采。

问：说到故宫的文化创意，如今不论是文化衍生产品还是活动，似乎都很快能成。有没有可借鉴参考的经验？

答：截止到2018年12月，故宫文化创意产品研发数量11936件（套），获得相关领域奖项数十种，形成了多元化的故宫文化创意产品系列。顺应“互联网+”的趋势，故宫博物院尝试了各式各样的“文化+”，例如“文化+创意”“文化+传媒”等。通过不断地进行跨界融合、开放创新，让古老的故宫文化与日新月异的现代科技和传播方式“碰撞”出越来越多的公众喜闻乐见的文化成果。《国家宝藏》创新连接了电视综艺、博物馆和社会公众，它为博物馆开创了藏品阐释与展示的新方法，吸引了新观众。《上新了·故宫》一经播出就引发了社会公众追捧，不仅收视率持续破 1，位列同时段综艺节目第一名，而且互联网热度值也居高不下。

在国家政策和社会各界的支持下，文化创意事业迎来了大好时机和有利环境，但是文化创意事业从纸面走向现实，从计划变成成绩，需要一步一个脚印地去探索和落实。需要我们更加稳健地理清思路，辨别自身所处的环境和发展方向；认清自身拥有的文化资源，掌握必要的知识和理论；不忘初心，秉持为人民服务的立场，保护好原创者的权益和积极性，做好商标注册和监测，也自觉做到尊重他人知识产权，而对侵权严重、影响较大的则主动开展诉讼维权，依法保护自身权益。将这项利国利民的事业做好，传承传统、传播文化，为增强国家文化软实力贡献力量。对待文化创意事业，也需要我们像维护文物、维修古建筑、研究历史一样，发扬“工匠精神”，耐心地开展工作，认真地加以落实。还要做好自身合法权益的保护，保护创造和原创激情与动力。

问：明年是紫禁城建成 600 周年，故宫博物院的发展前景是什么？

答：2019 年故宫博物院将继续在传统文化的展示与活化方面下大力气，融合先进的文物保护理念与科技手段，对优秀传统文化价值进行系统的发掘与梳理，对内以喜闻乐见的文化展示内容和舒适的开放接待环境服务社会公众，对外以文明古国的姿态和文化复兴的重任沟通各国，举办国际论坛，展示改革开放四十周年来取得的伟大成就。持续在新时代挖掘故宫博物院的文化传播的潜力，加大释放力度，创造新价值，讲好中国故事，做名副其实的“中华文化客厅”。

2020 年，紫禁城就要过 600 岁生日，故宫博物院的目标是全面提升管理和服务水平，迈进世界一流博物馆行列。故宫博物院的事业是永远的事业，必须一步一个脚印地走可持续发展之路，这样我们才能把壮美的紫禁城完整地交给下一个 600 年。

（北京电视台《首都新闻报道》，记者国培源，2019 年 2 月 20 日）

单霁翔：紫禁城里的年味

2月5日，己亥年正月初一。清晨，刺骨冷风中，紫禁城的宫门缓缓打开，第十、十一、十二届全国政协委员，故宫博物院院长单霁翔已凝神伫立在午门旁，迎接新年的第一批访客。

这是单霁翔在故宫博物院度过的第八个大年初一。自打2012年初接掌故宫博物院以来，他每个春节都坚守在红墙内，见证着人们和传统文明在熙攘喧嚣中的亲密团圆。

自年前“紫禁城里过大年”的“邀请”发出，“进宫过年”一时间成了时尚，整个春节假期故宫博物院火爆到了“一票难求”的程度。与往年不同，今年整个紫禁城开放区域都被布置为春节文化展场，包括文物展览、实景体验、数字沉浸、文化创意展示等多个部分。除了在午门上举办了有史以来最大规模的展览以外，这次故宫博物院还把宫内各个庭院都按过去春节的习俗进行了装点。在乾清宫和皇极殿廊庑下挂起了宫灯，在乾清宫前丹陛上下竖立起“天灯”和“万寿灯”各一对。

单霁翔告诉记者，竖“天灯”和“万寿灯”是清代中期故宫春节期间最盛大的活动，至今消失近200年，相关文物早已散佚。为了让历史中消失的场景尽可能还原，故宫博物院的能工巧匠通过广泛查阅文献，首次复原了它们当年的模样，重现出康乾盛世的过年景象。

辞旧与迎新，于深宫或民间，都是同一种文化的不同表现。“紫禁城里过大年”这一创意在单霁翔脑海中酝酿已久，此次展览策划更是历时一年。

“能在宫里过年，无疑是感受年节文化最直接的方式。”动作那么大，单霁翔就是想传达一个信息：“春节不仅是吃吃喝喝、挂挂红灯笼而已。”他想让公众在紫禁城中感受浓郁年味儿的同时，再体验一下博物馆的文化气息、精彩创意和人文关怀。

（《人民政协报》第10版，记者王慧峰，2019年3月3日）

迎接故宫 600 岁
单霁翔公布两年内重磅展览计划

3 月 4 日，故宫博物院院长单霁翔公布 2019 年、2020 年的展览情况、工作计划。为迎接紫禁城 600 岁诞辰，数十项重磅展览将在遍布故宫博物院各处的展厅内进行展出，包括午门正殿及东西雁翅楼、文华殿、武英殿、东西六宫、神武门等处。

单霁翔院长介绍，故宫博物院展出文物比例两年内将远远突破目前的 2%，有望在年内达到 8%，明年达到 12%，并进一步向 30% 的目标迈进。同时，位于故宫西华门内的中国第一历史档案馆等单位也将于 2020 年搬出紫禁城。未来故宫的开放面积也将突破 80%。

中国第一历史档案馆位于北京故宫博物院西华门内北侧，是专门保存明清两代中央国家机关档案及皇室档案的国家级档案馆，收藏有明清两代中央机关和少数地方机关档案。

重磅展览推荐：2019 年 11 月“洪武、永乐、宣德瓷器大展”。2020 年 5 月“《韩熙载夜宴图》——历代人物画作品展”。2020 年 9 月“《清明上河图》与历代风俗画”展。2020 年延禧宫改造成外国文物馆。2020 年 9 月向公众开放奉先殿，恢复原状及供奉明清帝后的场景。2020 年 10 月养心殿研究性保护竣工并开放。

（新京报网・综合，记者浦峰，2019 年 3 月 4 日）

大数据显示越来越多年轻人爱上故宫博物院

问：目前故宫博物院观众的年龄结构、时间分配、参观区域有什么新的变化？

答：2018 年以来，故宫博物院的观众参观情况出现了几个新的变化。

一是年接待观众数量首次突破 1700 万，创造了新的历史纪录。自 2009 年，故宫博物院年度接待观众人次首次突破 1000 万，之后每年参观人数都以百万计持续增长，2012 年度突破 1500 万，2016 年突破 1600 万，到今年首次突破 1700 万，达到 1754 万，不断刷新年度参观人数的纪录。故宫博物院当之无愧是世界上参观人数最多的博物馆。

二是年轻观众越来越多了。2018 年的观众中，30 岁以下观众占 40%，30—40 岁观众占 24%，40—50 岁观众占 17.5%，可见年轻观众，尤其是“80 后”和“90 后”，已经成为参观故宫博物院的“主力”，“00 后”也紧跟其后。这些数据证明了故宫博物院正在吸引越来越多年轻人的目光。

三是刚刚过去的 1—2 月份，本来是观众参观的淡季，由于“贺岁迎祥——紫禁城里过大年”系列展览的举办，故宫博物院参观人数同比增加了 50% 以上，尤其是前来参观的北京市民大幅增长。除夕当天，大年初一至初六的门票便已售罄，2 月 11 日闭馆，2 月 12 日即初八的门票也提前两天售罄。大家纷纷到“紫禁城里过大年”，感受具有文化内涵和博物馆氛围的新年俗。

四是观众参观时长明显增加。以前很多观众跟着导游的小旗，1 个多小时就从午门走到了神武门，甚至没有进展厅就走了出去。现在故宫博物院各个展厅、各个院落里的展览每天都迎来络绎不绝的观众，观众密集时甚至需要排队，大家看展览越来越细致，在故宫博物院流连的时间也越来越长。

五是观众参观的区域分布上也出现新的变化，不再集中于“中轴线”附近，更多新开放区域得到了观众青睐。同时钟表馆、珍宝馆等常设专馆参观人数不断增长，2018 年的参观人数达 524 万人次，比 2013 年翻了一番，外西路慈宁宫区域也分流了 30% 左右的观众，新的展览，例如家具馆和开放区域，例如紫禁城城墙每天都吸引着大量观众参观。

六是淡季观众参观人数不断增长，实现“旺季不挤、淡季不淡”。2018 年故宫博物院全年实行每日限流 8 万措施共 76 天，创造了新的纪录。同时故宫博物院在每年 11 月至来年 3 月的淡季举办多项重要展览、扩大宣传、实行免费开放日措施等，使得参观人数不断上升，比实行限流措施前增幅超过 20%。实现了“削峰填谷”的预期效果，观众参观环境也得到显著提升。

自 2012 年 1 月起，至 2018 年 6 月 22 日，故宫博物院累计接待观众达到 1 亿人次。近年来，故宫博物院通过持续开展古建筑整体维修保护工程、稳步推进“平安故宫”工程，故宫开放面积从 2002 年的 30%，持续扩大到 2015 年的 65%，再到 2018 年的 80%，新开放了南大库家具馆、3/4 的城墙，越来越多的院落、展览、文物与公众“见面”。故宫博物院内展览百花齐放，实体展览、虚拟展览亮点纷呈，不仅在学术界具有影响力，特别是在观众中不断形成观展热潮，引发社会公众的广泛关注。

问：在故宫博物院举办的中小学生教育活动也在增加吗？

答：2018 年接待中小学学生 52 万人次，开展丰富多彩的教育活动。例如每周二免费接待中小学生预约团体 159 批，每周三至周五免费接待预约综合实践课程的中小学生团体 207 批。2018 年共组织开展各类教育活动 2372 场，较 2017 年执行的 919 场，增长了 158.1%，具体包括院内组织执行教育活动 1492 场、院外组织执行活动 183 场、馆校合作教育项目 697 场。这些数字都表明故宫博物院已经成为中小学生开展教育活动的理想园地。

问：故宫文化创意产品是如何深受年轻人喜爱的？

答：故宫文化创意产品面对故宫博物院的广大观众群体，因此要针对不同观众群体开展研发。但是，故宫文化创意产品在研发过程中坚持故宫文化的元素性、故事性、传承性、艺术性、知识性、时尚性、实用性这七要素。我们希望在故宫博物院里，各类观众群体都可以找到他们喜爱的文化创意产品。通过近些年的营销情况来看，故宫文化创意产品的购买人群还是以年轻人占多数。

故宫博物院研发文化创意产品的初衷是“把故宫文化带回家”，为了实现这一目标，就要求在文化创意产品的研发阶段要研究人们的生活，研究人们在日常生活中需要什么样的文化内容，研究哪些文化创意产品能融入他们的生活。要求研发人员要做到“三懂”，即懂文物、懂艺术、懂时尚。因此，故宫博物院目前的文化创意产品都可以融入人们的生活，设计都具有一定的功能性，文化与功能的结合可以让大众通过使用文化创意产品，起到了解历史文化的作用，从而达到传播故宫文化的目的。例如故宫胶带，就深受年轻人的喜爱，价格不贵，而且带有故宫文化元素的图案，能把传统文化美的一面充分加以体现。这些文化创意产品都很接地气，作为文化的载体，在为观众做好服务的同时，更可以达到传播中华传统文化的目的。

问：故宫博物院推出的一些文化衍生品，例如纪录片等，是否也吸引了不少年轻人的目光？

答：纪录片《我在故宫修文物》在年轻人中影响很大，不少同学说就是看了这部影片才决定报考故宫博物院入职。2018 年国际博物馆日的主题是“超级连接的博物馆：新方法、新公众”。《国家宝藏》综艺节目就是一个超级连接，因为它连接了博物馆、电视综艺和社会公众，为博物馆开创了藏品阐释与展示的新方法，吸引了新观众，特别是年轻观众，更增强了博物馆与广大民众，特别是青年人彼此之间的联系。另一档综艺节目《上新了·故宫》一经播出就引发了公众追捧，不仅收视率持续保持高位，位列同时段综艺节目第一名，而且互联网热度值也居高不下，公众好评如潮。这一节目以崭新的视角，年轻的表达，解读故宫、解析历史的方式，强调体验感、真实感，更贴近受众尤其是年轻人，不仅带给广大观众一次诗与远方的文化之旅，更是一场文化探险的有趣体验。

问：越来越多的年轻人了解和喜爱故宫博物院，是否出现了招聘盛况？

答：2018 年 12 月 7 日至 12 月 30 日，通过故宫博物院网站、中华英才网等网站，以及微信平台发布招聘信息。在此期间，在北京师范大学、北京工业大学举办了2场校园宣讲会。截至2018年12月30日，故宫博物院共收到毕业生简历共计17873份。2019年1月1日至1月13日，按照上报的岗位对接方案，筛选简历。2019年1月14日至1月16日，对进入范围的人员进行信息确认，共988人；通知进入笔试人员707人。2019年1月19日，组织入职笔试，实际考试人员共计588人。2019年2月18日至今，正在组织面试，目前已经完成了12场面试。由此可以看出，故宫博物院在青年学生中具有较高的影响力。

问：今年年初故宫博物院一系列展览和活动引起社会各界关注，请谈谈有关情况。

答：首先是1月7日开幕的“贺岁迎祥——紫禁城里过大年”展览，在故宫午门展出以来，引发观众的参观热潮，每天有超过2万名，多达4万名观众前来参观。这是故宫博物院过大年系列展陈活动的核心部分，是全体故宫人历时一年倾力推出的一次年度大展，在展场面积、展品数量、展示手段等方面创造了多项故宫博物院历史之最。

在室外展场，乾清宫前丹陛上下竖立起壮丽的天灯和万寿灯，成为广受瞩目的景观。在乾清宫东庑，“宫里过大年”数字沉浸体验展，围绕紫禁城丰厚的年节文化，以数字技术、虚拟影像、动作捕捉等科技手段，让观众沉浸其中，获得“过大年”的全息视境创新体验。除此之外，故宫的开放区域全部按照清宫旧俗复原的年节装饰，一道道宫门张贴着年画和春联，长长的廊庑悬挂着各色宫灯，使观众只要走进紫禁城，就能感受到浓浓的年味儿。

为了让传统的节庆文化鲜活起来，给观众带来节日的文化享受，举办了“中华老字号故宫过大年展”，来自10个省（市），共计150家单位参加此次活动，将故宫博物院和中华老字号企业双方共有的厚重的文化底蕴、追求完美的工匠精神相结合，这些老字号产品的到来，为紫禁城即将到来的600年华诞增光添彩，还让观众们在故宫博物院全方位体会到浓浓的新春气息。

2月14日，2019年北京的第二场春雪，被观众称为“让故宫变回了紫禁城”。当日故宫博物院内延续了春节长假期间“一票难求”的爆满势头，今年是故宫博物院首次在淡季达到参观人数极限，从正月初一到初十，8万张门票天天售罄也实属首次。以去年春节为例进行比较的话，2018年大年初一参观人数为58991人，后几天才均达到8万人的上限，春节假期没过观众数量就降了下来。

“紫禁城上元之夜”文化活动实属突发事件。2019年春节前夕，故宫博物院接到了北京市“望故宫博物院根据北京市统一安排，举办灯会活动，点亮中轴线”的通知。当时，各设计和施工单位已经放假，既没有经费，也没有施工人员，故宫博物院在做好春节期间每日8万观众参观安全工作的基础上，克服重重困难，紧锣密鼓地行动起来。从正月初三开始联系赞助单位，进行方案设计，从正月初七春节假期结束开始施工，前后12天时间艰苦努力，于正月十四按计划进行了彩排，并于2019年2月19日（正月十五）和20日（正月十六），与北京市委宣传部联合举办了“紫禁城上元之夜”文化活动。

“紫禁城上元之夜”文化活动中，邀请了劳动模范、北京榜样、快递小哥、环卫工人、驻华使节、解放军和武警官兵、公安干警、消防人员等各界代表，以及网络预约成功的社会公众观灯赏景，共贺良宵。“紫禁城上元之夜”文化活动开创了两个“首次”，即紫禁城古建筑群首次在晚间被较大规模点亮，故宫博物院首次在晚间免费对预约公众开放。此外，在常规邀请50余家中央、北京和部分地方媒体进行宣传报道的同时，第一次大规模邀请新媒体，以及87家境外媒体进行采访报道。中央电视台、人民网、凤凰卫视等10余家媒体进行现场直播，让未能如愿参观的社会公众通过线上方式观赏盛况。

“紫禁城上元之夜”文化活动取得了圆满成功，在活动中没有发生任何影响观众和文物安全的事故。境内媒体给予了前所未有的报道，仅平面媒体几天内就产生媒体原创报道500余篇。

境外媒体同样给予积极的报道。例如美国有线电视新闻网于2019年2月19日以“北京紫禁城九十四年来首次夜间开放”为题报道：“这一活动在社交媒体上引起了轰动。作为在中国电视剧和小说中无数次出现的文化符号，夜间参观故宫的消息让一些狂热的粉丝们发挥了他们的想象力。”日本广播协会于2019年2月20日以“北京紫禁城夜间开放”为题报道：“22岁的大学生说：‘灯光很漂亮。博物馆通常很吵，但它在晚上很优雅也很安静。’此处在明清时期曾是一座宫殿，现在拥有100多万件文物，每年吸引1700多万游客。”新加坡《联合早报》于2019年2月21日以“600岁故宫保鲜之计”为题报道：“故宫的这个新尝试还是值得肯定，而且对于600岁故宫的保鲜很有必要。”“与其原封不动地宁可孤芳自赏也要历史保持原汁原味，不如重新包装历史让更多人能触摸和喜爱历史。”马来西亚《诗华日报》于2019年2月19日以“故宫解禁灯光秀闹元宵”为题报道：“五颜六色的灯光，让古建筑群的紫禁城更具现代感，光是点灯测试就吸引不少摄影爱好者抢位拍摄。城墙上由多个红灯笼串起一条红龙，把几个展馆连在一起，其红彤彤的灯火照耀着故宫每个角落，正如人在宫墙上走，如在画中游。”香港《文汇报》于2019年2月20日以“元宵夜‘灯’上紫禁之巅”为题报道：“这场灯光大秀让观众大呼‘过瘾！’，现场绚丽灯光的照片红遍网络。没预约到票的网友激烈表示‘超级羡慕！’，外地网友则纷纷哀叹‘可惜人不在北京’。”

故宫博物院的一系列活动，从走心到入心再到同心，因势利导，增强年轻人对传统文化的深刻认同。

（新华社，记者唐虹，2019年3月7日）

故宫博物院的事业是永远的事业

问：在过往多次的两会上，您围绕故宫的保护与发展提交了上百件提案，包括建议来访故宫来宾车辆，不再穿行故宫开放区域等，都得到了社会各界的支持并得以落实。但同时这些年来，在文物保护、古建筑修缮工程中，您认为又曾遇到过哪些难题？如何评价及看待这几年间，故宫就文物保护、环境整治等方面迎来的变化？

答：近年来，故宫博物院通过持续开展古建筑整体维修保护工程、稳步推进“平安故宫”工程，持续扩大开放区域，进行环境整治、展陈提升、限流分流等措施，克服了一是开放面积不够大，二是展出文物比例不够多，三是观众参观人数逐年增加这三项问题。

2002 年，故宫博物院开始古建筑整体保护修缮的时候，故宫的开放面积只占 30%；到 2015 年故宫博物院建院 90 周年，故宫开放面积已达 65%；2018 年达到 80%；2025 年，故宫博物院将迎来百年院庆，开放空间有望达到 85%。

故宫更多空间的开放实际上是管理观念的解放，要尊重广大民众对于文物保护的知情权、参与权、监督权和受益权，让大家来关心故宫的空间、环境。为此，近几年故宫在各方面做出了很多提升：建立了更新更强大的安防系统，确保“平安故宫”；全面拆除彩钢房和其他临时建筑、拆除上千米长的铁栏杆、恢复传统砖石地面、更新井盖、放置宫灯、广植花木，为观众提供整洁美观的参观环境；在服务管理上也加大改革力度，全网购票、每日限流、大量增设座椅、优化男女公厕比例、推动设立母婴室，为公众提供更加完善的服务，一步步向“不排队的博物馆”迈进。

以前，故宫 186 万件馆藏文物中，展出藏品不到 2%，与一些世界知名博物馆相比还有一定差距。但藏品中珍贵文物超过 90%，几乎件件珍贵，几乎没有一家博物馆可与之媲美。现在，故宫博物院正在努力，清理环境、举办特展、迁址办公、筹建新馆舍等，把越来越多的珍宝“请”出库房、“移驾”展厅供观众观赏。宫中大门越开越宽敞。人们改变了以前“有宫却不见宝”的印象，为故宫博物院丰富的文物赞叹不已。

我们刚刚向社会公布了 2019 年、2020 年展览计划，一是在午门、武英殿、文华殿形成的“金三角”，两年内将举办近 20 项新展览，包括“万紫千红——中国古代花木文物特展”“洪武、永乐、宣德瓷器大展”“韩熙载夜宴图——历代人物画作品展”“《清明上河图》与历代风俗画”展等。二是“我有他无”，在中轴线一字排开进行原状展览，包括奉先殿将恢复原状及供奉明清帝后的场景，养心殿原状展览，毓庆宫皇太子宫等。三是紫禁城内的全部四个花园包括御花园、慈宁宫花园、宁寿宫花园、建福宫花园都会开放。四是四个城楼的环绕一周的城墙都要开放。五是大量文物以仓储式陈列的方式对观众展出，包括已开放的南大库家具馆、将要改造的体仁阁、弘义阁区域的“大藏经及书版”展、南熏殿明式家具馆、御茶膳房“瓷器仓储展”。目前展出文物藏品比例达到 3%，2019 年底有望达到 8%，

2020年计划达到12%。

2009年，故宫博物院年度接待观众人次首次突破1000万，之后每年参观人数都以百万计持续增长，2012年度突破1500万，2016年突破1600万，到2018年首次突破1700万，2019年将超过1800万，不断刷新年度参观人数的纪录，当之无愧是世界上参观人数最多的博物馆。观众构成有几点变化，一是年轻观众越来越多了，二是冬季参观人数同比增加了50%以上，尤其是来参观的北京市民大幅增长，三是大家看展览越来越细致，在故宫博物院流连的时间也越来越长。四是参观的区域不再集中于“中轴线”附近，更多新开放区域得到了观众青睐。五是淡季观众参观人数不断增长，实现“旺季不挤、淡季不淡”。

故宫博物院始终把观众流量管理作为重中之重，以保障故宫安全、观众安全。自2012年起，为平衡淡季和旺季、假日和平日观众参观人数之间的巨大差距，经过充分准备和试验、多次征求社会公众意见、反复进行媒体宣传，故宫博物院于2015年6月13日起，正式实施每天8万人次限流措施。至此，每天超过10万人次，甚至达到18万人次的观众参观极端高峰不复存在，实现了观众有尊严地参观故宫博物院。

让观众更有尊严地参观故宫博物院，我们责无旁贷，任重道远。除了扩大开放、继续推进并坚持限流措施，还从多方面入手进行削峰填谷和观众参观的精细化管理，从根本上保证观众参观的良好环境，并拓展博物馆的管理和展示空间。在《故宫总体保护规划》的指导下有序开展各项保护工作，为观众营造一个舒适安全的参观环境。

2020年，紫禁城就要过600岁生日，故宫博物院的目标是全面提升管理和服务水平，迈进世界一流博物馆行列。2019年是“平安故宫”工程与“故宫古建筑整体维修保护”工程进入倒计时而冲刺的一年，全体故宫博物院员工将共同努力，决胜2020年，早日实现保护好故宫文化遗产、建设好故宫博物院的美好蓝图。

问：另外，大家也都非常关注正在进行中的养心殿古建筑修缮工程，预计将在2020年故宫600岁“生日”时重新开放，此次修缮工作，历经一个怎样的过程？开放之后就开放面积及文物方面，有哪些值得期待？关于如何为故宫“庆生”，又有哪些计划？

答：养心殿建筑工艺精湛，空间灵活多变，历史与地域信息丰富，是故宫古建筑维修保护的重中之重，也是故宫古建筑整体维修保护工程中所选的四项“研究性保护项目”之一。所谓“研究性保护”，就是以保护为目的，以揭示和记录历史信息为途径，将研究精神贯穿始终，在保护修复的过程中，对实物、材料、工艺、技术等方面深入探究，并翔实、科学地记录所发掘的历史信息和保护过程。自2015年年底开始，故宫博物院陆续对养心殿做了科学全面的记录，文物撤陈；文物保护修复；古建筑勘察测绘及工匠培训选拔等。并专设了33个课题，分别对养心殿的文化、藏品和建筑等方面进行深入研究。

为了弥补观众在养心殿修缮保护期间，无法领略其风采的遗憾，故宫博物院积极与首都博物馆、香港文化博物馆、南京博物馆、山东博物馆等多家博物馆合作，持续举办了“走进养心殿”系列文物特展，并且推出“发现·养心殿——主题数字体验展”，制作《故宫新事》纪录片，举办“养心殿研究性保护项目阶段性成果展”。

2018年9月3日，养心殿正式进入古建筑研究性保护修缮工作的实施阶段。在养心殿研究性保护项目实施中，将完善古建筑合理使用功能，移出与养心殿历史文化无关的内容，不再让商业营销占据宝贵的展示空间。对院落空间和文物建筑进行合理利用，最大限度地恢复原状，在不能恢复原状的空间，特别是院落两侧的房屋，可以安排与养心殿历史文化相关的专题展览。御膳房采取原状陈列和专题展览相结合的方式，包括过去的炊具、餐具、食品等进行合理展示。养南库将来也可以创造条件，以仓储式陈列的形式，选择与养心殿契合的内容对观众开放，与养心殿、御膳房形成一个整体。总之，通过养心殿研究性保护项目，这一区域的维修保护成果、陈列展览效果、观众参观环境、安全防范系统、专题学术研究将会得到整体提升。

问：两年前，作为庆祝香港回归20周年庆祝活动之一，养心殿第一次“离开”紫禁城来到香港，除了文物展示方面，此次展览还搭建了大型场景，一比一还原养心殿原貌，为香港市民带来了一场文化盛宴，未来故宫文化与香港还将擦出怎样的火花？

答：2017年6月29日下午，习近平主席在香港西九文化区出席《兴建香港故宫文化博物馆合作协议》签署仪式。2018年5月28日，香港故宫文化博物馆举行动土仪式。这项文化工程计划于2022年竣工，建成后的香港故宫文化博物馆将为香港市民带来前所未有的传统文化体验，让香港与内地在文化血脉中更加相融。

目前，香港故宫文化博物馆的进展非常顺利，地基工程已经完成。有关部门已经开始与故宫博物院相关部门，共同着手制订未来展览和活动计划。香港西九文化区管理局正在筹组香港故宫文化博物馆团队。规划展出的故宫博物院文物藏品，包括紫禁城宫廷生活、书法绘画、各类器物等丰富多彩的展览内容，以及多媒体应用专题展览。根据《兴建香港故宫文化博物馆合作协议》议定，故宫博物院在香港故宫文化博物馆展览的文物，将分为长期展出的常设展览和临时展出的特别展览，常设展览的展期一般为一年，根据展览需要以及国家规定，可申请适当延期。常设展览展出的故宫博物院文物藏品将不少于600件（套）。加上短期展览内展出的文物，在香港故宫文化博物馆同时展出的故宫博物院藏品可达900件（套）左右。故宫博物院亦会向相关部委申请特别批准，让外借予香港故宫文化博物馆的一级文物数目和比例有所增加。

问：如何让深沉的文化得以时尚地表达，故宫博物院近年来为此做出很多工作，也交出了很多漂亮的成绩。从故宫文化创意产品开发，到参与电视综艺节目、纪录片录制，当下故宫这个概念在不少年轻人看来，不再只是古建筑与文物，也是一种时尚标签，如何看待故宫博物院当前在年轻群体文化传播中的角色转变？未来故宫博物院是否将这种“接地气”的“网红”路线延续乃至扩充下去？在您眼中，故宫博物院承载了哪些定义？这是否也是一种文化的传承？

答：故宫博物院担负着传播和传承中华优秀传统文化的重任，中华民族绵延不断的历史文化，在故宫博物院的各类文物藏品里，都能得到印证。对于博物馆来说，只有不断探索更多文化资源创造性转化、创新性发展的方式，才能够跟得上时代前进的步伐，才能回应公众对博物馆的热切期待。

今天人们接受信息的方式比较多元，年轻人是始终走在时代前沿的。网络、移动网络、微博、微信等新媒体以其便捷、互动、高效率的沟通等特质在人群中得到了强烈的共鸣，尤其是年轻人的喜爱，并迅速成为他们获取信息、认知世界、发表观点、参与公共事件的主要方式和手段。如何让沉睡在博物馆里的优秀传统文化受到青年一代的喜欢和接纳，是博物馆人应该思考的问题之一。

近年来，故宫博物院正在逐渐吸引更多年轻人的目光，这是一个重要变化。表现在：故宫博物院的各类展览中，尤其是书画展览，例如“故宫藏历代书画展”“故宫博物院藏清初‘四王’绘画特展”“石渠宝笈特展”“故宫博物院藏四僧书画展”“赵孟頫书画特展”“千里江山——历代青绿山水画特展”“予所收蓄 永存吾土——张伯驹先生诞辰 120 周年纪念展”“铁笔生花——故宫博物院藏吴昌硕书画篆刻特展”等，年轻人的身影越来越多，在青年观众中引起广泛影响；一部慢节奏的、充满文化情怀和历史感的纪录片《我在故宫修文物》，居然在年轻人中受到极高好评，甚至显著提升了年轻人应聘文物修复工作岗位的热情；各类故宫文化创意产品，也获得了越来越多年轻人的喜爱；《国家宝藏》《上新了·故宫》等“文化＋综艺”节目，以年轻化的表达推出引导现代文化消费方式、引领当下生活时尚的创新尝试，让公众“眼前一亮”，在年青人中引发追捧。这些一个个鲜活的案例，一个个崭新的变化，都离不开年轻人的关注与参与，也离不开年轻故宫人的努力创新。

通过这些变化，故宫博物院看到了新的传播形式带来的文化传播新格局、新变化，年青一代对于中国优秀传统文化的喜爱。我对此感受颇深，也号召和鼓励大家转变思维，用年轻人喜爱的形式来推广故宫文化。

新的时代带来新的机遇与挑战，公众的文化需求不断增长，同时也不断分化。面对更加复杂的文化消费群体和新媒体、新经济、新科技，我们更应该紧跟时代步伐，走在时代潮流的前列。作为博物馆人，只有不断吸纳新鲜的创意与思想，不断探索创新的内容与方式，让新时代的年轻人以活跃的思想、大开的“脑洞”充分参与到文化创意事业中，才能创作出更加多元化、新鲜有活力的文化创意产品，进一步拉近博物馆与公众的距离。让越来越多的社会公众不论在博物馆内，还是博物馆外，都能感受到故宫文化及传统文化的多元与深邃，也感受到博物馆现代化发展的时代气息，把优秀传统文化留给年轻人，留给未来。

问：今年元宵节，故宫博物院首开夜场活动，有不少意犹未尽的观众和未能到达现场的网友，也都很期待未来故宫博物院夜游能够常态化，您如何评估本次夜场活动？

答：“紫禁城上元之夜”文化活动作为故宫博物院“紫禁城里过大年”系列展览活动的延续，将中华优秀传统文化和现代文化创意产业的方法进行互动融合，以年轻人喜欢的时尚方式进行“活化”表达，满足社会公众的文化需求、心理需求、情感需求，更好地阐释“传统节庆”这一充满团圆幸福感的话题，以更加“接地气”的方式，让广大公众感受故宫博物院里独特的节庆氛围、友好环境、人文关怀。

此次文化活动开创了两个“首次”，即紫禁城古建筑群首次在晚间被较大规模点亮，故宫博物院首次在晚间免费对预约公众开放。

“紫禁城上元之夜”文化活动受到欢迎，预约门票被一抢而空，网友大量转发、评论相关信息，举行活动的两个晚上也有不少摄影爱好者和未能成功预约的大众聚集到故宫周边拍摄、观看夜景，体现了民众对传统文化的推崇和热爱，也反映出优质文化产品和服务的供不应求。

多家中央重点媒体对故宫博物院此次活动给予高度评价，认为“紫禁城上元之夜”活动是一次成功的传统文化创新实践。如人民日报评论《在触摸传统中延续文脉》称，事实证明，中国的博物馆正在与时俱进中加强创新、走近公众，可以办成国际一流水平，成为国家文化的金色名片。

一些媒体认为此项活动为文化消费供给侧结构性改革提供思路。如新华社客户端报道《激活传统成“网红”，“故宫热”能否燎原？》援引中央财经大学文化与传媒学院院长魏鹏举的观点称，故宫现象，非常集中地体现了国民消费升级，不仅消费趋于多样性，而且在精神文化消费方面的支出更多了。人们对文化创意产品的需求广泛多样，对文化体验的参与度也越来越高。故宫活动的火爆提醒人们，居民文化消费需求已经进一步释放，供给侧需要进一步加大改革力度，更好地满足人民群众需求，在激活传统文化的同时，带动经济社会转型发展。

习近平总书记强调“让文物活起来”，指出“推动中华优秀传统文化创造性转化、创新性发展，让中华文明的影响力、凝聚力、感召力更加充分地展示出来”。博物馆作为城市文化客厅、文化绿洲、知识教育课堂，其社会职责就是要融入社会生活，为广大民众服务，努力满足社会公众日益增长的精神文化需求。

紫禁城已经走过了 599 年的岁月，在悉心保护故宫文化遗产的前提下，故宫博物院希望通过多元化的、融合高科技的展陈手段，深层次地发掘和展示优秀传统文化的深厚内涵，用人们喜闻乐见的方式普及传统文化，包括“节庆文化”，在春节、端午、中秋这样的节日期间，举办相关主题展览和游园活动，与观众的期望互动，让沉睡的文物更好地活起来。

问：此外，在一些访谈中，您也提及开始考虑退休后的生活，对此您有哪些打算？在担任故宫博物院院长的最后这段时光里，又有哪些还未完成，想要去实现的计划？

答：虽然到 2020 年，故宫博物院两项重要的文化工程——为时 18 年的故宫古建筑维修保护工程、为时 8 年的“平安故宫”工程都将完成，但是古建筑修缮、文物保护、观众安全等事业仍然在继续，安全工作永远是故宫博物院的头等大事，是每一代故宫人永恒的使命。

另外，国务院明确了故宫博物院的中长期目标——在 2020 年，即紫禁城建成 600 年之时，基本实现故宫博物院进入安全稳定的健康状态，全面提升管理和服务水平，迈进世界一流博物馆行列。这个目标涉及的内容更加广泛，故宫博物院的各项事业，包括古建筑修缮、文物修复、科学研究、展览陈设、数字建设、文化创意、观众服务等，永远都是“进行时”，需要持续不断地推进。

明年，紫禁城将迎来 600 岁的生日，将它完整地交给下一个 600 年，是我和同事们的光荣使命。我希望我在故宫博物院工作的这段时间，能够成为把紫禁城的第一个 600 年和第二个 600 年有机结合、紧紧维系起来的阶段，使故宫健康平稳地迈进下一个历史阶段。

就像习近平总书记说的，中华民族伟大复兴，绝不是轻轻松松敲锣打鼓就可以实现的，必须要用更大的毅力，更坚韧的意志，一步一个脚印地实现中华民族的伟大复兴。对于故宫的文物保护，文化设施建设，博物馆文化的弘扬，也应该有这种精神，才会不断地进步。

总之，故宫博物院的事业是永远的事业，必须一步一个脚印地走可持续发展之路。一代又一代故宫人要坚持不懈、持之以恒，才能守护和传承故宫的文化根脉，并让故宫和其代表的中国传统文化不断地走出去、活起来，不断满足广大民众日益增长的美好生活需要。

作为一名故宫人，我深刻地了解故宫博物院为保护、传承、传播、研究故宫文化做的大量艰苦细致的工作，也希望更多的社会公众感受到博物馆的氛围和故宫文化的厚度，支持故宫博物院事业的发展。因此，我一直承担着故宫博物院“宣传员”的职责，每到一个地方，都尽我所能向那里的学者、公众讲述故宫故事。即便是退休，我也希望能够成为一名故宫志愿者，继续向更多的民众宣传故宫文化，呼吁大家爱护故宫、爱护文物，守护文化遗产的尊严、故宫博物院的尊严，让故宫文化走出紫禁城，走向大千世界、千家万户。

（凤凰卫视华闻大直播节目采访，记者吴小莉，2019 年 3 月 12 日）

单霁翔：三个“不负责任”让“博物馆热”还没到来

今年全国两会中，一些代表委员提到对“博物馆‘热’的‘冷’思考”，在博物馆客流量增大的同时，研究博物馆如何更好地服务公众。故宫博物院院长单霁翔今天（3月14日）表示，确实需要“冷思考”，但思考的应该是，我们真的有“博物馆热”了吗？

单霁翔今天在龙湖集团捐资故宫博物院的签约仪式上说，虽然部分博物馆观众数量增长很快，例如故宫博物院今年1—2月份参观人次同比增长51.8%，但是中国观众参观博物馆的频率仍然不高。他援引数据称，去年中国近14亿人口参观博物馆约10亿人次，平均每人不到1次，而发达国家每人每年参观3—5次博物馆。

博物馆发展还面临地域差距。单霁翔说，不少地方博物馆负责人来到故宫博物院，希望故宫博物院能够免费外出举办展览，改变其长期门可罗雀的现状。

“博物馆需要拿出更大的努力。”单霁翔用三个“不负责任”痛陈博物馆当前存在的问题，“一个博物馆只拿出不到3%的文物来陈列，这是对社会的不负责任；一个博物馆大量文物泡在水池里，长期得不到修复，这是对社会的不负责任；一个博物馆在网站上公示的文物不到30%，这是对社会的不负责任。”

目前，故宫博物院展出文物仅占186万件馆藏文物的3%。今年年内，这一比例将达到8%，明年达到12%。同时，故宫博物院将在网站呈现所有文物的信息，并努力让全部文物处于良好的保存状态。

当天，龙湖集团、故宫博物院和北京故宫文物保护基金会在北京举行签约仪式，龙湖集团捐资人民币1亿元设立“龙湖—故宫文化基金”，用于故宫文物保护和修复、文化遗产研究与利用、重要藏品征集、优秀传统文化传播等领域。

这是故宫博物院两周内第二次接受捐赠。3月2日，黄廷方慈善基金向故宫博物院捐资人民币1亿元，用于延禧宫区域建筑的研究性保护和修缮等。

单霁翔说，筹款是全世界博物馆的重要任务，过去7年，故宫博物院从社会筹集了7亿多元人民币，这些资金已经用在养心殿修缮等项目中。另外，香港故宫文化博物馆还筹集了35亿港币。

这些捐资取之于社会公益人士，最终将用于全民文化遗产保护和文化教育，单霁翔认为这是博物馆发展的良性循环。“当博物馆得不到社会关注，文物是没有尊严的，也无法成为社会经济发展的积极力量，人们就不会喜欢，这就是恶性循环。我们要使更多博物馆进入良性循环。”单霁翔说。

（新京报网 · 国内，记者倪伟，2019年3月14日）

故宫将迎来5G时代
单霁翔：600岁的故宫从未与科技靠得如此之近

“5G 智慧故宫”要来了！今天上午，故宫博物院和华为签署战略合作协议，共同开展打造 5G 应用示范、建设故宫智慧院区、举办人工智能大赛等方面合作。今后，走进故宫的观众能够享受到大带宽、短时延、无限连接的“5G 智慧故宫”全方位服务体验。故宫博物院院长单霁翔感慨，“600 岁的故宫从未与科技靠得如此之近”。

故宫博物院所在的紫禁城，既是世界最大规模的木结构建筑群，也是世界最大规模的宫殿建筑群。2018 年故宫博物院接待观众数量已突破 1700 万人次，是世界上参观人数最多的博物馆。早在 1998 年，故宫博物院就启动了数字化、信息化建设。经过 20 年的努力，逐步建立起覆盖全院的办公信息网络，铺设光缆近 40 公里；安装 600 余个 Wi-Fi 天线，为办公应用、文化遗产保护及观众服务提供无线网络；建立起管理 186 万件（套）文物信息的藏品系统，并开展涵盖 10 项内容的古建筑遗产监测；发布官方中文、英文、青少年网站群，年浏览量达 2200 万；开发深度解读文物信息并提供文化服务的 App，下载总量超过 600 万，官方社交媒体微博、微信账号拥有的粉丝群体总数超过千万；持续开展 VR、AR、AI 等最新技术在博物馆的应用研究，积累了丰富的古建筑、文物数字资源。

5G 时代来临，故宫博物院率先选择与华为技术有限公司合作建设“5G 智慧故宫”。华为是全球领先的 ICT（信息与通信）基础设施和智能终端提供商，双方签约，让世界领先的华为 5G 率先服务优秀文物博物馆机构，为“数字故宫”建设提供新的技术支撑。

“5G 智慧故宫”将会是啥样？单霁翔表示，“5G 智慧故宫”将带来以下福利：远在世界各地的观众能够随时身临其境体验到实地参观故宫博物院的乐趣；每一位来到故宫博物院的观众能够享受到更高速的网络服务和高清视频内容，瞬间获取眼前的古建筑、文物知识链接和服务设施信息；对文物出入库、修复、运输、展览的全流程进行随时随地的安全监控；邀请世界各地的文物医生和考古学家远程开展文物修复的会诊或考古调查；利用更强大的人工智能技术为文物的鉴定、修复和青少年教育提供更宽广的平台和更强有力的知识支撑……

（新民网 · 文体社会，记者潘子璇，2019 年 3 月 15 日）

故宫博物院是传承中华文明的重要力量

问：请您介绍十八大以来，故宫博物院在传承中华文明方面的具体举措和所达到的效果。

答：成立于 1925 年的故宫博物院是一座特殊的博物馆，它建立在明清两朝皇宫——紫禁城的基础上。历经五百年兴衰荣辱，帝王宫殿的大门终于向公众敞开。在传承中华文明方面，故宫博物院有着先天优势。故宫博物院拥有绝无仅有的 186 万件独特藏品，还是世界上规模最大、保存最完整的木结构宫殿建筑群。它是中华民族的骄傲所在，也是全人类的珍贵文化遗产。

十八大以来，故宫博物院累计举办展览 273 项，这些展览精彩纷呈、高潮迭起、内外合作、惠及全国、影响世界，不仅在学界具有影响力，在观众中也形成观展热潮。例如，2015 年的“石渠宝笈特展”吸引众多观众参观，成为现象级的传统文化展览。此后又有“紫禁城与‘海上丝绸之路’”“我的家在紫禁城”“千里江山——历代青绿山水画特展”“太和殿‘一带一路’精品文物展”“大隐于朝——故宫博物院藏品三年清理核对成果展”“贺岁迎祥——紫禁城里过大年”，以及“洛阳牡丹与牡丹题材文物联展”“开封菊花与菊花题材文物联展”“观鱼知乐——宫廷金鱼文化与故宫博物院藏金鱼题材文物联展”等多个展览引发观展热潮，成为公众热议的文化现象。故宫博物院秉承“以人为本”的服务理念，让故宫文化资源走进人们的现实生活，切实“让文物活起来”。

以前，故宫博物院 186 万件文物藏品中，展出藏品不到 1%，与一些世界知名博物馆相比还有一定差距。实际上，故宫博物院藏品中珍贵文物占 90% 以上，几乎件件珍贵，没有一家博物馆可与之媲美。现在，故宫博物院正在努力，维修保护古建筑、举办特展、迁址办公、筹建新馆舍等，把越来越多的珍贵文物“请”出库房、“移驾”展厅供观众观赏。宫中大门越开越宽敞，通过仓储式展览等方式，2019 年故宫博物院展出藏品将达到 8%，2020 年达到 12%，改变人们以前“有宫却不见宝”的印象。

故宫博物院刚刚向社会公布了 2019 年、2020 年展览计划，一是午门—雁翅楼、武英殿、文华殿形成的“金三角”展区两年内将举办近 20 项新展览，包括“万紫千红——中国古代花木文物特展”“洪武、永乐、宣德瓷器大展”“韩熙载夜宴图——历代人物画作品展”“清明上河图与历代风俗画展”等。二是在乾清门东西两侧一字排开的原状展览，包括奉先殿将恢复原状，养心殿原状展览提升等，这是“我有他无”的故宫特色展示空间。三是紫禁城内的全部四个花园，包括明代的御花园、慈宁宫花园，清代的宁寿宫花园、建福宫花园都会对观众开放。四是大量文物藏品以仓储式陈列的方式对观众展出，包括已经开放的南大库家具馆、即将开放的太和门广场南侧“大藏经及书版展览”、南熏殿明式家具馆、御茶膳房“瓷器仓储展览”、体仁阁、弘义阁内的“车马轿舆展览”“中和韶乐展览”等。

问：请您介绍十八大以来，故宫博物院在服务观众方面的措施和效果，故宫博物院是怎样成为深受人民喜爱的网红之地的。

答：近年来，故宫博物院通过持续开展古建筑整体维修保护工程、稳步推进“平安故宫”工程，持续扩大开放区域，进行环境整治、展陈提升、限流分流等措施，克服了一是开放面积不够大，二是展出文物比例不够多，三是观众参观体验不够好这三项不足。

2002 年，故宫博物院开始实施故宫古建筑整体维修保护工程的时候，故宫开放面积只占 30%；到 2015 年故宫博物院建院 90 周年，故宫开放面积已达 65%；2018 年达到 80%；2025 年，故宫博物院将迎来百年院庆，故宫开放面积有望达到 85% 以上。

故宫更多空间的开放，实际上是管理观念的改变，要尊重社会公众对于文物保护的知情权、参与权、监督权和受益权，让广大观众共同关心故宫博物院的文化空间、生态环境。为此，近几年故宫博物院在各方面做出了很多提升：建立了更新更强大的安防系统，确保故宫平安；全面拆除彩钢房和其他临时建筑、拆除上千米长的铁栏杆、恢复传统砖石地面、更新井盖、放置宫灯、广植花木，为观众提供整洁美观的参观环境；在服务管理上也加大改革力度，全网购票、每日限流、大量增设座椅、优化男女公厕比例、推动设立母婴室，为公众提供更加完善的服务，一步步向“不排队的博物馆”迈进。

今天人们接受信息的方式比较多元，年轻人始终走在时代前沿。网络、移动网络、微博、微信等新媒体以其便捷、互动、高效率的沟通等特质，在人群中得到了强烈的共鸣，尤其是年轻人的喜爱，并迅速成为他们获取信息、认知世界、发表观点、参与公共事件的主要方式和手段。如何让沉睡在博物馆里的优秀传统文化受到青年一代的喜欢和接纳，是博物馆人应该思考的问题之一。

故宫博物院传统的公众教育服务项目包括观众导览、公众教育活动、电化教育、观众服务等。近年来，每年开展有组织的各类公众教育活动超过 6 万场次，直接参与观众 20 万人次，形成了以“故宫讲坛”为品牌的成人主题讲座，以“故宫知识课堂”为品牌的青少年假期活动，还常年与中小学校合作开展选修课程、配合北京市教育系统开展社会大课堂综合社会实践活动等，均收到了良好的社会反响。

近年来，故宫博物院正在逐渐吸引更多年轻人的目光，这是一个重要变化。表现在：故宫博物院的各类展览，例如“普天同庆——清代万寿盛典展”“石渠宝笈特展”“紫禁城与‘海上丝绸之路’”“故宫博物院藏四僧书画展”“赵孟頫书画特展”“千里江山——历代青绿山水画特展”“砚德清风——故宫博物院藏清代宫廷用砚精品展”“大隐于朝——故宫博物院藏品三年清理核对成果展”“郑振铎先生诞辰 120 周年纪念展”“贺岁迎祥——紫禁城里过大年”等，以及与国际博物馆合作的“梵天东土 并蒂莲华：公元 400—700 年中印雕塑艺术展”“浴火重光——来自阿富汗国家博物馆的宝藏”“尚之以琼华——始于十八世纪的珍宝艺术展”“茜茜公主与匈牙利：17—19 世纪匈牙利贵族生活展”“铭心撷珍——卡塔尔阿勒萨尼收藏展”“贵胄绵绵——摩纳哥格里马尔迪王朝展（十三世纪—二十一世纪）”“爱琴遗珍——希腊安提凯希拉岛水下考古文物展”“传心之美——梵蒂冈博物馆藏中国文物展”等，年轻人的身影越来越多，有不少年轻人把参观故宫博物院展览作为文化生活的重要内容，一项新的展览推出他们总要前来参观，甚至为了一项展览多次前来参观。

一部慢节奏的、充满文化情怀和历史感的纪录片《我在故宫修文物》，居然在年轻人中收到极高好评，甚至显著提升了年轻人应聘文物修复工作岗位的热情；各类故宫文化创意产品，也获得了越来越多年轻人的喜爱；《国家宝藏》《上新了·故宫》等“文化+综艺”节目，以年轻化的表达推出引导现代文化消费方式、引领当下生活时尚的创新尝试，让公众“眼前一亮”，在年轻人中引发追捧。这些一个个鲜活的案例，一个个崭新的变化，都离不开年轻人的关注与参与，也离不开年轻故宫人的努力创新。

作为博物馆人，只有不断吸纳新鲜的创意与思想，不断探索创新的内容与方式，让新时代的年轻人以活跃的思想、大开的“脑洞”充分参与到文化创意事业中，才能创作出更加多元化、新鲜有活力的文化创意产品，进一步拉近博物馆与公众的距离。让越来越多的社会公众不论在博物馆内，还是博物馆外，都能感受到故宫文化及传统文化的多元与深邃，也感受到博物馆现代化发展的时代气息，把优秀传统文化留给年轻人，留给未来。

问：十八大以来，故宫博物院是如何进一步向世界敞开大门的？您是否认为故宫博物院的开放与中国改革开放40年是同步的？

答：作为故宫博物院事业的重要组成部分，迄今故宫博物院已组织实施了200余项重大文物对外展览交流项目，足迹遍布五大洲30多个国家和港澳台地区，观众人数超过1亿人次，每到一处均会引起文化轰动，成为当地的文化时尚。2018年的赴外展览有赴美国“吉金鉴古：皇室与文人的青铜器收藏展”“凤舞紫禁：清代皇后的艺术与生活展”，赴希腊“重文德之光华：重华宫原状文物展”等9项展览，均在当地引发热烈反响。这些展览都在传播中华文化、展示国家形象、提升中国文化软实力方面，发挥出不可替代的重要作用。

近年来，故宫博物院的对外文化交流范围不断扩大，除了陆上丝绸之路沿线国家，还与海上丝绸之路沿线的印度、埃及、希腊等国，合作进行文物考古与调查、文物修复与保护。通过交流合作，海上丝绸之路上最重要的中国外销商品瓷器的销售路线更加清晰，佛教造像艺术自印度通过陆地和海上两条丝绸之路逐渐东传的脉络更加明确，同时还向丝绸之路沿线各国介绍了中华传统文化。这种深入而具体的交流方式，可以很好地向域外展示中国文化面貌，加深各国民众对中国文化的了解，潜移默化中实现为双方的进一步合作拓展空间。

国际博物馆协会国际博物馆培训中心（ICOM-ITC），建立于2013年7月，地点设在故宫博物院，为国际博物馆协会唯一博物馆专业培训机构。其依托国际博物馆协会优秀的专家资源，结合世界不同地区博物馆建设的理论与实践，向世界各地尤其是发展中国家博物馆的从业人员，提供高质量的培训课程，推动世界博物馆领域的国际交流与合作。国际博物馆培训中心成立6年来，累计为国内外375名博物馆专业人员提供了培训，覆盖世界五大洲的72个国家和国内24个省市共242家机构。

国际文物修护学会培训中心（IIC-ITCC）于2015年9月20日由故宫博物院与国际文物修护学会共同成立，是该组织第一个，也是唯一的国际培训机构，旨在提升中国及发展中国家，特别是亚太地区的文物修护业务水平和能力，并为全世界的博物馆与文物保护修复人员提供一个国际化修复技艺与保护研究的高水准的交流平台。成立4年来，国际文物修护学会培训中心累计为100多名文物修复专业人员提供了培训，覆盖亚、非、欧、拉丁美洲和大洋洲的31个国家和国内17个省市和地区（包括港澳台）共71家文物保护机构，授课专家来自中国、英国、美国、丹麦、意大利等国家，这项培训活动在国际文物保护修复领域产生了积极影响。

问：您如何理解“人民的故宫”的内涵？

答：通过一次次的参观体验，很多观众已经对故宫博物院内窗明几净、琳琅满目的“故宫文创体验馆”，海棠环绕、含蓄雅致的文华殿“故宫书店”，小巧精致、内藏乾坤的御花园“故宫商店”，环境独特、声名远播的“冰窖餐厅”都非常熟悉。这些标志性服务场所的设立，是建立在故宫博物院对自身文化内涵的发掘，对观众参观游览需求的理解，对时代精神、流行文化的把握和共情基础上的。文化服务领域的探索和创新需要遵循“以人为本”的理念原则，需要具备敢于“第一个吃螃蟹”的勇气精神，才能不畏艰难、不惧挫折，永葆“为观众服务”的博物馆初心。

问：您是否认为紫禁城600年的起落变迁影射着近代中华民族的命运和走向复兴？当前中国正处于“两个一百年”历史交汇期，您如何描绘故宫博物院的未来？如何看待故宫博物院在中华民族文化复兴中的作用？

答：走进故宫博物院，沿中轴线前行，从起伏跌宕的建筑乐章中可以感受盛世皇朝的博大胸怀；透过东西六宫精巧的陈设和内廷园囿雅致的格局，可以捕捉宫廷生活的温婉气息；从养心殿东暖阁卷起的黄纱帘中，可以追溯百年前中华民族内忧外患的历史沧桑……走过近百个春秋的故宫博物院，不仅一如既往精心保管着明清时代遗留下来的皇家宫殿和旧藏珍宝，而且通过国家调拨、向社会征集和接受私人捐赠等方式，极大地丰富了文物藏品，形成古书画、古器物、宫廷文物、书籍档案等领域蔚成系列、总数186万余件的珍贵馆藏。漫步在故宫博物院的常设文物专馆，欣赏频繁推出的专题文物展览，观众可以更完整地了解中华民族工艺美术的伟大成就。近10年来，步入信息化时代的故宫博物院，利用最先进的数字化技术和设备，在虚拟的时空中建立起一座和紫禁城同样辉煌的“数字故宫”。

故宫博物院是中国文化遗产的守护者与传承者，也是中国文化对外交往的一张亮丽名片。近年来，故宫博物院通过陈列展览、社会教育、数字技术、文化创意产品等方面，加大故宫文化传播影响力；通过古建筑维修保护、故宫文物医院文物藏品修复、国际组织培训、故宫研究院、境外考古合作等方面，加强国际合作；通过太和论坛、重大外事活动、重要外事接待、外交使节进故宫活动等方面，树立故宫博物院良好形象；通过故宫古建筑整体维修保护工程、“平安故宫”工程、观众限流、全网购票、环境整治等方面，实现良好接待参观质量；通过影视、话剧、重要国际论坛等方面，传播故宫精神，感动社会；通过扩大朋友圈赢得社会各界赞助、捐赠和支持。

通过实践，我们认识到故宫博物院的文化传播能量还有很大潜力，需要在新时代不断加大释放力度，成为名副其实的“中华文化客厅”。

（新华社，记者傅双琪，2019年3月15日）

单霁翔：让文化遗产有尊严地活在当下

3月16日至18日，故宫博物院院长单霁翔来到正定，参观正定古城并举行系列主题讲座。借此机会，记者对他进行了独家专访。

中式立领蓝褂，黑色千层底布鞋，3月16日晚，登上正定南城墙的故宫博物院院长单霁翔，依旧穿着他踏遍故宫时最钟爱的“千层底”。参观正定古城、在石举办系列主题讲座，单霁翔的关注点时刻没有离开文化遗产资源保护。如何让文化遗产资源“活起来”，融入大众生活？如何更好地与世界文明互动，让文物走出去，展现中国神韵，贡献中国智慧？单霁翔接受了本报记者独家专访。

融入大众生活
让古老文化遗产“活起来”

3月16日晚，华灯初上，流光溢彩。夜色中的正定古城被多彩的灯光映衬得更加绚丽。用现代科技的光与影点亮的千年古城，展示着时尚与传统的和谐相融。古城墙在多彩灯光的映照下熠熠生辉，与波光粼粼的护城河水一同勾勒出一幅极富韵味的古城风貌，休闲观光的游客似在画中游。

此时，登上正定南城门，远眺正定古城，单霁翔心潮起伏，激动不已，历史文化名城正定的文化遗产和文物古迹正在如此鲜活生动地走到人们的社会生活中。

远处正定古城的天际线让单霁翔念念不忘。“很多古城内建了高大的现代建筑以后，历史建筑就被淹没了。但是站在正定的城墙上，从几个方向看，天际线处的古塔都能够清晰地呈现出来，没有被高楼大厦遮挡，印象很深刻。”

在单霁翔看来，这道清晰的天际线，最能体现让文物有尊严地融入现代生活的理念。“这么多市民和游客能在晚上走出来，说明古城风貌和环境整治的效果融入了社会生活，人们已经把古城文化作为生活的一部分了。能真切感受到游客发自内心的兴奋，这体现着人们对古城的喜爱。”单霁翔环视着古城内如织的游客说。

眼前正定古城这幅现代与传统和谐相融的景象，引发了单霁翔一连串的思索——“我一直在想，什么叫文化遗产保护好了？当它有魅力、有尊严时，才叫保护好了。对于城市的民众来说，当文化遗产就在生活中，就在人们身边，他们可以对游客自豪地说‘这就是我们正定，我们的文化遗产’时，才能算是文化遗产保护好了。对于游客来说，什么叫文化遗产保护好了？他们到这里来，来了不想走，走了还想来，才叫文化遗产保护好了。正定做到了。”

单霁翔介绍说，为了让文化遗产融入现代生活，让文物“活”起来，故宫博物院近年来做了很多尝试。

从故宫文化创意产品“朝珠耳机”，到以二十四节气为主题的《紫禁城的物候》系列照片，从“紫禁城里过大年”到“紫禁城上元之夜”，故宫一次次用创意给大众带来惊喜，让往日“严肃”的传统文化殿堂摇身变成“网红”地标。紫禁城的生活美学就在一次次全民热捧中，穿越时空曼妙延伸。大众惊喜地发现，故宫博物院在融入现代生活的路途上不断“进阶”，从推出单个“萌萌哒”的文化创意产品，到成系列的文化创意产品梯队亮相，故宫博物院以创新之举满足了大众多元化需求。

在单霁翔的记忆中，以往文化创意产品谈不上有创意，都是千篇一律的复制品。“现在我们懂得了要研究人们生活中需要什么，还要挖掘自己藏品的信息，把藏品信息和人们的生活需求联系起来，才能推出受欢迎的文化创意产品。”单霁翔表示，文化创意产品必须要结合人们的生活，要有实用性，最好还有一点趣味性。他举例，人们参观故宫，对藻井印象很深，故宫文化创意团队就做了藻井伞；对宫门印象很深，就做了宫门包；对于太和殿的脊兽印象很深，就做了跳棋、衣服夹子等文化创意产品。

故宫商店里的商品也在不断更新改变。单霁翔认为，博物馆的商店应该充满文化气息，“我们现在干脆不叫商店，叫文化创意馆。我们的服装店不叫服装店，叫服饰馆，展示故宫特有的服装”。

在一次论坛上，单霁翔首次晒出了故宫博物院的账本：2017 年，故宫文化创意产品的销售额已经达到 15 亿元。与此同时，国内众多的博物馆也在文化创意产品研发的路上发力加速。例如河北博物院开发的“汉代绢纹针线包”让人们体验到历史美感与日常实用性的结合；沈阳故宫博物院开发了“八旗兵”文具套装；上海博物馆与迪士尼合作，共同开发了 6 大类 66 种文化创意产品……随着大量文化创意产品的走红，博物馆所承载的传统文化，也以崭新的姿态融入现代人的生活。

在单霁翔看来，让文化遗产资源“活”起来，既要面向自身，不断深入挖掘文物藏品的文化内涵，让文化遗产资源在更大程度上满足人们的精神需求，又要面向公众，创新文化传播的表现形式和表达方式，让文物背后的故事融入广大民众的文化生活。

走出库房大门
把文物故事讲给观众听

行走在博物馆里，凝视展柜中的文物，它们所反馈给观众的信息总透着历史的厚重，让人们意识到时间的汇聚，感受到穿越时光的文化信息。如何让文物走出“仓库”，更多地走近公众，是一个时代大课题。

故宫博物院文物收藏众多，浩如烟海。故宫博物院文物藏品 1862690 件（套），其中青铜器 16 万件、织绣 18 万件，慈宁宫花园里有 106 棵大树……这些挂在单霁翔嘴边的数字里包含着故宫人几多汗水和心血。而这一庞大数字中的 90% 以上都是国家顶级的珍贵文物。如何让这些文化珍品更多地走进大众视线？

“先让它们走出库房，展示到观众面前来。于是故宫博物院举办了丰富的展览，19 个原状陈列，更多的是专题展览。但是我们不能满足于此，需要进一步扩大开放。”单霁翔认为，2014 年是个转折点。那一年，故宫开放面积超过了 50%，达到了 52%。2015 年到了 65%，2016 年到了 76%，现在已经突破 80%。大量曾经竖着“非开放区，观众止步”牌子的地方开放为展区、展馆。

故宫博物院收藏的 10200 件各个时期不同材质的雕塑，曾经很多年一直在库房“沉睡”。那些高大的雕塑，甚至连库房都没有。单霁翔印象深刻的是两尊三米多高的北齐菩萨像，在故宫南城墙的墙根底下“站”了几十年。“每当走到这里，我的心情特别不好，你瞧，菩萨脸色、表情都不好。今天由于在慈宁宫建设了雕塑馆，这些珍贵的雕塑经过修复陈列了出来。再看，菩萨们脸色好了，表情也好了。这就告诉我们，文物得到保护和展示，就会光彩照人。所以我们下定决心，明年紫禁城 600 岁生日时，要让 1862690 件（套）文物，每一件都光彩照人，把更多文物背后的历史故事讲给观众听。”单霁翔说。

要想维护众多文物光彩照人的状态，文物修复师功不可没。然而，就在几年前，大众对这一职业还知之甚少，自从 2017 年纪录片《我在故宫修文物》播出后，才将这个鲜为人知的职业展现在人们面前。纪录片中，这个职业充满诗意和趣味，他们用毕生的精力让沉睡千年的文物重新焕发光彩，并通过这些文物与历史进行跨越时空的对话。

实际上，文物修复工作是一个寂寞艰辛的工作，它不仅需要具有多门学科的专业知识，更需要极大的耐心和毅力，同时还承担着巨大的责任。要求严格，压力还大，因此能够或愿意从事文物修复工作的人才稀缺。相关数据表明，2012 年我国仅有文物修复工作者两千多人，这几年人员数量并没有多少增长。

3 月 3 日下午，全国政协十三届二次会议开幕前，全国政协委员、故宫文物医院院长宋纪蓉称，我国有众多文物处在自生自灭的状态，需要更多的文物医院、文物医生，为文化和文化遗产“延年益寿”。

面对全国性的文物保护修复人才匮乏，故宫博物院并未选择独善其身，而是拟联合高校建立中国第一所文物医学院，培养更多实用型的、符合文物保护修复需要的文物医生。从“医院”到“医学院”，一字之差，却意味着更多人才、技术等“源头活水”将注入这一领域，文物保护的半径将不断扩大。

请进来、走出去
让更多人感受中华文化自信

如今，中国优秀传统文化在创新、创意的牵引下华丽变身。文物请进来、走出去的过程，也是中华文化自信、文化交融、民心相通的过程。从走进大众生活，到国内各地办展，再到迈出国门，为世界文化发展注入更为积极进步的内涵，全国各地的博物馆都在不断践行着请进来、走出去的交流展示方式。

去年 12 月底，由中国国家博物馆与河北博物院共同举办的“汉世雄风——纪念满城汉墓考古发掘 50 周年特展”在北京中国国家博物馆开幕。来自全国各地的参观者近距离领略来自燕赵大地的汉风古韵。1 月 16 日，由河北博物院与中国国家博物馆联合主办的“笔墨文心五百年——中国国家博物馆藏明清书画展”在河北博物院举行开幕式。开展以来，几乎天天观众爆满。

河北博物院的请进来、走出去不是个例。为了让收藏在博物馆里的文物、陈列在广阔大地上的遗产、书写在古籍里的文字都活起来，近年来，全国各大博物馆都努力通过创新形式，展示文物内涵，以实物说话，寓教于史，以丰富的精品文物展览及活动，唤醒大众的文化热情。其中，故宫博物院给出了“教科书”般的范例。

称呼单霁翔为“最能走的院长”一点也不为过。从位于神武门西边的院长办公室出门向西，沿故宫红墙逆时针行走一圈大约 4 公里。例行巡查，单霁翔走坏了二十多双布鞋。

称呼单霁翔为“最能走的院长”，还因为他不但让故宫文化遗产资源走出库房，走进大众视线，还依托文物延伸教育活动，让文物身上所承载的灿烂文明、历史文化、民族精神走近大众。

“故宫大量古建筑修缮以后投入到教育领域，让更多观众在这里面开展学习活动。我们把这些教育活动深入到更多的城市，更多的国家。”单霁翔介绍，经过十多年的积累，故宫教育已经逐渐形成了自己的特色，拥有主题多样形式丰富的教育项目、针对性很强的馆校合作课程、大型主题日活动，还有举办多年的“故宫知识课堂”和“故宫讲坛”等。2018 年的故宫教育数据显示，全年已举办教育活动 60927 场，受益观众超过 41.3 万人。

如今，故宫国际培训举办得有声有色。在过去 6 年里，国际博物馆协会把 69 个国家 230 多座博物馆的专业人士请到这里来学习交流，并从这里毕业。

说到请进来和走出去，单霁翔介绍，故宫博物院源源不断地把优秀的展览吸引到故宫来，使国人不出国门就能看到精彩的世界各国的展览。同时，不断带着精品展览走向世界各地。“过去 6 年，故宫博物院已经有 135 项展览走出了自己的馆舍，走向“大千世界”，是全世界博物馆中走出自己馆舍，举办展览最多的一个博物馆。”

从最新发布的一系列外展计划不难看出，故宫博物院“走出去”的步伐已经越迈越大：2019 年 3 月，赴俄罗斯莫斯科克里姆林宫博物馆举办“18 世纪的东方盛世及清高宗乾隆皇帝”展览；2019 年 3 月，赴美国史密森学会赛克勒博物馆举办“凤舞紫禁：清代皇后的艺术与生活”展览；2019 年 12 月，赴香港科学博物馆举办“故宫文物修复成果展”；2019 年 12 月，赴澳门艺术博物馆举办“紫禁城与海上丝绸之路展”；2020 年 3 月，赴英国举办故宫钟表专题展览……一个个主题鲜明的展览，让故宫博物院的国际影响力越来越大，在世界各地的朋友圈也越来越大。通过一件件文物、一项项展览，充满活力的故宫博物院，让世人感受到来自中国强大的文化自信。

对于文化自信，习近平总书记强调，“中国有坚定的道路自信、理论自信、制度自信，其本质是建立在五千多年文明传承基础上的文化自信。文化是什么呢？它是一个国家、一个民族的灵魂。文化自信是什么？它是一个国家、一个民族发展中最基本、最深层、最持久的力量”。

采访手记
故宫看门人的“匠者仁心”

自称在北京最大的四合院“看门”的单霁翔，头上有众多民间“头衔”：网红院长、段子手、故宫“代言人”。“我们要把一个壮美的紫禁城完整地交给下一个600年。”连日来，可以用沸腾、火爆来形容故宫这位“看门大爷”在石家庄所到之处。

“生命中真正重要的不是你遭遇了什么，而是你记住了什么，又是如何铭记的。”近年来，故宫博物院通过独有的方式，悄悄地将中华文明的烙印刻在大众心里。“故宫热”不仅仅火了故宫，也火了历史，火了文化。单霁翔作为故宫博物院院长，也是故宫看门人，他用精益求精的工匠精神在管理故宫博物院，用一颗仁爱之心保护每一件文物、每一处古迹，让它们有尊严地活在当下，也越来越走入人们的内心，文化的历史传承从中得到了别样的诠释。

“五年前，人们挤在故宫门口的广场买票、验票、安检、存包，那时候大喇叭几乎每天都在广播，您家的孩子找到了，到什么地方去领。今天通过网络购票，人们10分钟以内就可以走进故宫博物院。”单霁翔用诙谐幽默的语言，介绍故宫博物院近年来的变化。

在幽默语言的背后，单霁翔无时无刻不显露着他那颗炽热的“匠者仁心”。单霁翔说，因历史原因，乾清宫前每年树立“万寿灯”和“天灯”的仪式已经停滞了179年，“今年是新中国成立70周年，我们要长志气，要通过研发将‘万寿灯’‘天灯’再次竖立起来”。通过他的讲解，观众感受到文博人的拳拳之心，也进一步认识了这位用实力盘活沉睡文物的故宫“看门人”。

多年来，单霁翔带领故宫博物院不断践行让公众更好地走近文物和历史。《我在故宫修文物》播出以后，很多人关心故宫博物院的文物修复工作，故宫博物院希望把故宫文物医院作为一个面对观众的开放单位，于是招募志愿者进行讲解。观众可以现场见证“我在故宫修文物”的过程。“志愿者们给观众介绍文物修复的过程，每天都有大量预约的观众前来参观。”单霁翔表示，要把博物馆背后的故事讲给大家听。

单霁翔多次提到“尊严”，他说文化遗产需要尊严，参观的观众需要尊严，文化需要尊严，中华民族更需要有尊严。“我们无时无刻不提醒自己肩负的历史责任。”单霁翔表示，中国有坚定的道路自信，理论自信，制度自信，其本质是建立在五千年文明传承基础上的文化自信。未来，故宫博物院将进一步通过扩大开放、丰富功能、提升服务，成为有温度的世界顶级文化殿堂，向全世界展示中华文化的迷人魅力。

（河北新闻网，记者刘萍、曹铮，2019年3月18日）

他口中的故宫更令人神往
单霁翔：要让文化遗产“活起来”

一场名为《匠者仁心——让故宫文化遗产“活起来”》的讲座在石家庄大剧院举办的消息，持续吸引着市民们的关注。3 月 18 日上午，时间尚早，省会各大媒体记者齐聚石家庄大剧院，千余名观众也已早早检票入场，盼望着一睹演讲人的风采。

9 时，当身穿中式立领布褂、脚踩黑色千层底布鞋的演讲人刚刚出现在舞台上，热烈的掌声顷刻间响起——全国亿万网友亲切地称他为“网红院长”，他则自称为“故宫看门人”，他就是故宫博物院院长单霁翔。

看现场：观众听得津津有味

单霁翔，1954 年 7 月出生，毕业于清华大学建筑学院城市规划与设计专业，工学博士，现任文化和旅游部党组成员、故宫博物院院长。网红院长有多火？在石家庄，市民们的热情再次证明了他的受欢迎程度。3 月 16 日晚，单霁翔在夜色中登上了正定古城，相关图片、视频与新闻瞬间在市民的社交网络中刷屏；在正定国际会展中心、省科技馆宇宙剧场，单霁翔的两场讲座都座无虚席，现场十分火爆。

在石家庄大剧院，人们同样表现出超高的热情。2 个小时的演讲中，单霁翔没有讲稿，全程站立，幽默而深入浅出地将一个既庄严厚重又温暖时尚的故宫为大家娓娓道来。台下，每一位观众都听得入神，现场不时爆发出阵阵掌声，观众们在愉悦的氛围中进一步了解了拥有近 600 年历史、神秘而庄严的故宫。记者观察到，整场讲座，千余位观众无一早退离场。

观众石玉珍说：“近年来，新意频出的故宫总是让我眼前一亮，听了这场讲座，才更明白了背后的原因。”观众余雨然因为纪录片《我在故宫修文物》而一直关注着故宫的文化创意产品，手机壳、杯了、口红……她笑称自己入了故宫文化创意的“坑”，她说：“越来越多的身边人开始关注故宫文化创意，也许这就是文化自信的一种具体表现吧！”

聊故宫：“殿宇之海”令人神往

“故宫博物院的历任院长对故宫都有着极其深厚的感情，我也不例外。”单霁翔说。故宫里的一花一草、一树一木、一砖一瓦，在他的眼中都是活态的生命体。2012 年 1 月，刚受命上任的单霁翔，做的第一件事，就是一间间房屋走访、察看故宫。这一走就走了 5 个月，踏破布鞋 20 余双后，他终于走遍故宫 9000 多间房屋。他对故宫博物院内 186 万余件（套）

各类文物如数家珍，甚至知道紫禁城里有多少棵树，多少把椅子，以及200只故宫猫，单霁翔对故宫的挚爱，溢于言表。

“为了让观众得到更好的体验，我们实施了多项措施。”“如今，在故宫博物院，人们看到的只有壮美的古代建筑，没有任何一栋影响环境影响安全的临时建筑。”……从故宫里的猫，讲到故宫的座椅，从成立学术研究机构，讲到建立故宫文物医院，从举办网上展览，讲到建立数字故宫社区，从文化创意研发，讲到公益青少年教育……单霁翔从管理理念、文物修缮、扩大开放面积、升级服务设施、数字文化创意等多个方面对故宫博物院进行讲解。

“今天人们再到故宫博物院看到的是绿地、蓝天、红墙、黄瓦；看到的是和平鸽、鸳鸯、小鸟以及各个时节美丽的花朵。”在单霁翔的口中，这座充满历史厚重感的紫禁城仿佛有了生命，观众直言想去故宫看风景，吃烤鸭，品文化。面对记者采访，80岁的市民李利说出了许多观众的心声：“单霁翔院长说，故宫从过去开放30%，一步步开放到80%，我想要认真地去走一走，看一看之前没看过的故宫风景！”

谈文物：文化遗产需要保护

“参观完正定古城，我一直在想，对于文化遗产而言，什么叫文化遗产保护好了？”单霁翔谈起此次正定之旅，他认为，文物有了魅力和尊严，才叫保护好了。他说：“城市市民为文化遗产而自豪，文化遗产就在他们的生活之中，他们可以自豪地对游客说，‘这就是我们的正定，我们的文化遗产’，才是保护好了。对于游客来说，他们来到这里，来了不想走，走了还想来，才叫文化遗产保护好了。”他坦言，正定做到了。

近年来，雪中的故宫、暴雨中的故宫，故宫中的猫、故宫中的花，故宫文化创意、故宫陈列展览，桩桩件件都能引起关注。在今年的上元节元宵夜，故宫博物院近百年来首次夜间开放，举办“紫禁城上元之夜”文化活动，更是让故宫博物院再次刷屏。一座古老的皇家建筑群越来越“火”，与人们的日常生活越来越紧密，真真切切地“活”起来了。在单霁翔看来，让文物“活起来”，就要让文化遗产融入现代生活。既要面向自身，不断深入挖掘文物藏品的文化内涵，让文化遗产资源在更大程度上满足人们的精神需求，又要面向公众，创新文化传播的表现形式和表达方式，让文物背后的故事融入百姓文化生活。

“河北是文物大省，这些年我来到河北许多次，我认为河北在很多方面是全国文物保护的典范。我深知让文物‘活起来’，还有许多工作要做，我也坚信只要锲而不舍、坚忍不拔、一丝不苟地认真工作，河北会涌现更多的典范。”讲座最后时分，单霁翔真诚呼吁，“请大家多支持文物保护事业，谢谢！”掷地有声的话语再次赢得了全场热烈、久久不息的掌声。

（《石家庄日报》第08版，记者刘迪，2019年3月19日）

单霁翔：不能因为沾故宫就火，就什么文创都做

七年前，单霁翔就任故宫博物院院长。七年过去了，单霁翔如何看待故宫博物院的变化？故宫博物院今后又将如何发展？3 月 23 日，单霁翔在中国发展高层论坛上给出了答案。

紫禁城正青春

今年春节，故宫博物院用一场“紫禁城里过大年”展览，为观众呈现了宫里的年味。

展览以 880 件文物藏品构成了 6 个故事，还做了“紫禁城里过大年”的文化创意系列产品，同时迎接了 150 家中华老字号。

单霁翔透露，过年期间，参观故宫博物院的观众人数同比增长 70%。

此外，还有两个突出的现象。

“北京人开始走出自己的家，开始进入故宫博物院了。北京人过去不参观故宫博物院，他们小时候来过一次就够了。但是，今天有 50% 是北京市民。更令人感慨的是 50% 以上是 30 岁以下的年轻人。”

“我真正感受到这个时候紫禁城正青春，成为年轻人们喜欢的地方。”他说。

“什么叫文化遗产保护？我觉得就是文物要融入人们的社会生活，要让它们活起来，受到社会公众的倾心呵护，要为人们的现实生活做出贡献，才是真正的文物保护的目的。”

只有被人们喜爱，文物才有尊严

“这些年，我们在重新思考故宫博物院的定位。”

在单霁翔看来，即便是博物馆的定位也并非一成不变。“长期以来，国际社会对博物馆的定义在调整——过去把文物藏品保管作为第一要务；随着国际社会的不断改变，开始把研究作为重要的内容；这十多年，国际社会关于博物馆的定位在调整，把教育放在第一位。”

但博物馆教育毕竟不同于课堂。

“博物馆的教育是以实物来进行教育的。所以，我们需要深入挖掘实物的历史的、科学的、艺术的价值。为此，故宫博物院进行了文物的清理、文物的修复以后，开始举办各种展览。”

单霁翔认为，这些展览不应该是脱离于人们生活之外的，不应该只是标注文物出土的地点、文物的年代、文物的材质、文物的编号等信息，而是应该用通俗的语言，用更多的观众能够理解的故事，生动讲述文物背后的故事、文物修复保护的故事。

"有的专家说这么嘈杂、这么多人看，我们怎么能静静地欣赏？我是有不同意见的。一个展厅，人确实很多。人们从很远的地方来，不进博物馆的人能够花时间走进博物馆，特别为这个展览、为这件展品而来，已经很了不起了。我们应该让更多人接触文化，让文化在他们的生活中占有一席之地，关键是我们如何提升观众的参观感受。"

因此，还是要"坚决地走让文物、展览融入人们社会生活的这条路线"。"用平民化的手段，亲切地展示文物，它就能够变为政府促进经济发展的积极力量。惠及民众，民众喜爱，这就是文物保护的良性循环。"

单霁翔认为，只有这些文物被人们喜爱，认为它们是改善自己生活的重要内容，他们才会倾心呵护这些文物。只有人们都喜爱这些文物，文物才有尊严。

也正是出于这样的考虑，近年来，故宫博物院的文化创意产品、综艺节目越做越大。

几年前，故宫有一部片子《我在故宫修文物》，豆瓣评分甚至超过《琅琊榜》和《舌尖上的中国》。

最令单霁翔感动的是，70% 点赞的是在校学生。"以前我以为年轻人喜欢蹦蹦跳跳、拥拥抱抱、打打闹闹的片子，而《我在故宫修文物》是一部慢节奏的片子，但是真正打动了年轻人，因为这是一部充满文化情怀的片子，讲述的是文物背后的故事。"

他透露，今年故宫博物院招收 88 名正式员工，有 4 万多人报名，经过严格的筛选，17000 人考试。

"为什么呢？因为他们都想到故宫博物院来修文物。这就是一部故宫影片的力量。"

融入人们生活才是好的博物馆

对于故宫衍生品的发展，单霁翔的态度是"既不能用传统的高大上的语言、不接地气的，特别是年轻人不喜欢的内容和方式，也不能低俗恶搞和迎合人们完全娱乐化的内容和方式"。

"我们在不断地把握这个度。例如，故宫博物院的文化创意产品，我们在不断突破、不断实践，也不断地在'冒险'。"

以故宫口红为例，"故宫博物院已经研发出品了 11900 种文化创意产品，已经涉及人们的方方面面，衣食住行都有，为什么不能出口红"？

单霁翔透露，故宫口红现在已经销售了 100 多万支，"唯一的缺点就是买不着"。

他又举了故宫火锅的例子。"故宫博物院外有一排非文物建筑，作为故宫餐厅经营，为走出故宫博物院的观众提供服务，故宫餐厅原来就是卖鸭卷和面食，后来加上了一道菜——火锅。但是'故宫'和'火锅'加在一起有危险的联想，不利于宣传防火，故宫古建筑最怕火，故宫博物院就要求这家故宫餐厅停止经营'火锅'。"

现在只要沾上"故宫"两个字，做什么就什么火。单霁翔认为，不能因为火就什么都做。"我们要选择，要把握好。我们要研究哪些能做，哪些不能做；有时候经过探索，发现效果不好，我们要主动取消。"

考察青岛故宫文创馆

单霁翔觉得，融入人们生活才是好的博物馆。

“人们关心故宫博物院，不断给故宫博物院提意见和建议，我们不断地改进，服务水平螺旋式地上升，一定要让我们的文化资源真正地活起来。”

他说：“我们会审慎地、积极地往前继续走。”

（中国新闻网，记者李金磊、宋宇晟，2019 年 3 月 24 日）

故宫“看门人”单霁翔：让文物“活”起来，网红故宫是怎样炼成的？

苹果 CEO 库克 2019 年的首次中国行，除了按照惯例去了苹果自家门店和走访部分中国的开发者之外，还多了一个以往没去过的地方——故宫博物院。

在故宫博物院院长单霁翔的引领下，库克游了一趟故宫博物院，二人还一起聊起了关于故宫的 App 开发。

这趟故宫博物院之行显然给库克留下了深刻印象。他在微博上写道：“拥有近 600 年历史的故宫博物院出品的这些 App 令人拍案叫绝！这些 App 继往开来，成为帮助全世界的人们了解中国文化的绝佳方式。”

故宫火了，除了因为人们对于皇家文化、生活极大的好奇心外，也在于它主动拥抱互联网，在近年来揭下了庄严神秘的面纱，成了“网红”。故宫不仅频上热搜，“雍正剪刀手卖萌图”被广泛传播，还设计衍生文化创意产品，开发多个 App……此前单霁翔透露，故宫网站一年访问量达到 8.91 亿，2017 年故宫文化创意产品的营业额达到 15 亿。

3 月 24 日，身穿中式对襟上衣、老北京布鞋的单霁翔出现在腾讯新文创生态大会上，对包括第一财经在内的媒体讲述了故宫文化遗产融入现代生活，让文物“活”起来背后的故事。

智慧故宫

这位网红院长的演讲一气呵成，没有演讲稿，段子、金句频出。

“我不是网红，我是被网红的。”他在开场时说。

他回顾了故宫博物院建院 90 多年，前后 6 任院长，每一任都做出了巨大牺牲和艰苦卓绝的努力，但没有好下场。或是因为安全问题，或是因为文物损毁，一件事没有做好就要下台。“我做故宫博物院院长 8 年了，还没遇到小偷，但有今天、没明天”，“只有不出事，才能做好事”。

他主动提起了一个月前的故宫的上元灯会。观众们对这次活动的热情超过了单霁翔和工作人员的预期，3500 张门票遭 3000 万人疯抢，黄牛的价格一路炒到几千元。

他对媒体透露，故宫博物院是在大年三十接到了“点亮中轴线”的任务，最初并没有计划和经费，大年初三才开始找人、提想法，进行了 4 天的设计，然后用 8 天的时间，如期举办了灯会，就是想让大家体验不一样的节日氛围，讲好中国文化的故事。

最终，故宫博物院“上元灯会”有 125 个国家大使参加，87 家外国媒体把故宫博物院的研发成果推向世界，但单霁翔也认为存在一些遗憾，例如出现了交通拥堵和黄牛，这是故宫博物院难以控制的情况。

紧接着，单霁翔详细讲述了故宫博物院数字化转型过程：从资源数据化到数据场景化，再到场景网络化，最后实现网络智能化。

他举了个例子，故宫博物院收藏的10200件各个时期不同材质的雕塑，过去都躺在库房里“睡大觉”。特别是高大的雕塑竟然连库房都没有，例如有两尊北齐的菩萨三米多高，有1500年的历史，长期以来，就在故宫南城墙的墙根底下“站”着。

为了使沉睡的文物从库房中走向观众视野，让故宫博物院收藏的186万多件文物都光彩照人，故宫博物院成立了故宫文物医院，一共有200名文物医生，通过科技和文化的结合方式进行修复保护。

除了开展文物藏品清理，加大文物修复保护力度，故宫博物院实施安防新系统的建设，例如，故宫博物院中控室有65面大屏幕，指挥着3000多个高清晰的摄像头，监视着故宫博物院的任何一个角落。

不久前，故宫博物院和华为公司签署了战略合作协议，共同建设“5G智慧故宫”，其中最重要的是让安防系统更加强大，每一件文物被移动的时候都会得到清晰的记录和监控。人们进入故宫博物院，将会通过高速的网络服务和高清视频内容，获取眼前的古建筑、文物知识链接和服务设施信息。

故宫博物院还有数字云方面的应用，通过相关的故宫App，观众们在手机上就能知道故宫博物院现在有多少项展览，展览的位置在哪儿，展览什么内容，目前展厅的状况，展厅内有多少观众等；观众们可以知道最近的洗手间在哪儿，有几个坑位空着；观众们可以知道今天故宫开放了几个茶室，有什么新书可以阅览等等，让观众能够拥有更好的参观体验。

在人工智能的应用热潮下，此前故宫博物院与腾讯公司成立了联合创新实验室，共同探索区块链、人工智能、大数据等数字技术在文化遗产保护、研究和展示领域的应用方法。在研究过程中，双方还共同尝试了使用AI技术来识读古画等最新技术应用。

让文物“活”起来

2018年，故宫博物院接待观众达到创纪录的1754万人次，超过排在第二位的法国卢浮宫700多万人次。但是对于这个数字，单霁翔并不满足，他说，自己希望未来故宫博物院的观众是亿万级，十亿万级。这就要靠互联网技术，靠数字技术来解决。

为此，故宫做了不少数字化的努力。

例如，举办网上展览，凭借高清摄像，在网上展示全景故宫，让人们在家里就能看到故宫全景；改版故宫微信、微博，白天给人们讲建筑，晚上给人们讲故事，这也使故宫博物院吸引了一批年轻粉丝，今年紫禁城初雪的相关微博阅读量超过5000万。

去年腾讯公司和故宫博物院共同推出了《古画会唱歌》项目，由方文山作词，易烊千玺演唱，把北宋天才画家王希孟的《千里江山图》与音乐、视频进行生动融合。这个作品发布

参加腾讯新文创生态大会论坛并作专题报告（2019 年 3 月 24 日）

不到 48 小时，网络收听量就超过 3400 万，甚至还有粉丝把它改编成了流行的街舞。

此外，7 年前故宫博物院就开始做起了自己的故宫 App，如《每日故宫》《故宫展览》《故宫社区》《韩熙载夜宴图》等，通过数字博物馆、数字绘画、数字文物库、数字屏风、数字多宝格，使文化遗产资源活起来，让观众参与其中；故宫博物院数字博物馆还修建起了 VR 影院；合作拍摄纪录片《我在故宫修文物》《故宫新事》，综艺节目《上新了·故宫》；合作推出《故宫：口袋宫匠》游戏等等。

通过拥抱互联网，2017 年，故宫网站访问量达到 8.91 亿；9 款 App 下载量累计突破 450 万；书签、T 恤、钥匙扣等文化创意产品销售额在 2017 年达到 15 亿元人民币。

今年再度来华的库克评价：“每次来我都能看到中国的有趣创业者，他们在用自己的方式改进世界，中国开发者展现的力量、能力是无与伦比的。苹果希望更好地为开发者们提供工具，而不仅仅关注系统的维护，帮助这些开发者们向全球用户推广。”

与故宫博物院多次合作之后，腾讯集团副总裁、腾讯影业 CEO 程武也说：“透过许多开创性的尝试，我们深刻感受到，文化价值与产业价值的良性循环，不仅完全可以实现，而且有非常丰富的实现形式。”他同时认为，传统文化不仅能“活”起来，也能够成为内容创新的重要源泉，推动文化产业走上高质量的发展之路。

对单霁翔来说，种种努力的背后，故宫博物院是想让文物、文化遗产真正地“活”起来。他希望：“将来人们在休闲的时候，不是在博物院，就是在去博物院的路上。”

（第一财经，记者刘佳，2019 年 3 月 24 日）

故宫博物院院长单霁翔：如何让故宫的文物活起来？

“第一次我到库房吓我一跳，谁躺在台阶底下？他们说那是非常珍贵的秦始皇兵马俑。”在 2019 腾讯新文创生态大会上，故宫博物院院长单霁翔谈到故宫藏品时表示，当文物得不到保护的时候，它们是没有尊严的，它们是蓬头垢面的。只有得到展示，它们才光彩照人。

单霁翔表示，进入 21 世纪的时候，故宫内 70% 的范围竖着牌子“非开放区，观众止步”。99% 的藏品是藏在库房里面，能展示的不到 1%，每天进入故宫博物院的观众感觉并不好。

为了解决这些问题，故宫博物院进行了艰苦卓绝的环境整治。开展古建筑维修保护，把沉睡在库房里的文物修复保护好。今天故宫已经开放了超过 80% 的区域。单霁翔表示，明年是紫禁城建成 600 年，故宫博物院要让收藏的 1862690 件文物，每一件都光彩照人，这就是故宫博物院重要的责任。

“我们知道我们开放再多的区域，我们迎接再多的观众，无非就是一千多万观众。我们希望是拥有亿万级的观众、十亿万级的观众的博物馆，靠什么？就要靠互联网技术、数字技术。”

为此，故宫博物院做网站、微信微博运营、App，推出数字绘画、数字织绣、VR 影像等等，“我们从资源的数据化，走向数据的场景化，从场景的网络化，走向网络智能化，我们开始走向 5G。”在单霁翔看来，博物馆一定要叫所拥有的文化遗产资源活起来，根据人们的需要不断推出人们喜闻乐见的文化创意，这就是博物馆的责任。

在 2019 腾讯新文创生态大会上，单霁翔介绍了故宫博物院的一些近期情况：

今年正月十五，故宫博物院发生了一件事，在大年三十我们接到了一个任务，希望能把北京的中轴线点亮，故宫博物院是其中重要的一段。于是我们初三通知正在休息的员工们回来，做了四天的设计，八天的安装，最后故宫博物院推出了“紫禁城上元之夜”。应该说这是一个很具挑战性的项目，我们没有这方面的计划和预期，也没有这方面的经费。但是我们如期完成了各项准备工作，故宫博物院希望能给公众一个不一样的节日氛围，我们也希望通过这样的活动讲好中国故事。

当然，它也是文化和科技的融合，我们实现了预期的目标。125 个国家的大使和外交使官，上百家中外媒体把这些场景，把故宫博物院的研发成果推向了世界。通过这次活动的成功举办，我们认识到社会公众需要这样的文化活动，故宫博物院还需继续努力。

为什么故宫博物院能够在接到通知以后，短时间内实现举办“紫禁城上元之夜”的活动目标？实际上这是故宫博物院多年来工作成果的积累。首先故宫博物院解决了长期以来存在的三大问题：第一，故宫 70% 的区域过去竖着“非开放区，观众止步”的牌子，没有开放。第二，故宫博物院 99% 的藏品存放在库房里面，能够展示的不到 1%。第三，进入故宫博物院的观众感觉并不好。为了解决这些问题，故宫博物院全院员工付出了艰苦努力。

首先，故宫博物院对环境进行了整治。确定了“把一个壮美的紫禁城完整地交给下一个600年”的目标，通过故宫古建筑维修保护，使一座座古建筑获得了健康的状态，并得到了合理利用。

我们还需要解决什么问题呢？要把这些沉睡在文物库房里的文物藏品修复保护好。故宫博物院建立了故宫文物医院，给予200名文物医生的编制，加大了文物藏品科学修复保护的力度。

对于空间环境极其复杂的故宫来说，最操心的是如何加大文物本体及其环境的监控，根据“平安故宫”工程，故宫博物院陆续建设了五个中控室，在主要的中控室里有65面大屏幕，连接着3000多个高清晰的摄像头，完成安防视频监控系统无缝隙加密工程和文物藏品全时空技术防范工程。故宫博物院的安全设施和技术手段必须是世界上最先进的，不但需要一流的设施，更需要一流的管理，不但要加大资金投入，还要提高全体员工的素质，提升安全保卫等级，更新安全保卫理念。

在世界遗产监测方面，监测内容包括文物建筑、室外陈设、植物动物、环境质量、游客动态、安全防范、基础设施、馆藏文物、非古建筑、监测保障等10个方面，涵盖了可移动文物和不可移动文物、文化遗产与自然遗产、静态遗产和动态遗产、古代遗产和近代遗产、物质遗产和非物质遗产、文化景观和文化空间等故宫世界遗产的方方面面，每个监测方面都进行了具体细化。

故宫博物院持续加大防震系统建设，对部分地面、地下库房和部分原状陈列、原状库房进行防震保护。通过对文物库房和展室进行全面排查，采用封闭式、轨道式金属密集柜、文物囊匣和现代减隔震技术相结合的手段，逐步实现故宫博物院文物藏品的全面抗震防护，同时落实文物建筑本身和内装修等非结构构件，以及附属设施的抗震措施。下一步故宫博物院将全面提升所有库房和文物建筑的抗震能力，提出地震引起的次生灾害的防御对策，力求能够防御北京周边发生八级左右特大地震的威胁。

（钛媒体，2019年3月24日）

单霁翔：让故宫文化从“馆舍天地”走向“大千世界”

由国务院发展研究中心主办的 2019 中国发展高层论坛 23 日至 25 日在北京举行。故宫博物院院长单霁翔在做客人民网访谈间时表示，飞速发展的科技为传统文化的保护、传承与传播，提供了更为与时俱进的数字化解决方案，更多的故宫文化将“走出馆舍天地，走到大千世界”。

坚定文化自信　弘扬传统文化

文化是一个国家、一个民族的灵魂。文化自信是一个国家、一个民族发展中更基本、更深沉、更持久的力量。

传统节日作为中国传统文化的重要载体，是中华民族认同的标志和联结民族情感的纽带。如何继承好、弘扬好优秀的传统节日文化，夯实文化建设的坚实根基，奠定文化自信的强大底气，是单霁翔担任故宫博物院院长七年来一直在思考的问题。

今年春节，故宫博物院办了一场“紫禁城里过大年”的展览，同时迎接了 150 家中华老字号。单霁翔透露，为了办好这次展览，故宫“拿出了 886 件文物，是史上拿出文物最多的一次”。

“每天少则两万多人，多则四万人进入我们的展厅。”回忆起当时故宫博物院人头攒动的景象，单霁翔仍然十分感慨，“人人都要过春节，人人也都有一个过年的期盼。”

“文化 + 科技”让传统文化活起来

单霁翔认为，现阶段故宫文化资源的呈现、文化能量的释放还远远不够。

一代人有一代人的使命，一代人有一代人的担当。“今天大家接受传统文化的方式、生活的节奏都不一样了，我们故宫人要主动适应这个变化。”

在单霁翔看来，飞速发展的科技为传统文化的保护、传承与传播，提供了更为与时俱进的数字化解决方案。

我们加大网站的建设，把故宫博物院所收藏的 1862690 件文物藏品都公布在网上，我们还很努力地把文物藏品拍摄出影像，这样大家不仅能查阅到任何一件藏品的信息，还能图文并茂地阅读藏品背后的故事……在科技“翅膀”的助力下，“我们的故宫讲坛，场场爆满；我们的紫禁书院，在全国各地陆续‘落户’；我们的故宫知识课堂，还走出了国门”，单霁翔说。

把壮美的紫禁城完整地交给下一个 600 年

作为故宫博物院第六任院长，单霁翔上任之初就曾表示，要把壮美的紫禁城完整地交给下一个 600 年。明年，紫禁城将迎来 600 岁生日，他的“小目标”完成得怎么样？

据单霁翔介绍，故宫博物院目前正在进行中的两项最大的工程——为时 18 年的故宫古建筑整体维修保护工程和为时 8 年的“平安故宫”工程都将在明年竣工。

“届时，会有比往年更多的优秀的展览不断地呈现给大家，通过更强大的文化传播力，更亲民的姿态，使更多的人走进故宫博物院，享受中华传统文化。”单霁翔信心满满地表示。

（人民网，记者孙婷婷、黄玉琦、王欲然，2019 年 3 月 24 日）

单霁翔：做 9999 件事，但没把文物保护好，就对不起社会，对不起国家

中式立领蓝褂、黑色千层底布鞋，作为故宫博物院院长，单霁翔这个周末有点忙。

继 23 日在 2019 中国发展高层论坛上回应故宫火锅、故宫口红等热点问题后，3 月 24 日，单霁翔出现在 2019 腾讯新文创生态大会上，讲述了故宫这个 600 岁“网红”背后的创新和与时俱进。

事实上，在单霁翔之前，鲜有人知道历届故宫“掌门人”。不过随着故宫的走红，单霁翔开始走进大众视线，被网友们封为段子手、网红。

“其实我真不是网红，我是被网红的，我就是在故宫博物院里面看门。”单霁翔笑着说，“并不觉得我是个幽默的人，其实我是讲故事，因为讲好中国故事，是要用很生动的语言。”

此前，单霁翔曾在接受央视《面对面》采访时提到，要让故宫以及文化遗产更有尊严。如今，7 年时间，在单霁翔手里，故宫，变了模样。

临危受命：一个烟头也管，一个井盖也管，一块墙皮也管

“如今的故宫淡季不‘淡’了，今年 1、2 月份，故宫博物院观众量同比增长了 51.8%，30 岁以下的年轻人占比达到了 50%；在开放区域上，过去故宫博物院只开放 30%，到今天已经开放超过了 80%。”现场，单霁翔用一组最直观的数字描述了故宫的变化。

如今的故宫博物院已成为中国文化创意第一大网红，让这一切发生变化的正是故宫“掌门人”单霁翔。

2012 年，58 岁的单霁翔被任命为故宫博物院院长，成为自 1925 年故宫博物院成立之后的第 6 任院长。从小在四合院里长大的单霁翔也许没想到，在临近退休的年纪他会到“世界上最大的四合院”来“看门”。

“当时确实很激动，因为我知道故宫是全世界最大规模、最完整的古代宫殿建筑群，是收藏中国文物藏品最丰富的一座宝库，还是全世界观众来访量最多的博物馆。”

但是当单霁翔真正来到这里后才发现，问题随处可见：故宫的大部分区域竖着“非开放区，观众止步”的牌子；90% 的藏品都“沉睡在库房里，谁都看不见”；观众进了故宫博物院以后，就跟着导游往前面走，看看皇帝上朝、睡觉、结婚的地方，里面人挤人，人们压根没把这里当作一座博物馆。

于是，在到故宫博物院后的几个月，单霁翔成了故宫人口中“行走的院长”，走遍了传说中“紫禁城 9999 间半的房舍”。大夏天，秘书脖子上挂着相机，吭哧吭哧跟着跑，偷偷抱怨：

“跟着我们院长，废鞋。”

5个多月的行走，让单霁翔对故宫博物院的了解事无巨细，同时也让这位院长下定决心，对故宫博物院的环境实施大刀阔斧的“改革”。在单霁翔看来，故宫博物院不仅要关注文化遗产保护，还应关注观众的需求，让文物和观众都拥有尊严。

改革最先从“装点门面”开始，之前人们来到故宫午门前，要排很长的队，整个午门广场挤满了观众，听到很多抱怨。于是，单霁翔就组织力量对端门广场西侧的古建筑进行维修后，设置了30个售票窗口，以保证观众到故宫博物院前，3分钟内能买到票。

随后，单霁翔提出“故宫禁烟”“开放区不允许有一片垃圾”“屋顶不能有草”“8万人次限流”等一系列措施，并建立了故宫文物医院，会集了200名故宫文物医生，加大了文物科学保护的力度。

纪录片《我在故宫修文物》令人印象深刻的一幕是：一位文物修复师犯烟瘾，一边抱怨着“也不让我抽根烟”，一边认命地骑车，越过重重宫墙，到故宫外冒上两口。

捡垃圾、拔野草这些在别人看来都是“小事”的事情，在这位65岁的老人看来，都是必须且紧迫要做的事。经常弯腰俯身，是工作人员对单霁翔最深刻的印象。

“一个烟头也管，一个井盖也管，一块墙皮也管。”同事们埋怨他管得太细。单霁翔轻松笑笑：“把一件一件小事做好，积少成多，就能看出大的变化。”

事实上，不仅仅是环境的变化，让故宫博物院更加开放，让文物“活”起来，是单霁翔7年来一直努力的方向。

“故宫博物院开放再多的区域，迎接再多的观众，无非就是一千多万。我们希望是亿万级的观众，十亿万级的观众，靠什么实现，就要靠迅速发展的互联网技术、数字技术。”

数字化、AR、VR、科技、数字故宫社区……如何让古老的文化借助科技走得更远更好，是单霁翔频频提到的话题。

利用数字技术，故宫博物院让正襟危坐的皇帝变得有血有肉起来：“感觉自己萌萌哒”的雍正、挤眉弄眼的康熙。数字绘画、数字化多宝阁、数字织绣、虚拟现实剧场等，更使故宫“活”了起来。此外，故宫博物院研发的一批被社会赞为“萌萌哒”的文化创意产品，例如“故宫彩妆”“故宫食品”“故宫服装”等更是吸引了无数年轻人的眼光。

但是，对于一向在活泼中守着几分沉稳的故宫博物院来说，“走红”也对故宫和单霁翔带来更多的挑战。如何在保护与开拓中取得平衡，是当下故宫博物院面临的问题，毕竟故宫作为中国文化的顶级IP，在聚光灯前的每一步都会被放大检验。

所谓“君子有所为，有所不为”。在很多人看来，似乎现在只要沾“故宫”两个字，做什么就火什么。但是单霁翔却认为，不能因为有影响就什么都做。“我们要选择，要把握好。我们要认真研究，哪些能做，哪些不能做，有时候需要经过探索，发现效果不好，要主动调整或改变。”

对于故宫文化创意内容的研发，单霁翔的态度是“既不能用传统高大上的、不接地气的、年轻人不喜欢的内容，也不能低俗恶搞、迎合部分人的要求完全娱乐化。我们在不断地把握这个度。例如，故宫博物院的文化创意产品，我们在不断突破、不断实践，也不断地在冒险”。

荣耀和责任往往是密切相关的，故宫博物院的院长是一个风险很大的岗位，一定要把每一件事都能预想好，都能安排好。“你做 9999 件事，但是因为一件事没有把文物保护好，你就对不起社会，对不起国家。”单霁翔表示。

随着紫禁城 600 岁生日的即将到来，单霁翔，这个走遍故宫的人，如今正在思考如何把壮美的紫禁城完整地交给下一个 600 年。

不止七年。单霁翔和故宫博物院的缘分，早在担任故宫博物院院长之前就已开始。

从小在四合院里长大的单霁翔，对于承载历史的四合院有种别样的情愫，这里春夏秋冬四季分明，可以接地气、望天空。“慢慢地，了解得越来越多，一草一木，一楼一阁，都与某个历史瞬间、历史故事对接，感情就再也无法拔出。”

连成一片的四合院中烘托出红墙黄瓦的故宫，是单霁翔年少时心中真正壮观的古都形象。“想到不久以后，钢筋水泥铸就的城市景象将彻底遮挡住这些，心中就掠过莫名的担忧和惆怅。”回忆起年少时登上景山眺望紫禁城，单霁翔依旧难忘当时心境。

20 世纪 90 年代，在单霁翔担任北京市文物局局长期间，曾主持故宫筒子河保护与整治工作。2000 年至 2002 年，在担任北京市规划委员会主任期间，他又主持了“北京旧城 25 片历史文化保护区保护规划”“北京皇城保护规划”等项目，每一个都与紫禁城、与古建筑文物有着千丝万缕的联系。

文物保护，似乎贯穿着单霁翔大部分的生活和事业。主政国家文物局的 10 年间，单霁翔几乎没有休息时间，每年半数以上时间都在出差，经常被笑指“不是在考古挖掘现场，就是在去现场的路上”。

在他看来，要把那些恢宏的皇家古建筑当成一本书去阅读，而不是当成一个景点去参观。“文化遗产属于我们每个人的记忆，我们作为文物保护的传承人，有责任把历史梳理清楚，把过去和今天告诉未来。”

单霁翔不仅一次提出，一些城市在建设过程中忽略文化遗产保护的种种现象。他曾在接受采访时谈道：“一些城市在所谓的旧城改造和危旧房改造中，采取大拆大建的开发方式，致使一片片历史街区被夷为平地、一座座传统民居被无情摧毁，由于忽视了文化遗产保护，造成了这些历史性城市文化空间的破坏、历史文脉的割裂、社区邻里的解体，最终导致城市记忆的消失。”

当现代文明不断冲击传统文化，这些红墙黄瓦的传统建筑如何健康地走向未来，走出一条与时俱进的保护之路，是早在来故宫博物院之前，单霁翔就一直关注和探索的问题。

匠人之大者，莫过于以心守护，匠心之大者，莫过于敬畏传承。当朝霞满天的时候，当日落西山的时候，当月亮升起的时候，望着独具特色的故宫文化景观，望着那些曾经见证历史和人世间喜怒哀乐的故宫古建筑，单霁翔心底也许会生出一种静静守护的幸福。

（每日经济新闻网，新文化人物，记者温梦华，2019 年 3 月 25 日）

“故宫操盘手”单霁翔

黑色中式对襟衫、脚踩老北京“懒汉”布鞋，北京的早春时节，一副标志性着装的单霁翔又现身了。

3 月 23 日和 24 日，是周末。前一天，他出席了中国发展高层论坛，后一天，他出席了腾讯新文创生态大会。马不停蹄，花甲之年的单霁翔，节奏不是一般的强，隔天转场，连身上的着装都没有换过。

“我们就是要让这些文物真正地活起来，活在当下，活在每个人生活中”，“就是要把文化遗产保护的权利交给社会公众。”

高台之上，灯光与目光聚于一身，发色已显灰白的单霁翔在讲这些话的时候，中气充沛的嗓音，难掩高亢和激扬。

三句话不离本职，单霁翔向人们一项一项地推介故宫正在进行的变革和创新，向人们讲他为什么要推动故宫博物院走向大众视线、迎合互联网时代。

从讲演现场下来，单霁翔下一个安排是出差外地，没有稍事停留，马上就要赶往机场。

“就一分钟，一分钟……”

一拨人把他堵在后场通道中，电视台工作人员把话筒递到跟前，一定要他接受采访。

站在墙根前说了几句，满足了当事记者的需求，但是还有好多家媒体要采访。在工作人员接连挡驾遮护之下，单霁翔终于得以脱身，和助手单独乘上电梯离开。

单霁翔被追逐，不输任何明星，又有所不同。舆论上看，明星流行，往往指代文化的失落，而他的走红，则被叫作文化担当。

“我卖萌，你就愿意看我、了解我。你走近我了，靠近我了，然后你有了兴趣，自然会去追寻背后更深刻的故事、更深厚的内涵，那就真正走进了博物馆。”中国文物学会常务理事、光明日报高级记者李韵对《后厂村 7 号》记者说，“他能够放下身段，是一个很不错的表率。现在的博物馆应该是这样的，不是高冷的，应该是有亲和力的。”

通过对故宫博物院里里外外进行互联网化、数字化的改造升级，成功操盘，实现了一波接一波的“吸睛”“吸粉”，在单霁翔运作下，古老而沉寂的文化遗产具有了罕见的表达张力。

“全国的博物馆馆长，都应该向单霁翔局长学习，人家懂行，知道应该抓什么、不抓什么。”中国文物学会文物修复专业委员会会长贾文忠对《后厂村 7 号》记者说，“中国一半的博物馆都在停滞不前。为什么老百姓都不去博物馆？就是本身没做到家。十年都不变，谁去呀？得有新东西来支撑。”

贾文忠 20 世纪 90 年代就和单霁翔认识了，目前单霁翔还担任着中国文物学会的会长，贾文忠负责的专委会，大小事项都需要向单霁翔请示汇报。

亲民、没有官架子、实干者——《后厂村 7 号》记者接触到的单霁翔朋友圈里的人，对他及他所做的事情，都有类似的评价。

“我觉得单局还是性情中人。”贾文忠告诉《后厂村 7 号》，他眼里的单霁翔，“官气不重，谁都可以跟他说得上话，谁都可以交流。”

能让一向以皇家气派、高山仰止的面孔示人的紫禁城活泛生动接地气，不仅是技法上娴熟多样、轻车熟路，从更为内在的性格、学识等个人素质上来讲，身为故宫操盘人的单霁翔，也不无底子和优势。

2004 年 10 月 25 日，江西财经大学的两个学生记者怀着陌生和怯懦的心情，和单霁翔相遇。

这一天，身为国家文物局局长的单霁翔在江西南昌出席会议，在一行官员公务活动转场的过程中，《江西财大报》这两位学生壮着胆子，向单霁翔提出采访请求，单霁翔非但没有拒绝他们，反而“欣然”邀请他们同车随行。这让学生们不禁“心跳加快”。

单霁翔没有简单将他们当作学生对待，而是把他们看成了“文物宣传队伍的一员”“将来都是国家建设的主力军”，他很看重高校学生对于文物工作的参与，在采访中提出，高校也可以举行一些文物宣传教育活动，“在学好专业知识的同时，多了解祖国的历史文化是大有裨益的。”

到达目的地之后，单霁翔留他们旁听“全国文物宣教工作会议”，不仅多次向在场官员介绍这两个学生记者，还执意留他们吃午饭，就安排坐在自己身边。单霁翔的这一系列言行，马上产生“路转粉”的效应。两位记者在事后写道，这番经历中，自己“消除了对领导的神秘感和对文物保护工作的陌生感”。

单霁翔一贯的观点是：文化遗产保护，无法孤芳自赏，需要与民众平等交流，用平民化的方式说明自身工作的意义，为民众所理解。

“文博圈在过去，甚至是现在，还是相对封闭的，理念上相对比较死。”跑了 20 多年文博系统报道的李韵说，单霁翔进了文博圈，带来了一些新理念。她特别提到一个细节——单霁翔是她见到的第一个做工作报告时会用到 PPT 的文物局领导，“之前都是念稿子，给人感觉是古老的保守的。用 PPT 也是一种新气息吧，更有说服力，更直观”。

“到了故宫都是坎儿”

2011 年 8 月 5 日清晨时分，单霁翔接到组织上的通知，翌年他将出任故宫博物院院长。

一个国家文物局局长，去担任下属单位一把手职务，尽管文化部党组成员和副部级的职级身份不变，但是在一些人看来，这种由高走低的任命未免异乎寻常。

李韵告诉《后厂村 7 号》，单霁翔从一个管全国文物的局长，变成了管故宫一处文物，权力变小了。但是她同时认为，在当时的背景下，单霁翔出任故宫博物院院长，是不二人选，因为他具有“魄力”和“个人魅力”。

《后厂村 7 号》注意到，单霁翔到故宫博物院任职轰动一时，人民网还特别给他搭建了一个新闻专题，文辞之间，满是冀望和看好。

当时的故宫博物院，发生了一连串的事件，失窃案、错字门、会所门、哥窑钧瓷损坏等，人称“故宫十重门”。李韵回忆，加上信息披露的不及时，不透明，将故宫博物院原领导打击得够呛，手足无措。

汹汹舆情，在故宫博物院遭遇这种历史性严峻节点时，单霁翔的走马上任，多少带了一些临危受命的意味。

单霁翔上任后一个月，即召开一次媒体通气会，谦称：担任院长一职，对于他的能力、学识和经验都是一个挑战。

但是他显然并非没有准备。从讲话来看，单霁翔已经对故宫博物院今后发展进行了通盘考量，人们关心的和故宫博物院需要解决的问题，像开放、安全、保护以及社会定位等都逐条谈及，今天人们看到的故宫博物院气象，基本都可以从这次会上找到思路源头。

单霁翔首要的事务，是与媒体建立互动机制，让故宫博物院与公众之间的关系变得透明和去沟壑。

李韵记得，故宫博物院原来与外界舆论的互动很少，单霁翔上任后，大大小小媒体都接待。在她眼里，单霁翔是那种善用媒体、善待媒体的领导。

“完全开放的心态，而且有问必答。他不会要求审稿，不怕别人歪曲他，有这个底气。”李韵看到故宫博物院在单霁翔操盘下发生的舆论变化，也看到许多跑口媒体对故宫博物院态度的改变，“他们工作中有一些细节上的失误，大家不会追打”。

单霁翔的行动力，在《后厂村 7 号》记者接触的采访对象中颇有口碑。

他办成的事，有些是故宫博物院之前想办没办好的，或者原来办得不大有起色的，比如每周一的闭馆、比如限流、比如将开放区域扩大到 80%、比如拆除违法建设以及将非故宫单位清出宫墙，再比如搞活故宫文化创意和周边产品，每一件都牵涉诸多头绪和主体。

“非常不容易，他敢于打开一扇一扇的门。”央视《百家讲坛》主讲人、著名晚清史学者贾英华说，“打开门意味着责任，啰唆事儿就容易全来了。”

包括单霁翔在内，贾英华与故宫博物院三任院长都熟，对其历史和人事掌故如数家珍。因为手中收藏着原版爱新觉罗宗谱，曾被故宫博物院老院长张忠培称为不在编的“故宫人”。他告诉《后厂村 7 号》记者，远在逊帝期间，溥仪曾打开过建福宫花园，发现在册的东西多有不全，于是想清点其中的藏珍，结果被太监提前一把火给烧毁了。建福宫花园至今仍是故宫里的一片著名遗迹，被称为“火场”。

贾英华认为，假如做不到心中有底，后续的一系列创新、开发、利用和保护预案，不免会有极高风险。在他看，“老单不是盲动的”。

贾英华原来在国家某部委任职，2012 年退休，当年正好是单霁翔到故宫博物院初上任。两人几年没见了，见面一握手，单霁翔就对他说，祝贺你安全着陆。

这句话一直印在贾英华的脑海里，“体现一种什么心态呢？就是说，他这个人，第一注重的还是安全”。

故宫博物院的院长不好当，在单霁翔的圈子里几乎是共识。故宫博物院历史上，遇“坎”的院长，不乏其人，远如易培基，近如张忠培、郑欣淼，任内不是失窃，就是火灾，以致故宫博物院院长无形中沾上了一层宿命的色彩。

“这些院长都想把事儿办好，都想把故宫博物院办好，但是由于各自不同的阅历和不同的角度，都遇到了不同的问题。”贾英华告诉《后厂村 7 号》，“故宫的人有这么说的，他们这些人，一个人一个命，到了故宫都是坎儿。”

贾英华说，单霁翔“在这种情况下能够迅速安定局势，而且能够不甘心于守旧，能够有创新思维，难得”。

“所有压力都压到他一个人身上了”

俗语讲，一入宫门深似海，人们只看到了单霁翔入宫后给外界带来的欢快、热闹，但单霁翔却说，他是“如履薄冰”。

奇怪的是，一边声言故宫博物院院长是高风险职位，“有今天没明天”，一边他还在继续“盘活”故宫博物院。

“他选秘书，是故宫博物院科研处的一个骨干，你就知道他这个思维了。一般传统做法就弄个保管部（出身）的，知道家底怎么回事儿。他不是。”贾英华说，从挑选秘书的细节可以看出单霁翔的“前瞻性”，“在推广上、在研究利用上，是主张科技创新的”。

单霁翔所有行为都有一个理念原点，认为开放利用才是最好的保护，对于木结构的建筑，他的看法是越经常使用和维护越安全，如果闲置反而糟朽得快。

至于守护故宫的责任，照单霁翔的意思，也不是他们一帮子人关起门来就能承担得了的，而把故宫的门进一步打开，在他逻辑中反而有利：“当人们获得知情权、参与权、监督权和受益权的时候，文物才更安全。”

不四平八稳地在原来那座“冷宫”站好最后一班岗，而选择一反常规套路，在单霁翔的旧交于中宁导演看来，这和单霁翔那种“就是要做点事”的性子不无关系。

于中宁说，单霁翔正面对着传统的文物保护观念的怀疑、质疑，“觉得他是不是有点太新潮了”。

推陈出新，既要面对外部的议论，更要推动内部的转变和转型。

《后厂村 7 号》记者了解到，单霁翔的创新做法，让故宫人工作强度不断增大，有员工说，他们的工作量在原来的基础上提高了两三倍。

“原来可能一年有一个展览，修几件钟表，现在对内对外的展览多了，修复任务就很繁重。”故宫博物院副研究馆员亓昊楠说，最开始虽有不适应，但开放的益处也很明显，“更多的人愿意投入一些资金帮助我们去建设故宫博物院、修复文物，可能原来做不成的事儿，现在通过外界的支持和帮助，就能做成了”。

故宫网红IP组合：钟表修复专家王津、亓昊楠

亓昊楠和他的师傅王津，因为2016年《我在故宫修文物》一片走红，成为故宫网红之一。

故宫火了，让文物修复的传承受益，原来亓昊楠的部门只有三个人，招人都难。现在，他和王津师傅都收了各自的徒弟。

在亓昊楠眼中，单霁翔雷厉风行，是个强有力的人，“全院禁烟，说不能抽烟，那就不能抽烟。然后拆违建，说拆就拆”。

不少现场照片显示，单霁翔会亲自和工人一道上阵，把违建拉倒。

李韵称，单霁翔的身体力行，对故宫博物院开出新局面，起到了极大推进和示范作用。据她所知，故宫博物院的宣传口经常晚上八点还没下班，而单霁翔大多时候也会在办公室一起加班。

“他会在现场，不是说我把活派下去了就完了，他跟大家在一起。”工资不高，经常加班，李韵也曾听到有故宫博物院员工的怨言，“领导都在这坐着，不管你愿不愿意，都得做吧。但另一方面，所有压力都压到他一个人身上了。”

最近一次的“紫禁城上元之夜”，其中的挑战事后也被披露：在没有经费、计划的背景下，接到任务后，单霁翔初三把休假员工召回，十二天内，加班加点，合力应对。

所有一线员工紧锣密鼓投入其中，事后却毁誉不一。

“没有经验，时间也紧，第一次就把它做得十全十美，谁也做不到。”亓昊楠说。

他明确挺院长，“我觉得领导干部敢干，而且干的每一步都是对故宫博物院有好处的，应该支持”。

把自己的人搞得多多的

履新之时，有人问单霁翔，新官上任三把火，你准备怎么烧这三把火？

单霁翔答：故宫是世界上规模最大的木结构建筑群，最怕火，所以我一把火也没有。

从《后厂村7号》记者的采访中来看，善于做人的工作、团结到各方面的力量，是单霁翔操盘故宫博物院的一大特点和看点。

到了故宫博物院，推陈出新，又没有汰旧换新、全盘改换，单霁翔不像传统的改革者那样激进和突兀，而更多显现一团和气。

他的做法，与前人哲言吻合，“把自己的人搞得多多的”。

有采访对象说，人事关系上，一般都是人走茶凉，但是故宫博物院的几任院长，关系都比较融洽。

2017年7月以前，故宫博物院共有两位退下来的正院长，一位张忠培，一位郑欣淼，加上在任的单霁翔，三个人有时候会上演亲密无间的场景。

大高玄殿五年前启动半个世纪以来的首次大修，天下着雨。仪式上，三任院长到场。

单霁翔讲话，淋着雨，没人给他打伞。郑欣淼讲话，单霁翔给他打伞。张忠培讲话，郑

欣淼给张打伞。

现场照片，日后被单霁翔放到演讲PPT中。讲到郑欣淼，他在他姓名前加上“老院长”的称谓，讲到张忠培，他在他姓名前加上“老老院长”的称谓。他说：“什么叫传承，这就叫传承。”

张忠培在2015年专门以《故宫人放心，我也放心》为题在《光明日报》上发文，赞单霁翔“长江后浪推前浪，世上新人超旧人”，说他是工作狂和拼命三郎，“为故宫开创了新局面，搭建了上升的新平台”。

至于郑欣淼，虽然没有公开为单霁翔站台，但他在退休后，仍在故宫扮演着自己的角色，至今担任故宫研究院院长，他主持的故宫专业讲座，也在继续举办。有些重要的场合，他会和单霁翔一块儿出场。

“单霁翔院长一上任就问计于这些老一辈。老单接班之后，成立了一个故宫研究院，让老郑当的院长。”贾英华说，“一般来说，就是本朝不理前朝事。我接任以后，你不要干扰我。所以在这个问题上，单霁翔就比较开明，体现了老单的一种胸怀。”

单霁翔透露过，故宫博物院有350名高级职称的研究人员，70%以上都进入到退休年龄，有的已退休多年。他说这都是故宫博物院最宝贵的财富，为了把他们请回来，故宫研究院先后设立了20个研究所。

李韵说，发挥了这些人的余热，对于老先生们是好事儿，对于故宫博物院，更是一件好事儿。这是一个双赢的事情。

人缘不光结在内部，在文博圈里，单霁翔凭着十几年的主管文物工作关系，与谢辰生、罗哲文、宿白、黄景略、傅熹年、耿宝昌等一批文博圈的名宿大家建立了交谊，而两院院士、国家最高科学技术奖获得者吴良镛先生，更是他在清华大学攻读学位的博士生导师。

这都是在业界具有举足轻重的话语权的人物，其中有些老先生，曾为文物保护屡次致信中南海，资历与声望显著。

“他比较尊重那些老先生，过年过节开各种会，都要征求一下老先生的意见，比如谢老（谢辰生）、罗公（罗哲文）这些老先生。开各种会，都把这些老先生搁在前面。”贾文忠说。

在一篇缅怀考古界泰斗、北京大学教授宿白的文章中，单霁翔回忆，节日期间拜访德高望重的学者，近20年来不曾停止。

2018年底，中国文物学会换届改选，合影的时候，贾文忠朝第一排看，没见单霁翔人影，坐着的都是老先生们，倒发现单霁翔站到了后面一排，“在我见到的场合，基本都是这样的”。

还在国家文物局的时候，单霁翔就很关注老先生们的意见，具体到全国文物局长会议上应该重点强调什么问题、部署哪些工作，都要一一咨问，而老先生们对于单霁翔工作的推动和帮助，也不乏其事。

20世纪90年代，国内就有声音提议设立“文化遗产日”。到了2005年，单霁翔在全国政协大会上提出提案，认为设立“文化遗产日”的时机已经成熟。提案送到相关主管部门，答复说各地各部门设立自己节日的呼声很多，需要严格控制。

单霁翔发现同期有新节日设立，提出疑问。得到答复说，那是领导人基于重要性特批的，你这个如果有明确批示，也可以。

单霁翔回头就和谢辰生、吴良镛等 11 位老先生座谈商议，由他们用毛笔联名写信给中南海，力陈设立文化遗产日的必要性，获特别批示。第二年就实现了。

单霁翔入职故宫博物院，也获得了老先生阵营的支持。谢辰生在“十重门事件”时期就质疑过故宫博物院，情之深责之切，那几年谢辰生与故宫博物院并无交流。知道单霁翔要当故宫博物院院长，谢辰生说，希望也相信他能搞得好，不要再出问题了。

在谢辰生眼里，单霁翔当国家文物局局长时，“保护文物，保护名城非常坚决”。2013 年，谢辰生写过一篇文章，题为《难忘的十年》，对 2002 年到 2012 年十年期间的文物工作表示充分的肯定，他说：“这也是对单霁翔的肯定。”

单霁翔到故宫博物院后，成立了数个院外专家参与的专委会。单霁翔说，他们的作用就是“对我们的工作予以指导”。比如故宫修缮、“平安故宫”工程等专家咨询委员会，谢辰生都在其中，几年未与故宫博物院交流的局面由之一改。

在 2018 年出版的《谢辰生口述》一书中，谢辰生评价单霁翔，“现在在故宫干得也不错”。

“民众是文化遗产的真正主人”

2003 年 3 月 9 日晚，位于东二环朝阳门的文化部餐厅里，陕西省眉县杨家村的王拉乾、王明锁、王宁贤等五位村民，在这里吃了一顿饭。

国家文物局局长单霁翔在这里专门设宴款待他们。五位村民紧挨着单霁翔而坐。席间，单霁翔给他们一一递烟点火，不时夹菜。

这五位农民，有一个共同的荣誉——国家珍贵文物保护功臣。

一个多月前，五位农民在劳作时挖到埋藏着 27 件西周青铜器的洞穴，报告给文物部门。这批文物对夏商周断代工程的研究具有极高学术价值，被考古学界称为“21 世纪重大考古发现之一”。

国家文物局将五位农民和 27 件文物请到北京，专门在中华世纪坛设展。一反主流，开展仪式上，没有大领导，就安排五位农民作为主角剪彩。单霁翔认为他们“最有资格”。

当天晚上宴请这些农民的时候，一位“功臣”感慨道，兄弟几个平时到过的最大城市就是眉县，连宝鸡市都没去过，这次到北京，受到如此隆重的接待，感到很光荣。

单霁翔承诺，你们还可以到罗马、巴黎看看，那里也展示着大量出土的文物。

第二年，五位农民再次获奖励，前往欧洲进行了为期 10 天的观光考察。

到了 2011 年，随着农民保护文物的事件在全国各地接连涌现，国家文物局决定在陕西省和云南省两个村为“功臣”们立碑纪念，杨家村五村民的名字被刻到了“文物碑”上。

立碑前看了一下碑文，单霁翔“大吃一惊”，大部分篇幅都是在表扬各级大小领导，包括国家文物局在内，最后一段才表扬到农民群体。单霁翔要求把表扬领导的内容全部删除，只讲农民事迹，“刻上每一位农民兄弟的名字，就是要告诉村庄的未来子孙，他们的前辈做出了值得骄傲、应该世代传诵的事迹”。

到了故宫博物院，单霁翔说文化遗产保护不是他们故宫人的专利，不是哪个部门、行业和系统的专利。从文献记录来看，这个观点，实际上是他在国家文物局一贯主张的延续。

从杨家村村民护宝等事例上面，单霁翔看到，在文化遗产上，广大民众是有觉悟、讲感情的。

单霁翔担任国家文物局局长的十年（2002—2012年），正是中国经济飞速发展的黄金时期，其间，文物保护与经济发展的关系一直存在着矛盾，显得“弱势”，《人民政协报》就提出，单霁翔主政的10年，全国文物保护工作面临前所未有的挑战。

《后厂村7号》记者注意到，民间涌动的自觉自发的力量，对文物工作是一种助力。

单霁翔喜欢提倡公众参与，在他任内，发布了《关于进一步发挥文化遗产保护志愿者作用的意见》，把志愿者定义为文遗保护“生力军”。

实际工作上，单霁翔和志愿者们相互协力，形同伙伴。民间人士给他写信，呼吁他关注一些濒危文物的处境，施以援手，基本上都能得到单霁翔的批示和回应。有些事件，单霁翔甚至会直接深入到一线现场察看和干预，在志愿者中颇受认同。

“我得到的批示数不胜数，而这些批示是文物保护的保障。”一位知名的文物保护人士曾这样写道，单霁翔离任国家文物局时，她感到心情低落。

换岗位后，单霁翔把擅走群众路线的个人特色和风格也带进了故宫博物院。

2017年6月22日，在故宫建福宫花园敬胜斋里，举办了一场追思会。追思对象名叫何刚，河南省的一个农民。

何刚在1985年挖地基时挖出19件元代金银器，悉数捐给了故宫博物院，填补了故宫博物院在这方面的藏品空白。他的名字因此被镌刻在了故宫博物院为捐献者设立的“景仁榜”上。

2017年5月，何刚在山东的高铁工地上发生事故，不幸去世。故宫博物院方面得知消息，把何刚家属请到北京参加追思会。故宫博物院的历史上，这是第一次为普通农民举办悼念活动。

“挺感谢他的，对我家的照顾。”

何刚之子何俊清向《后厂村7号》记者回忆，当时一进故宫博物院，单霁翔就让秘书拿了一份书面文件给何俊清签字，给他一笔慰问金。单霁翔还对他说，你家有情，故宫有义，这是故宫博物院的一点心意。

追思会现场，何刚捐献的文物被一字儿摆出来，何俊清头一次见到父亲捐献的这些东西，感到很惊讶。

追思会上，单霁翔发表了一个讲话，给予何刚极高的评价，希望通过何刚的事迹，带动更多的民众关注、参与文化遗产的保护。“民众是文化遗产的创造者、使用者和守护者，是文化遗产的真正主人！”

他正在“开花结果”

世界上最大四合院的“看门人”——单霁翔给自己的角色定位。

“应该讲，他的志向从一开始就是保护文物。但是怎么样能够可持续地保护文物，要把保护文物、利用文物、获得收益，回过头来更好地保护文物，形成一个良性循环，我认为这是几十年他一直在思考的。现在开花结果了。”于中宁导演对《后厂村 7 号》记者说，单霁翔是一个明白人，“让他去当故宫博物院院长，我觉得这是非常有眼光的一件事儿。”

2018 年夏天，于中宁和夫人去故宫博物院拜访单霁翔，作了一番长谈，单霁翔不仅和他们系统地回顾了自己从政文物口的桩桩件件实践历程和理念，临别时，还送给他们一沓自己发表的文章。

“阅读范围不会超过 50 个人，就是很专业的搞文物和古建筑的人才会看的东西。”于中宁夫人说，见他们前一天，单霁翔正在给一个刊物赶写有关故宫的文稿，写到夜里三点钟，“大家都说他是网红，他完全不是那样的人。他真正是不断地思考、不断地总结。”

于中宁与单霁翔结识于 20 世纪 80 年代末，那时单霁翔还是北京市规划委城区处的处长，当时在科学教育电影制片厂工作的于中宁刚拍完欧洲建筑系列片，在建设部的一个内部沙龙上放映幻灯片，单霁翔就在场。

提到单霁翔，于中宁一连用了好几个“特别”，“对古文物、古建筑热心，希望能够保护、能够宣传的一个人”。

当年，听说于中宁即将拍摄关于中国古建筑和历史名城的系列电影，单霁翔就带着于中宁去看四合院。两个人骑着自行车满北京转悠，挨个敲门进去，有时候会被人骂出来。

看四合院的过程中，于中宁对单霁翔的所思所想有了进一步的了解，“他就认为根本不应该修二环路。他就认为北京老城区就应该保留过去的格局，这也是梁思成的想法”。

梁思成是捍卫古建古城的一面旗帜。单霁翔的很多言论和文章中，都能找到梁思成的名字和引文。

于中宁后来拍出一部《不朽的古代建筑》，并且系统拍摄了故宫；而单霁翔则在仕途行进中，渐渐崭露头角，步步走高。

单霁翔在文物圈最初获得认同的一件事，是在市文物局任上，一举恢复了全国重点保护文物单位妙应寺的山门和钟鼓楼，腾退迁走副食商店。这是一处毁于“文革”的景观，文物专家为它的复建牵肠挂肚、奔走呼喊多年。苦于旧址上的商业、民生等各方利益纠缠，原来一直没有实现。

于中宁说：“当时这件事儿在文物系统，好评如潮。多少年解决不了的问题，他来了就能解决了。”

根据单霁翔去年向于中宁夫妇的梳理与回顾，他在担任北京市规划局局长和国家文物局局长期间，主要做了几件大事：划定 25 片历史街区、保留潘家园旧货市场、批准设立民间博物馆、支持文物拍卖发展等等。在任国家文物局局长期间，立了“四根柱子”：加强文物立法、清理文物家底、培养文物人才、打击文物犯罪，并扭转了考古的混乱局面，建立了科学考古和文物保护制度。

从《后厂村 7 号》记者查阅的资料来看，在国家文物局任上，单霁翔一方面努力要调动和唤起公民的文化遗产自觉，另一方面也试图影响更多的权利主体。

李韵说：“他为了一个地方的文化遗产保护，会以副部长的身份去跟一个县长说很久。这不是一星半点的级别差距。理论上市里、省里的文物局长去说就可以，不用部长级别的说，但是他只要能达成保护的目标，不厌其烦。”

万无一失和一失万无

从国家文物局到故宫博物院，权力范围小了，但是从单霁翔的实践来看，这是一块可以让他展布理念的地方。

作为多年旧交，于中宁在肯定单霁翔的同时，也觉得，真理不辩不明，有争议是正常的，“只有在不同声音的比较、辩论中，我们才能得出更好的判断”。

故宫博物院作为一项特殊的文化遗产，用相关采访对象的话讲，它是全国博物馆的最高峰和风向标，一举一动，大家都在看着。

单霁翔曾说，故宫博物院工作必须万无一失，否则就会一失万无。这句话，是老老院长张忠培对他的告诫。

很快，单霁翔就到65岁了，他说他干了第八年院长，小偷还没有来。

在公众面前，他总是一副风趣的口吻，但是只有真正接近他、了解他的人，才能瞧见他背地里的负重细节，他的难。

“期望他平安无事，早日‘赋闲’。”贾英华这样赠言，以呼应单霁翔当初对自己说的那句“安全着陆”，“因为故宫博物院的任何一点动静，都会在社会上引起反响，‘高危’相伴，风风雨雨”。

（网易，记者章剑锋，2019年3月29日）

《大家》朱炳仁

问：您是如何与朱炳仁先生相识的？我们了解到，六年前，是您亲自邀请朱炳仁先生进驻故宫博物院做了文创铜器馆，为什么您要选择他呢？

答：我与朱炳仁先生相识是在十几年前的一次京杭大运河的全线考察中，看了很多运河文物古迹和大运河沿线的非物质文化遗产，他认真考察和研究的态度令我感动，他与郑孝燮先生、罗哲文先生一起为大运河申报世界文化遗产做出重要贡献，被誉为“运河三老”之一。

故宫博物院藏品中有很多青铜器，我们的祖先从商周开始使用青铜器，青铜器是中华民族非常重要的文化符号。我考察过杭州江南铜屋，听说你们也拍摄了江南铜屋。这座铜屋的主人，就是朱炳仁先生，他是中国铜雕艺术的领军人物。他参与了雷峰塔、峨眉金顶、桂林铜塔、灵隐铜殿，以及上百处标志性的铜建筑的设计建造。朱炳仁先生是中国工艺美术大师，他以故宫博物院藏品为创作源泉的铜雕作品，多次作为国礼赠送给友邦元首。

问：我们了解到，您参与选择题材，像《五牛图》《八骏图》……取材自故宫博物院的藏品，请朱炳仁先生制作成铜雕作品，这些作品，在故宫博物院的受欢迎程度，请您讲讲。

答：朱炳仁先生捐赠给故宫博物院的真牛大小的大型铜组雕，依唐代宫廷画师韩滉《五牛图》创作，现在陈列在故宫箭亭广场，每日有成千上万的观众观赏，至今陈列不到三年，牛角等部位已经被摸得锃光瓦亮，可见观众十分喜爱这件艺术品。

问：在您眼里，他是个怎样的人？

答：朱炳仁先生为人谦和勤奋，做事守信。只要我们提出想法，他很快就为故宫博物院研发出作品，例如五牛、八骏、千里江山铜茶礼系列。最近他又为故宫博物院研发出铜壁画文化创意产品。

朱炳仁先生，除了他领衔建造的百余座铜建筑，他还在北京大学与余光中先生对诗，著有三本诗集，他也是西泠印社百十年来缔造熔铜铜印的第一人，他继承了朱氏家族的文脉，写一手遒劲隶书，可以说朱炳仁先生是中国传统文化的集大成者。

（中央电视台科教频道《大家》栏目，2019 年 3 月 31 日）

改革开放四十年的奋斗与幸福

一个时代有一个时代的文艺，一个时代有一个时代的精神。正值改革开放40周年之际，怀揣对优秀传统文化保护与传承的敬畏之心，人民网推出融媒体文艺栏目“见证人：致敬改革开放40年·文化大家讲述亲历”，邀请改革开放40年以来当代中国最具代表性的文化艺术大家，分享其求艺之路的艺术探索与思想感悟，呈上对改革开放40年文艺发展最具诗意的表达，通过有情感、有温度、有底蕴的人物呈现，彰显艺术作品的时代之美、信仰之美、崇高之美。这里收录单霁翔院长在人民网的访谈文字。

1978年，彼时的单霁翔是一个没有读书机会的工人；40年后，他已成为“世界最大四合院”——故宫的守门人，用心守护着这片文化圣地。四十载风雨兼程，单霁翔正带领故宫博物院迈向世界一流博物馆的行列，愿将壮美的紫禁城完整地交给下一个600年。

“对于我个人而言，改革开放的四十年是我人生中最为重要的四十年。”谈及改革开放，故宫博物院院长单霁翔感触颇深。他的人生正是因改革开放而迎来转折。

1978年，单霁翔还是一个没有读书机会的工人，正是改革开放为他带来了珍贵的学习机会，从此他上大学、留学一直读到博士。

这位从小在四合院里长大，却从没想到自己会到“世界上最大的四合院”工作的人，在58岁那年，走进故宫，最终成为一位重启宫门的故宫守门人。

时至今日，单霁翔仍清晰地记得七年前刚入宫时的情景：到任第一天，踏进宫门、挂上工作证的那一刻，就有如履薄冰之感。

那一年，他已在国家文物局局长的岗位上任职10年，彼时的故宫遭遇“失窃门”“错字门”“会所门”“哥窑门”“瞒报门”等十重门后，处于舆论的风口浪尖。当组织找到他谈话征求意见时，他只说了三个字“我愿意”，并暗下决心“必须要一竿子插到底地把安全工作、为观众服务工作抓到底”。

“在这七年的时间里，我的每一天都是新鲜、紧迫和深刻的。必须承认，故宫博物院院长是一个风险很大的岗位，一定要把每一件事都预想好、安排好。”从“十重门”危机，到如今由观众冲刺看名画引发的“故宫跑”，故宫博物院成功实现观众限流，开放面积不断扩大，爆款文创深受追捧，精彩展览应接不暇。七年间，故宫不再只是一个来京旅游的打卡景点，而是成为了一座饱含历史的文物古建、一个有温度的博物馆。在“5•18”国际博物馆日前夕，记者走进故宫博物院，独家专访院长单霁翔。

问：2018年国际博物馆日的主题为“超级连接的博物馆：新方法、新公众”，如果让您传授故宫经验，您觉得可以归纳成几点？

答：今年国际博物馆日的主题非常接地气，其含义就是让博物馆成为连接公众与多元文化的纽带，用创新的方式方法，吸引更多公众来到博物馆，感受博物馆的文化氛围，获得深刻新鲜的文化体验，共享丰富的文化成果。

总结故宫经验，我觉得最重要的一点，就是一切工作要以观众方便为中心，设身处地地在博物馆当个观众，每天走上一趟，你就知道观众在哪些方面还不方便，这样你就会有所改正。

要想向普通观众，尤其是年轻人打开尘封的历史，解读经典的文化，就需要用一种生动的、喜闻乐见的形式来加以表达。新颖的形式、生动的语言、丰富的内涵、传递出的正能量，恰是讲好中国故事的重要元素。我们的成功案例很多，而归于一点，就是把故宫博物院丰富多元的文化元素以及强大的文化资源，与当下人们的生活、审美和需求有效地对接，为大家提供取之不竭的精神食粮，也努力让故宫博物院所代表的中华传统文化既有辉煌的过去、有尊严的现在，也能健康地走向未来。

问：近年来博物馆、美术馆等公共文化服务机构，渐渐从重管理向重服务转变，我们也深切感受到博物馆更贴近人们的生活。对此，您怎么看？

答：我曾经用“诚心”“清心”“安心”“匠心”“称心”“开心”“舒心”“热心”八个词，来回答故宫博物院应如何服务观众这一问题，其本质是要求故宫博物院采用人性化、以人为本的服务理念，目的是让故宫文化资源走进人们的现实生活。对我们来说，这是一场管理革命。

问：2013 年我们采访您的时候，您提到一个遗憾，就是很多观众进入故宫后一直往前走，而错过两旁的精彩展览。现在这个问题解决了吗？

答：这已经不再是遗憾了，这个问题的解决成为让我极为欣慰的一件事情。近年来，故宫博物院有两个现象特别突出：一是，过去 80% 的观众“到此一游”，没有看到故宫博物院的展览就出去了，现在 80% 的观众都要看院内的各个展览，无论是午门城楼上的各类特展，还是珍宝馆、钟表馆等常设专馆，以及 2015 年开放的外西路区域，每天都迎接熙熙攘攘的观众前来参观，节假日期间很多展厅门口还排起长队，这在以往是极为少见的；二是，过去看展览的观众中很少能看到年轻人，估计连 30% 都不到，现在这个比例彻底逆转了，展厅里 70% 的观众是年轻人。对我们来说，现在真真切切地感受到了从“故宫”到“故宫博物院”的彻底转变。

问：这源于故宫博物院近年来策划的一系列高品质展览，但是随之也出现了“故宫跑”的现象。一方面体现了人们对优秀文化的热忱，同时也反映出优质文化资源供应不足的问题。您怎样看待这一冷一热？

答：2015 年的“石渠宝笈特展”和 2017 年的“千里江山——历代青绿山水画特展”举办期间，都曾发生过“故宫跑”的现象，我们及时采取相应措施，例如分发号牌、分时段参观等，保证了观众的参观秩序和安全，同时也收获了很多启示。

故宫博物院究竟怎样做到既妥善保护文化遗产，又满足广大民众的文化需求？最现实的做法，就是努力扩大开放区域，举办更多观众喜闻乐见的展览，让更多深藏不露的文物藏品以更加富有创意的方式与公众见面。同时，也要不断创新服务方式，避免观众长时间排队等候，以精细化的管理措施，保证观众的参观质量。再有，努力举办“立体化”展览，通过数字影像辅助导览、展览宣传策划，并且针对重点展览研发相应的随展文化创意产品等方式，让一项展览的社会影响最大化、观众体验最优化。

问：“火”的不仅仅是故宫博物院的展览，还有多款“萌萌哒”的文化创意产品。您觉得怎样把文化创意产品的时尚化、年轻化和故宫深厚的文化底蕴相融合呢？

答：很多媒体热衷于宣传故宫“萌萌哒”的文化创意产品，实际上“萌萌哒”的文化创意产品并不是故宫文化创意的主流，不超过总量的 5%。2017 年年底，故宫博物院已经研发了 10500 种文化创意产品，大量体现故宫文化底蕴、实用性强、制作精良、创意十足的故宫文化创意和数字作品，正在以各种鲜活生动的方式走出紫禁城，来到社会民众身边。

故宫博物院一直在思考故宫文化如何与今天人们的生活顺畅对话的问题，希望能够用文化创意，将文化遗存与当代人的生活、审美、需求对接起来，让故宫博物院更加“接地气”。希望能够通过文化创意产品这种载体，让传统文化与观众的文化需求完美“对接”，研发出具有故宫文化内涵、鲜明时代特点，实用性强、绿色环保、价格合理，贴近观众需求的故宫文化创意产品。

问：您提到要把壮美的紫禁城完整地交给下一个 600 年。故宫博物院新馆选址和设计已基本完成，未来在科技与文化方面将得到最好的交融呈现。能具体谈谈有哪些规划吗？

答：作为“平安故宫”工程的核心内容之一，故宫博物院北院区项目目前进展顺利。新馆选址在海淀区西北旺镇，南面是颐和园、圆明园，北面远处是八达岭和十三陵，占地十万多平米。

故宫博物院北院区将进行多功能的分区使用，包括文物修复与展示中心、故宫文化传播中心、宫廷园艺中心、科技保护研究中心等。其主要功能是作为大型文物保护修护中心和博物馆展厅，同时建设数字博物馆，使故宫博物院数字技术能够得到展示。故宫博物院北院区主要有两个功能：一是文物修复保护设施，例如 1500 块大地毯、33000 件武备仪仗，这些大体量的文物藏品和家具，在故宫文物医院没有空间修复，所以要建设一个大型的文物修复保护设施，让观众在这里既能领略到故宫文物藏品的丰富多样，也能感受到各类文物修复技艺的精湛与高超，以及“数字故宫”成果的精彩纷呈；二是跟故宫历史文化关系不大的藏品展览，例如白沙宋墓 100 多箱出土文物等，1949 年以后陆续进入故宫博物院的藏品，可以在新馆气势恢宏地布置出来。

（《中国建筑文化遗产 22》，天津大学出版社，2019 年 3 月版）

在故宫说“茶”的故事，听单霁翔谈“国润祁红”的文化坚守和传承

曲径通幽，一室茶香。“中国20世纪建筑遗产项目·文化系列”的开卷之作——《悠远的祁红——文化池州的“茶”故事》今天上午在故宫首发。该书通过讲述“茶”的故事介绍了安徽国润茶业祁门红茶老厂房作为我国优秀的20世纪活态建筑遗产的使用情况。故宫博物院院长单霁翔表示，“这本书是中国20世纪建筑遗产项目活态研究的文化成果，它带给读者的绝不仅仅是一幢好厂房，一个有滋味的好茶品牌，深读该书的读者还将从中读到难得的中国文化遗产的坚守，也更能理解中华民族生生不息、坚韧不拔的伟大精神。”

据悉，《悠远的祁红——文化池州的“茶”故事》由《中国建筑文化遗产》编辑部联合众专家编撰完成，单霁翔为其作序。该书详细介绍了安徽祁红这一享誉中外的红茶品种。通过“千载诗人地　百年红茶园——双重遗产的贵池老茶厂”“烽烟国门下　茶香化干戈——祁门红茶的前世今生”“创始在尧渡　创新在共和——国润茶业之暖心创业史”“青山依旧在　醇香胜往昔——祁红时光之传承与创新”四个篇章详细介绍了国润茶厂的一段往事。

“初读此书，我觉得它为之后几批入选中国20世纪建筑遗产的项目的传播带了好头。”单霁翔表示，“国润祁红20世纪50年代的旧厂房入选‘中国20世纪建筑遗产项目’，说明其遗产珍贵、价值独特，具有代表性。同时，书用‘讲故事’的方式，阐述安徽是中国乃至世界红茶的发源地之一。珍视这个遗产是做强中国茶文化门类的历史和现实需要。中国20世纪工业建筑遗产是中国建筑的宝库，‘国润祁红’旧厂房展示的既是传承的基础，又是文博艺术、文化旅游、工业遗产、历史人文诸方面创意的融合，需要政府的主导和文化政策的导向。”

“我相信该书是在文化传承与创意设计方面推动池州建设的重要力量，成为认知中国20世纪建筑遗产“国润祁红”的宣传指南，成为文化池州建设的一个示范读本。”单霁翔说。

（新民网·文体社会，记者潘子璇，2019年4月3日）

单霁翔：唤醒故宫最“硬核”的魅力

现在，很多公开活动对故宫博物院院长单霁翔的介绍都是“网红”。但他觉得自己顶多算是“被网红”，“我就是在故宫博物院里面看门，每天观众有序地走进这座博物馆，我们做好服务”。

这位故宫博物院第六任院长，把紫禁城打造成了活力四射的生活馆。宫墙如旧，但是在人们眼里已有了不同的容貌。故宫博物院变得青春、平易近人，静态的珍宝成了备受年轻人喜爱的网红，一小件故宫文化创意产品都能受到观众们的热捧。

如今的故宫博物院，使尘封的历史散发出魅力。公众甚至开始期待故宫博物院出“新番”，想看看单霁翔脑子里还藏了多少种“新玩法”。

单霁翔生于1954年，毕业于清华大学建筑学院城市规划与设计专业，师从两院院士吴良镛教授，获工学博士学位。单霁翔历任北京市文物局局长，房山区委书记，北京市规划委员会主任，国家文物局局长。

单霁翔当了10年国家文物局局长，他在那期间做过一件重要的事，就是帮助当时的故宫博物院院长郑欣淼，“清理”占用宫墙内13个院落的外单位中的国家文物局下属单位，给那些单位找房子、找资金。在最后一家单位搬走后的第二年，单霁翔被任命为故宫博物院院长。他对此感慨：“人要多做好事，最后好处会落到自己头上。”

单霁翔在北京长大，住过多处传统四合院，因此很喜欢能接地气、能望星空的传统建筑，“8年前接到任命的时候非常高兴，因为可以去北京最大的四合院看门了”。

2012年，履新故宫博物院院长后，单霁翔花了5个多月的时间，和秘书周高亮一起，走遍了故宫博物院里的1200座建筑、9371个房间，踏破了20多双布鞋。

“故宫是一个有着近600年历史的古代宫殿建筑群，1925年10月10日成为一座博物馆。故宫博物院的历代同人，对于故宫的保护，作出了艰苦卓绝的努力，使它今天能够完整保存下来。”单霁翔说。

但是，单霁翔也较早敏锐地指出了故宫博物院存在的问题。首先，作为世界上规模最大的古代宫殿建筑群，长期以来大部分区域都没有对观众开放；第二，186万余件文物藏品，99%沉睡在文物库房；第三，来故宫博物院的观众虽然多，但是大部分观众都是沿着中轴线目不转睛地往前走，文化收获甚微，根本感受不到故宫最“硬核”的魅力。

2014年，是故宫博物院的关键转折点——开放面积首次过半，达到52%。2017年，开放面积达到76%，“南大库”家具馆开放以后，开放面积达到80%，静默多时的宫殿变成展区，有了人气。例如，面积2800多平方米的午门，成为世界上规模最大的临时展厅之一，举办丰富多彩的各国文物展览。

“所有都暴露在观众的视野下，你保护不好行吗？就是要把权力交给社会公众。”单霁翔说，过去故宫只开放30%的时候，每天由250名员工进行拉网式清查。如今开放80%，变成每日700名员工拉网式清查，每人手持一个接触器，细致检查所有的门窗和犄角旮旯。

“故宫博物院历史上有6任院长，我是第六任，每一任院长都付出了极大的努力，但是每一位院长都没有好下场。因为这个地方太复杂，无数的巷道，无数个庭院，进来一个小偷就能把一个院长搞下去。”

单霁翔笑称，他进入故宫博物院工作已经是第八年，小偷还没有进来过，但是有今天，没明天。“平常说做一件事要‘万无一失’，我知道我们‘一失就万无’。你做了9999件事，但是一件事没做好，文物损坏了，你就必须要下台，要承担这个责任。”

“唤醒”了沉睡的宫殿和文物之后，还要“激活”宫墙内的春节，点亮紫禁城的黑夜。这是送给国内外观众的惊喜大礼包。

单霁翔感叹，今年很累，“为了把淡季搞得不‘淡’，让更多人走进博物馆，我们举办了‘紫禁城里过大年’的展览，每天少则6万人，多则8万人在淡季走进了故宫博物院，故宫博物院前所未有地拿出了886件文物藏品，举办了有史以来最大规模的展览”。

春节期间，故宫博物院邀请全国各地150家中华老字号，带着与故宫历史文化相关的年货来到紫禁城。单霁翔的好朋友、希腊的驻华大使来买年货，“两个手都不够用”。“来自80个国家的驻华大使云集故宫博物院，享受中国故事给他们带来的不一样的感受。”

今年除夕，故宫博物院临时接到“把中轴线亮起来”的任务，于是花了4天时间进行设计，用了8天时间进行组装，前后仅用了12天时间，就完成了一场掀起全网热议的“紫禁城上元之夜”。这是故宫博物院第一次大规模夜间开放，也是紫禁城第一次被真正照亮。125个国家的驻华大使和上百家中外媒体，在全世界范围内进行报道。

故宫也要“开口”说故事，而且是年轻人爱听的故事。单霁翔开始上电视节目，例如，在爆款综艺节目《国家宝藏》上展示《千里江山图》、各种釉彩大瓶和秦代石鼓。

2015年故宫博物院展出《清明上河图》真迹，观众排六七个小时的队才能一睹真容，因此不少人一进宫门就狂奔去看展，由此产生了一个新名词“故宫跑”。当时单霁翔决定，等最后一个观众看完展览，故宫博物院再关门——最后一家人离开的时间是凌晨4点。

去年5月18日“国际博物馆日”，故宫博物院推出了高科技互动艺术展演“清明上河图3.0”，通过巨幅互动长卷、孙羊店沉浸剧场、虹桥球幕影院3个展厅，融合了多种高科技互动艺术，构筑出真人与虚拟交织、人在画中的沉浸体验。

单霁翔表示，一座博物馆要想向普通观众，尤其是年轻人，打开尘封的历史，解读经典的文化，就需要用生动的、人们喜闻乐见的“新方法”来加以表达，采取新颖的形式、生动的语言、丰富的内涵，传递出社会正能量。

单霁翔感慨，如今北京一下雪，故宫中“人比雪还多”。“雪虽然不厚，但是人们可以在里面尽情欢笑，这就是博物馆的责任。”

博物馆应该是什么样的？单霁翔认为，它必须得到人们的喜爱，“在休闲的时候不是在博物馆里面，就是在去博物馆的路上”。

接待北京府学小学同学（2019 年 4 月 6 日）

2020 年，是紫禁城的 600 岁生日。故宫拥有的 186 万余件文物，每一件都必须“光彩照人”，这是单霁翔的心愿。“要把壮美的紫禁城完美地交给下一个 600 年。”

（《中国青年报》第 04 版，记者蒋肖斌、沈杰群，2019 年 4 月 8 日）

故宫“网红院长”单霁翔的底气和勇气

在当下的时代，传统文化的危机同样也没有真正解除，我们的文化遗产、文物制度、国粹国术，到底要何以自处呢？对这样一个宏大的文化命题，单霁翔通过其在故宫博物院点点滴滴做出的工作，提供了一个可供参考的路径。

这些年来故宫博物院在其微信公众号、微博、“故宫淘宝”店，以各种令人忍俊不禁却心领神会的方式卖萌，日渐让故宫博物院这个浸含着国人多重复杂情感的严肃所在，显出无穷活力。

早些年，故宫博物院一贯给人以清冷、高邈的印象。而今却频繁登上新闻媒体头条，引发全社会，尤其令人意外地，引来许多青年追捧关注。从各种故宫文化创意产品热销，到元宵灯会一票难求，故宫变得越来越接地气，越来越亲切。带来这诸般转变的关键人物，便是刚刚卸任故宫博物院院长的单霁翔先生。

单霁翔生于 1954 年，毕业于清华大学建筑学院城市规划与设计专业。据故宫博物院网站介绍，单霁翔在清华大学师从两院院士吴良镛教授，获工学博士学位；被聘为北京大学、清华大学等高等院校兼职教授、博士生导师；2005 年 3 月，获美国规划协会“规划事业杰出人物奖”；2014 年 9 月，获国际文物修护学会“福布斯奖”。

坊间对单霁翔及其治下故宫博物院的评价多为正面，不乏溢美之词。在种种评论中，“网红”二字很常见。事实上，单霁翔及其团队对网络的了解与利用可谓精湛。

有枝可依

2012 年上任前，故宫博物院深陷舆论风波，前后经历“失窃门”“错字门”“哥窑门”等一系列负面事件，公众形象跌入谷底。单霁翔到任后面临的首要课题是重塑故宫博物院形象，保护好故宫博物院有形与无形的宝贵文化遗产。所以必须进行改革。

改革工作从细节开始，一些久为人们诟病的“小问题”，却长久未受重视，直到他执掌故宫博物院：增加女士洗手间的数量；用 LED 冷光源作为照明器具；营造更为明显、精细的标识牌体系；为保护文物而控制人流，行“削峰填谷”之举；2017 年 10 月黄金周期间还开始了全面网络购票；开展清理垃圾专项斗争，要求开放区地面不允许有一块垃圾，有垃圾落地两分钟内必须清除；大力除草，要求墙头、瓦面不能长一根草——屋顶长草挤拱瓦面，会导致房顶漏水，腐蚀建筑物的木结构。

单霁翔上任时，故宫顶着世界上规模最大的古代宫殿建筑群的称号，却只有一小半区域对公众开放。2012 年 1 月，他亲自带着周高亮秘书走遍了 9000 多个房间，为 600 年来第一个走遍故宫所有房间的人。因为普通观众没有条件，也不具备这样的动力，而古代哪怕是皇帝虽能四处走动，但至少出于皇家体面及礼制限制，也不可能去太监的住地查看。单霁翔的游览则巨细无遗。此后审慎规划，逐步推进，推动故宫内部向游客开放的面积不断拓增，从最初的不及一半，到现在已超过八成。

单霁翔制定制度，禁止车辆从午门的门洞驶入，并将其改为步行通道向游客开放，这就节省了大量排队进入的时间。这项制度不仅适用于国内普通游客，一些外国贵宾与政要，也需遵守，请其从门洞步行进入。晚清开关之前，曾有马戛尔尼、阿美士德使团来访中国的旧事，那时西人为了进入皇宫、觐见皇帝，不知费了多少力气，受到多少“屈辱”，如今这般信步走过去，观看错落有致的古建筑，再遥想这段中西交流的历史，想来能平添不少思绪。事实上，这一规定倒是令外国政要很欣赏并认真遵行，因为他们从午门步行进入的全过程，更能生动感受到一草一木、一砖一瓦所共同展现出的中华文化底蕴。在单霁翔看来，这类规定的意义，不仅在于对所有观众一视同仁，更是守护中国文化尊严的象征。

单霁翔眼中的故宫博物院不能只有死气沉沉的古建筑和文物，而应当处处透露出活力与生命力。所以故宫博物院花费三年时间进行环境整治，恢复生态，让这里的一禽一鸟都有枝可依；种植花卉果木，四季都有应景可观之草木；移除缺乏时空代入感的水泥地砖、沥青路面，更换为石材与青砖，走在这里的每一步，都充满了历史感。

完成这些工作花费不少，也给了单霁翔和他的团队底气，敢放言：“把一个壮美的紫禁城完整地交给下一个 600 年”。

“有机更新”

转任故宫博物院院长之前，单霁翔曾长期担任国家文物局局长。

综观单霁翔的职业生涯与公开言论，他无疑是一位深深眷恋着传统文化的官员和文化人。但他并没有沉浸于旧物故纸，而是既牵拉着传统，又注目着当下，做着将传统文化遗产融入现代生活的笃实工作。

早在 2010 年，单霁翔便曾公开阐述自己对城市化发展与文化遗产保护之间关系的看法。他认为，中国已进入特殊的历史阶段，城市化加速和大规模城乡建设相互叠加，使得今天的文化遗产保护进入最艰苦、最严峻、最紧迫的历史阶段。

到底要怎样保护文化遗产呢？单霁翔在故宫博物院推动的一系列改革工作，并不仅仅是些因时制宜、“取便发挥”的举措，而是自有其章法。对保护文化遗产的方法问题，单霁翔的论述与观点散见于媒体文章之中，但简略归纳、取其大端，则可以“有机更新”四字概括之。

单霁翔在国家文物局局长任上之时，已经展露其对待传统文化、文物的独特关切。前些年流行“旧城改造”之说，单霁翔在公开场合多次尖锐批评，直指此论为“没有文化”。他认为，所谓旧城改造，是把积淀了千百年深厚文化底蕴的旧城，仅仅定位于改造的对象，而没有强调对它实施保护、需要有机更新的一面。“有机更新”便是他一以贯之的思考，也成为他执掌故宫博物院之后所付诸切实行动的原则与指针。

揆诸过往七年人们所见所闻，则他所说的“有机更新”，并不仅局限于尽最大力量保留故宫的旧日样貌。除了红墙黄瓦和绿树成荫、鸟语花香，更潜在暗含着合乎时代吁求的“有机”诉求，即故宫不应是一个冰冷的建筑群，不应只是文物的聚落，而应融入当下人们的现代生活中，夺取网络时代人们的注意力；故宫不仅要成为京城一景，更要成为整个京城文化，乃至中国文化的名片。单霁翔在故宫博物院的七年，事实上就是这样身体力行的，所以我们看到了一个焕发青春活力的故宫博物院。

都说单霁翔是“网红院长”，这不仅是就其个人言行而言。他大力推动了故宫博物院的数字化工作，其麾下团队先后推出《皇帝的一天》《紫禁城祥瑞》《每日故宫》等App，都曾成为热门话题。一些展厅和展品无法展出，为了弥补这样的遗憾，故宫博物院借助360度虚拟全景技术，让一些延续数百年的禁区也能让观众一睹为快。在单霁翔治理下，紫禁城越来越接地气，越来越受年轻人青睐。

伴随智能手机普及，无线碎片化阅读成为今人日常阅读的重要方式。这些故宫App，通过大量零碎的、细化处理的图片，清晰简洁的文字注释，让受众在日常生活中随时随地接触故宫文物；通过碎片化的信息传播方式，引导他们了解文化遗产。仅此一端，已是不小的功劳。

故宫博物院还推出了大批文化创意产品，并采取“微博+淘宝”的营销方式，创造出傲人的经济收益，早在2017年便已交出年销售额超15亿的良好答卷。与此同时，故宫文化符号也早已广为流播，乃至达于街肆。

单霁翔曾对故宫文化创意产品的思路做过总结：充分斟酌大众的时间碎片化之大背景，挖掘故宫博物院藏品的特征与信息，将其与人们的生活需求相结合，再结合时下炙手可热的展品，推出相应的文化创意产品。故宫文化创意产品由各个不同专类的团队推出，每个月有近百种产品试水，的确表现出潜力的加大营销力度，不温不火的则毫不犹豫淘汰。

故宫博物院的文化创意产品如此成功，有人将这套制作、营销方式誉为“故宫模式”——故宫IP开发与电子商务的有机融合。这套模式虽然谈不上多么创新，也不可复制，但确有其特色：故宫文化创意产品以故宫藏品为代表的文化遗产作为符号，弱化商业气息，结合时间、注意力碎片化时代受众的消费习惯，成功融入现代生活。

今年正值“五四”百年，自五四新文化运动以来，中国传统文化在五四精英知识分子群落里多被批判，被指为阻碍中国走向进步、走向文明的重大阻力。五四新文化种下的“毒”至今没有彻底解去，而在当下的时代，传统文化的危机同样也没有真正解除，我们的文化遗产、文物制度、国粹国术，到底要何以自处呢？对这样一个宏大的文化命题，单霁翔通过其在故宫博物院点点滴滴做出的工作，提供了一个可供参考的路径。

（财经·新闻，记者臧博，2019年4月8日）

单霁翔退休，盘点故宫院长留下的这些“遗产”

自2012年出任故宫博物院院长，这七年间，单霁翔以“让故宫更加开放”为主要努力方向，故宫扩大了开放面积、改善了环境人潮，也诞生了批量“网红”；这七年间，故宫始终在不停革新、坚持改变；这七年间，这位称自己为“故宫的守门人”的院长，都做了什么？

开放面积，改善环境

2014年，是故宫的关键转折点——开放面积首次过半，达到52%；如今，故宫开放面积达到80%以上，越来越多曾经写着“观众止步”的区域正在变成展区、展馆、展厅。

2017年9月28日，故宫北城墙正式开放。站在北城墙上可以远眺北海和景山，也能俯瞰整个紫禁城的景致。

2015年5月17日，故宫博物院院长单霁翔在故宫博物院内接受媒体采访。当日，故宫博物院宣布将开始试行每日限流。

2015年6月13日开始，故宫博物院试行每日限流8万人次，以保证故宫古建筑安全、故宫文物安全、观众安全，为全面实现观众流量的科学管理和理性调控打下了基础。同时，故宫博物院全面推行实名制售票，实行旅行社团队全部通过网络预订门票。

这些展览，你肯定看过

为了能让更多人走进博物馆，见到故宫博物院珍藏多年的“宝贝”，单霁翔更是“大活动”不停歇，次次都能引起观展热潮。

2015年，故宫博物院举办“石渠宝笈特展”，展出北宋张择端所绘《清明上河图》、唐代冯承素摹《兰亭序帖》卷、宋徽宗赵佶绘《听琴图》轴等国宝，引发观展热潮。观众一开门就往里冲，“故宫跑”甚至上了热搜，据说现场有老人向单霁翔“吐槽”，自己年纪大了，跑不过年轻人，“看个展览，弄得跟参加运动会似的”。

2019年1月5日，故宫博物院建院以来最大展览“贺岁迎祥——紫禁城里过大年”亮相午门展厅。正是这场展览，让每天少则6万人，多则8万人在淡季走进了故宫博物院，故宫博物院也前所未有地拿出了886件文物藏品，让前来观展的人大饱眼福。

“唤醒”了沉睡的宫殿和文物之后，单霁翔还要“激活”宫墙内的春节，点亮紫禁城的黑夜，送给国内外无数“故宫迷”一份大礼！

2019年2月20日，故宫博物院一场万众瞩目的灯光“大秀”首次面向公众开放。

这是故宫博物院第一次大规模夜间开放，也是紫禁城第一次被真正照亮。这场“紫禁城上元灯会”，开幕前抢票者挤瘫网站，开幕后全网热议不断，虽说有褒有贬，但是125个国家的大使和上百家中外媒体在全世界范围的报道，让全球的朋友切实感受了一把中国传统文化的魅力。

2019年4月2日晚，“景禧灯华——故宫万寿灯天灯宫灯复原品公益拍卖”在故宫乾清宫广场举行。

4月初，单霁翔院长更是举办了一场吸引无数人目光的拍卖会。拍卖会的主角正是“紫禁城里过大年”展览重要实景展品——天灯、万寿灯、宫灯复原品。这些复原品也都顺利落槌，共拍得2005万元，其中，“天灯”破千万落槌。而天灯、万寿灯的复原工作，可以说是故宫博物院“紫禁城里过大年”展览最大的文化创意研发……

巍峨紫禁城，走进百姓家

只扩大开放面积、展出更多藏品还不够，要让更多平时对历史对文物没兴趣的年轻人接触到故宫博物院？单霁翔也有好办法——

2016年，纪录片《我在故宫修文物》走红，收获一片赞誉，带火了文物修复师这个群体，也让更多普通人了解到“宫墙里的那些事儿”。

御猫、日历、皇帝题字的福筒，甚至衣服、帽子、手机壳……这些年，故宫博物院还推出了许多“脑洞大开”的文化创意产品，受到年轻群体的追捧，也让高高在上的紫禁城真实走入寻常百姓家。

此外，故宫博物院加强网站的建设，把1862690件文物藏品都公布在网上，并把一些藏品拍摄出影像，网友不仅能查阅到每一件藏品的信息，还能图文并茂地阅读藏品背后的故事。

去年年底，故宫博物院推出的口红一上线就被卖空，预订一直排到几个月后，不少人惊讶于故宫文化创意的销售能力，但是其实早在2017年，故宫文化创意产品销售额就达到了15亿元人民币。

年初，故宫角楼咖啡和火锅更成为网友趋之若鹜的“打卡地”，虽然伴随着质疑，却也不得不承认，这次创新让更多年轻人走进故宫、了解故宫。

……

单霁翔一直自称自己为故宫看门人，而非掌门人。今天，忙活了7年的单霁翔卸下看门人职位。

2012年，履新故宫博物院院长后，单霁翔花了5个月时间，和秘书周高亮一起走遍故宫博物院里的1200座建筑、9371个房间，踏破20多双布鞋。上任之初，单霁翔也曾表示，要把壮美的紫禁城完整地交给下一个600年。

明年，紫禁城将迎来600岁生日，下一个600年正在到来。接力棒交接完毕，古老的故宫正大步走向未来。

（《北京日报》，2019年4月8日）

故宫：越开放越美丽

开放面积超过 80%，藏品展示数量成倍增长，每年接待境外观众 300 万人次……故宫博物院以其开放包容、充满活力的姿态，向世界展示中国文化的魅力。

4 月 7 日，故宫博物院“贺岁迎祥——紫禁城里过大年”展落下帷幕。这场从农历腊月初一持续到三月初三上巳节的大展，是故宫博物院建院以来展出文物最多、展场面积最大的一次展览，首次复原了消失在历史长河近 200 年的天灯、万寿灯，通过文物展览、实景搭建、虚拟现实体验等多种方式，让观众全方位、沉浸式地感受宫廷年俗和传统节庆文化。据悉，1—2 月份本来是观众参观的淡季，由于“贺岁迎祥——紫禁城里过大年”系列展览的举办，故宫博物院参观人数同比增加了 50% 以上，尤其是前来参观的北京市民大幅增长。

4 月 8 日，执掌故宫博物院 7 年的院长单霁翔退休，继任者为敦煌研究院原院长王旭东。作为故宫博物院第六任“掌门人”，7 年间，单霁翔清理故宫违建、扩大开放面积、屡推精品展览、鼓励文化创意开发，推动开展故宫古建筑研究性保护项目，提出了多项针对观众的人性化服务措施，让故宫博物院成为中国最受欢迎的博物馆，成为人们向往、喜爱的文化殿堂。

让观众来了就不想走

从小在北京四合院长大的单霁翔，对于中国传统建筑有着发自内心的喜爱。最初接到任命“要来北京最大的四合院看门”时，他格外兴奋。然而，走进故宫博物院之后，单霁翔的心情却是五味杂陈。“通过阅读资料、听大家介绍情况，我了解到一代代‘故宫人’为保护文化遗产付出了极大的努力，把故宫博物院建设成了真正的世界级博物馆。但与此同时，也有几件事与我原来的印象反差极大。”单霁翔说，“一是故宫一半以上的区域都没有开放。二是 186 万余件藏品，实际展出的不到 1%。三是观众到故宫来游览，感受并不完整，大多是走马观花、到此一游。”

开放面积小、展出文物少、观众体验不好——走遍故宫 9000 多间房屋、开展近 5 个月的调研后，单霁翔决心向这三个问题开刀。

由于故宫博物院是用古代建筑当展厅和库房，这就决定了它不同于一般的博物馆，要用适合故宫博物院特点的方式来进行文物保管和陈列。对于木结构建筑和众多文物藏品来说，越是封闭、堆积，就越不利于保护。单霁翔认定，“在做好古建筑修缮和文物清理、修复的基础上，我们完全可以扩大开放，用现代化的展陈方式将更多文物呈现在观众面前”。

于是，一扇扇紧闭的大门打开了，一件件沉睡的文物被搬出来，细心整理、修复，精致地陈列在展厅里。城墙开放了，午门、雁翅楼、神武门变成大规模的临时综合展厅，人们可以登上城墙，将恢宏的紫禁城尽收眼底。角楼开放了，原本堆放于此的上万块木质书版移出来准备展出，其中包括珍贵的乾隆版《大藏经》。故宫博物院最大的地面库房南大库变成了明清家具馆。沉寂100多年的畅音阁重新演起了戏曲。

几年间，故宫的开放面积从不足50%到超过80%，藏品展示比例从不到1%提升至3%以上。“今年很多古建筑都修好了，我们计划将藏品展示达到8%，明年希望能到12%。”单霁翔透露说。

作为明清皇宫遗址、世界上规模最大的古代木结构建筑群，故宫博物院的文化价值不仅在于院藏文物，同时也包括紫禁城的建筑和整体的景观。过去故宫博物院内有许多临时建筑，其中有的已盘踞几十年，既影响整体美观，又存在安全隐患。单霁翔上任后，主导了全面清除临时建筑的工作，经过3年的努力，故宫博物院内135栋临时建筑全部腾空、拆除。与此同时，大规模地恢复传统景观，把沥青、水泥地面改成传统的砖和石材地面，把上千米的绿地铁栏杆拆掉，把1750个井盖做平，让轮椅、婴儿车能安全通行，所有的灯杆都换成宫灯样式，晚上可以照明，白天也是景观。

“就这样一寸一寸的土地去修，一处一处的景观恢复。现在人们来到故宫博物院，走进展厅是现代化的博物馆，出来就是美丽的花园庭院，休息一会儿再到下一个展厅观展。这样观众就会流连忘返，获得丰富的文化体验。”单霁翔认为，一座好的博物馆应该是这样：人们一有休闲时间就想来，来了就不想走，走了还想来。

让每一件文物都光彩照人

自从踏进故宫博物院的那一刻起，单霁翔就感到了沉甸甸的责任，要保护和传承好老祖宗的文化遗产。每一件文物都是单霁翔的“心头宝”，他思索最多的问题，是如何让这些文物“活起来”。

单霁翔至今仍印象深刻，上任之初去库房调研时，一推开门，看见一组秦始皇陵兵马俑灰头土脸地躺在地上。“文物应该是有尊严的，不能就这样躺在库房里。我们要妥善地保管、细心地呵护，让每一件文物都光彩照人。”

2016年12月，故宫文物医院挂牌成立。这个建筑面积1.3万平方米、拥有200人编制的机构，是目前国内面积最大、功能门类最完备、科研设施最齐全、专业人员数量最多的文物科技保护机构。在单霁翔看来，文物保护修复和医学类似，首先要用现代分析检测设备对文物进行“体检”，给出科学的“治疗方案”，再着手进行修复、保养。“有了故宫文物医院，我们修复文物比过去更加精细、更加虔诚，修复的文物数量也大幅增长，可以满足新建展厅的陈列需要。”

单霁翔认为，我们今天所看到的文物，都是来自古人的生活，要想让它们“活起来”，就得重新回到人们的生活中。正因如此，展览不能是简单的陈列，而要通过故事化、情境化、立体化的呈现，揭示出文物蕴含的历史文化价值。

开发文化创意产品是让文物“活起来”的一个有效手段。结合故宫博物院的特色资源和当代人的生活需求，故宫博物院研发了上万种文化创意产品，从文具、挂件到口红、服饰，从图书音像出版物到手机游戏，应有尽有。每推出一场展览，就有相关的文化创意衍生品问世，文化创意逐渐专题化、系列化。

故宫博物院设计“贺岁迎祥——紫禁城里过大年”展览方案时，提出了沿袭清宫旧制、竖起天灯和万寿灯的设想。研究人员经过不懈努力，根据文献资料和库存的模型、小样、构件，成功复制出天灯、万寿灯。

“天灯、万寿灯的复原，是故宫‘过大年’展览最大的文化创意研发。它们充满自豪地立在乾清宫前，每天迎接千千万万的观众。展览落幕了，我们不愿把它们打入冰冷的仓库，它们应该继续活在我们的社会生活中，所以我们决定举行公益拍卖，所得善款全部用于贫困地区的教育文化事业。通过这样的方式，让文化创意产品发挥出更大的社会价值。”单霁翔说。

打造中华传统文化客厅

作为中国最早被认可的世界文化遗产，故宫是中华传统文化集大成的瑰宝，在中外文化交流中扮演了独特而重要的角色。

“近年来，随着我们外交工作不断取得新成就，来华访问的外国元首、政要越来越多，故宫博物院的外事接待活动也更多了。我们努力把故宫博物院建设成为中华传统文化的客厅，让他们通过故宫文化的呈现，感受到中华文明的博大精深。”单霁翔说。

从传统的三大殿到“年轻”的宝蕴楼，从畅音阁到故宫文物医院，故宫开放的区域越来越大，展示的内容也更加丰富多彩。2019 年元宵节期间，故宫博物院首次开放夜场，125 个国家的外交使节参加了“紫禁城上元之夜”文化活动，留下了美好而难忘的印象，87 家外媒对活动进行了报道。

“我经常跟外宾说，你瞧，故宫红墙黄瓦蓝天，这是三原色，用这三种颜色可以演绎出世界上任何色彩。我们的世界必须是绚丽多彩的，每个民族都有他们值得尊重的历史，都应该拥有他们自己向往的未来。”

故宫博物院每年都有大量的展览走出红墙，走到世界各地。2018 年 5 月，“让文物活起来——故宫文创作品展”在日本东京开幕。李克强总理和安倍首相参观展览后给予了高度评价。虽然展览中没有一件文物，但故宫文化的魅力透过文化创意作品鲜活地表达，深深吸引、打动了海外观众。

单霁翔介绍，故宫博物院的文化创意展已经走到比利时布鲁塞尔，走到韩国首尔，走到澳大利亚悉尼，走到新加坡，都取得了很好的反响。“故宫博物院每年的参观人次早已突破千万，但还有很多人不能来现场参观。我们希望借助数字技术和文化传播，让故宫文化走进更多人的生活，让全世界人民都能通过故宫博物院感受到中国文化的魅力。”

（《人民日报海外版》第 7 版，文明中国，记者邹雅婷，2019 年 4 月 9 日）

故宫“看门人”单霁翔宣布退休
算算他的“守门账”与“摩登账”

“在他手上，故宫走出神秘，华丽转身。”在红星新闻记者转发昨日故宫院长单霁翔退休、敦煌研究院院长王旭东接任的消息后，一位本地文博界资深人士这样留言评论。

今年 1 月 29 日，故宫博物院与成都知名文化企业域上和美集团在京签署协议，共同打造大型史诗剧《紫禁城》。单霁翔说这部大型史诗剧，将以故宫六百年历史为基底，讲述紫禁城建成的前世今生和传奇故事。我倒是觉得，这和他一直所说的“把壮美的紫禁城，向中国，向世界，完整地交给下一个 600 年”简直一脉相承。

不过，我们熟悉的这个故宫“看门人”，正式宣布退休。昨天下午 2 点半，千呼万唤，单霁翔在回应媒体的微信里写道：光荣退休，期待已久！但是每天还会在故宫博物院里走走，看看门！

“看门人”单霁翔
“看门人”的“守门账”

网络上很快有不计其数的回顾文章，大概都集中在这 2600 天里，单霁翔是如何为故宫博物院奔忙的。当然，大家更喜欢的角度，是作为故宫博物院院长，单霁翔是如何以“段子手”在网络上走红的。

比如，他在一次演讲中说到应对领导视察时，专门带领导去看故宫博物院最不好的地方，所以故宫博物院解决问题总是“屡屡得逞”，被网友称为“姜还是老的辣”。比如，他劝人们：千万不要买故宫的行李牌，买完第一次出差就会丢了，（因为它）太好了。

大概有这么几组数据对比，可以从侧面看出他这个“门”看得好不好：

数据 1：参观人数突破 1600 万。

故宫博物院去年的参观人数已经突破了 1600 万，这个数字有多大？卢浮宫和大英博物馆全年的人流量加起来才只有 1400 万。

面对巨大的人流量带来的风险和压力，单霁翔大胆实行限流，一天最多只进入 8 万人。为了不再排长龙，单霁翔院长一口气开了 32 个售票窗口，5 分钟之内就能买到票。而从 2017 年 10 月开始，故宫博物院取消了窗口售票，实行全网售票。

数据 2：开放区域现在达到 80%。

紫禁城建成 600 年，唯一走完全部 9371 间房屋的，就是单霁翔和他的秘书周高亮。他用了 5 个月的时间，走完了故宫博物院的 1200 个建筑，9371 间房屋，穿坏了 20 多双布鞋。

他发现：故宫虽然是世界上最大规模的古建筑群，但是大部分区域都不对外开放；故宫虽然有 180 多万件文物，但是对外展出的不到 1%。从 2015 年开始，开放区域达到 65%，2017 年达到了 76%，现在到了 80%。

数据 3：文化创意产品销售额达 10 亿。

故宫文化创意销售额达到了 10 个亿的惊人数字。没有天花乱坠的套路，就干一件事：卖萌。让“皇家”卖萌，之前是想都不敢想的一件事。单霁翔就这么“剑走偏锋”，他接受各种新颖的画风，现在你走进故宫博物院的文化创意馆，不买点什么你肯定会不舒服，实在是太好看了。

单霁翔院长在一次采访中表示：“比维护古建筑更难的，就是服务好每一位观众。”过去故宫博物院没有休息的地方，人们只能坐在石头上、地上，甚至是树坑边，单霁翔院长决定增设座椅，要舒适、便于打理、美观……最后做成的实木座椅，一把要 3500 元。

“看门人”的“摩登账”

近年来，故宫博物院不断借助互联网手段，积极拥抱新观念新技术，把深居宫廷大内的逸闻趣事和精美器物传播给公众，使庄严肃穆的殿堂楼宇成为年轻粉丝中时尚新锐的文化图腾。

故宫“看门人”单霁翔，自然也成为故宫博物院开启技术转型之路上的“网红”。比如单霁翔推动故宫博物院与凤凰卫视合作，把北宋名画《清明上河图》制作成了数字版，观众坐在晃动的椅子上，就像坐在开封汴河中的木船中，感受汴河里的桨声灯影和商业街上的市井繁华。他推动故宫博物院与腾讯公司的战略合作，从建设故宫数字导览与故宫文化创意的全面开发，从“段子手”雍正皇帝的形象再造，到故宫故事的影视复现，故宫博物院在数字化的道路上越走越从容。

2016 年，故宫博物院就与腾讯公司达成战略合作，共同推进故宫传统文化与科技深度融合，助力故宫文化走近年轻人，走进寻常百姓家。据单霁翔介绍，去年参观故宫博物院的近两千万观众中，35 岁以下年轻群体占比 50%，超过往年，说明年轻人对传统文化的兴趣在增强。

“网红院长”单霁翔

不能因为火就什么都做，故宫文化创意要把握好度。

让文物“活”起来，是单霁翔 7 年来一直努力的方向。利用数字技术，故宫博物院让正襟危坐的皇帝变得有血有肉起来：“感觉自己萌萌哒”的雍正、挤眉弄眼的康熙。数字绘画、数字化多宝阁、数字织绣、虚拟现实场景等，更使故宫“活”了起来。此外，故宫博物院开发的一批被社会赞为“萌萌哒”的文化创意产品，例如“故宫彩妆”“故宫食品”“故宫服装”等，更是吸引了无数年轻人的眼光。

所谓“君子有所为，有所不为”。单霁翔认为，不能因为火就什么都做。“我们要选择，要把握好。有时候我们要深入研究，哪些不能做；有时候经过探索，发现效果不好，我们要主动取消。”

对于故宫文化创意产品的发展，单霁翔的态度是“既不能用传统高大上的、不接地气的、年轻人不喜欢的语言，也不能低俗恶搞、迎合一些人的兴趣，而完全娱乐化”。

今年大年初一，故宫角楼餐厅开张，推出“故宫火锅”，圣旨菜单、万寿菊花锅、江山社稷酱……自带故宫 IP 光环，使它瞬间走红美食界。然而仅仅一个月后，故宫角楼餐厅便停止供应火锅。

3 月 23 日，故宫博物院院长单霁翔首次回应故宫火锅停业。他表示，什么能做什么不能做，要把握好度，出于安全考虑就取消了故宫餐厅的火锅。单霁翔表示，“故宫”和“火锅”，这几个字加在一起是危险的，故宫最怕火，因此叫停火锅店。“天气也暖了，我们本来也不是火锅店，原来主要做鸭卷、面食等餐品，有争议的话还是要遵从大家意见。”单霁翔说。另有业内人士认为，从故宫角楼餐厅火锅走红到关停，也可以看出网友对故宫 IP 的关注度，如何利用故宫热度打造好周边产品，仍是一个亟待解决的难题。

单霁翔的成都情缘

成都“太阳神鸟”，一直看好它当“中国文化遗产标志”。

单霁翔因为文物博物馆工作曾经多次来过四川，应是与成都渊源最深的一位故宫博物院院长了。成都人最难忘的文博事件，是成都金沙遗址出土文物“太阳神鸟”在单霁翔时任国家文物局局长期间被评为“中国文化遗产标志”。

单霁翔曾向成都商报—红星新闻记者透露，2005 年 8 月 17 日，国家文物局正式公布采用金沙“四鸟绕日”金饰图案为“中国文化遗产标志”。“四鸟绕日”金饰 2001 年出土于成都金沙遗址，画面是四只神鸟围绕着太阳飞行，专家也将其命名为“太阳神鸟”。这是本世纪中国考古的一个重大发现。

单霁翔那时正是国家文物局局长，“那时有 1000 多个方案，起初，大家比较看好一条鱼的文化遗产标志。我一直觉得太阳神鸟最好，但个人说了不算，要专家们共同的意见”。单霁翔表示，太阳神鸟寓意丰富，代表新世纪的阳光照耀神州大地，也让当代人重新认识了前人智慧，“这意味着传承”。单霁翔还觉得这个标志很有动感，“最后符合程序，成了第一名。后来也有两三家有异议，但是最终还是认可了这个标志”。

（《成都商报》第 07 版，记者谢礼恒，2019 年 4 月 9 日）

南京人单霁翔从故宫退休了

4月8日，故宫博物院院长单霁翔退休，敦煌研究院院长王旭东成为故宫的新任掌门人。

2012年1月，单霁翔正式接任故宫博物院院长。到昨天退休，单霁翔在故宫博物院院长这个岗位上任职已有7年零3个月。这位故宫博物院史上第六任院长，把紫禁城打造成了活力四射的生活馆，开放面积从30%到80%，收获一众年轻粉丝。

2020年，是紫禁城600岁生日。“要把壮美的紫禁城完整地交给下一个600年”，这是单霁翔的心愿。

“看门人”单霁翔

单霁翔生于1954年，毕业于清华大学建筑学院城市规划与设计专业，师从两院院士吴良镛教授，获工学博士学位。单霁翔历任北京市文物局局长、房山区委书记、北京市规划委员会主任、国家文物局局长。

在国家文物局局长任上10年后，已届退休之年的单霁翔接过故宫帅印。当时的故宫博物院刚经历“十重门”舆论危机，亟待重塑形象。

“我是故宫博物院第六任院长，每一任院长都付出了极大的努力。”单霁翔曾说，因为故宫博物院太复杂，安全问题至关重要，“平常说做一件事要‘万无一失’，我们是‘一失万无’。”

2012年履新故宫博物院院长后，单霁翔花了5个月时间，与秘书周高亮一起走遍故宫博物院里的1200座建筑、9371间房，踏破20多双布鞋。

当时单霁翔也指出故宫博物院存在的问题：第一，作为世界上规模最大的古代宫殿建筑群，但是长期以来大部分区域不开放；第二，186万余件文物藏品，99%沉睡在库房；第三，来故宫博物院的观众虽然多，但是大部分观众都是沿着中轴线目不转睛地往前走，文化收获甚微，根本感受不到故宫博物院最“硬核”的魅力。

开放面积逐年扩大

故宫博物院每年接待观众数量都在千万人次以上，是世界上观众数量最多的博物馆。

为解决“人太多、买票难、无位置可坐”的问题，故宫博物院于2015年6月13日起，正式实施每天8万人次限流措施。至此，每天超过10万人次，甚至达到18万人次的观众参观极端高峰不复存在，实现了观众有尊严地参观故宫博物院。

另外，故宫开放面积由2014年的52%，达到2018年底的80%以上，8%的文物将向公众展出。单霁翔还曾数度公开表示，规划到2025年故宫博物院一百年院庆的时候，故宫开放面积能达到《故宫保护总体规划》中所规划的85.02%的目标。

近年批量诞生“网红”

单霁翔在任这些年，故宫博物院批量诞生“网红”。从文物修复师，到故宫文化创意产品等，故宫博物院屡屡在互联网上掀起波澜。2017年，故宫网站访问量达到8.91亿，186万多件藏品的信息已放到网上。

今年除夕，故宫博物院临时接到“把中轴线亮起来”的任务，于是花了4天进行设计，用8天组装，前后仅用了12天时间，就完成了一场掀起全网热议的“紫禁城上元灯会”。这是故宫博物院第一次大规模夜间开放，紫禁城第一次被真正照亮。

而正如故宫博物院内部人士所言，单霁翔本身成了故宫博物院最大的“网红”。很多人都说单霁翔是故宫博物院的“掌门人”，是隐藏在紫禁城的“扫地僧”，但他更愿意称自己是故宫的看门人。

今年的亚布力论坛上，单霁翔首次晒账本：2017年，故宫文化创意的销售额已经达到15亿元。事实上，这一数据已经很保守了。近年来，故宫文化创意收入直线飙升，呈现出强劲的增长势头。据统计，故宫博物院的文化创意产品销售额2013年为6亿元，到2016年为近10亿元。

单霁翔曾在接受央视《面对面》采访时提到，要让故宫以及文化遗产更有尊严，获得更多关注。通过营销及研发，让藏品更具综合价值，600岁的紫禁城在成为“网红”大IP的道路上一次次“逆生长”。

如今卸下看门人职位，单霁翔将去哪里？单霁翔曾说，他自称是一名故宫讲解员，在故宫博物院前6年，进行了近2000场讲解，时间约2000小时。

“我退休以后想来当一名志愿者，到时候希望面试的时候手下留情。”单霁翔笑言。

单霁翔会回家乡发挥余热吗

一手“捧红”故宫博物院的单霁翔，籍贯是江苏江宁。对南京，他充满感情，他说：“要是南京人到故宫博物院参观，我会亲自接待的。”他还说：“我这个生活在北京的南京人，很自然就会冒出‘回家’的念头。”

他说“南京的好东西多呢”

说到自己的家乡南京，单霁翔说：“不要让大家只知道明城墙和夫子庙，咱们南京的好东西还多着呢。”

2017 年，在回答“南京是否可以向故宫博物院取经，打造出属于自己的大 IP”这个问题时，单霁翔提出，南京可以把阳山碑材、大报恩寺等元素与明城墙一起进行有机结合，打包后推陈出新，进而设计衍生出一系列各具特色的文化创意产品和产业。他还促成了故宫博物院和南京博物院的合作。2016 年，故宫养心殿大展在南京博物院展出，单霁翔率队来南京，把故宫博物院自创自演的话剧《海棠依旧》搬上了南京博物院的舞台。

故宫修缮用了南京金箔

2014 年，单霁翔参观江宁织造博物馆后说：“江宁织造博物馆越办越好了。故宫的龙袍、很多生活用品，都是当年南京江宁织造局织造的。”自 2002 年故宫古建筑大修以来，故宫博物院用掉 247 万张金箔，这些金箔都产自南京。与金箔一样，备受明清皇家钟爱的还有苏州金砖。修复坤宁宫后廊使用的古法地砖，用的就是苏州金砖。

他曾为《最美江苏诗词集》写序

2017 年，单霁翔为现代快报的《最美江苏诗词集》写序。在序中，他说，这本书是诗词大会的结晶，是呈现江苏最美的一百首诗词。对于江苏，他毫不吝啬赞美之词，他说，江苏物华天宝、人文荟萃，有着丰富的传统文化底蕴，这不仅是现实，而且历来如此。

关于江苏的诗词，单霁翔在序中写道：“就人杰地灵的江苏而言，古诗词可以说是一笔取之不竭的精神财富，历史上吟诵江苏的诗词数不胜数。”“就诗词品质而言，一个江南的分量抵得上大半个中国。”

（《现代快报》第 A8 版，记者张然、胡玉梅、刘静妍，2019 年 4 月 9 日）

昨天，大陆这个机构的人事变动震动宝岛！

故宫“上新了”。

8 日，新华社发布了这条堪称两天来最热的新闻：

故宫博物院院长单霁翔退休，继任者为敦煌研究院原院长王旭东。

消息一出，立登热搜榜。一时间，对单霁翔的不舍，对故宫七年来“网红”之路的回顾，对未来王旭东主导下故宫的期待，成为互联网上热度不减的话题。

意外又不意外的是，这项普普通通的人事变动，几乎是第一时间传到对岸，而它带来的震撼，也异常直观。

故宫“换帅”，岛内有人“吓了一跳！”

“吓了一跳！”“心里着实不舍。”“贺单院长退休后展开生涯新篇！”

昨天（8 日）晚上，台北故宫博物院指导委员朱惠良在社交媒体写下如上大段感慨。

朱惠良说，3 月 28 日自己和单院长见面，还听到他说了句“好累！”当时不以为意，没想到几天之后他竟宣布退休。

而这一未经事先张扬的消息，同时也让台媒颇感意外，一时间铺天盖地的跟进报道说明了一切。

在这些报道中，单霁翔本人及其主导下的北京故宫七年来路也再次被回顾和梳理。

台湾“中央社”在 8 日报道中对单霁翔给予了高度评价：单霁翔是故宫博物院第六任院长，也是曝光度最高、最广为一般民众所知的故宫院长。

报道指出，在单霁翔任内，故宫开放面积逐步扩大，从 2014 年的 52%，到 2018 年底的 80%。

台湾《旺报》网站则认为，故宫近年来加强网络化，把文物藏品的影像公布在网上，网友们不仅能查阅到每一件藏品的资讯，还能图文并茂地阅读背后的故事。一系列成功的尝试，使得原本神秘的紫禁城文化“飞入寻常百姓家”。

而台湾“联合新闻网”则注意到，单霁翔在任这些年，故宫诞生了大批“网红”，但正如故宫内部人士所言，单霁翔本身则成了故宫最大的“网红”。

这七年见证“两岸故宫此消彼长”

对于单霁翔曾直言的“好累”，多家台媒引述的这组数据给出了佐证：

上任初始，他花了 5 个月，走遍了故宫的 1200 座建筑，9371 间房屋，磨坏了 20 多双鞋。

同时被台媒关注到的，还有单霁翔作为“网红”存在的背后，“我就是在故宫博物院里面看门，每天观众有序地走进博物馆，我们做好服务”。

“紫禁城上元之夜”灯光秀（2019 年 2 月 19 日）

事实上，这也并非台媒第一次对单霁翔如此关注。在此之前，故宫博物院的多项创新之举便已被台媒介绍给岛内民众。

最近的一次，当数今年 2 月 19 日，故宫博物院在元宵节首次夜间开放，“紫禁城上元之夜”吸引了众多游人前来参观，高科技灯光秀与历史文物的结合令人叹为观止。

台湾“中时电子报”当时称，这次活动再次打响故宫作为“国家级 IP”招牌，不只故宫灯光秀，最近大陆许多电视节目都诉求发扬传统文化，从故宫取材，透过创意节目呈现，让看似陈旧的传统文化重新被年轻人喜爱追捧，处处展现大陆文化自信。

而故宫博物院的每次“出彩”，也都会被台媒自觉不自觉地拿来与台北故宫博物院对照一番。

“中时电子报”便“反观台北故宫”，列出最近从闭馆整修、文物南迁、颜真卿《祭侄文稿》出借日本，到所谓“台湾化”等一系列争议事件，认为这些乱象都难脱政治口水。

“对照北京故宫活化传统文化风采，台湾若抛弃中华文化，犹如自废武功，值得深思。”报道说。

但往前回溯几年，形势其实不是这样的。

香港《南华早报》2017 年 5 月的一篇报道指出，此前“中国文化商品的最佳榜样来自和故宫博物院同源的台北故宫博物院”。

早在 21 世纪初，印有国画精品的鼠标垫就成为台北故宫的热卖商品。自 20 世纪 80 年代以来，台北故宫一直在出售最珍贵藏品的邮票和复制品。

单霁翔也并不讳言，他们从台北故宫博物院“借鉴了许多想法”。

而与单霁翔和他掌门的北京故宫形成鲜明对比的，则是同一时期台北故宫的变化——台北故宫博物院现任院长陈其南上任之初宣称所谓“故宫台湾化”所引发的“去中国化”争议，至今仍历历在目。

“同样是换了‘掌门人’，两岸故宫却呈现出此消彼长的趋势。”如今单霁翔虽宣布退休，但台媒去年12月的这句感慨看上去却分外应景。

关注新院长“敦煌往事”

与单霁翔同时受到台媒和台湾网友热切关注的，自然是其继任者王旭东。

台湾“中央社”8日梳理王旭东履历强调，王旭东为第十九届中央委员会候补委员，“他原本是水利专业人员，后来到敦煌研究院从事石窟保护，并自2014年起担任敦煌研究院院长”。

就在2017年5月，敦煌研究院成功晋级国家一级博物馆。

而王旭东担任敦煌研究院院长期间推出的“夜游莫高窟”等创新项目，也曾引发台媒报道及关注。

此次执掌故宫博物院之际被台媒频频提起的，还有王旭东在2017年与媒体的一段对话。

当时有记者问，故宫等博物馆的文化创意非常火爆，敦煌在这方面有什么想法？

王旭东回答：“故宫的成功不能复制到敦煌来，但他们的经验可以借鉴。”

而这句话，也意外呼应着两天来两岸网友对两任院长的点赞和鼓励。

（参考消息网，记者唐立辛，2019年4月9日）

单霁翔院长这七年：故宫六百岁生日前夕的离场

单霁翔院长卸任了，在故宫600岁生日的前夕。

他曾无数次在大大小小的讲坛上打开那个名为《将壮美紫禁城完整地交给下一个600年》的PPT，配合着插图和他朴实又幽默的讲述方式，即便是如数家珍般盘点着这些年的功绩，也能让人觉得生动又真切。今年3月盘点2019年下半年到2020年底的数十项展览时，我们还一度觉得万事亲力亲为的单霁翔院长一定会看着这些展览办完才放心，此番他突然卸任，最终没能将他心爱的故宫亲手送进下一个600年。

链接故宫和大众，我们媒体都练得一身哪怕心里经历巨大的波澜，仍能不带感情，而只是枯燥地讲清事件的本领。单霁翔院长卸任后，我在一篇文章的起手处就看到“单霁翔似乎在一夜间老了。……他带着显眼的眼袋和老年斑出现在媒体采访中，发量仍然茂密，却成了斑驳的灰色”。这似乎是少有的将单霁翔本人从与故宫的长期捆绑中“剥落”，并用关切的目光意味深长地去注视这个六十多岁的老人，而长期和单霁翔院长接触，我们跑口的记者似乎总是围着他问东问西，很少关切地看到他的疲惫与老去。

1

细想想过去几年的一些情节，单霁翔院长是多生动的人啊。

在一次展览转场时，单霁翔院长和他胖胖的秘书都淋在雨里等待，有位女记者上前去打伞，院长说：“别，你这一打伞，别的记者一拍照，明天‘女记者给单霁翔打伞’就成了头条。”这才让我们想到，难怪雨天雪天大晴天，单霁翔院长从来都不打伞，遇到夏天室外的发布会，记者们被晒得东倒西歪，单霁翔院长都笔直地站在人群中。

而有一年夏天，北京频频下暴雨，单霁翔院长挑了一天打算为大家展示故宫排水螭首的“千龙出水”的画面，那个下午，一行人和太和殿的螭首面面相觑了一个小时，还是没等到雨，场面尴尬之余，单霁翔院长摸着螭首解释：“我们是看了天气预报的，说是今天会下雨，我们都给大家准备好雨衣和雨伞了。”

接下来的行走中，他还是将螭首、明沟、暗沟和嵌在墙上的排水孔道一一指给大家，绘声绘色地描述着下雨的时候水柱将会怎样落下。他应该不止一次站在雨里看每一个排水孔道的运行。

我们等人取钥匙开门看一个排水口时，单霁翔院长拿起旁边的门上挂的锁说：“大家等的时候，我顺便给大家介绍一下故宫的锁吧。每一把锁都有自己的名字，有唯一的一把可以打开它的钥匙……”

被称为“布鞋院长”的他总说起自己走完了故宫的每一间房屋，但就在故宫里的戏楼——畅音阁修复过程中他带记者去看时发现畅音阁还有一个他没进去的黑黢黢的“地下室”，单霁翔院长不好意思地说：“看来我还是没有走完全部的房间，有漏网之鱼。”

单霁翔院长行走在故宫里像是一个憨厚的小熊人偶，每一个认出他的热情游客都能挤到他身边拍张合影。有次活动结束院长溜达着去吃饭时，迎面一辆车停下，一个戴着墨镜的男人热情地迎上来握手，院长淡定地寒暄两句，细看才知道是黎明。上元之夜，即便城墙上都人头攒动了，单霁翔院长还是没法拒绝前来合影的群众。

最近一次，也许也是单霁翔院长亲自主持的故宫的最后一个大型活动，就是将故宫为“紫禁城里过大年展”筹备复建的两对大型灯（天灯与万寿灯）进行拍卖，并将筹得的善款全部用于贫困地区的教育和文化等事业。

还是在“紫禁城里过大年展”期间，单霁翔院长带着媒体浩浩荡荡去看了乾清宫广场因风而猎猎作响、气派的万寿灯之后，散场后大家三三两两地迎着夕阳踱步，单霁翔院长问起：“你们说结束展览以后，这灯该怎么办？”的确，竖立在大殿前面高高的铜柱雷雨天容易引雷、且遇大风也是安全隐患。在大多数人还兴高采烈地庆祝万寿灯竖起来时，单霁翔院长已经开始焦虑这灯将来的去处。

机智的他最终还是想出了拍卖和捐赠的妙计。

2

这七年，没点儿机智是办不成事儿的。

小到一件文物，大到一座紫禁城的安危。在禁止打火机进入紫禁城的第一天，就“截获”8000多个打火机，机智的单霁翔院长想到：可以前门收后门发，所以在神武门设立了“取打火机处”，以这种方式实现了“收支平衡”。

在故宫人多的时候，女洗手间门口总是排大队。机智的单霁翔院长对洗手间进行了调整，部分男洗手间被征用为女洗手间：于是你可以看到女同胞们面带羞色地路过一长溜男士用小便池走向尽头处的洗手间。供不应求时，单霁翔院长甚至将一个职工食堂也改造成了洗手间。

将近六百年，故宫的一些曾经整饬光滑的地面早就斑斑驳驳，有的人认为这正是故宫的古意所在，不可翻修，单霁翔院长纠结了好久还是将部分地面重新铺设了金砖。清明节假期时我推着轮椅带着老人进故宫，发现坑坑洼洼的地面几乎让轮椅寸步难行，必须绕到新铺设的地面上。这才切实体会到即便是牺牲掉部分时间的意趣，但对于很多行动不便的人群，这是极大的友好。故宫的每一个细节的确都需要斟酌或者取舍。

“故宫历史上有六任院长，我是第六任，每一任院长都付出了极大的努力，但是每一位院长都没有好下场。因为这个地方太复杂，无数的巷道，无数个庭院，进来一个小偷就能把一个院长搞下去。”单霁翔太清楚之前的院长都是因为什么问题惨淡收场，比如让上一任院长郑欣淼愤怒到落泪的石柏魁盗窃事件。

一次在斋宫附近，单霁翔院长还原了当年石柏魁怎样藏身、怎样在房顶上行走还从十米多的宫墙上跳下来的路线，并说起“将来事情过去以后，到时候我也不是故宫博物院院长了，我只是一位老人，但是我愿意陪同他走进故宫，讨论故宫的文化”。

也是前车之鉴，在上任的次年，单霁翔院长就提出“平安故宫”工程，从北院区建设、地下文物库房改造、基础设施改造、故宫安全防范新系统、院藏文物防震、院藏文物抢救性科技修复保护等各个方面去完善故宫因年久失修而充满隐患的身体。

2017 年最后一天封门检查时，700 名负责开放管理工作的干部职工检查庞大故宫的每一个角落：殿外铜缸、香炉、附属设施、门窗户臂、锁、电器、消防设备、屋脊门廊、树上树下、地沟暗道、假山上下……最后浩浩荡荡地集中在广场，暮色四合，这件每一天的例行公事在岁末的这一天好像也颇有一些重大的意味。单霁翔院长的目光流连在这座庞大古城，它关上最后一道门、安全地沉浸在旧一年的黑暗里。

进宫的人群虽然总是向着三大殿和东西六宫扎堆，但仍有部分人群能够找到安谧美好的“退休女性的世界”，即于 2015 年开放的西部区域。这里曾是皇帝的母亲、皇太后、太妃、太嫔们居住的地方，她们建了很多花园和佛堂，里面最大的宫殿被用作雕塑馆。单霁翔院长不止一次地提到的“风吹雨淋地站在墙根儿”的北齐菩萨，就被安然体面地放到雕塑馆，2015 年 10 月开放的寿康宫原状展也非常精致安谧。

“退休女性的世界”中的慈宁宫花园里，在 2017 年还住进去九只梅花鹿，配合着“天禄永昌”的鹿文化展览，这也是单霁翔院长的机智之举，他熟谙大众心理，只要能找到合适的契机，他就尽量将事情做到极致，假山奇石、林木葱郁，九只鹿出没在假山中时隐时现，这是生动的教化：呦呦鹿鸣的意境就这样被再现出来。

3

可以说在2018年之前，故宫一直四平八稳。所有的争议都是随着故宫半推半就地走上“网红之路”开始的。

这也是故宫推广“互联网思维”所带来的副产品，故宫用一种年轻人喜闻乐见的“反差萌”的形式经营自己的淘宝账号、微博，并不断研发新的App，和网易合作制作《千里江山图》游戏、和腾讯一起探索数字文保、和小米联合开发特别版手机、和华为共同建设“5G 智慧故宫”。

2017 年之后，沿着那条在淘宝网顽皮地卖卖胶带、卖卖宫廷娃娃的路，故宫不断向前开拓，生意越来越大。故宫里犄角旮旯设置着文创店，神武门右边一溜长房是（高端）文创店。故宫不断研发新的东西来填文创热所激发的消费巨口，忙不迭地将故宫文化以商品、游戏、App、综艺节目（《上新了·故宫》等）的形式在大众面前持续刷热度。

故宫口红和故宫火锅的出现，看似是极为偶然和细枝末节的，但却是长久、越来越多的市场合作在大众心里积压的情绪。大众纠结于哪一款口红和故宫关系更深、纠结故宫火锅的价格与安全，一边是在求索如此多的和故宫相关的产品究竟哪一个是可靠的，这背后隐含了大众对于故宫这个品牌的信任和尊崇，而一边也是在质问在这消费浪潮中，故宫该如何秉持着自己作为一个博物馆自持自重的格调。

就像单霁翔院长在所有大大小小的活动中呈现的一样：稳妥又精神饱满。他执掌故宫博物院时，这所宫殿和所有围着它工作的人所呈现出的精力是一般的博物馆所难以想象与企及的。在单霁翔院长的秘书周高亮的记忆中，每天进宫后和院长会合，两人从神武门西边院长办公室出发，向西沿着紫禁城红墙绕一圈，每天就这样做 4 公里巡查。周高亮已经习惯早上六点多从家出发，晚上十一点才能回家的节奏，更毋论单霁翔院长这七八年间是怎样度过。

2017 年 9 月一个月故宫就开放了七个展览，这背后是工作人员们夜以继日地工作。在故宫展览部的工作人员称："故宫开会不是大家端着茶水清闲地坐在屋子里，而是要一行人随处走，随时说。领导有了想法就随口说起，大家也要迅速反应。我们大家会一起走，边走边聊，看哪儿还需要提升，哪儿还需要改观，大家记下来，随时调整，这样效率就很高。"而一个展览从出展览大纲到交给展览部，展览部进行有针对性的形式设计，包括空间、色彩、灯光、温度等一切展陈手段，再到和书画部、器物部等部门一起选文物，选配饰最后到展陈布置，每一个环节都要求快速而准确地运转，"忙到半夜也是常有的事情"。

而这样大体量的大规模的展览，我们又如何指责故宫只顾着盈利而不顾自己的主业呢？

故宫最焦虑的或许就是"世间安得双全法"：在扩大开放和市场营销之间有着一个微妙的度，而互联网时代，让事情按照理想的方向有理有节地发展则几乎是不可能的。

上元灯会就是如此。故宫在春节前一天接到北京市办灯会的提议，思考了三天之后从正月初四开始启动，用八天时间制作，前后一共奋斗了十二天。2 月 17 日，故宫博物院公开了将于正月十五、十六举办"紫禁城上元之夜"文化活动，然后就开始了 2 月 17 日和 18 日凌晨两轮"决战紫禁之巅"的抢票。而后来的黄牛炒票、"故宫蹦迪"以及引发而来的质疑都是故宫始料未及的。毕竟曾经故宫出几卷胶带纸都是全网推送一片夸赞的，而如今不眠不休筹备了这样一个精彩的活动怎么反而被冷嘲热讽了？

上一任的院长因为一个今天看来几乎是有些幼稚的盗窃事件黯然离场，在那个时代，防盗就是故宫的大事。而每一个时代的故宫都有它新的使命和困境，这个时代，故宫所面对的惊涛骇浪不再是觊觎它文物的毛贼，反而是因为太过热爱中国古老的文明而对故宫的一切吹毛求疵的网民。

在昨天关于他退休的一切评论中，最为中肯的一条或许就是：他真的是改变中国文博事业的人。将今天的故宫放之于故宫近 600 年的历史长河看，将它新的一年与旧的一年对照看，即便再苛求于某些细节，我们也完全不能否认它的开放与成熟。

单霁翔院长在回复一位记者的短信中说："光荣退休，期待已久！但是每天还会在故宫博物院里走走，看看门！"单霁翔院长始终是那个看到故宫一点好处就忙不迭地向大家介绍的活泼又真诚的老头儿，春天他盼着一树树花开，夏天他盼有一场雨能让大家见识"千龙出水"，冬天他盼下雪让大家一赏红墙白雪。希望退休后的单霁翔院长一切顺遂，也有新的期盼。

（澎湃新闻，记者丹尼，2019 年 4 月 9 日）

故宫最大“网红”昨日退休
他将故宫与武当山的关系定位为“亲缘、情缘、血缘”

单霁翔生于1954年，毕业于清华大学建筑学院城市规划与设计专业，师从两院院士吴良镛教授，获工学博士学位。单霁翔历任北京市文物局局长、房山区委书记、北京市规划委员会主任、国家文物局局长、故宫博物院院长。

2012年，58岁的单霁翔被任命为故宫博物院新院长。履新后，单霁翔花了5个月时间，与秘书周高亮一起走遍宫里的1200座建筑、9371间房，踏破20多双布鞋。

单霁翔在任这些年，故宫诞生了批量“网红”。从文物修复师王津，到故宫文创、口红，再到文化活动“上元之夜”，故宫屡屡在互联网上掀起波澜。2017年，故宫网站访问量达到8.91亿，把186万多件藏品的全部信息放到网上。同年，故宫文化创意产品销售额达到15亿元人民币。

昨日，执掌故宫博物院7年、被誉为故宫最大“网红”的单霁翔退休，引起网友关注。

故宫和武当山有着深厚的历史渊源。7年前，单霁翔接任故宫博物院院长短短几个月后就两次来到武当山考察，并给十堰带来了一场关于文化遗产的专题讲座。单霁翔将故宫与武当山的关系定位为“亲缘、情缘、血缘”。

昨晚，《十堰晚报》记者多方联系到了单霁翔的秘书，可惜没能采访到单霁翔。对于十堰人民对单霁翔的关注和关心，其秘书周高亮代为表示感谢。

一年内两次来武当山考察

昨晚，得知单霁翔卸任故宫博物院院长的消息后，曾担任武当山文物宗教局局长的舒涛思绪一下子回到了7年前。“2012年6月3日上午，单霁翔考察了武当博物馆。”舒涛回忆，在武当博物馆考察的时候，单霁翔仔细听取了讲解员的讲解，并不时提问，他为武当博物馆拥有的历史文化遗存惊叹不已。

2012年，58岁的单霁翔被任命为故宫博物院新院长。当年6月2日，单霁翔来到丹江口市，考察习家店镇青塘村明代官窑遗址发掘现场。青塘村位于丹江口水库北岸，距古均州城约50公里，是元、明、清时期陕西、河南等地香客到武当山朝拜进香的必经之地。2008年，丹江口市在为该村武当神戏申报国家级非物质文化遗产时，有专家在此发现大量琉璃碎片。后来，湖北省文物研究人员陆续来探访，初步判断该琉璃碎片与明代武当山的五龙宫、玉虚宫琉璃构件基本相吻合。故宫博物院得知消息后，于2012年4月8日派出第一支考古队进驻该村，进行考古发掘。后经考古专家断定，这是明代官窑，而且是武当山古建筑群砖瓦的出处。

在考古发掘现场，单霁翔仔细查看窑址状况和已出土的文物瓦件，他激动地说，青塘村窑址是迄今为止我国发现的第五处明代官窑遗址，保存完好，对于研究武当山物质文化遗产和非物质文化遗产具有特别重要的意义。故宫博物院将全力支持该遗址考古发掘和原地保护工作。

随后，单霁翔一行还先后考察了丹江口市博物馆、武当山遇真宫、玉虚宫保护维修工程现场。

2012年6月3日，结束考察后，单霁翔在武当山特区举办了一场精彩的专题讲座：《“积极保护整体创造”——文化遗产的守望与展望》。“故宫与武当山古建筑群同是皇家建筑、同是全国重点文物保护单位、同是世界文化遗产，应该有共同的使命、共同的责任、共同的主题。”单霁翔说。他还表示，故宫与武当山有着亲缘、情缘、血缘关系，二者在历史、建筑特色、建筑风格等方面有着千丝万缕的联系，有着深厚的历史渊源，从某种角度说，武当山和故宫是同一脉络的延伸，因此对于研究两地共同的历史文化传承具有十分重要的意义。

时隔几个月，也就是2012年9月26日，中国紫禁城学会第四次会员代表大会暨第八届学术研讨会在武当山特区开幕，单霁翔再次来到武当山，他说，近年来，故宫博物院和武当山合作交流不断深化，举办了故宫·武当山（明代）紫禁城文化研讨会。今后，还将深入发掘它们的内涵和价值，从不同视角拓展紫禁城文化的深度和广度。

武当山形象曾登上故宫门票

就在单霁翔两次造访武当山后的第二年，武当山的形象广告就登在了故宫博物院门票的背后。很多观众还记得，当年故宫博物院的纸质门票的背后，是一张武当山太和宫的精美图片，上面“北建紫禁城南修武当山”的字迹十分显目。一时间，“北建紫禁城南修武当山”给很多到故宫博物院的观众留下了深刻的印象，武当山也成为了他们心中的向往之地。

据史料记载，北建故宫始于明永乐四年（1406年），永乐十八年（1420年）建成，占地72万平方米，建筑面积15万多平方米，有房屋9999间半，是世界上最大最完整的古代宫殿建筑群。南修武当在明永乐十年（1412年）年，明成祖朱棣大建武当山，耗资数以百万计，历时12年，建成9宫、9观、36庵堂、72岩庙、39桥、12亭等33座建筑群，其规模宏大，气势雄伟，依山就势，故也被称为“云中故宫”，由此便有了“北建紫禁城，南修武当山”之说。

“武当山旅游形象广告登上故宫博物院的门票，与世界各地观众零距离接触，北建紫禁城、南修武当山的主题向每位到访的观众讲述历史的渊源，展示其独特的魅力，大大提升了武当山的知名度和影响力。”舒涛认为，当年故宫博物院的这一举动，不仅为武当山的旅游推广搭建了一个平台，更显示出了武当山和故宫的历史渊源，“600年后，武当牵手故宫，两大世界遗产携手走向世界，展示中国名片，这也是2013年的一个热点。”而在此之前，武当山还携手故宫博物院开展过多次宣传推广。武当山和故宫博物院曾先后合作举办2010故宫·武当山（明代）紫禁城文化研讨会，这些都是当年国内文化界的盛事，也是武当山和故宫博物院强化合作、走向世界的重要契机。

曾计划在故宫展出武当道教文物

鉴于武当山和故宫博物院的深厚渊源，2012年6月，单霁翔在考察武当博物馆道教造像厅时，立即联想到正在维修的大高玄殿，他发出邀请：“大高玄殿现已正式移交故宫博物院，我们计划经过两年的保护性修缮后正式对海内外游客开放，届时大高玄殿修复竣工典礼之日，也是武当道教文物在故宫博物院首展开幕之日。”

大高玄殿位于景山以西，北海以东，始建于嘉靖二十一年（1542年），为明嘉靖皇帝专门修建的斋醮之所。该殿正门题额为“始清道境”，有大高玄门、钟鼓楼、东西配殿、大高玄殿、九天应元雷坛、庑殿、乾元阁等建筑，其中象征天圆地方的乾元阁，造型与天坛祈年殿相似，圆攒尖屋顶，覆以蓝琉璃瓦，内部彩画及藻井精美，堪称京城一绝。

“当年为了这次展览，我们还和故宫博物院就武当道教文物赴故宫博物院展出事宜进行了细致的交流，还专门对故宫大高玄殿现场进行了详细的实地勘察。”舒涛说，可惜的是，后来因为各种原因，这次展览没有成行，“虽然最终没有展出，但这件事显示出了单霁翔院长对武当山的关注”。

单霁翔退休，牵动着十堰人民的心。昨晚，本报记者联系到了单霁翔的秘书周高亮，他对十堰人民对单霁翔院长的关注和关心表示感谢，“单霁翔院长暂时不方便接受采访，过几天会有安排的。”周高亮说。

（秦楚网，记者罗毅，2019年4月9日）

人民网评：单院长，值得这个时代给他一个美好的“下场”

故宫会记住单霁翔。我们也会。

在历任故宫博物院院长中，他显然是知名度最高，也是争议相伴的一位。

在故宫博物院的7年，单霁翔无疑做了很多事。对普通观众来说，最重要的，是故宫“活”了、“火”了，有亲近感了。

有两件事，具有象征意义。故宫的大门，从前只为皇上开启，后来只为“贵宾”而开。因为一位东北大爷的抱怨，单霁翔决定三个大门全开，“让观众自由选择，想当皇帝当皇帝，想当大臣当大臣”。再有，就是今年的元宵节，“一曲笙歌春如海，千门灯火夜似昼”，故宫94年来首次开放夜场，3500张票，3000万人抢……

故宫门户开放的故事，我们隐隐然读出了“平等”二字。在文化面前、历史面前，每一个后人，无论品级尊卑，无论学养高低，无论贫富差异，都有顶礼膜拜，或好奇张望的权利。最为等级森严的故宫，变得家常了——在“正大光明”因精心重布灯光而从幽暗变得明媚之际，在排队可以喝到宫里烧的热水、吃到宫里泡的方便面之际，在渴求与国宝一亲芳泽的“故宫跑”之际，在文化创意产品让昔日的“奴才”“臣下”的后人们也可以动辄称“朕”之际……

故宫“看门人”的这番苦心孤诣，在他转身离去时，适时留下了一些值得琢磨的问号。

在这个手指轻点便能与全球顶级艺术品谋面的时代，任何文物都触手可得，细节放大、专业点评、回放重温，得来全不费工夫，为什么人们，特别是“外行”们，都还一定要到故宫博物院和国宝直接谋面？

把陆游的诗改上两个字，便可洞悉今人心事：网上得来终觉浅，绝知此物要躬行——唯有零距离，方能穿越千百年，和不同朝代先贤团团揖坐，如见先人伏案时毫端蕴秀，如嗅先人泼墨处芝兰之气，如闻君臣晤对的激烈词锋，更和明清君臣妃嫔们在同样的殿堂见到同样的夕阳、穿越同样的长廊，想着重重叠叠不同的心事……感谢故宫博物院，让我们有幸目睹运笔于1600多年前的晋人书信、涂抹于万国来朝的大唐遗墨，以及历经战火、兴衰甚至阴谋而幸存的宋代山水与明清园林……当那些漫长的劫后余生故事，那些中华民族最基本的文化基因，用“人们喜闻乐见、具有广泛参与性的方式推广开来”，当代国人便从这些点点滴滴的相触相拥中，滋养出文化上的浩然之气。

故宫，如此这般的门户开放，让我们既为“看门人”的慧心、也为“进门人”的虔心感动，忍受拥挤和长队，只为享受片刻的精神洗礼。

因此，网红故宫，也是一种提醒。

国人对历史人文的饥渴，与文化供给、文化创意的稀缺形成巨大反差。无数“月光宝盒”

仍然深藏甚至蒙尘，需要专业的、有创意且有时代感的打开方式。

单霁翔院长不仅在守护故宫，也在经营故宫。有时这也为他带来争议，而争议也为故宫带来新的“流量”，新的变革。文物不能市场化，但文化可以成为产业，文化产业特别是经典文化的粉丝广布，不但具有人文传承的意义，在当下也可提振信心，成为经济发展的“突围部队”。国际经验表明，在经济爬坡阶段，文化市场往往能产生某种“口红效应”，文化创意产品具有不可替代的精神激励作用，并为自己赢得宝贵的发展机遇。

如果能有更多的专业“看门人”，用文化的力量、市场的力量、社会的力量、高新技术的力量，让久藏深闺的博物馆、美术馆、图书馆，成为人们争相打卡的网红，开发出源源不绝的文化创意产品，培育创新型新文化业态，深孚民心，深具发展空间。

“故宫博物院历史上有六任院长，我是第六任。每一任院长都付出了极大的努力，但是每一任院长都没有好下场。故宫博物院有无数的庭院，进来一个小偷就能把一个院长搞下去……平常说做事要万无一失，我们一失就万无。你做 9999 件事，一件事没做好，文物损坏了，你就必须要下台，这就是故宫博物院院长的责任。”

如履薄冰的单霁翔院长，在故宫博物院走破了 20 多双布鞋，值得这个时代给他一个美好的“下场”……

（人民网，记者李泓冰，2019 年 4 月 9 日）

故宫院长单霁翔今日退休
网红院长在夹缝中度过 7 年

4 月 8 日，单霁翔离开工作七年的故宫博物院，光荣退休。故宫博物院院长一职由敦煌研究院院长王旭东接任。单霁翔回应称：“期待已久，但每天还会在故宫博物院走走，看看门。”过去七年间，这个充满独特魅力的故宫博物院院长一直处于夹缝之中，他始终希望能在有生之年看到故宫博物院成为“来了不想走，走了还想来”的文化空间。

单霁翔似乎在一夜间老了。

正月十五的“紫禁城上元灯节”后，他带着显眼的眼袋和老年斑出现在媒体采访中，发量仍然茂密，却成了斑驳的灰色。这位在任 7 年的故宫博物院院长，在公众面前露出了少有的疲态。

这份疲惫也许来自上元灯节的筹备——从筹划到落实只有 10 天左右的时间。元宵节前 3 天，单霁翔在亚布力中国企业家论坛上“官宣”了故宫 94 年来的首次夜场活动，引起让“官网都炸了”的抢票和一浪高过一浪的舆论热度。

短短两天内，这场灯会的口碑几度翻转，热度与争议同时到来。这样的嘈杂和混响某种程度上是故宫博物院院长单霁翔的常态。

他是故宫博物院的第一位“明星院长”，以前鲜有人知道故宫的“掌门人”姓甚名谁。单霁翔因为出现在《鲁豫有约》《朗读者》《杨澜访谈录》《国家宝藏》等节目中，亮相在各种各样的论坛、讲座和年会上，用幽默的语言揭开了故宫博物院的面纱而家喻户晓。网友把他捧成网红，他一本正经地说，没觉着自己是个幽默的人，“和相声演员比还差得远”。

他的个人形象与故宫博物院的文化 IP 深度绑定，民众对他几乎是压倒性的好评，只有被他的票务改革革了饭碗的黄牛，恶狠狠地威胁“一旦你走出故宫，我们就让你好看”！在公众舆论之外，故宫博物院的工作人员和文博行业中流传着对他的议论，有的来自专业上的理念差异，有的是被触动利益后的反弹，还有些只是针对故宫博物院院长这一职位的调侃和发泄。

故宫不仅是一座博物院，也是有 1500 多名员工的事业单位；故宫博物院的院长不仅有宣传故宫文化的天职，还背负着沉重的管理职责。多重身份下的单霁翔，生活远不像网络上那个“萌萌哒”的网红院长般轻松和愉快。

1

鲁豫曾问单霁翔，当故宫博物院的院长是不是战战兢兢。单霁翔立即承认，还主动加了一句，如履薄冰。

故宫博物院建院94年，前后6任院长，“每一任都做出了巨大牺牲，做出了艰苦卓绝的努力，但是每一任院长都没有好下场”。单霁翔说，这工作是“有今天，没明天”。

从接任那天起，紧张的情绪就一直操控着他，“或是因为安全问题，或是因为文物损毁，一件事没有做好，文物损坏了，你对不起民族、对不起国家，就要下台”。单霁翔的前任郑欣淼在任10年做了大量实事，清点了全部文物，清退了盘踞在故宫内的其他单位。然而2011年故宫失窃案后，他黯然离开院长职位，离任的会议上，一度哽咽。

单霁翔希望自己能打破故宫博物院院长没有好下场的魔咒，“只有不出事，才能做好事”。为此，他敏感到事无巨细的程度。为了监测舆情，他让秘书周高亮每天传送两次速报，内容涉及过去的12小时内各界对故宫博物院的评价。“国内的国外的都有，好的坏的都有，影视的文字的都有。”只要上了热搜的故宫博物院话题，无论是观众抱着孩子随地小便，还是上元灯节一票难求，他都会站出来亲自回应。

但单霁翔将自己拉近民众的姿态，无法消弭全部争议。

上元灯节夜游故宫的活动还没结束，争议已经涌来。人们对这次活动的热情超过了单霁翔和工作人员的预期，3500张门票却有3000万人在抢。黄牛手中赠票的价格一路炒到15000元，堪比当红小鲜肉见面会门票。“全国各地的都在抢。”黄牛老钟向咨询者分析门票紧俏的原因，他手里的一张赠票就以12000元的成交价被一位山西煤老板买下。

正月十五当晚，近万人堵在午门广场。大爷大妈嚷嚷着“大家一起往里冲”。现场几十位安保人员束手无策。站在午门上的保卫处工作人员一度压力大到决堤，直接摔了手中嗞嗞作响的对讲机。一名在现场的工作人员向《贵圈》抱怨。有人在微博上对保卫处和开放处的工作人员表示心疼——正月十五疏散完人群加班到凌晨1点，第二天早上8点又要开始工作。

对于这些指责，单霁翔并未回应，而是给观众埋下了去文华殿前夜赏海棠的念想。

2

故宫曾经是神圣且疏离的。一家五代都在故宫工作的保管员梁金生曾说过，“故宫一直四平八稳的”。红墙之内，有着600年的历史作为积淀，时间流失的速度都显得模糊。1998年，故宫博物院安装了当时最先进的安保设备，得到过公安机关的表扬。14年后，故宫博物院发生失窃案，丢失数件珍宝，公安局来破案时狠狠批评了一通，故宫博物院上下才意识到安保设备已经老化到这个程度。

单霁翔2012年出任故宫博物院院长后，颠覆了四平八稳的既有形象。他上任后，用一年半时间建了中控室，65面大屏幕，指挥着3300个高清摄像头，随后在采访中慢悠悠地对小偷放话“不要惦记故宫”。

7年间，许多改变肉眼可见——不再满地垃圾、房上没有了杂草、紫禁城打破500年惯例禁了烟、增加了女卫生间和让游客休息的长椅。最难的是拆临建，数十年里，故宫博物院里积累了135栋临时建筑，有食堂、有办公室，有库房和花房，也有员工浴室和车库，总面积 14800 平方米。彩钢房不阻燃，有安全隐患，另外一些临建虽然具有功能性，但破坏了古建筑群的美观，这些都在几年的时间里陆续被拆除了。单霁翔亲自动手拉倒了午门下的彩钢房的房顶，留下他自称“有点作秀”的照片。

一次，文化部年终要和财政部某司开会，故宫博物院听说后，便主动对接两部委，提供场地、会务、餐饮，积极邀请两方赴故宫博物院里开会。会议结束前，单霁翔突然出现，“强行开始了一个声称十分钟的简要汇报，实际上进行了半小时到四十分钟的精彩演讲”，在演讲中提出了紫禁城六百年的宏伟规划。

事后人们恍然大悟，之所以如此主动积极安排会议，“估计就是为了取得部委财力支持”。

单霁翔的“机智套路”背后，更多地体现着在体制夹缝中办事的不易。2014 年故宫的“百年大修”规划突然被叫停，而其中原因在于，有手艺的老工匠缺少干部身份，退休后不能返聘，传承人没有北京户口也进不来，几个月前还在收麦子的农民被中标单位以低价招揽而来，用着政府采购的低价材料，赶着进度烧钱修复。单霁翔的办法是去全国政协的双周协商会上“哭诉”8 分钟，换来“故宫的事要特事特办”的上级批示。

在此环境下，单霁翔明白了“越是主要领导来的时候，越要给他看最不好的地方，看那些荒草萋萋的地方、看那些‘霉味’扑鼻的地儿，这样领导的责任心油然而生，才给解决问题”。

从成绩单看来，这一招的确屡屡奏效。自 2012 年担任院长至今，单霁翔解决了不少问题：故宫改革购票制度、推行限流参观；扩大开放区域、开放授权推广文化创意，无论是针对文物的尊严式保护修葺，还是针对参观者进行的人性化体验增进，都取得了成效。故宫博物院从教科书厚重的历史书写中焕发活力，转变成平易近人的热门景点，以及商界价值巨大的文化 IP。

在关于单霁翔为故宫赢得生存空间和各类资源的媒体报道下面，偶尔能看到网友“心疼”单霁翔的留言——想要干实事，却要依靠“抖机灵”获得各界的支持和帮助。

3

单霁翔几乎成了故宫博物院唯一被公众认可的发言人。上任后，他进行过 1100 多次多媒体宣讲，故宫博物院 7 年间接待过 50 多次外国元首参观，他经常陪同在侧。民众把对故宫博物院和对他的喜爱绑定。春节期间的“紫禁城里过大年”策划，吸引了众多观众走进故宫博物院，人们看到他会高声喊“单院长，过年好”。他也会客气地回应。

即使对他稍有微词的工作人员，也对他的“敬业、随和”给予肯定。

《国家宝藏》总制片人吕逸涛对《环球人物》记者说：“去年我跟单霁翔院长约时间谈节目，就定在了国庆节期间。其他时间，他几乎每个假期都在上班，天天在宫里待着。”

每天早上八点半之前，故宫博物院尚未正式开放，戴着 000-008 编号的工牌，踩着三十年如一日的黑色懒汉鞋，单霁翔开始了日常“巡逻”。路上偶遇同事，彼此示意问好。“官员有两种样子，一种是板着面孔那种，一种就是单院这种”，“随和、平易近人，在食堂和员工一起吃饭还会斗两句嘴”。

其实历任馆长都做了很多事，单霁翔能在演讲中骄傲报出精确到个位数的馆藏文物数，还要得益于前任郑欣淼——尽管后者在公众眼中永远要为“十重门”的闹剧背锅。在任十年间，郑欣淼将“盘踞”在故宫13个院落的部门逐一“请出”。“这是一个很难的事。”单霁翔感慨。而其中7个院落即是被国家文物局占用的——那十年间，国家文物局在任局长恰是单霁翔。

“其实我来之前的十年，是故宫博物院做事最实、最多的十年，但因为没有报道，所以人们不知道。现在，我们每个星期至少有一次或者两次的媒体发布会，我们的一举一动，社会公众都知道。”单霁翔如是总结。也正因如此，他上任后频繁亮相，主动发声，通过一串串精确到令人震惊的数字、一段段颇具传奇色彩的故事重塑了故宫博物院形象。

除此之外，网红故宫还背负着十三亿公众的期待和审视。故宫雪景受追捧，不下雪单霁翔要着急，就算天遂人愿下了雪，雪后要不要扫也要纠结。在故宫，操心的事从来很多很多，“但就是一样一样做。”单霁翔说。

4

作为故宫博物院院长，单霁翔给自己打70分。

在无处不在的监督和随时可能出现的掣肘下，他将自己的雷达全开，随时准备应对危机。他甚至有个独特的“万无一失”的说法——一失就万无。做了9999件好事，只要有一件没做好，也会被人们追着问责，甚至是下台。专业人士关于故宫博物院的一次问责，都能让他惊出一身冷汗，有时连饭都不吃了，就要赶快去追查来龙去脉。

只有每天回到家、吃完饭，然后沏一杯茶，打开台灯看书，写东西，才是一天最静的时候，一天的全部疲劳也才无法抵抗地袭来。“一般我就是睡觉，躺床上从来五分钟之内睡着。一年可能做不了一次梦，一年也失眠不了一次。”

这份“高危职业”算不上肥差。据知情人士介绍，从国家文物局调任故宫博物院时，单霁翔的秘书都不愿跟来，“因为故宫博物院没什么油水，跟着他又非常辛苦”。故宫博物院施行“收支两条线”制度，尽管单霁翔晒出的15亿文化创意营业额能打败1500多家A股上市公司，但是故宫博物院工作者的工资却并未因此有所提升。

单霁翔明确地解释过，国家给故宫博物院的拨款是11.2亿。国家给54%，故宫博物院要挣剩下的46%。不过所有的收入和捐赠都只能用来做事，不能用来发奖金。

以因纪录片《我在故宫修文物》一炮而红的钟表修复师王津为例，单霁翔在采访中介绍其薪资待遇为“正教授，能拿到一万三”。“拿不了、拿不到”，腼腆的王津立刻反驳。一旁的海归博士修复师“起点高”，月薪也不过八千。

“都是如此。现在留在故宫博物院的，要不就是实现了财务自由，衣食不愁的；要不就是对故宫博物院真爱的人，才能踏踏实实在这干。”故宫博物院前员工告诉《贵圈》，“因为这个体系里，薪资收入非常低。”甚至在“八项规定实施以来，不升反降”。福利收入减少，但事儿却多了。“紫禁城上元之夜”“紫禁城里过大年”……每一次主题活动、每一块多开放的展区，都意味着相关人员工作量的增加，对薪资待遇的不满，有时会转移到针对单霁翔这个领导个人的不满上。

在移动互联网时代，当故宫博物院从传统博物馆转变为超级 IP，如何把控流量与调性的平衡，调和大众与学究的口味，这是历任故宫博物院管理者都不曾面对的课题。

“我 64 岁了，在中国，像我这个年龄早就退休了。”一年前，在接受陈鲁豫的采访时，单霁翔感慨。在故宫博物院 7 年，他还没有熬成“单老”——那是对已故的故宫前辈单士元的尊称——只是熬成了“老单”。他说自己这辈子不想离开故宫博物院了，从院长的位置退下来后，他可以去故宫研究院搞搞研究，要是能考上志愿者，也愿意当个志愿者。他始终希望能在有生之年看到故宫博物院成为“来了不想走，走了还想来”的文化空间。

（腾讯网，记者裴晨昕，2019 年 4 月 9 日）

卸任故宫“看门人”，被误读的单霁翔

单霁翔曾公开表达自己是“被网红”的辩解。他希望，“大家不要只关注我们活泼的萌萌哒的网红一面，更多的工作是文物和开放本身”。

在网络空间和紫禁城宫墙里，一直存在着两个单霁翔：一个是诙谐幽默、金句频出、深谙传播之道的“网红”；另一个是踩着布鞋，随时巡视，在宫里发现问题、解决问题的院长。

4月8日，执掌故宫博物院7年的院长单霁翔退休，敦煌研究院院长王旭东接任。这一时间，距单霁翔“将一个壮美的紫禁城完整地交给下一个600年”的愿望，还剩一年。

作为“网红”的单霁翔，得到了广泛关注。他甚至被称为“改变了中国文博的官员”。但与此同时，单霁翔也不断“被误读”。

他曾自述，成为“网红”并非初衷，而是“被网红”。最重要的事，是让故宫的古建筑、文物和观众更有尊严。相比“网红”，故宫人更应该是国宝的守护人。

“网红”与“守护人”

单霁翔在任这些年，“网红”在故宫批量诞生。

从修文物的王津，到故宫文化创意、口红，再到文化活动“紫禁城上元之夜”，故宫博物院屡屡在互联网上掀起波澜。

2017年，故宫网站访问量达到8.91亿，186万多件藏品影像信息全部上网。今年元宵节的一场“紫禁城上元之夜”夜场活动，3500张门票引来3000多万人抢购。

单霁翔本人，如故宫博物院内部人士所言，成了故宫博物院最大的“网红”。他的“金句”和“段子”广为流传，1000多场演讲走遍全国。

但是，“网红”这个标签，并未得到单霁翔本人的认可。

单霁翔曾公开表达过自己是“被网红”的辩解。他希望，“大家不要只关注我们活泼的萌萌哒的网红一面，更多的工作是文物和开放本身”。

2012年单霁翔上任时，作为世界规模最大的古代宫殿建筑群，故宫长期以来开放区域不足50%，186万余件文物藏品99%沉睡在库房，观众虽多，但八成都是沿着中轴线看皇宫，很少能体会到故宫是个博物馆。

那时候，观众进故宫博物院，一个突出的感受是：累。几乎所有观众都在中轴线摩肩接踵，整个紫禁城找不到几把座椅，想看清楚昏暗宫殿的内部陈设，得使劲把脸贴上窗玻璃，冬天哈气在玻璃上，雾蒙蒙一片。

单霁翔感到痛心，他认为这样的境况，“让观众、文物和故宫都没有尊严”。

7年时间，他不断寻找问题并逐步改进。到他卸任时，故宫开放面积已达到80%以上，

8% 的文物将可以同时展出，观众有了更多参观选择；宫里增设古色古香的座椅和树凳，能供 1 万多名观众同时休息。

同时，经过大量试验，证明对古建筑、文物无害的 LED 光源点亮了殿宇，观众再也不用紧贴玻璃向内窥探。

文物也有了“尊严”。与《我在故宫修文物》同期，故宫文物医院落成，现代化文物修复室里可容纳200位专业“文物医生”，先进的仪器设备将为每一件修复文物建立电子“病历”。

“我总说文物是有尊严的，如何让它们在外貌、收藏、展览这些物理空间上获得尊严，是我们‘看门人’和‘守护人’的分内事。”单霁翔说。

“商业化”与“去商业化”

频繁走红为故宫博物院带来了流量，也带来了过度“商业化”的质疑。

对于故宫的商业化，单霁翔称，故宫博物院不仅不以商业化为目标，反而致力于“去商业化”。

2013 年，单霁翔就曾撰文指出，对于博物馆来说，市场营销是一把“双刃剑”，既对博物馆的运营和发展起到推动作用，同时也使博物馆面临商业化的威胁。

文章提及，“博物馆的市场营销，与生存压力有关。博物馆的经费不足是世界性问题，即使在发达国家，也有许多博物馆为此困扰。我国大多数博物馆的运行经费主要依赖政府拨款，只能解决博物馆基本生存问题，远不能满足发展需要。具体到故宫博物院，国家每年拨款 54% 的经费，剩下 46% 要靠自己挣”。

博物馆的市场营销，能在一定程度上缓解资金问题。另一方面，单霁翔认为，实际上市场营销的意义与价值远不止于挣钱，这也是博物馆深入了解观众需求、吸引观众，从而尽可能满足观众需求的过程，“市场营销是观众与博物馆之间交流的桥梁”。

在单霁翔看来，故宫博物院市场营销是事业发展需要，但是并非重头戏。故宫博物院的工作重心始终是文物修缮和展览策划，所有合作都是为了更好地传播故宫文化，与故宫博物院员工的收入并不挂钩。

数据显示，2018 年，故宫博物院 14 处商家退出宫墙，今明两年还将继续“去商业化”，经营类活动陆续退出宫墙。今年 9 月随着合同到期，故宫古装拍照也将退出，腾出的空间作为观众休息场所。

改革者与继承者

2012 年，单霁翔上任故宫博物院院长时，故宫博物院刚经历“十重门”舆论危机，展品被盗、文物损坏、开办会所……亟待重塑形象。

7 年来，故宫博物院不断涌现新变化。重磅展览相继开办、年轻观众不断拥入、文化创意产品扎堆走红，令人惊叹的创新力，让故宫博物院成为国内文博领域当之无愧的标杆。

很多人印象里，故宫博物院是自“改革者”单霁翔到来后，才变得好玩、有趣。

不过，单霁翔多次表示，前人栽树、后人乘凉。故宫博物院的今天得益于前几任院长栽下的树苗，他赶上了开花结果的时候。

例如将于2020年完成的故宫古建筑大修，这项故宫博物院近百年历史中最大的古建筑维修保护工程，历时18年，正是郑欣淼院长上任之时启动的，将贯穿三任院长任期。

再比如故宫博物院的学术研究。张忠培院长时代起恢复了故宫学术传统，引进大批高等院校专业人才，开创宫廷考古。郑欣淼院长则提出了“故宫学”，将故宫古建筑、文物、宫廷历史文化遗存、明清档案等作为主要研究范畴。

单霁翔延续了“学术故宫”的路径。现在故宫博物院的学术研究，贯穿在故宫博物院各项工作中，2018年养心殿研究性保护工程之前，故宫博物院各部门花费3年时间，拟出33项专项科研课题，逐一研究。2013年成立的故宫研究院，如今形成一室（研究室）、一站（博士后科研工作站）、二十六所共28个机构的学科布局。

单霁翔任期末的一次亮相，就集中发布了故宫研究院的一批学术成果，他称之为“博物馆发展的不尽源泉”。

“我是故宫博物院第六任院长，每一任院长都付出了极大的努力。”单霁翔说。

他也是“学生”和“讲解员”

2017年夏天，深受单霁翔尊敬的故宫博物院前院长张忠培逝世。在追思会上，单霁翔数次哽咽落泪，这是这位热情的院长为数不多的伤感时刻。

每一年，单霁翔都要到张忠培院长家中，坐在书桌旁，像学生一样请教问题。从2012年到2015年，他连年为张忠培院长张罗举办寿宴，对其感情颇深。

单霁翔曾回忆，在故宫大高玄殿修缮工程的开工仪式上，当天下着雨，郑欣淼院长讲话时，单霁翔给他撑伞；张忠培老院长讲话时，郑欣淼院长给他撑伞。“我想，这体现了三任院长间的传承精神。”

他对老师吴良镛也感念颇深。他曾告诉记者，2015年《千里江山图》布展时，他专程空出半天，推着吴良镛的轮椅，陪伴老师观看这幅名作。2017年，《千里江山图》展出前，他又赶在布展期间，推着老师看画。

单霁翔一直自称故宫看门人，而非掌门人。如今卸下看门人职位，将来何去何从？

他自认为是一名故宫讲解员，在故宫博物院前6年讲解了1000多场。“我退休以后想来当一名志愿者，到时候希望面试的时候手下留情。”他笑言。

（新京报网，记者倪伟，2019年4月9日）

谢谢你！单院长

作为一名普通观众，第一次感受到故宫博物院的变化，是七年前进故宫，终于不用排队一个小时买票了，午门外曾经杂乱的20块钱一张票的“太监展、宫女展、刑具展”消失了，变成了一排售票窗口和观众服务中心。

后来，在故宫博物院逛累了，长廊上有了椅子可以休息，故宫的厕所不用排队了，工作人员指引我到新开放的线路参观；再到后来，我们看到了雪中的故宫有多美，知道了雍正皇帝有多萌，感受到千年的文物有多时尚，更多年轻人爱上了故宫。

再后来，故宫博物院的每一个变化，都已经成为常态。

谢谢你！单院长。

作为一名艺术从业者，赶上2015年“石渠宝笈特展”的排队观展。

后来，从武英殿到文华殿，从赵孟頫、千里江山图，再到四僧、四王书画展、五大名窑瓷器展，每一场故宫博物院精心策划的文物展览从未落下。

后来，看到了故宫博物院186万余件文物总目的线上公开，为文物研究、艺术史研究与学习提供了巨大便利。

同时，博物馆展览突破博物馆旧有的“挂画”模式，为观众提供一个既优雅又贴合古代艺术家精神气质的参观氛围。故宫博物院和故宫人的工作方法，正在影响着全国的兄弟博物馆。

谢谢你！单院长。

在故宫博物院600岁生日即将到来之际，单霁翔这位64岁的网红故宫“守门人”正式卸任。

“我退休以后，想来故宫博物院当一名志愿者，希望面试的时候手下留情。”依然像往日一样，保持着段子手的风趣，向媒体朋友们回应自己的最新状态：“光荣退休，期待已久，但每天还会在故宫博物院走走，看看门。”

7年来，作为故宫博物院的代言人，单霁翔的一双布鞋不仅推开了故宫博物院的9000多间房门，还走遍了全国甚至世界各地，演讲上千场。为了呈现故宫博物院的最新面貌，上百页的PPT每次都是单霁翔提前自己完成。每次一个小时的演讲，单霁翔都少不了幽默风趣，却也不失专业与思考，最终总是以一句“把壮美的紫禁城完整地交给下一个600年”作为结尾，这是单霁翔对这一届故宫人的期待，也是对自己的期待。

“我出生在沈阳，但是出生仅3个月就被父母抱着来到了北京，一住就是60多年，我自认为是真正的北京人，但是从小到老，填写各类表格时，无论是籍贯一栏，还是出生地一栏，都不能填‘北京’。”单霁翔总喜欢跟人分享他对老北京的记忆和四合院的成长经历，他在四合院里学会了走路、说话、长大，后来的工作也多和此相关。其实，任故宫博物院院长之前，单霁翔从事的工作大多是关于历史性城市与历史文化街区保护规划的研究。

例如，他主持过“北京旧城25片历史文化保护区保护规划”“北京皇城保护规划”“故宫筒子河保护整治”“圆明园遗址保护整治”“明北京城墙遗址保护整治”等项目，都是北京历史文化保护的重点项目。

2012 年，单霁翔临危受命，从国家文物局来到故宫博物院。彼时，故宫博物院先后因为失窃、别字、建会所、文物损坏等“十重门”而备受争议。因为自己数十年的工作都与建筑相关，跟随的恩师吴良镛先生也是建筑专家，接到任命的单霁翔对于故宫的最大印象就是“17 万平方米的最大木结构建筑群”。

从接掌故宫博物院开始，每个工作日，单霁翔都会和他的秘书周高亮，对故宫进行例行巡检。他们从位于神武门西边的院长办公室出门向西，沿红墙逆时针行走一圈，大约 4 公里，用时 1 小时。逐一拜访曾在故宫博物院工作过的老院长、老专家。他才开始真正了解这座博物馆，以及存在的问题：故宫馆址宏大，但是大部分区域竖起了“非开放区，观众止步”的牌子；故宫藏品多，但“90% 的藏品都沉睡在库房里，谁都看不见”；故宫观众多，但 80% 的观众进了故宫就看看皇帝上朝、睡觉、结婚的地方。

关于故宫博物院的改革，就从这一年开始。

首先从“门面”开始，于是才有了开头我们提到的售票窗口的改革，以及 500 多处标识牌的设立、厕所改造和 1400 多把实木休息座椅的增设。

故宫博物院各处增加实木座椅以供观众休息。

每一个改变都是对观众的观察和对细节的设计，例如工作人员发现在故宫洗手间排队比较多的总是女洗手间。“大数据告诉我们，女厕是男厕的 2.6 倍时，是较为均衡的比例。我们按照这个比例增加了很多女士专用卫生间，甚至把职工食堂也改造成了卫生间。”从此，故宫的洗手间排长队也成了历史。

2017 年，故宫博物院实现全网购票

当然，改革并非仅仅针对基础设施，还包括大量文物藏品的维护、库房改造、安防系统的更新等，但是，钱从哪里来？“故宫淡季 40 元，旺季 60 元，但我们决议从不涨价。有一次我到甘肃省博物馆做调研，看到一些学生很认真地在抄解说词，我很感动，后来在聊天中才知道他们是旅游专业大三的学生，为节省 35 元的门票，趁着活动才第一次走进来参观。这件事让我感到故宫博物院不可以涨价，因为被挡住的一定是最需要博物馆的学生们。”

单霁翔曾经半开玩笑地说，如果有领导来故宫博物院视察工作，自己都要向领导汇报故宫博物院不好的方面，例如急需保护的文物、亟待修缮的建筑和需要改造的库房。

2013 年 4 月，“平安故宫”工程获得国务院批准通过正式启动，工程将持续至 2020 年。包括七项重点工作：故宫博物院北院区建设、地下文物库房改造、基础设施改造、世界文化遗产监测、故宫安全防范新系统建设、院藏文物防震、院藏文物抢救性科技修复保护。

直到 2018 年，故宫博物院北院区项目开工，地下文物库房改造项目动工；文化遗产保护管理继续优化，养心殿研究性保护项目完成工匠选拔、培训工作，正式开工，阶段性成果展出。

故宫博物院线上公布186万余件藏品总目

其中也包括186万余件文物藏品的保管与维护，故宫博物院珍贵文物数量约占中国总文物的六分之一。

2014年，单霁翔向公众公开故宫博物院“家底”——在册文物1807558件（套），珍贵藏品168万件，占全国博物馆系统401万件珍贵文物的42%，故宫也因此成为国内第一个实现全部藏品总目向公众公开的博物馆。截至2016年底，这一数字上升至1862690件（珍贵文物1683336件，一般文物163969件，标本15385件）。

此外，“得益于先后进行的七年文物清理及三年藏品普查清理工作，以及持续不断的文物藏品修复保养工作，故宫博物院文物展出比率两年内将远远突破目前的2%”。关于文物安全，单霁翔同样作为重中之重来看待。

但是，由于现有故宫建筑展出空间和条件的限制，每年展出文物约3万件，尤其是大量大型珍贵文物，无法全面向社会公众展示故宫博物院珍贵文物的整体面貌。同时，由于受到文物建筑特性的限制，众多文物藏品得不到及时的保养和修复。因此，寻求新的发展空间，成为故宫博物院不可回避的责任和使命。

于是，作为“平安故宫”工程中建设规模最大、投资数量最多的新建项目，故宫博物院北院区项目历经多年的论证、筹备，也终于在2018年10月份开始动工。数年之后，在北京海淀北部的西北旺镇，将会新增一座10万平方米的新博物馆，那就是故宫博物院北院区。“届时，北院区展出文物将是当下故宫文物展出数量的数倍，并组成主题鲜明的系列展览，不断呈献精品陈列。”

禁烟，是单霁翔对故宫建筑与文物保护的又一举措。2013年5月18日，国际博物馆日当天单霁翔宣布：故宫禁烟。禁火的第一天，故宫共截下了8000多个打火机。

那段时间，单霁翔不断向媒体呼吁故宫禁烟的举措，并经常跑到观众扎堆吸烟的故宫角落里游说。后来，有了媒体报道单霁翔巡检故宫时捡烟头的习惯，也是他身体力行的结果，看到地上或砖石缝里有香烟头，会自然地弯腰捡起，攥在手里。他捡烟头，在故宫博物院里是出了名的。

据统计，2013年一年，单霁翔在故宫开放区捡了大约1000个烟头。他说：“有时候，观众看到烟头，就不自觉也点上一根，但紫禁城最怕的就是火。”

而在故宫博物院的工作人员，也完全不敢抽。一位故宫博物院老烟民曾细数院长“罪状”：一个人吸烟，全部门扣奖金。纪录片《我在故宫修文物》里也有一段：一位文物修复师犯烟瘾，一边抱怨着“也不让我抽根烟”，一边认命地骑车，越过重重宫墙，到宫外冒两口。

近两年，当被媒体再次问及捡烟头的习惯时，单霁翔说：“现在故宫已经没有烟头可以让我捡了。”

2014 年，是故宫博物院的关键转折点

这一年，故宫开放面积首次过半，达到 52%。2017 年，开放面积达到 76%，“南大库”开放后，达到 80%。2018 年，故宫博物院接待观众达到创纪录的 1754 万人次，超过排在第二位的法国卢浮宫 700 多万人次，故宫开放面积由 2014 年的 52%，达到现今的 80% 以上，过往“非开放区，观众止步”的区域正变成展区、展馆。

之前的观众来到故宫，80% 的人进去都会目不斜视地往前走，方向感极强。“大家都知道皇帝坐在哪，再往前走看皇帝躺在哪，再看看皇帝的御花园就走出去了。太多的人不知道或者没有机会看两边的展览。”

随着故宫博物院对库房文物的展示，观众的参观路线也发生了巨大变化。尤其是 2015 年，为庆祝建院 90 周年，故宫博物院特意推出“石渠宝笈特展”，《清明上河图》《伯远帖》《游春图》《听琴图》《洛神赋图》等 283 件珍贵书画藏品首次集中展出。大批观众前来看展，并引发了一个新名词“故宫跑”。当时许多去故宫博物院排队的人，已不再是看皇帝住的地方，而是第一时间跑去看画，甚至排六七个小时的队也在所不惜。

展览最后一天，当天下午 3 点，离故宫闭馆还有两小时，武英殿外依然排着长队。天色渐暗，排队人群开始骚动，有人问：“院长咱们今天几点关门？能不能晚一点关？”单霁翔很感动，“今天最后一个观众看完以后我们才关门！”

晚上 8 点多，单霁翔院长去看望观众，问：“还在坚持，累不累啊？”观众说：“累也要坚持，就是故宫晚上没有卖水的了，口渴。”单霁翔赶忙让工作人员烧水，并把 2500 杯茶给观众递了过去。

到了夜里 12 点多钟，观众还在排队，单霁翔又来了。“大家都喝到水了吧？”“不渴了，饿了。”单霁翔赶紧让工作人员开车到附近转，并把院里的库存都翻出来，一共凑了 800 盒方便面。“我现在终于敢说了，当时我们只有 800 盒方便面。后来我才知道故宫博物院是全世界唯一一家免费发方便面的博物馆。”这一晚，单霁翔和上百名员工一起加班到次日凌晨。凌晨 3：45，最后一位观众看完展览，合了影，高高兴兴地离去了。当时东方渐晓。

也是从那会儿起，故宫博物院展厅里，不准拍照的牌子被他改成不许使用闪光灯。他说：“能进来看展览，都是我们的义务宣传员，照片发到微博上、朋友圈，让更多人看到我们优秀的文化。”

“石渠宝笈特展”两个展期共接待观众约 17 万人次，是 2015 年中国最受瞩目的文化事件。此后，单霁翔又提出“意见”，故宫博物院办好展览必须常态化，“不能抽风似的，今年办一个，过两年不办了”。

接下来几年，“千里江山——历代青绿山水画特展”“赵孟頫书画特展”“四僧书画特展”“四王书画特展”等展览持续举办，故宫书画馆也从武英殿搬到文华殿。2020 年 9 月，“《清明上河图》与历代风俗画”展将在午门正殿及东西雁翅楼展厅举办，《清明上河图》又可以与大家见面了。

一年卖出15亿，故宫文化创意是又一个不得不说的话题

“但我们心里清楚，办再多展览，开放再多区域，能够来到故宫博物院的人仍是全世界很少的一部分人。”单霁翔说。如何让更多人有渠道接触故宫博物院？只有通过互联网。

通过积极拥抱互联网，2017年，故宫网站访问量达到8.91亿。故宫博物院还把186万多件藏品的全部信息放到网上，观众可以查询任何一件藏品的信息。

此外，故宫博物院还开发了一系列“萌萌哒”的文化创意产品。据统计，至2017年年底，故宫博物院的文化创意产品数量已高达1万种，所创的产品销售额亦有15亿元之多。

但其实在2012年，故宫博物院还没有文化创意的概念，当时御花园里的商店，卖的都是些钥匙扣、零食、雪糕、矿泉水等和文化创意没任何关系的产品。也是从七八年前起，故宫博物院开始规划和构建自己的“文化创意版图”。

2014年，故宫发布了包括朝珠耳机、“朕就是这样汉子”折扇等在内的一系列故宫文化创意产品，并迅速在网上走红。素以严肃示人的故宫博物院，第一次有了“萌萌哒”的感觉。2015年，故宫淘宝又在官方微博发布《够了！朕想静静》的文章，以极具幽默调侃的语气介绍了“一个悲伤逆流成河的运气不太好的皇帝的故事”。

从此，“雍正卖萌图”、朝珠耳机、故宫口红等“爆款”不断刷屏，故宫IP也成为了世界级的“网红IP”。

面对如此爆红的故宫文化创意，单霁翔傲娇地摆摆手，“别买我们的行李牌，太漂亮了，用一次准丢”。朝珠耳机等近万种文化创意产品诞生；《胤禛美人图》《韩熙载夜宴图》《每日故宫》等App，下载量嗖嗖直升。网友大呼：“能有这样尽职尽责宣传中国文化的人真是好！”

2018年4月27日，GMIC北京2018大会——AI产业化领军者峰会上，故宫博物院院长单霁翔做压轴演讲，并立下flag：将尽己所能，让传统文化走进百姓生活，活在当下，把一个壮美的紫禁城完整地交给下一个600年。

短短一天，“故宫院长单霁翔退休”话题上了微博热搜，短短两个小时，阅读量达到7000万，讨论数超过2万；截至21:45，阅读数达到了1.5亿，讨论数达到了3.7万条。

单霁翔留下的故宫博物院，是个网红故宫，连最后的卸任，又让故宫博物院红了一把。每年超过15亿的文化创意产品，口红卖到断货；《我在故宫修文物》全网播放量9782.7万，豆瓣评分9.4分；《国家宝藏》让国宝真正活了起来……

参加《鲁豫有约》时，鲁豫问单霁翔当故宫博物院院长是不是战战兢兢，单霁翔严重同意的同时还补了一句：如履薄冰。

单霁翔总喜欢在公开场合表达对于前任院长、现故宫学院院长郑欣淼的尊敬，谈到郑欣淼任院长期间首次将180万余件文物藏品盘点清楚。“我们每一任院长其实都很辛苦，他们担惊受怕、殚精竭虑地来保护这些文物，但是每一任院长都没有好下场，比如我们第一任院长易培基先生当时含冤去世，我的前任郑欣淼院长做了大量工作，七年前由于进了一个小偷，结果他就不干了，叫我来了。”单霁翔说，“所以这是一个高风险岗位，有今天没明天。”

只有每天回到家、吃完饭，然后沏一杯茶，打开台灯看书，写东西，才是一天最静的时候，一天的全部疲劳也才无法抵抗地袭来。“一般我就是睡觉，躺床上从来五分钟之内睡着。一年可能做不了一次梦，一年也失眠不了一次。”

一年前，在接受陈鲁豫的采访时，单霁翔感慨。在故宫博物院7年，他还没有熬成“单老”——那是对已故的故宫前辈单士元的尊称——只是熬成了“老单”。他说自己这辈子不想离开故宫博物院了，从院长的位置退下来后，他可以去故宫研究院搞搞研究，要是能考上志愿者，也愿意当个志愿者。他始终希望能在有生之年看到故宫博物院成为“来了不想走，走了还想来”的文化空间。

谢谢你，单院长！愿退休后的日子一切顺遂，当然，也希望能在故宫遇见你！

（雅昌艺术网，作者杨晓萌、刘倩，2019年4月9日）

募资“盘活”故宫文化　单霁翔不认过度“商业化”

在中国文博圈里论募集资金的能力，故宫博物院院长单霁翔可谓首屈一指。

故宫的建福榜上目前有七块铭牌，其中唯一的个人是崔如琢。

2016年，画家崔如琢在故宫的午门展厅举办了个人画展，并捐了1亿元（人民币，下同）现金。这不仅是故宫博物院罕见以如此规格为尚在世画家举办个展，也是单霁翔任内故宫博物院首次接到个人的如此大额捐款。

这1亿元，其中4000万元专门用于养心殿可移动文物的保护修复，其余用于开展故宫博物院的文化传播、学术研究和社会教育等活动。养心殿研究性保护项目所需资金共计2.2亿元，其中香港中国文物保护基金会1亿元，世茂集团捐资8000万元。

单霁翔乐于到各处宣讲故宫文化。在任七年间，他在全国各地演讲超过2000场，演讲甚至成为他最好的募捐词——正是在香港的一次演讲中，他提到故宫养心殿“研究性保护项目”仍有8000万元人民币的缺口，并笑称“欲捐从速”。结果在演讲晚宴结束后，港商许荣茂主动认捐。

2018年底开始，故宫博物院和商业机构的战略合作步伐加快：和中国工商银行签约，后者作为“紫禁城里过大年”展览的独家联合文化推广单位，实际上承担了该展的绝大部分成本；接受龙湖集团捐资1亿元，在北京故宫文物保护基金会设立“龙湖—故宫文化基金”；接受黄廷方慈善基金捐资1亿元，用于修复延禧宫灵沼轩等预计为5000万元，其余用作外国文物馆筹备及交流培训项目；与汽车品牌红旗合作，2020年紫禁城建成600周年之际，红旗将特别推出一款紫禁城600周年纪念款专属车型，并在未来三年内作为故宫博物院大型活动指定用车；与中国银行合作，发挥后者海外机构网络和合作伙伴的优势资源，进一步在海外加强故宫文化的推广……

这种密集的商业战略合作，很大程度源于2020年紫禁城建城600周年的即将到来——故宫博物院目前仅公布了2019年下半年到2020年展览项目的一半，就已经达到了近40项，其中包括“韩熙载夜宴图特展”和“清明上河图特展”。

因故宫口红之争、火锅排队、网红咖啡等招致过度“商业化”批评后，单霁翔坦言，这些是事业发展的需要，但不是重点。其实故宫博物院一直在“去商业化”，比如去年就从红墙内清理了14个商业经营点。“媒体关注我们，但是口红、火锅、咖啡报道得太多了，这些不是主流。”

单霁翔直言曾反思过是不是活动办得太多了，“但是不办文化活动，影响力不够大，愿意跟故宫博物院合作的单位就少。现在要为观众提供更好的文化享受、办这么多精品展，想在比较短的时间里把故宫博物院的环境提升一个档次，比如地面翻修、绿地维护、古建筑油饰保养都需要资金，国家不可能短时间给一个单位拨那么多款，所以需要我们自筹资金”。

他举例说："故宫的座椅 3500 元一把，四年了没坏一把。我们做了 1850 把，看着观众有尊严地坐着我们心里高兴。搞青少年教育活动，没人说要你搞 6 万场那么多，在各书院学院的故宫教育活动都是免费的，但我们认为值得。"

今年的"紫禁城上元之夜"活动，故宫博物院首开夜场，单霁翔曾设想今后的夜场能看"文华殿海棠"。如今，许愿之人已转身离开，观众们希望，在文华殿夜观海棠、重阳节登故宫城墙望远、中秋节赏故宫的明月清风的愿望在未来实现。

（中新社，记者应妮，2019 年 4 月 9 日）

单霁翔为何向俞正声主席深鞠一躬？

单霁翔，第十、十一、十二届全国政协委员，故宫博物院原院长。

4 月 8 日下午，故宫博物院院长单霁翔“妥妥地”登上了“热搜”，并占据了各大新闻媒体和社交媒体的头条，人们开始以各种方式回望这位执掌了故宫博物院 7 年的“看门人”，重新审视多重身份的他带给我们的各种惊艳与惊喜。

“政协像是所学校，我在这里受益良多”

作为一名流量大 IP，“萌萌哒”院长的头上有着众多民间“头衔”：网红院长、段子手、故宫“代言人”……但是人们可能没有太关注，单霁翔还是一位“老政协”——他曾任第十届、第十一届、第十二届全国政协委员。

在担任全国政协委员期间，单霁翔提交了 200 多件提案，几乎全部是关于城市文化建设、文化遗产保护和博物馆事业发展方面的，每一件都表现出对事业的追求和对信仰的忠诚。三届，15 年，政协二字在他生命中刻下了深刻印记。如单霁翔所言：“政协像是所学校，我在这里受益良多。”

记者注意到，在单霁翔的众多著作中，《用提案呵护文化遗产》一书很是特别，里面记录了几百位全国政协委员和他一起为文化遗产保护而呼吁、坚守的一个个历史片段。

关于设立“文化遗产日”、开展全国文物普查、落实地震灾后文物抢救保护资金；关于加强少数民族文化遗产保护、加强水下文化遗产保护、加强首钢工业遗产保护；关于南水北调工程中文物保护工程、海峡西岸文化遗产保护工程、大遗址保护工程；关于国家数字博物馆建设、中国民族博物馆建设、民办博物馆建设；关于大运河申报世界文化遗产、丝绸之路跨国申报世界文化遗产、北京传统中轴线申报世界文化遗产……当一件件政协提案经过有关部门共同努力得以落实，单霁翔会十分兴奋，这是一名政协委员所能够得到的最大肯定。

一组数据记录下了单霁翔的情怀与担当：连续三届任全国政协委员的单霁翔，在过去十年中，152 件提案是关于文化遗产保护的，243 位政协委员、5998 人次为这些提案联名，保护了上百个文化遗产。

为了设立“文化遗产日”，老单较上劲儿了

自 20 世纪 90 年代起，我国文保界的一些有识之士就开始呼吁设立中国的“文化遗产日”，但由于种种原因一直未能得以实施。2005 年，时任国家文物局局长的单霁翔接过了“接力棒”——他向全国政协十届三次会议提交《关于设立“文化遗产日”的提案》，指出，“当

前我国文化遗产保护工作正处在一个关键时期，面临着城市化浪潮的巨大挑战，迫切需要来自各个方面的理解、支持和投入”，直言“设立文化遗产日的时机已经成熟”。

因此，单霁翔在提案中建议，设立我国的“文化遗产日”，在国家层面上对“文化遗产日”作出明确规定。樊锦诗、苏士澍、舒乙、冯骥才、陈建功……在这份提案上签下自己名字的委员中不乏文化艺术界的大师级人物。提案很快经政协提案委员会审核通过，并提交国务院有关部门承办。然而，提案承办单位表示，根据国家有关文件精神，应严格控制批准设立新的节日、纪念日、活动日。

应该说，这一回应是可以理解的。但单霁翔并未因此搁置这项提议。

全国政协十届三次会议结束后不久，在一次与文物专家座谈时，单霁翔再次提到设立“文化遗产日”的问题，并得到在座专家的一致赞同。2005 年 7 月 19 日，郑孝燮、宿白、谢凝高、黄景略、李伯谦、吴良镛、舒乙、徐苹芳、傅熹年、常沙娜、谢辰生等 11 名学者联名致信党中央、国务院领导同志，倡议设立“文化遗产日”。国务院办公厅很快就组织召开关于设立“文化遗产日”的协调会议，国务院法制办、建设部、文化部、国家文物局等相关部门的负责同志就设立“文化遗产日”需要准备的事项进行协调。

2005 年 12 月，《国务院关于加强文化遗产保护的通知》发布，决定从 2006 年起，每年 6 月的第二个星期六为我国的“文化遗产日”。中国的“文化遗产日”终于诞生。

“事实证明，政协提案现在已经成为推动文化遗产事业的有力抓手，其意义和作用不断彰显。”单霁翔曾感慨道。而作为政协这个平台，同样厚待了尽职尽责的委员单霁翔。

全国政协双周会上反映的这个问题，被特事特办了

2015 年 11 月 19 日，在参加全国政协召开的“非物质文化遗产传承与保护”双周协商座谈会时，鉴于体制保障、人才培养、材料供应等诸多掣肘，故宫官式古建筑修缮技艺面临“人走艺亡”的严峻局面，回到“娘家”的单霁翔将故宫古建筑修缮遭遇的困境一股脑儿道出。令单霁翔没想到的是，全国政协主席俞正声当即表示，将通过全国政协向国务院相关部门反映这个问题。随即，问题得到了国务院领导，文化部、财政部和人社部等有关部门高度重视，按特事特办原则逐项加以落实。

半年后，在 2016 年 5 月 19 日全国政协召开的双周协商座谈会上，心怀感恩的单霁翔代表故宫博物院和故宫人向主席俞正声深深鞠躬致意。

“令人欣慰的是，通过政协会议、政协考察、政协提案等多种形式，在这场文化遗产保卫战中，政协委员没有缺位。”单霁翔坦言，虽然以往社会观察领域和学术兴趣比较广泛，但是在政协提案中他集中精力于文化遗产保护的中心工作以及面临的重大问题，苛求自己要绝对“执着”和“专一”。

提案让“正襟危坐”的紫禁城多了一份尊严和体面

2017年3月4日，单霁翔在接受《人民政协报》记者采访时曾言：“如何让久经沧桑的紫禁城永葆生机，如何让安全重于一切的故宫博物院根除各类隐患，更好地履行现代博物馆的社会职能，这是我到故宫博物院工作以来一直思索的问题。”

2017年全国两会上，单霁翔亮出了自己的16份提案，其中有8份是关于故宫的，内容涉及之广、之细，不仅让作为看客的我们难以想象，也让“正襟危坐”的紫禁城多了一份尊严，周边交通、人流疏导、社会治安、呼吁故宫博物院周边地区治理非法小广告的行为……这位“最能走的人”在走遍了故宫博物院的每一个角落后，客观、理性、更人性地亮出了自己的态度。

这份执着和专一，带来的收获不小。回望单霁翔执掌故宫博物院7年的成绩单，我们发现，他在担任全国政协委员期间凭着“一根筋”精神为故宫博物院解决了不少问题：故宫改革购票制度、推行限流参观；扩大开放区域、开放授权推广文化创意，无论是针对文物的尊严式保护修葺，还是针对参观者进行的人性化体验增进，都取得了成效。故宫博物院从教科书厚重的历史书写中焕发活力，转变成平易近人的热门景点，以及商界价值巨大的文化IP。

“用提案呵护文化遗产，是责任，也深感自豪。”单霁翔在很多场合都在重复这句话，在他看来，通过政协这个窗口，通过提案这种形式，越来越多的民众意识到文化遗产保护对经济社会发展和现实生活改善的促进作用，积极参与到文化遗产保护事业中来。

匠人之大者，莫过于以心守护；匠心之大者，莫过于敬畏传承。单霁翔，这个故宫博物院的“守门人”，这位“老政协”，虽然退休了，但我们无须不舍，因为红墙内外，少了单院长，却多了一个最了解故宫血脉筋骨的“志愿者”。

（新浪微博、《人民政协报》，记者周佳佳、王慧峰，2019年4月10日）

单霁翔的绍兴情缘

4月8日，执掌故宫博物院7年的单霁翔退休。继任者为敦煌研究院原院长王旭东。“我是故宫第六任院长，每一任院长都付出了极大的努力。”单霁翔曾说。

2012年1月10日，单霁翔正式接任故宫博物院院长。7年零3个月的任期内，他践行着自己所说的一句话：“要把壮美的紫禁城完整地交给下一个600年。”而在这之前，单霁翔还当了10年国家文物局局长。

单霁翔多次来过绍兴，或出席会议、或调研工作、或与绍兴方面合作举办展览，他就绍兴的古城保护、古运河保护、文化创意产品都发表过自己的看法。

2006年5月31日，第二届文化遗产保护与可持续发展国际会议在绍兴举行，会议就文化遗产保护、旅游开发、保护经费筹措等专题开展研讨。时任国家文物局局长的单霁翔以“城市化发展与文化遗产保护”为主题作了发言。他认为，文化遗产不是城市发展的包袱，而是城市发展的资本和动力，应将文化遗产保护的要求，体现到城市规划的各层面，避免文化遗产保护与工程建设的割裂，将保护融入城市规划设计之中。面对文化遗产保护，绍兴也应如此。

早在中国大运河申遗前，单霁翔曾多次对绍兴古运河进行调研。他指出，浙东运河绍兴段是中国大运河中的经典，应尽快将其列入中国大运河申遗范畴，以便更好地保护这一历史文化遗产。

据绍兴市鉴湖研究会会长邱志荣回忆说，当时，单霁翔对绍兴运河保护工作给出很高评价：“绍兴在保护古运河方面成效显著，不光针对水系或者沿岸的遗址、古建筑进行保护，而是把整个流域作为文化线路和文化景观来定位；在保护、整治的过程中，最大限度地保留了历史的信息。这种做法，既保留了文化价值，又保留了其航运、防洪等功能，是浙东运河中的一大亮点。”

2013年11月30日至12月2日，由中国水利学会和中国文物学会主办的“中国大运河水利遗产保护与利用战略论坛”在绍兴举行。时任故宫博物院院长的单霁翔出席论坛。记者有幸采访过他。他说，绍兴的古运河和城市有着自己独特的历史文化和自然特色，文化和自然特色共同构成了绍兴古运河自己独特的文化，将其纳入中国大运河申遗的范围之中理所当然。

2016年4月，单霁翔出席绍兴兰亭书法节重头活动之一的兰亭论坛，并作题为《故宫的世界，世界的故宫》的演讲。多年来，他与绍兴兰亭保持着紧密的联系。

兰亭书法博物馆副馆长喻革良说，故宫博物院的很多藏品曾在兰亭展出，今年的绍兴兰亭书法节，“荣擢百代——王羲之的谱系”展的展品就是来自故宫博物院。依托绍兴兰亭书法节这一平台，绍兴还会与故宫博物院等举办更多更高层次的展览，推动绍兴书法的发展。

绍兴籍乡贤、铜雕大师朱炳仁制作的很多艺术品进驻故宫博物院。朱炳仁说，单霁翔院长曾多次跟他讨论铜文化，讨论文化创意产业，思考怎么“把故宫带回家”。单霁翔曾对朱

故宫文化创意馆

炳仁说，绍兴的非遗文化博大精深，很多非遗产品可以运用故宫文化创意思维来发扬光大。

2016 年冬天，故宫博物院与绍兴合作在故宫博物院展出兰花。他说，绍兴的兰花文化源远流长，故宫博物院有很多文物与兰花有关，目前珍藏在故宫博物院的最早兰花画卷是北宋宫廷画家的一幅蕙兰水彩工笔纨扇画。兰花与文物一起展出，这在文化传播与陈列展览思路上是一种尝试与创新。

（《绍兴日报》第 07 版，记者童波，2019 年 4 月 10 日）

单霁翔离任，给故宫留下了什么？

相比那些好高骛远、目光游离者，单霁翔这种踏实、务实、扎实的个性，“咬定青山不放松，任尔东西南北风”的做派，决定了他勇于担当、勇于创新的做事高度。

当了 7 年故宫博物院院长的单霁翔正式卸任了。上任卸任，原本是再正常不过的事情，但上任静悄悄的这个院长，却在卸任时牵动了社会众多的关注，其中人们关心最多的，就是单霁翔会给故宫留下什么。

单霁翔上任后，通过一系列成功的尝试，令原本“高冷”的故宫博物院温度陡增，如同旧时王谢的堂前燕，在大家欣喜的目光中“飞入寻常百姓家”。单霁翔认为，自己只不过就是在故宫博物院里看门的人，每天辅助观众有序地走进这座博物馆，为他们尽可能做好服务。如此说来，单霁翔最明显的特点，就是他的所作所为不是为了自己能从中得到什么，而是给自己一个“服务者”的定位。让进故宫博物院的客人能得到什么，才是他的追求。他的这种服务意识，是他留给故宫博物院的一笔宝贵的精神财富。

单霁翔上任之前，故宫博物院曾出了很多“奇葩”的笑料，对这座国家级博物馆有一些负面影响。“不求有功但求无过”，按常理，他本来可以选择循规蹈矩，将人员结合其专业合理配置，让能者做其所能，不能者不做其所不能，就可以少出纰漏。在这座世界知名的故宫博物院里工作，求稳是很正常的心理。但他依然选择了创新求变，让收藏在“冷宫”里的国宝一一重见天日，一样样“活”了起来。这种敢于作为的意识，也是一种宝贵的思想财富，与故宫博物院里的珍宝相匹配。

单霁翔身上，我们还可以看到一种高度的责任感和使命感，值得行业内外学习和效仿。他穿着一双老布鞋带着助理，花了 5 个月的时间走遍了故宫的 1200 座建筑、9371 间房屋。据说，光是鞋就磨破了 20 多双。这种磨破鞋的工作作风，是一种接地气的作风。相比那些好高骛远、目光游离者，单霁翔这种踏实、务实、扎实的个性，“咬定青山不放松，任尔东西南北风”的做派，决定了他勇于担当、勇于创新的做事高度，决定了他想有所作为就一定能有所作为。

人过留名雁过留声，为官一任造福一方。单霁翔不过是用自己的言行在实践这个简单的做人准则。能留下什么东西是初衷，而要实现这种初衷，还得配以为民造福的思想和务实有效的具体实践。

（苏州新闻网，记者文文，2019 年 4 月 10 日）

故宫原院长单霁翔10日下午亮相滁州　全市沸腾

执掌故宫博物院7年多之久的院长单霁翔于4月8日正式退休后，首度离京行程的落脚点选择在了安徽滁州。

4月10日下午3时，滁州大讲堂开年第一讲在滁州大剧院举行，第一讲邀请到了著名学者、故宫原“掌门人”单霁翔院长，他围绕“坚定文化自信，做中华优秀传统文化忠实守望者”做了专题报告。

今天非常高兴来到滁州与大家进行交流
这也是我卸任以后第一次作报告
我在三天前已经卸任故宫博物院院长
故宫来了一个年富力强的新院长
今天，
我把自己在故宫博物院
7年零3个月的一些体会
和大家进行分享
……

从故宫古建筑整体维修保护，到点亮故宫的“前三殿、后三宫”；从推行网络实名制售票，到目前故宫博物院成功实现每日八万人接待量的目标；从逐年不断扩大参观区域，到故宫博物院成立故宫文物医院，以及《我在故宫修文物》的火爆；从单纯地售卖纪念品，到不断开发具有中国传统文化特色的故宫文化创意产品……近两个小时的报告会，单霁翔院长向现场观众呈现了一个全新的、精美的、典雅的、绚丽的故宫风貌。

在报告会上，单霁翔院长为大家展现了近几年故宫的创新与改变：开启网上订票，让观众几分钟就能进来；新设的512块指示牌和电子告示牌，让观众走在偌大的故宫博物院里，总能知道身在何处；增设1400把椅子，让观众可以休憩；进行“厕所革命”，增加女士专用卫生间；通过文物修复，力争让收藏的1862690件文物，每一件都光彩照人……

此外，单霁翔院长提到，紫禁城于明代1420年在永乐皇帝手中建成，到2020年，紫禁城将满600岁。“我们希望把一个壮美的紫禁城完整地交给下一个600年。”单霁翔院长信心坚定地说。

不同于一般枯燥乏味的报告会，现场不断响起开心的笑声、惊讶的赞叹声和热情的掌声。让全场观众感到意外的是，这位故宫博物院原“看门人”不但学识渊博，对故宫博物院的文物如数家珍，而且在交流中竟如此平易近人、幽默风趣。

在近两个小时的报告会中，单霁翔院长运用大量生动鲜活的图片、影像和事例，对故宫人如何坚定文化自信，系统推进故宫古建筑整体维修保护工程和"平安故宫"工程这两大工程，传承中华优秀传统文化进行了全面翔实、深入浅出的阐释。报告高屋建瓴、内涵丰富、精彩纷呈、生动形象，对于我们进一步了解故宫博物院和文物保护，开阔文化视野、理清文化发展思路、坚定文化自信，具有重要意义。

两个小时的报告会一气呵成，妙语连珠，精彩绝伦，现场观众回味无穷。观众们对单霁翔院长及故宫博物院为中华文化遗产继承创新所做出的种种努力钦佩不已，报告厅内掌声久久不息……

（新浪网，2019 年 4 月 11 日）

单霁翔退休了，我们都很怀念他

4月8日下午，故宫博物院第六任院长单霁翔宣布退休。

在很多人心中，故宫是庄严而疏离的，故宫博物院的院长也一定像一位不食人间烟火的隐士。然而，单霁翔退休的消息一出，立刻引来无数关注。

这其实并不突兀，上任7年，单霁翔和他苦心经营的故宫博物院，早已在烟火与人气中实现蝶变，多次喜提微博热搜，成为新一代实力网红。

2012年，刚履新的单霁翔花了5个月时间走遍故宫所有房间，并指出故宫开放度太低的问题：作为世界上规模最大的古代宫殿建筑群，长期以来开放区域不足50%；186万余件文物藏品，99%沉睡在库房；来故宫的观众虽然多，但80%都是沿着中轴线目不转睛地往前走，文化收获甚微，根本感受不到故宫博物院最“硬核”的魅力。

单霁翔立刻着手改变。如今，过往“游客止步”的区域正变成展区、展馆。故宫开放面积已经由2014年的52%跃升至80%以上。

对内提升服务能力，扩大展览；对外，单霁翔积极拥抱互联网，用文化创意领衔了一条逆生长之路。一部纪录电影捧红了文物修复师王津，故宫火锅、口红备受青睐，再到文化活动“紫禁城上元之夜”，故宫博物院屡屡在互联网上掀起波澜。仅2017年一年，故宫网站访问量达到8.91亿，把186万多件藏品的全部信息放到网上，文化创意产品销售额达到15亿元人民币。

一个博物馆的意义，不在于面积有多大、藏品有多少，而是在于与公众建立联结，不断拓展人们感知文化的渠道和深度，让更多群众亲近历史，感受文化的魅力。海昏侯墓考古引发的观展热潮，冲刺看名画的“故宫跑”，都在向我们表达着公众对传统的兴趣、对文化的渴望。“博物馆热”的背后，更是传统文化从社会到个体层面的回归，反映人们返本开新的文化心理。

如今，从高高在上到俯下身子，从阳春白雪到下里巴人，单霁翔不断拉近着故宫博物院与人们的距离，无疑为蓬勃的文化热情提供了安放的空间，也对接了文化消费的社会新风尚。

时间本身并无意义，真正的历史也不该是一堆冰冷的文物，而是一个个涌动着鲜活生命力的文化存在。让文物发声，让历史说话，其最终的落脚点，是千千万万的今人与后人。

回顾故宫博物院大IP的成长，其实都是顺势而为。其中所借最大之势，便是以网络购物、社交媒体为中心衍生的网络文化。服务年轻人，也绝不只是“老爷爷卖萌”，而是针对他们的特点和需求，充分发挥互联网的社交互动功能，吸引青年一代参与到内容产业的生产中来，在互联网时代为文物博物馆、文化创意事业提供新的源头活水。这种“故宫模式”近年来已经影响和带动了一大批国内文物博物馆机构，甚至在年青一代中引发了报考故宫博物院以及大专院校文物博物馆专业的热潮。

考察故宫博物院安全（2019 年 4 月 8 日）

可以说，开放是故宫博物院发展的必然趋势，单霁翔退休了，但是他开启了故宫博物院的新纪元，故宫博物院开放的大门只会开得越来越大。让更多人走进来，让更多文化走出去，以底蕴为薪柴，以新意为星火，文化蓬勃发展，传统生生不息，故宫永远不会变成“冷宫”。

（长城网，记者吕京笏，2019 年 4 月 11 日）

期待有更多的“单院长”

“快乐退休！我每天都在故宫等您！”近日，故宫博物院院长单霁翔正式退休，引发舆论场上一阵热议。

近年来，单霁翔治下的故宫博物院，以“网红”姿态刷新了公众认知。服务管理水平的提升和推广传统文化的探索，让人由衷感慨故宫博物院离大家更近了。增置休息木椅、推进“厕所革命”，让观众愈加舒适地游览；实行网络售票、扩大开放面积，参观人次屡创新高；“故宫系”纪录片一路走红，文化创意产品广受好评，紫禁城以花式面貌走进千家万户……如今，“进宫打卡”已经成为时尚潮流，文物特展引来阵阵“故宫跑”，文化创意更是一年卖出15亿元。可以说，如今的故宫博物院不仅实现了经济效益和文化效应的双赢，而且闯出了发展的新路，得到了社会的认可。

盘活故宫博物院这个大宝藏，离不开干事创业的真本领。作为传统博物馆的守门人，单霁翔带领博物院上下兴利除弊、推行新政，比如要求故宫“禁车”，哪怕是外国元首也不能“特殊化”，比如挂牌故宫文物医院、申遗周边古建筑群等等。更为社会关注的是，这位任职7年零3个月的“故宫男神”还有一身讲段子、开现挂的本事，面对媒体妙语连珠、金句频出，每每成功地引领了舆论热点。懂文物、接地气、能干事、会传播、语言生动、身段柔软……这些特质不仅为其个人增添了魅力，也成为故宫热的一大助力。

单霁翔院长光荣退休，而他身上的这些特质，何尝不是当下我们的领导干部所需要的呢？身处网络传播时代，不少地方坐拥丰富资源、享有便利条件，原本“只取一瓢饮”便能做出大文章，却依旧“抱着水缸喊渴”“踩着别人的脚印走路”。如何盘活本地区、本领域的资源，从而创造新的发展空间、发展机遇，依然是亟待解决的现实课题。正因此，我们才需要更多像单霁翔一样的干部。尤其是近年来，“直播问政解民生难题”“县长化身代言人推销特产”等新闻屡受好评，也折射出社会对广大干部的新期待。有更多这样的人，才能培育出更多“网红”品牌，搅动起一池池春水。

（《北京日报》第3版，记者姜忠奇，2019年4月12日）

和单霁翔的五次“偶遇”

不久前的一个中午，忽然得到消息说故宫博物院单霁翔院长要退休了，当时官方消息还未正式公布。我被惊住了，立刻四处求证，很快得到了证实，称正在交接工作。心里忽然涌起浓浓的失落，虽然知道他今年已经65岁了，但总以为或许得过了明年故宫600岁生日再退吧，因为他曾经信誓旦旦地说：“要把一个辉煌壮丽的紫禁城完整地交给下一个600年。”

沾满尘土的工作服和老布鞋

我脑子里出现的画面都是单霁翔穿着沾满尘土的工作服和老布鞋，走在故宫博物院里的样子。一边走一边随手捡着废纸，和身边的工作人员布置工作，这些场景都是我亲眼所见。

他就这样走了七年，每天一般都不会低于2万步，走遍了故宫博物院的每一个房间，走坏了20多双鞋。董卿曾经形容他“终日奔波苦，一刻不得闲”。

听到他退休的消息，我冒出的第一个念头竟然是，他会不会很不习惯？听说今年春节期间他一直在加班，好不容易在家休息结果完全坐不住，总想着往故宫博物院跑，遭遇家人和同事的劝阻，才好歹休息了一天。如果真的退休了，不用来故宫博物院上班了，他会怎么样呢？

当然，我这纯属“咸吃萝卜淡操心”，我和单霁翔并不熟，只是近一年多，和他机缘巧合地在故宫博物院偶遇了四次，交谈了若干。这无关私人交情，完全是因为单霁翔对媒体开放欢迎的态度。他对记者非常友善，喜欢和记者聊天，爱说敢说，如果碰上我这样上赶着的，更是聊得特别“嗨”。每次和他边走边聊的时候，我从来不觉得他是一个大领导，只会觉得他是一个特别可爱、特别有意思的人，妙语连珠，满口段子，周围的人都会被他感染，跟着他走很久都不会觉得累。

记得第一次“偶遇”单霁翔是2018年元旦，要说完全是巧合也不尽然，因为早就听说单霁翔上任以来，每年第一天早上都要在午门迎接第一拨参观故宫博物院的客人，每年最后一天都要在神武门参加封门仪式，送走最后一批观众，年年如是。于是我们几个朋友就奔着“偶遇”单霁翔去了，果然没让我们失望。当时未及多聊什么，和单霁翔摆拍了几张合影就离开了。据说每次都有不少像我们一样的观众追着单霁翔握手合影，单霁翔几乎是有求必应，很配合地展现他那萌萌的微笑。

第二次“偶遇”是2018年12月31日，和几位朋友约着逛故宫博物院，听说单霁翔在御花园巡查，就想着能再“偶遇”一次也好，于是斗胆在御花园迎着单霁翔走过去，打了招呼问候。没想到记性奇佳的单霁翔居然记得我是“去年那个穿白衣服的女记者”，他热情地招呼：“跟着我走吧，边走边聊。”这天上掉下来的大馅饼哪有不接着的道理？于是欣然和单霁翔来了个“故宫一日游”。

院长颜值没毁大家放心了

那天，我怎么也没想到在故宫博物院走了 15000 步，走得后脚跟生疼。从上午一直到晚上7点多，几乎和单霁翔一起度过了2018年的最后一天，也近距离看到了他是如何辛苦地工作。听单霁翔一路聊了很多，心里最大的感想就是“他对故宫是真爱”，这个绝对是装不出来的。

当时特别吃惊的是单霁翔一边走一边捡起地上的废纸，就那样一路拿着，找到垃圾桶才扔掉。他身边的工作人员一点都不诧异，早就习以为常，因为这是单霁翔这几年来一直在做的事情，捡废纸、捡垃圾、捡烟头……

据说单霁翔曾在故宫博物院里捡到过 1000 多个烟头。“我走到哪儿捡到哪儿。他们就会用手机悄悄告密，院长奔东去了，你们快去，先把烟头捡起来。”单霁翔心知肚明却佯装不知，“其实我都知道这些猫儿腻。我就故意满院子走，故宫博物院一下子就变得干净了，多好”。笑侃背后，是一位花甲老人一次又一次的弯腰。

有一次公开亮相，单霁翔脸上结着明显的痂。很多人偷偷打听情况，工作人员悄悄说：“院长看到台阶上有垃圾，直接过去捡，一个没站稳，把脸搓破了。”那次摔得太狠，单霁翔脸上的痦子都给蹭掉了。好在后来，痦子又长出来了，单霁翔的颜值没毁，大家松了口气。

那次和单霁翔聊天，我印象最深的就是他说的一句话，他用调侃的语气自嘲：“故宫院长是个高风险的岗位，有今天没明天，整天提心吊胆怕出事儿。”但是因为怕出事儿，为了保证文物的安全，就不开放，不拿出来展览，这个思维方式单霁翔觉得有问题。

“过去的思维方式是，不是怕出事吗？要保证文物安全，拿出文物越少越安全，都在库房锁着才安全，所以拿出来展出的不到 1%。一个瓷器掉地下摔了，博物馆的责任，全世界都知道；反过来，一屋子的古代服装、织绣、地毯全腐烂了，一点责任没有，属于自然腐蚀，这个机制得改变，现在我们就要反过来做。”

单霁翔的原则是“能开的全都开”，如今故宫 80% 都可以参观了，各种热展层出不穷，也逐渐成为人们热议的“网红”。殊不知“网红”故宫博物院的背后，是单霁翔顶着种种非议，就是为了让更多的人了解故宫，珍爱故宫。

那一天是 2018 年的最后一天，当夜幕降临观众散去，单霁翔身上还穿着清场的荧光背心。他面对着辛劳了一天的工作人员说了这样一番话：“我们守护的是世界最大规模最完整的古代建筑群，这里是北京市的核心地段，距离天安门只有 200 米，是世界文化遗产，我们的每一项工作都是世界瞩目的。我们守护的 1862690 件文物，是全世界收藏中国文物藏品最多的一座宝库，我们的坚守使它们得到安全的保护。我们也是接待观众最多的博物馆，今年接待 1753 万观众，全世界第一，第二名卢浮宫是 800 万，还不到我们的一半，我们这个岗位光荣而艰巨。”单霁翔说得很动情，大家的掌声在神武门下回响，我作为一个旁观者也不禁心潮澎湃。

这一次“偶遇”让我彻底沦为了单霁翔的粉丝，他的勤勉，他的大爱，他的魄力和魅力，他幽默背后的担当，都是那样的真实。有时候我常想，他对故宫博物院是有多爱，才能承受这样重重的压力。

您说过的这些话还算数吗?

第三次“偶遇”单霁翔是在今年大年初四，我到故宫博物院看“过大年”的热展，之后在故宫食堂蹭了个饭，结果正好遇见单霁翔也在食堂吃饭，是一大盘饺子。我又斗胆上去打招呼，没想到单霁翔来了个热情的拥抱，我很欣慰在院长这里大概已经算是混了个脸熟，他肯定在想，怎么到处都能遇见这人呢？

吃完饭之后，单霁翔距离下午开会还有十几分钟的时间，于是又和我聊了一会儿。看得出单霁翔心情不错，他说，2019 年虽然才过去了一个多月，但故宫博物院通过 1 月份和春节期间的大数据进行分析，发现来故宫的观众和以前相比发生了不小的变化。

他说，如今一个明显变化是来看展览的观众多了，过去观众跟着导游来多是“到此一游”，现在很多人专门为看展览而来。午门的“过大年”展览每天 4 万左右观众，钟表馆也排起了长队。“有的观众跟我说 1 月份来了三次，多的还有五次的，很多人表示一年 10 次的年票根本不够用。”单霁翔一边说一边开心地笑起来。

让单霁翔欣慰的是，参观故宫博物院的北京市民数量已经占据第一位，很多北京市民以前二三十年不来故宫博物院一次，因为觉得故宫反正就那样，现在故宫总有新变化，可以上城墙，可以看热展，有看头。而且，观众中年轻人多了。去年统计，30 岁以下年轻观众占 40%，今年继续增加，预计会达到 50% 左右。“观众在故宫博物院滞留的时间加倍延长，过去一般逛一个半小时就走出去了，现在很多观众早上进门下午快闭馆了才走。有的是为了看展览，有的是为了照相，有的是为了感受节日气氛，有的来看天灯和万寿灯，还有的甚至是来和朋友喝咖啡约会。”这些变化都说明，故宫博物院越来越吸引人了，越来越受欢迎了，这正是单霁翔希望看到的。

他还惦记着今年故宫博物院的新任务，首先就是对故宫博物院内 14 组卫生间进行提升改造，解决观众如厕难的问题。单霁翔还透露，今年故宫博物院还将进一步扩大展览和开放，包括扩大周边，今年大高玄殿也会开放，这个是很多人期盼已久的。“养心殿、大高玄殿、乾隆花园等目前都在进行研究性保护，所以速度会慢一点，但是将来成果会非常丰富。”单霁翔自信地说。

我清清楚楚地记得，在这几次偶遇中单霁翔对我说过的那些话。他说到了 2020 年，故宫博物院所有的古建筑维修保护都会在那时竣工，故宫博物院内 18 年来将第一次没有工地，因为要迎接故宫 600 年的生日。他还说，这次春节“过大年”只是一个开始，今后端午、中秋等传统节日将被逐一开发，让观众能在紫禁城里感受到浓浓的节庆氛围，让更多文物藏品活起来……这些诺言还没实现，却等来了他退休的消息，我特别想问一句，您说的这些话还算数吗？

一激动雨伞戳了单霁翔的脑门

第四次和单霁翔的“偶遇”是在今年春雪那一天，雪一开始下我就立马冲进故宫拍雪景。结果衣服尽湿狼狈不堪的时候，在故宫城墙上面，迎面遇见了带着一群客人参观的单霁翔。我只好上去握手打招呼，未及聊天匆匆跑掉了。我想单霁翔肯定心里开始琢磨了：这人该不会是个跟踪狂吧，怎么哪儿都有她呀？

这四次“偶遇”有些尴尬，有些惊喜，它们是单霁翔留给我的珍贵记忆。但是我万万没想到，居然又有了第五次偶遇，就在他卸任的第一天。

4 月 9 日，北京气温骤降，风雨交加。因为要完成一项工作，我再次来到了熟悉的故宫博物院。想起以往在这里和单霁翔聊天的快乐情景，心里有些失落。走到左翼门附近，迎面忽然看见一张熟悉的面容，圆圆的脸，头上些许的白发，依旧是和原来一样的黑色工作服和老布鞋。我惊喜地呆住了。这时单霁翔，不，应该叫故宫前院长也看到了我，他高兴地笑起来，我激动地跑过去和他拥抱，没留神手里还撑着雨伞，结果伞尖戳到了单霁翔的脑门。单霁翔一边揉着脑袋，一边笑容不减。

他对记者一如既往地热情友善，他把我介绍给身边的新任故宫博物院院长王旭东，王院长也热情地和我握手。新老院长雨中一起巡视故宫的情景真是令人印象深刻。听说，头天晚上新老院长还一起夜巡故宫博物院，正在忙着做交接工作。

这次偶遇真是意外惊喜。其实，离开了谁地球都会照样转，故宫博物院也不例外。但毫无疑问地，今天的“网红故宫”已经深深地沾染了单霁翔的气质，充满活力，激情四射。真心希望，单霁翔离开后，故宫博物院能一直“网红”下去。而我们的单霁翔，希望他能够脱下那双满是尘土已经看不出颜色的老布鞋，好好休息一下。

实际上，单霁翔是根本闲不住的，几年前他就说过：“我退休以后，想来故宫博物院当一名志愿者，希望面试的时候手下留情。”我想，将来还有很多机会在故宫博物院和他“偶遇”。

（《北京青年报》第 B01 版，记者京范儿，2019 年 4 月 15 日）

欧联社：故宫及其“看门人”成“网红”乃文化中国之幸

欧联通讯社 4 月 15 日发表评论文章说，文化，也需要经营。如何让经典文化不再只是曲高和寡的历史遗存，而是融入当代人的真实生活，成为可以感知、可以讨论、可以应用的当代文化，进而真正“活”起来、传下去，是故宫等文化机构正在探索，也应继续探索下去的课题。故宫的“网红”之路，正是中国国民的文化求索之路。巨大的文化市场正待更多有专业、有创意、有品质的文化供给来补充养分。

评论摘编如下：

65 岁的单霁翔“出宫”了。这位替故宫博物院“看门”7 年的“网红”院长日前卸任，留下一座已然“气质”大变的“网红宫殿”。

近 600 岁的紫禁城，近年来一扫正襟危坐、高冷沉闷之气，愈发“萌”态可掬、青春时尚，一举一动都牵动亿万“粉丝”的心。这背后的主要推动者如今离任，故宫博物院未来之路将如何继续，成为每位关心故宫博物院的人心中最大的疑问。

单霁翔任内的一系列开放之举，将一座“久居深宫”的老式博物馆“唤醒”为民众争相打卡的“网红胜地”。开放午门中央门洞、实行全网购票、增设座椅和卫生间，令观众享受到更便捷舒适的参观体验；开放夜场、扩大开放面积、展出更多文物、推出更多展览，令观众与故宫博物院有更新鲜、更深入的接触。故宫，变得更加主动了。

单霁翔将这种主动归因于守护尊严：给文物以尊严，所以清理、修缮、展陈；给观众以尊严，所以提供更人性化的服务，做“有温度的博物馆”。故宫博物院的“贴心”之举迎来观众的热情回馈。2012 年至今，故宫博物院已累计接待观众超过 1 亿人次。

当然，故宫博物院的开放不止于高墙之内，各式文化创意产品、App、纪录片、综艺节目将故宫文化带出博物馆，“飞入寻常百姓家”。新的传播形式为传统文化解锁了新的“打开方式”。

纪录片《我在故宫修文物》的播出，令隐身于幕后的文物修复师们一夜间成了年轻人的“男神女神”，2018 年就有上万人报名希望到故宫博物院修文物；成立于 2004 年的故宫博物院志愿者团队，在 13 年后通过《国家宝藏》节目火遍中国；各类文化创意产品一经问世便成为“网红爆款”。故宫，成功点燃了民众对传统文化的热情。

质疑之声亦随之而来。作为一家世界级博物馆，故宫文化是否应该“自降身价”成为大众文化，甚至成为大众的文化消费品？事实上，若有一天，故宫博物院博大精深的历史文化真的成了妇孺皆知、街谈巷议的大众文化，那才是文化中国之幸。但是要实现高深文化的“降解”和普及，势必先要以民众喜爱易懂的形式进行交流推广，接触和接受是理解和传播的前提。

文化，也需要经营。如何让经典文化不再只是曲高和寡的历史遗存，而是融入当代人的真实生活，成为可以感知、可以讨论、可以应用的当代文化，进而真正“活”起来、传下去，是故宫博物院等文化机构正在探索，也应继续探索下去的课题。故宫博物院的“网红”之路，正是中国国民的文化求索之路。巨大的文化市场正待更多有专业、有创意、有品质的文化供给来补充养分。

故宫博物院应该是什么样的？单霁翔曾这样回答：“我认为应该是人们喜爱的博物馆，人们在休闲的时候不是在博物馆里面，就是在去博物馆的路上。”期待中国有越来越多人们喜爱的博物馆。

（中国新闻网，作者青圭，2019 年 4 月 15 日）

回望紫禁城

单霁翔退休了。

消息传来，记者的第一反应竟然是，他终于可以喘口气了，至少不用再像过去7年里那样，每周末几乎都在故宫度过。

博物院院长退休成为新闻热点，引发媒体狂追，恐怕也只有单霁翔做到了。人们在网络上不吝热情，表达着对他的赞美和不舍，是他曾经为这所古老宫殿所做一切的最佳注脚。在诸多评论中，记者对“谢谢您”三字感触颇深。在单霁翔执掌故宫博物院的7年里，无论是逐渐扩大的开放面积，引发巨大反响的文化创意周边，因纪录片和电影而走红的文物修复工作者，还是不断提升的管理水平和参观体验，毫无疑问，600岁的紫禁城成了让传统文化“活起来”的成功范本，以前所未有的姿态成为全新的文化大IP。而单霁翔本人，也因为亲切幽默的形象以及颇具感染力的演讲，成为故宫博物院自1925年建院以来，历任院长中公众知名度最高的一位。

退休后的单霁翔会去哪儿？虽然网上传出各种信息，但单霁翔自己还没有清晰回复。他曾说，夜色渐浓，清茶暖灯，书籍为伴，是他最喜欢的生活方式。卸下重担，愿他惬意。但他曾经许下“不会离开故宫”的誓言。喜欢故宫、敬重单霁翔的人们，也许有一天在故宫博物院参观时，能再次聆听他的宣讲，到时候别忘了顺道说一声：“辛苦了，谢谢您！”

努力把故宫博物院建设成为中华传统文化的客厅

“衷心祝福老大退休快乐！”

4月8日晚8点半，故宫博物院资料信息部的庄颖更新了自己的朋友圈，感叹中难掩浓浓的不舍。彼时，她口中的“老大”、刚刚卸任的故宫博物院第六任院长单霁翔正和新任院长王旭东夜查故宫中控室和安保部门。那一瞬，一墙之隔，两个世界。墙外是千年历史打磨的繁华和70年共和国心脏的炫彩，宫内是600年的历史沧桑和皇家威严。

曾经是朝廷的天下，如今是百姓的故宫。我们看到，最近几年宫门大开的紫禁城以愈加开放、自信的姿态出现在世人面前。一个亲切亲民的故宫，以现代化的方式与大众交流着，也以前所未有的力度扩大着开放。

故宫博物院的改变有目共睹。今日故宫博物院和以往之不同，很多都体现在不断提升的观众体验之中。用单霁翔的话来说，这是一场故宫博物院的“管理革命”——关键在于“一切是以管理方便为中心，还是以观众方便为中心”。

“有一种美，秒杀了时光，足够让我们停留。”2013年7月17日，“微故宫”社交媒体编辑郭斑第一次用“故宫博物院”的微博账号，打下了这样一行字，配图内容是飞檐斗拱的红墙藻井和古朴沧桑的白玉石雕。

这条看来显得不够起眼的消息，在不经意间暗暗释放出了一个信息：故宫博物院，这座以相对传统的甚至有些故意与大众保持距离的方式运行了几十年的庞大机构，在一个众声喧哗的网络时代，开始愿意放下身段，用流行的语汇与活泼的方式，与大众并肩言欢。

单霁翔在故宫博物院的7年，恰是新媒体蓬勃发展的时期。在他的带领下，故宫博物院通过新思维和新技术，建立了历史和人的链接，唤醒了沉睡的文化遗产。越来越多的人对中国传统文化感兴趣，乐意重新发现文物的价值和它们的生命历程。

这也许是单霁翔带给故宫博物院的最大改变。

在每一个中国人心中，故宫博物院都是一个特别的存在。单霁翔从一开始就认为，数不胜数的宝藏和神秘的皇家宫殿如果深锁宫墙之内，那么一切对于观众来说毫无意义。他迫不及待地希望告诉全世界，故宫是一座城——紫禁城，是一座博物馆——故宫博物院，也有在这里生活和工作过的人，“这一座城虽然是一个文化遗产地，但它更是一个有生命、会呼吸的地方”。

今天，对于大众而言，紫禁城不再是高高的城墙，而是民族文化的殿堂。“我们努力把故宫博物院建设成为中华传统文化的客厅，让他们通过故宫博物院的呈现，感受到中华文明的博大精深。”单霁翔说。

红墙黄瓦蓝天，紫禁城的底色，也是三原色，用这三种颜色可以演绎出世界上任何色彩。“我们的世界必须是绚丽多彩的，每个民族都有他们值得尊重的历史，都应该拥有他们自己向往的未来。”在单霁翔的畅想中，有一天，人们会主动要求传统艺术成为他们日常生活的一部分。

“战战兢兢，如履薄冰”

单霁翔曾说，故宫博物院开展每一项工作，往往都深刻而多样地交织着“两难”的问题，都需要“左顾右盼”，三思而后行，都需要掌握其中的辩证关系，才能正确加以判断和应对。

执掌故宫博物院的7年里，单霁翔不止一次地说过，“这是个高风险的岗位，有今天，没明天”，每每言及，心有戚戚焉。外人听来好似故意戏谑甚或矫情，但每一任院长为“守护”好故宫，都曾殚精竭虑，却往往难以“保全”的经历，让单霁翔时刻提醒自己。

从“宫”变成“院”，从皇家禁地变成公共博物馆，故宫博物院的历史始终与国家命运和民族存亡休戚与共，而故宫博物院院长这一职位更是注定要负重前行。

在那个山河破碎风飘絮的年代，故宫命运多舛，甚至两度面临被拍卖的危机。第一次是1928年，国民政府委员经亨颐提议废除故宫博物院，建议将这“头等逆产”拍卖，事半功倍在首都南京建一个伟大的博物馆。第二次则在“九一八”事变后，北平政务委员会即于1932年8月通过了关于故宫的三项决议，第一项即为“呈请中央拍卖故宫古物，购飞机500架”。

两次阻止故宫与文物遭遇灭顶之灾，故宫博物院首任院长易培基功不可没。然而即使是他，在那个乱世之中也未能逃脱被诬陷盗取故宫宝物的命运。

备受单霁翔尊崇的考古大家、故宫博物院第四任院长张忠培“为了故宫能成为完整的故宫，使尽吃奶之力”，“使故宫实现从传统的管理体制向现代化管理体制的转型，为中国博物馆界提供了可供借鉴的宝贵经验”。而就是这位“锐意改革，积极创新”的院长上任不到两个月，就遭遇了两次小偷和一把火。最终，小偷抓着了，火被扑灭了，却烧毁了一座明代的景阳宫。

“过去谁也不知道故宫博物院究竟有多少藏品，但有一个人刚到故宫博物院就知道这个数字，这人就是我。为什么？因为我的前任院长郑欣淼告诉了我。”单霁翔数度在公开场合表达对于前任院长、现故宫学院院长郑欣淼的尊敬。第五任故宫博物院院长郑欣淼主政紫禁城的10年里，主持了规模宏大的故宫大修工程，下决心花力气对故宫里面数不清、理还乱的文物进行了全面清理造册，更是提出了“故宫学”的概念，潜心打造学术故宫，但是遭遇了令人难堪至极的“十重门”后，黯然离开。

“张忠培先生多次对我说，故宫博物院管理工作，一定要把‘保护’放在第一位，一定要万无一失，因为‘一失’就是‘万无’。”单霁翔曾向媒体无数次回忆起老院长的忠告。由此，人们便不难理解他每每平静地说出“战战兢兢，如履薄冰”这几个字时的复杂心境。

60多岁的学生推着90多岁的老师

在网络上盛传的各种“单霁翔院长”报道中，单霁翔多是一张温暖的笑脸。但是在故宫博物院工作的7年多时间里，他数度在公开场合落泪。如今忆及，让人不禁生发出“天若有情天亦老”的感叹。

初到故宫博物院那年，一次在与媒体谈及故宫博物院工作人员为安全保卫付出艰辛努力，却不为观众所理解时，单霁翔当众哽咽。那一刻，年近花甲的他委屈得像个孩子，直言外界的一些误解和恶意抹黑让“故宫人”很受伤。

后来他打趣自己说，“根本原因是人老了，容易动感情”。

再次在公众面前落泪，是单霁翔在观看院里青年人自己编演的、反映故宫文物南迁历史的话剧《海棠依旧》时。这出话剧讲述了战乱中的故宫人保护一万余箱古物，走过大半个中国，留给自己和亲人的是漫长的等待和无尽的思念，他们用青春、热血、智慧甚至生命，保存、延续了民族文化的根脉。

海棠是故宫的影子，今天是昨天的影子。故宫博物院的青年人通过这部话剧完成了一次与故人的深情对话，单霁翔动情地评价《海棠依旧》：“几代故宫人在不平凡的发展历程中所积淀的精神财富，永不过时，历久弥新。”

2017年夏，故宫博物院第四任院长张忠培逝世。在追思会上，单霁翔数次哽咽落泪，这是几年里一向以温暖笑脸示人的他为数不多的伤感时刻。

单霁翔对张忠培感情颇深，每一年都要到张忠培先生家中，坐在书桌旁像学生一样请教问题。从2012年到2015年，他连年为张忠培张罗举办寿宴，和先生的其他门生一起为老师祝寿。

“始终恪守典守之职，视保护古建筑和文物的安全为故宫博物院的生命，视维护古建筑和文物的完整为故宫博物院的使命。”直至今日，单霁翔一直感念张忠培先生为故宫博物院的全局性发展谋篇布局的努力。

和我们这些旁观者一样，单霁翔对多年前的一个场景印象深刻。2015 年 4 月 2 日上午，故宫大高玄殿修缮工程举行开工仪式，当天下着雨，著名文博专家谢辰生、傅熹年、张忠培先生等冒雨出席。当老院长张忠培讲话时，郑欣淼站在身后为他撑伞，等到郑欣淼讲话时，单霁翔也自然地站过去为他撑伞。“我想，这体现了三任故宫博物院院长间的传承。”单霁翔说。

此外，单霁翔对老师吴良镛也感念颇深，数次深情地表示，“一路走来，吴良镛教授的学术思想始终像一座灯塔照亮我前行的方向”。这些年，每每有和恩师共同出席的场合，人们总能看到单霁翔亲自推着吴良镛的轮椅，扶上扶下，悉心关照。

2015年故宫博物院为90周年大庆推出“石渠宝笈特展”，布展时单霁翔专程空出半天时间，陪伴老师观看《清明上河图》《五牛图》等名作。2017 年，《千里江山图》展出前，他又赶在布展期间，推着吴良镛老师看画。

60 多岁的学生推着 90 多岁的老师，烈日下，汗水滴落的瞬间温情涌动。那一幕，至今仍令人动容泪目。

“我把这儿当成家，有一种想呵护每一个角落的冲动。”

“文化遗产属于我们每个人的记忆，我们作为传承的一分子，有责任把历史梳理清楚，把过去和今天告诉未来。”他说。

很多时候，单霁翔更像是故宫文化的推介大使，他经常一天要做两三场演讲，向社会传播故宫文化。难得的是，他在做第 2000 场演讲时，仍保有着第一次的耐心和激情。而在这些演讲中，他说得最多的就是，要让故宫以及文化遗产更有尊严。

和普通公众游览故宫不同，在单霁翔眼中，无论故宫博物院的古建筑还是文物藏品，都是一个个鲜活跳动着的生命体，需要呵护和尊重。“这些文化遗产的生命历程比人要更长远，要使它们健康稳定地传至后世，就必须让它们有尊严地存在。一方面，要经过修复使得它益寿延年；另一方面要让它经常能和当代人对话。”

谁创造了文化遗产？谁是文化遗产的真正主人？谁是文化遗产保护的主要力量？事实上，在到故宫博物院之前的数十年里，单霁翔就在思索这些问题。

“这些都是文化遗产保护需要回答的根本问题。”在单霁翔看来，我们必须尊重和维护民众与文化遗产之间的关联和情感，保障民众的知情权、参与权、监督权和受益权。只有大众倾心地、持久地自觉守护，才能实现文化遗产应有的尊严，有尊严的文化遗产才具有强盛的生命力。

很多人是在听了单霁翔的演讲后遂成为他的粉丝。他讲话很接地气，也有气象，既有传统智慧而又不失现代风格，既有文化坚守又不失幽默睿智。有人评价他说“具有世界眼光、国家立场和民族风格”。

一次美国大都会博物馆来中国交流，主持人一定让他讲话，他就说了一句："大都会博物馆有很多国外文物，我们故宫博物院也有很多，但是，与大都会博物馆不同的是，我们故宫博物院的每一件文物的来历都是非常清楚的。"有人事后说"这话太狠了"。

最近几年，故宫博物院在发挥社会教育功能上可谓别出心裁，每一次动作都颠覆了公众对故宫博物院的既有印象。这一切，在自称故宫"看门人"的单霁翔看来，都是策略。最终的目的，是要让古老的文物开口说话，走进寻常百姓家，与百姓面对面交流，提升全社会文物保护意识。

单霁翔的演讲常常爆出金句，从不让人乏味，但有一句话过去几年里在他口中一次次被重复唠叨，并一次次成为演讲的标题，那就是"把壮美的紫禁城完整地交给下一个 600 年"，这是他的夙愿，甚至是 20 世纪 90 年代他还担任北京市文物局局长时就许下的愿望。"这不是一代人所能完成的，我们只是尽好这一代人的责任。"

单霁翔心中的故宫博物院该是什么样子？他这样说："感染每一位来访者的心灵，成为长存于世的经典，实现博物馆建筑回归文化理想、回归历史责任、回归永恒价值、回归本质特征。"

卸任当晚，追随 7 年的秘书周高亮拍下了这样一张照片：郑欣淼、单霁翔、王旭东三代故宫博物院院长坐在一起，再次立下誓言："一定要把壮美的紫禁城完整地交给下一个 600 年。"这一定格不禁让人想起他曾经的一句独白："我把这儿当成家，有一种想呵护每一个角落的冲动。"

（《人民政协报》第 4 版，记者王慧峰，2019 年 4 月 16 日）

政协委员单霁翔：
15 年间共有近 300 位全国政协委员、9000 多人次为他撰写的 200 多件提案给予联名

三届，15 年，“政协”二字在单霁翔生命中刻下了不可磨灭的印记。作为第十、十一、十二届全国政协委员，单霁翔的履职无疑是优秀、高效的。

15 年间，他共提交了 226 件提案。“在政协提案中，我集中精力于文化遗产保护的中心工作以及面临的重大问题，我苛求自己要绝对执着和专一，每一件都是关于文化遗产保护的提案，实现对事业的追求和对信仰的忠诚。”单霁翔说。

关于中国文化遗产日设立背后的故事，人们已经从单霁翔的不断讲述中熟知。从一件提案到一个节日，个中曲折迂回颇具戏剧性，政协委员单霁翔在其中付出的心力外人也很难体会。如今，这个特殊的日子已经逐步成为广大民众共享文化遗产保护成果、传承中华文明的共同节日。政府出台政策、投入经费，专家学者普查调研、奔走呼吁，群众积极参与的热情逐渐高涨，守护中华民族的精神家园正成为全民自觉行动。

类似这样的提案还有不少：全国文物普查、落实地震灾后文物抢救保护资金；关于加强少数民族文化遗产保护、加强水下文化遗产保护、加强首钢工业遗产保护；关于南水北调工程中文物保护工程、海峡两岸文化遗产保护工程、大遗址保护工程；关于国家数字博物馆建设、中国民族博物馆建设、民办博物馆建设；关于大运河申报世界文化遗产、丝绸之路跨国申报世界文化遗产、北京传统中轴线申报世界文化遗产……

单霁翔每次都是把提案纸背面可供 40 位委员联名的地方都签满了才提交上去，他统计了一下，15 年间共有近 300 位全国政协委员、9000 多人次为他撰写的 200 多件提案给予联名。“每次征集到 40 位委员对我的支持，这本身就是凝聚共识的过程，而这种共识本身就是一种巨大的力量。”单霁翔说，每一件提案的背后都包含着自己的反复实践、不断调研和深入思考，他希望能通过一个个有针对性建议的提出，为我国文物保护和文化遗产工作建言献策，为解决问题、推动发展贡献自己的力量。而每当一件件政协提案经过有关部门共同努力得以落实，单霁翔都会十分兴奋，这是一名政协委员所能够得到的最大肯定。

“政协像所学校，我在这里受益良多。”这是三届全国政协委员单霁翔的由衷之言。

一日几地、一周数省，曾是单霁翔工作的常态，他自己都忍不住用“不堪回首”来形容。是什么力量支撑着自己一路前行？除了对文化遗产“敢于担当、乐于奉献”的情结外，他说最主要的就是“把工作当学问做、把问题当课题解”的工作方法。

在单霁翔看来，不断出现的问题、不断凸显的矛盾和不断涌现的挑战，将时间撕裂成一块块“碎片”，甚至一天之内要进行几次“脑筋急转弯”。如果不能针对闪过的想法及时停

下来思考、面对发现的问题及时静下来反思，就会陷于疲于应付、不堪重负的境地。只有“把工作当学问做、把问题当课题解”，才能在复杂的情况下，夯实基础，居安思危，防患未然；在困难的情况下，深思熟虑，心中有数，底气十足；在紧急的情况下，头脑清醒，敢于直面，坚守底线。

单霁翔一向尊崇恩师吴良镛，“把工作当学问做、把问题当课题解”就是源于吴良镛教授所倡导的“融贯的综合研究”理论框架。几年前看完吴老所著的《中国人居史》后，单霁翔说他从中学习到三个道理：第一，做任何事，都应该向中国传统文化学习；第二，做任何事，眼睛都要向下看；第三，一定要放眼未来，为未来的生活多留余地。

对单霁翔来说，做官如是，委员履职亦如是。

（《人民政协报》第 4 版，记者王慧峰，2019 年 4 月 16 日）

单霁翔退休　故宫“看门”这 7 年

4 月 8 日，文华殿前海棠盛放，执掌故宫博物院 7 年的网红院长单霁翔退休了。第二天，北京急剧降温，下起了冷雨。单霁翔和故宫博物院新任院长王旭东撑着黑伞一同迈向昭德门的场景，登上了微博热搜。

时序变迁，新旧交替，抛掷感慨的只是观众，主角却已迈步向前，开启新的篇章。

4 月 11 日，单霁翔出现在宁波，仍旧一身黑色服装、一双招牌老北京布鞋。“4 天前我退休了。我第一次体会到，退休也很累。卸任当天晚上，我就与王旭东夜查故宫中控室和安保部门。第二天，我们两人又走了一万五千步，进行查看和交接工作。”单霁翔当天的身份是 2019 年宁波文博会“创意宁波”板块的顾问。据宁波市委宣传部常务副部长魏祖民介绍，此次文博会期间，“将请单霁翔过来给宁波提供一些战略性的建议”。

故宫掌门人、网红院长、隐藏的段子手……7 年间，单霁翔陆续得到的标签不少，但在著名晚清史学家贾英华看来，没有一个可以直击单霁翔的内心：“故宫院长不好当，是个高危职业。故宫几任院长我都熟，到了故宫都是坎儿。老单实际上也遇到坎儿了，但他都妥善解决了。”贾英华在接受《时代周报》记者采访时总结道。

2013 年，单霁翔应邀去台湾故宫交流演讲时承诺：“把壮美的紫禁城完整地交给下一个 600 年。”如今，在紫禁城 599 岁这一年，单霁翔提前退场。

保护潘家园

“在北京生活多年，住了很多的四合院。没想到，退休前的最后一个岗位，是在北京最大的四合院‘看门’，”单霁翔曾经如此感慨，“这个院子很大，这‘门’不好看。”

单霁翔对四合院有一种特殊情结。据他回忆，幼时在南城东四块玉的四合院里学会说第一句话、走第一步路；1980 年骑着自行车接回新娘，在四合院内举办了婚礼；后来又在四合院内迎来了儿子的降生。

新婚两星期后，单霁翔赴日本留学 4 年，选择了传统历史街区保护的研究方向。1984 年，单霁翔留学归来。1992 年，单霁翔被任命为北京市城市规划管理局副局长，两年后升任北京市文物局局长。在贾英华的印象中，认识十几年，单霁翔一直是个开明的人，没有官气，待人客气尊重，同时又很热情：“他喜欢穿布鞋，喜欢中国传统文化，我没见过他穿皮鞋。老单在性格上既有南方人的细腻，又有北方人的粗犷豪放。”

热情是多位采访对象对单霁翔的共有印象。“他这个人很有热情，对故宫也非常热爱，对故宫的情况熟悉到能够如数家珍。”中央财经大学文化与传媒学院院长魏鹏举在接受《时代周报》记者采访时认为，在文化文物方面，单霁翔是一位非常专业的学者型官员。

除了热情，敢啃硬骨头是单霁翔的另一大性格特色。在北京市文物局局长任上，单霁翔最初获得文物圈认同的一件事，是迁走副食商店，恢复全国重点保护文物单位妙应寺即白塔寺的山门和钟鼓楼。“当时，这件事儿在文物系统好评如潮。多少年解决不了的问题，他来了就解决了。”导演于中宁回忆道。“还有潘家园旧货市场，当时说要拆，我也去了。老单当时是北京市规划局局长，有建议权，潘家园能保留下来，他功不可没。”贾英华告诉《时代周报》记者。

1997年8月，单霁翔履新北京市房山区委书记，在任期间，把刻自隋代的文物“房山石经”回藏至地下穴宫。2000年1月，单霁翔出任北京市规划委员会主任，出台了与故宫有关的“北京皇城保护规划”；2002年8月，他被调至国家文物局任局长。

主政国家文物局的10年间，单霁翔几乎没有休息时间，每年半数以上时间都在出差，被形容为“不是在考古挖掘现场，就是在去现场的路上”。10年间，单霁翔换了5个秘书，秘书跟着他就像打仗，每天连轴转，过一段时间就需要换人休整。

2012年，这种拼命三郎的劲头，被单霁翔带到了故宫博物院。

卖萌之旅

2012年1月，65岁的故宫博物院院长郑欣淼退休，58岁的单霁翔接任。

国家文物局和故宫博物院同为副部级单位，但是在业务上，国家文物局是故宫博物院的指导单位。“他在国家文物局干得这么漂亮，‘咔嚓’一下给他调到故宫博物院，让他当自己的下属去了。很多人都误认为他是被降职了，但是他去了以后非常淡定，思路清晰，很快安定局面。”贾英华回忆道。

彼时，故宫博物院内外交困。面子上，故宫博物院前后经历失窃门、会所门、错字门、哥窑门、瞒报门等“十重门”舆论危机，形象大为受损；里子上，故宫博物院长期以来的开放区域不足50%，186万余件文物藏品，99%沉睡在库房。参观人数虽多，但是80%的观众都是沿着中轴线参观古建筑，很少能接触到丰富多彩的文物。

单霁翔选择的突破口是：重塑故宫博物院形象，吸引年轻人。

“到任后，单霁翔从故宫科研处调来一个骨干当秘书。这可以看出，他有超前眼光，一般人都是从保管部调秘书，家底清楚。但他主张科技创新，早就考虑到今后要用高科技的手段管理、开放、保护故宫。”贾英华向《时代周报》记者强调了这一细节。

随后，单霁翔带着从科研处调来的秘书周高亮开启了暴走模式。5个月里踩破20余双布鞋，走遍了故宫的1200座建筑、9371间房屋。不仅如此，他还给自己下任务，做讲解，参加各种会议、论坛，力所能及地宣传故宫博物院。据不完全统计，单霁翔在故宫博物院前6年进行了1000多场讲解，加起来超过2000个小时。

没有人能料到，素以庄严巍峨著称的故宫，会在592岁高龄时开启一段卖萌之旅。从卖萌产品引爆文化创意赛道，到各类App、H5风靡网络社交，“可爱”“好萌”的亲民风，让故宫博物院一举成为国内备受追捧的文化创意产业第一 IP，吸粉无数。

让故宫博物院年轻化、让文物活起来，是单霁翔在 7 年里反复探寻的方向。

2018 年，故宫博物院正式走上网红卖萌之路，将“互联网思维”运用到极致：淘宝账号、微博，并不断研发新的 App，和网易合作制作《千里江山图》手机游戏，和腾讯一起探索数字文保，和小米联合开发特别版手机，和华为共同建设“5G 智慧故宫”……

2018 年，故宫博物院参观人数达到新高的 1700 万人次，30 岁以下观众占 40%，“80 后”“90 后”是参观的主力人群。“当年溥仪要开建福宫，后来不小心一把火烧了。所以故宫开放一直是有顾忌的，开殿必须承担责任和风险。大家都说老单胆大敢干心细，敢于一个殿一个殿地开。老单不是没谱的，事前做了大量调研，心里有底。他在故宫开放、恢复古建、修缮等方面采取的措施，都引起过争议，但这些方面，老单还是比较明白的一个人，看准了就去做。他做的工作，很多事后大伙才理解。”贾英华评价道。

饱受争议

世间安得双全法。走上网红之路的故宫博物院开始面临新的焦虑：如何在吸引年轻人和过度营销之间取得微妙的平衡。

从口红质量、故宫两家文化创意店铺的“嫡庶之争”，“过度商业化”的评价一直伴随故宫博物院的网红卖萌之路，尽管单霁翔一再强调，“故宫不是过度商业化，而是被过度商业化了”。最终，“紫禁城上元之夜”成为争议的旋涡中心。

今年 2 月 17 日，故宫博物院宣布将于正月十五、十六举办“紫禁城上元之夜”文化活动。随后，两轮“决战紫禁之巅”抢票活动都发生在凌晨，被形容为“抢票的困难程度堪比春运”。活动当晚，故宫绚丽的灯光再次引发争议，有声音认为，故宫根本就不需要灯光的修饰和衬托，因为它本身所存在的价值和背后所代表的历史比任何灯光都耀眼夺目。

“任何一件事情都会有硬币的两面，总体来说我还是认同单霁翔院长在任时的做法，顺应大势，顺应民意，用现代化的手段年轻化故宫博物院，做他应该做的事情。”魏鹏举在接受《时代周报》记者采访时强调：“保护不是目的，只是手段。提升文化传承、文化认同、文化影响力，才是故宫博物院文物保护更关键的使命。现在故宫博物院被充分地关注、曝光和争议，我觉得故宫博物院反而更健康了。”

2019 年全国两会期间，国家文物局局长刘玉珠亮相“部长通道”时表示，博物馆是公共文化教育和服务的机构，它不是庙会、集市，也不是娱乐场所，应高雅而不深奥，亲和但不媚俗，“这是博物馆的一个基本属性所决定的，要坚持底线”。

魏鹏举则慨叹道，作为引领风气的改革者，单霁翔让更多的社会大众开始关注并参与到中国传统文化的保护传承中，“从某种意义上也不失为一件好事。但对他个人来说，可能是一种牺牲”。

2020 年，紫禁城将迎来 600 岁生日，而单霁翔已经不能实现自己亲手“把壮美的紫禁

与故宫博物院办公室同事合影留念（2019 年 4 月 8 日）

城完整地交给下一个 600 年”的承诺。没有人知道，这是不是他人生最大的遗憾。但“泥上偶然留指爪，鸿飞那复计东西”，单霁翔的退休生活才刚刚开始。

“一个人无外乎立德、立功、立言这三件事。前两件上，他做得不少了。我希望他退休后好好休息，保重身体，扬其所长，快乐生活，把毕生的经验整理一下，转向著书立说。”贾英华对老朋友的祝福，更像建言。

（时代在线，记者谢江珊，2019 年 4 月 16 日）

单霁翔：我退休了，但义务消防员的责任不能退休！

法国当地时间 4 月 15 日下午，法国著名地标建筑巴黎圣母院发生大火，导致其部分文物与艺术品在大火中受损。对于此次火灾事故，故宫博物院原院长单霁翔今日通过微信对记者表示：“我看到报道巴西国家博物馆的火灾是因为空调原因，赶快提醒主管安全的常务副院长李小城对故宫全院空调抓紧检查，时时刻刻都要小心，我退休了，但是义务消防员的责任不能退休！”

据悉，火灾发生时恰逢巴黎圣母院在进行修复工作。火灾令巴黎圣母院受损严重，但大教堂主体建筑和一些重要文物得以保存。部分艺术品毁于火灾，由大约 800 个音管组成的管风琴同样受损。大约 500 名消防员参与灭火，抢救出不少文物和艺术品，包括保存多个世纪的“耶稣荆棘冠”、13 世纪法国国王路易九世穿过的“圣路易祭服”等。

单霁翔指出，故宫作为世界最大规模的木结构建筑群，防火永远是第一位的，早在2016年，故宫博物院曾举办过一次大规模的消防实战演练。消防演习后，单霁翔特别强调：“消防安全是故宫的命根子，在故宫博物院的文物面前，我们一定要保证万无一失，因为‘一失’就会‘万无’。”

（人民网 · 书画，记者黄维，2019 年 4 月 20 日）

单霁翔上任故宫学院院长

聘任故宫学院院长仪式（2019 年 5 月 8 日）

昨日，故宫博物院原院长单霁翔正式上任故宫学院院长。现任故宫博物院院长王旭东向他颁发聘书。

简单的红皮证书上，写着“兹聘任单霁翔任故宫博物院故宫学院院长”，落款为故宫博物院院长王旭东，二〇一九年五月八日。而这一天恰逢单霁翔退休满一个月。

故宫学院是一所业务培训和教育机构，也是国内首家以博物馆办学的模式成立的“学院”。据介绍，该学院响应我国博物馆和文化遗产保护事业发展的最新形势和需要，围绕故宫博物院整体事业的发展，面向自身、面向行业、面向全国、面向世界开展多层次、多渠道、多形式的培训项目与教育活动，为博物馆发展提供专业人才支持，践行博物馆公众教育和社会服务的使命。

这所学院的主要工作，包括健全故宫员工培训体系，探索适应博物馆人员特点的培训模式与机制，培养员工的新思想和新技能，加强自身能力建设，同时激励员工将培训的效果反映在博物馆的各项实际工作之中。以此为基础，凭借故宫博物院在文物鉴定、文物保护与修复、博物馆管理、宫廷历史与建筑研究等领域的优势，学院还逐步辐射到国内外博物馆及相关业界，逐步成为国内文博行业重要的人才培训基地。

（《北京日报》第 6 版，北京新闻，记者刘冕，2019 年 5 月 9 日）

卸任故宫博物院院长后，单霁翔讲的还是5G时代的故宫

5月8日，退休满一个月后，单霁翔受聘担任故宫学院院长。据了解，故宫学院成立于2013年11月，是一所业务培训和教育机构，也是国内首家以博物馆办学模式的“学院”。故宫学院正是在单霁翔执掌故宫博物院期间成立。

退休后的这一个月，单霁翔依然很忙。先是围绕“文化自信”传统文化活起来，开始了巡讲之旅，在安徽、浙江、上海、山东等地做了专题演讲，每次都一口气讲两个小时。5月11日，单霁翔现身成都，接连进行了两场演讲，每场都爆满。

11日下午在成都龙泉驿区第七中学的演讲，场馆只能容纳1000人左右，却有2000多人报名，现场过道中也挤满了听众。此前的5月8日，退休整一个月后，单霁翔回到故宫博物院，受聘担任故宫学院院长，这也是他履新后的首站。

卸任院长下一站：故宫学院

讲座开始前，大屏幕上播放的一段《国家宝藏》快闪视频中，有单霁翔和张国立一起跳舞的画面。“（视频）里我跳舞跳得慢半拍，没跳好我就退休了。”单霁翔如此开场。一个月前的4月8日下午，单霁翔从故宫博物院院长任上退休，继任者为原敦煌研究院院长王旭东。这个消息传来时，许多人感到意外。

作为网红院长，单霁翔其实也承担着常人难以想象的压力，最首要的压力来自安全责任。“故宫博物院建院94年，有7任院长，每一任院长都承担着沉重的安全责任，都是殚精竭虑把故宫保护好，把故宫博物院建设好。”在演讲中，单霁翔戏说，“每一任院长都没有好下场”，“这是一个高风险的岗位，有今天没明天，做了9999件事，一件事没做好，文物损坏了，你就对不起民族，对不起国家，就得下台”。

单霁翔说，到了今天，已经找到了保护好故宫的方向，就是让文物重新回到社会生活，“让它们活起来”。“文物保护是一份全民都应该承担的责任，每个人都有保护文物的权利和责任。”只有把文物保护的知情权、参与权、监督权和受益权交给亿万民众，文物才安全。

单霁翔采取的具体做法，就是把更多的文物拿出来展示，将更多的区域向公众开放。“过去我们把文物保护看作自己的责任和权利，以为展示的文物越少越安全，所以99%的文物沉睡在库房里；以为开放的区域越少越安全，结果大部分都不开放。但是安全吗？该出事还出事。”

而扩大开放，让文物保护进入全民视野，观众会互相鼓励互相监督，也就没人在故宫抽

烟，也没人乱刻乱画。再加上每天700人参与的拉网式排查，以及全世界最先进的消防、安防手段，文物也就更安全。“也正因如此，7年零3个月的院长，平安地退休了。”单霁翔话音未落，现场掀起一片欢呼。

5月8日，退休满一个月后，单霁翔受聘担任故宫学院院长。据了解，故宫学院成立于2013年11月，是一所业务培训和教育机构，也是国内首家以博物馆办学模式的“学院”。故宫学院正是在单霁翔执掌故宫博物院期间成立。

文化创意产品一年卖10个亿　但故宫博物院要去商业化

单霁翔不是故宫博物院唯一的网红，只要与故宫博物院搭上边，朝珠、日历、口红，抑或是流浪猫，都会成为网红。这些网红中，相当一部分是故宫博物院开发的文化创意产品。而文化创意产品销售，已经成为故宫博物院除门票外的重要收入来源。

2015年，故宫文化创意销售额首次突破10亿元，2017年，故宫文化创意销售额更是高达15亿元。

单霁翔在11日下午的演讲中，再次强调，故宫博物院要去商业化。“过去乾清门广场上，北边是个礼品店，西边是个快餐厅，东边是个文物商店，现在故宫中轴线上看不到一点商业氛围。”单霁翔说，就连故宫博物院的文化创意产品也都是网上销售。

他希望看到的是，就算观众在故宫博物院购买东西，也要充满文化气息。为了体现文化，故宫博物院里的商店改称文化创意馆。“服装店不叫服装店，叫服饰馆，展示故宫元素的服装；丝绸店不叫丝绸店，叫丝绸馆，展示故宫丝绸文化；陶瓷店不叫陶瓷店，叫御窑馆。”

单霁翔认为，不管是木艺馆还是陶艺馆，即便是销售文化创意产品，也能像文物展厅一样，“是参观展览情绪和体验的延续”。

迈向5G时代　明年将建成“智慧故宫”

“要当亿万级的博物馆，要靠互联网技术和数字技术。”单霁翔在任期间，故宫博物院尽可能地拥抱了互联网。如今的网友，可以在网上看到全景故宫，浏览故宫博物院全部藏品。

在故宫数字博物馆中，借助虚拟现实技术，“观众可以走进养心殿，坐在皇帝宝座上，自己批奏折，接见大臣”。目前，故宫博物院共推出7部VR影片，打造出虚拟现实剧场和VR影院，这是令单霁翔满意的创作。故宫博物院的数字化还有不少体现，观众可以用故宫博物院制作的御膳房菜谱，自己制作御膳；也可以在每日故宫App上赚积分，还可以借助《韩熙载夜宴图》App，深度阅读这幅古代书画。

通过互联网和数字技术，一个“数字故宫社区”正在建成。“经过几年的努力，故宫博物院从资源数据化，走向数据场景化，从场景网络化，开始走向网络智能化。”单霁翔说。最近，故宫博物院和华为公司签署了战略合作协议，共同建设“5G故宫”。

考察故宫慈宁宫花园环境（2019 年 5 月 9 日）

“再过一段时间，大家到故宫博物院打开手机就知道今天有多少项展览，要看的展览展厅里有多少人在看，你要上洗手间就知道离你最近的洗手间在什么地方，现在有几个坑位在等着你。”只要用一部手机，观众就可以更自主、更个性化地参观故宫。

拥抱互联网技术的同时，故宫博物院也在加强与互联网公司的合作。截至目前，故宫博物院与腾讯公司合作打造了“文化 + 科技国际论坛”，每年都举办文化创意大奖赛，包括表情包创意大奖赛、动漫创意大奖赛、游戏创意大奖赛；故宫博物院与网易公司合作推出了第一款手机游戏。“总之，我们也在与时俱进地走，明年紫禁城建成 600 年之时，智慧故宫将建成。”单霁翔说。

（每日经济新闻网，记者董兴生，2019 年 5 月 12 日）

践行博物馆公众教育和社会服务的使命

问：您刚刚被聘任为故宫学院院长。对这个新的角色有什么期待？您的主要工作是什么？

答：作为一名故宫人，我深刻地了解故宫博物院为保护、传承、传播、研究故宫文化做的大量艰苦细致的工作，也希望更多的公众感受到博物馆的氛围和故宫文化的厚度，支持故宫事业的发展。因此，我一直承担着故宫博物院“宣传员”的职责，每到一个地方，都尽我所能向那里的学者、公众讲述故宫故事。即便退休了，我也会继续努力，向更多的民众宣传故宫文化，呼吁大家爱护故宫、爱护文物，守护文化遗产的尊严、故宫博物院的尊严，让故宫文化走出紫禁城，走向大千世界、千家万户。

作为一名故宫文化的宣讲者、普及者，能够担任故宫学院院长，我感到极为荣幸，也感受到沉甸甸的责任与期待。我应该更加努力地履行这个光荣的职责，尽我所能传播、弘扬故宫文化，为我们的文化遗产保护事业尽到自己的心。

故宫学院于2013年11月成立，是国内首家以博物馆办学的模式成立的“学院”。旨在围绕故宫博物院整体事业的发展，开展多层次、多渠道、多形式的专业培训、教育活动和文化传播项目，为博物馆事业发展培养专业人才，践行博物馆公众教育和社会服务的使命。

故宫学院工作主要分为故宫博物院院内员工培训、国内博物馆界及相关业界培训、公众教育和国际培训。领域涉及宫廷历史文化、文物鉴定、文物修复与保护、古建筑保护、博物馆实务等，兼顾知识与技能、理论与实践。成立以来，故宫学院以开放式的平台，建立多家国际文化遗产保护组织的培训中心，在国内成立多家分院，辐射国内外业界及公众，并产生积极有益的影响。

在故宫学院成立后的几年中，我本人也多次作为授课老师，给来自全国各地、世界各地文化遗产和博物馆领域的学员讲述故宫文化，以及我本人在文化遗产保护领域的思考与实践。

问：卸任故宫博物院院长后，您开启了宣讲之旅。您都到了哪里，给我们分享一下都给大家讲了些什么？

答：退休后的这一个月，工作职责的改变，反而让我更“忙”了。这是因为新任院长接手了故宫博物院的工作，让我更有时间履行一个故宫文化“宣传员”的职责，向希望了解故宫博物院事业发展的各地民众带来一场又一场精心准备的宣讲，以回应广大公众长期以来对于故宫博物院的支持，对故宫文化和故宫故事的热切期待。

一个多月以来，我围绕“文化自信”和传统文化活起来的相关主题，以故宫博物院的工作实践和文化遗产保护领域的多年研究与思考为内容，到安徽、浙江、上海、山东、四川等地作了多场宣讲。最近一次印象深刻的是5月11日下午在成都龙泉驿区第七中学的演讲，场馆只能容纳1000人左右，却有2000多人报名，现场过道中也挤满了听众。大家的热情让我看到了故宫博物院的魅力和文化遗产保护的希望。

问：在您担任故宫博物院院长的七年间，故宫博物院从往日的严肃高冷，成为亲切萌趣的所在。这背后的转变离不开您，您也自称是“看门人”。这个定位的转变，包括故宫博物院成为新一代网红，您是怎么策划的？实施起来有什么记忆深刻的事吗？

答：习近平总书记多次强调“让文物活起来”，指出“推动中华优秀传统文化创造性转化、创新性发展，让中华文明的影响力、凝聚力、感召力更加充分地展示出来”。故宫博物院担负着传播和传承中华优秀传统文化的重任，只有不断探索更多文化资源创造性转化、创新性发展的方式，才能够跟得上时代前进的步伐，才能回应社会公众对博物馆的热切期待，满足广大民众日益增长的精神文化需求。

在国家政策和社会各界的支持下，文化创意事业迎来了大好时机和有利环境，故宫博物院也敢为人先，不断尝试和创新，取得了一定的成绩，也就是大家所说的“网红”。我们欣喜地看到故宫文物“活起来”了，与广大公众的现实生活联系越来越紧密，这离不开全体故宫人，尤其是年轻人的参与和努力。

举例来说，截止到2018年12月，故宫文化创意产品研发数量11936件（套），获得相关领域奖项数十种，形成了多元化的故宫文化创意产品系列。顺应“互联网+”的趋势，我们尝试了各式各样的“文化+”，例如“文化+创意”“文化+传媒”“文化＋综艺”等。通过不断地进行跨界融合、开放创新，让古老的故宫文化与日新月异的现代科技和传播方式“碰撞”出越来越多的、公众喜闻乐见的文化成果。例如一部慢节奏的、充满文化情怀和历史感的纪录片《我在故宫修文物》，居然在年轻人中受到极高好评，甚至显著提升了年轻人应聘文物修复工作岗位的热情；与中央电视台合作推出的《国家宝藏》联结了电视综艺、博物馆和社会公众，为博物馆开创了藏品阐释与展示的新方法，吸引了新观众；与北京电视台合作的《上新了·故宫》一经播出就引发了公众追捧，不仅收视率持续破1，位列同时段综艺节目第一名，还得到了非常多年轻人的喜爱和肯定。

在取得成绩的同时，自然也存在很多不足，需要在发展中解决。文化创意事业从纸面走向现实，从计划变成成绩，需要一步一个脚印地去探索和落实。需要我们更加稳健地理清思路，辨别自身所处的环境和发展方向；认清自身拥有的文化资源，掌握必要的知识和理论；不忘初心，秉持为人民服务的立场。对待文化创意事业，也需要我们像维护文物、维修古建筑、研究历史一样，发扬“工匠精神”，耐心地开展工作，认真地加以落实，不断推出文化精品。

问：在各类新技术层出不穷的今天，故宫博物院数字化应用到了什么程度？全世界的博物馆，包括卢浮宫等很早就着手藏品数字化项目。故宫博物院也在进行类似的项目吗？进展如何？

答：故宫博物院顺应“互联网+”的发展趋势，将数字技术作为文化发展的重要引擎，经过3年努力，建成了“数字故宫社区”。其中“数字故宫”在线项目，包括全景故宫、故宫出品系列App，以及数字展厅的关联、分享与互动，展示故宫博物院在古建筑修缮、藏品保护、观众服务、科学研究、文化传播等各个方面的最新进展、最新成果。同时，故宫博物院数字博物馆是全数字形式展厅，丰富的线上与线下项目联合推出，将智慧旅游与文物展示相结合，为广大观众呈现出一个更为丰富、多元、精彩的“数字故宫”。

故宫博物院的新媒体团队，着力研究受众群体的变化，更新传统文化的传播方式，通过更新官方网站、发送官方微博、开通微信公众号、营销文化创意产品等灵活的线上线下互动方式，准确把握青年人的接受兴趣和关注特点，将博大精深的中华文明，以富有内涵且饶有趣味的形式推广传播，在年轻网民中积聚了大量人气，成为中华文明网络传播的成功实践。

同时，故宫博物院官方网站，将英文、青少年、学术研究等子网站整合起来，建立一个故宫官方网站群，为不同的观众群体提供各有特色的优质服务。英文网、青少年网针对国外观众和青少年观众进行个性化的策划开发。故宫博物院的青少年网站，无论从形式和内容设计上，都充分考虑青少年的特点，以情境式交互地图颠覆刻板的栏目，在形象化的探索中感知故宫博物院的建筑、展览、文物藏品，整个过程中穿插着各种类型的游戏，以及图文并茂、轻松易懂的文化专题。新版英文网以扁平化的页面设计风格、清晰绚丽的文物图片、更加直观便捷的操作，使之更符合国外观众的审美和使用习惯。

“故宫出品”系列 App 应用被称为“故宫出品，必属精品”。目前，故宫博物院已自主研发并上线了 9 款 App：《胤禛美人图》《紫禁城祥瑞》《皇帝的一天》《每日故宫》《韩熙载夜宴图》《故宫陶瓷馆》《清代皇帝服饰》《故宫展览》《故宫社区》，全年下载量超过 120 万，比上年增长 16%。《故宫社区》App 首次提出了社区化概念，是新媒体互动性产品的又一次有益尝试；《每日故宫》App 根据上线后的用户反馈进行了版本升级，提升了用户体验，成为首个总下载量突破 100 万的 App；《故宫展览》App 上线以来，准确且及时地为用户提供故宫博物院院内各类展览信息，尤其是展厅虚拟漫游功能，为不能来参观的观众提供了同样的身临其境的看展机会，受到用户好评，年度下载量突破 50 万。

故宫博物院通过大力推动“数字故宫”建设，让传统文化从“馆舍天地”走向“大千世界”，建立“无墙”的博物馆。目前，“数字故宫”经由公开资源、讲好中国故事两个发展阶段，迈入建立和完善与观众交流互动平台的阶段。

面对新的形势和新的任务，博物馆需要充分利用文物资源优势，以“互联网 + 中华文明”为动力，以满足广大观众和社会公众对高品质文化生活的需求为目的，以发展融合型文化产品为手段，进一步促进文化遗产资源“活”起来。对于我们博物馆人来说，依然是任重而道远。

（中国环球电视网，《文化报道》栏目，记者朱廉安，2019 年 5 月 15 日）

“故宫网红院长”单霁翔即墨古城开讲

5月19日，即墨区2019年为民要办实事项目——即墨古城大讲堂，邀请到故宫学院院长、中国文物学会会长单霁翔作了题为《匠者仁心——让文化遗产资源活起来》的演讲。

在讲座中，单霁翔精彩讲述了经过环境整治、扩大开放区域、文物保护修缮等大量工作，以及“最为复杂地为每个观众都做好服务”，不断开放的故宫博物院正日益成为人们生活中一片文化的绿洲。

“让文物重回生活中，成为促进发展的积极力量，惠及广大民众。当人们在现实生活感受到文化遗产的意义，才会更尽心地保护文物。”从单霁翔的讲座中，我们深切感受到今天的故宫博物院正在实现这种良性循环。历久弥新，一座壮美的紫禁城呈现在世人面前。

单霁翔讲座观点分享：

5月18日是国际博物馆日，今年的主题是“作为文化中枢的博物馆：传统的未来”，去年的主题是“超级连接的博物馆：新方法、新公众”，这说明博物馆的职能在不断深化。过去博物馆有三大职能：保管、研究和教育。今天，职能顺序发生了转变，联合国教科文组织把教育放在最前面，说明今天博物馆要和各行各业实现链接，要在城市里成为文化中枢。面对这种转变，我们要重新审视博物馆职能的变化。

习近平总书记说：“让收藏在禁宫里的文物、陈列在广阔大地上的遗产、书写在古籍里的文字都活起来。”长期以来，从事考古研究、历史研究的人们往往认为历史文化遗存远离今天的时代，是已经失去原初功能的东西，只是被观赏、研究的对象。但是“活起来”告诉我们，它们是有生命历程的，文物不但有灿烂的过去，还应该有有尊严的现在，更应该健康地走向未来，重新走到人们的生活中，才能“活起来”。

故宫是明清两代24位皇帝居住的宫殿，也是迄今为止世界现存的规模最大的古代宫殿建筑群、全世界观众来访量最多的一座博物馆。

今天我们要重新审视这座“世界之最”，什么是好的博物馆？好的博物馆不是拥有大型的馆舍等待观众来参观，而是要通过对藏品的不断挖掘，推出优秀的文化作品，使人们感受到博物馆在现实生活中的意义。人们在休闲的时候想要走进来，走进来就不想离开，离开之后还想再来的博物馆，才是一座好的博物馆。

为了成为好的博物馆，故宫博物院要重新审视对待观众的态度和对待文物的态度。

我们重新审视故宫博物院过去的一切做法，究竟是以自己管理方便为中心，还是以服务对象方便为中心，如果以自己管理方便为中心，就会设置很多观众不方便、不满意的措施。但是如果以观众方便为中心，过去几十年的规定、制度，随着时代的进步，该改变的还需要改变。这就是管理革命。

人们抱怨，这么大的故宫，老叫我们坐在台阶上、铁栏杆上，铁栏杆都坐弯了，不能设置座椅吗？到今天，11000 多人能在故宫博物院里有尊严地坐下来；人们抱怨，你们层层大殿都是黑黑的，不能点亮吗？一年半以后，借助科学技术的力量，故宫博物院点亮了紫禁城。

经过参加第一次全国可移动文物普查，得到故宫博物院文物藏品数量为 1862690 件，占全国珍贵文物的 42%。世界各地的博物馆，基本都是金字塔形的藏品结构，塔尖是镇馆之宝，腰身是一般文物，底层是资料。故宫博物院是倒金字塔形的藏品结构，珍贵文物占 93.2%，一般文物占 6.39%，资料只占不到 0.4%，几乎件件都是国家定级的珍贵文物。这些就是我们的责任，也是我们应该呈现给社会的文化资源。

故宫博物院的教育活动深入社会、深入民众、深入学校。去年共举办教育活动 6 万多场，“故宫知识课堂”每天开班都会爆满，孩子们在这里串朝珠、绘龙袍、包粽子、做拓片等等。故宫博物院所有的教育项目都是免费的，我们将大量收入投入到教育上，这是最值得的。同学们在博物馆里长大，将来一定是热爱传统文化的一代，也是对博物馆终身亲近的一代。

四年前，我们提出一个口号：全年无事故、全年无投诉。目前的挑战在于，故宫博物院观众增长的速度太快。考虑到参观质量和游客安全，故宫博物院画了一条线，每天只接待 8 万观众，通过“削峰填谷”，慢慢实现了“旺季不挤、淡季不淡”的目标，观众来访量也实现了逐年平稳增长。

故宫博物院是全球唯一一座观众年访量达到千万级的博物馆，但是我们不能满足于此，我们要成为亿万级、十亿万级的博物馆，靠什么？靠互联网技术、数字技术。经过几年的努力，2017 年故宫网站访问量达到 8.91 亿。故宫博物院把外文网站做得更加强大，各国民众通过网站可以了解故宫文化；把青少年网站做得更加活泼，孩子们在网上听到更多有趣的故事；故宫网站开始举办网上展览，把过去举办的展览、正在举办的展览，在网上进行展示，人们可以足不出户参观故宫展览；故宫博物院率先公布了故宫全部文物藏品，共 1862690 件（套），人们在网上可以查到所有的藏品信息。

习近平总书记说：“中国有坚定的道路自信、理论自信、制度自信，其本质是建立在 5000 多年文明传承基础上的文化自信。”文化是什么？是一个国家、一个民族的灵魂。文化自信是什么？是一个国家、一个民族发展中最基本、最深沉、最持久的力量。当一个地区、一个单位、一个人拥有文化自信，再加上脚踏实地一步一个脚印把事情做好，我们就会拥有未来。

在故宫博物院担任了七年零三个月的院长，我深刻体会到，把文物保护好不是简单地把它们收藏在库房里，而是让它们重新回到人们的生活中，使它们有尊严、有魅力地得到人们的呵护，它们才能成为促进社会发展的积极力量。只有文物成为促进社会发展的积极力量，才能惠及广大民众的现实生活。人们感受到文化遗产对现实生活的意义，才会更倾心地保护文物。这才是文物保护的良性循环。我们立下誓言，到紫禁城建成 600 年之时，一定要让故宫博物院收藏的 1862690 件（套）文物，每一件都必须光彩照人！

（青报网，记者张华，2019 年 5 月 20 日）

接受凤凰网《舍得智慧讲堂》的采访

问：在北京四合院的生活，以及唐山大地震对您后来从事文物保护专业有什么影响？

答：2014年，我写过一篇文章《我的四合院情结》，刊发在《人民日报》上。在这篇文章中，我讲述了自己对从小居住、成长的北京四合院所饱含的深深眷恋和美好记忆，及其承载的对父母、亲人、朋友的思念；也讲述了四合院丰富的文化内涵，和为保护这种体现中华民族“天人合一”思想的建筑群所做的努力。

我出生在沈阳，但是出生仅3个月，便随着父亲的工作调动，被母亲抱着来到了北京，一住就是60余年。在记忆中，我们一家前后居住过4处北京的四合院。我是在四合院里学会了说第一句话，也是在四合院里学会了走第一步路。因此，我应该有资格被称为“北京人”，而且是曾经居住在四合院里的“老北京”。

在我居住时间最长的四合院里，也发生了很多事情。1972年，母亲从“五七干校”回京，单位分配了位于东城区美术馆后街的住房。这是一组典型的传统四合院，分为前院、中院和后院。在这里居住期间，经历了一些令人难忘的事情。例如1976年唐山大地震，北京地区也有强烈的震感，我家居住的房屋后墙被震垮，垮塌下来的砖瓦封堵了邻院的巷道。为防余震，全院邻居在院前的道路上住了一段时间，我也因此学会了搭建防震棚。

当时，居住面积虽然狭窄，庭院则比较宽阔。邻里关系十分融洽，从未发生过口角。一棵大槐树的浓密绿荫，遮盖着半个院落。夏天的晚上，各家老人孩子都拿了竹躺椅、小板凳，围坐在院子中间，从世界大事到柴米油盐，有着说不完的话题，这也是北京四合院特有的交往方式。

长期以来，在不同地点、不同规模、不同邻里的四合院居住以后，再回过头来思考四合院生活的体验，最深刻的不仅仅是它作为物质的存在，而是文化方面的感受。四合院情结，是对那个成长空间的眷念，更承载着对父母、亲人、朋友的思念。忘不了街坊们海阔天空的神聊，忘不了小伙伴们的嬉戏打闹，忘不了院里醉人的鸟语花香，忘不了胡同里走街串巷小贩们的叫卖声。这份情怀，只有久居胡同四合院才能获得。

在我的记忆深处，早已烙印上永远的四合院情结，甚至成为内心中对于城市记忆最柔软的地方。后来，我因缘际会来到故宫博物院工作，每天在这个世界上最大的四合院建筑群中行走，感受这里的一草一木、一砖一瓦，仿佛找到了那种久违而又熟悉的惬意。

这些经历与我终身从事的文化遗产保护事业，有着深刻的内在联系，是激发我热情的源头，也是支撑我前行的动力。

问：1994年开始您在北京市文物局参与文物保护工作。为何坚持了十几年？当时工作中印象最深刻、最触动您的事情是什么？

答：从1984年进入北京城市规划部门以来，已经30余载，从1994年进入文物系统以来也已经二十余年，其间有不少令人难忘的回忆。

在全国政协十届五次会议期间我提交了《关于落实文物保护奖励制度的提案》。这个提案是从两个感人的、真实的故事引发的。

第一个故事发生在陕西省宝鸡市眉县杨家村，2003 年 1 月 19 日，王宁贤等 5 位农民，在村边劳动取土时，意外发现了一处储满珍贵文物的窖藏，他们意识到这些是无价之宝，应该赶快报告政府。于是他们进行了分工，有人保护现场，有人跑去报告。当文物保护人员赶来一看，惊呆了，被眼前的精美文物所震惊，被农民的行为所感动。出土的 27 件青铜器，距今 2800 多年，件件都有铭文，件件都是“国宝”。后经专家考证，这批青铜器具有极高的历史、艺术和科学价值，甚至对当时正在开展的“夏商周断代工程”给予了难得的支持，于是，农民们的壮举，被评为 2003 年度“全国十大考古新发现”之一。新闻媒体对这一事迹做了报道，带来了很好的社会反响，特别是当地民众深受鼓舞，一系列感人的事迹不断涌现。在 2003 年至 2006 年的短短 4 年中，竟然在同一地区又连续出现了 11 批农民群体在生产劳动中发现文物后，自觉报告文物部门或将出土文物上交国家的事迹。经他们保护下来的出土文物足以丰富一座博物馆的陈列。但是，一次次令人们兴奋不已的不仅是那些出土面世的稀世珍宝，更是那些朴实无华的护宝农民群体，是他们的高尚行为铸就了震撼人心的“宝鸡农民护宝精神”。这里是周礼的故乡，是中国传统文化的发源地。在这块神奇的土地上，从古至今出土的大量精美至极的国宝，所体现的是厚德载物、自强不息的民族精神。今天，这些可敬可赞的农民护宝行动，反映的正是当民众感受到家乡悠久灿烂的文化传统，了解到国家保护文化遗产的法律之后，所形成的自觉自愿的保护意识和无私奉献的高尚情操。

另一件农民群体自发保护文物的感人事迹，发生在年人均收入不足 700 元的极其贫困的贵州省黎平县地坪乡，当 2004 年 7 月 20 日，一场百年未遇的洪水咆哮着冲毁全国重点文物保护单位地坪风雨桥时，当地上百名侗族村民竟自发地跃入洪水，拼死打捞风雨桥构件。随后村民们沿着河继续寻找，走过一座座村寨，请人们把已经打捞上来的风雨桥构件还给他们。经过三天三夜的奋争，从贵州打捞到广西，抢救回了 73% 以上的风雨桥构件，特别是桥上的大型构件无一遗漏地被运回了村庄，使风雨桥如今得以重建，上演了一幕我国文化遗产保护史上的壮举。我去参加风雨桥的复建仪式时，看到全乡民众载歌载舞，场景十分感人。当我们问一位老人，村民和风雨桥为什么有如此深的感情，老人告诉我，地坪风雨桥连接着上寨村和下寨村，这里共生活着 1500 余位侗族群众。风雨桥既是他们休闲、节庆的场所，也是侗族青年行歌坐月、谈情说爱的地方。当地人以此为自豪，把它当作村寨的精神财富，祖祖辈辈都将守护它当成自己的义务。他说：花桥是我们侗族人生命中的桥，孩子们是唱着“地坪花桥传万代”的侗族大歌长大的。地坪人就是在这种氛围中成长、生活，爱护花桥、保护花桥的意识已经融入了他们的血液，他们为花桥做任何事情都如同呼吸般自然，文物保护的民众意识在这里得到了最强烈的表达。国家文物部门也依照法律规定给予了抢救风雨桥的民众表彰奖励，进一步动员广大民众自觉保护文化遗产。

这样两件动人心弦的事实充分表明，我国广大民众是有觉悟和讲感情的。文化遗产保护作为一项利在当代，功在千秋的社会公益事业，需要动员广大民众积极参与。许多珍贵文物的第一发现者和第一时间保护者就是普通民众。如果民众缺乏文物保护意识，没有采取基本的保护措施，它们可能无声无息地被破坏甚至毁灭。在当前受经济利益的驱使，盗掘古墓葬、走私文物十分猖獗的情况下，陕西农民兄弟重义轻利，捐献“国宝”，使珍贵文物得到保护；在一些地方对历史文化街区、村镇大拆大建，使大量传统建筑惨遭损毁的情况下，贵州的农民兄弟拼死保护他们的“生命之桥”，使风雨桥得到重建。因此我认为，他们的行为应该受到全社会的尊重，国家应该对他们的行为给予表彰和奖励。

问：2003 年去清华大学城市规划与设计专业攻读在职博士生时已经入行许久，仕途正顺的时候，当时为什么会做出重返校园这一决定？吴良镛教授作为您的博士生导师对您有什么影响？博士学位对您的工作有什么影响？

答：以吴良镛先生在教育界、文化界享有的声誉，堪称大师，但是吴良镛先生总是称自己为“建筑师”“教师”“学者”。作为一名教师，他以治学严谨著称，对每一位学生严格把关，倾心关爱，无论是在他的研究室，还是在他的家中，晚辈后学都可以走进追求科学真理的广阔天地和倡导独立思考的学术空间。他强调学习的前瞻性，对涉及社会发展的重大问题开展深入研究；他强调学习的系统性，要求在旁征博引的前提下加以融贯地研究；他强调学习的针对性，要求结合实际工作力争解决当前的突出问题。

一路走来，吴良镛教授的学术思想始终像一座灯塔照亮我前行的方向。我自己总结和采用的工作方法是“把工作当学问做、把问题当课题解”，就源于吴良镛教授所倡导的“融贯的综合研究”理论框架。

吴良镛先生令我印象最深的，是他对文物的深情。他对文化遗产保护和城市规划建设上的很多理论，今天读来依然合情合理，令人深思。他提出了许多与我们这个时代相贴近的概念，反映了文化遗产保护在夹缝中求生存时的态度。20 世纪 70 年代末期，吴良镛先生在领导北京什刹海规划的研究时，明确提出了“有机更新”的思路，即质量较好、具有文物价值的予以保留；房屋部分完好的予以修缮；已破败的予以更新，同时强调历史街区内的道路保留传统的街坊体系。“有机更新”理论在 1987 年开始的北京菊儿胡同住宅工程中得到实践，得到了国内外广泛关注和高度评价，并获得了联合国的“世界人居奖”。

吴良镛教授的《广义建筑学》是我国第一部现代建筑学系统性理论著作，其中认为，我们的研究不能仅满足于房屋——聚落的“空间”以及其“实体”的一方面，还要看到生活于其中的人们的“行为”等，这对于文物博物馆领域的工作启发很大。而吴良镛先生最孜孜以求的还是完善他所倡导的“人居环境科学”体系。在这一庞大的系统中，他创造性地提出以城市规划、建筑与园林为核心，整合工程、社会等相关学科的发展模式，以建设可持续发展的宜人的居住环境。

吴良镛教授还有一颗为理想倾力投入的赤子之心，他说：“我毕生追求的就是要让全社会有良好的与自然相和谐的人居环境，让人们诗意般、画意般地栖居在大地上。”

2012 年，90 岁的吴良镛教授获得了一生中最重要的荣誉——国家最高科技奖。但是，他并没有因此而稍微停歇一下，放一放手中的工作，而是一如既往地辛劳在讲台、案头。他的孜孜不倦、勤勤恳恳也激励我勇往直前，奋斗不止。

问：2007 年两会上博物馆建设开始被关注，当时正是您开始提出相关提案。2008 年开始推行博物馆免费。同时社区博物馆、生态博物馆也在逐渐兴起。为什么当时会把博物馆建设开始作为工作重心？这个阶段开始您似乎更注重“人”在文物保护过程中所处的位置了，为什么？

答：在国家文物局工作期间，研究国际博物馆发展经验和趋势，推动我国博物馆事业进步是一项重要的工作内容，也是我关注和思考的一个重要领域。随着国内外博物馆事业的发展，博物馆功能与职能不断拓展和深化，赋予 21 世纪博物馆工作者前所未有的用武之地。

事实上，我国的博物馆文化从起源阶段就呈现出多样性态势，不同的类别、不同的地域创造了不同的博物馆文化。21 世纪初，随着文化遗产保护的事业不断扩展，博物馆的保护、研究、展示空间也逐渐从传统博物馆的“馆舍天地”走向丰富多彩的“大千世界”。

从“馆舍天地”走向“大千世界”，还体现在博物馆的类型发展。当时，旧址博物馆、遗址博物馆、生态博物馆、社区博物馆、数字博物馆等各种各样的博物馆形态共生共荣，结合我国经济社会发展的形式与趋势，进行了积极的实践。

随着世界范围内经济、政治、文化、社会的变化，博物馆事业对国家发展、社会进步的重大作用愈来愈被人们所认识。社会生活的信息化、网络化、数字化，也促进了博物馆文化形态的快速转变。在此背景下，博物馆需要更多地介入社会、关注民众，发挥更多的社会功能，担当更多的社会责任，完成一次次历史的飞跃。这是博物馆面临的挑战，同时也是博物馆发展的机遇。

我国现代意义的博物馆仅有百余年历史，但是，在博物馆事业诞生之初就被国人视为“广见闻、增智慧”的强国之举，就以“民族的、科学的、大众的”为特征，承担起崇高的社会责任。国际博物馆协会 1974 年博物馆定义所表达的“为社会和社会发展服务”的战略方向，将博物馆从自我封闭引向开放。其中明显地体现出博物馆从对“物”的关注中进一步解放出来，开始重视对“人”的关注。

文物藏品固然是博物馆事业发展的基石，而保存、研究文物藏品的主要目的，终究还是文明的传播与传承。博物馆应当发展为坚持“以人为本”的社会文化传播机构，即从重“物”转变为“人”“物”并重。我国博物馆在飞速发展的同时，也向着越来越深入地融入社会，融入人们的生活而努力。这是博物馆事业的发展趋势，也是博物馆人思考、实践的方向。

问：您作为一名站在管理层、学术界和大众之间的人，会想去联结这几者吗？您怎么定义自己的身份？

答：多年来，我坚持“把工作当学问做、把问题当课题解”的工作方法，就是力图从更广阔的视野、更深入的角度，分析和梳理文化遗产之间的内在联系，探索和建立新的文化遗产类型和相应的保护方式，使制约文化遗产事业发展的重点、难点和瓶颈问题不断得以有效解决。实践证明：文化遗产保护、城市文化建设、博物馆事业发展，在方法上、尺度上、内容上虽然各有不同，但是三者有着共同的研究对象，三位一体进行“融贯的综合研究”，则可以呈现出中国特色文化遗产保护的新视野。

读书、思考、写作、归纳，早已成为我每天的必修课。无论是在考察途中的汽车里，还是在往返的飞机上，抑或是在家中的书桌前，以电脑为伴，将考察的感想、调研的体会、阅读的心得及时记录下来。正是因为这一次次的梳理思绪、深化认识，长期下来，居然积攒下上千万字的记录，包括论文、报告、访谈、提案，林林总总，其中既有“一吐为快”的真实感受，也有“深思熟虑”的肺腑之言，还有“临阵磨枪”的即席表达。如果将它们汇集起来，既是一个时期实践经验的点滴记载，也是一个时代文化遗产事业的综合纪实，还是一个文化遗产保护工作者不惜生命的心灵写作。

作为一名故宫人，我深刻地了解故宫博物院为保护、传承、传播、研究故宫文化做的大量艰苦细致的工作，也希望更多的公众感受到博物馆的氛围和故宫文化的厚度，支持故宫博物院事业的发展。因此，我承担起故宫博物院“宣传员”的职责。每到一个地方，都尽我所能向那里的学者、公众讲述故宫博物院，从它的文化资源、展览设置、存在问题、发展方向等进行讲述，让公众了解故宫博物院各项职能、新的发展，和“故宫人”做出的艰辛努力。同时，更多地向来访故宫博物院的专家学者、各级领导文物博物馆界的同人们进行报告和讲述，并深入文物博物馆单位、学术机构、政府机关、中小学校、高等院校、社会团体、新闻媒体、驻外使馆和社会公众讲坛等等，努力尽到国家宣传部门所授予“讲好中国故事文化交流使者”的责任。通过持续不断的演讲，我深切感受到，故宫文化对于社会各界人士来说，都具有不可抗拒的吸引力，而现场听众的热情回馈与鼓励，也给予我极大的信心与勇气。

我感到在故宫博物院，思考与行动、学习与实践是互相促进的。通过四处“走访”，了解各项工作进展，听取故宫人和专家学者、社会公众、媒体记者等的意见建议，并根据工作、学习的心得，不断调整讲述的内容，努力把故宫故事讲得生动有趣，达到思与行、学与用“两不误”，才能做到“言之有物”、常讲常新，而观众的反馈也能让我更加清晰地梳理思路、明确观点，提升理论和实践水平。

问：博物院院长在您的职业生涯里占据怎样的地位？

答：2012 年，我有幸在职业生涯的最后一站，来到故宫博物院，一方面继续享受紧张工作带来的压力和挑战，另一方面得以将几十年来积累的体会应用于具体实践。作为故宫博物院院长，有其一脉相承的责任与使命，工作内容也更加具体和烦琐。我将自己以往积累的文化遗产保护经验在故宫博物院进行深化、实践，还要每天学习更多新的知识，弥补自己的不足，以跟上文化和博物馆事业快速发展的步伐。所以这七年是极为充实、丰富、繁忙的七年，也是收获丰厚、感悟深刻、极为难忘的七年。明年就是紫禁城建成 600 周年，我希望我在故宫博物院工作的这段时间，能够成为把紫禁城的第一个 600 年和第二个 600 年有机结合、紧紧维系起来的阶段，让我和同人们的努力，能够为故宫博物院健康平稳地迈进下一个历史阶段，做出积极的贡献。

问：最早得知接受院长职位时，心里是什么感受？作为院长踏进故宫时，和曾经作为观众，心态有什么不一样？

答：心之所向，身之所往。能够担任故宫博物院院长，成为一名光荣的故宫人，是我的幸运。壮美的紫禁城是中华文化的载体，记载着一代又一代人们的记忆、经历和情感。年轻时，故宫博物院是我常来的地方，壮美的紫禁城有研究不完的课题，我怀着热爱与敬意，仰望、观察、记录这座紫禁城的一角一落、一砖一瓦。教中国古代建筑史的时候，单士元先生带着我考察了故宫博物院的不少地方。在北京市文物局和国家文物局工作时，很多方面的工作都与故宫博物院的文物保护、博物馆管理有着较密切的联系，所以我对故宫博物院并不陌生。

2012 年年初，我来到故宫博物院，担任“看门人”。我深刻地感受到，故宫博物院是一部百科全书，也是一个充满文化气息的地方，在这里有学不完的知识和学问。我所接触的每一位“故宫人”，对于故宫博物院的可持续发展都有着热盼和为之做出贡献的强烈愿望，对于故宫博物院的未来发展都有着期待和信心。每当看到和听到这些，都感到十分欣慰，备受鼓舞。

故宫是一个活态的生命体，这是我在一次次走访中，在紫禁城 9371 间房屋、每一个院落的考察体验中，在与每位故宫人交谈中获得的最为深切的感受。每一件文物都是一段精彩的历史，都记载着曾经的辉煌；每一件文物的背后都有一个个鲜活的灵魂，都有动人的故事。历代故宫人不仅实施对文化遗产物质层面的保护，更注重对文化遗产精神层面的研究、整理、分析、展示、弘扬，倾注了大量的心血；不仅研究文化遗产的表面和外部形态，也注重研究了解其内在的精神实质和珍贵价值，深入挖掘文化遗产厚重的人文精神和丰富的文化内涵。这是历代故宫人的传统，也是历代故宫人孜孜不倦的追求。

我也深刻地体会到，故宫博物院的事业是永远的事业，必须一步一个脚印地做事。面对故宫这处有着 600 年历史的文化瑰宝，面对故宫博物院这座有着 90 年历史的文化圣地，必须心怀敬意地加以研究、小心翼翼地进行保护。作为院长，我的责任就是看护好故宫博物院的文物珍品、看护好故宫的古建筑群、看护好故宫世界文化遗产，让它们益寿延年、流传百世，这是每一任故宫博物院院长，乃至每一位“故宫人”的历史职责，也是我们的荣幸。

必须承认，故宫博物院的院长是一个风险很大的岗位，一定要把每一件事都预想好，安排好。保障故宫安全、观众安全，做好观众管理工作，始终是一切事业发展的重中之重。我们平常说做事要万无一失，这个我体会很深，在故宫博物院安全工作上，一失就万无。因此，七年多来，我和同人们将自己全部的心血和汗水，都注入故宫博物院事业发展的历程中，力求不断延续故宫博物院的事业，传承故宫精神和故宫人精神，同时努力创新思路，开拓未来发展的美好蓝图。

问：把更多的文物和建筑开放，对您来说意味着什么？

答：新时期博物馆文化发展目标，从满足广大民众日益增长的文化需求，拓展到保障广大民众的基本文化权益，再拓展到让广大民众共享文化发展成果。这是“以人为本”理念在博物馆领域的体现。因此，不断增加文物展览和数字化展览，让故宫博物院从现实空间和虚拟空间上不断拓展和延伸，让故宫文化传播的渠道更加多元、畅通，传播内容更加丰富、精彩，感染更多公众的心灵，是我们一直在努力的方向。

近年来，通过开展古建筑整体维修保护工程，持续扩大开放范围，建设更多的专题展馆、临时展厅，故宫的开放面积已从2002年时的30%，逐步扩大到目前的80%。每年在故宫博物院内展示的文物比例，也从最初的不到1%，增长至今天的3%。这些工作的背后，都有大量故宫人的付出，以保证文物、古建筑和观众安全，同时提升观众服务水平。

通过扩大开放，让更多风格各异的古建筑群与观众见面，满足公众对壮美紫禁城的参观需求；通过持续推进故宫古建筑整体维修保护工程、“平安故宫”工程，实现故宫安全、观众安全，为博物馆事业发展打下坚实基础；通过全面拆除彩钢房和临时建筑、拆除上千米长的铁栏杆、恢复传统砖石地面、平整井盖、设置宫灯、广植花木，为观众提供整洁美观的参观环境；通过全网购票、每日限流、增设座椅、优化公厕比例、设立母婴室，为观众提供更加完善的服务，树立“故宫服务”的理念和文化品牌；通过在陈列展览、社会教育、数字技术、文化创意产品等方面不断推陈出新，深入研究公众当下的文化需求和审美习惯，激发故宫文化的内在活力和影响力；通过“微故宫”、图书出版、影视、话剧、纪录片、《国家宝藏》综艺节目等，全面创新文化传播方式，弘扬和传播故宫精神，感动社会公众；通过太和论坛、重大外事活动、重要外事接待、外交使节进故宫活动等，树立故宫博物院良好形象，也让故宫文化走出国门，走向世界。

为了满足公众对故宫博物院的多样文化需求，我们还在努力。

2018年，故宫博物院北院区项目已经正式启动。北院区在北京海淀区，规划建设建筑面积10万余平方米。其最主要的功能是文物保护修复中心，解决大量大型珍贵文物如家具、地毯、巨幅绘画、卤簿仪仗等因场地局限而长期无法得到抢救性保护和有效展示的问题。同时把文物修复的传统技艺，即非物质文化遗产保护技能展示给观众，使社会公众可以参观文物藏品保护修复的过程。北院区还将设置文物展厅、文物修护用房、文物库房、数字故宫文化传播用房、观众服务用房等。届时，展出文物数量，将数倍于故宫博物院目前展出文物的数量，组成主题鲜明的系列展览，不断为观众呈献精品陈列。

此外，故宫博物院在北京奥林匹克公园设立了故宫博物院精品文物馆，在厦门建立了故宫鼓浪屿外国文物馆，与香港西九文化区管理局合作建设的“香港故宫文化博物馆”于2018年5月破土动土，计划于2022年竣工开馆。并借助更多“走出去”的展览，把有地域文化特点的、人们所熟悉的当地杰出艺术家的作品，拿到他们的故乡展出，让更多的文物藏品走出库房，融入人们的生活。这是对优秀文化的传承和弘扬，也是对民族记忆的回顾和思考。

我们希望经过几代人的努力，把故宫博物院的文物藏品更多地融入社会生活中，这是故宫博物院最现实的发展目标。

问：众口难调，在为观众考虑良多后，再面对观众质疑时是什么心情？面对争议您是怎样的心态和做法？

答：故宫博物院在社会民众的心目中具有重要的地位，崇高而神圣，人们把故宫文化遗产的保护看作是每个人的职责，具有强烈的责任心和使命感。的确，故宫既是北京的，也是全国的，还是世界的；故宫既是过去的，也是今天的，还是未来的。她从历史中走来，还要健康地走向未来。因此，每一位社会公众对于故宫文化遗产保护，都有知情权、参与权、监督权和受益权。

观众的反馈是我们博物馆工作的一面镜子。事实上，不管是正面还是负面的声音，只要是真诚的，我们都欢迎，也会认真听取来自社会各界的意见和建议。作为故宫“看门人”，我也一直坚信“兼听则明”，从各种各样的声音中，找到背后的问题，通过故宫人的不懈努力，也通过社会公众的关注与呼吁，为故宫博物院的发展扫除障碍、营造未来。

舆论监督可以及时帮助我们发现和纠正工作中存在的问题。我们一直努力创造良好的条件，主动增强故宫博物院工作的透明性、公开性，积极加强与媒体、公众的良性互动，及时回应社会关切，让社会公众更多地了解故宫博物院。多一份了解，就多一份理解。只有真诚、及时、准确、持续的信息发布与公开，才能赢得公众信任、赢得媒体支持。

故宫博物院探索开放的办院理念，更要保障社会公众对故宫博物院的知情权、参与权、监督权和受益权。故宫人有问必答、媒体如实报道，这种相互间的坦诚相待，促成了故宫信息和文化的快速广泛传播、文化遗产保护意识在大众心中生根发芽。我认为，作为向公众提供服务的事业单位，都应当不断增加信息公开、透明的水平，鼓励社会监督、媒体监督，一方面促进自身问题的解决，另一方面也能够传递更多正能量，推动各项工作的进展。

问：您将博物馆三大职能“藏品保管、学术研究、社会教育”的最后一项提到最前面，后来也成立了故宫学院、开放参观故宫文物医院，为什么这么强调教育？

答：博物馆是社会文化教育机构，它担负着向广大观众进行科学文化知识教育和提高思想品德和文化素养的重任。近年来，伴随人类对保护文化多样性的觉悟逐渐强化，对文化遗产多样性的认识也逐渐加深，带动博物馆文化多样性的思考。博物馆不再是传统意义上的简单的收藏、陈列和研究，而是多元化、多功能的文化设施。

新形势下，博物馆更应该坚持以人为本，多方位、多渠道开展社会教育活动，扩大服务范围，转变服务理念，推出特色展览，研发创意产品，打造品牌文化，让博物馆弘扬民族精神，传承人类文明，为社会和谐、文化发展服务，潜移默化中实现博物馆社会教育的职能和目的。

故宫博物院传统的公众教育服务项目包括观众导览、公众教育活动、电化教育、观众服务等。近年来，每年开展有组织的公众教育活动达 25000 场，直接参与观众 20 万人次，形成了以“故宫讲坛”为品牌的成人主题讲座，以“故宫知识课堂”为品牌的青少年假期活动，还常年与中小学校合作开展选修课程、配合北京市教育委员会系统下的社会大课堂，开展综合社会实践活动等，均收到了良好的社会反响。

2016 年底，故宫博物院新成立了故宫教育中心，作为重要的公众教育基地，其意义在于充分整合故宫博物院现有教育资源，开展针对不同年龄观众的教育或研修活动，尤其为常年面向中小学生及家庭观众，提供各类具有故宫特色、内容丰富、形式多样的专题教育项目，提供灵活便利的场地空间。故宫教育中心落成后，故宫博物院投入大量教育人员和博物馆志愿服务人员参与工作，在公众教育服务中，既保有自己的特色和品牌，也更加关注文化与人文情怀，并保障各类教育活动的高品质呈现和可持续发展，更加全面、立体地发挥博物馆的社会教育功能。

青少年是祖国的未来，也是博物馆教育的主要受众之一。自2004年起，故宫博物院在全国率先对中小学生集体实行免票参观，2014年以来共接待免费学生团体822场13.8万余人次。经过10多年的积累，故宫博物院的公众教育已经形成了自己的特色，拥有主题多样形式丰富的教育项目、针对性很强的馆校合作课程、大型主题日活动，还有举办多年的“故宫知识课堂”和“故宫讲坛”的丰富经验……丰富多彩的博物馆文化活动，让故宫博物院成为很多学生校园之外的第二“课堂”，也收获了社会公众的广泛好评，得到学校师生、家长的热情参与和真诚喜爱。

问：宣传形式在博物院中也是先锋，一破传统博物馆学究、沉闷的形象。为什么选择用这种新形式来宣传博物院？打破传统规则的时候有没有过担忧？为什么您在选择营销方式上每次都能稳准狠？

答：习近平总书记指出：“一个博物馆就是一所大学校，要把凝集中华民族传统文化的文物保护好、管理好，同时加强研究利用，让历史说话、让文物说话。”随着全国文物博物馆事业的蓬勃发展，故宫博物院的文化创意事业也在党中央、国务院、文化和旅游部的高度重视下，摸索出了一条自己独特的发展道路，不断取得喜人成绩。从“被动”走向“自觉”，从“数量增长”走向“质量提升”，从“馆舍天地”走向“大千世界”。越来越多的人了解到，故宫文化创意产品“不但霸气，而且接地气；不但萌萌哒，而且高尚文雅；不但脑洞大开，而且心胸开阔”。

截止到2018年12月，故宫文化创意产品研发数量11936件（套），获得相关领域奖项数十种，形成了多元化的故宫文化创意产品系列。故宫博物院文化创意产品研发遵循四个原则，也是实践经验总结和成功“秘诀”，在这四个原则的指导下，故宫文化创意逐渐有了自身鲜明的特色和风貌。

一是以社会公众需求为导向。故宫博物院是世界文化遗产、国家一级博物馆、全国重点文物保护单位，又是世界五大博物馆之一，故宫博物院有责任也有义务履行博物馆的文化传播职能，为公众送上精彩的文化体验。而文化创意产品所具有的实用性和体验性，其介入生活的特征，是其他教育传播手段难以达到的。故宫博物院提出“把故宫文化带回家”，希望通过文化创意产品，进一步延伸博物馆的影响力。

二是以时代前沿科技为依托。除了实体产品之外，文化创意产品的另一种形式就是故宫博物院的新媒体和数字化建设。从2012年开始，故宫博物院尝试探索基于移动设备的观众服务及文物藏品介绍应用程序，为观众提供线上的文化饕餮盛宴。故宫博物院自主研发并上线了9款App应用产品，拥有故宫微博、微故宫等宣传媒介。与凤凰卫视联合制作的“清明上河图3.0高科技互动艺术展演”仅仅5个月的展演，迎接了世界各地137万观众热情参观，以360度全息沉浸交互经典舞台艺术、4D球幕影像等多重结合，让观众亲身体验繁华多彩的宋代社会生活。

三是以扎实的学术科研为支撑。故宫博物院拥有深厚的学术研究基础和强大的科学研究力量，也在注重将学术成果“反哺”于文化创意产品的研发。要求每一件文化创意产品都重视“无一物无来历”，其“来历”就是基于故宫博物院通过七年时间完成的文物藏品清理。这样保证了故宫文化创意所承载和传播文化的正确性和前瞻性，真正地体现出故宫文化，以及中国传统文化的醇厚韵味。

四是从追求数量向品质提升转变。故宫博物院拥有着自己优秀的研发团队，有着非常丰富的经验，同时在具体制作环节上，认真选择具有相同文化理念、拥有强大经济实力、社会信誉度好，并且能够保证故宫古建筑和文物藏品安全的优质企业开展合作，形成优势互补，借助专业的力量，共同研发优质文化创意产品。故宫博物院正在从保持数量递增的业绩层面，转变为追求文化创意产品的优异品质层面努力，并且已经研发出了一系列设计精美、内涵丰富、质量上乘的文化创意产品。

故宫博物院开辟多种渠道，方便社会公众购买多种风格的故宫文化创意产品。

一是实体店，例如位于故宫东长房的故宫文化创意馆，端门西朝房、御花园绛雪轩等处设立的故宫商店，神武门外的角楼咖啡。

二是新媒体推广，目前故宫博物院拥有 4 家文化创意网络经营主体，互为补充，共同塑造故宫文化创意的整体形象，都是故宫博物院倾力建设、服务观众的网络窗口，分别是：主打年轻化品牌形象的“故宫淘宝”、定位传统的“故宫商城”、网店与实体店相结合的“故宫博物院文化创意馆”、打造生活美学主题概念的“故宫博物院文化创意旗舰店”。

三是其他形式的推广，例如“《韩熙载夜宴图》数字艺术展”，皇家加勒比游轮搭载故宫文化创意产品，与腾讯公司的合作“NEXTIDEA 腾讯创新大赛”，与网易公司合作开发《绘真·妙笔千山》手游等。不断探索传统文化 IP 的活化模式，这些举措让故宫博物院“文化+”的道路越走越宽广。

文化创意研发是一个包容开放的主题，围绕这一主题，更好地建构故宫博物院文化传播、文化经营的 IP 矩阵，并将“国际化视野、个性化设计、非遗人参与、品牌化管理、市场化运作”五大经营理念贯穿项目始终。从量变到质变，是一项浩大的工程，需要数年时间的积累和充足的耐心。对待文化创意事业，也需要我们像维护文物、维修古建筑、研究历史一样，发扬“工匠精神”，耐心地开展工作，认真地加以落实。

问：退休后是什么感受？轻松了吗？在新职位上打算做一些什么新事情？在未来您打算为文物保护和博物馆事业做些什么？

答：退休后的这一个多月，工作职责的改变，反而让我更“忙”了。这自然是因为新任院长接手了故宫博物院的工作，而我更有时间履行一个故宫文化“宣传员”的职责，向希望聆听故宫故事的各地民众带来一场又一场精心准备的宣讲，以回应广大公众对故宫文化和故宫故事的热切期待。一个多月以来，我围绕“文化自信”和传统文化活起来的相关主题，以故宫博物院的工作实践和文化遗产保护领域的多年研究与思考为内容，到安徽、浙江、上海、山东、四川、福建、沈阳、广州等地作了多场宣讲，各地广大民众的热情，让我看到了故宫博物院的魅力和文化遗产保护的希望。

作为一名故宫人，我深刻地了解故宫博物院为保护、传承、传播、研究故宫文化做的大量艰苦细致的工作，也希望更多的公众感受到故宫博物院的氛围和故宫文化的厚度，支持故宫博物院事业的发展。因此，我一直承担着故宫博物院“宣传员”的职责，每到一个地方，都尽我所能向那里的学者、公众讲述故宫故事。即便退休了，我也会继续努力，向更多的民众宣传故宫文化，呼吁大家爱护故宫、爱护文物，守护文化遗产的尊严、故宫博物院的尊严，让故宫文化走出紫禁城，走向大千世界、千家万户。

作为一名故宫文化的宣讲者、普及者，能够担任故宫学院院长，我感到极为荣幸，也感受到沉甸甸的责任与期待。我应该更加努力地履行这个光荣的职责，尽我所能传播、弘扬故宫文化，为我们的文化遗产保护事业尽到自己的心。

故宫学院于 2013 年 11 月成立，是国内首家以博物馆办学的模式成立的“学院”。旨在围绕故宫博物院整体事业的发展，开展多层次、多渠道、多形式的专业培训、教育活动和文化传播项目，为博物馆事业发展培养专业人才，践行博物馆公众教育和社会服务的使命。成立以来，故宫学院以开放式的平台，建立多家国际文化遗产保护组织的培训中心，在国内成立多家分院，辐射国内外业界及公众，并产生积极有益的影响。我今后的任务，也是要继续推动故宫学院业务向国内外博物馆界进一步拓展，让更多博物馆专业人员和公众从各类培训、公众教育活动中受益，促进博物馆行业间互相学习、互相促进、共同发展，把故宫文化、传统文化传播到长城内外、世界各地，更好地满足公众日益增长的文化需求。

（凤凰网，2019 年 5 月 29 日）

单霁翔的智慧在文保创新之外继续进行

4 月份从故宫博物院院长任上退休的单霁翔，人走茶不凉，全国多个城市争先恐后请他当顾问、开讲座。前天绍兴也有幸把他请来，在“绍兴论坛”上了一堂生动的文化自信课。两个半小时的讲座，核心理念是：一座城市、一个人，只有拥有文化自信，才能脚踏实地把每一天工作做好，一步一个脚印地积累起来就一定会有未来。

单霁翔为什么这么红？除了他的“作品”，我想更重要的是他已经把故宫博物院的活化经验转换成文化自信的具体体现，人们从被故宫博物院打动到被他个人的品格、心胸、涵养打动。单霁翔，本身就已经成为中国传统文化活化的一个生动符号。

单霁翔告诉我们，什么样的博物馆馆长才是好馆长。

一个好的博物馆馆长，首先要有高的站位。单霁翔身上最大的闪光点，并不是他在院长任上做了什么，而是他不管在什么岗位上都始终如一的文化高度。七八年前，当他还是国家文物局局长的时候，就协助并支持故宫博物院清理了国家文物局在故宫博物院里办公的多个下属单位。这在当时看来是“胳膊肘往外拐”，但当他调任故宫博物院院长时，这件事居然为他后来在故宫博物院的彻底革新奠定了基础。所以他开玩笑地说：“一个人还是要多做好事，说不定以后这件好事就会落到你自己的头上。”

一个好的博物馆馆长，还要有深厚的涵养和宽广的心胸。单霁翔在讲课时展示了两张照片，分别摄于故宫研究院成立仪式上，一张是第五任院长郑欣淼在给第四任院长张忠培打伞的照片，另一张是第六任院长单霁翔给第五任院长郑欣淼打伞的照片。“这就是传承。”他说，故宫博物院走到今天，每一任院长都付出了心血，并不是某一任院长的功劳。这并不是单霁翔第一次夸前任，我看过他在很多场合的访谈和发言，每次都谦逊而深情地表示，故宫博物院能有今天，是每一位前任打下的坚实基础。

一个好的博物馆馆长，更应该脚踏实地。单霁翔对博物馆有着堪称全球领先的经营理念，但他从不因事小而不为，总是从细小的、基础性的工作入手，让故宫博物院一步一步走向“爆红”。他自称“故宫看门人”，用 5 个月时间走遍故宫 9000 多个房间，亲自接待参观者，早晚在故宫里捡垃圾，将故宫博物院里尘封几十年的藏品一件件整理出来，重见天日……这些细节构成了“让文物有尊严”理念得以实施的基础。

单霁翔已经不当院长了，但他仍然孜孜不倦地向世界讲述着故宫博物院的故事。他要告诉人们，一个好的博物馆，不是比谁建设的规模大，而是要让人们走进去就不想再出来。

（《绍兴日报》第 02 版，记者何瑛儿，2019 年 6 月 13 日）

故宫如何变得“人见人爱”？单雾翔解读背后奥秘

“近年来，这座古老的宫殿愈益以年轻、时尚、亲和的姿态呈现于世人面前，不复古板，不再隔绝，不作高深之态。”2018 年，时任故宫博物院院长的单霁翔获得“年度文化人物”，颁奖词上写了这样一段话。

许多人也的确认为，单霁翔就是故宫“不作高深之态”的推动者。在任期内，正是这位幽默又“萌萌哒”的院长通过一系列举措，让古老的故宫变样，开启了人见人爱的“网红”之旅。

“管理革命”：从拥挤到舒适参观

25 日，当脚踩老布鞋、身穿白衬衫的单霁翔现身清华大学“未来已来”系列讲座现场时，全场瞬间掌声雷动。虽然退休了，但他依然能在不同类型人群中，收获着同等的喜欢。

单霁翔在 2012 年成了故宫博物院的“看门人”，“以前听说这里拥有世界最丰富的文物藏品，是世界来访量最多的博物馆，可我真正成为故宫一员后，却发现这些世界之最还有很大提升空间”。

“故宫正门明明有三个门洞，买票的观众只能走两边的小门，中间的门走贵宾车队。”有一回，单霁翔被一位东北来的老大爷拉住了，说一辈子就来一次故宫，非要从正门进，弄得他哭笑不得，给老人做了半天思想工作。

故宫需要扩大开放，让沉睡在库房的文物呈现在观众面前，让观众有尊严地看展览、感受到博物馆的魅力，这是单霁翔定下的第一个小目标。

在调研的基础上，故宫博物院实行全网售票，改变安检程序，节约观众时间。同时开始“削峰填谷”，引导人们错时参观，每天限流八万人，参观舒适度大大提升。

“如果要以观众方便为中心，我们过去几十年的管理方法要重新审视，该改变的还要改变。”单霁翔说，就这样简简单单的组合拳打出去，拥挤的故宫广场有了改变。

解决小问题：让观众有尊严地参观故宫

环境变好了，单霁翔觉得这下观众应该舒心了。但很快发现，自己还是“太天真”。

“许多人第一次来，找不到方向。”他赶紧安排做一批统一的标识牌，搁在观众们的必经之处，同时设立电子标识牌，滚动播放展讯，还研发了自动讲解器，连粤语闽南话都有。

工作不忙的时候，单霁翔喜欢在故宫里溜达。有一回，他就发现，女厕所前排起了长队，“我们进行了大数据分析，得出结论，故宫女厕所应该是男厕所的 2.6 倍，所以我们设立女士专用卫生间”。

黄永玉老先生曾是故宫常客，那时的故宫卫生间像是“流沙河”。他也对单霁翔抛出过一个问题：现在的故宫卫生间怎样了？单霁翔说，当然是干净整洁，欢迎大家来参观。考虑到带孩子参观的不便，故宫还设立了母婴室。

坐下休息的地方少，单霁翔说，故宫做了一大批实木椅子供参观者使用，既实用又便于打扫。此外，还设置了严苛的标准，保证故宫地面上干干净净。

“人们说大殿怎么是黑的？我们解释这是木结构建筑，不能长期灯光照射。”话是如此，但单霁翔还是决定要“点亮”紫禁城，经过反复研究实验，在确保安全的前提下，采用LED冷光源，三大殿都被照亮了，“人们看得更清楚了”。

“当然，我们也没法偷懒了，宫殿俩礼拜就得打扫一回，不然脏一点儿观众就都看见了。”他乐呵呵地打趣。

拆违建，消除安全隐患

上任后，除了改善参观环境，单霁翔就注意到，得努力消除故宫安全隐患。

他老老实实走遍了故宫九千多间房子，看到的是躺在地上的兵马俑，还有犬牙交错的市政基础设施，“有两百多间房子里都是空着的大箱子，文物挪进库房，箱子就这么摆在这”。

很快，故宫建立了三个大型箱子存放库房，腾出了那些古建筑，清理了堆在炕上的褥子、门帘子，熏蒸消毒后放进专门的织绣库房。

坤宁宫旁的一个小佛堂以前堆满杂物，后来被清理得干干净净。两个星期的大扫除后，非开放区域的杂草也被拔干净了。

“我们建立了强大的安防系统，中控室里连接着三千多个高清摄像头，二十四小时全方位监控。”单霁翔介绍，同时在展柜下做了防震设施，不断提升防雷水平和监测。

为了防火，故宫研发大型消防设备，进不去的小巷子还配备了专门进入小庭院的消防设备。单霁翔说，故宫全体员工经常要参加消防演习，还得参加消防运动会，保持“战备”状态。

包括彩钢房在内的临时建筑也很快被拆掉了。单霁翔说，拆掉了一大圈花房后，皇子居住的南三所重现原貌。南大库区域变成了家具馆，慈宁宫东侧的小广场变成了展览地，春天办牡丹展，秋天办菊花展。

什么才是“文化创意产品”？

参观环境变好了，开放区域扩大了，文化活动增加了，故宫逐渐变成了“网红”一般的存在，一场“贺岁迎祥——紫禁城里过大年”硬是把参观淡季变成了旺季。

当然，在移动互联网时代，他还有其他吸引人的办法，比如办网上展览，推出各类好玩的App，再比如研发文化创意产品，几乎出一款火一款。

"今天我们知道，文化产品最好根据人们的需要，加上创意两个字，根据人们不断变化的生活需要来研发，同时深入挖掘自己的文化资源。"单霁翔举了个例子，人们爱喝茶，故宫就找了五个皇帝收藏的五把紫砂壶，五种颜色，一星期五天，每天用一把，"生活多有节奏"。

故宫博物院收藏了一幅名画，叫《乾隆皇帝大阅图》。单霁翔调侃，这幅画乾隆画得不太好，但马画得挺精神，所以故宫博物院就把马的造型提炼出来，做成水果叉，大受欢迎。

"有人提意见，说故宫博物院太不文明，怎么能把叉子插到马身子里？"单霁翔一脸诚恳地说，"我们改，现在叉子可以插马身上背着的袋子里了。"

他说，文化创意产品必须结合人们的生活，必须有实用性，最好有点趣味性，"对我们的藻井印象深，我们就做了藻井伞；对故宫门印象深，我们做了宫门包；对脊兽印象深，我们做成衣服夹子"。

"博物馆商店也一定要充满文化气息，应该是人们参观博物馆心情的延续，所以故宫博物院的文化创意商店都像展厅一样地陈设，人们是一个参观的过程，对文化创意喜欢的话就带回家。"单霁翔说。

"把壮美的紫禁城完整地交给下一个600年"

成立故宫文物医院、扩大开放、主动向观众展示藏品信息、利用互联网宣传故宫……这些举措，给故宫博物院带来了实实在在的改变，它逐渐成了一所人见人爱的博物馆。

单霁翔也乐于到各处宣讲故宫文化。有媒体统计，在任七年间，他在全国各地演讲超过1000场。即便退休后，他也没忘了给故宫博物院"打广告"，招呼人们去看展览。

幽默信手拈来，演讲可以成为单霁翔最好的募捐词——正是在香港的一次演讲中，他提到故宫养心殿"研究性保护项目"还有8000万元人民币的缺口，并笑称"欲捐从速"。结果在演讲晚宴结束后，港商许荣茂主动认捐。

担任故宫博物院院长时，他带领同事们坚定地让故宫不断扩大开放，举办各类文化活动。其间也招来过度商业化的争议，他解释故宫博物院一直在"去商业化"，比如仅2018年就从红墙内清理14个商业经营点。

也是在单霁翔的任期内，故宫博物院变得越来越接地气，越来越潮，今年"上元之夜"更是人气爆棚。他曾设想，经过评估，未来故宫博物院的夜场还能开放，观众们可以"看文华殿海棠"。

他把故宫博物院的美好变化归功于所有故宫人的奋斗。"我是故宫博物院第六任院长，每一任院长都付出了极大的努力。"单霁翔曾说。

"把壮美的紫禁城完整地交给下一个600年"是单霁翔在演讲中几乎必定提到的，如今他依然对这句话有信心，也依然在为之努力。

（中国新闻网·文化频道，记者上官云，2019年6月26日）

单霁翔：“我是故宫员工”

单霁翔，故宫博物院前任院长。4 月 8 日，他的退休，引起媒体和公众的广泛关注。

4 月 2 日，故宫博物院举办公益拍卖活动，将“天灯”“万寿灯”文化创意产品拍卖，所得 2005 万元全部捐献，资助贫困地区的教育。单霁翔在拍卖现场发表充满激情的演讲，这也是他最后一次以故宫博物院院长身份在公众和媒体面前亮相。

退休前，差不多每隔十天半月，就可以在故宫博物院举办的各种活动中见到他；退休后，他淡出了媒体的视线。

7 月 2 日，记者在福州机场见到了单霁翔。距 4 月 2 日，整整 3 个月。

依旧是灿烂的笑容，依旧是白上衣、黑裤子、黑布鞋，依旧是拎着一只深色电脑包。

退休后的单霁翔，日程更繁忙了

去各地演讲的邀请应接不暇。他解释：“有些是还欠账，那时候实在分身乏术，现在赶快还上。”这次到福建，第一站是去莆田，给莆田市委中心学习组和莆田学院部分师生共计 1600 人做一场题为《不忘初心，牢记使命——做中华传统文化忠实守望者》的演讲。之后，他马不停蹄赴厦门，那里还有 3 场演讲。

熟悉单霁翔的人都知道，只要乘车时间超过半小时，他必定会利用坐车时间工作。他的不少专著、文章、PPT 都是在“移动”中完成的。这也是为什么他电脑包不离身的原因。不出所料，从机场去莆田市的途中，单霁翔果然又打开了电脑。这次他是在为即将举办的两岸文化交流活动准备演讲的 PPT。记者劝他：“别搞这么累嘛。”“我是故宫博物院员工，传播故宫文化义不容辞。”单霁翔脱口而出。

退休后的单霁翔，笑容更灿烂了

他坦言：没有了“安全”这座头顶上的大山，整个人轻松多了。安全对于故宫博物院，不仅是庞大的古建筑群、180 多万件文物的安全，而且包括观众的安全，尤其是每年的旅游旺季和每天的参观高峰时段，任何一点疏漏都有可能造成无可挽回的损失。安全这根弦，在每任故宫博物院院长的脑中，一年 365 天、一天 24 小时都得紧绷着。

记者还清楚地记得，2012 年 12 月 31 日，这是单霁翔上任头一年的最后一天。和员工们一起送走最后一批观众，最后一扇故宫大门落锁时，他落泪了。当年元旦后，临危受命接任故宫博物院院长的他，“安全”二字的压力非比寻常，而这一年，故宫博物院没有出现任何安全事故。此后，“平安故宫”工程启动，安全隐患发现一个就消除一个。随着工程的推进，安全隐患在逐年减少。但单霁翔总是说，安全工作不是一时的，不是一任院长的，要一任接一任地做，要持续地、不间断地做下去。

退休后的单霁翔，时间更自由了

“今年‘五一’，我带着爱人一起去上海休了几天假。她可高兴了。”轻描淡写的背后，是对工作的全情投入。了解他的人都知道，他是个“工作狂”，全年无休。这是几十年来，他第一次休假。

虽然时间自由了，可是“锻炼”的机会却变少了。“这几个月您还坚持每天走路吗？”记者笑着问。“唉，现在的工作没时间走路了。”他略显遗憾。当故宫博物院院长时，只要不出差，哪怕是节假日，他也会去故宫的开放区转转，低头找找地上有没有烟头，抬头看看屋顶有没有长草，侧耳听听观众有没有怨言，发现问题立即解决。这种“巡逻”，一趟下来，几千步的运动量完全不用担心。他的秘书周高亮，每天跟着他，日常的微信运动数据都在近万步，两万步的情况也不罕见。如今，不用“巡逻”了，他将全部精力都投入到传播故宫文化中。

7 月 3 日上午，莆田学院体育馆座无虚席。讲座中，单霁翔用一件件生动具体的事情，让现场的 1600 名听众，特别是莆田学院的学生深切感受到他和故宫人是如何“不忘初心，牢记使命”的。“文化需要传承，张忠培、郑欣淼和我，三任故宫博物院院长之间的关系就是对此最好的诠释。”单霁翔说，“文化也需要传播。”他表示，在座的年轻人，如果在听过讲座后，能对故宫文化产生兴趣，甚至爱上博物馆，自己的传播就算有效了。

7 月 6 日，良渚古城遗址申遗成功的消息传来，单霁翔发了平生第一条朋友圈：“热烈祝贺！多年期盼，终于成功！”随后在评论里又补充道：“良渚文化大展即将在故宫博物院举办，以此庆祝！”

退休后的单霁翔，仍然在不遗余力地传播故宫文化，因为那句“我是故宫员工”。

（《光明日报》第 9 版，记者李韵，2019 年 7 月 10 日）

故宫学院院长单霁翔：文物要重新回到民众生活之中

讨论文化名城的建设，绕不开文化遗产的话题。

7 月 23 日，“2019 第二届世界文化名城论坛天府论坛”在成都举行，故宫学院院长、中国文物学会会长单霁翔也来到论坛，分享博物馆建设的经验，并呼吁“让文化遗产资源活起来”。

什么是好的博物馆？

如果说，城市中有着一座连接现在与历史的桥梁，那它应该是博物馆。一个民族的文化在这里无言诉说，一座城市的居民在这里与传统亲近。

也因此，在世界文化名城建设中，博物馆无疑是一个重要的有机元素。

什么是好的博物馆？对于单霁翔来说，他看重的不是建筑外表，而是博物馆“留人”的本事——“能让人们进去了就不想回家，回家了还会再来，这才是一个好博物馆”。

拿故宫博物院来说，近年来它能成为“网红”，也得益于不断地扩大开放、增加文化活动，让人们与文物更“亲近”。

过去故宫只开放 30%，到了 2014 年突破了 50%，今天已经开放 80% 以上，许多从未开放的古建筑经过维修保护，成了展览厅，在库房“睡觉”的文物也得以与观众见面。

在此基础上，特别策划的活动越来越多，“石渠宝笈特展”“千里江山——历代青绿山水画特展”“贺岁迎祥——紫禁城里过大年”，还有今年年初的故宫博物院第一次夜间开放，场场都受到了民众的热烈关注。“大家以前一进故宫博物院就是一直往前走”，现在也会分流到东西两侧，去看看展览、看看景观，单霁翔说。

这两年，“我们发现越来越多的人喜欢观赏和收藏故宫的美景照片，于是天气好的时候，故宫博物院的摄影师就拍摄一组美丽的照片放在网上，供大家下载。大前年‘一场紫禁城的初雪’的照片放上去以后，1425 万的阅读量。”单霁翔说。另外，故宫博物院还研发了十几款 App，从足不出户就可以游览故宫展厅的《故宫展览》，到每天欣赏一件故宫文物的《每日故宫》，再到最近《上新了·故宫》和第一款手机游戏《绘真·妙笔千山》，故宫博物院在尝试满足不同观众群体的需求。

“让文物活起来，这是文物保护的责任。”讲述了故宫博物院的种种实践经验后，最后单霁翔强调，“好的博物馆，一定要深挖自己的文化资源，举办丰富多彩的展览，开展人们喜闻乐见的文化活动，当人们在生活中感受到这座博物馆的魅力，感觉到博物馆对于现实生活的需要时，人们才会在休闲的时候走进博物馆。”

文物保护需要公众参与

不仅是人们需要博物馆，文物也需要人们的关注与喜爱。“文物一定要重新回到人们生活中。”这是单霁翔坚持多年的观点。文化遗产与民众之间的情感联系值得重视。“只有人们感受到文化遗产的魅力，才会去认同和保护文化遗产。”

早年，有声音认为文物放在仓库更为保险，但单霁翔却不断强调：“保护文物不是文物工作者的专利，不是部门的、行业的、系统的工作，而应该是一个全民都能够参与的事业。”

在这次论坛上，他谈起一个故事：20世纪30年代初，日寇侵华，华北战事告急之时，故宫博物院曾将13491箱文物运往上海，再到南京。而后这些文物又开始避敌西迁，跋山涉水，几经辗转，最后到达四川峨眉、乐山一带。当地民众和故宫博物院员工一起保护这批文物，躲避敌机轰炸和自然灾害。直到1947年，这批文物运回南京，经清理后发现13491箱文物一箱都没有少。“这是一个壮举，是第二次世界大战中，人类保护文化遗产的奇迹。”单霁翔说。

“今天故宫博物院是一个教育机构。”单霁翔在论坛上提到，“故宫博物院成立了故宫学院，还在全国10个城市建立10所故宫学院分院，深入学校、面对社区服务。”

据了解，故宫博物院去年的教育活动有6万多场次，是教育活动最多的博物馆之一。“故宫博物院的教育活动不收费，我们大量的费用都投入到孩子身上，希望他们长大以后是对博物馆有感情的一代。”单霁翔说。

（每日经济新闻网，记者朱玫洁，2019年7月24日）

传统文化新表达　现代文明“好读本”

6月8日是今年中国的“文化和自然遗产日”。作为这个“节日”的创立倡导者之一的单霁翔（时任国家文物局局长），经过数年不懈耕耘，推出了“新视野文化遗产保护论丛”，共计三辑30册700多万字（天津大学出版社出版）。这30册书集中表达了作者对文化遗产保护的态度，对中国文物博物馆事业发展的渴望和步履，是奉献给全社会一套文化遗产的普及小百科。

面对穿梭于奔流不息、从不断流的华夏文化长河，如何为公众做一次文化遗产世界的“导游”，单霁翔的“新视野文化遗产保护论丛”系列著作做出了成功的探索，由此不难理解他守护故宫七载时光，何以让故宫博物院一改沉闷气氛，成为中国乃至世界文化遗产传承与创新的“样板”。

提供可持续性发展思路

“新视野文化遗产保护论丛”共分三辑，每辑10册，围绕一个主题，展开分析，梳理文化遗产间的内在联系。这种集文化遗产保护、城市文化建设、博物馆发展三位一体的融贯的综合研究，在呈现给公众中国特色文化遗产保护新视野的同时，还为提升公众文化遗产新知提供了可持续性发展思路。

第一辑解读了文化遗产涉及的主要领域及门类，它涉及10类遗产保护，它们是大运河、大型考古遗址、建筑遗产、民间遗产、20世纪遗产、线性遗产、文化景观遗产、世界文化遗产、历史文化街区、历史文化名城。在《20世纪遗产保护》一书中，单霁翔强调20世纪遗产就是为剧变的20世纪留下历史坐标，因此可读到单霁翔以全国政协委员就北大红楼、首钢工业遗产、国庆十大工程、黄石工业遗产、洛阳涧西工业遗产、天津碱厂工业遗产等提交的提案。什么是他对20世纪遗产保护的理念？他提出：“认真阅读优秀的20世纪建筑遗产，思考它们与当时社会、经济、文化乃至工程技术之间的互动关系，从中吸取丰富的营养，成为当代和未来世代理性思考的智慧源泉。”他还认为，“文化遗产是有生命的，这个生命充满了故事，而20世纪遗产更是承载着鲜活的故事，随着时间的流逝，故事成为历史，历史变为文化，长久地留存在人们的心中”。这些有见地的观点，无疑会让这本书成为新中国20世纪建筑遗产理念解读的“第一书”。

第二辑中，单霁翔针对文化遗产保护手段逐一分析，介绍了重要的文化遗产保护手段及有效措施，展示了他在理念进步、法治建设、资源普查、人才培养、安全保障、科技支撑、工程实践、社会动员、国际视野与城市文化特色保护等多个方面的观点，几乎构成了文化遗产保护的“方法论”。《城市文化特色保护》一书，很切合当下国家新型城镇化建设、人文城市建设的需要，所提出的“文化城市”观也成为城市文化建设发展的关键。他认为，城市文化不是化石，化石可凭借其古老而价值不衰；城市文化是活的生命，只有发展才有持久的生命力，只有传播才有影响。只有文化内涵丰富发展潜力巨大的城市，才是魅力无穷、活力无限的城市，所以，城市需要提高自己对城市文化的创造能力。该书还特别通过国内外大量事例告诉城市传统文化永续传承的方法：只有优秀的传统文化与科学人文精神，才永远是城市的灵魂……一个有信心、有意识去传承自己历史的城市，也完全应该有信心去接受创新、接受现代化，只有这样，城市才能讲好属于自己成长的“故事”。

探讨博物馆与城市文化关系

博物馆的藏品保护、陈列展览、观众服务、文化传播、学术研究、市场营销、科学管理、文化责任、多样化发展、原生态保护构成了第三辑 10 册图书的内容，解答了当代国际化视角下的博物馆建设的系统问题。

在《博物馆的观众服务》一书中，单霁翔全面阐述了为什么要将博物馆免费开放这件事办好的务实之举。书中有占相当篇幅在探讨如何提升博物馆社会服务理念，他认为要做到从重“物”到“人”“物”并重，即面对丰富的博物馆资源，要满足人们的学习与欣赏需求，让人们找到人文关怀的精神家园。要实现对“物的关怀”，也实现对“人的关怀”，使之相辅相成，真正让博物馆成为公众生活中的朋友；他还指出要做到从服务观众到服务公众。所以，博物馆方面要改变简单生硬的“禁止拍照”“禁止喧哗”等词句，万不可给观众一个倨傲、冷漠的面孔，而要真诚打造亲和力强、开放模式的博物馆。

关于博物馆的社会责任与城市文化的关系，单霁翔在《博物馆的文化责任》一书中，谈到的观点令人印象深刻。他将博物馆定位在“精神的家园”“文化的绿洲”“知识的殿堂”“城市的客厅”“文明的窗口”5 个层面上。认为，文化是城市的灵魂，更是人们精神世界的写照和依托。因此，现代化的城市要同时具有时代气息与文化底蕴。博物馆是城市“精神的家园”，是因为它恰可展示城市文明的窗口；博物馆是“文化的绿洲”，是指它可为城市呈现人文色彩和文化底蕴的非凡景象。一座没有博物馆的城市，是一座没有灵魂的城市。单霁翔还引用了一位美国文博专家说过的：“博物馆不在于它拥有什么，而在于它以其有用的资源做了什么。”在单霁翔眼中，一个优秀的博物馆展览不仅仅在于建筑与光彩、韵律与节奏，更在于它是否有高质量的主题思想指导下的设计，这才是博物馆历史教育、艺术赏析、公众参与、文化传播等一体化发展之方向。

把工作当学问做　把问题当课题解

如果说“新视野文化遗产保护论丛”的丰富内容，深刻地阐述了单霁翔关于文化遗产保护的“近忧”和“远思”，而他在全书的自序文章则生动鲜活地透露出他“把工作当学问做，把问题当课题解”的成功秘诀，更生动、深刻、鲜活地表达了他执着工作、潜心学习的心境。他从实践出发，倡导让读书学习成为新时代风尚，为此他有躬自调研学风，有勤勉过人的“劳谦君子”态度及不懈追索体悟自然与人文的境界。这足以印证一位学者型领导，忘我投入不仅源于对文化遗产保护的执着，更源自一种社会责任的大度，因为在他心中永留着让中国文化遗产传承在大地与在人间的精神。

尽管单霁翔在后记中谦虚地表示：“把工作当学问做，把问题当课题解的工作方法，需要持之以恒，读书、思考、写作、归纳，早已成为每天的必修课……正是靠这一次次的梳理思绪与深化认识，才有了上千万字的记录，其中有‘一吐为快’的真实感受，有‘深思熟虑’的肺腑之言，也有‘临阵磨枪’的即席表达。”可这恰是他著作语境中充满哲学素养和难得批评精神的可贵之处，这更彰显他面对书海与文化遗产保护诸难题，努力自我修养与提升，不断奉献观念新、品质高、学风与文风扎实的著述，从中可真正体味到一介知识分子的阅读与写作的幸福。“新视野文化遗产保护论丛”告诉每位文化遗产的热爱者：健全的人格与心智，思维的能力与深度，确需在恒常如新的大地上不断行走与阅读，从而积累知识、认知城市与文化的足迹。

（《中国新闻出版广电报》第4版，作者金磊，2019年7月1日）

单霁翔的后“网红”时代

早在12年前，单霁翔就曾写道：一座城市中现存的文化遗产往往可以构成一部物化了的城市发展史，是城市灿烂文化的稀世物证和重要载体，也是市民与遥远祖先联系、沟通的唯一物质渠道。

“不是宣传太多，是宣传永远不够”

这是一场大型综合会议，各国嘉宾齐聚。与绝大部分嘉宾不同，单霁翔没有站在固定的讲台背后，而是戴上“小蜜蜂”，走到舞台中间，双手比画着，向观众讲述中国文物保护的历程。

比起其他人“发言”，他更像是“演讲”。45分钟过后，单霁翔回到第一排的座位，靠在椅子上，急促地喝光面前的茶水。

从4月8日开始计算，单霁翔卸任故宫博物院院长已百日有余。而演讲，可能是单霁翔退休后做得最多的事情之一。

不完全统计，成都、西安、昆明、贵阳、厦门、广州、深圳、杭州、宁波、青岛、沈阳、呼和浩特，还有一些中小城市，四川自贡、福建莆田……从南到北、从东到西。

单霁翔像演说家一样在全国多地“巡回”。“有些是还欠账，那时候实在分身乏术，现在赶快还上。”单霁翔这样解释。

三个多月以来，他走到哪里都是焦点。7月23日这场会议中，他一登台，呼啦一圈拿着长枪短炮的记者冲在台前，围成一个半圆。向市民开放的讲座，参与名额一天就能被抢完。

“不是宣传太多，是宣传永远不够。”他曾说。在另外一场电视节目专访中，他又表示：“我一直不会退休。”

在他的理念中，对于文化遗产的保护在“自上而下”的同时，也需要充分调动民众积极性。在《城市文化遗产保护与文化城市建设》（2007）一文中，单霁翔写道：“这需要文化遗产保护工作者放下身段，经常与民众进行平等的交流，积极向他们讲述文化遗产的过去、今天和未来，用平民化的方式说明自身工作的意义。”

单霁翔曾说，在自己到故宫博物院之前的十年，是故宫博物院做事最实、最多的十年，但因为没有报道，所以人们不知道。“现在，我们每个星期至少有一次或者两三次的媒体发布会，我们的一举一动，社会公众都知道。”

自2012年开始，单霁翔在故宫博物院待了足足7年。据其透露，他前6年就开了近1000场讲解，加起来超过2000个小时。现在，他的讲座短则40、50分钟，长则两个半小时。而讲座听众，有的是相关领域机构工作人员，有的是综合性会议请来的科技、商业等各界嘉宾，有的是来自海内外的学生，还有的是关心文物的普通市民。

有时，单霁翔到了一个城市，上午给政府工作人员做培训，下午跟市民和学生交流。他曾告诉媒体，要把这些文化遗产保护的理念告诉更多年轻人，因为他们是希望，他们是未来。

当故宫“段子手”，遇上网络时代的年轻人

听单霁翔演讲，是件有趣的事。段子一个个往外蹦，台下爆发一阵阵掌声，这也是当初他之所以成为“网红”的原因。

全国最著名博物馆的“掌门人”成了段子手，也正如故宫博物院推出的乾隆卖萌系列，对上了网络一代的“胃口”。

受到年轻人欢迎是故宫博物院喜闻乐见的。不过，在单霁翔眼里，自己不是“段子手”，而是“被段子手”，原因在于部分网友对他的演讲断章取义。

实际上，在单霁翔的许多“段子”中，不仅是有趣的“梗”，更能从中看到他不断强调的“服务思维”——就是如何站在公众立场，推动博物馆更好地服务和运转。

最著名的段子之一，是“石渠宝笈特展”上的“运动会”。

2015 年一个秋日，故宫博物院大门一开，游人争先恐后往西面展厅跑。当时单霁翔前往现场，一位老先生认出他来：“你是不是院长？你们故宫博物院怎么搞的？办一个展览怎么像运动会一样还要跑？”

单霁翔说，“我赶快承认错误，表示我们要好好‘办运动会’”。故宫博物院当天连夜做了 20 个牌子，1000 个胸牌，第二天在端门广场上把牌子立了起来：第一组、第二组、第三组……观众分组入场看展览。这个架势，确实像运动会的开幕式。

当天下午 4 时，观众队伍依然很长，不少人情绪激动——排了一天，今天还能不能看上展览？单霁翔当场承诺，要等最后一位观众参观完才闭馆。“承诺的代价很惨”，单霁翔笑言，队伍一直排到半夜。晚上，游人问，你们故宫怎么没有水喝？“我们夜间从来不开放（所以没有这个准备），我们赶快给观众烧了 2500 杯茶递过去。”

到了晚上 8 时，单霁翔去看观众，关切大家有没有水喝，结果“大家说茶是喝了，但是又饿了！”每次演讲到这里，台下一片笑声。“我们赶紧拿出 800 多盒方便面给观众。后来听说，全世界的博物馆举办展览时免费发方便面的，也只有故宫博物院。”单霁翔说。

这场展览之外，为了解决女卫生间的长队，解放共同等待女士的丈夫、小孩，故宫博物院通过研究，按男卫生间数量的 2.6 倍的比例增设了女卫生间。为了让大家坐下来休息，故宫博物院又增设特别设计的椅子，3500 元一把。

“让观众有尊严地观展”，这是单霁翔常挂在嘴边的话。

早在 2011 年，单霁翔就在《关于新时期博物馆功能与职能的思考》中写道：“在社会多样化需求的面前，博物馆应改变坐等观众上门、坐等财政拨款的办馆观念，不断拓宽视野、不断延伸功能，从‘藏品导向’转向‘社会需求导向’，从‘藏品为本’转向‘以人为本’……”

在他眼里，近四十年，全球博物馆的工作重心都在经历从“物”到“人”的转变，故宫博物院也是如此——在故宫博物院成立的90多年中（特别是近几年），一直在从“故宫”转变为“故宫博物院”的历程中探索前行。

法国卢浮宫艺术博物馆馆长亨利卢瓦特曾说：“今天，博物馆应该在城市生活中扮演重要的角色……它保存着理解世界的钥匙。当然，前提条件是它必须有能力通过各种手段，将这些钥匙传递给所有其他人。”

单霁翔对此表示赞同。

他曾遇见一位从西北来的老人，拿着一个现在人都不使用的行军壶，里面灌着开水，带着家里的馍，坐在故宫的台阶上吃，“这给我很强烈的刺激”。提及此，单霁翔情绪激动，他们宁肯节衣缩食，也要到故宫博物院看看中华传统文化。“所以，故宫博物院应该为这些观众提供更好的服务，要让他们不虚此行，而不能让他们失望地走，他们可能一辈子就来这里一次。”

其实，在担任故宫博物院院长后，单霁翔进行了一系列大动作——启动故宫研究院，加大修缮文物建筑力度，拆掉违章建筑、治理环境、扩大开放，设置更多展厅，举办更多活动，这些动作都指向一个目标——让更多民众与更多文物，更好地亲近。

“未来世代同样有权利面对这些文化遗产”

对于故宫，从个人来说，单霁翔对它有深厚的感情，“我想把这当成家，有一种想呵护每一个角落的冲动”。

年少时，连成一片的四合院中烘托出红墙黄瓦的故宫，是单霁翔心中真正壮观的古都形象。聊起从小居住的四合院，他说：“了解得越来越多，一草一木，一楼一阁，都与某个历史瞬间、历史故事对接，感情就再也无法拔出。”

第一代故宫博物院专家单士元，从1925年起在故宫博物院供职长达73年，人称“溥仪出宫、单士元进宫”。此前，常有人将两人误作“父子”，单霁翔曾公开澄清，“单老虽然不是我的父亲，但也是对我成长产生深刻影响的长辈”。

自幼对文化遗产的亲密感情，某种程度上造就了单霁翔如今的职业道路。这也正是他在后来的文物保护工作中，一直重视的“民众是文化遗产的创造者、使用者和守护者，是文化遗产的真正主人”的理念。故宫博物院7年，他曾总结，我们的付出所得到的最重要回报，就是“600年的紫禁城，成为年轻人喜欢来的公共文化场所”。

在他看来，民众和文化遗产之间是有情感联系的。他一直希望，推动全民自觉保护文物意识形成。

早在2003年，时任国家文物局局长的他，就在文化部大餐厅宴请过5位农民，并给他们一一递烟、点烟。这5位农民来自陕西宝鸡眉县，此前他们在劳作时挖到埋藏着27件西周青铜器的窖藏，随即报告给文物部门。当时，国家文物局工作人员对媒体透露，“这是单霁翔局长第一次宴请发现国宝的农民，也是第一次送人送到楼下”。

2011 年，随着农民保护文物事件在全国各地接连涌现，国家文物局决定在陕西宝鸡眉县杨家村和贵州黎平县地坪乡为“功臣”们立碑纪念。在“文物碑”上，单霁翔要求把表扬领导的内容全部删除，只讲农民事迹，“刻上每一位农民兄弟的名字，就是要告诉村庄的未来子孙，他们的前辈做出了值得骄傲、应该世代传诵的事迹”。

实际上，2002 年至 2012 年单霁翔担任国家文物局局长的这一时期，也是中国快速城镇化，经济发展与文化发展矛盾较为突出的一个阶段。

他在 12 年前的《城市文化遗产保护与文化城市建设》中呼吁：“一座城市中现存的文化遗产往往可以构成一部物化了的城市发展史，是城市灿烂文化的稀世物证和重要载体，也是市民与遥远祖先联系、沟通的唯一物质渠道。”

与此同时，他进一步指出，“祖先留给我们的文化遗产并非我们独享，我们还应该完整地将它们移交给后代，未来世代同样有权利面对这些文化遗产”。

这种文化遗产集体传承的观念，一直贯穿在单霁翔的工作经历中，也与故宫博物院颇有缘分。

1997 年春，时任北京文物局局长的单霁翔，组织制订了故宫筒子河保护整治方案，提出“把一个壮美的紫禁城完整地交给 21 世纪”的目标。

二十余年过去，直到现在，每次单霁翔演讲最后的结束语，都是同样一句话：“把壮美的紫禁城完整地交给下一个 600 年。”

（每日经济新闻网，记者朱玫洁、刘艳美，2019 年 7 月 29 日）

《舍得智慧讲堂》对话单霁翔：故宫，越开放，越安全

单霁翔，原故宫博物院院长，现任故宫学院院长。他让故宫文化“活起来”，拉近了民众与这座拥有600年历史的建筑之间的距离；他致力于扩大故宫的开放面积，把文物保护的权利交给亿万民众，让大众一起来监督、守护故宫文化遗产；他在故宫文创、纪录片、综艺、数字故宫等方面屡开先河，更带动了全中国文化遗产保护事业的变革。现在走进由舍得酒业与凤凰网联合推出的时代人物思维对话节目《舍得智慧讲堂》对话单霁翔，了解在四合院生活多年，坚守文物保护事业四十年的他对于文化遗产保护又有着怎样的执念。

在四合院生活多年与文化遗产保护结缘

作为北京最大的四合院——故宫博物院曾经的看门人，单霁翔与文化遗产的缘分便来自四合院，三个月大的时候，他就住在了北京的老四合院，它们多半是有数百年历史的老建筑，在这些已经成为文物的四合院里，他轰过麻雀，经历过地震，迎来了自己的新娘和儿子，这一住就是多年。

四合院的生活固然美好，但也存在着建筑质量参差不齐，不适合现代居住的特点，而这也给童年的单霁翔，留下了深刻的印象。

单霁翔看到了四合院的美好，也看到了它的破败，带着这样的困扰，1980年，单霁翔成了国家派遣的第一批留学生，赴日本学习建筑学。单霁翔选择了比较冷门的城市规划里的历史地段保护方向，在20世纪80年代，这是比较前沿的课题，研究如何在城市化加速发展的时候保护历史文化街区，从此正式进入了文化遗产保护的行业。

学成归国后，单霁翔便开始了文物保护工作，1994年，他出任北京市文物局局长，大部分的工作都围绕着北京四合院、筒子河、明城墙等文化遗址的保护和整治，然而在城市化的发展当中，传统的四合院的存在与现代生活有着天然的矛盾。四合院要重新有生命力，就要解决人们在里面居住的便利性问题，就要解决生活基础设施的问题，但是过多的现代居住功能加速了四合院的消失。

虽然单霁翔已经看到了四合院和人们现代生活的冲突，但如何适当改造，同时又能保护这些文化遗迹，执行上仍然是个难题。为了更加专业地解决问题，2003年，时任国家文物局局长的单霁翔，决定进入清华大学建筑学院攻读博士，师从吴良镛先生。

下定决心去读博士之后，当时四十多岁的单霁翔，跟着二十多岁的年轻人们在教室里面每天上课，学习虽然苦，但是单霁翔坚持下来了，吴良镛先生对学术的要求非常高，学习的

过程中，单霁翔受益匪浅。

四年半的学习期间，单霁翔写出了三本专业著作，而吴良镛先生的理论也让单霁翔在处理现代城市与文化遗产的关系上更加得心应手。

那段学习对单霁翔影响最深远的地方在于，作为历史文物的守护者，不但要关心这些建筑的实体，还要关心它里面居住的人。当时，单霁翔对 15178 座四合院进行了深入的研究。正是由于这种深入骨髓的研究，才有了今天在故宫周围大面积的青砖灰瓦的四合院，衬托着红墙黄瓦的宫殿建筑群，成为北京历史文化建筑的象征。

“旧，就说它有历史了，它不残不破的话你应该保护好，也应该保持原有的城市风貌，保持原有的生活习俗，不能把里面居住的人全部都拆走，他们一生在这里生活，他们是真正的主人，建筑健康、延年益寿，人们在这里享受美好的生活，这就是一个良性的循环。”

做了七年故宫“看门人” 致力于把文物保护变成全民事业

如果说，城市中有着一座连接现在与历史的桥梁，那它应该是博物馆。一个民族的文化在这里诉说，一座城市的居民在这里与传统亲近。也因此，在世界文化名城建设中，博物馆无疑是一个重要的有机元素。

在中华上下五千年的历史中，在四合院延绵几代人的民俗文化中，在古老建筑刻画了数百年的印记中，故宫博物院秉承了太多历史的、文物的、文化的，甚至是面向于未来的记录和传承。

2012 年 1 月，单霁翔成为故宫博物院第六任院长，很快，他便看到了这座中国最大四合院与现代观众之间的矛盾，开放度不足，基础服务设施缺乏，等等，他迅速开始了环境整治，扩大开放面积等措施，既保护了文物建筑，观众也在逐年增长。

什么是好的博物馆？对于单霁翔来说，他看重的不是建筑外表，而是博物馆“留人”的本事——“能让人们有空就想来，来了就流连忘返不想回家，回去以后还想来的博物馆，才是一个好的博物馆。”

在他上任的七年间，2014 年故宫开放区域达到了 52%，2015 年达到了 65%，2016 年达到了 76%，2018 年已经达到了 80%。许多从未开放的古建筑被设置为展览厅，在库房“睡觉”的文物也得以与观众见面。让文物活起来，这是文物保护的责任。单霁翔曾在接受媒体采访时强调：“好的博物馆，一定要深挖自己的文化资源，举办丰富多彩的展览，开展人们喜闻乐见的文化活动，当人们在生活中感受到这座博物馆的魅力，感觉到它对现实生活的需要时，人们才会在休闲的时候走进博物馆。”

在接受《舍得智慧讲堂》节目采访的时候，单霁翔还从文物保护的角度讲述了为什么要扩大故宫博物院的开放。“博物馆不能是一个封闭的，它必须是和社会各个方面能够发生联系的，只有把文物保护变成全民的事业，文物才更安全，我们的开放空间才更美好，这是我最深刻的体会。”他的理念就是，越开放越安全，让大众一起来监督、守护故宫的文化遗产。

推动数字故宫建设 观众足不出户饱览故宫藏品

2017年10月10日起，故宫博物院实行全部网络售票，正式迈入“博物馆全网售票”时代。通过精细化管理，给观众营造更加美好的文化空间和参观体验。

随着技术的发展进步，人们接受信息的方式在不断地变化，如何让博物馆文化真正融入人们的生活，不仅仅是实现网络购票这一项举措。

为了让故宫文化遗产的保护跟上发展的信息时代，单霁翔也成为最早推动建设数字故宫的人。7月16日，故宫博物院史上最全的数字文物库正式上线，涵盖了超过186万余件文物的基础信息，从此人们足不出户，便能饱览故宫博物院的文物藏品。

此外，根据故宫官网显示，目前，故宫博物院已经研发了包括《每日故宫》《故宫陶瓷馆》《清代皇帝服饰》《韩熙载夜宴图》《紫禁城祥瑞》《胤禛美人图》《皇帝的一天》《紫禁城600》《故宫社区》《故宫展览》等十款App应用。贴近各个年龄段观众的实际需求，以生动有趣的互动模式，满足了人们对于故宫博物院的好奇心和求知欲。

作为一个“50后”，单霁翔对于“90后”甚至“00后”喜欢的新鲜事物也信手拈来，甚至更超前。单霁翔的座右铭是：把工作当学问做、把问题当课题解，这样才能使我们的工作螺旋式地不断地上升。“一定不要给自己打满，打满了就会懈怠，一定要不断地爬坡，不断地给自己制定踮着脚能够得着的目标，才能每年有奋斗，有奋斗才是幸福的。”

从故宫博物院院长退休之后的两个月，单霁翔又写出了一本新书。目前，他已经写出了七十多部专业书籍，却依然保持着年轻人的好奇心，不断更新着保护文化遗产的方式。他说：“把文物保护好了，让观众出去的时候认为不虚此行，这就是我们的责任。”当了四十多年的文化遗产守护者，不断增长的是岁月，而始终不变的是他那一颗赤子之心。

（凤凰网，2019年7月31日）

单霁翔：文物也要“有尊严”

正值暑期，“打卡”博物馆的人群越来越多。如今，全国共有 5000 多座博物馆，每年都有上百座博物馆建成开放。如果来一次大考，怎样才算一座好的博物馆？故宫博物院原院长单霁翔有话说。

好的博物馆馆长啥样

“怎样才算一座好的博物馆，怎样才是一种好的文物保护状态？”日前，在第 29 届书博会“红沙发”系列访谈上，单霁翔抛出了这个问题。

近年来全国不少地方出现了兴建博物馆的风潮，大面积、大设计、大投入几乎成为标配。然而，单霁翔却认为：“什么是好的博物馆？一座好的博物馆不是盖上高大的馆舍，搞华丽的装修，而是要不断深挖藏品的内涵，不断举办人们喜欢的好展览，不断举办人们喜欢的好活动，这样才能让人们感受到博物馆对于自身生活的意义，人们才愿意走进博物馆。”

“人们回去之后还能再来的博物馆才是一座好的博物馆。我想，这就是今天人民群众衡量一个博物馆优劣好坏的标准。”单霁翔建议，希望每一座博物馆都要持续研究人们不断增长的文化需求，根据自己的文化资源，凝练出强大的文化力量。

当谈到文物保护时，回顾自己在故宫博物院工作多年的经历，单霁翔深有感触：“不是把文物锁在库房里面，死看硬守就是好的文物保护。”他认为，应该把文物藏品细心地进行修复保养，让它们保持健康的状态，让它们重新回到人们的生活中。

只有人们在生活中感受到这些文物的魅力时，才会精心地呵护这些文物，这些文物才有尊严，当五千年文明所积淀下的文化遗产都有尊严地成为促进社会发展的积极力量之后，才能让更多民众感受到文化遗产对其现实生活的意义，人们才能共同保护文化遗产。

文化遗产保护不是政府专利

“过去我们经常争吵保护重要还是利用重要？今天看来保护不是最重要的，利用也不是最重要的，传承最重要，把今天文化遗产的真实性、完整性传给下一代才是最重要的。”单霁翔认为真正从“文物保护”走向“文化遗产保护”，核心理念是两条，第一条是世代传承性，第二条是公众参与性。

世代传承性，表明文化遗产保护是一个历史过程，每一代人都有他的责任，任何一代都不能利用他现实的优势来随意处置文化遗产，因为我们的子孙后代也有保护、享受文化遗产的权利。

而公众参与性，则表明文化遗产保护不是政府的专利，不是一个系统部门的行业工作，它是全民的事业，每个人都有保护文化遗产的权利，也都有保护文化遗产的义务。要更多把文化遗产保护的知情权等权利赋予一般民众，通过教育、展示，使人们热爱文化遗产，这样文化遗产才能得到更好的保护。

现今“打卡”博物馆的年轻人越来越多，他们对博物馆的期待有很大不同。如何提升年轻人的参与意愿？故宫博物院近年来进行了很多尝试。“年轻人不仅是迈开双脚走进博物馆，而且还可以通过登录博物馆网站等途径，来更多地接触博物馆的藏品、展览，并通过互动，更加多元地参与博物馆的活动，还有很多观众通过文化创意产品来了解博物馆，这些融入现实生活的改变让年轻人对博物馆感觉到更亲近。”单霁翔说，回过头来看，这些年我们尝试过的一些举措，无论是互联网上的内容传播还是“网红”文化创意产品，都使更多的年轻人成为潜在的热爱博物馆的群体。

敢于“排雷”才能推动发展

个人可不可以买卖文物艺术品？私人可不可以办博物馆？潘家园能不能卖齐白石绘画的复制品？如今可以轻松回答的问题，在许多年前就是摆在文物管理者面前的“三个雷”。

“我在北京市文物局当局长时面对一个很重要的课题：文物是政府直管专营还是广大民众也能够接触？过去家里有文物要送到国家文物商店，不允许自己交流。当时有很多人士不同意文物的民间交易，他们担心，这样一来会导致博物馆藏品流失，导致文物艺术品外流。”单霁翔回忆道。

再来说说旧货市场的“高仿”，单霁翔认为：“人民群众有需求，家里要买一幅齐白石的画，你一定要让他买真的齐白石作品吗？他知道是高仿、复制的，但他挂在家里，来享受文化，没什么不可以的。”

不破不立，要推动文化遗产保护事业的发展，就必须敢于突破陈规，在制度先行的前提下，让更多的公众参与进来。“后来我们经过研究，鼓励成立艺术品拍卖公司，鼓励民办博物馆，鼓励文物监管的旧货市场，这是‘三个雷’，从来没有过的事情。同时，我们也相应制定了3条办法：艺术品拍卖不允许拍卖出土文物，不允许拍卖馆藏文物，珍贵文物不许出境。”单霁翔说。

转任故宫博物院院长后，面对故宫博物院人满为患的现状，单霁翔又动起了脑筋。为了不让参观故宫博物院成为一件“受罪的事”，他带领故宫人经过两年的研究、实践，破天荒地采取了限流、购票实名制、网上购票等办法，解决了多年的顽疾。

“一步一步地研究，永无止境地改善，这样才能真正把困难解决。”单霁翔说。

（《经济日报》，记者李哲，2019年8月5日）

故宫“网红”院长前海开讲

“前海一定是将来的文化遗产……”8月21日，故宫博物院原院长、故宫学院院长、中国文物学会会长单霁翔在前海进行了“坚定文化自信——做中华传统文化的忠实守望者”主题授课。

单霁翔曾是故宫博物院的“掌门人”，在任期内，正是这位幽默又“萌萌哒”的院长通过一系列举措，让古老的故宫变样，开启了人见人爱的“网红”之旅。

他曾在5个月的时间里，走完了故宫的9000多间房屋。目前，故宫博物院通过系统梳理文化资源，以互联网技术、数字技术等多种方式展示中华文化，让更多人了解故宫博物院。观众可以通过VR技术走进养心殿、太和殿；利用数字屏风模拟试穿皇帝服装，并进入数字展厅模仿皇帝批阅奏折。此外，观众还可以通过数字地图看故宫古建筑信息。

前海作为“特区中的特区”肩负着建设国际文化创意基地，探索深港文化创意合作新模式的国家战略使命。这场主题授课对前海推动中华文化的创造性转化和创新性发展带来了很好的启发。单霁翔表示：“如今的前海具有磅礴的气势和前瞻性的格局，前海的建设成果无疑是新时代‘不忘初心，牢记使命’的真实缩影。”

“让人意识到故宫承载的重量”

2012年，58岁的单霁翔从就职10年的国家文物局转调故宫博物院，出任故宫博物院第六任院长。

2013年4月，时任法国总统奥朗德参观故宫博物院。单霁翔赶到午门时，发现安保人员已经到位，准备迎接礼宾车队驶入。单霁翔当即说：“这是世界文化遗产，不能再开车进入！”拒绝车队驶入午门。几分钟后，车队在午门前停下，奥朗德在单霁翔的引导下步入午门。此后，为保护观众安全及古建筑，故宫博物院禁止机动车穿行开放区域，对国宾甚至外国首脑也不破例。单霁翔说：“英国白金汉宫、法国凡尔赛宫、日本皇宫，不管是谁进去，都不准汽车驶入，故宫也应该如此。”

解决了故宫博物院的车辆驶入问题，单霁翔又推行一系列新举措：搬迁办公人员、拆除违规建筑。“我们拆除彩钢房和多处临时建筑，还撤销了许多‘不规范’的展览，因为紫禁城原本就是红墙黄瓦的模样，今天也应该是。红墙黄瓦的模样，让人有一种自豪感，能够意识到故宫承载的重量，这便是我做这些事情的意义。”单霁翔说。

逐步完善故宫博物院自身的条件之后，单霁翔又将目光投向了观众体验的问题上。“故宫人太多，买票难，没地方休息”，这是故宫博物院观众抱怨最多的问题。面对众多的人流量，单霁翔做出了一个大胆的决定，“每天限流8万人，增加32个售票窗口，让游客不超5分钟就能买到票”。解决完售票问题，他又决定在故宫博物院里增加上千把实木椅，这些椅子不仅舒适美观，而且与周围环境相互协调，解决了观众无处休息的问题。“观众和故宫一样，都应该被尊重，我们只有多一些人性化的服务举措，才能带给观众更好的参观体验，从而让故宫博物院更好地留在人们心里。”单霁翔说。

文物也要“有尊严”

“过去我们经常探讨是文物保护重要还是文物利用重要？今天看来，保护和利用都不是最重要的，传承才是最重要的，把今天文化遗产的真实性、完整性传给下一代。”单霁翔认为真正从“文物保护”走向“文化遗产保护”，核心理念是两条，第一条是世代传承性，第二条是公众参与性。

单霁翔接手时，故宫对公众开放的区域不足 50%，很多地方立着“非开放区，观众止步”的牌子，99% 的藏品都沉睡在库房里，观众看到的不到 1%。“我在故宫博物院的文物库房里见过被叠到 11 层的紫檀、黄花梨家具；在紫禁城南城墙下，见到了沾满灰尘的 1500 年前的菩萨像，还有很多室外文物、许多库房常年没有清理。这样对待文物，让我觉得特别没有尊严感。”单霁翔说。

单霁翔上任后，先是建起了雕塑馆，让之前“沉睡”在库房里的雕塑重新“活”了起来。“现今‘打卡’博物馆的年轻人越来越多，他们对博物馆的期待有很大不同。如何提升年轻人的参与意愿，故宫近年来也进行了很多尝试。”单霁翔说，“年轻人不仅是迈开双脚走进博物馆，而且还可以通过登录博物馆网站等途径，来更多地接触博物馆的藏品、展览，并通过互动，更加多元地参与博物馆的活动，还有很多观众通过文化创意产品来了解博物馆，这些融入现实生活的改变让年轻人对博物馆感觉到更亲近。回过头来看，这些年我们尝试过的一些举措，无论是互联网上的内容传播还是‘网红’文化创意产品，都使更多的年轻人成为潜在的热爱博物馆的群体。”

守望故宫的故事激励前海奋斗者前行

单霁翔从良渚古城遗址成功申遗开篇，系统回顾了我国文化遗产保护发展进程，用翔实的内容、生动的案例、深刻的思考，重点介绍了故宫博物院的“管理革命”，强调让故宫的文化遗产“活起来”。一系列精彩的授课，使在场听众深入地了解了故宫博物院对故宫古建、藏品和非物质文化遗产进行的精心保护和传承，充分感受到故宫建筑的无与伦比、故宫文化的弥足珍贵和中华优秀传统文化独一无二的理念、智慧、气度、神韵。其授课语言风趣幽默、内容丰富、资料翔实、视角独特、意义深刻，既有历史的纵深感，又有鲜明的时代感，在前海听众中引起了强烈反响。

前海员工刘淼表示：“听了单霁翔院长的精彩分享，非常震撼，也非常受启发。故宫博物院启动管理革命，一件事情一件事情做，一步一个脚印，几年之后大变样，让故宫博物院成为‘网红’，让难题成为历史，这是彻底践行‘以人民为中心’理念的生动体现。对照前海的工作，这种精神正是我们所需要的，前海现在看似难题多，但只要我们沉下心，少讲困难，多想办法，用工匠精神，坚守初心，力争十年、二十年如一日，把口中的困难变成利民的举措，用自己的双手和努力，让前海更加美好。”

前海青年刘舟告诉记者：“听了单霁翔院长的授课，备受激励。作为前海的青年员工，我们应该把工作当学问做，把问题当课题做。持之以恒，坚持不懈。千里之行，积于跬步。所有伟大的事业都源于对细节的追求和品质的执着，我们要做前海精神的守护人，把精神的火炬传承给一代代前海的建设者们。”

（《深圳特区报》，记者张智伟，2019年8月22日）

单霁翔：让文化遗产重新回到人们的生活

“不要把文物锁在库房里，而是让这些文化遗产重新回到人们的生活，当人们在生活中感受到这些文化遗产的魅力时，人们才会去自发地保护文化遗产，文化遗产才会有尊严。”故宫博物院原院长、故宫学院院长单霁翔如是说。

第三届孔学堂国学图书博览会期间，单霁翔亮相贵阳并作“坚定文化自信——做中华优秀文化的忠实守望者”主题演讲。

白衣、蓝布裤子、布鞋是单霁翔的“标配”。两个多小时的演讲，他幽默风趣的话语引得观众笑声不断、掌声不断。

故宫博物院是享誉世界的五大博物馆之一，是全世界观众来访量最多的博物馆，拥有世界上现存规模最大、保存最完整的古代木结构宫殿建筑群，以及门类齐全、数量众多的珍贵藏品。

自2012年担任院长以来，单霁翔通过一系列的改革和实践，让拥有近600年历史的故宫焕发出勃勃生机，让故宫博物院走向大众、贴近大众，他因此也被网友亲切地称为“网红院长”。

演讲过程中，单霁翔通过翔实的案例、数据，展示数百张珍贵图片，从故宫博物院便民服务、环境整治、文物修复、文化创意产品、数字故宫社区等角度，讲述了故宫文化的发展和传承，分享了故宫博物院通过改革和创新不断让传统文化焕发新魅力的经验。

“故宫从来不缺观众，但是细细想他们真是观众吗？实际上很多人进了故宫博物院，都跟着导游的小旗儿，盲目往前面走，各宫殿再看一看，就走出去了。实际上他们只是‘到此一游’。”

如何让观众真正体验到博物馆应有的魅力？

单霁翔首先启动了“厕所革命”。在故宫博物院里，经常看到很多女士去洗手间要排很长的队。单霁翔和故宫博物院的工作团队进行了大数据分析，得出结论：女性洗手间应该是男士洗手间的2.6倍。为此，故宫博物院增加了女性洗手间的数量。此外，还设置了母婴室。

从增设座椅、平整路面、推行全网预约售票，到使用LED冷光灯点亮馆舍、进行艰苦卓绝的环境整治、在淡季举办各式展览分流观众……随着一项项改革的推进，观众的体验感越来越好。

为做好文物保护工作，单霁翔带队梳理安全隐患，实施安全防范系统，安装防震设施，加强防雷设施的提升和检测等；故宫博物院年轻员工还组成消防队，定期开展消防演习等，提升文物防护水平。

故宫博物院还建立了故宫文物医院，有200名文物修复医生；故宫博物院成立了故宫研究院，建立了古建筑、档案、文物等26所故宫研究所。“年轻人跟着退休研究员进行学习研究，这样故宫文化研究就很好地传承下来了。”

“开放得越少越安全吗？”“得不到保护的文物是蓬头垢面的、是没有尊严的，只有它们得到了保护，将它们展示在人们的视野下，才能把文物保护得光彩照人、神采奕奕。”演讲中，单霁翔妙语频出。

单霁翔介绍，经过多年努力，故宫博物院逐步开放了所有的花园、城门和角楼。从2002年到2012年，故宫博物院的观众增长了一倍。到2017年，故宫开放区从2012年的48%增长到了76%，目前已达80%。

“紫禁城初雪”的照片在微博上就获得了1425万的阅读量；《我在故宫修文物》《国家宝藏》等节目刷爆网络；故宫博物院研发的故宫口红、故宫睡衣等文化创意产品畅销世界各地。近年来，人们都说：“故宫出品必是精品。”

2019年春节，故宫博物院开展“贺岁迎祥——紫禁城里过大年”展览活动，同时开展了“紫禁城上元之夜”灯展，还把开展万寿灯、天灯、宫灯等文化创意进行公益拍卖，所拍卖的2000多万元人民币，全部用于扶贫。

2020年故宫将迎来600岁的生日。“今天我们可以骄傲地说，‘把壮美的紫禁城完整地交给下一个600年’。”单霁翔说。

（中国新闻网，作者冷桂玉，2019年8月31日）

故宫为什么能成为“网红”？

暑期到来，大批游客来到故宫参观游览，景区内游人如织。

七月的北京骄阳似火，但即便接近40℃的高温也阻挡不了游客的热情。

“以前暑假到博物馆，会被同学们说老土；现在故宫博物院门票是‘尖儿货’，逛故宫洋气着呢！”来自湖南的大学生小严边抹汗边跟记者说，自从看了《国家宝藏》，他就一直想来故宫博物院，今年终于如愿以偿。

近年来，像小严这样愿意走进故宫博物院的年轻人越来越多。尤其进入暑期，每天售罄8万张门票已成为故宫博物院的“日常”。天南海北的观众中，有觉得用手机看故宫博物院不过瘾，想眼见为实的；有想来看自己买的文化创意产品原型的；有看过《我在故宫修文物》，希望能在御花园“偶遇”王津师傅的；也有单纯想来故宫“撸猫”的……

2013年12月30日，习近平总书记在主持中共中央政治局第十二次集体学习时强调，要系统梳理传统文化资源，让收藏在禁宫里的文物、陈列在广阔大地上的遗产、书写在古籍里的文字都活起来。近年来，故宫博物院锐意进取、推陈出新，持续为公众带来“还有这种操作”的惊喜，一个有温度、有亲和力的故宫博物院一夜“出圈”。这个有着近600年历史的“超级古董”成为新晋“网红”，赢得了这个时代的热情接纳。

人类遗产、文明窗口，“人民的故宫”人气儿旺。

自建成之日起，故宫博物院就以其宏伟壮丽的宫殿建筑和精美绝伦的艺术珍品闻名于世。不仅如此，作为中华优秀传统文化的一张亮丽名片，故宫博物院对促进中国和世界各国友好往来、增强文明互鉴有着独特的意义。可以说，这些是故宫博物院能成为“网红”的“硬通货”。

故宫，是我国古代皇家建筑的“集大成者”。

据统计，故宫城墙以内的面积达72万平方米，现存建筑面积16.7万平方米，是世界上规模最大、保存最完整的木结构宫殿建筑群；内有殿宇宫室9000余间，被称为“殿宇之海”。像故宫这样雄伟、庄严、和谐的建筑群举世罕见。

故宫，是我国收藏文物最丰富的博物馆。

自1925年成立至今，故宫博物院已有1862690件珍贵馆藏。从新石器时代的刀耕火种，到近现代的民国遗韵，观众总能在180余万件（套）独一无二的藏品中，感受到中华文明的鲜活与厚重。当宏伟的古建筑与珍藏其间的文物精品融合在一起，故宫博物院也成为优秀传统文化的重要载体和中华文明的文化符号。1987年，故宫被列入《世界遗产名录》。故宫不仅是中华民族的骄傲，也是全人类珍贵的文化遗产。

故宫，是向世界展示中国文化、中国风貌的重要窗口。

2017年5月15日，国家主席习近平夫人彭丽媛邀请出席“一带一路”国际合作高峰论坛的外方团长配偶参观故宫博物院。多年来，故宫博物院见证了多个中国主场外交的重大时刻。“在传播中华文化、展示国家形象、提升中国文化软实力方面，故宫博物院发挥着不可替代的作用。”故宫博物院原院长、故宫学院院长单霁翔说。

可就是这么美的故宫，在 21 世纪初，大多数人能够踏足观赏的区域尚不足整个宫城面积的 1/3。直到 2012 年，这种情况才有了明显改善。

2012 年以来，故宫新开放区域及总开放比例如下。

2012 年起，故宫博物院几乎每年都有新开放的区域。2012 年 4 月 25 日，皇极殿重新向公众开放；2013 年 4 月 29 日，文华殿区域文渊阁以原状陈列方式对公众开放；2016 年 9 月 29 日，故宫博物院正式新开放西部断虹桥至慈宁宫区域，并将二者的南北通道打开……

2012 年到 2018 年，故宫的开放比例从 48% 提高到了 80%，故宫博物院每一次开放新领域都会引发新一轮的舆论热议和参观热潮。2018 年，故宫博物院以年接待观众超过 1750 万人次稳居当今全球所有博物馆和世界文化遗产之首。随着开放面积的不断扩大，紫禁城的人气儿越来越旺，也几乎从此时起，“人民的故宫”开启了自己的“网红”之路。

（人民网，记者赫英海、丁涛、韦衍行，2019 年 9 月 3 日）

沿线可看 14 种景观
单霁翔为大运河旅游打 CALL

大运河旅游有什么好看的好玩的？最擅长让历史文化“活”起来“动”起来的故宫学院院长单霁翔，9 月 27 日在 2019 年世界运河城市论坛暨世界运河大会主论坛上做主旨演讲，PPT 足足准备了 150 多页。一张张照片展现了运河的各种风貌，他将运河沿岸美景总结为 14 种景观，现场为大运河旅游代言打 CALL！

回忆漫漫申遗路，单霁翔感慨万千。2004 年时，第 28 届联合国教科文组织世界遗产委员会会议在苏州召开，会上规定，以后无论国家大小，每年只能申报一处世界文化遗产。当时，中国很多城市都开始了申报世界遗产的行动，形成一份长长的预备名单。

“在不懈努力下，2004 年，高句丽王城、王陵及贵族墓葬申遗成功；2005 年，澳门历史城区申遗成功；2006 年，安阳殷墟申遗成功……2014 年，大运河申遗成功。”这份漂亮的成绩单，让中国一跃成为拥有世界遗产最多的国家，也让一直参与其中的单霁翔激动不已。

但是他明白，最多不重要，第一也不重要，关键是我们改变了对文化遗产的态度。“我们开始从‘文物保护’走向了‘文化遗产保护’，开始意识到文化要素和自然要素要共同保护。”单霁翔举例道，五台山申遗，所有旅游设施退出 10 里地，深山藏古刹的意境又恢复了；西湖文化景观申遗，没有任何一处建筑挤入景观，“过去文物保护我们更多地保护古代遗产，后来开始关注近代遗产，现在同时关注 20 世纪遗产、当代遗产。过去文物保护我们只保护物质遗产，今天我们还要同时注重保护非物质遗产”。

发展大运河沿线文旅融合的着力点在哪？单霁翔在现场分享了自己的答案。

“运河沿线其实有丰富多彩的景观。”单霁翔将运河美景总结成了 14 种景观，他现场用照片展示着各种运河美景：自然景观、历史景观、工程景观、运输景观、河道景观、街区景观、园林景观、宗教景观、商业景观、民居景观、民俗景观、生活景观、生产景观、城镇景观。他表示：“我们更重要的是让运河文化遗产资源活起来，以多种方式努力展示我们运河文化的独特魅力。”

（《现代快报》，记者韩秋、郑文静、张然，2019 年 9 月 28 日）

文化遗产保护需要融贯的综合研究

问：您的学术背景是建筑学和城市规划，曾经在北京市规划委员会任职，又担任过北京市文物局局长、国家文物局局长，出任过故宫博物院院长，能不能请您谈谈您如何看待建筑、城市与文化遗产的关系？

答：我的专业背景确实比较复杂多样。在校期间学习建筑学专业，随后从事了10多年的城市规划、管理和研究，又从事了10多年的文化遗产保护，最后又在博物馆工作了7年多，建筑、城市规划、文化遗产保护和博物馆，涉及4个领域，学习和工作背景比较松散。但是，吴良镛教授鼓励我，这些专业领域和工作背景之间相互有所联系，如果按照“融贯的综合研究”理念，将各专业理论和实践综合研究，可以有更多收获。多年来，按照老师的教导加以实践，确实在工作中受益颇多。

长期以来，一些部门内人才专业构成比较单一，造成各专业之间沟通较少。例如我在北京市规划局和北京市规划委员会工作期间，在职工名单里面没有历史学、考古学专业背景的同事，几乎都是建筑、城市规划相关学科背景的人才；到北京市文物局和国家文物局工作期间，职工中又几乎没有建筑学、城市规划学方面的人才。这样在工作中往往缺少综合的研究精神，难以将社会科学、自然科学融贯地进行思考，必然会影响工作的质量。实际上在欧洲一些国家，从事文物保护的人员中相当一部分是建筑师，而城市规划部门中也不乏文化艺术专业背景的人才。

因此，过去在城市规划、建筑设计领域的工作中，尽管比较注重文物保护，但是保护的范围和内容比较单一，例如注重古建筑和历史街区保护，但是对于地下文化遗存的保护则关注不够，致使一些地下文化遗存在工程建设过程中遭到伤害。再例如文物保护部门对地下文化遗存的保护往往只是“被动的守护”，缺少先期考古遗址调查，更缺少保护规划的编制，致使地下文物埋藏不能及时纳入城市规划保护内容。进入新的世纪，这些问题有所改善，开始注重学科融合发展的问题。

1985年中国加入《世界遗产公约》，1987年中国第一批文化遗产进入《世界遗产名录》。随着世界遗产数量不断增加，中国文化遗产保护理念和保护内容均发生了很大变化。人们开始意识到原有的“文物保护”概念已经涵盖不了需要保护的对象，需要走向“文化遗产保护”。文化遗产保护内涵的深化促使人们从更广阔的视野、更深入的角度去分析和梳理文化遗产之间的内在联系，探索和建立新的文化遗产类型和相应的保护方式。我在《从“文物保护”走向“文化遗产保护”》一书中提到，近年来文化遗产保护领域对传统保护对象的概念认识呈现出新的变化。在保护的外延方面，文化遗产保护的领域不断扩大，比较突出地表现出六个方面的发展趋势。

在文化遗产的保护要素方面，从重视单一文化要素的保护，向同时重视由文化要素与自然要素相互作用而形成的综合要素保护的方向发展。例如泰山等兼具文化和自然复合特征的“双重遗产”、西湖等文化要素与自然要素相互作用而形成的“文化景观”，于是黄山、庐山、武当山、青城山、峨眉山、五台山、嵩山、武夷山等名山大川，均成为需要加大保护的对象。

在文化遗产的保护类型方面，从重视现已失去原初和历史过程中使用功能的古迹、遗址等“静态遗产”的保护，向同时重视仍保持着原初或历史过程中的使用功能的历史街区、历史村镇，例如江南水乡、传统村落、民族村寨，以及工业遗产、农业遗产，包括江南造船厂、哈尼梯田等“动态遗产”和“活态遗产”保护的方向发展。

在文化遗产的保护空间尺度方面，从重视文化遗产“点”“面”的保护，向同时重视因历史和自然相关性而构成的“大型文化遗产”和“线性文化遗产”等文化遗产群体的保护方向发展。文化遗产保护的视野扩大到大运河、茶马古道、秦蜀古道等空间范围更加广阔的“文化线路”和“系列遗产”等，甚至文化遗产的空间尺度还在向跨地区、跨国家方向发展，包括陆上丝绸之路、海上丝绸之路、万里茶道等。

在文化遗产保护的时间尺度方面，从重视“古代文物”“近代史迹”的保护，向同时重视“20世纪遗产”“当代遗产”的保护方向发展。包括大庆第一口油井、大寨梯田和村庄、南京长江大桥、核武器研发基地、酒泉卫星发射中心，还包括红旗渠、国庆十大建筑、中国女排漳州训练基地、安江农校杂交水稻发源地等体现各领域杰出创造的文化遗产。

在文化遗产的保护性质方面，从重视重要史迹及代表性建筑，例如皇家宫殿、帝王陵寝、庙堂建筑、纪念性史迹等的保护，向同时重视反映普通民众生活方式的“民间文化遗产”，例如开平碉楼、福建土楼、陕北窑洞、北京四合院等“传统民居”“乡土建筑”，以及“老字号遗产”等“与人类有关的所有领域”的文化遗产保护的方向发展。

在文化遗产的保护形态方面，从重视“物质要素”的文化遗产保护，向同时重视由“物质要素”与“非物质要素”结合而形成的文化遗产保护的方向发展，例如羌笛、黎锦等非物质文化遗产，从而将文化遗产的内容由物质的、有形的、静态的，伸延到非物质的、无形的、动态的，显示了当今人类对于文化遗产认识的进步。

这些方面的变化，使文物保护从过去比较独立的系统，发展成为开放的系统，变成与城市生活、城市发展密切相关的领域。在这种状态下，城市规划与文化遗产保护之间就形成了天然的、相互规避不了的密切关系，文化遗产保护规划也就应运而生。文化遗产保护规划内容也往往不再是过去一个具体区域和空间的规划，而成为涉及经济和社会发展、人类物质和精神生活等方方面面的规划内容。

从制订文物保护单位保护规划，到编制申报世界文化遗产的文本，再到编制文化遗产区域保护规划，对于新型文化遗产的保护逐渐达成社会共识。从2006年号召工业遗产保护，到2007年呼吁乡土建筑保护，再到2008年推出20世纪遗产保护，从2009年提出文化线路遗产保护，到2010年倡导文化景观保护，再到2011年开展运河遗产保护，每年推出一类新型文化遗产保护，逐渐改变了中国文化遗产保护的格局，也带来了从“文物保护”走向“文化遗产保护”的前所未有的文化气象。

问：距您推出文化遗产保护规划概念，经历了十余年，您认为现在达到了您当初的预期吗？

答：应该说还没有完全达到。主要原因在于，这些年由于在机构改革中忽视文化遗产保护队伍的建设，基层文物保护部门的力量在被削弱，特别是地市级和县级文物保护机构，有的省把考古研究机构和博物馆划归演艺部门管理，有的县实际从事文物保护工作的编制职数只有2—3个人。实际上，在文物保护内容不断增加，保护范围不断扩大的今天，基层文物保护人员的作用不可低估，而现实文化遗产保护队伍的状况令人担忧。

文化遗产保护的基础在基层。第三次全国不可移动文物普查，普查登记的文物保护项目70余万处，谁是保护的主力军？几年来，普查登记的不可移动文物数量在逐年减少，大量还没有来得及公布为文物保护单位的不可移动文物，在城乡建设中遭到了损毁，令人痛心。

在这方面，还缺少清晰的完整的文化遗产保护规划，还没有在保护政策方面为这些不可移动文物提供法律保障。要解决这些问题，就要切实加强基层文物保护队伍的建设，包括3个方面：一是机构和编制问题，二是人才培养问题，三是事业发展资金保障问题。

另外，还有文物保护规划与城乡规划、国土规划、环境保护规划等各项规划之间的有效衔接，这些都是非常重要的现实问题。同时，在编制过程中要征求社会公众的意见。经过批准的文化遗产保护规划不能锁在抽屉里，不能封闭在档案柜里，要使广大民众都能知晓，让社会公众拥有文化遗产保护的知情权、参与权、监督权和受益权。

再有就是对各级领导开展文化遗产教育，特别是文化遗产保护传承的正确理念。长期以来，一直在争论保护重要还是利用重要，这样的讨论把文化遗产的保护和利用对立了起来。实际上，保护并不是目的，利用也不是目的，真正的目的就是传承，如何把祖先创造的灿烂文化遗产，完整真实地传给子孙后代才是目的。这就需要认识到，我们每一个人的生命历程在历史长河中都十分短暂，如何把祖先创造的文化遗产资源，经过当代传给子孙后代，这就要求我们任何一个人，特别是各级领导，都不能利用现实的优势随意处置文化遗产，虽然文化遗产在我们手上，在我们身边，但是子孙后代将来同样有责任、有权利来保护和享受这些文化遗产。

这种理念在民众中是有感情基础的。于是才有2003年陕西宝鸡眉县杨家村民众发现青铜器窖藏时，主动捐献给国家的事迹。才有2004年贵州黎平县地坪乡民众在全国重点文物保护单位地坪风雨桥被洪水冲垮的瞬间，村里的年轻人纷纷跃入洪水，拼死打捞风雨桥构件，使风雨桥能够重建的事迹。这些事迹得以呈现的原因，就是当地民众了解了祖先创造的文化遗产珍贵价值，知道了文化遗产保护的意义。

问：在您看来，文化遗产和城市发展之间的关系大概可以分成几类呢？不同类型之间的区别是什么？

答：中国的文化遗产资源丰富多彩，这些文化遗产留存在不同区域，有的在郊野中，有的在城市近郊区内，有的在城市的中心地区，与城市发展之间的关系各不相同。例如杭州在保护西湖文化景观方面最为突出，进入新的世纪杭州提出西湖申报世界文化遗产，西湖的景观特点是“三面云山一面城”，也就是西湖的三面云山内不能出现任何伤害西湖文化景观的新建筑。杭州市为此付出了极大的努力，实现了保护目标，西湖文化景观成功进入“世界遗产名录”。同时杭州的经济和社会发展也没有受到影响，城市发展方向坚定地从“西湖时代”走向“钱塘江时代”，在钱塘江两岸气势磅礴地建设了新城，真正实现了梁思成先生所提倡的保护老城，建设新城，两者相映生辉。当然，杭州的南宋临安城遗址，位于城市中心地区，与城市发展和建设密切相关，在城市规划中作为考古遗址公园来进行整体保护，需要付出极大努力。

在北京，进入21世纪时，为了处理好保护与发展的关系，疏解核心区过度密集的城市功能，在北京旧城范围外，规划建设了3个功能区域，一个在北京旧城西北的中关村西区，一个是在北京旧城北侧的奥林匹克中心，一个是在北京旧城东侧的商务中心区。这3个功能区域目前都已经基本建成，对缓解北京历史城区发挥了一定的作用。而今天无论是正在建设的通州新北京行政中心，还是正在规划的雄安新区，都将通过疏解非首都功能，促进北京历史文化名城格局的重大变化，这在过去是难以想象的大手笔，为北京历史城区的整体保护带来了转机。当然北京城市发展的空间规划和“城市病”的综合治理，以及历史文化名城保护方面还有很多需要破解的课题。

问：故宫是一个位于城市核心区的文化遗产，它的价值和北京市密切相关。您怎么看待故宫博物院和北京城市发展的关系？

答：故宫的前身是紫禁城，它和明清北京城有着格外密切的关系。紫禁城最初是由明代永乐皇帝建造，坐落于城市中心，有一条鲜明的中轴线，这条中轴线与明清北京城的中轴线重合，形成北京城的“脊梁”，营造出气势磅礴的文化气象。今天，我们甚至难以想象没有故宫的北京城会是什么形象。有了故宫古建筑群，就有了景山、北海，有了左祖右社、前朝后市，有了周边传统胡同、大片青砖灰瓦的四合院民居，于是形成了方正严谨的城市格局，形成了平缓开阔的城市中心区域。放眼世界，北京城市风貌在世界城市之林中独具特色。

因此，保护好故宫，建设好故宫博物院，对于北京城市发展至关重要。这里是世界最大规模、最完整的古建筑群，这里是世界上收藏中国文物最丰富的宝库，这里是世界上观众来访量最多的博物馆。2018年，故宫博物院接待来自世界各地观众1700余万，同时接待了上百批访问故宫博物院的各国来宾。因为这里不但是令人震撼，拥有世界上独一无二的文化景观，而且随着故宫整体维修保护工程的推进，开放区域由昔日的30%，扩大开放至80%，出现大量新的展厅、展馆、展区。更多的观众为参观展览而来，为参加文化活动而来。让人们走进这里能够读懂故宫，能够感受故宫博物院的魅力，是我们的重要职责。因此这些年来，“把一个壮美的紫禁城完整地交给下一个600年”，“实施‘平安故宫’工程确保故宫平安”，“从‘故宫’走向‘故宫博物院’”，成为我们不懈追求的目标，并努力使之得以实现。

故宫博物院已有94年历史，但是长期以来在人们的心目中，这里是文物景点。经过多年努力，不断推出丰富多彩的陈列展览，不断举办引人入胜的文化活动，人们开始从“游客”变为“观众”。过去北京市民很少再来故宫博物院，因为青少年时期曾来过这里，但是当他们发现故宫博物院开放区域不断增加，展出文物不断增加，就再次、多次走入故宫博物院；

过去年轻人多是陪着父母来到这里，自己很少来故宫博物院参观，如今年轻人占了故宫博物院观众数量的半壁江山。我们最期盼的是故宫博物院不但是城市的客厅，而且是年轻人学习知识的课堂，更是人们社会生活中一片文化的绿洲。

问：您是如何看待继故宫申遗成功之后，目前推进的中轴线申遗和北京城市的关系的？

答：我非常赞成北京中轴线申报世界文化遗产。北京中轴线被誉为“世界城市建设史上的奇迹”。在北京中轴线上汇聚了城市中最具价值的众多代表性文物建筑，是古都北京城市格局和历史风貌的集中体现，“就像北京的一条文化血管，里面流淌的是一种北京的特有血液”。虽然经历数百年来城市沧桑变化，至今北京中轴线仍然相对保持完好，具有持久的活力与生命力。早在2011年的全国政协十一届四次会议上，我就提交了《关于推动北京传统中轴线申报世界文化遗产的提案》，2017年在全国政协十二届五次会议上，我又提交了《关于故宫周边古建筑群和古典园林申报世界文化遗产的提案》，建议将太庙、社稷坛、北海、景山，以及端门、大高玄殿、皇史宬等具有完整保护故宫文化遗产整体价值的明清古建筑群和古典园林，作为世界文化遗产故宫的扩展项目申报世界文化遗产。

北京中轴线申报世界文化遗产的矛盾在于，故宫和天坛已经是世界文化遗产、地安门等古建筑已经消失、永定门是经过复建的建筑等问题存在。我认为破解这些问题的答案，是要树立“中轴线是有生命历程的、不断发展的一条轴线”的理念。它经历了过去的时代、今天的时代，还要走向未来。因此无论是中轴线上的古建筑群，还是新中国成立以后，陆续扩建的天安门广场、人民英雄纪念碑、毛主席纪念堂，这些建筑均是中轴线生命历程的延续，是中华文明发展的历史见证，具有极为重要的历史、艺术、科学价值，都应该得到尊重。另外，北京城市中轴线还在延伸，发展没有完结，生命不能冻结，正是因为有了北京传统中轴线，才有今天北中轴和南中轴的发展延伸，展现出新时代首都传承发展的宏伟气魄，对于今后城市发展具有深刻影响。总之，今后人们仍然会关注、呵护、发展北京中轴线。

当前应加大北京中轴线的整体保护力度，进一步扩大中轴线的保护范围，将传统中轴线两侧的历史河湖水系，棋盘式道路网骨架和街巷格局，传统四合院民居建筑群，以及传统中轴线两侧平缓开阔的空间形态，城市天际线和重要的街道对景，传统建筑色彩和形态特征等均纳入北京中轴线的保护内容。同时，通过加大环境整治力度，拆除严重影响传统风貌的不协调建筑，恢复中轴线壮美景观。如此，北京中轴线一定能够早日列入《世界遗产名录》。

问：现在故宫博物院每年接待1000多万观众，您提出以观众方便为中心的管理思路后，故宫博物院在观众服务方面做了许多工作。您是如何理解旅游和文化遗产的关系的？

答：故宫的身份比较特殊，既是世界文化遗产，需要实现保护目标；又是世界重要旅游目的地，需要满足游客需求；还是世界著名博物馆，需要发挥博物馆公共职能。这三个方面既有矛盾，又可以相互促进，关键是不断探索相互融合之路。故宫博物院一直在努力平衡三者之间的关系：一是文化遗产的安全，二是接待观众的数量，三是观众参观的质量。

为此，故宫博物院进行了一系列探索与实践：一是实现了周一全天闭馆，使文物古建筑不再365天疲劳应对参观，获得难得的喘息休整机会，赢得了社会的认同。二是实现了实名制购票，彻底解决了长期以来“黑导游”“黑倒票”和无照商贩对观众参观的干扰，同时有利于实现观众服务的大数据分析。三是实现了每天 8 万观众的限流目标，避免了过去旺季一天接待 10 余万，甚至 18 万观众的拥挤状况。四是实现了全部网络购票，经过 4 年努力宣传和引导，故宫博物院关闭了所有售票窗口，人们通过网上预约，避免了排队买票之苦，可以顺利进入参观。经过一系列努力，终于故宫博物院内“人山人海”的景象一去不复返了。当然，所有这些变化都不是一蹴而就所达成，需要周密的策划、实践的反馈、人们的理解、媒体的支持。

改善人们参观体验，更重要的是扩大开放。为此，故宫博物院经历了一段艰苦卓绝的历程。通过为时 18 年的古建筑整体维修保护，为上千座古建筑保持健康稳定的状态，逐步对观众开放；通过为时 8 年的“平安故宫”工程，使故宫消除防火、防盗、防地震、防腐蚀、防观众踩踏等方面的安全隐患；通过为时 3 年的环境整治提升，开展室内十项整治和室外十二项整治，其中最艰苦的是拆除了 135 栋临时建筑。在此基础上，故宫博物院的开放面积从 2002 年的 30%，到 2011 年的 48%，2016 年的 76%，2018 年达到 80%。这些实践使我们体会到，一个干干净净、清清爽爽的故宫，才是安全的故宫。一个不断扩大开放、不断丰富参观内容的故宫博物院，才是人们期待的故宫博物院。

问：结合故宫的经验，有关文化遗产的活化利用这个方面，您认为有哪些是需要特别注意的问题？

答：作为文物保护单位，特别是世界文化遗产，做任何事情都有一个非常重要的前提，就是要确保安全。2018 年巴西国家博物馆一把大火，90% 的文物藏品被烧毁；2019 年年初，世界文化遗产巴黎圣母院一把大火，遭到了重创。这些教训都提醒我们安全是故宫博物院的“命根子”。但是实践也告诉我们，作为对公众开放的场所，不能消极地实施保护，而必须积极地实施保护。不能把文化遗产保护视为自己单位的专利，而要使保护成为全体观众共同的行动，必须获得社会公众的支持和参与。因此要不断倾听社会各界的意见，把文化遗产保护的知情权、参与权、监督权、受益权交给社会公众，共同守护，文化遗产才能真正获得安全。

2019 年春节前，故宫博物院接到通知，要求在正月十五把北京中轴线点亮。我们接受了任务，经受了考验。经过 4 天的研发，8 天的安装，如期在正月十五举办了“紫禁城上元之夜”活动，故宫博物院第一次实现夜间开放，故宫古建筑第一次被大规模照亮，接待了北京地区劳动模范、125 个国家的大使和外交官、免费预约的上万观众，280 多家中外媒体对活动进行了报道，前所未有的灯光景观传遍了世界各地，树立了开放的故宫、友好的故宫良好形象。在“紫禁城上元之夜”活动策划中，选择了故宫城墙作为主体。在城墙上串联起一系列展览，从远处投射灯光，安全照亮故宫古建筑群，做到了万无一失，没有发生任何安全问题。此后很多城市都在讨论夜间经济，很多博物馆都开始实施夜间开放。

问：随着对文化遗产价值认识的提升，遗产视为城市的特殊资源，既是文化资源，也是旅游资源，您认为在这种情况下应如何平衡遗产保护和遗产利用之间的关系？

答：保护和利用常常被称为一对矛盾，甚至长期以来在专家层面上都在不断争论，保护重要，还是利用重要，把保护和利用对立起来。实际上，保护不是目的，利用也不是目的，真正的目的是传承。如何把祖先创造的珍贵遗产、灿烂文化，真实、完整地传给子孙后代，才是保护和利用的目的。例如故宫有一座中国最古老的宫廷戏楼，叫畅音阁，但是上百年都没有再演戏，也没有人敢想它能够再演戏，但是今天我们知道了，这些古建筑修缮结束，把它锁起来，糟朽得更快。只有正常地使用，经常地维护，它才更健康。于是经过维修保护以后，畅音阁大戏楼重新开放，演出中国传统的京剧，也成为国事活动的重要内容。实践证明，合理的利用能够促进永续的保护。

长期以来，故宫中轴线上开放的宫殿建筑都是黑黑的，外面光线越强，里面越黑。如今科学地解决了防火问题、照度问题，一座座殿堂被照亮了。当观众能够清楚地看到室内景观时，这些原状陈列的殿堂就加强了保洁除尘，文物保护会做得更加经常，更加认真。

过去故宫博物院收藏的6200件明清家具，大量沉睡在库房里面，最高的摞了11层，常年不通风、不维护，更谈不上研究、观赏，如今打开了南大库，建设了家具馆，通过精品陈列、组合陈列、情景式陈列、仓储式陈列，人们终于可以看到这些难得一见的故宫家具。看到这些在库房内曾经“蓬头垢面”的家具文物，面对观众的时候如此神采奕奕，光彩照人，我更加深刻地认识到，保护和利用应该成为一对相互促进的和谐关系。

近年来，故宫博物院大规模地开展“去商业化”行动，观众进入故宫博物院以后，大部分会走中轴线，于是太和门、乾清门、隆宗门、景运门等处均成为商品销售场所，严重影响观众欣赏壮美的故宫古建筑群。今天，经过清理移走了中轴线上的商业设施，在东西两侧区域设立观众服务中心，使观众获得更有尊严的休息场所。通过研发故宫特色的文化创意产品，使观众能把故宫文化带回家。同时加大数字技术应用，通过研发故宫系列App，运用虚拟现实技术等方式，展示故宫文物价值。

文化遗产保护和故宫博物院的故事三天三夜都讲不完，通过实践也获得了一些工作体会，我曾经出版过一套30本的《新视野文化遗产保护论丛》，自己为丛书写了序，题目叫“把工作当学问做，把问题当课题解”，这就是我们做事的核心理念：工作每年都应有新的进步，不能在同一水平上循环重复，这就需要不断树立新的目标，研究更加科学的工作方法和实现路径；在工作中必然会面临很多棘手的问题，这就需要不回避问题，而是当作课题来一个个找准答案，攻克难关，回避就不会有进步，蛮干就不会有成果。

问：为了防止在利用和协调城市关系的过程中损害文化遗产价值，您认为有哪些关键点需要注意？

答：文化是一个国家、一个民族的灵魂。文化遗产资源也是一座城市的骄傲和尊严所在。因此，应在全社会大力宣传和弘扬中华优秀传统文化，让普通民众和各级领导干部都能够了解保护和传承中华传统文化对于人们现实生活的意义，这就是关键。20多年来，中国始终处于城市化加速进程的阶段，大规模的城市建设、基础设施建设，包括大量道路、铁路、水利工程的建设等，都会涉及文化遗产保护问题，因此这一时期是文化遗产保护最艰苦、最艰巨，也是最重要的历史时期。在这一历史阶段如何切实加强文化遗产保护，就是关键。

近年来，习近平总书记关于中华传统文化保护传承有很多精辟论述，早在2002年就曾指出，“发展经济是领导者的重要责任，保护好古建筑，保护好传统街区，保护好文物，保护好名城，同样也是领导者的重要责任，二者同等重要”。2014年习近平总书记在北京市考察工作时指出，“历史文化是城市的灵魂，要像爱惜自己的生命一样保护好城市历史文化遗产”。2015年在中共中央政治局会议上，习近平总书记再次强调，要增强城市宜居性，引导调控城市规模，优化城市空间布局，加强市政基础设施建设，保护历史文化遗产。习近平总书记这些立场鲜明的指示，无疑为我们的行动指明了方向，同时也说明当前保护文化遗产的严峻性依然存在。

问：您认为未来城市规划和建筑设计领域，能继续为遗产保护和城市发展之间的这个协调做哪些工作？

答：近年来，中国建筑学会和中国文物学会携手推动20世纪建筑遗产保护，每年经过专家集体推荐，公布100项20世纪优秀建筑遗产项目，旨在号召社会各界保护优秀建筑，尊重建筑师的创作。两个领域的国家一级学会联合行动，实现1+1大于2的效果。

在这方面，中国文化遗产领域还有大量的工作要做。当前，我国经济社会的快速发展，使社会生活的各个方面都在发生急剧变化，原有的生产生活方式及其实物遗存消失速度大大加快，如不及时加以发掘和保护，我们很可能将在极短的时间内，彻底忘却刚刚过去的昨天这段历史。例如工业遗产的保护，在当前产业转型升级的阶段，工业遗产保护就显得格外紧迫和关键。再例如传统民居的保护，不再实施“大拆大建”的城市改造已经达成共识，但是如何在实施“小规模”“渐进式”“微循环”的城市更新时，赋予传统民居以现代合理居住条件，这些方面都需要建筑师更加认真具体地考虑。

再有中国建筑大师的近现代建筑保护问题。我一直觉得中国建筑前辈和当代建筑大师的建筑创作，没有得到充分的尊重和宣传。近年来，柯布西耶、赖特等西方建筑师的作品已经进入《世界遗产名录》，而中国建筑师的作品在国内、在城市中、在社区内都没有得到很好的宣传，就连使用者都不了解。这些都需要建筑界和文物保护界共同努力才能实现。

（《世界建筑》，2019年10月2日）

让文化遗产资源“活起来”
——单霁翔讲座在韩成功举办

从建筑规划师到规划局局长，从国家文物局局长到故宫博物院院长，网友们称他是“网红馆长”，但他却自谦为故宫“看门人”。10月15日，故宫学院院长单霁翔走进首尔中国文化中心，给观众们带来了一场重量级的讲座。

中国驻韩国大使邱国洪及夫人李珊、公使衔参赞王鲁新、文化参赞兼首尔中国文化中心主任王彦军，中国著名书法家刘正成，中国国家画院、海外书法研究所副所长、韩国书法艺术院院长叶欣，韩国文化遗产国民信托理事长金宗圭，国际书法艺术联合会韩国本部理事长、韩国书法元老权昌伦，前韩国文化财厅厅长罗善华，韩国国立古宫博物馆馆长池炳穆，韩国东方文化大学校长李永彻，韩国成均馆大学成均中国研究所所长李熙玉，三星集团常务裴胜翰，韩中文化协会理事韩泳勇等中韩文化界、书法界代表及文化爱好者参加讲座。

讲座中，单霁翔围绕申遗之路、公共服务、文物修复、文物安保、文物数字化、文化创意产业等方面，全面介绍了近年来故宫博物院一系列改革措施和实践经验，阐释了文化旅游融合的先进理念。

“改装”成展厅的寿康宫、慈宁宫花园、城门及角楼，微博阅读量高达1425万的一场“紫禁城的初雪”，被“照亮”的乾清宫，紫禁城上元之夜……在单霁翔声情并茂的讲述中，观众们充分了解到故宫新面貌，随着一张张图片的转换，仿佛身临其境，现场观众笑声不断、掌声不断。

讲座最后，单霁翔说道，对文化遗产的保护，不再是锁在库房里面，而是应该重回人们的生活中。只有在生活中感受到这些文化遗产的魅力，大家才会倾心地保护这些文化遗产，这些文化遗产才会有尊严。他真诚地表示“希望不断开放的故宫博物院成为人们生活中一片文化的绿洲”，“在明年紫禁城600年到来之时一定要把一个壮美的紫禁城，完整地交给下一个600年”！

王彦军在讲座结束后表示，单霁翔院长展现了为民服务的高尚情怀和兢兢业业的敬业精神，故宫博物院的发展正是中国不断发展的缩影。单霁翔院长的讲座，让我们用当代目光回望伟大历史传统，更增强对未来前进发展的文化自信。

讲座结束后，嘉宾们纷纷与单霁翔合影留念。热爱中国文化的韩国市民纷纷表示，通过此次活动对故宫博物院有了全新的认识，对中国的文化遗产有了更深刻的认知。

（中国文化网，2019年10月17日）

文明古国故宫论道
单霁翔动情讲述阿富汗文物巡展故事

10 月 28 日，第三届“文明古国论坛部长级会议学者论坛”在故宫博物院开幕，以“保护人类文明遗产，促进遗产可持续发展”为主题，研究和探讨人类文明遗产的保护和可持续发展问题。

来自中国、玻利维亚、埃及、希腊、伊朗、伊拉克、意大利、秘鲁、亚美尼亚九个成员国、多个观察员国及国际组织文化遗产领域的重要学者与会，就“古代世界诸文明形态的异与同”“现代文明中继承的古代文明遗产”“考古视野下的丝绸之路”等议题展开学术讨论，共同探讨保护和传承人类文明遗产的有效途径。

故宫学院院长单霁翔在发言中表示，申报世界文化遗产，极大地助力了全球文明遗产的保护。他举例介绍，五台山预备申报世界文化遗产后，对周边环境进行了大力整治，还原了自然风貌；而西湖文化景观申报世界文化遗产成功后，周边自然景观内没有再建一栋新建筑，保护了“三面云山一面城”的面貌，杭州城的发展也从“西湖时代”进入“钱塘江时代”。

“申报世界文化遗产，让我们逐渐认识到，乡土建筑、文化线路、文化景观、农业遗产等等也都要保护，打开了我们文化遗产保护的思路，对工业遗产、20 世纪遗产也在探索中。”于是，哈尼梯田、大运河、福建土楼等纷纷申报世界文化遗产成功，得到了更好的保护。

单霁翔提到，文明古国之间的交流合作，正为世界文明遗产的保护带来新的生机。

近年来中国与世界很多文明古国签订了文化遗产合作保护的框架协议，让他感触很深的是阿富汗。“我们 2006 年签订了协议，但 10 年之后我才有机会踏上阿富汗的土地，只待了一天就撤退了，也没有去文化遗产和博物馆参观。2016 年阿富汗博物馆人士跟我们交流说，在战乱、毁坏的现状下，他们还是努力保护了几百件珍贵文物，希望能到中国巡回展出。于是故宫博物院引进了这批文物，办了‘浴火重光——来自阿富汗国家博物馆的宝藏’展览，引起了观众的极大兴趣，直到现在，这批文物还在中国各地巡回展览，这就是文明古国在遗产领域的相互支援。”

文化和旅游部党组成员、副部长张旭指出，近年来，中国文化遗产保护和世界文化遗产保护越来越多地表现出不可分割的相互促进关系，中国正在以更加积极的态度参与国际文化遗产保护，越来越有力地推动世界文化遗产保护事业的发展。

“文明古国论坛”由希腊和中国共同倡议发起，第一届部长会于 2017 年 4 月 24 日在希腊雅典举行。除部长级会议外，论坛还同步举办平行的学者论坛。今年，第三届“文明古国论坛部长级会议学者论坛”由故宫博物院承办，与故宫主办的“太和世界古代文明保护论坛”合并。

参加“太和论坛”（2019 年 10 月 28 日）

单霁翔回顾“太和论坛”的发展时说，一开始是希望如“G8”一样建立一个“C8”的机制，也就是文明古国的交流合作机制。如今，本届论坛有 21 个古国参加，已经迈向了“C20”阶段。

本次论坛将持续两天，由中华人民共和国外交部、中华人民共和国文化和旅游部、新华通讯社、国家文物局支持举办，故宫博物院、北京故宫文物保护基金会主办。

（新京报网，记者倪伟，2019 年 10 月 28 日）

当故宫“看门人”单霁翔遇见西湖大学三小时聊了啥

10 月 30 日，iMEET 第四期，故宫“看门人”单霁翔到访西湖大学。

这是一次期待已久的相遇。

西湖大学遗传学讲席教授、副校长许田盛装出席，并向单霁翔先生脱帽致礼。他说：“人类和其他生物最不一样的一个地方，就是我们敬重历史。因为历史代表了文化和智慧的结晶。非常荣幸能请来单霁翔先生为我们的学生讲课。”

一身中式礼服的单霁翔，同样向当天在座的科学家们鞠躬致敬，他幽默地说：“我早知道施一公先生在创办大学，动静很大，但没想到是这么好的一所大学，我心理准备不足！”

一把太师椅一个茶桌，单霁翔坐在舞台中央一讲就是 3 小时。最古老的博物馆与最年轻的大学，就此展开了一场有风度、有温度、有深度的对话。

说细节
“把工作当学问做，把问题当课题解”

分享从每一个细节开始。

“欢迎大家有时间参观故宫的卫生间。”

“你进去时要先大喊两声，让小动物先跑，你再进去。要不然你踩了小动物，你尴尬，小动物也尴尬。”

“乾隆皇帝当年走进寿康宫，看到的室内情景应该和今天观众看到的情景一模一样，只不过现在比那时候少一老太太。”

单霁翔一如既往的幽默诙谐，他以图为引，从故宫博物院曾经面临的售票难、进门难、找路难、游览难、休息难开始，讲述他们寻找解决问题的方法和过程。“我们跟着观众走，观察观众有什么不方便的地方，一步步改。”这以后，故宫博物院推出了网络售票、电子标识牌、自动讲解器，推进了“厕所革命”、扩大了开放空间……

历经 5 年时间的改变，故宫博物院焕然一新。“人们再到故宫博物院，看到的是绿地、蓝天、红墙、黄瓦的美景。作为一个观众走在故宫博物院里，他感受最深的是自己的脚下，自己的身边，是当他们走出故宫博物院的时候，回想自己获得了什么。这就是我们想要呈现给大家的一个有温度的博物馆。”单霁翔说。

惊艳于故宫博物院之变，很多人都在探寻这场“有温度的变革”是如何发生的，单霁翔淡然地归结为两句话。“一个是要把工作当学问做。一个是要把问题当课题解。把工作当学问做，不是重复做工作，而是不断研究工作提升的可能性。把问题当课题解，工作中肯定会遇到一些难题困难，不要回避绕道，你就试图一定要解决它，当课题一样把它解开，工作就会进步。”

说科学
“到故宫博物院来修文物不是像电影里演得那么浪漫”

说完对观众的关怀，单霁翔先生接着讲对文物的“关怀”，其中很重要的一个部分是文物修复。他从电脑里调出一幅幅故宫曾经修复的文物实例，有清朝学者董诰的画，有先秦的鼎，还有绚烂的唐卡。从一堆看不出任何形态的黑色残片，到修复后一个个令人惊艳的作品，当大屏幕上出现修复前后的对比图时，现场响起一声声惊叹和掌声。

这些惊艳之作的背后，有工匠的专业和执着，更有现代科技力量的强大支持。

故宫博物院首创了世界第一个“文物医院”，激光显微拉曼光谱仪、全自动运动粘度计、通用型文物 450KVCT 系统、造纸纺织联用纤维分析仪、大样品室 X 射线荧光能谱仪……这些走进古老红墙的新名词，让西湖大学的师生倍感亲切，原来科学与故宫博物院的交集如此之深，原来他们也拥有“修复故宫”的力量。单霁翔顺势提出要求说：“文物修复也需要对症下药，我听说西湖大学的科研设备不错，有需要我们会来求助！”

理想是美好的，现实是骨感的。虽然《我在故宫修文物》节目播出后，点赞最多的就是年轻人，虽然从那一年后，每年报考故宫博物院、要来修文物的人迅速增长，但是修文物真如视频里那么岁月静好、浪漫惬意吗？

“不是的！那是一旦择业、从事一生的工作，需要我们有文化情怀，也要有充分的思想准备。”单霁翔正色道，那是日复一日、年复一年的坚持，很多时候是枯燥的，需要极其执着和专业的工匠精神。这与科研工作一样，都要静下心来，要耐得住寂寞，钻研深处的道理，做好每一个步骤。

“所以，当年轻人选择走上这条路的时候，需要的不仅仅是热情与智慧，还有坚定的信念和不拔的毅力。”

谈思想
“一切的改变源自理念，其他的事情都好办”

原定 2 个小时的讲座，不知不觉延迟到了 2 个半小时、3 个小时，但台下的听众依然没有散去的迹象。单霁翔的 PPT 犹如一部浓缩版的故宫历史，每一张图背后都藏着一个故事，一次改变，一项创新。

他说：“开放故宫再多的区域，举办再多的展览，到故宫博物院参观的观众仍然是全球人口中很少的一部分。我们希望成为亿万级博物馆，10 亿万级博物馆，要靠什么？只能借助互联网技术。”

他说，改版故宫网站、加大社交媒体宣传、建立数字博物馆、开发文化创意产品、成立故宫学院……“故宫很可能是全世界博物馆中最好的数字博物馆。”

他说，故宫博物院的文化创意产品为什么这么多人喜欢？因为他们走出的每一步，都是既符合大众审美，又保留传统特色和历史价值的。“关键在于，所有的项目都是深挖自己的文化资源原创的，让人们能看到一个鲜活的、充满生命力、充满希望的故宫博物院。”

还有一组数据让人惊叹。2014 年，故宫展区只有 52%，2018 年扩展到 80% 以上，大量沉寂数百年的文物从库房走到台前，但这期间，却没有发生一起火灾、偷盗等安全事故。

这一切究竟是怎么做到的？

“一切改变都源自理念！”单霁翔说，“所谓保护文物，不是藏在库房里严防死守，而是应该让文物重新在人民的生活中展现它们的魅力。有魅力的文化遗产才能得到人们的呵护，人们呵护的文化遗产才有尊严，有尊严的文化遗产才能成为促进社会发展的积极力量。当这些文化遗产资源和博物馆都成为促进社会发展的积极力量时，才能惠及更多民众来保护中华文明。”

“所以，只要理念有了，其他的事情都好办！”

细节之变，科技之变，思路之变，单霁翔说的是 600 年故宫的革新故事，台下的师生却听出别样味道。

新中国第一所社会力量举办、国家重点支持的新型研究型大学；教授治学、行政理校、学术导向决定行政服务的理念；独立实验室、长聘与准聘相结合的聘任制度……西湖大学从诞生至今走过的每一步，何尝不是理念为先、行动至上？科学探索的路上，不是同样需要转思路、求突破以及一往无前的勇气和大胆假设、小心求证的实干精神？

当天讲座现场，西湖大学三位副校长许田、仇旻、朱晓芸，讲席教授杨阳、崔维成、李凌等，都坐在台下。

许田老师说，他们需要“遇见”这样的人，这样的思想，需要在文化中寻找智慧与力量。“若干年后，如果西湖大学只有科技，只有实验室，那是我们的失败！”

（浙江新闻客户端，撰稿张弛，摄影朱丹阳，编辑王佳，2019 年 11 月 4 日）

单霁翔：还要再来的博物馆，才是好的博物馆

秋冬是故宫最美的季节，已经年近600岁的故宫也频繁出现在网络热搜之中。而继纪录片《我在故宫修文物》之后，《上新了·故宫》这一综艺节目，更让故宫文化走入了千家万户。11月15日，大型文化季播节目《上新了·故宫》第二季播出了第二期节目，走进乾隆皇帝的艺术世界，自称为“十全老人”的乾隆皇帝真的是农家乐审美吗？显然，这一期节目让大家对这位千古一帝的艺术品位，刷新了印象。

同一天，故宫博物院前掌门人、网友眼中的“网红院长”、故宫学院院长单霁翔亮相三亚，在首届海南岛国际图书（旅游）博览会上，以《文化的力量——让文化遗产资源活起来》为题，在海棠湾开讲故宫文化。从北京市文物局到北京市规划委员会，从国家文物局到故宫博物院，再到故宫学院，作为故宫流量级IP的打造者，单霁翔分享了这些年来故宫博物院在文化遗产资源“活化”方面的种种探索。

“我真的不是什么‘网红’，我是被‘网红’的。比起自己，我更希望故宫文物能够‘活’起来。”在今年4月宣布退休以后，单霁翔卸任不退休，很快走马上任故宫学院院长，继续为这座全世界规模最大、最完整的古代建筑群紫禁城奔走。“我觉得一座博物馆就应该是年轻人，是广大观众喜爱的博物馆，就应该是充满活力的博物馆，就应该是融入人们现实生活的博物馆，就应该有这种文化气象。”就因为这样的理念，六十多岁的单霁翔显得比谁都年轻。

2012年，58岁的单霁翔被任命为故宫博物院院长。履新后，他曾经花了5个月的时间，走遍故宫博物院里的1200座建筑、9371间房屋。在单霁翔成为“网红院长”之后，这段他与故宫博物院的故事经常被人提及。但是当时的单霁翔，面临的状况却并非如此简单，“我们平常挂在嘴边上，经常说的一些世界之最，例如紫禁城是世界上规模最大、最完整的古代宫殿建筑群，故宫是全世界收藏文物藏品最丰富的一座宝库，故宫博物院是全世界观众来访量最多的博物馆，这里有这么多的世界之最……我每天走在观众中间，感到这些世界之最，实际上观众们并没有感受到”。

单霁翔回忆起当年的感受：“你说故宫博物院的馆舍宏大，但是大部分区域并没有对观众开放。你说故宫博物院的藏品丰富，但是99%的藏品都沉睡在库房里，人们看到的不到1%。你说故宫博物院观众数量多，的确故宫博物院从来就不缺观众，据老员工回忆，1925年10月10日故宫博物院成立第一天，就有数以万计的观众走进故宫博物院，当天下午观众离去以后，故宫员工从地上捡起被踩掉的观众的鞋，就有一大筐。但是长期以来，进入故宫博物院以后，大部分观众都是跟着导游的小旗子往前面走，听着并不专业的讲解，穿过中轴线，看过珍宝馆、钟表馆，不到两个小时就走出了故宫博物院。每天看着观众们走出神武门，离开故宫博物院，我总是在想对于很多观众来说，他们可能一生就来一次故宫博物院，那么这次难得的故宫文化之旅，究竟获得了什么，故宫博物院这么丰富的文化资源，究竟给广大

观众奉献了什么。尤其是看到一些从外地来的老年观众，走累了坐在台阶上、铁栏杆上，从挎包中取出水壶，拿出自己带的食品，短暂休息。我想他们可能都舍不得到饭店去吃一顿饭，也要来故宫博物院参观，但是他们是否能够收获期待？实际上故宫博物院不缺文化资源，缺的是人文关怀。所以我一直在想，我们经常说的这些世界之最，真的是最重要的吗？应该说，它们虽然很重要，但是并不是最重要的。”

“对于故宫博物院而言，什么才是最重要的？”在主题演讲中，单霁翔认为，丰富的文化遗产资源，在多大程度上能为人们的现实生活做出贡献，才是最重要的。“每一位来到故宫博物院的观众，在离开的时候回想起来，自己究竟获得了什么，这才是最重要的。”

“首先要让人们怀着期待进入故宫博物院。”为此，在几年的时间里，故宫博物院进行了一系列的环境整治和服务提升工作。单霁翔说，故宫博物院所做的这些工作，就是在一直细心观察观众们在参观的过程中遇到哪些麻烦事，哪些不顺心的事，及时想方设法把它们纠正过来，“通过一项一项工作实践，我们就获得了一个工作方法，归纳为两句话，一是要把工作当学问做，二是要把问题当课题解”。

“在故宫博物院做任何的事情，都有一个重要的前提，就是安全。”不久前，一把大火把世界文化遗产日本冲绳首里城烧毁，以及今年 4 月 15 日正在维修中的世界文化遗产巴黎圣母院遭遇火灾重创，还有去年 9 月发生在南美洲最重要的博物馆之一巴西国家博物馆的火灾，导致 90% 以上的文物藏品被烧毁。这些都是人类文化的悲剧，因为都是人类共同的文化遗产。这一桩桩、一件件就发生在当下的火灾伤害文物的事件，一次次给故宫博物院敲响了警钟。

单霁翔说，在全世界的博物馆中，没有任何一座比故宫博物院防火防盗的任务更艰巨，“为此，故宫博物院设立了 5 个中控室，中控室里面有 65 面大屏幕，连接着 3300 个高清摄像头。一般来说，一个现代化的博物馆恐怕有一个中控室，几百个摄像头就够了，但是故宫这么复杂的地形地貌，需要更强大的安全系统。同时，故宫博物院加强世界遗产监测，包括动态的、静态的，可移动的、不可移动的，全时空、全天候地进行监测”。

单霁翔说，除此以外，故宫博物院还需要研发新型的消防装备，“但是在故宫博物院，仅有通用的大型消防装备不行，那些小巷道、小庭院它们进不去，还要研发小型消防装备。故宫博物院的员工还要参加消防运动会，提升消防意识，每年故宫博物院都要举行大型联合消防演习，一旦发生火灾如何先把文物抢救出来，特别是先把伤员抢救出来。故宫博物院研发的机器人也要进行演习，一旦发生火情，它们会首先把文物抢救出来。只有这样才能确保发生火灾的时候，及时扑救、及时抢救”。

“对于故宫博物院来说，更重要的是不能发生问题，更重要的是预防性的保护。”单霁翔现场分享了故宫博物院在预防性保护方面的经验，“故宫博物院用了三年的时间，进行了艰苦卓绝的环境整治，室内 10 项内容，室外 12 项内容”。以拆除几十年来积累下来的临时建筑为例，“几十年来，在故宫博物院积累下了 135 栋临时建筑，其中最危险的有 59 栋彩钢房，因为这些彩钢房不阻燃，一旦着火会迅速燃烧，非常危险”。为此，故宫博物院首先拆除了这些彩钢房。包括午门下宣传教育部的彩钢房，资料信息部使用了 8 年的彩钢房，行政处 600 人吃饭的彩钢房大食堂，13 排的彩钢房，古建部的彩钢房库房，宫廷部的彩钢房库房区，西部区域的彩钢房办公区。

此外，故宫博物院里还有更多的临时建筑。例如南三所，是皇子们生活的地方，9 组院落，绿琉璃瓦很漂亮。但是长期以来，被七栋花房所包围，因此就连老员工都没有看过南三所的风貌。“为此，故宫博物院在海淀区建立了古典花卉养殖中心，建设了温室设施，每年初春把花卉送到故宫博物院各个庭院，每年深秋再把它们送回养殖中心。这样才把包围南三所的花房拆掉，人们才看到南三所的景观。”单霁翔说，通过三年的环境整治，改变了故宫博物院的面貌。“终于实现了我们的诺言，2014 年，开始启动环境整治时，我们曾经喊出一个口号，把一个壮美的紫禁城完整地交给下一个 600 年，再过一个月，紫禁城将迎来 600 岁生日，我们希望人们再走进故宫博物院的时候，看到的都是古代建筑，看不到任何一栋影响安全、影响景观的现代建筑。”

“我们通过不懈的努力，使人们再次来到故宫博物院，看到的是绿地、蓝天、红墙、黄瓦。”演讲现场，单霁翔直言：“现在除了蓝天我们有个别日子没有做到，其他都做到了。”同时，故宫博物院的展览空间与新建设的博物馆设施有很多不同，一般的博物馆从一个展厅到另一个展厅，走的是室内空间，但是在故宫博物院从一个展区到另一个展区，要经过室外空间。因此，应该是一个连续的美好空间，必须要进行环境美化。为此故宫博物院加大整体环境美化，包括把水泥广场地面、沥青道路地面换成传统建材的地面，把以往围合绿地的铁栏杆去掉，加强绿地养护，在拆除临时建筑以后，种植符合故宫传统特色的树木和花卉，将照明灯杆换成故宫宫灯，总之希望“人们春天在这里可以看到牡丹，夏天可以看到荷花，秋天能看到银杏，冬天能看到蜡梅。到哪去找呢？大家都有手机，我们有‘寻花图’，人们可以知道今天什么花在什么地方开放”。

虽然上面讲了许多问题，但单霁翔说，这些对于故宫博物院而言，都是相对简单的问题。那么，最大的挑战是什么呢？“最严峻的挑战就是每天要为大量进入故宫博物院的观众服务好。”2012 年，故宫博物院的观众第一次突破了 1500 万，成为世界上接待观众最多的博物馆。这一年的 1 月 10 日，单霁翔走马上任，经历了这一年惊心动魄的观众接待场景，故宫博物院有史以来观众最多的一天，是 2012 年 10 月 2 日，一天拥进了 18.2 万观众。

“我们下定决心要进行观众流量的规划设计，要平衡观众的数量、参观的感受和文物的安全这三者的关系。”单霁翔说，故宫博物院用了 4 年的时间，放缓了观众增长的速度，等待故宫开放区的扩大。2016 年，故宫开放区从 48% 扩大到现在的 76%。于是故宫博物院开始有序扩大接待观众，满足广大民众的参观需要。“2017 年，故宫博物院的观众是 1670 万，世界第一，那年世界上接待观众数量第二名的还是法国的卢浮宫艺术博物馆，共计 830 万，接近故宫博物院观众数量的一半。”

“每当节假日、黄金周的时候，我们总要站在保和殿北侧的大台阶处察看，担心发生意外，94 年来，故宫博物院没有踩死观众绝对是奇迹，付出了极大的努力，但是我们不能再坐以待毙。”单霁翔说，因为故宫博物院里到处都是高高低低的台阶，如果发生推搡，瞬间就会发生踩踏事故。“但是参观故宫博物院是刚性需求，所以思前想后我们的出路只有一条，就是积极引导观众在最适合的时候，特别是淡季来故宫博物院参观。”2016年，故宫博物院实现了全年限流成功，“于是很多观众选择淡季来故宫博物院参观，这几年观众接待情况就很平稳”。接下来，故宫博物院开始进行观众参观分流，采取的办法是网上购票，并在2017年后实现了全网购票，顺利地关闭了所有购票窗口。

“当时媒体告诫我们，中国已经进入了老龄化社会，老年人不习惯预约，你们要帮助老年人。于是，故宫博物院就在端门广场设立了5个票务服务咨询台，为观众网上购票服务，但是实施一段时间后发现，很少有老年人来咨询。”单霁翔笑称，“中国的老年人太伟大了……学先进技术比我学都快，带一个手机全国去旅游……他们平常买早点、吃零食都是用手机，很少需要咨询，所以来咨询的观众中很少有老年人，也没有年轻人。”那么来咨询的是谁呢？单霁翔半开玩笑半认真地说：“真正来咨询的主要是中年人。再有就是外国人，美国人、英国人、法国人……”

解决了观众的限流和分流，终于告别了“人山人海”的故宫博物院。但是单霁翔说，真正解决人们的参观质量，还是要靠扩大开放，而故宫博物院扩大开放的前提，是要把故宫古建筑维修保护好。“我的前任郑欣淼院长做了十年故宫博物院院长，那是故宫博物院发展最好，做事最多、最实的十年。他一上任就启动了故宫古建筑整体维修保护工程，下决心用18年的时间，把故宫1200栋古建筑全部维修保护好，这是一项非常了不起的计划，今年故宫古建筑整体维修保护工程已经执行到了第17年，还有最后1年时间，故宫古建筑将全面呈现健康稳定的状态。”

2002年到2020年，从武英殿开始，故宫博物院陆续对太和殿、午门、慈宁宫、寿康宫、中正殿、大高玄殿等进行了维修保护。单霁翔说，对于故宫博物院而言，这是一项前赴后继的工作，“一项事业必须一代一代地推向前进，每一任都应该为下一任的工作打好基础”。

纪录片《我在故宫修文物》影响很大，豆瓣评分9.4分，这部纪录片打动了年轻人。单霁翔说，自这部纪录片播出以后，每年报考故宫博物院，要来修复文物的应届毕业生都爆满，“去年故宫博物院招聘员工，从上万名报考的学生中选了88人”。但是单霁翔同时也发出了提醒，来故宫博物院修复保护文物，并不像片子里演的那样，一会儿摘柿子，一会儿逗野猫，一会弹吉他那么浪漫，“那都是片子里的花絮，真实的状况是要耐得住寂寞，要默默无闻，择一业要终一生。你可能要对着一件器物，耐心修复几个月的时间，有这份工匠精神、文化情怀，有这份思想准备，再来报名”。

单霁翔列举了书画修复、铜器修复、陶瓷修复、木器修复、漆器修复、乐器修复、家具修复、挂屏修复、象牙修复、螺钿修复、织绣修复、唐卡修复、西洋钟表修复。因为《我在故宫修文物》而被誉为“男神”的钟表修复专家王津，40年来已经修复了300多座西洋钟表，还获得了美国国际电影节杰出贡献白金奖。但是单霁翔说，每一件文物都是有生命历程的，“我们应该在修复保护的过程中，最大限度地保留它们的历史信息，就像我们如果得了病，到任何医院、任何一位大夫手中，都不会上来就给我们打针、吃药，一定会经过详细的检查诊断，制订治疗方案以后，才会给我们治疗，对待文物也应该有这种态度”。

为此，故宫博物院拿出了361米长地上地下的院舍，会集了200名文物修复专家，成立了世界上第一所为文物建设的医院——故宫文物医院。在故宫文物医院内建立了23个科技实验室，支撑着故宫博物院数百种文物修复的平台。单霁翔介绍，国际文物修护学会将故宫文物医院作为全球唯一的培训机构，4年来，这里已经培养了来自37个国家的一百多名文物修复人员。故宫文物医院成立以来，一批批文物藏品走出库房，走进故宫文物医院，经过科学修复以后，又走向了故宫博物院的展厅。

2015年故宫博物院展出《清明上河图》，引发人们蜂拥看展，并因此发明了“故宫跑”这一词语。最近几年，“故宫跑”成为一种新的看展“姿势”。单霁翔说，在故宫博物院开放了更多区域以后，也开始有条件举办更多展览，“就在这个时候发生一件事，推动了我们这个进程。几十年来人们进了故宫博物院，都是目不转睛地往前面走，去看三大殿。但是突然有一天，很多观众进入故宫博物院以后，都是往西边跑，人越跑越多，越跑越快，于是网络上就有了一个新名词‘故宫跑’”。

人们为什么要跑，跑向什么地方？“原来他们跑向最西边的武英殿，那里正在举办‘石渠宝笈特展’。”因为这次展览，故宫博物院经过精心策划，展出了众多珍贵书画文物，因此吸引了来自国内外的大量观众，为了使观众们不虚此行，故宫博物院破天荒开放到了凌晨四点多，“当最后一名观众参观完走出去的时候，天都快亮了”。单霁翔说，这件事给了故宫博物院一个强烈的信号，也是一次深刻的教育，即“我们再也不能把99%的文物锁在库房里，再也不能大部分区域不开放了”。

“当我们的文物得不到保护的时候，它们是没有尊严的，它们是蓬头垢面的，当它们得到了保护，面对观众得到了展示的时候，它们才会光彩照人。”单霁翔说，为此故宫博物院下定决心，一定要在紫禁城建成600年到来之时，“故宫博物院收藏的每一件文物都必须要神采奕奕，必须要光彩照人。”

寿康宫维修保护以后，开放第一天，这个院子里拥进了许多年轻人，“他们说这是甄嬛住的地方”。实际上在寿康宫里居住时间最长的是乾隆皇帝的生母崇庆皇太后。故宫博物院找出了当年崇庆皇太后使用过的家具、用具，按照史料记载，归放到原处，一间一间房屋均还原了当年的情景，“乾隆皇帝是个孝子，每天只要在宫里，就会来给母亲请安，来的就是这个房间，即寿康宫东暖阁。乾隆皇帝当年看到的室内场景，与现在的室内场景，应该是一模一样的，只不过现在少了一个老太太而已”。

这样的例子还有很多。经过努力，故宫博物院开放了紫禁城所有的花园，紫禁城内共有4个花园，两个明代的、两个清代的。最后开放的是明代的慈宁宫花园。故宫博物院开放了城墙，开放了神武门，“神武门是紫禁城的北门，也是故宫博物院的观众出口。几十年来，人们走到神武门，就意味着参观结束。但是如今，观众走到神武门下，还会有惊喜，原来上面有两个大型展厅，常年举办着丰富多彩的展览”。单霁翔说，过去只能远远眺望、远远拍照的角楼，如今也可以走进去，“我们在角楼里做了一个25分钟的虚拟现实影片，展示这座美丽建筑的建造过程”。

学术研究是故宫博物院各项工作的重中之重。目前，故宫博物院拥有1862690件藏品，分成了25大类，231个类别。故宫博物院有435名高级职称的研究人员，但是很多老专家已经退休，或即将退休。为了加强故宫学术研究，使老专家仍然能够继续从事学术研究工作，故宫博物院成立了故宫研究院，设立了26个研究所，使大量学术研究项目得以推动，支撑着故宫古建筑维修保护、藏品清理保管、文物修复、陈列展览等各方面的学术研究。

什么是一个好的博物馆？单霁翔强调，“不是建造一个大型馆舍，并对社会开放，就一定会是一个好的博物馆”。他说：“要深入挖掘自己的文化资源，凝练出强大的文化力量，不断举办丰富多彩的展览，不断推出引人入胜的活动。当人们在现实生活中感受到这座博物馆就在自己身边的时候，人们才会走进你的博物馆，看到博物馆的展览如此有吸引力，就会流连忘返地观赏，回去以后还要再来的博物馆，我认为那才是一个好的博物馆。”

（新京报网，记者何安安，2019年11月20日）

“网红院长”单霁翔下乡讲述故宫文化故事

11 月 25 日，“阳光关爱 i 读计划”公益活动在广西壮族自治区南宁市马山县启动。故宫学院院长单霁翔等走进马山县白山镇立星小学，为乡村儿童带去别样的阅读体验。

11 月 25 日上午，在马山县白山镇立星小学一教室内，作为曾经的“故宫看门人”，故宫学院院长单霁翔一登上讲台，便引起台下学生们的阵阵掌声。

对于大部分的乡村儿童来说，故宫博物院“只曾耳闻却未目睹”。课堂上，单霁翔首先以影像带孩子们走进故宫博物院，一起感受中华文化瑰宝的独特魅力。单霁翔用自己的亲身经历，介绍故宫博物院近年来如何通过传统技艺与现代技术让文物“活起来”，并呼吁孩子们传承工匠精神，学习先进的科学技术，共同发扬中华传统文化。

单霁翔还向孩子们推荐了《哇！故宫的二十四节气》，希望孩子们通过绘本学习如何面对自然、面对生活，学会与自然、与人和谐相处。

该公益活动还邀请了中国新艺术音乐歌唱家龚琳娜，科幻作家、“童行学院”创始人郝景芳，中国科学院国家天文台研究员、行星科学专家、科普作家郑永春等知名人士参加，给乡村儿童带来阅读分享。

“阳光关爱 i 读计划”公益活动由中国社会福利基金会、东风日产、南方周末联合发起，主要聚焦乡村儿童阅读推广，希望以阅读的力量推动孩子成长。本站活动还特别面向当地一线教师及学生家长群体展开交流分享，通过家校合作，为孩子们创造可持续的阅读培养环境。

（《南国早报》，记者周如雨，2019 年 11 月 26 日）

来自故宫的“中国年文化”分享引发杭州千人同频共振

600个春夏秋冬过去，故宫的魅力丝毫没有褪色。近年来，伴随着《我在故宫修文物》播出，“朕的心意”等各种文化创意产品频出，故宫博物院越来越“火”。在故宫“火”了的背后，身为故宫博物院前“掌门人”的单霁翔也备受关注。

11月24日下午，首届“中国年文化高峰论坛”在杭州举行，故宫学院院长单霁翔、央视《百家讲坛》主讲人李建华出席本次活动，讲述中国传统文化中过年的仪式感，共同探讨中国年文化。

单霁翔：让文化遗产资源“活起来”

传统节日作为中国传统文化的重要载体，是中华民族认同的标志和联结民族情感的纽带。作为曾经的“故宫看门人”，单霁翔在活动现场为大家揭秘了古人是如何在故宫里过大年，以及故宫文化是怎么“活”起来的。

随后单霁翔更是在活动现场围绕公共服务、文物修复、文物数字化、文化创意产业等方面，全面介绍了近年来故宫博物院一系列改革措施和实践经验。

他表示：“让故宫以及文化遗产‘活起来’的关键是让其重回人们的生活。”让故宫“活”起来，也就是让收藏在博物馆里的文物、陈列在广阔大地上的遗产、书写在古籍里的文字都活起来。

文化创意可以让文化真的“活”起来

如何让经典文化不再只是曲高和寡的历史遗存，而是融入当代人的真实生活中，成为可以感知、可以讨论、可以应用的当代文化，进而真正“活”起来、传下去？

单霁翔表示：文化也需要经营，故宫博物院研发文化创意产品，要紧跟生活，加上创意，凝练出人们喜爱的元素，融入产品之中，才能让文化真的“活”起来。

此次故宫文化与万事利丝绸合作推出的“万福如意套装”也是故宫博物院的一次尝试，相信丝绸文化邂逅古老的传统宫廷文化，一定会为大家带来不一样的体验。

还原中国年的仪式感 传承中国年文化

什么是中国年的仪式感？中国过年的仪式感存在于燃爆竹、点篝火、挂红绸、发红包中。

李建华先生强调，最早的红包就是丝绸的荷包，直至近代民国时期才真正有了纸币，才演变而成现在纸质的红包。论坛现场，万事利丝绸为嘉宾还原了故宫过年发丝绸红包的习俗，新奇的体验、国潮风设计的丝绸红包，让现场的嘉宾感叹传统文化之美。

中国是注重礼数的国度，逢年过节走亲访友，礼品也是不可少。那该如何挑选礼品呢？过中国节，自然要送最“中国”的礼。论坛活动后半段，身着万事利丝绸华服的模特还展示了万事利丝绸与故宫文化合作推出的“万福如意套装”。一份蕴含故宫文化深意的红色新年礼盒，礼赠亲友、长辈、客户，传递祝福，也传达浓浓的年味。

“用丝绸去传递存在于传统节日中的‘年’文化，让团圆更有仪式感，在传递传统文化时，也将唤醒人们对于民族的归属感。”李建华在接受媒体采访时表示，“中国人就要过中国节，送最‘中国’的礼。”

（中国网，2019 年 11 月 26 日）

“网红院长”单霁翔首次雪博会之行

《我在故宫修文物》火了，《国家宝藏》《上新了·故宫》火了！“故宫口红”火了！故宫博物院原院长、故宫学院院长单霁翔也因打造故宫 IP 变成“网红院长”，受到关注。

12 月 13 日上午，第四届吉林雪博会暨第二十三届长春冰雪节开幕，邀请了国内外重量级行业专家参加“冰雪届的思想盛会——从冰雪产业走向冰雪经济”高峰论坛建言献策。这位“网红院长”受到关注。

现场，单霁翔做了《文化的力量——让文化遗产资源“活起来”》的精彩演讲，强调了文化的力量，会后接受记者采访时，谈及了吉林冰雪以及文物保护的重要性。

虽然是第一次来吉林参加雪博会，但这里的冬天对单霁翔来说并不陌生，只是变化巨大。“在出国留学之前，在吉林师范大学留日预备学校读过书，那时候，一到冬季没有那么多体育活动，操场上跑跑步，地上打哧溜滑，汽车行驶在路面滑，还要泼一些煤渣，现在街道干干净净，地面洁白，成了一个现代化的城市，令人向往的城市，尤其是滑雪场也好，田野也好，白雪覆盖后景色美丽，特别是还把冰雪运动开展了起来……”

在他看来，吉林是一个开展冰雪运动最好的地方，无论气候、地理位置都是得天独厚的，雪博会的召开，冰雪节的举办，能够使更多人认识吉林冰雪文化的资源和优势，使得真正 3 亿人参加冰雪运动，成为非常令人向往的目标，“这里的天气、气候、环境，能够让人走到大自然中间，丰富自己的生活，锻炼身体，热爱冬季体育运动，是非常有意义的事儿”。单霁翔表示，吉林省是文化遗产大省，有丰富的文化资源，不断加强文物保护工作，这对提升和增加文化自信将起到重要作用。

单霁翔说，我国 1985 年成为《世界遗产公约》缔约国。1997 年，平遥古城、云南丽江被列入《世界遗产名录》，都促进了当地经济发展。他说，文物保护主要是保护文化要素，但是文化遗产保护，还要保护文化与自然共同生成的景观，像吉林的一些自然景观，它造就了历代劳动人民的文化智慧，在这块土地上耕耘和创造的财富，他们和自然是不可分割的。

过去文物保护，保护静止的内容比较多，其实人们今天生活、生产中的领域，包括一些文化线路，像冰雪文化线路，它连接着日本、俄罗斯的商品贸易、文化交流、人类迁徙的廊道等，这些文化遗产遗存也要保护。过去文物保护，保护一些古代的内容。但是今天在蓬勃发展的城市中，特别在 20 世纪，这一百年比过去上千年积累的文化内容总和都要多，例如长春过去一百年发生了巨变，作为一个比较新的城市，也应该把它的变化记录下来，像长春电影制片厂和长春第一汽车制造厂，他曾动员这两个单位申报全国重点文物保护单位，后来都获得了批准，现在已经成了全国重点文物保护单位。

今天还要保护非物质文化遗产，包括传统技艺、传统习俗等等，吉林也是非物质文化遗产大省，对于这些文化遗产不视为独立的，脱离人们生活的，而是和每个人息息相关，为此

吉林冰雪艺术节开幕式（2019 年 12 月 13 日）

也诞生了两个重要的理念，一个是世代传承，一个是公众参与。“保护不是目的，利用也不是目的，真正的目的是传承。要把我们祖先创造的灿烂文化经过我们的手、经过我们的时代、经过我们的城市传给子孙后代，也就是说，让它融入我们的生活，真正在生活中得到保护。”

单霁翔说，只有把保护文物的知情权、参与权、监督权和受益权交给亿万民众，文物才更安全。文化遗产不再是锁在库房里面，而是应该重回于人们的生活中。只有人们在生活中感受到这些文化遗产的魅力，才会倾心地保护这些文化遗产，这些文化遗产才会有尊严。有尊严的文化遗产才能成为社会发展的积极力量，就能唤起更多民众加入文化遗产保护行列。

（《新文化报》，记者闫硕，2019 年 12 月 14 日）

单霁翔：数字化是为了让文物走近更多人

2020 年转瞬即至，故宫也将迎来它的 600 岁生日。近日，在 2019 法国里昂商学院亚洲年会上，故宫学院院长、故宫博物院原院长单霁翔以他一贯的风趣和幽默，针对“让传统文化融入当下与未来——故宫数字文化创意的探索与思考”这一主题，在香格里拉饭店新阁宴会 AB 厅进行了现场演讲。传统文化如何融入当下，如何融入未来？文物为什么要进行数字化？AI 等技术如何为传统文化赋能？我们又应当如何更好地对文物进行保护？单霁翔表示，让文物活起来是今天文物保护的核心，而数字化是为了让文物走近更多人。

当晚的年会活动由“数智创客先锋论坛”与“智敬理想 斗志昂扬”年度晚宴两部分组成，作为论坛环节的特邀嘉宾，单霁翔细数故宫数字化转型，以及在这一过程中“网红”产品的炮制路线。而在之后的圆桌讨论环节，法国里昂商学院副校长、亚洲校区校长王华，法国里昂商学院人工智能与商业分析教授丁文璿，中国人民大学法学教授石佳友等人，还共同就“‘活’在未来，数字化时代如何坚守人文的温暖”这一主题展开讨论，分享了深化数字化改革的最新前沿理论与实践。

今天的故宫，已经开放了 80% 的区域

什么样的博物馆才是一个好的博物馆？虽然已经退任故宫博物院院长一职，但提及故宫博物院的故事，单霁翔依然如数家珍。在单霁翔任职期间，故宫博物院从起初的默默无闻，变成了如今的超级网红 IP，以至于人们已经形成了一个印象——故宫出品，必属精品。

在这场主题演讲中，单霁翔讲到了故宫博物院这些年来的诸多改变，也讲到了历任院长对故宫博物院所做的种种贡献。单霁翔说，故宫博物院建院 95 年来，一共有七任院长，他是第六任，其中，新中国成立以前有两任，新中国成立以后有五任。20 世纪 30 年代，因为故宫盗宝案，首任院长易培基在上海寓所含冤而死。而发生在 2011 年 5 月的一起故宫博物院展品被盗案，引起了轩然大波，许多人对此记忆犹新。显然，这些都是属于故宫博物院的“黑历史”。

一个无法回避的事实是，为了避免失窃等，在很长一段时间内，故宫博物院将 99% 的文物都锁在库房之内，开放区域也非常有限，因为开放的区域越大，意味着文物越不安全。单霁翔说，过去故宫开放 30% 的区域，每天下午 5 点半观众离开以后，会有 250 多名员工进行拉网式清查。那么，为什么八年前会有小偷？单霁翔说，因为当时故宫博物院有大量的非开放区，在清场之时，小偷翻过铁栏杆，跳进非开放区，推开一扇窗户躲进去，等到夜深出来偷走展品，再蹿上城墙逃走。

单霁翔在 2019 法国里昂商学院亚洲年会上进行了主题演讲《让传统文化融入当下与未

来——故宫数字文化创意的探索与思考》。单霁翔，男，汉族，1954年7月出生，江苏江宁人。1971年1月参加工作，1985年6月加入中国共产党。清华大学建筑学院城市规划专业研究生，工学博士、博士生导师。高级建筑师、注册城市规划师。曾任中华人民共和国文化和旅游部党组成员（副部长级）、故宫博物院院长，现任故宫学院院长。

这之后的八年，故宫博物院再也没有出过事。单霁翔说，今天的故宫博物院，已经开放了80%的区域，因此每天观众离开以后清查的员工也变成了700多名，而且，在所有灯都熄灭以后，还会有新的安全防范系统覆盖整个故宫博物院。单霁翔说，几乎所有的区域都是开放区，意味着所有的区域都是可以让观众参观、监督和维护的区域。

故宫博物院的目标是成为亿万级博物馆

作为全球受关注最多的博物馆，故宫博物院一年的接待量大约是1800万——今年12月19日上午，故宫博物院年接待观众数量首次突破1900万人次。然而，即便开放再多的区域，举办再多的展览，到故宫博物院来参观的观众，依然是很少的一部分。单霁翔说，故宫博物院的目标是成为亿万级博物馆。亿万级博物馆如何实现？答案是靠互联网和数字技术。

单霁翔在演讲现场提到了一个数字，2017年，故宫博物院网站的访问量是8.9亿，位居中国文化机构第一位，遥遥领先于第二名的访问量1.8亿。举办网上展览，让人们足不出户也可以参观故宫博物院的展品。单霁翔介绍说，经过五年的努力，人们可以在故宫数字文物库中查阅故宫博物院所收藏的186万件文物中任何一件的信息，也可以在家中看到高清全景故宫。

2019年7月16日下午3时，@故宫博物院官宣：“故宫博物院数字文物库正式上线！故宫最全藏品信息就在这里，涵盖26大类文物，超过186万件（套）文物基础信息，5万张精选文物影像。”

七年前，故宫博物院开始系列出品App，自以在观众中知名度较高的“十二美人”绘画藏品为基础制作的《胤禛美人图》开始，至今故宫博物院已经推出了十款应用：其中既有专为9至11岁儿童打造的《皇帝的一天》，也有《韩熙载夜宴图》《清代皇帝服饰》等应用。而令单霁翔最为得意的一款，则是《每日故宫》。

“每天早晨，喜欢故宫文化的人都可以通过这款应用，免费收到一件套图文并茂的故宫博物院的文物信息。”单霁翔说，“有些人把它收藏起来，一年365天，三年1000多天，他就可以获得一个属于自己的掌上的故宫博物院。”如今，这款App已经上线五年多。前年，故宫博物院又推出了“故宫展览”，打造7×24小时线上展览，人们可以在家用手机进入展厅参观，同时这些应用还建立了强大的互动社区。

从资源数据化，走向了数据场景化

很多年前的一部热播电视剧《还珠格格》，让人们了解到了故宫漱芳斋。单霁翔说，漱芳斋里有个多宝阁，这启发故宫博物院制作了一个“数字多宝阁”，观众可以选择自己喜欢的器物放大来看，旋转角度来看，甚至分解来看。越来越多故宫博物院收藏的展品，通过数字化和动画的形式，让人们了解它们的制作和使用过程。

故宫里面狭小的空间怎么进去？单霁翔介绍说，数字化的另一个好处，就是人们可以通过虚拟现实身临其境。比如乾隆帝的书房三希堂，只有4.8平米，即便开放展览，也只能进两个人，但通过虚拟现实技术，人们可以走进养心殿，走进三希堂。七部循环播放的VR影片，可以让人们看到正常情况下看不到、进不去的故宫空间，或者原貌。

在虚拟现实中走进养心殿，人们可以坐在皇帝的宝座上批阅奏折，盖印，还可以召见大臣。单霁翔开玩笑地说：“我们的大臣特别会聊天，每个大臣都会说五百多句话，你说什么他们都会积极为你进言，保证叫你心花怒放。”单霁翔说，自己曾经对“大臣”说：“我最近是不是胖了？”结果“大臣”就劝他说：“不重不威。”实际上“不重不威”指的是稳重，而不是指体重。观众想穿一穿古代服装怎么办呢？故宫推出了数字屏风，人们只要站在屏风面前，就可以穿起一套套古代服装，看看自己是什么样。

单霁翔说：“我们制作的数字绘画，请科学院动物所的专家给每只鸟都配上真实的叫声，还可以看它的羽毛，看它的身材。故宫博物院收藏着许多书法长卷，但是因为保护的需要，不能经常展示，展览的时候光线也会比较暗，但在数字长卷上，就可以清晰地阅读到这幅长卷的每个细节，甚至可以再放大，一直到看到每个人的表情，每个人的服装。”

类似的例子还有很多，比如微信小程序“故宫：口袋宫匠”“玩转故宫”等。事实上，从1998年成立故宫博物院资料信息部开始，故宫博物院的数字化之路已经走了21年。而在AI、AR、5G等技术高速发展的今天，故宫博物院早已不只是一座现实中的博物馆，更是互联网中的数字紫禁城。

“经过三年零四个月的努力，故宫博物院终于建成了‘数字故宫社区’，我相信全世界博物馆中最强大的数字平台已经诞生在这里，因为它的功能在不断延伸，不断强大。”单霁翔说，几年来，故宫博物院终于从资源数据化，走向了数据场景化。

“让书写在古籍里的文字都活起来，让文物都活起来”

公众教育、文化展示、参观导览、资讯传播、休闲娱乐、社交广场、学术交流……在过去的一年多，故宫博物院先后与腾讯、百度、商汤等科技公司进行合作。例如故宫博物院与腾讯公司合作，开发了一系列动漫、游戏、表情包和音乐产品等。去年故宫博物院和腾讯公司联合推出了“古画会唱歌”音乐创新大赛，开放授权《千里江山图》《清明上河图》《韩熙载夜宴图》《洛神赋图》等一批珍藏名画作为大赛素材，请专家进行深入解读，年轻人根据自己的理解作词作曲，最终收到了500多首参赛歌曲，形成了包含《丹青千里》《韩熙载夜宴图》《芦汀密雪》《听琴图》等13首歌曲的音乐专辑。

通过微信公众号、微博等渠道，故宫博物院聚集了大量年轻粉丝，越来越多的年轻人加入到各种线上活动之中，白天讲建筑，晚上听故事。近些年来，故宫博物院注意到人们非常喜欢观赏和收藏故宫的美丽照片，于是，在春夏秋冬早中晚天气好的时候，故宫博物院的摄影师都会拍摄一些美丽的照片放在故宫网站上，方便观众欣赏和下载。例如前些年紫禁城的初雪，阅读量达到了1425万。不下雪怎么办？2018年1月末，百年难遇“超级月亮”上演，红色月亮高悬在紫禁城的夜空，显得神秘而又壮观，这一奇景被摄影师记录下来。一组红月亮的照片上传到网上，第二天阅读量就达到了2000万。等到今年冬天终于下雪了，单霁翔幽默地说：“一场雪，人比雪还多。几千万人都等着这个时刻，阅读量突破了5000万。”

什么叫好的文化创意产品？单霁翔认为，只有深入研究人们的现实生活，不断根据人们生活的需要来进行研发，人们才会喜欢，“一定要深入挖掘属于你自己专有的那些文化资源，把这些具有文化内涵的信息应用到文化创意产品之中”。在单霁翔看来，文化创意产品当然要具有实用性，但他同时认为，最好还要有一些趣味性。截止到去年年底，故宫博物院已经研发了11900种文化创意产品，覆盖到人们生活的方方面面，“故宫博物院必须不断追求产品的质量，适应人们文化生活的多样性”。

显然，600岁的故宫，正在越来越“智慧”，也越来越年轻——这意味着更强的文化传播力量。那么，回到最初的话题，什么是一个好的博物馆？只有当一座博物馆存在于人们的现实生活中，人们才会走进这个博物馆，才会流连忘返，才会还想再来，而单霁翔说，这才是一个真正好的博物馆。

“让收藏在禁宫里的文物，陈列在广阔大地的遗产，书写在古籍里的文字都活起来”，“让文物活起来”，单霁翔认为，这就是我们今天文化遗产保护和博物馆发展的方向。这些年在故宫博物院的工作经历，让单霁翔不再认为把文物锁在库房里，死看硬守，是对文物最好的保护。相反，他认为，应该让文物重新回到人们的现实生活中，因为它们本来就是社会的创造、人民的创造，“文化遗产应该重新在人们的生活中展现魅力，有魅力的文化遗产才能得到人们的倾心保护，得到人们倾心保护的文化遗产才有尊严，有尊严的文化遗产才能成为促进社会发展的积极力量，成为促进社会发展积极力量的文化遗产，才能惠及广大民众的现实生活，广大民众从文化遗产保护中获益，才会更积极地保护文化遗产，这才是文化遗产保护的良性循环，我们就是要努力创造文化遗产保护良性循环的局面”。

（《新京报》，记者何安安，2019年12月30日）

图书在版编目（CIP）数据

平安故宫·思行文丛．己亥集 / 单霁翔著．-- 北京：故宫出版社，2021.12
ISBN 978-7-5134-1462-3

Ⅰ．①平… Ⅱ．①单… Ⅲ．①博物馆学－文集②故宫博物院－工作－文集 Ⅳ．①G260-53 ②G269.263-53

中国版本图书馆CIP数据核字（2022）第015570号

平安故宫·思行文丛
己亥集

著　　者：单霁翔
摄　　影：周高亮
责任编辑：杨付红
封面设计：李　猛
责任印制：常晓辉　顾从辉
出版发行：故宫出版社
地址：北京市东城区景山前街4号　邮编：100009
电话：010-85007800　010-85007817
邮箱：ggcb@culturefc.cn

印　　刷：北京雅昌艺术印刷有限公司
开　　本：787毫米×1092毫米　1/16
印　　张：58
字　　数：1300千字
版　　次：2021年12月第1版
2021年12月第1次印刷
书　　号：ISBN 978-7-5134-1462-3
定　　价：180.00元